专利复审和无效审查决定汇编丛书

专利复审和无效审查决定汇编
(2008)

医 药（第三卷）

国家知识产权局专利复审委员会 编

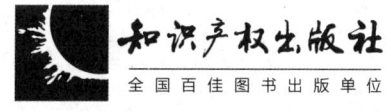

内容提要

本书汇集了专利复审委员会 2008 年作出的 321 个医药专利复审审查决定和 45 个医药专利无效审查决定及相关审查决定和司法判决（根据法律规定需要保密的除外），比较全面地反映了专利复审委员会的审查工作和人民法院专利行政案件审理工作取得的进展，对专利工作者具有一定的借鉴和指导作用，也有利于当事人及广大公众对专利复审委员会的审查工作进行监督。

责任编辑：牛洁颖	责任校对：董志英
责任出版：卢运霞	封面设计：开元图文

图书在版编目（CIP）数据

专利复审和无效审查决定汇编 . 2008. 医药/国家知识产权局专利复审委员会编 . —北京：知识产权出版社，2012.11
ISBN 978-7-5130-1618-6

Ⅰ. ①专… Ⅱ. ①国… Ⅲ. ①专利权法—案例—中国 Ⅳ. ①D923.425

中国版本图书馆 CIP 数据核字（2012）第 246954 号

专利复审和无效审查决定汇编丛书

专利复审和无效审查决定汇编（2008）
医　药（第三卷）
国家知识产权局专利复审委员会　编

出版发行：知识产权出版社

社　　址：北京市海淀区马甸南村1号	邮　　编：100088
网　　址：http://www.ipph.cn	邮　　箱：bjb@cnipr.com
发行电话：010-82000860 转 8101/8102	传　　真：010-82005070/82000893
责编电话：010-82000887　82000860 转 8116	责编邮箱：cuikaili@cnipr.com
印　　刷：北京科信印刷有限公司	经　　销：各大网络书店、新华书店及相关销售网点
开　　本：880mm×1230mm　1/16	总 印 张：168.25
版　　次：2013 年 12 月第 1 版	印　　次：2013 年 12 月第 1 次印刷
字　　数：4732 千字	定　　价：839.00 元（全三卷）
ISBN 978-7-5130-1618-6	

出版权专有　侵权必究
如有印装质量问题，本社负责调换。

本书编委会

主　任：廖　涛

副主任：杨　光　　胡文辉　　祁德山

编　委：金泽俭　　徐晓敏　　廖志峰　　张予革
　　　　　白剑峰　　马　昊　　蒋　彤　　李人久
　　　　　李　越　　陈迎春　　于　萍　　吴赤兵
　　　　　李　隽

前　言

适逢《国家知识产权战略纲要》施行五周年之际,《专利复审和无效审查决定汇编(2008)》出版了。

随着经济全球化和我国国民经济的飞速发展,专利制度在经济活动中的作用和地位越来越突出,国民的专利意识也在不断增强。目前,我国专利申请总量超过1170万件,每年专利复审与无效宣告请求案件已超过2万件,2012年达到20261件。作为专利复审和无效宣告请求案件审查的专属机构,专利复审委员会每年都要作出数以千计的审查决定。与之相应,人民法院每年要作出数百篇司法判决。每一篇审查决定和判决书都凝聚着审查员和审判人员的心血和智慧。通过审查员和审判人员结合具体案情的创作型劳动,生硬的法律条文变得鲜活和丰满,形成一笔宝贵的精神财富和公共资源,并不断有专利代理机构、专利代理人以及审查员希望专利复审委员会能够出版专利复审和无效审查决定,作为学习和工作时的重要参考资料。

除根据法律规定需要保密的外,本汇编汇集了专利复审委员会2008年作出的审查决定,包括针对相应审查决定的司法判决,以便读者了解审查决定的法律状态并对照阅读和分析。本汇编按照技术专业领域将分为8大册,共30分卷:机械(4卷)、电学(5卷)、通信(4卷)、医药(3卷)、化学(3卷)、材料(3卷)、光电(3卷)、外观设计(5卷)。因此,本汇编比较全面地反映了专利复审委员会的审查工作和人民法院专利行政案件审理工作取得的进展。

我们相信,本汇编对专利工作者具有一定的借鉴和指导作用,也有利于当事人及广大公众对专利复审委员会的审查工作进行监督。本汇编也将为推动专利复审委员会的发展,促进专利代理业务水平的提高,为《国家知识产权战略纲要》进一步实施尽微薄之力。

本书编委会
2013年8月

目 录

291 抑制血管发生的组合物和方法
复审请求审查决定（第 14808 号） ……………………………………………………… 1773

292 胞内劳森氏菌培养、抗该菌的疫苗和诊断试剂
复审请求审查决定（第 14856 号） ……………………………………………………… 1782

293 编码类黄酮途径酶的基因序列及其用途
复审请求审查决定（第 14887 号） ……………………………………………………… 1786

294 血管紧张素 I 衍生物作为治疗和预防梗塞相关心脏损伤和紊乱制剂的应用
复审请求审查决定（第 14893 号） ……………………………………………………… 1792

295 PH-依赖性的多肽聚集及其用途
复审请求审查决定（第 14899 号） ……………………………………………………… 1796

296 类（香）烟型保健吸品
复审请求审查决定（第 14997 号） ……………………………………………………… 1800

297 多价细菌荚膜多糖-蛋白质结合物联合疫苗
复审请求审查决定（第 15118 号） ……………………………………………………… 1803

298 基因重组毕赤酵母生产蛋白酶的方法
复审请求审查决定（第 15119 号） ……………………………………………………… 1806

299 用储存的红血球改善氧传送的方法
复审请求审查决定（第 15122 号） ……………………………………………………… 1810

300 在乙醇制备中的次级液化
复审请求审查决定（第 15134 号） ……………………………………………………… 1815

301 一种制备重组 Exendin-4 多肽的新工艺
复审请求审查决定（第 15142 号） ……………………………………………………… 1821

302 一种用预培养方式提高乳酸菌冻干活性的方法
复审请求审查决定（第 15147 号） ……………………………………………………… 1826

303 体外培养诱导淋巴细胞制备抗菌肽及转移因子的方法
复审请求审查决定（第 15154 号） ……………………………………………………… 1830

304 结核抗体金标测试条及其制备方法
　　复审请求审查决定（第 15155 号） ……………………………………………… 1833

305 具有抗菌抗病毒作用的药物组合物
　　复审请求审查决定（第 15231 号） ……………………………………………… 1838

306 重组 α-L-艾杜糖苷酶，其生产和纯化的方法以及治疗其缺陷导致的疾病的方法
　　复审请求审查决定（第 15233 号） ……………………………………………… 1845

307 清洗剂，清洗方法和清洗装置
　　复审请求审查决定（第 15239 号） ……………………………………………… 1849

308 结核杆菌基因的检测方法
　　复审请求审查决定（第 15241 号） ……………………………………………… 1859

309 多肽在制备用于促进医治或预防组织损伤的药物中的用途
　　复审请求审查决定（第 15246 号） ……………………………………………… 1863

310 蛇宏微量元素强化中药配方的外用功能性药剂
　　复审请求审查决定（第 15247 号） ……………………………………………… 1868

311 将纤维素等转化成有效成分的微生物中药的生产方法
　　复审请求审查决定（第 15248 号） ……………………………………………… 1873

312 一种检测肺癌相关的 CYP2A13 抗性基因的方法及其抗性基因
　　复审请求审查决定（第 15249 号） ……………………………………………… 1878

313 人 IL-1β 的抗体
　　复审请求审查决定（第 15253 号） ……………………………………………… 1882

314 使用 4-1BB 结合剂的治疗和预防
　　复审请求审查决定（第 15254 号） ……………………………………………… 1888

315 胰高血糖素样肽-1 的类似物
　　复审请求审查决定（第 15258 号） ……………………………………………… 1893
　　北京市第一中级人民法院行政判决书（2009）一中行初字第 1257 号 ………… 1899

316 手术闭合伤口疼痛的局部预防或缓解
　　复审请求审查决定（第 15268 号） ……………………………………………… 1907

317 苦参碱肠溶片及其制备方法
　　复审请求审查决定（第 15269 号） ……………………………………………… 1913

318 糖尿病患者患糖尿病肾病或血脂失调风险性的评估
　　复审请求审查决定（第 15333 号） ……………………………………………… 1917

319 肌醇六磷酸酶、编码肌醇六磷酸酶的核酸及包含有此核酸的载体和宿主细胞
　　复审请求审查决定（第 15477 号） ……………………………………………… 1922

320	检测碱性鞘磷脂酶的分析方法以及用于该方法的试剂盒

　　复审请求审查决定（第15588号） …………………………………………… 1932

321	胰高血糖素样肽-1的类似物

　　复审请求审查决定（第15609号） …………………………………………… 1936

无效宣告请求审查决定

001	黄牛肠激酶催化亚基基因及其基因工程生产方法

　　无效宣告请求审查决定（第10956号） ………………………………………… 1945

002	含生物活性物质的兔皮和其用途

　　无效宣告请求审查决定（第10960号） ………………………………………… 1950
　　北京市第一中级人民法院行政判决书（2008）一中行初字第592号 ………… 1960
　　北京市高级人民法院行政判决书（2009）高行终字第526号 ………………… 1968

003	含生物活性物质的兔皮和其用途

　　无效宣告请求审查决定（第10961号） ………………………………………… 1978
　　北京市第一中级人民法院行政判决书（2008）一中行初字第593号 ………… 1988
　　北京市高级人民法院行政判决书（2009）高行终字第527号 ………………… 1996

004	藏药独一味软胶囊制剂及其制备方法

　　无效宣告请求审查决定（第11005号） ………………………………………… 2005
　　北京市第一中级人民法院行政判决书（2008）一中行初字第391号 ………… 2014
　　北京市高级人民法院行政判决书（2008）高行终字第698号 ………………… 2022

005	藏药独一味软胶囊制剂及其制备方法

　　无效宣告请求审查决定（第11006号） ………………………………………… 2031
　　北京市第一中级人民法院行政判决书（2008）一中行初字第392号 ………… 2036
　　北京市高级人民法院行政判决书（2008）高行终字第697号 ………………… 2041

006	内压式膨胀活塞

　　无效宣告请求审查决定（第11014号） ………………………………………… 2048

007	一种中草药药物组合物及其制备方法

　　无效宣告请求审查决定（第11015号） ………………………………………… 2055

008	口服药物组合物及制备方法

　　无效宣告请求审查决定（第11016号） ………………………………………… 2062
　　北京市第一中级人民法院行政判决书（2008）一中行初字第440号 ………… 2074
　　北京市高级人民法院行政判决书（2009）高行终字第647号 ………………… 2084

009 疫　苗
无效宣告请求审查决定（第11120号） ……………………………………………… 2094

010 一种油炸食品及其制作方法
无效宣告请求审查决定（第11133号） ……………………………………………… 2115

011 三氧化二砷冻干粉针及其生产方法
无效宣告请求审查决定（第11136号） ……………………………………………… 2120

012 治疗心血管疾病的中药制剂及其制备方法
无效宣告请求审查决定（第11174号） ……………………………………………… 2125

013 用表皮生长因子拮抗物治疗顽固性的人肿瘤
无效宣告请求审查决定（第11230号） ……………………………………………… 2132
北京市第一中级人民法院行政判决书（2008）一中行初字第1355号 …………… 2144

014 以塔三烷衍生物为主组分的新组合物
无效宣告请求审查决定（第11271号） ……………………………………………… 2152
北京市第一中级人民法院行政判决书（2009）一中行初字第568号 ……………… 2162
北京市高级人民法院行政判决书（2009）高行终字第1148号 …………………… 2169

015 滑板结构
无效宣告请求审查决定（第11331号） ……………………………………………… 2176
北京市第一中级人民法院行政判决书（2008）一中行初字第1484号 …………… 2184

016 胰岛素类似物制剂
无效宣告请求审查决定（第11397号） ……………………………………………… 2190
北京市第一中级人民法院行政判决书（2009）一中行初字第430号 ……………… 2199

017 用于治疗过敏性疾病的药物及其制备方法
无效宣告请求审查决定（第11409号） ……………………………………………… 2208
北京市第一中级人民法院行政判决书（2008）一中行初字第1241号 …………… 2229

018 含有胰岛素类似物的药物制剂的制备方法
无效宣告请求审查决定（第11413号） ……………………………………………… 2253
北京市第一中级人民法院行政判决书（2008）一中行初字第762号 ……………… 2265

019 单体胰岛素类似物制剂
无效宣告请求审查决定（第11435号） ……………………………………………… 2282
北京市第一中级人民法院行政判决书（2008）一中行初字第1290号 …………… 2298
北京市高级人民法院行政判决书（2009）高行终字第724号 ……………………… 2309

020 青稞油炸、焙烤系列食品
无效宣告请求审查决定（第11457号） ……………………………………………… 2317
北京市第一中级人民法院行政判决书（2008）一中行初字第1493号 …………… 2328

021 签语饼
无效宣告请求审查决定（第 11563 号） ... 2335
北京市第一中级人民法院行政判决书（2008）一中行初字第 1199 号 ... 2339

022 油脂化工产品 12-羟基硬脂酸的制取方法
无效宣告请求审查决定（第 11595 号） ... 2345

023 六味地黄胶囊的生产工艺
无效宣告请求审查决定（第 11647 号） ... 2353

024 集菌仪
无效宣告请求审查决定（第 11797 号） ... 2363

025 一种与联合收割机配套的吸风式谷物清选装置
无效宣告请求审查决定（第 11951 号） ... 2370
北京市第一中级人民法院行政判决书（2008）一中行初字第 1348 号 ... 2376

026 诊断探针检测系统
无效宣告请求审查决定（第 11963 号） ... 2380
北京市第一中级人民法院行政判决书（2009）一中行初字第 11 号 ... 2388

027 一种改进的软冰淇淋机
无效宣告请求审查决定（第 12011 号） ... 2397

028 一种利用两系法培育亚种间杂交稻组合的方法
无效宣告请求审查决定（第 12015 号） ... 2405
北京市第一中级人民法院行政判决书（2008）一中行初字第 1417 号 ... 2413
北京市高级人民法院行政判决书（2009）高行终字第 1100 号 ... 2419

029 甘露聚糖肽组合物及其制备工艺和用途
无效宣告请求审查决定（第 12018 号） ... 2426

030 香菇多糖冻干粉针剂及其制备方法
无效宣告请求审查决定（第 12021 号） ... 2440
北京市第一中级人民法院行政判决书（2008）一中行初字第 1831 号 ... 2449
北京市高级人民法院行政判决书（2009）高行终字第 362 号 ... 2458

031 人工组合的抗菌工程多肽及其制备方法
无效宣告请求审查决定（第 12022 号） ... 2469

032 冷冻干燥的稳定的单克隆或多克隆抗体药物制剂
无效宣告请求审查决定（第 12049 号） ... 2475
北京市第一中级人民法院行政判决书（2009）一中行初字第 778 号 ... 2485

033 茶味南瓜子的加工方法
无效宣告请求审查决定（第 12103 号） ... 2498

034 多视面转动式波形折射变换图案箱
　　无效宣告请求审查决定（第12116号） ……………………………………… 2505

035 减毒 HSV-1 基因治疗载体
　　无效宣告请求审查决定（第12131号） ……………………………………… 2508
　　北京市第一中级人民法院行政裁定书（2009）一中行初字第397号 ……… 2514

036 抗疟药新药复方双氢青蒿素
　　无效宣告请求审查决定（第12148号） ……………………………………… 2515
　　北京市第一中级人民法院行政判决书（2008）一中行初字第1755号 …… 2526

037 一种新型熔蜡器
　　无效宣告请求审查决定（第12200号） ……………………………………… 2538

038 一种熔蜡器
　　无效宣告请求审查决定（第12201号） ……………………………………… 2543

039 灯箱的反光装置
　　无效宣告请求审查决定（第12336号） ……………………………………… 2549

040 灯箱的边缘补光装置
　　无效宣告请求审查决定（第12337号） ……………………………………… 2556

041 用离子交换层析纯化蛋白质
　　无效宣告请求审查决定（第12385号） ……………………………………… 2562
　　北京市第一中级人民法院行政判决书（2009）一中行初字第661号 ……… 2568

042 邮票镇纸
　　无效宣告请求审查决定（第12392号） ……………………………………… 2576

043 α-细辛脑原料生产工艺
　　无效宣告请求审查决定（第12417号） ……………………………………… 2581

044 能杀灭艾滋病和性病病毒、人体精子的杀菌膏及其制备方法
　　无效宣告请求审查决定（第12591号） ……………………………………… 2590
　　北京市第一中级人民法院行政判决书（2009）一中行初字1071号 ……… 2597

045 聚氨酯微孔弹性体生产方法
　　无效宣告请求审查决定（第12653号） ……………………………………… 2605
　　北京市第一中级人民法院行政判决书（2009）一中行初字第807号 ……… 2613

抑制血管发生的组合物和方法

复审请求审查决定（第14808号）

决 定 号	第14808号
决 定 日	2008年10月22日
发明创造名称	抑制血管发生的组合物和方法
国际分类号	C07K 1/00，C07K 1/10，C07K 1/107，C07K 5/00，C07K 2/00，C07K 14/00，C07K 16/00，C07K 16/18，A61K 39/395
复审请求人	南加利福尼亚大学
申 请 号	00802601.7
优 先 权 日	1999年1月6日，1999年7月13日，1999年9月2日
申 请 日	2000年1月6日
公 开 日	2002年4月17日
合议组组长	许 磊
主 审 员	张秀丽
参 审 员	李人久

法 律 依 据 专利法第26条第3款、第4款

决 定 要 点

对于涉及基因、多肽或蛋白质的发明，说明书应当明确记载其结构，如基因的碱基序列，多肽或蛋白质的氨基酸序列等，以使本领域技术人员能够确认该产品，如果本领域技术人员根据说明书的描述不能够确认该产品，则认为说明书公开不充分。

如果权利要求中限定的功能是以说明书实施例中记载的特定方式完成的，并且所属技术领域的技术人员不能明了此功能还可以采用说明书中未提到的其他替代方式来完成，则该功能性限定得不到说明书的支持。

一、案由

本复审决定涉及申请号为00802601.7，名称为"抑制血管发生的组合物和方法"的发明专利申请，申请人为南加利福尼亚大学，申请日为2000年1月6日，公开日为2002年4月17日，优先权日为1999年1月6日、1999年7月13日和1999年9月2日，进入中国国家阶段日为2001年7月6日。

国家知识产权局于2005年8月5日以权利要求1~16不符合专利法实施细则第20条第1款的规定为由驳回了本申请，驳回决定所针对的权利要求书如下：

1. 一种特异性结合一种或多种变性的胶原蛋白但与所述胶原蛋白的天然三螺旋形式结合的亲和

力显著降低的拮抗剂,其中所述拮抗剂抑制血管发生,并且所述拮抗剂选自抗体或肽。

2. 如权利要求 1 的拮抗剂,其中所述降低的亲和力比与所述变性的胶原蛋白结合的亲和力低大约 3 倍。

3. 如权利要求 1 的拮抗剂,其中所述降低的亲和力比与所述变性的胶原蛋白结合的亲和力低大约 5 倍。

4. 如权利要求 1 的拮抗剂,其中所述降低的亲和力比与所述变性的胶原蛋白结合的亲和力低大约 10 倍。

5. 如权利要求 1 的拮抗剂,其中所述的拮抗剂抑制血管发生。

6. 如权利要求 1 的拮抗剂,其中所述的变性的胶原蛋白是变性的 I 型胶原蛋白、变性的 II 型胶原蛋白、变性的 III 型胶原蛋白、变性的 IV 型胶原蛋白或变性的 V 型胶原蛋白。

7. 如权利要求 6 的拮抗剂,其中所述的变性的胶原蛋白是变性的 I 型胶原蛋白。

8. 如权利要求 6 的拮抗剂,其中所述的变性的胶原蛋白是变性的 I 型胶原蛋白和变性的 IV 型胶原蛋白。

9. 如权利要求 7 的拮抗剂,其中所述的变性的胶原蛋白是变性的 II 型胶原蛋白、变性的 III 型胶原蛋白和变性的 V 型胶原蛋白。

10. 如权利要求 6 的拮抗剂,其中所述的拮抗剂是一种单克隆抗体。

11. 如权利要求 8 的拮抗剂,其中所述的单克隆抗体是具有单克隆抗体 HUI77、HUIV26 或 XL313D 结合特异性的单克隆抗体。

12. 如权利要求 6 的拮抗剂,其中拮抗剂是一种多克隆抗体。

13. 如权利要求 6 的拮抗剂,其中拮抗剂是一种多肽、线性肽或环肽。

14. 如权利要求 6 的拮抗剂,其中拮抗剂是一种人源化或化学修饰的单克隆抗体。

15. 如权利要求 6 的拮抗剂,其中拮抗剂是单克隆抗体的片段。

16. 如权利要求 6 的拮抗剂,其中拮抗剂与细胞毒性或细胞生长抑制剂结合。

17. 权利要求 1～15 任何一项权利要求的拮抗剂在制备用于抑制组织中血管发生的药物中的用途。

18. 如权利要求 17 的用途,其中所述的药物制成静脉内、经皮、滑膜内、肌肉内、肿瘤内、眼内、鼻内、鞘内、局部或口服给药的形式。

19. 如权利要求 17 的用途,其中所述的药物与化疗结合在一起施用。

20. 如权利要求 17 的用途,其中所述的药物与放射疗法结合在一起施用。

21. 如权利要求 17 的用途,其中组织是炎性组织且正在血管发生。

22. 如权利要求 21 的用途,其中组织是哺乳动物组织。

23. 如权利要求 22 的用途,其中组织是关节炎组织、眼组织、视网膜组织或血管瘤。

24. 权利要求 1～15 任何一项权利要求的拮抗剂在制备抑制组织中肿瘤生长或转移的药物中的用途。

25. 如权利要求 24 的用途,其中所述的药物制成静脉内、经皮、滑膜内、肌肉内、肿瘤内、眼内、鼻内、鞘内、局部或口服给药的形式。

26. 如权利要求 24 的用途,其中所述的药物与化疗结合在一起施用。

27. 如权利要求 24 的用途,其中所述的药物与放射疗法结合在一起施用。

28. 如权利要求 24 的用途,其中肿瘤或转移瘤是黑素瘤、癌、肉瘤、纤维瘤、神经胶质瘤或星形细胞瘤。

29. 权利要求1~15任何一项权利要求的拮抗剂在制备抑制组织中银屑病、斑点退化或再狭窄的药物中的用途。

30. 如权利要求29的用途，其中所述的药物制成静脉内、经皮、滑膜内、肌肉内、肿瘤内、眼内、鼻内、鞘内、局部或口服给药的形式。

31. 如权利要求29的用途，其中所述的药物与化疗结合在一起施用。

32. 如权利要求29的用途，其中所述的拮抗剂与放射疗法结合在一起施用。

33. 权利要求1~15任何一项权利要求的拮抗剂在制备用于与一种组织接触而检测所述组织中血管发生的药物中的用途。

34. 如权利要求33的用途，其中所述的组织为回体组织。

35. 如权利要求33的用途，其中所述的组织为体内组织并且所述的药物制成静脉内、经皮、滑膜内、肌肉内、肿瘤内、眼内、鼻内、鞘内、局部或口服给药的形式。

36. 如权利要求33的用途，其中所述的拮抗剂与荧光染料、放射性标记、顺磁性重金属、诊断染料或酶缀合。

37. 权利要求1~15任何一项权利要求的拮抗剂在制备检测组织中肿瘤或肿瘤侵入的药物中的用途。

38. 如权利要求37的用途，其中所述的组织为回体组织。

39. 如权利要求37的用途，其中所述的组织为体内组织并且所述的药物制成静脉内、经皮、滑膜内、肌肉内、肿瘤内、眼内、鼻内、鞘内、局部或口服给药的形式。

40. 如权利要求37的用途，其中所述的拮抗剂与荧光染料、放射性标记、顺磁性重金属或诊断染料缀合。

41. 一种筛选变性胶原蛋白拮抗剂的方法，包括：

a）提供多个推定的拮抗剂；

b）测定所述的这些推定的拮抗剂与选自Ⅰ型、Ⅱ型、Ⅲ型、Ⅳ型和Ⅴ型胶原蛋白的一种变性胶原蛋白的第一亲和力；

c）测定所述的这些推定的拮抗剂与选自Ⅰ型、Ⅱ型、Ⅲ型、Ⅳ型、Ⅴ型胶原蛋白的一种天然胶原蛋白的第二亲和力，其中所述所选择的天然胶原蛋白是所选择的变性胶原蛋白的天然形式；

d）从所述多个推定的拮抗剂中选择具有显著低于所述的第一亲和力的所述的第二亲和力的至少一个变性胶原蛋白拮抗剂；

e）在所述至少一个变性胶原蛋白拮抗剂存在下测量对血管发生的抑制作用；以及

f）选择一种抑制血管发生的变性胶原蛋白拮抗剂。

42. 如权利要求41的方法，其中所述的推定拮抗剂是多肽，线性肽或环肽。

43. 如权利要求41的方法，其中所述的推定拮抗剂是抗体。

44. 如权利要求43的方法，其中所述的抗体是单克隆抗体。

45. 如权利要求43的方法，其中所述的抗体是多克隆抗体。

46. 如权利要求41的方法，其中所述的第一亲和力和第二亲和力是通过酶联免疫吸附分析方法而测定的。

47. 如权利要求41的方法，其中所述的第二亲和力比第一亲和力大约低3倍。

48. 如权利要求41的方法，其中所述的第二亲和力比第一亲和力大约低5倍。

49. 如权利要求41的方法，其中所述的第二亲和力比第一亲和力大约低10倍。

50. 一种筛选变性胶原蛋白拮抗剂的方法，包括选择一种具有与权利要求11的拮抗剂竞争结合变性胶原蛋白上表位的拮抗剂。

51. 包含编码能被权利要求 1 的拮抗剂识别的表位的序列的肽。

52. 如权利要求 51 的肽，其中所述的拮抗剂是单克隆抗体。

53. 如权利要求 52 的肽，其中所述的抗体是 HUI77、HUIV26 或 XL313。

54. 如权利要求 53 的肽，其中所述的肽是 SEQ ID NO：12 的肽。

驳回决定认为：抗体或多肽仅仅是一类化学物质的总称，本领域技术人员无法确定究竟是什么样的抗体或多肽才能够实现所述"特异性结合一种或多种变性的胶原蛋白但与所述胶原蛋白的天然三螺旋形式结合的亲和力显著降低的拮抗剂"、"所述拮抗剂抑制血管发生"的目的，对于权利要求 1 所要求保护的拮抗剂，仅仅限定它们的功能以及笼统地限定为"抗体或多肽"，不能够清楚地表明所要求保护的拮抗剂究竟是什么样的物质，因此，权利要求 1 不清楚，不符合专利法实施细则第 20 条第 1 款的规定。同理，权利要求 2～16 也不符合专利法实施细则第 20 条第 1 款的规定。

申请人（下称请求人）对上述驳回决定不服，于 2005 年 11 月 18 日向专利复审委员会提出了复审请求，请求人在提出复审请求时提交了修改后的权利要求书全文替换页（共 5 页 54 项），对权利要求 1 进行了修改，其余权利要求未作修改。

修改后的权利要求 1 为：

"1. 一种特异性结合一种或多种变性的胶原蛋白但与所述胶原蛋白的天然三螺旋形式结合的亲和力显著降低的拮抗剂，其中所述拮抗剂通过包含下述步骤的方法获得：

a. 提供多个推定的拮抗剂；

b. 测定所述的这些推定的拮抗剂与一种变性胶原蛋白的第一亲和力；

c. 测定所述的这些推定的拮抗剂与一种天然胶原蛋白的第二亲和力，其中所述所选择的天然胶原蛋白是所选择的变性胶原蛋白的天然形式；

d. 从所述多个推定的拮抗剂中选择具有显著低于所述的第一亲和力的所述的第二亲和力的至少一个变性胶原蛋白拮抗剂；

e. 在所述至少一个变性胶原蛋白拮抗剂存在下测量对血管发生的抑制作用；以及

f. 选择一种抑制血管发生的变性胶原蛋白拮抗剂。"

请求人认为：权利要求 1 中具体指明了可用于产生所述拮抗剂的方法，本领域技术人员可以结合说明书的教导清楚地了解如何获得所述拮抗剂，并且通过限定所述拮抗剂的功能"特异性结合一种或多种变性的胶原蛋白但与所述胶原蛋白的天然三螺旋形式结合的亲和力显著降低"，本领域技术人员可以清楚地了解用于筛选所述拮抗剂的标准，并能够容易地获得具有所需特性的拮抗剂。因此，权利要求 1 是清楚的，符合专利法实施细则第 20 条第 1 款的规定。相应地，从属权利要求 2～16 都对权利要求 1 的拮抗剂做出进一步的限定，由于权利要求 1 是清楚的，因此，权利要求 2～16 的保护范围也是清楚的，符合专利法实施细则第 20 条第 1 款的规定。

形式审查合格后，专利复审委员会受理了该复审请求，并于 2006 年 3 月 22 日向请求人发出了《复审请求受理通知书》，同时将本申请案卷转送至原审查部门进行前置审查。

原审查部门对本复审请求进行了前置审查，坚持原驳回决定。原审查部门认为：审查指南第二部分第十章第 3.1 节规定，化合物权利要求应当用化合物的名称或化合物的结构式或分子式来表征；第 3.3 节规定了仅用结构或组成特征不能清楚限定的化学产品的两种情况，而本申请要求保护的拮抗剂不属于这两种情况。因此，请求人修改后的权利要求 1 采用制备方法来定义所述拮抗剂，仍然不符合专利法实施细则第 20 条第 1 款的规定。

专利复审委员会组成合议组，对本复审请求案进行了审理，于 2008 年 4 月 30 日向请求人发出

《复审通知书》。合议组指出：(1) 由于说明书中没有给出抗体 HUI77、HUIV26 的具体序列结构，并且说明书中也没有明确 2 个抗体所针对的具体抗原表位的结构，使得本领域技术人员无法确认这 2 个抗体及包含其所识别表位的肽。因此，说明书对抗体 HUI77、HUIV26 以及包含它们所识别表位的肽公开不充分，不符合专利法第 26 条第 3 款的规定。(2) 权利要求 1 的技术方案虽然使用了功能性限定，但其限定的功能是以说明书实施例中记载的特定方式，即 XL313 来完成的，本领域技术人员无法明了除了抗体 XL313，其他的替代拮抗剂具有什么样的结构，也即，本领域技术人员不能明了上述能够"特异性结合一种或多种变性的胶原蛋白但与所述胶原蛋白的天然三螺旋形式结合的亲和力显著降低"和"抑制血管发生"的功能除了可由抗体 XL313 完成外，还可以采用说明书中未提到的其他替代方式完成。因此，权利要求 1 得不到说明书的支持，不符合专利法第 26 条第 4 款的规定。对于权利要求 2~53，由于其对拮抗剂的进一步限定仍不能使本领域技术人员明了所述拮抗剂具有什么样的结构，或没有明确限定 XL313 序列及其所识别抗原表位的结构，或本领域技术人员无法确定所述拮抗剂是否能用于制药用途、所述筛选拮抗剂的方法是否可以筛选到除 XL313 之外其他的具有所述功能的拮抗剂、包含所述拮抗剂识别表位的肽具备什么样的结构，因而权利要求 2~53 也得不到说明书的支持，不符合专利法第 26 条第 4 款的规定。(3) 权利要求 1 中"显著降低"、"显著低于"的含义不确定，导致其请求保护的技术方案不清楚，不符合专利法实施细则第 20 条第 1 款的规定。同理，权利要求 5~10、12~46、50~52 的技术方案也不清楚，不符合专利法实施细则第 20 条第 1 款的规定。

针对《复审通知书》指出的问题，请求人于 2008 年 8 月 15 日提交了意见陈述书及修改的权利要求书（共 5 页 53 项）和附件 1（菌种保藏证明，英文，复印件共 1 页），其所做的修改是删除了权利要求 53 中的"HUI77、HUIV26 或"以及权利要求 54，并修改权利要求 51 中的肽为"包含氨基酸序列 SEQ ID NO：12 的肽，所述氨基酸序列是能被权利要求 1 的拮抗剂识别的表位"，对其余权利要求未作修改。

请求人认为：(1) 本申请涉及三种具体的抗体 XL313、HUI77 和 HUIV26 已经在说明书中充分公开，具体参见实施例部分。并且，产生所述三种抗体的杂交瘤细胞已经在美国典型培养物保藏中心保藏（见附件 1），其中产生 HUI77 抗体的杂交瘤细胞的保藏日期和保藏号分别为 2005 年 2 月 2 日、PAT-6552 以及产生 HUIV26 抗体的杂交瘤细胞的保藏日和保藏号为 2005 年 2 月 9 日、PAT6563，根据说明书的教导，本领域技术人员可以实施本发明中与抗体 HUI77 和 HUIV26 有关的技术方案，也可以得出所述抗体识别的表位肽，即说明书对所述抗体及其所识别表位的肽公开是充分的。(2) 对于专利法第 26 条第 4 款的问题，首先，根据说明书的内容，结合本领域技术常识，本领域技术人员可以获得 HUI77 和 HUIV26 单克隆抗体，因此，说明书中公开了除 XL313 抗体之外的本发明所述抗体的信息，审查意见理由不成立；其次，实施例 1~4、7~12 中记载了 HUI77 和 HUIV26 单克隆抗体是通过一种减法免疫技术而生产出来的，并且具有抑制黑色素瘤肿瘤的血管发生、抑制细胞迁移、抑制黑色素瘤肿瘤生长的功能，根据说明书中关于 HUI77 和 HUIV26 的信息，本领域技术人员可以理解抗体 HUI77 和 HUIV26 可以作为替代方式实现权利要求 1 的技术方案；另外，说明书实施例和附图中还记载了所有三种抗体都能体内和体外抑制血管发生，因此，与 XL313 抗体相比，即使不具体描述 HUI77 和 HUIV26 抗体所识别的变性胶原蛋白中表位的氨基酸序列，本领域技术人员也能够理解抗体 HUI77 和 HUIV26 与变性胶原蛋白结合从而抑制血管产生，但所述抗体与每种胶原蛋白的天然三螺旋形式的结合亲和力显著降低，从而落在权利要求 1 的范围内。因此，权利要求 1 得到说明书的支持。同理，权利要求 2~10、12~50 及修改后的权利要求 51~53 得到说明书的支持。(3) 说明书第 4 页第 18~21 行中指出，"显著下降的亲和力"是指比与变性的胶原蛋白的亲和力低 3 倍左右，优选低 5 倍左右，更低 10 倍左右，最好低 10 倍以上。当与相关亲和力比较时，"显著减少"意思是指亲和力至少差 3 倍。说明书第 34 页第 2、3 段中以抗体 HUI77 作为实例说明了这一点，例如第 9~11 和 15~18 行中分别记载"通过 ELISA 方法检测出 HUI77 单克隆抗体与变性的 I 型胶原蛋白结合亲和力明显要比其与天然的 I 型胶原蛋白的结合亲和力高 10 倍以上"以及"如图 2 所示，通过 ELISA 方法检测出 HUI77 单克隆抗体与变性的 III、IV、V 型胶原蛋白结合的亲和力是其与天然形式的这些胶原蛋白结合亲和力的大约 7 倍，大约 8 倍和大约 10 倍以上"，因此，"显著降低"和"显著低于"的含义是清楚的，权利要求 1、5~10、12~46、50~52 的技术方案是清楚的。

合议组审理后认为本案事实清楚，可以作出复审决定。

二、决定的理由

1. 审查依据的文本

本复审请求审查决定所依据的审查文本是：申请人于本申请进入中国国家阶段时提交的说明书第 1~43 页和说明书摘要，2001 年 10 月 26 日提交的说明书附图第 1~30 页以及 2008 年 8 月 15 日提交的权利要求 1~53。

2. 关于专利法第 26 条第 3 款

专利法第 26 条第 3 款规定：说明书应当对发明或者实用新型作出清楚、完整的说明，以所属技术领域的技术人员。

根据该款规定，对于涉及基因、多肽或蛋白质的发明，说明书应当明确记载其结构，如基因的碱基序列，多肽或蛋白质的氨基酸序列等，以使本领域技术人员能够确认该产品，如果本领域技术人员根据说明书的描述不能够确认该产品，则认为说明书公开不充分。

本申请涉及三个具体抗体，即 XL313、HUI77、和 HUIV26 以及包含它们所识别表位的肽，其中对于抗体 HUI77、HUIV26 以及包含它们所识别表位的肽而言（例如权利要求 11、53），由于说明书中（实施例 1~13）仅描述了抗体 HUI77、HUIV26 是通过制备特异于变性 IV 型胶原而和天然 IV 型胶原基本上不反应的方法制备的，具备抑制肿瘤生长、血管生成等功效，但没有给出抗体的具体序列结构，并且说明书中也没有明确 2 个抗体所针对的具体抗原表位的结构，使得本领域技术人员无法确认 2 个抗体及包含其所识别表位的肽。因此，说明书对抗体 HUI77、HUIV26 以及包含它们所识别表位的肽公开不充分，不符合专利法第 26 条第 3 款的规定。

针对请求人的陈述，合议组认为：(1) 说明书中没有公开 HUI77 和 HUIV26 以及包含它们所识别表位的肽的序列结构，使得本领域技术人员无法确认 2 个抗体及包含其所识别表位的肽，进而无法实施本发明中与 HUI77、HUIV26 以及其识别的表位多肽有关的技术方案；(2) 附件 1 中 HUI77、HUIV26 抗体的国际保藏日为 2005 年 2 月 2 日或 2 月 9 日，均晚于本申请的申请日，因而不能作为本申请在申请日时已充分公开的证据。

3. 关于专利法第 26 条第 4 款

专利法第 26 条第 4 款规定，权利要求书应当以说明书为依据，说明要求专利保护的范围。

根据该款规定，权利要求书中的每一项权利要求所要求保护的技术方案应当是所属技术领域的技术人员能够从说明书充分公开的内容中得到或概括得出的技术方案，并且不得超出说明书公开的范围。如果权利要求中限定的功能是以说明书实施例中记载的特定方式完成的，并且所属技术领域的技术人员不能明了此功能还可以采用说明书中未提到的其他替代方式来完成，则该功能性限定得不到说明书的支持。

本案中，权利要求 1 请求保护"一种特异性结合一种或多种变性的胶原蛋白但与所述胶原蛋白的天然三螺旋形式结合的亲和力显著降低的拮抗剂，其中所述拮抗剂通过包含下述步骤的方法获得：

a. 提供多个推定的拮抗剂；

b. 测定所述的这些推定的拮抗剂与一种变性胶原蛋白的第一亲和力；

c. 测定所述的这些推定的拮抗剂与一种天然胶原蛋白的第二亲和力，其中所述所选择的天然胶原蛋白是所选择的变性胶原的天然形式；

d. 从所述多个推定的拮抗剂中选择具有显著低于所述的第一亲和力的所述的第二亲和力的至少一个变性胶原蛋白拮抗剂；

e. 在所述至少一个变性胶原蛋白拮抗剂存在下测量对血管发生的抑制作用；以及

f. 选择一种抑制血管发生的变性胶原蛋白拮抗剂。"

权利要求1请求保护的拮抗剂采用了功能性限定"特异性结合一种或多种变性的胶原蛋白但与所述胶原蛋白的天然三螺旋形式结合的亲和力显著降低"并且"抑制血管发生"，虽然该权利要求还通过筛选方法（包括步骤a、b、c、d、e、f）对拮抗剂进行了限定，但这种筛选方法实质上仍然是对拮抗剂所具备的性质、功能的限定，即其实质上仍然是限定拮抗剂具有"特异性结合一种或多种变性的胶原蛋白但与所述胶原蛋白的天然三螺旋形式结合的亲和力显著降低"并且"抑制血管发生"的功能。但在本申请说明书充分公开的内容当中，仅具体实施了一个单克隆抗体XL313，该抗体特异于变性的I型胶原，与天然的I、IV型胶原和变性的IV型胶原基本不反应，并且具有抑制血管发生、抑制肿瘤生长等功效，虽然说明书中（实施例1~13）描述了抗体HUI77、HUIV26是通过制备特异于变性IV型胶原而和天然IV型胶原基本上不反应的方法制备的，具备抑制肿瘤生长、血管生成等功效，但没有给出这2个抗体的具体序列结构，并且说明书中也没有明确这2个抗体所针对的具体抗原表位的结构，使得本领域技术人员无法确认这2个抗体及包含其所识别表位的肽。因此，说明书对抗体HUI77、HUIV26以及包含它们所识别表位的肽公开不充分，HUI77、HUIV26并不构成完整意义上的本发明的具体实施方案。而本发明实施例仅记载了XL313抗体，因而，对于权利要求1限定的拮抗剂具有"特异性结合一种或多种变性的胶原蛋白但与所述胶原蛋白的天然三螺旋形式结合的亲和力显著降低"并且"抑制血管发生"的功能，说明书是以实施例记载的特定方式（抗体XL313）完成的，除了说明书具体实施的XL313抗体外，说明书并未记载任何能实现本发明目的的其他具体单克隆抗体的实施方案。

合议组认为，除了抗体XL313外，本领域技术人员无法明了其他能够"特异性结合一种或多种变性的胶原蛋白但与所述胶原蛋白的天然三螺旋形式结合的亲和力显著降低"和"抑制血管发生"的拮抗剂具有什么样的结构，即本领域技术人员不能明了上述能够"特异性结合一种或多种变性的胶原蛋白但与所述胶原蛋白的天然三螺旋形式结合的亲和力显著降低"和"抑制血管发生"的功能还可以采用说明书中未提到的其他替代方式完成。这是因为：首先，根据说明书的记载，特异于变性胶原而与天然胶原不反应的拮抗剂一般是针对胶原的隐蔽区特异性结合的拮抗剂，而通常情况下，不同类型的胶原存在各自不同的隐蔽区，本申请没有明确给出各种类型胶原都具有哪些隐蔽区，各种隐蔽区具有什么样的序列结构，当这些隐蔽区的结构无法确认时，本领域技术人员也无法明确特异于各隐蔽区的拮抗剂具备什么样的序列结构，也即，本领域技术人员无法确定能"特异性结合一种或多种变性的胶原蛋白但与所述胶原蛋白的天然三螺旋形式结合的亲和力显著降低"的拮抗剂具有什么样的结构。其次，即便各种类型变性胶原的每个隐蔽区的序列结构可以得到确认，由于本申请说明书没有证明针对I~V型胶原每个隐蔽区肽合成的单抗都有所述抑制肿瘤生成和血管发生功效，因而无法确认能够"特异性结合一种或多种变性的胶原蛋白但与所述胶原蛋白的天然三螺旋形式结合的亲和力显著降低"并且"抑制血管发生"的抗体针对的是哪个隐蔽区，也就不能确认其具体的序列结构。例如，本申请说明书附图25及实施例17指出：人I型胶原有5个隐蔽肽，其中隐蔽肽2支持内皮细胞存活和索形成，而存在于人I型胶原蛋白中相似的肽则无此效应，其他隐蔽肽在18小时后很少显示活性。由此可以看出，针对I型胶原，其5个隐蔽肽中只有肽2能促进内皮索的形成，而其他隐蔽肽无法促进内皮索的形成，当隐蔽区肽无法促进内皮索形成，也即无法促进血管生成时，针对这种隐蔽区肽的抗体也就无法抑制肿瘤生成或血管发生，因此，仅根据XL313抗体无法推知针对I~V型胶原每个隐蔽区肽合成的单抗都有所述抑制肿瘤生成和血管发生的功能，进而无法确认能够"特异性结合一种或多种变性的胶原蛋白但与所述胶原蛋白的天然三螺旋形式结合的亲和力显著降低"并且"抑制血管发生"的抗体针对的是哪个隐蔽区，也就不能确认其具体的序列结构。第三，本申请说明书实施例20只能证明变性的I型胶原能够刺激小鼠B16黑素瘤生长，而不能证实其他类型的变性胶原也能刺激黑素瘤或其他肿瘤生长，本领域技术人员也无法推知这些可能性。因此，当无法确认任意的变性的胶原蛋白均能引发肿瘤生成或血管发生时，对于不能引发肿瘤生成或血管发生的变性胶原，其特异性抗体不能抑制肿瘤生成或血管发生。因此，本领域技术人员无法确认能够"特异性结合一种或多种变性的胶原蛋白但与所述胶原蛋白的天然三螺旋形式结合的亲和力显著降低"并且"抑制血管发生"的抗体针对的是哪种变性的胶原，进而也就不能确认其具体的序列结构。

综上所述，权利要求1的技术方案使用了功能性限定，但其限定的功能是以说明书实施例中记载的特定方式，即XL313来完成的，本领域技术人员无法明了除了抗体XL313，其他的替代拮抗剂具有什么样的结构，也即，本领域技术人员不能明了上述能够"特异性结合一种或多种变性的胶原蛋白但与所述胶原蛋白的天然三螺旋形式结合的亲和力显著降低"和"抑制血管发生"的功能除了可由抗体XL313完成外，还可以采用说明书中未提到的其他替代方式完成。因此，权利要求1得不到说明书的支持，不符合专利法第26条第4款的规定。

对于请求人在复审请求和答复复审通知书时陈述的意见，合议组认为：（1）虽然说明书中（实施例1~4、7~12）描述了抗体HUI77、HUIV26是通过一种减法免疫技术而生产出来的，具备抑制肿瘤生长、血管生成、细胞迁移等功效，但没有给出这2个抗体的具体序列结构，并且说明书中也没有明确这2个抗体所针对的具体抗原表位的结构，使得本领域技术人员无法确认这2个抗体及包含其所识别表位的肽。因此，说明书对抗体HUI77、HUIV26以及包含它们所识别表位的肽公开不充分，HUI77、HUIV26并不构成完整意义上的本发明的具体实施方案，进而HUI77和HUIV26不能作为除了XL313之外的替代方式。（2）即便本领域技术人员能够获知HUI77、HUIV26或它们所识别表位的肽的结构，与前述相同的理由，除了抗体XL313、HUI77、HUIV26外，本领域技术人员也无法明了其他能够"特异性结合一种或多种变性的胶原蛋白但与所述胶原蛋白的天然三螺旋形式结合的亲和力显著降低"和"抑制血管发生"的拮抗剂具有什么样的结构，即本领域技术人员不能明了上述能够"特异性结合一种或多种变性的胶原蛋白但与所述胶原蛋白的天然三螺旋形式结合的亲和力显著降低"和"抑制血管发生"的功能还可以采用说明书中未提到的其他替代方式完成。因此，请求人认为权利要求1得到说明书支持的理由不成立。

权利要求2~16是权利要求1的从属权利要求。由于其对拮抗剂的进一步限定仍不能使本领域技术人员明了其具有什么样的结构，即本领域技术人员不能明了上述能够"特异性结合一种或多种变性的胶原蛋白但与所述胶原蛋白的天然三螺旋形式结合的亲和力显著降低"和"抑制血管发生"的功能除了可由XL313完成外，还可以采用说明书中未提到的其他替代方式完成。因此，权利要求2~16的技术方案也得不到说明书的支持，不符合专利法第26条第4款的规定。

权利要求17~40请求保护拮抗剂的制药用途。由于拮抗剂得不到说明书的支持，则其能否用于制药也是本领域技术人员无法确定的。因此，权利要求17~40的技术方案得不到说明书的支持，不符合专利法第26条第4款的规定。

权利要求 41~50 请求保护筛选拮抗剂的方法。该权利要求通过步骤 a、b、c、d、e、f 限定了拮抗剂的筛选过程，其中包括"选择具有显著低于所述第一亲和力的所述第二亲和力"、"抑制血管发生"的变性胶原拮抗剂步骤，由此可以看出，通过该过程筛选到的拮抗剂具有"特异性结合一种或多种变性的胶原蛋白但与所述胶原蛋白的天然三螺旋形式结合的亲和力显著降低"并且"抑制血管发生"的功能。但是本申请仅实施了通过该方法筛选到了具有所述功能的 XL313，说明书并未记载能通过该方法筛选到实现本发明目的的其他具体单克隆抗体的实施方案，因而，对于权利要求 41~50 限定的"选择具有显著低于所述第一亲和力的所述第二亲和力"、"抑制血管发生"的变性胶原拮抗剂，说明书是以实施例记载的特定方式（筛选到特定的抗体 XL313）完成的，即本领域技术人员不能明了上述方法除能够筛选到具有"特异性结合一种或多种变性的胶原蛋白但与所述胶原蛋白的天然三螺旋形式结合的亲和力显著降低"和"抑制血管发生"的功能的 XL313 之外，还可以筛选到其他具有所述功能的拮抗剂。因此，"选择具有显著低于所述第一亲和力的所述第二亲和力"以及"抑制血管发生"的变性胶原拮抗剂或与这种拮抗剂竞争表位的拮抗剂的这一功能性特征无法得到说明书支持，权利要求 41~50 不符合专利法第 26 条第 4 款的规定。

根据以上事实和理由，本案合议组作出如下审查决定。

三、决定

维持国家知识产权局于 2005 年 8 月 5 日对第 00802601.7 号发明专利申请作出的驳回决定。由原审查部门在本复审决定所针对的文本的基础上继续进行审查。

复审请求人对本决定不服的，可以根据专利法第 41 条第 2 款的规定，自收到本决定之日起三个月内向北京市第一中级人民法院起诉。

胞内劳森氏菌培养、抗该菌的疫苗和诊断试剂

复审请求审查决定（第 14856 号）

决 定 号	第 14856 号
决 定 日	2008 年 10 月 20 日
发明创造名称	胞内劳森氏菌培养、抗该菌的疫苗和诊断试剂
国际分类号	C12N 1/20，C12N 1/36，A61K 39/02，A61P 31/00//（C12N 1/20，C12R 1：01）
复审请求人	诺博实验室股份有限公司
申 请 号	200310116358.2
优 先 权 日	1996 年 6 月 4 日
申 请 日	1996 年 11 月 12 日
公 开 日	2004 年 8 月 11 日
合议组组长	李金光
主 审 员	刘洪尊
参 审 员	冯 怡
法 律 依 据	专利法第 22 条第 4 款

决 定 要 点

具有实用性的发明或者实用新型专利申请主题，不能违背自然规律并且应当具有再现性。其中所说的再现性是指所属技术领域的技术人员根据该申请公开的技术内容，能够重复实施专利申请中为解决技术问题所采用的技术方案，这种重复实施不得依赖任何随机的因素，并且实施结果应该是相同的。

一、案由

本复审请求涉及 1996 年 11 月 12 日申请、2004 年 8 月 11 日公开、名称为"胞内劳森氏菌培养、抗该菌的疫苗和诊断试剂"的第 200310116358.2 号发明专利申请（下称本申请）。本申请的优先权日为 1996 年 6 月 4 日。本申请的申请人为诺博实验室股份有限公司。本申请是申请号为 96114542.0 的母案的分案申请，分案提交日是 2003 年 11 月 21 日。

国家知识产权局实质审查部门于 2006 年 3 月 10 日以权利要求 1 不符合专利法第 22 条第 4 款的规定为由驳回了本申请。

驳回决定所针对的权利要求书为：

"1. 一种体外产生减毒胞内劳森氏菌（Lawsoniaintracellularis）菌株的方法，其特征在于，包括：

a. 获得用胞内劳森氏菌细菌感染的培养细胞；

b. 在氧浓度为 0～18% 下孵育该感染细胞；

c. 搅拌该感染细胞，从而培养胞内劳森氏菌，同时维持该细胞处于悬浮状态；

d. 使至少一部分该培养细菌传代；

e. 收获至少一部分该培养的细菌；和

f. 选择减毒菌株以提供减毒的胞内劳森氏菌细菌。

2. 采用权利要求 1 所述的方法制得的胞内劳森氏菌减毒菌株。

3. 一种用于在动物中诱导针对胞内劳森氏菌细菌的免疫应答的疫苗，其特征在于，含有权利要求 2 所述的胞内劳森氏菌减毒菌株和药学上可接受的载体。

4. 如权利要求 3 所述的疫苗，其特征在于，所述疫苗含有 $10^7 \sim 10^9$ $TCID_{50}$ 的免疫原。

5. 如权利要求 3 所述的疫苗，其特征在于，所述载体选自水性溶液、乳液或悬浮液。

6. 如权利要求 3 所述的疫苗，其特征在于，所述减毒菌株的数量能有效地产生免疫应答，所述疫苗含有 50～500 微克的免疫原，且使用纯化的细菌。

7. 如权利要求 3 所述的疫苗，其特征在于，该减毒菌株是用权利要求 1 所述的方法产生的。

8. 如权利要求 3 所述的疫苗，其特征在于，该被胞内劳森氏菌感染的培养细胞是通过用胞内劳森氏菌感染动物的肠组织匀浆而制备的。

9. 如权利要求 3 所述的疫苗，其特征在于，该减毒菌株是菌株 ATCC 55783。

10. 权利要求 2 所述的的减毒菌株的用途，其特征在于，用于制备治疗劳森氏菌感染用的药剂。"

驳回决定认为，权利要求 1 所要保护的方法是一种在人工条件下筛选微生物菌株的方法，并且所述菌株是减弱菌株，即突变菌株。这种类型的方法由于受到客观条件的限制，主要依赖于微生物在人工条件下所产生的随机突变，然后从中筛选出具有减毒特征的菌株，这种突变实际上是 DNA 复制过程中的一个或多个碱基的变化。由于碱基变化是随机的，因此即使清楚记载了诱变条件，也很难通过重复诱变条件而得到完全相同的结果，或者很难保证能够获得有效的减毒菌株。另外申请人并未给出足够的证据证明在所述人工条件下必然得到具有所需特性的微生物。因此权利要求 1 不符合专利法第 22 条第 4 款的规定。

申请人诺博实验室股份有限公司（下称请求人）对上述驳回决定不服，于 2006 年 6 月 6 日向专利复审委员会提出复审请求，请求人在提出复审请求时没有修改申请文件，而是提交了用于证明本申请具备实用性的 3 篇参考文件，其中参考文件 1、2 为两篇技术资料的复印件，未记载任何出版信息和作者信息，参考文件 3 为公开号为 WO2005/011731A1、公开日为 2005 年 2 月 10 日的专利文献。

请求人认为：（1）本申请权利要求的方法是符合自然法则、具有技术特征的可实施的方法，而且参考文件 3 证明该方法能够产生积极的效果。另外参考文件 1 和参考文件 2 证明现有技术已知可采用传统的减毒途径经由细胞培养传代而产生用作疫苗的减毒菌株。因此权利要求 1 符合实用性的定义。（2）本领域技术人员结合本领域的技术常识和本申请公开的内容，能够知道采用本申请的方法必然能够得到减毒的胞内劳森氏菌，所以权利要求 1 具有再现性。因此国家知识产权局实质审查部门驳回的理由不成立。

形式审查合格后，专利复审委员会受理了该复审请求，并于 2006 年 7 月 26 日向请求人发出《复审请求受理通知书》，随后将本申请移交原审查部门进行前置审查。

原审查部门对本复审请求进行了前置审查，坚持原驳回决定并进一步指出：即使减毒菌株的获得也具有偶然性和随机因素，不具有再现性。

专利复审委员会组成合议组，对本案的复审请求进行了审理。于 2008 年 7 月 10 日向请求人发出《复审通知书》。《复审通知书》指出：（1）权利要求 1 的技术方案实际上是依赖于"细胞分裂得越多，发生的突变水平越高"（参见本申请说明书第7页第29~30行的描述），即是通过筛选突变的减毒菌株来完成的。这种突变本质上是DNA复制过程中一个或几个碱基的变化。由于碱基变化是随机的，因此即使清楚记载了筛选条件，也很难通过重复筛选条件而得到完全相同的结果。（2）权利要求1的特征部分中存在"在氧浓度0~18％下孵育该感染细胞"的描述。本领域技术人员根据说明书实施例的记载，感染细胞均在一定的氧浓度环境中生存，无法确信在氧浓度为0的情况下也能使感染细胞存活。(3) 权利要求1中未记载从培养的感染细胞中如何选择减毒菌株、培养时间及传代数，所属领域技术人员无法判断培养过程中获得所需要的减毒菌株的性状和时机，这将导致无法重复实施该权利要求1的技术方案。因此，权利要求1不具备再现性，不符合专利法第22条第4款关于实用性的规定。

针对《复审通知书》指出的问题，请求人于2008年8月25日提交了意见陈述书及经修改的权利要求书全文替换页（共1页，含7项权利要求）。2008年10月9日，请求人再次提交了意见陈述书及经修改的权利要求书全文替换页（共1页，含7项权利要求）。请求人认为删除《驳回决定》和《复审通知书》所指出的存在缺陷的权利要求后，克服了上述缺陷。具体权利要求书如下：

"1. 采用如下所述的步骤制得的胞内劳森氏菌减毒菌株：
a. 获得用胞内劳森氏菌细菌感染的培养细胞；
b. 在氧浓度为0~18％下孵育该感染细胞；
c. 搅拌该感染细胞，从而培养胞内劳森氏菌，同时维持该细胞处于悬浮状态；
d. 使至少一部分该培养细菌传代；
e. 收获至少一部分该培养的细菌；和
f. 选择减毒菌株以提供减毒的胞内劳森氏菌细菌。
2. 一种用于在动物中诱导针对胞内劳森氏菌细菌的免疫应答的疫苗，其特征在于，含有权利要求1所述的胞内劳森氏菌减毒菌株和药学上可接受的载体。
3. 如权利要求2所述的疫苗，其特征在于，所述疫苗含有10^7~10^9 TCID$_{50}$的免疫原。
4. 如权利要求2所述的疫苗，其特征在于，所述载体选自水性溶液、乳液或悬浮液。
5. 如权利要求2所述的疫苗，其特征在于，所述减毒菌株的数量能有效地产生免疫应答，所述疫苗含有50~500微克的免疫原，且使用纯化的细菌。
6. 如权利要求2所述的疫苗，其特征在于，该减毒菌株是菌株ATCC 55783。
7. 权利要求1所述的减毒菌株的用途，其特征在于，用于制备治疗胞内劳森氏菌感染用的药剂。"

至此，合议组认为本案事实已经清楚，可以作出审查决定。

二、决定的理由

1. 关于文本

请求人于2008年10月9日提交的权利要求书的具体修改包括：（1）删除了《驳回决定》和《复审通知书》所针对的权利要求1；（2）删除了《驳回决定》所针对文本中的权利要求7、8；（3）将原权利要求10改为权利要求7，并将其中原记载的"劳森氏菌"改为"胞内劳森氏菌"；（4）对其余权利要求的编号和引用关系进行适应性修改。这种修改符合专利法第33条和专利法实施细则第60条第1款的规定。

据此，本决定所依据的审查文本是：请求人于2003年11月21日提交的说明书第1~29页和说明书摘要以及2008年10月9日提交的权利要求1~7。

2. 关于专利法第 22 条第 4 款

专利法第 22 条第 4 款规定，实用性，是指该发明或者实用新型能够制造或者使用，并且能够产生积极效果。

根据该款规定，具有实用性的发明或者实用新型专利申请主题，不能违背自然规律并且应当具有再现性。其中所说的再现性是指所属技术领域的技术人员根据该申请公开的技术内容，能够重复实施专利申请中为解决技术问题所采用的技术方案，这种重复实施不得依赖任何随机的因素，并且实施结果应该是相同的。

本案中，驳回决定所针对文本中的权利要求 1 要求保护一种体外产生减毒胞内劳森氏菌菌株的方法，包括：a. 获得用胞内劳森氏菌细菌感染的培养细胞；b. 在氧浓度为 0～18％下孵育该感染细胞；c. 搅拌该感染细胞，从而培养胞内劳森氏菌，同时维持该细胞处于悬浮状态；d. 使至少一部分该培养细菌传代；e. 收获至少一部分该培养的细菌；和 f. 选择减毒菌株以提供减毒的胞内劳森氏菌细菌。权利要求 1 的技术方案实际上是依赖于"细胞分裂得越多，发生的突变水平越高"（参见本申请说明书第 7 页第 29～30 行的描述），即是通过筛选突变的减毒菌株来完成的。这种突变本质上是 DNA 复制过程中一个或几个碱基的变化。由于碱基变化是随机的，因此即使清楚记载了筛选条件，也很难通过重复筛选条件而得到完全相同的结果。因此，权利要求 1 不具备再现性，不符合专利法第 22 条第 4 款关于实用性的规定。

请求人于 2008 年 10 月 9 日提交的修改后的权利要求书中，已经将《驳回决定》和《复审通知书》中指出的不具备实用性的权利要求 1 删除，因此《驳回决定》和《复审通知书》所指出的缺陷已被克服。

根据以上事实和理由，本案合议组作出如下审查决定。

三、决定

撤销国家知识产权局于 2006 年 3 月 10 日对第 200310116358.2 号发明专利申请作出的驳回决定。由原审查部门在本复审决定所针对的文本的基础上继续进行审查程序。

复审请求人对本决定不服的，可以根据专利法第 41 条第 2 款的规定，自收到本决定之日起三个月内向北京市第一中级人民法院起诉。

编码类黄酮途径酶的基因序列及其用途

复审请求审查决定（第 14887 号）

决　定　号	第 14887 号
决　定　日	2008 年 10 月 27 日
发明创造名称	编码类黄酮途径酶的基因序列及其用途
国际分类号	C12N 15/29，C12N 15/63，A01H 5/00，A01H 5/02
复审请求人	国际花卉开发有限公司
申　请　号	97193973.X
申　请　日	1997 年 2 月 28 日
优　先　权　日	1996 年 3 月 1 日
公　开　日	1999 年 5 月 12 日
合议组组长	周英姿
主　审　员	张家祥
参　审　员	黄　强
法　律　依　据	专利法第 26 条第 4 款

决 定 要 点

权利要求书中的每一项权利要求所要求保护的技术方案应当是所属技术领域的技术人员能够从说明书充分公开的内容中得到或者概括得出的技术方案，如果权利要求的概括包含申请人推测的内容，而其效果又难于预先确定和评价，则这种概括得不到说明书的支持。

一、案由

本复审请求案涉及发明名称为"编码类黄酮途径酶的基因序列及其用途"的第 97193973.X 号发明专利申请（下称本申请），申请人为国际花卉开发有限公司，申请日为 1997 年 2 月 28 日，优先权日为 1996 年 3 月 1 日，公开日为 1999 年 5 月 12 日。

2004 年 1 月 9 日，针对申请人于 2003 年 11 月 10 日提交的权利要求 1~32，1999 年 1 月 11 日提交的说明书第 73 和 75 页、2002 年 8 月 12 日提交的说明书第 42 和 91 页、2003 年 11 月 10 日提交的说明书第 41 和 62 页，以及本申请进入中国国家阶段时提交的国际申请文件中文译文的说明书第 1~40、43~61、63~72、74、76~90、92~179 页、说明书附图第 1~21 页和说明书摘要，国家知识产权局以权利要求 1、24~26、28~29、31 不符合专利法第 22 条第 3 款的规定和权利要求 8~12、19~24、27、30、32 不符合专利法第 22 条第 4 款的规定为由驳回了本申请。

驳回决定认为：（1）对比文件 1（WO9320206A1，公开日为 1993 年 10 月 14 日）披露的编码类黄酮3′-羟化酶的核酸序列与权利要求1所述核酸序列的相似性在60％左右（参见权利要求1~54和图5），在该对比文件的教导下，本领域技术人员通过设计引物、探针杂交或氨基酸替换技术对多个不同位点的氨基酸进行取代、缺失，从而获得与SEQ ID NO：1序列具有至少64％相似性，或在严格条件下与SEQ ID NO：1或其互补形式杂交的序列的功能等同物是显而易见的，并且上述序列与现有技术相比也没有表现出预想不到的技术效果。即使如申请人所述，权利要求1所述序列与对比文件1的相似性在54％左右，且进一步限定了包含编码GGEK的氨基酸序列，但GGEK并不是决定权利要求1的序列具有羟化酶活性的保守序列，也没有证明其与羟化酶活性的提高相关，几个编码氨基酸的差别不会影响本领域技术人员根据对比文件1获得权利要求1所述的b、c序列，并且可以获得具有比SEQ ID NO：26编码羟化酶更有效的羟化类黄酮化合物能力的核酸分子，因此，权利要求1不具有创造性，不符合专利法第22条第3款的规定。同理，权利要求24~26、28~29、31也不符合专利法第22条第3款的规定。（2）权利要求8~12、19~23中的SEQ ID NO：16~25序列在说明书中没有相应的功能鉴定（参见说明书第65~71页），只是进行了序列比较，由于所述序列的功能还不能确定，故上述权利要求缺乏实用性，不符合专利法第22条第4款的规定。同理，权利要求24、27、30、32也不符合专利法第22条第4款的规定。

驳回决定所针对的权利要求1、24~26、28~32如下：

"1. 一种分离的核酸分子，它含有编码类黄酮3′-羟化酶或其衍生物的核苷酸序列，其中所述核苷酸序列选自：

a. SEQ ID NO：1；

b. 与SEQ ID NO：1具有至少64％的相似性的序列；和

c. 能在严格条件下与SEQ ID NO：1互补形式杂交的序列，所述严格条件包括：10％ v/v甲酰胺，1M NaCl，10％ w/v硫酸葡聚糖和1％ w/v SDS的42℃下1小时预杂交步骤；随后是42℃下16小时杂交，和2×SSC，1％ w/v SDS 42℃下2×1小时的洗涤，且其中所述核苷酸序列编码类黄酮3′羟化酶或其衍生物，其中含有GGEK氨基酸序列，且有比SEQ ID NO：26所示核苷酸序列编码的类黄酮3′羟化酶更有效地在植物中羟化类黄酮化合物的能力。

24. 一种能在植物中减少编码类黄酮3′羟化酶的内源性基因表达的基因构建体，所述的基因构建体包含权利要求1的核苷酸序列，其中所述核苷酸序列选自：

（i）编码SEQ ID NO：2，4，6，8，10，12，13，15，17，19，21，23或25之一所述的氨基酸序列的核苷酸序列或其互补形式；

（ii）SEQ ID NO：1，3，5，7，14，16，18，20，22或24之一所述氨基酸序列的核苷酸序列或SEQ ID NO：9中的编码区或其互补形式：

（iii）经优化排列比对后具有与（i）或（ii）至少60％同一性的核苷酸序列；和

（iv）能在低严格条件下与（i），（ii）和/或（iii）杂交的核苷酸序列，其中所述低严格条件包括：10％ v/v甲酰胺，1M NaCl，10％ w/v硫酸葡聚糖和1％ w/v SDS的42℃下1小时预杂交；随后是42℃下16小时杂交，和2×SSC，1％ w/v SDS 42℃下2×1小时的洗涤。

25. 一种生产能合成类黄酮3′羟化酶或其功能性衍生物的转基因植物的方法，所述方法包含用含有编码所述类黄酮3′羟化酶或其衍生物的核苷酸序列之权利要求1的核酸分子，在允许所述的核酸分子最终表达的条件下稳定地转化合适植物的细胞，从该细胞再生转基因植物，并在足以允许该核酸分子表达的条件下让所述的转基因植物生长一段时间。

26. 一种生产降低了内源性或现存类黄酮3′羟化酶活性的转基因植物的方法，所述方法包含用含有编码或其互补于编码类黄酮3′羟化酶或其衍生物的核苷酸序列之权利要求1的核酸分子稳定地转化合适植物的细胞,从该细胞再生转基因植物,并且,如果需要,在足以允许该核酸分子表达的条件下让所述的转基因植物生长。

28. 根据权利要求25或26的方法,其中受体植物选自矮牵牛属、石竹属、菊、玫瑰、金鱼草属、烟草、失车菊、天竺葵属、lisianthus、扶郎花属、苹果、蝴蝶花、百合属、非洲紫罗兰和牵牛花。

29. 一种生产能调节类黄酮化合物羟基化的转基因植物的方法,所述方法包括用含有编码或其互补于编码类黄酮3′羟化酶或其衍生物的核苷酸序列之权利要求1的核酸分子,稳定地转化合适植物的细胞或细胞团,并从所述的细胞或细胞团再生转基因植物。

30. 根据权利要求29所述的方法,其中转化的核酸分子含有选自下列序列的核苷酸序列:

(i) 编码SEQ ID NO:2,4,6,8,10,11,12,13,15,17,19,21,23或25之一所述的氨基酸序列的核苷酸序列或其互补形式;

(ii) SEQ ID NO:1,3,5,7,14,16,18,20,22或24之一所述的核苷酸序列或SEQ ID NO:9的编码区或其互补形式。

31. 含有编码如权利要求1的类黄酮3′羟化酶的核苷酸序列的核酸分子在制备能调节植物或植物细胞中类黄酮化合物羟基化的基因构建体中的用途。

32. 根据权利要求31所述的用途,其中的核苷酸序列选自:

(i) 编码SEQ ID NO:2,4,6,8,10,11,12,13,15,17,19,21,23或25之一所述的氨基酸序列的核苷酸序列或其互补形式;

(ii) SEQ ID NO:1,3,5,7,14,16,18,20,22或24之一所述的核苷酸序列或SEQ ID NO:9的编码区域或其互补形式。"

2004年4月26日,申请人国际花卉开发有限公司(下称请求人)对上述驳回决定不服,向专利复审委员会提出复审请求,但没有对申请文件进行修改。请求人认为:(1)对比文件1公开的编码类黄酮3′-羟化酶的核苷酸序列与SEQ ID NO:1的相似性并非60%左右,而与本申请改进的类黄酮3′-羟化酶在核苷酸水平上至多有54%的相似性(参见说明书第79页表8的第4格),故SEQ ID NO:1不属于对比文件1公开的序列,并且本申请说明书表8~12显示,所有改进的类黄酮3′-羟化酶均是由至少64%相似性的核酸编码的,排除了对比文件1所公开的序列;权利要求1中(b)和(c)的序列都是基于SEQ ID NO:1获得的且含有GGEK结构域,对比文件1并未提供修改其序列以得到改进的羟化酶的教导,而确定筛选目标或方向以及筛选方法均需要付出创造性劳动,本领域技术人员在对比文件1的基础上无法获得54%左右相似性的序列,也更不能获得GGEK结构以及具有比SEQ ID NO:26编码的羟化酶更有效地羟化类黄酮化合物的核酸分子;本申请实施例10的表5中描述了当植物表达本申请改进的类黄酮3′-羟化酶时,其花瓣、花药和花粉中均有显著的颜色变化,足以说明本申请的技术方案相对于对比文件1具有预想不到的技术效果。因此,本申请的技术方案具有创造性。(2)根据序列同源性推断蛋白质的生物功能是本领域技术人员的标准操作,权利要求8~12和19~23均从属于权利要求1,所述序列都完全符合权利要求1中的结构和功能限定,因此,根据序列同源性对其功能效果的推定是有依据的,上述权利要求具有实用性。

经形式审查合格后,专利复审委员会受理了该请求,并于2004年5月24日向请求人发出了《复审请求受理通知书》,同时将本申请案卷转送至国家知识产权局原审查部门进行前置审查。

在前置审查程序中,国家知识产权局原审查部门坚持原驳回决定。

专利复审委员会组成合议组,对本复审请求案进行了审理。合议组于2007年11月9日向请求人发出《复审通知书》,指出:(1)权利要求1和13~23中修改后出现"至少64%的相似性"的内容,该内容在原申请文件中并没有记载，本领域技术人员也不能从原申请记载的信息中直接地、毫无疑义地确定，因此，这种修改不符合专利法第33条的规定。（2）本申请说明书中所记载的实验并不能证实权利要求1中的"与SEQ ID NO：1具有60％以上相似性的序列"以及"低度严格条件下与SEQ ID NO：1互补形式杂交的序列"均具有相对于SEQ ID NO：26更有效地羟化类黄酮的能力，该权利要求通过结构特征限定的核酸分子是一个非常庞大的范围，本领域技术人员根据说明书的记载尚需花费过度实验才能够确定其技术方案，因此，权利要求1得不到说明书的支持，不符合专利法第26条第4款的规定。同理，权利要求13~32也不符合专利法第26条第4款的规定。权利要求8~12是权利要求1的从属权利要求，由于说明书并没有记载、本领域技术人员也无法预见权利要求8~12的核酸分子具有比SEQ ID NO：26改进的功能，从而实现发明目的，因此，权利要求8~12得不到说明书的支持，不符合专利法第26条第4款的规定。

针对《复审通知书》指出的问题，请求人于2008年2月25日提交了意见陈述书，同时提交了权利要求书的替换页（共8项），其中删除了驳回文本权利要求1中的"至少64％的相似性"、SEQ ID NO：3和GGEK氨基酸序列，并将SEQ ID NO：4修改为表7序列B，将低严格条件修改为高度严格条件。另外，删除了驳回文本中的权利要求3~23、27~28、30和32，增加了权利要求2，适应性修改了驳回文本中的权利要求3、24~26、29和31。修改后的权利要求书为：

"1. 一种分离的核酸分子，它含有编码类黄酮3′-羟化酶的核苷酸序列，其中所述核苷酸序列能在高度严格条件下与编码SEQ ID NO：2、6、8、10、11、12、13或15之一所示氨基酸序列或表7序列B所示氨基酸序列的核苷酸序列或其互补形式杂交，而且

其中所述核苷酸序列编码类黄酮3′-羟化酶，该酶有比SEQ ID NO：26所示核苷酸序列编码的类黄酮3′-羟化酶更有效地在植物中羟化类黄酮化合物的能力。

2. 权利要求1的分离的核酸分子，其中该核酸分子含有编码SEQ ID NO：2、6、8、10、11、12、13或15之一所示氨基酸序列或表7序列B所示氨基酸序列的核苷酸序列。

3. 权利要求1所述的分离的核酸分子，含有选自SEQ ID NO：1、5、7、9、14和16的核苷酸序列。

4. 一种能在植物中减少编码类黄酮3′-羟化酶的内源性基因表达的基因构建体，所述的基因构建体包含权利要求1~3任一项的核酸分子。

5. 一种生产能合成类黄酮3′-羟化酶的转基因植物的方法，所述方法包含用权利要求1~3任一项的核酸分子，在允许所述的核酸分子最终表达的条件下稳定地转化合适植物的细胞，从该细胞再生转基因植物，并在足以允许该核酸分子表达的条件下让所述的转基因植物生长一段时间。

6. 一种生产降低了内源性或现存类黄酮3′-羟化酶活性的转基因植物的方法，所述方法包含用权利要求1~3任一项的核酸分子稳定地转化合适植物的细胞，从该细胞再生转基因植物，并且，如果需要，在足以允许该核酸分子表达的条件下让所述的转基因植物生长。

7. 一种生产能调节类黄酮化合物羟基化的转基因植物的方法，所述方法包括用权利要求1~3任一项的核酸分子，稳定地转化合适植物的细胞或细胞团，并从所述的细胞或细胞团再生转基因植物。

8. 根据权利要求1~3任一项的含有编码类黄酮3′-羟化酶的核苷酸序列的核酸分子在制备能调节植物或植物细胞中类黄酮化合物羟基化的基因构建体中的用途。"

请求人认为：（1）在权利要求1~2中，将SEQ ID NO：4修改为表7序列B符合专利法第33条的规定，说明书第40~41页实施例12中克隆了石竹属的F3′HcDNA，表7序列B所示的为石竹属的预期的氨基酸序列（参见说明书第71页实施例34第1段）。（2）由于合议组认可了原权利要求2~8中的SEQ ID NO：1、3、5、7、9、14、16能够得到说明书的支持，故它们所编码的氨基酸序列SEQ

ID NO：2、6、8、10、11、12、13 和 15 以及表 7 序列 B 也能够得到说明书的支持，即相对于 SEQ ID NO：26 能更有效地羟化类黄酮化合物；"能在高度严格条件下与编码 SEQ ID NO：2、6、8、10、11、12、13 或 15 之一所示氨基酸序列或表 7 序列 B 所示氨基酸序列的核苷酸序列或其互补形式杂交"的核苷酸序列与被杂交的核苷酸序列在结构上非常类似，而与 SEQ ID NO：26 相差较远，故本领域技术人员能够预见上述所有的核苷酸序列基本上都具有相对于 SEQ ID NO：26 更有效地羟化类黄酮化合物的能力，因此，权利要求 1~8 能够得到说明书的支持。

经合议，合议组认为本案事实清楚，可以作出审查决定。

二、决定的理由

1. 关于审查文本

本复审请求审查决定针对的文本是请求人于 2008 年 2 月 25 日提交的权利要求 1~8，1999 年 1 月 11 日提交的说明书第 73 和 75 页、2002 年 8 月 12 日提交的说明书第 42 和 91 页、2003 年 11 月 10 日提交的说明书第 41 和 62 页，以及进入中国国家阶段时提交的国际申请文件中文译文的说明书第 1~40、43~61、63~72、74、76~90、92~179 页、说明书附图第 1~21 页和说明书摘要。

2. 关于专利法第 26 条第 4 款

专利法第 26 条第 4 款规定：权利要求书应当以说明书为依据，说明要求专利保护的范围。

权利要求书中的每一项权利要求所要求保护的技术方案应当是所属技术领域的技术人员能够从说明书充分公开的内容中得到或者概括得出的技术方案，如果权利要求的概括包含申请人推测的内容，而其效果又难于预先确定和评价，则这种概括得不到说明书的支持。

就本申请而言，权利要求 1 要求保护一种分离的核酸分子，它含有编码类黄酮 3′-羟化酶的核苷酸序列，其中所述核苷酸序列能在高度严格条件下与编码 SEQ ID NO：2、6、8、10、11、12、13 或 15 之一所示氨基酸序列或表 7 序列 B 所示氨基酸序列的核苷酸序列或其互补形式杂交，其中所述核苷酸序列编码类黄酮 3′-羟化酶，该酶有比 SEQ ID NO：26 所示核苷酸序列编码的类黄酮 3′-羟化酶更有效地在植物中羟化类黄酮化合物的能力。

对比文件 1（WO9320206A1，公开日为 1993 年 10 月 14 日）中公开了一种来自矮牵牛属植物的类黄酮 3′-羟化酶的核苷酸序列，该序列即为本申请所述的 SEQ ID NO：26。如本申请说明书所述，SEQ ID NO：26 没有能力调节植物中 3′-羟基化花青苷的合成，故需要进一步鉴定有效调节植物中 3′-羟基化花青苷合成的编码类黄酮 3′-羟化酶的基因序列（参见说明书第 3 页第 1~6 行）。

从本申请说明书的表 8 可以看出，SEQ ID NO：1、3、5、14 与 SEQ ID NO：26 的核苷酸序列同源性分别为 53.5%、67.3%、69.0%、64.7%。说明书实施例通过实验证实了获自矮牵牛属国旗红的类黄酮 3′-羟化酶基因（F3′H）序列 SEQ ID NO：1、获自石竹的 SEQ ID NO：3、获自金鱼草的 SEQ ID NO：5 和获自玫瑰的 SEQ ID NO：14 导入 Skr4×SW63 矮牵牛后，均造成相似的整个花瓣以及花药、花粉的颜色的明显改变，从而证实这些序列相对于 SEQ ID NO：26 能够有效地羟化植物中的类黄酮化合物。

请求人将 SEQ ID NO：4 修改为"表 7 序列 B"，而且认为本申请说明书中记载了表 7 序列 B 所示的氨基酸序列，因此，表 7 序列 B 所示的为石竹属的预期的氨基酸序列。对此，合议组认为，说明书中虽然记载了上述表 7 序列 B，但是，表 7 序列 B 的第 484~500 个氨基酸为 MVHPTRRLSARVYNSGF（字母具体含义见表 2），SEQ ID NO：4 的第 484~496 个氨基酸为 NGPPDPVGFSARV，二者的氨基酸序列不同，从而导致与之相对应的核苷酸序列也不相同。而且说明书并没有记载编码表 7 序列 B 所示氨基酸序列的核苷酸序列或其互补形式能够实现所述功能的实验证据，不能证明权利要求 1 中所述的"表 7 序列 B 所示氨基酸序列的核苷酸序列或其互补形式"也具有相对于 SEQ ID NO：26 更有效地羟化类黄酮化合物的能力。众所周知，核苷酸序列（核酸的一级结构）对其功能起决定性作用，核苷酸序列的不同可能会导致其功能的差异，故本领域技术人员基于SEQ ID NO：4也无法确认"表7序列B所示氨基酸序列的核苷酸序列或其互补形式"具有更有效地调节类黄酮羟化的能力。因此，在说明书缺乏试验证据的情况下，本领域技术人员有理由怀疑权利要求1的概括包含了请求人推测的内容，并且其效果难于预先确定和评价，权利要求1得不到说明书的支持，不符合专利法第26条第4款的规定。同理，权利要求2也不符合专利法第26条第4款的规定。

权利要求3是权利要求1的从属权利要求，其附加技术特征为"含有SEQ ID NO：1、5、7、9、14和16的核苷酸序列"。基于与上述相同的理由，由于本申请说明书中并没有记载、本领域技术人员也无法预见该权利要求中含有SEQ ID NO：16的核酸分子具有比SEQ ID NO：26更有效地羟化类黄酮化合物的功能，从而实现发明目的，因此，权利要求3也得不到说明书的支持，不符合专利法第26条第4款的规定。

根据上述事实和理由，合议组作出如下审查决定。

三、决定

维持国家知识产权局于2004年1月9日对97193973.X号发明专利申请作出的驳回决定。

复审请求人对本决定不服的，可以根据专利法第41条第2款的规定，自收到本决定之日起三个月内向北京市第一中级人民法院起诉。

血管紧张素 I 衍生物作为治疗和预防梗塞相关心脏损伤和紊乱制剂的应用

复审请求审查决定（第 14893 号）

决 定 号	第 14893 号
决 定 日	2008 年 10 月 23 日
发明创造名称	血管紧张素 I 衍生物作为治疗和预防梗塞相关心脏损伤和紊乱制剂的应用
国际分类号	A61K 38/08，A61P 9/10
复审请求人	新加坡国立大学
申 请 号	02812762.5
优 先 权 日	2001 年 6 月 29 日
申 请 日	2002 年 6 月 27 日
公 开 日	2004 年 8 月 11 日
合议组组长	周英姿
主 审 员	孙 俐
参 审 员	李瑛琦
律 依 据	专利法第 26 条第 4 款

决定要点

权利要求所要求保护的技术方案应当是所属技术领域的技术人员能够从说明书充分公开的内容中得到或概括得出的技术方案，如果该权利要求的概括包含了申请人推测的内容，而其效果又难于预先确定和评价，则该权利要求得不到说明书的支持。如果请求人删除权利要求中所包含的不能从说明书充分公开的内容中得到或者概括得出的技术方案，则可以克服上述缺陷。

一、案由

本复审请求涉及 2002 年 6 月 27 日申请、2004 年 8 月 11 日公开、发明名称为"血管紧张素 I 衍生物作为治疗和预防梗塞相关心脏损伤和紊乱制剂的应用"的第 02812762.5 号发明专利申请（下称本申请），本申请的优先权日为 2001 年 6 月 29 日，本申请的进入中国国家阶段日期为 2003 年 12 月 25 日，申请人为新加坡国立大学。

2006 年 7 月 7 日，国家知识产权局针对申请人于 2005 年 10 月 8 提交的权利要求 1~10、本申请进入国家阶段时提交的国际申请中文译文说明书第 1~14 页和说明书摘要以本申请权利要求 1、3、4、9 不符合专利法第 26 条第 4 款的规定为由驳回了本申请。

驳回决定所针对的权利要求书为：

"1. 有效量的血管紧张素 I 衍生物在制备药物中的应用，其中，所述药物用于对需要治疗或者预防梗塞相关心脏损伤或者紊乱的受试者进行治疗或者预防。

2. 如权利要求 1 所述的应用，其中所述的梗塞相关心脏损伤或者紊乱是心肌梗塞、心脏组织局部缺血、绞痛、心率失常、构形重建心脏肥大、充血性心力衰竭或者心搏骤停。

3. 如权利要求 1 或 2 所述的应用，其中所述的血管紧张素 I 衍生物是脱-Asp-血管紧张素 I 或其衍生物、同源物、类似物或者化学等价物。

4. 如权利要求 3 所述的应用，其中所述的血管紧张素 I 衍生物是脱-Asp-血管紧张素 I。

5. 如权利要求 1~4 中的任何一项所述的应用，其中所述的受试者是病人。

6. 如权利要求 5 所述的应用，其中所述的有效量约为 1.8 mg/kg/天。

7. 如权利要求 4~6 中的任何一项所述的应用，其中所述的脱-Asp-血管紧张素 I 是固体剂型。

8. 如权利要求 4~6 中的任何一项所述的应用，其中所述的脱-Asp-血管紧张素 I 是液体剂型。

9. 如权利要求 1~8 中的任何一项所述的应用，其中所述的血管紧张素 I 衍生物与另一个药物制剂结合应用。

10. 如权利要求 9 所述的应用，其中所述的药物制剂是血管紧张素转化酶抑制剂或者血管紧张素受体拮抗剂。"

驳回决定认为：权利要求 1、3、4、9 中都涉及"血管紧张素 I 衍生物"的概念，本申请说明书中给出的具有治疗梗塞相关病症活性的具体化合物是脱-Asp-血管紧张素 I（DAA），该化合物是一个九肽的小分子短肽，对于这样的短肽而言，任何微小的改动都可能会导致其失去生物活性或者具有不同的生物活性，而根据本申请说明书中的有关定义，"血管紧张素 I 衍生物"包括数量相当多的化合物，甚至一个氨基酸都属于本申请的血管紧张素 I 衍生物，其中哪些具有活性哪些没有活性，本领域技术人员很难根据现有技术的常规知识预先确定和评价，因此权利要求 1、3、4、9 请求保护的技术方案不能从说明书公开的内容直接得到或者概括得出，得不到说明书的支持，不符合专利法第 26 条第 4 款的规定。

申请人新加坡国立大学（下称请求人）对上述驳回决定不服，于 2006 年 10 月 23 日向专利复审委员会提出复审请求，但在提出复审请求时未提交修改的申请文件。请求人请求复审的理由概括为：血管紧张素 I 衍生物不应包括简单氨基酸，根据说明书记载的鉴别方法，只有具有"抑制、降低或者干扰血管紧张素 II 的活性或功能"的肽才属于该范围。本申请说明书给出了个别氨基酸可以取代、缺失和替换的详细例子并列举了可以对其进行的各种修饰，以及可掺入的具体非天然氨基酸。本申请说明书第 12 页倒数第 2 和 1 段给出了制备血管紧张素 I 衍生物的方法，以及验证其抑制、降低或者干扰血管紧张素 II 功能的鉴别方法，本领域技术人员无需付出大量复杂的劳动，即可获得该概念的具体物质。此外，本申请属于功能性限定的蛋白质，说明书给出了取代实例并说明了证明其功能的技术手段，应允许采样取代、缺失或添加氨基酸方式与功能结合进行限定，符合指南要求。

经形式审查合格后，专利复审委员会受理了该复审请求，并于 2006 年 12 月 6 日向请求人发出《复审请求受理通知书》，同时将本申请案卷移交原审查部门进行前置审查。

原审查部门对本复审请求进行了前置审查。前置审查意见指出，本申请的"血管紧张素 I 衍生物"等同于纯功能性限定的物质，而本申请仅发现脱 Asp-血管紧张素 I 一种物质可以治疗梗塞相关的心脏肥大，根本没有披露"血管紧张素 I 衍生物"之间共有的与功能有关的结构信息，本申请权利要求中所涉及的"血管紧张素 I 衍生物"仍然得不到说明书的支持，不符合专利法第 26 条第 4 款的规定，故坚持原驳回决定。

专利复审委员会组成合议组,对本复审请求案进行了审理,并于 2008 年 8 月 20 日向请求人发出《复审通知书》。《复审通知书》指出,权利要求 1 和 3 的概括包括了其效果难于预先确定和评价的技术方案,没有以说明书为依据,不符合专利法第 26 条第 4 款。基于相同的理由,权利要求 2、5、6、9 和 10 也得不到说明书的支持,不符合专利法第 26 条第 4 款的规定。此外,该通知书还指出,本案权利要求 1 和 3 的撰写方式都不属于审查指南第二部分第十章 9.3.1.5 节关于多肽和蛋白质权利要求的限定形式。

针对《复审通知书》指出的问题,请求人于 2008 年 10 月 6 日提交了意见陈述书及经修改的权利要求书。修改后的权利要求书如下:

"1. 有效量的脱-Asp-血管紧张素 I 在制备药物中的应用,其中,所述药物用于对需要治疗或者预防梗塞相关心脏损伤或者紊乱的受试者进行治疗或者预防。

2. 如权利要求 1 所述的应用,其中所述的梗塞相关心脏损伤或者紊乱是心肌梗塞、心脏组织局部缺血、绞痛、心率失常、构形重建心脏肥大、充血性心力衰竭或者心搏骤停。

3. 如权利要求 1 或 2 所述的应用,其中所述的受试者是病人。

4. 权利要求 3 所述的应用,其中所述的有效量约为 1.8 mg/kg/天。

5. 如权利要求 1 或 2 所述的应用,其中所述的脱-Asp-血管紧张素 I 是固体剂型。

6. 如权利要求 1 或 2 所述的应用,其中所述的脱-Asp-血管紧张素 I 是液体剂型。

7. 如权利要求 1 或 2 所述的应用,其中所述的脱-Asp-血管紧张素 I 与另一个药物制剂结合应用。

8. 如权利要求 7 所述的应用,其中所述的药物制剂是血管紧张素转化酶抑制剂或者血管紧张素受体拮抗剂。"

至此,合议组认为本案事实清楚,可以作出审查决定。

二、决定的理由

1. 关于决定文本

在复审阶段,请求人于 2008 年 10 月 6 日针对《复审通知书》提交了经修改的权利要求书全文替换页(共 1 页,8 项),其中请求人将驳回决定所针对文本中的权利要求 1 的"血管紧张素 I 衍生物"具体限定为"脱-Asp-血管紧张素 I",同时删除了权利要求 3 和 4,对从属权利要求及其引用关系作了适应性修改并重新编号。根据原说明书和权利要求书记载的内容,请求人所作的上述修改符合专利法第 33 条和实施细则第 60 条第 1 款的规定。

因此,本复审审查决定在请求人于 2008 年 10 月 6 提交的权利要求 1~8、本申请进入国家阶段时提交的国际申请中文译文说明书第 1~14 页和说明书摘要的基础上作出。

2. 关于专利法第 26 条第 4 款

专利法第 26 条第 4 款规定,权利要求书应当以说明书为依据,说明专利保护的范围。

根据该款规定,权利要求所要求保护的技术方案应当是所属领域的技术人员能够从说明书充分公开的内容中得到或概括得出的技术方案,如果该权利要求的概括包含了申请人推测的内容,而其效果又难于预先确定和评价,则该权利要求得不到说明书的支持。如果请求人删除权利要求中所包含的不能从说明书充分公开的内容中得到或者概括得出的技术方案,则可以克服上述缺陷。

本案合议组于 2008 年 8 月 20 日发出的《复审通知书》中指出,(1) 本案说明书虽然定义了"血管紧张素 I 衍生物",概括描述了制备该类物质的方法以及相关活性或功能的鉴别方法,但本案说明书通过实验证明具有梗塞相关治疗活性的化合物只有脱-Asp-血管紧张素 I (DAA),而权利要求 1 概括的"血管紧张素 I 衍生物"和权利要求 3 中所述脱-Asp-血管紧张素 I 的衍生物、同源物、类似物或者化学等价物的概念都包括了数量众多的具体化学物质，本领域专业技术人员根据本申请说明书公开的内容，难以预测其中除 DAA 外的哪些物质能够用于制备治疗或预防梗塞相关疾病的药物。因此权利要求 1 和 3 的技术方案不符合专利法第 26 条第 4 款的规定。(2) 权利要求 2、5、6、9 和 10 都直接或间接地引用权利要求 1 和/或 3，因此也不符合专利法第 26 条第 4 款的规定。

请求人在答复该复审通知书时提交了修改的权利要求书。请求人将驳回决定所针对文本中的权利要求 1 的"血管紧张素 I 衍生物"具体限定为"脱-Asp-血管紧张素 I"，同时相应地删除了权利要求 3 和 4，并对从属权利要求及其引用关系作了适应性修改且重新编号。

修改后的本申请权利要求 1 将实现制药用途的化合物具体限定为实施例中经实验验证的特定化合物 DAA，该权利要求未包括为数众多的其他"血管紧张素 I 衍生物"，因此，《驳回决定》和《复审通知书》中所指出的关于驳回文本中的权利要求 1 得不到说明书支持、不符合专利法第 26 条第 4 款规定的理由已经不再成立。同时，对驳回决定文本中的权利要求 3 的删除克服了《驳回决定》和《复审通知书》中指出的关于该项权利要求得不到说明书支持、不符合专利法第 26 条第 4 款的缺陷。

基于上述理由，直接或间接地引用现权利要求 1 的从属权利要求 2~4、7、8 也已经相应地克服了得不到说明书支持的缺陷，因此，《驳回决定》和《复审通知书》指出的有关从属权利要求不符合专利法第 26 条第 4 款规定的理由已不成立。

根据以上事实和理由，本案合议组作出如下审查决定。

三、决定

撤销国家知识产权局于 2006 年 7 月 7 日对申请号为 02812762.5 的发明专利申请作出的驳回决定。由原审查部门在本复审请求审查决定所依据文本的基础上继续进行审查。

复审请求人对本决定不服的，可以根据专利法第 41 条第 2 款的规定，自收到本决定之日起三个月内向北京市第一中级人民法院起诉。

PH-依赖性的多肽聚集及其用途

复审请求审查决定（第14899号）

决 定 号	第14899号
决 定 日	2008年10月28日
发明创造名称	PH-依赖性的多肽聚集及其用途
国际分类号	C07K 14/47
复审请求人	瑞士联邦苏黎世技术大学
申 请 号	200480007849.6
优 先 权 日	2003年3月25日
申 请 日	2004年3月23日
公 开 日	2006年4月26日
合议组组长	王晓云
主 审 员	孙俊荣
参 审 员	刘洪尊

法律依据 专利法第25条

决定要点

对一项专利申请而言，如果导致其被驳回的原因在于某项权利要求属于专利法第25条规定的不能被授予专利权的范围，则当该项权利要求被删除后，应当认为导致其被驳回的缺陷已被克服。

一、案由

本复审请求涉及申请日为2004年3月23日、优先权日为2003年3月25日、进入中国国家阶段日期为2005年9月23日、名称为"PH-依赖性的多肽聚集及其用途"、申请号为200480007849.6的发明专利申请（下称本申请），申请人为瑞士联邦苏黎世技术大学。

2007年7月6日，国家知识产权局以本申请权利要求7属于专利法25条第1款第（3）项规定的疾病诊断方法为由驳回了本申请。理由是：权利要求7尽管是以离体样品为检测对象的，但根据说明书有关朊病毒蛋白与搔痒病和疯牛病之间的关系的描述以及对本发明目的的描述，可得出本发明权利要求7的技术方案是以获得同一主体疾病诊断结果或健康状况为直接目的的，因此权利要求7的技术方案仍然属于专利法25条规定的不能被授予专利权的范围。

驳回决定所针对的权利要求7为：

"7. 根据权利要求1~6中任一项的方法用于检测人或动物朊病毒蛋白的用途。"

申请人（下称请求人）对上述驳回决定不服，于2007年10月18日向专利复审委员会提出复审请求。在提出复审请求的同时，提交了权利要求书全文替换页，其中在原权利要求7的基础上增加了"所述方法为用于非诊断用途的体外实验方法"的特征，并增加了权利要求11~16。请求人认为，(1)原权利要求7所要求保护的方法除了可以用于诊断人或动物的疾病或健康状态外，还可以用于检测食品等物品中是否存在朊病毒污染，或是在研究工作中用于对培养细胞内的朊病毒的体外实验等，因此在修改后的权利要求7中加入"所述方法为用于非诊断用途的体外实验方法"的特征来排除涉及疾病诊断方法的技术方案。(2)对于原权利要求7中涉及疾病诊断方法的技术方案，请求人将其修改为相应的药物制备用途权利要求，从而新增加了权利要求11~16。

修改后的权利要求7以及所增加的权利要求11~16如下：

"7. 根据权利要求1~6中任一项的方法用于检测人或动物朊病毒蛋白的用途，所述方法为用于非诊断用途的体外实验方法。"

"11. 一种多肽在制备用于检测人或动物朊病毒蛋白的药物中的用途，其中所述多肽特征在于(i)所述多肽包括一个或多个衍生自朊病毒蛋白的肽重复结构；(ii)且所述蛋白在pH 6.2~7.8在流体中寡聚化，而在pH4.5~5.5解离为单体，所述药物制备成使用时包括在流体环境中使多肽在pH6.2~7.8寡聚化和/或使多肽聚集体在pH4.5~5.5解离的步骤。

12. 权利要求11的用途，其中所述肽重复是八肽、假八肽、六肽或假六肽。

13. 权利要求12的用途，其中所述八肽具有选自PHGGGSWGQ（人）、PHGGSWGQ（小鼠）和PHGGGWSQ（大鼠）的序列，或者为衍生自所述序列的假八肽，优选选自PHGGGWSQ（各种物种）和PHGGGSNWGQ（有袋类）。

14. 权利要求12的用途，其中所述的六肽具有选自PHNPGY（鸡）、PHNPSY、PHNPGY（龟）的序列，或者为衍生自所述序列的假六肽。

15. 根据权利要求11~14中任一项的用途，其中每个肽重复包括与C-末端β-转角结构连接的N-末端环构象。

16. 根据权利要求11~15中任一项的用途，其中肽重复包括4个相同的八肽。"

形式审查合格后，专利复审委员会受理了该复审请求，并于2007年11月29日向请求人发出了《复审请求受理通知书》，随后将本申请案卷移交原审查部门进行前置审查。

原审查部门对本复审请求进行了前置审查，坚持驳回决定。

专利复审委员会组成合议组，对本案的复审请求进行了审理。合议组于2008年3月19日向请求人发出《复审通知书》。《复审通知书》指出，(1)权利要求7要求保护根据权利要求1~6中任一项的方法用于检测人或动物朊病毒蛋白的用途，所述方法为用于非诊断用途的体外实验方法。然而，本领域技术人员知晓，朊病毒蛋白是引起中枢神经系统致命性病症，如传染性海绵状脑病(TSE)或朊病毒疾病的原因，所以当使用权利要求1~6任一项所述的方法用于检测人或动物朊病毒蛋白时，虽然该用途只包括了检测步骤，但本领域技术人员根据上述内容，在知晓了检测信息的情况下，就能直接获得同一主体的疾病（如传染性海绵状脑病或朊病毒疾病）诊断结果，因此尽管限定了"体外实验"的特征，权利要求7所要求保护的用途仍然属于疾病的诊断方法，属于专利法第25条规定的不能被授予专利权的范围。另外，对于"非诊断用途"的特征，合议组认为虽然请求人在意见陈述书中陈述"所述方法可以用于检测食品等物品中是否存在朊病毒污染，或是在研究工作中用于对培养细胞内的朊病毒的体外实验"，但是对于权利要求7所要求保护的用于检测人或动物朊病毒蛋白的用途来说，本申请说明书并没有记载用于疾病诊断目的之外的其他非诊断目的，因此上述特征并不能从实质上排除涉及疾病诊断方法的技术方案，因此上述特征和请求人的上述意见陈述不能克服权利要求7仍然属于疾病的诊断方法的缺陷。(2)权利要求11要求保护一种多肽在制备用于检测人或动物朊病毒蛋白的药物中的用途，其中所述多肽特征在于（i）所述多肽包括一个或多个衍生自朊病毒蛋白的肽重复结构；（ii）且所述蛋白在 pH 6.2~7.8 在流体中寡聚化，而在 pH4.5~5.5 解离为单体，所述药物制备成使用时包括在流体环境中使多肽在 pH6.2~7.8 寡聚化和/或使多肽聚集体在 pH4.5~5.5 解离的步骤。根据本申请原说明书和权利要求书的记载，本发明提供的是在特定 PH 下聚集和/或解离朊病毒蛋白的方法，以及将该方法用于检测人或动物朊病毒蛋白的用途，由上述内容本领域技术人员不能直接地、毫无疑义地确定朊病毒蛋白在检测人或动物的朊病毒蛋白中的用途的技术方案，也就更不能得出朊病毒蛋白在制备用于检测人或动物朊病毒蛋白的药物中的用途的技术方案，因此合议组认为权利要求 11 所要求保护的技术方案既未记载在原说明书和权利要求书中，同时也不能由原说明书和权利要求记载的内容直接地、毫无疑义地确定，因此权利要求 11 的修改超出了原说明书和权利要求书记载的范围，不符合专利法第 33 条的规定。基于与上述相同的理由，直接或间接地引用了权利要求 11 的权利要求 12~16 同样不符合专利法第 33 条的规定。

针对《复审通知书》指出的问题，请求人于 2008 年 7 月 2 日和 2008 年 9 月 19 日分别提交了意见陈述书及经修改的权利要求书。其中请求人于 2008 年 9 月 19 日提交的权利要求书中删除了复审通知书所针对的权利要求 7 以及权利要求 11~16。

修改后的权利要求书如下：

"1. 一种多肽的可逆聚集和/或解离的方法，该方法包括在流体环境中使多肽在 pH 6.2~7.8 寡聚化和/或使多肽聚集体在 pH 4.5~5.5 解离的步骤，其中所述多肽特征在于（i）所述多肽包括一个或多个衍生自朊病毒蛋白的肽重复结构；（ii）且所述蛋白在 pH 6.2~7.8 在流体中寡聚化，而在 pH 4.5~5.5 解离为单体。

2. 权利要求 1 的方法，其中所述肽重复是八肽、假八肽、六肽或假六肽。

3. 权利要求 2 的方法，其中所述八肽具有选自 PHGGGSWGQ（人）、PHGGSWGQ（小鼠）和 PHGGGWSQ（大鼠）的序列，或者为衍生自所述序列的假八肽，优选选自 PHGGGGWSQ（各种物种）和 PHGGGSNWGQ（有袋类）。

4. 权利要求 2 的方法，其中所述的六肽具有选自 PHNPGY（鸡）、PHNPSY、PHNPGY（龟）的序列，或者为衍生自所述序列的假六肽。

5. 根据权利要求 1~4 中任一项的方法，其中每个肽重复包括与 C-末端 β-转角结构连接的 N-末端环构象。

6. 根据权利要求 1~5 中任一项的方法，其中肽重复包括 4 个相同的八肽。

7. 根据权利要求 1~6 中任一项的方法用于亲和纯化和/或富集所述多肽的用途。

8. 根据权利要求 7 的用途，其中所述多肽固定在固相上。

9. 根据权利要求 1~6 中任一项的方法用于化学和/或物理学传感器技术的用途。"

至此，合议组认为本案事实清楚，可以作出审查决定。

二、决定的理由

1. 文本认定

本复审决定针对的文本是请求人于 2005 年 9 月 23 日进入中国国家阶段时提交的国际申请文件中文文本的说明书第 1~21 页、说明书附图第 1~4 页、摘要及摘要附图；2008 年 9 月 19 日提交的权利要求 1~9。

2. 关于专利法第 25 条

专利法第 25 条规定，疾病的诊断和治疗方法不能被授予专利权。

对一项专利申请而言，如果导致其被驳回的原因在于某项权利要求属于专利法第 25 条规定的不能被授予专利权的范围，则当该项权利要求被删除后，应当认为导致其被驳回的缺陷已被克服。

本案中，《驳回决定》指出原权利要求7所要求保护的"根据权利要求1～6中任一项的方法用于检测人或动物朊病毒蛋白的用途"的技术方案属于专利法第25条规定的疾病诊断方法，不能被授予专利权。请求人在提交复审请求时，对该权利要求进行了修改，增加了"所述方法为用于非诊断用途的体外实验方法"的特征。针对上述修改后的权利要求，《复审通知书》指出该权利要求仍然属于专利法第25条规定的不能被授予专利权的范围。在此基础上，请求人在于2008年9月19日提交的修改后的权利要求书中删除了上述权利要求，从而克服了《驳回决定》及《复审通知书》所指出的属于专利法第25条规定的不能被授予专利权的缺陷。

3. 关于专利法第33条

专利法第33条规定，申请人可以对其专利申请文件进行修改，但是，对发明专利申请文件的修改不得超出原说明书和权利要求书记载的范围。

针对请求人在提交复审请求时所增加的权利要求11～16，合议组在《复审通知书》中指出上述权利要求的修改超出了原说明书和权利要求书记载的范围，不符合专利法第33条的规定。鉴于请求人在于2008年9月19日提交的权利要求书中已经删除了上述权利要求11～16，因此《复审通知书》所指出的不符合专利法第33条规定的缺陷已被克服。

根据以上事实和理由，本案合议组作出如下审查决定。

三、决定

撤销国家知识产权局于2007年7月6日对200480007849.6号发明专利申请作出的驳回决定。由原审查部门在本复审决定所针对的文本的基础上继续进行审查。

复审请求人对本决定不服的，可以根据专利法第41条第2款的规定，自收到本决定之日起三个月内向北京市第一中级人民法院起诉。

类（香）烟型保健吸品

复审请求审查决定（第 14997 号）

决 定 号	第 14997 号
决 定 日	2008 年 11 月 3 日
发明创造名称	类（香）烟型保健吸品
国际分类号	A23L 1/48
复 审 请 求 人	郭彦章
申 请 号	03130816.3
申 请 日	2003 年 5 月 8 日
公 开 日	2004 年 7 月 21 日
合议组组长	周英姿
主 审 员	尹 昕
参 审 员	李梦楠

法 律 依 据 专利法第 33 条

决 定 要 点

如果申请的内容通过增加、改变和/或删除其中的一部分，致使所属技术领域的技术人员看到的信息与原申请公开的信息不同，而且又不能从原申请公开的信息中直接地、毫无疑义地确定，那么，这种修改就是不允许的。

一、案由

本复审请求涉及郭彦章于 2003 年 5 月 8 日申请、2004 年 7 月 21 日公开的、名称为"类（香）烟型保健吸品"的第 03130816.3 号发明专利申请（下称本申请）。

针对请求人于 2005 年 5 月 10 日提交的说明书第 1~5 页以及 2003 年 12 月 11 日提交的权利要求书第 1 项和说明书摘要，国家知识产权局于 2005 年 12 月 9 日作出驳回决定，以本申请申请文件的修改不符合专利法第 33 条的规定为由驳回了本申请。具体理由如下：申请人于 2005 年 5 月 10 日提交的修改后的说明书第 2 页第 2 段关于吸料室的修改（气眼各 1 个删去，半径 2.5mm，孔中心距外壁端 1.2mm，孔径 1mm+0.1 的导气道贯通此段和实底）、第 4 段对网眼密度的修改（网眼密度 cm 20.5mm×25 个）、第 5 段删除了铜箔冲网眼卷制、第 3 页第 2 行对管厚的修改、第 3 段对吸料的修改、第 4 页将二聚甲醛修改为甲醛、第 4 段将凸顶端修改为凸端、将中心插孔修改为插孔、将易燃修改为可燃等既未明确记载在原说明书和权利要求书中，也不能由原说明书和权利要求书记载的内容直接导出，因此申请人对说明书的修改不符合专利法第 33 条的规定。

驳回决定所针对的权利要求书如下：

"一种类（香）烟型保健吸品，其外观、规格与香烟相似，其内分别装填含有多种可食用功能性保健元素的易遇热化为气体的液态或其他形态的吸料物质和用以作功时产热的燃料物质，其特征是：吸食方法、吸食体态与吸（香）烟相似。"

申请人郭彦章（下称请求人）对上述驳回决定不服，于2006年1月24日向专利复审委员会提出复审请求，同时提交了修改的说明书全文替换页（共5页），其中请求人对说明书中涉及吸料的部分进行了修改。请求人认为：（1）原始说明书中明确指出"吸料为液态"，据此可理解为只要是液态状的物质都可作为吸料，因此修改后的说明书将吸料的载体限定为蒸馏水或其他纯净水并没有超出原始公开的范围；（2）修改后所增加的吸料的具体成分如维C、维B等均可以从原始说明书中推导出来，无论怎样表述有关吸料成分的内容，它也只是给将来实质性生产提供一个参考，只要符合说明书吸料的特征，可以容易地从成千上万的物质中找出可以遇热化为气体的液态状保健物质。因此，本申请说明书的修改符合专利法第33条的规定。

形式审查合格后，专利复审委员会受理了该复审请求，并于2006年3月23日向请求人发出《复审请求受理通知书》，同时将本申请案卷移交原审查部门进行前置审查。

原审查部门对本复审请求案进行了前置审查，在前置审查意见中指出：修改后的说明书对第3页有关吸料部分的修改仍然超出了原始申请文件公开的范围，不符合专利法第33条的规定，因此坚持驳回决定。

专利复审委员会组成合议组，对本复审请求案进行了审理，并于2008年3月18日向请求人发出《复审通知书》。《复审通知书》中指出：请求人在提出复审请求时提交了修改后的说明书，其中说明书第3页"三、吸料"部分增加了多处内容，包括"可以以水或其他液态状物质为载体"，以及"只要可溶于水（或其他液态物质物质）且容易遇热气化的保健元素（例如：属维生素类的维C、维B族、含有矿物活性元素的葡萄糖酸辛、乳酸亚铁、属于植物活性成分具有提神作用的人参皂甙、咖啡因等）都可优选，而原申请文件仅记载为"其主要成份是具有功能性保健作用的碳水化合物、胺基酸、肽和蛋白质、维生素、微量矿物活性元素、植物活性成分物质和适量食用香精"。上述修改致使本领域技术人员看到的信息与原申请公开的信息不同，而且又不能从原申请公开的信息中直接地，毫无疑义地确定，所以，依据专利法第33条的规定，这些修改是不允许的。

针对《复审通知书》指出的问题，请求人于2008年4月18日提交了意见陈述书及经修改的说明书全文替换页（共5页）。经审查，本案合议组于2008年7月30日向请求人发出第二次《复审通知书》，其中指出：

（1）请求人于2008年4月18日提交得修改后的说明书第3页"三、吸料"部分将吸料的主要成分限定为"选用具有功能性保健作用的，具有水溶性的碳水化合物……"，虽然原说明书指出"吸料为液态状"，但据此无法唯一确定吸料一定是"水溶性"的。此外，原说明书将吸料的成分限定为"是"具有功能性保健作用的碳水化合物等，而修改后的说明书将"是"改作"选用"，其含义为可从所述的多种成分中选择。上述这些修改使本领域技术人员看到的信息与原申请公开的信息不同，而且又不能从原申请公开的信息中直接地、毫无疑义地确定，所以，不符合专利法第33条的规定。

（2）本发明所述的吸料物质多种多样（参见本申请说明书第3页第3自然段），其中究竟哪些物质可以遇热气化从而实现本发明的技术方案并达到预期的技术效果，说明书中没有明确记载，也没有试验资料予以证实，本领域技术人员也不能从现有技术中得出。此外，本申请说明书中对本发明中各个部件的相互位置关系及其最终构成的装置的具体结构没有清楚而系统的描述，也没有给出附图对其进行说明。本领域技术人员在阅读说明书后有如下技术问题无法解决：①说明书中对吸料室和燃料室的位置关系的记载含糊不清。②说明书中记载汲管装置于燃料底座下端面中心插孔内,作用是定量汲出吸料,但燃料室中只装有燃料,本领域技术人员无法得知吸料是如何经汲管吸出的。③本领域技术人员不清楚"本体"是指装置本身还是其中的某个部件,而吸料料在吸料室内,本领域技术人员不清楚吸料如何经受热管而加热气化。④说明书中给出的具体实施方式也没有对本申请的装置结构及其工作流程进行清楚的说明。综上所述,本申请说明书没有对发明作出清楚和完整的说明,不符合专利法第26条第3款的规定。

针对上述《复审通知书》的意见,请求人于2008年8月29日提交了意见陈述书及修改后的说明书全文替换页(共4页)。请求人认为:(1)关于吸料,本领域技术人员可轻易从现有技术得出。原说明书中有客观的表述,说明书没有必要也不可能对实质性生产需千变万化的吸料进行具体的表述。(2)新修改的说明书能解决所述技术问题,"底座"、"本体"等也是公开充分的。此外,请求人再次对说明书的部分内容进行了修改。

至此,合议组认为本案事实清楚,可以作出审查决定。

二、决定的理由

1. 关于审查文本

本复审请求审查决定依据的审查文本是请求人于2008年8月29日提交的说明书第1~4页以及驳回决定所针对的权利要求1和说明书摘要。

2. 关于专利法第33条

专利法第33条规定:申请人可以对其专利申请文件进行修改,但是对发明和实用新型专利申请文件的修改不得超出原说明书和权利要求书记载的范围。

具体来说,如果申请的内容通过增加、改变和/或删除其中的一部分,致使所属技术领域的技术人员看到的信息与原申请公开的信息不同,而且又不能从原申请公开的信息中直接地、毫无疑义地确定,那么,这种修改就是不允许的。

本案中,请求人于2008年8月29日提交了经修改的说明书全文替换页,其中将原始说明书第2页第3段第4行的"孔径为3.5mm"修改为"孔径为3mm"、"孔深4mm"修改为"孔深6mm";将原始说明书第2页倒数第1段第3行的"外径3.5mm"修改为"外径3mm";将原始说明书第2页倒数第1行的"受热管进料口位于本体下端面"修改为"受热管进料口位于本管下端面";将原始说明书第3页第1行的"出气口位于本体上端边缘处"修改为"出气口位于受热管上端边缘处"。首先,请求人此次对"孔径"、"孔深"和"外径"的修改在原始申请文件中未曾记载,修改后的数值是新的数值参数。其次,将原说明书第2页倒数第1行和第3页第1行中的"本体"修改为"本管"和"受热管"也是无法由原始说明书和权利要求书中直接地、毫无疑义地确定的。上述这些修改均使本领域技术人员看到的信息与原申请公开的信息不同,而且又不能从原申请公开的信息中直接地,毫无疑义地确定,因此不符合专利法第33条的规定。

请求人上述修改超范围的事实与驳回决定以及专利复审委员会发出的第一、二次《复审意见通知书》中所指出的修改超范围的缺陷属于性质相同的同类缺陷。根据以上事实和理由,本案合议组作出如下审查决定。

三、决定

维持国家知识产权局于2005年12月9日对03130816.3号发明专利申请作出的驳回决定。

复审请求人对本决定不服的,可以根据专利法第41条第2款的规定,自收到本决定之日起三个月内向北京市第一中级人民法院起诉。

多价细菌荚膜多糖-蛋白质结合物联合疫苗

复审请求审查决定（第 15118 号）

决 定 号	第 15118 号
决 定 日	2008 年 10 月 29 日
发明创造名称	多价细菌荚膜多糖-蛋白质结合物联合疫苗
国际分类号	A61K 39/02，A61P 31/04
复审请求人	北京绿竹生物制药有限公司
申 请 号	200510083042.7
申 请 日	2005 年 7 月 13 日
公 开 日	2005 年 12 月 21 日
合议组组长	张 雷
主 审 员	郭 婷
参 审 员	冯 怡

法 律 依 据 专利法第 33 条

决 定 要 点

如果修改后的内容在原申请文件中有记载或者能够从原申请记载的信息中直接地、毫无疑义地确定，则这种修改没有超出原申请文件记载的范围。

一、案由

本复审请求涉及 2005 年 7 月 13 日申请、2005 年 12 月 21 日公开、名称为"多价细菌荚膜多糖-蛋白质结合物联合疫苗"的第 200510083042.7 号发明专利申请（下称本申请）。本申请的申请人为北京绿竹生物制药有限公司。

针对申请人于 2007 年 10 月 19 日提交的权利要求 1~8 以及 2005 年 7 月 13 日提交的说明书第 1~22 页和说明书摘要，国家知识产权局于 2008 年 1 月 4 日以本申请权利要求 1 的修改超出原说明书和权利要求书记载的范围，不符合专利法第 33 条的规定为由驳回了本申请。

驳回决定所针对的权利要求书中的权利要求 1、2 如下：

"1. 一种多价细菌多糖-蛋白质结合物联合疫苗制剂，其特征在于，含有有效量的 A 群流行性脑膜炎奈瑟氏球菌荚膜多糖-蛋白结合物，C 群流行性脑膜炎奈瑟氏球菌荚膜荚膜多糖-蛋白结合物，Y 群流行性脑膜炎奈瑟氏球菌荚膜多糖-蛋白结合物，W135 群流行性脑膜炎奈瑟氏球菌荚膜多糖-蛋白结合物和 b 型流感嗜血杆菌荚膜多糖-蛋白结合物，其中每两种多糖-蛋白结合物之间的重量差不超过 5 倍。

2. 权利要求1的联合疫苗制剂，其特征在于，每一单位给药剂量的制剂中含有A群，C群，Y群和W135群脑膜炎球菌荚膜多糖以及b型流感嗜血杆菌荚膜多糖的量在5~25μg之间。"

驳回决定认为：在新修改的权利要求1中，申请人将原始申请文件中的"重量比例在1：0.5~2.5之间"改为现在的"重量差不超过5倍"，这是两种不同的中文表达和中文含义，例如"重量差"是5倍的两种物质，其比例是1：6，而这样的含义表述既未明确地记载在原说明书和权利要求书中，也不是根据原说明书和权利要求书能直接地、毫无疑义地确定的内容，因此超出了原说明书和权利要求书记载的范围，不符合专利法第33条的规定。

申请人北京绿竹生物制药有限公司（下称请求人）对上述驳回决定不服，于2008年3月7日向专利复审委员会提出复审请求，请求人在提出复审请求时提交了修改的权利要求书替换页（共7项）。

请求人于2008年3月7日提交的权利要求书中的权利要求1如下：

"1. 一种多价细菌多糖-蛋白质结合物联合疫苗制剂，其特征在于，含有有效量的A群流行性脑膜炎奈瑟氏球菌荚膜多糖-蛋白结合物，C群流行性脑膜炎奈瑟氏球菌荚膜多糖-蛋白结合物，Y群流行性脑膜炎奈瑟氏球菌荚膜多糖-蛋白结合物，W135群流行性脑膜炎奈瑟氏球菌荚膜多糖-蛋白结合物和b型流感嗜血杆菌荚膜多糖-蛋白结合物，其每一单位给药剂量的制剂中含有A群，C群，Y群和W135群脑膜炎球菌荚膜多糖以及b型流感嗜血杆菌荚膜多糖的量在5~25μg之间。"

请求人认为，经过修改的权利要求1符合专利法第33条的规定，本申请已经克服了修改超范围的缺陷。

形式审查合格后，专利复审委员会受理了该复审请求，并于2008年4月8日向请求人发出《复审请求受理通知书》，同时将本申请案卷移交原审查部门进行前置审查。

原审查部门对本复审请求进行了前置审查，认为修改后的权利要求1仍然超出原说明书和权利要求书记载的范围，不符合专利法第33条的规定，坚持原驳回决定。

专利复审委员会组成合议组，对本复审请求案进行了审理。

至此，合议组认为本案事实已经清楚，可以作出审查决定。

二、决定的理由

1. 审查针对的文本

本复审决定所针对的文本为请求人于2008年3月7日提交的权利要求1~7，以及于2005年7月13日提交的原始申请文件的说明书第1~22页和说明书摘要。

2. 关于专利法第33条

专利法第33条规定，申请人可以对其专利申请文件进行修改，但是，对发明和实用新型专利申请文件的修改不得超出原说明书和权利要求书记载的范围。

如果修改后的内容在原申请文件中有记载或者能够从原申请记载的信息中直接地、毫无疑义地确定，则这种修改没有超出原申请文件记载的范围。

本案中，请求人在提出复审请求时修改了权利要求，将驳回决定所针对的权利要求1和权利要求2合并，并删除了"其中每两种多糖-蛋白结合物之间的重量差不超过5倍"和"重量比例是按多糖计算的"的表述，以形成新的权利要求1。修改后的权利要求1为："1. 一种多价细菌多糖-蛋白质结合物联合疫苗制剂，其特征在于，含有有效量的A群流行性脑膜炎奈瑟氏球菌荚膜多糖-蛋白结合物，C群流行性脑膜炎奈瑟氏球菌荚膜荚膜多糖-蛋白结合物，Y群流行性脑膜炎奈瑟氏球菌荚膜多糖-蛋白结合物，W135群流行性脑膜炎奈瑟氏球菌荚膜多糖-蛋白结合物和b型流感嗜血杆菌荚膜多糖-蛋白结合物，其每一单位给药剂量的制剂中含有A群，C群，Y群和W135群脑膜炎球菌荚膜多糖以及 b 型流感嗜血杆菌荚膜多糖的量在 5~25μg 之间。"本申请说明书第 3 页第 17~18 行记载了 "本发明提供了一种含 A 群，C 群，Y 群和 W135 群脑膜炎球菌荚膜多糖-蛋白结合物以及 b 型嗜血流感杆菌荚膜多糖-蛋白结合物的联合疫苗制剂"，随后又在同一页第 21~23 行进一步记载了在本发明的联合疫苗制剂中 "每一单位给药剂量的制剂中含有 A 群，C 群，Y 群和 W135 群脑膜炎球菌荚膜多糖以及 b 型嗜血流感杆菌荚膜多糖的量在 5~25μg 之间"。由此可见，修改后的权利要求 1 所请求保护的技术方案在原申请文件中已有明确记载，因此，这种修改没有超出原申请文件记载的范围，从而克服了驳回决定中指出的本申请不符合专利法第 33 条规定的缺陷，驳回决定理由不再成立。

根据以上事实和理由，本案合议组作出如下审查决定。

三、决定

撤销国家知识产权局于 2008 年 1 月 4 日对 200510083042.7 号发明专利申请作出的驳回决定。由原审查部门在本复审决定所针对文本的基础上继续进行审查。

复审请求人对本决定不服的，可以根据专利法第 41 条第 2 款的规定，自收到本决定之日起三个月内向北京市第一中级人民法院起诉。

基因重组毕赤酵母生产蛋白酶的方法

复审请求审查决定（第 15119 号）

决 定 号	第 15119 号
决 定 日	2008 年 11 月 17 日
发明创造名称	基因重组毕赤酵母生产蛋白酶的方法
国际分类号	C12N 9/50，C12N 9/60，C12N 1/19，C12N 15/57，C12N 15/81，C12P 21/02
复审请求人	云南师范大学
申 请 号	200410079582.3
申 请 日	2004 年 11 月 25 日
公 开 日	2006 年 5 月 31 日
合议组组长	李金光
主 审 员	张 雷
参 审 员	曹克浩

法 律 依 据 专利法第 26 条第 3 款

决 定 要 点

对于化学方法发明，应当记载方法所用的原料物质、工艺步骤和工艺条件，必要时还应当记载方法对目的物质性能的影响，使所属技术领域的技术人员按照说明书中记载的方法去实施时能够解决该发明要解决的技术问题。当原料物质涉及公众不能得到的生物材料时，为了满足该款的要求，应按规定将所涉及的生物材料到国家知识产权局认可的保藏单位进行保藏。如果现有技术中记载了作为原料物质的生物材料，公众能够确认并获得上述生物材料时，无需对上述材料进行保藏。

一、案由

本复审请求涉及 2004 年 11 月 25 日申请、2006 年 5 月 31 日公开、名称为"基因重组毕赤酵母生产蛋白酶的方法"的第 200410079582.3 号发明专利申请（下称本申请）。本申请的申请人为云南师范大学。

针对申请人于 2007 年 2 月 6 日提交的权利要求 1、2，申请日提交的说明书第 1~7 页、附图第 1 页及说明书摘要，国家知识产权局于 2007 年 9 月 7 日以说明书不符合专利法第 26 条第 3 款的规定为由驳回了本申请。

驳回决定所针对的权利要求书为：

"1. 一种基因重组毕赤酵母生产中性蛋白酶的方法，其特征在于采用巴斯德毕赤氏酵母生产中性蛋白酶，即采用多聚酶链反应的方法，从 Bacillus subtilus 168 中克隆出编码中性蛋白酶基因的全序列，然后克隆入毕赤酵母表达载体 PGAP 得到重组子，重组子分别转化毕赤酵母表达宿主 GS115，SMD1168，然后分别筛选出组成型的高效表达转化子，得基因工程菌 GSp5 和 SMDp18，该菌在普通葡萄糖培养基中就能产生中性蛋白酶；该全序列所编码的氨基酸序列如下：

> MGLGKKLSVRVAASFMSLSISLPGVQAAEGHQLKENQTNFLSKKPIAQSELSAPNDKAVKQFLKKNSNIFK
> GDPSKSVKLVESTTDALGYKHFRYAPVVNGVPIKDSQVIVHVDKSDNVYAVNGELHNQSAAKTDNSQKVSSE
> KALALAFKAIGKSPDAVSNGAAKNSNKAELKAIETKDGSYRLAYDVTIRYVEPEPANWEVLVDAETGSILKQQ
> NKVEHAAATGSGTTLKGATVPLNISYEGGKYVLRDLSKPTGTQIITYDLQNRQSRLPGTLVSSTTKTFTSSSQRA
> AVDAHYNLGKVYDYFYSNFKRNSYDNKGSKIVSSVHYGTQYNNAAWTGDQMIYGDGDGSFFSPLSGSLDVTA
> HEMTHGVTQETANLIYENQPGALNESFSDVFGYFNDTEDWDIGEDITVSQPALRSLSNPTKYNQPDNYANYRN
> LPNTDEGDYGGVHTNSGIPNKAAYNTITKLGVSKSQQIYYRALTTYLTPSSTFKDAKAALIQSARDLYGSTDAA
> KVEAAWNAVGL

2. 根据权利要求1所述的基因重组毕赤酵母生产中性蛋白酶的方法，其特征在于采用 GSp5 和 SMDp18 基因工程菌在普通葡萄糖培养基中，30℃，200转/分培养四天后，经5000转/分离去除细胞，得到含中性蛋白酶的上清液。"

驳回决定认为：本申请的说明书中记载的载体为PGAP，而申请人提交的附件（Invitrogen公司网页）中记载的载体分别为 pGAPZ A，B，C 以及 pGAPZα A，B，C，与本申请说明书中记载的载体名称不一致，本领域技术人员也不能确定 pGAPZ A，B，C 和 pGAPZα A，B，C 中的任一个与 PGAP 为同一载体，不能证明 PGAP 载体属于现有技术，不能证明公众在申请日前可以获得该生物材料，导致本领域技术人员根据说明书的记载，无法实现构建中性蛋白酶的表达载体，并用该载体转化毕赤酵母，生产中性蛋白酶的技术方案，解决要解决的技术问题，并产生预期的技术效果。因此，本申请说明书没有对发明作出清楚、完整的说明，使达到所属技术领域的技术人员能够实现的程度，不符合专利法第26条第3款的规定。

申请人云南师范大学（下称请求人）对上述驳回决定不服，于2007年12月27日向专利复审委员会提出复审请求，请求人在提出复审请求时没有对专利申请文本进行修改，但提交了Invitrogen公司网站上获得的产品说明的复印件（共44页）作为参考资料。

请求人认为：（1）PGAP 载体由美国 Invitrogen 公司开发，可以直接从 Invitrogen 的中国代理公司直接购买得到的；（2）该载体的限制性酶切位点、图谱、多克隆位点、碱基序列等相关信息都在 Invitrogen 公司的产品说明中有详细说明，通过登录 Invitrogen 公司的网站都可以获得（https://catalog.invitrogen.com）；（3）在2004年以前就有很多相关利用 PGAP 载体进行基因克隆表达的研究报导。因此，该 PGAP 载体的使用属于现有技术。基于以上理由，国家知识产权局驳回的理由不成立。

形式审查合格后，专利复审委员会受理了该复审请求，并于2008年1月28日向请求人发出《复审请求受理通知书》，同时将本申请案卷移交原审查部门进行前置审查。

原审查部门对本复审请求进行了前置审查，认为请求人提交的证据中，分别记载有载体 pGAPZ A、B、C 或 pGAPZα A、B、C，与本申请说明书中记载的载体"PGAP"名称不一致，既不能证明本申请中的"毕赤酵母表达载体 PGAP"属于现有技术，也不能证明公众在申请日前可以获得该生物材料，坚持原驳回决定。

专利复审委员会组成合议组，对本复审请求案进行了审理。于2008年8月7日向请求人发出《复审通知书》。《复审通知书》指出：本案中，在请求人请求保护的基因重组毕赤酵母生产中性蛋白酶的技术方案中使用了生物材料"毕赤酵母表达载体PGAP"，在说明书中既没有记载该载体的结构和组成，也没有描述其具体的来源或制备方法，所以，上述生物材料"毕赤酵母表达载体PGAP"属于公众不能得到的生物材料。在这种情况下，请求人没有按专利法实施细则第25条的规定在申请日前或最迟在申请日将上述生物材料提交国务院专利行政部门认可的保藏单位进行保藏，致使所属技术领域的技术人员无法根据本申请中记载的内容得到"毕赤酵母表达载体PGAP"进而实施基因重组毕赤酵母生产中性蛋白酶的技术方案。并且，请求人在意见陈述中的理由和提交的证据都不能证明本申请所述的PGAP载体能够被公众得到，因此，根据本申请说明书的记载所属技术领域的技术人员不能实现本发明，说明书不符合专利法第26条第3款的规定。

针对《复审通知书》指出的问题，请求人于2008年9月22日提交了意见陈述书及以下附件：

附件1："Tat短肽跨膜递送作用的研究（I）——模型蛋白Tat-GFP在毕赤酵母中的表达与纯化"，何火聪、傅蓉、刘树滔、陈躬瑞、饶平凡，福州大学学报（自然科学版），第32卷第5期第641~646页，2004年10月，复印件共6页；

附件2："毕赤酵母高效表达血小板源生长因子研究"，李培旺、冯争名、蒋丽娟、孙友平，生命科学研究，第9卷第4期第346~350页，2005年12月，复印件共5页。

请求人认为，附件1、2说明PGAP载体是指一类以GAP为启动子的重组蛋白表达载体，是本领域技术人员共知的，本申请说明书中记载的载体是Invitrogen公司的商业产品，无需保藏。

至此，合议组认为本案事实已经清楚，可以作出审查决定。

二、决定的理由

1. 文本认定

本复审决定所针对的文本为驳回决定所针对的审查文本，即：申请日提交的原始申请文件的说明书第1~7页、说明书附图第1页、摘要，以及于2007年2月6日提交的权利要求1~2。

2. 关于专利法第26条第3款

专利法第26条第3款规定，说明书应当对发明作出清楚、完整的说明，以所属技术领域的技术人员能够实现为准。

根据该款规定，对于化学方法发明，应当记载方法所用的原料物质、工艺步骤和工艺条件，必要时还应当记载方法对目的物质性能的影响，使所属技术领域的技术人员按照说明书中记载的方法去实施时能够解决该发明要解决的技术问题。当原料物质涉及公众不能得到的生物材料时，为了满足该款的要求，应按规定将所涉及的生物材料到国家知识产权局认可的保藏单位进行保藏。如果现有技术中记载了作为原料物质的生物材料，公众能够确认并获得上述生物材料时，无需对上述材料进行保藏。

本案中，在请求人请求保护的基因重组毕赤酵母生产中性蛋白酶的技术方案中使用了生物材料"毕赤酵母表达载体PGAP"。附件1中记载了"带有Zeocin™抗性基因的pGAP（A载体购自美国Invitrogen公司"（参见附件1第642页材料部分），"pGAP载体是加入（-因子信号肽构建而成的分泌性载体"（参见附件1第645页讨论部分），这说明本领域通常也会将Invitrogen公司的商用类的pGAP相关的载体称为"pGAP载体"。本申请通称的"载体PGAP"与此区别仅在于本申请描述中使用的是大写字母"P"。由本申请说明书实质记载的内容可知，本申请中采用的多聚酶链反应（PCR）的方法，从 *Bacillus subtilis* 168中克隆出编码中性蛋白酶基因的全序列，然后克隆入毕赤酵母表达载体PGAP得到重组子。本领域技术人员公知在基因工程常用术语的命名规则中，新发现或改造的质粒命名第1个小写字母p表示质粒（plasmid），而本申请中的"载体PGAP"显然是由于笔误将表示质粒（plasmid）的第1个小写字母p误写为大写字母。由此可见，虽然本申请记载的生物材料为"载体PGAP"，但是本领域技术人员通过本领域公知常识就能够确定本申请中所述的"载体PGAP"实质上为具有GAP启动子的重组蛋白表达载体，即"pGAP载体"。因此，本申请技术方案中使用的生物材料"毕赤酵母表达载体PGAP"属于现有技术，公众能够在申请日之前通过商业途径获得该生物材料。所以，原审查部门指出的本申请由于公众不能得到生物材料"毕赤酵母表达载体PGAP"进而无法实施基因重组毕赤酵母生产中性蛋白酶的技术方案致使说明书未充分公开的观点不能成立。

根据以上事实和理由，本案合议组作出如下审查决定。

三、决定

撤销国家知识产权局于2007年9月7日对200410079582.3号发明专利申请作出的驳回决定。由原审查部门在本复审决定所针对的文本的基础上继续进行审查。

复审请求人对本决定不服的，可以根据专利法第41条第2款的规定，自收到本决定之日起三个月内向北京市第一中级人民法院起诉。

用储存的红血球改善氧传送的方法

复审请求审查决定（第 15122 号）

决 定 号	第 15122 号
决 定 日	2008 年 11 月 17 日
发明创造名称	用储存的红血球改善氧传送的方法
国际分类号	A61K 49/00，A61M 37/00，A01N 1/02
复审请求人	柏尔纯公司
申 请 号	02817734.7
优 先 权 日	2001 年 9 月 10 日
申 请 日	2002 年 9 月 10 日
公 开 日	2004 年 12 月 8 日
合议组组长	李人久
主 审 员	李瑛琦
参 审 员	葛永奇

法 律 依 据 专利法第 22 条第 3 款，第 31 条第 1 款

决 定 要 点

当发明产生了预料不到的技术效果时，一方面说明发明具有显著的进步，同时也反映出发明的技术方案是非显而易见的，具有突出的实质性特点，因此该发明具有创造性。

特定技术特征是指每一项发明作为整体，对现有技术作出贡献的技术特征，也就是使发明相对于现有技术具有新颖性和创造性的技术特征。如果两项以上的独立权利要求之间包含相同或者相应的特定技术特征，那么这些权利要求属于一个总的发明构思，符合专利法第 31 条第 1 款的规定。

一、案由

本复审请求涉及名称为"用储存的红血球改善氧传送的方法"的 02817734.7 号发明专利申请（下称本申请），其申请人为柏尔纯公司，申请日为 2002 年 9 月 10 日，优先权日为 2001 年 9 月 10 日，公开日为 2004 年 12 月 8 日。

针对本申请进入中国国家阶段时提交的国际申请中文译文说明书第 1~14 页、附图第 1~5 页、说明书摘要以及请求人于 2005 年 11 月 2 日提交的权利要求 1~14，国家知识产权局于 2005 年 12 月 9 日以独立权利要求 1 和 11 不符合专利法第 31 条第 1 款规定为由驳回了本申请，驳回决定所针对的权利要求书为：

"1. 一种改进储存红血球释放氧的方法，包括将储存的红血球与血红蛋白溶液组合，其中血红蛋

白溶液包括聚合的血红蛋白，储存的红血球至少储存约7天。

2. 根据权利要求1的方法，其中来自血红蛋白溶液的血红蛋白占结合溶液中的总血红蛋白的约50％。

3. 根据权利要求1的方法，其中来自血红蛋白溶液的血红蛋白占结合溶液中的总血红蛋白的约10％。

4. 根据权利要求1的方法，其中储存的红血球已储存约35天以上。

5. 根据权利要求1的方法，其中储存的红血球已储存约42天以上。

6. 根据权利要求1的方法，其中储存的红血球中的血红蛋白具有小于大约15mm Hg的P_{50}。

7. 根据权利要求1的方法，其中储存的红血球中的血红蛋白具有小于大约20mm Hg的P_{50}。

8. 根据权利要求1的方法，其中储存的红血球中的血红蛋白具有小于大约25mm Hg的P_{50}。

9. 根据权利要求1的方法，其中血红蛋白是与戊二醛聚合的。

10. 根据权利要求9的方法，其中聚合的血红蛋白溶液具有：

（a）按重量计含量不足大约15％的高铁血红蛋白；

（b）浓度不足大约每毫升0.5内毒素单位的内毒素；

（c）按重量计少于或等于5％的聚合血红蛋白，其分子量大于大约500 000个道尔顿；和

（d）按重量计少于或等于大约的10％的聚合血红蛋白，其分子量少于或等于大约65 000道尔顿。

11. 一种组合物，包括血红蛋白溶液和储存红血球，其中血红蛋白溶液包含聚合的血红蛋白，而储存的红血球已被储存至少大约7天。

12. 根据权利要求11的组合物，其中血红蛋白已与戊二醛聚合。

13. 根据权利要求11的组合物，其中储存的红血球已被储存大约35天以上。

14. 根据权利要求11的组合物，其中储存的红血球已被储存大约42天以上。"

驳回决定认为：对比文件1（Thomas C. Page等，"Oxygen Transport by Erythrocyte/Hemoglobin Solution Mixtures in an in Vitro Capillary as Model of Hemoglobin–Based Oxygen Carrier Performance"，Microvascular Research，第55卷第1期，第54~64页，1998年1月）公开了红血球/血红蛋白溶液的混合物能增加氧的输送效率（包括氧的摄取和释放），其中血红蛋白溶液包括与戊二醛聚合的牛血红蛋白（参见对比文件1第54页第1段），因此红血球与血红蛋白溶液的组合不是对现有技术作出贡献的技术特征，即不是特定技术特征。因此，独立权利要求1与独立权利要求11之间没有相同或相应的特定技术特征，不具备单一性，不符合专利法第31条第1款的规定。对比文件1中的红血球并非仅限于新鲜红血球，仅仅是实验中使用的是48小时内的悬浮液，但这并不意味对比文件1教导了聚合血红蛋白只能增加新鲜红血球输送氧的效率而不能增加储存的红血球输送氧的效率。

申请人柏尔纯公司（下称请求人）对上述驳回决定不服，于2006年3月24日向专利复审委员会提出复审请求。请求人在提出复审请求的同时提交了如下附件：

附件1：HARVEY J. SUGERMAN等人，"THE BASIS OF DEFECTIVE OXYGEN DELIVERY FROM STORED BLOOD"，*Surgery, Gynecology Is Obsterics*，第733~741页，1970年10月。

请求人认为：（1）权利要求1和11之间的共有技术特征并非审查员所认定的"红血球与血红蛋白溶液的组合"，而是"聚合的血红蛋白和储存了至少7天的红血球细胞的组合物"，对比文件1中没有提到聚合的血红蛋白可以增加任何储存过的红血球细胞的氧输送能力，因此该共有技术特征具有新颖性。此外，储存后的红血球细胞内发生有害的生物化学变化，导致其氧释放能力随着储存的时间延长而迅速下降（见本申请说明书第1页第3段和附件1图1和第734页），通过使用本申请要求保护的方法，可以将红血球细胞的氧释放能力恢复到近乎新鲜红血球细胞的程度（见本申请说明书第

12页的氧释放部分、第13~14页的讨论部分和附图3)。对比文件1公开的内容仅限于提高新鲜的红血球细胞的氧输送能力,并未揭示或预示能够提升储存后发生了有害变化的红血球细胞的氧释放能力,即使了解了红血球细胞储存一段时间后会发生有害变化(例如附件1),本领域普通技术人员也不可能知道或预见到能将储存过的红血球细胞恢复到与新鲜红血球细胞一样的水平,因此所述共有技术特征相对于现有技术不是显而易见的,是对现有技术有贡献的技术特征。所以,权利要求1和11之间具有相同或相应的特定技术特征,具有单一性。

形式审查合格后,专利复审委员会受理了该复审请求,并于2006年5月17日向请求人发出《复审请求受理通知书》,随后将本申请案卷移交原审查部门进行前置审查。

原审查部门对本复审请求进行了前置审查,坚持原驳回决定。前置审查意见认为:对比文件1并未指出或暗示其中的红血球一定是新鲜的红血球,因此请求人认为"对比文件1只揭示了提高新鲜红血球细胞氧输送能力"的观点缺乏依据,将红血球细胞限定为储存了至少7天只是具备了新颖性,本领域技术人员根据对比文件1的教导能够预见到通过与血红蛋白组合来提高储存的红细胞的氧释放能力,因此储存的红血球与血红蛋白的组合不是特定的技术特征,附件1只表明存在需要提高储存后的红血球细胞的氧释放能力的技术问题,并不能证明该特征是特定技术特征,因此权利要求1和11之间仍不符合专利法第31条第1款的规定。

专利复审委员会组成合议组,对本案的复审请求进行了审理,并于2008年3月24日向请求人发出《复审通知书》。《复审通知书》指出,(1)对比文件1公开了红血球与血红蛋白溶液的混合物能增加氧的输送能力(包括氧摄取和氧释放),其中血红蛋白溶液包括戊二醛聚合的牛血红蛋白,本申请权利要求1与对比文件1公开的技术方案相比区别仅在于:权利要求1中的红血球是储存了至少约7天的红血球。本领域技术人员知道,经过储存的红血球的氧释放能力会降低,因此在对比文件1已公开红血球与血红蛋白溶液混合物能增加氧的输送能力,且未教导或暗示不适用于"储存至少约7天的红血球"的情况下,本领域技术人员在解决"改进储存至少约7天的红血球的氧释放能力"的技术问题时,必然会想到使用对比文件1中公开的方法,即将红血球与聚合血红蛋白混合。因此,在对比文件1公开的技术方案基础上结合上述公知常识得到权利要求1的技术方案,对于本领域技术人员而言是显而易见的,权利要求1请求保护的技术方案不具有创造性,不符合专利法第22条第3款的规定。基于同样的理由,独立权利要求11相对于对比文件1和本领域公知常识的结合也不具有创造性。从属权利要求2~10、12~14的附加技术特征已被对比文件1公开或者隐含地公开,在独立权利要求1、11不具有创造性的基础上,同样不具备创造性。(2)由于独立权利要求1和11请求保护的技术方案都不具有创造性,因此二者之间不可能存在对现有技术作出贡献的共有技术特征,即独立权利要求1和11之间没有相同或者相应的特定技术特征,不具有单一性,不符合专利法第31条第1款的规定。

针对《复审通知书》指出的问题,请求人于2008年7月8日提交了意见陈述书以及上述对比文件1作为证据。

请求人认为:(1)首先,本申请的图2和图3说明,通过与聚合的血红蛋白相混合,未恢复2,3-二磷酸甘油酯(2,3-DPG)水平的储存的红细胞的氧释放能力已经被恢复到新鲜红血球的氧释放能力,或者至少部分恢复到新鲜红血球的氧释放能力,而对比文件1只能使本领域技术人员预期到氧释放能力的增加归因于聚合的血红蛋白,而不是归因于2,3-DPG水平的恢复,这说明本发明和对比文件1在提高红血球氧释放能力的机理上存在差异,本发明中储存的红血球/血红蛋白混合物的氧释放能力的恢复是非显而易见的;其次,从图3可以看出,将储存的红血球与聚合血红蛋白混合的氧释放能力接近将新鲜的红血球与聚合血红蛋白混合的氧释放能力,而且前者氧释放能力的增加远远超过了预期值，因此，与现有技术相比，通过将储存的红血球与聚合血红细胞混合，可以带来预料不到的技术效果，本申请请求保护的技术方案具有创造性。(2) 权利要求1和权利要求11存在相同的技术特征，即，将储存至少7天的红血球与聚合血红蛋白相混合，这一技术特征与现有技术相比是具有新颖性和创造性的，可以作为权利要求1和权利要求11之间相同的特定技术特征，因此权利要求1和11之间具有单一性。

至此，合议组认为本案事实清楚，可以作出审查决定。

二、决定的理由

1. 关于审查文本

鉴于请求人在复审请求过程中没有对申请文件进行修改，因此本复审请求审查决定是在驳回决定所依据的文本的基础上作出的。

2. 关于专利法第22条第3款

专利法第22条第3款规定，创造性是指同申请日以前已有的技术相比，发明具有突出的实质性特点和显著的进步。

当发明产生了预料不到的技术效果时，一方面说明发明具有显著的进步，同时也反映出发明的技术方案是非显而易见的，具有突出的实质性特点，因此该发明具有创造性。

权利要求1请求保护一种改进储存红血球释放氧的方法，该方法包括将储存的红血球与血红蛋白溶液组合，其中血红蛋白溶液包括聚合的血红蛋白，储存的红血球至少储存约7天。对比文件1公开了红血球与血红蛋白溶液的混合物能增加氧的输送能力（包括氧摄取和氧释放），其中血红蛋白溶液包括戊二醛聚合的牛血红蛋白（见对比文件1摘要、第58页右栏第3段、第60页左栏第2段）。本申请中记载了新鲜红血球悬浮液和储存过的红血球悬浮液的制备方法，其中新鲜红血球悬浮液的制备方法与对比文件1公开的红血球制备方法基本一致，均从由健康人类供体取出开始，经过除血浆及淡黄色层、用磷酸盐缓冲液重悬浮、稀释等步骤，并且同样限定弃用超过48小时的细胞（参见本申请说明书第9页第1段和对比文件1第55页左栏倒数第2行至右栏第19行），由此可知，对比文件1公开的技术方案中选择出的细胞就是未经储存的"新鲜红血球"。由于权利要求1中的红血球是储存了至少约7天的红血球，而对比文件1公开的是新鲜红血球，因此，本申请权利要求1要求保护的技术方案与对比文件1公开的技术方案属于不同的技术方案。从技术效果方面考虑，本申请的实验结果显示，通过使用权利要求1所要保护的方法，在储存的红血球中2，3-DPG水平没有恢复的情况下，其氧释放能力可以恢复至近乎新鲜红血球的程度（参见说明书第12页倒数第1段，第13页倒数第6行至第14页第7行，附图2、3），而对比文件1仅公开了血红蛋白可以增加新鲜红血球的氧输送能力，却没有揭示或预示血红蛋白能够弥补储存过的红血球由于氧亲和力增加释放能力降低而导致的氧输送效率降低这方面的不利。另一方面，本申请实验结果还表明，当新鲜的红血球和储存过的红血球以相同比例与血红蛋白混合后氧释放能力均有所提高，但是储存过的红血球氧释放能力的增加值明显超出新鲜红血球氧释放能力的增加值（参见说明书第12页最后一段，附图3），本领域技术人员根据对比文件1无法获知或者预见到储存过的红血球与血红蛋白混合后在氧释放能力方面的这种超出预期值的显著提升。综上所述，由于本申请权利要求1采用与现有技术不同的技术手段，取得了预料不到的技术效果，因此该权利要求请求保护的技术方案相对于现有技术具备创造性，符合专利法第22条第3款的规定。

独立权利要求11请求保护一种组合物，其中包括血红蛋白溶液和储存过的红血球，其中血红蛋白溶液包含聚合的血红蛋白，而储存的红血球已被储存至少大约7天。该权利要求请求保护的技术方案与最接近的现有技术即对比文件1的区别也在于权利要求11中的红血球是储存了至少约7天的红血球,而对比文件1公开的是新鲜红血球。基于与权利要求1具有创造性的相同的理由,储存过的红血球在与血红蛋白混合后,在红血球中2,3-DPG水平没有恢复的情况下,其氧释放能力方面的显著提升是本领域技术人员根据现有技术无法预期的,因此该权利要求请求保护的技术方案同样具有创造性。

在独立权利要求1和11具有创造性的基础上,从属权利要求2~10和12~14也具有创造性,符合专利法第22条第3款的规定。

3. 关于专利法第31条第1款

专利法第31条第1款规定,一件发明或者实用新型专利申请应当限于一项发明或者实用新型。属于一个总的发明构思的两项以上的发明或者实用新型,可以作为一件申请提出。

特定技术特征是指每一项发明作为整体,对现有技术作出贡献的技术特征,也就是使发明相对于现有技术具有新颖性和创造性的技术特征。如果两项以上的独立权利要求之间包含相同或者相应的特定技术特征,那么这些权利要求属于一个总的发明构思,符合专利法第31条第1款的规定。

本案中,独立权利要求1和11均包含储存至少约7天的红血球与血红蛋白溶液组合的技术特征,对比文件1中没有公开红血球为"储存至少约7天的红血球",因此包含"储存至少约7天的红血球与血红蛋白溶液"的技术方案相对于对比文件1具有新颖性。同时,根据上述第2部分的分析可知,本申请技术方案中储存至少约7天的红血球与血红蛋白溶液的组合相对于对比文件1公开的新鲜红血球与血红蛋白的组合在提高红血球氧释放能力方面获得了预料不到的技术效果,具有创造性,因此储存的红血球与血红蛋白溶液的组合是决定权利要求1和11的技术方案具有创造性的技术特征。综上,权利要求1和11所包含的相同技术特征是使本申请相对于对比文件1具有新颖性、创造性的特定技术特征,以对比文件1作为最接近的现有技术认为上述两项权利要求不具有相同或者相应的特定技术特征的驳回理由不能成立。

根据以上事实和理由,本案合议组作出如下审查决定。

三、决定

撤销国家知识产权局于2005年12月9日对02817734.7号发明专利申请作出的驳回决定,由原审查部门在本复审决定所针对文本的基础上继续进行审查。

复审请求人对本决定不服的,可以根据专利法第41条第2款的规定,自收到本决定之日起三个月内向北京市第一中级人民法院起诉。

在乙醇制备中的次级液化

复审请求审查决定（第15134号）

决 定 号	第15134号
决 定 日	2008年11月18日
发明创造名称	在乙醇制备中的次级液化
国际分类号	C12N 15/56，C12P 7/06，C12N 9/30，C12P 19/14
复审请求人	诺维信公司，诺维信北美公司
申 请 号	01818566.5
优 先 权 日	2000年11月10日，2000年12月11日
申 请 日	2001年11月9日
公 开 日	2004年2月4日
合议组组长	孙治国
主 审 员	张晓飞
参 审 员	葛永奇
法 律 依 据	专利法第26条第4款

决定要点

对一项专利申请而言，如果因权利要求使用了特定的用语而导致权利要求的保护范围中包含了太多的技术方案，所属技术领域的技术人员无法预期这些技术方案都能达到该申请的发明目的，则该权利要求得不到说明书的支持。

一、案由

本复审请求涉及申请日为2001年11月9日、公开日为2004年2月4日、名称为"在乙醇制备中的次级液化"的01818566.5号发明专利申请（下称本申请）。本申请的优先权日为2000年11月10日和2000年12月11日，申请人为诺维信公司、诺维信北美公司。

针对申请人于2006年2月28日提交的权利要求1~28，2003年5月8日本申请进入中国国家阶段时提交的说明书第1~21页、序列表第1~3页、说明书附图第1页和说明书摘要，国家知识产权局于2006年5月26日以权利要求1~28不符合专利法第26条第4款的规定为由驳回了本申请。驳回决定所针对的权利要求书为：

"1. 一种从包含淀粉的原料制备乙醇的方法，该方法包括下面的步骤：

a. 在α-淀粉酶存在下，使包含淀粉的原料液化；

b. 喷射式蒸煮；

c. 在热稳定的产麦芽糖的酸性α-淀粉酶存在下进行次级液化,其中所述热稳定产麦芽糖酸性α-淀粉酶是具有与SEQ ID NO:1至少70%同一性的氨基酸序列的α-淀粉酶,其中该次级液化步骤中所用的α-淀粉酶是热稳定的,当以具有30%干物质的DE 12 α-淀粉酶TTC液化谷类淀粉为底物时,该酶在pH5.5,0.1M柠檬酸盐缓冲液和4.3 mM Ca^{2+}中70℃将维持其90%以上的活性达1小时;

d. 糖化;和

e. 发酵产生乙醇;

其中步骤a,b,c和d按照a,b,c,d的顺序进行,并且其中e与d同时进行或在d之后进行。

2. 权利要求1的方法,进一步包括回收乙醇。

3. 权利要求1~2中任一项的方法,进一步包括预糖化步骤,其是在次级液化步骤c之后和步骤d之前进行的。

4. 权利要求1~3中任一项的方法,其中包含淀粉的原料选自:块茎,根,木薯、马铃薯;整谷物,谷物,玉米,玉米芯,小麦,大麦,高粱,黑麦,买罗高粱,或它们的任意组合。

5. 权利要求1~4中任一项的方法,进一步包括在步骤a之前的步骤:

i. 粉碎整谷物;

ii. 形成包括已粉碎谷物和水的浆以获得含淀粉的原料。

6. 前面权利要求任一项所述的方法,其中粉碎步骤是干磨法步骤和/或湿磨法步骤。

7. 权利要求1~3中任一项的方法,其中包含淀粉的原料是来自淀粉加工的侧流物。

8. 权利要求1~7中任一项的方法,进一步包括下面的步骤:

f. 蒸馏以获得乙醇;

其中步骤e中的发酵和步骤f中的蒸馏是同时或分别地/依次地进行。

9. 权利要求8的方法,其中包含淀粉的原料是被粉碎的整谷物,该方法进一步包括下面的步骤:

g. 将步骤f中蒸馏制备的酒糟物分为湿谷物和酒糟水;和

h. 在步骤a之前将酒糟水再循环至包含淀粉的原料。

10. 权利要求1~9中任一项的方法,其中步骤e中的发酵使用微生物进行。

11. 权利要求10的方法,其中微生物是酵母。

12. 权利要求1~11中任一项的方法,其中发酵在葡糖淀粉酶,植酸酶和/或蛋白酶存在下进行。

13. 权利要求1~12中任一项的方法,其中步骤c中的热稳定产麦芽糖酸性α-淀粉酶是真菌的酶。

14. 权利要求1~13中任一项的方法,其中步骤a中的液化在60~95℃进行10~120分钟。

15. 权利要求14的方法,其中步骤a中的液化在75~90℃进行15~40分钟。

16. 权利要求1~15中任一项的方法,其中步骤c中的液化在60~95℃进行10~120分钟。

17. 权利要求16的方法,其中步骤c中的液化在75~85℃进行15~80分钟。

18. 权利要求1~17中任一项的方法,其中步骤c中除了热稳定的产麦芽糖酸性α-淀粉酶外,还加入不是热稳定酸性α-淀粉酶的α-淀粉酶。

19. 权利要求18的方法,其中不是热稳定酸性α-淀粉酶的α-淀粉酶是α-淀粉酶TTC。

20. 权利要求1~19中任一项的方法,其中热稳定产麦芽糖酸性α-淀粉酶是具有与SEQ ID NO:1至少75%同一性的氨基酸序列的α-淀粉酶。

21. 权利要求1~20中任一项的方法,其中热稳定产麦芽糖酸性α-淀粉酶是具有与SEQ ID NO:1至少90%同一性的氨基酸序列的α-淀粉酶。

22. 权利要求1~21中任一项的方法,其中热稳定产麦芽糖酸性α-淀粉酶是具有与SEQ ID NO:

1至少95％同一性的氨基酸序列的α-淀粉酶。

23. 权利要求1~22中任一项的方法，其中热稳定产麦芽糖酸性α-淀粉酶是具有与SEQ ID NO：1至少98％同一性的氨基酸序列的α-淀粉酶。

24. 权利要求1~23中任一项的方法，其中热稳定的产麦芽糖的酸性α-淀粉酶是具有SEQ ID NO：1所示氨基酸序列的α-淀粉酶。

25. 权利要求1~24中任一项的方法，其中次级液化步骤中α-淀粉酶是产麦芽糖的，使得在60℃，pH4.5使用具有30％干物质的DE 12α-淀粉酶TTC液化谷类淀粉，并使用1AFAU/g干物质的酶剂量时，所述酶在24小时内催化生成基于淀粉总量的至少15％，或至少20％，至少25％，至少30％ w/w的麦芽糖。

26. 权利要求1-24中任一项所述的方法，其中次级液化步骤中所用的α-淀粉酶是热稳定的，当以具有30％干物质的DE 12α-淀粉酶TTC液化谷类淀粉为底物在pH5.5，0.1M柠檬酸盐缓冲液和4.3mM Ca^{2+}中50~80℃时，该酶维持其80％以上的活性达15分钟，。

27. 权利要求1~24中任一项所述的方法，其中次级液化步骤中所用的α-淀粉酶是酸性的，当在pH3.5~5.0（例如pH4），以具有30％干物质的DE 12α-淀粉酶TTC液化谷类淀粉为底物，在40℃，0.1M柠檬酸盐缓冲液和4.3mM Ca^{2+}中时，该酶将维持其70％以上的活性。

28. 权利要求1~27任一项所述的方法，其中所有处理步骤分批进行，或所有处理步骤以连续流进行，或其中一或多个处理步骤分批进行而一或多个处理步骤以连续流进行。"

驳回决定认为：权利要求1~28都涉及具有与SEQ ID NO：1至少70％同一性的氨基酸序列的α-淀粉酶，并限定了功能，虽然所述功能的测定方法是现有技术，但是氨基酸序列的同一性不足以保证蛋白具有与原蛋白同样的活性，从大量的具有所述同一性的蛋白中得到符合所述功能的蛋白需要付出大量劳动，进行大量的试错和筛选，这样的劳动是过度的实验，是创造性劳动，因此，本领域普通技术人员无法实施权利要求1~28的技术方案，权利要求1~28得不到说明书的支持，不符合专利法第26条第4款的规定。

申请人诺维信公司、诺维信北美公司（下称请求人）对上述驳回决定不服，于2006年9月4日向专利复审委员会提出复审请求，请求人在提出复审请求时没有提交新修改的专利申请文件。

请求人认为：（1）本发明的蛋白质序列是在选择压力下得到的，说明书中描述了如何确定序列同一性，本领域技术人员知道哪些类型的修饰能够获得本发明所需的序列，因此本领域技术人员可以根据说明书的内容概括出本发明的技术方案；（2）其他一些已授权的发明专利，其权利要求中同样涉及通过同源性或同一性定义的蛋白质序列。因此国家知识产权局驳回的理由不成立。

形式审查合格后，专利复审委员会受理了该复审请求，并于2006年11月1日向请求人发出《复审请求受理通知书》，同时将本申请案卷移交原审查部门进行前置审查。

原审查部门对本复审请求进行了前置审查，认为：虽然α-淀粉酶功能的测定方法是现有技术，但是氨基酸序列的同一性不足以保证蛋白具有与原蛋白同样的活性，从大量的具有所述同一性的蛋白中得到符合所述功能的蛋白需要付出大量劳动，进行大量的试错和筛选，这样的劳动是过度的实验，是创造性劳动；已授权的专利申请与本案案情不同，且另一份申请的审查对本申请的审查没有约束力，坚持原驳回决定。

专利复审委员会组成合议组，对本复审请求案进行了审理。于2008年9月3日向请求人发出《复审通知书》。《复审通知书》指出：（1）权利要求1要求保护一种从包含淀粉的原料制备乙醇的方法。其中，步骤c中"具有与SEQ ID NO：1至少70％同一性"限定出无数多种组成和功能不同的氨基酸序列；权利要求24引用权利要求1，并进一步限定"其中热稳定的产麦芽糖的酸性α-淀粉酶是具有 SEQ ID NO：1 所示氨基酸序列的 α-淀粉酶"，而其中的"具有"表示所述氨基酸序列的一端或两端还可以有长度和种类不确定的多个氨基酸，其也限定出无数多种组成和功能不同的氨基酸序列。而说明书中只是证实了其氨基酸序列为 SEQ ID NO：1 的 α-淀粉酶的功能，并没有给出实验证据证明"具有与 SEQ ID NO：1 至少70％同一性的氨基酸序列的 α-淀粉酶"和"具有 SEQ ID NO：1 所示氨基酸序列的 α-淀粉酶"均同样具有所述热稳定性和权利要求1步骤c中所述的理化特性。所属领域技术人员根据说明书的记载以及现有技术也无法推断其是否均具有所述热稳定性以及步骤c中所述的理化特性，因此权利要求1和24的概括包含请求人推测的内容，而其效果又难以预先确定和评价，权利要求1和24得不到说明书的支持。权利要求20～23分别限定了"具有与 SEQ ID NO：1 至少75％、90％、95％和98％同一性"，与上述评述权利要求1相同的理由，权利要求20～23的概括也包含了请求人推测的内容，而其效果又难以预先确定和评价，得不到说明书的支持。引用权利要求1的从属权利要求2～19、25～28存在同样的缺陷，也得不到说明书的支持；（2）权利要求25中的用语"至少15％，或至少20％，至少25％，至少30％"使得权利要求中对 w/w 限定出了不同的范围，造成权利要求存在多个不同的保护范围；而权利要求27中的用语"（例如pH4）"，使得权利要求27对pH限定出不同的范围，造成权利要求27限定出不同的保护范围，因此权利要求25和27的保护范围不清楚，不符合专利法实施细则第20条第1款的规定；（3）确定序列同一性的方法是否已知与具有特定同一性程度的众多蛋白质序列是否具有相同的性质或功能无关，而且说明书中也没有提供实验证据证明这些蛋白质序列是已经经历了选择、均具有所述热稳定性以及特定的理化性质的蛋白质序列，这样的结论只是无事实依据的简单断言；本案的审理按照专利法及其实施细则和审查指南的有关规定、针对本申请的具体情况作出审查意见，并非参照个别的案例，因此请求人提出的其他专利申请的审查结果与本案无关。

针对《复审通知书》指出的问题，请求人于2008年10月20日提交了意见陈述书及经修改的权利要求书全文替换页（共2页20项）。修改后的权利要求书如下：

"1. 一种从包含淀粉的原料制备乙醇的方法，该方法包括下面的步骤：

a. 在 α-淀粉酶存在下，使包含淀粉的原料液化；

b. 喷射式蒸煮；

c. 在热稳定的产麦芽糖的酸性 α-淀粉酶存在下进行次级液化，其中所述热稳定产麦芽糖酸性 α-淀粉酶由 SEQ ID NO：1 所示的氨基酸序列组成；

d. 糖化；和

e. 发酵产生乙醇；

其中步骤 a，b，c 和 d 按照 a，b，c，d 的顺序进行，并且其中 e 与 d 同时进行或在 d 之后进行。

2. 权利要求1的方法，进一步包括回收乙醇。

3. 权利要求1～2中任一项的方法，进一步包括预糖化步骤，其是在次级液化步骤c之后和步骤d之前进行的。

4. 权利要求1～3中任一项的方法，其中包含淀粉的原料选自：块茎，根，木薯，马铃薯；整谷物，谷物，玉米，玉米芯，小麦，大麦，高粱，黑麦，买罗高粱，或它们的任意组合。

5. 权利要求1～4中任一项的方法，进一步包括在步骤a之前的步骤：

i. 粉碎整谷物；

ii. 形成包括已粉碎谷物和水的浆以获得含淀粉的原料。

6. 权利要求1～5中任一项所述的方法，其中粉碎步骤是干磨法步骤和/或湿磨法步骤。

7. 权利要求1～3中任一项的方法，其中包含淀粉的原料是来自淀粉加工的侧流物。

8. 权利要求 1~7 中任一项的方法，进一步包括下面的步骤：

（f）蒸馏以获得乙醇；

其中步骤 e 中的发酵和步骤 f 中的蒸馏是同时或分别地/依次地进行。

9. 权利要求 8 的方法，其中包含淀粉的原料是被粉碎的整谷物，该方法进一步包括下面的步骤：

（g）将步骤 f 中蒸馏制备的酒糟物分为湿谷物和酒糟水；和

（h）在步骤 a 之前将酒糟水再循环至包含淀粉的原料。

10. 权利要求 1~9 中任一项的方法，其中步骤 e 中的发酵使用微生物进行。

11. 权利要求 10 的方法，其中微生物是酵母。

12. 权利要求 1~11 中任一项的方法，其中发酵在葡糖淀粉酶，植酸酶和/或蛋白酶存在下进行。

13. 权利要求 1~12 中任一项的方法，其中步骤 c 中的热稳定产麦芽糖酸性 α-淀粉酶是真菌的酶。

14. 权利要求 1~13 中任一项的方法，其中步骤 a 中的液化在 60~95℃ 进行 10~120 分钟。

15. 权利要求 14 的方法，其中步骤 a 中的液化在 75~90℃ 进行 15~40 分钟。

16. 权利要求 1~15 中任一项的方法，其中步骤 c 中的液化在 60~95℃ 进行 10~120 分钟。

17. 权利要求 16 的方法，其中步骤 c 中的液化在 75~85℃ 进行 15~80 分钟。

18. 权利要求 1~17 中任一项的方法，其中步骤 c 中除了热稳定的产麦芽糖酸性 α-淀粉酶外，还加入不是热稳定酸性 α-淀粉酶的 α-淀粉酶。

19. 权利要求 18 的方法，其中不是热稳定酸性 α-淀粉酶的 α-淀粉酶是 α-淀粉酶 TTC。

20. 权利要求 1~19 任一项所述的方法，其中所有处理步骤分批进行，或所有处理步骤以连续流进行，或其中一或多个处理步骤分批进行而一或多个处理步骤以连续流进行。"

至此，合议组认为本案事实已经清楚，可以作出审查决定。

二、决定的理由

1. 审查依据的文本

请求人于 2008 年 10 月 20 日提交了经修改的权利要求书，删除了权利要求 20~27，将权利要求 1 中的"同一性"修改为"由……组成"的表述方式，并对权利要求重新编号。经审查，所述修改符合专利法第 33 条和专利法实施细则第 60 条第 1 款的规定。

因此，本复审决定所针对的文本为请求人于 2008 年 10 月 20 日提交的权利要求 1~20、2003 年 5 月 8 日本申请进入中国国家阶段时提交的说明书第 1~21 页、序列表第 1~3 页、说明书附图第 1 页和说明书摘要。

2. 关于专利法第 26 条第 4 款

专利法第 26 条第 4 款规定，权利要求书应当以说明书为依据，说明要求专利保护的范围。

对一项专利申请而言，如果因权利要求使用了特定的用语而导致权利要求的保护范围中包含了太多的技术方案，所属技术领域的技术人员无法预期这些技术方案都能达到该申请的发明目的，则该权利要求得不到说明书的支持。

《驳回决定》中指出权利要求 1~28 由于均涉及具有与 SEQ ID NO：1 至少 70％ 同一性的氨基酸序列的 α-淀粉酶，而从大量的具有所述同一性的蛋白中得到具有所述功能的蛋白需要付出大量劳动，因此本领域普通技术人员无法实施权利要求 1~28 的技术方案，权利要求 1~28 得不到说明书的支持。《复审通知书》中指出权利要求 1 中的用语"具有与 SEQ ID NO：1 至少 70％ 同一性"以及权利要求 24 中的用语"具有"均限定出无数多种组成和功能不同的氨基酸序列，而本领域技术人员根据说明书的记载以及现有技术无法推断其是否均具有所述热稳定性以及所述理化特性，因此权利要求 1

和24的概括包含请求人推测的内容,而其效果又难以预先确定和评价,得不到说明书的支持;同理,权利要求20~23中的用语"具有与SEQ ID NO:1至少75%、90%、95%和98%同一性"以及权利要求1的从属权利要求2~19、25~28也得不到说明书的支持。

请求人于2008年10月20提交的权利要求书中,删除了《驳回决定》和《复审通知书》所针对的权利要求20~27,将权利要求1中的"其中所述热稳定产麦芽糖酸性α-淀粉酶是具有与SEQ ID NO:1至少70%同一性的氨基酸序列的α-淀粉酶,其中该次级液化步骤中所用的α-淀粉酶是热稳定的,当以具有30%干物质的DE 12 α-淀粉酶TTC液化谷类淀粉为底物时,该酶在pH5.5,0.1M柠檬酸盐缓冲液和4.3 mM Ca^{2+}中70℃将维持其90%以上的活性达1小时"修改为"其中所述热稳定产麦芽糖酸性α-淀粉酶由SEQ ID NO:1所示的氨基酸序列组成",即将所述α-淀粉酶限定为SEQ ID NO:1的α-淀粉酶本身,而SEQ ID NO:1的α-淀粉酶是否具有所述理化性质是确定的,不会因为是否用所述理化性质对其作出限定而使其结构或理化特征发生改变,故这种修改克服了《驳回决定》和《复审通知书》中指出的权利要求1得不到说明书支持的缺陷,权利要求2~20中也不存在上述导致权利要求的技术方案得不到说明书支持的用语,因此权利要求1~20符合专利法第26条第4款的规定。

根据以上事实和理由,本案合议组作出如下审查决定。

三、决定

撤销国家知识产权局于2006年5月26日对01818566.5号发明专利申请作出的驳回决定。由原审查部门在本复审决定所针对的文本的基础上继续进行审查。

复审请求人对本决定不服的,可以根据专利法第41条第2款的规定,自收到本决定之日起三个月内向北京市第一中级人民法院起诉。

一种制备重组 Exendin-4 多肽的新工艺

复审请求审查决定（第 15142 号）

决 定 号	第 15142 号
决 定 日	2008 年 11 月 18 日
发明创造名称	一种制备重组 Exendin-4 多肽的新工艺
国际分类号	C12N 15/09，C07K 14/435
复审请求人	东莞宝丽健生物工程研究开发有限公司
申 请 号	200410052039.4
申 请 日	2004 年 11 月 3 日
公 开 日	2005 年 7 月 6 日
合议组组长	李人久
主 审 员	张 雷
参 审 员	葛永奇
法 律 依 据	专利法第 26 条第 3 款

决 定 要 点

对于化学方法发明，无论是物质的制备方法还是其他方法，均应当记载方法所用的原料物质、工艺步骤和工艺条件，必要时还应当记载方法对目的物质性能的影响，使所属技术领域的技术人员按照说明书中记载的方法去实施时能够解决该发明要解决的技术问题。如果所属技术领域的技术人员按照说明书记载的内容，能够实现该发明或者实用新型的技术方案，解决其技术问题，并且产生预期的技术效果，则该说明书已充分公开。

一、案由

本复审请求涉及 2004 年 11 月 3 日申请、2005 年 7 月 6 日公开、名称为"一种制备重组 Exendin-4 多肽的新工艺"的 200410052039.4 号发明专利申请（下称本申请）。本申请的申请人为东莞宝丽健生物工程研究开发有限公司。

国家知识产权局于 2006 年 1 月 20 日发出《第一次审查意见通知书》，指出申请人在说明书中没有提供证明或鉴定该多肽的性质、结构或活性的相关实验数据，本领域技术人员仅依据分子量的大小不能证实所获得的多肽即为所述的 Exendin-4 多肽，更不能证实所获得的多肽即为所述的有生物学活性的 Exendin-4 多肽。因此，本领域技术人员根据说明书的记载，不能通过实施该技术方案最终获得有活性的 Exendin-4 多肽，即不能达到本申请说明书所述的发明目的。所以，本申请说明书公开不充分，不符合专利法第 26 条第 3 款的规定。

申请人于2006年5月27日提交了意见陈述,其中包括了HPLC、肽图分析、免疫印记试验和生物学活性测定的一些实验数据和结果,并指出:通过以上实验,再结合说明书原始记载的内容可以看出说明书实施例所制得的多肽即为重组Exendin-4多肽,本领域技术人员根据说明书的教导完全可以得到重组Exendin-4多肽,所以本申请已经公开了实施发明的必要技术步骤,本发明不存在公开不充分的问题。

针对申请人于申请日2004年11月3日提交的原始申请文件的权利要求1~10、说明书第1~8页、附图第1~6页以及摘要,国家知识产权局于2006年9月8日以说明书不符合专利法第26条第3款的规定为由驳回了本申请。

驳回决定所针对的审查文本中,权利要求1的内容为:

"1. 一种重组Exendin-4多肽的制备工艺,其特征在于该多肽的基因序列全由人工合成,人工合成基因序列中引入肠激酶识别序列和便于以后质粒构建的酶切位点,并利用基因重组技术进行上游构建、发酵并采用先进纯化工艺进行制备。"

驳回决定认为:本申请说明书公开不充分,不符合专利法第26条第3款的规定。本申请要求保护一种重组Exendin-4多肽的制备方法,即人工合成重组Exendin-4多肽基因序列,然后在该序列中引入肠激酶识别序列和酶切位点,再构建相应的表达质粒,将重组质粒导入宿主细胞,进行表达,最后通过分离和纯化得到目的多肽Exendin-4。然而申请人在说明书中只是通过SDS-PAGE电泳和HPLC检测的方法来对获得的多肽进行鉴定,由于SDS-PAGE电泳只能证明多肽的分子量,HPLC(高效液相色谱)有不同种类,其对多肽的检测结果主要取决于多肽的分子量,因申请人在本申请说明书中并未记载本申请的技术方案中HPLC的具体种类和实施方法,故本领域技术人员根据说明书所公开的HPLC图谱也只能证明多肽的分子量。而申请人在说明书中没有提供证明或鉴定该多肽的性质、结构或活性的相关实验数据,显然本领域技术人员仅仅依据分子量的大小不能证实所获得的多肽即为所述的Exendin-4多肽,更不能证实所获得的多肽即为所述的有生物学活性的Exendin-4多肽。对此,申请人在答复《第一次审查意见通知书》时提交了大量原始申请文件中没有记载的实验数据,但是,在申请说明书公开是否充分时,本领域技术人员只能根据说明书原始记载的范围及申请日以前的现有技术做出相应判断,并不能参考后续的研究结果(参见审查指南第二部分第二章第2.1节的规定)。因此,本领域技术人员根据说明书的记载,不能通过实施该技术方案最终获得有活性的Exendin-4多肽,即不能达到本申请说明书所述的发明目的。所以本申请说明书公开不充分,不符合专利法第26条第3款的规定。

申请人东莞宝丽健生物工程研究开发有限公司(下称请求人)对上述驳回决定不服,于2006年12月20日向专利复审委员会提出复审请求,请求人在提出复审请求时没有提交新修改的专利申请文本。

请求人认为:(1)在本发明的具体实施方式中,申请人不但具体给出了人工合成的全序列,而且还具体描述了表达载体pET32a(+)-Exendin-4的构建、筛选、测序。最后得出结论,"以此DNA序列推导的重组Exendin-4的氨基酸序列与文献报道及实验设计完全一致"(参见本说明书第5页最后一段和附图3和4)。(2)在所具体构建的一个举例性的表达载体中,含有由硫氧还蛋白(Trx)、HisTag、肠激酶(Enterokinase,EK)识别序列、重组Exendin-4序列构成的融合蛋白编码序列,该融合蛋白的编码序列受控于T7启动子。对本领域技术人员显而易见的是,当由IPTG诱导时,融合蛋白Trx--HisTag--EK--Exendin-4将被过量表达,这可以由图5所示的SDS-PAGE电泳分析结果得到证明。该SDS-PAGE电泳分析不仅能证明融合蛋白的分子量,而且还表明了在诱导前和诱导后,融合蛋白的表达量明显不同(参见本申请的说明书第6页中部至第7页上半页,以及图5、图6所显示的内容)。(3) 由于表达出的融合蛋白 Trx--HisTag--EK--Exendin-4 中含有 HisTag(这是一段由 6 个组氨酸组成的肽链,其与镍等金属离子高度亲和),所以对本领域技术人员显而易见的是,该蛋白可以与 Chelating Sepharose F. F 亲和柱发生特异性地结合而将之与培养混合物中的其他成分分离开来。本说明书第 7 页中的"蛋白纯化工艺"部分的"第一步"所描述的内容就是分离收集活性融合蛋白的具体操作步骤。(4) 由于融合蛋白 Trx--HisTag--EK--Exendin-4 中含有肠激酶识别序列(EK),所以对本领域技术人员显而易见的是,该融合蛋白可以用肠激酶进行特异性酶切而分为两部分:附着有 HisTag 和 EK 的硫氧还蛋白,以及目的多肽 Exendin-4。本说明书第 7 页"蛋白纯化工艺"部分的"第二步"描述的就是该酶切过程。(5) 由于附着有 HisTag 的硫氧还蛋白可与 Chelating Sepharose F. F 亲和柱发生特异性地结合,而目的多肽 Exendin-4 则不与之结合,从而可从亲和柱中洗脱下来。所以,利用 Chelating Sepharose F. F 亲和柱,可以将多肽 Exendin-4 与附着有 HisTag 的硫氧还蛋白分离开来,从而得到纯化的目的多肽 Exendin-4。本说明书第 7、8 页"蛋白纯化工艺"部分的"第三步"描述的就是该分离纯化步骤。(6) 最后,本说明书第 8 页"蛋白纯化工艺"部分的"第四步"还描述了进一步的提纯步骤。即申请人用 Q Sepharose H. P 离子交换柱对采用亲和柱分离出的多肽 Exendin-4 粗品进一步提纯,经 SDS-PAGE 电泳和 HPLC 证实所得产物即为目的多肽 Exendin-4,其纯度达 98% 以上。说明书附图 7 和附图 8 清楚地显示出本发明的方法得到了高纯度的多肽 Exendin-4。(7) 由于在本发明的方法中,从开始表达到最后的纯化,没有哪一步骤明显可使制备出的多肽 Exendin-4 丧失生物活性,所以本领域的技术人员有理由相信本发明的方法所获得的多肽是有活性的,更何况本发明的目的并不在于提供一种使现有技术中无活性的 Exendin-4 多肽获得活性或重新回复活性的方法。对于已知多肽的新的制备方法,申请人无需在说明书中提供证明或鉴定该多肽的性质、结构或活性的相关实验数据。因此,本专利申请符合专利法第 26 条第 3 款的规定。

形式审查合格后,专利复审委员会受理了该复审请求,并于 2007 年 1 月 15 日向请求人发出《复审请求受理通知书》,同时将本申请案卷移交原审查部门进行前置审查。

原审查部门对本复审请求进行了前置审查,认为:(1) 确认本发明的方法所获得的多肽即为所述的有生物学活性的 Exendin-4 多肽,是需要证明的,而本申请说明书中缺少相关的直接证明。(2) 本申请技术方案所获得的多肽是否为所述的 Exendin-4 多肽尚未得到证明,是否丧失活性更无法证明。(3) 本领域技术人员仅仅依据分子量的大小不能证实所获得的多肽即为所述的 Exendin-4 多肽,也无法判断所获得的多肽为已知多肽。所以,坚持原驳回决定。

专利复审委员会组成合议组,对本复审请求案进行了审理。合议组认为本案事实已经清楚,可以作出审查决定。

二、决定的理由

1. 审查依据的文本

请求人在提出复审请求时没有提交新修改的专利申请文本。因此,本复审决定所针对的文本为驳回决定所针对的文本。

2. 关于专利法第 26 条第 3 款

专利法第 26 条第 3 款规定,说明书应当对发明作出清楚、完整的说明,以所属技术领域的技术人员能够实现为准。

对于化学方法发明,无论是物质的制备方法还是其他方法,均应当记载方法所用的原料物质、工艺步骤和工艺条件,必要时还应当记载方法对目的物质性能的影响,使所属技术领域的技术人员按照说明书中记载的方法去实施时能够解决该发明要解决的技术问题。如果所属技术领域的技术人员按照说明书记载的内容,能够实现该发明或者实用新型的技术方案,解决其技术问题,并且产生预期的技术效果，则该说明书已充分公开。

本案中，权利要求1请求保护一种重组Exendin-4多肽的制备工艺，说明书记载了该多肽的基因全序列由人工合成，人工合成基因序列中引入肠激酶识别序列和KpnI、HindIII酶切位点，具体序列为：5' CCA GAT CTG GGT ACC GAT GAC GAT GAC AAG CAT GGC GAA GGT ACA TTT ACC AGT GAC TTG TCA AAA CAG ATG GAA GAA GAA GCA GTG CGC TTA TTC ATT GAG TGG CTT AAG AAC GGT GGC CCG AGT AGC GGG GCA CCT CCG CCA TCG TAA TGA ATT CAA GCT TGC G 3'；并利用基因重组技术构建融合表达载体、建立表达系统、发酵表达外源基因、纯化目的蛋白。首先，本申请对质粒中重组Exendin-4基因进行的序列分析表明：测得的核苷酸序列以及由其推导出的氨基酸序列与文献报道及实验设计完全一致（参见说明书第5页，附图3、4的测序图和结果），上述结果证明Exendin-4基因已被成功克隆入质粒载体pET32a（+），即成功构建了重组质粒pET32a（+）-Exindin-4；其次，SDS-PAGE电泳分析的结果表明：在20KD和24KD之间有明显表达条带，与融合蛋白Trx-EK-Exendin-4的理论分子量21.7KD相符合（参见说明书第6~7页，附图5、6），上述结果说明本申请已经表达出了含有Exendin-4多肽的融合蛋白；第三，由于表达出的融合蛋白Trx-EK-Exendin-4中存在肠激酶识别位点，因此用肠激酶对该融合蛋白进行酶切后，必然会产生目的蛋白Exendin-4，附图7的SDS-PAGE电泳分析结果和附图8的HPLC检测结果也表明获得了该纯化的目的蛋白（参见说明书第7~8页，附图7、8）。因此，说明书公开的内容表明其记载的制备方法可以制备出已知的Exendin-4多肽，说明书已公开充分。

驳回决定认为：申请人在说明书中只是通过SDS-PAGE电泳和HPLC检测的方法来对获得的多肽进行鉴定，上述对多肽的检测结果主要取决于多肽的分子量，因此，根据本申请说明书的记载本领域技术人员无法确认所获得的多肽即为所述的Exendin-4多肽，更不能证实所获得的多肽即为所述的有生物学活性的Exendin-4多肽，致使不能实现该发明，因此不符合专利法第26条第3款的规定。

对此，合议组认为：本申请附图3、4记载了质粒载体pET32a（+）-Exendin-4的测序图和测序结果，从测序结果显示的序列第229位核苷酸向5'方向回推至第85位核苷酸即是含有肠激酶识别位点的目标Exindin-4多肽编码基因的互补核苷酸序列，上述结果证明Exendin-4基因已被成功克隆入质粒载体pET32a（+），即成功构建了重组质粒pET32a（+）-Exindin-4。然后，本申请用该重组质粒对受体菌BL21（DE3）进行转化得到表达融合蛋白Trx-EK-Exendin-4的工程菌pET32a（+）-Exindin-4/BL21（DE3），进而在IPTG诱导的情况下充分培养上述工程菌，表达出了与预期分子量高度一致的蛋白。在没有证据表明该工程菌pET32a（+）-Exindin-4/BL21（DE3）可能表达与预期分子量相同的其他蛋白的情况下，本领域技术人员可以确定本申请所获得的该表达蛋白就是预期的融合蛋白Trx-EK-Exendin-4。而且，由于肠激酶的识别位点是确定的，所以在此基础上由肠激酶对该融合蛋白Trx-EK-Exendin-4进行酶切则必然得到Exendin-4多肽，并且，SDS-PAGE电泳检测分子量的结果也完全可以证实本申请获得了目的蛋白Exendin-4。

对于所制备的Exindin-4多肽是否具有生物学活性，合议组认为：首先，本发明的目的是提供一种利用基因重组技术对现有技术中化学合成Exendin-4工艺的改进工艺，即一种已知化合物的新制备方法，如前所述，本申请通过新的制备工艺已经得到已知的Exendin-4多肽，即本申请的技术方案已经解决了相应的技术问题达到了发明目的。其次，由于Exendin-4多肽为现有技术中的已知产品，根据说明书背景技术的记载，该产品的生物学活性已经被现有技术加以公开（参见说明书第2页第8~22行）。本发明制备得到已知的Exendin-4多肽后，其应该具有现有技术公开的所述活性，或者能够通过蛋白质复性而获得现有技术公开的所述生物学活性。

根据以上事实和理由，本案合议组作出如下审查决定。

三、决定

撤销国家知识产权局于 2006 年 9 月 8 日对 200410052039.4 号发明专利申请作出的驳回决定。由原审查部门在本复审决定所针对的文本的基础上继续进行审查。

复审请求人对本决定不服的,可以根据专利法第 41 条第 2 款的规定,自收到本决定之日起三个月内向北京市第一中级人民法院起诉。

一种用预培养方式提高乳酸菌冻干活性的方法

复审请求审查决定（第 15147 号）

决 定 号	第 15147 号
决 定 日	2008 年 11 月 11 日
发明创造名称	一种用预培养方式提高乳酸菌冻干活性的方法
国际分类号	C12N 1/20，C12R 1/225，C12R 1/46
复审请求人	江南大学
申 请 号	200510040493.2
申 请 日	2005 年 6 月 11 日
公 开 日	2006 年 1 月 25 日
合议组组长	吴通义
主 审 员	李瑛琦
参 审 员	刘洪尊

法 律 依 据 专利法第 33 条

决 定 要 点

对于涉及个别文字的修改，如果修改后的内容不是所属技术领域的技术人员能够从说明书的整体及上下文中看出的唯一的正确答案，则不能将其认定为明显笔误，这种修改不符合专利法第 33 条的规定。

一、案由

本复审请求涉及申请号为 200510040493.2、名称为"一种用预培养方式提高乳酸菌冻干活性的方法"的发明专利申请。本申请的申请人为江南大学，申请日为 2005 年 6 月 11 日，公开日为 2006 年 1 月 25 日。

国家知识产权局于 2006 年 12 月 8 日针对申请日提交的原始申请文件说明书第 1、3~4 页、说明书摘要以及申请人于 2006 年 8 月 28 日提交的说明书第 2 页、权利要求 1~7 驳回了本申请。

驳回决定所针对的权利要求书为：

"1. 一种提高乳酸菌冻干活性的方法，其特征是经过富集培养，离心收集乳酸菌菌体后用保护剂悬浮，保护剂的用量是菌体湿重量的 10~15 倍，加保护剂悬浮后的乳酸菌菌体在 4℃放置 30 分钟平衡，在 30~45℃温度下，经过 30~120 分钟的预培养后，再进行冷冻干燥。

2. 根据权利要求 1 所述的方法，其特征是所用乳酸菌为德氏乳杆菌保加利亚亚种（*Lactobacillus delbrueckii subsp. Bulgaricus*）CICC6047 和嗜热链球菌（*Streptococcus thermophilus*）CICC6038 或以上两

个菌种按质量比1：1混合菌种。

3. 根据权利要求1所述的方法，其特征是所用保护剂为：8g脱脂奶粉、2g甘油、0.5g酵母膏，加水100mL充分混合溶解。

4. 根据权利要求1所述的方法，其特征是保护剂应于115℃、15分钟条件下灭菌，灭菌后置于37℃下培养三天，确认无菌后才能使用。

5. 根据权利要求1所述的方法，其特征是预培养的温度优选为42℃。

6. 根据权利要求1所述的方法，其特征是预培养的时间优选为60分钟。

7. 根据权利要求1所述的方法，其特征是本方法适用于乳酸菌的活菌制剂或酸奶发酵剂。"

驳回决定认为：申请人在于2006年8月28日提交的权利要求书和说明书中，将原申请文件所记载的"CTCC6047"和"CTCC6038"（见权利要求2、说明书第2页）分别修改为"CICC6047"和"CICC6038"，并且将其解释为笔误；然而上述修改并非所属技术领域人员能从说明书整体及上下文看出的唯一正确的答案，由此可见，上述改变后的内容不能由原说明书和权利要求书所记载的内容直接地、毫无疑义地导出，因此超出了原说明书和权利要求书记载的范围，不符合专利法第33条的规定。

申请人江南大学（下称请求人）对上述驳回决定不服，于2007年2月12日向专利复审委员会提出复审请求，同时提交如下两份证据：

证据1：江南大学教育部科技查新工作站出具的检索报告原件共5页，完成日期为2007年2月1日，证明经该站检索"CTCC"作为微生物菌种保藏机构的简称在全球范围内是不存在的，"CICC"是"中国工业微生物菌种保藏管理中心"的简称，该简称在微生物菌种保藏机构中是唯一确认的；

证据2：中国工业微生物菌种保藏管理中心（CICC）出具的证明，出具日期为2007年2月6日，证明该中心保藏有德氏乳杆菌保加利亚亚种（*Lactobacillus delbrueckii subsp. Bulgaricus*）CICC6047和嗜热链球菌（*Streptococcus thermophilus*）CICC6038，这两株菌种及其编号CICC6047和CICC6038是唯一确认的，且对社会公开销售。

请求人认为：由上述证据1可知原始申请文件权利要求2和说明书第2页中记载的"CTCC6047"和"CTCC6038"实系笔误；证据2中所述的菌种分别与本申请原始申请文件中的"CTCC6047"和"CTCC6038"的中文名和拉丁文名完全一致，且"这两株菌种及其编号CICC6047和CICC6038是唯一确认的"，因此"CTCC6047"与"CICC6047"是同一菌株，"CTCC6038"和"CICC6038"是同一菌株，从而进一步证实了原文中"CTCC"是笔误。

请求人在提出复审请求时没有对申请文件进行修改。

形式审查合格后，专利复审委员会受理了该复审请求，并于2007年4月3日向请求人发出《复审请求受理通知书》，随后将本申请案卷移交原审查部门进行前置审查。

原审查部门对本复审请求进行了前置审查，认为不能将原始记载的"CTCC"直接地、毫无疑义地确定为"CICC"的打字错误，因为也有可能是另一保藏单位的打字错误，如"CCTCC"、"CACC"、"CFCC"、"CMCC"等，因此坚持原驳回决定。

专利复审委员会成立合议组，对本复审请求案进行审理。合议组于2008年6月17日向请求人发出《复审通知书》，指出：证据1和2的出具日期均在本申请申请日之后，而证明中的内容不能证明申请日前的有关事实。即使证明的事实成立，由于不同保藏中心对于同一菌种菌株的编号是否相同存在着极大的偶然性和不确定性，不能由于CICC6047、CICC6038恰好与本申请编号6047、6038的菌种中文名和拉丁名相同就确定本申请的CTCC6047、CTCC6038分别与CICC6047、CICC6038是同一菌株；并且，CTCC固然与CICC具有一定相似性，但是字母"I"与其他字母如"F"在写法上也十分相似,"CFCC"也是菌种保藏中心名称的缩写,甚至也可能因漏写中国典型培养物保藏中心的简称"CCTCC"的重叠字母而成为本申请说明书中记载的"CTCC",这种基于相似性推导的结果还有很多。因此,请求人提出的本申请中将 CICC 笔误写成 CTCC 的理由不能得到认可,其对申请文件的修改并非本领域技术人员能够从原说明书和权利要求书记载的内容直接地、毫无疑义地确定的内容,因此所述修改超出了原说明书和权利要求书记载的范围,不符合专利法第 33 条的规定。

针对《复审通知书》指出的问题,请求人于 2008 年 10 月 15 日提交了意见陈述书以及下述证据(编号续前):

证据3:中国工业微生物菌种保藏管理中心出具的证明,出具日期为 2008 年 9 月 26 日,证明该中心已于 1985 年 1 月 1 日开始保藏并对外公众销售德氏乳杆菌保加利亚亚种(*Lactobacillus delbrueckii subsp. Bulgaricus*) CICC6047 和嗜热链球菌(*Streptococcus thermophilus*) CICC6038 两株菌种,江南大学曾于 2002 年 6 月 2 日从该中心购买这两株菌种。

请求人认为:证据1证明在全球范围内"CTCC"作为微生物菌种保藏机构的简称是不存在的,而"CICC"是中国工业微生物菌种保藏管理中心的简称,并且"CICC"在微生物菌种保藏机构简称中是唯一的,由证据3可知中国工业微生物菌种保藏管理中心在本申请申请日前就保藏并销售 CICC6047 和 CICC6038 两个菌种,江南大学在本申请申请日前曾从该中心购买过上述菌种,这些事实充分证明原始申请文件中的"CTCC"纯系笔误,将其修改成"CICC"没有超出原说明书和权利要求书记载的范围,符合专利法第 33 条的规定。

合议组经合议后认为,本案事实已经清楚,可以依法作出复审决定。

二、决定的理由

1. 关于文本的认定

鉴于请求人在复审阶段没有修改申请文件,因此本复审请求审查决定依据的文本是驳回决定所针对的文本。

2. 关于专利法第 33 条

专利法第 33 条规定,申请人可以对其专利申请文件进行修改,但是,对发明和实用新型专利申请文件的修改不得超出原说明书和权利要求书记载的范围。

对于涉及个别文字的修改,如果修改后的内容不是所属技术领域的技术人员能够从原权利要求书和说明书的整体及上下文中看出的唯一的正确答案,则不能将其认定为明显笔误,这种修改不符合专利法第 33 条的规定。

本案中,在请求人于 2006 年 8 月 28 日提交的权利要求书和说明书替换页中,请求人将原申请文件所记载的"CTCC6047"和"CTCC6038"(见权利要求2、说明书第2页)分别修改为"CICC6047"和"CICC6038",并且将其解释为笔误。本案争议的焦点就在于原申请中"CTCC"是否可以修改为"CICC"。围绕这一焦点,请求人提交了证据1~3用于证明其主张的观点。

合议组认为:首先,本申请原权利要求书和说明书中没有给出"CTCC"实为"CICC"的明确教导。其次,由于本申请说明书没有说明如何获得所用的菌株,从原申请文件中无法看出本发明所用菌株必然是从保藏单位获得,而不是个人或非保藏单位拥有的菌株,即不能肯定得出"CTCC"就是保藏单位名称的缩写,而不是菌株持有者对菌株的自行命名的结论,也即存在"CTCC"是菌株实际命名的可能性。再次,从存在"CTCC"是一个错误的保藏单位的名称缩写的可能性方面考虑,请求人提交的证据1~3不是本申请原权利要求书和说明书的一部分,理应不作为修改的依据,而且即使如证据1~3所示,"CTCC"作为一个微生物菌种保藏单位的名称缩写在全球范围内确实不存在,客观上 CICC 与 CTCC 极为相似,中国工业微生物菌种保藏管理中心在申请日前就保藏并对外销售德氏乳杆菌保加利亚亚种 CICC6047 和嗜热链球菌 CICC6038，而且请求人在申请日前曾购买这两种菌株，且 CICC 中的两个菌株的编号 6047、6038 与本申请使用的菌株的数字编号相同，都不足以证明原申请中记载的 CTCC6047、CTCC6038 就应当为 CICC6047、CICC6038。理由是：不同保藏中心对于同一菌种菌株的编号是否相同存在着极大的偶然性和不确定性，因此不能由于 CICC6047、CICC6038 恰好与本申请编号 6047、6038 的菌种中文名和拉丁名相同就确定本申请的 CTCC6047、CTCC6038 分别与 CICC6047、CICC6038 必然是同一菌株。而且，虽然 CTCC 与 CICC 具有一定相似性，但是字母"I"与其他字母如"F"在写法上也十分相似，"CFCC"也是菌种保藏中心名称的缩写，甚至也可能因漏写中国典型培养物保藏中心的简称"CCTCC"的重叠字母而成为本申请说明书中记载的"CTCC"，这种基于相似性推导的结果还有很多。此外，本申请没有具体说明所用菌株的获得途径，基于本申请的记载不能明确得出本申请实施方案中正是使用了请求人曾经从 CICC 购买的上述菌株的结论。因此证据 1~3 不足以证明本发明中的"CTCC"必然是简称"CICC"书写中笔误而造成的结果。综上所述，请求人提出的本申请中将"CICC"笔误写成"CTCC"的理由不能得到认可，其对申请文件的修改并非本领域技术人员能够从原说明书和权利要求书记载的内容直接地、毫无疑义地确定的内容，因此所述修改超出了原说明书和权利要求书记载的范围，不符合专利法第 33 条的规定。

根据以上事实和理由，本合议组作出如下审查决定。

三、决定

维持国家知识产权局于 2006 年 12 月 8 日针对 200510040493.2 号发明专利申请作出的驳回决定。

复审请求人对本决定不服的，可以根据专利法第 41 条第 2 款的规定，自收到本决定之日起三个月内向北京市第一中级人民法院起诉。

体外培养诱导淋巴细胞制备抗菌肽及转移因子的方法

复审请求审查决定（第 15154 号）

决 定 号	第 15154 号
决 定 日	2008 年 11 月 3 日
发明创造名称	体外培养诱导淋巴细胞制备抗菌肽及转移因子的方法
国 际 分 类 号	C12N 5/08，C12P 21/02
复 审 请 求 人	大连三仪动物药品有限公司
申 请 号	200510047206.0
申 请 日	2005 年 9 月 12 日
公 开 日	2006 年 5 月 3 日
合议组组长	吴通义
主 审 员	张 雷
参 审 员	曹克浩
法 律 依 据	专利法第 26 条第 3 款

决 定 要 点

对于化学方法发明，无论是物质的制备方法还是其他方法，均应当记载方法所用的原料物质、工艺步骤和工艺条件，必要时还应当记载方法对目的物质性能的影响，使所属技术领域的技术人员按照说明书中记载的方法去实施时能够解决该发明要解决的技术问题。如果所属技术领域的技术人员按照说明书记载的内容，能够实现该发明或者实用新型的技术方案，解决其技术问题，并且产生预期的技术效果，则该说明书已充分公开。

一、案由

本复审请求涉及 2005 年 9 月 12 日申请、2006 年 5 月 3 日公开、名称为"体外培养诱导淋巴细胞制备抗菌肽及转移因子的方法"的 200510047206.0 号发明专利申请（下称本申请）。本申请的申请人为大连三仪动物药品有限公司。

针对申请日提交的原始申请文件的权利要求 1、说明书第 1~4 页，说明书摘要，国家知识产权局于 2007 年 11 月 9 日以说明书不符合专利法第 26 条第 3 款的规定为由驳回了本申请。

驳回决定所针对的权利要求书为：

"1. 一种体外培养诱导淋巴细胞制备抗菌肽及转移因子的方法，其特征在于包括如下步骤：

a. 用脾脏或外周血制备淋巴细胞单层；

b. 对淋巴细胞单层进行传代培养；

c. 当淋巴传代细胞长成单层后，用刀豆蛋白 A 诱导培养。"

驳回决定认为：虽然本专利申请属于制备产品的方法发明，但是对于制备方法发明的具体要求同样适用审查指南第二部分第十章第 9.2.2.1 节关于产品发明的规定。即说明书应当包括产品的确认、产品的制备、产品的用途和/或效果的内容。本申请说明书中对所制备的产品仅有泛泛的描述，仅推断其是抗菌肽及转移因子，且与现有技术所生产的产品一致，既未记载所述产品的结构也没有描述所述产品的理化参数或是具体的生物学特性。本领域技术人员知道抗菌肽只是一类具有抗菌活性的多肽的总称，在许多生物中发现了种类繁多的这样的内源性抗菌肽，例如从猪小肠可以分离纯化得到多种抗菌肽；动物转移因子也分为不同的种类。根据本申请说明书的记载本领域技术人员无法确认所述抗菌肽及转移因子具体是何种物质，是否与本申请说明书的背景技术中描述的方法得到的抗菌肽或转移因子一致。作为一种制备产品的方法发明，说明书应当清楚、完整地描述所述方法以使本领域技术人员能使用该方法制备所述的产品，可以确认该产品。而根据本申请说明书的记载，本领域技术人员无法确认得到产品（即抗菌肽及转移因子），不能实现该发明。因此，本申请说明书没有充分公开请求保护的发明，不符合专利法第 26 条第 3 款的规定。

申请人大连三仪动物药品有限公司（下称请求人）对上述驳回决定不服，于 2007 年 12 月 27 日向专利复审委员会提出复审请求，请求人在提出复审请求时阐述了本申请符合专利法第 26 条第 3 款的理由。

请求人认为，在本申请说明书中已经说明所述产品（抗菌肽及转移因子）是现有技术并介绍了现有的生产方法，同时本申请说明书也清楚、完整地描述了本申请所述产品具体的制备方法、产品浓度检测方法、效果以及所述产品的用途等（见说明书的背景技术及具体实施方式），所属技术领域人员完全可以按照本申请说明所述的方法制备本申请所述产品——抗菌肽及转移因子，因此，本申请符合专利法第 26 条第 3 款的规定。国家知识产权局驳回的理由不成立。

形式审查合格后，专利复审委员会受理了该复审请求，并于 2008 年 1 月 28 日向请求人发出《复审请求受理通知书》，同时将本申请案卷移交原审查部门进行前置审查。

原审查部门对本复审请求进行了前置审查，坚持原驳回决定。

专利复审委员会组成合议组，对本复审请求案进行了审理。

请求人于 2008 年 8 月 26 日主动提交了《补正书》及经修改的权利要求书、说明书第 2～4 页、说明书摘要替换页。

修改后的权利要求书如下：

"1. 一种体外培养诱导淋巴细胞制备抗菌肽及转移因子的方法，其特征在于包括如下步骤：

a. 用脾脏或外周血制备淋巴细胞单层；

b. 对淋巴细胞单层进行传代培养；

c. 当淋巴传代细胞长成单层后，用刀豆蛋白 A 诱导培养；

d. 将细胞培养物经超声破碎后取样检测转移因子和抗菌肽的浓度。"

至此，合议组认为本案事实已经清楚，可以作出审查决定。

二、决定的理由

1. 审查依据的文本

请求人于 2008 年 8 月 26 日提交了经修改的权利要求 1、说明书第 2～4 页和说明书摘要，经审查，该修改符合专利法第 33 条和专利法实施细则第 60 条第 1 款的规定。

因此，本复审决定所针对的文本为请求人于申请日提交的原始申请文件的说明书第 1 页，以及 2008 年 8 月 26 日提交的权利要求第 1 项、说明书第 2～4 页和说明书摘要。

2. 关于专利法第 26 条第 3 款

专利法第 26 条第 3 款规定，说明书应当对发明或者实用新型作出清楚、完整的说明，以所属技术领域的技术人员能够实现为准。

对于化学方法发明，无论是物质的制备方法还是其他方法，均应当记载方法所用的原料物质、工艺步骤和工艺条件，必要时还应当记载方法对目的物质性能的影响，使所属技术领域的技术人员按照说明书中记载的方法去实施时能够解决该发明要解决的技术问题。如果所属技术领域的技术人员按照说明书记载的内容，能够实现该发明或者实用新型的技术方案，解决其技术问题，并且产生预期的技术效果，则该说明书已充分公开。

本案中，权利要求 1 请求保护一种体外培养诱导淋巴细胞制备抗菌肽及转移因子的方法，其说明书中记载了该方法采用的原料物质为新鲜猪脾脏或外周血，说明书第 2~4 页中记载了所述方法的工艺过程以及相应的工艺条件，并且说明书中还公开了两个具体的实施方式以及采用该方法所得的抗菌肽及转移因子浓度与现有技术中常规工艺提取量的比较结果（参见说明书第 3 页倒数第 1~5 行）和抗菌肽抑菌实验的结果（参见说明书第 4 页第 1~5 行）。

驳回决定认为：根据本申请说明书的记载本领域技术人员无法确认所述抗菌肽及转移因子具体是何种物质，是否与本申请说明书的背景技术中描述的方法得到的抗菌肽或转移因子一致，本领域技术人员无法确认得到的产品是否是抗菌肽及转移因子，致使不能实现该发明，因此不符合专利法第 26 条第 3 款的规定。

对此，合议组认为：本申请所要求保护的方法是对现有技术中从猪小肠、脾脏及淋巴结中提取抗菌肽及转移因子的工艺的改进。如本申请说明书第 1 页背景技术所述，"抗菌肽"是对一类由动物免疫防御系统产生的具有抗细菌、真菌、病毒和原虫作用的防御性肽类活性物质的统称，"转移因子"是对具有免疫活性淋巴细胞释放的具有免疫活性的低分子量多核苷酸肽的统称。

在没有证据表明本申请的提取方法必须确认所得抗菌肽及转移因子的具体结构和组成才能实现预期发明目的的情况下，本申请并不需要明确所得的活性物质中具体含有多少种抗菌肽和转移因子，更不需要明确分析出每一种抗菌肽和转移因子是怎样的结构。只要本申请所要求保护的方法能够制备出抗菌肽及转移因子产品并且所得产品具备抑菌活性，那么本申请的技术方案就实现了其发明目的。由于：（1）本申请说明书第 2、3 页明确记载了所述抗菌肽及转移因子提取方法中的各工艺步骤：从组织中取得淋巴细胞、培养淋巴细胞、诱导淋巴细胞增殖和破碎细胞获得产物。（2）本申请说明书第 4 页第 1~5 行的抗菌肽抑菌实验结果已经证明本申请所要求保护方法制备出的产品具备抑菌活性，而作为免疫防御系统成员的淋巴细胞本身含有抗菌肽和转移因子，其破碎液中亦含有这两种成分。由此可见，本申请说明书已经充分公开了所述体外培养诱导淋巴细胞制备抗菌肽及转移因子的方法，因此，驳回决定中的上述理由不成立。

根据以上事实和理由，本案合议组作出如下审查决定。

三、决定

撤销国家知识产权局于 2007 年 11 月 9 日对 200510047206.0 号发明专利申请作出的驳回决定。由原审查部门在本复审决定所针对的文本的基础上继续进行审查。

复审请求人对本决定不服的，可以根据专利法第 41 条第 2 款的规定，自收到本决定之日起三个月内向北京市第一中级人民法院起诉。

结核抗体金标测试条及其制备方法

复审请求审查决定(第 15155 号)

决 定 号	第 15155 号
决 定 日	2008 年 11 月 24 日
发明创造名称	结核抗体金标测试条及其制备方法
国际分类号	C12Q 1/04,G01N 33/569
复审请求人	李克生
申 请 号	01131834.1
申 请 日	2001 年 12 月 11 日
公 开 日	2003 年 6 月 25 日
合议组组长	叶 娟
主 审 员	孙俊荣
参 审 员	刘洪尊
法 律 依 据	专利法实施细则第 20 条第 1 款

决 定 要 点

如果一项权利要求的类型是清楚的,所确定的保护范围也是本领域技术人员能够理解和确定的,则应当认定该权利要求是清楚的,符合专利法实施细则第 20 条第 1 款的规定。

一、案由

本复审请求涉及申请日为 2001 年 12 月 11 日、公开日为 2003 年 6 月 25 日、申请号为 01131834.1、名称为"结核抗体金标测试条及其制备方法"的发明专利申请(下称本申请),申请人是李克生。

2006 年 12 月 29 日,国家知识产权局以本申请权利要求 1 不清楚为由驳回了本申请,驳回决定认为:(a)权利要求 1 要求保护一种结核抗体金标测试条,限定了几个层的位置,除了控制线以外没有限定任何层的成分;(b)从"结核抗体金标测试条"这一名称不能确定该测试条的用途;(c)本领域技术人员从"结核抗原金标抗体层"无法确定该层含有结核抗原,说明书描述了制备方法但没有对该词进行清楚地说明,不能克服权利要求 1 中该层成分不清楚的缺陷。因此权利要求 1 没有清楚限定结核抗原金标抗体层和检测层,本领域技术人员无法确定其保护范围,即权利要求 1 不清楚,不符合专利法实施细则第 20 条第 1 款的规定。

驳回决定所针对的权利要求 1 为:

"1. 一种结核抗体金标测试条,包括衬板(1)和保护层(2);其特征在于在衬板(1)的两端分别设有手持端吸水层（3）和测试端吸水层（8）；在手持端吸水层（3）和测试端吸水层（8）之间的衬板（1）上设有检测层（4）；在测试端吸水层（8）与检测层（4）之间设有结核抗原金标抗体层（7）；在检测层（4）上设有检测线（5）和控制线（6），所述控制线（6）由兔抗结核杆菌抗体或羊抗结核杆菌抗体形成。"

申请人（下称请求人）对上述驳回决定不服，于2007年4月16日向专利复审委员会提出复审请求，并提交了权利要求书的全文替换页和说明书第2页的替换页。

2007年5月9日，请求人又一次提交了权利要求书全文替换页和说明书第2页的替换页。请求人认为，新权利要求1中已明确了抗体层和检测层的成分。此次提交的权利要求书全文如下：

"1. 一种结核抗体金标测试条，包括衬板（1）和保护层（2）；其特征在于在衬板（1）的两端分别设有手持端吸水层（3）和测试端吸水层（8）；在手持端吸水层（3）和测试端吸水层（8）之间的衬板（1）上设有检测层（4）；在测试端吸水层（8）与检测层（4）之间设有结核抗原金标抗体层（7）；在检测层（4）上设有检测线（5）和控制线（6），所述控制线（6）由兔抗结核杆菌抗体或羊抗结核杆菌抗体形成；其中所述的结核抗原金标抗体层是由胶体金标记肺结核抗原而成；所述检测层是在肺结核抗原和免或羊抗结核杆菌抗体中加入固定剂而成。

2. 一种权利要求1所述的结核抗体金标测试条的制备方法，其特征在于包括金标抗体层（7）和检测层（4）及其上包被检测线（5）和控制线（6）的制备，以及测试条的组装；所述的金标抗体层（7）的制备包括：i 胶体金的制备，采用公知方法制备胶体金；ii 结核抗原的制备，取结核菌标准株TBRV株培养物溶于生理盐水离心分离得沉淀物，再将沉淀物溶于生理盐水后再离心分离，如此反复洗涤4~8次除去培养基成分；然后将沉淀物超声粉碎，将粉碎物经高速离心，取上清液过凝胶层析柱，收集结核抗原活性峰；iii 结核抗原胶体金标记，在100ml胶体金溶液中加入2~10mg上述ii制备的结核抗原；再在上述胶体金溶液中按0.1~0.6g/100ml加入动物血清白蛋白；然后又在上述胶体金溶液中按6~12ml/100ml加入浓度为10%的盐液；最后离心去沉淀，取上清再离心得沉淀物，将沉淀物按4~10ml/100ml溶于0.02M、pH7.4 Tris-HCl（PBS）含0.1%~0.6%动物血清白蛋白，0.02%的叠氮钠得结核抗原胶体金溶液；iv 将结核抗原胶体金溶液浸着玻璃纤维或无纺布，浸入量以浸入液体开始向外流出为止，然后在37℃下干燥得金标抗体层（7）。

3. 如权利要求2所述的结核抗体金标测试条的制备方法，其特征在于所述的凝胶层析柱选自Sephardex G100、Sephardex G200、Spharcly S100、Spharcly S200、Spharcly S300中的一种。

4. 如权利要求2所述的结核抗体金标测试条的制备方法，其特征在于所述的检测层（4）的制备，在制备的结核抗原和免、羊抗结核杆菌抗体中加入固定剂，然后喷膜机将结核抗原和免、羊抗结核杆菌抗体喷在纤维素膜上形成检测线（5）和控制线（6）；再用0.01MpH7.0PBS液含10%小牛血清封闭30分钟漂洗、干燥得检测层（4）。

5. 如权利要求2或5所述的结核抗体金标测试条的制备方法，其特征在于所述的固定剂选自甲醛、丙酮中的一种。"

形式审查合格后，专利复审委员会受理了该复审请求，并于2007年8月13日向请求人发出《复审请求受理通知书》，随后将本申请移交原审查部门进行前置审查。

原审查部门对本复审请求进行了前置审查，认为：修改后的权利要求1将结核抗原金标抗体层和检测层分别限定为"所述结核抗原金标抗体层是胶体金标记肺结核抗原而成"、"所述检测层是在肺结核抗原和免或羊结核杆菌抗体中加入固定剂而成"，而原说明书和权利要求书中仅仅记载了涉及通过具体的制备方法制备的金标抗体层和检测层的测试条，因此上述修改超范围，不符合专利法第33条的规定，坚持原驳回决定。

专利复审委员会组成合议组,对本复审请求案进行了审理。

请求人于2008年5月23日提交了权利要求书全文替换页(共2页,权利要求1~5)和说明书第2~4页的替换页,后又于2008年6月13日提交了权利要求书第1页替换页(权利要求1~4)和说明书第2页的修改替换页,之后又于2008年9月24日提交了权利要求书全文替换页(权利要求1~5)。其中,请求人于2008年9月24日提交的权利要求1~5如下:

"1. 一种结核抗体金标测试条,包括衬板(1)和保护层(2);其特征在于在衬板(1)的两端分别设有手持端吸水层(3)和测试端吸水层(8);在手持端吸水层(3)和测试端吸水层(8)之间的衬板(1)上设有检测层(4);在测试端吸水层(8)与检测层(4)之间设有金标抗体层(7);在检测层(4)上设有检测线(5)和控制线(6),所述控制线(6)上存在兔抗结核杆菌抗体或羊抗结核杆菌抗体,所述检测线上存在结核抗原;其中所述的金标抗体层上存在胶体金标记的结核抗原。

2. 一种权利要求1所述的结核抗体金标测试条的制备方法,其特征在于包括金标抗体层(7)和检测层(4)及其上包被检测线(5)和控制线(6)的制备,以及测试条的组装:所述的金标抗体层(7)的制备包括:i 胶体金的制备,采用公知方法制备胶体金;ii 结核抗原的制备,取结核菌标准株TBRV株培养物溶于生理盐水离心分离得沉淀物,再将沉淀物溶于生理盐水后再离心分离,如此反复洗涤4~8次除去培养基成分;然后将沉淀物超声粉碎,将粉碎物经高速离心,取上清液过凝胶层析柱,收集结核抗原活性峰;iii 结核抗原胶体金标记,在100ml胶体金溶液中加入2~10mg上述ii制备的结核抗原;再在上述胶体金溶液中按0.1~0.6g/100ml加入动物血清白蛋白;然后又在上述胶体金溶液中按6~12ml/100ml加入浓度为10%的盐液;最后离心去沉淀,取上清再离心得沉淀物,将沉淀物按4~10ml/100ml溶于0.02M、pH7.4 Tris-HCl(PBS)含0.1%~0.6%动物血清白蛋白,0.02%的叠氮钠得结核抗原胶体金溶液;iv 将结核抗原胶体金溶液浸着玻璃纤维或无纺布,浸入量以浸入液体开始向外流出为止,然后在37℃下干燥得金标抗体层(7)。

3. 如权利要求2所述的结核抗体金标测试条的制备方法,其特征在于所述的凝胶层析柱选自Sephardex G100、Sephardex G200、Sepharcly S100、Sepharcly S200、Sepharcly S300中的一种。

4. 如权利要求2所述的结核抗体金标测试条的制备方法,其特征在于所述的检测层(4)的制备,在制备的结核抗原和兔、羊抗结核杆菌抗体中加入固定剂,然后喷膜机将结核抗原和兔、羊抗结核杆菌抗体喷在纤维素膜上分别形成检测线(5)和控制线(6);再用0.01MpH7.0PBS液含10%小牛血清封闭30分钟漂洗、干燥得检测层(4)。

5. 如权利要求2或4所述的结核抗体金标测试条的制备方法,其特征在于所述的固定剂选自甲醛、丙酮中的一种。"

至此,合议组认为本案事实已经清楚,可以据此作出审查决定。

二、决定的理由

1. 审查文本的认定

经审查,合议组认为复审请求人于2008年5月23日、2008年6月13日以及2008年9月24日提交的修改文本符合专利法实施细则第60条第1款的规定。

因此,本复审决定针对的文本是:请求人于申请日提交的说明书第1页、说明书附图第1页、说明书摘要及摘要附图;2008年5月23日提交的说明书第3~4页;2008年6月13日提交的说明书第2页;2008年9月24日提交的权利要求1~5。

2. 关于专利法第33条

本复审决定针对的文本与原始提交的申请文本相比,主要存在以下内容的修改:A. 权利要求1

中的"结核抗原金标抗体层（7）"修改为"金标抗体层（7）"，同时增加了"所述控制线（6）上存在兔抗结核杆菌抗体或羊抗结核杆菌抗体，所述检测线上存在结核抗原；其中所述的金标抗体层上存在胶体金标记的结核抗原"；B. 权利要求2的特征部分合并了原权利要求2和3的特征；C. 权利要求4中的"形成检测线"修改为"分别形成检测线"；D. 说明书第2页倒数第2、5段除不含附图标记外，内容分别与现权利要求2、1的内容一致，另外说明书第3页第2段中的"形成检测线"修改为"分别形成检测线"；E. 说明书第3页第16行图1所示标记7由"金标抗原层"修改为"金标抗体层"；F. 将说明书第4页倒数第6行的"抗原层7"修改为"金标抗体层7"；G. 修改权利要求编号和引用关系。

对于上述修改，合议组认为：

（1）无论是修改前的术语"结核抗原金标抗体层"、"金标抗原层"，还是修改后的术语"金标抗体层"，根据原申请文本的记载均是指附图1中附图标记7所示的层。对于该层，原申请说明书第2页第15~28行和说明书第3页第27行至第4页14行记载了该层的制备过程，包括分别制备胶体金和结核抗原，然后用胶体金标记结核抗原，最后将胶体金标记的结核抗原浸着于玻璃纤维或无纺布上制备得到附图标记7所示的金标抗体层。同时本领域技术人员根据本申请说明书的上述记载应当能够直接地、毫无疑义地确定所述的"结核抗原金标抗体层"或所述的"金标抗体层"上含有胶体金标记的结核抗原。此外原说明书第4页第15~19行记载了检测层上控制线和检测线的的制备，即用喷膜机将结核抗原和兔抗结核杆菌抗体喷在纤维素膜上形成检测线5和控制线6；说明书第4页第26行实施例二记载了"除检测层4的纤维素膜上控制线6为羊抗结核杆菌抗体外，其余条件均与实施例一相同"。根据本领域技术人员的一般常识，在以免疫分析原理为基础而制备的测试条中，其检测线和控制线所包被的成分是不相同的，因此结合上述描述，本领域技术人员应当能够直接地、毫无疑义地确定控制线上包被的是兔抗结核杆菌抗体或羊抗结核杆菌抗体，而检测线上则包被的是结核抗原。因此，上述修改A、C、E、F均没有超出原说明书和权利要求书记载的范围，符合专利法第33条的规定。

（2）原权利要求3从属于原权利要求2，因此原权利要求2和3特征部分的合并没有使其超出原申请文件记载的内容，在其引用的权利要求1不超范围的情况下（参见评述a），权利要求2的修改同样没有超出原说明书和权利要求记载的范围，即上述修改B不超范围。

（3）在权利要求1、2和4均没有超出原说明书和权利要求书记载的范围的情况下，依据上述权利要求记载的技术方案对说明书作出相应的适应性修改同样是不超范围的，因此修改D没有超出原申请文件记载的范围。

（4）关于修改G，对应于权利要求2的合并修改，权利要求书中相应修改了其从属权利要求的编码和引用关系，这种修改并没有超出原申请文件记载的内容，符合专利法第33条的规定。

综上所述，本复审决定所针对的文本没有超出原申请文件记载的内容，符合专利法第33条的规定。

3. 关于专利法实施细则第20条第1款

专利法实施细则第20条第1款规定，权利要求书应当说明发明或实用新型的技术特征，清楚、简要地表述请求保护的范围。

根据该款规定，如果一项权利要求的类型是清楚的，所确定的保护范围也是本领域技术人员能够理解和确定的，则应当认定该权利要求是清楚的，符合专利法实施细则第20条第1款的规定。

本案中，就权利要求1而言，首先，从权利要求的主题名称"一种结核抗体金标测试条"能够清楚地表明该权利要求的类型是产品权利要求，因此其类型是清楚的。其次，权利要求所确定的保护范围也是本领域技术人员能够理解且清楚确定保护范围的。一方面，权利要求1在特征部分用产品的结构特征对测试条的结构，即所设置的不同的层及各层之间的位置关系，进行了清楚的限定，具体如下：测试条包括衬板（1）和保护层（2）；其特征在于在衬板（1）的两端分别设有手持端吸水层（3）和测试端吸水层（8）；在手持端吸水层（3）和测试端吸水层（8）之间的衬板（1）上设有检测层（4）；在测试端吸水层（8）与检测层（4）之间设有金标抗体层（7）；在检测层（4）上设有检测线（5）和控制线（6）。另一方面，权利要求1还限定了对于实施结核抗体检测所必须的层或线上所含有的必需的成分，具体是，金标抗体层（7）上存在胶体金标记的结核抗原，检测线（5）上存在结核抗原，控制线（6）上存在兔抗结核杆菌抗体或羊抗结核杆菌抗体。

另外，由上述描述可知，修改后的权利要求1不仅限定了控制线（6）的成分，同时也限定了对于实施结核抗体检测所必需的其他层或线上的必需成分，即进一步限定了检测线（5）上存在结核抗原成分，以及金标抗体层（7）上存在胶体金标记的结核抗原成分，从而不再存在驳回决定中所指出的"除了控制线以外没有限定任何层的成分"的缺陷。

综上所述，本申请权利要求1类型是清楚的，其保护范围也是本领域技术人员能够理解和确定的，因此符合专利法实施细则第20条第1款的规定。

根据以上事实和理由，本案合议组作出如下审查决定。

三、决定

撤销国家知识产权局于2006年12月29日对01131834.1号发明专利申请作出的驳回决定。由原审查部门在本复审决定针对的文本的基础上继续进行审查。

复审请求人对本决定不服的，可以根据专利法第41条第2款的规定，自收到本决定之日起三个月内向北京市第一中级人民法院起诉。

具有抗菌抗病毒作用的药物组合物

复审请求审查决定（第 15231 号）

决 定 号	第 15231 号
决 定 日	2008 年 11 月 25 日
发明创造名称	具有抗菌抗病毒作用的药物组合物
国 际 分 类 号	A61K 31/365，A61P 31/04，A61P 31/12
复 审 请 求 人	成都厚发科技开发有限公司
申 请 号	200310104084.5
申 请 日	2003 年 12 月 22 日
公 开 日	2004 年 12 月 15 日
合议组组长	周英姿
主 审 员	张晓飞
参 审 员	李梦楠
法 律 依 据	专利法第 22 条第 3 款

决 定 要 点

如果一项发明是所属领域的技术人员在现有技术基础上通过合理的逻辑分析、推理或有限的试验可以得到的，并且要求保护的技术方案也没有取得预料不到的技术效果，则该发明不具备突出的实质性特点和显著的进步，不具有创造性。

一、案由

本复审请求涉及 2003 年 12 月 22 日申请、2004 年 12 月 15 日公开、名称为"具有抗菌抗病毒作用的药物组合物"的 200310104084.5 号发明专利申请（下称本申请）。本申请的申请人为成都厚发科技开发有限公司。

针对申请人于 2003 年 12 月 22 日提交的权利要求 1～8，说明书第 1～10 页以及说明书摘要，国家知识产权局于 2005 年 11 月 11 日以权利要求 1～8 不符合专利法第 22 条第 3 款的规定为由驳回了本申请。驳回决定所针对的权利要求书为：

"1. 具有抗菌抗病毒作用的药物组合物，其特征在于由黄芩苷与水溶性的 14-脱羟-11，12-二脱氢穿心莲内酯-3，19-二琥珀酸半酯盐以重量比 1/0.2～5 为有效药用成分与药物中可以接受的辅助添加成分组成，其中所说的 14-脱羟-11，12-二脱氢穿心莲内酯-3，19-二琥珀酸半酯盐为由 14-脱羟-11，12-二脱氢穿心莲内酯-3，19-二琥珀酸半酯所成的生理上可接受的盐类化合物。

2. 如权利要求 1 所述的具有抗菌抗病毒作用的药物组合物，其特征在于所说的 14-脱羟-11，12

-二脱氢穿心莲内酯-3,19-二琥珀酸半酯盐为相应化合物的单钾盐、单钠盐或钾钠盐之一。

3. 如权利要求1所述的具有抗菌抗病毒作用的药物组合物,其特征在于所说的黄芩苷可以由黄芩苷含量≥70%的黄芩总苷替换。

4. 如权利要求1~3之一所述的具有抗菌抗病毒作用的药物组合物,其特征在于所说的黄芩苷与14-脱羟-11,12-二脱氢穿心莲内酯-3,19-二琥珀酸半酯盐化合物的重量比为1/0.2~1/1.5。

5. 如权利要求4所述的具有抗菌抗病毒作用的药物组合物,其特征在于所说的黄芩苷与14-脱羟-11,12-二脱氢穿心莲内酯-3,19-二琥珀酸半酯盐化合物的重量比为1/0.5~1/1。

6. 如权利要求1~3之一所述的具有抗菌抗病毒作用的药物组合物,其特征在于由所说的有效药用成分与药物中可以接受的辅助添加成分组成口服型药物制剂和/或喷雾剂及滴鼻剂。

7. 如权利要求1~3之一所述的具有抗菌抗病毒作用的药物组合物,其特征在于由所说的有效药用成分与药物中可以接受的辅助添加成分组成喷雾剂及滴鼻剂。

8. 如权利要求1~3之一所述的具有抗菌抗病毒作用的药物组合物,其特征在于由所说的有效药用成分与药物中可以接受的辅助添加成分组成注射型药物制剂。"

驳回决定认为:(1)权利要求1涉及具有抗菌抗病毒作用的药物组合物,而对比文件1(参见CN1266699A的权利要求1~2,7~10,说明书第1页第3段至第3页第2段,公开日为2000年9月20日)公开了一种具有抗感染和解热镇痛作用的药物,由黄芩甙(即黄芩苷)或其相应的水溶性衍生物,与穿心莲内酯或其相应的水溶性衍生物按重量份为黄芩甙:穿心莲内酯=(1~20):1的比例组成,其中所述水溶性衍生物为制药学中允许的碱金属盐类化合物如钠、钾,该药物组合物具有抗菌抗病毒活性。权利要求1和对比文件1的区别在于:权利要求1将穿心莲内酯的水溶性衍生物具体限定为14-脱羟基-11,12-二脱氢穿心莲内酯-3,19-二琥珀酸半酯盐。但对比文件2(CN1450059A的权利要求1~5,说明书,公开日为2003年10月22日)公开了具有抗菌抗病毒活性的脱水穿心莲内酯琥珀酸半酯的钠盐(即14-脱羟基-11,12-二脱氢穿心莲内酯-3,19-二琥珀酸半酯钠盐)及其制备方法,同时对比文件1也教导了含有黄芩甙(即黄芩苷)和穿心莲内酯水溶性衍生物的药物组合物具有抗菌抗病毒活性,将穿心莲内酯制备成脱水穿心莲内酯琥珀酸半酯的钠盐在提高穿心莲内酯的水溶性同时,其仍然具备抗菌抗病毒活性,属于穿心莲内酯的水溶性衍生物。因此,在对比文件1和2的教导下,本领域技术人员将黄芩苷和14-脱羟基-11,12-二脱氢穿心莲内酯-3,19-二琥珀酸半酯盐组合得到具有抗菌抗病毒作用的药物组合物,从而得到权利要求1请求保护的技术方案是显而易见的,同时不具有意料不到的效果,权利要求1不具备创造性,不符合专利法第22条第3款的规定。申请人的陈述也并不能使上述技术方案具备创造性。

(2)权利要求2~8的附加技术特征均为常规限定或者是本领域技术人员根据对比文件1和2公开的内容,经过常规选择可以得到的技术方案,因此权利要求2~8也不具备创造性,不符合专利法第22条第3款的规定。

申请人成都厚发科技开发有限公司(下称请求人)对上述驳回决定不服,于2005年12月30日向专利复审委员会提出复审请求,请求人在提出复审请求时提交了新修改的权利要求书。请求人提交的新权利要求书为:

"1. 具有抗病毒作用的药物组合物,其特征在于由黄芩苷与水溶性的14-脱羟-11,12-二脱氢穿心莲内酯-3,19-二琥珀酸半酯盐以重量比1/0.2~1/3为有效药用成分与药物中可以接受的辅助添加成分组成,其中所说的14-脱羟-11,12-二脱氢穿心莲内酯-3,19-二琥珀酸半酯盐为由14-脱羟-11,12-二脱氢穿心莲内酯-3,19-二琥珀酸半酯所成的生理上可接受的盐类化合物。

2. 如权利要求1所述的具有抗病毒作用的药物组合物,其特征在于所说的14-脱羟-11,12-二脱氢穿心莲内酯-3,19-二琥珀酸半酯盐为相应化合物的单钾盐、单钠盐或钾钠盐之一。

3. 如权利要求1所述的具有抗病毒作用的药物组合物,其特征在于所说的黄芩苷可以由黄芩苷含量≥70%的黄芩总苷替换。

4. 如权利要求1所述的具有抗病毒作用的药物组合物,其特征在于所说的黄芩苷与14-脱羟-11,12-二脱氢穿心莲内酯-3,19-二琥珀酸半酯盐化合物的重量比为1/0.2~1/1。

5. 如权利要求4所述的具有抗病毒作用的药物组合物,其特征在于所说的黄芩苷与14-脱羟-11,12-二脱氢穿心莲内酯-3,19-二琥珀酸半酯盐化合物的重量比为1/0.2~1/0.7。

6. 如权利要求5所述的具有抗病毒作用的药物组合物,其特征在于所说的黄芩苷与14-脱羟-11,12-二脱氢穿心莲内酯-3,19-二琥珀酸半酯盐化合物的重量比为1/0.5~0.7。

7. 如权利要求5所述的具有抗病毒作用的药物组合物,其特征在于所说的黄芩苷与14-脱羟-11,12-二脱氢穿心莲内酯-3,19-二琥珀酸半酯盐化合物的重量比为1/0.7。

8. 如权利要求1~6之一所述的具有抗病毒作用的药物组合物,其特征在于由所说的有效药用成分与药物中可以接受的辅助添加成分组成口服型药物制剂和/或喷雾剂及滴鼻剂。

9. 如权利要求1~6之一所述的具有抗病毒作用的药物组合物,其特征在于由所说的有效药用成分与药物中可以接受的辅助添加成分组成喷雾剂及滴鼻剂。

10. 如权利要求1~6之一所述的具有抗病毒作用的药物组合物,其特征在于由所说的有效药用成分与药物中可以接受的辅助添加成分组成注射型药物制剂。"

请求人认为:(1)本发明与对比文件1和2的技术方案不同,其中14-脱羟基-11,12-二脱氢穿心莲内酯-3,19-二琥珀酸半酯盐与对比文件1中的穿心莲内酯母体结构已经不同,无法预知其与黄芩苷组合后药效能否维持或增减,需要通过大量的试验检测和验证,另外药物组合物中活性成分的比例不同,并且本发明取得了预料不到的技术效果;(2)本发明对药物组合物中活性成分的选择,其比例的选择均符合选择性发明的规定,并且产生了预料不到的技术效果。

形式审查合格后,专利复审委员会受理了该复审请求,并于2006年3月1日向请求人发出《复审请求受理通知书》,同时将本申请案卷移交原审查部门进行前置审查。

原审查部门对本复审请求进行了前置审查,认为权利要求1~10的技术方案相对于对比文件1和2的结合不具有突出的实质性特点,而且没有预料不到的效果,因此坚持原驳回决定。

专利复审委员会组成合议组,对本复审请求案进行了审理。于2007年9月14日向请求人发出《复审通知书》,指出:(1)请求人在提出复审请求时提交的权利要求书中增加了驳回决定所针对的权利要求书文本中不存在的从属权利要求5和7,上述修改并不是对驳回决定所针对的权利要求1~8本身作出的修改,也不是为了消除驳回决定指出的创造性缺陷,因此不符合专利法实施细则第60条第1款的规定;2. 对比文件1公开了一种具有抗感染和解热镇痛作用的药物,由黄芩甙(即本发明中所述的式I化合物黄芩苷)或其相应的水溶性衍生物,与穿心莲内酯或其相应的水溶性衍生物按重量份为黄芩甙:穿心莲内酯=(1~20):1的比例组成,该比例与本申请的重量比范围重叠,其中所述水溶性衍生物为制药学中允许的碱金属盐类化合物如钠、钾盐,该药物组合物具有抗菌抗病毒活性并且无明显毒性(权利要求1~2,7~10,说明书第1页第4段至第3页第2段),权利要求1和对比文件1的区别在于:权利要求1将穿心莲内酯的水溶性衍生物限定为14-脱羟基-11,12-二脱氢穿心莲内酯-3,19-二琥珀酸半酯盐(即式III化合物),对比文件1采用式II化合物及其衍生物。而对比文件2公开了具有抗菌抗病毒活性的脱水穿心莲内酯琥珀酸半酯的钠盐(即式III的14-脱羟基-11,12-二脱氢穿心莲内酯-3,19-二琥珀酸半酯钠盐)及其制备方法(权利要求1~5,说明书的具体实施方式部分),由此可见脱水穿心莲内酯琥珀酸半酯盐不但已经被对比文件2公开,而且该文献还揭示了对穿心莲内酯结构进行这种改造后，该脱水穿心莲内酯琥珀酸半酯盐在提高穿心莲内酯的水溶性同时，仍然具备抗病毒活性和低毒性，其属于穿心莲内酯的水溶性衍生物，因此结合对比文件1和对比文件2，本领域技术人员很容易得到权利要求1要求保护的技术方案，权利要求1不具备创造性，不符合专利法第22条第3款的规定；(2) 权利要求2将14-脱羟基-11，12-二脱氢穿心莲内酯-3，19-二琥珀酸半酯盐进一步限定为单钾盐、单钠盐或钾钠盐。其中所述的单钠盐和单钾盐已在对比文件2中公开，因此对比文件2已经公开了权利要求2的附加技术特征，而且该限定是本领域技术人员在现有技术基础上所作的常规选择，其效果也是本领域技术人员完全能够预料的；权利要求3对黄芩苷做了进一步限定。对比文件1中教导了可用含有相当比例量的黄芩甙的天然药用原料的水提取物替换黄芩甙（对比文件1的说明书第2页），因此本领域技术人员以含有大量黄芩甙的黄芩总甙替换黄芩甙是很容易想到的，并且可以预料能够产生同样的效果；权利要求4~7进一步限定了黄芩苷与14-脱羟基-11，12-二脱氢穿心莲内酯-3，19-二琥珀酸半酯盐的重量比。对比文件1公开了黄芩甙或其相应的水溶性衍生物与穿心莲内酯或其相应的水溶性衍生物的重量比为（1~20）/1，以及具体的2/1、4/1、8/1和16/1的比例，根据上述公开的比例以及穿心莲内酯和14-脱羟基-11，12-二脱氢穿心莲内酯-3，19-二琥珀酸半酯盐的分子量关系，对比文件1中公开的部分比例值在权利要求4~6限定的比例范围内；再者，在上述公开内容的基础上，本领域技术人员根据具体应用的要求，通过常规试验确定黄芩甙与14-脱羟基-11，12-二脱氢穿心莲内酯-3，19-二琥珀酸半酯盐合适的重量比，从而得到权利要求4-7要求保护的技术方案是本领域的常规选择，并且可以预料其技术效果；权利要求8~10进一步限定了药物组合物为口服型药物制剂、喷雾剂、滴鼻剂以及注射型药物制剂。对比文件1公开了含有黄芩甙或其相应的水溶性衍生物与穿心莲内酯或其相应的水溶性衍生物的药物的剂型为口服剂型、注射剂型等，以及其可用于治疗病毒性感冒和病毒性肺炎等疾病（对比文件1的说明书第3页和第6页），对比文件2公开了所述药剂可以是普通的皮肤黏膜用制剂及滴眼剂，而喷雾剂、滴鼻剂为本领域的常规制剂，也是感冒和肺炎等疾病治疗的合适的制剂形式，在对比文件1或2的教导下，本领域技术人员根据具体应用的要求，将含有黄芩甙与14-脱羟基-11，12-二脱氢穿心莲内酯-3，19-二琥珀酸半酯盐与辅助添加成分组合而制成合适的剂型，从而得到权利要求8~10要求保护的技术方案是显而易见的，同时不具有预料不到的效果。因此在上述权利要求2~10直接或间接引用的权利要求1不具备创造性的基础上，权利要求2~10相对于对比文件1和2的结合也不具备创造性，不符合专利法第22条第3款的规定。

针对上述《复审通知书》指出的问题，请求人于2007年10月29日提交了意见陈述书及经修改的权利要求书（共1页5项），修改后的权利要求书如下：

"1. 具有抗菌抗病毒作用的药物组合物，其特征在于由黄芩苷与水溶性的14-脱羟-11，12-二脱氢穿心莲内酯-3，19-二琥珀酸半酯盐以重量比1/0.2~1/0.7为有效药用成分与药物中可以接受的辅助添加成分组成，其中所说的14-脱羟-11，12-二脱氢穿心莲内酯-3，19-二琥珀酸半酯盐为14-脱羟-11，12-二脱氢穿心莲内酯-3，19-二琥珀酸半酯单钾盐。

2. 如权利要求1所述的具有抗菌抗病毒作用的药物组合物，其特征在于所说的黄芩苷可以由黄芩苷含量≥70%的黄芩总苷替换。

3. 如权利要求1~2之一所述的具有抗菌抗病毒作用的药物组合物，其特征在于由所说的有效药用成分与药物中可以接受的辅助添加成分组成口服型药物制剂和/或喷雾剂及滴鼻剂。

4. 如权利要求1~2之一所述的具有抗菌抗病毒作用的药物组合物，其特征在于由所说的有效药用成分与药物中可以接受的辅助添加成分组成喷雾剂及滴鼻剂。

5. 如权利要求1~2之一所述的具有抗菌抗病毒作用的药物组合物，其特征在于由所说的有效药用成分与药物中可以接受的辅助添加成分组成注射型药物制剂。"

请求人认为：对比文件2第3页倒数第9~11行中指出"……由于这些药物制剂中均含有钾离子，长期和/或过量使用后会造成心血管方面的诸多不良影响和副反应，并会因此而限制了其使用对象和/或应用范围"。而本申请的权利要求1将"14-脱羟-11，12-二脱氢穿心莲内酯-3，19-二琥珀酸半酯所成的生理上可接受的盐类化合物"修改为"14-脱羟-11，12-二脱氢穿心莲内酯-3，19-二琥珀酸半酯单钾盐"是克服了技术偏见而形成的；本申请说明书表1-3的数据表明本发明药物组合物的抗菌、杀菌活性强于14-脱羟-11，12-二脱氢穿心莲内酯-3，19-二琥珀酸半酯单钾盐单用，与对照组黄芩苷和穿心莲内酯组合物的效果相当；对细胞毒性上本发明明显优于黄芩苷和穿心莲内酯的组合物；抗病毒效果优于14-脱羟-11，12-二脱氢穿心莲内酯-3，19-二琥珀酸半酯单钾盐单用，也优于黄芩苷和穿心莲内酯的组合物，这表明本发明药物组合物具有协同效应，并带来了提高疗效、用量减小的意想不到的技术效果，因此修改后的权利要求1具备创造性，符合专利法第22条第3款的规定。其从属权利要求2~5也具备创造性，符合专利法第22条第3款的规定。

请求人于2008年6月30日再次提交了意见陈述书及经修改的权利要求书。修改后的权利要求书如下：

"1. 具有抗菌抗病毒作用的药物组合物，其特征在于，由黄芩苷与水溶性的14-脱羟-11，12-二脱氢穿心莲内酯-3，19-二琥珀酸半酯盐以重量比1/0.7为有效药用成分及辅助添加剂甘露醇所组成，甘露醇的量为黄芩苷量的0.3倍，所说的14-脱羟-11，12-二脱氢穿心莲内酯-3，19-二琥珀酸半酯盐为14-脱羟-11，12-二脱氢穿心莲内酯-3，19-二琥珀酸半酯钾钠盐。

2. 如权利要求1所述的具有抗菌抗病毒作用的药物组合物，其特征在于所说的黄芩苷由所说的黄芩苷含量≥70%的黄芩总苷替换。"

请求人认为：修改后的权利要求1以说明书第6页的实施例2为依据，没有超出原权利要求书和说明书所记载的范围，符合专利法第33条的规定；本申请说明书的表2表明修改后的权利要求1的组合物的细胞毒性比对比文件1的毒性小；对比文件2第3页中指出14-脱羟-11，12-二脱氢穿心莲内酯-3，19-二琥珀酸半酯钠盐的结晶很困难，而本发明的钾钠盐没有此缺点，因此本领域技术人员在结合对比文件1和2不经过创造性劳动无法得出权利要求1的技术方案，且本发明具有毒性小、易得的预料不到的技术效果，因此权利要求1具备创造性，从属权利要求2也具备创造性。

合议组于2008年8月28日发出《第二次复审通知书》，指出：根据上述对比文件1公开的内容，修改后的权利要求1和对比文件1的区别在于：(1) 本申请权利要求1将穿心莲内酯的水溶性衍生物限定为14-脱羟基-11，12-二脱氢穿心莲内酯-3，19-二琥珀酸半酯钾钠盐，对比文件1采用式Ⅱ穿心莲内酯化合物及其衍生物；(2) 权利要求1中两种组分的比例为1：0.7，对比文件1中黄芩甙与穿心莲内酯或其相应的水溶性衍生物的比例为(1~20)：1以及2：1、4：1、8：1和16：1；(3) 权利要求1中还含有0.3倍黄芩苷量的甘露醇。对于区别(1)，对比文件2公开了具有抗菌抗病毒活性的脱水穿心莲内酯琥珀酸半酯的钾盐以及钠盐和其制备方法，并且也公开了"以脱水穿心莲内酯琥珀酸半酯钾钠盐为有效药用成分的"注射用炎琥宁"无菌粉末制剂"以及所述盐中钠钾离子可以相互替换，因此在对比文件1的基础上，本领域技术人员很容易想到将对比文件2中的脱水穿心莲内酯琥珀酸半酯钾钠盐、钾盐或钠盐作为活性成分而替代对比文件1中的穿心莲内酯；对于区别(2)，在对比文件1公开的比例范围以及具体的比例值的基础上，这是本领域的常规选择；对于区别(3)，本领域技术人员公知甘露醇是常用的冻干保护剂，其与药物组合物中活性成分之间的比例也是本领域技术人员在制备粉针剂时的常规选择，本申请说明书中也无证据表明加入甘露醇取得了预料不到的技术效果，因此权利要求1的技术方案相对于对比文件1和2以及公知常识的结合不具备突出的实质性特点，不符合专利法第22条第3款有关创造性的规定；权利要求2的附加技术特征已由对比文件1公开，因此权利要求2也不具备创造性。

对于请求人的意见陈述，合议组认为：（1）对比文件2中公开了脱水穿心莲内酯琥珀酸半酯钠盐和钾盐对细胞毒性试验的结果，表明均对两种细胞无明显的毒性，在此基础上，权利要求1的技术方案的技术效果是可以预料的，其相比对比文件1的技术方案在某些浓度下的细胞毒性有更好的技术效果并不能否定其技术方案相对于对比文件1和2结合的显而易见性以及其技术效果的可预料性；（2）对比文件2中已经公开了脱水穿心莲内酯琥珀酸半酯钾钠盐、钾盐、钠盐及其制备方法，在此基础上得到其钠盐并不困难。请求人的有关本申请具有创造性的意见陈述不具有说服力。

针对《第二次复审通知书》指出的问题，请求人于2008年10月13日提交了意见陈述书及经修改的权利要求书。修改后的权利要求书如下：

"1. 具有抗菌抗病毒作用的药物组合物，其特征在于，由黄芩苷与水溶性的14-脱羟-11，12-二脱氢穿心莲内酯-3，19-二琥珀酸半酯盐以重量比1/0.7为有效药用成分及辅助添加剂所组成，所说的14-脱羟-11，12-二脱氢穿心莲内酯-3，19-二琥珀酸半酯盐为14-脱羟-11，12-二脱氢穿心莲内酯-3，19-二琥珀酸半酯单钾盐。"

请求人认为：本申请说明书的表2表明对比文件1的对照药物组合物在浓度10~1.25mg/mL的浓度范围时对细胞有一定程度的影响，对比文件2的单钾盐（即CX-2）在10mg/mL时细胞产生圆缩，而本发明的组合物在10mg/mL以下浓度时对细胞无毒性反应，因此修改后的权利要求1具备创造性。

至此，合议组认为本案事实已经清楚，可以作出审查决定。

二、决定的理由

1. 审查依据的文本

请求人于2008年10月13日提交了经修改的权利要求书，该权利要求书仅有一项权利要求1，其技术方案可以由原始申请文件说明书的第6页第18~21行的内容直接地、毫无疑义地确定，因此该修改符合专利法第33条的规定，同时也符合专利法实施细则第60条第1款的规定。

本复审决定所针对的文本为请求人于2008年10月13日提交的权利要求第1项、2003年12月22日提交的说明书第1~10页和说明书摘要。

2. 关于专利法第22条第3款

专利法第22条第3款规定，创造性是指同申请日以前已有的技术相比，该发明有突出的实质性特点和显著的进步。

如果一项发明是所属领域的技术人员在现有技术基础上通过合理的逻辑分析、推理或有限的试验可以得到的，并且要求保护的技术方案也没有取得预料不到的技术效果，则该发明不具备突出的实质性特点和显著的进步，不具有创造性。

本案中，权利要求1为"具有抗菌抗病毒作用的药物组合物，其特征在于，由黄芩苷与水溶性的14-脱羟-11，12-二脱氢穿心莲内酯-3，19-二琥珀酸半酯盐以重量比1/0.7为有效药用成分及辅助添加剂所组成，所说的14-脱羟-11，12-二脱氢穿心莲内酯-3，19-二琥珀酸半酯盐为14-脱羟-11，12-二脱氢穿心莲内酯-3，19-二琥珀酸半酯单钾盐"，根据说明书的记载，本发明要解决的技术问题是在现有以黄芩苷和穿心莲内酯为药效成分的抗菌抗病毒组合物的基础上用水溶性穿心莲内酯琥珀酸半酯的碱金属盐类替代穿心莲内酯以提供具有抗病毒活性等的药物组合物。但是对比文件1公开了一种具有抗感染和解热镇痛作用的药物，由黄芩甙（即本发明中所述的式I化合物黄芩苷）或其相应的水溶性衍生物，与穿心莲内酯或其相应的水溶性衍生物按重量份为黄芩甙∶穿心莲内酯=（1~20）

：1的比例组成，以及具体的2：1、4：1、8：1和16：1（即1：0.5、1：0.25、1：0.125和1：0.0625）的比例，其中所述水溶性衍生物为制药学中允许的碱金属盐类化合物如钠、钾盐，该药物组合物具有抗菌抗病毒活性并且无明显毒性（参见对比文件1的权利要求1~2，7~10，说明书第1页第4段至第3页），权利要求1和对比文件1的区别在于：（1）本申请权利要求1将穿心莲内酯的水溶性衍生物限定为14-脱羟基-11，12-二脱氢穿心莲内酯-3，19-二琥珀酸半酯单钾盐，对比文件1采用式II穿心莲内酯化合物及其衍生物；（2）权利要求1中两种组分的比例为1：0.7，对比文件1中黄芩甙与穿心莲内酯或其相应的水溶性衍生物的比例范围为（1~20）：1以及具体比例为2：1、4：1、8：1和16：1。对于区别（1），对比文件2公开了具有抗菌抗病毒活性的脱水穿心莲内酯琥珀酸半酯的钾盐（参见说明书的背景技术部分和说明书表2、3中的CX-2），而且该文献还揭示了该脱水穿心莲内酯琥珀酸半酯单钾盐具备抗病毒活性，其属于穿心莲内酯的水溶性衍生物（参见对比文件2的说明书第10页倒数第2段），因此在对比文件1的基础上，为了解决上述技术问题，本领域技术人员很容易想到将对比文件2中公开的脱水穿心莲内酯琥珀酸半酯单钾盐作为活性成分而替代对比文件1中的穿心莲内酯，并且可以预料到其仍然具有抗病毒作用的技术效果。对于区别（2），权利要求1中两种组分的重量比1：0.7处于对比文件1公开的比例范围内，而且该文献还公开了与1：0.7接近的具体配比例如1/0.5（即2/1），因此，在对比文件1公开的比例范围以及具体的比例值的基础上，本领域技术人员根据具体应用的要求，通过常规试验确定黄芩苷与14-脱羟基-11，12-二脱氢穿心莲内酯-3，19-二琥珀酸半酯单钾盐合适的重量比是本领域的常规选择，综上，在对比文件1和2的基础上，本领域技术人员得到权利要求1的技术方案是显而易见的，并且可以预料到其仍然具有抗病毒作用和低毒性的技术效果，因此权利要求1的技术方案相对于对比文件1和2的结合不具备突出的实质性特点，不符合专利法第22条第3款有关创造性的规定。

对于请求人的意见陈述，合议组认为：根据上述评述，在对比文件1和2的基础上得到权利要求1的技术方案是显而易见的，而对于其技术效果，对比文件2中公开了脱水穿心莲内酯琥珀酸半酯单钾盐对细胞毒性试验的结果，表明其无毒界线从10mg/mL开始，"±"所表示的细胞极少数圆缩也并非毒性所致（参见对比文件2说明书第5页最后第2段至第6页第1段以及表2），而且结合本申请说明书表2的数据，本领域技术人员可知黄芩苷与14-脱羟基-11，12-二脱氢穿心莲内酯-3，19-二琥珀酸半酯单钾盐的组合物与14-脱羟基-11，12-二脱氢穿心莲内酯-3，19-二琥珀酸半酯单钾盐单用时在10mg/mL的浓度以下对细胞的毒性无实质性差异，在此基础上，权利要求1的技术方案的技术效果是可以预料的，其相比对比文件1的技术方案在某些浓度下的细胞毒性有更好的技术效果并不能否定其技术方案相对于对比文件1和2结合的显而易见性以及其技术效果的可预料性。因此，请求人的有关本申请具有创造性的意见陈述不具有说服力。

根据以上事实和理由，本案合议组作出如下审查决定。

三、决定

维持国家知识产权局于2005年11月11日对200310104084.5号发明专利申请作出的驳回决定。

复审请求人对本决定不服的，可以根据专利法第41条第2款的规定，自收到本决定之日起三个月内向北京市第一中级人民法院起诉。

重组 α-L-艾杜糖苷酶，其生产和纯化的方法以及治疗其缺陷导致的疾病的方法

复审请求审查决定（第15233号）

决　定　号	第15233号
决　定　日	2008年11月28日
发明创造名称	重组α-L-艾杜糖苷酶，其生产和纯化的方法以及治疗其缺陷导致的疾病的方法
国际分类号	C12N 9/24，A61K 38/47，A61P 3/00
复审请求人	生物马林药物股份有限公司，加州大学洛杉矶分校港口研究和教育院
申　请　号	00818170.5
优 先 权 日	1999年11月12日
申　请　日	2000年11月9日
公　开　日	2003年5月28日
合议组组长	魏　屹
主　审　员	尹　昕
参　审　员	王　婧
法 律 依 据	专利法第26条第4款

决定要点

权利要求书中的每一项权利要求所要求保护的技术方案应当是所属技术领域的技术人员能够从说明书充分公开的内容中得到或概括得出的技术方案，并且不得超出说明书公开的内容。

一、案由

本复审请求涉及2000年11月9日申请、2003年5月28日公开、名称为"重组α-L-艾杜糖苷酶，其生产和纯化的方法以及治疗其缺陷导致的疾病的方法"的00818170.5号PCT发明专利申请（下称本申请）。本申请的申请人为生物马林药物股份有限公司以及加州大学洛杉矶分校港口研究和教育院，优先权日为1999年11月12日，进入中国国家阶段日为2002年7月3日。

针对申请人于2005年1月25提交的权利要求1~58、进入中国国家阶段时提交的说明书第1~24页、说明书附图第1~19页以及根据专利合作条约第41条提交的修改的核苷酸和氨基酸序列表第1~7页，国家知识产权局于2005年5月13日以本申请权利要求1不符合专利法实施细则第20条第1款的规定为由驳回了本申请。

驳回决定所针对的权利要求1为：

"1. 一种纯度相当或大于99%的重组α-L-艾杜糖苷酶或其生物活性片段或突变物。"

驳回决定指出：(1) 权利要求1中的术语"生物活性片段"没有给出片段的起始和中止位点以及所针对的氨基酸序列，术语"突变物"没有给出突变位点和突变方式，同时说明书中也没有给出任何满足条件的"生物活性片段"和"突变物"，因此其限定的对象是不清楚的。(2) 请求人认为"生物活性片段"是所述序列内小于全长氨基酸序列且具有生物活性的片段；突变物可以是所述氨基酸序列中一个或多个氨基酸位点的缺失、置换或添加且仍保持酶活性。但是所述的"具有生物活性"与氨基酸序列和结构之间以及"具有的生物活性"与突变物的序列和结构之间均没有对应的关系，因此无法确定具有生物活性的片段和突变物的结构。综上所述，权利要求1不符合专利法实施细则第20条第1款的规定。

申请人生物马林药物股份有限公司以及加州大学洛杉矶分校港口研究和教育院（以下称请求人）对上述驳回决定不服，于2005年8月26日向专利复审委员会提出复审请求，同时提交了修改后的权利要求书替换页（共5页，58项）及如下附件：

附件1："Human α-L-iduronidase: cDNA isolation and expression"，H. S. Scott 等，Proc. Natl. Acad. Scl. USA，第88卷，第9695~9699页，1991年11月，复印件共5页；

附件2："Immunopurification and characterization of human α-L-iduronidase with the use of monoclonal antibodies"，Peter R. CLEMENTS 等，Biochem. J，第259卷，第199~208页，1989年，复印件共10页。

请求人提交的修改后的权利要求1为：

"1. 一种重组α-L-艾杜糖苷酶制备物，其中，该制备物含有SEQ ID NO: 2的重组α-L-艾杜糖苷酶或其生物活性片段或突变物，纯度相当或大于99%。"

请求人认为：(1) 通过将重组α-L-艾杜糖苷酶或其生物活性片段或突变物进一步限定为含有"SEQ ID NO: 2"的序列，可使权利要求克服不清楚的问题。(2) 重组α-L-艾杜糖苷酶或其生物活性片段和突变体是本领域众所周知的，例如，附件1中描述了从人的肝脏分离纯化得到的α-L-艾杜糖苷酶（IDUA）的分子量不同的7个片段，并提出了作为IDUA的蛋白水解加工产物，各种片段相互关联的模型；附件2中公开的内容包括IDUA的7条片段以及653个氨基酸的全长蛋白质和606个氨基酸和617个氨基酸的"全长"剪接变体。由此可见，本领域已知IDUA存在各种大小不同的片段，且从各来源获得的片段的大小也不尽相同。(3) 本领域技术人员根据常规技术手段完全能制备SEQ ID NO: 2的其他生物活性片段或突变体并检测其生物活性，制备α-L-艾杜糖苷酶的片段和突变体无须付出创造性劳动。(4) 本申请的发明点不在于重组α-L-艾杜糖苷酶的片段和突变体本身，而在于实现了将重组IDUA或其生物活性片段或突变体的纯度纯化至99%，而现有技术只能达到97%的纯度，本发明的高纯度IDUA或其生物活性片段或突变体较现有技术的产品产生了优异的技术效果。综上所述，本申请权利要求1是清楚的。

形式审查合格后，专利复审委员会受理了该复审请求，并于2006年7月24日向请求人发出《复审请求受理通知书》，同时将本申请案卷移交原审查部门进行前置审查。

原审查部门对本复审请求案进行了前置审查。在前置审查意见书中，原审查部门认为附件1和2中所列举的α-L-艾杜糖苷酶的片段和突变体只是众多活性片段和突变体中的一部分，如果要获得所有的活性片段和突变需要付出大量的劳动，该技术方案概括过宽，得不到说明书的支持，不符合专利法第26条第4款的规定，因此坚持原驳回决定。

专利复审委员会组成合议组，对本复审请求案进行了审理。于2008年4月24日向请求人发出《复审通知书》。《复审通知书》指出：请求人于2005年8月26日提交的修改后的权利要求书符合专利法第33条的规定,合议组对此予以接受。修改后的权利要求1除了要求保护纯度相当或大于99%的,含有SEQ ID NO:2的重组α-L-艾杜糖苷酶的制备物外,还要求保护纯度相当或大于99%的,IDUA的部分片段或突变物的制备物。然而在证明所述制备产物的治疗效果方面,说明书实施例中仅给出了重组α-L-艾杜糖苷酶的制备方法,及其在I型粘多糖病人中的治疗效果,并未记载任何IDUA的片段或突变物的制备方法,也无具体实验数据来验证哪些结构的IDUA的片段或突变物保持了原蛋白分子的生物活性,即具有与本发明的α-L-艾杜糖苷酶相同的疾病治疗功效,而上述结果也不是本领域技术人员不付出创造性劳动就能从现有技术中合理推断出来的。鉴于如本领域所公知的,蛋白质的生物学功能是由其空间结构所决定的,而蛋白质的一级结构,即氨基酸序列是其空间结构的基础,氨基酸序列相似的蛋白质是否具有相同的功能取决于序列间的差异是否导致其空间结构发生变化。因而,虽然权利要求1中所具体限定的IDUA的片段或突变物是在α-L-艾杜糖苷酶基础上通过酶切或氨基酸突变得到的,其结构与原蛋白分子有一定的相似性,但上述改造获得的分子是否具有说明书实施例中验证的治疗功效,取决于所述片段或突变体中变化的部分是否导致其空间结构发生改变,即权利要求1中要求保护的IDUA的片段或突变体的生物学功能是无法预先确定和评价的,需要通过检测效果的试验进行确定。

针对请求人提出复审请求时提交的附件以及意见陈述,《复审通知书》指出:首先,附件1和附件2中并未公开所有的IDUA的片段和突变体,且附件1和2中也未验证上述片段和突变体是否具有本发明所述的疾病治疗功效;其次,虽然根据现有技术本领域技术人员可以制备SEQ ID NO:2的其他片段或突变体,但是正如上文一再强调的那样,制备得到的片段或突变体是否具有疾病治疗的生物学活性,需要可信的实验证据,对于这个要求保护的范围内的许多技术方案,不经过大量的劳动,本领域技术人员无法从说明书和现有技术的教导中推断该方案是否能实现发明目的。权利要求书说明了请求人要求保护的范围,说明书公开的意义在于指导本领域技术人员去实施和再现该发明的权利要求要求保护的技术方案,而不是在缺少试验证据的情况下,让本领域技术人员自己去判断、筛选。

针对《复审通知书》指出的问题,请求人于2008年7月23日提交了意见陈述书及修改后的权利要求书替换页(共5页,58项)。

请求人在意见陈述中指出:(1)请求人将权利要求书中的"生物活性片段"和"突变物"以及类似的描述删除,修改后的权利要求书克服了合议组指出的本申请权利要求1不符合专利法第26条第4款的缺陷。(2)请求人同时对权利要求书中的一些明显错误进行了修改,所作修改均符合专利法第33条的规定。

2008年10月17日,请求人再次提交了意见陈述书以及修改后的权利要求书替换页(共5页,58项)。

修改后的权利要求1为:

"1. 一种重组α-L-艾杜糖苷酶制备物,其中,该制备物含有SEQ ID NO:2的重组α-L-艾杜糖苷酶,纯度相当或大于99%。"

至此,合议组认为本案事实清楚,可以作出审查决定。

二、决定的理由

1. 决定针对的文本

在请求人在于2008年10月17日提交的修改后的权利要求书中,请求人对权利要求书相对于复审通知书所针对的权利要求进行了如下修改:(1)删除了权利要求1、2、4、5、16、19~24、37、41、42、44~48、52、55、57、58中有关生物活性片段"和突变物的内容,以克服驳回决定和复审通知书中指出的权利要求书得不到说明书支持的缺陷;(2)将权利要求7中药物组合物中人重组α-

L-艾杜糖苷酶的浓度由约"0.5毫克/毫升"和"125000单位/毫升"分别修改为约"0.05~0.2毫克/毫升"和"12500~500000单位/毫升",其修改依据参见说明书第18页表格的第1行,由于说明书中并没有公开"0.5毫克/毫升"和"125000单位/毫升"的浓度,因此这一修改是对权利要求书中明显错误内容的更正;(3)删除了权利要求10中"在稀释成剂型后",并调整了语序,使之更符合中文的表述习惯,其修改依据参见说明书第18页第1行及表格的第4行;(4)将权利要求14中的蛋白质具体限定为重组α-L-艾杜糖苷酶蛋白质,其修改依据参见说明书第20页实施例4;(5)将权利要求32中的"SIU"修改为"SI单位",以使上下文的表述相一致;(6)将权利要求36中的"与心脏功能相关的症状"修改为"三尖瓣逆流或肺部逆流改善",修改依据参见说明书第23页第2段,这种修改是为克服该权利要求可能存在的得不到说明书的支持或不清楚的缺陷而作出的;(7)在权利要求22和44中增加了"残基",以使描述完整,且上下文表述一致;(8)将权利要求39中的打字错误"灵芝"修改为"离子",其修改依据可参见权利要求37;(9)在权利要求53中增加了"汇合的",使上下文表述一致,修改依据可参见权利要求52。经审查,上述修改未违背专利法第33条以及专利法实施细则第60条第1款的规定。

因此,本决定所依据的文本为:请求人于2008年10月17日提交的权利要求1~58以及驳回决定所针对的说明书、说明书附图、序列表和说明书摘要。

2. 关于专利法第26条第4款

专利法第26条第4款规定:权利要求书应当以说明书为依据,说明要求专利保护的范围。

权利要求书应当以说明书为依据,是指权利要求书应当得到说明书的支持。权利要求书中的每一项权利要求所要求保护的技术方案应当是所属技术领域的技术人员能够从说明书中公开的内容得到或者概括得出的技术方案,并且不得超出说明书公开的范围。

本案中,原审查部门以驳回决定所针对的权利要求1中采用的术语"生物活性片段"和"突变物"导致该权利要求中的保护范围不清楚为由驳回了本申请。《复审通知书》指出,说明书中仅给出了重组α-L-艾杜糖苷酶的制备方法及其治疗效果,并未记载任何IDUA的片段或其突变物的制备方法,也未验证哪些结构的IDUA的片段或突变物可保持原蛋白分子的生物活性,本领域技术人员无法从说明书中公开的内容得到或者概括得出权利要求1的技术方案。

请求人于2008年10月17日提交的修改后的权利要求书中,删除了权利要求1中的"生物活性片段或突变物",仅要求保护纯度相当或大于99%的,含有SEQ ID NO:2的重组α-L-艾杜糖苷酶的制备物,因此修改后的权利要求1已克服了驳回决定以及复审通知书中所指出的缺陷。

根据以上事实和理由,本案合议组作出如下审查决定。

三、决定

撤销国家知识产权局于2005年5月13日对00818170.5号发明专利申请作出的驳回决定。由原审查部门在本决定所依据的审查文本的基础上继续进行审查。

复审请求人对本决定不服的,可以根据专利法第41条第2款的规定,自收到本决定之日起三个月内向北京市第一中级人民法院起诉。

清洗剂，清洗方法和清洗装置

复审请求审查决定（第 15239 号）

决 定 号	第 15239 号
决 定 日	2008 年 11 月 28 日
发明创造名称	清洗剂，清洗方法和清洗装置
国际分类号	C11D 7/30，C11D 7/26
复审请求人	旭化成株式会社
申 请 号	01810429.0
优 先 权 日	2000 年 6 月 1 日
申 请 日	2001 年 5 月 8 日
公 开 日	2003 年 7 月 23 日
合议组组长	李人久
主 审 员	张晓飞
参 审 员	王冬

法 律 依 据 专利法第 22 条第 3 款

决 定 要 点

如果请求保护的技术方案相对于最接近的现有技术存在区别技术特征，而且现有技术中没有给出将上述区别技术特征应用到该最接近的现有技术中以解决其存在的技术问题的启示，同时该技术方案能够产生有益的效果，则该技术方案具有突出的实质性特点和显著的进步。

一、案由

本复审请求涉及申请日为 2001 年 5 月 8 日、公开日为 2003 年 7 月 23 日、名称为"清洗剂，清洗方法和清洗装置"的 01810429.0 号发明专利申请（下称本申请），本申请的优先权日为 2000 年 6 月 1 日，申请人为旭化成株式会社。

针对申请人于 2004 年 10 月 10 日提交的权利要求 1~52，说明书第 70、72~74 页；2002 年 11 月 29 日本申请进入中国国家阶段时提交的说明书第 1~69、71、75~77 页，说明书附图第 1~7 页，说明书摘要和摘要附图，国家知识产权局于 2005 年 8 月 12 日以权利要求 1~16 不符合专利法第 22 条第 3 款规定的创造性、权利要求 17~52 与权利要求 1、3 之间不符合专利法第 31 条第 1 款规定的单一性为由驳回了本申请。驳回决定所针对的权利要求书共 52 项，其中权利要求 1~16 的内容如下：

"1. 无闪点的清洗剂，其包含（a1）20℃时的蒸气压不低于 1.33×10^3 Pa 的无氯含氟化合物，和

(b1) 与 (b2) 的组合物，(b1) 至少为一种20℃时蒸气压低于1.33×10^3Pa 的化合物，其选自乙二醇醚单烷基醚，和 (b2) 至少为一种20℃时蒸气压低于1.33×10^3Pa 的化合物，其选自乙二醇醚二烷基醚、乙二醇醚乙酸酯和羟基羧酸酯。

2. 根据权利要求1的清洗剂，其还包括 (a2) 至少一种20℃时的蒸气压不低于1.33×10^3Pa 的选自醇、酮、酯和烃的化合物。

3. 无闪点的漂洗剂，其包含：80.0~99.9质量%的 (a1) 20℃时的蒸气压不低于1.33×10^3Pa 的无氯含氟化合物，和0.1~20.0质量%的 (b1) 与 (b2) 的组合物，(b1) 至少为一种20℃时蒸气压低于1.33×10^3Pa 的化合物，其选自乙二醇醚单烷基醚，和 (b2) 至少为一种20℃时蒸气压低于1.33×10^3Pa 的化合物，其选自乙二醇醚二烷基醚、乙二醇醚乙酸酯和羟基羧酸酯

4. 根据权利要求3的无闪点漂洗剂，其还包含0.1~20.0质量%的 (a2) 至少一种20℃时的蒸气压不低于1.33×10^3Pa 的选自醇、酮、酯和烃的化合物。

5. 根据权利要求1~4任一项的无闪点的清洗剂或无闪点的漂洗剂，其中组分 (a1) 包含选自甲基全氟丁基醚，甲基全氟异丁基醚的化合物及其混合物的组分。

6. 根据权利要求1~4任一项的无闪点的清洗剂或无闪点的漂洗剂，其中所述组合物包括至少一种选自亲水性乙二醇醚单烷基醚的化合物作为组分 (b1)，和至少一种选自憎水性乙二醇醚二烷基醚的化合物作为组分 (b2)。

7. 根据权利要求1~4任一项的无闪点的清洗剂或无闪点的漂洗剂，其中所述组合物包括至少一种选自憎水性乙二醇醚单烷基醚的化合物作为组分 (b1)，和至少一种选自亲水性乙二醇醚二烷基醚的化合物作为组分 (b2)。

8. 根据权利要求1~4任一项的无闪点的清洗剂或无闪点的漂洗剂，其中组分 (b1) 和组分 (b2) 均为亲水性。

9. 根据权利要求1~4任一项的无闪点的清洗剂或无闪点的漂洗剂，其中组分 (b1) 和组分 (b2) 均为憎水性。

10. 根据权利要求1~4任一项的无闪点的清洗剂或无闪点的漂洗剂，其中组分 (b1) 含有至少一种选自3-甲氧基丁醇，3-甲基-3-甲氧基丁醇，一缩二丙二醇单正丙基醚和一缩二丙二醇单正丁基醚的化合物。

11. 根据权利要求1~4任一项的无闪点的清洗剂或无闪点的漂洗剂，其中组分 (b2) 含有至少一种选自二甘醇二乙醚，二甘醇二正丁基醚和一缩二丙二醇二甲醚的化合物。

12. 根据权利要求1~4中任一项的无闪点的清洗剂或无闪点的漂洗剂，其还包含 (c) 抗氧化剂。

13. 根据权利要求12的无闪点的清洗剂或无闪点的漂洗剂，其中组分 (c) 含有至少一种选自酚抗氧化剂，胺抗氧化剂，磷抗氧化剂和硫抗氧化剂的化合物。

14. 根据权利要求12的无闪点的清洗剂或无闪点的漂洗剂，其中组分 (c) 为至少一种选自酚抗氧化剂和胺抗氧化剂的化合物与至少一种选自磷抗氧化剂和硫抗氧化剂的化合物的组合物。

15. 根据权利要求12的无闪点的清洗剂或无闪点的漂洗剂，组分 (c) 的熔点不高于120℃。

16. 根据权利要求12的无闪点的清洗剂或无闪点的漂洗剂，其中还包含 (d) 紫外吸收剂。"

驳回决定认为：(1) 对比文件1（JP-10212498A，公开日为1998年8月11日）公开了一种不易燃的工业清洗剂组合物，其具体公开了该组合物包含 (A) 至少一种具有结构式为 (1) 的二甘醇烷基醚的溶剂和/或具有结构式为 (2) 的二丙二醇烷基醚的溶剂；(B) 一种不易燃的含氟溶剂例如HFC和HFE；其中 (A) 与 (B) 的重量比为 (A)/(B) = (15~85)/(85~15)，实施例2中具

体公开了二甘醇单正丙基醚和二丙二醇单甲基醚的结合使用（参见权利要求1，说明书第2栏第32行至42行，实施例）。权利要求1和3与对比文件1的区别仅在于（b2）是乙二醇醚二烷基醚而对比文件1公开的是乙二醇醚烷基醚，但对比文件3（JP-10251692A，公开日为1998年9月22日）实施例3中已公开了二甘醇二乙醚与二丙二醇乙基甲基醚的结合使用。因此本领域的技术人员结合对比文件1和3所公开的技术特征就能得到权利要求1和3要求保护的技术方案，这是显而易见的，权利要求1和3不符合专利法第22条第3款规定的创造性。（2）权利要求2和4与对比文件1的区别特征还包括"（a2）至少一种20°C时的蒸气压不低于$1.33×10^3$Pa的选自醇、酮、酯和烃的化合物"，但对比文件2（EP-0431458A1，公开日为1991年6月12日）公开了一种清洗组合物，其具体公开了脂族氢氟烃可以作为清洗组合物使用，为溶解焊药的能力，可以向脂族氢氟烃中加入0.5%～30%（重量）的选自烃、醇、酯和酮的一种有机溶剂（参见说明书第2页第49～55行，权利要求4）。因此本领域的技术人员可以从对比文件2中得到启示，将上述特征应用于对比文件1和3中，从而得到权利要求2和4所要求保护的技术方案，权利要求2和4不具备专利法第22条第3款规定的创造性。（3）权利要求5是对组分（a1）的进一步限定。对比文件1公开了组合物包含的（A）具有结构式为（1）的二甘醇的含烷基醚的溶剂（其中的R1为1～4个碳原子的烃类）和具有结构式为（2）的二丙二醇的含烷基醚的溶剂（其中的R2为1～4个碳原子的烃类），包含的（B）为不易燃的含氟溶剂例如HFC和HFE，同时也公开了HFC和HFE的选择方案（参见权利要求1～3，说明书第1栏第48行至第5栏第23行，实施例），由此可见，权利要求5限定的技术特征在对比文件1中已经公开了，权利要求5不具备专利法第22条第3款规定的创造性。（4）权利要求6～11是对清洗剂或漂洗剂中的组分（b1）和（b2）的进一步限定，这些限定的技术特征与对比文件1构成了区别特征。对比文件3公开了一种不易燃的工业清洗剂组合物，该组合物包含具有1～3个碳原子的聚烷氧基或其甲基醚的醇醚型溶剂和不易燃的含氟型溶剂，并具体公开了醇醚型溶剂的选择方案如实施例3公开的组合物含二甘醇二乙醚（参见说明书第2栏第32行至第4栏第43行和实施例）。因此本领域的技术人员可以从对比文件3中得到启示，将上述特征应用于对比文件1的清洁剂组合物中，而且从控制清洗剂的可燃性、提高对污垢的清洗性能、降低清洗剂的毒性的角度出发，本领域的技术人员可以在对比文件1和3的结合上不需付出创造性劳动就能得到权利要求6～11所要求保护的技术方案，因此，权利要求6～11不具备专利法第22条第3款规定的创造性。（5）权利要求12～16是对清洗剂或漂洗剂进一步包含氧化剂和紫外吸收剂的限定，这些限定的技术特征与对比文件1构成了区别特征。但对比文件1公开了组合物必要时可以加入添加剂，例如各种稳定剂（参见说明书第6栏第1～12行，实施例）。因此，本领域的技术人员可以从对比文件1中得到启示，况且为了防止清洗剂的氧化而向其加入抗氧化剂，为了进一步提高氧化稳定性而向其加入紫外吸收剂，这对本领域的技术人员来说不需创造性劳动就能从对比文件1的启示中得出权利要求12～16的技术方案，是显而易见的，而且其中附加的技术特征并没有带来意想不到的技术效果。因此，权利要求12～16不具备专利法第22条第3款规定的创造性规定的创造性。（6）当权利要求1和3不具备创造性时，权利要求17～52和权利要求1、3之间构成相互关联的技术特征（a1）和（b1）与（b2）的组合物不再是对现有技术作出贡献的技术特征，即不再是特定技术特征，因此权利要求17～52和权利要求1、3不再具有相同或者相应的特定技术特征，不属于一个总的发明构思，不符合专利法第31条第1款有关单一性的规定。

申请人旭化成株式会社（下称请求人）对上述驳回决定不服，于2005年11月28日向专利复审委员会提出复审请求，提交了以下附件：

附件1：表1和题为"焊剂清洗性能"的图1，复印件共1页。

请求人在提出复审请求的同时提交了经修改的权利要求全文替换页（共3页19项），在修改的权利要求书中，删除了驳回决定针对的权利要求 17~52，增加了权利要求 12~14，驳回决定针对的权利要求 12~16 相应变为权利要求 15~19，具体内容如下：

"1. 无闪点的清洗剂，其包含 (a1) 20℃时的蒸气压不低于 1.33×10^3Pa 的无氯含氟化合物，和 (b1) 与 (b2) 的组合物，(b1) 至少为一种 20℃时蒸气压低于 1.33×10^3Pa 的化合物，其选自乙二醇醚单烷基醚，和 (b2) 至少为一种 20℃时蒸气压低于 1.33×10^3Pa 的化合物，其选自乙二醇醚二烷基醚、乙二醇醚乙酸酯和羟基羧酸酯，其中组分 (a1) /组分 (b1) 和组分 (b2) 组合物的质量比为 90/10~20/80。

2. 根据权利要求 1 的清洗剂，其还包括 0.2~27 质量%的 (a2) 至少一种 20℃时的蒸气压不低于 1.33×10^3Pa 的选自醇、酮、酯和烃的化合物。

3. 无闪点的漂洗剂，其包含：80.0~99.9 质量%的 (a1) 20℃时的蒸气压不低于 1.33×10^3Pa 的无氯含氟化合物，和 0.1~20.0 质量%的 (b1) 与 (b2) 的组合物，(b1) 至少为一种 20℃时蒸气压低于 1.33×10^3Pa 的化合物，其选自乙二醇醚单烷基醚，和 (b2) 至少为一种 20℃时蒸气压低于 1.33×10^3Pa 的化合物，其选自乙二醇醚二烷基醚、乙二醇醚乙酸酯和羟基羧酸酯

4. 根据权利要求 3 的无闪点漂洗剂，其还包含 0.1~20.0 质量%的 (a2) 至少一种 20℃时的蒸气压不低于 1.33×10^3Pa 的选自醇、酮、酯和烃的化合物。

5. 根据权利要求 1~4 任一项的无闪点的清洗剂或无闪点的漂洗剂，其中组分 (a1) 包含选自甲基全氟丁基醚，甲基全氟异丁基醚的化合物及其混合物的组分。

6. 根据权利要求 1~4 任一项的无闪点的清洗剂或无闪点的漂洗剂，其中所述组合物包括至少一种选自亲水性乙二醇醚单烷基醚的化合物作为组分 (b1)，和至少一种选自憎水性乙二醇醚二烷基醚的化合物作为组分 (b2)。

7. 根据权利要求 1~4 任一项的无闪点的清洗剂或无闪点的漂洗剂，其中所述组合物包括至少一种选自憎水性乙二醇醚单烷基醚的化合物作为组分 (b1)，和至少一种选自亲水性乙二醇醚二烷基醚的化合物作为组分 (b2)。

8. 根据权利要求 1~4 任一项的无闪点的清洗剂或无闪点的漂洗剂，其中组分 (b1) 和组分 (b2) 均为亲水性。

9. 根据权利要求 1~4 任一项的无闪点的清洗剂或无闪点的漂洗剂，其中组分 (b1) 和组分 (b2) 均为憎水性。

10. 根据权利要求 1~4 任一项的无闪点的清洗剂或无闪点的漂洗剂，其中组分 (b1) 含有至少一种选自 3-甲氧基丁醇，3-甲基-3-甲氧基丁醇，一缩二丙二醇单正丙基醚和一缩二丙二醇单正丁基醚的化合物。

11. 根据权利要求 1~4 任一项的无闪点的清洗剂或无闪点的漂洗剂，其中组分 (b2) 含有至少一种选自二甘醇二乙醚，二甘醇二正丁基醚和一缩二丙二醇二甲醚的化合物。

12. 根据权利要求 1 的无闪点的清洗剂，其中组分 (b1) 与组分 (b2) 的质量比为 80/20~20/80。

13. 根据权利要求 1 的无闪点的清洗剂，其中组分 (b1) 与组分 (b2) 的质量比为 70/30~30/70。

14. 一种由根据权利要求 1~4 任一项的无闪点的清洗剂组成的清洗剂，其可适用于电子或电学部件或精密机械部件。

15. 根据权利要求 1~4 中任一项的无闪点的清洗剂或无闪点的漂洗剂，其还包含 (c) 抗氧化剂。

16. 根据权利要求15的无闪点的清洗剂或无闪点的漂洗剂，其中组分（c）含有至少一种选自酚抗氧化剂，胺抗氧化剂，磷抗氧化剂和硫抗氧化剂的化合物。

17. 根据权利要求15的无闪点的清洗剂或无闪点的漂洗剂，其中组分（c）为至少一种选自酚抗氧化剂和胺抗氧化剂的化合物与至少一种选自磷抗氧化剂和硫抗氧化剂的化合物的组合物。

18. 根据权利要求15的无闪点的清洗剂或无闪点的漂洗剂，组分（c）的熔点不高于120℃。

19. 根据权利要求15的无闪点的清洗剂或无闪点的漂洗剂，其中还包含（d）紫外吸收剂。"

请求人认为：本发明清洗剂组合物中组分（b1）和（b2）分别对"聚合物松香"和"松香金属盐"以及"松香"具有很好的清洗效果，两者具有协同作用，能够很好地清洗单独使用（b1）或（b2）不能完全清洗的多种污物，并且提交的图1和表1详细地说明了组分（b1）和组分（b2）的比例为70/30～30/70时能实现最有效的清洗效果。因此修改后的权利要求具备创造性。

形式审查合格后，专利复审委员会受理了该复审请求，并于2006年3月15日向请求人发出《复审请求受理通知书》，随后将本申请案卷移交原审查部门进行前置审查。

原审查部门对本复审请求进行了前置审查，认为：（1）新增加的权利要求14不是为了消除驳回决定指出的缺陷，因此不符合专利法实施细则第60条第1款的规定；（2）对比文件1的实施例2中公开了对应的（a1）/（b1）+（b2）的重量比为50/（25+25）= 1∶1，在权利要求1的90/10～20/80范围内，（b1）/（b2）的重量比25/25 = 1∶1也在权利要求12和13所述的80/20～20/80和70/30～30/70范围内，而权利要求14的技术特征也在对比文件1的说明书第1栏第0001段中公开了，上述修改的内容同样在对比文件3的实施例3和说明书第0001段中公开了；（3）本领域技术人员可以预见对比文件1和3中公开的清洗剂组合物也能显示出（b1）和（b2）的协同作用和清洗效果，因此坚持原驳回决定。

专利复审委员会组成合议组，对本案的复审请求进行了审理。于2008年4月1日向请求人发出《复审通知书》。《复审通知书》指出：

（1）驳回决定指出的驳回理由是请求人于2004年10月10日提交的权利要求书中的权利要求1～16不符合专利法第22条第3款的规定以及权利要求17～52与权利要求1、3之间不符合专利法第31条第1款的规定，请求人在提出复审请求时提交的权利要求书中删除了上述权利要求17～52，但同时增加了驳回决定所针对的权利要求书中不存在的从属权利要求12～14，上述增加并不是为了消除驳回决定指出的缺陷，因此不符合专利法实施细则第60条第1款的规定；（2）权利要求2中（a2）的含量"0.2～27质量％"与原申请文件中记载的含量不同，也不能通过原申请文件记载的内容直接地、毫无疑义地确定，因此其修改不符合专利法第33条的规定；（3）权利要求1请求保护无闪点的清洗剂，对比文件1公开了一种用于清洗残留加工油、树脂粉或者金属粉等的不易燃的工业清洗剂组合物，该组合物包含（A）至少一种具有结构式为（1）的二甘醇烷基醚的溶剂和/或具有结构式为（2）的二丙二醇烷基醚的溶剂；（B）一种不易燃的含氟溶剂例如HFC（即氢氟碳）和HFE（即氢氟醚）；其中（B）与（A）的重量比为（B）/（A）=（85～15）/（15～85），并具体公开了二甘醇单正丙基醚和二丙二醇单甲基醚的结合使用以及二丙二醇单甲基醚和二丙二醇单异丙基醚等单独使用的实施例（参见权利要求1，说明书第2栏第32行至42行，表2）。权利要求1与对比文件1公开的内容相比较，区别特征为：a. 权利要求1中还包含选自乙二醇醚二烷基醚、乙二醇醚乙酸酯和羟基羧酸酯的（b2）；b. 权利要求1中清洗剂组分的比例为（a1）/（b1）+（b2）的比例，而对比文件1中的比例为相对于（a1）/（b1）的比例。对于区别特征a，对比文件3公开了一种用于清洗残留加工油、树脂粉或者金属粉等的不易燃的工业清洗剂组合物，该组合物包含醇醚型溶剂和不易燃的含氟型溶剂，并具体公开了二甘醇二乙醚与二丙二醇乙基甲基醚的结合使用以及二丙二醇二乙醚等单独使用的实施例（参见权利要求1，说明书第2栏第32行至第4栏第43行，表2），其中二甘醇二乙醚、二丙二醇乙基甲基醚和二丙二醇二乙醚等均为权利要求1中（b2）的乙二醇醚二烷基醚的具体物质种类，因此对比文件3给出了乙二醇醚二烷基醚也可用于清洗残留加工油、树脂粉或者金属粉等工业污垢的启示；对于区别特征b，由于（b1）和（b2）均属于乙二醇醚类物质，在对比文件1中公开了（B）与（A）的比例范围为（85~15）/（15~85）的情况下，其实际上给出了含氟溶剂与乙二醇醚类物质的可参考比例范围，因此，本领域技术人员在结合对比文件1和3的技术方案而选用具体的乙二醇醚类物质（b1）和（b2）时，很容易可以确定（b1）和（b2）两者的用量与含氟溶剂（a1）的用量比例范围，从而得到权利要求1要求保护的技术方案。因此权利要求1相对于对比文件1和对比文件3的结合不具备创造性，不符合专利法第22条第3款的规定；基于上述评述权利要求1的相同的理由，权利要求3相对于对比文件1和3的结合也不具备创造性，不符合专利法第22条第3款的规定；权利要求2和4分别为权利要求1和3的从属权利要求，其与对比文件1的进一步的区别特征在于其包含特定质量比的（a2）组分，对比文件2公开了一种清洗组合物，其具体公开了脂族氢氟烃可以作为清洗组合物使用，为提高溶解焊药的能力，可以向脂族氢氟烃中加入0.5%~30%（重量）的选自烃、醇、酯和酮的一种有机溶剂（参见说明书第2页第49~55行，权利要求4），本领域技术人员为了获得更好效果的清洗剂可以从对比文件2中得到启示，将上述特征应用于对比文件1和3中，从而得到权利要求2和4所要求保护的技术方案对本领域的技术人员来说是显而易见的。因此权利要求2和4相对于对比文件1、2和3的结合不具备创造性，不符合专利法第22条第3款的规定；从属权利要求5~19的附加技术特征或者已在对比文件1或3中公开，或者是本领域的公知常识或常规选择，因此在其引用的权利要求1和3不具备创造性的前提下，权利要求5~19相对于对比文件1和3的结合也不具备创造性，不符合专利法第22条第3款的规定；（4）对比文件1和3分别公开了组分（b1）和（b2）中的具体物质具有清洗工业污垢的能力，可用于工业清洗剂或漂洗剂中，而（b1）和（b2）属于不同类型的溶剂，具有清洗不同污垢的能力，并且现有技术中并无这两种溶剂不能结合使用的证据，本领域技术人员为了获得具有更好清洗能力的工业清洗剂或漂洗剂，会有动机根据对比文件1和3的教导而选择本领域已知的不同类型溶剂进行组合，这是显而易见的，并且可以预期组合得到的清洗剂或漂洗剂的清洗效果应该会比选用单一类型溶剂时的效果更好，而请求人提交的附件1中的图1和表1的内容只是对可预期的（b1）和（b2）两者间的协同作用的证实，因此请求人的意见陈述不具有说服力。

针对《复审通知书》指出的问题，请求人于2008年7月11日提交了意见陈述书及经修改的说明书（共76页）和权利要求书全文替换页，并于2008年11月17日再次提交了权利要求书全文替换页（共4页16项）。其中说明书和权利要求书中的"乙二醇醚"修改为"二醇醚"，2008年11月17日提交的经修改的权利要求书共16项权利要求，其为：

"1. 无闪点的清洗剂，其包含（a1）20℃时的蒸气压不低于1.33×10^3Pa的无氯含氟化合物，和（b1）与（b2）的组合物，（b1）至少为一种20℃时蒸气压低于1.33×10^3Pa的化合物，其选自由下式（1）表示的二醇醚单烷基醚：

$$R^1-O-C(CH_2)_nCH-OH \qquad (1)$$
$$\begin{array}{c} R^2 \quad R^3 \\ | \quad | \\ R^1-O-C(CH_2)_nCH-OH \\ | \\ R^4 \end{array}$$

其中R^1是含有1~6个碳原子的烷基、烯基或环烷基，R^2、R^3和R^4各自是氢或甲基，和n是0或1的整数，和（b2）至少为一种20℃时蒸气压低于$1.33×10^3$Pa的化合物，其选自二醇醚二烷基醚、由下式（3）表示的二醇醚乙酸酯和由下式（4）表示的羟基羧酸酯：

$$R^{10}O-(\underset{\underset{R^{13}}{|}}{\overset{\overset{R^{11}}{|}}{C}}(CH_2)_n\overset{\overset{R^{12}}{|}}{C}HO)_m-\overset{\overset{O}{\|}}{C}-CH_3 \quad (3)$$

其中R^{10}是含有1~6个碳原子的烷基、烯基或环烷基，R^{11}、R^{12}和R^{13}各自是氢或甲基，n是0或1的整数，和m是1~4的整数；

$$H_3C-\overset{\overset{OH}{|}}{C}H-\overset{\overset{O}{\|}}{C}-OR^{14} \quad (4)$$

其中R^{14}是含有1~6个碳原子的烷基、烯基或环烷基，

其中组分（a1）/组分（b1）和组分（b2）组合物的质量比为90/10~20/80。

2. 根据权利要求1的清洗剂，其还包括（a2）至少一种20℃时的蒸气压不低于$1.33×10^3$Pa的选自醇、酮、酯和烃的化合物，和

其中组分（a1）和（a2）的质量比为99/1~70/30。

3. 无闪点的漂洗剂，其包含：80.0~99.9质量%的（a1）20℃时的蒸气压不低于$1.33×10^3$Pa的无氯含氟化合物，和0.1~20.0质量%的（b1）与（b2）的组合物，（b1）至少为一种20℃时蒸气压低于$1.33×10^3$Pa的化合物，其选自由下式（1）表示的二醇醚单烷基醚：

$$R^1-O-\underset{\underset{R^4}{|}}{\overset{\overset{R^2}{|}}{C}}(CH_2)_n\overset{\overset{R^3}{|}}{C}H-OH \quad (1)$$

其中R^1是含有1~6个碳原子的烷基、烯基或环烷基，R^2、R^3和R^4各自是氢或甲基，和n是0或1的整数，

和（b2）至少为一种20℃时蒸气压低于$1.33×10^3$Pa的化合物，其选自二醇醚二烷基醚、由下式（3）表示的二醇醚乙酸酯和由下式（4）表示的羟基羧酸酯：

$$R^{10}O-(\underset{\underset{R^{13}}{|}}{\overset{\overset{R^{11}}{|}}{C}}(CH_2)_n\overset{\overset{R^{12}}{|}}{C}HO)_m-\overset{\overset{O}{\|}}{C}-CH_3 \quad (3)$$

其中R^{10}是含有1~6个碳原子的烷基、烯基或环烷基，R^{11}、R^{12}和R^{13}各自是氢或甲基，n是0或1的整数，和m是1~4的整数；

$$H_3C-\overset{\overset{OH}{|}}{C}H-\overset{\overset{O}{\|}}{C}-OR^{14} \quad (4)$$

其中R^{14}是含有1~6个碳原子的烷基、烯基或环烷基。

4. 根据权利要求3的无闪点漂洗剂，其还包含0.1~20.0质量%的（a2）至少一种20℃时的蒸气压不低于$1.33×10^3$Pa的选自醇、酮、酯和烃的化合物。

5. 根据权利要求1~4任一项的无闪点的清洗剂或无闪点的漂洗剂，其中组分（a1）包含选自甲基全氟丁基醚，甲基全氟异丁基醚的化合物及其混合物。

6. 根据权利要求1~4任一项的无闪点的清洗剂或无闪点的漂洗剂，其中所述组合物包括至少一种选自亲水性二醇醚单烷基醚的化合物作为组分（b1），和至少一种选自憎水性二醇醚二烷基醚的化合物作为组分（b2）。

7. 根据权利要求1~4任一项的无闪点的清洗剂或无闪点的漂洗剂，其中所述组合物包括至少一种选自憎水性二醇醚单烷基醚的化合物作为组分（b1），和至少一种选自亲水性二醇醚二烷基醚的化合物作为组分（b2）。

8. 根据权利要求1~4任一项的无闪点的清洗剂或无闪点的漂洗剂，其中组分（b1）和组分（b2）均为亲水性。

9. 根据权利要求1~4任一项的无闪点的清洗剂或无闪点的漂洗剂，其中组分（b1）和组分（b2）均为憎水性。

10. 根据权利要求1~4任一项的无闪点的清洗剂或无闪点的漂洗剂，其中组分（b1）含有至少一种选自3-甲氧基丁醇，3-甲基-3-甲氧基丁醇，一缩二丙二醇单正丙基醚和一缩二丙二醇单正丁基醚的化合物。

11. 根据权利要求1~4任一项的无闪点的清洗剂或无闪点的漂洗剂，其中组分（b2）含有至少一种选自二甘醇二乙醚，二甘醇二正丁基醚和一缩二丙二醇二甲醚的化合物。

12. 根据权利要求1~4中任一项的无闪点的清洗剂或无闪点的漂洗剂，其还包含（c）抗氧化剂。

13. 根据权利要求12的无闪点的清洗剂或无闪点的漂洗剂，其中组分（c）含有至少一种选自酚抗氧化剂，胺抗氧化剂，磷抗氧化剂和硫抗氧化剂的化合物。

14. 根据权利要求12的无闪点的清洗剂或无闪点的漂洗剂，其中组分（c）为至少一种选自酚抗氧化剂和胺抗氧化剂的化合物与至少一种选自磷抗氧化剂和硫抗氧化剂的化合物的组合物。

15. 根据权利要求12的无闪点的清洗剂或无闪点的漂洗剂，组分（c）的熔点不高于120℃。

16. 根据权利要求12的无闪点的清洗剂或无闪点的漂洗剂，其中还包含（d）紫外吸收剂。"

请求人认为：（1）将本申请原权利要求书和说明书中记载的式（1）、（3）和（4）并入权利要求1和3中，以具体限定化合物（b1）和（b2）的"二醇醚单烷基醚"、"二醇醚乙酸酯"和"羟基羧酸酯"；将权利要求2中限定的（a2）的含量"0.2~27质量%"删除，加入技术特征"其中组分（a1）和组分（a2）的质量比为99/1~70/30"（参见原始提交的说明书第26页第23行）；将权利要求书和说明书中的"乙二醇醚"澄清为"二醇醚"；删除权利要求5多余的用词"的组分"；删除权利要求12~14，上述修改符合专利法第33条和专利法实施细则第60条第1款的规定；（2）修改后的权利要求1不包括对比文件1中的二醇醚单烷基醚，也不包括对比文件2中公开的酯，对比文件1和3均未公开权利要求1中的（b1）以及（b1）和（b2）的组合物，对比文件2未公开权利要求的（b2）以及（b1）和（b2）的组合物，因此权利要求1的技术方案相对于对比文件1、2或3及其结合具备突出的实质性特点，而且权利要求1的无闪点清洗剂显示出对油和焊剂优良的溶解性能，同时减少点燃可能性，具备显著的进步，因此权利要求1相对于对比文件1、2和3及其结合具备创造性，符合专利法第22条第3款的规定；同样的理由，独立权利要求3相对于对比文件1、2和3及其结合也具备创造性，符合专利法第22条第3款的规定；直接或间接从属于权利要求1和3的权利要求2、

4~16相对于对比文件1、2和3及其结合也具备创造性，符合专利法第22条第3款的规定。

至此，合议组认为本案事实清楚，可以作出审查决定。

二、决定的理由

1. 审查依据的文本

针对《复审通知书》中指出的权利要求12~14的增加不符合专利法实施细则第60条第1款的问题，请求人于2008年7月11日提交了经修改的说明书和权利要求书全文替换页，并于2008年11月17日再次提交了经修改的权利要求书全文替换页，其中删除了权利要求12~14，上述修改是为了消除《复审通知书》中指出的缺陷而作出的，符合专利法第33条和专利法实施细则第60条第1款的规定；

请求人在2008年11月17日提交的权利要求书和2008年7月11日提交的说明书中，将"乙二醇醚"修改为"二醇醚"，而根据原始申请文件的说明书第5~6页的化学式（1）、（2）和（3）以及第21页第2段、第21页最后一行至第22页第1段和第23页第2~5段记载的内容，可以直接地、毫无疑义地确定原始申请文件的说明书和权利要求书中的"乙二醇醚单烷基醚"、"乙二醇醚二烷基醚"和"乙二醇醚乙酸酯"分别应该是"二醇醚单烷基醚"、"二醇醚二烷基醚"和"二醇醚乙酸酯"，所述修改符合专利法第33条的规定；

针对《复审通知书》中指出的权利要求2的修改不符合专利法第33条第规定的问题，请求人在2008年11月17日提交的权利要求书中，将权利要求2中限定的（a2）的含量"0.2~27质量％的"删除，加入技术特征"其中组分（a1）和组分（a2）的质量比为99/1~70/30"，原始申请文件的说明书第26页第4段记载了"当组分（a1）与组分（a2）结合使用时，质量比例更优选在99/1~70/30范围内"，结合说明书第3页第2段至第6页倒数第2段以及第26页第3段的内容，可以直接地、毫无疑义地得到权利要求2的技术方案，因此所述修改符合专利法第33条和专利法实施细则第60条第1款的规定；而权利要求1和3的技术方案也可以根据说明书第5、6和26页记载的内容直接地、毫无疑义地确定。因此请求人于2008年11月17日提交的权利要求第1~16项、于2008年7月11日提交的说明书第1~76页符合专利法第33条和专利法实施细则第60条第1款的规定。

本复审决定针对的文本为请求人于2008年11月17日提交的权利要求1~16，于2008年7月11日提交的说明书第1~76页，于2002年11月29日本申请进入中国国家阶段时提交的说明书附图第1~7页、说明书摘要和摘要附图。

2. 关于专利法第22条第3款

专利法第22条第3款规定：创造性，是指同申请日以前已有的技术相比，该发明有突出的实质性特点和显著的进步，该实用新型有实质性特点和进步。

如果请求保护的技术方案相对于最接近的现有技术存在区别技术特征，而且现有技术中没有给出将上述区别技术特征应用到该最接近的现有技术中以解决其存在的技术问题的启示，同时该技术方案能够产生有益的效果，则该技术方案具有突出的实质性特点和显著的进步。

本申请权利要求1要求保护一种无闪点的清洗剂。其中涉及一种技术方案，即（b2）选自二醇醚二烷基醚的技术方案，由于《驳回决定》并未评价权利要求1中除了上述技术方案外的其他技术方案的创造性，故本决定对于《驳回决定》中未评价的技术方案不予评述。

就权利要求1中涉及（b2）选自二醇醚二烷基醚的技术方案而言，对比文件1公开了一种用于清洗残留加工油、树脂粉或者金属粉等的不易燃的工业清洗剂组合物，该组合物包含（A）至少一种具有结构式为$R_1O(CH_2CH_2O)_2H$（结构式（1））的二甘醇单烷基醚的溶剂和/或具有结构式为$R_2O(CH_2CH_3CHO)_2H$（结构式（2））的二丙二醇单烷基醚的溶剂；（B）一种不易燃的含氟溶剂例如HFC（即氢氟碳）和HFE（即氢氟醚）；其中（B）与（A）的重量比为（B）/（A）=（85~15）/（15~

85），并具体公开了二甘醇单正丙基醚和二丙二醇单甲基醚的结合使用以及二丙二醇单甲基醚和二丙二醇单异丙基醚等单独使用的实施例（参见权利要求1，说明书第2栏第32行至42行，表2）；

对比文件2公开了一种清洗组合物，其具体公开了脂族氢氟烃可以作为清洗组合物使用，为提高溶解焊药的能力，可以向脂族氢氟烃中加入0.5%~30%（重量）的选自烃、醇、酯和酮的一种有机溶剂（参见说明书第2页第49~55行，权利要求书）；

对比文件3公开了一种用于清洗残留加工油、树脂粉或者金属粉等的不易燃的工业清洗剂组合物，该组合物包含（A）结构式为$R_1O(CH_2CHOR_2)2R_2$（结构式（1））的醇醚型溶剂溶剂；（B）一种不易燃的含氟溶剂；其中（B）与（A）的重量比为（B）/（A）=（70~30）/（30~70），并具体公开了二甘醇二乙醚与二丙二醇乙基甲基醚的结合使用以及二丙二醇二乙醚等单独使用的实施例（参见权利要求1，说明书第2栏第32行至第4栏第43行，表2）。

将权利要求1中（b2）选自二醇醚二烷基醚的技术方案与对比文件1中公开的技术方案相比，两者均包括含氟溶剂和两种二醇醚烷基醚，且含氟溶剂与二醇醚烷基醚的比例交叉，区别在于：权利要求1的两种二醇醚烷基醚为一种单烷基醚和一种二烷基醚，而对比文件1的二醇醚烷基醚为两种二醇醚单烷基醚，且权利要求1的单烷基醚结构与对比文件1的单烷基醚不同。

根据本申请说明书的记载，本发明的目的在于提供具有低毒性、低易燃性和高清洗能力的清洗剂和漂洗剂，其组分中（a1）具有高干燥性能，（b1）和（b2）具有高污垢溶解能力，根据权利要求1与对比文件1的区别技术特征，权利要求1实际解决的技术问题是通过在含有二醇醚单烷基醚的工业清洗剂中采用与现有技术不同类型的二醇醚单烷基醚，并且添加不同类型的溶剂成分，如二醇醚二烷基醚而提高对污垢的清洗性能。由于上述区别技术特征均未在对比文件1、2和3中公开，现有技术中也没有在包括二醇醚单烷基醚和选自二醇醚二烷基醚所组成的清洗剂可以采用本申请式（1）表示的二醇醚单烷基醚，因此，根据对比文件1、2和3公开的内容以及本领域的公知常识，本领域技术人员不经过创造性劳动无法得到权利要求1的技术方案，权利要求1的技术方案相对于对比文件1、2和3以及公知常识的结合具备突出的实质性特点；而说明书中实施例23表明权利要求1中的（b1）选用由式（1）表示的二醇醚单烷基醚中的3-甲基-3-甲氧基丁醇时，清洗剂具有良好的油溶、松香溶解和焊剂溶解性能，并且其相比（b1）选用一缩二丙二醇单甲基醚时具有更好的松香溶解性能（表3），因此权利要求1的技术方案具备显著的进步。综上，权利要求1相对于对比文件1、2和3以及公知常识的结合具备创造性，符合专利法第22条第3款的规定。

独立权利要求3要求保护无闪点的漂洗剂。该漂洗剂的组分与权利要求1的清洗剂的组分相同，区别仅在于两者组分（a1）/组分（b1）和组分（b2）的质量比不同，根据上述对权利要求1的评述，权利要求3要求保护的技术方案相对于对比文件1、2和3以及公知常识的结合同样具备突出的实质性特点和显著的进步，符合专利法第22条第3款有关创造性的规定。

在独立权利要求1和3相对于对比文件1、2和3以及公知常识的结合具备创造性的基础上，直接或间接引用权利要求1、3的从属权利要求2、4和5~16相对于对比文件1、2和3以及公知常识的结合也具备创造性，符合专利法第22条第3款的规定。

根据以上事实和理由，本案合议组作出如下审查决定。

三、决定

撤销国家知识产权局于2005年8月12日对01810429.0号发明专利申请作出的驳回决定。由原审查部门在本复审决定所针对的文本的基础上继续进行审查。

复审请求人对本决定不服的，可以根据专利法第41条第2款的规定，自收到本决定之日起三个月内向北京市第一中级人民法院起诉。

结核杆菌基因的检测方法

复审请求审查决定（第 15241 号）

决 定 号	第 15241 号
决 定 日	2008 年 12 月 1 日
发明创造名称	结核杆菌基因的检测方法
国 际 分 类 号	C12Q 1/68
复 审 请 求 人	广西医科大学
申 请 号	200510019561.7
申 请 日	2005 年 10 月 1 日
公 开 日	2006 年 3 月 8 日
合 议 组 组 长	冯 涛
主 审 员	张晓飞
参 审 员	李梦楠
法 律 依 据	专利法第 25 条第 1 款第（3）项、第 26 条第 3 款

决 定 要 点

用于实施疾病诊断和治疗方法的仪器或装置，以及在疾病诊断和治疗方法中使用的物质或材料属于可被授予专利权的客体。

如果所属技术领域的技术人员按照说明书记载的内容，就能够实现该发明要求保护的技术方案，解决其技术问题，并且产生预期的技术效果，则所属技术领域的技术人员能够实现该发明。

一、案由

本复审请求案涉及申请日为 2005 年 10 月 1 日、公开日为 2006 年 3 月 8 日、名称为"结核杆菌基因的检测方法"的 200510019561.7 号发明专利申请（下称本申请），本申请的申请人为广西医科大学。

国家知识产权局于 2007 年 8 月 3 日以说明书不符合专利法第 26 条第 3 款的规定为由驳回了本申请。驳回决定所针对的权利要求书为：

"1. 一种结核杆菌基因的检测方法，使用一对特异引物 P1 和 P2 对结核杆菌特有的插入序列 IS6110 中的一段 245bp 区域进行 PCR 扩增，将 PCR 产物与膜芯片上的探针进行特异性杂交，再进行酶联反应，最后通过显色反应判断结果；其特征是检测膜芯片由一个阳性探针 P 和一个阴性探针 N 组成的两个质控探针，以及三个检测探针 T1、T2、T3 构建而成。

2. 如权利要求 1 所述的结核杆菌基因的检测方法，其特征是：

特异引物 P1 的序列为：5'-Biotin-cgt gag ggc atc gag gtg gc-3'；

特异引物 P2 的序列为：5'-gcg tag gcg tcg gtg aca aa-3'。

3. 如权利要求 1 或 2 所述的结核杆菌基因的检测方法，其特征是膜芯片是在基质尼龙膜上设置三个检测探针 T1、T2 和 T3 以及两个质控探针 P 和 N；

质控探针 P 的序列为：5'-Biotin-cgt gag ggc atc gag gtg gc-3'

检测探针 T1 的序列为：5'-ttt ttt ttg gct gtg gcc gga tca gcg atc gt-3'

检测探针 T2 的序列为：5'-ttt ttt ttt gga cga gat cgg cgg gac ggg ct-3'

检测探针 T3 的序列为：5'-ttt ttt tta ggt gct ggt ggt ccg aag cg-3'。"

驳回决定认为：说明书第 3 页发明内容部分涉及的"使用一对特异引物 P1 和 P2 对结核杆菌特有的插入序列 IS6110 中的一段 245bp 区域进行 PCR 扩增，"含义不确定，本领域技术人员无法知道这一段 245bp 的区域到底是哪一部分，说明书和权利要求书的其他部分也没有对此作进一步的解释说明，也没有公开具体的序列本身。由此，导致本领域技术人员无法实现该发明。尽管申请人在意见答复中称：在《生物工程学报》（1996 年第 12 卷第 4 期出版，pp. 466~470）已有明确记载。但是该文献中仅记载了"插入序列 IS6110 属于结核杆菌类特异性基因片断"，并没有公开本申请所述的"结核杆菌特有的插入序列 IS6110 中的一段 245bp 区域"具体为哪一段区域，由此可知，本领域普通技术人员是不能实现本发明的。综上所述，本申请不符合专利法第 26 条第 3 款的规定。

申请人广西医科大学（下称请求人）对上述驳回决定不服，于 2007 年 11 月 5 日向专利复审委员会提出复审请求，请求人在提出复审请求时没有提交新修改的专利申请文本。

请求人在意见陈述中给出了 IS6110 的全基因序列，且指出该结核杆菌特有的序列 IS6110 已在"Nucleic Acids Reasearch, Vol. 18, No. 1"上发表，题目为"IS6110, an Is-like element of Mycobacterium tuberculosis complex"，其全长 1361bp；从 Genebank 中也可以查询到标准结核杆菌菌株 H37Rv 的 IS6110 插入序列的部分基因序列，245bp 序列为上述序列中的一段，而本申请说明书中的特异引物 P1 为上述 245bp 序列的前一段部分，特异引物 P2 为上述 245bp 序列的后一段部分的互补序列，根据分子生物学的公知常识，引物 P1 和 P2 能够扩增本申请中的 245bp 序列，本领域技术人员完全可知该 245bp 区域是哪一部分，本申请的说明书公开充分。

形式审查合格后，专利复审委员会受理了该复审请求，并于 2007 年 12 月 26 日向请求人发出《复审请求受理通知书》，同时将本申请案卷移交原审查部门进行前置审查。

原审查部门对本复审请求进行了前置审查，认为请求人在意见陈述中虽然公开了 IS6110 序列的全长和具体的 245bp 区域的核苷酸序列，没有提供证据证明 245bp 区域的序列是现有技术，因此不能采信，坚持原驳回决定。

专利复审委员会组成合议组，对本复审请求案进行了审理，于 2008 年 7 月 7 日向请求人发出《复审通知书》。《复审通知书》指出，本申请权利要求 1~3 要求保护一种结核杆菌基因的检测方法，该方法通过检测结核杆菌特有的插入序列 IS6110 中的 245bp 区域而确定待检样品中是否含有结核杆菌，根据说明书记载的内容及现有技术，该 IS6110 插入序列为结核杆菌所特有，而权利要求 1~3 要求保护的方法中并未排除所检样品的来源为结核杆菌的感染宿主，说明书第 4~5 页中记载的痰样处理和组织处理的方案中的两种样品显然来自结核杆菌可感染的宿主，因此，根据现有技术中的公知常识和本专利申请公开的内容，本领域技术人员通过权利要求 1~3 要求保护的方法的检测结果，就能够直接获得该样品来源的个体是否受结核杆菌感染的诊断结果，权利要求 1~3 的方法属于疾病的诊断方法，根据专利法第 25 条第 1 款第（3）项的规定，不能授予专利权。

请求人于 2008 年 8 月 7 日提交了意见陈述书和经修改的权利要求书全文替换页（共 1 项 1 页）

以及以下附件：

附件1：IS6110, an IS-like element of *Mycobacterium tuberculosis* complex, D. Thierry et al. Nucleic Acids Research, 第18卷第1期, 1990年, 第188页, 复印件共1页。

修改后的权利要求书为：

"1. 用于检测结核杆菌基因的特异引物对P1和P2，其对结核杆菌特有的插入序列IS6110中的一段245bp区域进行PCR扩增，其中P1的5'端带有生物素；其特征是：

特异引物P1的序列为：5'-Biotin-cgt gag ggc atc gag gtg gc-3'；

特异引物P2的序列为：5'-gcg tag gcg tcg gtg aca aa-3'。"

请求人认为：IS6110为结核杆菌特有的序列，附件1中记载了其全长为1361bp，从Genebank中也可以查询到的标准结核杆菌菌株H37Rv的IS6110插入序列的部分基因序列，245bp序列为上述序列中的一段，而本申请说明书中的特异引物P1为上述245bp序列的前一段部分，特异引物P2为上述245bp序列的后一段部分的互补序列，因此引物P1和P2能够扩增本申请中的245bp的序列，本申请的说明书公开充分；修改后的权利要求只要求保护一对扩增引物，不属于疾病的诊断方法。

至此，合议组认为本案事实已经清楚，可以作出审查决定。

二、决定的理由

1. 审查针对的文本

请求人于2008年8月7日提交了经修改的权利要求书全文替换页（共1项），修改后的权利要求1可根据原权利要求2或原说明书第1页第25~29行记载的内容直接地、毫无疑义地确定，因此其修改符合专利法第33条的规定；同时为了克服复审通知书中指出的权利要求1~3不符合专利法第25条第1款第（3）项的缺陷，将方法类型的权利要求改为产品类型的权利要求，其修改也符合专利法实施细则第60条第1款的规定。

因此，本复审决定所针对的文本为请求人于2005年10月1日提交的说明书第1~5页、说明书附图第1页、说明书摘要，2008年8月7日提交的权利要求书（共1项）。

2. 关于专利法第25条第1款第（3）项

专利法第25条第1款之（3）项规定，对疾病的诊断和治疗方法不授予专利权。

根据该款规定，用于实施疾病诊断和治疗方法的仪器或装置，以及在疾病诊断和治疗方法中使用的物质或材料属于可被授予专利权的客体。

本案中，针对《复审通知书》中指出的本申请权利要求1~3属于疾病的诊断方法，不符合专利法第25条第1款第（3）项的缺陷，请求人对权利要求进行了修改，修改后的权利要求1要求保护用于检测结核杆菌基因的特异引物对P1和P2，并限定了P1和P2的具体序列特征，该引物对属于在疾病诊断方法中使用的物质或材料，根据审查指南第二部分第一章第4.3节的规定，其属于可授予专利权的客体，因此修改后的权利要求书中已经不存在《复审通知书》中指出的上述缺陷。

3. 关于专利法第26条第3款

专利法第26条第3款规定，说明书应当对发明或者实用新型作出清楚、完整的说明，以所属技术领域的技术人员能够实现为准。

如果所属技术领域的技术人员按照说明书记载的内容，就能够实现该发明要求保护的技术方案，解决其技术问题，并且产生预期的技术效果，则所属技术领域的技术人员能够实现该发明。

本案中，权利要求1要求保护用于检测结核杆菌基因的特异引物对P1和P2，其对结核杆菌特有的插入序列IS6110中的一段245bp区域进行PCR扩增，其中P1的5'端带有生物素；其特征是：特异引物P1的序列为：5'-Biotin-cgt gag ggc atc gag gtg gc-3'；特异引物P2的序列为：5'-gcg tag gcg tcg gtg aca aa-3'。

在本申请说明书中，第1页第25~29行给出了引物P1和P2的具体序列，并在具体实施方式的原理部分给出了该引物对所扩增的目标序列为结核杆菌的插入序列IS6110中的一段245bp的区域，而IS6110为本领域已知的结合杆菌的特有序列，且请求人提交的附件1中给出了该序列的具体结构组成（参见附件1的图1），对比P1、P2和IS6110的序列组成，其中P1与IS6110的第633~652位序列相同，P2与IS6110的第858~877位序列互补，根据分子生物学领域的公知常识，P1和P2构成的引物对能够扩增IS6110中第633~877位的长度为245bp的序列，即其能够扩增结核杆菌特有的序列，由于扩增得到的产物可根据本领域公知的方法检测，因此，P1和P2构成的引物对可以用于特异性地检测结核杆菌基因，从而检测结核杆菌，并且由于其采用PCR技术，引物P1带有生物素，本领域技术人员可以预见利用P1和P2检测结核杆菌时，其具有特异性强、扩增效率高、结果检测直观、灵敏等优点，且本申请说明书中第4页第4~5行也记载了利用P1和P2检测时产生的积极效果"试验结果显示，膜芯片杂交、显色反应的准确率、检出率均好于电泳观察法"。因此，本申请的说明书对于权利要求1中要求保护的技术方案作出了清楚完整的说明，所属技术领域的技术人员按照说明书记载的内容，就能够实现本发明要求保护的技术方案，解决其技术问题，并且产生预期的技术效果，本申请说明书符合专利法第26条第3款的规定。

根据以上事实和理由，本案合议组作出如下审查决定。

三、决定

撤销国家知识产权局于2007年8月3日对200510019561.7号发明专利申请作出的驳回决定，由原审查部门在本复审决定所针对文本的基础上继续进行审查。

复审请求人对本决定不服的，可以根据专利法第41条第2款的规定，自收到本决定之日起三个月内向北京市第一中级人民法院起诉。

多肽在制备用于促进医治或预防组织损伤的药物中的用途

复审请求审查决定（第 15246 号）

决 定 号	第 15246 号
决 定 日	2008 年 11 月 26 日
发明创造名称	多肽在制备用于促进医治或预防组织损伤的药物中的用途
国 际 分 类 号	A61K 38/00
复 审 请 求 人	雷根内克斯生物制药有限公司
申 请 号	02816688.4
申 请 日	2002 年 8 月 29 日
公 开 日	2004 年 11 月 17 日
合议组组长	尹 昕
主 审 员	潘 骏
参 审 员	葛永奇

法 律 依 据 专利法第 26 条第 3 款

决 定 要 点

对于化学产品的用途发明，在说明书中应当记载所使用的化学产品、使用方法及所取得的效果。如果本领域技术人员无法根据现有技术预测该用途，则应当记载对于本领域普通技术人员来说，足以证明该物质可以用于所述用途并能解决所要解决的技术问题或者达到所述效果的实验数据。

一、案由

本复审请求涉及 2002 年 8 月 29 日申请，2004 年 11 月 17 日公开，名称为"多肽在制备用于促进医治或预防组织损伤的药物中的用途"的 02816688.4 号发明专利申请，申请人是雷根内克斯生物制药有限公司。

国家知识产权局于 2005 年 10 月 28 日发出第一次审查意见通知书，认为：本申请说明书没有公开 Tβ4 及含有 LKKTET 氨基酸序列的多肽在预防或治疗冠状组织损伤方面的试验数据，因此不符合专利法第 26 条第 3 款的规定。

申请人于 2006 年 2 月 20 日提交了意见陈述书，认为本申请说明书实施例已经证实了 Tβ4 在促进冠状组织损伤修复以及治疗和预防有害心肌事件中的用途，申请人还同时提交了权利要求书修改替换页（第 1 页）和以下附件：

附件 1：Jaime Gómez-Márquez 等，"High levels of mouse thymosin β4 mRNA in differentiating P19 embryonic cells and during development of cardiovascular tissues"，Biochemica et Biophysica Acta，1996

年，第 1306 卷，第 187~193 页，复印件共 7 页；

附件 2：Raymond B. Runyan 等，"Invasion of Mesenchyme into Three-Dimensional Collagen Gels: A Regional and Temporal Analysis of Interaction in Embryonic Heart Tissue"，Developmental Biology，1983 年，第 95 卷，第 108~114 页，复印件共 7 页；

附件 3：lldiko Bock-Marquette 等，"Thymosin β4 activates integrin-linked kinase and promotes cardiac cell migration, survival and cardiac repair"，Nature，2004 年 11 月 25 日，第 432 卷，第 466~472 页，复印件共 7 页。

国家知识产权局于 2006 年 5 月 26 日以本申请不符合专利法第 26 条第 3 款的规定为由作出驳回决定。驳回决定所针对的权利要求书为：

"1. 一种多肽在制备用于促进冠状组织损伤的医治或预防的治疗药物中的用途，包括给予需要这种治疗的患者有效量的含有 LKKTET 氨基酸序列或其保守变异体的多肽，其中所述损伤来自有害的心肌事件。

2. 如权利要求 1 所述的用途，其特征在于，所述多肽包括 KLKKTET 或 LKKTETQ 的氨基酸序列、胸腺素 β4（Tβ4）、Tβ4 的 N-末端变异体、Tβ4 的 C-末端变异体、Tβ4 的同型物、氧化的 Tβ4 或 Tβ4 硫氧化物。

3. 如权利要求 1 所述的用途，其特征在于，将所述多肽系统地给药。

4. 如权利要求 1 所述的用途，其特征在于，将所述多肽直接给药于所述冠状组织。

5. 如权利要求 1 所述的用途，其特征在于，所述多肽是重组的或合成的。

6. 如权利要求 1 所述的用途，其特征在于，所述多肽是抗体。

7. 如权利要求 6 所述的用途，其特征在于，所述抗体为多克隆抗体或单克隆抗体。

8. 一种组合物在制备用于促进冠状组织损伤的医治或预防的治疗药物中的用途，包括给予需要这种治疗的患者有效量的一组合物，所述组合物含有一药剂，所述药剂刺激血管生成诱导、抗炎多肽产生，所述多肽含有 LKKTET 氨基酸序列，或含有具有血管生成诱导、抗炎活性的其保守变异体。

9. 如权利要求 8 所述的用途，其特征在于，所述多肽为胸腺素 β4。

10. 如权利要求 8 所述的用途，其特征在于，所述药剂为胸腺素 β4 的拮抗剂。

11. 一种用于促进冠状组织损伤的医治或预防的组合物，含有一有效量的组合物，所述组合物包括一血管生成诱导、抗炎多肽，所述多肽含有 LKKTET 氨基酸序列或具有血管生成诱导、抗炎活性的其保守变异体。

12. 如权利要求 11 所述的组合物，其特征在于，所述组合物含有 LKKTET 的 N-末端或 C-末端变异体。

13. 如权利要求 11 所述的组合物，其特征在于，所述组合物含有 KLKKTET 或 LKKTETQ。

15. 如权利要求 12 所述的组合物，其特征在于，所述多肽包括 Tβ4、Tβ4 的同型物、氧化的 Tβ4 或 Tβ4 硫氧化物。"

驳回决定指出：首先，对于 Tβ4 和 Tβ4 抗体对心内皮细胞向间质细胞转化的作用，说明书实施例和其他内容都仅仅只有简单的描述，没有公开任何有关治疗用途的试验数据，无法证明 Tβ4 以及含有 LKKTET 氨基酸序列的多肽有任何新用途，无法证明其在预防或治疗冠状组织损伤方面，特别是有害的心肌事件中的效果，其次，现有技术公开的内容不足以证明 Tβ4 在治疗或预防冠状组织损伤方面的效果，最后，申请日后公开的文献，对于本申请说明书是否充分公开没有说明意义。因此，本申请说明书不符合专利法第 26 条第 3 款的规定。

申请人雷根内克斯生物制药有限公司（下称请求人）对上述驳回决定不服，于 2006 年 8 月 30 日向专利复审委员会提出复审请求，请求人结合在前审过程中所提交的附件1~3陈述了意见，认为Tβ4是临床上现有的药物，现有技术中已经有大量文献详细记载了其功能、用途、用法、制备方法和用量。在本申请说明书中也描述了作为预防或治疗心肌损伤事件的Tβ4的使用方法和剂量（见本申请说明书第3页第2~4段，第5页第4~6段），通过这些描述本领域技术人员可以确定如何将Tβ4用于预防或治疗冠状组织心肌损伤的技术方案。此外，附件1表明，在胚胎发育过程中，在发育的血管和心脏内肉垫或间质细胞增殖的区域发现大量的Tβ4，提示这类肽在心脏血管系统形成中扮演了一个角色，附件2公开了将胶原蛋白凝胶分析测试应用于研究血管发生的具体方法和步骤，这些信息足以使得本领域技术人员在说明书描述的基础上重复其中的实验并证实实验结果，因此，本领域技术人员根据说明书的记载可以预期本发明的效果，附件3可以为本申请说明书实施例的方法和结果提供旁证，再次证实了本发明提出的Tβ4在心脏损害修复中的用途。综上所述，驳回的理由不成立。

形式审查合格后，专利复审委员会受理了该复审请求，并于2006年9月21日向请求人发出《复审请求受理通知书》，随后将本申请移交原审查部门进行前置审查。

原审查部门对本复审请求进行了前置审查，认为请求人的意见无法克服驳回决定中指出的缺陷，故坚持驳回决定。

专利复审委员会组成合议组，对本案的复审请求进行了审理，于2008年7月30日向请求人发出《复审通知书》。《复审通知书》指出：说明书没有给出任何对所属领域技术人员而言足以证明Tβ4及其类似物（包括KLKKTET或LKKTETQ的氨基酸序列的多肽、Tβ4、Tβ4的N-末端变异体、Tβ4的C-末端变异体、Tβ4的同型物、氧化的Tβ4或Tβ4硫氧化物）可以增强心内细胞向间质细胞转化，且抗Tβ4抗体阻断这种转化的实验数据。针对请求人在本案的审查过程中所提交的附件1~3以及意见陈述，《复审通知书》中指出：虽然说明书中记载了请求人所述的内容，但本申请的问题在于本领域技术人员根据说明书和现有技术均无法预测所要保护的方案是否可以实现所述新的用途和/或使用效果，本申请所要保护的技术方案必须依赖实验结果加以证实才能成立，而说明书中并未记载所需要的实验证据。附件1中记载的实验仅表明Tβ4在小鼠胚胎形成早期有表达，从而得到一种假设的可能性，即Tβ4可能在心血管系统形成过程中扮演了一个角色，但并不是说Tβ4是心血管形成的必要条件或在心血管形成过程中起决定性作用，更未提示或证实当给予Tβ4及其类似物（包括KLKKTET或LKKTETQ的氨基酸序列的多肽、Tβ4、Tβ4的N-末端变异体、Tβ4的C-末端变异体、Tβ4的同型物、氧化的Tβ4或Tβ4硫氧化物）作为治疗剂可促进冠状组织损伤的医治或预防，附件2涉及的是一种实验方法，本领域技术人员不能预见到采用所述方法进行实验后能得到什么样的实验结果，因此，无法仅凭该方法就得到Tβ4可促进冠状组织损伤的医治和预防的结论，不能证明本申请在申请日之前已充分公开，附件3是在本申请申请日之后发表的文献，无法作为本申请的现有技术使用，不能用于证明本申请在申请日之前已充分公开，因此，本申请说明书不符合专利法第26条第3款的规定。

针对《复审通知书》指出的问题，请求人于2008年9月16日提交了意见陈述书和以下附件：

附件4：Katherine M. Malinda 等，"Thymosin β4 Accelerates Wound Healing"，The J Invest Dermatol，1999年9月，第113卷，第364~368页，复印件共5页。

请求人认为：本发明的理论基础是含有LKKTET的氨基酸序列或其保守变异体的肌动蛋白螯合肽促进心肌损伤的治疗和预防，因此，根据结构决定功能的理论可知具有上述序列的Tβ4及其类似物在心肌损伤修复中发挥作用。附件4对大鼠全层皮肤缺损创面模型进行了研究，体内及体外数据证明了Tβ4是血管生成因子，其促进细胞迁移并增强创伤治愈，其中在损伤4天后局部或腹腔给予Tβ4，使再上皮化提高了42%，这一实验使请求人更加意识到Tβ4在心血管形成中的潜在作用。因此，本申请说明书对发明作出了清楚完整的说明，符合专利法第26条第3款的规定。

至此，合议组认为本案事实清楚，可以作出审查决定。

二、决定的理由

1. 关于审查的文本

请求人在复审阶段没有对申请文件进行修改，本复审决定在以下文本基础上作出：2004年2月25日进入中国国家阶段时提交的依据PCT条约第41条修改的说明书第1页、权利要求书第2页（权利要求13后半部分及权利要求15），2004年2月25日进入中国国家阶段时提交的原始国际申请中文译文的说明书第2~3、5~6页、说明书摘要，2005年5月17日依据专利法实施细则第51条第1款提交的说明书第4页和序列表第1页，2006年2月20日提交的权利要求书第1页（权利要求1~12及权利要求13前半部分）。

2. 关于专利法第26条第3款

专利法第26条第3款规定，说明书应当对发明或者实用新型作出清楚、完整的说明，以所属技术领域的技术人员能够实现为准。

根据该款规定，对于化学产品的用途发明，在说明书中应当记载所使用的化学产品、使用方法及所取得的效果。如果本领域技术人员无法根据现有技术预测该用途，则应当记载对于本领域普通技术人员来说，足以证明该物质可以用于所述用途并能解决所要解决的技术问题或者达到所述效果的实验数据。

本申请请求保护一种多肽在制备用于促进冠状组织损伤的医治或预防的治疗药物中的用途（权利要求1~7）、一种组合物在制备用于促进冠状组织损伤的医治或预防的治疗药物中的用途（权利要求8~10）、一种用于促进冠状组织损伤的医治或预防的组合物（权利要求11~13、15）。

上述权利要求所述用途和组合物中的多肽是"含有LKKTET氨基酸序列或其保守变异体的多肽"（参见权利要求1、8和11）。从本申请说明书的描述来看，本发明要解决的技术问题是用"含有LKKTET氨基酸序列或其保守变异体的诸如胸腺素β4（Tβ4）的肌动蛋白螯合（actin-sequestering）肽和其他肌动蛋白螯合肽或肽片段促进与心肌事件相关的损伤和其他改变的治疗或预防"（参见本申请说明书第2页第2~4行）。Tβ4最初作为在内皮细胞迁移和分化过程中上调的蛋白被鉴定（参见本申请说明书第2页第3段）。由此可见，本发明是基于现有技术中的已知多肽Tβ4及其类似物（或含有LKKTET氨基酸序列或其保守变异体的多肽）预防或治疗冠状组织损伤的新用途而作出的发明，但是，Tβ4及其类似物的新用途是本领域技术人员无法预测的，因此，在没有其他现有技术的证据用于证实所述用途的情况下，本申请的说明书需要给出足以证明Tβ4及其类似物具有所述用途并能解决预期技术问题或者达到所述效果的实验数据。但是，本申请说明书仅在唯一的实施例中记载了进行胶原蛋白凝胶分析测试的方法，并在没有任何实验数据的情况下给出了"生理浓度的Tβ4明显增强心内细胞向间质细胞转化。而且，抗Tβ4抗体已知并阻断这种转化"的结论（见本申请说明书第6页实施例），试图表明Tβ4能够增强心内细胞向间质细胞转化，从而可以用于冠状组织损伤的治疗和预防。除此之外，说明书没有给出任何表明Tβ4及其类似物可用于实现本发明目的的实验数据。在此情况下，说明书和实施例中有关发明效果的描述实际上仅仅是没有任何实验数据支持的断言。

针对请求人在提出复审请求以及答复《复审通知书》时引用的附件1~4以及意见陈述，合议组认为：如前所述，本申请是基于已知产品的新用途所作出的发明，但是说明书中并没有给出任何证明该产品具备所述用途的实验数据，请求人提交了附件1~4用于证明Tβ4蛋白及其类似物的功能，然而，正如《复审通知书》及请求人在答复《复审通知书》指出的，附件1并不是要证明Tβ4是心血管形成的必要条件或起决定作用，它仅仅提供了一种假设从而促使请求人对Tβ4进行深入研究，并需要经过创造性劳动证实其在内皮细胞向间质细胞转化中的作用。而附件2的实验方法及附件3的申请日后公开的文献也都无法用于证明本申请在申请日前已充分公开。虽然附件4对大鼠全层皮肤缺损创面模型进行了研究，结果表明Tβ4是血管生成因子，其促进细胞迁移并增强创伤愈合，但心肌组织不同于皮肤组织，Tβ4是血管生成因子并不能说明其可增强心内细胞向间质细胞的转化，本领域技术人员不能由其结果预见到Tβ4及其类似物（包括KLKKTET或LKKTETQ的氨基酸序列的多肽、Tβ4、Tβ4的N-末端变异体、Tβ4的C-末端变异体、Tβ4的同型物、氧化的Tβ4或Tβ4硫氧化物）可用于冠状组织损伤的医治或预防。此外，请求人还认为本发明的理论基础是含有LKKTET的氨基酸序列或其保守变异体的肌动蛋白螯合肽促进心肌损伤的治疗和预防，因此，根据结构决定功能的理论可知具有上述序列的Tβ4及其类似物在心肌损伤修复中发挥作用。然而，请求人未提供任何证据证明所述含有LKKTET氨基酸序列或其保守变异体的肌动蛋白螯合肽与心肌损伤的关系，本领域技术人员也无法从现有技术中获知或推断出含有所述序列的肌动蛋白螯合肽在心肌损伤中的作用。因此，即使本发明的Tβ4及其类似物含有所述的LKKTET氨基酸序列或其保守变异体，也无法说明其可以预防或治疗冠状组织损伤。综上所述，请求人陈述的理由和提交的证据也不能说明本申请说明书符合专利法第26条第3款的规定。

综上，对于多肽Tβ4及其类似物（或含有LKKTET氨基酸序列或其保守变异体的多肽）的新用途或组合物的技术方案，必须依赖实验结果加以证实才能成立，在说明书没有给出任何实验数据的情况下，本领域技术人员根据说明书和现有技术均无法预测本申请所要保护的方案可以实现所述用途和/或使用效果，因此，本申请说明书不符合专利法第26条第3款的规定。

根据以上事实和理由，本案合议组作出如下审查决定。

三、决定

维持国家知识产权局于2006年5月26日对02816688.4号发明专利申请作出的驳回决定。

复审请求人对本决定不服的，可以根据专利法第41条第2款的规定，自收到本决定之日起三个月内向北京市第一中级人民法院起诉。

蛇宏微量元素强化中药配方的外用功能性药剂

复审请求审查决定（第 15247 号）

决 定 号	第 15247 号
决 定 日	2008 年 11 月 27 日
发明创造名称	蛇宏微量元素强化中药配方的外用功能性药剂
国际分类号	A61K 36/00，A61K 35/58，A61P 17/00
复审请求人	成进学
申 请 号	02113105.8
申 请 日	2002 年 5 月 31 日
公 开 日	2002 年 12 月 18 日
合议组组长	王晓云
主 审 员	潘 骏
参 审 员	王 冬

法 律 依 据 专利法第 26 条第 3 款

决 定 要 点

所属技术领域的技术人员能够实现，是指所属技术领域的技术人员按照说明书记载的内容，就能够实现该发明或者实用新型的技术方案，解决其技术问题，并产生预期的技术效果。

一、案由

本复审请求涉及 2002 年 5 月 31 日申请，2002 年 12 月 18 日公开，名称为"蛇宏微量元素强化中药配方的外用功能性药剂"的 02113105.8 号发明专利申请（下称本申请），申请人是成进学。

针对申请人于 2002 年 5 月 31 日提交的原始申请文件的权利要求 1~10、说明书第 1~13 页和说明书摘要，国家知识产权局于 2008 年 1 月 4 日以本申请说明书不符合专利法第 26 条第 3 款的规定为由驳回了本申请。

驳回决定认为：根据说明书的内容，本申请的发明目的是为了提供一种"蛇宏微量元素强化中药配方的外用功能性药剂"，其中涉及多个技术方案，但该药剂实际上包含两种组分：一是中药方剂，二是蛇的各部组织物，其中"蛇的各部组织物"是以包含在乳化基质中的形式存在的，然而，说明书并没有描述这种含蛇的各部组织物的乳化基质是如何制备的，而这恰恰是制备本申请药剂关键的必要技术特征、必不可少的技术内容，也即是说，本申请的技术手段是含糊不清的。由上可见，由于本申请说明书没有对本申请的技术方案作出清楚、完整的说明，使得本领域技术人员根据说明书公开的内容无法制备出本申请的药剂，因此，本申请不符合专利法第 26 条第 3 款的规定。

驳回决定所针对的权利要求书为：

"1. 一种蛇宏微量元素强化中药配方的外用功能性药剂，包括治疗皮肤病的中药外用方剂，其特征是：另加有蛇的各部组织物，并强化有人体中需要的三种或三种以上的宏微量元素成分。

2. 根据权利要求1所述的蛇宏微量元素强化中药配方的外用功能性药剂，其特征是：蛇的各部组织物包括蛇肉、蛇胆、蛇油、蛇蜕、蛇皮、蛇毒、蛇鞭、蛇内脏、蛇蛋、蛇舌头、蛇头、蛇尾、蛇血、蛇骨及其提取物中的至少一种。

3. 根据权利要求1或2所述的蛇宏微量元素强化中药配方的外用功能性药剂，其特征是：宏微量元素为下列元素：

Ca（钙）；P（磷）；Mg（镁）；Fe（铁）；Al（铝）；Zn（锌）；Sr（锶）；Ti（钛）；Mn（锰）；V（钒）；Cu（铜）；Ba（钡）；Cr（铬）；In（铟）；Rb（铷）；Cd（镉）；Mo（钼）；Ni（镍）；Cl（氯）；Co（钴）；K（钾）；Na（钠）；S（硫）；Si（硅）；B（硼）；Bi（铋）；Ge（锗）；Li（锂）；Sb（锑）；Ce（铈）；Ga（镓）等。

4. 根据权利要求3所述的蛇宏微量元素强化中药配方的外用功能性药剂，其特征是：在加有蛇的各部组织物为主的功能性药剂中宏微量元素的含量范围：

Ca（钙）0.001～150000μg/g；

P（磷）0.001～80000μg/g；

Mg（镁）0.00145～30000μg/g；

Fe（铁）0.0001036～1200.00μg/g；

Al（铝）0.001～1100.00μg/g；

Zn（锌）0.0003345～150.00μg/g；

Sr（锶）0.001～110.00μg/g；

Ti（钛）0.0000001～20.00μg/g；

Mn（锰）0.000001～15.00μg/g；

V（钒）0.000000001～2.00μg/g；

Cu（铜）0.0000137～57.00μg/g；

Ba（钡）0.000001～110.00μg/g；

Cr（铬）0.0000001～5.00μg/g；

In（铟）0.001～2.00μg/g；

Rb（铷）0.01～5.000μg/g；

Cd（镉）0.001～0.40μg/g；

Mo（钼）0.0001～3.50μg/g；

Co（钴）0.001～0.70μg/g；

Ni（镍）0.0000001～0.90μg/g；

Cl（氯）0.01～2.00μg/g；

K（钾）0.0001～1.70μg/g；

Na（钠）0.00001～0.30μg/g；

S（硫）0.001～32.00μg/g；

Si（硅）0.01～27.00μg/g；

As（砷）0.1～4.30μg/g；

Se（硒）0.01～2.50μg/g；

Pb（铅）0.05~2.00μg/g；

Li（锂）0.05~5.00μg/g；

5. 根据权利要求1或2所述的蛇宏微量元素强化中药配方的外用功能性药剂，其特征是：所述的中药方剂中含有下列中药成分中的一种或一种以上：

生大黄、黄柏、黄连、黄芪、五倍子、芒硝、蚤休、明雄黄、琥珀、明矾、当归、头发、地龙、蜈蚣、桂枝、芫花、红花、银花、川椒、干尖辣椒、乳香、干姜、白芷、生首乌、玉竹、知母、冬凌草、密佗僧、苦参、蛇床子、刘寄奴、百部、冰片、樟脑、白藓皮、薄荷脑等。

6. 根据权利要求1或2所述的蛇宏微量元素强化中药配方的外用功能性药剂，其特征是：治疗皮肤病的中药外用方剂包括用蛇胆微量元素来强化的具有泻火解毒、清热利湿、消肿创疮的中药方剂；或具有湿经散寒、活血通络、滋润皮肤、改善血运、促进组织修复的中药方剂；或能熄风、去风、清热、消炎、止痒、凉心火、退血热、去烦燥、泻火解毒、补肾滋阴中药方剂；或能治疗青春痘患者体内雌雄激素不平衡参与激素合成的锌元素降低补充锌元素调节激素平衡，同时用对痤疮丙酸杆菌和葡萄球菌均可抑制脂酶活性减少细菌繁殖、抗菌消炎的中药方剂。

7. 根据权利要求1或2所述的蛇宏微量元素强化中药配方的外用功能性药剂，其特征是：治疗皮肤病的中药外用方剂包括用蝮蛇微量元素强化的治疗真菌感染的中药方剂；或用于夏季皮炎痱子的中药方剂；或用于治疗白癜风的中药方剂，其配方为：红花、桂枝、牡丹皮各10~20g，大黄20~40g，补骨脂40~60g，菟丝子、栀子、丹参、何首乌各15~25g，蝮蛇50~100g。

8. 根据权利要求1或2所述的蛇宏微量元素强化中药配方的外用功能性药剂，其特征是：治疗皮肤病的中药外用方剂包括用蝮蛇微量元素或蛇胆微量元素强化中药配方用于因疥螨引起的剧烈瘙痒，痛苦不堪，有独特杀虫止痒的中药外用方剂，其配方为：硫磺40~60g，血蝎、炉甘石、大枫子、花椒、皮硝、槟榔、苿萸各5~20g，柳酸2g或枯矾20g，各30g；或百步80~120g，苦参白藓皮各70~90g，花椒20~40g，白矾15~25g，樟脑5~15g，冰片3~9g。

9. 根据权利要求1或2所述的蛇宏微量元素强化中药配方的外用功能性药剂，其特征是：治疗皮肤病的中药外用方剂包括用蛇脂微量元素强化中药配方治疗由内外因素引起的急慢性皮肤炎症，反复发作剧烈瘙痒，难以治疗的湿疹的中药外用方剂，其配方为：硼砂15~25g，硫磺90~110g，樟脑、朱砂各5~15g，枯矾、雄黄各3~8g，黄连、滑石粉各20~40g，冰片10~20g；或白芷30~50g，樟脑20~40g，地肤子、白藓皮、蛇东子、薄荷各20~30g。

10. 根据权利要求1或2所述的蛇宏微量元素强化中药配方的外用功能性药剂，其特征是：治疗皮肤病的中药外用方剂包括用蛇脂或用蛇皮醋浸液中微量元素强化的中药配方，为治疗临床上反复发作，典型皮损的银屑病的中药外用方剂，其配方为：生地榆、川连、黄苓、黄柏、蛇床子、栀子各5~15g，槐花、地肤子、生地、赤芍各20~40g，五倍子10~20g，苦参15~25g，蛇皮30~50g；或紫草、乳香、没药各10~20g，杏仁、15~25g，明矾5~15g；或土大黄、蛇床子、木槿皮各25~35g，蝮蛇50~100g。"

申请人成进学（下称请求人）对上述驳回决定不服，于2008年4月7日向专利复审委员会提出复审请求，同时提交了以下证据：

证据1：申请号为89109574.8的中国发明专利申请公开说明书，公开日为1991年7月3日，复印件共7页。

请求人认为：本申请说明书第9页第4~5行明确指出："制成乳化基质加0.5%~5%的蛇胆，参见上海市医院制剂手册第三版1989.69-72及发明专利号zl89109574.8"。在发明专利号zl89109574.8中十分详细地描述了制备含蛇的组织物的乳化基质，本发明的这部分内容仅仅是将其搬过来而已。并且"制备含某种成分的乳化基质"是本领域的公知常识,因此,本申请已经对如何制备含蛇的各部组织物的乳化基质,作出了十分清楚的说明,本领域技术人员根据本申请说明书内容,完全可以再现本发明。因此,本申请符合专利法第26条第3款的规定。

形式审查合格后,专利复审委员会受理了该复审请求,并于2008年5月8日向请求人发出《复审请求受理通知书》,同时将本申请案卷移交原审查部门进行前置审查。

原审查部门对本复审请求进行了前置审查,认为:根据请求人的意见陈述,无法明确地认定"乳化基质"的制备就是"参见上海市医院制剂手册第三版1989.69-72及发明专利号zl89109574.8进行的;另外,在zl89109574.8中也没有提及"含蛇的组织物的乳化基质"的制备,该专利申请中记载的是"含蛇组织物的护肤霜"的制备,故坚持原驳回决定。

至此,合议组认为本案事实清楚,可以作出审查决定。

二、决定的理由

1. 审查文本

鉴于请求人在提出复审请求时没有对申请文件进行修改,因此,本复审决定依据的文本是驳回决定所针对的文本。

2. 关于专利法第26条第3款

专利法第26条第3款规定,说明书应当对发明或者实用新型作出清楚、完整的说明,以所属技术领域的技术人员能够实现为准。

根据该款规定,所属技术领域的技术人员能够实现,是指所属技术领域的技术人员按照说明书记载的内容,就能够实现该发明或者实用新型的技术方案,解决其技术问题,并产生预期的技术效果。

本案中,权利要求1请求保护一种蛇宏微量元素强化中药配方的外用功能性药剂,包括治疗皮肤病的中药外用方剂,其特征是:另加有蛇的各部组织物,并强化有人体中需要的三种或三种以上的宏微量元素成分;权利要求2对蛇的各部组织物进行了限定;权利要求3~4对蛇宏微量元素进行了限定;权利要求5~10对中药外用方剂进行了限定。

原审查部门认为本申请说明书不符合专利法第26条第3款的理由是:(1)如何制备含蛇的各部组织物的乳化基质是实现本发明所必需的,而说明书没有对此进行描述;(2)根据说明书第9页第4~5行记载的内容,无法明确地认定"乳化基质"的制备就是"参见上海市医院制剂手册第三版1989.69-72及发明专利号zl89109574.8进行的,在zl89109574.8中也没有提及"含蛇的组织物的乳化基质"的制备,该专利申请中记载的是"含蛇组织物的护肤霜"的制备。

对此,合议组认为:(1)权利要求1~10请求保护的技术方案中记载了"另加有蛇的各部组织物,并强化有人体中需要的三种或三种以上的宏微量元素成分",但并没有限定蛇的各部组织物必须以存在于乳化基质中的形式加入。根据说明书的记载,获得本申请的药剂并非必须以制备含蛇的各部组织物的乳化基质为前提,说明书中共给出22个实施例,其中除涉及含蛇的各部组织物的乳化基质制备的实施例外,还提供了制备含有蛇各部组织物的95%酒精溶液的实施例(参见实施例12、实施例14~15、实施例18~20、实施例22),在这些实施例中,蛇的各部组织物与其他药物一起研碎后加入酒精溶液中入药即可实现本发明的技术方案,不需要制备并加入含蛇的各部组织物的乳化基质。由此可见,本申请请求保护的技术方案的实现并不仅依赖于制备含蛇的各部组织物的乳化基质。

(2)本申请说明书第9页第3~6行记载了"含蛇胆外用药及制备方法:首先制成乳化基质加0.5%~5%的蛇胆,参见上海市医院制剂手册第三版1989.69-72及发明专利专利号ZL89109574.8,或……制成蛇胆微量元素外用药剂"(即说明书实施例2记载的内容)。由此可见,对于如何制备含蛇的各部组织物的乳化基质,说明书引用上海市医院制剂手册第三版1989.69-72及发明专利专利号

ZL89109574.8，以含蛇胆的乳化基质为例进行了说明，其中发明专利 ZL80109574.8 即为请求人提交的证据1（公开日为1991年7月3日）。证据1公开了一种含蛇的组织物或其提取液的护肤霜及由基质、香料、添加剂经常规乳化工艺制备该护肤霜的方法。实施例1记载了护肤霜的原料、配方及调制方法，其中详细记载了制备乳化基质所用的水相、油相和乳化剂的种类及用量，以及制备过程的温度条件和形成乳化的搅拌速度等必要条件（参见证据1说明书第2页第14行至第3页第12行），从以上内容可以看出，证据1制备了含有乳化基质的护肤霜，本领域技术人员知道，护肤霜是护肤用化学成分与乳化基质均匀混合而成的具有适当稠度的外用化妆品，而证据1已公开了所采用的常规乳化工艺，因此，本领域技术人员根据证据1的教导，完全能够知晓如何制备得到乳化基质，并向其中加入蛇各部组织物从而获得本申请含有蛇的各组织物的乳化基质。

综上所述，合议组认为，本领域技术人员按照本申请说明书记载的内容，能够知晓如何制备含蛇的各部组织物的乳化基质，进而实现本申请请求保护的技术方案，解决其技术问题，并产生预期的技术效果，因此，原审查部门提出的本申请说明书不符合专利法第26条第3款的理由不成立。

根据以上事实和理由，本案合议组作出如下审查决定。

三、决定

撤销国家知识产权局于2008年1月4日对02113105.8号发明专利申请所作出的驳回决定。由原审查部门在本复审决定所依据的文本的基础上继续进行审查。

复审请求人对本决定不服的，可以根据专利法第41条第2款的规定，自收到本决定之日起三个月内向北京市第一中级人民法院起诉。

将纤维素等转化成有效成分的微生物中药的生产方法

复审请求审查决定（第 15248 号）

决 定 号	第 15248 号
决 定 日	2008 年 11 月 25 日
发明创造名称	将纤维素等转化成有效成分的微生物中药的生产方法
国际分类号	A61K 36/00
复审请求人	卢连贵
申 请 号	200410088733.1
申 请 日	2004 年 11 月 2 日
公 开 日	2005 年 7 月 6 日
合议组组长	王晓云
主 审 员	潘骏
参 审 员	孙俐

法 律 依 据 专利法第 26 条第 3 款

决 定 要 点

说明书应当对发明或者实用新型作出清楚、完整的说明，以所属技术领域的技术人员能够实现为准，说明书中给出了具体的技术方案，但未给出实验证据，而该方案又必须依赖实验结果加以证实才能成立的情况被认为无法实现，不符合专利法第 26 条第 3 款的规定。

一、案由

本复审请求涉及申请人卢连贵于 2004 年 11 月 2 日申请，2005 年 7 月 6 日公开，名称为"将纤维素等转化成有效成分的微生物中药的生产方法"的 200410088733.1 号发明专利申请（下称本申请）。

国家知识产权局于 2008 年 5 月 9 日驳回了本申请，理由是本申请说明书不符合专利法第 26 条第 3 款的规定及申请文件的修改不符合专利法第 33 条的规定。

驳回决定认为：对于本申请技术方案所涉及的膨化和发酵步骤，说明书没有记载如何控制工艺条件以达到不损失有效成分而且还能产生新的有效成分的目的，也没有记载怎样操作才能保证不稳定易分解的有效成分不损失。实际上本申请仅仅提出了用 EM 发酵中药的设想，但是并没有提供具体实施的步骤和方案，因此不符合专利法第 26 条第 3 款的规定。另外，申请人将原说明书中记载的"用含有 80 多种对人体有益菌的 EM 发酵中药粉"修改为"用天意公司生产的 EM 发酵中药粉"（参见修改后的说明书第 2 页），超出了原说明书和权利要求书记载的范围，不符合专利法第 33 条的规定。

驳回决定所针对的权利要求书为：

"1. 将纤维素等转化成有效成分的微生物中药的生产方法，其特征在是，用综合发酵法将单味或复方中药加工，不仅使其有效成分充分释放出来，还使纤维素等所谓无效成分（大分子物质）转化成多种可以被人体直接吸收的有效成分（小分子物质）。

2. 将纤维素等转化成有效成分的微生物中药的生产方法，其特征在是，利用综合发酵法加工中药。第一步，膨化。用膨化的方法对中药加工，目的是，使中药的纤维素之间的紧密联系被破坏，扩大与微生物接触的面积，为下步的发酵做准备。第二步，发酵。对膨化后的中药发酵时，必用对人体有益的EM菌群做发酵剂，以产生更多种的有效成分。

3. 将纤维素等转化成有效成分的微生物中药的生产方法，其特征是，可以制成各种剂型。"

申请人卢连贵（下称请求人）对上述驳回决定不服，于2008年5月26日向专利复审委员会提出复审请求，同时提交了修改的说明书替换页（共2页），以及以下证据：

证据1：中国专利申请公开说明书CN1483459的相关信息，打印件，共1页；

证据2：用于证明EM的使用方法效果等信息在社会上是广泛公开的材料，复印件，共3页；

证据3：江西省天意公司EM原露《用户实用指南》，复印件，共6页；

证据4：《中草药图谱与调剂》第770、771页，复印件，共1页。

请求人认为：（1）本申请的初步加工可以采取只用高压不用高温的膨化方法（参见证据1），（2）EM技术的方法和使用效果等信息都是公开的，并在社会上广泛传播（参见证据2和证据3），（3）将修改超范围的地方改回去（参见提交的说明书全文替换页）。

形式审查合格后，专利复审委员会受理了该复审请求，并于2008年7月8日向请求人发出《复审请求受理通知书》，随后将本申请移交原审查部门进行前置审查。

原审查部门对本复审请求进行了前置审查，认为本申请虽然克服了驳回决定中指出的修改超范围的问题，但仍不符合专利法第26条第3款的规定，故坚持驳回决定。

专利复审委员会组成合议组，对本案的复审请求进行了审理，于2008年9月16日向请求人发出《复审通知书》。《复审通知书》指出：权利要求1~3的技术方案中包括发酵的步骤，而发酵过程发生的化学反应极为复杂，在说明书缺少实验证据的情况下，本领域技术人员仅根据说明书的记载无法预见将权利要求1~3所述的方法用于加工单味或复方中药时能够提高中药的疗效，因此，本申请不符合专利法第26条第3款的规定。而用于证明发酵效果的证据2和证据4也不能证实权利要求1~3的技术方案能够实现。

针对《复审通知书》指出的问题，请求人于2008年10月6日提交了意见陈述书以及说明书全文替换页，并提交了以下证据（编号续前）：

证据5：1999年版、2006年版EM原露《用户使用指南》摘录，复印件，共1页。

请求人认为：①经EM原露发酵或处理过，饲料大分子有机物被降解为小分子有机物，营养成分提高10%~28%（见证据5）；②中药的性味、功用、归经是由其所含的微量元素的种类和数量决定，EM原露发酵中药时不会改变中药的微量元素的含量；③EM原露发酵有利于中药植物细胞"破壁"释放更多的有效成分，发酵产生的小分子有机物可以与微量元素络合，使其更容易进入人体特定部位发挥药效作用，EM原露发酵中药材的最后产物是有益无害的营养物质，而农民发酵的好多饲料本身就是中药。

合议组于2008年10月22日再次发出《复审通知书》，指出：请求人在2008年10月6日提交的说明书替换页中将说明书第1页第32行的"还产生出许多新的有效成分"修改为"还增加了10%~28%的新的有效成分"，致使所属技术领域人员看到的信息与原申请记载的信息不同，该处修改不符合专利法第33条的规定；即使克服了上述修改超范围的缺陷，本申请说明书仍不符合专利法第26条第3款的规定。针对请求人的意见陈述，合议组认为，请求人仅强调了发酵过程对中药中微量元素的影响，而回避了中药中含量较大的有效成分可能在发酵过程中发生的变化，因此不足以说明本发明的技术方案能够提高中药的疗效。

针对上述《复审通知书》指出的问题，请求人于2008年11月5日提交了意见陈述书，表示"取消2008年10月6日修改的说明书，保留修改前的说明书"，并提交了以下证据（编号续前）：

证据6：《中药研究进展》节录"第十二篇 中药中微量元素的研究与展望"，第268～273，279，280页，复印件，共8页。

至此，合议组认为本案事实清楚，可以作出审查决定。

二、决定的理由

1. 审查文本

根据请求人于2008年11月5日提交的意见陈述书中的表述"取消2008年10月6日修改的说明书，保留修改前的说明书"，因此，本决定依据的文本是请求人2007年11月15日提交的权利要求1～3、说明书摘要，于2008年5月26日提出复审请求时提交的说明书第1～2页。

经审查，请求人在提交复审请求时对说明书的修改符合专利法第33条和专利法实施细则第60条第1款的规定。

2. 关于专利法第26条第3款

专利法第26条第3款规定，说明书应当对发明或者实用新型作出清楚、完整的说明，以所属技术领域的技术人员能够实现为准。

根据该款规定，说明书中给出了具体的技术方案，但未给出实验证据，而该方案又必须依赖实验结果加以证实才能成立的情况被认为无法实现。

具体到本案，本申请请求保护将纤维素等转化成有效成分的微生物中药的生产方法，其技术手段是运用综合发酵法加工单味或复方中药。根据说明书的记载，所述综合发酵法指采用EM菌群作为发酵剂发酵膨化处理单味或复方中药（参见说明书第1页"发明内容"和第2页"实例"），其所要解决的技术问题是使中药的有效成分充分释放出来，并将纤维素等无效成分转化为更多种的可被人体直接吸收的有效成分，从而大大提高中药的疗效（参见说明书第1页"发明内容"）。

权利要求1～3的技术方案涉及了发酵的步骤。本领域技术人员通常认为微生物发酵的方法确实可以降解植物骨架的主要成分-纤维素、半纤维素或木质素，促进植物细胞中有效成分的释放，并产生糖类和氨基酸类等可以作为营养成分的小分子降解产物。但是中药药效的物质基础是其复杂的化学成分，主要是生物碱、甙类、醌类、香豆素和木脂素、黄酮类、强心甙、皂甙、萜类和挥发油等化合物（参见《中药化学》目录，第1～16页，上海科技出版社，1997年版教科书），并非纤维素等成分。由于发酵过程中所发生的化学反应极为复杂，本领域技术人员无法预测上述生物碱、甙类等化学成分作为中药的有效成分在发酵后是否会损失，是不是能产生新的有效成分。因此，权利要求1～3的技术方案能否实现本发明所述的提高中药疗效的效果，即本申请请求保护的技术方案能否实现，必须有实验结果加以证实。

然而，本申请说明书中仅声称用本发明的方法生产的微生物中药具有"药力大大加强，疗效大为提高"等几大优点（参见"发明效果"部分），除此之外，说明书没有记载任何将权利要求1～3所述生产方法运用于单味或复方中药并提高其疗效的定性或定量实验数据，在此情况下，说明书中有关发明效果的描述只是没有任何实验证据支持的断言。因此，合议组认为，本申请说明书虽然给出了具体的技术方案，但却没有记载足以证实该技术方案能够成立的实验结果，致使本领域技术人员按照说明书的记载无法实现本申请请求保护的技术方案，因此，本申请说明书不符合专利法第26条第3款的规定。

请求人认为：中药的性味、功用、归经是由其所含的微量元素的种类和数量决定，EM原露发酵中药时不会改变中药的微量元素的含量，EM原露发酵有利于中药植物细胞"破壁"释放更多的有效成分，发酵产生的小分子有机物可以与微量元素络合，使其更容易进入人体特定部位发挥药效作用（参见证据6）。对此，合议组认为：任何一种中药的化学成分都是非常复杂的，中药成分的复杂性反映出中药功效的多样性，本领域技术人员不否认微量元素对中药药效的潜在贡献，却不能断言中药的性味、功用、归经是由其所含的微量元素的种类和数量所决定，如教科书所述，中药常见的主要活性成分是其中所含的生物碱、甙类等化学成分。因此，本案的焦点在于本领域技术人员不能预测作为中药有效成分的生物碱、甙类等化学成分在复杂的发酵的过程中将发生怎样的化学反应，是否会损失，是否能保持原有疗效或产生更好的疗效。

请求人在复审阶段先后提交了6份证据，其中证据2、证据4和证据5涉及采用发酵方法所产生的效果。

证据2给出的信息包括：（1）用EM菌发酵秸秆产生出糖和菌体蛋白，以提高粗饲料的营养价值；（2）EM原露在消化道内和饲料中生长繁殖，为畜禽合成大量糖类、淀粉类、氨基酸与蛋白质类营养物质，有益菌生长繁殖过程中还产生了大量生物活性物质，并分解饲料中的粗纤维，使之转化成能被动物吸收的营养物质；（3）用EM原露发酵秸秆，最终使不易被动物吸收利用的粗纤维转化成能被动物吸收的营养物质。对此，合议组认为：该证据给出的信息只能证明EM菌自身可以在动物体内合成糖类等营养物质，以及EM菌可用于分解粗纤维并使之转化成易吸收的营养物质，但是该证据并未涉及EM菌发酵中药的过程，更无法证明在EM菌发酵过程中作为药效基础的化学成分将会产生怎样的化学反应，因此，证据2不能证明本申请的技术方案能够实现。

证据4列出了将某些中药放在一起经发酵制成神曲、建神曲或采云曲。对此，合议组认为，证据4仅证明了某些中药放在一起通过发酵能制成另一种功效不同的中药，其并未采用本申请所述"综合发酵法"进行发酵，更未采用本申请唯一使用的EM菌进行发酵，因此，该证据不能证明本申请的技术方案能够实现。

证据5涉及EM原露在养殖业的应用，根据请求人的陈述，该证据所要证明的是"经测定，EM原露发酵饲料中所含17种氨基酸总量明显增加，不同饲料营养成分提高的幅度在10%~28%之间"。对此，合议组认为：本申请请求保护的技术方案涉及发酵中药的效果，而不涉及发酵饲料的效果，所属技术领域人员很难把饲料的营养成分提高等同于中药药效的提高，因此，证据5同样不能证明本申请的技术方案能够实现。

对于请求人提交的其他证据：证据1是专利文献的摘要，披露了一种中草药原料的膨化加工方法，证据3是"EM原露"《用户实用指南》的复印件，介绍了EM原露产品组成、功能及在各领域的使用方法，证据6是一篇非专利文献，综述了对中药中所含微量元素的研究，由于上述三份证据均未涉及将EM菌用于发酵中药并能提高其疗效的内容，因此，证据1、3和6均不能证明本申请的技术方案能够实现。

综上，本申请说明书虽然给出了具体的技术方案，但并未给出证实该技术方案能够成立的实验证据，且请求人提交的证据及意见陈述不具有说服力。因此，本申请说明书公开不充分，不符合专利法第26条第3款的规定。

根据以上事实和理由，本案合议组作出如下审查决定。

三、决定

维持国家知识产权局于 2008 年 5 月 9 日对 200410088733.1 号发明专利申请作出的驳回决定。

复审请求人对本决定不服的,可以根据专利法第 41 条第 2 款的规定,自收到本决定之日起三个月内向北京市第一中级人民法院起诉。

一种检测肺癌相关的 CYP2A13 抗性基因的方法及其抗性基因

复审请求审查决定（第 15249 号）

决 定 号	第 15249 号
决 定 日	2008 年 12 月 1 日
发明创造名称	一种检测肺癌相关的 CYP2A13 抗性基因的方法及其抗性基因
国际分类号	C12Q 1/68
复审请求人	中国人民解放军军事医学院放射医学研究所，中国医学科学院肿瘤医院肿瘤研究所
申 请 号	200310113359.1
申 请 日	2003 年 11 月 12 日
公 开 日	2005 年 5 月 18 日
合议组组长	金泽俭
主 审 员	张晓飞
参 审 员	冯 怡

法 律 依 据 专利法第 25 条第 1 款第（3）项

决 定 要 点

用于实施疾病诊断和治疗方法的仪器或装置，以及在疾病诊断和治疗方法中使用的物质或材料属于可被授予专利权的客体。

经过修改的专利申请文件消除了原驳回决定指出的缺陷，应当撤销原驳回决定，由原审查部门继续进行审查程序。

一、案由

本复审请求涉及申请日为 2003 年 11 月 12 日、公开日为 2005 年 5 月 18 日、名称为"一种检测肺癌相关的 CYP2A13 抗性基因的方法及其抗性基因"的 200310113359.1 号发明专利申请（下称本申请），本申请的申请人为中国人民解放军军事医学院放射医学研究所和中国医学科学院肿瘤医院肿瘤研究所。

国家知识产权局于 2006 年 4 月 7 日以权利要求 1～4、6 不符合专利法第 25 条第 1 款第（3）项的规定为由驳回了本申请。驳回决定所针对的权利要求书为：

"1. 一种检测肺癌相关的 CYP2A13 T3375（Cys 257）抗性等位基因的方法，该方法为聚合酶链式反应-限制性内切酶长度多态性分析，其特征在于包括以下方面：

A：对包含 C3375T（Arg257Cys）功能多态位点的 CYP2A13 的第五外显子的基因序列，设计基因特异性的引物，其序列为：正向引物：见序列表中序列1，反向引物：见序列表中序列2；

B：对包含C3375T（Arg257Cys）功能多态位点的CYP2A13的第五外显子，以所设计引物，通过热启动和梯度的聚合酶链式反应，以基因特异性引物进行DNA扩增。

2. 如权利要求1所述的检测肺癌相关的CYP2A13 T3375（Cys 257）抗性等位基因的方法，其特征在于检测致癌物代谢酶基因CYP2A13的C3375T（Arg257Cys）功能多态位点的引物对，其序列为：正向引物：见序列表中序列1，反向引物：见序列表中序列2。

3. 一种通过检测致癌物代谢酶基因CYP2A13多态性判定个体肺癌抗性的方法，其特征在于当所述基因表现CYP2A13 T3375时，则表明该个体具有一定的肺癌抗性。

4. 一种通过检测致癌物代谢酶基因CYP2A13多态性判定个体肺癌抗性的方法，其特征在于当所述基因编码的多肽携带Cys 257时，则表明该个体具有一定的肺癌抗性。

5. 与肺癌罹患风险关联的一个抗性等位基因型CYP2A13 C3375T的一种检测试剂盒，其包括：序列1和序列2所示扩增用基因特异性引物，dNTP，用于PCR反应的DNA聚合酶及其缓冲液的一种或多种，用于RFLP的限制性内切酶Hha I和相应缓冲液的一种或多种，该基因片段的Hha I酶切图谱。

6. 如权利要求1~5中任一项之一所述的方法或试剂盒，其在肺癌的人群预防和吸烟的行为干预以及遗传咨询中的应用。"

驳回决定认为：权利要求1~4要求保护的方法和权利要求6要求保护的用途都是以有生命的人体为实施对象，用于诊断病因或治疗疾病，并且指出权利要求1~4要求保护的方法属于"根据现有技术中的医学知识，只要知晓所述的生理参数，就能直接获得疾病的诊断结果，其实质上也是一种诊断方法"的情况，权利要求1~4的基因检测结果与肺癌紧密相关，实质上就是诊断方法，因此权利要求1~4、6不符合专利法第25条第1款第（3）项的规定。

申请人中国人民解放军军事医学院放射医学研究所和中国医学科学院肿瘤医院肿瘤研究所（下称请求人）对上述驳回决定不服，于2006年7月14日向专利复审委员会提出复审请求，请求人在提出复审请求时提交了经修改的权利要求书全文替换页（共2页5项），具体内容如下：

"1. 一种检测肺癌相关的CYP2A13 T3375抗性等位基因的方法，该方法为聚合酶链式反应-限制性内切酶长度多态性分析，其特征在于包括以下方面：

A. 对包含C3375T功能多态性位点的CYP2A13的第五外显子的基因序列，设计基因特异性的引物，其序列为：正向引物：见序列表中序列1，反向引物：见序列表中序列2；

B. 对包含C3375T功能多态性位点的CYP2A13的第五外显子，以所设计引物，通过热启动和梯度的聚合酶链式反应，以基因特异性引物进行DNA扩增。

2. 如权利要求1所述的检测肺癌相关的CYP2A13 T3375抗性等位基因的方法，其特征在于检测致癌物代谢酶基因CYP2A13的C3375T功能多态性位点的引物对，其序列为：正向引物：见序列表中序列1，反向引物：见序列表中序列2。

3. 一种通过检测致癌物代谢酶基因CYP2A13多态性位点判定个体肺癌抗性的方法，其特征在于当所述基因表现为CYP2A13 T3375时，则表明该个体具有一定的肺癌抗性。

4. 一种通过检测致癌物代谢酶基因CYP2A13多态性位点判定个体肺癌抗性的方法，其特征在于当所述基因编码的多肽携带Cys 257时，则表明该个体具有一定的肺癌抗性。

5. 与肺癌罹患风险关联的一个抗性等位基因型CYP2A13 C3375T的一种检测试剂盒，其内装一个或多个容器，包括：序列1和序列2所示扩增用基因特异性引物对，dNTP，用于PCR反应的TaqDNA聚合酶及其缓冲液的一种或多种，用于RFLP的限制性内切酶Hha I和相应缓冲液的一种或多种，该基因片段的 Hha I 酶切图谱。"

请求人认为，本发明的方法其处理对象为已经脱离人体的血液，而非有生命的人体本身，其用于检测罹患肺癌的风险程度，从而对肺癌人群及吸烟行为进行预防和干预，而非检测人群是否罹患肺癌，本领域技术人员得到所需的生理参数，也不能直接获得疾病的诊断结果，另外，本发明仅仅提示人体抗性等位基因型 CYP2A13 C3375T 发生变化时，应及早减少吸烟等不良嗜好，去医院做进一步的检查，做到对肺癌的先期预防，而不是直接证明当抗性等位基因型 CYP2A13 C3375T 发生变化时人体一定患肺癌，因此本发明不是一种诊断疾病的方法，且驳回决定中未对答复第一次审查意见通知书时作出修改的权利要求 5 作出任何评价，至少程序是错误的。

形式审查合格后，专利复审委员会受理了该复审请求，并于 2006 年 8 月 7 日向请求人发出《复审请求受理通知书》，同时将本申请案卷移交原审查部门进行前置审查。

原审查部门对本复审请求进行了前置审查，认为本发明权利要求的表述形式看似以离体样品为对象，但以获得同一主体疾病诊断结果或健康状况为直接目的，而审查指南第二部分第一章第 4.3.1.1 节中规定，患病风险度评估方法属于诊断方法。

专利复审委员会组成合议组，对本复审请求案进行了审理。请求人于 2008 年 7 月 2 日再次主动提交了意见陈述书及经修改的权利要求书全文替换页（共 1 页 1 项），具体内容如下：

"1. 与肺癌罹患风险关联的一个抗性等位基因型 CYP2A13 C3375T 的一种检测试剂盒，其内装一个或多个容器，包括：序列 1 和序列 2 所示扩增用基因特异性引物对，dNTP，用于 PCR 反应的 TaqDNA 聚合酶及其缓冲液的一种或多种，用于 RFLP 的限制性内切酶 Hha I 和相应缓冲液的一种或多种，该基因片段的 Hha I 酶切图谱。"

至此，合议组认为本案事实已经清楚，可以作出审查决定。

二、决定的理由

1. 审查依据的文本

请求人于 2008 年 7 月 2 日提交的经修改的权利要求书中删除了驳回决定所针对文本中的权利要求 1~4 和 6，仅保留了权利要求 5，并相应调整了权利要求的编号，该修改没有超出原申请文件记载的范围，符合专利法第 33 条和专利法实施细则第 60 条第 1 款的规定。

因此，本复审请求审查决定依据的文本是：复审请求人于 2008 年 7 月 2 日提交的权利要求第 1 项，2004 年 5 月 11 日提交的说明书第 1 页，2004 年 4 月 1 日提交的说明书第 8 页，2003 年 11 月 12 日提交的说明书第 2~7 页，说明书附图第 1 页、说明书摘要及摘要附图。

2. 关于专利法第 25 条第 1 款第（3）项

专利法第 25 条第 1 款第（3）项规定，对疾病的诊断和治疗方法不授予专利权。

根据该款规定，用于实施疾病诊断和治疗方法的仪器或装置，以及在疾病诊断和治疗方法中使用的物质或材料属于可被授予专利权的客体。

本案中，驳回决定中认为，本申请的原权利要求 1~4、6 属于专利法第 25 条第 1 款第（3）项规定的不授权的内容。复审请求人于 2008 年 7 月 2 日提交的权利要求书修改文本中将属于专利法第 25 条规定的情形的原权利要求 1~4 和 6 删除。保留的原权利要求 5（即修改后的权利要求 1），其保护主题为一种检测试剂盒，属于在疾病诊断方法中使用的物质或材料，根据审查指南第二部分第一章第 4.3 节的规定，其属于可授予专利权的客体，因此修改后的权利要求书已经克服了驳回决定中所指出的上述缺陷。

根据以上事实和理由，本案合议组作出如下审查决定。

三、决定

撤销国家知识产权局于 2006 年 4 月 7 日对 200310113359.1 号发明专利申请作出的驳回决定。由原审查部门在本复审决定所针对的文本的基础上继续进行审查。

复审请求人对本决定不服的,可以根据专利法第 41 条第 2 款的规定,自收到本决定之日起三个月内向北京市第一中级人民法院起诉。

人 IL-1β 的抗体

复审请求审查决定（第 15253 号）

决　定　号　第 15253 号
决　定　日　2008 年 11 月 28 日
发明创造名称　人 IL-1β 的抗体
国 际 分 类 号　C07K 16/00
复 审 请 求 人　诺瓦提斯公司
申　请　号　01814514.0
申　请　日　2001 年 8 月 20 日
优　先　权　日　2000 年 8 月 22 日
公　开　日　2004 年 3 月 24 日
合 议 组 组 长　李人久
主　审　员　曹克浩
参　审　员　吴文英

法　律　依　据　专利法第 26 条第 4 款，专利法实施细则第 20 条第 1 款
决　定　要　点

1. 对于用上位概念概括的权利要求，如果这种概括使所属技术领域的技术人员有理由怀疑该上位概括所包含的一种或多种下位概念不能解决发明所要解决的技术问题，并达到相同的技术效果，则应当认为该权利要求没有得到说明书的支持。如果将权利要求中所述的上位概念修改为能够解决发明所要解决的技术问题并达到相同的技术效果的下位概念，则修改后的权利要求得到说明书的支持，符合专利法第 26 条第 4 款的规定。

2. 权利要求书应当清楚包括每项权利要求的主题名称和每项权利要求确定的保护范围应当清楚，权利要求采用了开放式用语并不必然导致权利要求的保护范围不清楚。

一、案由

本复审请求涉及 2001 年 8 月 20 日申请、2004 年 3 月 24 日公开、名称为"人 IL-1β 的抗体"的 01814514.0 号发明专利申请（下称本申请）。本申请的申请人为诺瓦提斯公司。

针对申请人于 2003 年 2 月 21 日进入中国国家阶段时提交的国际申请文件中文文本的说明书第 1~14 页和第 17~20 页及其摘要，2005 年 3 月 30 日提交的说明书第 15-16 页和 2005 年 11 月 30 日提交的权利要求书（共 1~9 项），以及按国际初审报告的附图译文第 1 页，国家知识产权局于 2006 年 4 月 7 日以权利要求 1~6、8~9 不符合专利法第 26 条第 4 款的规定，权利要求 1、3、8~9 不符合专

利法实施细则第 20 条第 1 款的规定为由驳回了本申请。

驳回决定所针对的权利要求书（共 9 项）为：

"1. 包含重链可变区 V_H 和轻链可变区 V_L 的 IL-1β 结合分子，其中所述 IL-1β 结合分子含有至少一个抗原结合位点，而所述抗原结合位点包含：

a. 顺次含有高变区 CDR1、CDR2 和 CDR3 的免疫球蛋白重链可变区 V_H，所述 CDR1 具有氨基酸序列 Val-Tyr-Gly-Met-Asn，所述 CDR2 具有氨基酸序列 Ile-Ile-Trp-Tyr-Asp-Gly-Asp-Asn-Gln-Tyr-Tyr-Ala-Asp-ser-Val-Lys-Gly，而所述 CDR3 具有氨基酸序列 Asp-Leu-Arg-Thr-Gly-Pro，和

b. 顺次含有高变区 CDR1'、CDR2' 和 CDR3' 的免疫球蛋白轻链可变区 V_L，所述 CDR1' 具有氨基酸序列 Arg-Ala-Ser-Gln-Ser-Ile-Gly-Ser-Ser-Leu-His，所述 CDR2' 具有氨基酸序列 Ala-Ser-Gln-Ser-Phe-Ser，而所述 CDR3' 具有氨基酸序列 His-Gln-Ser-Ser-Ser-Leu-Pro。

2. 根据权利要求 1 的 IL-1β 结合分子，其是人抗体。

3. 包含至少一个抗原结合位点的 IL-1β 结合分子，其中所述抗原结合位点包含具有与 Seq. ID. No. 1 所示起始于第 1 位氨基酸并终止于第 118 位氨基酸的序列一致的氨基酸序列的第一域或上述第一域和具有与 Seq. ID. No. 2 所示起始于第 1 位氨基酸并终止于第 107 位氨基酸的序列一致的氨基酸序列的第二域。

4. 编码重链或其片段的第一 DNA 构建体，其包含 a. 编码交替地包含高变区和构架区的可变区的第一部分，所述高变区顺次是氨基酸序列显示在 Seq. ID. No. 1 中的 CDR1、CDR2 和 CDR3；该第一部分起始于编码可变区的第一个氨基酸的密码子并终止于编码可变区的最后一个氨基酸的密码子，和 b. 编码重链恒定部分或其片段的第二部分，其起始于编码重链恒定部分的第一个氨基酸的密码子并终止于编码该恒定部分或其片段的最后一个氨基酸的密码子，之后接终止密码子。

5. 能够在原核或真核细胞系中复制的表达载体，其包含至少一个根据权利要求 4 的 DNA 构建体。

6. 制备 IL-1β 结合分子的方法，其包括（i）培养用根据权利要求 5 的表达载体转化的生物和（ii）从该培养物中回收 IL-1β 结合分子。

7. 根据权利要求 1 的 IL-1β 结合分子，其是抗 IL-1β 抗体，所述抗 IL-1β 抗体对包括含有 Glu64 残基的环的成熟人 IL-1β 抗原表位具有抗原结合特异性且能够抑制 IL-1β 与其受体的结合。

8. 含有权利要求 1~3 和 7 之任一项的抗 IL-1β 抗体以及可药用赋形剂、稀释剂或载体的药物组合物。

9. 权利要求 1~3 和 7 之任一项的 IL-1β 结合分子在制备用于治疗 IL-1β 介导的疾病或病症的药物中的用途。"

驳回决定认为：（1）权利要求 1~3 要求保护 "IL-1β 结合分子" 包括的范围很大，而说明书实施例只验证了完整结构的 ACZ885 的抗原结合及体外活性，本领域技术人员有理由怀疑除 ACZ885 以外的 ACZ885 重链和轻链 CDR 与任意构架区（FR）区组成的重构抗体、仅有 ACZ885 的 VH 的单域抗体、ACZ885 的 VH 与其他任意免疫球蛋白的 VL 组成的杂和抗体、ACZ885 重链 CDR 与任意 FR 区组成的 VH 与重链恒定区或其片段构成的抗体、ACZ885 重链 CDR 与任意 FR 区组成的 VH 与其他任意免疫球蛋白的 VL 组成的杂和抗体以及其他 IL-1β 结合分子能否实现本发明目的，因此权利要求 1~3 得不到说明书的支持，并导致权利要求 4 中相应的编码基因也得不到支持。基于相同的理由，权利要求 5~6、8~9 也得不到说明书的支持，不符合专利法第 26 条第 4 款的规定。（2）权利要求 1、3 中使用了 "含有"、"包含" 等开放式用语和 "至少" 等含义不清楚的用语，致使权利要求 1、3 所保护的范围不清楚，引用了权利要求 1 和 3 的权利要求 8~9 的保护范围也不清楚，不符合专利法实施细则第 20 条第 1 款的规定。

申请人诺瓦提斯公司（下称请求人）对上述驳回决定不服，于 2006 年 7 月 24 日向专利复审委员会提出复审请求，请求人在提出复审请求时提交了新修改的权利要求书全文替换页（共 9 项），其中在权利要求 1 中添加了通过 SEQ ID NO：1 的 1～118 位氨基酸序列和 SEQ ID NO：2 的 1～107 位氨基酸序列对重链可变区 VH 和轻链可变区 VL 的定义，并在权利要求 4 中添加了编码轻链或其片段的第二 DNA 构建体。

修改后的权利要求书如下：

"1. 包含重链可变区 V_H 和轻链可变区 V_L 的 IL-1β 结合分子，其中重链可变区 V_H 的氨基酸序列为 Seq. ID. NO. 1 的 1～118 位，轻链可变区 V_L 的氨基酸序列为 Seq. ID. NO. 2 的 1～107 位，并且在 V_H 中的 CDR1 的氨基酸序列为 Val-Tyr-Gly-Met-Asn，CDR2 的氨基酸序列为 Ile-Ile-Trp-Tyr-Asp-Gly-Asp-Asn-Gln-Tyr-Tyr-Ala-Asp-Ser-Val-Lys-Gly，CDR3 的氨基酸序列 Asp-Leu-Arg-Thr-Gly-Pro，和在 VL 中的 CDR1' 的氨基酸序列为 Arg-Ala-Ser-Gln-Ser-Ile-Gly-Ser-Ser-Leu-His，CDR2' 的氨基酸序列为 Ala-Ser-Gln-Ser-Phe-Ser，CDR3' 的氨基酸序列为 His-Gln-Ser-Ser-Ser-Leu-Pro。

2. 根据权利要求 1 的 IL-1β 结合分子，其是人抗体。

3. 包含抗原结合位点的 IL-1β 结合分子，其中所述抗原结合位点具有与 Seq. ID. NO. 1 所示起始于第 1 位氨基酸并终止于第 118 位氨基酸的序列一致的氨基酸序列的第一域或上述第一域和具有与 Seq. ID. NO. 2 所示起始于第 1 位氨基酸并终止于第 107 位氨基酸的序列一致的氨基酸序列的第二域。

4. 用于制备 IL-1β 结合分子的编码重链或其片段的第一 DNA 构建体和编码轻链或其片段的第二 DNA 构建体，其中第一 DNA 构建体包含 a. 编码交替地包含高变区和构架区的可变区的第一部分，所述高变区顺次是氨基酸序列显示在 Seq. ID. NO. 1 中的 CDR1、CDR2 和 CDR3；该第一部分起始于编码可变区的第一个氨基酸的密码子并终止于编码可变区的最后一个氨基酸的密码子，和 b. 编码重链恒定部分或其片段的第二部分，其起始于编码重链恒定部分的第一个氨基酸的密码子并终止于编码该恒定部分或其片段的最后一个氨基酸的密码子，之后接终止密码子；第二 DNA 构建体包含 a. 编码交替地包含高变区和构架区的可变区的第一部分；所述高变区顺次是氨基酸序列显示在 Seq. ID. NO. 2 中的 CDR1'、CDR2' 和 CDR3'；该第一部分起始于编码可变区的第一个氨基酸的密码子并终止于编码可变区的最后一个氨基酸的密码子，和 b. 编码轻链恒定部分或其片段的第二部分，其起始于编码轻链恒定部分的第一个氧基酸的密码子并终止于编码该恒定部分或其片段的最后一个氨基酸的密码子，之后接终止密码子。

5. 能够在原核或真核细胞系中复制的表达载体，其包含至少一个根据权利要求 4 的 DNA 构建体。

6. 制备 IL-1β 结合分子的方法，其包括（i）培养用根据权利要求 5 的表达载体转化的生物和（ii）从该培养物中回收 IL-1β 结合分子。

7. 根据权利要求 1 的 IL-1β 结合分子，其是抗 IL-1β 抗体，所述抗 IL-1β 抗体对包括含有 Glu64 残基的环的成熟人 IL-1β 抗原表位具有抗原结合特异性且能够抑制 IL-1β 与其受体的结合。

8. 含有权利要求 1～3 和 7 之任一项的抗 IL-1β 抗体以及可药用赋形剂、稀释剂或载体的药物组合物。

9. 权利要求 1～3 和 7 之任一项的 IL-1β 结合分子在制备用于治疗 IL-1β 介导的疾病或病症的药物中的用途。"

请求人认为：（1）修改后的权利要求 1 要求保护包含重链可变区 V_H 和轻链可变区 V_L 的 IL-1β 结合分子，由于已分别将 IL-1β 结合分子中重链可变区 V_H 的氨基酸序列进一步定义为 SEQ ID NO：1 的 1～118 位，轻链可变区 V_L 的氨基酸序列进一步定义为 SEQ ID NO：2 的 1～107 位，而重链可变区 V_H 的构架区和轻链可变区 V_L 的构架区分别存在于 SEQ ID NO：1D 1～118 位氨基酸序列和 SEQ ID NO：2 的

1~107位氨基酸序列中，因此修改后的权利要求1对重链可变区V_H和轻链可变区V_L的构架区也进行了定义，符合专利法第26条第4款的规定。基于相同的理由，修改后的权利要求2~3、5~6、8也符合专利法第26条第4款的规定。（2）至于权利要求1中"包含"的使用，由于权利要求1明确指出了IL-1β结合分子包含氨基酸序列为SEQ ID NO：1第1~118位的重链可变区V_H和氨基酸序列为SEQ ID NO：2第1~107位的轻链可变区V_L，并且说明书第2~3页描述了IL-1β结合分子包括抗体、嵌合抗体、抗体的F（ab'）2和Fab片段、以及单链抗体，并进一步描述了IL-1β结合特异性是由重链可变区V_H和轻链可变区V_L决定的，上述抗体所包含的其他序列并不会影响用重链可变区V_H和轻链可变区V_L定义的IL-1β结合分子的功能。因此，用语"包含"的使用是本领域技术人员清楚的概念，并不会导致权利要求1的保护范围不清楚。基于相同的理由，权利要求3的保护范围也是清楚的，引用权利要求1~3的权利要求8~9的保护范围也是清楚的，符合专利法实施细则第20条第1款的规定。

形式审查合格后，专利复审委员会受理了该复审请求，并于2006年8月24日向请求人发出《复审请求受理通知书》，同时将本申请案卷移交原审查部门进行前置审查。

原审查部门对本复审请求进行了前置审查，仍坚持原驳回决定。

专利复审委员会组成合议组，对本复审请求案进行了审理，并于2008年7月18日向请求人发出《复审通知书》。《复审通知书》指出：（1）权利要求1、3~4、6中所述的"IL-1β结合分子"范围可以包括具有抗体的基本功能结构、但不是属于抗体形式的其他分子。但是说明书只证实了抗体ACZ885能够实现本发明的目的，并不能证明该上位概念中所包含的单结构域抗体或非抗体形式的其他分子也能实现本发明的目的，因此这种概括使本领域技术人员有理由怀疑该上位概括所包含的单结构域抗体或非抗体形式的其他分子不能解决发明所要解决的技术问题，并达到相同的技术效果，致使权利要求1、3~4、6得不到说明书的支持，不符合专利法第26条第4款的规定；（2）权利要求4的前序部分包含了第一DNA构建体和第二DNA构建体两个产品主题，这难以确定权利要求4究竟保护第一DNA构建体，或是第二DNA构建体，还是保护含有第一DNA构建体和第二DNA构建体的、可编码IL-1β结合分子的DNA复合构建体，因此权利要求4的保护范围不清楚，并导致引用权利要求4的权利要求5也存在相同缺陷，不符合专利法实施细则第20条第1款的规定。

针对《复审通知书》指出的问题，请求人于2008年9月2日提交了意见陈述书和经修改的权利要求书全文替换页（共10项），并于2008年9月19日主动提交了意见陈述书和经修改的权利要求书全文替换页（共9项），其中所做的修改为：（1）将"IL-1β结合分子"修改为"IL-1β抗体"；（2）将原权利要求4中的第一DNA构建体和第二DNA构建体两个产品主题修改为"用于制备IL-1β抗体的DNA组合构建体"。

修改后的权利要求书（共9项）如下：

"1. 包含重链可变区V_H和轻链可变区V_L的IL-1β抗体，其中重链可变区V_H的氨基酸序列为Seq. ID. NO. 1的1~118位，轻链可变区V_L的氨基酸序列为seq. ID. NO. 2的1~107位，并且在V_H中的CDR1的氨基酸序列为Val-Tyr-Gly-Met-Asn，CDR2的氨基酸序列为Ile-Ile-Trp-Tyr-Asp-Gly-Asp-Asn-Gln-Tyr-Tyr-Ala-Asp-Ser-Val-Lys-Gly，CDR3的氨基酸序列Asp-Leu-Arg-Thr-Gly-Pro，和在V_L中的CDR1'的氨基酸序列为Arg-Ala-Ser-Gln-Ser-Ile-Gly-Ser-Ser-Leu-His，CDR2'的氨基酸序列为Ala-Ser-Gln-Ser-Phe-Ser，CDR3'的氨基酸序列为His-Gln-Ser-Ser-Ser-Leu-Pro。

2. 根据权利要求1的IL-1β抗体，其是人抗体。

3. 包含抗原结合位点的IL-1β抗体，其中所述抗原结合位点具有与seq. ID. NO. 1所示起始于第1位氨基酸并终止于第118位氨基酸的序列一致的氨基酸序列的第一域和具有与seq. ID. NO. 2所示起始于第1位氨基酸并终止于第107位氨基酸的序列一致的氨基酸序列的第二域。

4. 用于制备 IL-1β 抗体的 DNA 组合构建体，由编码重链或其片段的第一 DNA 构建体和编码轻链或其片段的第二 DNA 构建体组成，其中第一 DNA 构建体包含 a. 编码交替地包含高变区和构架区的可变区的第一部分，所述高变区顺次是氨基酸序列显示在 Seq. ID. NO.1 中的 CDR1、CDR2 和 CDR3；该第一部分起始于编码可变区的第一个氨基酸的密码子并终止于编码可变区的最后一个氨基酸的密码子，和 b. 编码重链恒定部分或其片段的第二部分，其起始于编码重链恒定部分的第一个氨基酸的密码子并终止于编码该恒定部分或其片段的最后一个氨基酸的密码子，之后接终止密码子；第二 DNA 构建体包含 a. 编码交替地包含高变区和构架区的可变区的第一部分；所述高变区顺次是氨基酸序列显示在 Seq. ID. NO.2 中的 CDR1'、CDR2' 和 CDR3'；该第一部分起始于编码可变区的第一个氨基酸的密码子并终止于编码可变区的最后一个氨基酸的密码子，和 b. 编码轻链恒定部分或其片段的第二部分，其起始于编码轻链恒定部分的第一个氨基酸的密码子并终止于编码该恒定部分或其片段的最后一个氨基酸的密码子，之后接终止密码子。

5. 能够在原核或真核细胞系中复制的单一表达载体，其中在所述单一表达载体中包含根据权利要求 4 的 DNA 组合构建体。

6. 制备 IL-1β 抗体的方法，其包括（i）培养用根据权利要求 5 的表达载体转化的生物和（ii）从该培养物中回收 IL-1β 抗体。

7. 根据权利要求 1 的 IL-1β 抗体，所述 IL-1β 抗体对包括含有 Glu64 残基的环的成熟人 IL-1β 抗原表位具有抗原结合特异性且能够抑制 IL-1β 与其受体的结合。

8. 含有权利要求 1~3 和 7 之任一项的 IL-1β 抗体以及可药用赋形剂、稀释剂或载体的药物组合物。

9. 权利要求 1~3 和 7 之任一项的 IL-1β 抗体在制备用于治疗 IL-1β 介导的疾病或病症的药物中的用途。"

至此，合议组认为本案事实已经清楚，可以作出审查决定。

二、决定的理由

1. 文本认定

请求人在 2008 年 9 月 19 日提交的修改后的权利要求书中，将《复审通知书》中所针对权利要求书中的"IL-1β 结合分子"修改为"IL-1β 抗体"和将原权利要求 4 中的第一 DNA 构建体和第二 DNA 构建体两个产品主题修改为"用于制备 IL-1β 抗体的 DNA 组合构建体"，除此之外未作其他修改。请求人所作的这种修改，符合专利法第 33 条和专利法实施细则第 60 条第 1 款的规定。由于请求人在复审请求时仅对权利要求书进行了修改，因此本复审决定所针对的文本为请求人于 2008 年 9 月 19 日提交的权利要求 1~9 和驳回决定所针对的说明书、说明书附图、摘要。

2. 关于专利法第 26 条第 4 款

专利法第 26 条第 4 款规定：权利要求书应当以说明书为依据，说明要求专利保护的范围。

根据该款的规定，对于用上位概念概括的权利要求，如果这种概括使所属技术领域的技术人员有理由怀疑该上位概括所包含的一种或多种下位概念不能解决发明所要解决的技术问题，并达到相同的技术效果，则应当认为该权利要求没有得到说明书的支持。如果将权利要求中所述的上位概念修改为能够解决发明所要解决的技术问题并达到相同的技术效果的下位概念，则修改后的权利要求得到说明书的支持，符合专利法第 26 条第 4 款的规定。

本案中，本发明要解决的技术问题是提供一种人白介素 1β（IL-1β）的抗体和该抗体在治疗 IL-1 介导的疾病和紊乱中的用途。《驳回决定》和《复审通知书》中均指出权利要求中涉及的"IL-1β 结合分子"是指能够与单独的或连接其他分子的 IL-1β 抗原结合的任何分子，其实例包括抗体或其任何片段以及单链或单结构域抗体或其他活性分子。而说明书中的实验证据仅仅表明 ACZ885 能够实现预期功能，对于除 ACZ885 之外的其他抗体或其他活性分子是否能实现治疗由 IL-1β 介导的疾病的目的，由于"IL-1β 结合分子"中所包括的"重构抗体、单域抗体、杂合抗体、或其他活性分子"在得不到说明书相关实验证据证明，因此所述权利要求中"IL-1β 结合分子"概括了过宽的保护范围，导致得不到说明书的支持，不符合专利法第 26 条第 4 款的规定。

由于请求人在 2008 年 9 月 19 日提交的权利要求书中已经将所有权利要求中的"IL-1β 结合分子"限定为"IL-1β 抗体"，同时限定了包含了抗体构架区和 CDR 序列在内的重链可变区 V_H 和轻链可变区 V_L 的氨基酸序列，即限定了包含 ACZ885 抗体的 V_H 和 V_L 的"IL-1β 抗体"，而说明书实施例验证了 ACZ885 抗体能够实现本发明目的，因此《驳回决定》和《复审通知书》所指出的涉及"IL-1β 结合分子"的保护范围过宽导致权利要求书不符合专利法第 26 条第 4 款的缺陷已被克服。

3. 关于专利法实施细则第 20 条第 1 款

专利法实施细则第 20 条第 1 款规定：权利要求书应当说明发明或者实用新型的技术特征，清楚、简要地表述请求保护的范围。

权利要求书应当清楚包括每项权利要求的主题名称和每项权利要求确定的保护范围应当清楚，权利要求采用了开放式用语并不必然导致权利要求的保护范围不清楚。

本案中，《复审通知书》中指出权利要求 4 的前序部分包含了第一 DNA 构建体和第二 DNA 构建体两个产品主题，这难以确定权利要求 4 究竟保护第一 DNA 构建体，或是第二 DNA 构建体，还是保护含有第一 DNA 构建体和第二 DNA 构建体的、可编码 IL-1（结合分子的 DNA 复合构建体，因此权利要求 4 的保护范围不清楚，并致使引用权利要求 4 的权利要求 5 也存在相同缺陷，不符合专利法实施细则第 20 条第 1 款的规定。

由于请求人在 2008 年 9 月 19 日提交的权利要求书中，将原权利要求 4 中的第一 DNA 构建体和第二 DNA 构建体两个产品主题修改为"用于制备 IL-1β 的 DNA 组合构建体"，因此《复审通知书》所指出的涉及的权利要求 4 不符合专利法实施细则第 20 条第 1 款的缺陷已被克服。

本案中，《驳回决定》中指出的 2005 年 11 月 30 日提交的权利要求 1 使用了"包含"、"含有"是一种开放式权利要求，"至少"是含义不清楚的用语，使得权利要求 1 的保护范围不清楚。基于相同的理由，权利要求 3 的保护范围不清楚，都不符合专利法实施细则第 20 条第 1 款的规定。由于权利要求 8~9 引用了权利要求 1 和 3，因此也不符合专利法实施细则第 20 条第 1 款的规定。

在请求人于 2008 年 9 月 19 日提交的权利要求书中，权利要求 1 和 3 已经不包括"至少"和"含有"的用语，其中权利要求 1、3 所用的用语"包含"，在相关领域中明确表示还可以含有该权利要求中没有述及的结构组成部分，即权利要求 1 包含具体重链和轻链可变区在内的抗体，因此用语"包含"的含义是清楚的，并不会导致权利要求 1 的保护范围不清楚。基于同样的理由，权利要求 3 所用的用语"包含"的含义也不会导致保护范围不清楚。在这种情况下，引用权利要求 1、3 的权利要求 8~9 也不会导致其保护范围不清楚。因此驳回决定认为上述权利要求使用了开放式用语"包含"而导致权利要求保护范围不清楚的驳回理由不成立。

根据以上事实和理由，本案合议组作出如下审查决定。

三、决定

撤销国家知识产权局于 2006 年 4 月 7 日对 01814514.0 号发明专利申请作出的驳回决定。由原审查部门在本复审决定所针对的文本基础上继续进行审查。

复审请求人对本决定不服的，可以根据专利法第 41 条第 2 款的规定，自收到本决定之日起三个月内向北京市第一中级人民法院起诉。

使用 4-1BB 结合剂的治疗和预防

复审请求审查决定（第 15254 号）

决 定 号	第 15254 号
决 定 日	2008 年 11 月 28 日
发明创造名称	使用 4-1BB 结合剂的治疗和预防
国 际 分 类 号	C07K 16/00，A61K 31/70，A61K 38/00，A61K 48/00
复审请求人	马约医学教育与研究基金会，芝加哥大学
申 请 号	03821906.9
申 请 日	2003 年 7 月 14 日
优 先 权 日	2002 年 7 月 15 日
公 开 日	2005 年 10 月 26 日
合议组组长	李人久
主 审 员	曹克浩
参 审 员	吴文英

法 律 依 据 专利法第 25 条，第 26 条第 3 款

决 定 要 点

1. 治疗方法，是指为使有生命的人体或者动物体恢复或获得健康或减少痛苦，进行阻断、缓解或者消除病因或病灶的过程。治疗方法包括以治疗为目的或者具有治疗性质的各种方法。预防疾病或者免疫的方法视为治疗方法。

2. 如果申请涉及的完成发明必须使用的生物材料在申请日（有优先权的，指优先权日）前已在非专利文献中公开的，并且在说明书中注明了文献的出处，说明了公众获得该生物材料的途径，并由专利申请人提供了保证从申请日起 20 年内向公众发放生物材料的证明，那么该生物材料被认为是公众可以得到、而不要求保藏。

一、案由

本复审请求涉及 2003 年 7 月 14 日申请、2005 年 10 月 26 日公开、名称为"使用 4-1BB 结合剂的治疗和预防"的 03821906.9 号发明专利申请（下称本申请）。本申请的申请人为马约医学教育与研究基金会，芝加哥大学。

在实质审查过程中，国家知识产权局针对原始提交的国际申请的中文译本进行审查，于 2006 年 4 月 21 日发出第一次审查意见通知书，该通知书未引用对比文件。通知书指出：本申请的技术方案涉及针对 4-1BB 的激动性单克隆抗体 2A。但申请人既未对该单克隆抗体 2A 有结构上的记载，也没

有对产生 2A 的杂交瘤细胞提交保藏证明，因此该单克隆抗体对本领域技术人员无法实现，而实施例中所进行的各种实验均需要使用 2A 处理，在该抗体无法实现的情况下，其效果也无法实现和验证，因而所属技术领域的技术人员根据说明书中的记载，不能实现该发明，不符合专利法第 26 条第 3 款的规定。

针对第一次审查意见通知书，申请人于 2006 年 11 月 6 日进行了意见陈述，并提交了该说明书中所引用的参考文献（Wilcox 等人，2002，J. Clin. Invest，109：651~659），但没有对申请文件进行修改，其陈述的主要理由是：说明书教导了制备针对 4-1BB 的多克隆和单克隆抗体的方法，并且本领域技术人员根据说明书中引用的参考文献（Wilcox 等人，2002，J. Clin. Invest，109：651~659）中所述的方法，可以生产针对 4-1BB 的抗体和选择显示 2A 的激动性质的抗体，所以具体涉及 2A 抗体的技术方案也是能够实现的，因此该申请符合专利法第 26 条第 3 款的规定。

针对申请人进入中国国家阶段时提交的国际申请文件中文文本的说明书第 1~27 页、权利要求 1~36、附图第 1~18 页和说明书摘要，国家知识产权局于 2006 年 12 月 8 日以说明书不符合专利法第 26 条第 3 款的规定为由驳回了本申请。

在驳回决定所针对的权利要求书中，共有 3 项独立权利要求，即权利要求 1、18 和 35，其余均为从属权利要求。其中从属权利要求 6 和 21 分别将独立权利要求 1 和 18 中所述的 4-1BB 激动剂限定为与 4-1BB 结合的单克隆抗体 2A。

权利要求 1、6、18、21 和 35 的内容如下：

"1. 一种用于清除受试者中双重阴性 T 细胞的方法，所述方法包括：

a. 鉴定受试者患有或有风险患上自身免疫病，淋巴组织增生病或变态反应；和

b. 对所述受试者施用有效量的 4-1BB 激动剂。

4. 权利要求 1 的方法，其中所述 4-1BB 激动剂是与 4-1BB 结合的抗体。

……

6. 权利要求 4 的方法，其中所述抗体是 2A。

18. 一种用于诱导双重阴性 T 细胞死亡的方法，所述方法包括使所述双重阴性 T 细胞接触有效量的 4-1BB 激动剂。

19. 权利要求 18 的方法，其中所述 4-1BB 激动剂是与 4-1BB 结合的抗体。

……

21. 权利要求 19 的方法，其中所述抗体是 2A。

……

35. 4-1BB 激动剂用于制备治疗或预防自身免疫病、淋巴组织增生病或变态反应的药物的用途，其中所述 4-1BB 激动剂有效诱导双重阴性 T 细胞死亡。"

驳回决定认为：本发明涉及单克隆抗体清除受试者中双重阴性 T 细胞的技术方案，在使用了单克隆抗体 2A 以验证本发明技术效果的实施例中，说明书既未记载单克隆抗体 2A 的结构，也没有对产生 2A 的杂交瘤细胞提交保藏证明，因此该单克隆抗体 2A 对本领域技术人员而言是无法实现的。由于实施例中所进行的各种证明实验涉及单克隆抗体 2A，在该抗体无法获得的情况下，本发明技术效果也无法得以实现和验证，致使所属技术领域的技术人员根据说明书中的记载，不能实现该发明。至于申请人提交的 Wilcox 等人的参考文献中对于 2A 的制备是经过本领域常规的杂交瘤技术进行的（652 页右栏第 2 段），得到特定的产生抗体 2A 的杂交瘤是随机的，不能重复再现。因此说明书未充分公开所述的技术方案，不符合专利法第 26 条第 3 款的规定。

申请人马约医学教育与研究基金会和芝加哥大学（下称请求人）对上述驳回决定不服，于 2007

年3月23日向专利复审委员会提出复审请求，请求人在提出复审请求时提交了新修改的权利要求书全文替换页（共34项），其中删除了具体提及单克隆抗体2A的原权利要求6和21，并相应的调整了权利要求的编号和引用关系，其共有3项独立权利要求，即权利要求1、17和33的内容如下：

"1. 一种用于清除受试者中双重阴性T细胞的方法，所述方法包括：

a. 鉴定受试者患有或有风险患上自身免疫病，淋巴组织增生病或变态反应；和

b. 对所述受试者施用有效量的4-1BB激动剂。

……

17. 一种用于诱导双重阴性T细胞死亡的方法，所述方法包括使所述双重阴性T细胞接触有效量的4-1BB激动剂。

……

33. 4-1BB激动剂用于制备治疗或预防自身免疫病、淋巴组织增生病或变态反应的药物的用途，其中所述4-1BB激动剂有效诱导双重阴性T细胞死亡。"

请求人认为：（1）说明书公开是否充分应当是针对权利要求所保护的技术方案而言，而修改后的权利要求所保护的技术方案已不再涉及单克隆抗体2A；（2）本领域已经完全建立了生产多克隆和单克隆抗体的方法，并且说明书（例如第7页第23行至第8页第29行、第14页第6行至第15页第2行）也教导了制备4-1BB的抗体的方法、选择具有激动性抗体的方法。因此，请求人认为修改后的技术方案是完全可实施的，符合专利法第26条第3款的规定。

形式审查合格后，专利复审委员会受理了该复审请求，并于2007年5月11日向请求人发出《复审请求受理通知书》，同时将本申请案卷移交原审查部门进行前置审查。

原审查部门对本复审请求进行了前置审查，坚持原驳回决定，具体理由是：由于本申请说明书中所有的实验都需要经过单克隆抗体2A的处理，在说明书并未充分公开该抗体2A的情况下，本申请所有的实验效果都得不到验证，因此删掉具体涉及单克隆抗体2A的权利要求并不能克服该申请公开不充分的缺陷。

专利复审委员会组成合议组，对本复审请求案进行了审理，并于2008年6月19日向请求人发出《复审通知书》。《复审通知书》指出，（1）权利要求1~16要求保护"一种用于清除受试者中双重阴性T细胞的方法"和权利要求17~32要求保护"一种用于诱导双重阴性T细胞死亡的方法"，实质上属于疾病的治疗的方法，因此权利要求1~32不符合专利法第25条第1款的规定，不能被授予专利权；（2）由于说明书用于说明技术方案效果的证明实验均涉及特定的单克隆抗体2A，在该申请未充分公开单克隆抗体2A的情况下，使得涉及单克隆抗体2A的所有证明实验均不能成立，也就是说，说明书缺乏用于证明涉及所有单克隆抗体和除此之外的其他4-1BB激动剂的发明效果的实验证据。因此仅仅删除具体提及单克隆抗体2A的权利要求，仍然不能使得涉及所有单克隆抗体和除此之外的任何4-1BB激动剂的技术方案能克服说明书公开不充分的缺陷；（3）至于请求人提交的参考文献（Wilcox et al., 2002, J. Clin. Invest, 109：651~659），由于根据该文献所得到的特定的产生抗体2A的杂交瘤是随机的，并不能重复再现，而且该文献也未公开抗体2A的公众可以获得的途径，因此该文献并不能证明所述的抗体2A属于"公众可以得到的、不需要进行保藏的生物材料"。

针对《复审通知书》指出的问题，请求人于2008年10月6日提交了意见陈述书，同时提交了专利申请人保证从申请日起二十年内向公众发放生物材料的证明（共2页）和经修改的权利要求书全文替换页（共30项），其中所做的修改为：将权利要求1~16修改为原制药用途权利要求33的从属权利要求，并且将原权利要求17~32修改为制药用途权利要求。请求人认为：根据审查指南第二部分第十章第9.2.1节的规定，"以下情况被认为是公众可以得到、而不要求进行保藏：专利申请中必

须使用的生物材料在申请日（有优先权的，指优先权日）前已在非专利文献中公开的，应当在说明书中注明文献的出处，说明了公众获得该生物材料的途径，并由专利申请人提供了保证从申请日起20年内向公众发放生物材料的证明"。因此，本申请不需要保藏实施发明所涉及的单克隆抗体2A，符合专利法第26条第3款的规定。

在修改后的权利要求书中，独立权利要求1和权利要求15的内容如下：

"1. 4-1BB激动剂用于制备治疗或预防自身免疫病、淋巴组织增生病或变态反应的药物的用途，其中所述4-1BB激动剂有效诱导双重阴性T细胞死亡。

……

15. 4-1BB激动剂用于制备诱导双重阴性T细胞死亡的药物的用途，其中所述双重阴性T细胞接触有效量的4-1BB激动剂。

……"

至此，合议组认为本案事实已经清楚，可以作出审查决定。

二、决定的理由

1. 文本认定

请求人在于2008年10月6日提交的修改后的权利要求书中，将原权利要求1~16修改为原制药用途权利要求33的从属权利要求，并且将原权利要求17~32修改为制药用途权利要求。请求人所作的这种修改，符合专利法第33条和专利法实施细则第60条第1款的规定。请求人在复审请求时仅对权利要求书进行了修改，因此本复审决定所针对的文本为请求人于2008年10月6日提交的权利要求1~30和驳回决定所针对的说明书、说明书附图、摘要。

2. 关于专利法第25条第1款

专利法第25条第1款规定，对下列各项，不授予专利权：（1）科学发现；（2）智力活动的规则和方法；（3）疾病的诊断和治疗方法；（4）动物和植物品种；（5）用原子核变换方法获得的物质。

该款第（3）项所述的治疗方法，是指为使有生命的人体或者动物体恢复或获得健康或减少痛苦，进行阻断、缓解或者消除病因或病灶的过程。治疗方法包括以治疗为目的或者具有治疗性质的各种方法。预防疾病或者免疫的方法视为治疗方法。

2007年3月23日提交的权利要求书中，权利要求1~16要求保护"一种用于清除受试者中双重阴性T细胞的方法"和权利要求17~32要求保护"一种用于诱导双重阴性T细胞死亡的方法"，可以治疗和/或预防自身免疫病、过度增生病（如淋巴组织增生病）和变体反应，实质上属于疾病的治疗的方法，因此权利要求1~32不符合专利法第25条第1款的规定，不能被授予专利权。

由于请求人在2008年10月6日提交的权利要求书中，将原权利要求1~16修改为原制药用途权利要求33的从属权利要求，并且将原权利要求17~32修改为制药用途权利要求，因此《复审通知书》所指出的权利要求1~32不符合专利法第25条第1款的缺陷已被克服。

3. 关于专利法第26条第3款

专利法第26条第3款规定：说明书应当对发明或者实用新型作出清楚、完整的说明，以所属技术领域的技术人员能够实现为准。

根据该款的规定，如果该申请涉及的完成发明必须使用的生物材料在申请日（有优先权的，指优先权日）前已在非专利文献中公开的，并且在说明书中注明了文献的出处，说明了公众获得该生物材料的途径，并由专利申请人提供了保证从申请日起二十年内向公众发放生物材料的证明，那么该生物材料被认为是公众可以得到、而不要求保藏。

驳回决定和复审通知书指出本申请的技术方案涉及4-1BB激动剂、与4-1BB结合的抗体或单克隆抗体以及单克隆抗体2A，但是该申请没有对所述单克隆抗体2A进行保藏，由于本申请说明书中所有的实验都需要经过单克隆抗体2A的处理，在说明书并未充分公开该抗体2A的情况下，本申请所有的实验效果都得不到验证。在这种情况下，说明书也没有公开除了单克隆抗体2A以外的任何其他的单克隆抗体或任何单克隆抗体以外的4-1BB激动剂也能够达到所述效果的试验证据，因此说明书未充分公开上述技术方案，不符合专利法第26条第3款的规定。

由于专利申请人（即请求人）提交了记载制备单克隆抗体2A的非专利文献（"Provision of antigen and CD137 signaling breaks immunological ignorance, promoting regression of poorly immunogenic tumors". Wilcox等人，2002年，J. Clin. Invest，109：651~659）和保证专利申请人从申请日起20年内向公众发放生物材料的证明，并且说明书中已经注明了该非专利文献的出处（说明书第8页第4~5行和第19页第20行），通过该非专利文献全文记载的4-1BB的来源和理化性质，以及第652页右栏第9~26行记载的生产针对4-1BB的单克隆抗体2A和选择显示2A的激动性质的抗体，以及说明书第19页第20~21行的描述，本领域技术人员可以确定该非专利文献中公开的单克隆抗体2A与说明书中涉及的单克隆抗体2A属于相同的抗体，因此根据说明书和该非专利文献公开的内容以及专利申请人（即请求人）提交的保证专利申请人从申请日起20年内向公众发放生物材料的证明，公众可以获得所述的单克隆抗体2A。所以本申请所涉及的单克隆抗体2A并不属于专利法实施细则第25条所述的"公众不能得到的生物材料"，即本申请不需要保藏所述的单克隆抗体2A，也就是说说明书已经充分公开了单克隆抗体2A能够实现期望效果的试验证据，因此驳回决定和复审通知书所指出的该申请不符合专利法第26条第3款的缺陷已被克服。

根据以上事实和理由，本案合议组作出如下审查决定。

三、决定

撤销国家知识产权局于2006年12月8日对03821906.9号发明专利申请作出的驳回决定。由原审查部门在本复审决定所针对的文本基础上继续进行审查。

复审请求人对本决定不服的，可以根据专利法第41条第2款的规定，自收到本决定之日起三个月内向北京市第一中级人民法院起诉。

胰高血糖素样肽-1 的类似物

复审请求审查决定（第 15258 号）

决 定 号	第 15258 号
决 定 日	2008 年 11 月 28 日
发明创造名称	胰高血糖素样肽-1 的类似物
国际分类号	C07K 14/605，C07K 14/00，A61K 38/26，A61P 3/10，A61P 3/04，A61P 19/10，A61P 3/00，A61P 19/02，A61P 25/00
复审请求人	研究及应用科学协会股份有限公司
申 请 号	03136712.7
申 请 日	1999 年 12 月 7 日
优 先 权 日	1998 年 12 月 7 日
公 开 日	2004 年 5 月 12 日
合议组组长	祁铁军
主 审 员	张晓飞
参 审 员	刘妍
法 律 依 据	专利法第 26 条第 3 款

决 定 要 点

对于化学产品的发明，说明书中应当记载化学产品的确认、化学产品的制备以及化学产品的用途，如果所属技术领域的技术人员无法根据现有技术预测发明能够实现所述用途和/或使用效果，则说明书中还应当记载对于本领域技术人员来说，足以证明发明的技术方案可以实现所述用途和/或达到预期效果的定性或者定量实验数据。

一、案由

本复审请求涉及申请日为 1999 年 12 月 7 日、公开日为 2004 年 5 月 12 日、名称为"胰高血糖素样肽-1 的类似物"的 03136712.7 号发明专利申请（下称本申请）。本申请的优先权日为 1998 年 12 月 7 日，申请人为研究及应用科学协会股份有限公司。

针对申请人于 2005 年 5 月 18 日提交的权利要求 1~12、于 2003 年 5 月 20 日提交的说明书第 1~51 页和说明书摘要，国家知识产权局于 2006 年 6 月 9 日以说明书不符合专利法第 26 条第 3 款的规定为由驳回了本申请。驳回决定所针对的权利要求 1 为：

"1. 一种式（I）化合物或其药学上可接受的盐。

(R^2R^3)-A^7-A^8-A^9-A^{10}-A^{11}-A^{12}-A^{13}-A^{14}-A^{15}-A^{16}-A^{17}-A^{18}-A^{19}-A^{20}-A^{21}-A^{22}-A^{23}-A^{24}-A^{25}-A^{26}-A^{27}-A^{28}-A^{29}-A^{30}-A^{31}-A^{32}-A^{33}-A^{34}-A^{35}-A^{36}-A^{37}-A^{38}-A^{39}-R^1，

(I)

其中：

A^7是 L-His

A^8是 Ala，Aib，Gly 或 Ser；

A^9是 Glu；

A^{10}是 Gly；

A^{11}是 Thr；

A^{12}是 Phe 或 β-Nal；

A^{13}是 Thr；

A^{14}是 Ser；

A^{15}是 Asp；

A^{16}是 Val；

A^{17}是 Ser 或 Aib；

A^{18}是 Ser 或 Lys；

A^{19}是 Tyr 或 β-Nal；

A^{20}是 Leu；

A^{21}是 Glu；

A^{22}是 Gly 或 Glu；

A^{23}是 Gln 或 Glu；

A^{24}是 Ala，Aib，Val，Abu，Tle 或 Acc；

A^{25}是 Ala，Aib 或 Lys；

A^{26}是 Lys，Arg 或 HN-CH（$(CH_2)_n$-N（$R^{10}R^{11}$））-C（O）；

A^{27}是 Glu，Leu，Aib 或 Lys；

A^{28}是 Phe，或 β-Nal；

A^{29}是 Ile；

A^{30}是 Ala；

A^{31}isTrp，β-Nal 或 Phe；

A^{32}是 Leu 或 Acc；

A^{33}是 Val 或 Lys；

A^{34}是 Lys，Arg 或 HN-CH（$(CH2)_n$-N（$R^{10}R^{11}$））-C（O）；

A^{35}是 Gly，β-Ala，Aib，或 D-Arg；

A^{36}是 L-或 D-Arg，L-Lys 或 HN-CH（$(CH_2)_n$-N（$R^{10}R^{11}$））-C（O）；

A^{37}是 Gly，β-Ala，Ava，Aib，Acc，Ado，Arg，Asp，Aun，Aec，HN-$(CH_2)_m$-C（O），HN-CH（$(CH_2)_n$-N（$R^{10}R^{11}$））-C（O），Lys，Arg 或 Ser 或不存在；

A^{38}是 L-Lys，L-Arg，HN-CH（$(CH_2)_n$-N（$R^{10}R^{11}$））-C（O），Ava，Ado，Aec 或不存在；

A^{39}是 L-Lys，L-Arg，HN-CH（$(CH_2)_n$-N（$R^{10}R^{11}$））-C（O），Ado，Aec，Aun 或不存在；

R^1为 OH 或 NH_2；

R^2和 R^3各自分别选自 H；

每次出现的 m 分别是 5～24 的整数；

每次出现的 n 分别是 1～5 的整数；

每次出现的 R^{10} 和 R^{11} 分别是 H，(C_1-C_{30}) 烷基，(C_1-C_{30}) 酰基；

条件是：

当 R^{10} 为 (C_1-C_{30}) 酰基时，则 R^{11} 为 H 或 (C_1-C_{30}) 烷基；

(i) 至少一种式 (I) 化合物的氨基酸与 hGLP-1 (7-36, -37 或-38) NH_2 或 hGLP-1 (7-36, -37 或-38) OH 的天然序列不同；

(ii) 式 (I) 化合物不是 hGLP-1 (7-36, -37 或-38) NH_2 或 hGLP-1 (7-36, -37 或-38) OH 的类似物，其中单个位置被 Ala 取代；

(iii) 式 (I) 化合物不是 $(Arg^{26,34}, Lys^{38})$ hGLP-1 (7-38) -E, $(Lys^{26}(N_\varepsilon\text{-链烷醇基}))$ hGLP-1 (7-36, -37 或-38) -E, $(Lys^{34}(N_\varepsilon\text{-链烷醇基}))$ hGLP-1 (7-36, -37 或-38) -E, $(Lys^{26,34}\text{-双}(N\varepsilon\text{-链烷醇基}))$ hGLP-1 (7-36, -37 或-38) -E, $(Arg^{26}, Lys^{34}(N_\varepsilon\text{-链烷醇基}))$ hGLP-1 (8-36, -37 或-38) -E, $(Arg^{26,34}, Lys^{36}(N_\varepsilon\text{-链烷醇基}))$ hGLP-1 (7-36, -37 或-38) -E 或 $(Arg^{26,34}, Lys^{38}(N_\varepsilon\text{-链烷醇基}))$ hGLP-1 (7-38) -E，其中 E 为-OH 或-NH_2；

(iv) 式 (I) 化合物不是 Z^1-hGLP-1 (7-36, -37 或-38) -OH, Z^1-hGLP-1 (7-36, -37 或-38) -NH_2，其中 Z^1 选自：

a. (Arg^{34}), $(Arg^{26,34})$, (Lys^{36}), (Arg^{26}, Lys^{36}), (Arg^{34}, Lys^{36}), $(D-Lys^{36})$, (Arg^{36}), $(D-Arg^{36})$, $(Arg^{26,34}, Lys^{36})$ 或 $(Arg^{26,36}, Lys^{34})$；或

b. (Aib^8)；

以及 (v) 式 (I) 化合物不是 (a) 或 (b) 组所列出的取代物的任意两种的组合。"

驳回决定认为：本申请的说明书中仅公开了所涉及的化合物的结构及其制备方法，但并未提供足以证明发明的技术方案可以达到预期要解决的技术问题或效果的实验室试验（包括动物试验）或者临床试验的定性或定量数据。而附件 1 中的数据并未记载在原始申请文件中，因此，对于本领域的技术人员来说，不能预料本申请的化合物或其组合物、或本申请中的治疗方法可以达到本发明的目的。本申请的说明书未对发明作出清楚、完整的说明，致使所属技术领域的技术人员不能实现该发明，不符合专利法第 26 条第 3 款的规定。

申请人研究及应用科学协会股份有限公司（下称请求人）对上述驳回决定不服，于 2006 年 9 月 25 日向专利复审委员会提出复审请求，请求人在提出复审请求时提交了新修改的权利要求书（共 1 页 5 项）及如下附件：

附件 1：本申请说明书中相关实施例中化合物的数据表格，共 3 页；

附件 2：DECLARATION OF DR. ZHENG XIN DONG，英文复印件 2 页，中文译文 1 页；

附件 3：《The Peptides》，Analysis, Synthesis, Biology, 1980 年, 第 2 卷, Special Methods in Peptide Synthesis, Part A, 封面页及第 217～223 页, 复印件共 8 页；

附件 4：《The Peptides》，Analysis, Synthesis, Biology, 1983 年, 第 5 卷, Special Methods in Peptide Synthesis, Part B, 封面页及第 123～124 页, 复印件共 3 页。

请求人提交的经修改的权利要求书为：

"1. 化合物 $(Aib^{8,35}, Arg^{26,34}, Phe^{31})$ hGLP-1 (7-36) NH_2 或其药学上可接受的盐。

2. 一种药物组合物，其包括有效量的权利要求 1 所述的化合物或其药学上可接受的盐，以及药学上可接受的载体或稀释剂。

3. 权利要求 1 所述的化合物或其药学上可接受的盐在制备对 GLP-1 受体的拮抗剂中的应用。

4. 权利要求 1 所述的化合物或其药学上可接受的盐在制备治疗以下疾病的药物中的应用,其中所述的疾病选自 I 型糖尿病、II 型糖尿病、肥胖、胰高血糖素瘤、导气管分泌性疾病、代谢性疾病、关节炎、骨质疏松、中枢神经系统疾病、再狭窄和神经变性疾病。

5. 权利要求 4 所述的应用,其中所述的疾病为 I 型糖尿病或 II 型糖尿病。"

请求人认为:(1) 附件 1 的数据是按照说明书中第 15~16 页所公开的方法对说明书中的化合物进行测试获得的,其记载了本申请说明书第 49~51 页表 1 中所列各个实施例化合物的 GLP-1 结合活性,还提供了本发明中多种类似物的半衰期值,表明其在代谢上更稳定;(2) 修改后的权利要求 1 仅要求保护一个化合物,其由 Phe 代替 Trp 残基而获得,附件 2~4 证明权利要求 1 中的化合物不易被氧化而更稳定,因此本申请的说明书对权利要求 1 中化合物的公开符合专利法第 26 条第 3 款的规定;(3) 根据附件(1)的数据,权利要求 1 的化合物相比天然 GLP-1,其作用时间延长,贮存期延长,制备更容易,水溶性低,与缓释制剂相容,且无需锌的存在,因此其相对于天然 GLP-1 具备创造性。

形式审查合格后,专利复审委员会受理了该复审请求,并于 2006 年 11 月 15 日向请求人发出《复审请求受理通知书》,同时将本申请案卷移交原审查部门进行前置审查。

原审查部门对本复审请求进行了前置审查,认为附件 1~4 中记载的数据用于证实本申请中未记载的效果,而且上述数据未记载在原始文件中,因此不能根据上述数据来推断化合物的效果,本申请的说明书未对发明作出清楚、完整的说明,致使所属技术领域的技术人员不能实现该发明,不符合专利法第 26 条第 3 款的规定。

专利复审委员会组成合议组,对本复审请求案进行了审理。于 2008 年 6 月 17 日向请求人发出《复审通知书》。《复审通知书》指出:权利要求 1 要求保护化合物 ($Aib^{8,35}$, $Arg^{26,34}$, Phe^{31}) hGLP-1 (7-36) NH_2 或其药学上可接受的盐,权利要求 2 要求保护包含权利要求 1 的化合物或其盐的药物组合物,权利要求 3~5 要求保护权利要求 1 的化合物或其盐的应用。根据说明书的记载,本申请所要解决的技术问题是天然 GLP-1 代谢不稳定,需要提供比天然 GLP-1 更有效或代谢上更稳定的 GLP-1 类似物(说明书第 2 页最后一段),权利要求 1 中的化合物与天然 GLP-1 的区别包括天然 GLP-1 第 31 位的 Trp 取代为 Phe。由于说明书中只是记载了该化合物的结构式和制备实施例以及其分子量和纯度(说明书的实施例 399 和表 1),并未记载任何足以证明该化合物可以实现所述 GLP-1 的用途和/或达到预期效果的定性或者定量实验数据,说明书和现有技术中同时也均未指出第 31 位氨基酸对于 GLP-1 发挥其生物学功能具有何种影响,本领域技术人员无法预测取代后得到的权利要求 1 的化合物是否还具有天然 GLP-1 的功能,并且是否比其更稳定,因此本申请的说明书未清楚完整地公开权利要求 1 中化合物及其盐的技术效果,权利要求 2~5 的技术方案以权利要求 1 的化合物或其盐为基础,同样也未在说明书中清楚完整地公开。因此,本申请说明书不符合专利法第 26 条第 3 款的规定;附件 1 的数据未记载在原始申请文件中,本领域技术人员根据现有技术也不能预测所述技术效果,因此在判断说明书是否充分公开时,对于附件 1 的数据不予考虑;附件 2 为本申请发明人的声明,其内容只是发明人对权利要求 1 化合物功能或效果的主观描述,无法用于证实该化合物的技术效果;附件 3 只是表明 Trp 易于被氧化;附件 4 表明 Phe 不易被氧化,但上述内容均无法证实天然 GLP-1 中的 Trp 被 Phe 取代后仍具有 GLP-1 的功能;权利要求 1 的化合物相比天然 GLP-1 具备创造性的意见陈述与本申请说明书是否充分公开无关,无助于克服本申请说明书没有充分公开的缺陷。

针对《复审通知书》指出的问题,请求人于 2008 年 9 月 28 日提交了意见陈述书,没有提交经修改的申请文件。请求人认为:(1) 判断说明书是否充分公开要以所属技术领域的技术人员能否实现该发明为准,即在发明公开本身的基础上结合相关技术领域的现有技术,本领域技术人员是否有能力实施相应的技术方案，并不要求说明书中必须具有试验数据。（2）本领域技术人员能够合理预期本申请所述具体 GLP-1 类似物所具有的功能和代谢稳定性，作为本领域的公知常识，对已知蛋白的氨基酸序列进行取代、缺失或添加一个或几个氨基酸或保守取代往往不改变其功能，本申请的化合物与天然 GLP-1 仅有一个氨基酸的差异，在没有相反证据的前提下，本领域技术人员可以判断上述第 31 位的 Trp 取代为 Phe 不会影响 GLP-1 的功能，附件 3、4 表明上述取代能带来代谢稳定性，中国专利实践也允许采用"取代、缺失或添加"与功能结合方式限定功能蛋白质，而无需真正的实验数据。（3）本领域技术人员能够实施本申请的技术方案，在本发明优先权日之前不付出创造性劳动无法预测本申请的具体化合物为代表的发明内容和有益效果，而在本申请说明书公开了该具体化合物后，本领域技术人员仅需结合公知常识，采用现有技术中公知测定 GLP-1 功能的常规实验手段或按照说明书第 15~16 页公开的方法就能够重复实施相应的技术方案，产生预期的技术效果，附件 1 的数据也可证明本发明的具体化合物具有的功能和代谢稳定性。因此本申请说明书对发明作出了清楚完整的说明，符合专利法第 26 条第 3 款的规定。

至此，合议组认为本案事实已经清楚，可以作出审查决定。

二、决定的理由

1. 审查依据的文本

本复审请求审查决定的审查文本为请求人于 2006 年 9 月 25 日提交的权利要求 1~5、于 2003 年 5 月 20 日提交的说明书第 1~51 页和说明书摘要。

2. 关于专利法第 26 条第 3 款

专利法第 26 条第 3 款规定，说明书应当对发明或者实用新型作出清楚、完整的说明，以所属技术领域的技术人员能够实现为准。

根据该款规定，对于化学产品的发明，说明书中应当记载化学产品的确认、化学产品的制备以及化学产品的用途，如果所属技术领域的技术人员无法根据现有技术预测发明能够实现所述用途和/或使用效果，则说明书中还应当记载对于本领域技术人员来说，足以证明发明的技术方案可以实现所述用途和/或达到预期效果的定性或者定量实验数据。

本案中，权利要求 1 要求保护化合物（$Aib^{8,35}$，$Arg^{26,34}$，Phe^{31}）hGLP-1（7-36）NH_2 或其药学上可接受的盐，权利要求 2 要求保护包含权利要求 1 的化合物或其盐的药物组合物，权利要求 3~5 要求保护权利要求 1 的化合物或其盐的应用。根据说明书的记载，本申请所要解决的技术问题是天然 GLP-1 代谢不稳定，需要提供比天然 GLP-1 更有效或代谢上更稳定的 GLP-1 类似物（说明书第 2 页最后一段），权利要求 1 中的化合物与天然 GLP-1 的区别包括天然 GLP-1 第 31 位的 Trp 取代为 Phe。由于说明书中只是记载了该化合物的结构式和制备实施例以及其分子量和纯度（说明书的实施例 399 和表 1），并未记载任何足以证明该化合物可以实现所述 GLP-1 的用途和/或达到预期效果的定性或者定量实验数据，由于天然 hGLP-1（7-36）仅是长度为 30 个氨基酸的短肽，第 31 位氨基酸 Trp 位于该短肽的中间，说明书和现有技术中同时也均未明确 GLP-1 的功能结构域或指出第 31 位氨基酸对于 GLP-1 发挥其生物学功能具有何种影响，本领域技术人员无法合理预测其取代为 Phe 后得到的权利要求 1 的化合物是否还具有天然 GLP-1 的功能，并且是否比其更稳定，因此本申请的说明书未清楚完整地公开权利要求 1 中化合物及其盐的技术效果，权利要求 2~5 的技术方案以权利要求 1 的化合物或其盐为基础，同样也未在说明书中清楚完整地公开。因此，本申请说明书不符合专利法第 26 条第 3 款的规定。

对于请求人在答复《复审通知书》时的意见陈述，合议组认为：（1）根据审查指南第二部分第二章第 2.1.3 节的规定，如果说明书中给出了具体的技术方案，但未给出实验证据，而该方案又必须依赖实验结果加以证实才能成立，则该情况由于缺乏解决技术问题的技术手段而被认为无法实现。对于本申请而言，说明书中只是提供具体化合物的结构和制备方法不足以证实其功能或效果，而在本领域技术人员也无法根据现有技术推导出其功能或效果的情况下，试验数据的记载是证实该化合物功能或效果所必须的。（2）hGLP-1（7-36）仅是长度为30个氨基酸的短肽，第31位氨基酸Trp位于该短肽的中间，而Trp和Phe的性质并不同，比如附件3、4所指出的，Trp比Phe更易于被氧化，表明其反应性高于Phe，因此在说明书和现有技术中均未明确GLP-1的功能结构域或指出第31位氨基酸Trp对于GLP-1发挥其生物学功能具有何种影响的情况下，本领域技术人员有合理的理由怀疑用Phe取代Trp后得到的权利要求1的化合物是否还具有天然GLP-1的功能；审查指南第二部分第十章第9.3.1.5节第（3）点明确允许采用"取代、缺失或添加"与功能结合方式限定功能蛋白质，而无需真正的实验数据，但允许采用该限定方式前提在于说明书中充分公开了所要"取代、缺失或添加"的蛋白质，而该蛋白质即为该申请对现有技术作出贡献的发明内容，本申请权利要求1的化合物是对已有化合物hGLP-1（7-36）进行改造而得到的，而hGLP-1（7-36）本身为现有技术，并不是本申请对现有技术作出贡献的发明内容，因此上述允许的限定方式并不适用于本申请。（3）正如请求人所言，在本发明优先权日之前本领域技术人员不付出创造性劳动无法预测本申请的具体化合物为代表的发明内容和有益效果，因此说明书中就必须提供试验数据来证实其功能或效果，说明书第15~16页记载了测定化合物活性的方法，并未记载任何根据该方法获得的化合物的活性数据，因此记载的该方法本身并不能证明权利要求1的化合物的功能；另外，说明书公开的意义在于指导所属领域技术人员实施和再现权利要求要求保护的技术方案，而不是在缺少试验证据的情况下，由所属领域技术人员根据其记载的检测方法对要求保护的技术方案的技术效果进行验证和推测；附件1的数据未记载在原始申请文件中，本领域技术人员根据现有技术也不能预测所述技术效果，因此在判断说明书是否充分公开时，对于附件1的数据不予考虑。

综上所述，本领域技术人员根据说明书记载的内容无法实现本发明的技术方案，解决其技术问题，并且产生预期的技术效果，本说明书公开不充分，不符合专利法第26条第3款的规定。

根据以上事实和理由，本案合议组作出如下审查决定。

三、决定

维持国家知识产权局于2006年6月9日对03136712.7号发明专利申请作出的驳回决定。

复审请求人对本决定不服的，可以根据专利法第41条第2款的规定，自收到本决定之日起三个月内向北京市第一中级人民法院起诉。

北京市第一中级人民法院
行政判决书

(2009) 一中行初字第1257号

原告益普生制药股份有限公司，住所地法兰西共和国布洛涅-比扬古乔治·戈斯河岸65号。

法定代表人让-卢克·贝兰加尔，董事长。

委托代理人黄革生，北京中咨律师事务所专利代理人。

委托代理人凌立，北京中咨律师事务所专利代理人。

被告中华人民共和国国家知识产权局专利复审委员会，住所地中华人民共和国北京市海淀区北四环西路9号银谷大厦10～12层。

法定代表人张茂于，副主任。

委托代理人张晓飞，男，中华人民共和国国家知识产权局专利复审委员会审查员。

委托代理人郭鹏鹏，男，中华人民共和国国家知识产权局专利复审委员会审查员。

原告益普生制药股份有限公司不服被告中华人民共和国国家知识产权局专利复审委员会作出的第15258号专利复审请求审查决定（以下简称被诉决定），于2009年4月16日向本院提起行政诉讼。本院受理后，依法组成合议庭，向被告送达了起诉状副本及应诉通知书。本院于2009年11月24日对本案公开开庭进行了审理。原告的委托代理人黄革生、凌立，被告的委托代理人张晓飞、郭鹏鹏到庭参加了诉讼。本案现已审理终结。

2008年11月28日，被告作出第15258号决定，维持中华人民共和国国家知识产权局（以下简称国知局）于2006年6月9日针对原告发明名称为"胰高血糖素样肽-1的类似物"的第03136712.7号发明专利申请（以下简称本申请）作出的驳回决定。

为证明被诉决定的合法性，在法定举证期限内，被告向本院提交并经当庭质证了如下证据：1. 原告于2006年9月25日提交的复审请求书；2. 被告于2008年6月17日发出的复审通知书；3. 原告于2008年9月28日提交的意见陈述书；4. 第03136712.7号发明专利申请公开说明书。

原告诉称：1. 本申请要求保护的化合物与天然GLP-1（7-36）的区别不但包括天然GLP-1第31位的Trp取代为Phe，还包括第8位、第26位、第34位、第35位氨基酸的取代。本申请权利要求1中要求保护的化合物是（$Aib^{8,35}$，$Arg^{26,34}$，Phe^{31}）hGLP-1（7-36）NH_2，根据其说明书第14页第1～3行的说明"本发明的肽在这也可表示为另一种形式，例如（$A5c^8$）hGLP-1（7-36）NH_2，含有位于圆括号的第一组间的天然序列的取代氧基酸（如，hGLP-1中的Ala^8的$A5C^8$）"，可知其中$Aib^{8,35}$、$Arg^{26,34}$、Phe^{31}分别表示天然hGLP-1（7-36）中的第8位、第26位、第31位、第34位、第35位氨基酸分别被取代为Aib、Arg、Pbe、Agr和Aib。2. 天然GLP-1（7-36）的第31位氨基酸Trp是C末端倒数第6个氨基酸，并不是如被告认为的位于该短肽中间。天然GLP-1（7-36）的第一个氨基酸是GLP-1的第7位氨基酸His（组氨酸），其第31位Trp自然是C末端的倒数第6个氨基酸，并不是位于中间区域。天然GLP-1（7-36）肽的第31位Trp，位于其C末端α-螺旋（由残基18-29组成）中，而不是位于中间区域。3. 现有技术已充分阐述天然GlJP-1的空间结构，原告证据1公开了GLP-1（7-36）由N端无规卷曲区段（即残基1-7）、两个α螺旋区段（即残基7-14和18-29）和一个连接区（即残基15-17）组成。并且，该证据还公开GLP-1肽的稳定C端α螺旋构象是GLP-1肽功能所需的，即是功能结构域之一，并且该观点还得到原告证据七的佐证。4. GLP-1的C末端的第 31 位氨基酸对于其与受体的结合和激活（即 GLP-1 的生物学功能）并不起决定性作用。原告证据 2 公开了用 Ala（丙氨酸）对 30 个氨基酸长度的 GLP-1（7-36）的多个位点进行取代（包括第 25 位 Trp，即本申请中的第 31 位 Trp）得到的类似物的 GLP-1 受体结合的活性，以及刺激 cAMP（作为激活 GLP-1 受体的量度）产生的能力。原告证据 2 的结论是 Ala（其侧链为甲基-）对第 5 位、第 8 位、第 10~12 位、第 14 位、第 16~21 位和第 25~30 位的取代不改变与受体的亲和力以及刺激 cAMP 产生的能力。本申请涉及的第 31 位 Trp（侧链为杂芳族的吲哚-3-甲基-）一旦取代为侧链相差大的 Ala（侧链为相对小得多的脂肪族甲基-），并不改变得到的类似物发挥天然 GLP-1 功能（与受体结合并激活受体）的能力。即，GLP-1 的第 31 位氨基酸对其发挥生物学功能没有实质性影响。原告证据 3 公开了用 L-Ala（L-丙氨酸）对 GLP-1（7-36）的每个残基分别进行取代，得到的类似物的 GLP-1 受体结合的活性和产生的腺苷酸环化酶的活性。原告证据 3 的结论是 GLP-1 第 7 位、第 10 位、第 12 位、第 13 位和第 15 位氨基酸的侧链直接参与和受体的相互作用，而其第 28 和第 29 位氨基酸对 GLP-1 的二级结构和受体识别的构象是重要的。即，本申请涉及的 GLP-1 第 31 位氨基酸不是 GLP-1 和其受体的相互作用，以及形成 GLP-1 的二级结构和受体识别的构象的关键性位点。并且，从该证据第 6277 页表 1 公开的数据可以看出第 31 位 Trp 取代为 L-Ala 对受体的结合以及产生的腺苷酸环化（cAMPase）的活性影响，与天然 GLP-1 以及该文献的作者认为没有影响的第 8 位、第 24 位和第 30 位取代对受体结合亲和力（IC_{50}）和产生的腺苷酸环化酶活性（EC_{50}）的数值类似（为同一数量级）。即，本申请涉及的 GLP-1 第 31 位氨基酸上发生的 Trp→Ala 取代对其发挥天然 GLP-1 的功能（与受体的结合以及产生的腺苷酸环化酶的活性）几乎没有影响。5. 本领域技术人员能够合理预见到本申请权利要求 1 中要求保护的化合物（$Aib^{8,35}$，$Arg^{26,34}$，Phe^{31}）hGLP-1（7-36）NH_2 具有天然 GLP-1 的功能，因此，该化合物能够解决本申请最基本的技术问题，并达到最基本的技术效果。本申请说明书已充分公开了权利要求 1 的技术方案；同理，以权利要求 1 的化合物和其药学上可接受的盐为基础的权利要求 2~5 的技术方案也在说明书中得到了充分公开，本申请说明书符合《中华人民共和国专利法》（以下简称《专利法》）第二十六条第三款的规定。作为本领域的公知常识，常见的蛋白质氨基酸的结构通式为：

$$R-\underset{\underset{NH_3^+}{|}}{\overset{\overset{H}{|}}{C}}-COO^-$$

其区别就在于侧链 R 基的不同。从本领域的公知常识可以获知，原告证据 2-3 中所用的 Ala 与天然 GLP-1 第 31 位 Trp 的侧链迥然不同，而本申请权利要求 1 中要求保护的化合物第 31 位 Phe 与 Trp 的侧链极为类似。原告证据 2-3 中用 Ala 取代天然 GLP-1 第 31 位侧链迥然不同的 Trp 的取代尚对产生的类似物的受体结合亲和力和腺苷酸环化酶活性影响不大，即产生的类似物具有天然 GLP-1 的功能。本领域技术人员很容易预见到用 Phe 取代天然 GLP-1 第 31 位具有极为类似的侧链的 Trp 的取代对产生的类似物的受体结合亲和力和腺苷酸环化酶活性的影响自然微乎其微，即产生的类似物具有天然 GLP-1 的功能。6. 被诉决定错误定位了《专利法》第二十六条第三款规定所要解决的技术问题，混淆了《专利法》第二十六条第三款和第二十二条第三款之间的区别。本申请只要满足了《审查指南》第二部分第十章第 3.1 节关于"化学产品发明的公开充分"的规定，就应当认为本领域的技术人员能够实现本发明，说明书满足《专利法》第二十六条第三款关于充分公开的规定。本申请权利要求 1 要求保护的化合物是否比天然 GLP-1 更有效或代谢更稳定，是对其是否具有"显著的进步"的要求，属于《专利法》第二十二条第三款的要求。原告认为被告混淆了《专利法》第二十六条第三款和第二十二条第三款之间的区别，采用了高于《专利法》第二十六条第三款法定标准的创造性的标准作为本申请说明书是否充分公开的标准，是对《专利法》第二十六条第三款的不正确的额外要求。

综上，被诉决定认定事实不清，适用法律错误，因此，请求撤销被诉决定，并责令被告重新作出复审决定。

原告为支持其诉讼主张，在指定期限内向本院提交并经当庭质证了如下证据：1. Kevin Thornton 和 David G. Gorenstein, Structure of Glucagon-like Peptide (7-36) Amide in a Dodecylphosphocholine Micelle asDetermined by 2D NMR, Biochemistry, 1994年第33卷第12期, 封面、目录页、正文第3532~3539页, 国家图书馆盖章复印件共10页, 及其部分内容的中文译文; 2. Baptist Gallwitz, Maike Witt, Gabriele Paetzold, Corinna Morys-wortmann, Bodo Zimmermann, KlausEckart, Ulrich R. Folsch 和 Wolfgang E. Schmidt, Structure/activity characterization of glucagon-like peptide-1, Eur. J. Biochem., 1994年第225卷第3期, 封面、目录页、正文第1151~1156页, 国家图书馆盖章复印件共8页, 及其部分内容的中文译文; 3. KimAdelhorst, Brit B. Hedegaard, Liselotte B. Knudsen 和 Ole Kirk, Structure-Activity Studies of Glucagon-like Peptide-1 *, THE JOURNAL OF BIOLOGICAL-CHEMISTRY, 1994年第269卷第9期, 3月4日发行, 封面、目录页、正文第6275-6278页, 国家图书馆盖章复印件共6页, 及其部分内容的中文译文; 4. 沈同、王镜岩主编,《生物化学》, 1990年12月第二版, 上册, 书名页、版权页、目录页、正文第79页至第82页, 复印件共10页; 5. Erhard Gross,《The peptides, Analysis, Synthesis, Biology》, 1980年第2卷, Special Methodsin Peptide Synthesis, Part A, 书名页、版权页、目录页、正文第217~223页, 国家图书馆盖章复印件共12页, 及其部分内容的中文译文; 6. Erhard Gross,《Thepeptides, Analysis, Synthesis, Biology》, 1983年第5卷, Special Methods in Peptide Synthesis, Part B, 书名页、版权页、目录页、正文第123~124页, 国家图书馆盖章复印件共7页, 及其部分内容的中文译文; 7. 被告于2008年12月26日作出的第15609号复审决定书复印件, 共10页; 8. J. 萨姆布鲁克、E. F. 弗里奇、T. 曼妮阿蒂斯,《分子克隆实验指南》, 1992年10月第二版, 第951页表D.2。

被告辩称：1. 被诉决定指出的是"权利要求1中的化合物与天然GLP-1的区别包括天然GLP-1第31位的Trp取代为Phe"，并未否认还存在其他区别。2. 被诉决定指出的31位氨基酸Trp位于短肽中间只是区别于该氨基酸位于短肽两个末端的情况，事实上，其位于其中一个功能结构域的中间。3. 证据1并未在本申请审查过程中提交，也不属于本申请引证的现有技术文献，另外，证据1只是公开了GLP-1 (7-36)的空间构象和部分功能结构域，并未明确GLP-1 (7-36)发挥功能必需的所有功能结构域或关键位点。4. 证据2-3并未在本申请审查过程中提交，也不属于本申请引证的现有技术文献，另外，证据2-3只是验证了GLP-1在仅仅进行单个位点，即第31位氨基酸取代时对其功能的影响，本申请权利要求1要求保护的技术方案相对于天然GLP-1存在多处取代，其多处取代的组合对于功能的影响无法预测，再者，发挥功能参与的关键氨基酸虽为少数，但并不是其他氨基酸对发挥功能就无关紧要，其参与形成的构象的稳定才是发挥功能的前提。5. Trp与Phe侧链性质并不类似，其反应性不同，吲哚呈弱碱性，并存在易反应的位点，而苯环和CH3-均为不易反应基团，根据上述意见陈述和被诉决定的评述，本领域技术人员不能合理预测权利要求1要求保护的技术方案具有所述功能。6. 被诉决定在决定理由部分指出"本领域技术人员无法合理预测其取代为Phe后得到的权利要求1的化合物是否还具有天然GLP-1的功能，并且是否比其更稳定"，这是对权利要求1的化合物是否能发挥天然GLP-1功能的质疑，并未强调其需要解决说明书中提及的所有技术问题；对于化学产品的用途，本申请说明书中并未给出任何能证明其具有何种用途的实验数据，说明书第15页倒数第5行仅描述了测定本发明化合物的方法，未给出测定结果，实施例中只是给出了化合物的制备方法，因此，被诉决定是根据《专利法》第二十六条第三款的规定的标准对本申请进行审查的。

综上，被告认为被诉决定认定事实清楚，适用法律正确，审理程序合法，请求人民法院依法判决驳回原告的诉讼请求，维持被诉决定。

本院经审查认为：被告证据1~4、原告证据5、6与被诉决定的合法性审查有关且合法，各方当事人对其真实性亦无异议，均为有效证据。原告证据1、2、3、4、7、8在行政程序中未向被告提交，属于最高人民法院《关于行政诉讼证据若干问题的规定》第五十九条规定的情形，本院不予采纳。

根据上述有效证据及各方当事人在庭审中无争议的陈述，本院对本案事实作出如下认定：

1999年12月7日，原告（曾用名称为：研究及应用科学协会股份有限公司）向国知局提出了本申请，本申请的优先权日为1998年12月7日，公开日为2004年5月12日。

国知局针对原告2005年5月18日提交的权利要求书第1~12项、2003年5月20日提交的说明书第1~51页和说明书摘要，于2006年6月9日以说明书不符合《专利法》第二十六条第三款的规定为由驳回了其申请。驳回决定所针对的权利要求1为：

"1. 一种式（I）化合物或其药学上可接受的盐

$(R^2R^3)-A^7-A^8-A^9-A^{10}-A^{11}-A^{12}-A^{13}-A^{14}-A^{15}-A^{16}-A^{17}-A^{18}-A^{19}-A^{20}-A^{21}-A^{22}-A^{23}-A^{24}-A^{25}-A^{26}-A^{27}-A^{28}-A^{29}-A^{30}-A^{31}-A^{32}-A^{33}-A^{34}-A^{35}-A^{36}-A^{37}-A^{38}-A^{39}-R^1$，

（I）

其中：

A^7是L-His

A^8是Ala，Aib，Gly或Ser；

A^9是Glu；

A^{10}是Gly；

A^{11}是Thr；

A^{12}是Phe或β-Nal；

A^{13}是Thr；

A^{14}是Ser；

A^{15}是Asp；

A^{16}是Val，

A^{17}是Ser或Aib；

A^{18}是Ser或Lys；

A^{19}是Tyr或β-Nal；

A^{20}是Leu；

A^{21}是Glu；

A^{22}是Gly或Clu；

A^{23}是Gln或Clu；

A^{24}是Ala，Aib，Val，Abu，TLe或Acc，

A^{25}是Ala，Aib或Lys；

A^{26}是Lys，Arg或HN-CH（（CH$_2$）n-N（R^{10}R^{11}））-C（O）；

A^{27}是Glu，Leu，Aib或Lys；

A^{35}是Phe，或β-Nal；

A^{29}是Ile；

A^{30}是Ala；

A^{31} isTrp，β-Nal 或 Phe；

A^{32} 是 Leu 或 Acc；

A^{33} 是 Val 或 Lys；

A^{34} 是 Lys, Arg 或 HN-CH（(CH$_2$) n-N（R^{10}R^{11}））-C（O）；

A^{35} 是 Gly，β-Ala，Aib，或 D-Arg；

A^{36} 是 L-或 Drg，L-Lys 或 HN-CH（(CH$_2$) n-N（R^{10}R^{11}））-C（o）；

A^{37} 是 Gly，β-Ala，Ava，Aib，Acc，Ado，Arg，Asp，Aun，Aec，HN-（CH$_2$）m-C（O），HN-CH（(CH$_2$) n-N（R^{10}R^{11}））-C（O），Lys，Arg 或 Ser 或不存在；

A^{38} 是 L-Lys，L-Arg，HN-CH（(CH$_2$) n-N（R^{10}R^{11}））-C（O），Ava，Ado，Aoe 或不存在；

A^{39} 是 L-Lys，L-Arg，HN-CH（(CH$_2$) n-N（R^{10}R^{11}））-C（O），Ado，Aec，Aun 或不存在；

R^1 为 OH 或 NH$_2$；

R^2 和 R^3 各自分别选自 H；

每次出现的 m 分别是 5-24 的整数；

每次出现的 n 分别是 1-5 的整数；

每次出现的 R^{10} 和 R^{11} 分别是 H，(C$_1$-C$_{30}$) 烷基，(C$_1$-C$_{30}$) 酰基；

条件是：

当 R^{10} 为 (C$_1$-C$_{30}$) 酰基时，则 R^{11} 为 H 或 (C$_1$-C$_{30}$) 烷基；

（i）至少一种式（I）化合物的氨基酸与 hGLP-1（7-36，-37 或-38）NH$_2$ 或 hGLP-l（7-36，-37 或-38）OH 的天然序列不同；

（ii）式（I）化合物不是 hGLP-1（7-36，-37 或-38）NH$_2$ 或 hGLP-1（7-36，-37 或-38）OH 的类似物，其中单个位置被 Ala 取代；

（iii）式（I）化合物不是（Arg^{26,34}，Lys^{38}）hGLP-1（7-38）-E，（Lys^{26}（Nϵ-链烷醇基））hGLP-1（7-36，-37 或-38）-E，（Lys^{34}（Nϵ-链烷醇基））hGLP-1（7-36，-37 或-38）-E，（Lys^{26,34}-双（Nϵ-链烷醇基））hGLP-1（7-36，-37 或-38）-E，（Arg^{26}，Lys^{34}（Nϵ-链烷醇基））hGLP-1（8-36，-37 或-38）-E，（Arg^{26,34}，Lys^{36}（Nε-链烷醇基））hGLP-1（7-36，-37 或-38）-E 或（Arg^{26,34}，Lys^{38}（Nε-链烷醇基））hGLp-1（7-38）-E，其中 E 为-OH 或-NH$_2$；

（iv）式（I）化合物不是 Z^1-hGLP-1（7-36，-37 或-38）-OH，Z^1-hGLP-1（7-36，-37 或-38）-NH$_2$，其中 Z^1 选自：

（a）(Arg^{34})，(Arg^{26,34})，(Lys^{36})，(Arg^{26}，Lys^{36})，(Arg^{34}，Lys^{36})，(D-Lys^{36})，(Arg^{36})，(D-Arg^{36})，(Arg^{26,34}，Lys^{36}) 或 (Arg^{26,36}，Lys^{34})；

或

（b）(Aib^8)；

以及

（V）式（I）化合物不是（a）或（b）组所列出的取代物的任意两种的组合。"

驳回决定认为：本申请的说明书中仅公开了所涉及的化合物的结构及其制备方法，但并未提供足以证明发明的技术方案可以达到预期要解决的技术问题或效果的实验室试验（包括动物试验）或者临床试验的定性或定量数据。而附件 1 中的数据并未记载在原始申请文件中，因此，对于本领域的技术人员来说，不能预料本申请的化合物或其组合物、或本申请中的治疗方法可以达到本发明的目的。本申请的说明书未对发明作出清楚、完整的说明，致使所属技术领域的技术人员不能实现该发明，不符合《专利法》第二十六条第三款的规定。

原告对上述驳回决定不服，于2006年9月25日向专利复审委员会提出复审请求，并提交了新修改的权利要求书（共1页5项）及如下附件：

附件1：本申请说明书中相关实施例中化合物的数据表格，共3页；附件2：DECLARATION OF DR. ZHENG XIN DONG，英文复印件2页，中文译文1页；

附件3：《The Peptides》，Analysis, Synthesis, Biology，1980年，第2卷，Special Methods in PeptideSynthesis，Part A，封面页及第217~223页，复印件共8页；

附件4：《The Peptides》，Analysis, Synthesis, Biology，1983年，第5卷，Special Methods in PeptideSynthesis，Part B，封面页及第123~124页，复印件共3页。

原告提交的经修改的权利要求书为：

1. 化合物（$Aib^{8,35}$，$Arg^{26,34}$，Phe^{31}）hGLP-1（7-36）NH_2或其药学上可接受的盐。

2. 一种药物组合物，其包括有效量的权利要求1所述的化合物或其药学上可接受的盐，以及药学上可接受的载体或稀释剂。

3. 权利要求1所述的化合物或其药学上可接受的盐在制备对GLP-1受体的拮抗剂中的应用。

4. 权利要求1所述的化合物或其药学上可接受的盐在制备治疗以下疾病的药物中的应用，其中所述的疾病选自I型糖尿病、II型糖尿病、肥胖、胰高血糖素瘤、导气管分泌性疾病、代谢性疾病、关节炎、骨质疏松、中枢神经系统疾病、再狭窄和神经变性疾病。

5. 权利要求4所述的应用，其中所述的疾病为I型糖尿病或II型糖尿病。

原告认为：（1）附件1的数据是按照说明书中第15~16页所公开的方法对说明书中的化合物进行测试获得的，其记载了本申请说明书第49~51页表1中所列各个实施例化合物的GCLP-1结合活性，还提供了本发明中多种类似物的半衰期值，表明其在代谢上更稳定；（2）修改后的权利要求1仅要求保护一个化合物，其由Phe代替Trp残基而获得，附件2~4证明权利要求1中的化合物不易被氧化而更稳定，因此本申请的说明书对权利要求1中化合物的公开符合《专利法》第二十六条第三款的规定；（3）根据附件（1）的数据，权利要求1的化合物相比天然GLP-1，其作用时间延长，贮存期延长，制备更容易，水溶性低，与缓释制剂相容，且无需锌的存在，因此其相对于天然GLP-1具备创造性。

被告受理该复审请求后，向原告发出《复审请求受理通知书》，同时将本申请案卷移交原审查部门进行前置审查。

原审查部门对本复审请求进行了前置审查，认为附件1~4中记载的数据用于证实本申请中未记载的效果，而且上述数据未记载在原始文件中，因此不能根据上述数据来推断化合物的效果，本申请的说明书未对发明作出清楚、完整的说明，致使所属技术领域的技术人员不能实现该发明，不符合《专利法》第二十六条第三款的规定。

被告2008年6月17日向原告发出《复审通知书》，指出：权利要求1要求保护化合物（$Aib^{8,35}$，$Arg^{26,34}$，Phe^{31}）hGLP-1（7-36）NH_2或其药学上可接受的盐，权利要求2要求保护包含权利要求1的化合物或其盐的药物组合物，权利要求3-5要求保护权利要求1的化合物或其盐的应用。根据说明书的记载，本申请所要解决的技术问题是天然GLP-1代谢不稳定，需要提供比天然GLP-1更有效或代谢上更稳定的GLP-1类似物（说明书第2页最后一段），权利要求1中的化合物与天然GLP-1的区别包括天然GLP-1第31位的Trp取代为Phe。由于说明书中只是记载了该化合物的结构式和制备实施例以及其分子量和纯度（说明书的实施例399和表1），并未记载任何足以证明该化合物可以实现所述GLP-1的用途和/或达到预期效果的定性或者定量实验数据，说明书和现有技术中同时也均未指出第31位氨基酸对于GLP-1发挥其生物学功能具有何种影响，本领域技术人员无法预测取代后得到的权利要求1的化合物是否还具有天然GLP-1的功能,并且是否比其更稳定,因此本申请的说明书未清楚完整地公开权利要求1中化合物及其盐的技术效果,权利要求2~5的技术方案以权利要求1的化合物或其盐为基础,同样也未在说明书中清楚完整地公开。因此,本申请说明书不符合《专利法》第二十六条第三款的规定;附件1的数据未记载在原始申请文件中,本领域技术人员根据现有技术也不能预测所述技术效果,因此在判断说明书是否充分公开时,对于附件1的数据不予考虑;附件2为本申请发明人的声明,其内容只是发明人对权利要求1化合物功能或效果的主观描述,无法用于证实该化合物的技术效果;附件3只是表明Trp易于被氧化;附件4表明Phe不易被氧化,但上述内容均无法证实天然GLP-1中的Trp被Phe取代后仍具有GLP-1的功能;权利要求1的化合物相比天然GLP-1具备创造性的意见陈述与本申请说明书是否充分公开无关,无助于克服本申请说明书没有充分公开的缺陷。

针对《复审通知书》指出的问题,原告提交了意见陈述书,没有提交经修改的申请文件。原告认为:(1)判断说明书是否充分公开要以所属技术领域的技术人员能否实现该发明为准,即在发明公开本身的基础上结合相关技术领域的现有技术,本领域技术人员是否有能力实施相应的技术方案,并不要求说明书中必须具有试验数据;(2)本领域技术人员能够合理预期本申请所述具体GLP-1类似物所具有的功能和代谢稳定性,作为本领域的公知常识,对已知蛋白的氨基酸序列进行取代、缺失或添加一个或几个氨基酸或保守取代往往不改变其功能,本申请的化合物与天然GLP-1仅有一个氨基酸的差异,在没有相反证据的前提下,本领域技术人员可以判断上述第31位的Trp取代为Phe不会影响GLP-1的功能,附件3、4表明上述取代能带来代谢稳定性,中国专利实践也允许采用"取代、缺失或添加"与功能结合方式限定功能蛋白质,而无需真正的实验数据;(3)本领域技术人员能够实施本申请的技术方案,在本发明优先权日之前不付出创造性劳动无法预测本申请的具体化合物为代表的发明内容和有益效果,而在本申请说明书公开了该具体化合物后,本领域技术人员仅需结合公知常识,采用现有技术中公知测定GLP-1功能的常规实验手段或按照说明书第15~16页公开的方法就能够重复实施相应的技术方案,产生预期的技术效果,附件1的数据也可证明本发明的具体化合物具有的功能和代谢稳定性。因此本申请说明书对发明作出了清楚完整的说明,符合《专利法》第二十六条第三款的规定。

此后,被告作出了维持国知局于2006年6月9日针对本发明作出的驳回决定的被诉决定。

诉讼中,原告对被诉决定作出的程序,以及该决定中关于被告对该案审查经过的表述均无异议。

本院认为:《专利法》第二十六条第三款规定,说明书应当对发明或者实用新型作出清楚、完整的说明,以所属技术领域的技术人员能够实现为准。对于化学产品的发明,如果所属技术领域的技术人员无法根据现有技术预测发明能够实现所述用途和/或使用效果,则说明书中还应当记载对于本领域技术人员来说,足以证明发明的技术方案可以实现所述用途和/或达到预期效果的定性或者定量实验数据。

根据原告申请文件中的记载,本申请所要解决的技术问题是提供一种比"天然胰高血糖素样肽-1"(即GLP-1)更有效或者代谢上更稳定的GLP-1类似物,原告也认可本申请的GLP-1类似物具有更有效或更稳定的优点。权利要求1要求保护化合物(Aib^{8,35},Arg^{26,34},Phe^{31})hGLP-1(7-36)NH$_2$或其药学上可接受的盐,被告认为权利要求1的化合物与天然GLP-1的区别"包括"第31位的取代,这并未否认该化合物在第8、26、34、35位氨基酸的取代的事实。作为肽类物质,天然GLP-1(7-36)的活性和功能与其功能结构域等因素密切相关,功能结构域的改变例如氨基酸的取代、缺失或添加可以带来活性或功能的变化,因此,在本申请说明书和现有技术均未明确公开GLP-1的全部功能结构域,也未公开第31位Trp氨基酸对GLP-1生物功能的作用的情况下,用苯丙氨酸Phe取代位于 GLP-1 短肽内第 31 位的色氨酸 Trp 时，该 GLP-1 类似物究竟具有何种功能和性质是本领域普通技术人员无法预测的，即第 31 位 Trp 被 Phe 取代所得到的权利要求 1 的产品是否能够实现更有效或更稳定的技术效果须依赖于说明书对该技术方案能够达到预期效果的定性或定量实验数据的披露。本申请说明书仅记载了测定活性的方法，但未公开由所述活性测定方法取得的定性或定量的活性实验数据，因此，本申请说明书未作出清楚、完整的说明，本申请不符合《专利法》第二十六条第三款之规定。

原告在行政程序中提交过的证据 5 和 6 仅仅涉及色氨酸和苯丙氨酸的某些性质，例如色氨酸在酸性介质中对氧的敏感性、色氨酸的吲哚环的敏感性、苯丙氨酸的芳环的性质等。但是，本领域普通技术人员难以由色氨酸、苯丙氨酸的上述化学性质预测到 GLP-1 第 31 位色氨酸被苯丙氨酸取代后的权利要求 1 的化合物（$Aib^{8,35}$，$Arg^{26,34}$，Phe^{31}）hGLP-1（7-36）NH_2 具有何种功能或性质，或者对 GLP-1 的生物功能产生何种影响，因此，本申请说明书中应当记载对于本领域技术人员来说足以证明权利要求 1 的化合物可以实现所述用途和/或达到预期效果的定性或者定量实验数据。

原告在本案中引用证据 1~3 的大量内容来支持本申请说明书公开充分的主张，其中认为无论 GLP-1 的功能结构域是否明确，本领域技术人员都能够根据证据 2-3 合理预见到第 31 位氨基酸 Trp 被 Phe 取代并不对 GLP-1 的生物活性和功能产生实质影响。但是，首先，证据 1-3 在行政程序中并未提交过，不能被采纳。其次，即便考虑这些文献，但这些文献的内容仍然未公开 GLP-1 肽的所有功能结构域，而且没有阐明 GLP-1 的生物功能仅由其空间结构决定。原告主张 GLP-1 第 31 位氨基酸对其生物功能不起决定作用，还认为由第 31 位氨基酸 Trp 被侧链相差大的 Ala 取代时对其生物功能无实质影响就可预见到 Trp 被侧链类似的 Phe 进行取代时对其生物功能亦应无实质影响，但是，原告无证据显示第 31 位氨基酸的取代对该短肽生物功能的作用只取决于取代基团的侧链差异性，而且上述文献记载的取代是单个位点的取代，据此无法推断出本申请既在 GLP-1 的第 31 位氨基酸发生取代、同时在 GLP-1 的第 8、26、34、35 位亦发生氨基酸取代的结果，故原告的上述主张没有事实依据，推断亦无证据支持。

因此，被诉决定认定事实清楚，适用法律正确，审查程序合法，本院应予维持。原告的诉讼理由不成立，其请求本院不予支持。据此，依照《中华人民共和国行政诉讼法》第五十四条第（一）项之规定，判决如下：

维持被告中华人民共和国国家知识产权局专利复审委员会作出的第 15258 号复审请求审查决定。

案件受理费人民币 100 元，由原告益普生制药股份有限公司负担（已交纳）。

如不服本判决，益普生制药股份有限公司可在本判决书送达之日起 30 日内，中华人民共和国国家知识产权局专利复审委员会可在本判决书送达之日起 15 日内，向本院递交上诉状，并按照对方当事人的人数提出副本，预交上诉案件受理费人民币 100 元，上诉于中华人民共和国北京市高级人民法院。

审 判 长 吴 月
代理审判员 贾志刚
代理审判员 龙 非
二〇〇九年五月二十日
书 记 员 魏浩锋

316

手术闭合伤口疼痛的局部预防或缓解

复审请求审查决定（第 15268 号）

决 定 号	第 15268 号
决 定 日	2008 年 12 月 3 日
发明创造名称	手术闭合伤口疼痛的局部预防或缓解
国 际 分 类 号	A61K 9/70
复 审 请 求 人	埃皮塞普特有限公司
申 请 号	00817763.5
申 请 日	2000 年 10 月 18 日
优 先 权 日	1999 年 10 月 25 日
公 开 日	2003 年 4 月 23 日
合 议 组 组 长	祁轶军
主 审 员	朱 茜
参 审 员	程 强
法 律 依 据	专利法第 22 条第 3 款

决 定 要 点

如果本领域技术人员根据现有技术公开的技术内容和启示不需要花费创造性的劳动就能够得到一项权利要求所限定的技术方案，则该权利要求所限定的技术方案对本领域技术人员来说是显而易见的，不具备创造性。

一、案由

本复审请求涉及申请号为 00817763.5，名称为"手术闭合伤口疼痛的局部预防或缓解"的发明专利申请（下称本申请）。申请人为埃皮塞普特有限公司。本申请的申请日为 2000 年 10 月 18 日，优先权日为 1999 年 10 月 25 日，公开日为 2003 年 4 月 23 日。

经实质审查，国家知识产权局于 2006 年 1 月 6 日驳回了该申请，理由是权利要求 14 修改超范围，不符合专利法第 33 条的规定；权利要求 1~13 不具备创造性，不符合专利法第 22 条第 3 款的规定。

驳回决定引用的对比文件为公开号为 US3814095A、公开日为 1974 年 6 月 4 日的美国专利说明书。

驳回决定所针对的权利要求书为：

"1. 在贴剂中所含有的药学上可接受的药物制剂在用于预防或缓解受治疗者手术闭合伤口疼痛的

药物制备中的应用，其中所述药物局部应用于所述伤口的外表面或临近所述伤口的外表面，并且其中所述药学上可接受的药物制剂包含治疗有效量的局部麻醉药或其药学上可接受的盐。

2. 权利要求1的应用，其中所述药学上可接受的药物制剂包含1%重量至25%重量的所述局部麻醉药或药学上可接受的盐。

3. 权利要求1的应用，其中所述药学上可接受的药物制剂包含2%重量至20%重量的所述局部麻醉药或药学上可接受的盐。

4. 权利要求1的应用，其中所述药学上可接受的药物制剂包含3%重量至5%重量的所述局部麻醉药或药学上可接受的盐。

5. 权利要求1的应用，其中所述药学上可接受的药物制剂为聚合物基质、乳膏、凝胶、乳剂或软膏形式。

6. 权利要求1的应用，其中所述药学上可接受的药物制剂还包含聚氯乙烯、聚二甲基硅氧烷、聚乙烯吡咯烷酮、聚乙烯醇、基于明胶的水凝胶、天然或合成橡胶、聚丙烯酸酯、聚乙酸乙烯酯、聚丙烯酸丁酯、聚丙烯酸甲酯、聚二甲基硅氧烷、基于聚乙烯吡咯烷酮的水凝胶或低聚聚环氧乙烷。

7. 权利要求1的应用，其中所述外科手术闭合伤口因腹腔镜检查、疝整复术、乳房活组织检查活皮下肿瘤切除而产生。

8. 权利要求1的应用，其中所述局部麻醉药是利多卡因、丁卡因、布比卡因、丙胺卡因、甲哌卡因、普鲁卡因、氯普鲁卡因、罗哌卡因、辛可卡因、依替卡因、苯佐卡因或其混合物。

9. 权利要求1的应用，其中所述局部麻醉药是利多卡因。

10. 权利要求1的应用，其中所述贴剂是胶粘剂包药物整体型贴剂、胶粘剂包药物多层型贴剂、基质型贴剂或储库型贴剂。

11. 权利要求1的应用，其中所述药学上可接受的药物制剂不包含渗透促进剂。

12. 权利要求1的应用，其中所述药物在应用步骤后用一种敷料覆盖。

13. 权利要求1的应用，其中所述药物每日应用。

14. 药学上可接受的药物制剂在用于预防或缓解受治疗者手术闭合伤口疼痛的药物制备中的应用，其中所述药物局部应用于所述伤口的外表面或临近所述伤口的外表面，并且其中所述药学上可接受的药物制剂包含在贴剂中并且包含聚乙烯吡咯烷酮水凝胶和1%重量至25%重量的利多卡因活字药学上可接受的盐。"

驳回决定认为，权利要求14要求保护的技术方案在原申请文件中没有记载，也不能由原说明书和权利要求书所记载的内容直接地、毫无疑义地确定，即原始文件中没有任何依据将其内容相结合得到权利要求14所限定的技术方案，因此权利要求14修改超范围，不符合专利法第33条的规定；权利要求1相对于对比文件1和公知常识的结合是显而易见的，不具备专利法第22条第3款规定的创造性，其从属权利要求2~13的附加特征也被对比文件1公开或为本领域的公知常识，在其引用的权利要求1不具备创造性的情况下，上述权利要求也不具备创造性。

申请人（下称请求人）对上述驳回决定不服，于2006年4月21日向专利复审委员会提出复审请求。请求人认为：(1) 权利要求14的修改符合专利法第33条的规定，判断权利要求是否超范围应当将说明书作为一个整体去考虑，而不是单纯从文字上去考虑；(2) 对比文件1没有给出相应的启示，权利要求1~13具备创造性。

形式审查合格后，专利复审委员会受理了该复审请求，并于2006年6月2日向请求人发出复审请求受理通知书，随后将本申请移交原实审部门进行前置审查。

原实审部门对本复审请求进行了前置审查，仍坚持原驳回决定。

专利复审委员会依法成立合议组对本案进行审理。2008年7月7日本案合议组向请求人发出复审通知书。该复审通知书指出：(1) 本申请权利要求14要求保护的是"药学上可接受的药物制剂在用于预防或缓解受治疗者手术闭合伤口疼痛的药物制备中的应用"，其中的药物制剂包含聚乙烯吡咯烷酮水凝胶和1%重量至25%重量的利多卡因或其药学上可接受的盐，但是，该技术方案既没有文字记载在原说明书和权利要求书中，也不能根据原说明书和权利要求书文字记载的内容直接地、毫无疑义地确定，因此增加该权利要求不符合专利法第33条的规定。针对请求人认为的权利要求14的技术方案由于能够得到说明书的支持而不超范围的观点，合议组告知请求人，首先，权利要求的技术方案是否能够得到说明书的支持和能否从原说明书和权利要求书记载的内容中直接地、毫无疑义地确定之间没有必然的联系，即使修改后的某项权利要求能够得到说明书的支持，但只要该项权利要求不能从原说明书和权利要求书中直接地、毫无疑义地确定，那么这种修改也是超范围的；其次，原说明书和权利要求书记载的范围，至少应当是以技术方案为基础进行判断的，单个的技术特征在原说明书和权利要求书中有记载，并不能代表由这些技术特征所组合出的技术方案不超范围，只有在增加的权利要求请求保护的技术方案在原说明书和权利要求书中有文字记载，或者能够从原说明书和权利要求书中直接地、毫无疑义地确定的情况下，增加该权利要求才符合专利法第33条的规定。(2) 对比文件1（US3814095A，参见说明书摘要、第1栏第35～42行、第2栏第61行至第3栏第8行、第5栏第27～30行）公开了一种施用于完整皮肤的含有利多卡因的贴剂，可用于小型外科手术或皮肤测试前的局部麻醉以预防和减轻疼痛。可见，权利要求1与对比文件1相比，区别技术特征为：权利要求1是将该贴剂施用于手术闭合伤口或临近伤口的外表面，而对比文件1是将该贴剂施用于完整皮肤外表面，该区别特征解决的技术问题是将用于完整皮肤的具有麻醉和缓解疼痛作用的贴剂转用于手术闭合伤口或临近伤口的皮肤上以缓解疼痛。但是，本申请说明书中记载了"手术闭合伤口呈现与完整皮肤相似的药物通透屏障"（参见说明书第2页第3～4行），由此可知权利要求1所述的手术闭合伤口与对比文件1中的完整皮肤对于药物的通透性相似。同时，对比文件1中的贴剂是通过一种非侵入性非系统性的方法预防或缓解疼痛，而权利要求1也采用同样的方法、利用同样的药物作用机理产生麻醉作用以缓解手术闭合伤口引起的疼痛。因此在对比文件1的教导下，将用于完整皮肤的不产生创伤的麻醉贴剂用于手术后闭合伤口及其临近的皮肤表面以缓解受治疗者手术闭合伤口疼痛对本领域技术人员来说是容易想到的，而且说明书也并未记载这种转用需要克服技术上的困难和能够产生预料不到的技术效果，因此，权利要求1的技术方案对比所属技术领域的技术人员来说是显而易见的，权利要求1不具备突出的实质性特点和显著的进步，不符合专利法第22条第3款有关创造性的规定；权利要求2～3、5、8～11分别对所述制剂的含量、形式以及麻醉药的种类作了进一步限定，但是这些附加技术特征均被对比文件1公开，对比文件1公开了含10%～50%利多卡因乳膏的贴剂，该贴剂中不含有渗透促进剂（参见对比文件1第2栏第61～64行），在其引用的权利要求1不具备创造性的情况下，权利要求2～3、5、8～11也不具备创造性；权利要求4、6～7分别对权利要求1作了进一步限定，对比文件1（参见说明书第2栏第61～64行）公开了含10%～50%利多卡因乳膏的贴剂，含有30%利多卡因的贴剂可用于各种小型手术。在对比文件1给出了可以通过外用贴剂来对一些手术操作产生的伤口进行止痛的启示下，本领域技术人员根据手术情况及疼痛程度很容易对制剂辅料、产生伤口的手术以及局部麻醉药物的含量进行常规选择，并且也没有产生预料不到的技术效果，因此在其引用的权利要求1不具备创造性的情况下，权利要求4、6～7也不具备创造性；权利要求12、13对权利要求1在给药方法及处理步骤上进行了限定，但是在应用药物后覆盖一层辅料对药物形成保护，防止其由于摩擦等原因而过早损失是本领域技术人员的惯用技术手段，而每日施用贴剂也是医生根据病人的疼痛情况能够选择的具体方案，且该技术特征并未给权利要求12、13带来预料不到的技术效果，因此在其引用的权利要求1不具备创造性的情况下，权利要求12~13也不具备创造性。

针对复审通知书指出的问题，请求人于2008年10月20日提交了意见陈述书及权利要求书的全文修改替换页。修改后的权利要求书为：

"1. 选自利多卡因、丁卡因、布比卡因、丙胺卡因、甲哌卡因、普鲁卡因、氯普鲁卡因、罗哌卡因、辛可卡因、依替卡因、苯佐卡因或其两种以上的混合物的局部麻醉药或其药学上可接受的盐在制备用于预防或缓解手术闭合伤口疼痛的药物制备中的应用，其中所述药物局部应用于所述伤口的外表面或临近所述伤口的外表面，并且所述药物包含在贴剂中，且其中所述药物还包含在局部麻醉药或药学上可接受的盐药物制剂应用后用于覆盖所述伤口的敷料。

2. 权利要求1的应用，其中所述药学上可接受的药物制剂包含1％重量至25％重量的所述局部麻醉药或药学上可接受的盐。

3. 权利要求1的应用，其中所述药学上可接受的药物制剂包含2％重量至20％重量的所述局部麻醉药或药学上可接受的盐。

4. 权利要求1的应用，其中所述药学上可接受的药物制剂包含3％重量至5％重量的所述局部麻醉药或药学上可接受的盐。

5. 权利要求1的应用，其中所述药学上可接受的药物制剂为聚合物基质、乳膏、凝胶、乳剂或软膏形式。

6. 权利要求1的应用，其中所述药学上可接受的药物制剂还包含聚氯乙烯、聚二甲基硅氧烷、聚乙烯吡咯烷酮、聚乙烯醇、基于明胶的水凝胶、天然或合成橡胶、聚丙烯酸酯、聚乙酸乙烯酯、聚丙烯酸丁酯、聚丙烯酸甲酯、聚二甲基硅氧烷、基于聚乙烯吡咯烷酮的水凝胶或低聚聚环氧乙烷。

7. 权利要求1的应用，其中所述外科手术闭合伤口因腹腔镜检查、疝整复术、乳房活组织检查活皮下肿瘤切除而产生。

8. 权利要求1的应用，其中所述局部麻醉药是利多卡因。

9. 权利要求1的应用，其中所述贴剂是胶粘剂包药物整体型贴剂、胶粘剂包药物多层型贴剂、基质型贴剂或储库型贴剂。

10. 权利要求1的应用，其中所述药学上可接受的药物制剂不包含渗透促进剂。

11. 权利要求1的应用，其中所述药物在应用步骤后用一种敷料覆盖。

12. 权利要求1的应用，其中所述药物每日应用。"

请求人认为，对比文件1没有教导含有利多卡因的贴剂可以在常规的医疗手术实施后敷用，且其仅涉及低程度的疼痛，没有教导持续的手术后疼痛可以通过延长局部应用含局部麻醉药的贴剂连续给予足够量的局部麻醉而得到治疗或改善，修改后的权利要求1相对于对比文件1具备创造性。

在上述程序的基础上，合议组认为本案事实已经清楚，可以做出审查决定。

二、决定的理由

1. 关于审查文本

请求人于2008年10月20日提交了权利要求书的全文修改替换页，经审查，修改后的权利要求书没有超出原申请文件记载的范围，符合专利法第33条的规定，合议组对该文本予以接受，因此本复审决定依据的文本是请求人于2008年10月20日提交的权利要求1~12，2002年6月24日提交的说明书第1~13页和说明书摘要。

2. 关于专利法第22条第3款

专利法第22条第3款规定，创造性，是指同申请日以前已有的技术相比，该发明有突出的实质性特点和显著的进步。

（1）权利要求1要求保护一种选自利多卡因、丁卡因、布比卡因、丙胺卡因、甲哌卡因、普鲁卡因、氯普鲁卡因、罗哌卡因、辛可卡因、依替卡因、苯佐卡因或其两种以上的混合物的局部麻醉药或其药学上可接受的盐在制备用于预防或缓解手术闭合伤口疼痛的药物中的应用，其中所述药物局部应用于所述伤口的外表面或临近所述伤口的外表面，并且所述药物包含在贴剂中，且其中所述药物还包含在局部麻醉药或药学上可接受的盐药物制剂应用后用于覆盖所述伤口的敷料。对比文件1（US3814095A，参见说明书摘要、第1栏第35～42行、第2栏第61行至第3栏第8行、第5栏第27～30行、附图1～3）公开了一种施用于完整皮肤上的贴剂，局部麻醉药利多卡因包含在该贴剂中，该贴剂包括一胶粘背衬部分14及其内的含有液体状或膏状麻醉药的纱布状材料25（相当于权利要求1中的用于覆盖所述伤口的敷料），其可用于小型外科手术或皮肤测试前的局部麻醉以缓解疼痛。可见，权利要求1与对比文件1的区别在于①所用的局部麻醉药还可为包括丁卡因、布比卡因、丙胺卡因、甲哌卡因、普鲁卡因、氯普鲁卡因、罗哌卡因、辛可卡因、依替卡因、苯佐卡因或其两种以上的混合物；②权利要求1是将该贴剂施用于手术闭合伤口或临近伤口的外表面，而对比文件1是将该贴剂施用于完整皮肤外表面。对于区别特征①，其所列举的麻醉药的种类均是本领域中常见的麻醉药，在对比文件1已经公开了所用的局部麻醉药是利多卡因的基础上，本领域技术人员很容易想到用其他常见的局部麻醉药替换利多卡因或采用其两种以上的混合物作为该贴剂中的局部麻醉药以达到麻醉以缓解疼痛的作用，同时该区别特征也没有为权利要求1限定的技术方案带来预料不到的技术效果。对于区别特征②，其解决的技术问题是将用于完整皮肤的具有麻醉和缓解疼痛作用的贴剂转用于手术闭合伤口或临近伤口的皮肤上以缓解疼痛。但是，本申请说明书背景技术部分记载了"手术闭合伤口呈现与完整皮肤相似的药物通透屏障"（参见说明书第2页第3～4行），由此可知权利要求1所述的手术闭合伤口与对比文件1中的完整皮肤对于药物的通透性相似。同时，对比文件1中的贴剂是通过一种非侵入性非系统性的方法预防或缓解疼痛，而权利要求1也采用同样的方法、利用同样的药物作用机理产生麻醉作用以缓解手术闭合伤口引起的疼痛。因此在对比文件1的教导下，将用于完整皮肤的不产生创伤的麻醉贴剂用于手术后闭合伤口及其临近的皮肤表面以缓解受治疗者手术闭合伤口疼痛对本领域技术人员来说是容易想到的，而且说明书也并未记载这种转用需要克服技术上的困难和能够产生预料不到的技术效果。综上，对所属技术领域的技术人员来说，权利要求1的技术方案相对于对比文件1和本领域公知常识的结合是显而易见的，权利要求1不具备突出的实质性特点和显著的进步，不符合专利法第22条第3款有关创造性的规定。

（2）权利要求2～3、5、8～10分别对所述制剂的含量、形式以及麻醉药的种类作了进一步限定，但是这些附加技术特征均被对比文件1公开，对比文件1公开了含10%～50%利多卡因乳膏的贴剂，该贴剂中不含有渗透促进剂（参见对比文件1第2栏第61～64行）。在其引用的权利要求1不具备创造性的情况下，权利要求2～3、5、8～11也不具备创造性，不符合专利法第22条第3款的规定。

（3）权利要求4、6～7分别对权利要求1作了进一步限定，对比文件1（参见说明书第2栏第61～64行）公开了含10%～50%利多卡因乳膏的贴剂，含有30%利多卡因的贴剂可用于各种小型手术。在对比文件1给出了可以通过外用贴剂来对一些手术操作产生的伤口进行止痛的启示下，本领域技术人员根据手术情况及疼痛程度很容易对制剂辅料、产生伤口的手术以及局部麻醉药物的含量进行常规选择，并且也没有产生预料不到的技术效果，因此在其引用的权利要求1不具备创造性的情况下，权利要求4、6～7也不具备创造性，不符合专利法第22条第3款的规定。

（4）权利要求11、12对权利要求1在给药方法及处理步骤上进行了限定，但是在应用药物后覆盖一层辅料对药物形成保护，防止其由于摩擦等原因而过早损失是本领域技术人员的惯用技术手段，而每日施用贴剂也是医生根据病人的疼痛情况能够选择的具体方案，且该技术特征并未给权利要求

11、12带来预料不到的技术效果,因此在其引用的权利要求1不具备创造性的情况下,权利要求11~12也不具备创造性。

请求人认为,对比文件1没有教导含有利多卡因的贴剂可以在常规的医疗手术实施后敷用,且其仅涉及低程度的疼痛,没有教导持续的手术后疼痛可以通过延长局部应用含局部麻醉药的贴剂连续给予足够量的局部麻醉而得到治疗或改善,而权利要求1要求保护的是医疗手术进行后且伤口闭合后敷用含局部麻醉药的贴剂从而缓解闭合伤口闭合后出现的疼痛,并且由于手术后的疼痛是持续的,本申请预期延长应用目前请求保护的贴剂以连续给予超过几天的局部麻醉剂,因此修改后的权利要求1相对于对比文件1具备创造性。对此合议组认为,权利要求1和对比文件1都是在不产生创伤的情况下使用局部麻醉药物阻断感觉神经冲动的产生和传导以消除或者减轻局部疼痛感觉,该局部麻醉药物发挥药效的机理相同。而且本申请说明书第2页第3~4行记载了"手术闭合伤口呈现与完整皮肤相似的药物通透屏障",由此可见闭合伤口与完整皮肤对于麻醉药物的通过情况是类似的,说明书也未记载将该利多卡因贴剂施用于闭合伤口时需要克服用于对比文件1所述完整皮肤时不曾遇到的技术困难,例如闭合伤口与完整皮肤性质不同、药物通透率更低导致对比文件1所述的贴剂无法起效或者施用时还要采取其他措施避免影响伤口痊愈的副作用等,因此在对比文件1给出的将局部麻醉药物利多卡因制成贴剂在不产生创伤的情况下局部麻醉皮肤缓解疼痛的教导下,本领域技术人员容易想到将该贴剂应用于手术闭合伤口及其临近的皮肤上来达到缓解疼痛的目的,并且能够根据伤口疼痛的时间和程度选择贴剂的剂量、形式和使用时间,这并不需要克服技术上的困难,也没有带来预料不到的技术效果,因此请求人的上述意见不能成立。

三、决定

维持国家知识产权局于2006年1月6日对00817763.5号发明专利申请作出的驳回决定。

复审请求人对本决定不服的,可以根据专利法第41条第2款的规定,自收到本决定之日起三个月内向北京市第一中级人民法院起诉。

苦参碱肠溶片及其制备方法

复审请求审查决定（第 15269 号）

决 定 号	第 15269 号
决 定 日	2008 年 11 月 28 日
发明创造名称	苦参碱肠溶片及其制备方法
国际分类号	A61K 31/4375，A61K 9/20，A61P 1/16，A61 31/12
复 审 请 求 人	张以成
申 请 号	03100897.6
申 请 日	2003 年 1 月 27 日
公 开 日	2003 年 7 月 16 日
合 议 组 组 长	魏 屹
主 审 员	朱 茜
参 审 员	刘 妍

法 律 依 据 专利法第 22 条第 3 款，第 33 条

决 定 要 点

如果现有技术整体上并不存在相关的启示以促使本领域技术人员改进现有技术并得到要求保护的技术方案，则应当认为发明相对于现有技术是非显而易见的，具备创造性。

一、案由

本复审请求涉及申请日为 2003 年 1 月 27 日，公开日为 2003 年 7 月 16 日，名称为"苦参碱肠溶片及其制备方法"的 03100897.6 号发明专利申请（下称本申请），申请人为张以成。

国家知识产权局于 2006 年 12 月 29 日驳回了该申请，理由是权利要求 1～3 不符合专利法第 22 条第 3 款的规定。

驳回决定所针对的权利要求书为：

"1. 一种苦参碱肠溶片，其特征在于：将苦参碱粉碎后，与辅料混合，制粒、干燥后，压片包肠溶薄膜制得。

2. 根据权利要求 1 所述的苦参碱肠溶片，其特征在于：该肠溶片每剂含苦参碱 100 毫克，至少含有以下辅料，微晶纤维素 35 毫克、淀粉 30 毫克、羧甲基淀粉钠 10 毫克、硬脂酸镁 0.8 毫克。

3. 一种权利要求 2 所述的苦参碱肠溶片的制备方法，其特征在于包括以下步骤：

a. 粉碎：按比例取用苦参碱，粉碎并过 60 筛，按比例取用微辅料与粉碎后的苦参碱混合均匀，并过 40 目筛；

b. 制粒：在上述的物料中加入适量的淀粉糊，混合均匀并制成软材，通过16目筛制粒；

c. 干燥整粒：将步骤b得到的软粒干燥，干粒再经16目筛整粒；

d. 制成品：在步骤c得到的干粒中加入硬脂酸镁混匀，再压片，包肠溶薄膜制成。"

驳回决定认为：对比文件1（CN1389223A）公开了苦参提取物（其中苦参碱的含量大于等于15%）的一些常规剂型，包括片剂、硬胶囊、滴丸、口服液、颗粒剂、注射液和粉针剂，在片剂的制备中也提及了包衣，因此权利要求1与对比文件1的区别在于本申请的包衣是肠溶薄膜包衣，本申请权利要求1实际要解决的技术问题是用肠溶包衣来避免口服苦参碱时产生的胃部刺激，而对比文件2（《药剂学》，奚念朱等编，人民卫生出版社）公开了为防止胃液的酸性及酶对药物的破坏，或防止药物对胃的刺激等，可在片剂外包肠溶衣。因此，本领域技术人员根据对比文件1和2的结合会显而易见地得出权利要求1的技术方案，权利要求1相对于对比文件1和2的结合不具备创造性。权利要求2对活性物质的含量、辅剂种类和含量进行了进一步的选择和限定，但是这些辅剂是制备片剂的常规辅剂，对这些辅剂及其用量的选择对本领域技术人员来说是显而易见的，因此也不具备创造性。权利要求3是权利要求2所述产品的制备方法，该制备方法是制备片剂和包衣的常规方法，在权利要求2没有创造性的情况下，权利要求3也不具备创造性。

申请人（下称请求人）对上述驳回决定不服，于2007年2月5日向专利复审委员会提出复审请求，请求人认为，国家知识产权局驳回的理由不成立。

请求人在提出复审请求的同时提交了权利要求书的修改替换页。将权利要求书修改为：

"1. 一种以单体苦参碱为唯一活性成分的苦参碱肠溶片，其特征在于：该肠溶薄膜衣片每片的组成是：苦参碱100mg、微晶纤维素35mg、淀粉30mg、羧甲基淀粉钠10mg、硬脂酸镁0.8mg。

2. 根据权利要求1所述的以单体苦参碱为唯一活性成分的苦参碱肠溶片，其特征在于：该片包肠溶薄膜衣。

3. 一种权利要求1或2所述的以单体苦参碱为唯一活性成分的苦参碱肠溶片的制备方法，其特征在于包括以下步骤：

a. 粉碎：按比例取用苦参碱，粉碎并通过60目筛；按比例取微晶纤维素、淀粉、羧甲基淀粉钠与粉碎后的苦参碱混合均匀，过40目筛；

b. 制粒：将上面的混合粉用5%淀粉糊制成软材，通过16目筛制粒；

c. 干燥整粒：将颗粒干燥，经16筛整粒；

d. 压片：加入硬脂酸镁于颗粒中压片。"

请求人认为：对比文件1中的中药苦参提取物与苦参碱不是同一药物，中药苦参提取物属于中药范畴，用于治疗肿瘤，苦参碱是单体的化学药，用于治疗肝炎，因此与对比文件1有本质的区别，而且本申请是结合主要性质对主药和辅料的处方进行了优选。

形式审查合格后，专利复审委员会受理了该复审请求，并于2007年4月10日向请求人发出复审请求受理通知书，随后将本申请移交原审查部门进行前置审查。

原审查部门对本复审请求进行了前置审查，坚持原驳回决定，具体理由是权利要求1和权利要求3修改超范围，不符合专利法第33条的规定，并且认为驳回决定指出的其他缺陷已克服。

专利复审委员会组成合议组，对本案的复审请求进行了审理。

本案合议组于2008年6月18日向请求人发出复审通知书。复审通知书指出，本申请要解决的技术问题是提供一种口服形式的苦参碱，并避免苦参碱对胃的刺激，为解决该问题采取的技术手段是制备一种以苦参碱为活性成分的苦参碱药片并在药片外包肠溶薄膜衣使其在肠道内吸收，因此在苦参碱药片外包肠溶薄膜是制备所述苦参碱肠溶片所必不可少的技术特征。原权利要求书的权利要求3要求保护的技术方案为苦参碱肠溶片的制备方法，其步骤 d 中包括了压片后"包肠溶薄膜"的技术特征，但请求人对权利要求 3 进行修改时，将"包肠溶薄膜"的特征删除，由于该特征是本发明的必要技术特征，因此删除该技术特征属于审查指南规定的因删除在原申请中明确认定为发明的必要技术特征而不被允许的情形，也就是说，修改后的权利要求 3 所述的技术方案既没有记载在原说明书和权利要求书中，同时也不能从原说明书和权利要求书中直接地、毫无疑义地确定，因此该修改超出了原申请文件记载的范围，不符合专利法第 33 条的规定。

针对复审通知书指出的问题，请求人于 2008 年 7 月 1 日提交了意见陈述书和经修改的权利要求书替换页。将权利要求 3 的步骤 d 修改为："d. 压片：在步骤 c 得到的干粒中加入硬脂酸镁混匀，再压片，包肠溶薄膜制成。"

2008 年 11 月 6 日，请求人再次提交权利要求书和说明书的修改替换页，修改后的权利要求书为：

"1. 一种以单体苦参碱为唯一活性成分的苦参碱肠溶片，其特征在于：该肠溶薄膜衣片每片的组成是：苦参碱 100mg、微晶纤维素 35mg、淀粉 30mg、羧甲基淀粉钠 10mg、硬脂酸镁 0.8mg。

2. 根据权利要求 1 所述的以单体苦参碱为唯一活性成分的苦参碱肠溶片，其特征在于：该片包肠溶薄膜衣。

3. 一种权利要求 1 或 2 所述的以单体苦参碱为唯一活性成分的苦参碱肠溶片的制备方法，其特征在于包括以下步骤：

a. 粉碎：按比例取用苦参碱，粉碎并通过 60 筛；按比例取微晶纤维素、淀粉、羧甲基淀粉钠与粉碎后的苦参碱混合均匀，过 40 目筛；

b. 制粒：将上面的混合粉用 5％淀粉糊制成软材，通过 16 目筛制粒；

c. 干燥整粒：将颗粒干燥，经 16 目筛整粒；

d. 压片：在步骤 c 得到的干粒中加入硬脂酸镁混匀，再压片，包肠溶薄膜衣制成。"

在上述程序的基础上，合议组认为本案事实清楚，可以作出审查决定。

二、决定的理由

1. 关于文本

本复审决定所依据的文本是请求人于 2008 年 11 月 6 日提交的权利要求 1～3，说明书第 1～3 页，以及申请日提交的说明书摘要。

2. 关于专利法第 33 条

请求人于 2008 年 11 月 6 日提交了说明书和权利要求书的修改替换页，将原权利要求 2 "根据权利要求 1 所述的以单体苦参碱为唯一活性成分的苦参碱肠溶片，其特征在于：该片包肠溶薄膜衣"修改为权利要求 1 "一种以单体苦参碱为唯一活性成分的苦参碱肠溶片，其特征在于：该肠溶薄膜衣片每片的组成是：苦参碱 100mg、微晶纤维素 35mg、淀粉 30mg、羧甲基淀粉钠 10mg、硬脂酸镁 0.8mg"，即对于苦参碱肠溶片的组成由原来的开放式撰写方法修改为封闭式撰写方法。对于上述修改，合议组认为，首先，虽然修改后的权利要求 1 的封闭式限定部分未包括常用的能够制备肠溶薄膜衣的成分，但权利要求 1 的特征部分已经限定了"该肠溶薄膜衣片的组成是：苦参碱 100mg、微晶纤维素 35mg、淀粉 30mg、羧甲基淀粉钠 10mg、硬脂酸镁 0.8mg"，本领域技术人员能够知道权利要求 1 要求保护的肠溶片是包含肠溶薄膜衣的片剂，而上述组封闭式的限定应当仅是针对该药物组合物包裹在肠溶薄膜衣内的素片的组成，且其组成能够根据原说明书的记载直接地、毫无疑义地确定，因此这种修改符合专利法第 33 条的规定。其次，修改后的权利要求 3 在步骤 d 中增加了"包肠溶薄膜制成"，克服了复审通知书指出的缺陷，修改后的文本符合专利法第 33 条的规定。

2. 关于专利法第 22 条第 3 款

专利法第 22 条第 3 款规定，创造性，是指同申请日前已有的技术相比，该发明有突出的实质性特点和显著的进步。

修改后的权利要求 1 要求保护一种以单体苦参碱为唯一活性成分的苦参碱肠溶片，其特征在于：该肠溶薄膜衣片每片的组成是：苦参碱 100mg、微晶纤维素 35mg、淀粉 30mg、羧甲基淀粉钠 10mg、硬脂酸镁 0.8mg。对比文件 1（CN1389223A，公开日为 2003 年 7 月 16 日）公开了一种治疗恶性肿瘤的中药片剂，其中每片含有苦参总生物碱（其中苦参碱的含量不低于 15%）100mg，以及羧甲基淀粉钠、硬脂酸镁等常用辅料，且该片剂具有包衣（参见权利要求 1、说明书第 3 页第 9～11 行，实施例 2）。对比文件 2（《药剂学》，奚念朱等编，人民卫生出版社，第二版，第 315、316 和 348 页）公开了为了防止胃液的酸性及酶对药物的破坏，或防止药物对胃的刺激等，可在片剂外包肠溶衣。

权利要求 1 与对比文件 1 相比，区别在于：（1）对比文件 1 中药物的活性成分为苦参总生物碱，而权利要求 1 的活性成分为单体苦参碱；（2）二者所用辅料的成分和含量有所差别；（3）权利要求 1 的药物组合物具有肠溶包衣。虽然权利要求 1 中辅料的成分和含量均是本领域技术人员的常规选择，并且在药片外包肠溶衣的特征也被对比文件 2 公开，但是，对比文件 1 的药物组合物解决的技术问题是治疗恶性肿瘤，而权利要求 1 要求保护的药物组合物解决的技术问题是恢复慢性活动性肝炎和迁移性肝炎患者的谷丙转氨酶及治疗胆红素异常。可见区别特征（1）在对比文件 1 中和权利要求 1 中所起作用并不相同；而且苦参总生物碱与苦参碱并不是同一种物质，苦参总生物碱是包括苦参碱在内的生物碱类混合物；苦参碱与苦参总生物碱的药理作用也不相同。对比文件 1 并没有给出将苦参碱单体作为药物唯一活性成分以恢复慢性活动性肝炎和迁移性肝炎患者的谷丙转氨酶及治疗胆红素异常的任何启示或者教导，因此，权利要求 1 的技术方案相对于对比文件 1 和 2 的结合是非显而易见的，具备突出的实质性特点和显著的进步。

综上所述，权利要求 1 相对于对比文件 1 和对比文件 2 的结合具备创造性，符合专利法第 22 条第 3 款的规定。在权利要求 1 具备创造性的前提下，其从属权利要求 2、3 也符合专利法第 22 条第 3 款有关创造性的规定，驳回决定所指出的缺陷并不存在。

三、决定

撤销国家知识产权局于 2006 年 12 月 29 日对 02100897.6 号发明专利申请作出的驳回决定。由原审查部门在本复审决定依据的文本的基础上继续进行审查。

复审请求人对本决定不服的，可以根据专利法第 41 条第 2 款的规定，自收到本决定之日起三个月内向北京市第一中级人民法院起诉。

糖尿病患者患糖尿病肾病或血脂失调风险性的评估

复审请求审查决定（第 15333 号）

决 定 号	第 15333 号
决 定 日	2008 年 11 月 25 日
发明创造名称	糖尿病患者患糖尿病肾病或血脂失调风险性的评估
国际分类号	C12Q 1/68
复审请求人	香港中文大学
申 请 号	02122596.6
申 请 日	2002 年 6 月 14 日
公 开 日	2004 年 1 月 7 日
合议组组长	叶 娟
主 审 员	张 雷
参 审 员	孙俊荣

法 律 依 据 专利法第 33 条，专利法第 22 条第 3 款，专利法实施细则第 60 条第 1 款

决 定 要 点

原说明书和权利要求书记载的范围包括原说明书和权利要求书文字记载的内容和根据原说明书和权利要求书文字记载的内容以及说明书附图能直接地、毫无疑义地确定的内容。如果对专利申请文件作出的修改能够从原说明书和权利要求书文字记载的内容以及说明书附图中直接地、毫无疑义地确定并且是为了消除驳回决定的缺陷时，上述修改符合专利法第 33 条以及专利法实施细则第 60 条第 1 款的规定。

在创造性的判断中，判断发明是否具有突出的实质性特点，就是要判断对本领域的技术人员来说，要求保护的发明相对于现有技术是否显而易见。如果要求保护的发明相对于现有技术是显而易见的，则不具有突出的实质性特点。

对一项专利申请而言，如果导致其被驳回的原因在于某项权利要求中的某个技术方案不符合专利法第 22 条第 3 款的规定，则当该技术方案被删除后，应当认为导致其被驳回的缺陷已被克服。

一、案由

本复审请求涉及 2002 年 6 月 14 日申请、2004 年 1 月 7 日公开、名称为"糖尿病患者患糖尿病肾病或血脂失调风险性的评估"的 02122596.6 号发明专利申请（下称本申请）。本申请的申请人为香港中文大学。

国家知识产权局于 2005 年 9 月 23 日发出《第一次审查意见通知书》，其中引用了 4 篇非专利文

献作为对比文件：

（1）《Ⅱ型糖尿病肾病患者β3-肾上腺素能受体基因多态性研究》，高从容等，中华肾脏病杂志，第17卷第3期，第164~167页，公开时间为2001年6月；

（2）《糖尿病肾病的遗传学研究进展》，陈朝红等，肾脏病与透析肾移植，第7卷第2期，第157~160页，公开时间为1998年4月；

（3）《血管紧张素Ⅱ1型受体基因、血管紧张素Ⅰ转化酶基因多态与2型糖尿病肾病的关系》，许玲等，山东医科大学学报，第39卷第6期，第514~516页，公开日为2001年12月；

（4）《G蛋白β3亚单位基因C825T多态性与原发性高血压》，张明华等，高血压杂志，第9卷第4期，第288~291页，公开时间为2001年10月。

通知书中指出，对比文件1~4分别公开了如下遗传标志：β3-肾上腺素能受体基因的多态性Trp64Arg（对比文件1），血管紧张素原基因多态性M235T（对比文件2），血管紧张素Ⅱ1型受体基因（AT1R）A1166C（对比文件3），G蛋白β3亚单位基因C825T多态性（对比文件4）。同时，对比文件1~3还公开了将上述遗传标志用于评估糖尿病患者患糖尿病肾病和/或糖尿病血脂失调的风险的技术方案。因此，本申请的权利要求1~7不符合专利法第22条第2款规定的新颖性。权利要求8请求保护的试剂盒选用对比文件1~4任一所述遗传标志与所属技术领域常识中一般的引物、探针、聚合酶、缓冲液之类结合就能够获得，对所属技术领域的技术人员来说是显而易见的，不具备突出的实质性特点和显著的进步，因而权利要求8不符合专利法第22条第3款规定的创造性。

申请人于2006年2月8日提交了意见陈述及经修改的权利要求书替换页，删除了现有技术中已知的与糖尿病肾病（DN）关联的β3肾上腺素能受体基因Trp64Arg，血管紧张素Ⅱ1型受体基因A1166C和血管紧张素原基因M235T，并将权利要求2的附加技术特征并入原权利要求1。同时在意见陈述中指出，对比文件4教导了G蛋白β3亚基C825T等位基因与高血压没有显著关联，但并非提及该基因与糖尿病肾病（DN）的关系，因此修改后的权利要求相对于对比文件1~4皆具有创造性。

国家知识产权局于2006年3月3日以权利要求7不符合专利法第22条第3款的规定为由驳回了本申请。

驳回决定所针对的权利要求7为：

"7. 一种试剂盒，其中包括：

包含引物、DNA聚合酶、四种脱氧核糖核苷酸、反应缓冲液的用于聚合酶链式反应的反应液，所述引物是基于如下遗传标志而设计并制备的：脂蛋白脂肪酶基因Ser447Term、对氧磷酶1基因Met55Leu、对氧磷酶2基因Ser311Cys、G蛋白β3亚单位基因C825T、载脂蛋白B基因Thr71Ile、肝脂肪酶基因C-480T、内皮氧化氮合酶A-922G或基质溶素3基因5A/6A，从而使扩增所得的产物含有所述遗传标志中的遗传多态位点或突变位点；

基于所述遗传标志而设计并制备的特异于所述聚合酶链式反应扩增产物的探针；和

指导如何进行所述的聚合酶链式反应以及扩增产物检测的说明书。"

驳回决定认为：由于申请人针对权利要求7具备创造性的意见陈述只是认为G蛋白β3亚基C825T等位基因与高血压没有显著关联，也与DN没有关系，但是其并未论述G蛋白β3亚基C825T等位基因作为一种已知等位基因，基于其而设计的PCR反应的引物，检测扩增产物的探针以及与已知的DNA聚合酶，四种脱氧核糖核苷酸，反应缓冲液以及一些说明书组成的试剂盒的创造性。因此经过申请人意见陈述及修改文本后，本发明专利申请依然缺乏创造性。

申请人香港中文大学（下称请求人）对上述驳回决定不服，于2006年6月19日向专利复审委员会提出复审请求，请求人在提出复审请求时提交了经修改的权利要求书全文替换页共2页7项，相对于驳回决定所针对的权利要求书，其中仅对权利要求7进行了修改。

请求人提交的新权利要求7为：

"7. 一种用于检测与心血管疾病有关的遗传标志的试剂盒，其中包括：

包含引物、DNA聚合酶、四种脱氧核糖核苷酸、反应缓冲液的用于聚合酶链式反应的反应液，所述引物是基于如下遗传标志而设计并制备的：脂蛋白脂肪酶基因Ser447Term、对氧磷酶1基因Met55Leu、对氧磷酶2基因Ser311Cys、G蛋白β3亚单位基因C825T、载脂蛋白B基因Thr71Ile、肝脂肪酶基因C-480T、内皮氧化氮合酶A-922G或基质溶素3基因5A/6A，从而使扩增所得的产物含有所述遗传标志中的遗传多态位点或突变位点；

基于所述遗传标志而设计并制备的特异于所述聚合酶链式反应扩增产物的探针；和

指导如何进行所述的聚合酶链式反应以及扩增产物检测的说明书。"

请求人认为，虽然G蛋白β3亚基C825T是已知的等位基因，但现有技术对比文件4未教导其与心血管疾病，尤其是与糖尿病肾病相关，更未提及或暗示G蛋白β3亚基C825T在检测与心血管疾病相关的遗传标记的试剂盒中的应用。因此，修改后的权利要求7相对于对比文件4具有非显而易见性。

形式审查合格后，专利复审委员会受理了该复审请求，并于2006年7月24日向请求人发出《复审请求受理通知书》，同时将本申请案卷移交原审查部门进行前置审查。

原审查部门对本复审请求进行了前置审查，认为权利要求7将主题名称从"一种试剂盒"修改为"一种用于检测与心血管疾病有关的遗传标志的试剂盒"超出了原始权利要求书和说明书记载的范围，不符合专利法第33条的规定，而且，原驳回理由中所指出的缺陷仍然没有克服，坚持原驳回决定。

专利复审委员会组成合议组，对本复审请求案进行了审理。于2008年7月7日向请求人发出《复审通知书》。《复审通知书》指出：

本案中，权利要求7请求保护一种试剂盒，其中所述的遗传标志包括了G蛋白β3亚单位基因C825T。对比文件4（《G蛋白β3亚单位基因C825T多态性与原发性高血压》，高血压杂志，第9卷第4期，第288~291页，2001年10月）中已经公开了该遗传标志，同时还公开了扩增该多态性位点的PCR扩增方法，包括使用包含PCR引物、DNA模板、Taq酶、dNTP和反应缓冲液在内的PCR反应体系（参见对比文件4全文，尤其材料方法部分）。比较权利要求7与对比文件4，发现两者都涉及遗传标志G蛋白β3亚单位基因C825T以及检测该位点的PCR扩增反应体系，对比文件1与本申请权利要求7的区别仅在于：（1）在检测扩增产物时，权利要求7使用的是探针，对比文件4使用的是琼脂糖凝胶电泳；（2）对比文件4没有明确得出用于检测该遗传标志的试剂盒。对于区别（1），合议组认为，在分析扩增后的产物时，采用琼脂糖凝胶电泳或采用杂交探针均是本领域技术人员的常规技术手段，权利要求7使用杂交探针代替琼脂糖凝胶电泳只是一种常规技术手段的等同替换，而且从本申请说明书中也看不出这种等同替换会为所要求保护的技术方案带来何种预料不到的技术效果，因此上述区别特征不能使所要求保护的技术方案具备突出的实质性特点和显著的进步。对于区别（2），合议组认为，尽管对比文件4没有在公开检测上述位点的PCR扩增反应体系的基础上得出检测该位点的试剂盒，但是对于本领域技术人员来说，将检测方法中所用到的试剂组合到一起组成试剂盒的形式是不需要付出创造性劳动的，因此组成试剂盒的特征同样也不能使所要求保护的技术方案具备突出的实质性特点和显著的进步。综上所述，在对比文件4已经公开上述位点及检测该位点的PCR扩增反应体系，以及上述探针和试剂盒的区别特征不能为所有要求保护的技术方案带来突出的实质性特点和显著进步的情况下，上述权利要求7所要求保护的技术方案相对于对比文件4不具备创造性，不符合专利法第 22 条第 3 款的规定。

针对《复审通知书》指出的问题，请求人于 2008 年 10 月 13 日提交了意见陈述书及经修改的权利要求书。

修改后的权利要求 7 删除了 "G 蛋白 β3 亚单位基因 C825T"，具体内容如下：

"7. 一种用于检测与心血管疾病有关的遗传标志的试剂盒，其中包括：

包含引物、DNA 聚合酶、四种脱氧核糖核苷酸、反应缓冲液的用于聚合酶链式反应的反应液，所述引物是基于如下遗传标志而设计并制备的：脂蛋白脂肪酶基因 Ser447Term、对氧磷酶 1 基因 Met55Leu、对氧磷酶 2 基因 Ser311Cys、载脂蛋白 B 基因 Thr71Ile、肝脂肪酶基因 C-480T、内皮氧化氮合酶 A-922G 或基质溶素 3 基因 5A/6A，从而使扩增所得的产物含有所述遗传标志中的遗传多态位点或突变位点；

基于所述遗传标志而设计并制备的特异于所述聚合酶链式反应扩增产物的探针；和

指导如何进行所述的聚合酶链式反应以及扩增产物检测的说明书。"

至此，合议组认为本案事实已经清楚，可以作出审查决定。

二、决定的理由

1. 审查针对的文本

本复审决定所针对的文本为请求人于 2008 年 10 月 13 日提交的权利要求 1~7，以及于申请日提交的原始申请文本的说明书第 1~12 页和说明书摘要。

2. 关于专利法第 33 条和专利法实施细则第 60 条第 1 款

专利法第 33 条规定：申请人可以对其专利申请文件进行修改，但是，对发明和实用新型专利申请文件的修改不得超出原说明书和权利要求书记载的范围。

专利法实施细则第 60 条第 1 款规定：请求人在提出复审请求或者在对专利复审委员会的复审通知书作出答复时，可以修改专利申请文件；但是，修改应当仅限于消除驳回决定或者复审通知书指出的缺陷。

根据上述条款，原说明书和权利要求书记载的范围包括原说明书和权利要求书文字记载的内容和根据原说明书和权利要求书文字记载的内容以及说明书附图能直接地、毫无疑义地确定的内容。如果对专利申请文件作出的修改能够从原说明书和权利要求书文字记载的内容以及说明书附图中直接地、毫无疑义地确定并且是为了消除驳回决定的缺陷时，上述修改符合专利法第 33 条以及专利法实施细则第 60 条第 1 款的规定。

相对于驳回决定所针对的权利要求 7，在复审程序中，权利要求 7 的主题名称从 "一种试剂盒" 修改为 "一种用于检测与心血管疾病有关的遗传标志的试剂盒"。

对此，合议组认为：本申请说明书第 3 页第 2~7 行已经记载："本发明的又一目的在于提供一种用于评估糖尿病患者患糖尿病肾病和/或糖尿病血脂失调的风险的试剂盒。

本发明人发现以往被报道的与心血管疾病有关的遗传标志，特别是与脂类代谢相关的遗传标志可作为预测糖尿病肾病患病率的指标，可用于预测糖尿病患者患糖尿病肾病和/或糖尿病血脂失调的风险。"

由上述文字记载的内容，本领域技术人员能够直接地、毫无疑义地确定本申请记载的 "用于评估糖尿病患者患糖尿病肾病和/或糖尿病血脂失调的风险的试剂盒" 就是一种通过检测与心血管疾病有关的遗传标志从而预测糖尿病患者患糖尿病肾病和/或糖尿病血脂失调的风险的试剂盒，即 "一种用于检测与心血管疾病有关的遗传标志的试剂盒"。所以，修改后的权利要求 7 未超出原始权利要求书和说明书记载的范围，符合专利法第 33 条的规定。

同时，请求人对于权利要求7的修改亦是为了消除驳回决定指出的缺陷完善本申请而作出的且并未扩大权利要求的保护范围，因而也符合专利法实施细则第60条第1款的规定。

3. 关于专利法第22条第3款

专利法第22条第3款规定的创造性，是指同申请日以前已有的技术相比，该发明有突出的实质性特点和显著的进步。

在创造性的判断中，判断发明是否具有突出的实质性特点，就是要判断对本领域的技术人员来说，要求保护的发明相对于现有技术是否显而易见。如果要求保护的发明相对于现有技术是显而易见的，则不具有突出的实质性特点。

对一项专利申请而言，如果导致其被驳回的原因在于某项权利要求中的某个技术方案不符合专利法第22条第3款的规定，则当该技术方案被删除后，应当认为导致其被驳回的缺陷已被克服。

原审查部门作出的驳回决定认为，由于对比文件4中已经公开了遗传标志"G蛋白β3亚单位基因C825T"，基于该已知等位基因而得出的检测试剂盒的技术方案，对于本领域技术人员来说是显而易见的，从而导致包含上述技术方案的权利要求7不具备创造性。《复审通知书》中给出了相同的审查意见。请求人于2008年10月13日提交了意见陈述书及经修改的权利要求书，修改后的权利要求7删除了基于G蛋白β3亚单位基因C825T遗传标志的试剂盒的技术方案。在复审请求人已将权利要求7中的基于G蛋白β3亚单位基因C825T遗传标志的试剂盒的技术方案删除的情况下，驳回决定所针对的事实已经不存在，导致本申请驳回的缺陷已被克服。因此，新的权利要求7已经克服了驳回决定和复审通知书所指出的不具备创造性的缺陷。

根据以上事实和理由，本案合议组作出如下审查决定。

三、决定

撤销国家知识产权局于2006年3月3日对02122596.6号发明专利申请作出的驳回决定。由原审查部门在本复审决定所针对的文本的基础上继续进行审查。

复审请求人对本决定不服的，可以根据专利法第41条第2款的规定，自收到本决定之日起三个月内向北京市第一中级人民法院起诉。

肌醇六磷酸酶、编码肌醇六磷酸酶的核酸及包含有此核酸的载体和宿主细胞

复审请求审查决定（第 15477 号）

决 定 号	第 15477 号
决 定 日	2008 年 12 月 9 日
发明创造名称	肌醇六磷酸酶、编码肌醇六磷酸酶的核酸及包含有此核酸的载体和宿主细胞
国际分类号	C12N 9/16，C12N 15/52
复审请求人	曼彻斯特维多利亚大学，绿地及环境研究学院
申 请 号	00812822.7
优 先 权 日	1999 年 8 月 13 日
申 请 日	2000 年 8 月 11 日
公 开 日	2003 年 10 月 22 日
合议组组长	孙治国
主 审 员	张晓飞
参 审 员	尹 昕
法 律 依 据	专利法第 26 条第 4 款

决定要点

权利要求书中的每一项权利要求所要求保护的技术方案应当是所属领域的技术人员能够从说明书充分公开的内容中得到或概括得出的技术方案，并且不得超出说明书公开的范围。如果权利要求的概括包含申请人推测的内容，而其效果又难以预先确定和评价，则认为这种概括超出了说明书公开的范围。

一、案由

本复审请求涉及申请日为 2000 年 8 月 11 日、公开日为 2003 年 10 月 22 日、名称为"肌醇六磷酸酶、编码肌醇六磷酸酶的核酸及包含有此核酸的载体和宿主细胞"的 00812822.7 号发明专利申请（下称本申请）。本申请的优先权日为 1999 年 8 月 13 日，申请人为曼彻斯特维多利亚大学和绿地及环境研究学院。

针对申请人于 2005 年 1 月 25 日提交的说明书第 6～13、32～33、36 页、权利要求 1～34、于 2002 年 3 月 13 日本申请进入中国国家阶段时提交的说明书第 1～5、14～31、34、35、37～49 页、说明书附图第 1～22 页、说明书摘要和摘要附图，国家知识产权局于 2006 年 2 月 10 日以权利要求 1、

4~7、11、12、17、19、21、29和34的保护范围不清楚，不符合专利法实施细则第20条第1款的规定为由驳回了本申请。驳回决定所针对的权利要求书为：

"1. 来自青霉属真菌来源的分离的多核苷酸，其中该多核苷酸含有编码具有肌醇六磷酸酶活性的酶的核苷酸序列，所述酶含有与SEQ ID NO：4中所公开氨基酸序列有至少70%一致性、任选地至少80%一致性的氨基酸序列。

2. 权利要求1的多核苷酸，其中所述真菌来源是桧状青霉和Penicillium hordei。

3. 权利要求1的分离的多核苷酸，其编码具有SEQ ID NO：4中公开的氨基酸序列的肌醇六磷酸酶。

4. 编码具有肌醇六磷酸酶活性的酶的分离多核苷酸，其中该酶来自青霉属来源，所述多核苷酸（i）与SEQ ID NO：1、SEQ ID NO：2，或SEQ ID NO：3中所公开核苷酸序列有至少55%的一致性、任选地至少65%的一致性，或（ii）能够与来源于SEQ ID NO：1、SEQ ID NO：2，或SEQ ID NO：3中所公开核苷酸序列的探针在高严紧性条件下杂交，或（iii）与SEQ ID NO：1、SEQ ID NO：2、或SEQ ID NO：3中所公开核苷酸序列互补。

5. 表达结构，其含有权利要求4的多核苷酸。

6. 包含权利要求5的表达结构的载体。

7. 转化了权利要求6的载体的宿主细胞。

8. 包含权利要求1的多核苷酸的表达结构。

9. 包含权利要求8的表达结构的载体。

10. 转化了权利要求9的载体的宿主细胞。

11. 包含具有肌醇六磷酸酶活性的酶的食物或动物饲料，其中所述酶含有与SEQ ID NO：4中所公开氨基酸序列有至少70%一致性、任选地至少80%一致性的氨基酸序列。

12. 权利要求11的食物或动物饲料，其中所述酶来自选自Penicillium hordei和桧状青霉的真菌来源。

13. 权利要求11的食物或动物饲料，其中所述酶包含SEQ ID NO：4中公开的氨基酸序列。

14. 分离的肌醇六磷酸酶，它与SEQ ID NO：24中公开的序列具有至少55%氨基酸一致性，其中所述酶是从桧状青霉或P. hordei中获得的，并具有以下理化性质：（1）未糖基化的酶蛋白的分子量：约45~55kDa；和（2）专一性：肌醇六磷酸。

15. 制备具有肌醇六磷酸酶活性的酶的方法，包括：

a. 提供转化了含有权利要求1所定义多核苷酸的表达载体的宿主细胞；

b. 在适于所述转化的宿主细胞产生所述肌醇六磷酸酶的条件下培养所述转化的宿主细胞；和

c. 回收所述肌醇六磷酸酶。

16. 权利要求15的方法，其中所述宿主细胞是曲霉属的种。

17. 从肌醇六磷酸中分离磷的方法，包括：

用含有与SEQ ID NO：4中所公开氨基酸序列有至少70%一致性、任选至少80%一致性的氨基酸序列、具有肌醇六磷酸水解活性的酶处理所述肌醇六磷酸，和回收肌醇六磷酸。

18. 从肌醇六磷酸中分离磷的方法，包括：用权利要求14所定义的酶处理所述肌醇六磷酸。

19. 来自青霉属真菌来源的分离的多核苷酸，其中所述多核苷酸编码具有肌醇六磷酸酶活性的酶，所述酶包含与SEQ ID NO：24中所公开氨基酸序列有至少70%一致性、任选地至少80%一致性的氨基酸序列。

20. 权利要求19的分离的多核苷酸，其编码具有SEQ ID NO：24中公开的氨基酸序列的肌醇六磷酸酶。

21. 分离的多核苷酸，其编码具有肌醇六磷酸酶活性的酶，其中所述酶来自青霉属来源，且所述多核苷酸（i）与 SEQ ID NO：23 中所公开核苷酸序列有至少 55% 的一致性、任选地至少 65% 的一致性，或（ii）能够与来源于 SEQ ID NO：23 中所公开核苷酸序列的探针在中等至高严紧性条件下杂交，或（iii）与 SEQ ID NO：23 中所公开核苷酸序列互补。

22. 权利要求 21 的分离的多核苷酸，其中所述核苷酸序列与 SEQ ID NO：23 中所公开核苷酸序列有至少 85% 的一致性。

23. 含有权利要求 21 的多核苷酸的表达结构。

24. 包含权利要求 23 的表达结构的载体。

25. 转化了权利要求 24 的载体的宿主细胞。

26. 包含权利要求 19 的多核苷酸的表达结构。

27. 包含权利要求 26 的表达结构的载体。

28. 转化了权利要求 27 的载体的宿主细胞。

29. 包含具有肌醇六磷酸酶活性的酶的食物或动物饲料，其中所述酶包含与 SEQ ID NO：24 中所公开氨基酸序列有至少 70% 一致性、任选地至少 80% 一致性的氨基酸序列。

30. 权利要求 29 的食物或动物饲料，其中所述酶包含 SEQ ID NO：24 中公开的氨基酸序列。

31. 制备具有肌醇六磷酸酶活性的酶的方法，包括：

a. 提供转化了含有权利要求 12~22 之任一项所定义多核苷酸的表达载体的宿主细胞；

b. 在适于所述转化的宿主细胞产生所述肌醇六磷酸酶的条件下培养所述转化的宿主细胞；和

c. 回收所述肌醇六磷酸酶。

32. 权利要求 31 的方法，其中所述宿主细胞是曲霉属的种。

33. 从肌醇六磷酸中分离磷的方法，包括：

用（i）具有肌醇六磷酸水解活性并（ii）包含与 SEQ ID NO：24 中所公开氨基酸序列有至少 65% 一致性、任选至少 70% 一致性的氨基酸序列的酶处理所述肌醇六磷酸。

34. 来源于青霉属种的酶，所述酶由能够与 SEQ ID NO：1、SEQ ID NO：2、SEQ ID NO：3，或 SEQ ID NO：23 中所示多核苷酸序列在高严紧性条件下杂交的核苷酸序列编码；所述酶具有一或多个以下理化性质：

(1) 未糖基化的酶蛋白的分子量：约 45~60kDa；

(2) 对植酸盐、植酸或肌醇六磷酸，和/或其低级磷酸衍生物专一的活性；

(3) 理论 pI 为约 7~7.6；

(4) 最适 pH 处于约 4.5~5.5 范围内；或

(5) 最适环境温度处于约 40℃~45℃ 范围内。"

驳回决定认为：（1）权利要求 1 请求保护来自青霉属真菌来源的分离的多核苷酸，并限定该多核苷酸含有编码具有肌醇六磷酸酶活性的酶的核苷酸序列，申请人没有限定所述多核苷酸的具体序列，本领域技术人员从说明书和权利要求书的描述中也不能够直接推断出其具体序列；同时申请人也没有限定所述酶与 SEQ ID NO：4 中所公开的氨基酸序列一致性的具体比例和具体位点，本领域技术人员依据申请人的描述很难直接推断出其所述酶和编码这种氨基酸的核苷酸的具体序列，因此权利要求 1 的保护范围不清楚，不符合专利法实施细则第 20 条的规定；基于同样的理由，权利要求 11、12、17、19、29、34 也不符合专利法实施细则第 20 条的规定。权利要求 4 中没有限定所述核苷酸序列与 (i) 中的 SEQ ID NO：1，SEQ ID NO：2 或 SEQ ID NO：3 中核苷酸序列一致性的具体比例和具体位点，也没有限定与 SEQ ID NO：1，SEQ ID NO：2 或 SEQ ID NO：3 中所公开核苷酸序列互补的核苷酸的具体长度以及互补发生的具体位置，本领域技术人员依据申请人的描述也不能够直接推断（i）~（iii）中所述核苷酸的具体序列，因此权利要求4不清楚，不符合专利法实施细则第20条的规定；基于同样的理由，权利要求5~7也不符合专利法实施细则第20条的规定。权利要求21请求保护分离的多核苷酸，其中没有限定所述核苷酸序列与（i）中的图17中核苷酸序列一致性的具体比例和具体位点，也没有限定与图17中所公开核苷酸序列互补的核苷酸的具体长度以及互补发生的具体位置，基于前述原因，本领域技术人员依据申请人的描述也不能够直接推断（iii）中所述核苷酸的具体序列，因此权利要求21不清楚，不符合专利法实施细则第20条的规定。

（2）申请人在意见陈述中声称用一致性和/或杂交来定义多核苷酸是清楚的，也没有修改相关权利要求从而克服因为采用一致性和/或杂交进行限定而导致的权利要求保护范围不清楚的缺陷，对此审查员认为：审查指南第二部分第十章第7.4.3节和第7.4.4节指出对于DNA和蛋白质的记载应直接给出DNA的核苷酸序列和蛋白质的氨基酸序列（当能够确定其具体序列组成时）。申请人采用一致性来限定多核苷酸或蛋白质，从申请人的这种限定方式本领域技术人员无法推断出申请人所描述的多核苷酸或蛋白质的具体序列组成，同样采用杂交条件也不能清楚的限定核苷酸，其理由是因为已知一段核苷酸序列的具体组成，本领域技术人员也无法推断出在严紧杂交条件下能够与该序列进行杂交的核苷酸的具体序列组成，可杂交的序列可能是原序列互补序列的一段（长度不确定），也可能是包含原序列互补序列的较长的核苷酸序列，还可能是对这些序列进行修饰后得到的其他序列，所有这些核苷酸的具体序列组成都是不确定的，由此可见采用杂交条件不能够清楚地对核苷酸进行限定。

申请人曼彻斯特维多利亚大学和绿地及环境研究学院（下称请求人）对上述驳回决定不服，于2006年5月25日向专利复审委员会提出复审请求，同时提交了经修改的权利要求书全文替换页（共4页33项），具体内容如下：

"1. 来自青霉属真菌来源的分离的多核苷酸，其中该多核苷酸含有编码具有肌醇六磷酸酶活性的酶的核苷酸序列，所述酶含有与 SEQ ID NO：4 中所公开氨基酸序列有至少80％一致性、任选地至少90％一致性、任选地至少95％一致性的氨基酸序列。

2. 权利要求1的多核苷酸，其中所述真菌来源是桧状青霉和 Penicillium hordei。

3. 权利要求1的分离的多核苷酸，其编码具有 SEQ ID NO：4 中公开的氨基酸序列的肌醇六磷酸酶。

4. 编码具有肌醇六磷酸酶活性的酶的分离多核苷酸，其中该酶来自青霉属来源，所述多核苷酸（i）与 SEQ ID NO：1、SEQ ID NO：2，或 SEQ ID NO：3 中所公开核苷酸序列有至少85％的一致性、任选的至少90％的一致性、任选的至少95％一致性，或（ii）能够与 SEQ ID NO：1、SEQ ID NO：2，或 SEQ ID NO：3 中所公开的核苷酸序列在高严紧性条件下杂交，或（iii）与 SEQ ID NO：1、SEQ ID NO：2，或 SEQ ID NO：3 中所公开核苷酸序列互补。

5. 表达结构，其含有权利要求4的多核苷酸。

6. 包含权利要求5的表达结构的载体。

7. 转化了权利要求6的载体的宿主细胞。

8. 包含权利要求1的多核苷酸的表达结构。

9. 包含权利要求8的表达结构的载体。

10. 转化了权利要求9的载体的宿主细胞。

11. 包含具有肌醇六磷酸酶活性的酶的食物或动物饲料，其中所述酶含有与 SEQ ID NO：4 中所公开氨基酸序列有至少80％一致性、任选地至少90％一致性、任选地至少95％一致性的氨基酸序列。

12. 权利要求 11 的食物或动物饲料，其中所述酶来自选自 Penicillium hordei 和桧状青霉的真菌来源。

13. 权利要求 11 的食物或动物饲料，其中所述酶包含 SEQ ID NO：4 中公开的氨基酸序列。

14. 分离的肌醇六磷酸酶，它与 SEQ ID NO：24 中公开的序列具有至少 80％ 氨基酸一致性、任选地至少 90％ 氨基酸一致性、任选地至少 95％ 氨基酸一致性，其中所述酶是从桧状青霉或 P. hordei 中获得的，并具有以下理化性质：（1）未糖基化的酶蛋白的分子量：约 45～55kDa；和（2）专一性：肌醇六磷酸。

15. 制备具有肌醇六磷酸酶活性的酶的方法，包括：

a. 提供转化了含有权利要求 1 所定义多核苷酸的表达载体的宿主细胞；

b. 在适于所述转化的宿主细胞产生所述肌醇六磷酸酶的条件下培养所述转化的宿主细胞；和

c. 回收所述肌醇六磷酸酶。

16. 权利要求 15 的方法，其中所述宿主细胞是曲霉属的种。

17. 从肌醇六磷酸中分离磷的方法，包括：

用含有与 SEQ ID NO：4 中所公开氨基酸序列有至少 80％ 一致性、任选至少 90％ 一致性、任选地至少 95％ 一致性的氨基酸序列、具有肌醇六磷酸水解活性的酶处理所述肌醇六磷酸，和回收肌醇六磷酸。

18. 从肌醇六磷酸中分离磷的方法，包括：用权利要求 14 所定义的酶处理所述肌醇六磷酸。

19. 来自青霉属真菌来源的分离的多核苷酸，其中所述多核苷酸编码具有肌醇六磷酸酶活性的酶，所述酶包含与 SEQ ID NO：24 中所公开氨基酸序列有至少 80％ 一致性、任选地至少 90％ 一致性、任选地至少 95％ 一致性的氨基酸序列。

20. 权利要求 19 的分离的多核苷酸，其编码具有 SEQ ID NO：24 中公开的氨基酸序列的肌醇六磷酸酶。

21. 分离的多核苷酸，其编码具有肌醇六磷酸酶活性的酶，其中所述酶来自青霉属来源，且所述多核苷酸（i）与 SEQ ID NO：23 中所公开核苷酸序列有至少 85％ 的一致性、任选地至少 90％ 的一致性，或（ii）能够与 SEQ ID NO：23 中所公开的核苷酸序列在高严紧性条件下杂交，或（iii）与 SEQ ID NO：23 中所公开核苷酸序列互补。

22. 权利要求 21 的分离的多核苷酸，其中所述核苷酸序列与 SEQ ID NO：23 中所公开核苷酸序列有至少 95％ 的一致性。

23. 含有权利要求 21 的多核苷酸的表达结构。

24. 包含权利要求 23 的表达结构的载体。

25. 转化了权利要求 24 的载体的宿主细胞。

26. 包含权利要求 19 的多核苷酸的表达结构。

27. 包含权利要求 26 的表达结构的载体。

28. 转化了权利要求 27 的载体的宿主细胞。

29. 包含具有肌醇六磷酸酶活性的酶的食物或动物饲料，其中所述酶包含与 SEQ ID NO：24 中所公开氨基酸序列有至少 80％ 一致性、任选地至少 90％ 一致性、任选地至少 95％ 一致性的氨基酸序列。

30. 权利要求 29 的食物或动物饲料，其中所述酶包含 SEQ ID NO：24 中公开的氨基酸序列。

31. 制备具有肌醇六磷酸酶活性的酶的方法，包括：

a. 提供转化了含有权利要求 12～22 之任一项所定义多核苷酸的表达载体的宿主细胞；

b. 在适于所述转化的宿主细胞产生所述肌醇六磷酸酶的条件下培养所述转化的宿主细胞；和

c. 回收所述肌醇六磷酸酶。

32. 权利要求 31 的方法，其中所述宿主细胞是曲霉属的种。

33. 从肌醇六磷酸中分离磷的方法，包括：

用（i）具有肌醇六磷酸水解活性并（ii）包含与 SEQ ID NO：24 中所公开氨基酸序列有至少 80％一致性、任选至少 90％一致性、任选地至少 95％一致性的氨基酸序列的酶处理所述肌醇六磷酸。"

请求人认为：权利要求书应当清楚是指每一项权利要求应当清楚，构成权利要求书的所有权利要求作为一个整体应当清楚，而对于每项权利要求所确定的保护范围是否清楚，是指权利要求的用语能否清楚地将权利要求保护范围所涵盖的内容与其他内容区分开，经修改的权利要求书中，"一致性"、"肌醇六磷酸酶"、"肌醇六磷酸酶活性"、"高严谨性条件"和"杂交"的用语均在说明书中进行了定义，其词义是清楚的，能够清楚地界定权利要求的范围，因此本申请的权利要求是清楚的。

形式审查合格后，专利复审委员会受理了该复审请求，并于 2006 年 7 月 5 日向请求人发出《复审请求受理通知书》，同时将本申请案卷移交原审查部门进行前置审查。

原审查部门对本复审请求进行了前置审查，认为：驳回决定中已经指出采用"一致性"和"严谨条件下杂交"进行限定导致权利要求的保护范围不清楚，请求人对权利要求 1、4～7、11、12、17、19、21 和 29 的修改仅限于改变"一致性"的具体比例数值，未克服《驳回决定》所指出的缺陷，而请求人的意见陈述也不足以证明修改后的权利要求采用上述限定后保护范围是清楚的，因此坚持原驳回决定。

专利复审委员会组成合议组，对本复审请求案进行了审理，于 2008 年 7 月 2 日向请求人发出《复审通知书》，指出：（1）本案权利要求 14 要求保护分离的肌醇六磷酸酶，并限定其与 SEQ ID NO：24 的序列具有一定的一致性；权利要求 21 要求保护一种编码肌醇六磷酸酶的多核苷酸，并限定其与 SEQ ID NO：23 的序列具有一定的一致性。说明书在实施例 6 中提供了 SEQ ID NO：23 的核苷酸序列的制备以及据此推断的 SEQ ID NO：24 的氨基酸序列，但是并没有对其生物学功能进行实验鉴定，仅对其氨基酸序列进行了分析，指出"它在此区域有预期数目的 Cys 残基（3），它还含有对于肌醇六磷酸酶结构的功能关键的所有基序，值得注意的有：·RHGARYP ·3×Cys ·HD（位于 YADFTHDN 中）"，"此处还存在许多十分保守的其他区域"，"与 P. hordei 肌醇六磷酸酶有约 51％的一致性"，"此桧状青霉肌醇六磷酸酶片段（283 个氨基酸）占整个肌醇六磷酸酶的约 65％"。现有技术中并无证据表明肌醇六磷酸酶结构和功能关键的基序就只有上述三种；本领域技术人员公知，蛋白酶需要形成正确的空间结构才能发挥其功能，酶活性结构域或关键基序之外的序列组成是蛋白酶形成正确的空间结构必不可少的，只具有酶活性结构域或者关键基序并不能保证该蛋白酶一定具有所述功能；通过一致性比较的结果推断蛋白酶的功能也是不可信的，且根据图 5 中的比对结果，SEQ ID NO：24 的氨基酸序列与 P. hordei 肌醇六磷酸酶只有约 51％的一致性，因此一致性比对的结果无法确证 SEQ ID NO：23 的核苷酸序列或 SEQ ID NO：24 的氨基酸序列具有肌醇六磷酸酶的活性；SEQ ID NO：24 的氨基酸序列只占整个肌醇六磷酸酶的约 65％，本领域技术人员无法预测另外约 35％的序列对于完整的蛋白酶发挥其功能是否至关重要。综上所述所属技术领域的技术人员根据现有技术和说明书的记载无法预测上述 SEQ ID NO：23 或 SEQ ID NO：24 具有肌醇六磷酸酶的功能，而说明书中也未记载任何足以证明 SEQ ID NO：23 或 SEQ ID NO：24 具有所述功能的定性或者定量实验数据，因此本申请的说明书未清楚完整地公开权利要求 14 和 21 中分离的肌醇六磷酸酶和多核苷酸的技术效果，同样，对于直接或间接引用上述权利要求 14 或 21 的权利要求 18～20、22～33 要求保护的技术方案，本申请的说明书也未清楚完整地公开其技术效果，本申请说明书不符合专利法第 26 条第 3 款的规定。

(2) 权利要求 1、4、11、14、17、19、21、29 和 33 中的用语"任选地"使得权利要求中对一致性限定出了不同的范围，造成权利要求存在多个不同的保护范围，因此上述权利要求的保护范围不清楚，不符合专利法实施细则第 20 条第 1 款的规定，直接或间接引用上述权利要求的权利要求 2、3、5～10、12、13、15、16、18、20、22～28、30～32 存在同样的缺陷，不符合专利法实施细则第 20 条第 1 款的规定。

(3) 权利要求 1 要求保护来自青霉属真菌来源的分离的多核苷酸，权利要求 3 要求保护权利要求 1 的分离的多核苷酸，权利要求 4 要求保护编码具有肌醇六磷酸酶活性的酶的分离多核苷酸，权利要求 11 要求保护包含具有肌醇六磷酸酶活性的酶的食物或动物饲料，权利要求 13 要求保护权利要求 11 的食物或动物饲料，其中权利要求 1、11 中的"含有"、权利要求 3 中的"具有"和权利要求 13 中的"包含"表示所述核酸分子在编码 SEQ ID NO：4 的核酸分子或者所述氨基酸序列在 SEQ ID NO：4 的两端还可以有长度和组成不确定的多个核苷酸或氨基酸，其限定出无数多个核苷酸或氨基酸序列；权利要求 1、4 和 11 中的"……至少……一致性"限定出大量氨基酸或核苷酸序列；权利要求 4 中的"高严谨性条件下杂交"也使得权利要求 4 限定出大量的核苷酸序列。说明书中只是在实施例 4 和 5 中证实了 SEQ ID NO：1～4 的序列具有所述肌醇六磷酸酶的活性，能实现本发明的目的，所属领域技术人员根据说明书的记载以及现有技术，无法推断权利要求 1、3、4、11 和 13 中限定的与 SEQ ID NO：1～4 的序列具有一定一致性或在其两端任意添加其他序列的技术方案均具有肌醇六磷酸酶的活性并可实现本申请的发明目的。因此，权利要求 1、3、4、11 和 13 的概括包含申请人推测的内容，而其效果又难以预先确定和评价，这些权利要求得不到说明书的支持，不符合专利法第 26 条第 4 款的规定。直接或间接引用上述权利要求的权利要求 2、5～10 和 12 此也得不到说明书的支持，不符合专利法第 26 条第 4 款的规定。

(4) 请求人的意见陈述并不能克服相关权利要求中由用语"任选地"导致的权利要求中存在多个不同的保护范围的缺陷，而上述意见陈述中并未涉及对于本申请的说明书是否符合专利法第 26 条第 3 款的规定、相关权利要求是否符合专利法第 26 条第 4 款的规定的意见陈述，因此请求人的意见陈述不具有说服力。

针对《复审通知书》指出的问题，请求人于 2008 年 10 月 17 日提交了意见陈述书及经修改的权利要求书全文替换页（共 2 页 14 项），并提交了如下附件：

附件 1：在 NCBI 数据库中采用 Blast 程序对 SEQ ID NO：2 和 3 的比对结果，复印件共 3 页；

附件 2：美国专利文献 US7022371B2，公开日为 2006 年 4 月 4 日，扉页和第 87～88 栏，复印件共 2 页；

附件 3：美国专利文献 US6475762B1，公开日为 2002 年 11 月 5 日，扉页和第 87～90 栏，复印件共 3 页。

经修改的权利要求书共 14 项，具体内容如下：

"1. 编码具有肌醇六磷酸酶活性的酶的分离多核苷酸，其中该酶来自青霉属来源，所述多核苷酸 (i) 能够与 SEQ ID NO：1、SEQ ID NO：2，或 SEQ ID NO：3 中所公开的核苷酸序列在高严紧性条件下杂交，或 (ii) 与 SEQ ID NO：1、SEQ ID NO：2，或 SEQ ID NO：3 中所公开核苷酸序列互补。

2. 权利要求 1 的多核苷酸，其中所述真菌来源是桧状青霉和 Penicillium hordei。

3. 权利要求 1 的分离的多核苷酸，其编码氨基酸序列如 SEQ ID NO：4 所示的肌醇六磷酸酶。

4. 表达结构，其含有权利要求 1 的多核苷酸序列。

5. 包含权利要求 4 的表达结构的载体。

6. 转化了权利要求 5 的载体的宿主细胞。

7. 来源于青霉属种的酶，所述酶由能够与 SEQ ID NO：1、SEQ ID NO：2 或 SEQ ID NO：3 中所示多核苷酸序列在高严紧性条件下杂交的核苷酸序列编码；所述酶具有一或多个以下理化性质：

（1）未糖基化的酶蛋白的分子量：45~60kDa；

（2）对植酸盐、植酸或肌醇六磷酸、和/或其低级磷酸衍生物专一的活性；

（3）理论 pI 为约 7~7.6；

（4）最适 pH 处于 4.5~5.5 范围内；或

（5）最适环境温度处于 40~45℃ 范围内。

8. 权利要求 7 的酶，其中所述酶的氨基酸序列如 SEQ ID NO：4 所示。

9. 包含具有肌醇六磷酸酶活性的权利要求 7 或 8 的酶的食物或动物饲料。

10. 权利要求 9 的食物或动物饲料，其中所述酶来自选自 Penicillium hordei 和桧状青霉的真菌来源。

11. 权利要求 9 的食物或动物饲料，其中所述酶的氨基酸序列如 SEQ ID NO：4 所示。

12. 制备具有肌醇六磷酸酶活性的酶的方法，包括：

(a) 提供转化了含有权利要求 1 所定义多核苷酸的表达载体的宿主细胞；

(b) 在适于所述转化的宿主细胞产生所述肌醇六磷酸酶的条件下培养所述转化的宿主细胞；和

(c) 回收所述肌醇六磷酸酶。

13. 权利要求 12 的方法，其中所述宿主细胞是曲霉属的种。

14. 从肌醇六磷酸中分离磷的方法，包括：

用具有肌醇六磷酸水解活性的权利要求 7 或 8 的酶处理所述肌醇六磷酸，和回收肌醇六磷酸。"

请求人认为：(1) 针对《复审通知书》指出的说明书没有充分公开权利要求 14、18~33 的技术方案的问题，经修改的权利要求书中删除了权利要求 18~33，将权利要求 14 改为新的权利要求 7 和 8，其为由能够与 SEQ ID NO：1、2 或 3 在高严紧条件下杂交的核苷酸序列编码的酶，由于 SEQ ID NO：1、2 或 3 在说明书中得到了充分公开，因此新的权利要求 7 和 8 的技术方案也得到了充分公开；(2) 经修改的权利要求中已经删除了"任选地"的用词，因此克服了《复审通知书》中指出的因采用"任选地"的用词而导致权利要求保护范围不清楚，不符合专利法实施细则第 20 条第 1 款的规定的缺陷；(3) 经修改的权利要求删除了"含有"、"具有"、"包含"和"至少……一致性"的表述，对于"高严紧性条件下杂交"，审查指南第二部分第十章第 9.3.1.1 节规定了对于具有某一特定功能的基因，可以采用在严格条件下"杂交"，并与功能相结合的方式进行限定，并规定了两个条件。权利要求 1 和 7 用"高严紧性条件"进行限定，比审查指南规定的"严格条件"更为严格；说明书第 16 页最后两段和第 17 页 1~2 段，第 24 页 2~3 段详细描述了"严格条件"；附件 1 中比较了 SEQ ID NO：2 和 3 之间的同一性，显示这两条核苷酸序列除了在 SEQ ID NO：2 中间的 120 个核苷酸外，其余核苷酸序列完全相同，本领域技术人员有理由相信二者能在"高严紧性条件"杂交，同样可以预期 SEQ ID NO：1、2、3 之间能够在"高严紧性条件"杂交，说明书实施例 3 显示了用 PCR 产物的探针杂交的情况，实施例 4A 公开了 Southern 杂交的情况，实施例 5D 公开了 650bp 探针进行杂交的情况，证明本发明的 cDNA 和基因组 DNA 之间能够在"高严紧性条件"杂交，因此权利要求 1 和 7 符合审查指南的规定，都到说明书的支持；另外，本申请的氨基酸序列 SEQ ID NO：4 与现有技术中的肌醇六磷酸酶的同源性较低，因此本申请权利要求 1 和 7 的限定应当能够与现有技术中的肌醇六磷酸酶充分区别开，其也使其他权利要求符合专利法第 26 条第 4 款的规定；(4) 附件 2 和 3 为本申请相应的美国同族专利，均已授权，其中的权利要求与本申请的类似。

至此，合议组认为本案事实已经清楚，可以作出审查决定。

二、决定的理由

1. 审查依据的文本

针对《复审通知书》指出的问题，请求人于 2008 年 10 月 17 日提交了经修改的权利要求全文替换页（共 2 页 14 项），其中删除了《复审通知书》指出的说明书不符合专利法第 26 条第 3 款的规定所涉及的权利要求 14、18~33，并删除了权利要求中在《复审通知书》中指出的导致权利要求保护范围不清楚的用词"任选地"，上述修改符合专利法第 33 条和专利法实施细则第 60 条第 1 款的规定，并克服了《复审通知书》中指出的本申请不符合专利法第 26 条第 3 款和专利法实施细则第 20 条第 1 款的规定的缺陷。

对于权利要求其他部分的修改，经审查，其也符合专利法第 33 条和专利法实施细则第 60 条第 1 款的规定。

因此，本复审决定所针对的文本为请求人于 2008 年 10 月 17 日提交的权利要求 1~14；于 2005 年 1 月 25 日提交的说明书第 6~13、32、33、36 页；于 2002 年 3 月 13 日本申请进入中国国家阶段时提交的说明书第 1~5、14~31、34、35、37~49 页，说明书附图第 1~22 页，说明书摘要和摘要附图。

2. 关于专利法第 26 条第 4 款

专利法第 26 条第 4 款规定，权利要求书应当以说明书为依据，说明要求专利保护的范围。

根据该款规定，权利要求书中的每一项权利要求所要求保护的技术方案应当是所属领域的技术人员能够从说明书充分公开的内容中得到或概括得出的技术方案，并且不得超出说明书公开的范围。如果权利要求的概括包含申请人推测的内容，而其效果又难以预先确定和评价，则认为这种概括超出了说明书公开的范围。

本案中，权利要求 1 要求保护一种编码具有肌醇六磷酸酶活性的酶的分离多核苷酸，其中的"高严紧性条件下杂交"使得权利要求 1 限定出大量的核苷酸序列。说明书中只是在实施例 4 和 5 中证实了 SEQ ID NO：1~4 的序列具有所述肌醇六磷酸酶的活性，能实现本发明的目的，对于上述在高严紧条件下能够与 SEQ ID NO：1、2 或 3 的核苷酸序列杂交的核苷酸序列是否也能够编码具有肌醇六磷酸酶活性的酶，说明书中并没有提供试验证据证明，本领域技术人员也无法从现有技术中合理地推导出来。这是因为，本领域技术人员已知，在高严紧条件下杂交的两条核酸序列具有一定的相似性，由其编码的氨基酸序列在一级结构上也具有一定的相似性，然而，蛋白质的功能由其三级结构决定，而一级结构的组成是三级结构的基础，氨基酸之间的作用，如形成二硫键、盐键或者氢键等等均可能影响蛋白质的三级结构，进而影响其功能，对于能够在高严紧条件下杂交的核苷酸，其是否具有相似的空间结构和相似的功能，主要取决于那些在维系其空间结构以及功能、活性中起关键作用的氨基酸残基的差异，以及这些差异是否足以改变其空间构象和相应的生物学功能。蛋白质氨基酸序列中的一些甚至一个起关键作用的氨基酸改变，都可能导致蛋白质空间结构与生物学活性的巨大变化。由于说明书中仅仅鉴定了 SEQ ID NO：1~4 的核苷酸或氨基酸序列具有肌醇六磷酸酶活性，所属领域技术人员根据说明书的记载以及现有技术，无法推断权利要求 1 的（i）中限定的能够与 SEQ ID NO：1、2 或 3 的序列在高严紧性条件下杂交的多核苷酸编码的蛋白质也具有肌醇六磷酸酶的活性并可实现本申请的发明目的。因此，权利要求 1 的概括包含请求人推测的内容，而其效果又难以预先确定和评价，权利要求 1 得不到说明书的支持，不符合专利法第 26 条第 4 款的规定。

权利要求 7 要求保护一种酶，其由能够与 SEQ ID NO：1、SEQ ID NO：2 或 SEQ ID NO：3 中所示多核苷酸序列在高严紧性条件下杂交的核苷酸序列编码，并限定了该酶的理化性质。基于上述评价权利要求 1 的同样的理由，上述对编码该酶的核苷酸序列的限定包含大量的核苷酸序列，说明书中只是在实施例 4 和 5 中证实了 SEQ ID NO：1~4 的序列具有所述肌醇六磷酸酶的活性，具有权利要求 7 中的理化性质，所属领域技术人员根据说明书的记载以及现有技术，无法推断权利要求 7 中限定的能够与 SEQ ID NO：1、2 或 3 的序列在高严紧性条件下杂交的多核苷酸都能编码具有肌醇六磷酸酶活性以及上述理化性质的酶。因此，权利要求 7 的概括包含请求人推测的内容，而其效果又难以预先确定和评价，权利要求 7 得不到说明书的支持，不符合专利法第 26 条第 4 款的规定。

对于请求人的意见陈述，合议组认为：（1）审查指南第二部分第十章第 9.3.1.1 节规定了对于具有某一特定功能，例如其编码的蛋白质具有酶 A 活性的基因，可以采用在严格条件下"杂交"，并与功能相结合的方式进行限定，例如 a. 其核苷酸序列为……所示的 DNA 分子，b. 在严格条件下与 a 限定的 DNA 序列杂交且编码具有酶 A 活性的蛋白质的 DNA 分子，并规定了采用 b 的限定方式的两个条件：I. 说明书中详细描述了"严格条件"和 II. 说明书如实施例例举了 b 所述 DNA 分子。其中 b 应该是以 a 为直接的杂交对象，即杂交模板进行杂交筛选后得到的产物。首先，本申请说明书中并未例举以 SEQ ID NO：1、2 或 3 为杂交模板进行杂交后得到某一序列，权利要求 1 和 7 的上述限定方式形式上并不满足审查指南的上述规定。其次，对于附件 1 中 SEQ ID NO：2 和 3 之间同一性的比较结果，根据本申请说明书第 11 页附图简述部分的描述，SEQ ID NO：1、2 和 3 为编码同一蛋白质的核苷酸序列，其中 SEQ ID NO：1 为包含起始密码子和终止密码子两侧部分序列以及两个外显子和一个内含子的完整序列，SEQ ID NO：2 为起始密码子和终止密码子之间的序列，而 SEQ ID NO：3 为除去内含子的两个外显子拼接后的序列，三条序列为编码相同氨基酸序列的同样的 DNA 序列在不同阶段的两种形式，即 SEQ ID NO：1 和 2 为长度不同的基因组序列而 SEQ ID NO：3 为该基因组序列转录后的 cDNA 序列，本领域技术人员可以预知 SEQ ID NO：1 和 2 能够在高严紧性条件下杂交，但这两条序列实质上相同，这种相互杂交与审查指南中上述规定的 a 和 b 之间能够杂交的实际要求并不相符，SEQ ID NO：2 和 3 或 1 和 3 之间存在与 SEQ ID NO：1 和 2 同样的问题。因此，根据 SEQ ID NO：1、2 和 3 之间同一性的比较结果来说明本申请的权利要求 1 和 7 可以采用"高严紧性条件"杂交的限定方式本质上也不满足审查指南的上述规定。再次，对于本申请说明书实施例 3 显示的用 PCR 产物的探针与各种真菌基因组 DNA 消化产物之间杂交的情况，实施例 4A 公开的 Southern 杂交的情况，实施例 5D 公开的 650bp 探针进行杂交的情况，其均不是以 SEQ ID NO：1、2 或 3 为杂交模板进行的杂交，而是均以长度约 650bp 的序列为探针，以真菌基因组 DNA 文库为杂交模板进行的杂交，该探针序列本身不能够编码具有肌醇六磷酸酶活性的酶，并且实施例 3 中未给出能够与之杂交的核苷酸序列的序列组成，实施例 4A 中的序列分析表明，获得的 3 个克隆仅编码相应于约 80％phyA 肌醇六磷酸酶的 355 个氨基酸，而且未验证其功能，而根据本申请说明书第 43～46 页的描述，实施例 5D 进行的转化体的 Southern 分析是在用 SEQ ID NO：1 的序列转化黑曲霉菌株或构巢曲霉菌株后，以上述长度约 650bp 的探针进行的验证性的 Southern 杂交，其例举的仍然是 SEQ ID NO：1 的序列；最后，本申请的 SEQ ID NO：4 的氨基酸序列与现有技术的肌醇六磷酸酶的同源性较低而使本申请的权利要求 1 和 7 能够与现有技术中的肌醇六磷酸酶充分区别开和权利要求能够得到说明书支持的要求并不相同，如果权利要求的技术方案无法根据说明书记载的内容概括得出，则无论其是否能够与现有技术区别开，都得不到说明书的支持。（2）本申请的审查根据中国专利法和专利法实施细则以及审查指南的规定进行，同一专利申请在其他国家的审查结果对本申请的审查并无约束力。综上，请求人的上述意见陈述和附件 1～3 均无法证明本申请的权利要求 1 和 7 得到说明书的支持，符合专利法第 26 条第 4 款的规定。

根据以上事实和理由，本案合议组作出如下审查决定。

三、决定

维持国家知识产权局于 2006 年 2 月 10 日对 00812822.7 号发明专利申请作出的驳回决定。

复审请求人对本决定不服的，可以根据专利法第 41 条第 2 款的规定，自收到本决定之日起三个月内向北京市第一中级人民法院起诉。

检测碱性鞘磷脂酶的分析方法以及用于该方法的试剂盒

复审请求审查决定（第 15588 号）

决 定 号	第 15588 号
决 定 日	2008 年 12 月 22 日
发明创造名称	检测碱性鞘磷脂酶的分析方法以及用于该方法的试剂盒
国际分类号	C12Q 1/44，G01N 33/574
复审请求人	艾蒂尔药物有限公司
专利申请号	02825879.7
优 先 权 日	2002 年 12 月 21 日
申 请 日	2002 年 12 月 19 日
公 开 日	2005 年 4 月 20 日
合议组组长	张美菊
主 审 员	叶 娟
参 审 员	李晓莉
法 律 依 据	专利法第 25 条第 1 款第（3）项

决 定 要 点

在复审程序中，如果复审请求人将驳回决定所认定的属于专利法第 25 条第 1 款第（3）项规定的"疾病的诊断方法"的权利要求予以删除，则这样的修改克服了驳回决定所指出的缺陷。

一、案由

本复审请求涉及申请日为 2002 年 12 月 19 日、进入中国国家阶段的日期为 2004 年 6 月 21 日、公开日为 2005 年 4 月 20 日、名称为"检测碱性鞘磷脂酶的分析方法以及用于该方法的试剂盒"的 02825879.7 号发明专利申请（下称本申请），本申请的优先权日为 2001 年 12 月 21 日（IE011100），申请人为艾蒂尔药物有限公司。

2007 年 5 月 11 日，国家知识产权局以本申请权利要求 1~5 请求保护的检测方法属于疾病的诊断方法，从而不符合专利法第 25 条第 1 款第（3）项的规定为由，驳回了本申请。

驳回决定所针对的权利要求书为申请人于 2007 年 3 月 30 日提交的权利要求书（共 3 页 6 项），其中权利要求 1~5 如下：

"1. 一种检测来自患者的生物学材料样品中的碱性鞘磷脂酶的体外方法，包括以下步骤：

（1）收集生物学材料样品；

(2) 悬浮样品于包含 0.24~0.26M 蔗糖、0.14~0.16M 的 KCl、45~55mM 的 KH_2PO_4 的匀浆缓冲液中，该缓冲液的 pH 值调节至约 7.4；

(3) 至少离心样品一次，回收上清液；

(4) 测量上清液的蛋白含量；

(5) 向上清液样品中加入包含 44~55mM Tris/HCl、1.9~2.2mM EDTA、0.14~0.16M NaCl 并且 pH 值为 8.9~9.1 的检测缓冲液和 28~30μM 的鞘磷脂以及含有浓度为 2.9~3.1mM 的胆盐 TC、TDC、GC、GCDC 的检测缓冲液；

(6) 在大约 37℃ 下孵育检测混合物大约 1 小时；

(7) 步骤（6）的样品与 28~31μM 的鞘磷脂混合，在约 37℃ 下孵育 1 小时；

(8) 加入包含 pH7.3~7.5 的 45~55 mM Tris/HCl、9~11mM β-磷酸甘油、745~755μM ATP、4~6mM EDTA、4~6mM EGTA、95~105μM 的 Amplex Red 试剂、7~9U/ml 碱性磷酸酶、0.1~0.3U/ml 胆碱氧化酶和 1.5~2.5U/ml 辣根过氧化酶的反应缓冲液；

(9) 在避光条件下于约 37℃ 下孵育所述反应混合物至少 1 小时；

(10) 检测荧光，使用 530~560 nm 的激发光，并在约 590 nm 下检测发射光。

2. 权利要求 1 的方法，其中对每一个样品，通过减去非鞘磷脂酶对照的值使荧光读数对背景荧光进行校正。

3. 权利要求 1 或 2 的方法，其中蛋白含量是通过 Pierce Protein Assay 检测的。

4. 权利要求 1 的方法，其中所述生物学材料为患者粪便，所述方法包括以下步骤：

(1) 收集患者的粪便样品并使其干燥；

(2) 称取大约 3~4 克干燥样品，并悬浮于 20 ml 包含 0.25 M 蔗糖、0.15 M 的 KCl、50 mM 的 KH_2PO_4 并且 pH 值为 7.4 的匀浆缓冲液中；

(3) 在 +4℃，4000rpm 下离心样品 60 分钟；

(4) 回收上清液，再在 +4℃，4000rpm 下离心 15 分钟；

(5) 应用 Pierce Protein Assay 测定上清液中的蛋白含量，使用牛血清白蛋白作为标准参照，对于每个样品，所用的蛋白浓度在 32~40 mg/ml 之间，吸取 25μl 各样品至孔中；

(6) 向各 25μl 样品中加入 65μl 包含 50 mM Tris/HCl、2 mM EDTA、0.15M NaCl 的 pH 值的为 9.0 的检测缓冲液和 10μl 29μM 的鞘磷脂，并向检测缓冲液中加入 3 mM 浓度的胆盐 TC、TDC、GC、GCDC；

(7) 在 37℃ 下孵育 1 小时；

(8) 吸取每种冷冻干燥的细菌鞘磷脂酶标准参照 100μl 和 10μl 浓度 29μM 的鞘磷脂，与样品一样在 37℃ 下孵育 1 小时；

(9) 1 小时后，加入 100μl 包含 50 mM 的 pH 值为 7.4 的 Tris/HCl、10mM β-磷酸甘油、750μM ATP、5 mM EDTA、5 mM EGTA、100μM 的 Amplex Red 试剂、8 U/ml 碱性磷酸酶、0.2 U/ml 胆碱氧化酶、2 U/ml 辣根过氧化酶的反应缓冲液；

(10) 在避光条件下于 37℃ 孵育反应物 1 小时或更长时间；

(11) 用荧光微板读取器检测荧光，其中激发波长为 530~560 nm，并在 590 nm 处检测发射光；

(12) 对每一个值，通过减去非鞘磷脂酶对照的值来对背景荧光进行校正。

5. 权利要求 4 的方法，其应用于生物学流体。"

驳回决定认为：根据说明书的描述，权利要求 1~5 虽然从表述形式上看是以离体样品为对象，但是该发明却仍然以获得同一主体疾病诊断结果或健康状况为直接目的，因此权利要求 1~5 请求保护的检测方法仍然属于疾病的诊断方法，不符合专利法第25条第1款第（3）项的规定。

申请人艾蒂尔药物有限公司（下称请求人）对上述驳回决定不服，于2007年8月24日向专利复审委员会提出复审请求。请求人认为：权利要求1~5涉及的检测方法是一种体外方法，该方法获得的结果至多只能算中间结果，而不能直接获得疾病的诊断结果或健康状况，本方法测得的碱性磷酸酶水平本身并不能作为存在疾病的确定证据，也不能用于建立任何治疗方案，其只是提供了一个泛泛的信息，本领域普通技术人员根据该信息并不能推断个体患有何种疾病。粪便中碱性磷酸酶水平异常的原因很多，并不仅仅由结肠直肠癌或家族性腺瘤性息肉造成，其也可能是细菌数量变化造成。由此可见，本领域普通技术人员在获得检测结果后，不能根据结果本身就确定是否患有结肠直肠癌或家族性腺瘤性息肉，其还必须在该检测结果基础上进行其他测试才能诊断结肠直肠癌或家族性腺瘤性息肉，故本发明方法提供的是中间结果，所以不能认为是疾病诊断结果。

经形式审查合格后，专利复审委员会受理了该复审请求，并于2007年9月19日向请求人发出复审请求受理通知书，同时将本申请案卷移交原审查部门进行前置审查。

原审查部门对本复审请求进行了前置审查，坚持原驳回决定。

专利复审委员会组成合议组，对本复审请求案进行了审理，并于2008年8月1日发出了复审通知书，其中指出：对于驳回决定所针对的权利要求1~5，首先，说明书中记载"碱性鞘磷脂酶在肠道中的存在以及其在结肠直肠癌中检测到的选择性降低说明该酶在肠道癌变中起作用"（说明书第2页第3段）、"超过了正常的基础值的过量碱性鞘磷脂酶在粪便或生物学流体中的排泄可作为结肠直肠癌变及家族性腺瘤性息肉的有价值的诊断标记物"（说明书第2页第4段），正是基于此，请求人认为"有需要获得可靠的检测方法以检测可能处于前述肠道病理状态的患者粪便或生物学流体中的碱性SMase"（说明书第2页第4段），并提供了本发明的检测SMase的方法，由此可见，实施权利要求1~5请求保护的方法后，根据其检测信息，即能获知样品所来源的患者是否患有结肠直肠癌等疾病，或者获知该患者患所述疾病的可能性有多大，也即，该检测结果与所述疾病产生了直接的关联，根据该检测结果，本领域技术人员能够对样品所来源对象的疾病及健康状况作出直接评估；其次，虽然所述"生物学材料样品"是离体，但它来源于患者，并且根据上面的评述可知，权利要求1~5的方法是直接获得患者的诊断结果和健康状况的，因而权利要求1~5所述的方法其对象实际上是有生命的人体。

针对上述复审通知书所指出的问题，请求人分别于2008年9月12日、2008年12月12日提交了意见陈述书和经过修改的权利要求书，其中请求人于2008年12月12日提交的权利要求书（共1页1项）相对于驳回决定所针对的权利要求书所作修改仅为：删除了驳回决定所针对权利要求书中的权利要求1~5，仅保留驳回决定所针对权利要求书中的权利要求6为唯一的权利要求。

至此，合议组认为本案事实已经清楚，可以作出审查决定。

二、决定的理由

1. 审查所针对的文本

本复审决定所针对的文本为：本申请于2004年6月21日进入中国国家阶段时提交的原始国际申请中文译本的说明书第1~3、5~7页，说明书附图第1页，说明书摘要（1页）；于2006年8月22日提交的说明书第4页；于2008年12月12日提交的权利要求第1项。

上述文本相对于驳回决定所针对的权利要求书，所作的修改仅在于：删除了驳回决定所针对权利要求书中的权利要求1~5，仅保留驳回决定所针对权利要求书中的权利要求6为唯一的权利要求，这一修改符合专利法第33条和专利法实施细则第60条第1款的规定。

2. 关于专利法第 25 条第 1 款第（3）项

专利法第 25 条第 1 款规定：对下列各项，不授予专利权：（1）科学发现；（2）智力活动的规则和方法；（3）疾病的诊断和治疗方法；（4）动物和植物品种；（5）用原子核变换方法获得的物质。

审查指南第二部分第一章第 4.3.1 节规定：疾病的诊断方法，是指为识别、研究和确定有生命的人体或动物体病因或病灶状态的过程。

审查指南第二部分第一章第 4.3.1.1 节规定：一项与疾病有关的方法如果同时满足以下两个条件则属于疾病的诊断方法：（1）以有生命的人体或动物体为对象；（2）以获得疾病诊断结果或健康状况为直接目的。如果一项发明从表述形式上看是以离体样品为对象的，但该发明是以获得同一主体疾病诊断结果或健康状况为直接目的，则该发明仍然不能被授予专利权。如果请求专利保护的方法中包括了诊断步骤或者虽未包括诊断步骤但包括检测步骤，而根据现有技术中的医学知识和该专利申请公开的内容，只要知晓所说的诊断或检测信息，就能够直接获得疾病的诊断结果或健康状况，则该方法满足上述条件（2）。

驳回决定和复审通知书均认为，本申请驳回决定所针对的权利要求 1～5 属于疾病的诊断方法，不能被授予专利权。请求人根据上述审查意见，删除了驳回决定和复审通知书所针对的上述权利要求 1～5，基于此，驳回决定所指出的缺陷已被克服。

根据以上事实和理由，本案合议组作出如下审查决定。

三、决定

撤销国家知识产权局于 2007 年 5 月 11 日对 02825879.7 号发明专利申请作出的驳回决定。由原审查部门在以下文本的基础上继续进行审查：本申请于 2004 年 6 月 21 日进入中国国家阶段时提交的原始国际申请中文译本的说明书第 1～3、5～7 页，说明书附图第 1 页，说明书摘要（1 页）；于 2006 年 8 月 22 日提交的说明书第 4 页；于 2008 年 12 月 12 日提交的权利要求第 1 项。

复审请求人对本决定不服的，可以根据专利法第 41 条第 2 款的规定，自收到本决定之日起三个月内向北京市第一中级人民法院起诉。

胰高血糖素样肽-1 的类似物

复审请求审查决定（第 15609 号）

决 定 号	第 15609 号
决 定 日	2008 年 12 月 18 日
发明创造名称	胰高血糖素样肽-1 的类似物
国际分类号	C07K 14/605，A61K 38/26
复审请求人	研究及应用科学协会股份有限公司
申 请 号	99814187.9
申 请 日	1999 年 12 月 7 日
优 先 权 日	1998 年 12 月 7 日
公 开 日	2002 年 1 月 2 日
合议组组长	祁轶军
主 审 员	张晓飞
参 审 员	刘 妍
法 律 依 据	专利法第 26 条第 3 款

决 定 要 点

对于化学产品的发明，说明书中应当记载化学产品的确认、化学产品的制备以及化学产品的用途，而对于其用途的说明，既可以通过列出实验数据的方式予以说明，也可以根据说明书公开的内容，结合现有技术进行理论分析加以阐明，如果所属技术领域的技术人员根据现有技术能够预测本发明的用途和/或使用效果，则说明书中记载能够证明本发明技术方案可以实现所述用途和/或达到预期效果的定性或者定量实验数据并不是必须的。

一、案由

本复审请求涉及申请日为 1999 年 12 月 7 日、公开日为 2002 年 1 月 2 日、名称为"胰高血糖素样肽-1 的类似物"的 99814187.9 号发明专利申请（下称本申请）。本申请的优先权日为 1998 年 12 月 7 日，申请人为研究及应用科学协会股份有限公司。

针对申请人于 2003 年 5 月 20 日提交的权利要求 1~5、于 2001 年 6 月 7 日进入中国国家阶段时提交的说明书第 3、5、7、10、12~14、16~18、22、23、25、26、28、30、33~37、39~47、50~51 页、于 2002 年 5 月 14 日提交的说明书第 1、2、4、6、8、9、11、15、19~21、24、27、29、31、32、38、48~49 页和说明书摘要，国家知识产权局于 2006 年 10 月 13 日以说明书不符合专利法第 26 条第 3 款的规定为由驳回了本申请。驳回决定所针对的权利要求书共 5 项权利要求，具体内容如下：

"1. 化合物（Aib^{8,35}）hGLP-1（7-36）NH$_2$或其药学上可接受的盐。

2. 一种药物组合物，包括有效量的权利要求1所述的化合物或其药学上可接受的盐，以及药学上可接受的载体或稀释剂。

3. 权利要求1所述的化合物或其药学上可接受的盐在制备对GLP-1受体的拮抗剂中的应用。

4. 权利要求1所述的化合物或其药学上可接受的盐在制备治疗以下疾病的药剂中的应用，其中所述疾病选自Ⅰ型糖尿病、Ⅱ型糖尿病、肥胖、胰高血糖素瘤、导气管分泌性疾病、代谢性疾病、关节炎、骨质疏松、中枢神经系统疾病、再狭窄和神经变性疾病。

5. 根据权利要求4所述的应用，其中所述的疾病为Ⅰ型糖尿病或Ⅱ型糖尿病。"

驳回决定认为：本申请涉及一种合成化合物（Aib^{8,35}）hGLP-1（7-36）NH$_2$，但是说明书中仅仅给出了测定该化合物作为GLP-1结合化合物活性的方法，并没有通过所述方法来测定并证实该化合物确实具有GLP-1结合活性，即对该化合物的功能和/或用途并没有作进一步的证实，显然缺乏实验结果的验证。对于申请人在答复《第一次审查意见通知书》时所提交的测试数据和文献，其内容在本申请的原始说明书和权利要求书中没有记载，而且本领域普通技术人员根据现有技术和说明书的记载也无法预测到所述的测试数据以及文献中所记载的内容，因此申请人所提交的测试数据和文献不能被接受以证明（Aib^{8,35}）hGLP-1（7-36）NH$_2$的技术效果。综上所述，本申请的说明书没有对发明作出清楚、完整的说明，导致本领域普通技术人员无法实现本发明，不符合专利法第26条第3款的规定。

申请人研究及应用科学协会股份有限公司（下称请求人）对上述驳回决定不服，于2007年1月24日向专利复审委员会提出复审请求，请求人在提出复审请求时未提交经修改的申请文件，但提交了如下附件：

附件1：Effects of subcutaneous glucagon-like peptide 1 (GLP-1 [7-36 amide]) in patients with NIDDM, Diabetologia, 1996年，第39卷，第1546~1553页，复印件共8页；

附件2：Effects of Glucagons-like peptide-1 on Islet Function and Insulin Sensitivity in Noninsulin-Dependent Diabetes Mellitus, Journal of Clinical Endorinology and Metabolism, 1997年，第82卷第2期，第473~478页，复印件共6页；

附件3：Dipeptidyl peptidase IV resistant analogues of glucagon-like peptide-1 which have extended metabolic stability and improved biological activity, Diabetologia, 1998年，第41卷，第271~278页，复印件共8页；

附件4：Dipeptidyl Peptidase IV Inhibition Potentiates the Insulinotropic Effect of Glucagon-like Peptide 1 in the Anesthetized Pig, DIABETES, 1998年5月，第47卷，第764~769页，复印件共6页。

请求人认为：（1）根据专利法、审查指南的相关规定及第7624号、第7622号和第1665号决定可知：说明书缺少其中的部分内容并不必然导致专利申请的说明书公开不充分，列出数据的方式并非说明有益技术效果的唯一方式，对于与现有技术的化合物具有类似结构的目的化合物，其是否充分公开还应该结合现有技术，如果本领域技术人员能够预料该目的化合物有相同的用途，说明书中未公开其药理学实验数据也不影响实施该发明，本申请说明书背景技术部分记载了GLP-1的功能，附件1公开了GLP-1 [7-36酰胺]可用于治疗NIDDM，附件2公开了截短的GLP-1可用于治疗NIDDM，附件3公开了GLP-1的四种类似物的代谢稳定性更好，附件4公开了GLP-1的功能，并指出了GLP-1存在代谢不稳定的问题；（2）本申请说明书中公开了化合物的制备方法，制备实施例和理化参数，并记载了其具体的医药用途和有效量和使用方法，本领域技术人员可以确认所述GLP-1类似物是对GLP-1的改进，因此具有与GLP-1相同的功能，说明书中可以不记载证明GLP-1类似物用途或使用效果的实验数据,因此本申请的说明书对发明作出了清楚完整的说明,符合专利法第 26 条第 3 款的规定。

形式审查合格后,专利复审委员会受理了该复审请求,并于 2007 年 3 月 8 日向请求人发出《复审请求受理通知书》,同时将本申请案卷移交原审查部门进行前置审查。

原审查部门对本复审请求进行了前置审查,认为请求人提交的附件仅仅说明了胰高血糖素样肽-1 酰胺(GLP-1)的代谢特性和可能的用途,并没有提供本发明的化合物($Aib^{8,35}$)hGLP-1(7-36)NH_2 具有与 GLP-1 类似活性或相同用途的充分理由或证据,本领域技术人员公知氨基酸的细微变化都可能改变肽的活性,而影响其技术效果,因此无法根据现有技术推知本发明的化合物较天然 GLP-1 更有效或代谢更稳定,说明书中也缺乏必要的实验结果来验证其用途或效果,因此本申请说明书公开不充分,不符合专利法第 26 条第 3 款的规定。

专利复审委员会组成合议组,对本复审请求案进行了审理。于 2008 年 7 月 28 日向请求人发出《复审通知书》,指出:(1)权利要求 1 要求保护化合物($Aib^{8,35}$)hGLP-1(7-36)NH_2 或其药学上可接受的盐,权利要求 2 要求保护包含权利要求 1 的化合物或其盐的药物组合物,权利要求 3~5 要求保护权利要求 1 的化合物或其盐的应用。根据说明书的记载,本申请所要解决的技术问题是天然 GLP-1 代谢不稳定,需要提供比天然 GLP-1 更有效或代谢上更稳定的 GLP-1 类似物(说明书第 2 页第 15~18 行),权利要求 1 中的化合物与天然 GLP-1 的区别为天然 GLP-1 第 8 和 35 位的 Ala 和 Gly 均取代为 Aib。由于说明书中只是记载了该化合物的结构式和制备实施例以及其分子量和纯度(说明书的实施例 1),并未记载任何足以证明该化合物可以实现所述 GLP-1 的用途和/或达到预期效果的定性或者定量实验数据,说明书和现有技术中同时也均未指出第 8 和 35 位氨基酸对于 GLP-1 发挥其生物学功能具有何种影响,本领域技术人员无法预测取代后得到的权利要求 1 的化合物是否还具有天然 GLP-1 的功能,并且是否比其更稳定,因此本申请的说明书未清楚完整地公开权利要求 1 中化合物及其盐的技术效果,权利要求 2~5 的技术方案以权利要求 1 的化合物或其盐为基础,同样也未在说明书中清楚完整地公开。因此,本申请说明书不符合专利法第 26 条第 3 款的规定。(2)本申请说明书背景技术部分的记载以及请求人提交的附件均只记载了 GLP-1 的功能和效果以及其存在代谢稳定性差的问题,其中附件 3 记载了 GLP-1 的四种类似物的受体结合活性和代谢稳定性数据,但其中氨基酸的取代位点均只涉及 GLP-1 的第 8 位,无法证明第 35 位氨基酸对 GLP-1 功能的影响,因此本领域技术人员根据本申请说明书以及现有技术的内容无法预测本申请要求保护的 GLP-1 类似物的功能和稳定性。(3)说明书中记载的化合物的制备方法及使用方法等内容无法用于证明本申请化合物的功能和效果,其也无法根据现有技术预测,因此请求人陈述的"所述 GLP-1 类似物是对 GLP-1 的改进,因此具有与 GLP-1 相同的功能"只是一种断言。(4)根据审查指南第二部分第十章第 3.4 节(2)的内容,判断说明书是否公开,以原说明书和权利要求书记载的内容为准,申请日后补交的实施例和实验数据不予考虑。对于请求人在答复《第一次审查意见通知书》时提交的实验数据及两份附件,该实验数据中的内容未记载在原始申请文件中,本领域技术人员根据现有技术也不能预测所述技术效果,因此在判断说明书是否充分公开时,对于该实验数据不应予以考虑。两份附件的公开日均在本申请申请日之后,不能作为本申请申请日前的现有技术,因此也无法用于说明本申请的说明书是否充分公开。

针对《复审通知书》指出的问题,请求人于 2008 年 11 月 12 日提交了意见陈述书,没有提交经修改的申请文件,但提交了如下附件(编号续前):

附件 5:Structure of Glucagon-like Peptide (7-36) Amide in a Dodecylphosphocholine Micelle as Determined by 2D NMR, Biochemistry, 1994 年, 第 33 卷第 12 期, 第 3532~3539 页, 复印件共 8 页;

附件6：Cα, α-SYMMETRICALLY DISUBSTITUED GLYCINES，Janssen Chim. Acta，1993年，第10~16页，复印件共7页；

附件7：Peptides Frontiers of Peptide Science，Proceedings of the Fifteenth American Peptide Symposium，1997年6月，封面页，第541和542页，复印件共3页；

附件8：Lectures，L085和L086，L086的标题为"HIGHLY POTENT HUMAN PARATHYRIOD HORMONE ANALOGS"，复印件共1页。

请求人认为：（1）附件5教导了GLP-1（7-36）由N端无规卷曲区段、两个α螺旋区段残基7~14和18~29以及一个连接区组成（参见摘要，图7-9），本发明所述的GLP-1（7-36）肽的第35位为该肽的C端倒数第二位残基，即附件5中所述残基Gly29，其位于C端α螺旋的末端，本领域技术人员根据附件5的内容可知GLP-1（7-36）肽稳定的C端α螺旋构象是其功能所需的（参见第3538页左栏第2段）；附件6教导了Aib的结构，即Cα, α-对称性双甲基取代的甘氨酸（第10页图1），其是Gly的高度结构类似物，在肽链中为螺旋形成残基，可以造成螺旋结构的形成（参见第12页第1栏第2段第4~6行），并且其具有构象限制性作用，能够增强肽螺旋构象（参见第10页第2段和第5段，第11页第2段）；附件7公开了Aib取代的PTH（1-34）肽，将其与GLP-1（7-36）的结构相比较，两者均包括由一段连接区连接、位于N端和C端的两个两亲性α螺旋（参见附件5的第3538页第3段和附件7的第541页第2段），而在靠近PTH肽的C端α螺旋末端的位置16、17或19位引入Aib取代后，导致比PTH（1-34）肽强1.3~6.7倍的类似物，表明在C端α螺旋末端附近进行Aib取代可以加强螺旋性（参见附件8的倒数第2~4行），根据以上现有技术，本领域技术人员将容易地预见到在靠近GLP-1的C端α螺旋的末端实施的Aib35Gly将不会引起GLP-1活性所需的C端α螺旋构象的破坏，并且由于其构象的维持，可以预见Aib35Gly对于GLP-1发挥功能不会产生实质性的负面影响；（2）附件3中已经证实Aib8取代的GLP-1不仅可以保持与GLP-1受体的结合和在体内具有生物学活性外，还可以由于抵抗二肽基肽酶IV的酶降解作用而具有比天然GLP-1太更高的体内稳定性（参见摘要）；（3）根据上述现有技术的内容可以预见到本发明的化合物（Aib^{8,35}）hGLP-1（7-36）NH$_2$将由于Aib8的取代而具备高于天然GLP-1的稳定性，并同时由于Aib8和Aib35取代对GLP-1的活性均无实质性负面影响而仍然具有天然GLP-1的功能，因此，尽管本申请说明书没有记载有关本发明化合物的用途试验数据，本领域技术人员根据本申请公开的化合物的结构信息，结合现有技术的教导，可以预见其能够实现所述用途或具有所述效果，本申请说明书已经达到了充分公开发明以所属技术领域的技术人员能够实施该发明的标准，符合专利法第26条第3款的规定；（4）尽管本领域技术人员在本申请说明书的基础上，结合现有技术能够预见本发明化合物的技术效果，但这种预见以本申请公开的内容为基础，不能反过来用于评述本发明相对于现有技术的创造性，而本申请优先权日之前的现有技术中也不存在有关本发明化合物（Aib^{8,35}）hGLP-1（7-36）NH$_2$的任何启示，本领域技术人员不经过创造性劳动无法得到本发明，并预见其技术效果，因此本发明相对于现有技术具备创造性。

至此，合议组认为本案事实已经清楚，可以作出审查决定。

二、决定的理由

1. 审查依据的文本

请求人在提出复审请求和答复《复审通知书》时均未提交经修改的申请文件，因此本复审请求审查决定的审查文本为《驳回决定》所针对的文本。

2. 关于请求人提交的附件

请求人于2007年1月24日提出复审请求时提交了附件1~4，于2008年11月12日答复《复审通知书》时提交了附件5~8，用以证明所属技术领域的技术人员根据本申请公开的内容，结合现有技术能够预测本发明的用途和/或使用效果。经审查，附件1~7均为公开出版的期刊杂志中的文献，属于专利法意义上的公开出版物，对其真实性予以确认；其公开出版日期均在本申请优先权日之前，因此均可以作为本申请的现有技术；附件8中未记载任何有关该文献的出版信息，在无其他证据的情况下，不能认定其真实性及公开日期，不能将其和记载的内容认定为现有技术，因此对其不予考虑。

3. 关于专利法第26条第3款

专利法第26条第3款规定，说明书应当对发明或者实用新型作出清楚、完整的说明，以所属技术领域的技术人员能够实现为准。

根据该款规定，对于化学产品的发明，说明书中应当记载化学产品的确认、化学产品的制备以及化学产品的用途，而对于其用途的说明，既可以通过列出实验数据的方式予以说明，也可以根据说明书公开的内容，结合现有技术进行理论分析加以阐明，如果所属技术领域的技术人员根据现有技术能够预测本发明的用途和/或使用效果，则说明书中记载能够证明本发明技术方案可以实现所述用途和/或达到预期效果的定性或者定量实验数据并不是必须的。

本案中，权利要求1要求保护化合物（$Aib^{8,35}$）hGLP-1（7-36）NH_2或其药学上可接受的盐，权利要求2要求保护包含权利要求1的化合物或其盐的药物组合物，权利要求3~5要求保护权利要求1的化合物或其盐的应用。根据说明书的记载，本申请所要解决的技术问题是天然GLP-1代谢不稳定，需要提供比天然GLP-1更有效或代谢上更稳定的GLP-1类似物（说明书第2页第15~18行），权利要求1中的化合物与天然GLP-1的区别为天然GLP-1第8和35位的Ala和Gly均取代为Aib。

说明书中记载了（$Aib^{8,35}$）hGLP-1（7-36）NH_2的结构式和制备实施例以及其分子量和纯度（说明书的实施例399和表1），即本申请说明书记载了该化合物的确认以及制备。对于其用途，虽然本申请说明书中并未记载任何足以证明该化合物可以实现所述GLP-1的用途和/或达到预期效果的定性或者定量实验数据，但根据该化合物与天然GLP-1的结构比较，该化合物为天然GLP-1第8和35位的Ala和Gly均取代为Aib后得到，为天然GLP-1的结构类似物。对于天然GLP-1第8位的Ala取代为Aib，本申请的现有技术附件3公开了GLP-1的四种类似物的受体结合活性和代谢稳定性数据，其中记载了Aib^8，即天然GLP-1的第8位Ala取代为Aib后的GLP-1类似物能够抵抗二肽基肽酶Ⅳ的酶降解作用，具有与GLP-1类似的与受体结合的亲和力，在体内具有生物学活性以及延长的代谢稳定性（参见摘要右栏），表明天然GLP-1的Aib8的取代对其功能没有负面影响，并且能够增强其代谢稳定性；对于天然GLP-1第35位的Gly取代为Aib，本申请的现有技术附件5公开了天然GLP-1的结构，其由N端的无规则卷曲区段（残基1-7）、两个α螺旋区段残基7~14和18~29以及一个连接区组成（参见摘要，图7~9），并记载了C端螺旋比N端螺旋更稳定，其是胰高血糖素受体结合所必需的（参见第3538页左栏第2段）；附件6公开了Aib的结构，即$C^{\alpha,\alpha}$-对称性双甲基取代的甘氨酸（参见第10页图1），其是Gly的高度结构类似物，具有构象限制性作用，能够增强肽的螺旋构象（参见第10页第2段和第5段，第11页第2段），在肽链中为螺旋形成残基，可以造成螺旋结构的形成（参见第12页第1栏第2段第4~6行）。GLP-1（7-36）肽的第35位为该肽C端α螺旋末端的倒数第二位残基，即附件5中所述的残基Gly29，根据附件6中公开的Aib的结构及性质可以得知，将Gly29取代为Aib后，可以合理预见该取代能够增强肽螺旋构象的能力，使得GLP-1的C端α螺旋结构更稳定，并且根据附件7公开的内容，PTH（1-34）肽与GLP-1（7-36）的结构类似，也包括连接区、位于N端和C端的两个两亲性α螺旋（参见第541页第2段），为了稳定C端α螺旋的目的而在靠近PTH肽的C端α螺旋末端的位置16、17或19位引入Aib取代后，产生比PTH（1-34）

肽强 1.3 至 6.7 倍的类似物（参见第 542 页第 2 段），其也进一步验证了 Aib 有利于肽 C 端 α 螺旋的形成和维持其稳定，对取代前的肽的功能并无负面影响，因此，在上述附件 5~7 公开的内容基础上，本领域技术人员可以合理预见到 Aib35Gly 取代能够稳定 GLP-1 的 C 端 α 螺旋构象，并且不会对其功能产生不良影响。

基于上述评述，在本申请公开的（Aib^{8,35}）hGLP-1（7-36）NH$_2$ 结构的基础上，本领域技术人员结合附件 3、5~7 公开的内容，将能够合理预见到该化合物具有高于天然 GLP-1 的代谢稳定性，且仍然具有其功能，因此本发明权利要求 1 中的化合物（Aib^{8,35}）hGLP-1（7-36）NH$_2$ 能够解决上述技术问题，并达到预期的技术效果。由于化合物的药学上可接受的盐的制备为本领域的公知常识，而且也可以预期其盐能够具备该化合物相同的用途和/或使用效果，因此也可以预期权利要求 1 中的化合物（Aib^{8,35}）hGLP-1（7-36）NH$_2$ 的药学上可接受的盐也能够解决上述技术问题，并达到预期的技术效果。

基于上述理由，本申请说明书已充分公开了权利要求 1 的技术方案，同样的理由，以权利要求 1 的化合物和其药学上可接受的盐为基础的权利要求 2~5 的技术方案也在说明书中得到了充分公开，本申请说明书符合专利法第 26 条第 3 款的规定。

根据以上事实和理由，本案合议组作出如下审查决定。

三、决定

撤销国家知识产权局于 2006 年 10 月 13 日对 99814187.9 号发明专利申请作出的驳回决定。由原审查部门在本复审决定所针对文本的基础上继续进行审查。

复审请求人对本决定不服的，可以根据专利法第 41 条第 2 款的规定，自收到本决定之日起三个月内向北京市第一中级人民法院起诉。

无效宣告请求审查决定

黄牛肠激酶催化亚基基因及其基因工程生产方法

无效宣告请求审查决定（第 10956 号）

决 定 号	第 10956 号
决 定 日	2007 年 12 月 27 日
发明创造名称	黄牛肠激酶催化亚基基因及其基因工程生产方法
国际分类号	C12N 15/52，C12N 15/09
无效宣告请求人	刘红强
专 利 权 人	南京大学
专 利 号	01113770.3
申 请 日	2001 年 7 月 10 日
授权公告日	2004 年 9 月 1 日
合议组组长	叶 娟
主 审 员	张晓飞
参 审 员	周英姿
法 律 依 据	专利法第 22 条第 2 款

决 定 要 点

如果一篇对比文件与一件专利属于相同的技术领域，并且该对比文件的一个技术方案中已经公开了该专利中一项权利要求的全部技术特征，两者的技术方案实质相同，所要解决的技术问题也相同，并能产生相同的技术效果，那么该权利要求相对于该对比文件不具备专利法新颖性。

一、案由

本专利权无效宣告请求案涉及国家知识产权局于 2004 年 9 月 1 日公告授予的、名称为"黄牛肠激酶催化亚基基因及其基因工程生产方法"的第 01113770.3 号发明专利权（下称本专利），其申请日为 2001 年 7 月 10 日，专利权人为南京大学。本专利授权公告的权利要求书如下：

"1. 一种黄牛肠激酶催化亚基的基因，其基因序列如下：

attgtcggag gaagtgactc cagagaagga gcctggcctt gggtcgttgc tctgtatttc 60

gacgatcaac aggtctgcgg agcttctctg gtgagcaggg attggctggt gtcggccgcc 120

cactgcgtgt acgggagaaa tatggagccg tctaagtgga aagcagtgct aggcctgcat 180

atggcatcaa atctgacttc tcctcagata gaaactaggt tgattgacca aattgtcata 240

aacccacact acaataaacg gagaaagaac aatgacattg ccatgatgca tcttgaaatg 300

aaagtgaact acacagatta tatacagcct attgtgttac cagaagaaaa tcaagttttt 360

```
cccccaggaa gaatttgttc tattgctggc tgggggggcac ttatatatca aggttctact 420
gcagacgtac tgcaagaagc tgacgttccc cttctatcaa atgagaaatg tcaacaacag 480
atgcagaat ataacattac ggaaaatatg gtgtgtgcag gctatgaagc aggagggta 540
gattcttgtc aggggattc aggcggacca ctcatgtgcc aagaaaacaa cagatggctc 600
ctggctgcg tgacgtcatt tggatatcaa tgtgcactgc ctaatcgccc aggggtgtat 660
gcccgggtcc caaggttcac agagtggata caaagttttc tacattag 708
```

该基因编码了黄牛肠激酶的催化亚基，该亚基具有肠激酶的丝氨酸蛋白酶识别和切割特定氨基酸序列的活性。

2. 根据权利要求 1 所述的黄牛肠激酶催化亚基基因的克隆方法，其特征在于：该黄牛肠激酶催化亚基的基因可以通过从牛肠道组织中提取 RNA，逆转录为 cDNA，再通过 PCR 反应，克隆获得。

3. 根据权利要求 1 所述的黄牛肠激酶催化亚基基因编码亚基的基因工程生产方法，其特征是克隆获得的黄牛肠激酶催化亚基基因，可以通过重组 DNA 技术即基因工程方法构建表达质粒、经表达、纯化、制备获得重组黄牛肠激酶催化亚基，该重组黄牛肠激酶催化亚基能够作为蛋白酶特异性地识别并切割含肠激酶切割位点的底物。

4. 根据权利要求 1 所述的重组黄牛肠激酶催化亚基基因编码亚基的应用，该亚基是作为工具蛋白酶用于蛋白质多肽及重组融合蛋白质的特异性断裂。"

针对上述专利权，刘红强（下称请求人）于 2007 年 3 月 16 日向专利复审委员会提出专利权无效宣告请求，认为本专利不符合专利法第 22 条第 2 款、专利法第 22 条第 3 款以及专利法实施细则第 20 条第 1 款的规定。请求人同时提交了本专利授权公告文本的复印件及以下证据：

证据 1：PCT 国际专利申请公开文本 WO94/16083A1，公开日为 1994 年 7 月 21 日，复印件及全文中文译文共 104 页；

证据 2：《分子克隆实验指南（第二版）》，J. 萨姆布鲁克等人，科学出版社，1992 年 10 月第二版，1992 年 10 月第一次印刷，首页、出版信息页及第 1、34～48、343～361、396、401～404、672～683、822～847 页，复印件共 80 页；

证据 3：本专利审查过程中的申请文件及中间文件，复印件共 32 页。

依据上述证据，请求人认为：(1) 权利要求 1 要求保护一种黄牛肠激酶催化亚基的基因，证据 1 公开了包含有 2581 个核苷酸的序列（SEQ ID NO：1），并记载了该序列含有 708 个（1691～2398）编码牛肠激酶的催化结构域的核苷酸（参见证据 1 说明书第 2 页第 13～21 行，对应说明书中文译文第 2 页第 20～25 行以及权利要求 7 和 9），以及该核苷酸序列的功能，即编码牛肠激酶的催化结构域，由于该核苷酸与本专利权利要求 1 中的基因序列完全一致，因此，权利要求 1 相对于证据 1 不具备新颖性，也不具备创造性。(2) 权利要求 2 要求保护权利要求 1 的基因的克隆方法，证据 1 在实施例 4 中分别描述了使用标准技术（Sambrook 等，"分子克隆实验指南"）获得牛的十二指肠组织，从组织制备 mRNA，合成寡（dT）-引发的 cDNA 和在 cDNA 上进行 PCR（参见证据 1 说明书第 16 页第 3～14 行，对应说明书中文译文第 16 页第 29 行至第 17 页第 9 行），可见证据 1 公开了权利要求 2 的全部技术特征，权利要求 2 相对于证据 1 不具备新颖性。另外，由于证据 2 中详细描述了如何从组织中提取 mRNA，并应用 mRNA 反转录扩增 cDNA（RT-PCR）的具体操作步骤（参见证据 2 的第 7、8、14 章），在基因已知的情况下，根据上述操作规程可很容易地实现权利要求 2 的技术方案，并且证据 3 表明本专利的发明人在答复审查意见通知书时明确承认"对于本领域普通技术人员，有了一个确定的基因序列，进行该基因的克隆是一个很普通、很常规的技术"，可见本领域普通技术人员不需要付出创造性劳动就可以实现其技术方案，因此权利要求 2 相对于证据 1 不具备创造性；如果权利要求 2

具备创造性,则由于其没有清楚地限定所述方法的步骤、条件和参数,造成权利要求2不清楚,不符合专利法实施细则第20条第1款的规定。(3)权利要求3要求保护权利要求1的基因编码亚基的基因工程生产方法,其技术方案包括"构建肠激酶催化基因的表达质粒、表达和纯化"这些技术特征,证据1中公开了编码肠激酶活性的DNA序列的表达载体构建及表达(参见证据1说明书第6页第27~33行,对应说明书中文译文第7页第6~10行)以及对生物活性肠激酶活性蛋白的纯化(参见证据1第7页第28~33行,对应说明书中文译文第8页第12~16行)和具体的操作过程(参见证据1说明书实施例8和9),可见证据1公开了权利要求3的全部技术特征,权利要求3相对于证据1不具备新颖性。另外,由于基因重组技术属于本领域的常规实验技术,在基因已知的情况下,本领域技术人员按照证据1公开的内容或者证据2中第17章公开的内容可以很容易地实现权利要求3的技术方案,权利要求3相对于证据1不具备创造性。(4)权利要求4要求保护权利要求1的基因编码亚基的应用,证据1中公开了重组肠激酶活性作为工具酶分裂融合蛋白的应用(参见证据1权利要求28、29和说明书第3页第26~27行,对应说明书中文译文第4页第1行以及权利要求27和28),可见证据1公开了权利要求4的全部技术特征,权利要求4相对于证据1不具备新颖性;而牛肠激酶作为工具蛋白酶的用途是本领域的公知常识(参见本专利背景技术部分的内容),将其催化亚基用作工具酶是显而易见的,因此,权利要求4相对于证据1不具备创造性。

经形式审查合格后,专利复审委员会受理了上述请求,于2007年4月16日向双方当事人发出《无效宣告请求受理通知书》,并将《专利权无效宣告请求书》及其附件清单中所列附件副本转送给专利权人,要求其在指定的期限内答复,同时成立合议组对本无效宣告请求案进行审理。

2007年8月20日,本案合议组向双方当事人发出《无效宣告请求口头审理通知书》,定于2007年10月9日对本案进行口头审理。

2007年10月9日口头审理如期进行,仅请求人一方委托代理人参加了口头审理,专利权人方未参加口头审理。在口头审理过程中,合议组对请求人提出的无效宣告请求理由和事实进行了充分调查,其中:

(1)请求人放弃其在《专利权无效宣告请求书》中提出的权利要求2不清楚导致其不符合专利法实施细则第20条第1款之规定的无效宣告请求理由,并确认其请求宣告本专利权无效的理由及其范围是:权利要求1~4相对于证据1不具备专利法第22条第2款规定的新颖性,权利要求1~4相对于证据1和证据2的结合不具备专利法第22条第3款规定的创造性;

(2)请求人提交了证据2的原件,主张证据2作为举证公知常识的对比文件;并确认证据3是辅助证据,用于证明专利权人对公知常识的自认,但不作为对比文件使用。

口头审理后,请求人于2007年10月15日提交了以下加盖有内容为"经确认此副本与原件相同 国家知识产权局专利检索咨询中心副本认证专用章 2007年10月9日"红章及其骑缝章的证据1复印件;以及加盖了内容为"此件为原件复印件"和"中华人民共和国国家知识产权局专利审查业务章 47"红章及其骑缝章的证据3复印件。

至此,合议组认为本案事实已经清楚,可以依法作出审查决定。

二、决定的理由

1. 无效宣告请求的理由和范围

本案中,请求人在口头审理过程中确认本专利无效宣告请求的理由及其范围是:权利要求1~4相对于证据1不具备专利法第22条第2款规定的新颖性,权利要求1~4相对于证据1和证据2的结合不具备专利法第22条第3款规定的创造性。合议组对此予以确认,并据此进行审查。

2. 关于证据

由于在本无效宣告请求案审理过程中，专利权人未对证据1~3的真实性、关联性、合法性和公开日期以及证据1的中文译文的准确性表示过异议，且请求人在口头审理时提交了证据2的原件，并于2007年10月15日提交了加盖有内容为"经确认此副本与原件相同国家知识产权局专利检索咨询中心副本认证专用章2007年10月9日"红章及其骑缝章的证据1复印件；以及加盖了内容为"此件为原件复印件"和"中华人民共和国国家知识产权局专利审查业务章47"红章及其骑缝章的证据3复印件用于证明证据1和3的真实性，在此基础上，合议组核实后对证据1~3的真实性、关联性和合法性以及证据1的译文准确性予以确认。由于证据1、2的公开时间分别为1994年7月21日和1992年10月，均在本专利申请日之前，因此它们可以作为评价本专利新颖性和创造性的现有技术使用。

3. 关于专利法第22条第2款

专利法第22条第2款规定，新颖性，是指在申请日以前没有同样的发明或者实用新型在国内外出版物上公开发表过、在国内公开使用过或者以其他方式为公众所知，也没有同样的发明或者实用新型由他人向国务院专利行政部门提出过申请并且记载在申请日以后公布的专利申请文件中。

如果一篇对比文件与一件专利属于相同的技术领域，并且该对比文件的一个技术方案中已经公开了该专利中一项权利要求的全部技术特征，两者的技术方案实质相同，所要解决的技术问题也相同，并能产生相同的技术效果，那么该权利要求相对于该对比文件不具备专利法新颖性。

本专利权利要求1要求保护一种黄牛肠激酶催化亚基的基因，其基因序列由708个核苷酸组成（参见前述权利要求书）。证据1公开了一种编码牛肠激酶催化结构域的DNA序列，其为SEQ ID NO：1的核苷酸1691到核苷酸2398的序列（参见证据1中文译文的权利要求7和9，说明书第2页第20~25行，第21页第19~20行），该段序列与本专利权利要求1要求保护的基因的序列完全一致，并且证据1中还指出该序列编码牛肠激酶轻链，即肠激酶的催化亚基（参见证据1中文译文的说明书第21页第15行到第24页第8行），其具有肠激酶的催化活性。虽然权利要求1中还指出权利要求1的基因编码亚基具有肠激酶的丝氨酸蛋白酶识别和切割特定氨基酸序列的活性，但这只是对已知肠激酶活性的一种说明，并不能为权利要求1的核酸序列带来结构上的变化，因此证据1公开了本专利权利要求1的全部技术特征，且两者属于相同的技术领域，要解决的技术问题和产生的技术效果也相同，权利要求1相对于证据1不具备新颖性，不符合专利法第22条第2款的规定。

权利要求2要求保护权利要求1所述的黄牛肠激酶催化亚基基因的克隆方法。证据1中公开了肠激酶催化链基因的克隆过程和方法，具体包括从牛的十二指肠组织制备mRNA，使用标准技术合成cDNA，建立cDNA文库，通过嵌套式PCR等步骤最终得到编码牛肠激酶催化结构域的基因，即SEQ ID NO：1的核苷酸1691到核苷酸2398的序列（证据1中文译文的说明书中实施例4、6、8），且该序列与权利要求1中的基因序列完全相同，因此证据1公开了本专利权利要求2的方法的全部技术特征，且两者属于相同的技术领域，要解决的技术问题和产生的技术效果也相同，权利要求2相对于证据1也不具备专利法第22条第2款规定的新颖性。

权利要求3要求保护权利要求1所述的黄牛肠激酶催化亚基基因编码亚基的基因工程生产方法，而证据1中公开了表达编码牛肠激酶催化结构域的基因，获得活性肠激酶轻链的过程和方法，具体包括克隆获得牛肠激酶催化结构域的DNA序列，构建信号肽、人PACE基因原区域与牛肠激酶催化结构域，或者大肠杆菌硫氧还蛋白基因与牛肠激酶催化结构域，或者哺乳动物PACE分泌性前导序列和前肽序列与成熟的牛肠激酶轻链序列的融合表达构建体，分别在CHO细胞、大肠杆菌和酿酒酵母中表达、纯化而获得重组肠激酶催化结构域（证据1中文译文的实施例8），并具体公开了"在分泌

PACE 原/肠激酶轻链过程中，宿主 PACE 从肠激酶的 N 端切割前肽，导致成熟的肠激酶催化结构域分泌到条件培养基中"（证据1中文译文的说明书第21页第26~28行），产生的重组肠激酶催化结构域能够特异性地切割包含肠激酶切割位点的融合蛋白（证据1中文译文的说明书第22页第9~20行），由于证据1中公开的上述编码牛肠激酶催化结构域的基因的序列与权利要求1中的基因序列完全相同，因此证据1公开了本专利权利要求3的方法的全部技术特征，且两者属于相同的技术领域，要解决的技术问题和产生的技术效果也相同，因此权利要求3相对于证据1也不具备专利法第22条第2款规定的新颖性。

权利要求4要求保护权利要求1所述的黄牛肠激酶催化亚基编码基因的应用，作为工具蛋白酶用于蛋白质多肽及重组融合蛋白的特异性断裂。证据1公开了"本发明的肠激酶活性可以用于切割具有肠激酶切割位点的蛋白，和特别是具有加工到它们序列中的这样的切割位点的融合蛋白的方法"（证据1中文译文的说明书第8页第26~27行），并公开了所产生的重组肠激酶催化结构域能够特异性地切割包含肠激酶切割位点的融合蛋白（证据1中文译文的说明书第22页第9~20行），由于证据1中公开的上述编码牛肠激酶催化结构域的基因的序列与权利要求1中的基因序列完全相同，因此证据1公开了本专利权利要求4的应用的全部技术特征，且两者属于相同的技术领域，要解决的技术问题和产生的技术效果也相同，权利要求4相对于证据1也不具备专利法第22条第2款规定的新颖性。

根据以上事实和理由，本专利权利要求1~4相对于证据1不具备专利法第22条第2款规定的新颖性而应予以无效。

鉴于此，本决定对于请求人主张的本专利权利要求1~4相对于证据1和2的结合不具备专利法第22条第3款规定的创造性的无效宣告请求理由不再进行评述。

基于以上事实和理由，本案合议组作出如下审查决定。

三、决定

宣告01113770.3号发明专利权全部无效。

当事人对本决定不服的，可以根据专利法第46条第2款的规定，自收到本决定之日起三个月内向北京市第一中级人民法院起诉。根据该款的规定，一方当事人起诉后，另一方当事人应当作为第三人参加诉讼。

含生物活性物质的兔皮和其用途

无效宣告请求审查决定（第10960号）

决 定 号	第10960号
决 定 日	2007年12月26日
发明创造名称	含生物活性物质的兔皮和其用途
国际分类号	A61K 35/36，A61P 37/08，A61P35/02，A61P17/02
无效宣告请求人	日本脏器制药株式会社
专 利 权 人	威世药业（如皋）有限公司
专 利 号	02145975.4
申 请 日	2002年10月31日
授权公告日	2005年6月22日
合议组组长	叶 娟
主 审 员	王 冬
参 审 员	郭 婷
法律依据	专利法第26条第3款，专利法22条第2款、第3款

决定要点

说明书应当使用发明所属技术领域的技术术语，说明书的表述应当准确地表达发明的技术内容，不得含糊不清或者模棱两可，以致所属技术领域的技术人员不能清楚、正确地理解该发明。

一项权利要求的技术方案与一篇对比文件公开的技术方案相比，如果二者所属技术领域、所解决的技术问题、要求保护的技术方案和预期效果实质上相同，则该项权利要求不具有新颖性。

在对要求保护的发明的创造性进行判断时，首先应当在现有技术中确定与要求保护的发明最接近的现有技术，然后确定要求保护的发明的区别特征和实际解决的技术问题，接着从最接近的现有技术和要求保护的发明所实际解决的技术问题出发，判断要求保护的发明对本领域技术人员来说是否显而易见，是否具有突出的实质性特点；同时考察要求保护的发明相对于最接近的现有技术是否具有显著的进步。

一、案由

本专利权无效宣告请求案涉及国家知识产权局于2005年6月22日公告授予的、名称为"含生物活性物质的兔皮和其用途"的第02145975.4号发明专利权（下称本专利），其申请日为2002年10月31日，专利权人为威世药业（如皋）有限公司。本专利授权公告的权利要求书如下：

"1. 一种具有血管舒缓素生成抑制活性的兔皮，其特征在于该兔皮是由以下方法制备的：用牛痘病毒株皮下接种家兔，按每只1.5~3千克的家兔注射100到250处，每处注射每毫升含10^6~10^9个病毒的溶液0.1~0.4毫升进行，将接种过的家兔进行饲养，待其皮肤组织发痘良好时处死，然后采皮。

2. 如权利要求1的兔皮，其中所说的牛痘病毒株是Lister株。
3. 如权利要求1的兔皮，其中所说的牛痘病毒株是Ikeda株。
4. 如权利要求1的兔皮，其中所说的牛痘病毒株是Dairen株。
5. 如权利要求1的兔皮，其中所说的牛痘病毒株是EM-63株。
6. 如权利要求1的兔皮，其中所说的家兔是日本大耳白兔。
7. 如权利要求1的兔皮，其中所说的家兔是新西兰白兔。
8. 如权利要求1的兔皮，其中所说的家兔是中国本兔。
9. 如权利要求1的兔皮，其中所说的家兔是青紫兰兔。
10. 如权利要求1的兔皮，其中所说的皮肤组织发痘良好是指皮肤组织明显出痘，颜色由红润转为紫红，皮肤增厚，皮下和臀部水肿。
11. 如权利要求1~10之任一的兔皮，其具有大于或等于0.5iu/g的SART活性。
12. 权利要求1~11之任一的兔皮的用途，其特征在于将所说的兔皮用于制备具有血管舒缓素生成抑制活性的药品。
13. 权利要求1~11之任一的兔皮的用途，其特征在于将所说的兔皮用于制备保健品。"

针对上述发明专利权（下称本专利），日本脏器制药株式会社（下称请求人）于2007年4月3日向专利复审委员会提出无效宣告请求，认为本专利不符合专利法第22条第2款和第3款、专利法第26条第3款、专利法实施细则第20条第1款的规定。请求人同时提交了以下证据：

证据1：公开号为CN1237632A的中国发明专利申请公开说明书，1999年12月8日公开，复印件，共6页；

证据2：公开号为CN1107365A的中国发明专利申请公开说明书，1995年8月30日公开，复印件，共13页；

证据3："评价血浆类血管舒缓素物质生成抑制能力的体外测定方法"，丰卷芳男等，《基礎と臨床》，1986年12月20日发行，第20卷第17期扉页、第399~405页的复印件，以及部分内容的中文译文3页，共11页；

证据4："STUDY ON THE IN VITRO ASSAY METHOD FOR EVALUATING THE INHIBITORY EFFECT OF VARIOUS SUBSTANCES ON THE PRODUCTION OF PLASMA KALLIKREIN"，Katsumi Nishikawa等，ADVANCES IN EXPERIMENTAL MEDICINE AND BIOLOGY，日本东京第5届国际激肽大会（1987年12月3日举行），1989年出版，第247卷第249~253页的复印件，以及部分内容的中文译文2页，共7页；

证据5：公开号为CN1205233A的中国发明专利申请公开说明书，1999年1月20日公开，复印件，共14页；

证据6：日本专利文献昭63-39572B2，1988年8月5日公开，全文复印件（共4页）以及中文译文6页，共10页。

依据上述证据，请求人认为：

（1）权利要求11中记载了技术特征"大于或等于0.5iu/g的SART活性"，但说明书和说明书引用的文献中没有记载关于"iu/g"单位的定义，以及上述"大于或等于0.5iu/g的SART活性"的技术含义。因此，本领域的技术人员仅根据说明书的记载无法理解该技术特征并进行实施，权利要求

11 不符合专利法第 26 条第 3 款的规定。

(2) 基于与上述 (1) 相同的理由,"大于或等于 0.5iu/g 的 SART 活性"这一参数表征不是"所属技术领域的技术人员根据说明书的教导或通过所属技术领域的惯用手段可以清楚而可靠地确定的",因此权利要求 11 不符合专利法实施细则第 20 条第 1 款的规定。

(3) 本专利权利要求 1 和证据 1 的技术方案均采用在家兔皮肤上通过接种牛痘病毒,使兔皮发痘,采取其发痘组织的方法,其中家兔体重、牛痘病毒溶液浓度和用量、接种位置的数目等范围均相互重叠。并且证据 1 采取发痘组织的时间与本专利权利要求 1 中指出的发痘良好时采皮操作相同。而且证据 1 所制造的发痘组织所具有的"胰激肽原酶"生成阻碍活性即为本专利权利要求 1 所述"血管舒缓素"生成抑制活性,前者可被认为是后者的笔误,因为虽然证据 1 公开了感染牛痘等病毒的家兔皮肤提取物对过敏性疾病、自律神经的异常兴奋有效,而且具有阻碍胰激肽酶生成的活性物质、抑制了与胰激肽原酶激肽系的、作为发痘物质的缓激肽的生成,显示了镇痛作用,但是至今为止并不存在源自发痘组织的提取物具有"胰激肽原酶生成阻碍活性"的报道,而只有证据 2、3 和 4 涉及具有"血管舒缓素生成阻碍活性"的报道。由于"胰激肽原酶"英语为"Tissue Kallikrein",而"血管舒缓素"的英语为"Plasma kallikrein",故可认为证据 1 对两种酶产生混淆,将应该采用"血管舒缓素"表记的术语误写成"胰激肽原酶",因此证据 1 公开的术语"胰激肽原酶生成阻碍活性"就是本专利的术语"血管舒缓素生成阻碍活性"。因此证据 1 公开了本专利权利要求 1 所请求保护的兔皮的全部特征,权利要求 1 不具备专利法第 22 条第 2 款规定的新颖性。

(4) ①基于与权利要求 1 不具备新颖性相同的理由,权利要求 1 也不具备专利法第 22 条第 3 款规定的创造性。②证据 5 的实施例采用了与本专利权利要求 1 相同的制造方法,并公开了与权利要求 2 相同的牛痘病毒,以及与权利要求 6 相同的日本大耳白兔。因此,权利要求 2 和 6 相对于证据 1 和 5 的组合不具备创造性。证据 5 虽然没有公开权利要求 3~5 的牛痘病毒株和权利要求 7~9 的家兔种类,但本领域技术人员很容易想到,采用其他病毒株和家兔也能达到相同的技术效果。因此在证据 1 的基础上,结合证据 5 和公知常识,不用付出创造性劳动就能得到权利要求 3~5、7~9 的附加技术特征,并且本专利说明书也没有公开使用上述特征带来了特殊的效果,因此,权利要求 2~9 相对于证据 1、5 以及公知常识的组合不具备专利法第 22 条第 3 款规定的创造性。③证据 5 公开了由所述制造方法制造的兔皮在"将注射过的抗原的兔饲养 4 天。发痘良好,颜色由红润转为紫红、皮肤增厚,皮下有水肿,臀部水肿明显"时采皮。因此,权利要求 10 的附加技术特征已被证据 5 披露,其相对于证据 1 与证据 5 的组合不具备专利法第 22 条第 3 款规定的创造性。④证据 6 公开了用牛痘病毒接种家兔发痘皮肤的提取物具有 SART 活性。在证据 1 的基础上,结合证据 6 得到权利要求 11 的附加技术特征不用付出任何创造性劳动,权利要求 11 相对于证据 1 和 6 的组合不具备专利法第 22 条第 3 款规定的创造性。⑤证据 1 公开了所制造的发痘组织具有镇痛、镇静作用,并公开了发痘兔皮具有与本专利相同的"血管舒缓素生成阻碍活性"。证据 2 公开了家兔接种牛痘病毒的发痘皮肤中的提取物能够作为镇痛剂、抗炎症剂、抗变应剂等药剂使用。证据 5 也记载了通过所述制造方法得到发明的镇痛药。本领域技术人员在上述证据基础上得到本专利涉及的"兔皮"的用途不用付出任何创造性劳动,因此,权利要求 12、13 相对于证据 1 与证据 2 或证据 5 的组合不具备专利法第 22 条第 3 款规定的创造性。

经形式审查合格后,专利复审委员会受理了上述请求,于 2007 年 4 月 4 日向请求人以及专利权人发出《无效宣告请求受理通知书》,并将《专利权无效宣告请求书》及其附件的副本转送给专利权人,要求其在指定的期限内答复。

专利权人于 2007 年 5 月 21 日提交了意见陈述书和以下反证:

反证1：《分子高血压学》，荻原俊男编，南山堂株式会社，第1版，1994年1月20日发行，封面页、出版信息页、第185～189页的复印件（共7页），相关部分的中文译文1页，共8页；

反证2："Neurotropin对小鼠、大鼠SART stress症状的药理作用"，喜多富太郎等，《日药理志》，1975，71，第211～220页的复印件（共10页），相关部分的中文译文1页，共11页；

反证3："规律地变更环境温度引起的应激（SART stress）以及小鼠·大鼠生物体机能的变化"，喜多富太郎等，《日药理志》1975，71，第195～209页的复印件（共15页），相关部分的中文译文2页，共17页。

依据上述反证，专利权人认为：

（1）权利要求11符合专利法第26条第3款以及专利法实施细则第20条第1款的规定，具体理由是："iu/g的SART活性"表示每g含有多少个的SART活性单位。该SART活性的试验和测定方法在说明书第3页有详细描述，反证2和反证3对SART活性试验方法进行了阐述。采用本专利的制备方法，便可获得具有大于或等于0.5iu/g的SART活性的兔皮，权利要求11清楚地表述了要求保护的范围，同时也得到说明书的支持。本领域技术人员完全可以根据说明书中的教导，清楚地理解权利要求11想要保护的内容，也完全可以由此再现本专利的技术方案，实现本专利的具有大于或等于0.5iu/g的SART活性的效果。另外，专利法第26条第3款的规定是关于说明书清楚不清楚的问题，而并非是关于权利要求支持不支持的问题。

（2）本专利权利要求1所限定的技术特征与证据1公开的技术方案中的技术特征具有如下区别：

第一，本专利所指兔皮与证据1中所指发痘组织在生物学上不同。本发明提供的是具有血管舒缓素生成抑制活性的兔皮，该兔皮为整张兔皮，包括已有发痘反应和未起发痘反应的兔皮。证据1所要获取的只是兔皮上特定的发痘组织，只是针对起发痘反应的部位。

第二，本专利与证据1的兔皮选取时间不同。本专利并未对兔皮选取做时间上的限定而是根据不同家兔对接种的毒株的反应不同、发痘的状态而决定选取的时间，也即发痘良好时，并在从属权利要求和说明书中对发痘良好进行了阐述。证据1发痘组织的选取时间为接种后3～5日之间，其说明书中记载发痘高峰为第5～6天，采取时间在发痘状态最好之前，即在接种后的第4天前后。

第三，"血管舒缓素"和"胰激肽原酶"是两种结构和功能完全不同的物质，前者由肝脏合成、存在于血浆中，后者由组织合成，本领域具有基本生物酶分类知识的技术人员非常清楚二者的差别（参见反证1）。即使提供了证据2～4中涉及"血管舒缓素生成阻碍活性"的报道，也不能认定证据1中的"胰激肽原酶生成阻碍活性"就是本专利的"血管舒缓素生成抑制活性"。而且二者的英文分别为"Palsma Kallikrein"和"Tissue Kallikrein"，差别很大，证据1并非是PCT国际申请进入国家阶段的专利文献，也不是有优先权的在后申请，无从说起证据1对两种酶产生混淆，从而推断其出现"误写"。

因此，本专利权利要求1与证据1公开的技术方案相比显然是不同的，权利要求1具备专利法第22条第2款规定的新颖性。

（3）①本专利的兔皮采用与证据1不同的制备方法获得，选择了最佳的获取时间，选择了整张兔皮，把不同反应状态的兔皮合并在一起，使之达到生物学意义上的协同作用，获得的兔皮具有大于或等于0.5iu/g的高SART活性，具有血管舒缓素生成抑制活性，并且兔皮提取物含有多种氨基酸和核酸，所制药剂具有镇痛、改善免疫功能、抗过敏、抗溃疡等多种作用。证据1的制备方法获得的家兔发痘组织只对胰激肽原酶有阻碍活性。"血管舒缓素"和"胰激肽原酶"为性质完全不同的酶，可见本专利所保护的兔皮和证据1的发痘组织为含有不同的活性的两种物质。本专利商业上取得的成功也反映出本专利的技术方案具有有益效果，具有突出的实质性特点和显著的进步。因此，本专利权利要求1相对于证据1具有专利法第22条第3款规定的创造性。②本专利兔皮接种所用的牛痘病毒株 lister株最为优选,是指其"因便于获得而被优先选择",通过大量筛选试验发现其他三种病毒株 Ikeda、Dairen和EM-63株的效果与lister株相当,这为从感染病毒株的家兔中提取活性物质提供了更多的便利和更多的选择途径。而且现有技术并不存在将上述病毒株用于制备具有血管舒缓素生成抑制活性的兔皮的启示。即在证据1和5结合的基础上,本领域技术人员不经创造性劳动以及过度的劳动是无法获得权利要求2~5的技术方案的,权利要求2~5具备专利法第22条第3款规定的创造性。③本专利用于制备兔皮的家兔是研究人员经过大量实验进行筛选获得的,其中日本大耳白兔、新西兰白兔、中国本兔和青紫兰兔在证据1中没有公开,现有技术也没有将这些兔种用于制备血管舒缓素生成抑制活性的兔皮的启示,本专利对于这些兔种的应用也为通过商业手段从感染病毒株的家兔中提取活性物质提供了更多的便利和更多的选择途径。即权利要求6~9相对于证据1和5的结合也具有专利法第22条第3款规定的创造性。④证据5公开了有关发痘良好的表现,但在权利要求1有创造性的基础上,从属权利要求10仍具有创造性。⑤证据6只是公开了采用SART应激动物做镇痛效果的实验,没有公开该生理活性物质的SART的活性如何,只是定性指标。关于SART活性的检测既可以作为定性指标,也可以作为定量指标,二者的测定过程是不同的。本专利针对具有血管舒缓素生成抑制活性的兔皮SART活性定量指标的研究付出大量创造性劳动,发现所述兔皮SART活性很高,具有大于或等于0.5iu/g的SART活性,对于此类生物活性物质的研究是巨大的进步和意外的收获,因此即使证据1和6结合,本领域技术人员不经创造性劳动也无法获得权利要求11的技术方案,权利要求11具有专利法第22条第3款规定的创造性。⑥本专利针对由具有血管舒缓素生成抑制活性的兔皮制成的药剂进行了药理和临床实验,表明其具有血管舒缓素生成抑制活性,具有增强免疫功能、抗过敏、抗溃疡、镇痛等作用,可作为药品和保健品。因此在权利要求1请求保护的产品具有创造性的情况下,其医药用途的权利要求12~13也具有创造性,符合专利法第22条第3款的规定。

2007年7月11日,本案合议组向双方当事人发出《无效宣告请求口头审理通知书》,定于2007年8月30日对本案进行口头审理;同时,将专利权人于2007年5月21日提交的意见陈述书及其附件副本转送给请求人,并告知其在口头审理时一并答复。

2007年8月30日口头审理如期进行。双方当事人均委托代理人参加了口头审理。口头审理过程中,合议组对无效宣告请求理由、事实和证据进行了充分调查,给予了双方当事人充分的意见陈述机会,确认的事实如下:(1)请求人当庭要求将其在口头审理前主张的权利要求11不符合专利法第26条第3款规定的无效宣告请求理由变更为说明书不符合专利法第26条第3款的规定的无效宣告请求理由,从而认为本专利应予全部无效,专利权人认为该理由超出了审查指南规定的提出无效宣告请求理由的期限,因而不能被接受。(2)请求人明确其无效宣告请求理由为:a. 权利要求1相对于证据1不具备专利法第22条第2款规定的新颖性;b. 权利要求1相对于证据1,权利要求2、6、10相对于证据1和5的结合,权利要求3~5、7~9相对于证据1、5和公知常识的结合,权利要求11相对于证据1和6的结合,权利要求12和13相对于证据1、2或证据1、5的结合不具备专利法第22条第3款规定的创造性;c. 权利要求11不符合专利法实施细则第20条第1款的规定;d. 说明书不符合专利法第26条第3款的规定。(3)请求人放弃证据3~4,并当庭提交了经国家知识产权局专利检索咨询中心确认的副本与原件相同的证据1~2、5~6的复印件,以此证明证据1~2、5~6的真实性,专利权人核对后,对证据1~2、5~6的真实性、合法性、公开性、关联性没有异议,并对证据6的译文准确性没有异议;请求人还当庭补充提交了作为公知常识证据的证据7(《生物学的制剂基准解说》,厚生省药务局监修,社团法人细菌制剂协会,1973年11月1日发行,书名页、出版信息页、第113~123页以及中文译文及其公证认证文件)用于证明权利要求2~5的病毒株在现有技术中是公知的，专利权人对该证据的真实性、合法性、公开性无异议，但是对其作为公知常识证据使用有异议。(4) 专利权人当庭提交了反证1及其公证认证文件原件（共28页），加盖有"上海图书馆上海科学技术情报研究所文献服务部"红章的反证2和3（共31页），以此来证明反证1～3的真实性；请求人经核实后对反证1的真实性、合法性、公开性、关联性没有异议；对反证2～3的真实性、合法性、公开性没有异议，但是对其关联性有异议；对反证1～3的译文准确性没有异议；请求人还提交了反证2、3全文的中文译文供合议组参考；专利权人当庭提交了反证4（《中华人民共和国药典》，1995年版二部，中华人民共和国卫生部药典委员会编，化学工业出版社、广东科技出版社，1995年9月第1版第1次印刷，封面页、附录第107～111、118页）以证明SART活性测定属于公知常识，请求人认可反证4为公知常识证据并对其真实性没有异议，但对其关联性有异议。(5) 在主张本专利权利要求不具备新颖性和创造性时，请求人放弃主张"胰激肽原酶"为"血管舒缓素"的英文名笔误，请求人认为血管舒缓素、血管舒张素、激肽释放酶都是同一类物质的不同称谓，英文都是"kallikrein"，它包括"血浆激肽释放酶"和"腺性激肽释放酶"，胰激肽原酶为激肽释放酶的下位概念；专利权人认为根据反证1可知，激肽释放酶英文名称为"kallikrein"，其代表一类物质，而非特指某化合物，根据分泌来源，它分成血浆激肽释放酶（plasma kallikrein）和腺性激肽释放酶（granduler kallikrein），血管舒缓素（或称血管舒张素）属于血浆激肽释放酶，胰激肽原酶属于腺性激肽释放酶，因此，血管舒缓素和胰激肽原酶不同。

口头审理结束后，请求人于2007年9月6日提交了口审代理词。专利权人于2007年9月6日就SART和SART活性单位定量检测方法提交了口审代理词，认为：（1）"SART"的英文全称为：Specific alternation rhythm of temperature，表示"以某种实验动物，在有一定节律的、交替改变的温度的特殊条件下进行的实验"，该实验方法和动物模型几十年来一直作为本领域公知公认的研究痛觉反应的方法；（2）本专利涉及的"SART活性检测"是用上述实验方法，结合反证4规定的"量反应平行线测定法"，进行定量检测兔皮经牛痘疫苗接种后产生的生物活性物质，是非常清楚和明确的，证据6涉及的"SART"是指在"SART"实验条件下，观察动物体重增减的情况，不能称作"SART"活性测定，也根本无法定量检测；（3）本专利的"0.5iu/g"是按上述描述定量检测出发痘兔皮每克中含有SART活性单位数为0.5个，"iu"通常表示活性单位，为避免与IU（国际单位）混淆，结合本领域技术人员公知公认的活性单位表示方法，"iu"表示"活性单位"更能为本领域技术人员理解。

至此，合议组认为本案事实已经清楚，可以依法作出审查决定。

二、决定的理由

1. 无效宣告请求的理由和范围

请求人在口头审理时当庭提出将其主张的权利要求11不符合专利法第26条第3款规定的无效宣告请求理由变更为说明书不符合专利法第26条第3款的规定这一理由，专利权人对此表示反对。合议组认为：专利权的保护范围是以权利要求来界定的，请求人主张本专利说明书不符合专利法第26条第3款的规定而应予全部无效，即主张本专利权利要求1～13应予全部无效，而请求书中依据同一事实仅主张权利要求11应予无效，即变更后增加了主张权利要求1～10、12～13应予无效的理由，因此，请求人的上述无效宣告理由变更实际属于增加无效宣告理由的情况，但这种增加并不符合审查指南第四部分第三章第4.2节规定的可以新增理由的例外情况，因此，合议组对这一变更不予接受，仍按原主张进行审理。基于此，结合请求人在口头审理中对其他无效宣告请求理由的确认，本无效宣告请求案审理的理由和范围是：

（1）权利要求11的技术方案在说明书中公开不充分，不符合专利法第26条第3款的规定。

(2) 权利要求 11 不符合专利法实施细则第 20 条第 1 款的规定。

(3) 权利要求 1 相对于证据 1 不具备专利法第 22 条第 2 款规定的新颖性。

(4) 权利要求 1 相对于证据 1 不具备专利法第 22 条第 3 款规定的创造性；权利要求 2、6、10 相对于证据 1 和 5 的结合，权利要求 3~5、7~9 相对于证据 1、5 和公知常识的结合，权利要求 11 相对于证据 1 和 6 的结合，权利要求 12 和 13 相对于证据 1、2 或证据 1、5 的结合不具备专利法第 22 条第 3 款规定的创造性。

2. 关于证据

请求人在口头审理时明确声明放弃证据 3~4，鉴于此，合议组在本案中对证据 3~4 不再调查及考虑。

证据 1~2、5~6 均为公开发行的出版物，其公开时间分别为：证据 1，1999 年 12 月 8 日；证据 2，1995 年 8 月 30 日；证据 5，1999 年 1 月 20 日；证据 6，1988 年 8 月 5 日，均早于本专利的申请日，专利权人对它们的真实性、合法性、关联性、公开时间均无异议，对证据 6 的译文准确性无异议，因此合议组对证据 1、2、5、6 的真实性、合法性、关联性、公开时间以及证据 6 的译文准确性也予以确认，并认为证据 1、2、5、6 可作为本专利的现有技术使用。

请求人当庭提交了证明牛痘病毒毒株选择属于公知常识的证据 7，专利权人对该证据的真实性、合法性、公开时间无异议，对其作为公知常识证据有异议，基于此，合议组对该证据的真实性、合法性也予以确认，同时认为该证据属于审查指南中规定的公知常识性证据，且由于其公开时间在本专利申请日之前，因而确认该证据可以作为本专利的公知常识性证据使用。

请求人对反证 1 的真实性、合法性、公开时间、关联性没有异议；对反证 2~3 的真实性、合法性、公开时间没有异议，对反证 1~3 的译文准确性没有异议。因此，合议组对反证 1~3 的真实性、合法性、公开时间、译文准确性以及反证 1 的关联性也予以确认。

专利权人当庭提交了证明 SART 活性测定属于公知常识的反证 4，请求人对反证 4 的真实性没有异议，也认为其可以作为公知常识性证据使用，因此，合议组对反证 4 的真实性也予以确认，接受其作为公知常识性证据使用。

3. 关于专利法第 26 条第 3 款

专利法第 26 条第 3 款规定，说明书应当对发明或者实用新型作出清楚、完整地说明，以所属技术领域的技术人员能够实现为准。

说明书应当使用发明所属技术领域的技术术语，说明书的表述应当准确地表达发明的技术内容，不得含糊不清或者模棱两可，以致所属技术领域的技术人员不能清楚、正确地理解该发明。

请求人认为说明书和说明书引用的文献并没有清楚记载权利要求 11 中技术特征"大于或等于 0.5iu/g 的 SART 活性"的技术含义以及"iu/g"单位的定义，本领域的技术人员仅根据说明书的记载无法理解该技术特征并进行实施。

而专利权人认为"iu/g 的 SART 活性"表示每 g 含有多少个的 SART 活性单位，SART 活性的试验和测定方法在说明书第 3 页有详细描述，反证 2 和反证 3 给出了建立 SART 小鼠模型的方法，通过测验小鼠的感知性，将该反应变成数据单位输入统计包软件可以计算得出 SART 定量活性，反证 4 附录 110 页的"量反应平行线测定法"给出了这些数据的方法，采用本专利的制备方法，便可获得具有大于或等于 0.5iu/g 的 SART 活性的兔皮，权利要求 11 中的该技术特征是清楚的。

合议组认为：(1) 对于"SART 活性"，本申请说明书第 4 页中仅记载了"得到含生物活性物质的溶液，测定其 SART 活性"，但并未给出测定 SART 活性的方法，也没有提及"SART 活性"所表述的是怎样的一种活性；反证 2 和 3 中分别仅提及了小鼠 SART stress 负荷条件和如何设定创造小鼠

SART stress 状态的条件,而并没有关于 SART 活性是怎样的一种活性的记载,也未记载测定 SART stress 状态小鼠的何种感知性以将该感知性变成数据单位输入统计包软件中以得出 SART 定量活性;反证 4 的量反应平行线测定法测定的是药物对生物体所引起的反应随药物剂量增加产生的量变,所得值为某种具体物质如抗生素的效价而非某种实验条件或实验状态的效价,而根据 SART 的全称"specific alternation rhythm of temperature"可知,SART 表示的是动物的实验状态而不是一种具体的物质或活性指标,由此可见,在反证 4 中没有任何关于 SART 活性是怎样的一种活性以及如何测定 SART 活性的记载,也无法得出反证 4 的记载与 SART 活性实验方法有何关联。因此,虽然 SART 实验方法和动物模型是本领域公知的,但是本专利的"SART 活性"的含义对于本领域技术人员来说是不清楚的,其测定方法也是未知的。(2)虽然权利要求 11 和说明书中还给出了"SART"活性的单位"iu/g",且专利权人认为"iu/g"如国际单位 IU 一样是公知公认的,但是对于"iu/g",合议组认为,在本专利的说明书中并没有对"iu/g"进行解释,也未说明"iu/g"表示国际单位还是其他单位,而且反证 2、3、4 中均没有关于"iu/g"含义的记载,同时专利权人也承认"iu/g"是一个自定义的单位,由此可见,"iu/g"的含义对于本领域技术人员来说并不是清楚的,相应地,也不能证明"SART 活性"是清楚的。如上所述,由于词语"SART 活性"和"iu/g"的含义对于本领域技术人员来说是不清楚的,因此"大于或等于 0.5iu/g 的 SART 活性"的含义对本领域技术人员来说也是不清楚的,可见本专利说明书并没有对权利要求 11 的技术方案作出清楚、完整地说明,以至于所属技术领域的技术人员不能清楚、正确地理解该发明,因此,本专利权利要求 11 的技术方案在说明书中未得到充分公开,不符合专利法第 26 条第 3 款的规定,权利要求 11 应予以无效。

鉴于前述已经得出权利要求 11 应予无效的结论,本决定不再对其他针对权利要求 11 的无效宣告请求理由进行评述。

4. 关于专利法第 22 条第 2 款

专利法第 22 条第 2 款规定:新颖性,是指在申请日以前没有同样的发明或者实用新型在国内外出版物上公开发表过、在国内公开使用过或者以其他方式为公众所知,也没有同样的发明或者实用新型由他人向国务院专利行政部门提出过申请并且记载在申请日以后公布的专利申请文件中。

一项权利要求的技术方案与一篇对比文件公开的技术方案相比,如果二者所属技术领域、所解决的技术问题、要求保护的技术方案和预期效果实质上相同,则该项权利要求不具有新颖性。

权利要求 1 要求保护一种具有血管舒缓素生成抑制活性的兔皮,该兔皮是由以下方法制备的:用牛痘病毒株皮下接种家兔,按每只 1.5~3 千克的家兔注射 100~250 处,每处注射每毫升含 10^6~10^9 个病毒的溶液 0.1~0.4 毫升进行,将接种过的家兔进行饲养,待其皮肤组织发痘良好时处死,然后采皮。

证据 1(参见证据 1 权利要求 1~2,实施例 1-3)公开了一种含有高质量生理活性的家兔发痘组织及其制造方法,具体为:在体重 2~3 千克的家兔的皮肤上,每处以 0.1~0.4 毫升接种痘病毒为 10^6~10^8 个/毫升的溶液缓冲液稀释液,共计 50~200 处进行皮内接种,接种后 3~5 日间采取发痘的皮肤,所述痘病毒为牛痘病毒。

将权利要求 1 的技术方案与证据 1 公开的技术方案比较可知,二者均为通过对家兔接种牛痘病毒,使兔皮发痘后,取兔皮,其中家兔的体重、牛痘病毒溶液浓度和用量、接种位置的数目等均相互重叠,并且证据 1 的说明书还记载了"发痘组织的采取时间,一般认为在其高峰期最好,但是应在发痘状态最好之前,即接种后的第 4 天前后,其收量最佳"(参见证据 1 说明书第 2 页第 3~5 行)。因此,权利要求 1 的技术方案与证据 1 的技术方案相比,二者技术领域、所解决的技术问题、技术方案和预期效果实质上相同,权利要求 1 相对于证据 1 无新颖性。

专利权人认为上述二者技术方案中所选取的兔皮部位、选取时间不同，且证据1中的兔皮组织具有阻碍胰激肽原酶的生成活性，而本专利的兔皮具有血管舒缓素生成抑制活性，同时由反证1可知，"血管舒缓素"和"胰激肽原酶"是两种结构和功能完全不同的酶，"血管舒缓素"属于血浆激肽释放酶，"胰激肽原酶"属于腺性激肽释放酶（参见反证1：第185~189页的相关部分及译文），因此本专利权利要求1与证据1公开的技术方案实质上不同。对此合议组认为：（1）在本专利权利要求1和说明书中没有任何关于"采皮"是采取"整张兔皮"的记载，权利要求1中仅记载"采皮"，而在证据1中所记载的"采取发痘的皮肤"落入"采皮"范围，因而可破坏权利要求1的新颖性。（2）本专利权利要求1选取兔皮的时间是"发痘良好时"，证据1所公开的技术方案中选取兔皮的时间为接种后第3~5日间，在"发痘状态最好之前"，即发痘良好时。由此可见，证据1的兔皮采取时间与本专利权利要求1的采皮时间相同。（3）首先，权利要求1是以方法限定的产品权利要求，其制备方法与证据1含有高质量生理活性的家兔发痘组织的制备方法相同，因此，依据该方法二者所得产品及其性能应当相同。其次，虽然权利要求1还限定了所述产品"具有血管舒缓素生成抑制活性"，但由权利要求1以及本专利说明书可以看出，该特性是由所述制备方法带来的，因此，在制备方法已经确定的情况下，该特性只是所得产品的固有特性，其并不能为所述产品带来额外的限定作用。第三，从反证1并不能得出"'血管舒缓素'和'胰激肽原酶'是两种结构和功能完全不同的酶，'血管舒缓素'属于血浆激肽释放酶"这样的教导，而根据本领域常识可知，"血管舒缓素"应为一类能够舒缓血管的物质的总称，而非某一特定物质，激肽释放酶（Kallikrein）是血管舒缓素中的一类，胰激肽原酶又下位于"激肽释放酶"，即其也是一种血管舒缓素，也即证据1中公开的"能够抑制胰激肽原酶生成活性"下位于"能够抑制血管舒缓素生成抑制活性"，因此，即使从产品特性的角度考虑，证据1的技术方案亦能够破坏权利要求1的新颖性，故合议组对专利权人所述本专利权利要求1的技术方案与证据1公开的技术方案存在实质性区别的主张不予支持。

综上所述，本专利权利要求1的技术方案与证据1公开的技术方案实质上是相同的，本专利权利要求1不具备专利法第22条第2款规定的新颖性，应予无效。

鉴于上文已经得出权利要求1应予无效的结论，本决定将不再对其他针对权利要求1的无效宣告请求理由进行评述。

5. 关于专利法第22条第3款

专利法第22条第3款规定，创造性是指同申请日以前已有的技术相比，该发明有突出的实质性特点和显著的进步，该实用新型有实质性特点和进步。

在对要求保护的发明的创造性进行判断时，首先应当在现有技术中确定与要求保护的发明最接近的现有技术，然后确定要求保护的发明的区别特征和实际解决的技术问题，接着从最接近的现有技术和要求保护的发明所实际解决的技术问题出发，判断要求保护的发明对本领域技术人员来说是否显而易见，是否具有突出的实质性特点；同时考察要求保护的发明相对于最接近的现有技术是否具有显著的进步。

（1）对于权利要求2、6而言，将权利要求2、6的技术方案分别与证据1公开的技术方案相比可知，区别在于：在权利要求1的基础上，权利要求2、6将所接种的牛痘病毒或家兔分别进一步限定为Lister株或日本大耳白兔，而证据1技术方案中并没有限定其所接种的牛痘病毒和家兔的具体种类。证据5公开了一种含有镇痛活性物质的兔皮的制备方法（参见证据5第1~2页，实施例1-4），具体为用牛痘病毒Lister株注射日本大耳白兔，饲养4天，发痘良好时，处死兔，采皮。所制备兔皮含有镇痛活性物质，还可以改善免疫功能。由此可见，证据5给出了将牛痘病毒Lister株、日本大耳白兔用于证据1的制备方法中制备含有具有镇痛作用的兔皮的技术启示。基于以上分析可知，本领域技术人员在证据 1 和 5 相结合的基础上得到权利要求 2、6 请求保护的技术方案是显而易见的，也未产生意料不到的效果。因此，本专利权利要求 2、6 的技术方案相对于证据 1 与 5 的结合不具备突出的实质性特点和显著的进步，不具备专利法第 22 条第 3 款规定的创造性。

(2) 对于权利要求 3~5，将权利要求 3~5 的技术方案与证据 1 公开的技术方案相比可知，区别在于：权利要求 3~5 将所接种的牛痘病毒进一步限定为 Ikeda 株、Dairen 株、EM-63 株，而证据 1 技术方案中并没有限定其所接种的牛痘病毒的具体种类。对于权利要求 7~9，将权利要求 7~9 的技术方案与证据 1 公开的技术方案相比可知，区别在于：权利要求 7~9 将所接种的家兔进一步限定为新西兰白兔、中国本兔、青紫蓝兔，而证据 1 技术方案中并没有限定其所接种的家兔的具体品种。如上所述，证据 5 公开的技术方案中使用了牛痘病毒 Lister 株和日本大耳白兔，由于权利要求 3~5 中的 Ikeda 株、Dairen 株、EM-63 株与证据 5 中的 Lister 株均为本领域已知的牛痘病毒毒株，权利要求 7~9 中的新西兰白兔、中国本兔、青紫蓝兔与证据 5 中的日本大耳白兔均为本领域公知常用的实验动物品种，而证据 1 中也并未记载或暗示对所述毒株、兔种有特定要求，因此，本领域技术人员在证据 5 给出的技术启示下将 Ikeda 株、Dairen 株、EM-63 株、新西兰白兔、中国本兔、青紫蓝兔应用于证据 1 的兔皮制备方法，从而得到权利要求 3~5、7~9 的技术方案是显而易见的，而且也未带来预料不到的技术效果，因此，本专利权利要求 3~5、7~9 的技术方案相对于 1 证据 1、5 与公知常识的组合不具备突出的实质性特点和显著的进步，不具备专利法第 22 条第 3 款规定的创造性。

(3) 将权利要求 10 的技术方案与证据 1 公开的技术方案相比可知，二者的区别在于：权利要求 10 限定了发痘良好时的皮肤组织状态，而证据 1 没有公开发痘良好时皮肤组织的状态。如上所述，在证据 5 公开的技术方案中，公开了在发痘良好时，即在"皮肤颜色由红润转为紫红，皮肤增厚，皮下有水肿，臀部水肿明显"时采皮，由此可见，证据 5 的采皮时间与本专利的采皮时间相同，因此，本领域技术人员在证据 1 和 5 结合的基础上，得到权利要求 10 保护的技术方案是显而易见的，且并未产生意料不到的效果。因此，本专利权利要求 10 的技术方案不具备突出的实质性特点和显著的进步，不具备专利法第 22 条第 3 款规定的创造性。

(4) 权利要求 12、13 要求保护权利要求 1~11 之任一的具有血管舒缓素生成抑制活性的兔皮的用途，所述用途为用于制备药品或保健品。证据 1 的兔皮含有阻碍胰激肽原酶生成的活性物质，如前述 4 中所述，也即其具有抑制血管舒缓素生成活性；证据 5 公开了用牛痘病毒接种家兔皮肤获得含有具有镇痛活性、增强免疫功能活性物质的兔皮，并且利用该性质将所述皮肤组织制备成活性制剂与药用辅料组合制备镇痛药。基于此，在权利要求 1~11 的兔皮不具备新颖性或创造性的情况下，利用证据 1 所述兔皮的血管舒缓素生成抑制活性将其制备成药品对于本领域技术人员而言是显而易见的，也未产生预料不到的技术效果。同理，由于该活性是对人体机能的调节活性，因而利用该活性将所述兔皮制成保健品得到权利要求 13 的技术方案也是显而易见的，且未产生意料不到的技术效果。因此，权利要求 12、13 的技术方案也不具备突出的实质性特点和显著的进步，不具备专利法第 22 条第 3 款规定的创造性。

综上所述，本专利权利要求 2~10、12~13 不具备专利法第 22 条第 3 款规定的创造性，应予无效。

基于以上事实和理由，本案合议组作出如下审查决定。

三、决定

宣告第 02145975.4 号发明专利权全部无效。

当事人对本决定不服的，可以根据专利法第 46 条第 2 款的规定，自收到本决定之日起三个月内向北京市第一中级人民法院起诉。根据该款的规定，一方当事人起诉后，另一方当事人应当作为第三人参加诉讼。

北京市第一中级人民法院
行政判决书

(2008) 一中行初字第592号

原告威世药业（如皋）有限公司，住所地中华人民共和国江苏省如皋市如城普庆路139号。

法定代表人张永深，董事长。

委托代理人史江，男，1955年6月22日出生，威世药业（如皋）有限公司总经理，住江苏省南京市玄武区中山东路305号新楼6楼103室。

委托代理人王敏明，北京市君佑律师事务所律师。

被告中华人民共和国国家知识产权局专利复审委员会，住所地中华人民共和国北京市海淀区北四环西路9号银谷大厦10~12层。

法定代表人廖涛，副主任。

委托代理人王冬，中华人民共和国国家知识产权局专利复审委员会审查员。

委托代理人郭鹏鹏，中华人民共和国国家知识产权局专利复审委员会审查员。

第三人日本脏器制药株式会社，住所地日本国大阪市中央区平野町二丁目1番2号。

法定代表人藤井郁郎，董事、技术法务部部长。

委托代理人龙淳，北京尚诚知识产权有限公司专利代理人。

委托代理人曹津燕，北京泛华伟业知识产权代理有限公司专利代理人。

原告威世药业（如皋）有限公司（简称威世药业公司）不服被告中华人民共和国国家知识产权局专利复审委员会（简称专利复审委员会）于2007年12月26日作出的第10960号无效宣告请求审查决定（简称第10960号决定），于法定期限内向本院提起诉讼。本院于2008年4月15日受理后，依法组成合议庭，并通知日本脏器制药株式会社（简称脏器制药株式会社）作为本案第三人参加诉讼，于2008年6月19日公开开庭进行了审理。原告威世药业公司的委托代理人史江、王敏明，被告专利复审委员会的委托代理人王冬、郭鹏鹏，第三人脏器制药株式会社的委托代理人龙淳、曹津燕到庭参加了诉讼。本案现已审理终结。

第10960号决定系专利复审委员会针对脏器制药株式会社就威世药业公司所拥有的第02145975.4号名称为"含生物活性物质的兔皮和其用途"的发明专利（简称本专利）所提出的无效宣告请求作出的。专利复审委员会在该决定中认定：

1. 本专利是否符合《中华人民共和国专利法》（简称《专利法》）第二十六条第三款的规定。(1) 对于"SART活性"，说明书第4页中仅记载了"得到含生物活性物质的溶液，测定其SART活性"，但并未给出测定SART活性的方法，也没有提及"SART活性"所表述的是怎样的一种活性；威世药业公司提交的反证2和3中分别仅提及了小鼠SART stress负荷条件和如何设定创造小鼠SART stress状态的条件，而并没有关于SART活性是怎样的一种活性的记载，也未记载测定SART stress状态小鼠的何种感知性以将该感知性变成数据单位输入统计包软件中以得出SART定量活性；反证4的量反应平行线测定法测定的是药物对生物体所引起的反应随药物剂量增加产生的量变，所得值为某种具体物质如抗生素的效价而非某种实验条件或实验状态的效价，而根据SART的全称"specific alternation rhythm of temperature"可知，SART表示的是动物的实验状态而不是一种具体的物质或活性指标。由此可见，在反证4中没有任何关于SART活性是怎样的一种活性以及如何测定SART活性的记载，也无法得出反证4的记载与SART活性实验方法有何关联。因此，虽然SART实验方法和动物模型是本领域公知的，但是本专利的"SART活性"的含义对于本领域技术人员来说是不清楚的，其测定方法也是未知的。（2）虽然权利要求11和说明书中还给出了"SART"活性的单位"iu/g"，但是，在本专利说明书中并没有对"iu/g"进行解释，也未说明"iu/g"表示的是国际单位还是其他单位。反证2、3、4中均没有关于"iu/g"含义的记载。威世药业公司亦承认"iu/g"是一个自定义的单位。由此可见，"iu/g"的含义对于本领域技术人员来说并不是清楚的，相应地，也不能证明"SART活性"是清楚的。如上所述，由于词语"SART活性"和"iu/g"的含义对于本领域技术人员来说是不清楚的，因此，"大于或等于0.5iu/g的SART活性"的含义对本领域技术人员来说也是不清楚的，本专利说明书并没有对权利要求11的技术方案作出清楚、完整的说明，不符合《专利法》第二十六条第三款的规定，权利要求11应予以无效。有鉴于此，专利复审委员会不再对其他针对权利要求11的无效宣告请求理由进行评述。

2. 关于《专利法》第二十二条第二款。将权利要求1的技术方案与证据1公开的技术方案比较，二者技术领域所解决的技术问题、技术方案和预期效果实质上相同。针对威世药业公司的意见，专利复审委员会认为：（1）本专利权利要求1和说明书中没有关于"采皮"是采取"整张兔皮"的记载，权利要求1中仅记载"采皮"；证据1中所记载的"采取发痘的皮肤"落入"采皮"范围。（2）本专利权利要求1选取兔皮的时间是"发痘良好时"，证据1所公开的技术方案中选取兔皮的时间为接种后第3~5日间，在"发痘状态最好之前"，即发痘良好时。由此可见，证据1的兔皮采取时间与本专利权利要求1的采皮时间相同。（3）权利要求1是以方法限定的产品权利要求，其制备方法与证据1的制备方法相同，故依据该方法二者所得产品及其性能应当相同。虽然权利要求1限定了所述产品"具有血管舒缓素生成抑制活性"，但该特性是由所述制备方法带来的，因此，在制备方法已经确定的情况下，该特性只是所得产品的固有特性，而不能带来额外的限定作用。从反证1并不能得出"'血管舒缓素'和'胰激肽原酶'是两种结构和功能完全不同的酶，'血管舒缓素'属于血浆激肽释放酶"的教导。根据本领域常识可知，"血管舒缓素"应为一类能够舒缓血管的物质的总称，而非某一特定物质。激肽释放酶（kallikrein）是血管舒缓素中的一类，胰激肽原酶又下位于"激肽释放酶"，即其也是一种血管舒缓素，也即证据1中公开的"能够抑制胰激肽原酶生成活性"下位于"能够抑制血管舒缓素生成抑制活性"，因此，即使从产品特性的角度考虑，证据1的技术方案亦能够破坏权利要求1的新颖性。综上，威世药业公司的理由不能成立、本专利权利要求1不具备新颖性，应予无效。

3. 关于《专利法》第二十二条第三款。（1）权利要求2、6的技术方案与证据1公开的技术方案相比，其区别在于：在权利要求1的基础上，权利要求2、6将所接种的牛痘病毒或家兔分别进一步限定为Lister株或日本大耳白兔，而证据1技术方案中并没有限定其所接种的牛痘病毒和家兔的具体种类。而证据5给出了将牛痘病毒Lister株、日本大耳白兔用于证据1的制备方法中制备含有具有镇痛作用的兔皮的技术启示。据此，本领域技术人员在证据1和5相结合的基础上得到权利要求2、6请求保护的技术方案是显而易见的，也未产生意料不到的效果。因此，本专利权利要求2、6的技术方案相对于证据1与5的结合不具备突出的实质性特点和显著的进步，不具备创造性。（2）权利要求3~5的技术方案与证据1公开的技术方案相比可知，区别在于：权利要求3~5将所接种的牛痘病毒进一步限定为Ikeda株、Dairen株、EM-63株，而证据1技术方案中并没有限定其所接种的牛痘病毒的具体种类。权利要求7~9的技术方案与证据1公开的技术方案相比、区别在于：权利要求7~9将所接种的家兔进一步限定为新西兰白兔、中国本兔、青紫蓝兔，而证据1技术方案中并没有限定其所接种的家兔的具体品种。如上所述，证据5公升的技术方案中使用了牛痘病毒Lister株和日本大耳白兔，由于权利要求3~5中的Ikeda株、Dairen株、EM-63株与证据5中的Lister株均为本领域已知的牛痘病毒毒株，权利要求7~9中的新西兰白兔、中国本兔、青紫蓝兔与证据5中的日本大耳白兔均为本领域公知常用的实验动物品种，而证据1中也并未记载或暗示对所述毒株、兔种有特定要求。因此，本领域技术人员在证据5给出的技术启示下将Ikeda株、Dairen株、EM-63株、新西兰白兔、中国本兔、青紫蓝兔应用于证据1的兔皮制备方法，从而得到权利要求3~5、7~9的技术方案是显而易见的，而且也未带来预料不到的技术效果，因此，本专利权利要求3~5、7~9的技术方案相对于证据1、5与公知常识的组合不具备突出的实质性特点和显著的进步，不具备创造性。(3) 权利要求10的技术方案与证据1公开的技术方案相比，区别在于：权利要求10限定了发痘良好时的皮肤组织状态，而证据1没有公开发痘良好时皮肤组织的状态。如上所述，在证据5公开的技术方案中，公开了在发痘良好时，即在"皮肤颜色由红润转为紫红，皮肤增厚，皮下有水肿，臀部水肿明显"时采皮，由此可见，证据5的果皮时间与本专利的采皮时间相同，本领域技术人员在证据1和5结合的基础上，得到权利要求10保护的技术方案是显而易见的，且并未产生意料不到的效果，本专利权利要求10不具备创造性。(4) 权利要求12、13要求保护权利要求1~11之任一的具有血管舒缓素生成抑制活性的兔皮的用途，所述用途为用于制备药品或保健品。证据1的兔皮含有阻碍胰激肽原酶生成的活性物质，也即其具有抑制血管舒缓素生成活性；证据5公开了用牛痘病毒接种家兔皮肤获得含有具有镇痛活性、增强免疫功能活性物质的兔皮，并且利用该性质将所述皮肤组织制备成活性制剂与药用辅料组合制备镇痛药。基于此，在权利要求1~11的兔皮不具备新颖性或创造性的情况下，利用证据1所述兔皮的血管舒缓素生成抑制活性将其制备成药品对于本领域技术人员而言是显而易见的，也未产生预料不到的技术效果。同理，由于该活性是对人体机能的调节活性，因而利用该活性将所述兔皮制成保健品得到权利要求13的技术方案也是显而易见的，且未产生意料不到的技术效果。因此，权利要求12、13的技术方案也不具备创造性。

据此，专利复审委员会作出第10960号决定，宣告本专利权全部无效。

第10960号决定作出后，威世药业公司不服，在法定期限内向本院提起诉讼，其诉称：

1. 专利复审委员会违反法定程序：口头审理中非法认定脏器制药株式会社提出的"SART活性不清楚"这一新主张的效力；审查过程中擅自变更合议组成员；对新颖性、创造性认定违反《专利法》和《审查指南》的判断方法和原则，用审查方法专利的标准来审查产品专利。

2. 专利复审委员会认定事实错误：(1) 错误认定本专利缺乏新颖性，认定证据1中"采取发痘皮肤"落入本专利"采皮"范围，将"采取发痘组织"等同于"采取发痘皮肤"，随意扩大证据1的内容，混淆发痘载体的区别。(2) 专利复审委员会认定证据1"在发痘状态最好之前"即本专利"发痘良好时"，忽略二者在采集时间上不同的判断标准。(3) 专利复审委员会认定"血管舒缓素为一种能够舒缓血管的物质的总称，而非某一特定物质。胰激肽原酶下位于激肽释放酶，也是一种血管舒缓素"、"'能够抑制胰激肽原酶生成活性'是c能够抑制血管舒缓素生成抑制活性'的下位概念"等提法没有事实依据。"能够抑制胰激肽原酶生成活性"、"能够抑制血管舒缓素生成抑制活性"的定义及提法在本专利和证据1中都不存在，专利复审委员会无事实依据、随意引申概念得出产品特性相同的结论是错误的。(4) 专利复审委员会忽略了本专利解决的技术问题和产生的技术效果及对原有技术的改进，且其结论没有有效证据支持。(5) 专利复审委员会认定"SART活性"的含义和测定方法不为本领域技术人员所公知是错误的。

在上述认定事实错误的基础上，专利复审委员会适用《专利法》第二十六条第三款评价权利要求11，以及对本专利新颖性、创造性的评述也存在错误。综上所述，专利复审委员会作出第10960号决定违反法定程序，认定事实错误，适用法律法规错误，请求撤销第10960号决定。

被告专利复审委员会辩称：1. 关于程序问题。（1）专利复审委员会在口头审理中并未作出任何结论认定脏器制药株式会社提出的新主张的效力，口头审理的程序并无不当之处；（2）专利复审委员会在口头审理当庭告知威世药业公司合议组成员变更情况，并询问有无回避请求，威世药业公司在口头审理过程中和此后均未对此提出异议和回避请求；（3）《专利法》、《审查指南》对方法专利和产品专利的新颖性、创造性审查标准是一致的，被诉决定不存在以审查方法专利的标准审查产品专利的情形。因此，专利复审委员会在本专利无效程序中不存在违反法定程序的情形。2. 关于本专利是否符合《专利法》第二十六条第三款的规定。在本专利说明书、反证2、3、4中都没有记载"SART活性"是何种活性及其测定方法。而原告口头审理中的陈述及此后提交的代理词均只能表明SART是一种实验状态，其动物模型是本领域公知的研究痛觉反应的方法，并未说明"SART活性"是何种活性，也未说明如何将研究痛觉反应的SART实验方法与反证4的"量反应平行线测定方法"结合来测定SART活性。因此，本专利申请日前没有任何关于"SART活性"的记载，不属于本领域技术人员能够在申请日前知晓的现有技术。3. 关于本专利的新颖性、创造性问题坚持在第10960号决定中阐述的意见……综上，专利复审委员会认为其在第10960号决定中认定事实清楚，适用法律法规正确，审理程序合法，请求人民法院维持该决定。

第三人脏器制药株式会社未向本院提交书面意见，其在本案庭审过程中述称同意专利复审委员会的意见，请求人民法院维持第10960号决定。

经审理查明：

本案涉及中华人民共和国国家知识产权局（简称国家知识产权局）于2005年6月22日授权公告的名称为"含生物活性物质的兔皮和其用途"的发明专利（即本专利），其申请日是2002年10月31日，专利权人为威世药业公司，专利号为02145975.40其授权公告的权利要求如下：

"1. 一种具有血管舒缓素生成抑制活性的兔皮，其特征在于该兔皮是由以下方法制备的：用牛痘病毒株皮下接种家兔，按每只1.5～3千克的家兔注射100到250处，每处注射每毫升含10^6～10^4个病毒的溶液0.1～0.4毫升进行，将接种过的家兔进行饲养，待其皮肤组织发痘良好时处死，然后采皮。

2. 如权利要求1的兔皮，其中所说的牛痘病毒株是Lister株。

3. 如权利要求1的兔皮，其中所说的牛痘病毒株是lkeda株。

4. 如权利要求1的兔皮，其中所说的牛痘病毒株是Dairen株。

5. 如权利要求1的兔皮，其中所说的牛痘病毒株是EM-63株。

6. 如权利要求1的兔皮，其中所说的家兔是日本大耳白兔。

7. 如权利要求1的兔皮，其中所说的家兔是新西兰白兔。

8. 如权利要求1的兔皮，其中所说的家兔是中国本兔。

9. 如权利要求1的兔皮，其中所说的家兔是青紫兰兔。

10. 如权利要求1的兔皮，其中所说的皮肤组织发痘良好是指皮肤组织明显出痘，颜色由红润转为紫红，皮肤增厚，皮下和臀部水肿。

11. 如权利要求1～10之任一的兔皮，其具有大于或等于0.5iu/g的SART活性。

12. 权利要求1～11之任一的兔皮的用途，其特征在于将所说的兔皮用于制备具有血管舒缓素生成抑制活性的药品。

13. 权利要求1～11之任一的兔皮的用途，其特征在于将所说的兔皮用于制备保健品。"

本专利说明书记载，"SART活性的试验方法是本领域公知的（参见喜多富太郎等，日药理志（Foliapharmacol. japon.）71：211-220（1975））"，"各种牛痘病毒株都可以用来制备本发明的兔皮"、

"这些病毒株都可以从市场上购得",并记载权利要求2~5限定的毒株为优选毒株。"用于制备本发明的兔皮的家兔可以是各种家兔"。

2007年4月3日,脏器制药株式会社以本专利权不符合《专利法》第二十二条第二款、第三款,第二十六条第三款以及《中华人民共和国专利法实施细则》(简称《专利法实施细则》)第二十条第一款为由、向专利复审委员会提出无效宣告请求,并提交了证据,其中:

证据1为1999年12月8日公开,公开号为CN1237632A的中国发明专利申请公开说明书,其公开了一种含有高质量生理活性的家兔发痘组织及其制造方法,具体为:在体重2~3千克的家兔的皮肤上,每处以0.1~0.4毫升接种痘病毒为10^6~10^8个/毫升的溶液缓冲液稀释液,共计50-200处进行皮内接种,接种后3~5日间采取发痘的皮肤,所述痘病毒为牛痘病毒。证据1的说明书记载:"发痘组织的采取时间,一般认为在其高峰期最好,但是应在发痘状态最好之前,即接种后的第4天前后,其收量最佳"。说明书记载的实施例1为在2.5千克的家兔皮内接种150处、每处接种10^7个/毫升的病毒溶液0.2毫升,接种后第4日取下,屠杀后用剪刀、手术刀及镊子采取发痘的皮肤。

证据5为1999年1月20日公开,公开号为CN1205233A的中国发明专利申请公开说明书,其公开了一种含有镇痛活性物质的兔皮的制备方法,具体为用牛痘病毒Lister株注射日本大耳白兔,饲养4天,发痘良好时,处死兔,采皮。所制备兔皮含有镇痛活性物质,还可以改善免疫功能。证据5还公开了在发痘良好时,即在"皮肤颜色由红润转为紫红,皮肤增厚,皮下有水肿,臀部水肿明显"时采皮。

证据6为日本专利文献昭63-3957282以及中文译文,1988年8月5日公开,记载了SART应激动物的药理试验情况,包括镇痛作用和抗过敏作用,镇痛效果以百分比显示。

2007年5月21日,威世药业公司提交了意见陈述和反证,其中:

反证2为"Neurolropin对小鼠、大鼠SART stress症状的药理作用",喜多富太郎等,《日药理志》,1975.71、第211~220页以及相关部分的中文译文1页,译文中记载SART strcss负荷条件,但没有记载活性及活性测定方法。

反证3为"规律地变更环境温度引起的应激(SART stress)以及小鼠·大鼠生物体机能的变化",喜多富太郎等,<日药理志)) 1975.71,195~209页以及相关部分的中文译文。

2007年8月30日,专利复审委员会进行了口头审理。在口头审理过程中,脏器制药株式会社明确提出了"SART活性不清楚",在口头审理结束后,威世药业公司就"SART"和"SART活性单位定量检测"提交了书面意见陈述。

2007年12月26日,专利复审委员会作出第10960号决定。

在本案审理过程中,威世药业公司提交了证据,其中包括:

证据5:《药理学实验指南 新药发现和药理学评价》,科学出版社(2001),记载炎症组织疼痛模型,用以证明测定药物镇痛活性的技术是公知的。

证据6:《实验动物和动物实验技术》,中国中医药出版社(1970),第187、189-190页,记载动物实验的疼痛模型,用以证明动物实验的疼痛模型是公知技术。

证据7为《中华人民共和国药典》第二部,化学工业出版社、广东科技出版社,1995年出版。在该药典附录中记载了量反应平行线测定法的相关内容,用以证明定量测定药物活性的技术是公知的。

证据8为《药品生物检定》,人民卫生出版社,2005年出版,第95~127页,记载量反应平行线测定法,用以证明进行定量测定的技术是公知的。

证据12为《药理学》第6版、人民卫生出版社、1979年第1版、2007年第6版、第319页,记裁激肽分为缓激肽和胰激肽两种，缓激肽由血浆中高分子激肽原经血浆激肽释放酶催化裂解而成，主要存在于血浆中；胰激肽由组织中低分子量的激肽原经组织激肽释放酶催化裂解而成，主要存在于组织、腺体。激肽能扩张血管、收缩平滑肌和提高毛细血管通透性。激肽作用于皮肤和内脏感觉神经末梢，可引起剧烈疼痛。用以证明血浆激肽释放酶和组织激肽释放酶的病理、药理作用不同。

证据13为威世药业（如皋）有限公司《高新技术产品认定证书》，用以证明专利技术的应用获得了巨大的商业成就，具备创造性。

证据14为《药品生物检定》，人民卫生出版社（2005），第9页、第166页，其上记载生物效价测定及生物参考物质效价的表示方法相关内容，用以证明结构复杂或其中包含不定比例的多种成分的生物药品只能用生物检定的方法测定其生物活性，且活性测定后可用自定义单位进行表示。

证据15为《医学生物制品学》，人民出版社（1995），第62页，其上记载生物制品是具有生物活性的制剂，其效力一般采用生物学方法测定，生物测定以生物体对待检品的生物活性反应为基础，以生物统计为工具，运用特定的实验设计，通过比较待检品和相应标准品或对照品在一定条件下，所产生特定生物反应的剂量间的差异来测定待检品的效价。用以证明进行SART活性检定的基础理论是公知常识。

证据16为《日本药理学杂质》第72卷第5号（1976），第573~584页及全文译文，为喜多富太郎等"神经妥乐平对小鼠的镇痛效果和药物对SART应激小鼠的镇痛作用"的文章，其中记载"使实验动物小鼠的身体状况恶化……反复急剧变换周围环境温度这种特殊的刺激……对于这种特殊的刺激，我们给它起名为'SART应激'"，并记载镇痛作用效果测定法，包括四种：醋酸法、苯基醌法、D'Amour-Smith法、尾压法，尾压法中"在老鼠尾部1.5cm的部位施加刺激……进行药物效果判定时，投入药物分别在30、60、90以及120分后将四次加压重量的平均值除以药物投入前的值，以此值为镇痛系数"。用以证明使用SART动物模型测定镇痛作用的方法公知。

证据17为专家签署的关于"iu/g"单位的说明，用以证明该单位表示活性单位，且是本领域技术人员能够理解和接受的。

证据18为专家签署的关于"发痘良好"时兔皮外观表现的说明，用以证明本专利与证据1的采皮标准不同。

证据19为专家签署的病毒学研究中毒株和实验动物家兔品系相关问题的说明，用以证明毒株的选择具有创造性。

证据20为《实验动物和动物实验技术》，中国中医药出版社（1997），第87页，记载影响动物实验结果的因素，包括种属和种系，用以证明兔种选择具有创造性。

专利复审委员会认为上述证据在无效程序中没有提交，不应予以采用，且部分证据的公开日期晚于本专利的申请日，不能用于判断本专利说明书是否充分公开，证据17~19是证人证言，不是对案件事实的陈述。

在本案庭审过程中、威世药业公司主张：(1)起诉状中所述审查过程中擅自变更合议组成员的情况涉及脏器制药株式会社的委托代理人曹津燕，并指出曹津燕原系国家知识产权局工作人员。(2)证据14、15记载了生物制品活性测定是常规方法，SART就是证据15中所说的特定实验设计中的条件。证据6、反证2、反证3、证据5、证据16中都显示刘镇痛效果的测定用的是SART条件，证据16还记载四种镇痛效果测定方法，威世药业公司主张其采用的是尾压法。反证4、证据8记载的量反应平行线测定法是具体数值的获得方法，证据17的专家证言也能证明本专利的活性单位为本领域技术人员能够理解和接受，因此威世药业公司认为SART活性是SART模型中动物表现出的镇痛活性，应当是公知的。(3)就本专利权利要求1的新颖性，本专利说明书记载了采用人血浆对血管舒缓素进行检验验证，而在证据1中则没有公开检测方法；（4）权利要求2~5限定的牛痘病毒的具体毒株是经过大量筛选得出并能够获得更好的活性，权利要求6~9的附加技术特征限定了具体的家兔种类，对兔种的选择经过了大量的筛选，因此，上述权利要求具备创造性；（5）如本专利权利要求1不具有新颖性，则不再坚持本专利权利要求10、12、13的创造性。

脏器制药株式会社当庭提交一份补充证据，即全国高等农业院校教材《实验动物学》，李厚达主编，农业出版社，1992年5月第一版，第194~195页。其中记载我国应用于动物实验的兔主要有以下几种：大耳白兔（日本大耳白）、新西兰白兔、青紫兰兔、中国本兔。用以证明兔子种类的选择属于公知常识。

以上事实有本专利授权公告说明书、第10960号决定、脏器制药株式会社和威世药业公司在无效程序中和诉讼过程中提交的证据，以及当事人陈述等证据在案佐证。

本院认为：

1. 关于专利复审委员会的审查程序问题。

（1）脏器制药株式会社在无效程序中明确提出过SART活性不清楚的问题，且威世药业公司已就此进行了陈述，专利复审委员会在无效程序中的做法未导致威世药业公司的权利受到损害，因此，对威世药业公司提出的专利复审委员会认定脏器制药株式会社相关主张违反程序的理由本院不予支持。

（2）专利复审委员会对合议组人员的变更在口头审理时已告知威世药业公司，且威世药业公司没有提出回避请求和其他异议。威世药业公司虽在庭审时提出脏器制药株式会社的代理人问题，但其不能证明系由该代理人的原因导致了合议组人员的变更，并对其权利造成了损害。因此，威世药业公司上述主张缺乏事实和法律依据，本院不予支持。

2. 关于本专利是否符合《专利法》第二十六条第三款的规定。

《专利法》第二十六条第三款规定，说明书应当对发明或者实用新型作出清楚、完整的说明，以所述技术领域的技术人员能够实现为准。

就本案而言，首先，本专利说明书第3页第5段记载"SART活性的试验方法是本领域公知的（参见喜多富太郎等，日药理志（Folia pharmacol. japon.）71：211-220（1975））"，即反证2，但反证2的译文中仅记载SART stress负荷条件，并没有记载活性及活性测定方法。在威世药业公司提交的其他证据中，证据8、证据14是本专利申请日后公开的出版物，不应在评述本专利说明书是否公开充分时予以考虑。证据1、证据7仅记载一般的生物制品活性测定方法，证据5、6、反证2、3仅记载SART应激条件的描述或所述条件下动物镇痛效果与正常条件下的比较，并没有记载获得了具体单位、数值的活性以及如何确定单位、如何获得数值。证据16解释了何为SART应激条件，四种测定镇痛效果的方法，包括威世药业公司主张的尾压法也只是得到SART条件下药物投入后不同时间与投入前的比值，是一个没有单位的系数，仍旧没有得到一个如本专利所述的有具体单位、数值的活性，并且没有明确如何确定单位、如何获得数值。这些证据都无法与反证4中记载的量反应平行线测定方法相关联，也无法说明本专利如何使用反证4中的方法获得具体的活性数值。威世药业公司认可"iu/g"为自定义单位，但说明书中以及其列举的证据均不能说明这一自定义单位是如何定义出来的，本领域技术人员如何实现其测定方法和结果。证据17的专家证言也未能就上述问题给予充分、合理的解释。因此，威世药业公司关于SART活性为SART条件下的镇痛活性及测定方法为本领域公知的主张缺乏事实依据，本院不予支持。说明书对权利要求11所保护的技术方案公开不充分，不符合《专利法》第二十六条第三款的规定。

3. 关于本专利权利要求1的新颖性。

《专利法》第二十二条第二款规定，新颖性是指在申请日以前没有同样的发明或者实用新型在国内外出版物上公开发表过、在国内公开使用过或者以其他方式为公众所知，也没有同样的发明或者实用新型由他人向国务院专利行政部门提出过申请并且记载在申请日以后公布的专利申请文件中。

就本案而言，针对威世药业公司起诉中关于权利要求1新颖性的问题，本院认为，本专利权利要求1要求保护的是用制备方法限定的兔皮，证据1说明书实施例1公开了"用剪刀、手术刀及镊子采取发痘的皮肤"，即证据1公开了采皮的步骤；而证据1说明书公升的"在发痘状态最好之前，即接种后的第4天前后"、与本专利的"发痘良好时"没有实质区别。因此证据1公开的制备方法与本专利权利要求1中限定的方法实质相同，其获得的产品兔皮也不应存在实质性差异。

对于兔皮具有的活性，本专利权利要求1限定兔皮具有"血管舒缓素生成抑制活性"，而证据1公开的制备方法则可以获得"对胰激肽原酶生成阻碍活性高值的发痘组织"。首先，如前所述，本专利权利要求1采用制备方法对要求保护的产品进行限定，其产品的性质由方法决定，在证据1公开了相同的制备方法的基础上，应当认为获得了相同的产品；其次，威世药业公司主张的"采用人血浆对血管舒缓素进行检验"在本专利权利要求中并未记载，不能作为权利要求1所保护的技术方案中技术特征；最后，胰激肽原酶属于腺性激肽释放酶，是激肽释放酶的下位概念，而威世药业公司认可"血管舒缓素"和"激肽释放酶"属于同一种物质的不同称谓，故专利复审委员会认定胰激肽原酶下位于血管舒缓素并无不妥。

综上，威世药业公司起诉所称权利要求1相对于证据1具有新颖性的主张均不能成立，本院不予支持，专利复审委员会对本专利权利要求1不具有新颖性的认定是正确的。

4. 关于本专利的创造性。

《专利法》第二十二条第三款规定，创造性是指同申请日以前已有的技术相比，该发明有突出的实质性特点和显著的进步。

本案中，本专利说明书记载，"各种牛痘病毒株都可以用来制备本发明的兔皮"、"这些病毒株都可以从市场上购得"，虽然说明书还载了权利要求2~5限定的毒株为优选毒株，但说明书并没有记载这些毒株相对于其他毒株能够使获得的产品具有更好的活性，进而无法确定"优选"的基础。鉴于这些毒株均为已知材料，且证据5已公开了牛痘病毒Lister株注射日本大耳白兔制备兔皮的启示，故专利复审委员会对本专利权利要求2~5创造性的认定并无不当，威世药业公司关于本专利权利要求2~5具有创造性的理由不能成立，本院不予支持。

本专利说明书记载"用于制备本发明的兔皮的家兔可以是各种家兔"，且说明书并没有记载这些家兔相对于其他家兔能够使获得的产品具有更好的活性或其他意料不到的效果。证据5已经公开了牛痘病毒注射日本大耳白兔制备兔皮的启示，且由《实验动物学》记载可知，所述兔种为动物实验常用兔，故专利复审委员会对本专利权利要求6~9创造性的认定并无不当，威世药业公司关于本专利权利要求6~9具有创造性的理由不能成立，本院不予支持。

鉴于威世药业公司明确表示如果认定权利要求1不具备新颖性或创造性，则不坚持本专利权利要求10、12~13具有创造性，在此基础上，本院就专利复审委员会对本专利权利要求10、12~13创造性的评述亦不持异议。

综上，专利复审委员会作出的第10960号决定认定事实清楚，适用法律正确，程序合法，应予维持。依照《中华人民共和国行政诉讼法》第五十四条第（一）项之规定，本院判决如下：

维持被告中华人民共和国国家知识产权局专利复审委员会作出的第10960号无效宣告请求审查决定。

案件受理费人民币100元，由原告威世药业（如集）有限公司负担（已交纳）。

如不服本判决，原告威世药业公司和被告中华人民共和国国家知识产权局专利复审委员会可于本判决送达之日起 15 日内，第三人日本脏器制药株式会社可于本判决送达之日起 30 日内，向本院提交上诉状及其副本，并交纳上诉案件受理费人民币 100 元，上诉于中华人民共和国北京市高级人民法院。

审　判　长　仪　军
代理审判员　王　晫
人民陪审员　郝建欣
二〇〇九年一月十二日
书　记　员　王东勇

北京市高级人民法院
行政判决书

（2009）高行终字第 526 号

上诉人（原审原告）威世药业（如皋）有限公司，住所地中华人民共和国江苏省如皋市如城普庆路 139 号。

法定代表人张永深，董事长。

委托代理人汪群，北京市众明律师事务所律师。

委托代理人史江，男，汉族，1955 年 6 月 28 日出生，威世药业（如皋）有限公司总经理，住江苏省南京市玄武区中山东路 305 号新楼 6 楼 103 室。

被上诉人（原审被告）中华人民共和国国家知识产权局专利复审委员会，住所地中华人民共和国北京市海淀区北四环西路 9 号银谷大厦 10～12 层。

法定代表人廖涛，副主任。

委托代理人郭鹏鹏，该专利复审委员会审查员。

委托代理人王冬，该专利复审委员会审查员。

原审第三人日本脏器制药株式会社，住所地日本国大阪市中央区平野町二丁目 1 番 2 号。

法定代表人藤井郁郎，董事、技术法务部部长。

委托代理人龙淳，男，汉族，1957 年 10 月 4 日出生，北京尚诚知识产权代理有限公司专利代理人，住中华人民共和国北京市海淀区皂君东里 22 号楼 1 门 117 号。

委托代理人曹津燕，女，汉族，1965 年 9 月 18 日出生，北京泛华伟业知识产权代理有限公司专利代理人，住中华人民共和国北京市海淀区友谊宾馆 7 号楼 11 号。

上诉人威世药业（如皋）有限公司（简称威世药业公司）因发明专利无效行政纠纷一案，不服北京市第一中级人民法院（2008）一中行初字第 592 号行政判决，向本院提起上诉。本院 2009 年 4 月 13 日受理后，依法组成合议庭，于 2009 年 5 月 18 日公开开庭进行了审理。上诉人威世药业公司的委托代理人汪群、史江，被上诉人中华人民共和国国家知识产权局专利复审委员会（简称专利复审委员会）的委托代理人郭鹏鹏、王冬，原审第三人日本脏器制药株式会社（简称脏器制药株式会社）的委托代理人龙淳、曹津燕到庭参加了诉讼。本案现已审理终结。

本案涉及中华人民共和国国家知识产权局（简称国家知识产权局）于 2005 年 6 月 22 日授权公告的名称为"含生物活性物质的兔皮和其用途"的发明专利（下称本专利），其申请日是 2002 年 10 月

31日，专利权人为威世药业公司，专利号为02145975.4。2007年4月3日，脏器制药株式会社以本专利不符合《中华人民共和国专利法》（简称《专利法》）第二十二条第二款、第三款，第二十六条第三款以及《中华人民共和国专利法实施细则》（简称《专利法实施细则》）第二十条第一款为由，向专利复审委员会提出无效宣告请求。2007年12月26日，专利复审委员会作出第10960号无效宣告请求审查决定（简称第10960号决定），宣告本专利权全部无效。威世药业公司不服，以专利复审委员会违反法定程序、认定事实错误为由，向北京市第一中级人民法院提起诉讼，请求撤销专利复审委员会第10960号决定。

复审委员会辩称：1. 关于程序问题。《专利法》、《审查指南》对方法专利和产品专利的新颖性、创造性审查标准是一致的，被诉决定不存在以审查方法专利的标准审查产品专利的情形。因此，专利复审委员会在本专利无效程序中不存在违反法定程序的情形。2. 关于本专利是否符合《专利法》第二十六条第三款的规定。在本专利说明书、反证2、3、4中都没有记载"SART活性"是何种活性及其测定方法。而原告口头审理中的陈述及此后提交的代理词均只能表明SART是一种实验状态，其动物模型是本领域公知的研究痛觉反应的方法，并未说明"SART活性"是何种活性，也未说明如何将研究痛觉反应的SART实验方法与反证4的"量反应平行线测定方法"结合来测定SART活性。因此，本专利申请日前没有任何关于"SART活性"的记载，不属于本领域技术人员能够在申请日前知晓的现有技术。3. 关于本专利的新颖性、创造性问题坚持在第10960号决定中阐述的意见。综上，专利复审委员会认为其在第10960号决定中认定事实清楚，适用法律法规正确，审理程序合法，请求人民法院维持该决定。

北京市第一中级人民法院认为：脏器制药株式会社在无效程序中明确提出过SART活性不清楚的问题，且威世药业公司已就此进行了陈述，因此，对威世药业公司提出的专利复审委员会认定脏器制药株式会社相关主张违反程序的理由本院不予支持。

本专利说明书第3页第5段记载"SART活性的试验方法是本领域公知的（参见喜多富太郎等，日药理志（Foliapharmacol. japon.）71：211-220（1975））"，即反证2，但反证2的译文中并没有记载活性及活性测定方法。在威世药业公司提交的其他证据中，证据8、证据14是本专利申请日后公开的出版物，不应在评述本专利说明书是否公开充分时予以考虑。证据15仅记载一般的生物制品活性测定方法。证据5、6、反证2、3仅记载SART应激条件的描述或所述条件下动物镇痛效果与正常条件下的比较，并没有记载获得了具体单位、数值的活性以及如何确定单位、如何获得数值。证据16解释了何为SART应激条件，四种测定镇痛效果的方法，包括威世药业公司主张的尾压法也只是得到SART条件下药物投入后不同时间与投入前的比值，是一个没有单位的系数，仍旧没有得到一个如本专利所述的有具体单位、数值的活性，并且没有明确如何确定单位、如何获得数值。这些证据都无法与反证4中记载的量反应平行线测定方法相关联，也无法说明本专利如何使用反证4中的方法获得具体的活性数值。威世药业公司认可"iu/g"为自定义单位，但说明书中以及其列举的证据均不能说明这一自定义单位是如何定义出来的，本领域技术人员如何实现其测定方法和结果。证据17的专家证言也未能就上述问题给予充分、合理的解释。因此，威世药业公司关于SART活性为SART条件下的镇痛活性及测定方法为本领域公知的主张缺乏事实依据。说明书对权利要求11所保护的技术方案公开不充分，不符合《专利法》第二十六条第三款的规定。

证据1说明书实施例1公开了"用剪刀、手术刀及镊子采取发痘的皮肤"，即证据1公开了采皮的步骤；而证据1说明书公开的"在发痘状态最好之前，即接种后的第4天前后"，与本专利的"发痘良好时"没有实质区别。因此证据1公开的制备方法与本专利权利要求1中限定的方法实质相同，其获得的产品兔皮也不应存在实质性差异。

本专利权利要求 1 限定兔皮具有"血管舒缓素生成抑制活性",而证据 1 公开的制备方法则可以获得"对胰激肽原酶生成阻碍活性高值的发痘组织"。首先,如前所述,本专利权利要求 1 采用制备方法对要求保护的产品进行限定,其产品的性质由方法决定,在证据 1 公开了相同的制备方法的基础上,应当认为获得了相同的产品;其次,威世药业公司主张的"采用人血浆对血管舒缓素进行检验"在本专利权利要求中并未记载,不能作为权利要求 1 所保护的技术方案中技术特征;最后,胰激肽原酶属于腺性激肽释放酶,是激肽释放酶的下位概念,而威世药业公司认可"血管舒缓素"和"激肽释放酶"属于同一种物质的不同称谓,故专利复审委员会认定胰激肽原酶下位于血管舒缓素并无不妥。

综上,专利复审委员会对本专利权利要求 1 不具有新颖性的认定是正确的。

本专利说明书记载,"各种牛痘病毒株都可以用来制备本发明的兔皮"、"这些病毒株都可以从市场上购得",虽然说明书还记载了权利要求 2~5 限定的毒株为优选毒株,但说明书并没有记载这些毒株相对于其他毒株能够使获得的产品具有更好的活性,进而无法确定"优选"的基础。鉴于这些毒株均为已知材料,且证据 5 已公开了牛痘病毒 Lister 株注射日本大耳白兔制备兔皮的启示,故专利复审委员会对本专利权利要求 2~5 创造性的认定并无不当,威世药业公司关于本专利权利要求 2~5 具有创造性的理由不能成立,本院不予支持。

本专利说明书记载"用于制备本发明的兔皮的家兔可以是各种家兔",且说明书并没有记载这些家兔相对于其他家兔能够使获得的产品具有更好的活性或其他意料不到的效果。证据 5 已经公开了牛痘病毒注射日本大耳白兔制备兔皮的启示,且由《实验动物学》记载可知,所述兔种为动物实验常用兔,故专利复审委员会对本专利权利要求 6~9 创造性的认定并无不当。

鉴于威世药业公司明确表示如果认定权利要求 1 不具备新颖性或创造性,则不坚持本专利权利要求 10、12~13 具有创造性,在此基础上,本院就专利复审委员会对本专利权利要求 10、12~13 创造性的评述亦不持异议。

综上,专利复审委员会第 10960 号决定认定事实清楚,适用法律正确,程序合法,应予维持。北京市第一中级人民法院依照《中华人民共和国行政诉讼法》第五十四条第(一)项之规定,判决:维持专利复审委员会第 10960 号决定。

威世药业公司不服原审判决,向本院提起上诉,请求撤销原审判决及专利复审委员会第 10960 号决定。主要理由是:1. 专利复审委员会违反法定程序:(1)原审第三人在专利无效程序中并未主张"SART 活性"及测定方法公开不充分。(2)对新颖性、创造性的认定违反专利法和审查指南的判断方法和原则,用审查方法专利的标准来审查本专利。2. 原审判决认定本专利不符合《专利法》第二十六条第三款的规定是错误的:(1)SART 活性为 SART 条件下的镇痛活性及测定方法为本领域技术人员所公知。首先,SART 活性的试验方法是公知的,没有记载活性及活性测定方法并不能否定该试验方法是公知的事实。其次,证据 16《日本药理学杂志》和证据 6 日本专利文献昭 63-3957282 记载了 SART 活性为镇痛活性的方法。(2)本专利用"0.5iu/g 的 SART 活性"表示检定物质的活性时,"iu"表示尚未被国际认可的生物活性单位,因此"iu/g"表示单位重量中的镇痛活性是本领域技术人员接受并使用的惯例。3. 原审判决认定本专利不符合《专利法》有关新颖性的要求是错误的。(1)本专利与证据 1 比较,采取"兔皮"或"发痘组织"并不是本专利与证据 1 的区别特征,二者的区别特征在于本专利制备"活性强收率高之活性物质"的方法是否被证据 1 公开。即如下三个技术特征未被证据 1 公开:第一,通过特定技术生产牛痘病毒原料,对牛痘病毒溶液进行精处理(本专利说明书实施例 1);第二,采取兔皮并在零下 18 摄氏度冷藏保存(本专利说明书所有实施例);第三,通过加苯酚溶液、调整 PH 值溶出、氮气环境下过滤、加热及冷却等精制工序从兔皮中提取活性物质（本专利说明书实施例11）。(2) 胰激肽原酶下位于血管舒缓素没有依据。本专利权利要求1要求保护的产品的特征是能够抑制血管舒缓素类物质的生成活性，其既包含了对比文件1的"胰激肽原酶生成抑制活性"之外的其他腺体（或组织）血管舒缓素生成抑制活性，因此对比文件1的产品特性并非本专利产品特性的下位概念。四、原审判决关于本专利权利要求6-9不具有创造性的认定错误。本专利对毒株和兔种的选择是需要通过大量的排例组合的实验筛选，才能确定哪些毒株经过精制后适用于哪些家兔，能够制造出"大于或等于0.5iu/g的SART活性"和血管舒缓素生成抑制活性的兔皮。

专利复审委员会、脏器制药株式会社服从原审判决。

经审理查明：本案涉及国家知识产权局于2005年6月22日授权公告的名称为"含生物活性物质的兔皮和其用途"的发明专利（即本专利），其申请日是2002年10月31日，专利权人为威世药业公司，专利号为02145975.4。其授权公告的权利要求如下：

"1. 一种具有血管舒缓素生成抑制活性的兔皮，其特征在于该兔皮是由以下方法制备的：用牛痘病毒株皮下接种家兔，按每只1.5~3千克的家兔注射100到250处，每处注射每毫升含10^6~10^9个病毒的溶液0.1~0.4毫升进行，将接种过的家兔进行饲养，待其皮肤组织发痘良好时处死，然后采皮。

2. 如权利要求1的兔皮，其中所说的牛痘病毒株是Lister株。

3. 如权利要求1的兔皮，其中所说的牛痘病毒株是Ikeda株。

4. 如权利要求1的兔皮，其中所说的牛痘病毒株是Dairen株。

5. 如权利要求1的兔皮，其中所说的牛痘病毒株是EM-63株。

6. 如权利要求1的兔皮，其中所说的家兔是日本大耳白兔。

7. 如权利要求1的兔皮，其中所说的家兔是新西兰白兔。

8. 如权利要求1的兔皮，其中所说的家兔是中国本兔。

9. 如权利要求1的兔皮，其中所说的家兔是青紫兰兔。

10. 如权利要求1的兔皮，其中所说的皮肤组织发痘良好是指皮肤组织明显出痘，颜色由红润转为紫红，皮肤增厚，皮下和臀部水肿。

11. 如权利要求1~10之任一的兔皮，其具有大于或等于0.5iu/g的SART活性。

12. 权利要求1~11之任一的兔皮的用途，其特征在于将所说的兔皮用于制备具有血管舒缓素生成抑制活性的药品。

13. 权利要求1~11之任一的兔皮的用途，其特征在于将所说的兔皮用于制备保健品。"

本专利说明书载明："SART活性的试验方法是本领域公知的（参见喜多富太郎等，日药理志（Folia pharmacol. japon.）71：211-220（1975））"，"各种牛痘病毒株都可以用来制备本发明的兔皮"、"这些病毒株都可以从市场上购得"，并记载权利要求2~5限定的毒株为优选毒株。"用于制备本发明的兔皮的家兔可以是各种家兔"。

2007年4月3日，脏器制药株式会社以本专利权不符合《专利法》第二十二条第二款、第三款，第二十六条第三款以及《专利法实施细则》第二十条第一款的规定为由，向专利复审委员会提出无效宣告请求，并提交了证据。其中：

证据1为1999年12月8日公开、公开号为CN1237632A的中国发明专利申请公开说明书，其公开了一种含有高质量生理活性的家兔发痘组织及其制造方法，具体为：在体重2~3千克的家兔的皮肤上，每处以0.1~0.4毫升接种痘病毒为10^6~10^8个/毫升的溶液缓冲液稀释液，共计50~200处进行皮内接种，接种后3~5日间采取发痘的皮肤，所述痘病毒为牛痘病毒。证据1的说明书记载："发痘组织的采取时间,一般认为在其高峰期最好,但是应在发痘状态最好之前,即接种后的第4天前后,其收量最佳"。说明书记载的实施例1为在2.5千克的家兔皮内接种150处、每处接种10^7个/毫升的病毒溶液0.2毫升,接种后第4日取下,屠杀后用剪刀、手术刀及镊子采取发痘的皮肤。

证据5为1999年1月20日公开、公开号为CN1205233A的中国发明专利申请公开说明书,其公开了一种含有镇痛活性物质的兔皮的制备方法,具体为用牛痘病毒Lister株注射日本大耳白兔,饲养4天,发痘良好时,处死兔,采皮。所制备兔皮含有镇痛活性物质,还可以改善免疫功能。证据5还公开了在发痘良好时,即在"皮肤颜色由红润转为紫红,皮肤增厚,皮下有水肿,臀部水肿明显"时采皮。

证据6为1988年8月5日公开的日本专利文献昭63-39572B2以及中文译文,该文献记载了SART应激动物的药理试验情况,包括镇痛作用和抗过敏作用,镇痛效果以百分比显示。

2007年5月21日,威世药业公司提交了意见陈述和反证,其中:

反证2为"Neurotropin对小鼠、大鼠SART stress症状的药理作用",喜多富太郎等,《日药理志》,1975,71,第211~220页以及相关部分的中文译文1页,译文中记载了实验材料和实验方法;SART stress负荷条件:将温度调节的下限温度定为小鼠8℃,大鼠-3℃,每天上午10点-下午5点,每隔一小时将其交替置于24℃与8℃环境下……

反证3为"规律地变更环境温度引起的应激(SART stress)以及小鼠·大鼠生物体机能的变化",喜多富太郎等,《日药理志》1975,71,195~209页以及相关部分的中文译文。

反证4为《中华人民共和国药典》第二部附录第107~112页量反应平行线测定法相关内容。

2007年8月30日,专利复审委员会进行了口头审理。在口头审理过程中,脏器制药株式会社明确提出了"SART活性不清楚",在口头审理结束后,威世药业公司就"SART"和"SART活性单位定量检测"提交了书面意见陈述。

2007年12月26日,专利复审委员会作出第10960号决定。该决定认定:

1. 本专利是否符合《专利法》第二十六条第三款的规定。(1)对于"SART活性",说明书第4页中仅记载了"得到含生物活性物质的溶液,测定其SART活性",但并未给出测定SART活性的方法,也没有提及"SART活性"所表述的是怎样的一种活性;威世药业公司提交的反证2和3中分别仅提及了小鼠SART stress负荷条件和如何设定创造小鼠SART stress状态的条件,而并没有关于SART活性是怎样的一种活性的记载,也未记载测定SART stress状态小鼠的何种感知性以将该感知性变成数据单位输入统计包软件中以得出SART定量活性;反证4的量反应平行线测定法测定的是药物对生物体所引起的反应随药物剂量增加产生的量变,所得值为某种具体物质如抗生素的效价而非某种实验条件或实验状态的效价,而根据SART的全称"specificalternion rhythm of temperature"可知,SART表示的是动物的实验状态而不是一种具体的物质或活性指标。由此可见,在反证4中没有任何关于SART活性是怎样的一种活性以及如何测定SART活性的记载,也无法得出反证4的记载与SART活性实验方法有何关联。因此,虽然SART实验方法和动物模型是本领域公知的,但是本专利的"SART活性"的含义对于本领域技术人员来说是不清楚的,其测定方法也是未知的。(2)虽然权利要求11和说明书中还给出了"SART"活性的单位"iu/g",但是,在本专利说明书中并没有对"iu/g"进行解释,也未说明"iu/g"表示的是国际单位还是其他单位。反证2、3、4中均没有关于"iu/g"含义的记载。威世药业公司亦承认"iu/g"是一个自定义的单位。由此可见,"iu/g"的含义对于本领域技术人员来说并不是清楚的,相应地,也不能证明"SART活性"是清楚的。如上所述,由于词语"SART活性"和"iu/g"的含义对于本领域技术人员来说是不清楚的,因此,"大于或等于0.5iu/g的SART活性"的含义对本领域技术人员来说也是不清楚的,本专利说明书并没有对权利要求11的技术方案作出清楚、完整的说明,不符合《专利法》第二十六条第三款的规定,权利要求11

应予以无效。鉴于此，专利复审委员会不再对其他针对权利要求11的无效宣告请求理由进行评述。

2. 本专利是否符合《专利法》第二十二条第二款的要求。将权利要求1的技术方案与证据1公开的技术方案比较，二者技术领域、所解决的技术问题、技术方案和预期效果实质上相同。针对威世药业公司的意见，专利复审委员会认为：（1）本专利权利要求1和说明书中没有关于"采皮"是采取"整张兔皮"的记载，权利要求1中仅记载"采皮"；证据1中所记载的"采取发痘的皮肤"落入"采皮"范围。（2）本专利权利要求1选取兔皮的时间是"发痘良好时"，证据1所公开的技术方案中选取兔皮的时间为接种后第3～5日间，在"发痘状态最好之前"，即发痘良好时。由此可见，证据1的兔皮采取时间与本专利权利要求1的采皮时间相同。（3）权利要求1是以方法限定的产品权利要求，其制备方法与证据1的制备方法相同，故依据该方法二者所得产品及其性能应当相同。虽然权利要求1限定了所述产品"具有血管舒缓素生成抑制活性"，但该特性是由所述制备方法带来的，因此，在制备方法已经确定的情况下，该特性只是所得产品的固有特性，而不能带来额外的限定作用。从反证1并不能得出"'血管舒缓素'和'胰激肽原酶'是两种结构和功能完全不同的酶，'血管舒缓素'属于血浆激肽释放酶"的教导。根据本领域常识可知，"血管舒缓素"应为一类能够舒缓血管的物质的总称，而非某一特定物质。激肽释放酶（Kallikrein）是血管舒缓素中的一类，胰激肽原酶又下位于"激肽释放酶"，即其也是一种血管舒缓素，也即证据1中公开的"能够抑制胰激肽原酶生成活性"下位于"能够抑制血管舒缓素生成抑制活性"，因此，即使从产品特性的角度考虑，证据1的技术方案亦能够破坏权利要求1的新颖性。综上，威世药业公司的理由不能成立。本专利权利要求1不具备新颖性，应予无效。

3. 本专利是否符合《专利法》第二十二条第三款的要求。（1）权利要求2、6的技术方案与证据1公开的技术方案相比，其区别在于：在权利要求1的基础上，权利要求2、6将所接种的牛痘病毒或家兔分别进一步限定为Lister株或日本大耳白兔，而证据1技术方案中并没有限定其所接种的牛痘病毒和家兔的具体种类。而证据5给出了将牛痘病毒Lister株、日本大耳白兔用于证据1的制备方法中制备含有具有镇痛作用的兔皮的技术启示。据此，本领域技术人员在证据1和5相结合的基础上得到权利要求2、6请求保护的技术方案是显而易见的，也未产生意料不到的效果。因此，本专利权利要求2、6的技术方案相对于证据1与5的结合不具备突出的实质性特点和显著的进步，不具备创造性。（2）权利要求3～5的技术方案与证据1公开的技术方案相比可知，区别在于：权利要求3～5将所接种的牛痘病毒进一步限定为Ikeda株、Dairen株、EM-63株，而证据1技术方案中并没有限定其所接种的牛痘病毒的具体种类。权利要求7～9的技术方案与证据1公开的技术方案相比，区别在于：权利要求7～9将所接种的家兔进一步限定为新西兰白兔、中国本兔、青紫蓝兔，而证据1技术方案中并没有限定其所接种的家兔的具体品种。如上所述，证据5公开的技术方案中使用了牛痘病毒Lister株和日本大耳白兔，由于权利要求3～5中的Ikeda株、Dairen株、EM-63株与证据5中的Lister株均为本领域已知的牛痘病毒毒株，权利要求7～9中的新西兰白兔、中国本兔、青紫蓝兔与证据5中的日本大耳白兔均为本领域公知常用的实验动物品种，而证据1中也并未记载或暗示对所述毒株、兔种有特定要求，因此，本领域技术人员在证据5给出的技术启示下将Ikeda株、Dairen株、EM-63株、新西兰白兔、中国本兔、青紫蓝兔应用于证据1的兔皮制备方法，从而得到权利要求3～5、7～9的技术方案是显而易见的，而且也未带来预料不到的技术效果，因此，本专利权利要求3～5、7～9的技术方案相对于证据1、5与公知常识的组合不具备突出的实质性特点和显著的进步，不具备创造性。（3）权利要求10的技术方案与证据1公开的技术方案相比，区别在于：权利要求10限定了发痘良好时的皮肤组织状态，而证据1没有公开发痘良好时皮肤组织的状态。如上所述，在证据5公开的技术方案中，公开了在发痘良好时，即在"皮肤颜色由红润转为紫红，皮肤增厚，皮下有水肿，臀部水肿明显"时采皮,由此可见,证据5的采皮时间与本专利的采皮时间相同,本领域技术人员在证据1和5结合的基础上,得到权利要求10保护的技术方案是显而易见的,且并未产生意料不到的效果,本专利权利要求10不具备创造性。(4)权利要求12、13要求保护权利要求1~11之任一的具有血管舒缓素生成抑制活性的兔皮的用途,所述用途为用于制备药品或保健品。证据1的兔皮含有阻碍胰激肽原酶生成的活性物质,也即其具有抑制血管舒缓素生成活性;证据5公开了用牛痘病毒接种家兔皮肤获得含有具有镇痛活性、增强免疫功能活性物质的兔皮,并且利用该性质将所述皮肤组织制备成活性制剂与药用辅料组合制备镇痛药。基于此,在权利要求1~11的兔皮不具备新颖性或创造性的情况下,利用证据1所述兔皮的血管舒缓素生成抑制活性将其制备成药品对于本领域技术人员而言是显而易见的,也未产生预料不到的技术效果。同理,由于该活性是对人体机能的调节活性,因而利用该活性将所述兔皮制成保健品得到权利要求13的技术方案也是显而易见的,且未产生意料不到的技术效果。因此,权利要求12、13的技术方案也不具备创造性。据此,专利复审委员会决定,宣告本专利权全部无效。

在原审法院审理过程中,威世药业公司提交了证据,其中包括:

证据5:《药理学实验指南-新药发现和药理学评价》,科学出版社(2001),记载炎症组织疼痛模型,用以证明测定药物镇痛活性的技术是公知的。

证据6:《实验动物和动物实验技术》,中国中医药出版社(1970),第187、189~190页,记载动物实验的疼痛模型,用以证明动物实验的疼痛模型是公知技术。

证据7:《中华人民共和国药典》第二部,化学工业出版社、广东科技出版社,1995年出版。在该药典附录中记载了量反应平行线测定法的相关内容,用以证明定量测定药物活性的技术是公知的。

证据8:《药品生物检定》,人民卫生出版社,2005年出版,第95~127页,记载量反应平行线测定法,用以证明进行定量测定的技术是公知的。

证据12:《药理学》第6版,人民卫生出版社,1979年第1版,2007年第6版,第319页,记载激肽分为缓激肽和胰激肽两种,缓激肽由血浆中高分子激肽原经血浆激肽释放酶催化裂解而成,主要存在于血浆中;胰激肽由组织中低分子量的激肽原经组织激肽释放酶催化裂解而成,主要存在于组织、腺体。激肽能扩张血管、收缩平滑肌和提高毛细血管通透性。激肽作用于皮肤和内脏感觉神经末梢,可引起剧烈疼痛。用以证明血浆激肽释放酶和组织激肽释放酶的病理、药理作用不同。

证据13:威世药业(如皋)有限公司《高新技术产品认定证书》,用以证明专利技术的应用获得了巨大的商业成就,具备创造性。

证据14:《药品生物检定》,人民卫生出版社(2005),第9页、第166页,其上记载生物效价测定及生物参考物质效价的表示方法相关内容,用以证明结构复杂或其中包含不定比例的多种成分的生物药品只能用生物检定的方法测定其生物活性,且活性测定后可用自定义单位进行表示。

证据15:《医学生物制品学》,人民出版社(1995),第62页,其上记载生物制品是具有生物活性的制剂,其效力一般采用生物学方法测定,生物测定以生物体对待检品的生物活性反应为基础,以生物统计为工具,运用特定的实验设计,通过比较待检品和相应标准品或对照品在一定条件下,所产生特定生物反应的剂量间的差异来测定待检品的效价。用以证明进行SART活性检定的基础理论是公知常识。

证据16:《日本药理学杂志》第72卷第5号(1976),第573~584页及全文译文,为喜多富太郎等"神经妥乐平对小鼠的镇痛效果和药物对SART应激小鼠的镇痛作用"的文章,其中记载"使实验动物小鼠的身体状况恶化……反复急剧变换周围环境温度这种特殊的刺激……对于这种特殊的刺激,我们给它起名为'SART应激'",并记载镇痛作用效果测定法,包括四种:醋酸法、苯基醌法、D'Amour-Smith法、尾压法,尾压法中"在老鼠尾部1.5cm的部位施加刺激……进行药物效果判定时,投入药物分别在30、60、90、以及120分后将四次加压重量的平均值除以药物投入前的值,以此值为镇痛系数"。用以证明使用SART动物模型测定镇痛作用的方法公知。

证据17:专家签署的关于"iu/g"单位的说明,用以证明该单位表示活性单位,且是本领域技术人员能够理解和接受的。

证据18:专家签署的关于"发痘良好"时兔皮外观表现的说明,用以证明本专利与证据1的采皮标准不同。

证据19:专家签署的病毒学研究中毒株和实验动物家兔品系相关问题的说明,用以证明毒株的选择具有创造性。

证据20:《实验动物和动物实验技术》,中国中医药出版社(1997),第87页,记载影响动物实验结果的因素,包括种属和种系,用以证明兔种选择具有创造性。

专利复审委员会认为上述证据在无效程序中没有提交,不应予以采用,且部分证据的公开日期晚于本专利的申请日,不能用于判断本专利说明书是否充分公开,证据17~19是证人证言,不是对案件事实的陈述。

在原审法院庭审过程中,威世药业公司主张:1.起诉状中所述审查过程中擅自变更合议组成员的情况涉及脏器制药株式会社的委托代理人曹津燕,并指出曹津燕原系国家知识产权局工作人员。2.证据14、15记载了生物制品活性测定是常规方法,SART就是证据15中所说的特定实验设计中的条件。证据6、反证2、反证3、证据5、证据16中都显示对镇痛效果的测定用的是SART条件,证据16还记载四种镇痛效果测定方法,威世药业公司主张其采用的是尾压法。反证4、证据8记载的量反应平行线测定法是具体数值的获得方法,证据17的专家证言也能证明本专利的活性单位为本领域技术人员能够理解和接受,因此威世药业公司认为SART活性是SART模型中动物表现出的镇痛活性,应当是公知的。3.就本专利权利要求1的新颖性,本专利说明书记载了采用人血浆对血管舒缓素进行检验验证,而在证据1中则没有公开检测方法;4.权利要求2~5限定的牛痘病毒的具体毒株是经过大量筛选得出并能够获得更好的活性,权利要求6~9的附加技术特征限定了具体的家兔种类,对兔种的选择经过了大量的筛选,因此,上述权利要求具备创造性;5.如本专利权利要求1不具有新颖性,则不再坚持本专利权利要求10、12、13的创造性。

脏器制药株式会社在原审法院庭审中提交一份补充证据,即全国高等农业院校教材《实验动物学》,李厚达主编,农业出版社,1992年5月第一版,第194~195页。其中记载我国应用于动物实验的兔主要有以下几种:大耳白兔(日本大耳白)、新西兰白兔、青紫兰兔、中国本兔。用以证明兔子种类的选择属于公知常识。

以上事实有本专利授权公告说明书、第10960号决定、脏器制药株式会社和威世药业公司在无效程序中和诉讼过程中提交的证据,以及当事人陈述等证据在案佐证。

本院认为:脏器制药株式会社在无效程序中明确提出过SART活性不清楚的问题,且威世药业公司已就此进行了陈述,专利复审委员会的无效审查程序未导致威世药业公司的权利受到损害,因此,对威世药业公司提出的专利复审委员会认定小西公司相关主张违反程序的理由本院不予支持。

《专利法》第二十六条第三款规定,说明书应当对发明或者实用新型作出清楚、完整的说明,以所述技术领域的技术人员能够实现为准。就本案而言,本专利说明书第3页第5段记载"SART活性的试验方法是本领域公知的(参见喜多富太郎等,日药理志(Folia pharmacol. japon.)71:211-220(1975))",即反证2,但反证2的译文中仅记载SART stress负荷条件,即仅记载了如何获得SART活性动物模型的方法,没有关于SART活性及活性测定方法的记载。反证3亦仅给出了如何建立SART小鼠动物模型;威世药业公司证据16解释了何为SART应激条件以及四种测定镇痛效果的方法。威世药业公司主张的尾压法也只是得到SART条件下药物投入后不同时间与投入前的比值，是一个没有单位的系数，且威世药业公司亦仅用该证据证明使用SART动物模型测定镇痛作用为公知方法；威世药业公司证据6记载有动物实验的疼痛模型，即载明的SART小鼠应激实验条件，可证明动物实验的疼痛模型是公知技术。综上，威世药业公司提交的证据仅能证明SART实验方法和动物模型是本领域公知的，但并未对"SART活性"所表述的是怎样的活性及如何测定"SART活性"进行说明。此外，反证4的量反应平行线测定法测定的是药物对生物体所引起的反应随药物剂量增加产生的量变，所得值为某种具体物质如抗生素的效价而非某种实验条件或实验状态的效价，故威世药业公司的上述证据无法与反证4中记载的量反应平行线测定方法相关联，也无法说明本专利如何使用反证4中的方法获得具体的活性数值。故威世药业公司关于SART活性为SART条件下的镇痛活性及测定方法为本领域公知的主张缺乏事实依据。

威世药业公司认可"iu/g"为自定义单位，但说明书中以及其列举的证据均未对此自定义单位的含义予以解释，也未给出如何实现其测定方法和结果，因此威世药业公司所提"iu/g"作为活性单位使用是本领域的惯切缺乏依据。

综上，说明书对权利要求11所保护的技术方案公开不充分，不符合《专利法》第二十六条第三款的规定。

《专利法》第二十二条第二款规定，新颖性是指在申请日以前没有同样的发明或者实用新型在国内外出版物上公开发表过、在国内公开使用过或者以其他方式为公众所知，也没有同样的发明或者实用新型由他人向国务院专利行政部门提出过申请并且记载在申请日以后公布的专利申请文件中。即新颖性的对比是将专利权利要求书中记载的要求保护的技术方案与现有技术进行对比，而不是将说明书中记载的内容与现有技术进行对比。就本案而言，威世药业公司主张本专利与对比文件1比较，采取"兔皮"或"发痘组织"并不是本专利与证据1的区别特征，二者的区别特征在于本专利制备"活性强收率高之活性物质"的方法是否被对比文件1公开。即有三个技术特征未被证据1公开，但该三个技术特征均属于说明书中记载的内容，威世药业公司主张以该说明书中记载的技术特征证明权利要求1有新颖性与法律规定相悖，故其所提本专利权利要求1中关于采皮具有新颖性的理由不能成立，本院不予支持。

本专利权利要求1限定兔皮具有"血管舒缓素生成抑制活性"，而证据1公开的制备方法则可以获得"对胰激肽原酶生成阻碍活性高值的发痘组织"。根据本领域常识可知，"血管舒缓素"应为一类能够舒缓血管的物质的总称，而非某一特定物质。激肽释放酶（Kallikrein）是血管舒缓素中的一类，胰激肽原酶又下位于激肽释放酶，即其也是一种血管舒缓素，也即证据1中公开的"能够抑制胰激肽原酶生成活性"下位于"能够抑制血管舒缓素生成抑制活性"，而威世药业公司认可"血管舒缓素"和"激肽释放酶"属于同一种物质的不同称谓，因此，威世药业公司所提胰激肽原酶下位于血管舒缓素没有根据的主张不能成立，本院不予支持。

《专利法》第二十二条第三款规定，创造性是指同申请日以前已有的技术相比，该发明有突出的实质性特点和显著的进步。本案中，本专利说明书记载"用于制备本发明的兔皮的家兔可以是各种家兔"，且说明书并没有记载这些家兔相对于其他家兔能够使获得的产品具有更好的活性或其他意料不到的效果。证据5已经公开了牛痘病毒注射日本大耳白兔制备兔皮的启示，且由《实验动物学》记载可知，所述兔种为动物实验常用兔，故原审判决及专利复审委员会对本专利权利要求6~9创造性的认定并无不当，威世药业公司所提本专利权利要求6~9具有创造性的理由不能成立，本院不予支持。

综上，原审判决及专利复审委员会第10960号决定认定事实清楚，适用法律正确，程序合法，应予维持。威世药业公司的上诉理由不能成立，其上诉请求本院不予支持。依照《中华人民共和国行政诉讼法》第六十一条第（一）项之规定，判决如下：

驳回上诉，维持原判。

一、二审案件受理费人民币各 100 元，均由威世药业（如皋）有限公司负担（均已交纳）。

本判决为终审判决。

审　判　长　张　冰
审　判　员　莎日娜
代理审判员　钟　鸣
二〇〇九年五月二十七日
书　记　员　张见秋

含生物活性物质的兔皮和其用途

无效宣告请求审查决定（第 10961 号）

决　定　号	第 10961 号
决　定　日	2007 年 12 月 26 日
发明创造名称	含生物活性物质的兔皮和其用途
国际分类号	A61K 35/36，A61P 37/08，A61P35/02，A61P17/02
无效宣告请求人	上海小西生物技术有限公司
专　利　权　人	威世药业（如皋）有限公司
专　利　号	02145975.4
申　请　日	2002 年 10 月 31 日
授权公告日	2005 年 6 月 22 日
合议组组长	叶　娟
主　审　员	王　冬
参　审　员	郭　婷
法　律　依　据	专利法第 26 条第 3 款，专利法 22 条第 2 款、第 3 款

决　定　要　点

说明书应当使用发明所属技术领域的技术术语，说明书的表述应当准确地表达发明的技术内容，不得含糊不清或者模棱两可，以致所属技术领域的技术人员不能清楚、正确地理解该发明。

一项权利要求的技术方案与一篇对比文件公开的技术方案相比，如果二者所属技术领域、所解决的技术问题、要求保护的技术方案和预期效果实质上相同，则该项权利要求不具有新颖性。

在对要求保护的发明的创造性进行判断时，首先应当在现有技术中确定与要求保护的发明最接近的现有技术，然后确定要求保护的发明的区别特征和实际解决的技术问题，接着从最接近的现有技术和要求保护的发明所实际解决的技术问题出发，判断要求保护的发明对本领域技术人员来说是否显而易见，是否具有突出的实质性特点；同时考察要求保护的发明相对于最接近的现有技术是否具有显著的进步。

一、案由

本专利权无效宣告请求案涉及国家知识产权局于 2005 年 6 月 22 日公告授予的、名称为"含生物活性物质的兔皮和其用途"的第 02145975.4 号发明专利权（下称本专利），其申请日为 2002 年 10 月 31 日，专利权人为威世药业（如皋）有限公司。本专利授权公告的权利要求书如下：

"1. 一种具有血管舒缓素生成抑制活性的兔皮，其特征在于该兔皮是由以下方法制备的：用牛痘病毒株皮下接种家兔，按每只1.5~3千克的家兔注射100~250处，每处注射每毫升含10^6~10^9个病毒的溶液0.1~0.4毫升进行，将接种过的家兔进行饲养，待其皮肤组织发痘良好时处死，然后采皮。

2. 如权利要求1的兔皮，其中所说的牛痘病毒株是Lister株。
3. 如权利要求1的兔皮，其中所说的牛痘病毒株是Ikeda株。
4. 如权利要求1的兔皮，其中所说的牛痘病毒株是Dairen株。
5. 如权利要求1的兔皮，其中所说的牛痘病毒株是EM-63株。
6. 如权利要求1的兔皮，其中所说的家兔是日本大耳白兔。
7. 如权利要求1的兔皮，其中所说的家兔是新西兰白兔。
8. 如权利要求1的兔皮，其中所说的家兔是中国本兔。
9. 如权利要求1的兔皮，其中所说的家兔是青紫兰兔。
10. 如权利要求1的兔皮，其中所说的皮肤组织发痘良好是指皮肤组织明显出痘，颜色由红润转为紫红，皮肤增厚，皮下和臀部水肿。
11. 如权利要求1~10之任一的兔皮，其具有大于或等于0.5iu/g的SART活性。
12. 权利要求1~11之任一的兔皮的用途，其特征在于将所说的兔皮用于制备具有血管舒缓素生成抑制活性的药品。
13. 权利要求1~11之任一的兔皮的用途，其特征在于将所说的兔皮用于制备保健品。"

针对上述发明专利权（下称本专利），上海小西生物技术有限公司（下称请求人）于2007年4月5日向专利复审委员会提出无效宣告请求，认为本专利不符合专利法第22条第2款和第3款、专利法第26条第3款、专利法实施细则第20条第1款的规定。请求人同时提交了以下证据：

证据1：公开号为CN1237632A的中国发明专利申请公开说明书，1999年12月8日公开，复印件，共6页；

证据2：公开号为CN1107365A的中国发明专利申请公开说明书，1995年8月30日公开，复印件，共13页；

证据3："评价血浆类血管舒缓素物质生成抑制能力的体外测定方法"，丰卷芳男等，《基礎と臨床》，1986年12月20日发行，第20卷第17期扉页、第399~405页的复印件，以及部分内容的中文译文3页，共11页；

证据4："STUDY ON THE IN VITRO ASSAY METHOD FOR EVALUATING THE INHIBITORY EFFECT OF VARIOUS SUBSTANCES ON THE PRODUCTION OF PLASMA KALLIKREIN"，Katsumi Nishikawa等，ADVANCES IN EXPERIMENTAL MEDICINE AND BIOLOGY，日本东京第5届国际激肽大会（1987年12月3日举行），1989年出版，第247卷249~253页的复印件，以及部分内容的中文译文2页，共7页；

证据5：公开号为CN1205233A的中国发明专利申请公开说明书，1999年1月20日公开，复印件，共14页；

证据6：日本专利文献昭63-39572B2，1988年8月5日公开，全文复印件（共4页）以及中文译文6页，共10页。

依据上述证据，请求人认为：

（1）权利要求11中记载了技术特征"大于或等于0.5iu/g的SART活性"，但说明书和说明书引用的文献中没有记载关于"iu/g"单位的定义，以及上述"大于或等于0.5iu/g的SART活性"的技术含义。因此，本领域的技术人员仅根据说明书的记载无法理解该技术特征并进行实施，权利要求11不符合专利法第26条第3款的规定。

（2）基于与上述（1）相同的理由，"大于或等于 0.5iu/g 的 SART 活性"这一参数表征不是"所属技术领域的技术人员根据说明书的教导或通过所属技术领域的惯用手段可以清楚而可靠地确定的"，因此权利要求 11 不符合专利法实施细则第 20 条第 1 款的规定。

（3）本专利权利要求 1 和证据 1 的技术方案均采用在家兔皮肤上通过接种牛痘病毒，使兔皮发痘，采取其发痘组织的方法，其中家兔体重、牛痘病毒溶液浓度和用量、接种位置的数目等范围均相互重叠。并且证据 1 采取发痘组织的时间与本专利权利要求 1 中指出的发痘良好时采皮操作相同。而且证据 1 所制造的发痘组织所具有的"胰激肽原酶"生成阻碍活性即为本专利权利要求 1 所述"血管舒缓素"生成抑制活性，前者可被认为是后者的笔误，因为虽然证据 1 公开了感染牛痘等病毒的家兔皮肤提取物对过敏性疾病、自律神经的异常兴奋有效，而且具有阻碍胰激肽酶生成的活性物质、抑制了与胰激肽原酶激肽系的、作为发痘物质的缓激肽的生成，显示了镇痛作用，但是至今为止并不存在源自发痘组织的提取物具有"胰激肽原酶生成阻碍活性"的报道，而只有证据 2、3 和 4 涉及具有"血管舒缓素生成阻碍活性"的报道。由于"胰激肽原酶"英语为"Tissue Kallikrein"，而"血管舒缓素"的英语为"Plasma kallikrein"，故可认为证据 1 对两种酶产生混淆，将应该采用"血管舒缓素"表记的术语误写成"胰激肽原酶"，因此证据 1 公开的术语"胰激肽原酶生成阻碍活性"就是本专利的术语"血管舒缓素生成阻碍活性"。因此证据 1 公开了本专利权利要求 1 所请求保护的兔皮的全部特征，权利要求 1 不具备专利法第 22 条第 2 款规定的新颖性。

（4）①基于与权利要求 1 不具备新颖性相同的理由，权利要求 1 也不具备专利法第 22 条第 3 款规定的创造性。②证据 5 的实施例采用了与本专利权利要求 1 相同的制造方法，并公开了与权利要求 2 相同的牛痘病毒，以及与权利要求 6 相同的日本大耳白兔。因此，权利要求 2 和 6 相对于证据 1 和 5 的组合不具备创造性。证据 5 虽然没有公开权利要求 3~5 的牛痘病毒株和权利要求 7~9 的家兔种类，但本领域技术人员很容易想到，采用其他病毒株和家兔也能达到相同的技术效果。因此在证据 1 的基础上，结合证据 5 和公知常识，不用付出创造性劳动就能得到权利要求 3~5、7~9 的附加技术特征，并且本专利说明书也没有公开使用上述特征带来了特殊的效果，因此，权利要求 2~9 相对于证据 1、5 以及公知常识的组合不具备专利法第 22 条第 3 款规定的创造性。③证据 5 公开了由所述制造方法制造的兔在"将注射过的抗原的兔饲养 4 天。发痘良好，颜色由红润转为紫红、皮肤增厚，皮下有水肿，臀部水肿明显"时采皮。因此，权利要求 10 的附加技术特征已被证据 5 披露，其相对于证据 1 与证据 5 的组合不具备专利法第 22 条第 3 款规定的创造性。④证据 6 公开了用牛痘病毒接种家兔发痘皮肤的提取物具有 SART 活性。在证据 1 的基础上，结合证据 6 得到权利要求 11 的附加技术特征不用付出任何创造性劳动，权利要求 11 相对于证据 1 和 6 的组合不具备专利法第 22 条第 3 款规定的创造性。⑤证据 1 公开了所制造的发痘组织具有镇痛、镇静作用，并公开了发痘兔皮具有与本专利相同的"血管舒缓素生成阻碍活性"。证据 2 公开了家兔接种牛痘病毒的发痘皮肤中的提取物能够作为镇痛剂、抗炎症剂、抗变应剂等药剂使用。证据 5 也记载了通过所述制造方法得到发明的镇痛药。本领域技术人员在上述证据基础上得到本专利涉及的"兔皮"的用途不用付出任何创造性劳动，因此，权利要求 12、13 相对于证据 1 与证据 2 或证据 5 的组合不具备专利法第 22 条第 3 款规定的创造性。

经形式审查合格后，专利复审委员会受理了上述请求，于 2007 年 4 月 5 日向请求人以及专利权人发出《无效宣告请求受理通知书》，并将《专利权无效宣告请求书》及其附件的副本转送给专利权人，要求其在指定的期限内答复。

专利权人于 2007 年 5 月 21 日提交了意见陈述书和以下反证：

反证 1：《分子高血压学》，荻原俊男编，南山堂株式会社，第 1 版，1994 年 1 月 20 日发行，封面页、出版信息页、第185~189页的复印件（共7页），相关部分的中文译文1页，共8页；

反证2："Neurotropin对小鼠、大鼠SART stress症状的药理作用"，喜多富太郎等，《日药理志》，1975，71，第211~220页的复印件（共10页），相关部分的中文译文1页，共11页；

反证3："规律地变更环境温度引起的应激（SART stress）以及小鼠·大鼠生物体机能的变化"，喜多富太郎等，《日药理志》1975，71，第195~209页的复印件（共15页），相关部分的中文译文2页，共17页。

依据上述反证，专利权人认为：

（1）权利要求11符合专利法第26条第3款以及专利法实施细则第20条第1款的规定，具体理由是："iu/g的SART活性"表示每g含有多少个SART活性单位。该SART活性的试验和测定方法在说明书第3页有详细描述，反证2和反证3对SART活性试验方法进行了阐述。采用本专利的制备方法，便可获得具有大于或等于0.5iu/g的SART活性的兔皮，权利要求11清楚地表述了要求保护的范围，同时也得到说明书的支持。本领域技术人员完全可以根据说明书中的教导，清楚地理解权利要求11想要保护的内容，也完全可以由此再现本专利的技术方案，实现本专利的具有大于或等于0.5iu/g的SART活性的效果。另外，专利法第26条第3款的规定是关于说明书清楚不清楚的问题，而并非是关于权利要求支持不支持的问题。

（2）本专利权利要求1所限定的技术特征与证据1公开的技术方案中的技术特征具有如下区别：

第一，本专利所指兔皮与证据1中所指发痘组织在生物学上不同。本发明提供的是具有血管舒缓素生成抑制活性的兔皮，该兔皮为整张兔皮，包括已有发痘反应和未起发痘反应的兔皮。证据1所要获取的只是兔皮上特定的发痘组织，只是针对起发痘反应的部位。

第二，本专利与证据1的兔皮选取时间不同。本专利并未对兔皮选取做时间上的限定而是根据不同家兔对接种的毒株的反应不同、发痘的状态而决定选取的时间，也即发痘良好时，并在从属权利要求和说明书中对发痘良好进行了阐述。证据1发痘组织的选取时间为接种后3~5日之间，其说明书中记载发痘高峰为第5~6天，采取时间在发痘状态最好之前，即在接种后的第4天前后。

第三，"血管舒缓素"和"胰激肽原酶"是两种结构和功能完全不同的物质，前者由肝脏合成、存在于血浆中，后者由组织合成，本领域具有基本生物酶分类知识的技术人员非常清楚二者的差别（参见反证1）。即使提供了证据2~4中涉及"血管舒缓素生成阻碍活性"的报道，也不能认定证据1中的"胰激肽原酶生成阻碍活性"就是本专利的"血管舒缓素生成抑制活性"。而且二者的英文分别为"Palsma Kallikrein"和"Tissue Kallikrein"，差别很大，证据1并非是PCT国际申请进入国家阶段的专利文献，也不是有优先权的在后申请，无从说起证据1对两种酶产生混淆，从而推断其出现"误写"。

因此，本专利权利要求1与证据1公开的技术方案相比显然是不同的，权利要求1具备专利法第22条第2款规定的新颖性。

（3）①本专利的兔皮采用与证据1不同的制备方法获得，选择了最佳的获取时间，选择了整张兔皮，把不同反应状态的兔皮合并在一起，使之达到生物学意义上的协同作用，获得的兔皮具有大于或等于0.5iu/g的高SART活性，具有血管舒缓素生成抑制活性，并且兔皮提取物含有多种氨基酸和核酸，所制药剂具有镇痛、改善免疫功能、抗过敏、抗溃疡等多种作用。证据1的制备方法获得的家兔发痘组织只对胰激肽原酶有阻碍活性。"血管舒缓素"和"胰激肽原酶"为性质完全不同的酶，可见本专利所保护的兔皮和证据1的发痘组织为含有不同的活性的两种物质。本专利商业上取得的成功也反映出本专利的技术方案具有有益效果，具有突出的实质性特点和显著的进步。因此，本专利权利要求1相对于证据1具有专利法第22条第3款规定的创造性。②本专利兔皮接种所用的牛痘病毒株

lister 株最为优选,是指其"因便于获得而被优先选择",通过大量筛选试验发现其他三种病毒株 Ikeda、Dairen 和 EM-63 株的效果与 lister 株相当,这为从感染病毒株的家兔中提取活性物质提供了更多的便利和更多的选择途径。而且现有技术并不存在将上述病毒株用于制备具有血管舒缓素生成抑制活性的兔皮的启示。即在证据1和5结合的基础上,本领域技术人员不经创造性劳动以及过度的劳动是无法获得权利要求2~5的技术方案的,权利要求2~5具备专利法第22条第3款规定的创造性。③本专利用于制备兔皮的家兔是研究人员经过大量实验进行筛选获得的,其中日本大耳白兔、新西兰白兔、中国本兔和青紫兰兔在证据1中没有公开,现有技术也没有将这些兔种用于制备血管舒缓素生成抑制活性的兔皮的启示,本专利对于这些兔种的应用也为通过商业手段从感染病毒株的家兔中提取活性物质提供了更多的便利和更多的选择途径。即权利要求6~9相对于证据1和5的结合也具有专利法第22条第3款规定的创造性。④证据5公开了有关发痘良好的表现,但在权利要求1有创造性的基础上,从属权利要求10仍具有创造性。⑤证据6只是公开了采用SART应激动物做镇痛效果的实验,没有公开该生理活性物质的SART的活性如何,只是定性指标。关于SART活性的检测既可以作为定性指标,也可以作为定量指标,二者的测定过程是不同的。本专利针对具有血管舒缓素生成抑制活性的兔皮SART活性定量指标的研究付出大量创造性劳动,发现所述兔皮SART活性很高,具有大于或等于0.5iu/g的SART活性,对于此类生物活性物质的研究是巨大的进步和意外的收获,因此即使证据1和6结合,本领域技术人员不经创造性劳动也无法获得权利要求11的技术方案,权利要求11具有专利法第22条第3款规定的创造性。⑥本专利针对由具有血管舒缓素生成抑制活性的兔皮制成的药剂进行了药理和临床实验,表明其具有血管舒缓素生成抑制活性,具有增强免疫功能、抗过敏、抗溃疡、镇痛等作用,可作为药品和保健品。因此在权利要求1请求保护的产品具有创造性的情况下,其医药用途的权利要求12~13也具有创造性,符合专利法第22条第3款的规定。

2007年7月11日,本案合议组向双方当事人发出《无效宣告请求口头审理通知书》,定于2007年8月30日对本案进行口头审理;同时,将专利权人于2007年5月21日提交的意见陈述书及其附件副本转送给请求人,并告知其在口头审理时一并答复。

2007年8月30日口头审理如期进行。双方当事人均委托代理人参加了口头审理。口头审理过程中,合议组对无效宣告请求理由、事实和证据进行了充分调查,给予了双方当事人充分的意见陈述机会,确认的事实如下:(1)请求人当庭要求将其在口头审理前主张的权利要求11不符合专利法第26条第3款规定的无效宣告请求理由变更为说明书不符合专利法第26条第3款的规定的无效宣告请求理由,从而认为本专利应予全部无效,专利权人认为该理由超出了审查指南规定的提出无效宣告请求理由的期限,因而不能被接受。(2)请求人明确其无效宣告请求理由为:a. 权利要求1相对于证据1不具备专利法第22条第2款规定的新颖性;b. 权利要求1相对于证据1,权利要求2、6、10相对于证据1和5的结合,权利要求3~5、7~9相对于证据1、5和公知常识的结合,权利要求11相对于证据1和6的结合,权利要求12和13相对于证据1、2或证据1、5的结合不具备专利法第22条第3款规定的创造性;c. 权利要求11不符合专利法实施细则第20条第1款的规定;d. 说明书不符合专利法第26条第3款的规定。(3)请求人放弃证据3~4,并当庭提交了经国家知识产权局专利检索咨询中心确认的副本与原件相同的证据1~2、5~6的复印件,以此证明证据1~2、5~6的真实性,专利权人核对后,对证据1~2、5~6的真实性、合法性、公开性、关联性没有异议,并对证据6的译文准确性没有异议;请求人还当庭补充提交了作为公知常识证据的证据7(《生物学的制剂基准解说》,厚生省药务局监修,社团法人细菌制剂协会,1973年11月1日发行,书名页、出版信息页、第113~123页以及中文译文及其公证认证文件)用于证明权利要求2~5的病毒株在现有技术中是公知的,专利权人对该证据的真实性、合法性、公开性无异议,但是对其作为公知常识证据使用有异议。(4) 专利权人当庭提交了反证1及其公证认证文件原件（共28页），加盖有"上海图书馆上海科学技术情报研究所文献服务部"红章的反证2和3（共31页），以此来证明反证1~3的真实性；请求人经核实后对反证1的真实性、合法性、公开性、关联性没有异议；对反证2~3的真实性、合法性、公开性没有异议，但是对其关联性有异议；对反证1~3的译文准确性没有异议；请求人还提交了反证2、3全文的中文译文供合议组参考；专利权人当庭提交了反证4（《中华人民共和国药典》，1995年版二部，中华人民共和国卫生部药典委员会编，化学工业出版社、广东科技出版社，1995年9月第1版第1次印刷，封面页、附录第107~111页、118页）以证明SART活性测定属于公知常识，请求人认可反证4为公知常识证据并对其真实性没有异议，但对其关联性有异议。(5) 在主张本专利权利要求不具备新颖性和创造性时，请求人放弃主张"胰激肽原酶"为"血管舒缓素"的英文名笔误，请求人认为血管舒缓素、血管舒张素、激肽释放酶都是同一类物质的不同称谓，英文都是"kallikrein"，它包括"血浆激肽释放酶"和"腺性激肽释放酶"，胰激肽原酶为激肽释放酶的下位概念；专利权人认为根据反证1可知，激肽释放酶英文名称为"kallikrein"，其代表一类物质，而非特指某化合物，根据分泌来源，它分成血浆激肽释放酶（plasma kallikrein）和腺性激肽释放酶（granduler kallikrein），血管舒缓素（或称血管舒张素）属于血浆激肽释放酶，胰激肽原酶属于腺性激肽释放酶，因此，血管舒缓素和胰激肽原酶不同。

口头审理结束后，请求人于2007年9月6日提交了口审代理词。专利权人于2007年9月6日就SART和SART活性单位定量检测方法提交了口审代理词，认为：(1) "SART"的英文全称为：Specific alternation rhythm of temperature，表示"以某种实验动物，在有一定节律的、交替改变的温度的特殊条件下进行的实验"，该实验方法和动物模型几十年来一直作为本领域公知公认的研究痛觉反应的方法；(2) 本专利涉及的"SART活性检测"是用上述实验方法，结合反证4规定的"量反应平行线测定法"，进行定量检测兔皮经牛痘疫苗接种后产生的生物活性物质，是非常清楚和明确的，证据6涉及的"SART"是指在"SART"实验条件下，观察动物体重增减的情况，不能称作"SART"活性测定，也根本无法定量检测；(3) 本专利的"0.5iu/g"是按上述描述定量检测出发痘兔皮每克中含有SART活性单位数为0.5个，"iu"通常表示活性单位，为避免与IU（国际单位）混淆，结合本领域技术人员公知公认的活性单位表示方法，"iu"表示"活性单位"更能为本领域技术人员理解。

至此，合议组认为本案事实已经清楚，可以依法作出审查决定。

二、决定的理由

1. 无效宣告请求的理由和范围

请求人在口头审理时当庭提出将其主张的权利要求11不符合专利法第26条第3款规定的无效宣告请求理由变更为说明书不符合专利法第26条第3款的规定这一理由，专利权人对此表示反对。合议组认为：专利权的保护范围是以权利要求来界定的，请求人主张本专利说明书不符合专利法第26条第3款的规定而应予全部无效，即主张本专利权利要求1~13应予全部无效，而请求书中依据同一事实仅主张权利要求11应予无效，即变更后增加了主张权利要求1~10、12~13应予无效的理由，因此，请求人的上述无效宣告理由变更实际属于增加无效宣告理由的情况，但这种增加并不符合审查指南第四部分第三章第4.2节规定的可以新增理由的例外情况，因此，合议组对这一变更不予接受，仍按原主张进行审理。基于此，结合请求人在口头审理中对其他无效宣告请求理由的确认，本无效宣告请求案审理的理由和范围是：

(1) 权利要求11的技术方案在说明书中公开不充分，不符合专利法第26条第3款的规定。

(2) 权利要求11不符合专利法实施细则第20条第1款的规定。

(3) 权利要求 1 相对于证据 1 不具备专利法第 22 条第 2 款规定的新颖性。

(4) 权利要求 1 相对于证据 1 不具备专利法第 22 条第 3 款规定的创造性；权利要求 2、6、10 相对于证据 1 和 5 的结合，权利要求 3~5、7~9 相对于证据 1、5 和公知常识的结合，权利要求 11 相对于证据 1 和 6 的结合，权利要求 12 和 13 相对于证据 1、2 或证据 1、5 的结合不具备专利法第 22 条第 3 款规定的创造性。

2. 关于证据

请求人在口头审理时明确声明放弃证据 3~4，鉴于此，合议组在本案中对证据 3~4 不再调查及考虑。

证据 1~2、5~6 均为公开发行的出版物，其公开时间分别为：证据 1，1999 年 12 月 8 日；证据 2，1995 年 8 月 30 日；证据 5，1999 年 1 月 20 日；证据 6，1988 年 8 月 5 日，均早于本专利的申请日，专利权人对它们的真实性、合法性、关联性、公开时间均无异议，对证据 6 的译文准确性无异议，因此合议组对证据 1、2、5、6 的真实性、合法性、关联性、公开时间以及证据 6 的译文准确性也予以确认，并认为证据 1、2、5、6 可作为本专利的现有技术使用。

请求人当庭提交了证明牛痘病毒毒株选择属于公知常识的证据 7，专利权人对该证据的真实性、合法性、公开时间无异议，对其作为公知常识证据有异议，基于此，合议组对该证据的真实性、合法性也予以确认，同时认为该证据属于审查指南中规定的公知常识性证据，且由于其公开时间在本专利申请日之前，因而确认该证据可以作为本专利的公知常识性证据使用。

请求人对反证 1 的真实性、合法性、公开时间、关联性没有异议；对反证 2~3 的真实性、合法性、公开时间没有异议，对反证 1~3 的译文准确性没有异议。因此，合议组对反证 1~3 的真实性、合法性、公开时间、译文准确性以及反证 1 的关联性也予以确认。

专利权人当庭提交了证明 SART 活性测定属于公知常识的反证 4，请求人对反证 4 的真实性没有异议，也认为其可以作为公知常识性证据使用，因此，合议组对反证 4 的真实性也予以确认，接受其作为公知常识性证据使用。

3. 关于专利法第 26 条第 3 款

专利法第 26 条第 3 款规定，说明书应当对发明或者实用新型作出清楚、完整的说明，以所属技术领域的技术人员能够实现为准。

说明书应当使用发明所属技术领域的技术术语，说明书的表述应当准确地表达发明的技术内容，不得含糊不清或者模棱两可，以致所属技术领域的技术人员不能清楚、正确地理解该发明。

请求人认为说明书和说明书引用的文献并没有清楚记载权利要求 11 中技术特征 "大于或等于 0.5iu/g 的 SART 活性" 的技术含义以及 "iu/g" 单位的定义，本领域的技术人员仅根据说明书的记载无法理解该技术特征并进行实施。

而专利权人认为 "iu/g 的 SART 活性" 表示每 g 含有多少个的 SART 活性单位，SART 活性的试验和测定方法在说明书第 3 页有详细描述，反证 2 和反证 3 给出了建立 SART 小鼠模型的方法，通过测验小鼠的感知性，将该反应变成数据单位输入统计包软件可以计算得出 SART 定量活性，反证 4 附录 110 页的 "量反应平行线测定法" 给出了这些数据的方法，采用本专利的制备方法，便可获得具有大于或等于 0.5iu/g 的 SART 活性的兔皮，权利要求 11 中的该技术特征是清楚的。

合议组认为：(1) 对于 "SART 活性"，本申请说明书第 4 页中仅记载了 "得到含生物活性物质的溶液，测定其 SART 活性"，但并未给出测定 SART 活性的方法，也没有提及 "SART 活性" 所表述的是怎样的一种活性；反证 2 和 3 中分别仅提及了小鼠 SART stress 负荷条件和如何设定创造小鼠 SART stress 状态的条件，而并没有关于 SART 活性是怎样的一种活性的记载，也未记载测定 SART stress状态小鼠的何种感知性以将该感知性变成数据单位输入统计包软件中以得出SART定量活性；反证4的量反应平行线测定法测定的是药物对生物体所引起的反应随药物剂量增加产生的量变，所得值为某种具体物质如抗生素的效价而非某种实验条件或实验状态的效价，而根据SART的全称"specific alternation rhythm of temperature"可知，SART表示的是动物的实验状态而不是一种具体的物质或活性指标，由此可见，在反证4中没有任何关于SART活性是怎样的一种活性以及如何测定SART活性的记载，也无法得出反证4的记载与SART活性实验方法有何关联。因此，虽然SART实验方法和动物模型是本领域公知的，但是本专利的"SART活性"的含义对于本领域技术人员来说是不清楚的，其测定方法也是未知的。(2)虽然权利要求11和说明书中还给出了"SART"活性的单位"iu/g"，且专利权人认为"iu/g"如国际单位IU一样是公知公认的，但是对于"iu/g"，合议组认为，在本专利的说明书中并没有对"iu/g"进行解释，也未说明"iu/g"表示国际单位还是其他单位，而且反证2、3、4中均没有关于"iu/g"含义的记载，同时专利权人也承认"iu/g"是一个自定义的单位，由此可见，"iu/g"的含义对于本领域技术人员来说并不是清楚的，相应地，也不能证明"SART活性"是清楚的。如上所述，由于词语"SART活性"和"iu/g"的含义对于本领域技术人员来说是不清楚的，因此"大于或等于0.5iu/g的SART活性"的含义对本领域技术人员来说也是不清楚的，可见本专利说明书并没有对权利要求11的技术方案作出清楚、完整地说明，以至于所属技术领域的技术人员不能清楚、正确地理解该发明，因此，本专利权利要求11的技术方案在说明书中未得到充分公开，不符合专利法第26条第3款的规定，权利要求11应予以无效。

鉴于前述已经得出权利要求11应予无效的结论，本决定不再对其他针对权利要求11的无效宣告请求理由进行评述。

4. 关于专利法第22条第2款

专利法第22条第2款规定：新颖性，是指在申请日以前没有同样的发明或者实用新型在国内外出版物上公开发表过、在国内公开使用过或者以其他方式为公众所知，也没有同样的发明或者实用新型由他人向国务院专利行政部门提出过申请并且记载在申请日以后公布的专利申请文件中。

一项权利要求的技术方案与一篇对比文件公开的技术方案相比，如果二者所属技术领域、所解决的技术问题、要求保护的技术方案和预期效果实质上相同，则该项权利要求不具有新颖性。

权利要求1要求保护一种具有血管舒缓素生成抑制活性的兔皮，该兔皮是由以下方法制备的：用牛痘病毒株皮下接种家兔，按每只1.5~3千克的家兔注射100到250处，每处注射每毫升含10^6~10^9个病毒的溶液0.1~0.4毫升进行，将接种过的家兔进行饲养，待其皮肤组织发痘良好时处死，然后采皮。

证据1（参见证据1权利要求1~2，实施例1-3）公开了一种含有高质量生理活性的家兔发痘组织及其制造方法，具体为：在体重2~3千克的家兔的皮肤上，每处以0.1~0.4毫升接种痘病毒为10^6~10^8个/毫升的溶液缓冲液稀释液，共计50~200处进行皮内接种，接种后3~5日间采取发痘的皮肤，所述痘病毒为牛痘病毒。

将权利要求1的技术方案与证据1公开的技术方案比较可知，二者均为通过对家兔接种牛痘病毒，使兔皮发痘后，取兔皮，其中家兔的体重、牛痘病毒溶液浓度和用量、接种位置的数目等均相互重叠，并且证据1的说明书还记载了"发痘组织的采取时间，一般认为在其高峰期最好，但是应在发痘状态最好之前，即接种后的第4天前后，其收量最佳"（参见证据1说明书第2页第3~5行）。因此，权利要求1的技术方案与证据1的技术方案相比，二者技术领域、所解决的技术问题、技术方案和预期效果实质上相同，权利要求1相对于证据1无新颖性。

专利权人认为上述二者技术方案中所选取的兔皮部位、选取时间不同，且证据1中的兔皮组织具有阻碍胰激肽原酶的生成活性,而本专利的兔皮具有血管舒缓素生成抑制活性,同时由反证1可知,"血管舒缓素"和"胰激肽原酶"是两种结构和功能完全不同的酶,"血管舒缓素"属于血浆激肽释放酶,"胰激肽原酶"属于腺性激肽释放酶(参见反证1:第185~189页的相关部分及译文),因此本专利权利要求1与证据1公开的技术方案实质上不同。对此合议组认为:(1)在本专利权利要求1和说明书中没有任何关于"采皮"是采取"整张兔皮"的记载,权利要求1中仅记载"采皮",而在证据1中所记载的"采取发痘的皮肤"落入"采皮"范围,因而可破坏权利要求1的新颖性。(2)本专利权利要求1选取兔皮的时间是"发痘良好时",证据1所公开的技术方案中选取兔皮的时间为接种后第3~5日间,在"发痘状态最好之前",即发痘良好时。由此可见,证据1的兔皮采取时间与本专利权利要求1的采皮时间相同。(3)首先,权利要求1是以方法限定的产品权利要求,其制备方法与证据1含有高质量生理活性的家兔发痘组织的制备方法相同,因此,依据该方法二者所得产品及其性能应当相同。其次,虽然权利要求1还限定了所述产品"具有血管舒缓素生成抑制活性",但由权利要求1以及本专利说明书可以看出,该特性是由所述制备方法带来的,因此,在制备方法已经确定的情况下,该特性只是所得产品的固有特性,其并不能为所述产品带来额外的限定作用。第三,从反证1并不能得出"'血管舒缓素'和'胰激肽原酶'是两种结构和功能完全不同的酶,'血管舒缓素'属于血浆激肽释放酶"这样的教导,而根据本领域常识可知,"血管舒缓素"应为一类能够舒缓血管的物质的总称,而非某一特定物质,激肽释放酶(Kallikrein)是血管舒缓素中的一类,胰激肽原酶又下位于"激肽释放酶",即其也是一种血管舒缓素,也即证据1中公开的"能够抑制胰激肽原酶生成活性"下位于"能够抑制血管舒缓素生成抑制活性",因此,即使从产品特性的角度考虑,证据1的技术方案亦能够破坏权利要求1的新颖性,故合议组对专利权人所述本专利权利要求1的技术方案与证据1公开的技术方案存在实质性区别的主张不予支持。

综上所述,本专利权利要求1的技术方案与证据1公开的技术方案实质上是相同的,本专利权利要求1不具备专利法第22条第2款规定的新颖性,应予无效。

鉴于上文已经得出权利要求1应予无效的结论,本决定将不再对其他针对权利要求1的无效宣告请求理由进行评述。

5. 关于专利法第22条第3款

专利法第22条第3款规定,创造性是指同申请日以前已有的技术相比,该发明有突出的实质性特点和显著的进步,该实用新型有实质性特点和进步。

在对要求保护的发明的创造性进行判断时,首先应当在现有技术中确定与要求保护的发明最接近的现有技术,然后确定要求保护的发明的区别特征和实际解决的技术问题,接着从最接近的现有技术和要求保护的发明所实际解决的技术问题出发,判断要求保护的发明对本领域技术人员来说是否显而易见,是否具有突出的实质性特点;同时考察要求保护的发明相对于最接近的现有技术是否具有显著的进步。

(1)对于权利要求2、6而言,将权利要求2、6的技术方案分别与证据1公开的技术方案相比可知,区别在于:在权利要求1的基础上,权利要求2、6将所接种的牛痘病毒或家兔分别进一步限定为Lister株或日本大耳白兔,而证据1技术方案中并没有限定其所接种的牛痘病毒和家兔的具体种类。证据5公开了一种含有镇痛活性物质的兔皮的制备方法(参见证据5第1~2页,实施例1-4),具体为用牛痘病毒Lister株注射日本大耳白兔,饲养4天,发痘良好时,处死兔,采皮。所制备兔皮含有镇痛活性物质,还可以改善免疫功能。由此可见,证据5给出了将牛痘病毒Lister株、日本大耳白兔用于证据1的制备方法中制备含有具有镇痛作用的兔皮的技术启示。基于以上分析可知,本领域技术人员在证据1和5相结合的基础上得到权利要求2、6请求保护的技术方案是显而易见的,也未产生意料不到的效果。因此，本专利权利要求 2、6 的技术方案相对于证据 1 与 5 的结合不具备突出的实质性特点和显著的进步，不具备专利法第 22 条第 3 款规定的创造性。

（2）对于权利要求 3~5，将权利要求 3~5 的技术方案与证据 1 公开的技术方案相比可知，区别在于：权利要求 3~5 将所接种的牛痘病毒进一步限定为 Ikeda 株、Dairen 株、EM-63 株，而证据 1 技术方案中并没有限定其所接种的牛痘病毒的具体种类。对于权利要求 7~9，将权利要求 7~9 的技术方案与证据 1 公开的技术方案相比可知，区别在于：权利要求 7~9 将所接种的家兔进一步限定为新西兰白兔、中国本兔、青紫蓝兔，而证据 1 技术方案中并没有限定其所接种的家兔的具体品种。如上所述，证据 5 公开的技术方案中使用了牛痘病毒 Lister 株和日本大耳白兔，由于权利要求 3~5 中的 Ikeda 株、Dairen 株、EM-63 株与证据 5 中的 Lister 株均为本领域已知的牛痘病毒毒株，权利要求 7~9 中的新西兰白兔、中国本兔、青紫蓝兔与证据 5 中的日本大耳白兔均为本领域公知常用的实验动物品种，而证据 1 中也并未记载或暗示对所述毒株、兔种有特定要求，因此，本领域技术人员在证据 5 给出的技术启示下将 Ikeda 株、Dairen 株、EM-63 株、新西兰白兔、中国本兔、青紫蓝兔应用于证据 1 的兔皮制备方法，从而得到权利要求 3~5、7~9 的技术方案是显而易见的，而且也未带来预料不到的技术效果，因此，本专利权利要求 3~5、7~9 的技术方案相对于 1 证据 1、5 与公知常识的组合不具备突出的实质性特点和显著的进步，不具备专利法第 22 条第 3 款规定的创造性。

（3）将权利要求 10 的技术方案与证据 1 公开的技术方案相比可知，二者的区别在于：权利要求 10 限定了发痘良好时的皮肤组织状态，而证据 1 没有公开发痘良好时皮肤组织的状态。如上所述，在证据 5 公开的技术方案中，公开了在发痘良好时，即在"皮肤颜色由红润转为紫红，皮肤增厚，皮下有水肿，臀部水肿明显"时采皮，由此可见，证据 5 的采皮时间与本专利的采皮时间相同，因此，本领域技术人员在证据 1 和 5 结合的基础上，得到权利要求 10 保护的技术方案是显而易见的，且并未产生意料不到的效果。因此，本专利权利要求 10 的技术方案不具备突出的实质性特点和显著的进步，不具备专利法第 22 条第 3 款规定的创造性。

（4）权利要求 12、13 要求保护权利要求 1~11 之任一的具有血管舒缓素生成抑制活性的兔皮的用途，所述用途为用于制备药品或保健品。证据 1 的兔皮含有阻碍胰激肽原酶生成的活性物质，如前述 4 中所述，也即其具有抑制血管舒缓素生成活性；证据 5 公开了用牛痘病毒接种家兔皮肤获得含有具有镇痛活性、增强免疫功能活性物质的兔皮，并且利用该性质将所述皮肤组织制备成活性制剂与药用辅料组合制备镇痛药。基于此，在权利要求 1~11 的兔皮不具备新颖性或创造性的情况下，利用证据 1 所述兔皮的血管舒缓素生成抑制活性将其制备成药品对于本领域技术人员而言是显而易见的，也未产生预料不到的技术效果。同理，由于该活性是对人体机能的调节活性，因而利用该活性将所述兔皮制成保健品得到权利要求 13 的技术方案也是显而易见的，且未产生意料不到的技术效果。因此，权利要求 12、13 的技术方案也不具备突出的实质性特点和显著的进步，不具备专利法第 22 条第 3 款规定的创造性。

综上所述，本专利权利要求 2~10、12~13 不具备专利法第 22 条第 3 款规定的创造性，应予无效。

基于以上事实和理由，本案合议组作出如下审查决定。

三、决定

宣告第 02145975.4 号发明专利权全部无效。

当事人对本决定不服的，可以根据专利法第 46 条第 2 款的规定，自收到本决定之日起三个月内向北京市第一中级人民法院起诉。根据该款的规定，一方当事人起诉后，另一方当事人应当作为第三人参加诉讼。

北京市第一中级人民法院
行政判决书

(2008) 一中行初字第 593 号

原告威世药业（如皋）有限公司，住所地江苏省如皋市如城普庆路 139 号。

法定代表人张永深，董事长。

委托代理人王敏明，北京市君佑律师事务所律师。

委托代理人颜克云，北京市君佑律师事务所律师。

被告国家知识产权局专利复审委员会，住所地北京市海淀区北四环西路 9 号银谷大厦 10~12 层。

法定代表人廖涛，副主任。

委托代理人王冬，国家知识产权局专利复审委员会审查员。

委托代理人郭鹏鹏，国家知识产权局专利复审委员会审查员。

第三人上海小西生物技术有限公司，住所地上海市星火开发区民乐路 122 号。

法定代表人小西龙作，董事长。

委托代理人刘京莉，北京纪凯知识产权有限公司专利代理人。

委托代理人曹津燕，北京泛华伟业知识产权代理有限公司专利代理人。

原告威世药业（如皋）有限公司（简称威世药业公司）不服被告国家知识产权局专利复审委员会（简称专利复审委员会）于 2007 年 12 月 26 日作出的第 10961 号无效宣告请求审查决定（简称第 10961 号决定），于法定期限内向本院提起诉讼。本院于 2008 年 4 月 15 日受理后，依法组成合议庭，并通知上海小西生物技术有限公司（简称小西公司）作为本案第三人参加诉讼，于 20U8 年 6 月 19 日公开开庭进行了审理。原告威世药业公司的委托代理人王敏明、颜克云，被告专利复审委员会的委托代理人王冬、郭鹏鹏，第三人小西公司的委托代理人刘京莉、曹津燕到庭参加了诉讼。本案现已审理终结。

第 10961 号决定系专利复审委员会针对小西公司就威世药业公司所拥有的第 02145975.4 号名称为"含生物活性物质的兔皮和其用途"的发明专利（简称本专利）所提出的无效宣告请求作出的。专利复审委员会在该决定中认定：

1. 本专利是否符合《中华人民共和国专利法》（简称《专利法》）第二十六条第三款的规定。（1）对于"SART 活性"，说明书第 4 页中仅记载了"得到含生物活性物质的溶液，测定其 SART 活性"，但并未给出测定 SART 活性的方法，也没有提及"SART 活性"所表述的是怎样的一种活性；威世药业公司提交的反证 2 和 3 中分别仅提及了小鼠 SART stress 负荷条件和如何设定创造小鼠 SART stress 状态的条件，而并没有关于 SART 活性是怎样的一种活性的记载，也未记载测定 SART, stress 状态小鼠的何种感知性以将该感知性变成数据单位输入统计包软件中以得出 SART 定量活性；反证 4 的量反应平行线测定法测定的是药物对生物体所引起的反应随药物剂量增加产生的量变，所得值为某种具体物质如抗生素的效价而非某种实验条件或实验状态的效价、而根据 SART 的全称 "specific alternation rhythm of temperature" 可知，SART 表示的是动物的实验状态而不是一种具体的物质或活性指标。由此可见，在反证 4 中没有任何关于 SART 活性是怎样的一种活性以及如何测定 SART 活性的记载，也无法得出反证 4 的记载与 SART 活性实验方法有何关联。因此，虽然 SART 实验方法和动物模型是本领域公知的，但是本专利的"SART 活性"的含义对于本领域技术人员来说是不清楚的，其测定方法也是未知的。(2) 虽然权利要求11和说明书中还给出了"SART"活性的单位"iu/g",但是,在本专利说明书中并没有对"iu/g"进行解释,也未说明"iu/g"表示的是国际单位还是其他单位。反证2、3、4中均没有关于"iu/g"含义的记载。威世药业公司亦承认"iu/g"是一个自定义的单位。由此可见,"iu/g"的含义对于本领域技术人员来说并不是清楚的、相应地,也不能证明"SART活性"是清楚的。如上所述,由于词语"SART活性"和"iu/g"的含义对于本领域技术人员来说是不清楚的,因此,"大于或等于0.5iu/g的SART活性"的含义对本领域技术人员来说也是不清楚的,本专利说明书并没有对权利要求11的技术方案作出清楚、完整的说明,不符合《专利法》第二十六条第三款的规定,权利要求11应予以无效。有鉴于此,专利复审委员会不再对其他针对权利要求11的无效宣告请求理由进行评述。

2. 关于《专利法》第二十二条第二款,将权利要求1的技术方案与证据1公开的技术方案比较、二者技术领域、所解决的技术问题、技术方案和预期效果实质上相同 针对威世药业公司的意见,专利复审委员会认为:(1) 本专利权利要求1和说明书中没有关于"采皮"是采取"整张兔皮"的记载,权利要求1中仅记载"采皮";证据1中所记载的"采取发痘的皮肤"落入"采皮"范围。(2) 本专利权利要求1选取兔皮的时间是"发痘良好时",证据1所公开的技术方案中选取兔皮的时间为接种后第3~5日间,在"发痘状态最好之前",即发痘良好时。由此可见,证据1的兔皮采取时间与本专利权利要求1的采皮时间相同。(3) 权利要求1是以方法限定的产品权利要求,其制备方法与证据1的制备方法相同,故依据该方法二者所得产品及其性能应当相同。虽然权利要求1限定了所述产品"具有血管舒缓素生成抑制活性",但该特性是由所述制备方法带来的,因此,在制备方法已经确定的情况下,该特性只是所得产品的固有特性,而不能带来额外的限定作用。从反汪1并不能得出"'血管舒缓素'和'胰激肽原酶'是两种结构和功能完全不同的酶,'血管舒缓素'属于血浆激肽释放酶"的教导。根据本领域常识可知,"血管舒缓素"应为一类能够舒缓血管的物质的总称,而非某一特定物质。激肽释放酶(kallikrein)是血管舒缓素中的一类,胰激肽原酶又下位于"激肽释放酶",即其也是一种血管舒缓素,也即证据1中公开的"能够抑制胰激肽原酶生成活性"下位于"能够抑制血管舒缓素生成抑制活性",因此,即使从产品特性的角度考虑,证据1的技术方案亦能够破坏权利要求1的新颖性。综上,威世药业公司的理由不能成立。本专利权利要求1不具备新颖性,应予无效

3. 关于《专利法》第二十二条第三款。(1) 权利要求2、6的技术方案与证据1公升的技术方案相比,其区别在于:在权利要求1的基础上,权利要求2、6将所接种的牛痘病毒或家兔分别进一步限定为Lister株或日本大耳白兔,而证据1技术方案中并没有限定其所接种的牛痘病毒和家兔的具体种类。而证据5给出了将牛痘病毒Lister株、日本大耳白兔用于证据1的制备方法中制备含有具有镇痛作用的兔皮的技术启示。据此,本领域技术人员在证据1和5相结合的基础上得到权利要求2、6请求保护的技术方案是显而易见的,也未产生意料不到的效果。因此,本专利权利要求2、6的技术方案相对于证据1与5的结合不具备突出的实质性特点和显著的进步,不具备创造性。(2) 权利要求3~5的技术方案与证据1公开的技术方案相比可知,区别在于:权利要求3~5将所接种的牛痘病毒进一步限定为Ikeda株、Dairen株、EM-63株,而证据1技术方案中并没有限定其所接种的牛痘病毒的具体种类。权利要求7~9的技术方案与证据1公开的技术方案相比,区别在于:权利要求7~9将所接种的家兔进一步限定为新西兰白兔、中国本兔、青紫蓝兔,而证据1技术方案中并没有限定其所接种的家兔的具体品种。如上所述,证据5公开的技术方案中使用了牛痘病毒Lister株和日本大耳白兔,由于权利要求3~5中的Ikeda株、Dairen株、EM-63株与证据5中的Lister株均为本领域已知的牛痘病毒毒株,权利要求7~9中的新西兰白兔、中国本兔、青紫蓝兔与证据5中的日本大耳白兔均

为本领域公知常用的实验动物品种，而证据1中也并未记载或暗示对所述毒株、兔种有特定要求，因此，本领域技术人员在证据5给出的技术启示下将Ikeda株、Dairen株、EM-63株、新西兰白兔、中国本兔、青紫蓝兔应用于证据1的免皮制备方法，从而得到权利要求3～5、7～9的技术方案是显而易见的，而且也未带来预料不到的技术效果，因此，本专利权利要求3～5、7～9的技术方案相对于证据1、5与公知常识的组合不具备突出的实质性特点和显著的进步，不具备创造性。（3）权利要求10的技术方案与证据1公开的技术方案相比，区别在于：权利要求10限定了发痘良好时的皮肤组织状态，而证据1没有公开发痘良好时皮肤组织的状态。如上所述，在证据5公开的技术方案中，公开了在发痘良好时，即在"皮肤颜色由红润转为紫红，皮肤增厚，皮下有水肿，臀部水肿明显"时采皮，由此可见，证据5的采皮时间与本专利的采皮时间相同，本领域技术人员在证据1和5结合的基础上，得到权利要求10保护的技术方案是显而易见的、且并未产生意料不到的效果，本专利权利要求10不具备创造性。（4）权利要求12、13要求保护权利要求1～11之任一的具有血管舒缓素生成抑制活性的兔皮的用途，所述用途为用于制备药品或保健品。证据1的兔皮含有阻碍胰激肽原酶生成的活性物质，也即其具有抑制缸管舒缓素生成活性；证据5公开了用牛痘病毒接种家兔皮肤获得含有具有镇痛活性、增强免疫功能活性物质的兔皮，并且利用该性质将所述皮肤组织制备成活性制剂与药用辅料组合制备镇痛药。基于此，在权利要求1～11的兔皮不具备新颖性或创造性的情况下，利用证据1所述兔皮的血管舒缓素生成抑制活性将其制备成药品对于本领域技术人员而言是显而易见的，也未产生预料不到的技术效果。同理，由于该活生是对人体机能的调书活性，因而利用该活性将所述兔皮制成保健品得到权利要求13的技术方案也是显而易见的，且未产生意料不到的技术效果。因此，权利要求12、13的技术方案也不具备创造性。

据此，专利复审委员会作出第10961号决定，宣告本专利权全部无效。

第10961号决定作出后，威世药业公司不服，在法定期限内向本院提起诉讼，其诉称：

1. 专利复审委员会违反法定程序：口头审理中非法认定小西公司提出的"SART活性不清楚"这一新主张的效力；审查过程中擅自变更合议组成员；对新颖性、创造性认定违反《专利法》和《审查指南》的判断方法和原则，用审查方法专利的标准来审查产品专利

2. 专利复审委员会认定事实错误：（1）错误认定本专利缺乏新颖性，认定证据1中"采取发痘皮肤"落入本专利"采皮"范围，将"采取发痘组织"等同于"采取发痘皮肤"，随意扩大证据1的内容，混淆发痘载体的区别。（2）专利复审委员会认定证据1"在发痘状态最好之前"即本专利"发痘良好时"，忽略二者在采集时间上不同的判断标准。（3）专利复审委员会认定"血管舒缓素为一种能够舒缓血管的物质的总称，而非某一特定物质。胰激肽原酶下位于激肽释放酶，也是一种血管舒缓素"、"'能够抑制胰激肽原酶生成活性'是'能够抑制血管舒缓素生成抑制活性'的下位概念"等提法没有事实依据。"能够抑制胰激肽原酶生成活性"、"能够抑制血管舒缓素生成抑制活性"的定义及提法在本专利和证据1中都不存在，专利复审委员会无事实依据、随意引申概念得出产品特性相同的结论是错误的。（4）专利复审委员会忽略了本专利解决的技术问题和产生的技术效果及对原有技术的改进，且其结论没有有效证据支持。（5）专利复审委员会认定"SART活性"的含义和测定方法不为本领域技术人员所公知是错误的。

在上述认定事实错误的基础上，专利复审委员会适用《专利法》第二十六条第三款评价权利要求11，以及对本专利新颖性、创造性的评述也存在错误。综上所述，专利复审委员会作出第10961号决定违反法定程序，认定事实错误，适用法律法规错误，请求撤销第10961号决定。

被告专利复审委员会辩称：1. 关于程序问题。（1）专利复审委员会在口头审理中并未作出任何结论认定小西公司提出的新主张的效力，口头审理的程序并无不当之处；（2）专利复审委员会在口

头审理当庭告知威世药业公司合议组成员变更情况，并询问有无回避请求，威世药业公司在口头审理过程中和此后均未对此提出异议和回避请求；（3）《专利法》《审查指南》对方法专利和产品专利的新颖性、创造性审查标准是一致的，被诉决定不存在以审查方专利的标准审查产品专利的情形。因此，专利复审委员会在本专利无效程序中不存在违反法定程序的情形。2. 关于本专利是否符合《专利法》第二十六条第三款的规定。在本专利说明书、反证2、3、4中都没有记载"SART活性"是何种活性及其测定方法。而原告口头审理中的陈述及此后提交的代理词均只能表明SART是一种实验状态，其动物模型是本领域公知的研究痛觉反应的方法，并未说明"SART活性"是何种活性，也未说明如何将研究痛觉反应的SART实验方法与反证4的"量反应平行线测定方法"结合来测定SART活性。因此，本专利申请日前没有任何关于"SART活性"的记载，不属于本领域技术人员能够在申请日前知晓的现有技术。3. 关于本专利的新颖性、创造性问题坚持在第10961号决定中阐述的意见。综上，专利复审委员会认为其在第10961号决定中认定事实清楚，适用法律法规正确，审理程序合法，请求人民法院维持该决定。

第三人小西公司未向本院提交书面意见，其在本案庭审过程中述称同意专利复审委员会的意见，请求人民法院维持第10961号决定。

经审理查明：

本案涉及中华人民共和国国家知识产权局（简称国家知识产权局）于2005年6月22日授权公告的名称为"含生物活性物质的兔皮和其用途"的发明专利（即本专利）、其申请日是2002年10月31日，专利权人为威世药业公司、专利号为02145975.4。其授权公告的权利要求如下：

"1. 一种具有血管舒缓素生成抑制活性的兔皮，其特征在于该兔皮是由以下方法制备的：用牛痘病毒株皮下接种家兔，按每只1.5~3千克的家兔注射100~250处，每处注射每毫升含10^6~10^9个病毒的溶液0.1~0.4毫升进行，将接种过的家兔进行饲养，待其皮肤组织发痘良好时处死，然后采皮。

2. 如权利要求1的兔皮，其中所说的牛痘病毒株是Lister株。

3. 如权利要求1的兔皮，其中所说的牛痘病毒株是Lkeda株。

4. 如权利要求1的兔皮，其中所说的牛痘病毒株是Dairen株。

5. 如权利要求1的兔皮，其中所说的牛痘病毒株是EM-63株。

6. 如权利要求1的兔皮，其中所说的家兔是日本大耳白兔。

7. 如权利要求1的兔皮、其中所说的家兔是新西兰白兔。

8. 如权利要求1的兔皮，其中所说的家兔是中国本兔。

9. 如权利要求1的兔皮，其中所说的家兔是青紫兰兔。

10. 如权利要求1的兔皮，其中所说的皮肤组织发痘良好是指皮肤组织明显出痘，颜色由红润转为紫红，皮肤增厚，皮下和臀部水肿。

11. 如权利要求1~10之任一的兔皮，其具有大于或等于0.5iu/g的SART活性。

12. 权利要求1~11之任一的兔皮的用途，其特征在于将所说的兔皮用于制备具有血管舒缓素生成抑制活性的药品。

13. 权利要求1~11之任一的兔皮的用途，其特征在于将所说的兔皮用于制备保健品。

本专利说明书记载，"SART活性的试验方法是本领域公知的（参见喜多富太郎等，日药理志（Folia pharmacoL. japon.）71：211-220（1975））"，"各种牛痘病毒株都可以用来制备本发明的兔皮"、"这些病毒株都可以从市场上购得"、并记载权利要求2~6限定的毒株为优选毒株。"用于制备本发明的兔皮的家兔可以是各种家兔"。

2007年4月3日，小西公司以本专利权不符合《专利法》第二十二条第二款、第三款、第二十六条第三款以及《中华人民共和国专利法实施细则》（简称《专利法实施细则》）第二十条第一款为由，向专利复审委员会提出无效宣告请求，并提交了证据。其中：

证据1为1999年12月8日公开，公开号为CN1237632A的中国发明专利申请公开说明书，其公开了一种含有高质量生理活性的家兔发痘组织及其制造方法，具体为：在体重2～3千克的家兔的皮肤上，每处以0.1～0.4毫升接种痘病毒为10^6～10^8个/毫升的溶液缓冲液稀释液，共计50-200处进行皮内接种，接种后3～5日间采取发痘的皮肤，所述痘病毒为牛痘病毒。证据1的说明书记载："发痘组织的采取时间，一般认为在其高峰期最好，但是应在发痘状态最好之前，即接种后的第4天前后，其收量最佳"。说明书记载的实施例1为在2.5千克的家兔皮内接种150处、每处接种10^7个/毫升的病毒溶液0.2毫升，接种后第4日取下，屠杀后用剪刀、手术刀及镊子采取发痘的皮肤。

证据5为1999年1月20日公开，公开号为CN1205233A的中国发明专利申请公开说明书，其公开了一种含有镇痛活性物质的兔皮的制备方法，具体为用牛痘病毒Lister株注射日本大耳白兔，饲养4天，发痘良好时，处死兔，采皮。所制备兔皮含有镇痛活性物质，还可以改善免疫功能。证据5还公开了在发痘良好时，即在"皮肤颜色由红润转为紫红，皮肤增厚，皮下有水肿，臀部水肿明显"时采皮。

证据6为日本专利文献昭63-39572B2以及中文译文，1988年8月5日公升，记载了SART应激动物的药理试验情况，包括镇痛作用和抗过敏作用，镇痛效果以百分比显示。

2007年5月21日，威世药业公司提交了意见陈述和反证，其中：

反证2为"NeUrotropin对小鼠、大鼠SART stress症状的药理作用"，喜多富太郎等，《日药理志》，1975，71，第211～220页以及相关部分的中文译文1页，译文中记载SART stress负荷条件，但没有记载活性及活性测定方法。

反证3为"规律地变更环境温度引起的应激（SARTstrcss）以及小鼠·大鼠生物体机能的变化"，喜多富太郎等，《日药理志》1975、71、195～209页以及相关部分的中文译文。

2077年8月30日，专利复审委员会进行了口头审理。在口头审理过程中，小西公司明确提出了"SART活性不清楚"，在口头审理结束后，威世药业公司就"SART"和"SART活性单位定量检测"提交了书面意见陈述。

2007年12月26日，专利复审委员会作出第10961号决定。

在本案审理过程中，威世药业公司提交了证据，其中包括：

证据5：《药理学实验指南-新药发现和药理学评价》，科学出版社（2001），记载炎症组织疼痛模型，用以证明测定药物镇痛活性的技术是公知的。

证据6：《实验动物和动物实验技术》，中国中医药出版社（1970），第187、189～190页，记载动物实验的疼痛模型，用以证明动物实验的疼痛模型是公知技术。

证据7为《中华人民共和国药典》第二部、化学工业出版社、广东科技出版社，1995年出版，在该药典附录中记载了量反压平行线测定法的相关内容，用以证明定量测定药物活性的技术是公知的。

证据8为《药品生物检定》，人民卫生出版社，2005年出版，第95～127页，记载量反应平行线测定法，用以证明进行定量测定的技术是公知的。

证据12为《药理学》第6版，人民卫生出版社，1979年第1版，2007年第6版，第319页，记载激肽分为缓激肽和胰激肽两种，缓激肽由血浆中高分子激肽原经血浆激肽释放酶催化裂解而成，主要存在于血浆中；胰激肽由组织中低分子量的激肽原经组织激肽释放酶催化裂解而成，主要存在于组织、腺体。激肽能扩张血管、收缩平滑肌和提高毛细血管通透性。激肽作用于皮肤和内脏感觉神经末梢，可引起剧烈疼痛。用以证明血浆激肽释放酶和组织激肽释放酶的病理、药理作用不同。

证据 13 为威世药业（如皋）有限公司《高新技术产品认定证书》，用以证明专利技术的应用获得了巨大的商业成就，具备创造性。

证据 14 为《药品生物检定》，人民卫生出版社（2005），第 9 页、第 166 页，其上记载生物效价测定及生物参考物质效价的表示方法相关内容，用以证明结构复杂或其中包含不定比例的多种成分的生物药品只能用生物检定的方法测定其生物活性，且活性测定后可用自定义单位进行表示。

证据 15 为《医学生物制品学》，人民出版社（1995）、第 62 页，其上记载生物制品是具有生物活性的制剂，其效力一般采用生物学方法测定，生物测定以生物体对待检品的生物活性反应为基础，以生物统计为工具，运用特定的实验设计，通过比较待检品和相应标准品或对照品在一定条件下，所产生特定生物反应的剂量间的差异来测定待检品的效价。用以证明进行 SART 活性检定的基础理论是公知常识。

证据 16 为《日本药理学杂质》第 72 卷第 5 号（1976），第 573-584 页及全文译文，为喜多富太郎等"神经妥乐平对小鼠的镇痛效果和药物对 SART 应激小鼠的镇痛作用"的文章，其中记载"使实验动物小鼠的身体状况恶化……反复急剧变换周围环境温度这种特殊的刺激……对于这种特殊的刺激，我们给它起名为'SART 应激……并记载镇痛作用效果测定法，包括四种：醋酸法、苯基醌法、D'Amour-Smith 法、尾压法，尾压法中"在老鼠尾部 1.5cm 的部位施加刺激……进行药物效果判定时，投入药物分别在 30、60、90、以及 120 分后将四次加压重量的平均值除以药物投入前的值，以此值为镇痛系数"。用以证明使用 SART 动物模型测定镇痛作用的方法公知。

证据 17 为专家签署的关于"iu/g"单位的说明，用以证明该单位表示活性单位，且是本领域技术人员能够理解和接受的。

证据 18 为专家签署的关于"发痘良好"时兔皮外观表现的说明，用以证明本专利与证据 1 的采皮标准不同。

证据 19 为专家签署的病毒学研究中毒株和实验动物家兔品系相关问题的说明，用以证明毒株的选择具有创造性。

证据 20 为《实验动物和动物实验技术》，中国中医药出版社（1997），第 87 页，记载影响动物实验结果的因素，包括种属和种系，用以证明兔种选择具有创造性。

专利复审委员会认为上述证据在无效程序中没有提交，不应予以采用，且部分证据的公开日期晚于本专利的申请日，不能用于判断本专利说明书是否充分公开，证据 17~19 是证人证言，不是对案件事实的陈述。

在本案庭审过程中，威世药业公司主张：1. 起诉状中所述审查过程中擅自变更合议组成员的情况涉及小西公司的委托代理人曹津燕，并指出曹津燕原系国家知识产权局工作人员。2. 证据 14、15 记载了生物制品活性测定是常规方法，SART 就是证据 15 中所说的特定实验设计中的条件。证据 6、反证 2、反证 3、证据 5、证据 16 中都显示对镇痛效果的测定用的是 SART 条件，证据 16 还记载四种镇痛效果测定方法，威世药业公司主张其采用的是尾压法。反证 4、证据 8 记载的量反应平行线测定法是具体数值的获得方法，证据 17 的专家证言也能证明本专利的活性单位为本领域技术人员能够理解和接受，因此威世药业公司认为 SART 活性是 SART 模型中动物表现出的镇痛活性，应当是公知的。3. 就本专利权利要求 1 的新颖性，本专利说明书记载了采用人血浆对血管舒缓素进行检验验证，而在证据 1 中则没有公开检测方法；4. 权利要求 2~5 限定的牛痘病毒的具体毒株是经过大量筛选得出并能够获得更好的活性，权利要求 6~9 的附加技术特征限定了具体的家兔种类，对兔种的选择经过了大量的筛选，因此，上述权利要求具备创造性；5. 如本专利权利要求 1 不具有新颖性，则不再坚持本专利权利要求 10、12、13 的创造性。

小西公司当庭提交一份补充证据，即全国高等农业院校教材《实验动物学》，李厚达主编，农业出版社、1992年5月第一版,第194～195页。其中记载我国应用于动物实验的兔主要有以下几种:大耳白兔(日本大耳白)、新西兰白兔、青紫兰兔、中国本兔。用以证明兔子种类的选择属于公知常识。

以上事实有本专利授权公告说明书、第10961号决定、小西公司和威世药业公司在无效程序中和诉讼过程中提交的证据,以及当事人陈述等证据在案佐证。

本院认为:

1. 关于专利复审委员会的审查程序问题。

(1) 小西公司在无效程序中明确提出过SART活性不清楚的问题,且威世药业公司已就此进行了陈述,专利复审委员会在无效程序中的做法未导致威世药业公司的权利受到损害,因此,对威世药业公司提出的专利复审委员会认定小西公司相关主张违反程序的理由本院不予支持。

(2) 专利复审委员会对合议组人员的变更在口头审理时已告知威世药业公司,且威世药业公司没有提出回避请求和其他异议。威世药业公司虽在庭审时提出的小西公司的代理人问题,但其不能证明系由该代理人的原因导致了合议组人员的变更,并对其权利造成了损害。因此,威世药业公司上述主张缺乏事实和法律依据,本院不予支持。

2. 关于本专利是否符合《专利法》第二十六条第三款的规定。

《专利法》第二十六条第三款规定,说明书应当对发明或者实用新型作出清楚、完整的说明,以所述技术领域的技术人员能够实现为准

就本案而言,首先,本专利说明书第第3页第5段记载"SART活性的试验方法是本领域公知的(参见喜多富太郎等,日药理志(Folia pharmacol. japon.) 71: 211-220 (1975))",即反证2,但反证2的译文中仅记载SART stress负荷条件,并没有记载活性及活性测定方法。在威世药业公司提交的其他证据中,证据8、证据14是本专利申请日后公开的出版物,不应在评述本专利说明书是否公开充分时予以考虑。证据15仅记载一般的生物制品活性测定方法,证据5、6、反证2、3仅记载SART应激条件的描述或所述条件下动物镇痛效果与正常条件下的比较,并没有记载获得了具体单位、数值的活性以及如何确定单位、如何获得数值。证据16解释了何为SART应激条件,四种测定镇痛效果的方法,包括威世药业公司主张的尾压法也只是得到SART条件下药物投入后不同时间与投入前的比值,是一个没有单位的系数,仍旧没有得到一个如本专利所述的有具体单位、数值的活性,并且没有明确如何确定单位、如何获得数值。这些证据都无法与反证4中记载的量反应平行线测定方法相关联,也无法说明本专利如何使用反证4中的方法获得具体的活性数值。威世药业公司认可"iu/g"为自定义单位,但说明书中以及其列举的证据均不能说明这一自定义单位是如何定义出来的,本领域技术人员如何实现其测定方法和结果。证据17的专家证言也未能就上述问题给予充分、合理的解释。因此,威世药业公司关于SART活性为SART条件下的镇痛活性及测定方法为本领域公知的主张缺乏事实依据,本院不予支持。说明书对权利要求11所保护的技术方案公开不充分,不符合《专利法》第二十六条第三款的规定。

3. 关于本专利权利要求1的新颖性。

《专利法》第二十二条第二款规定,新颖性是指在申请日以前没有同样的发明或者实用新型在国内外出版物上公开发表过、在国内公开使用过或者以其他方式为公众所知,也没有同样的发明或者实用新型由他人向国务院专利行政部门提出过申请并且记载在申请日以后公布的专利申请文件中。

就本案而言,针对威世药业公司起诉中关于权利要求1新颖性的问题,本院认为,本专利权利要求1要求保护的是用制备方法限定的兔皮,证据1说明书实施例1公开了"用剪刀、手术刀及镊子采取发痘的皮肤",即证据1公开了采皮的步骤;而证据1说明书公开的"在发痘状态最好之前,即接种后的第4天前后",与本专利的"发痘良好时"没有实质区别。因此证据1公开的制备万法与本专

利权利要求1中限定的方法实质相同，其获得的产品兔皮也不应存在实质性差异。

对于兔皮具有的活性，本专利权利要求1限定兔皮具有"血管舒缓素生成抑制活性"，而证据1公开的制备方法则可以获得"对胰激肽原酶生成阻碍活性高值的发痘组织"。首先，如前所述，本专利权利要求1采用制备方法对要求保护的产品进行限定，其产品的性质由方法决定，在证据1公开了相同的制备方法的基础上，应当认为获得了相同的产品；其次，威世药业公司主张的"采用人血浆对血管舒缓素进行检验"在本专利权利要求中并未记载，不能作为权利要求1所保护的技术方案中技术特征；最后，胰激肽原酶属于腺性激肽释放酶，是激肽释放酶的下位概念，而威世药业公司认可"血管舒缓素"和"激肽释放酶"属于同一种物质的不同称谓，故专利复审委员会认定胰激肽原酶下位于血管舒缓素并无不妥。

综上，威世药业公司起诉所称权利要求1相对于证据1具有新颖性的主张均不能成立，本院不予支持，专利复审委员会对本专利权利要求1不具有新颖性的认定是正确的。

4. 关于本专利的创造性。

《专利法》第二十二条第三款规定，创造性是指同申请日以前已有的技术相比，该发明有突出的实质性特点和显著的进步。

本案中，本专利说明书记载，"各种牛痘病毒株都可以用来制备本发明的兔皮"、"这些病毒株都可以从市场上购得"，虽然说明书还记载了权利要求2~5限定的毒株为优选毒株，但说明书并没有记载这些毒株相对于其他毒株能够使获得的产品具有更好的活性，进而无法确定"优选"的基础。鉴于这些毒株均为已知材料，且证据5已公开了牛痘病毒Lister株注射日本大耳白兔制备兔皮的启示，故专利复审委员会对本专利权利要求2~5创造性的认定并无不当，威世药业公司关于本专利权利要求2~5具有创造性的理由不能成立，本院不予支持。

本专利说明书记载"用于制备本发明的兔皮的家兔可以是各种家兔"，且说明书并没有记载这些家兔相对于其他家兔能够使获得的产品具有更好的活性或其他意料不到的效果。证据5已经公开了牛痘病毒注射日本大耳白兔制备兔皮的启示，且由《实验动物学》记载可知，所述兔种为动物实验常用兔，故专利复审委员会对本专利权利要求6-9创造性的认定并无不当，威世药业公司关于本专利权利要求6~9具有创造性的理由不能成立，本院不予支持。

鉴于威世药业公司明确表示如果认定权利要求不具备新颖性或创造性，则不坚持本专利权利要求10、12~13具有创造性，在此基础上，本院就专利复审委员会对本专利权利要求10、12~13创造性的评述亦不持异议。

综上，专利复审委员会作出的第10961号决定认定事实清楚，适用法律正确，程序合法，应予维持。依照《中华人民共和国行政诉讼法》第五十四条第（一）项之规定，本院判决如下：

维持被告国家知识产权局专利复审委员会作出的第10961号无效宣告请求审查决定。

案件受理费100元，由原告威世药业（如皋）有限公司负担（已交纳）。

如不服本判决，各方当事人可于本判决送达之日起15日内，向本院提交上诉状及其副本，并交纳上诉案件受理费100元，上诉于北京市高级人民法院。

审　判　长　仪　军
代理审判员　王　晫
人民陪审员　郝建欣
二〇〇九年一月十二日
书　记　员　王东勇

北京市高级人民法院
行政判决书

(2009) 高行终字第 527 号

上诉人（原审原告）威世药业（如皋）有限公司，住所地江苏省如皋市如城普庆路 139 号。

法定代表人张永深，董事长。

委托代理人汪群，北京市众明律师事务所律师。

委托代理人史江，男，汉族，1955 年 6 月 28 日出生，威世药业（如皋）有限公司总经理，住江苏省南京市玄武区中山东路 305 号新楼 6 楼 103 室。

被上诉人（原审被告）国家知识产权局专利复审委员会，住所地北京市海淀区北四环西路 9 号银谷大厦 10～12 层。

法定代表人廖涛，副主任。

委托代理人郭鹏鹏，该专利复审委员会审查员。

委托代理人王冬，该专利复审委员会审查员。

原审第三人上海小西生物技术有限公司，住所地上海市星火开发区民乐路 122 号。

法定代表人小西龙作，董事长。

委托代理人刘京莉，女，汉族，1962 年 11 月 28 日出生，北京纪凯知识产权有限公司专利代理人，住北京市东城区东交民巷 27 号旁门。

委托代理人曹津燕，女，汉族，1965 年 9 月 18 日出生，北京泛华伟业知识产权代理有限公司专利代理人，住中华人民共和国北京市海淀区友谊宾馆 7 号楼 11 号。

上诉人威世药业（如皋）有限公司（简称威世药业公司）因专利行政纠纷一案，不服北京市第一中级人民法院（2008）一中行初字第 593 号行政判决，向本院提起上诉。本院 2009 年 4 月 13 日受理后，依法组成合议庭，于 2009 年 5 月 18 日公开开庭进行了审理。上诉人威世药业公司的委托代理人汪群、史江，被上诉人国家知识产权局专利复审委员会（简称专利复审委员会）的委托代理人郭鹏鹏、王冬，原审第三人上海小西生物技术有限公司（简称小西公司）的委托代理人刘京莉、曹津燕到庭参加了诉讼。本案现已审理终结。

本案涉及中华人民共和国国家知识产权局（简称国家知识产权局）于 2005 年 6 月 22 日授权公告的名称为"含生物活性物质的兔皮和其用途"的发明专利（下称本专利），其申请日是 2002 年 10 月 31 日，专利权人为威世药业公司，专利号为 02145975.4。2007 年 4 月 3 日，小西公司以本专利不符合《中华人民共和国专利法》（简称《专利法》）第二十二条第二款、第三款、第二十六条第三款以及《中华人民共和国专利法实施细则》（简称《专利法实施细则》）第二十条第一款为由，向专利复审委员会提出无效宣告请求。2007 年 12 月 26 日，专利复审委员会作出第 10961 号无效宣告请求审查决定（简称第 10961 号决定），宣告本专利权全部无效。威世药业公司不服，以专利复审委员会违反法定程序、认定事实错误为由，向北京市第一中级人民法院提起诉讼，请求撤销专利复审委员会第 10961 号决定。

复审委员会辩称：1. 关于程序问题。《专利法》、《审查指南》对方法专利和产品专利的新颖性、创造性审查标准是一致的，被诉决定不存在以审查方法专利的标准审查产品专利的情形。因此，专利复审委员会在本专利无效程序中不存在违反法定程序的情形。2. 关于本专利是否符合《专利法》第二十六条第三款的规定。在本专利说明书、反证 2、3、4 中都没有记载"SART 活性"是何种活性及其测定方法。而原告口头审理中的陈述及此后提交的代理词均只能表明 SART 是一种实验状态，其动物模型是本领域公知的研究痛觉反应的方法，并未说明"SART 活性"是何种活性，也未说明如何将研究痛觉反应的 SART 实验方法与反证 4 的"量反应平行线测定方法"结合来测定 SART 活性。因此，本专利申请日前没有任何关于"SART 活性"的记载，不属于本领域技术人员能够在申请日前知晓的现有技术。3. 关于本专利的新颖性、创造性问题坚持在第 10961 号决定中阐述的意见。综上，专利复审委员会认为其在第 10961 号决定中认定事实清楚，适用法律法规正确，审理程序合法，请求人民法院维持该决定。

北京市第一中级人民法院认为：小西公司在无效程序中明确提出过 SART 活性不清楚的问题，且威世药业公司已就此进行了陈述，因此，对威世药业公司提出的专利复审委员会认定小西公司相关主张违反程序的理由本院不予支持。

本专利说明书第 3 页第 5 段记载"SART 活性的试验方法是本领域公知的（参见喜多富太郎等，日药理志（Foliapharmacol. japon。）71：211-220（1975））"，即反证 2，但反证 2 的译文中并没有记载活性及活性测定方法。在威世药业公司提交的其他证据中，证据 8、证据 14 是本专利申请日后公开的出版物，不应在评述本专利说明书是否公开充分时予以考虑。证据 15 仅记载一般的生物制品活性测定方法。证据 5、6、反证 2、3 仅记载 SART 应激条件的描述或所述条件下动物镇痛效果与正常条件下的比较，并没有记载获得了具体单位、数值的活性以及如何确定单位、如何获得数值。证据 16 解释了何为 SART 应激条件，四种测定镇痛效果的方法，包括威世药业公司主张的尾压法也只是得到 SART 条件下药物投入后不同时间与投入前的比值，是一个没有单位的系数，仍旧没有得到一个如本专利所述的有具体单位、数值的活性，并且没有阐明如何确定单位、如何获得数值。这些证据都无法与反证 4 中记载的量反应平行线测定方法相关联，也无法说明本专利如何使用反证 4 中的方法获得具体的活性数值。威世药业公司认可"iu/g"为自定义单位，但说明书中以及其列举的证据均不能说明这一自定义单位是如何定义出来的，本领域技术人员如何实现其测定方法和结果。证据 17 的专家证言也未能就上述问题给予充分、合理的解释。因此，威世药业公司关于 SART 活性为 SART 条件下的镇痛活性及测定方法为本领域公知的主张缺乏事实依据。说明书对权利要求 11 所保护的技术方案公开不充分，不符合《专利法》第二十六条第三款的规定。

证据 1 说明书实施例 1 公开了"用剪刀、手术刀及镊子采取发痘的皮肤"，即证据 1 公开了采皮的步骤；而证据 1 说明书公开的"在发痘状态最好之前，即接种后的第 4 天前后"，与本专利的"发痘良好时"没有实质区别。因此证据 1 公开的制备方法与本专利权利要求 1 中限定的方法实质相同，其获得的产品兔皮也不应存在实质性差异。

本专利权利要求 1 限定兔皮具有"血管舒缓素生成抑制活性"，而证据 1 公开的制备方法则可以获得"对胰激肽原酶生成阻碍活性高值的发痘组织"。首先，如前所述，本专利权利要求 1 采用制备方法对要求保护的产品进行限定，其产品的性质由方法决定，在证据 1 公开了相同的制备方法的基础上，应当认为获得了相同的产品；其次，威世药业公司主张的"采用人血浆对血管舒缓素进行检验"在本专利权利要求中并未记载，不能作为权利要求 1 所保护的技术方案中技术特征；最后，胰激肽原酶属于腺性激肽释放酶，是激肽释放酶的下位概念，而威世药业公司认可"血管舒缓素"和"激肽释放酶"属于同一种物质的不同称谓，故专利复审委员会认定胰激肽原酶下位于血管舒缓素并无不妥。

综上，专利复审委员会对本专利权利要求 1 不具有新颖性的认定是正确的。

本专利说明书记载，"各种牛痘病毒株都可以用来制备本发明的兔皮"、"这些病毒株都可以从市场上购得"，虽然说明书还记载了权利要求 2~5 限定的毒株为优选毒株，但说明书并没有记载这些毒株相对于其他毒株能够使获得的产品具有更好的活性,进而无法确定"优选"的基础。鉴于这些毒株均为已知材料,且证据5已公开了牛痘病毒Lister株注射日本大耳白兔制备兔皮的启示,故专利复审委员会对本专利权利要求2~5创造性的认定并无不当,威世药业公司关于本专利权利要求2~5具有创造性的理由不能成立,本院不予支持。

本专利说明书记载"用于制备本发明的兔皮的家兔可以是各种家兔",且说明书并没有记载这些家兔相对于其他家兔能够使获得的产品具有更好的活性或其他意料不到的效果。证据5已经公开了牛痘病毒注射日本大耳白兔制备兔皮的启示,且由《实验动物学》记载可知,所述兔种为动物实验常用兔,故专利复审委员会对本专利权利要求6~9创造性的认定并无不当。

鉴于威世药业公司明确表示如果认定权利要求1不具备新颖性或创造性,则不坚持本专利权利要求10、12~13具有创造性,在此基础上,本院就专利复审委员会对本专利权利要求10、12~13创造性的评述亦不持异议。

综上,专利复审委员会第10961号决定认定事实清楚,适用法律正确,程序合法,应予维持。北京市第一中级人民法院依照《中华人民共和国行政诉讼法》第五十四条第(一)项之规定,判决:维持专利复审委员会第10961号决定。

威世药业公司不服原审判决,向本院提起上诉,请求撤销原审判决及专利复审委员会第10961号决定。主要理由是:1. 专利复审委员会违反法定程序:(1)原审第三人在专利无效程序中并未主张"SART活性"及测定方法公开不充分。(2)对新颖性、创造性认定违反专利法和审查指南的判断方法和原则,用审查方法专利的标准来审查本专利。2. 原审判决认定本专利不符合《专利法》第二十六条第三款的规定是错误的:(1)SART活性为SART条件下的镇痛活性及测定方法为本领域技术人员所公知。首先,SART活性的试验方法是公知的,没有记载活性及活性测定方法并不能否定该试验方法是公知的事实。其次,证据16《日本药理学杂志》和证据6日本专利文献昭63-3957282记载了SART活性为镇痛活性的方法。(2)本专利用"0.5iu/g的SART活性"表示检定物质的活性时,"iu"表示尚未被国际认可的生物活性单位,因此"iu/g"表示单位重量中的镇痛活性是本领域技术人员接受并使用的惯例。3. 原审判决认定本专利不符合《专利法》有关新颖性的要求是错误的。(1)本专利与证据1比较,采取"兔皮"或"发痘组织"并不是本专利与证据1的区别特征,二者的区别特征在于本专利制备"活性强收率高之活性物质"的方法是否被证据1公开。即如下三个技术特征未被证据1公开:第一,通过特定技术生产牛痘病毒原料,对牛痘病毒溶液进行精处理(本专利说明书实施例1);第二,采取兔皮并在零下18摄氏度冷藏保存(本专利说明书所有实施例);第三,通过加苯酚溶液、调整PH值溶出、氮气环境下过滤、加热及冷却等精制工序从兔皮中提取活性物质(本专利说明书实施例11)。(2)胰激肽原酶下位于血管舒缓素没有依据。本专利权利要求1要求保护的产品的特征是能够抑制血管舒缓素类物质的生成活性,其既包含了对比文件1的"胰激肽原酶生成抑制活性"之外的其他腺体(或组织)血管舒缓素生成抑制活性,因此对比文件1的产品特性并非本专利产品特性的下位概念。四、原审判决关于本专利权利要求6~9不具有创造性的认定错误。本专利对毒株和兔种的选择是需要通过大量的排例组合的实验筛选,才能确定哪些毒株经过精制后适用于哪些家兔,能够制造出"大于或等于0.5iu/g的SART活性"和血管舒缓素生成抑制活性的兔皮。

专利复审委员会、小西公司服从原审判决。

经审理查明:本案涉及国家知识产权局于2005年6月22日授权公告的名称为"含生物活性物质的兔皮和其用途"的发明专利(即本专利),其申请日是2002年10月31日,专利权人为威世药业公司,专利号为02145975.4。其授权公告的权利要求如下:

"1. 一种具有血管舒缓素生成抑制活性的兔皮，其特征在于该兔皮是由以下方法制备的：用牛痘病毒株皮下接种家兔，按每只1.5～3千克的家兔注射100到250处，每处注射每毫升含10^6～10^9个病毒的溶液0.1～0.4毫升进行，将接种过的家兔进行饲养，待其皮肤组织发痘良好时处死，然后采皮。

2. 如权利要求1的兔皮，其中所说的牛痘病毒株是Lister株。

3. 如权利要求1的兔皮，其中所说的牛痘病毒株是Ikeda株。

4. 如权利要求1的兔皮，其中所说的牛痘病毒株是Dairen株。

5. 如权利要求1的兔皮，其中所说的牛痘病毒株是EM-63株。

6. 如权利要求1的兔皮，其中所说的家兔是日本大耳白兔。

7. 如权利要求1的兔皮，其中所说的家兔是新西兰白兔。

8. 如权利要求1的兔皮，其中所说的家兔是中国本兔。

9. 如权利要求1的兔皮，其中所说的家兔是青紫兰兔。

10. 如权利要求1的兔皮，其中所说的皮肤组织发痘良好是指皮肤组织明显出痘，颜色由红润转为紫红，皮肤增厚，皮下和臀部水肿。

11. 如权利要求1～10之任一的兔皮，其具有大于或等于0.5iu/g的SART活性。

12. 权利要求1～11之任一的兔皮的用途，其特征在于将所说的兔皮用于制备具有血管舒缓素生成抑制活性的药品。

13. 权利要求1～11之任一的兔皮的用途，其特征在于将所说的兔皮用于制备保健品。"

本专利说明书载明："SART活性的试验方法是本领域公知的（参见喜多富太郎等，日药理志（Folia pharmacol. japon.）71：211-220（1975））"，"各种牛痘病毒株都可以用来制备本发明的兔皮"、"这些病毒株都可以从市场上购得"，并记载权利要求2～5限定的毒株为优选毒株。"用于制备本发明的兔皮的家兔可以是各种家兔"。

2007年4月3日，小西公司以本专利权不符合《专利法》第二十二条第二款、第三款，第二十六条第三款以及《专利法实施细则》第二十条第一款的规定为由，向专利复审委员会提出无效宣告请求，并提交了证据。其中：

证据1为1999年12月8日公开、公开号为CN1237632A的中国发明专利申请公开说明书，其公开了一种含有高质量生理活性的家兔发痘组织及其制造方法，具体为：在体重2～3千克的家兔的皮肤上，每处以0.1～0.4毫升接种痘病毒为10^6～10^8个/毫升的溶液缓冲液稀释液，共计50～200处进行皮内接种，接种后3～5日间采取发痘的皮肤，所述痘病毒为牛痘病毒。证据1的说明书记载："发痘组织的采取时间，一般认为在其高峰期最好，但是应在发痘状态最好之前，即接种后的第4天前后，其收量最佳"。说明书记载的实施例1为在2.5千克的家兔皮内接种150处、每处接种10^7个/毫升的病毒溶液0.2毫升，接种后第4日取下，屠杀后用剪刀、手术刀及镊子采取发痘的皮肤。

证据5为1999年1月20日公开、公开号为CN1205233A的中国发明专利申请公开说明书，其公开了一种含有镇痛活性物质的兔皮的制备方法，具体为用牛痘病毒Lister株注射日本大耳白兔，饲养4天，发痘良好时，处死兔，采皮。所制备兔皮含有镇痛活性物质，还可以改善免疫功能。证据5还公开了在发痘良好时，即在"皮肤颜色由红润转为紫红，皮肤增厚，皮下有水肿，臀部水肿明显"时采皮。

证据6为1988年8月5日公开的日本专利文献昭63-39572B2以及中文译文，该文献记载了SART应激动物的药理试验情况，包括镇痛作用和抗过敏作用，镇痛效果以百分比显示。

2007年5月21日，威世药业公司提交了意见陈述和反证，其中：

反证2为"Neurotropin对小鼠、大鼠SART stress症状的药理作用",喜多富太郎等,《日药理志》,1975,71,第211~220页以及相关部分的中文译文1页,译文中记载了实验材料和实验方法;SART stress负荷条件:将温度调节的下限温度定为小鼠8℃,大鼠-3℃,每天上午10点至下午5点,每隔一小时将其交替置于24℃与8℃环境下……

反证3为"规律地变更环境温度引起的应激(SART stress)以及小鼠、大鼠生物体机能的变化",喜多富太郎等,《日药理志》1975,71,195~209页以及相关部分的中文译文。

反证4为《中华人民共和国药典》第二部附录第107~112页量反应平行线测定法相关内容。

2007年8月30日,专利复审委员会进行了口头审理。在口头审理过程中,小西公司明确提出了"SART活性不清楚",在口头审理结束后,威世药业公司就"SART"和"SART活性单位定量检测"提交了书面意见陈述。

2007年12月26日,专利复审委员会作出第10961号决定。该决定认定:

1. 本专利是否符合《专利法》第二十六条第三款的规定。(1)对于"SART活性",说明书第4页中仅记载了"得到含生物活性物质的溶液,测定其SART活性",但并未给出测定SART活性的方法,也没有提及"SART活性"所表述的是怎样的一种活性;威世药业公司提交的反证2和3中分别仅提及了小鼠SART stress负荷条件和如何设定创造小鼠SART stress状态的条件,而并没有关于SART活性是怎样的一种活性的记载,也未记载测定SARTstress状态小鼠的何种感知性以将该感知性变成数据单位输入统计包软件中以得出SART定量活性;反证4的量反应平行线测定法测定的是药物对生物体所引起的反应随药物剂量增加产生的量变,所得值为某种具体物质如抗生素的效价而非某种实验条件或实验状态的效价,而根据SART的全称"specific alternationrhythm of temperature"可知,SART表示的是动物的实验状态而不是一种具体的物质或活性指标。由此可见,在反证4中没有任何关于SART活性是怎样的一种活性以及如何测定SART活性的记载,也无法得出反证4的记载与SART活性实验方法有何关联。因此,虽然SART实验方法和动物模型是本领域公知的,但是本专利的"SART活性"的含义对于本领域技术人员来说是不清楚的,其测定方法也是未知的。(2)虽然权利要求11和说明书中还给出了"SART"活性的单位"iu/g",但是,在本专利说明书中并没有对"iu/g"进行解释,也未说明"iu/g"表示的是国际单位还是其他单位。反证2、3、4中均没有关于"iu/g"含义的记载。威世药业公司亦承认"iu/g"是一个自定义的单位。由此可见,"iu/g"的含义对于本领域技术人员来说并不是清楚的,相应地,也不能证明"SART活性"是清楚的。如上所述,由于词语"SART活性"和"iu/g"的含义对于本领域技术人员来说是不清楚的,因此,"大于或等于0.5iu/g的SART活性"的含义对本领域技术人员来说也是不清楚的,本专利说明书并没有对权利要求11的技术方案作出清楚、完整的说明,不符合《专利法》第二十六条第三款的规定,权利要求11应予以无效。鉴于此,专利复审委员会不再对其他针对权利要求11的无效宣告请求理由进行评述。

2. 本专利是否符合《专利法》第二十二条第二款的要求。将权利要求1的技术方案与证据1公开的技术方案比较,二者技术领域、所解决的技术问题、技术方案和预期效果实质上相同。针对威世药业公司的意见,专利复审委员会认为:(1)本专利权利要求1和说明书中没有关于"采皮"是采取"整张兔皮"的记载,权利要求1中仅记载"采皮";证据1中所记载的"采取发痘的皮肤",落入"采皮"范围。(2)本专利权利要求1选取兔皮的时间是"发痘良好时",证据1所公开的技术方案中选取兔皮的时间为接种后第3~5日间,在"发痘状态最好之前",即发痘良好时。由此可见,证据1的兔皮采取时间与本专利权利要求1的采皮时间相同。(3)权利要求1是以方法限定的产品权利要求,其制备方法与证据1的制备方法相同,故依据该方法二者所得产品及其性能应当相同。虽然权利要求1限定了所述产品"具有血管舒缓素生成抑制活性",但该特性是由所述制备方法带来的,因此，在制备方法已经确定的情况下，该特性只是所得产品的固有特性，而不能带来额外的限定作用。从反证1并不能得出"'血管舒缓素'和'胰激肽原酶'是两种结构和功能完全不同的酶，'血管舒缓素'属于血浆激肽释放酶"的教导。根据本领域常识可知，"血管舒缓素"应为一类能够舒缓血管的物质的总称，而非某一特定物质。激肽释放酶（Kallikrein）是血管舒缓素中的一类，胰激肽原酶又下位于"激肽释放酶"，即其也是一种血管舒缓素，也即证据1中公开的"能够抑制胰激肽原酶生成活性"下位于"能够抑制血管舒缓素生成抑制活性"，因此，即使从产品特性的角度考虑，证据1的技术方案亦能够破坏权利要求1的新颖性。综上，威世药业公司的理由不能成立。本专利权利要求1不具备新颖性，应予无效。

3. 本专利是否符合《专利法》第二十二条第三款的要求。（1）权利要求2、6的技术方案与证据1公开的技术方案相比，其区别在于：在权利要求1的基础上，权利要求2、6将所接种的牛痘病毒或家兔分别进一步限定为Lister株或日本大耳白兔，而证据1技术方案中并没有限定其所接种的牛痘病毒和家兔的具体种类。而证据5给出了将牛痘病毒Lister株、日本大耳白兔用于证据1的制备方法中制备含有具有镇痛作用的兔皮的技术启示。据此，本领域技术人员在证据1和5相结合的基础上得到权利要求2、6请求保护的技术方案是显而易见的，也未产生意料不到的效果。因此，本专利权利要求2、6的技术方案相对于证据1与5的结合不具备突出的实质性特点和显著的进步，不具备创造性。（2）权利要求3~5的技术方案与证据1公开的技术方案相比可知，区别在于：权利要求3~5将所接种的牛痘病毒进一步限定为Ikeda株、Dairen株、EM-63株，而证据1技术方案中并没有限定其所接种的牛痘病毒的具体种类。权利要求7~9的技术方案与证据1公开的技术方案相比，区别在于：权利要求7~9将所接种的家兔进一步限定为新西兰白兔、中国本兔、青紫蓝兔，而证据1技术方案中并没有限定其所接种的家兔的具体品种。如上所述，证据5公开的技术方案中使用了牛痘病毒Lister株和日本大耳白兔，由于权利要求3~5中的Ikeda株、Dairen株、EM-63株与证据5中的Lister株均为本领域已知的牛痘病毒毒株，权利要求7~9中的新西兰白兔、中国本兔、青紫蓝兔与证据5中的日本大耳白兔均为本领域公知常用的实验动物品种，而证据1中也并未记载或暗示对所述毒株、兔种有特定要求，因此，本领域技术人员在证据5给出的技术启示下将Ikeda株、Dairen株、EM-63株、新西兰白兔、中国本兔、青紫蓝兔应用于证据1的兔皮制备方法，从而得到权利要求3~5、7~9的技术方案是显而易见的，而且也未带来预料不到的技术效果，因此，本专利权利要求3~5、7~9的技术方案相对于证据1、5与公知常识的组合不具备突出的实质性特点和显著的进步，不具备创造性。（3）权利要求10的技术方案与证据1公开的技术方案相比，区别在于：权利要求10限定了发痘良好时的皮肤组织状态，而证据1没有公开发痘良好时皮肤组织的状态。如上所述，在证据5公开的技术方案中，公开了在发痘良好时，即在"皮肤颜色由红润转为紫红，皮肤增厚，皮下有水肿，臀部水肿明显"时采皮，由此可见，证据5的采皮时间与本专利的采皮时间相同，本领域技术人员在证据1和5结合的基础上，得到权利要求10保护的技术方案是显而易见的，且并未产生意料不到的效果，本专利权利要求10不具备创造性。（4）权利要求12、13要求保护权利要求1~11之任一的具有血管舒缓素生成抑制活性的兔皮的用途，所述用途为用于制备药品或保健品。证据1的兔皮含有阻碍胰激肽原酶生成的活性物质，也即其具有抑制血管舒缓素生成活性；证据5公开了用牛痘病毒接种家兔皮肤获得含有具有镇痛活性、增强免疫功能活性物质的兔皮，并且利用该性质将所述皮肤组织制备成活性制剂与药用辅料组合制备镇痛药。基于此，在权利要求1~11的兔皮不具备新颖性或创造性的情况下，利用证据1所述兔皮的血管舒缓素生成抑制活性将其制备成药品对于本领域技术人员而言是显而易见的，也未产生预料不到的技术效果。同理，由于该活性是对人体机能的调节活性，因而利用该活性将所述兔皮制成保健品得到权利要求13的技术方案也是显而易见的，且未产生意料不到的技术效果。因此，权利要求12、13的技术方案也不具备创造性。据此，专利复审委员会决定，宣告本专利权全部无效。

在原审法院审理过程中，威世药业公司提交了证据，其中包括：

证据5：《药理学实验指南－新药发现和药理学评价》，科学出版社（2001），记载炎症组织疼痛模型，用以证明测定药物镇痛活性的技术是公知的。

证据6：《实验动物和动物实验技术》，中国中医药出版社（1970），第187、189～190页，记载动物实验的疼痛模型，用以证明动物实验的疼痛模型是公知技术。

证据7：《中华人民共和国药典》第二部，化学工业出版社、广东科技出版社，1995年出版。在该药典附录中记载了量反应平行线测定法的相关内容，用以证明定量测定药物活性的技术是公知的。

证据8：《药品生物检定》，人民卫生出版社，2005年出版，第95～127页，记载量反应平行线测定法，用以证明进行定量测定的技术是公知的。

证据12：《药理学》第6版，人民卫生出版社，1979年第1版，2007年第6版，第319页，记载激肽分为缓激肽和胰激肽两种，缓激肽由血浆中高分子激肽原经血浆激肽释放酶催化裂解而成，主要存在于血浆中；胰激肽由组织中低分子量的激肽原经组织激肽释放酶催化裂解而成，主要存在于组织、腺体。激肽能扩张血管、收缩平滑肌和提高毛细血管通透性。激肽作用于皮肤和内脏感觉神经末梢，可引起剧烈疼痛。用以证明血浆激肽释放酶和组织激肽释放酶的病理、药理作用不同。

证据13：威世药业（如皋）有限公司《高新技术产品认定证书》，用以证明专利技术的应用获得了巨大的商业成就，具备创造性。

证据14：《药品生物检定》，人民卫生出版社（2005），第9页、第166页，其上记载生物效价测定及生物参考物质效价的表示方法相关内容，用以证明结构复杂或其中包含不定比例的多种成分的生物药品只能用生物检定的方法测定其生物活性，且活性测定后可用自定义单位进行表示。

证据15：《医学生物制品学》，人民出版社（1995），第62页，其上记载生物制品是具有生物活性的制剂，其效力一般采用生物学方法测定，生物测定以生物体对待检品的生物活性反应为基础，以生物统计为工具，运用特定的实验设计，通过比较待检品和相应标准品或对照品在一定条件下，所产生特定生物反应的剂量间的差异来测定待检品的效价。用以证明进行SART活性检定的基础理论是公知常识。

证据16：《日本药理学杂志》第72卷第5号（1976），第573～584页及全文译文，为喜多富太郎等"神经妥乐平对小鼠的镇痛效果和药物对SART应激小鼠的镇痛作用"的文章，其中记载"使实验动物小鼠的身体状况恶化……反复急剧变换周围环境温度这种特殊的刺激……对于这种特殊的刺激，我们给它起名为'SART应激'"，并记载镇痛作用效果测定法，包括四种：醋酸法、苯基醌法、D'Amour-Smith法、尾压法，尾压法中"在老鼠尾部1.5cm的部位施加刺激……进行药物效果判定时，投入药物分别在30、60、90、以及120分后将四次加压重量的平均值除以药物投入前的值，以此值为镇痛系数"。用以证明使用SART动物模型测定镇痛作用的方法公知。

证据17：专家签署的关于"iu/g"单位的说明，用以证明该单位表示活性单位，且是本领域技术人员能够理解和接受的。

证据18：专家签署的关于"发痘良好"时兔皮外观表现的说明，用以证明本专利与证据1的采皮标准不同。

证据19：专家签署的病毒学研究中毒株和实验动物家兔品系相关问题的说明，用以证明毒株的选择具有创造性。

证据20：《实验动物和动物实验技术》，中国中医药出版社（1997），第87页，记载影响动物实验结果的因素,包括种属和种系,用以证明兔种选择具有创造性。

专利复审委员会认为上述证据在无效程序中没有提交,不应予以采用,且部分证据的公开日期晚于本专利的申请日,不能用于判断本专利说明书是否充分公开,证据17~19是证人证言,不是对案件事实的陈述。

在原审法院庭审过程中,威世药业公司主张:1. 起诉状中所述审查过程中擅自变更合议组成员的情况涉及小西公司的委托代理人曹津燕,并指出曹津燕原系国家知识产权局工作人员。2. 证据14、15记载了生物制品活性测定是常规方法,SART就是证据15中所说的特定实验设计中的条件。证据6、反证2、反证3、证据5、证据16中都显示对镇痛效果的测定用的是SART条件,证据16还记载四种镇痛效果测定方法,威世药业公司主张其采用的是尾压法。反证4、证据8记载的量反应平行线测定法是具体数值的获得方法,证据17的专家证言也能证明本专利的活性单位为本领域技术人员能够理解和接受,因此威世药业公司认为SART活性是SART模型中动物表现出的镇痛活性,应当是公知的。3. 就本专利权利要求1的新颖性,本专利说明书记载了采用人血浆对血管舒缓素进行检验验证,而在证据1中则没有公开检测方法;4. 权利要求2~5限定的牛痘病毒的具体毒株是经过大量筛选得出并能够获得更好的活性,权利要求6~9的附加技术特征限定了具体的家兔种类,对兔种的选择经过了大量的筛选,因此,上述权利要求具备创造性;5. 如本专利权利要求1不具有新颖性,则不再坚持本专利权利要求10、12、13的创造性。

小西公司在原审庭中提交一份补充证据,即全国高等农业院校教材《实验动物学》,李厚达主编,农业出版社,1992年5月第一版,第194~195页。其中记载我国应用于动物实验的兔主要有以下几种:大耳白兔(日本大耳白)、新西兰白兔、青紫兰兔、中国本兔。用以证明兔子种类的选择属于公知常识。

以上事实有本专利授权公告说明书、第10961号决定、小西公司和威世药业公司在无效程序中和诉讼过程中提交的证据,以及当事人陈述等证据在案佐证。

本院认为:小西公司在无效程序中明确提出过SART活性不清楚的问题,且威世药业公司已就此进行了陈述,专利复审委员会的无效审查程序未导致威世药业公司的权利受到损害,因此,对威世药业公司提出的专利复审委员会认定小西公司相关主张违反程序的理由本院不予支持。

《专利法》第二十六条第三款规定,说明书应当对发明或者实用新型作出清楚、完整的说明,以所述技术领域的技术人员能够实现为准。就本案而言,本专利说明书第3页第5段记载"SART活性的试验方法是本领域公知的(参见喜多富太郎等,日药理志(Folia pharmacol. j apon.)71:211-220(1975))",即反证2,但反证2的译文中仅记载SART stress负荷条件,即仅记载了如何获得SART活性动物模型的方法,没有关于SART活性及活性测定方法的记载。反证3亦仅给出了如何建立SART小鼠动物模型;威世药业公司证据16解释了何为SART应激条件以及四种测定镇痛效果的方法。威世药业公司主张的尾压法也只是得到SART条件下药物投入后不同时间与投入前的比值,是一个没有单位的系数,且威世药业公司亦仅用该证据证明使用SART动物模型测定镇痛作用为公知方法;威世药业公司证据6记载有动物实验的疼痛模型,即载明的SART小鼠应激实验条件,可证明动物实验的疼痛模型是公知技术。综上,威世药业公司提交的证据仅能证明SART实验方法和动物模型是本领域公知的,并但未对"SART活性"所表述的是怎样的活性及如何测定"SART活性"进行说明。此外,反证4的量反应平行线测定法测定的是药物对生物体所引起的反应随药物剂量增加产生的量变,所得值为某种具体物质如抗生素的效价而非某种实验条件或实验状态的效价,故威世药业公司的上述证据无法与反证4中记载的量反应平行线测定方法相关联,也无法说明本专利如何使用反证4中的方法获得具体的活性数值。故威世药业公司关于SART活性为SART条件下的镇痛活性及测定方法为本领域公知的主张缺乏事实依据。

威世药业公司认可"iu/g"为自定义单位，但说明书中以及其列举的证据均未对此自定义单位的含义予以解释，也未给出如何实现其测定方法和结果，因此威世药业公司所提"iu/g"作为活性单位使用是本领域的惯例缺乏依据。

综上，说明书对权利要求11所保护的技术方案公开不充分，不符合《专利法》第二十六条第三款的规定。

《专利法》第二十二条第二款规定，新颖性是指在申请日以前没有同样的发明或者实用新型在国内外出版物上公开发表过、在国内公开使用过或者以其他方式为公众所知，也没有同样的发明或者实用新型由他人向国务院专利行政部门提出过申请并且记载在申请日以后公布的专利申请文件中。即新颖性的对比是将专利权利要求书中记载的要求保护的技术方案与现有技术进行对比，而不是将说明书中记载的内容与现有技术进行对比。就本案而言，威世药业公司主张本专利与对比文件1比较，采取"兔皮"或"发痘组织"并不是本专利与证据1的区别特征，二者的区别特征在于本专利制备"活性强收率高之活性物质"的方法是否被对比文件1公开。即有三个技术特征未被证据1公开，但该三个技术特征均属于说明书中记载的内容，威世药业公司主张以该说明书中记载的技术特征证明权利要求1有新颖性与法律规定相悖，故其所提本专利权利要求1中关于采皮具有新颖性的理由不能成立，本院不予支持。

本专利权利要求1限定兔皮具有"血管舒缓素生成抑制活性"，而证据1公开的制备方法则可以获得"对胰激肽原酶生成阻碍活性高值的发痘组织"。根据本领域常识可知，"血管舒缓素"应为一类能够舒缓血管的物质的总称，而非某一特定物质。激肽释放酶（Kallikrein）是血管舒缓素中的一类，胰激肽原酶又下位于激肽释放酶，即其也是一种血管舒缓素，也即证据1中公开的"能够抑制胰激肽原酶生成活性"下位于"能够抑制血管舒缓素生成抑制活性"，而威世药业公司认可"血管舒缓素"和"激肽释放酶"属于同一种物质的不同称谓，因此，威世药业公司所提胰激肽原酶下位于血管舒缓素没有根据的主张不能成立，本院不予支持。

《专利法》第二十二条第三款规定，创造性是指同申请日以前已有的技术相比，该发明有突出的实质性特点和显著的进步。本案中，本专利说明书记载"用于制备本发明的兔皮的家兔可以是各种家兔"，且说明书并没有记载这些家兔相对于其他家兔能够使获得的产品具有更好的活性或其他意料不到的效果。证据5已经公开了牛痘病毒注射日本大耳白兔制备兔皮的启示，且由《实验动物学》记载可知，所述兔种为动物实验常用兔，故原审判决及专利复审委员会对本专利权利要求6~9创造性的认定并无不当，威世药业公司所提本专利权利要求6~9具有创造性的理由不能成立，本院不予支持。

综上，原审判决及专利复审委员会第10961号决定认定事实清楚，适用法律正确，程序合法，应予维持。威世药业公司的上诉理由不能成立，其上诉请求本院不予支持。依照《中华人民共和国行政诉讼法》第六十一条第（一）项之规定，判决如下：

驳回上诉，维持原判。

本案一、二审案件受理费人民币各100元，均由威世药业（如皋）有限公司负担（均已交纳）。

本判决为终审判决。

审　判　长　张　冰
审　判　员　莎日娜
代理审判员　钟　鸣
二〇〇九年五月二十七日
书　记　员　张见秋

藏药独一味软胶囊制剂及其制备方法

无效宣告请求审查决定（第 11005 号）

决 定 号	第 11005 号
决 定 日	2007 年 12 月 20 日
发明创造名称	藏药独一味软胶囊制剂及其制备方法
国际分类号	A61K 9/48，A61K 36/53，A61K 31/7048，A61P 29/00，A61P 7/04，A61P 25/04，A61P 25/06，A61P 1/04，A61P 13/00，G01N 30/90，G01N 30/02
无效宣告请求人	北京世纪博康医药科技有限公司
专 利 权 人	成都优他制药有限责任公司
专 利 号	200410031071.4
申 请 日	2004 年 4 月 20 日
授权公告日	2006 年 5 月 10 日
合议组组长	何 炜
主 审 员	李梦楠
参 审 员	周英姿
法 律 依 据	专利法第 22 条第 3 款

决 定 要 点

对于一项权利要求所保护的技术方案而言，如果与最接近的对比文件相比该技术方案中存在现有技术没有公开的技术特征，并且对于该技术方案所要解决的技术问题，现有技术也未给出引入上述区别技术特征的启示，那么，所属领域技术人员基于上述对比文件要获得该技术方案是非显而易见的，仍需要付出创造性劳动，即该权利要求具有创造性。

一、案由

本无效宣告请求案涉及国家知识产权局于 2006 年 5 月 10 日授权公告的、名称为"藏药独一味软胶囊制剂及其制备方法"的第 200410031071.4 号发明专利（下称本专利），其申请日为 2004 年 4 月 20 日，专利权人为成都优他制药有限责任公司。本专利授权公告的权利要求书如下：

"1. 一种独一味的软胶囊制剂，其特征在于该软胶囊由如下重量份的原料药组成：独一味提取物 20～30 重量份，植物油 25～36 重量份，助悬剂 1～5 重量份；

其中独一味提取物由下面四种提取方法中任意一种制备：

I. 取独一味药材，粉碎成最粗粉，加水煎煮二次，第一次加 10～30 倍量的水，煎煮 1～2 小时，第二次加 10～20 倍量水，煎煮 0.5～1.5 小时，合并药液，滤过，滤液浓缩成稠膏，减压干燥，粉碎成细粉，过200目筛，备用；

Ⅱ. 取独一味药材，粉碎成最粗粉，加水煎煮二次，第一次加10~30倍量的水，煎煮1~2小时，第二次加10~20倍量水，煎煮0.5~1.5小时，合并药液，滤过，浓缩备用；将浓缩液过大孔树脂层析柱，用30~50倍蒸馏水洗脱，收集洗脱液浓缩成稠膏，减压干燥，粉碎成细粉，过200目筛，备用；

Ⅲ. 取独一味药材，粉碎成粗粉，加70%~99%的乙醇回流提取2~3次，第一次加乙醇8~12倍量，回流1~3小时，第2、3次加乙醇6~10倍量，回流1~2小时；合并回流液，减压浓缩，回收乙醇至无醇味，得到醇提浓缩液；醇提浓缩液加水混悬后，依次用石油醚、正丁醇萃取2~3次，回收溶剂，干燥，得到石油醚提取物A，正丁醇提取物B，提取剩余部分为水提取物C；合并上述A、B、C三种提取物，粉碎成细粉，过200目筛，备用；

Ⅳ. 取独一味药材，粉碎成粗粉，置于渗漉器中用70%~90%乙醇浸泡12~36小时后，以5~10ml/min的速度渗漉，直至流出液经薄层层析检测无斑点为止；减压浓缩回收乙醇至无醇味，得到独一味渗漉液；将独一味渗漉液加水静置12~36小时，得到沉淀物A，干燥备用；上清液过大孔树脂层析柱，分别用30~50倍蒸馏水，30~50倍15%~45%乙醇洗脱，回收乙醇，干燥，得到提取物B、C；合并上述A、B、C三种提取物，粉碎成细粉，过200目筛，备用。

2. 权利要求1所述的独一味软胶囊制剂，其特征在于该软胶囊由如下重量份的原料药组成：独一味提取物26重量份，植物油29重量份，助悬剂3重量份。

3. 一种独一味软胶囊制剂，其特征在于该软胶囊由如下重量份的原料药制成：独一味提取物26重量份，植物油29重量份，助悬剂3重量份。

4. 如权利要求1、2或3所述的独一味的软胶囊制剂，其特征在于所述的独一味提取物中含有脂溶性成分14%~21%、黄酮类化合物和甙8%~60%、多糖25%~65%。

5. 如权利要求4所述的制剂，其特征在于所述的独一味提取物中含有的脂溶性成分为5、7、3'、4'-四羟基黄酮，5、7、3'、4'-甲羟基黄酮-7-O-β-D-葡萄糖苷，槲皮素，槲皮素-3-O-β-L-阿拉伯糖苷，5、7、4'-三羟基黄酮-7-O-β-新橙皮糖苷，偏诺皂苷元糖苷，β-谷甾醇和正三十三烷；

黄酮类和甙类为木犀草素，木犀草素-7-O-葡萄糖苷，槲皮素，槲皮素-O-阿拉伯糖苷，芹菜素，芹菜素-7-O新橙皮糖苷，β-谷甾醇。

6. 如权利要求1或3所述独一味软胶囊制剂的制备方法，其特征在于该方法为：

独一味药材100重量份粉碎成最粗粉，加水煎煮二次，第一次加20倍量的水，煎煮1.5小时，第二次加15倍量水，煎煮1小时，合并药液，滤过，滤液浓缩成稠膏，减压干燥，粉碎成细粉，过200目筛备用；取大豆油29重量份加热到80℃，加入蜂蜡3重量份，使其溶化，放凉至40℃左右，加入上述浸膏细粉，混匀，过胶体磨，压制成软胶囊，干燥，压制成软胶囊，经洗丸、干燥即得独一味软胶囊。

7. 如权利要求1所述独一味软胶囊制剂的制备方法，其特征在于该方法为：取独一味药材，粉碎成最粗粉，加水煎煮二次，第一次加10~30倍量的水，煎煮1~2小时，第二次加10~20倍量水，煎煮0.5~1.5小时，合并药液，滤过，浓缩备用；将浓缩液过大孔树脂层析柱，用30~50倍蒸馏水洗脱，收集洗脱液浓缩成稠膏，减压干燥，粉碎成细粉，过200目筛备用；取植物油加热到80℃，加入助悬剂，使其溶化，放凉至40℃左右，加入上述浸膏细粉，混匀，过胶体磨，压制成软胶囊，经洗丸、干燥即得独一味软胶囊。

8. 如权利要求7所述独一味软胶囊制剂的制备方法，其特征在于该方法为：

独一味药材，粉碎成最粗粉，加水煎煮二次，第一次加20倍量的水，煎煮1.5小时，第二次加

15倍量水，煎煮1小时，合并药液，滤过，滤液浓缩备用；将浓缩液过大孔树脂层析柱，用40倍蒸馏水洗脱，收集洗脱液浓缩成稠膏，减压干燥，粉碎成细粉，过200目筛备用；取大豆油加热到80℃，加入蜂蜡，使其溶化，放凉至40℃左右，加入上述浸膏细粉，混匀，过胶体磨，压制成软胶囊，干燥，压制成软胶囊，经洗丸、干燥即得独一味软胶囊。

9. 如权利要求1所述独一味软胶囊制剂的制备方法，其特征在于该方法为：取独一味药材，粉碎成粗粉，加70%～99%的乙醇回流提取2～3次，第一次加乙醇8～12倍量，回流1～3小时，第2、3次加乙醇6～10倍量，回流1～2小时；合并回流液，减压浓缩，回收乙醇至无醇味，得到醇提浓缩液；醇提浓缩液加水混悬后，依次用石油醚、正丁醇萃取2～3次，回收溶剂，干燥，得到石油醚提取物A，正丁醇提取物B，提取剩余部分为水提取物C；合并上述A、B、C三种提取物，粉碎成细粉，过200目筛备用；取植物油加热到80℃，加入助悬剂，使其溶化，放凉至40℃左右，加入上述提取物细粉，混匀，过胶体磨，压制成软胶囊，经洗丸、干燥即得独一味软胶囊。

10. 如权利要求9所述的独一味软胶囊制剂的制备方法，其特征在于该方法为：

取独一味药材，粉碎成粗粉，加95%的乙醇回流提取3次，第一次加乙醇10倍量，回流2小时，第2、3次加乙醇8倍量，回流1.5小时；合并回流液，减压浓缩，回收乙醇至无醇味，得到醇提浓缩液；醇提浓缩液加等量水混悬后，依次用等量石油醚、正丁醇萃取3次，回收溶剂，干燥，得到石油醚提取物A，正丁醇提取物B，提取剩余部分为水提取物C；合并上述A、B、C三种提取物，粉碎成细粉，过200目筛备用；取大豆油加热到80℃，加入助悬剂蜂蜡，使其溶化，放凉至40℃左右，加入上述提取物细粉，混匀，过胶体磨，压制成软胶囊，经洗丸、干燥即得独一味软胶囊。

11. 如权利要求1所述的独一味软胶囊制剂的制备方法，其特征在于该方法为：取独一味药材，粉碎成粗粉，置于渗漉器中用70%～90%乙醇浸泡12～36小时后，以5ml～10ml/min的速度渗漉，直至流出液经薄层层析检测无斑点为止；减压浓缩回收乙醇至无醇味，得到独一味渗漉液；将独一味渗漉液加水静置12～36小时，得到沉淀物A，干燥备用；上清液过大孔树脂层析柱，分别用30～50倍蒸馏水，30～50倍15%～45%乙醇洗脱，回收乙醇，干燥，得到提取物B、C；合并上述A、B、C三种提取物，粉碎成细粉，过200目筛备用；取植物油加热到80℃，加入助悬剂，使其溶化，放凉至40℃左右，加入上述提取物细粉，混匀，过胶体磨，压制成软胶囊，经洗丸、干燥即得独一味软胶囊。

12. 如权利要求11所述的独一味软胶囊制剂的制备方法，其特征在于该方法为：

取独一味药材100重量份，粉碎成粗粉，置于渗漉器中用80%乙醇浸泡24小时后，以5ml/min的速度渗漉，直至流出液经薄层层析检测无斑点为止；减压浓缩回收乙醇至无醇味，得到独一味渗漉液；将独一味渗漉液加水静置24小时，得到沉淀物A，干燥备用；上清液过大孔树脂层析柱，分别用40倍蒸馏水，40倍30%乙醇洗脱，回收乙醇，干燥，得到提取物B、C；合并上述A、B、C三种提取物共26重量份，粉碎成细粉，过200目筛备用；取大豆油29重量份加热到80℃，加入助悬剂蜂蜡3重量份，使其溶化，放凉至40℃左右，加入上述提取物细粉，混匀，过胶体磨，压制成软胶囊，经洗丸、干燥即得独一味软胶囊。

13. 如权利要求7、9或11中所述的独一味软胶囊制剂的制备方法，其特征在于所用植物油是大豆油、色拉油、麻油、花生油、玉米油、杏仁油、桃仁油、棉籽油、葵花籽油、蓖麻油、橄榄油中的一种或几种。

14. 如权利要求7、9或11中所述的独一味软胶囊制剂的制备方法，其特征在于所用助悬剂是甘油、吐温-80、棕榈油、单硬脂酸铝、大豆卵磷脂或蜂蜡等中的任意一种或几种。

15. 如权利要求1、2或3所述的独一味软胶囊制剂的质量控制方法，其特征在于该方法中含量测定方法为：

高效液相色谱法：

色谱条件　色谱柱：Hypersil BDS C_{18}；

流动相：比例为40∶60的甲醇–0.2％磷酸溶液，检测波长350nm，检测灵敏度0.01AUFS，柱温：30℃，流速：1.0ml/min，进样量：10μl；

对照溶液的制备：精密称取木犀草素对照品适量，加甲醇制成每1ml含25μg的溶液，即得；

供试品溶液的制备：分别取各提取试验项下的浸膏粉约2g，精密称定，分别置100ml磨口具塞三角瓶中，精密加甲醇25ml称定重量，超声处理30分钟，放冷，再称定重量，加甲醇补足减失的重量，摇匀，滤过，取续滤液作为供试品溶液；

线性关系：精密称取木犀草素对照品适量，加甲醇制成每1ml含28.5μg的溶液，吸取该溶液2、5、8、10、12、15μl，注入高效液相色谱仪，按上述色谱测定木犀草素吸收峰面积；软胶囊制剂中每粒含独一味以木犀草素计，不得少于0.8000mg。

16. 如权利要求15所述的独一味软胶囊制剂的质量控制方法，其特征在于该方法中还包括如下鉴别方法：

照薄层色谱法：

取软胶囊内容物0.3g，加乙醇5ml，加热回流10分钟，滤过，取滤液2ml，浓缩至约1ml，作为供试品溶液；

另取独一味对照药材1g，同上法制成对照药材溶液；

吸取上述两种溶液各5μl，分别点于同一硅胶G薄层板上，以比例为4∶1的氯仿–甲醇为展开剂，展开，取出，晾干，喷以磷钼酸试液，在105℃加热约15分钟；

供试品色谱中，在与对照药材色谱相应的位置上，显相同颜色的斑点。"

针对上述专利权，北京世纪博康医药科技有限公司（下称请求人）于2007年3月14日向专利复审委员会提出专利无效宣告请求，认为本专利权利要求1～5不符合专利法第22条第3款以及权利要求4～16不符合专利法实施细则第20条第1款的规定。请求人同时提交了以下证据：

证据1：《中华人民共和国药典2000年版一部》，国家药典委员会编，2000年1月第1版，封面、出版信息页及第533～534页，复印件共4页；

证据2：《时珍国药研究》，第7卷第1期，1996年2月10日，封面、目录页及第50～52页，复印件共5页；

证据3：第03113560.9号中国发明专利申请公开说明书，公开日为2003年7月23日，复印件共8页；

证据4：《第四军医大学报》，第24卷第5期，2003年3月15日，封面、目录页及第444～446页，复印件共5页；

证据5：《兰州医学院学报》，1987年第2期，1987年6月20日，目录页、出版信息页及第47～50页，复印件共6页；

证据6：《中草药》，2001年第32卷第12期，封面、目录页及第1141～1143页，复印件共5页。

2007年3月21日，请求人再次提交了意见陈述及如下证据：

证据7：《中药药剂学》，1997年12月第1版，封面、扉页、封底及第355页，复印件共4页。

依据上述证据，请求人认为：（1）证据1中公开的独一味提取物制备方法于权利要求1中的方法I没有本质区别，与证据1相比，二者仅仅是药物剂型不同和添加剂的成分不同，而证据2中公开了软胶囊的剂型和内含物的比重，因此结合证据1和2所公开的技术内容，制备方法I表征的权利要求

1不符合专利法第22条第3款规定；（2）证据3中也公开了一种软胶囊制剂，因此结合证据1和3所公开的技术内容，制备方法Ⅰ表征的权利要求1不符合专利法第22条第3款规定；（3）证据7中介绍了软胶囊制剂的制备方法，结合证据1、3和7所公开的技术内容，制备方法Ⅰ表征的权利要求1不符合专利法第22条第3款规定；（4）证据4中公开了独一味的提取方法"溶剂萃取法分离样品"及"大孔吸附树脂梯度洗脱法分离样品"，其分别与权利要求1的制备方法Ⅲ和Ⅳ相同，因此结合证据1、2和4所公开的技术内容，制备方法Ⅲ、Ⅳ表征的权利要求1不符合专利法第22条第3款的规定；（5）权利要求1中的制备方法Ⅱ是将制备方法Ⅰ的前半部分与制备方法Ⅳ的后半部分简单的拼凑，因此在制备方法Ⅰ和Ⅳ限定的技术方案不具备创造性的情况下，制备方法Ⅱ表征的权利要求1也不具备创造性；（6）权利要求2中进一步限定的是独一味软胶囊的组成物具体重量，其值是权利要求1范围值的中值，因此在权利要求1不具备创造性的情况下，权利要求2不具备创造性；（7）在独一味胶囊已知的基础上，根据现有技术，很容易能得到权利要求3的技术方案，对于具体的数值，结合对比文件1和2，通过计算或有限的试验就能得出，因此结合证据1和2所公开的技术内容，权利要求3不符合专利法第22条第3款的规定；（8）权利要求4、5中的成分都是独一味药物中固定含有的成分，见证据5、6，因此在权利要求3不具备创造性的情况下，权利要求4、5不符合专利法第22条第3款的规定；（9）权利要求4~16不符合专利法实施细则第20条第1款的规定。

经形式审查合格后，专利复审委员会受理了上述请求，于2007年4月16日向双方当事人发出《无效宣告请求受理通知书》，并将《专利权无效宣告请求书》及证据副本转送给专利权人，要求其在指定的期限内答复，同时成立合议组对本无效宣告请求案进行审理。

2007年9月27日，本案合议组向双方当事人发出口头审理通知书，定于2007年11月12日对本案进行口头审理。

2007年11月12日口头审理如期进行。双方当事人均委托代理人参加了口头审理，专利权人当庭提交口审答辩辞及如下作为药学资料的证据：

反证1："独一味药材四种不同提取方法化学成分的比较"，复印件共5页；

反证2："独一味药材五种不同提取方法所得产物在药效学方面的比较"，复印将共5页；

反证3："独一味胶囊与独一味软胶囊两种制剂的药效学作用比较试验"，复印件共5页；

反证4："独一味胶囊处方筛选研究"，复印件共50页。

合议组当庭将专利权人的答辩辞及反证1~4转送给请求人，并询问请求人是否在庭后对专利权人当庭提交的证据进行书面答辩，请求人表示庭上已经进行了答辩，庭后不需要再给答辩期限。口头审理过程中认定的事实如下：（1）请求人放弃了权利要求4~16不符合专利法实施细则第20条第1款的无效理由。（2）请求人当庭放弃了证据3和证据7。（3）请求人当庭出示了证据1的原件，专利权人对其真实性、合法性、公开性无异议；请求人当庭出示了加盖有"中国人民解放军医学图书馆"公章的证据2、4、5、6的复印件及中国人民解放军通用收费票据原件一张，专利权人对证据2、4、5、6的真实性有异议，但对其公开性没有异议。（4）请求人对专利权人提交的反证1~4的真实性有异议。（5）请求人当庭确认用证据1和2结合或者证据1、2和4结合评价权利要求1的创造性，证据1为最接近的对比文件；权利要求2是权利要求1的从属权利要求，其对比方式与权利要求1相同；证据1和2结合评价权利要求3的创造性；证据1、2、5和6或者证据1、2、4、5和6结合评价权利要求4和5的创造性。庭审中，合议组对请求人提出的无效理由和事实进行了充分调查，并听取了各方当事人的陈述。

口头审理后，专利权人于2007年11月22日提交了反证5：

反证5：中华人民共和国四川省成都市蜀都公证处作出的（2007）川成蜀证内民字第67094号公

证书。

反证5附有附件一至四，其分别对应上述反证4、1、2、3。公证书公证事项是2007年11月16日对四川贝力克生物研究所工作人员的电脑中保存的"独一味"软胶囊的相关药学资料（附件一至四）的打印过程和内容进行保全，附件一至四首页加盖"贝力克生物技术有限公司"的印章属实。

至此，合议组认为本案事实已经清楚，可以依法作出审查决定。

二、决定的理由

1. 无效宣告请求的理由和范围

请求人当庭放弃了权利要求4~16不符合专利法实施细则第20条第1款的无效理由。鉴于请求人当庭放弃了证据3和证据7，本决定中对于涉及证据3和7以及权利要求4~16不符合专利法实施细则第20条第1款的无效理由不进行评价。

根据请求人在口头审理中的确认，其请求宣告本专利无效的理由及其范围是：以证据1和2结合或者证据1、2和4结合评价权利要求1的创造性；证据1和2或者证据1、2和4结合评价权利要求2的创造性；证据1和2结合评价权利要求3的创造性；用证据1、2、5和6或者证据1、2、4、5和6结合评价权利要求4和5的创造性。

2. 关于证据

审查指南第四部分第三章第4.3.2节规定：专利权人应当在专利复审委员会指定的答复期限内提交证据，专利权人提交或者补充证据不符合上述期限规定或者未在上述期限内对所提交或者补充的证据具体说明的，专利复审委员会不予考虑。由于反证1~5是专利权人在口头审理当庭及口头审理后提交的证据，其举证时间已经超出了《无效宣告请求受理通知书》指定的一个月的答复期限，且这些证据不是技术词典、技术手册等公知常识性证据，且反证5的公证书是在口头审理后的2007年11月17日出具的，因此，合议组对反证1~5不予考虑。

请求人当庭提交了证据1的原件，专利权人对证据1的真实性、合法性、公开性无异议；请求人当庭出示了加盖有"中国人民解放军医学图书馆"骑缝章的证据2、4、5、6的复印件，专利权人对证据2、4、5、6的真实性有异议，认为无法确定证据2、4、5、6复印件的内容是否与原件一致，并且复印件上没有图书馆负责人的签字。

合议组认为，证据2、4、5、6的复印件上已经加盖了"中国人民解放军医学图书馆"的骑缝章，通常情况下，可认为证据2、4、5、6的复印件来源于中国人民解放军医学图书馆的馆藏文献，请求人对于证据2、4、5、6的真实性已经完成了基本的举证责任，在专利权人未提供任何有效证据支持其主张的情况下，合议组对证据2、4、5、6的真实性予以认可。

上述5份证据的公开日均早于本专利的申请日，因此证据1、2、4、5、6均构成了本专利的现有技术。

3. 关于专利法第22条第3款

专利法第22条第3款规定的创造性，是指同申请日以前已有的技术相比，该发明有突出的实质性特点和显著的进步。

对于一项权利要求所保护的技术方案而言，如果与最接近的对比文件相比该技术方案中存在现有技术没有公开的技术特征，并且对于该技术方案所要解决的技术问题，现有技术也未给出引入上述区别技术特征的启示，那么，所属领域技术人员基于上述对比文件要获得该技术方案是非显而易见的，仍需要付出创造性劳动，即该权利要求具有创造性。

（1）关于权利要求1的创造性，口头审理审理过程中请求人确认证据1为最接近的现有技术，并且认为证据1和2结合可以破坏制备方法I表征的权利要求1的创造性。证据1公开了一种独一味硬胶囊，其与权利要求1中制备方法I表征的技术方案相比，列表如下：

	方法I表征的权利要求1	证据1
药物剂型	软胶囊	硬胶囊
产品组成	独一味提取物、植物油、助悬剂	独一味提取物
各组份比例（重量份）	独一味提取物20~30、植物油25~36、助悬剂1~5	
制备方法	取独一味药材，粉碎成最粗粉，加水煎煮二次，第一次加10~30倍量的水，煎煮1~2小时，第二次加10~20倍量水，煎煮0.5~1.5小时，合并药液，滤过，滤液浓缩成稠膏，减压干燥，粉碎成细粉，过200目筛，备用	取独一味1000g，粉碎，加水煎煮三次，每次1小时，合并煎液，滤过，滤液浓缩成相对密度为1.30的清膏，在80℃以下干燥，加入适量淀粉，制成颗粒，干燥

通过上述列表分析可以发现，方法I表征的权利要求1的技术方案与证据1相比，首先，权利要求1产品本身的剂型、组成及配比与证据1不同，证据1的产品组成只是单一的独一味提取物，而权利要求1的产品由一定配比的独一味提取物、植物油和助悬剂组成。尽管证据2中记载了制备中药软胶囊的辅料选择，其中记载了多选用植物油基质，一般提取物与基质比介于1:1~1:2之间，并可选择适宜的润湿剂和助悬剂，但是证据2是记载中药软胶囊制备的一般性工艺及其原理的文献，其中并没有给出可以将独一味提取物与植物油、助悬剂结合的启示，而且证据2中也明确记载了中药提取物成分复杂，出膏率大，吸水性强，在制备软胶囊的过程中药物提取物、植物油及助悬剂的选择需要通过实验比较进行确定（如本专利说明书中表格10记载的沉降比实验），油量多触变值低，流动性好，但易泄漏；油少稳定性好，但流动性差，压丸困难，并非任何中药提取物都可以根据证据2在不付出创造性劳动的情况下显而易见地制得其软胶囊剂型。根据本专利说明书记载的大量实验可以证明，由独一味提取物为主料，选择合适的液态基质、助悬剂并确定其合适配比是有一定工艺技术要求、须经大量实验选择的。此外，制备方法I表征的权利要求1还包含了证据1和证据2没有公开的区别技术特征如将独一味药材"粉碎成最粗粉"，加水"煎煮二次"，第一次加"10~30倍量水"，第二次加"10~20倍量水"，将稠膏"粉碎成细粉，过200目筛"，即在独一味提取物的制备过程中对具体工艺条件进行了优化选择，煎煮次数及加水量的选择提高了得粉率及有效成分木犀草素的含量，将稠膏粉碎成200目筛的细粉更大大优化了终产品的沉降比（见说明书表9），经过工艺优化使得终产品产生了与现有剂型相比，服用剂量小，在肠胃道中崩解快、吸收快、显效快，生物利用度高、制剂稳定性强等有益效果，而证据1和2的结合无法得到有关引入这些技术特征并产生上述有益效果的技术启示。综上所述，基于证据1和2的教导，本领域技术人员为解决本发明制备软胶囊的技术问题仍然需要花费创造性的劳动来获得制备方法I表征的权利要求1的技术方案，因此制备方法I表征的权利要求1是非显而易见的，具有突出的实质性特点和显著的进步，具有创造性，符合专利法第22条第3款的规定。

（2）请求人认为证据1、2和4结合可以破坏制备方法II、III、IV表征的权利要求1的创造性。首先，权利要求1产品本身的剂型、组成及配比与证据1不同（具体理由如上所述）；其次，制备方法II、III和IV表征的权利要求1中还包含了证据1、2和证据4没有公开的区别技术特征如方法II中独一味药材"粉碎成最粗粉"，加水"煎煮二次"，第一次加"10~30倍量水"，第二次加"10~20

倍量水",将稠膏"粉碎成细粉,过200目筛",方法Ⅲ中使用"70%~99%的乙醇"回流提取,方法Ⅳ中用"70%~90%乙醇"渗漉,以"5~10ml/min"的速度渗漉等,即在独一味提取物的制备过程中对具体工艺条件进行了优化选择,提高了终产物的得粉率及有效成分木犀草素的含量(见说明书表8),优化了终产品的沉降比,经过工艺优化使得终产品产生了与现有剂型相比,服用剂量小,在肠胃道中崩解快、吸收快、显效快,生物利用度高、制剂稳定性强等有益效果,而证据1、2和4的结合无法得到有关引入这些技术特征并产生上述有益效果的技术启示;除此之外,证据4所公开的两种方法所得到的提取物与本发明的提取物组分存在差异,证据4中1.2.1节提取得到的产物为石油醚、乙酸乙酯、正丁醇和水提取的四部分混合物,而本发明只是石油醚、正丁醇和水提取的三部分混合物,证据4中1.2.2节提取得到的产物为水洗脱、10%乙醇洗脱、30%乙醇洗脱、50%乙醇洗脱、70%乙醇洗脱、90%乙醇洗脱的产物,而本申请得到产物为水洗脱及15%~45%乙醇洗脱的产物。综上所述,基于证据1、2和4的教导,本领域技术人员为解决本发明制备软胶囊的技术问题仍然需要花费创造性的劳动来获得制备方法Ⅱ、Ⅲ和Ⅳ表征的权利要求1的技术方案,因此制备方法Ⅱ、Ⅲ和Ⅳ表征的权利要求1是非显而易见的,具有突出的实质性特点和显著的进步,具有创造性,符合专利法第22条第3款的规定。

(3)鉴于独立权利要求1具备创造性,则其从属权利要求2相对于证据1、2、4的结合也具备创造性,符合专利法第22条第3款的规定。

(4)请求人认为证据1和2结合可以破坏权利要求3的创造性。证据1公开了一种独一味硬胶囊,权利要求3的技术方案与证据1相比,权利要求3产品本身的剂型、组成及配比与证据1不同,证据1的产品组成只是单一的独一味提取物,而权利要求3的产品由特定配比的独一味提取物、植物油和助悬剂组成。尽管证据2中记载了制备中药软胶囊的辅料选择,其中记载了多选用植物油基质,一般提取物与基质比介于1:1~1:2之间,并可选择适宜的润湿剂和助悬剂,但是证据2是记载中药软胶囊制备的一般性工艺及其原理的文献,其中并没有给出可以将独一味提取物与植物油、助悬剂结合的启示。权利要求3通过选择独一味提取物与植物油、助悬剂的特定比例,从而解决了本发明所要解决的技术问题,即克服了现有剂型的不足,达到了服用剂量小,在肠胃道中崩解快、吸收快、显效快、生物利用度高、制剂稳定性强等有益效果,通过说明书中表10和11的记载可以看出,当采用权利要求3中独一味提取物、植物油和助悬剂的比例时,终产品的沉降比和成品率显著提高。综上所述,基于证据1、2的教导,本领域技术人员为解决本发明制备软胶囊的技术问题仍然需要花费创造性的劳动来获得权利要求3的技术方案,因此权利要求3是非显而易见的,具有突出的实质性特点和显著的进步,具有创造性,符合专利法第22条第3款的规定。

(5)请求人认为证据1、2、5和6或者证据1、2、4、5和6结合可以破坏权利要求4和5的创造性。权利要求4引用了权利要求1、2或3,进一步限定了独一味提取物中含有脂溶性成分14%~21%、黄酮类化合物和苷8%~60%、多糖25%~65%。权利要求5引用了权利要求4,进一步限定了独一味提取物中含有的脂溶性成分为5、7、3′、4′-四羟基黄酮,5、7、3′、4′-甲羟基黄酮-7-O-β-D-葡萄糖苷,槲皮素,槲皮素-3-O-β-L-阿拉伯糖苷,5、7、4′-三羟基黄酮-7-O-β-新橙皮糖苷,偏诺皂苷元糖苷,β-谷甾醇和正三十三烷;黄酮类和苷类为木犀草素,木犀草素-7-O-葡萄糖苷,槲皮素,槲皮素-O-阿拉伯糖苷,芹菜素,芹菜素-7-O 新橙皮糖苷,β-谷甾醇。证据5和证据6公开了独一味药材中的部分化学成分如4′-甲羟基黄酮-7-O-β-D-葡萄糖苷,槲皮素,槲皮素-3-O-β-L-阿拉伯糖苷,5、7、4′-三羟基黄酮-7-O-β-新橙皮糖苷,木犀草素,木犀草素-7-O-葡萄糖苷,槲皮素等,但是将这些特征与证据1、2或4结合在一起仍没有给出引入前述权利要求1~3中存在的区别技术特征以解决本发明技术问题的技术启示,本领域技术人员仍然需要花费创造性的劳动来获得权利要求 4、5 的技术方案，因此权利要求 4、5 相对于证据 1、2、4、5、6 的结合是非显而易见的，具备突出的实质性特点和显著的进步，具有创造性，符合专利法第 22 条第 3 款的规定。

基于以上事实和理由，本案合议组作出如下审查决定。

三、决定

维持第 200410031071.4 号发明专利权有效。

当事人对本决定不服的，可以根据专利法第 46 条第 2 款的规定，自收到本决定之日起三个月内向北京市第一中级人民法院起诉。根据该款的规定，一方当事人起诉后，另一方当事人应当作为第三人参加诉讼。

北京市第一中级人民法院
行政判决书

(2008) 一中行初字第 391 号

原告北京世纪博康医药科技有限公司,住所地北京市丰台区科学城海鹰路9号综合楼9-8二层。

法定代表人付文江,董事长。

委托代理人赵海生,北京市国枫律师事务所律师。

委托代理人文艳秋,女,1972年1月27日出生,汉族,北京世纪博康医药科技有限公司研发人员,户籍所在地天津市河东区晨阳道帝旺温泉花园林语居7号楼1单元201号。

被告国家知识产权局专利复审委员会,住所地北京市海淀区北四环西路9号银谷大厦。

法定代表人廖涛,副主任。

委托代理人李梦楠,女,国家知识产权局专利复审委员会审查员。

委托代理人杨存吉,男,国家知识产权局专利复审委员会审查员。

第三人成都优他制药有限责任公司,住所地四川省成都市锦江工业开发区金石路456号。

法定代表人朱锦,总经理。

委托代理人孙喜,北京市立方律师事务所律师。

委托代理人达晓玲,女,成都优他制药有限责任公司职员。

原告北京世纪博康医药科技有限公司不服被告国家知识产权局专利复审委员会于2007年12月20日作出的第11005号无效宣告请求审查决定(以下简称第11005号决定),向本院提起行政诉讼。本院受理后,依法组成合议庭,在法定期限内向被告送达了起诉书副本及应诉通知书,依照《中华人民共和国行政诉讼法》第二十七条的规定,本院通知成都优他制药有限责任公司作为第三人参加诉讼,并于2008年5月6日公开开庭审理了本案。原告的委托代理人文艳秋,被告的委托代理人李梦楠、杨存吉,第三人的委托代理人孙喜、达晓玲到庭参加了诉讼。本案现已审理终结。

2007年12月20日,被告作出第11005号决定。该决定认为,名称为"藏药独一味软胶囊制剂及其制备方法"的第200410031071.4号发明专利(以下简称本专利)的权利要求1~5符合《中华人民共和国专利法》(以下简称《专利法》)第二十二条第三款的规定,故决定维持本专利权有效。

为证明第11005号决定的合法性,被告向本院提交了下列证据:1. 国家药典委员会编、2000年1月第1版的《中华人民共和国药典-2000年版一部》的封面、出版信息页及第533~534页(即第11005号决定中的证据1,以下简称证据1);2. 1996年2月10日《时珍国药研究》第7卷第1期的封面、目录页及第50~52页(即第11005号决定中的证据2,以下简称证据2);3. 2003年3月15日的《第四军医大学报》第24卷第5期的封面、目录页及第444~446页(即第11005号决定中的证据4,以下简称证据4);4. 1987年6月20日的《兰州医学院学报》1987年第2期的目录页、出版信息页及第47~50页(即第11005号决定中的证据5,以下简称证据5);5.《中草药》2001年第32卷第12期的封面、目录页及1141~1143页(即第11005号决定中的证据6,以下简称证据6);6. 本专利的授权公告文本。

原告诉称:本专利权利要求1的制备方法Ⅰ与证据1公开的内容没有本质的区别,二者仅仅是药物的剂型不同,而这一差异仅仅在于加入植物油和助悬剂。而在证据2中已公开在将提取物中加入适量的植物油和助悬剂就可以改变一种药物的剂型,明确记载"一般提取物与基质比介于1:1~1:2

之间",其中助悬剂要"依靠稳定性试验加以确定"。同时给出了稳定性试验的方法。因此,在"藏药独一味胶囊"已经存在的情况下,所属领域技术人员很容易从证据2中得到启示,并得到本案权利要求1的制备方法Ⅰ所要保护的方案。证据4公开的独一味提取物的制备方法与制备方法Ⅲ、Ⅳ相同。因此与证据1、2、4相比,制备方法Ⅲ、Ⅳ限定的权利要求1没有创造性。权利要求3作为独立权利要求,仅有成分及比例,没有提取方法限定该权利要求的提取物,其范围更为宽泛。对于该方案具体的数值,结合证据1、2通过有限的试验就能得出,故权利要求3亦不具备创造性。权利要求4、5限定独一味提取物的成分,在证据4、5中均已公开,故在权利要求1、3不具有创造性的情况下,权利要求4、5也不具有创造性。综上所述,请求法院依法撤销第11005号决定,并判令被告承担本案诉讼费用。原告在庭审中提出,在无效程序的口头审理中,第三人已经认可制备方法Ⅰ中的加水量、过目筛与证据1没有区别,由此可以证明权利要求1相对于证据1、2的结合不具有创造性。原告向本院提交了与被告提交的证据相同的6份证据,用以支持其诉讼主张。同时申请本院向被告调取口头审理记录表。根据原告的上述申请,本院向被告调取了口头审理记录表。

被告辩称,有关权利要求1~5的创造性判断问题,我委仍坚持第11005号决定的认定理由及结论。该决定认定事实清楚、适用法律正确、程序合法,审查结论正确。故请求法院判决予以维持。针对与原告在庭审中提出的诉讼理由,被告认为,即使如原告所说,也不影响对权利要求1创造性的判断。

第三人诉称:方法表征Ⅰ的权利要求1与证据1的剂型、组成及配比均不同,证据2是关于中药软胶囊研制的概述,其中并没有给出可以将独一味提取物与植物油、助悬剂结合的任何有用的技术启示,而本专利中独一味提取物、植物油及助悬剂选择及其比例需要通过实验来确定。因此,本领域技术人员为解决本发明的技术问题,在结合证据1、2后仍需付出创造性劳动。方法表征Ⅰ的权利要求1具有《专利法》第二十二条第三款规定的创造性。同理方法表征Ⅲ、Ⅳ的权利要求1亦符合《专利法》第二十二条第三款的规定。将证据1和2结合,本领域技术人员为解决本发明制备独一味软胶囊的技术问题还是需要花费创造性劳动获得权利要求3的技术方案。故权利要求3也是具有创造性。在权利要求1、3具备创造性的情况下,权利要求4、5亦具有创造性。综上,第11005号决定认定事实清楚,适用法律正确,程序合法,请求法院判决维持该决定。针对与原告在庭审中提出的诉讼理由,第三人同意被告的观点。第三人未向本院提交证据。

经庭审质证,原告、被告、第三人对原告、被告提交的证据以及本院调取的证据的关联性、合法性、真实性均没有异议,但是均不同意各自主张的证据的证明作用。

本院经审查认为,被告、原告提交的证据与本案审查的第11005号决定有关,且符合证据合法性、真实性的要求,能够证明本案的相关事实。本院依原告申请调取的证据能够证明口头审理中各方当事人的陈述以及口审中确定的重要事项。本院对上述证据均予以采纳。

根据上述确认的有效证据以及当事人当庭无争议的陈述,本院认定事实如下:

2004年4月20日,第三人向国家知识产权局提出名称为"藏药独一味软胶囊制剂及其制备方法"的发明专利申请。2006年5月10日,国家知识产权局授予其专利权,即本专利。本专利授权公告的权利要求书如下:

1. 一种独一味的软胶囊制剂,其特征在于该软胶囊由如下重量份的原料药组成:独一味提取物20~30重量份,植物油25~36重量份,助悬剂1~5重量份;

其中独一味提取物由下面四种提取方法中任意一种制备:

Ⅰ.取独一味药材,粉碎成最粗粉,加水煎煮二次,第一次加10~30倍量的水,煎煮1~2小时,第二次加10~20倍量水,煎煮0.5~1.5小时,合并药液,滤过,滤液浓缩成稠膏,减压干燥,粉碎成细粉,过200目筛,备用;

Ⅱ．取独一味药材，粉碎成最粗粉，加水煎煮二次，第一次加10~30倍量的水，煎煮1~2小时，第二次加10~20倍量水，煎煮0.5~1.5小时，合并药液，滤过，浓缩备用；将浓缩液过大孔树脂层析柱，用30~50倍蒸馏水洗脱，收集洗脱液浓缩成稠膏，减压干燥，粉碎成细粉，过200目筛，备用；

Ⅲ．取独一味药材，粉碎成粗粉，加70%~99%的乙醇回流提取2~3次，第一次加乙醇8~12倍量，回流1~3小时，第2、3次加乙醇6~10倍量，回流1~2小时；合并回流液，减压浓缩，回收乙醇至无醇味，得到醇提浓缩液；醇提浓缩液加水混悬后，依次用石油醚、正丁醇萃取2~3次，回收溶剂，干燥，得到石油醚提取物A，正丁醇提取物B，提取剩余部分为水提取物C；合并上述A、B、C三种提取物，粉碎成细粉，过200目筛，备用；

Ⅳ．取独一味药材，粉碎成粗粉，置于渗漉器中用70%~90%乙醇浸泡12~36小时后，以5ml~10ml/min的速度渗漉，直至流出液经薄层层析检测无斑点为止；减压浓缩回收乙醇至无醇味，得到独一味渗漉液；将独一味渗漉液加水静置12~36小时，得到沉淀物A，干燥备用；上清液过大孔树脂层析柱，分别用30~50倍蒸馏水，30~50倍15%~45%乙醇洗脱，回收乙醇，干燥，得到提取物B、C；合并上述A、B、C三种提取物，粉碎成细粉，过200目筛，备用。

2．权利要求1所述的独一味软胶囊制剂，其特征在于该软胶囊由如下重量份的原料药组成：独一味提取物26重量份，植物油29重量份，助悬剂3重量份。

3．一种独一味软胶囊制剂，其特征在于该软胶囊由如下重量份的原料药制成：独一味提取物26重量份，植物油29重量份，助悬剂3重量份。

4．如权利要求1、2或3所述的独一味的软胶囊制剂，其特征在于所述的独一味提取物中含有脂溶性成分14%~21%、黄酮类化合物和甙8%~60%、多糖25%~65%。

5．如权利要求4所述的制剂，其特征在于所述的独一味提取物中含有的脂溶性成分为5、7、3′、4′—四羟基黄酮，5、7、3′、4′-甲羟基黄酮-7-0-β-D-葡萄糖苷，槲皮素，槲皮素-3-0-β-L-阿拉伯糖苷，5、7、4′-三羟基黄酮-7-0-β-新橙皮糖苷，偏诺皂苷元糖苷，β-谷甾醇和正三十三烷；

黄酮类和甙类为木犀草素，木犀草素-7-0-葡萄糖苷，槲皮素，槲皮素-0-阿拉伯糖苷，芹菜素，芹菜素-7-0新橙皮糖苷，β-谷甾醇。

6．如权利要求1或3所述独一味软胶囊制剂的制备方法，其特征在于该方法为：

独一味药材100重量份粉碎成最粗粉，加水煎煮二次，第一次加20倍量的水，煎煮1.5小时，第二次加15倍量水，煎煮1小时，合并药液，滤过，滤液浓缩成稠膏，减压干燥，粉碎成细粉，过200目筛备用；取大豆油29重量份加热到80℃，加入蜂蜡3重量份，使其溶化，放凉至40℃左右，加入上述浸膏细粉，混匀，过胶体磨，压制成软胶囊，干燥，压制成软胶囊，经洗丸、干燥即得独一味软胶囊。

7．如权利要求1所述独一味软胶囊制剂的制备方法，其特征在于该方法为：取独一味药材，粉碎成最粗粉，加水煎煮二次，第一次加10~30倍量的水，煎煮1~2小时，第二次加10~20倍量水，煎煮0.5~1.5小时，合并药液，滤过，浓缩备用；将浓缩液过大孔树脂层析柱，用30~50倍蒸馏水洗脱，收集洗脱液浓缩成稠膏，减压干燥，粉碎成细粉，过200目筛备用；取植物油加热到80℃，加入助悬剂，使其溶化，放凉至40℃左右，加入上述浸膏细粉，混匀，过胶体磨，压制成软胶囊，经洗丸、干燥即得独一味软胶囊。

8．如权利要求7所述独一味软胶囊制剂的制备方法，其特征在于该方法为：

独一味药材，粉碎成最粗粉，加水煎煮二次，第一次加20倍量的水，煎煮1.5小时，第二次加15倍量水，煎煮1小时，合并药液，滤过，滤液浓缩备用；将浓缩液过大孔树脂层析柱，用40倍蒸馏水洗脱，收集洗脱液浓缩成稠膏，减压干燥，粉碎成细粉，过200目筛备用；取大豆油加热到80℃，加入蜂蜡，使其溶化，放凉至40℃左右，加入上述浸膏细粉，混匀，过胶体磨，压制成软胶囊，干燥，压制成软胶囊，经洗丸、干燥即得独一味软胶囊。

9. 如权利要求1所述独一味软胶囊制剂的制备方法，其特征在于该方法为：取独一味药材，粉碎成粗粉，加70%~99%的乙醇回流提取2~3次，第一次加乙醇8~12倍量，回流1~3小时，第2、3次加乙醇6~10倍量，回流1~2小时；合并回流液，减压浓缩，回收乙醇至无醇味，得到醇提浓缩液；醇提浓缩液加水混悬后，依次用石油醚、正丁醇萃取2~3次，回收溶剂，干燥，得到石油醚提取物A，正丁醇提取物B，提取剩余部分为水提取物C；合并上述A、B、C三种提取物，粉碎成细粉，过200目筛备用；取植物油加热到80℃，加入助悬剂，使其溶化，放凉至40℃左右，加入上述提取物细粉，混匀，过胶体磨，压制成软胶囊，经洗丸、干燥即得独一味软胶囊。

10. 如权利要求9所述的独一味软胶囊制剂的制备方法，其特征在于该方法为：

取独一味药材，粉碎成粗粉，加95%的乙醇回流提取3次，第一次加乙醇10倍量，回流2小时，第2、3次加乙醇8倍量，回流1.5小时；合并回流液，减压浓缩，回收乙醇至无醇味，得到醇提浓缩液；醇提浓缩液加等量水混悬后，依次用等量石油醚、正丁醇萃取3次，回收溶剂，干燥，得到石油醚提取物A，正丁醇提取物B，提取剩余部分为水提取物C；合并上述A、B、C三种提取物，粉碎成细粉，过200目筛备用；取大豆油加热到80℃，加入助悬剂蜂蜡，使其溶化，放凉至40℃左右，加入上述提取物细粉，混匀，过胶体磨，压制成软胶囊，经洗丸、干燥即得独一味软胶囊。

11. 如权利要求1所述的独一味软胶囊制剂的制备方法，其特征在于该方法为：取独一味药材，粉碎成粗粉，置于渗漉器中用70%~90%乙醇浸泡12~36小时后，以5ml~10ml/min的速度渗漉，直至流出液经薄层层析检测无斑点为止；减压浓缩回收乙醇至无醇味，得到独一味渗漉液；将独一味渗漉液加水静置12~36小时，得到沉淀物A，干燥备用；上清液过大孔树脂层析柱，分别用30~50倍蒸馏水，30~50倍15%~45%乙醇洗脱，回收乙醇，干燥，得到提取物B、C；合并上述A、B、C三种提取物，粉碎成细粉，过200目筛备用；取植物油加热到80℃，加入助悬剂，使其溶化，放凉至40℃左右，加入上述提取物细粉，混匀，过胶体磨，压制成软胶囊，经洗丸、干燥即得独一味软胶囊。

12. 如权利要求11所述的独一味软胶囊制剂的制备方法，其特征在于该方法为：

取独一味药材100重量份，粉碎成粗粉，置于渗漉器中用80%乙醇浸泡24小时后，以5ml/min的速度渗漉，直至流出液经薄层层析检测无斑点为止；减压浓缩回收乙醇至无醇味，得到独一味渗漉液；将独一味渗漉液加水静置24小时，得到沉淀物A，干燥备用；上清液过大孔树脂层析柱，分别用40倍蒸馏水，40倍30%乙醇洗脱，回收乙醇，干燥，得到提取物B、C；合并上述A、B、C三种提取物共26重量份，粉碎成细粉，过200目筛备用；取大豆油29重量份加热到80℃，加入助悬剂蜂蜡3重量份，使其溶化，放凉至40℃左右，加入上述提取物细粉，混匀，过胶体磨，压制成软胶囊，经洗丸、干燥即得独一味软胶囊。

13. 如权利要求7、9或11中所述的独一味软胶囊制剂的制备方法，其特征在于所用植物油是大豆油、色拉油、麻油、花生油、玉米油、杏仁油、桃仁油、棉籽油、葵花籽油、蓖麻油、橄榄油中的一种或几种。

14. 如权利要求7、9或11中所述的独一味软胶囊制剂的制备方法，其特征在于所用助悬剂是甘油、吐温-80、棕榈油、单硬脂酸铝、大豆卵磷脂或蜂蜡等中的任意一种或几种。

15. 如权利要求1、2或3所述的独一味软胶囊制剂的质量控制方法，其特征在于该方法中含量测定方法为：

高效液相色谱法：色谱条件色谱柱：Hypersil BDS C_{18}；

流动相：比例为40:60的甲醇-0.2%磷酸溶液，检测波长350nm，检测灵敏度0.01AUFS，柱温：30℃，流速：1.0ml/min，进样量：10μl；

对照溶液的制备：精密称取木犀草素对照品适量，加甲醇制成每 1ml 含 25μg 的溶液，即得；

供试品溶液的制备：分别取各提取试验项下的浸膏粉约 2g，精密称定，分别置 100ml 磨口具塞三角瓶中，精密加甲醇 25ml 称定重量，超声处理 30 分钟，放冷，再称定重量，加甲醇补足减失的重量，摇匀，滤过，取续滤液作为供试品溶液；

线性关系：精密称取木犀草素对照品适量，加甲醇制成每 1ml 含 28.5μg 的溶液，吸取该溶液 2、5、8、10、12、15μl，注入高效液相色谱仪，按上述色谱测定木犀草素吸收峰面积；软胶囊制剂中每粒含独一味以木犀草素计，不得少于 0.8000mg。

16. 如权利要求 15 所述的独一味软胶囊制剂的质量控制方法，其特征在于该方法中还包括如下鉴别方法：

照薄层色谱法：

取软胶囊内容物 0.3g，加乙醇 5ml，加热回流 10 分钟，滤过，取滤液 2ml，浓缩至约 1ml，作为供试品溶液；

另取独一味对照药材 1g，同上法制成对照药材溶液；

吸取上述两种溶液各 5μl，分别点于同一硅胶 G 薄层板上，以比例为 4∶1 的氯仿-甲醇为展开剂，展开，取出，晾干，喷以磷钼酸试液，在 105℃ 加热约 15 分钟；

供试品色谱中，在与对照药材色谱相应的位置上，显相同颜色的斑点。

2007 年 3 月 14 日，原告以本专利权利要求 1~5 不符合《专利法》第二十二条第三款，以及本专利权利要求 4~16 不符合《中华人民共和国专利法实施细则》第二十条第一款的规定为由，向被告提出无效宣告请求，同时提交了包括证据 1、2、4、5、6 在内的 6 份证据。同年 3 月 21 日，原告再次提交了意见陈述及 1997 年 12 月第 1 版的《中药药剂学》的封面、扉页、封底及第 355 页的复印件作为证据。被告受理了该无效宣告请求，将有关文件及附件转送给第三人，并于 2007 年 11 月 12 日举行了口头审理。口头审理记录记载了如下内容：1. 原告放弃了本专利权利要求 4~16 不符合《中华人民共和国专利法实施细则》第二十条第一款的规定的无效理由。2. 明确以证据 1、2、4、5、6 作为评价权利要求 1~5 创造性的依据，放弃使用其他的证据。同时明确了评价创造性的具体证据组合方式，即以证据 1 为最接近的对比文件，分别与证据 2 结合或者与证据 2 和 4 结合评价权利要求 1、2 的创造性，与证据 2 结合评价权利要求 3 的创造性；与证据 2、5 和 6 或者与证据 2、4、5 和 6 结合评价权利要求 4 和 5 的创造性。3. 第三人当庭提交口审答辩辞及 4 份证据作为反证。上述反证当庭送达原告，原告表示庭上已经进行了答辩，庭后不需要再给答辩期限。4. 原告当庭出示了证据 1 的原件，及加盖有"中国人民解放军医学图书馆"公章的证据 2、4、5、6 的复印件、中国人民解放军通用收费票据原件一张。第三人对证据 1 的真实性、合法性、公开性无异议；对证据 2、4、5、6 的真实性有异议，但对其公开性没有异议；原告对第三人提交的 4 份反证的真实性有异议。

2007 年 11 月 22 日，第三人提交了对其口审提交的 4 份反证的公证书，公证事项是 2007 年 11 月 16 日对四川贝力克生物研究所工作人员的电脑中保存的"独一味"软胶囊的相关药学资料，即 4 份反证的打印过程和内容进行保全，4 份反证的首页加盖"贝力克生物技术有限公司"的印章属实。

鉴于原告在口头审理中放弃了权利要求 4~16 不符合《中华人民共和国专利法实施细则》第二十条第一款的规定的无效理由以及除证据 1、2、4-6 之外的其他证据，被告在第 11005 号决定中对原告放弃的证据以及无效理由未再进行评述。

针对原告以及第三人提交的证据，被告认为，第三人提交的 5 份反证是其在口头审理当庭及庭后提交的证据，其举证时间已经超出了《无效宣告请求受理通知书》指定的一个月的答复期限，这些证据亦不是技术词典、技术手册等公知常识性证据，且公证书是在口头审理后的 2007 年 11 月 17 日出具的，因此，根据《审查指南》第四部分第三章第4.3.2节的规定，被告对该5份反证均不予考虑。原告提交的证据2、4、5、6的复印件上已经加盖了"中国人民解放军医学图书馆"的骑缝章，通常情况下，可认为证据2、4、5、6的复印件来源于中国人民解放军医学图书馆的馆藏文献，原告对于证据2、4、5、6的真实性已经完成了基本的举证责任，在第三人未提供任何有效证据支持其主张的情况下，被告对证据2、4、5、6的真实性予以认可。原告提交的5份证据的公开日均早于本专利的申请日，因此证据1、2、4、5、6均构成了本专利的现有技术。

对于制备方法Ⅰ表征的权利要求1的创造性问题，被告认为，证据1公开了一种独一味硬胶囊，其与权利要求1中制备方法Ⅰ表征的技术方案相比，权利要求1产品本身的剂型、组成及配比与证据1不同，证据1的产品组成只是单一的独一味提取物，而权利要求1的产品由一定配比的独一味提取物、植物油和助悬剂组成。尽管证据2中记载了制备中药软胶囊的辅料选择多选用植物油基质，一般提取物与基质比介于1:1~1:2之间，并可选择适宜的润湿剂和助悬剂，但是证据2是记载中药软胶囊制备的一般性工艺及其原理的文献，其中并没有给出可以将独一味提取物与植物油、助悬剂结合的启示，而且证据2中也明确记载了中药提取物成分复杂，出膏率大，吸水性强，在制备软胶囊的过程中药物提取物、植物油及助悬剂的选择需要通过实验比较进行确定（如本专利说明书中表格10记载的沉降比实验），油量多触变值低，流动性好，但易泄漏；油少稳定性好，但流动性差，压丸困难，并非任何中药提取物都可以根据证据2在不付出创造性劳动的情况下显而易见地制得其软胶囊剂型。根据本专利说明书记载的大量实验可以证明，由独一味提取物为主料，选择合适的液态基质、助悬剂并确定其合适配比是有一定工艺技术要求、须经大量实验选择的。此外，制备方法Ⅰ表征的权利要求1还包含了证据1和证据2没有公开的区别技术特征如将独一味药材"粉碎成最粗粉"，加水"煎煮二次"，第一次加"10~30倍量水"，第二次加"10~20倍量水"，将稠膏"粉碎成细粉，过200目筛"，即在独一味提取物的制备过程中对具体工艺条件进行了优化选择，煎煮次数及加水量的选择提高了得粉率及有效成分木犀草素的含量，将稠膏粉碎成200目筛的细粉更大大优化了终产品的沉降比（见说明书表9），经过工艺优化使得终产品产生了与现有剂型相比，服用剂量小，在肠胃道中崩解快、吸收快、显效快，生物利用度高、制剂稳定性强等有益效果，而证据1和2的结合无法得到有关引入这些技术特征并产生上述有益效果的技术启示。综上所述，基于证据1和2的教导，本领域技术人员为解决本发明制备软胶囊的技术问题仍然需要花费创造性的劳动来获得制备方法Ⅰ表征的权利要求1的技术方案，因此制备方法Ⅰ表征的权利要求1是非显而易见的，具有突出的实质性特点和显著的进步，具有创造性，符合《专利法》第二十二条第三款的规定。

对于制备方法Ⅱ、Ⅲ和Ⅳ表征的权利要求1的创造性问题，被告认为，权利要求1与证据1产品本身的剂型、组成及配比方面不同，具体理由如上所述；其次，制备方法Ⅱ、Ⅲ和Ⅳ表征的权利要求1中还包含了证据1、2和证据4没有公开的区别技术特征如方法Ⅱ中独一味药材"粉碎成最粗粉"，加水"煎煮二次"，第一次加"10~30倍量水"，第二次加"10~20倍量水"，将稠膏"粉碎成细粉，过200目筛"，方法Ⅲ中使用"70%~99%的乙醇"回流提取，方法Ⅳ中用"70%~90%乙醇"渗漉，以"5ml~10ml/min"的速度渗漉等，即在独一味提取物的制备过程中对具体工艺条件进行了优化选择，提高了终产物的得粉率及有效成分木犀草素的含量（见说明书表8），优化了终产品的沉降比，经过工艺优化使得最终产品产生了与现有剂型相比，服用剂量小，在肠胃道中崩解快、吸收、显效快，生物利用度高、制剂稳定性强等有益效果，而证据1、2和4的结合无法得到有关引入这些技术特征并产生上述有益效果的技术启示；除此之外，证据4所公开的两种方法所得到的提取物与本发明的提取物组分存在差异，证据4中1.2.1节提取得到的产物为石油醚、乙酸乙酯、正丁醇和水提取的四部分混合物，而本发明只是石油醚、正丁醇和水提取的三部分混合物，证据4中1.2.2节提取得到的产物为水洗脱、10%乙醇洗脱、

30%乙醇洗脱、50%乙醇洗脱、70%乙醇洗脱、90%乙醇洗脱的产物,而本申请得到产物为水洗脱及15%~45%乙醇洗脱的产物。综上所述,基于证据1、2和4的教导,本领域技术人员为解决本发明制备软胶囊的技术问题仍然需要花费创造性的劳动来获得制备方法Ⅱ、Ⅲ和Ⅳ表征的权利要求1的技术方案,因此制备方法Ⅱ、Ⅲ和Ⅳ表征的权利要求1是非显而易见的,具有突出的实质性特点和显著的进步,具有创造性,符合《专利法》第二十二条第三款的规定。

鉴于独立权利要求1具备创造性,则其从属权利要求2相对于证据1、2、4的结合也具备创造性,符合《专利法》第二十二条第三款的规定。

关于权利要求3的创造性问题,证据1公开了一种独一味硬胶囊,权利要求3的技术方案与证据1相比,在产品本身的剂型、组成及配比方面不同,证据1的产品组成只是单一的独一味提取物,而权利要求3的产品由特定配比的独一味提取物、植物油和助悬剂组成。尽管证据2中记载了制备中药软胶囊的辅料选择,其中记载了多选用植物油基质,一般提取物与基质比介于1:1~1:2之间,并可选择适宜的润湿剂和助悬剂,但是证据2是记载中药软胶囊制备的一般性工艺及其原理的文献,其中并没有给出可以将独一味提取物与植物油、助悬剂结合的启示。权利要求3通过选择独一味提取物与植物油、助悬剂的特定比例,从而解决了本发明所要解决的技术问题,即克服了现有剂型的不足,达到了服用剂量小,在肠胃道中崩解快、吸收快、显效快、生物利用度高、制剂稳定性强等有益效果,通过说明书中表10和11的记载可以看出,当采用权利要求3中独一味提取物、植物油和助悬剂的比例时,终产品的沉降比和成品率显著提高。综上所述,基于证据1、2的教导,本领域技术人员为解决本发明制备软胶囊的技术问题仍然需要花费创造性的劳动来获得权利要求3的技术方案,因此权利要求3是非显而易见的,具有突出的实质性特点和显著的进步,具有创造性,符合《专利法》第二十二条第三款的规定。

权利要求4引用了权利要求1、2或3,进一步限定了独一味提取物中含有脂溶性成分14%~21%、黄酮类化合物和甙8%~60%、多糖25%~65%。权利要求5引用了权利要求4,进一步限定了独一味提取物中含有的脂溶性成分为5、7、3′、4′-四羟基黄酮,5、7、3′、4′-甲羟基黄酮-7-O-β-D-葡萄糖苷,槲皮素,槲皮素-3θL-阿拉伯糖苷,5、7、4′-三羟基黄酮-7-O-β-新橙皮糖苷,偏诺皂苷元糖苷,β-谷甾醇和正三十三烷;黄酮类和甙类为木犀草素,木犀草素-7-O-葡萄糖苷,槲皮素,槲皮素-O-阿拉伯糖苷,芹菜素,芹菜素-7-O新橙皮糖苷,β-谷甾醇。证据5和证据6公开了独一味药材中的部分化学成分如4′-甲羟基黄酮-7-O-β-D-葡萄糖苷,槲皮素,槲皮素-3-O-β-L-阿拉伯糖苷,5、7、4′-三羟基黄酮-7-O-β-新橙皮糖苷,木犀草素,木犀草素-7-O-葡萄糖苷,槲皮素等,但是将这些特征与证据1、2或4结合在一起仍没有给出引入前述权利要求1~3中存在的区别技术特征以解决本发明技术问题的技术启示,本领域技术人员仍然需要花费创造性的劳动来获得权利要求4、5的技术方案,因此权利要求4、5相对于证据1、2、4、5、6的结合是非显而易见的,具备突出的实质性特点和显著的进步,具有创造性,符合《专利法》第二十二条第三款的规定。

基于上述的分析,被告于2007年12月20日作出第11005号决定。原告不服该决定,向本院提起行政诉讼。

在本院庭审中,原告、第三人对被告作出第11005号决定的程序,该决定认定的无效宣告请求的理由和范围,对证据的审查认定结论,以及对于制备方法Ⅱ表征的权利要求1的技术方案具有创造性的认定结论均不持异议。原告亦认可在权利要求1、3具有创造性的前提下,权利要求2、4、5也具有创造性。

本院认为,鉴于原告及第三人对于被告的审查程序,以及该决定对无效宣告请求的理由和范围、双方提交证据的审查认定、关于制备方法Ⅱ表征的权利要求1具备创造性的认定结论均不持异议。经审查，本院认同被告的上述认定结论，并对被告作出被诉决定程序的合法性予以确认。

根据《专利法》第二十二条第三款的规定，发明的创造性是指同申请日以前已有的技术相比，该发明有突出的实质性特点和显著的进步。本专利权利要求1是用方法表征的产品权利要求，在创造性判断时，除制备方法外还应当看产品的技术特征。本专利权利要求1与证据1公开的技术内容相比，二者在药物的剂型、组成以及各组份的比例上存在不同之处。虽然证据2公开了中药软胶囊制作的一般工艺、原理，以及制备中药软胶囊选用的辅料，但是由于药物的化学成分是极其复杂的，在中药制剂过程中，对选用辅料配比的要求是不同的，需要通过大量的实验予以确定。本领域技术人员在证据1、2公开内容的基础上，需要通过大量的实验比较才能确定对于独一味提取物、植物油以及助悬剂的配比，以制得独一味软胶囊。同时，制备方法Ⅰ或Ⅲ、Ⅳ表征的权利要求1中对独一味提取物的制备过程中对工艺条件进行了优化选择，并带来服用剂量小，在肠胃道中崩解快，吸收、显效快，生物利用度高、制剂稳定性强等有益效果，而本领域技术人员在证据1公开内容的基础上，结合证据2无法得到有关引入这些技术特征并产生上述有益效果的技术启示。证据4公开的制备方法所得到提取物与本专利权利要求1的提取物的组份有差别。被告据此认定权利要求1相对于证据1、2的结合或证据1、2、4的结合不具备创造性正确。

权利要求2作为权利要求1的从属权利要求，在权利要求1具备创造性的前提下，被告认定其从属权利要求2也具备创造性亦是正确的。

权利要求3与证据1相比，亦在药物剂型、组成及其组份比例方面存在区别。基于前述理由，本领域技术人员在证据1、2公开内容的基础上，需要经过大量的实验比较选择确定独一味提取物与辅料的特定配比，同时克服了现有剂型的不足，取得了有益效果。被告据此认定权利要求3相对于证据1、2的结合具备创造性正确。

权利要求4作为权利要求1、2或3的从属权利要求，进一步限定了独一味提取物的组成。权利要求5是权利要求4的从属权利要求，进一步限定了独一味提取物中的溶脂性成分的化学成份。虽然证据5、6公开了独一味药物的部分化学成份，但是在其引用的权利要求具备创造性的前提下，本领域技术人员在证据1、2、4、5、6公开内容的基础上，得到权利要求4、5所保护的技术方案仍需要花费创造性的劳动。被告认定权利要求4、5相对于证据1、2、4、5、6具备创造性正确。

综上，第11005号决定认定事实清楚，适用法律正确，审理程序合法，本院应予维持。原告的诉讼理由根据不足，本院不予采纳。其诉讼请求本院亦不予支持。据此，依照《中华人民共和国行政诉讼法》第五十四条第（一）项的规定，判决如下：

维持被告国家知识产权局专利复审委员会于二〇〇七年十二月二十日作出的第11005号无效宣告请求审查决定。

案件受理费100元，由原告北京世纪博康医药科技有限公司负担（已交纳）。

如不服本判决，可在判决书送达之日起15日内向本院递交上诉状，并按对方当事人的人数提出副本，上诉于北京市高级人民法院。上诉人在接到人民法院预交诉讼费的通知后7日内未预交，又不提出缓交申请的，按自动撤回上诉处理。

审　判　长　张　杰
代理审判员　何君慧
人民陪审员　张燕宾
二〇〇八年七月一日
书　记　员　李　智

北京市高级人民法院
行政判决书

(2008) 高行终字第 698 号

上诉人（一审原告）北京世纪博康医药科技有限公司，住所地北京市丰台区科学城海鹰路 9 号综合楼 9-8 二层。

法定代表人付文江，董事长。

委托代理人范立君，男，1973 年 4 月 24 日出生，汉族，北京世纪博康医药科技有限公司法律顾问，户籍所在地天津市南开区西青道秋爽西里 5 号楼 7 门 303 号。

委托代理人崔卜东，男，1976 年 7 月 26 日出生，汉族，北京世纪博康医药科技有限公司法律顾问，户籍所在地辽宁省海城市温香镇前公村 04 组。

被上诉人（一审被告）国家知识产权局专利复审委员会，住所地北京市海淀区北四环西路 9 号银谷大厦 10～12 层。

法定代表人廖涛，副主任。

委托代理人李梦楠，女，国家知识产权局专利复审委员会审查员。

委托代理人杨存吉，男，国家知识产权局专利复审委员会审查员。

被上诉人（一审第三人）成都优他制药有限责任公司，住所地四川省成都市锦江工业开发区金石路 456 号。

法定代表人周先敏，总经理。

委托代理人孙喜，北京市立方律师事务所律师。

委托代理人刘永全，北京市立方律师事务所律师。

上诉人北京世纪博康医药科技有限公司（以下简称世纪博康公司）因专利无效宣告请求审查决定一案，不服北京市第一中级人民法院（以下简称一审法院）(2008) 一中行初字第 391 号行政判决，向本院提起上诉。本院受理后，依法组成合议庭于 2009 年 2 月 16 日，公开开庭进行了审理，上诉人世纪博康公司的委托代理人范立君、崔卜东，被上诉人国家知识产权局专利复审委员会（以下简称专利复审委）的委托代理人李梦楠、杨存吉，被上诉人成都优他制药有限责任公司（以下简称优他制药公司）的委托代理人孙喜、刘永全到庭参加诉讼。本案现已审理终结。

2007 年 12 月 20 日，专利复审委根据《中华人民共和国专利法》（以下简称《专利法》）第二十二条第三款的规定作出第 11005 号无效宣告请求审查决定（以下简称第 11005 号决定），维持名称为"藏药独一味软胶囊制剂及其制备方法"的第 200410031071.4 号发明专利权（以下简称本专利）有效。

一审法院经审理认为，根据《专利法》第二十二条第三款的规定，发明的创造性是指同申请日以前已有的技术相比，该发明有突出的实质性特点和显著的进步。本专利权利要求 1 是用方法表征的产品权利要求，在创造性判断时，除制备方法外还应当看产品的技术特征。本专利权利要求 1 与证据 1 公开的技术内容相比，二者在药物的剂型、组成以及各组份的比例上存在不同之处。虽然证据 2 公开了中药软胶囊制作的一般工艺、原理，以及制备中药软胶囊选用的辅料，但是由于药物的化学成分是极其复杂的，在中药制剂过程中，对选用辅料配比的要求是不同的，需要通过大量的实验予以确定。本领域技术人员在证据 1、2 公开内容的基础上，需要通过大量的实验比较才能确定对于独一味提取物、植物油以及助悬剂的配比，以制得独一味软胶囊。同时，制备方法 I 或 III、IV 表征的权利要求1中对独一味提取物的制备过程中对工艺条件进行了优化选择，并带来服用剂量小，在肠胃道中崩解快，吸收快、显效快，生物利用度高、制剂稳定性强等有益效果，而本领域技术人员在证据1公开内容的基础上，结合证据2无法得到有关引入这些技术特征并产生上述有益效果的技术启示。证据4公开的制备方法所得到提取物与本专利权利要求1的提取物的组份有差别。专利复审委据此认定权利要求1具备创造性正确。

权利要求2作为权利要求1的从属权利要求，在权利要求1具备创造性的前提下，专利复审委认定权利要求2也具备创造性是正确的。

权利要求3与证据1相比，亦在药物剂型、组成及其组份比例方面存在区别。基于前述理由，本领域技术人员在证据1、2公开内容的基础上，需要经过大量的实验比较选择确定独一味提取物与辅料的特定配比，同时克服了现有剂型的不足，取得了有益效果。专利复审委认定权利要求3具备创造性正确。

权利要求4作为权利要求1、2或3的从属权利要求，进一步限定了独一味提取物的组成。权利要求5是权利要求4的从属权利要求，进一步限定了独一味提取物中的溶脂性成分的化学成份。虽然证据5、6公开了独一味药物的部分化学成份，但是在其引用的权利要求具备创造性的前提下，本领域技术人员在证据1、2、4、5、6公开内容的基础上，得到权利要求4、5所保护的技术方案仍需要花费创造性的劳动。专利复审委认定权利要求4、5相对于证据1、2、4、5、6具备创造性正确。一审法院综上认为，第11005号决定认定事实清楚，适用法律正确，审理程序合法，应予维持。世纪博康公司的诉讼理由根据不足，其诉讼请求不予支持。据此，一审法院依照《中华人民共和国行政诉讼法》第五十四条第（一）项的规定，判决维持了第11005号决定。世纪博康公司不服一审判决，向本院提起上诉。

世纪博康公司上诉称，一审法院没有对本案重要事实和证据进行调查和质证，认定事实不清，证据不足，适用法律错误，审判程序违法。主要表现在：一是对专利复审委认定本专利权利要求1~5具备创造性的证据之一"本专利与现有技术相比之有益效果"没有经过质证程序；二是对专利复审委认定本专利权利要求1~5具备创造性的另一个重要证据"专利说明书第10页表格10"没有经过质证程序；三是对于"本专利与现有技术相比产生了有益效果"的事实认定不清，证据不足；四是一审法院在没有确认"显著性进步"存在的情况下认定了权利要求1~5的创造性，属于适用法律错误；五是一审法院对"独一味提取物制备过程中的工艺条件优化"事实认定不清，证据不足。请求二审法院撤销一审判决，撤销第11005号决定。

专利复审委答辩称，第11005号决定认定事实清楚，程序合法，适用法律得当，具体理由在决定中有详细论述，世纪博康公司的上诉理由不能成立，请求二审法院判决驳回上诉，维持一审判决。

优他制药公司认为，本专利权利要求1是用制备方法特征限定的产品独立权利要求，分别用制备方法特征Ⅰ、Ⅱ、Ⅲ、Ⅳ对权利要求1的保护主题进行限定，实质上记载了4个并列的技术方案。权利要求2~5为直接或间接引用权利要求1的从属权利要求。以制备方法特征Ⅰ限定的权利要求1、权利要求2~5均具有创造性。理由是：将以制备方法特征Ⅰ限定的权利要求1的产品与证据1所公开的产品相比，二者的剂型、组成及配比不同，制备工艺的步骤存在区别。虽然中药软胶囊已有剂型，但对于独一味制剂而言，在本专利申请日前，仅有硬胶囊用于临床，本发明的主要目的就是针对硬胶囊存在的不足，而提供一种服用量小、起效快的新的软胶囊剂型，以开发藏药资源，增加藏药剂型。独一味由于成分复杂、出膏率大、吸水性强，为了保证制剂混悬液的稳定性、流动性和可吸收性，因此，权利要求1所述技术方案关于液态基质、助悬剂以及独一味提取物、液态基质和助悬剂的具体配比的选择，需要在考虑多种因素的基础上，经过具体、详细的研究和实验才能确定，而证据2只是记载中药软胶囊一般工艺及其原理的基础、综述文献,并不涉及特定中药软胶囊(特别是独一味软胶囊)制备工艺的技术文献。另外,与证据1相比,权利要求1的制备方法Ⅰ还对某些具体工艺步骤进行了进一步的优化选择。因此,对所属技术领域的技术人员而言,证据1和2的结合没有给出将上述区别技术特征应用到现有技术并解决所属技术问题的启示,以制备方法Ⅰ限定的权利要求1的技术方案相对于证据1和2的结合是非显而易见的。同时,本专利所制备的独一味软胶囊与现有剂型相比,具有"服用剂量小、在肠胃道中崩解快,吸收快、显效快,生物利用度高、制剂稳定性强"的有益效果。优他制药公司综上认为,以制备方法特征限定的权利要求1具有创造性,从属权利要求2~5也具有创造性。一审判决认定事实清楚,适用法律正确,请求二审法院判决维持。

一审期间,专利复审委及世纪博康公司分别向法院提交了以下证据:1.《中华人民共和国药典》2000年版一部的封面、出版信息页及第533~534页(即第11005号决定中的证据1,以下简称证据1);2. 1996年2月10日《时珍国药研究》第7卷第1期的封面、目录页及第50~52页(即第11005号决定中的证据2,以下简称证据2);3. 2003年3月15日的《第四军医大学报》第24卷第5期的封面、目录页及第444~446页(即第11005号决定中的证据4,以下简称证据4);4. 1987年6月20日的《兰州医学院学报》1987年第2期的目录页、出版信息页及第47~50页(即第11005号决定中的证据5,以下简称证据5);5.《中草药》2001年第32卷第12期的封面、目录页及第1141~1143页(即第11005号决定中的证据6,以下简称证据6);6. 本专利的授权公告文本。

优他制药公司未向法院提交证据。

一审法院根据世纪博康公司的申请调取了专利复审委的口审记录表。

上述证据均随案移送本院,经庭审质证,合议庭审查认为,上述证据与本案具有关联性,内容真实,来源合法,能够证明法院查明的事实,本院予以确认。

在本院审理期间,世纪博康公司补充提交了以下证据:1. 天津医科大学基础医学院药理学教研室出具的《藏药独一味软胶囊和硬胶囊的镇痛作用比较实验》,实验时间为2008年12月,用以证明专利复审委和一审法院认定本专利的"有益效果"是错误的;2. 口审记录表,用以证明优他制药公司在口审中已认可"加水量和加水次数不作为产品的技术特征";3. 申请号为200410070710.8说明书第9页倒数第1行"即加水煎煮三次",用以证明优他制药公司实际使用的独一味煎煮次数可以是三次;4. 中国医药科技出版社出版的《药剂学》2002年8月第1版,第366~367页,用以证明通过5号筛的粉末就是指的细粉以及本专利对于细粉以筛子的目数表述没有注明孔径大小,是不规范的。

经审查,世纪博康公司补充提交的口审记录表与一审法院调取的口审记录表一致,本院予以确认,其补充提交的其他证据因在一审程序中无正当事由未提供且不属于新证据,不符合最高人民法院《关于行政诉讼证据若干问题的规定》第七条第二款、第五十二条的规定,本院不予接纳。

经审理查明,2004年4月20日,优他制药公司向国家知识产权局提出名称为"藏药独一味软胶囊制剂及其制备方法"的发明专利申请。2006年5月10日,国家知识产权局授予其专利权,专利号为200410031071.4。本专利授权公告的权利要求书如下:

1. 一种独一味的软胶囊制剂,其特征在于该软胶囊由如下重量份的原料药组成:独一味提取物20~30重量份,植物油25~36重量份,助悬剂1~5重量份;

其中独一味提取物由下面四种提取方法中任意一种制备:

Ⅰ. 取独一味药材,粉碎成最粗粉,加水煎煮二次,第一次加10~30倍量的水,煎煮1~2小时,第二次加10~20倍量水,煎煮0.5~1.5小时,合并药液,滤过,滤液浓缩成稠膏,减压干燥,粉碎成细粉,过200目筛,备用;

Ⅱ．取独一味药材，粉碎成最粗粉，加水煎煮二次，第一次加10～30倍量的水，煎煮1～2小时，第二次加10～20倍量水，煎煮0.5～1.5小时，合并药液，滤过，浓缩备用；将浓缩液过大孔树脂层析柱，用30～50倍蒸馏水洗脱，收集洗脱液浓缩成稠膏，减压干燥，粉碎成细粉，过200目筛，备用；

Ⅲ．取独一味药材，粉碎成粗粉，加70％～99％的乙醇回流提取2～3次，第一次加乙醇8～12倍量，回流1～3小时，第2、3次加乙醇6～10倍量，回流1～2小时；合并回流液，减压浓缩，回收乙醇至无醇味，得到醇提浓缩液；醇提浓缩液加水混悬后，依次用石油醚、正丁醇萃取2～3次，回收溶剂，干燥，得到石油醚提取物A，正丁醇提取物B，提取剩余部分为水提取物C；合并上述A、B、C三种提取物，粉碎成细粉，过200目筛，备用；

Ⅳ．取独一味药材，粉碎成粗粉，置于渗漉器中用70％～90％乙醇浸泡12～36小时后，以5ml～10ml/min的速度渗漉，直至流出液经薄层层析检测无斑点为止；减压浓缩回收乙醇至无醇味，得到独一味渗漉液；将独一味渗漉液加水静置12～36小时，得到沉淀物A，干燥备用；上清液过大孔树脂层析柱，分别用30～50倍蒸馏水，30～50倍15％～45％乙醇洗脱，回收乙醇，干燥，得到提取物B、C；合并上述A、B、C三种提取物，粉碎成细粉，过200目筛，备用。

2．权利要求1所述的独一味软胶囊制剂，其特征在于该软胶囊由如下重量份的原料药组成：独一味提取物26重量份，植物油29重量份，助悬剂3重量份。

3．一种独一味软胶囊制剂，其特征在于该软胶囊由如下重量份的原料药制成：独一味提取物26重量份，植物油29重量份，助悬剂3重量份。

4．如权利要求1、2或3所述的独一味的软胶囊制剂，其特征在于所述的独一味提取物中含有脂溶性成分14％～21％、黄酮类化合物和甙8％～60％、多糖25％～65％。

5．如权利要求4所述的制剂，其特征在于所述的独一味提取物中含有的脂溶性成分为5、7、3′、4′-四羟基黄酮，5、7、3′、4′-甲羟基黄酮-7-0-β-D-葡萄糖苷，槲皮素，槲皮素-3-0-β-L-阿拉伯糖苷，5、7、4′-三羟基黄酮-7-0-β-新橙皮糖苷，偏诺皂苷元糖苷，β-谷甾醇和正三十三烷；

黄酮类和甙类为木犀草素，木犀草素-7-0-葡萄糖苷，槲皮素，槲皮素-0-阿拉伯糖苷，芹菜素，芹菜素-7-0新橙皮糖苷，β-谷甾醇。

6．如权利要求1或3所述独一味软胶囊制剂的制备方法，其特征在于该方法为：

独一味药材100重量份粉碎成最粗粉，加水煎煮二次，第一次加20倍量的水，煎煮1.5小时，第二次加15倍量水，煎煮1小时，合并药液，滤过，滤液浓缩成稠膏，减压干燥，粉碎成细粉，过200目筛备用；取大豆油29重量份加热到80℃，加入蜂蜡3重量份，使其溶化，放凉至40℃左右，加入上述浸膏细粉，混匀，过胶体磨，压制成软胶囊，干燥，压制成软胶囊，经洗丸、干燥即得独一味软胶囊。

7．如权利要求1所述独一味软胶囊制剂的制备方法，其特征在于该方法为：取独一味药材，粉碎成最粗粉，加水煎煮二次，第一次加10～30倍量的水，煎煮1～2小时，第二次加10～20倍量水，煎煮0.5～1.5小时，合并药液，滤过，浓缩备用；将浓缩液过大孔树脂层析柱，用30～50倍蒸馏水洗脱，收集洗脱液浓缩成稠膏，减压干燥，粉碎成细粉，过200目筛备用；取植物油加热到80℃，加入助悬剂，使其溶化，放凉至40℃左右，加入上述浸膏细粉，混匀，过胶体磨，压制成软胶囊，经洗丸、干燥即得独一味软胶囊。

8．如权利要求7所述独一味软胶囊制剂的制备方法，其特征在于该方法为：

独一味药材，粉碎成最粗粉，加水煎煮二次，第一次加20倍量的水，煎煮1.5小时，第二次加15倍量水，煎煮1小时，合并药液，滤过，滤液浓缩备用；将浓缩液过大孔树脂层析柱，用40倍蒸馏水洗脱，收集洗脱液浓缩成稠膏，减压干燥，粉碎成细粉，过200目筛备用；取大豆油加热到80℃，加入蜂蜡，使其溶化，放凉至40℃左右，加入上述浸膏细粉，混匀，过胶体磨，压制成软胶囊，干燥，压制成软胶囊，经洗丸、干燥即得独一味软胶囊。

9. 如权利要求1所述独一味软胶囊制剂的制备方法，其特征在于该方法为：取独一味药材，粉碎成粗粉，加70％～99％的乙醇回流提取2～3次，第一次加乙醇8～12倍量，回流1～3小时，第2、3次加乙醇6～10倍量，回流1～2小时；合并回流液，减压浓缩，回收乙醇至无醇味，得到醇提浓缩液；醇提浓缩液加水混悬后，依次用石油醚、正丁醇萃取2～3次，回收溶剂，干燥，得到石油醚提取物A，正丁醇提取物B，提取剩余部分为水提取物C；合并上述A、B、C三种提取物，粉碎成细粉，过200目筛备用；取植物油加热到80℃，加入助悬剂，使其溶化，放凉至40℃左右，加入上述提取物细粉，混匀，过胶体磨，压制成软胶囊，经洗丸、干燥即得独一味软胶囊。

10. 如权利要求9所述的独一味软胶囊制剂的制备方法，其特征在于该方法为：

取独一味药材，粉碎成粗粉，加95％的乙醇回流提取3次，第一次加乙醇10倍量，回流2小时，第2、3次加乙醇8倍量，回流1.5小时；合并回流液，减压浓缩，回收乙醇至无醇味，得到醇提浓缩液；醇提浓缩液加等量水混悬后，依次用等量石油醚、正丁醇萃取3次，回收溶剂，干燥，得到石油醚提取物A，正丁醇提取物B，提取剩余部分为水提取物C；合并上述A、B、C三种提取物，粉碎成细粉，过200目筛备用；取大豆油加热到80℃，加入助悬剂蜂蜡，使其溶化，放凉至40℃左右，加入上述提取物细粉，混匀，过胶体磨，压制成软胶囊，经洗丸、干燥即得独一味软胶囊。

11. 如权利要求1所述的独一味软胶囊制剂的制备方法，其特征在于该方法为：取独一味药材，粉碎成粗粉，置于渗漉器中用70％～90％乙醇浸泡12～36小时后，以5ml～10ml/min的速度渗漉，直至流出液经薄层层析检测无斑点为止；减压浓缩回收乙醇至无醇味，得到独一味渗漉液；将独一味渗漉液加水静置12～36小时，得到沉淀物A，干燥备用；上清液过大孔树脂层析柱，分别用30～50倍蒸馏水，30～50倍15％～45％乙醇洗脱，回收乙醇，干燥，得到提取物B、C；合并上述A、B、C三种提取物，粉碎成细粉，过200目筛备用；取植物油加热到80℃，加入助悬剂，使其溶化，放凉至40℃左右，加入上述提取物细粉，混匀，过胶体磨，压制成软胶囊，经洗丸、干燥即得独一味软胶囊。

12. 如权利要求11所述的独一味软胶囊制剂的制备方法，其特征在于该方法为：

取独一味药材100重量份，粉碎成粗粉，置于渗漉器中用80％乙醇浸泡24小时后，以5ml/min的速度渗漉，直至流出液经薄层层析检测无斑点为止；减压浓缩回收乙醇至无醇味，得到独一味渗漉液；将独一味渗漉液加水静置24小时，得到沉淀物A，干燥备用；上清液过大孔树脂层析柱，分别用40倍蒸馏水，40倍30％乙醇洗脱，回收乙醇，干燥，得到提取物B、C；合并上述A、B、C三种提取物共26重量份，粉碎成细粉，过200目筛备用；取大豆油29重量份加热到80℃，加入助悬剂蜂蜡3重量份，使其溶化，放凉至40℃左右，加入上述提取物细粉，混匀，过胶体磨，压制成软胶囊，经洗丸、干燥即得独一味软胶囊。

13. 如权利要求7、9或11中所述的独一味软胶囊制剂的制备方法，其特征在于所用植物油是大豆油、色拉油、麻油、花生油、玉米油、杏仁油、桃仁油、棉籽油、葵花籽油、蓖麻油、橄榄油中的一种或几种。

14. 如权利要求7、9或11中所述的独一味软胶囊制剂的制备方法，其特征在于所用助悬剂是甘油、吐温-80、棕榈油、单硬脂酸铝、大豆卵磷脂或蜂蜡等中的任意一种或几种。

15. 如权利要求1、2或3所述的独一味软胶囊制剂的质量控制方法，其特征在于该方法中含量测定方法为：

高效液相色谱法：色谱条件色谱柱：Hypersil BDS C_{18}；

流动相：比例为40∶60的甲醇-0.2％磷酸溶液，检测波长350nm，检测灵敏度0.01AUFS，柱温：30℃，流速：1.0ml/min，进样量：10μl；

对照溶液的制备：精密称取木犀草素对照品适量，加甲醇制成每1ml含25μg的溶液，即得；

供试品溶液的制备：分别取各提取试验项下的浸膏粉约2g，精密称定，分别置100ml磨口具塞三角瓶中，精密加甲醇25ml称定重量，超声处理30分钟，放冷，再称定重量，加甲醇补足减失的重量，摇匀，滤过，取续滤液作为供试品溶液；

线性关系：精密称取木犀草素对照品适量，加甲醇制成每1ml含28.5μg的溶液，吸取该溶液2、5、8、10、12、15μl，注入高效液相色谱仪，按上述色谱测定木犀草素吸收峰面积；软胶囊制剂中每粒含独一味以木犀草素计，不得少于0.8000mg。

16. 如权利要求15所述的独一味软胶囊制剂的质量控制方法，其特征在于该方法中还包括如下鉴别方法：

照薄层色谱法：

取软胶囊内容物0.3g，加乙醇5ml，加热回流10分钟，滤过，取滤液2ml，浓缩至约1ml，作为供试品溶液；

另取独一味对照药材1g，同上法制成对照药材溶液；

吸取上述两种溶液各5μl，分别点于同一硅胶G薄层板上，以比例为4∶1的氯仿-甲醇为展开剂，展开，取出，晾干，喷以磷钼酸试液，在105℃加热约15分钟；

供试品色谱中，在与对照药材色谱相应的位置上，显相同颜色的斑点。

2007年3月14日，世纪博康公司以本专利权利要求1～5不符合《专利法》第二十二条第三款，以及本专利权利要求4～16不符合《中华人民共和国专利法实施细则》（以下简称《专利法实施细则》）第二十条第一款的规定为由，向专利复审委提出无效宣告请求，同时提交了包括证据1、2、4、5、6在内的6份证据。同年3月21日，世纪博康公司再次提交了意见陈述及1997年12月第1版的《中药药剂学》的封面、扉页、封底及第355页的复印件作为证据。专利复审委受理后，于2007年11月12日举行了口头审理。

在口头审理中，世纪博康公司放弃了本专利权利要求4～16不符合《专利法实施细则》第二十条第一款规定的无效理由；明确以证据1、2、4、5、6作为评价权利要求1～5创造性的依据，放弃使用其他的证据。同时明确了以证据1为最接近的对比文件，分别与证据2结合或者与证据2和4结合评价权利要求1、2的创造性，与证据2结合评价权利要求3的创造性；与证据2、5和6或者与证据2、4、5和6结合评价权利要求4和5的创造性。优他制药公司当庭提交口审答辩词及4份证据作为反证。世纪博康公司当庭出示了证据1的原件，及加盖有"中国人民解放军医学图书馆"公章的证据2、4、5、6的复印件、中国人民解放军通用收费票据原件一张。优他制药公司对证据1的真实性、合法性、公开性无异议；对证据2、4、5、6的真实性有异议，但对其公开性没有异议；世纪博康公司对优他制药公司提交的4份反证的真实性有异议。

鉴于世纪博康公司在口审中放弃了权利要求4～16不符合《专利法实施细则》第二十条第一款的规定的无效理由以及除证据1、2、4～6之外的其他证据，第11005号决定中对世纪博康公司放弃的证据以及无效理由未再进行评述。

关于证据。专利复审委认为，世纪博康公司提交的5份证据的公开日均早于本专利的申请日，因此，证据1、2、4、5、6均构成了本专利的现有技术。

对于制备方法Ⅰ表征的权利要求1的创造性问题。专利复审委认为，证据1公开了一种独一味硬胶囊，其与权利要求1中制备方法Ⅰ表征的技术方案相比，权利要求1产品本身的剂型、组成及配比与证据1不同，证据1的产品组成只是单一的独一味提取物，而权利要求1的产品由一定配比的独一味提取物、植物油和助悬剂组成。尽管证据2中记载了制备中药软胶囊的辅料选择多选用植物油基质，一般提取物与基质比介于1∶1～1∶2之间，并可选择适宜的润湿剂和助悬剂，但是证据2是记载中药软胶囊制备的一般性工艺及其原理的文献，其中并没有给出可以将独一味提取物与植物油、助悬剂结合的启示，而且证据2中也明确记载了中药提取物成分复杂，出膏率大，吸水性强，在制备软胶囊的过程中药物提取物、植物油及助悬剂的选择需要通过实验比较进行确定（如本专利说明书中表格10记载的沉降比实验），油量多触变值低，流动性好，但易泄漏；油少稳定性好，但流动性差，压丸困难，并非任何中药提取物都可以根据证据2在不付出创造性劳动的情况下显而易见地制得其软胶囊剂型。根据本专利说明书记载的大量实验可以证明，由独一味提取物为主料，选择合适的液态基质、助悬剂并确定其合适配比是有一定工艺技术要求、须经大量实验选择的。此外，制备方法Ⅰ表征的权利要求1还包含了证据1和证据2没有公开的区别技术特征如将独一味药材"粉碎成最粗粉"，加水"煎煮二次"，第一次加"10～30倍量水"，第二次加"10～20倍量水"，将稠膏"粉碎成细粉，过200目筛"，即在独一味提取物的制备过程中对具体工艺条件进行了优化选择，煎煮次数及加水量的选择提高了得粉率及有效成分木犀草素的含量，将稠膏粉碎成200目筛的细粉更大大优化了终产品的沉降比（见说明书表9），经过工艺优化使得终产品产生了与现有剂型相比，服用剂量小，在肠胃道中崩解快，吸收快，显效快，生物利用度高、制剂稳定性强等有益效果，而证据1和2的结合无法得到有关引入这些技术特征并产生上述有益效果的技术启示。综上所述，基于证据1和2的教导，本领域技术人员为解决本发明制备软胶囊的技术问题仍然需要花费创造性的劳动来获得制备方法Ⅰ表征的权利要求1的技术方案，因此制备方法Ⅰ表征的权利要求1是非显而易见的，具有突出的实质性特点和显著的进步，具有创造性，符合《专利法》第二十二条第三款的规定。

对于制备方法Ⅱ、Ⅲ和Ⅳ表征的权利要求1的创造性问题。专利复审委认为，权利要求1与证据1产品本身的剂型、组成及配比方面不同，具体理由如上所述；其次，制备方法Ⅱ、Ⅲ和Ⅳ表征的权利要求1中还包含了证据1、2和证据4没有公开的区别技术特征如方法Ⅱ中独一味药材"粉碎成最粗粉"，加水"煎煮二次"，第一次加"10～30倍量水"，第二次加"10～20倍量水"，将稠膏"粉碎成细粉，过200目筛"，方法Ⅲ中使用"70％～99％的乙醇"回流提取，方法Ⅳ中用"70％～90％乙醇"渗漉，以"5ml～10ml/min"的速度渗漉等，即在独一味提取物的制备过程中对具体工艺条件进行了优化选择，提高了终产物的得粉率及有效成分木犀草素的含量（见说明书表8），优化了终产品的沉降比，经过工艺优化使得最终产品产生了与现有剂型相比，服用剂量小，在肠胃道中崩解快，吸收、显效快，生物利用度高、制剂稳定性强等有益效果，而证据1、2和4的结合无法得到有关引入这些技术特征并产生上述有益效果的技术启示；除此之外，证据4所公开的两种方法所得到的提取物与本发明的提取物组分存在差异，证据4中1.2.1节提取得到的产物为石油醚、乙酸乙酯、正丁醇和水提取的四部分混合物，而本发明只是石油醚、正丁醇和水提取的三部分混合物，证据4中1.2.2节提取得到的产物为水洗脱、10％乙醇洗脱、30％乙醇洗脱、50％乙醇洗脱、70％乙醇洗脱、90％乙醇洗脱的产物，而本申请得到产物为水洗脱及15％～45％乙醇洗脱的产物。综上所述，基于证据1、2和4的教导，本领域技术人员为解决本发明制备软胶囊的技术问题仍然需要花费创造性的劳动来获得制备方法Ⅱ、Ⅲ和Ⅳ表征的权利要求1的技术方案，因此制备方法Ⅱ、Ⅲ和Ⅳ表征的权利要求1是非显而易见的，具有突出的实质性特点和显著的进步，具有创造性，符合《专利法》第二十二条第三款的规定。

鉴于独立权利要求1具备创造性，则其从属权利要求2相对于证据1、2、4的结合也具备创造性，符合《专利法》第二十二条第三款的规定。

关于权利要求3的创造性问题。专利复审委认为，证据1公开了一种独一味硬胶囊，权利要求3的技术方案与证据1相比，在产品本身的剂型、组成及配比方面不同，证据1的产品组成只是单一的独一味提取物，而权利要求3的产品由特定配比的独一味提取物、植物油和助悬剂组成。尽管证据2中记载了制备中药软胶囊的辅料选择，其中记载了多选用植物油基质，一般提取物与基质比介于1：1～1：2之间，并可选择适宜的润湿剂和助悬剂，但是证据2是记载中药软胶囊制备的一般性工艺及其原理的文献，其中并没有给出可以将独一味提取物与植物油、助悬剂结合的启示。权利要求3通过选择独一味提取物与植物油、助悬剂的特定比例，从而解决了本发明所要解决的技术问题，即克服了现有剂型的不足，达到了服用剂量小，在肠胃道中崩解快，吸收快、显效快，生物利用度高、制剂稳定性强等有益效果，通过说明书中表10和11的记载可以看出，当采用权利要求3中独一味提取物、植物油和助悬剂的比例时，终产品的沉降比和成品率显著提高。综上所述，基于证据1、2的教导，本领域技术人员为解决本发明制备软胶囊的技术问题仍然需要花费创造性的劳动来获得权利要求3的技术方案，因此权利要求3是非显而易见的，具有突出的实质性特点和显著的进步，具有创造性，符合《专利法》第二十二条第三款的规定。

权利要求4引用了权利要求1、2或3，进一步限定了独一味提取物中含有脂溶性成分14％～21％、黄酮类化合物和甙8％～60％、多糖25％～65％。权利要求5引用了权利要求4，进一步限定了独一味提取物中含有的脂溶性成分为5、7、3′、4′-四羟基黄酮，5、7、3′、4′-甲羟基黄酮-7-0-β-D-葡萄糖苷，槲皮素，槲皮素-3-0-β-L-阿拉伯糖苷，5、7、4′-三羟基黄酮-7-0-β-新橙皮糖苷，偏诺皂苷元糖苷，β-谷甾醇和正三十三烷；黄酮类和甙类为木犀草素，木犀草素-7-0-葡萄糖苷，槲皮素，槲皮素-0-阿拉伯糖苷，芹菜素，芹菜素-7-0新橙皮糖苷，β-谷甾醇。证据5和证据6公开了独一味药材中的部分化学成分如4′-甲羟基黄酮-7-0-β-D-葡萄糖苷，槲皮素，槲皮素-3-0-β-L-阿拉伯糖苷，5、7、4′-三羟基黄酮-7-0-β-新橙皮糖苷，木犀草素，木犀草素-7-0-葡萄糖苷，槲皮素等，但是将这些特征与证据1、2或4结合在一起仍没有给出引入前述权利要求1～3中存在的区别技术特征以解决本发明技术问题的技术启示，本领域技术人员仍然需要花费创造性的劳动来获得权利要求4、5的技术方案，因此权利要求4、5相对于证据1、2、4、5、6的结合是非显而易见的，具备突出的实质性特点和显著的进步，具有创造性，符合《专利法》第二十二条第三款的规定。基于上述分析，专利复审委作出第11005号决定。

另，一审判决本院认为部分第二段最后一句"被告据此认定权利要求1相对于证据1、2的结合或证据1、2、4的结合不具备创造性正确"与第11005号决定的表述不一致，应以第11005号决定的表述为准，本院予以纠正。

本院认为，根据《专利法》第二十二条第三款的规定，创造性，是指同申请日以前已有的技术相比，该发明有突出的实质性特点和显著的进步。本专利权利要求1是用方法表征的产品权利要求，专利复审委将本专利权利要求1与最接近的证据1公开的技术方案相比，认定二者在剂型、产品组成、各组份的比例、制备方法等均存在不同之处，且制备方法1表征的权利要求1还包含了证据1、2没有公开的区别技术特征。虽然证据2公开了中药软胶囊制作的一般工艺、原理，以及制备中药软胶囊选用的辅料，但并没有给出可以将独一味提取物与植物油、助悬剂结合的启示。且证据2中明确"一般润湿剂与助悬剂适当配合较单一助悬剂效果好，合理的助悬剂与润湿剂要依靠稳定性试验加以确定"。由于中药的化学成分十分复杂，每一种中药制剂在制作过程中，对选用的辅料的配比是不同的，需要经过大量的实验来确定，本领域技术人员根据证据1、2公开的内容，仍需要经过大量实验选择才能确定独一味提取物、植物油和助悬剂合适的配比。而本专利对辅料配比的选择正是在大量的试验的基础上确定的，因此专利复审委认定，制备方法Ⅰ表征的权利要求1还包含了证据1、2没有公开的区别技术特征，本专利在独一味提取物的制备过程中对具体工艺条件进行了优化选择，经过工艺优化使得最终产品产生了与现有剂型相比，服用剂量小、在肠胃道中崩解快，吸收快、显效快，生物利用度高、制剂稳定性强的有益效果。本领域技术人员将证据1、2公开的技术方案结合无法得到有关引入这些技术特征并产生上述有益效果的技术启示。专利复审委基于上述分析得出的本专利权利要求1具备创造性的结论正确。

将证据1、2和4结合，专利复审委认定权利要求1产品本身的剂型、组成及配比与证据1不同；制备方法Ⅱ、Ⅲ和Ⅳ表征的权利要求1中还包含了证据1、2和4没有公开的区别技术特征，证据4所公开的两种方法所得到的提取物与本发明的提取物组份存在差异，基于证据1、2和4的教导，本领域技术人员为解决本发明制备软胶囊的技术问题仍需要花费创造性的劳动来获得制备方法Ⅱ、Ⅲ和Ⅳ表征的权利要求1的技术方案，专利复审委由此得出制备方法Ⅱ、Ⅲ和Ⅳ表征的权利要求1具有创造性的结论正确。

权利要求2作为权利要求1的从属权利要求，在权利要求1具备创造性的前提下，专利复审委认定权利要求2也具备创造性是正确的。

将权利要求3和证据1、2相比，二者的药物剂型、组成及配比不同；权利要求3的产品由特定配比的独一味提取物、植物油和助悬剂组成，证据2并没有给出可以将独一味提取物与植物油、助悬剂结合的启示，专利复审委由此得出本领域技术人员在证据1、2公开内容的基础上，为解决本发明制备软胶囊的技术问题仍然需要花费创造性的劳动来获得权利要求3的技术方案，权利要求3具备创造性的结论正确。

权利要求4作为权利要求1、2或3的从属权利要求，已经被限定了独一味提取物的组成，权利要求5是权利要求4的从属权利要求，已经被限定了独一味提取物中脂溶性成分的化学成份，虽然证据5、6公开了独一味药物的部分化学成份，但是在其引用的权利要求具备创造性的前提下，本领域技术人员在证据1、2、4~6公开内容的基础上，要得到权利要求4、5所保护的技术方案仍需要花费创造性的劳动，专利复审委认定权利要求4、5相对于证据1、2、4~6具备创造性正确。

本专利所要保护的是独一味软胶囊及其制备方法，对独一味提取物的提取工艺进行优化及这些技术特征所产生的"有益效果"在说明书中均有记载，且有试验数据予以支持。综上，第11005号决定认定事实清楚，适用法律正确，程序合法；一审判决维持符合《中华人民共和国行政诉讼法》第五十四条第（一）项的规定；世纪博康公司的上诉主张不能成立，本院不予支持。依照《中华人民共和国行政诉讼法》第六十一条第（一）项之规定，判决如下：

驳回上诉，维持一审判决。

二审案件受理费100元，由上诉人北京世纪博康医药科技有限公司负担（已交纳）。

本判决为终审判决。

审　判　长　郭　宜
审　判　员　张学磊
审　判　员　朱世宽
二〇〇九年六月十六日
书　记　员　程钰玮

藏药独一味软胶囊制剂及其制备方法

无效宣告请求审查决定（第 11006 号）

决 定 号	第 11006 号
决 定 日	2007 年 12 月 20 日
发明创造名称	藏药独一味软胶囊制剂及其制备方法
国际分类号	A61K 9/48，A61K 36/53，A61K 31/7048，A61P 29/00，A61P 7/04，A61P 25/04，A61P 25/06，A61P 1/04，A61P 13/00，G01N 30/90，G01N 30/02
无效宣告请求人	江苏万高药业有限公司
专 利 权 人	成都优他制药有限责任公司
专 利 号	200410031071.4
申 请 日	2004 年 4 月 20 日
授权公告日	2006 年 5 月 10 日
合议组组长	何 炜
主 审 员	李梦楠
参 审 员	周英姿
法 律 依 据	专利法实施细则第 20 条第 1 款

决 定 要 点

权利要求应当清楚，不仅指每一项权利要求应当清楚，而且指构成权利要求书的所有权利要求作为一个整体也应当清楚。

一、案由

本无效宣告请求案涉及国家知识产权局于 2006 年 5 月 10 日授权公告的、名称为"藏药独一味软胶囊制剂及其制备方法"的第 200410031071.4 号发明专利（下称本专利），其申请日为 2004 年 4 月 20 日，专利权人为成都优他制药有限责任公司。本专利授权公告的权利要求书如下：

"1. 一种独一味的软胶囊制剂，其特征在于该软胶囊由如下重量份的原料药组成：独一味提取物 20~30 重量份，植物油 25~36 重量份，助悬剂 1~5 重量份；

其中独一味提取物由下面四种提取方法中任意一种制备：

I. 取独一味药材，粉碎成最粗粉，加水煎煮二次，第一次加 10~30 倍量的水，煎煮 1~2 小时，第二次加 10~20 倍量水，煎煮 0.5~1.5 小时，合并药液，滤过，滤液浓缩成稠膏，减压干燥，粉碎成细粉，过 200 目筛，备用；

II. 取独一味药材，粉碎成最粗粉，加水煎煮二次，第一次加 10~30 倍量的水，煎煮 1~2 小时，第二次加10~20倍量水,煎煮0.5~1.5小时,合并药液,滤过,浓缩备用;将浓缩液过大孔树脂层析柱,用30~50倍蒸馏水洗脱,收集洗脱液浓缩成稠膏,减压干燥,粉碎成细粉,过200目筛,备用;

Ⅲ. 取独一味药材,粉碎成粗粉,加70%~99%的乙醇回流提取2~3次,第一次加乙醇8~12倍量,回流1~3小时,第2、3次加乙醇6~10倍量,回流1~2小时;合并回流液,减压浓缩,回收乙醇至无醇味,得到醇提浓缩液;醇提浓缩液加水混悬后,依次用石油醚、正丁醇萃取2~3次,回收溶剂,干燥,得到石油醚提取物A,正丁醇提取物B,提取剩余部分为水提取物C;合并上述A、B、C三种提取物,粉碎成细粉,过200目筛,备用;

Ⅳ. 取独一味药材,粉碎成粗粉,置于渗漉器中用70%~90%乙醇浸泡12~36小时后,以5~10ml/min的速度渗漉,直至流出液经薄层层析检测无斑点为止;减压浓缩回收乙醇至无醇味,得到独一味渗漉液;将独一味渗漉液加水静置12~36小时,得到沉淀物A,干燥备用;上清液过大孔树脂层析柱,分别用30~50倍蒸馏水,30~50倍15%~45%乙醇洗脱,回收乙醇,干燥,得到提取物B、C;合并上述A、B、C三种提取物,粉碎成细粉,过200目筛,备用。

2. 权利要求1所述的独一味软胶囊制剂,其特征在于该软胶囊由如下重量份的原料药组成:独一味提取物26重量份,植物油29重量份,助悬剂3重量份。

3. 一种独一味软胶囊制剂,其特征在于该软胶囊由如下重量份的原料药制成:独一味提取物26重量份,植物油29重量份,助悬剂3重量份。

4. 如权利要求1、2或3所述的独一味的软胶囊制剂,其特征在于所述的独一味提取物中含有脂溶性成分14%~21%、黄酮类化合物和甙8%~60%、多糖25%~65%。

5. 如权利要求4所述的制剂,其特征在于所述的独一味提取物中含有的脂溶性成分为5、7、3′、4′-四羟基黄酮,5、7、3′、4′-甲羟基黄酮-7-O-β-D-葡萄糖苷,槲皮素,槲皮素-3-O-β-L-阿拉伯糖苷,5、7、4′-三羟基黄酮-7-O-β-新橙皮糖苷,偏诺皂苷元糖苷,β-谷甾醇和正三十三烷;

黄酮类和甙类为木犀草素,木犀草素-7-O-葡萄糖苷,槲皮素,槲皮素-O-阿拉伯糖苷,芹菜素,芹菜素-7-O新橙皮糖苷,β-谷甾醇。

6. 如权利要求1或3所述独一味软胶囊制剂的制备方法,其特征在于该方法为:

独一味药材100重量份粉碎成最粗粉,加水煎煮二次,第一次加20倍量的水,煎煮1.5小时,第二次加15倍量水,煎煮1小时,合并药液,滤过,滤液浓缩成稠膏,减压干燥,粉碎成细粉,过200目筛备用;取大豆油29重量份加热到80℃,加入蜂蜡3重量份,使其溶化,放凉至40℃左右,加入上述浸膏细粉,混匀,过胶体磨,压制成软胶囊,干燥,压制成软胶囊,经洗丸、干燥即得独一味软胶囊。

7. 如权利要求1所述独一味软胶囊制剂的制备方法,其特征在于该方法为:取独一味药材,粉碎成最粗粉,加水煎煮二次,第一次加10~30倍量的水,煎煮1~2小时,第二次加10~20倍量水,煎煮0.5~1.5小时,合并药液,滤过,浓缩备用;将浓缩液过大孔树脂层析柱,用30~50倍蒸馏水洗脱,收集洗脱液浓缩成稠膏,减压干燥,粉碎成细粉,过200目筛备用;取植物油加热到80℃,加入助悬剂,使其溶化,放凉至40℃左右,加入上述浸膏细粉,混匀,过胶体磨,压制成软胶囊,经洗丸、干燥即得独一味软胶囊。

8. 如权利要求7所述独一味软胶囊制剂的制备方法,其特征在于该方法为:

独一味药材,粉碎成最粗粉,加水煎煮二次,第一次加20倍量的水,煎煮1.5小时,第二次加15倍量水,煎煮1小时,合并药液,滤过,滤液浓缩备用;将浓缩液过大孔树脂层析柱,用40倍蒸馏水洗脱,收集洗脱液浓缩成稠膏,减压干燥,粉碎成细粉,过200目筛备用;取大豆油加热到

80℃，加入蜂蜡，使其溶化，放凉至40℃左右，加入上述浸膏细粉，混匀，过胶体磨，压制成软胶囊，干燥，压制成软胶囊，经洗丸、干燥即得独一味软胶囊。

9. 如权利要求1所述独一味软胶囊制剂的制备方法，其特征在于该方法为：取独一味药材，粉碎成粗粉，加70%~99%的乙醇回流提取2~3次，第一次加乙醇8~12倍量，回流1~3小时，第2、3次加乙醇6~10倍量，回流1~2小时；合并回流液，减压浓缩，回收乙醇至无醇味，得到醇提浓缩液；醇提浓缩液加水混悬后，依次用石油醚、正丁醇萃取2~3次，回收溶剂，干燥，得到石油醚提取物A，正丁醇提取物B，提取剩余部分为水提取物C；合并上述A、B、C三种提取物，粉碎成细粉，过200目筛备用；取植物油加热到80℃，加入助悬剂，使其溶化，放凉至40℃左右，加入上述提取物细粉，混匀，过胶体磨，压制成软胶囊，经洗丸、干燥即得独一味软胶囊。

10. 如权利要求9所述的独一味软胶囊制剂的制备方法，其特征在于该方法为：

取独一味药材，粉碎成粗粉，加95%的乙醇回流提取3次，第一次加乙醇10倍量，回流2小时，第2、3次加乙醇8倍量，回流1.5小时；合并回流液，减压浓缩，回收乙醇至无醇味，得到醇提浓缩液；醇提浓缩液加等量水混悬后，依次用等量石油醚、正丁醇萃取3次，回收溶剂，干燥，得到石油醚提取物A，正丁醇提取物B，提取剩余部分为水提取物C；合并上述A、B、C三种提取物，粉碎成细粉，过200目筛备用；取大豆油加热到80℃，加入助悬剂蜂蜡，使其溶化，放凉至40℃左右，加入上述提取物细粉，混匀，过胶体磨，压制成软胶囊，经洗丸、干燥即得独一味软胶囊。

11. 如权利要求1所述的独一味软胶囊制剂的制备方法，其特征在于该方法为：取独一味药材，粉碎成粗粉，置于渗漉器中用70%~90%乙醇浸泡12~36小时后，以5~10ml/min的速度渗漉，直至流出液经薄层层析检测无斑点为止；减压浓缩回收乙醇至无醇味，得到独一味渗漉液；将独一味渗漉液加水静置12~36小时，得到沉淀物A，干燥备用；上清液过大孔树脂层析柱，分别用30~50倍蒸馏水，30~50倍15%~45%乙醇洗脱，回收乙醇，干燥，得到提取物B、C；合并上述A、B、C三种提取物，粉碎成细粉，过200目筛备用；取植物油加热到80℃，加入助悬剂，使其溶化，放凉至40℃左右，加入上述提取物细粉，混匀，过胶体磨，压制成软胶囊，经洗丸、干燥即得独一味软胶囊。

12. 如权利要求11所述的独一味软胶囊制剂的制备方法，其特征在于该方法为：

取独一味药材100重量份，粉碎成粗粉，置于渗漉器中用80%乙醇浸泡24小时后，以5ml/min的速度渗漉，直至流出液经薄层层析检测无斑点为止；减压浓缩回收乙醇至无醇味，得到独一味渗漉液；将独一味渗漉液加水静置24小时，得到沉淀物A，干燥备用；上清液过大孔树脂层析柱，分别用40倍蒸馏水，40倍30%乙醇洗脱，回收乙醇，干燥，得到提取物B、C；合并上述A、B、C三种提取物共26重量份，粉碎成细粉，过200目筛备用；取大豆油29重量份加热到80℃，加入助悬剂蜂蜡3重量份，使其溶化，放凉至40℃左右，加入上述提取物细粉，混匀，过胶体磨，压制成软胶囊，经洗丸、干燥即得独一味软胶囊。

13. 如权利要求7、9或11中所述的独一味软胶囊制剂的制备方法，其特征在于所用植物油是大豆油、色拉油、麻油、花生油、玉米油、杏仁油、桃仁油、棉籽油、葵花籽油、蓖麻油、橄榄油中的一种或几种。

14. 如权利要求7、9或11中所述的独一味软胶囊制剂的制备方法，其特征在于所用助悬剂是甘油、吐温-80、棕榈油、单硬脂酸铝、大豆卵磷脂或蜂蜡等中的任意一种或几种。

15. 如权利要求1、2或3所述的独一味软胶囊制剂的质量控制方法，其特征在于该方法中含量测定方法为：

高效液相色谱法：

色谱条件色谱柱：Hypersil BDS C_{18}；

流动相：比例为40∶60的甲醇-0.2％磷酸溶液，检测波长350nm，检测灵敏度0.01AUFS，柱温：30℃，流速：1.0ml/min，进样量：10μl；

对照溶液的制备：精密称取木犀草素对照品适量，加甲醇制成每1ml含25μg的溶液，即得；

供试品溶液的制备：分别取各提取试验项下的浸膏粉约2g，精密称定，分别置100ml磨口具塞三角瓶中，精密加甲醇25ml称定重量，超声处理30分钟，放冷，再称定重量，加甲醇补足减失的重量，摇匀，滤过，取续滤液作为供试品溶液；

线性关系：精密称取木犀草素对照品适量，加甲醇制成每1ml含28.5μg的溶液，吸取该溶液2、5、8、10、12、15μl，注入高效液相色谱仪，按上述色谱测定木犀草素吸收峰面积；软胶囊制剂中每粒含独一味以木犀草素计，不得少于0.8000mg。

16. 如权利要求15所述的独一味软胶囊制剂的质量控制方法，其特征在于该方法中还包括如下鉴别方法：

照薄层色谱法：

取软胶囊内容物0.3g，加乙醇5ml，加热回流10分钟，滤过，取滤液2ml，浓缩至约1ml，作为供试品溶液；

另取独一味对照药材1g，同上法制成对照药材溶液；

吸取上述两种溶液各5μl，分别点于同一硅胶G薄层板上，以比例为4∶1的氯仿—甲醇为展开剂，展开，取出，晾干，喷以磷钼酸试液，在105℃加热约15分钟；

供试品色谱中，在与对照药材色谱相应的位置上，显相同颜色的斑点。"

针对上述专利权，江苏万高药业有限公司（下称请求人）于2007年4月2日向专利复审委员会提出专利无效宣告请求，同时，请求人提交了证据1。请求人认为：权利要求4~16不符合专利法实施细则第20条第1款的规定，理由是：权利要求1相当于4项权利要求，从属权利要求4实质上造成多项权利要求引用在前的多项权利要求，因此权利要求4不清楚，其从属权利要求5同样不清楚；权利要求6的表述不清楚；权利要求7、9、11的表述方式产生歧义；权利要求6、15的引用关系不清楚；权利要求8、10、12~14、16分别是权利要求7、9、11、15的直接或间接从属权利要求，也不符合专利法实施细则第20条第1款的规定。

证据1：成都市中级人民法院传票，案号（2007）成民初字第249号，2007年2月26日。

经形式审查合格后，专利复审委员会受理了上述请求，于2007年4月4日向双方当事人发出《无效宣告请求受理通知书》，并将《专利权无效宣告请求书》转送给专利权人，要求其在指定的期限内答复，同时成立合议组对本无效宣告请求案进行审理。

2007年9月27日，本案合议组向双方当事人发出口头审理通知书，定于2007年11月12日对本案进行口头审理。

2007年11月12日口头审理如期进行。仅专利权人一方委托代理人参加了口头审理，请求人未参加口头审理，但是请求人在《无效宣告请求口头审理通知书》回执中声明请合议组依据其提交的有关证据对本案进行审理。庭审中，合议组对请求人提出的无效理由和事实进行了充分调查，并听取了专利权人的意见陈述。

至此，合议组认为本案事实已经清楚，可以依法作出审查决定。

二、决定的理由

1. 无效宣告请求的理由和范围

根据无效宣告请求书的记载，本案请求人请求宣告本专利无效的理由及其范围是：权利要求4~

16不符合专利法实施细则第20条第1款的规定。

2. 关于专利法实施细则第20条第1款

专利法实施细则第20条第1款规定：权利要求书应当说明发明或者实用新型的技术特征，清楚、简要地表述请求保护的范围。

权利要求应当清楚，不仅指每一项权利要求应当清楚，而且指构成权利要求书的所有权利要求作为一个整体也应当清楚。

请求人认为权利要求6、7、9、11的表述方式会产生歧义。对此，合议组认为：这些权利要求引用了权利要求1，其保护范围应结合这些权利要求的方法特征和所引用的权利要求的特征来判断，虽然权利要求1是用方法表征的产品权利要求，但是并不会使引用其的方法权利要求保护范围不清楚，本领域技术人员可以清楚地理解权利要求6、7、9、11进一步限定的技术方案。

请求人还认为，权利要求4~16存在引用关系不清楚的缺陷，导致权利要求4~16不符合专利法实施细则第20条第1款的规定。合议组认为，尽管权利要求1中包含了四个独立的技术方案，但其后的从属权利要求引用权利要求1时均可认为分别就四个方案进行限定，本领域技术人员可以清楚地理解其所限定的技术方案，虽然会造成引用关系的复杂和保护范围的部分重叠，但其请求保护的范围是清楚的。因此权利要求4~16作为整体其保护范围是清楚的，符合专利法实施细则第20条第1款的规定。

基于以上事实和理由，本案合议组作出如下审查决定。

三、决定

维持第200410031071.4号发明专利权有效。

当事人对本决定不服的，可以根据专利法第46条第2款的规定，自收到本决定之日起三个月内向北京市第一中级人民法院起诉。根据该款的规定，一方当事人起诉后，另一方当事人应当作为第三人参加诉讼。

北京市第一中级人民法院
行政判决书

(2008) 一中行初字第 392 号

原告江苏万高药业有限公司，住所地江苏省海门经济技术开发区定海路 688 号。

法定代表人李建新，董事长。

委托代理人文艳秋，女，1972 年 1 月 27 日出生，汉族，北京世纪博康医药科技有限公司研发人员，户籍所在地天津市河东区晨阳道帝旺温泉花园林语居 7 号楼 1 单元 201 号。

被告国家知识产权局专利复审委员会，住所地北京市海淀区北四环西路 9 号银谷大厦。

法定代表人廖涛，副主任。

委托代理人李梦楠，女，国家知识产权局专利复审委员会审查员。

委托代理人杨存吉，男，国家知识产权局专利复审委员会审查员。

第三人成都优他制药有限责任公司，住所地四川省成都市锦江工业开发区金石路 456 号。

法定代表人朱锦，总经理。

委托代理人孙喜，北京市立方律师事务所律师。

委托代理人达晓玲，女，成都优他制药有限责任公司职员。

原告江苏万高药业有限公司不服被告国家知识产权局专利复审委员会于 2007 年 12 月 20 日作出的第 11006 号无效宣告请求审查决定（以下简称第 11006 号决定），向本院提起行政诉讼。本院受理后，依法组成合议庭，在法定期限内向被告送达了起诉书副本及应诉通知书。依照《中华人民共和国行政诉讼法》第二十七条的规定，本院通知成都优他制药有限责任公司作为第三人参加诉讼，并于 2008 年 5 月 6 日公开开庭审理了本案。原告的委托代理人文艳秋，被告的委托代理人李梦楠、杨存吉，第三人的委托代理人孙喜到庭参加了诉讼。本案现已审理终结。

2007 年 12 月 20 日，被告作出第 11006 号决定。该决定认为，名称为"藏药独一味软胶囊制剂及其制备方法"的第 200410031071.4 号发明专利（以下简称本专利）的权利要求 4～16 符合《中华人民共和国专利法实施细则》（以下简称《专利法实施细则》）第二十条第一款的规定，故决定维持本专利权有效。为证明第 11006 号决定的合法性，被告向本院提交了本专利的授权公告文本作为证据。

原告诉称：权利要求 4 引用的权利要求 1 是 4 个独立的不具备单一性的技术方案，相当于 4 项权利要求。而权利要求 4 是多项权利要求的从属权利要求，其引用关系不清楚，实际上造成了多项从属权利要求引用另一多项权利要求，由此能够衍生出十分复杂并且不清楚的权利要求保护范围，存在两项以上权利要求范围实质相同的同类权利要求。故权利要求 4 不清楚、不简要。权利要求 5 作为权利要求 4 的从属权利要求，也不清楚。权利要求 6、15 与权利要求 4 的情况相同，引用关系不清楚。此外，权利要求 6 增加的技术特征又对独一味药材进行了提取，表达不清楚。权利要求 7、9、11 的表达方式会使阅读人产生歧义，不明白是在权利要求 1 的基础上增加的技术特征还是进一步限定的技术特征。权利要求 8、10、12、13、14、16 分别是上述 4 项权利要求的从属权利要求，且权利要求 13、14 重复引用。综上所述，权利要求 4～16 不符合《专利法实施细则》第二十条第一款的规定，请求法院依法撤销第 11006 号决定，并判令被告承担本案诉讼费用。在本院庭审中，原告就权利要求 15 是否清楚的问题，提出权利要求 15 作为权利要求 1 产品的质量控制方法，测定的是浸膏粉而不是软胶囊的内容物，也属于引用关系不清楚的诉讼理由。原告未向本院提交证据。

被告辩称，我委坚持第11006决定中关于权利要求4~16符合《专利法实施细则》第二十条第一款规定的认定结论。具体理由已经在第11006号决定中详细阐述，在此不再赘述。综上所述，第11006号决定认定事实清楚、适用法律正确、程序合法，审查结论正确。故请求法院判决予以维持。针对原告在庭审中补充的关于权利要求15不清楚的理由，被告认为，在无效审查程序中，原告并未提出过该理由，本案亦不应对此进行审查。

第三人述称：权利要求1中包含4个独立的技术方案。权利要求4作为权利要求1的从属权利要求，是分别就4个技术方案进行限定，本领域技术人员可以清楚地理解其所限定的技术方案。权利要求4符合《专利法实施细则》第二十条第一款的规定。权利要求5作为权利要求4的从属权利要求也符合上述规定。同理，权利要求6~16也是符合《专利法实施细则》第二十条第一款的规定。综上，请求法院判决维持该决定。针对原告在庭审中补充的关于权利要求15不清楚的理由，第三人表示同意被告的意见。第三人未向本院提交证据。

针对原告在庭审中提出的本专利权利要求15不清楚的理由，本院向被告调取原告提交的无效宣告请求书。

经庭审质证，原告、第三人对被告提交证据以及本院调取的证据的关联性、合法性、真实性均没有异议，但原告认为被告证据不能证明本专利权利要求是清楚的。本院经审查认为，被告提交的证据能够证明本专利保护的内容。本院调取的证据能够证明原告提出无效请求的范围以及具体理由。本院对上述证据均予以采纳。

根据上述确认的有效证据以及当事人当庭无争议的陈述，本院认定事实如下：

2004年4月20日，第三人向国家知识产权局提出名称为"藏药独一味软胶囊制剂及其制备方法"的发明专利申请。2006年5月10日，国家知识产权局授予其专利权，即本专利。本专利授权公告的权利要求书如下：

1. 一种独一味的软胶囊制剂，其特征在于该软胶囊由如下重量份的原料药组成：独一味提取物20~30重量份，植物油25~36重量份，助悬剂1~5重量份；

其中独一味提取物由下面四种提取方法中任意一种制备：

Ⅰ、取独一味药材，粉碎成最粗粉，加水煎煮二次，第一次加10~30倍量的水，煎煮1~2小时，第二次加10~20倍量水，煎煮0.5~1.5小时，合并药液，滤过，滤液浓缩成稠膏，减压干燥，粉碎成细粉，过200目筛，备用；

Ⅱ、取独一味药材，粉碎成最粗粉，加水煎煮二次，第一次加10~30倍量的水，煎煮1~2小时，第二次加10~20倍量水，煎煮0.5~1.5小时，合并药液，滤过，浓缩备用；将浓缩液过大孔树脂层析柱，用30~50倍蒸馏水洗脱，收集洗脱液浓缩成稠膏，减压干燥，粉碎成细粉，过200目筛，备用；

Ⅲ、取独一味药材，粉碎成粗粉，加70%~99%的乙醇回流提取2~3次，第一次加乙醇8~12倍量，回流1~3小时，第2、3次加乙醇6~10倍量，回流1~2小时；合并回流液，减压浓缩，回收乙醇至无醇味，得到醇提浓缩液；醇提浓缩液加水混悬后，依次用石油醚、正丁醇萃取2~3次，回收溶剂，干燥，得到石油醚提取物A，正丁醇提取物B，提取剩余部分为水提取物C；合并上述A、B、C三种提取物，粉碎成细粉，过200目筛，备用；

Ⅳ、取独一味药材，粉碎成粗粉，置于渗漉器中用70%~90%乙醇浸泡12~36小时后，以5ml~10ml/min的速度渗漉，直至流出液经薄层层析检测无斑点为止；减压浓缩回收乙醇至无醇味，得到独一味渗漉液；将独一味渗漉液加水静置12~36小时，得到沉淀物A，干燥备用；上清液过大孔树脂层析柱，分别用30~50倍蒸馏水，30~50倍15%~45%乙醇洗脱，回收乙醇，干燥，得到提取物B、C；合并上述A、B、C三种提取物，粉碎成细粉，过200目筛，备用。

2. 权利要求1所述的独一味软胶囊制剂，其特征在于该软胶囊由如下重量份的原料药组成：独一味提取物26重量份，植物油29重量份，助悬剂3重量份。

3. 一种独一味软胶囊制剂，其特征在于该软胶囊由如下重量份的原料药制成：独一味提取物26重量份，植物油29重量份，助悬剂3重量份。

4. 如权利要求1、2或3所述的独一味的软胶囊制剂，其特征在于所述的独一味提取物中含有脂溶性成分14%~21%、黄酮类化合物和苷8%~60%、多糖25%~65%。

5. 如权利要求4所述的制剂，其特征在于所述的独一味提取物中含有的脂溶性成分为5、7、3′、4′-四羟基黄酮，5、7、3′、4′-甲羟基黄酮-7-0-β-D-葡萄糖苷，槲皮素，槲皮素-3-0-β-L-阿拉伯糖苷，5、7、4′-三羟基黄酮-7-0-β-新橙皮糖苷，偏诺皂苷元糖苷，β-谷甾醇和正三十三烷；

黄酮类和苷类为木犀草素，木犀草素-7-0-葡萄糖苷，槲皮素，槲皮素-0-阿拉伯糖苷，芹菜素，芹菜素-7-0新橙皮糖苷，β-谷甾醇。

6. 如权利要求1或3所述独一味软胶囊制剂的制备方法，其特征在于该方法为：

独一味药材100重量份粉碎成最粗粉，加水煎煮二次，第一次加20倍量的水，煎煮1.5小时，第二次加15倍量水，煎煮1小时，合并药液，滤过，滤液浓缩成稠膏，减压干燥，粉碎成细粉，过200目筛备用；取大豆油29重量份加热到80℃，加入蜂蜡3重量份，使其溶化，放凉至40℃左右，加入上述浸膏细粉，混匀，过胶体磨，压制成软胶囊，干燥，压制成软胶囊，经洗丸、干燥即得独一味软胶囊。

7. 如权利要求1所述独一味软胶囊制剂的制备方法，其特征在于该方法为：取独一味药材，粉碎成最粗粉，加水煎煮二次，第一次加10~30倍量的水，煎煮1~2小时，第二次加10~20倍量水，煎煮0.5~1.5小时，合并药液，滤过，浓缩备用；将浓缩液过大孔树脂层析柱，用30~50倍蒸馏水洗脱，收集洗脱液浓缩成稠膏，减压干燥，粉碎成细粉，过200目筛备用；取植物油加热到80℃，加入助悬剂，使其溶化，放凉至40℃左右，加入上述浸膏细粉，混匀，过胶体磨，压制成软胶囊，经洗丸、干燥即得独一味软胶囊。

8. 如权利要求7所述独一味软胶囊制剂的制备方法，其特征在于该方法为：

独一味药材，粉碎成最粗粉，加水煎煮二次，第一次加20倍量的水，煎煮1.5小时，第二次加15倍量水，煎煮1小时，合并药液，滤过，滤液浓缩备用；将浓缩液过大孔树脂层析柱，用40倍蒸馏水洗脱，收集洗脱液浓缩成稠膏，减压干燥，粉碎成细粉，过200目筛备用；取大豆油加热到80℃，加入蜂蜡，使其溶化，放凉至40℃左右，加入上述浸膏细粉，混匀，过胶体磨，压制成软胶囊，干燥，压制成软胶囊，经洗丸、干燥即得独一味软胶囊。

9. 如权利要求1所述独一味软胶囊制剂的制备方法，其特征在于该方法为：取独一味药材，粉碎成粗粉，加70%~99%的乙醇回流提取2~3次，第一次加乙醇8~12倍量，回流1~3小时，第2、3次加乙醇6~10倍量，回流1~2小时；合并回流液，减压浓缩，回收乙醇至无醇味，得到醇提浓缩液；醇提浓缩液加水混悬后，依次用石油醚、正丁醇萃取2~3次，回收溶剂，干燥，得到石油醚提取物A，正丁醇提取物B，提取剩余部分为水提取物C；合并上述A、B、C三种提取物，粉碎成细粉，过200目筛备用；取植物油加热到80℃，加入助悬剂，使其溶化，放凉至40℃左右，加入上述提取物细粉，混匀，过胶体磨，压制成软胶囊，经洗丸、干燥即得独一味软胶囊。

10. 如权利要求9所述的独一味软胶囊制剂的制备方法，其特征在于该方法为：

取独一味药材，粉碎成粗粉，加95%的乙醇回流提取3次，第一次加乙醇10倍量，回流2小时，第2、3次加乙醇8倍量，回流1.5小时；合并回流液，减压浓缩，回收乙醇至无醇味，得到醇提浓缩液；醇提浓缩液加等量水混悬后，依次用等量石油醚、正丁醇萃取3次，回收溶剂，干燥，得到石油醚提取物A，正丁醇提取物B，提取剩余部分为水提取物C；合并上述A、B、C三种提取物，粉碎成细粉，过200目筛备用；取大豆油加热到80℃，加入助悬剂蜂蜡，使其溶化，放凉至40℃左右，加入上述提取物细粉，混匀，过胶体磨，压制成软胶囊，经洗丸、干燥即得独一味软胶囊。

11. 如权利要求1所述的独一味软胶囊制剂的制备方法，其特征在于该方法为：取独一味药材，粉碎成粗粉，置于渗漉器中用70%~90%乙醇浸泡12~36小时后，以5ml~10ml/min的速度渗漉，直至流出液经薄层层析检测无斑点为止；减压浓缩回收乙醇至无醇味，得到独一味渗漉液；将独一味渗漉液加水静置12~36小时，得到沉淀物A，干燥备用；上清液过大孔树脂层析柱，分别用30~50倍蒸馏水，30~50倍15%~45%乙醇洗脱，回收乙醇，干燥，得到提取物B、C；合并上述A、B、C三种提取物，粉碎成细粉，过200目筛备用；取植物油加热到80℃，加入助悬剂，使其溶化，放凉至40℃左右，加入上述提取物细粉，混匀，过胶体磨，压制成软胶囊，经洗丸、干燥即得独一味软胶囊。

12. 如权利要求11所述的独一味软胶囊制剂的制备方法，其特征在于该方法为：

取独一味药材100重量份，粉碎成粗粉，置于渗漉器中用80%乙醇浸泡24小时后，以5ml/min的速度渗漉，直至流出液经薄层层析检测无斑点为止；减压浓缩回收乙醇至无醇味，得到独一味渗漉液；将独一味渗漉液加水静置24小时，得到沉淀物A，干燥备用；上清液过大孔树脂层析柱，分别用40倍蒸馏水，40倍30%乙醇洗脱，回收乙醇，干燥，得到提取物B、C；合并上述A、B、C三种提取物共26重量份，粉碎成细粉，过200目筛备用；取大豆油29重量份加热到80℃，加入助悬剂蜂蜡3重量份，使其溶化，放凉至40℃左右，加入上述提取物细粉，混匀，过胶体磨，压制成软胶囊，经洗丸、干燥即得独一味软胶囊。

13. 如权利要求7、9或11中所述的独一味软胶囊制剂的制备方法，其特征在于所用植物油是大豆油、色拉油、麻油、花生油、玉米油、杏仁油、桃仁油、棉籽油、葵花籽油、蓖麻油、橄榄油中的一种或几种。

14. 如权利要求7、9或11中所述的独一味软胶囊制剂的制备方法，其特征在于所用助悬剂是甘油、吐温-80、棕榈油、单硬脂酸铝、大豆卵磷脂或蜂蜡等中的任意一种或几种。

15. 如权利要求1、2或3所述的独一味软胶囊制剂的质量控制方法，其特征在于该方法中含量测定方法为：

高效液相色谱法：色谱条件色谱柱：Hypersil BDS C_{18}；

流动相：比例为40:60的甲醇-0.2%磷酸溶液，检测波长350nm，检测灵敏度0.01AUFS，柱温：30℃，流速：1.0ml/min，进样量：10μl；

对照溶液的制备：精密称取木犀草素对照品适量，加甲醇制成每1ml含25μg的溶液，即得；

供试品溶液的制备：分别取各提取试验项下的浸膏粉约2g，精密称定，分别置100mL磨口具塞三角瓶中，精密加甲醇25ml称定重量，超声处理30分钟，放冷，再称定重量，加甲醇补足减失的重量，摇匀，滤过，取续滤液作为供试品溶液；

线性关系：精密称取木犀草素对照品适量，加甲醇制成每1ml含28.5μg的溶液，吸取该溶液2、5、8、10、12、15μl，注入高效液相色谱仪，按上述色谱测定木犀草素吸收峰面积；软胶囊制剂中每粒含独一味以木犀草素计，不得少于0.8000mg。

16. 如权利要求15所述的独一味软胶囊制剂的质量控制方法，其特征在于该方法中还包括如下鉴别方法：

照薄层色谱法：

取软胶囊内容物 0.3g，加乙醇 5ml，加热回流 10 分钟，滤过，取滤液 2ml，浓缩至约 1ml，作为供试品溶液；

另取独一味对照药材 1g，同上法制成对照药材溶液；

吸取上述两种溶液各 5μl，分别点于同一硅胶 G 薄层板上，以比例为 4：1 的氯仿-甲醇为展开剂，展开，取出，晾干，喷以磷钼酸试液，在 105℃ 加热约 15 分钟；

供试品色谱中，在与对照药材色谱相应的位置上，显相同颜色的斑点。

2007 年 4 月 2 日，原告以本专利权利要求 4~16 不符合《专利法实施细则》第二十条第一款的规定为由，向被告提出无效宣告请求。其请求的具体理由是：1. 权利要求 1 是 4 个独立的、不具备单一性的技术方案，相当于 4 项权利要求。而权利要求 4 是多项权利要求的从属权利要求，分别引用权利要求 1、2、3，在权利要求 1 实质上是多项权利要求的情况下，权利要求 4 的引用关系是不清楚，造成了多项从属权利要求引用另一多项权利要求，由此衍生出十分复杂并且不清楚的权利要求保护范围，存在两项以上权利要求范围实质相同的同类权利要求。故权利要求 4 不清楚、不简要。2. 权利要求 5 作为权利要求 4 的从属权利要求，也不清楚。3. 权利要求 6 是以从属权利要求形式表达的独立权利要求，引用了权利要求 1 和 3，与权利要求 4 相同，属于引用关系不清楚。同时权利要求 6 增加的技术特征在实施权利要求 1 的前提下，又对独一味药材进行了提取，表达不清楚。4. 权利要求 15 的引用关系与权利要求 4 的情况也相同，引用关系不清楚。5. 权利要求 7、9、11 的表达方式会使阅读人产生歧义，不明白是在权利要求 1 的基础上增加的技术特征还是进一步限定的技术特征。6. 权利要求 8、10、12~14、16 分别是上述 4 项权利要求的从属权利要求，也不符合《专利法实施细则》第二十条第一款的规定。且权利要求 13、14 重复引用。

被告受理了该无效宣告请求，将有关文件及附件转送给第三人，并定于 2007 年 11 月 12 日举行口头审理。原告在无效宣告请求口头审理通知书回执中声明请被告依据其提交的有关证据对本案进行审理。原告未参加口头审理。第三人委托代理人参加了口头审理。

被告经审查认为，《专利法实施细则》第二十条第一款规定，权利要求书应当说明发明或者实用新型的技术特征，清楚、简要地表述请求保护的范围。权利要求应当清楚，不仅指每一项权利要求应当清楚，而且指构成权利要求书的所有权利要求作为一个整体也应当清楚。权利要求 6、7、9、11 引用了权利要求 1，其保护范围应结合这些权利要求的方法特征和所引用的权利要求的特征来判断。虽然权利要求 1 是用方法表征的产品权利要求，但是并不会使引用其的方法权利要求保护范围不清楚，本领域技术人员可以清楚地理解权利要求 6、7、9、11 进一步限定的技术方案。尽管权利要求 1 中包含了四个独立的技术方案，但其后的从属权利要求引用权利要求 1 时均可认为分别就四个方案进行限定，本领域技术人员可以清楚地理解其所限定的技术方案，虽然会造成引用关系的复杂和保护范围的部分重叠，但其请求保护的范围是清楚的。因此权利要求 4~16 作为整体其保护范围是清楚的，符合《专利法实施细则》第二十条第一款的规定。综上，被告于 2007 年 12 月 20 日作出第 11006 号决定。原告不服该决定，向本院提起行政诉讼。

在本院庭审中，原告、第三人对被告作出第 11006 号决定的程序不持异议。

本院认为，原告及第三人对于被告作出第 11006 号决定的审查程序不持异议。经审查，本院对被告审查程序的合法性予以确认。

根据《专利法实施细则》第二十条第一款的规定，权利要求书应当说明发明或实用新型的技术特征，清楚和简要地表述请求保护的范围。参照《审查指南》第二部分第二章第 3.2.2 节的规定，权利要求书应当清楚，一是指每一项权利要求应当清楚，二是指构成权利要求书的所有权利要求作为一个整体也应当清楚。本专利权利要求 1 是以制备方法表征的产品权利要求，包含了 4 个独立的技术方案。虽然可能造成其后的从属权利要求之间引用关系的复杂，以及在权利要求保护范围上存在交叉，但是这种引用关系的复杂并未造成权利要求保护范围的不清楚，本领域技术人员能够理解权利要求4是对上述4个不同的技术方案分别进行限定，每一个技术方案保护的范围是清楚的。权利要求6、7、9、11、15是方法权利要求，其保护的范围应当结合上述权利要求的方法特征以及其所引用的产品权利要求特征进行判断。本领域技术人员能够理解上述方法权利要求在权利要求1的基础上进一步限定的技术方案，不会产生歧义。被告据此认定上述权利要求符合《专利法实施细则》第二十条第一款的规定具有事实和法律依据，本院应予支持。原告认为，权利要求4是多项权利要求的从属权利要求，实际上造成了多项从属权利要求引用另一多项权利要求，由此能够衍生出十分复杂并且不清楚的权利要求保护范围，存在两项以上权利要求范围实质相同的同类权利要求。并以此为由主张。因该问题不属于《专利法实施细则》第六十四条第二款规定的可以提出无效宣告请求的理由，故原告的上述主张不属于本案审查范围。原告在庭审中补充的权利要求15不清楚的具体理由，因其未在无效审查程序中提出，亦不属于本案审查的范围。原告关于权利要求4~16不清楚、不简要的理由依据不足，本院不予采信。

综上，第11006号决定认定事实清楚，适用法律正确，审理程序合法，本院应予维持。原告的诉讼请求本院不予支持。据此，依照《中华人民共和国行政诉讼法》第五十四条第（一）项的规定，判决如下：

维持被告国家知识产权局专利复审委员会于二〇〇七年十二月二十日作出的第11006号无效宣告请求审查决定。

案件受理费100元，由原告江苏万高药业有限公司负担（已交纳）。

如不服本判决，可在判决书送达之日起15日内向本院递交上诉状，并按对方当事人的人数提出副本，上诉于北京市高级人民法院。上诉人在接到人民法院预交诉讼费的通知后7日内未预交，又不提出缓交申请的，按自动撤回上诉处理。

审　判　长　张　杰
代理审判员　何君慧
人民陪审员　张燕宾
二〇〇八年六月十九日
书　记　员　李　智

北京市高级人民法院
行政判决书

（2008）高行终字第697号

上诉人（一审原告）江苏万高药业有限公司，住所地江苏省海门经济技术开发区定海路688号。

法定代表人李建新，董事长。

委托代理人文艳秋，女，北京世纪博康医药科技有限公司研发人员，户籍所在地天津市河东区晨阳道帝旺温泉花园林浯居7号楼1单元201号。

被上诉人（一审被告）国家知识产权局专利复审委员会，信所地北京市海淀区北四环西路9号银谷大厦10~12层。

法定代表人廖涛，副主任。

委托代理人李梦楠，女，国家知识产权局专利复审委员会审查员。

委托代理人杨存言，男，国家知识产权局专利复审委员会审查员。

被上诉人（一审第三人）成都优他制药有限责任公司，住所地四川省成都市锦江工业开发区金石路456号。

法定代表人周先敏，总经理。

委托代理人孙喜，北京市立方律师事务所律师。

委托代理人刘永全，北京市立方律师事务所律师。

上诉人江苏万高药业有限公司（以下简称万高药业公司）因专利无效宣告请求审查决定一案，不服北京市第一中级人民法院（以下简称一审法院）（2008）一中行初字第392号行政判决，向本院提起上诉。本院受理后。依法组成合议庭进行了审理。本案现已审理终结。

2007年12月20日国家知识产权局专利复审委员会（以下简称专利复审委）根据《中华人民共和国专利法实施细则》（以下简称《专利法实施细则》）第二十条第一款的规定作出第11006号无效宣告请求审查决定（以下简称第11006号决定），维持名称沟"藏药独一味软胶囊制剂及其制备方法"的专利权有效。

一审法院经审理认为，根据《专利法实拖细则》第二十条第一款的规定，权利要求书应当说明发明或实用新型的技术特征，清楚和简要地表述请求保护的范围。参照《审查指南》第二部分第二章第3.2.2节的规定，权利要求书应当清楚，一是指每一项权利要求应当清楚，二是指构成权利要求书的所有权利要求作为一个整体也应当清楚。本专刊权利要求1是以制备方法表征的产品权利要求，包含了4个独立的技术方案，虽然可能造成其后的从属权利要求之间引用关系的复杂，以及在权利要求保护范围上存在交叉，但是这种引用关系的复杂并未造成权刊要求保护范围的不清楚，本领域技术人员能够理解权利要求4是对上述4个不同的技术方案分别进行限定、每一个技术方案保护的范围是清楚的。权利要求6、7、9、11、15是方法权利要求，其保护的范围应当结合上述权利要求的方法特征以及其所引用的产品权利要求持征进行判断。本领域技术人员能够理解上述方法权利要求在权利要求1的基础上进一步限定的技术方案，不会产生歧义。专利复审委据此认定上述权利要求符合《专利法实施细则》第二十条第一款的规定具有事实和法律依据，应予支持。万高药业公司认为，权利要求4是多项权利要求的从属权利要求，实际上造成了多项从属权利要求引用另一多项权利要求，由此能够衍生出十分复杂并且不清楚的权利要求保护范围，存在两项以上权利要求范围实质相同的同类权利要求的主张。因该问题不属于《专利法实施细则》第六十四条第二款规定的可以提出无效宣告请求的理由，故万高药业公司的上述主张下属于本案审查范围，其在庭审中补中充的权利要求15不清楚的具体理由，因其未在无效审查程序中提出，亦不属于奉案审查的范围，其关于权利要求4~16不清楚，不简要的理由依据不足，不予采信，一审法院综上认为，第11006号决定认定事实清楚，适用法律正确，审理程序合法，应予维持。万高药业公司的诉讼请求不予支持。据此，一审法院依照《中华人民共和国行政诉讼法》第五十四条第（一）项的规定，判决维持了第11006号决定。万高药业公司不服一审判决，向本院提起上诉。

万高药业公司上诉称，一审判决认定事实不清，适用法律错误。理由是：1. 一审法院对权利要求4、5的认定有误。权利要求1所要保护的技术方案是一种"独一味的软胶囊制剂"，其中用"独一味提取物"的制备方法限定了这个产品的方案，具体是用"或"的方式以四种各不相同的"独一味提取物"的制备方法对"独一味软胶囊制刑"限定。实质上，本专利权利要求1是四个独立的、不具备单一性的技术。方案因此，权利要求1相当于四项权利要求。而权利要求4是多项权利要求的从属权利要求，分别引用了权利要求1、2和3、在权利要求1实质上是多项权利要求的情况下，权利要求4的引用关系是不清楚的，造成了多项从属权利要求引用另一多项权利要求，由此能够衍生出十分复杂且不清楚的权利要求保护范围，存在着两项以上的权利要求保护范围实质相同的同类权利要求，由此权利要求4不清楚、不简要，权利要求5是权利要求4的从属权利要求、由此，权利要求5也不清楚，不简要。2.一审注院对权利要求6~16的认定有误。权利要求6是一项以从属权利要求形式表述的独立权利要求，它引用了权利要求1和3，在这一点上，它与权利要求4相同，属于引用关系不清楚。同时，权利要求6增加的技术特征使阅读的人认沟，在实施权利要求1的前提下、权刊要求6另外又对浊一味药材进行了提取，并且，在实施权利要求技术方案时、没有限定四种独一味提取物制备方法的哪一种，因此，权利要求6的表述不清楚。权利要求15的引用关系与权利要求4的情况相同，引用关系不清楚。权利要求7、9、11的表述方式会使阅读的人产生歧义，其是在权利要求1的基础上增加的技术特征，还是进一步限定的技术特征、不清楚，不符合《专利法实施细则》第二十条第一款的规定。权利要求8、10、12~14、16分别是权利要求7、9、11、15的直接或者间接的从属权利要求，也不符合《专利法实施细则》第二十条第一款的规定。特别是权利要求13、14其工艺步骤重复引用，彼此交叉。请求二审法院判决撤销一审判决，撤销第11006号决定。

专利复审委答辩称、尽管权利要求1中包含了四个独立的技术方案、但其后的从属权利要求引用权利要求1时均可认为分别是对四个方案进行的限定，本领域技水人员可以消楚地理解其所限定的技术方案，虽然会造成引用关系的复杂和保护范围的部分重叠，但其请求保护的范围是清楚的。因此权利要求4~16作为整体，其保护范围是清楚的、符台《专利法实施细则》第二一十条第一款的规定。第11006号决定认定事实清楚，适用法律得，万高药业公司的诉讼理由不能成立，衣求二审法院驳回上诉，维持一审判决。成都优他制药有限责任公司（以下简称优他制药公司）认为，本专利权利要求1是用制备方法特征限定的产品独立权利要求，虽然其实质上记载了4个相对独立、并列的技术方案，但根据《审查指南》的相关规定，在一项权利要求中允许记载两项或以上的并列技本方案、而且权利要求1中的4个技术方案均包含相同的特定技术特征、并不存在缺乏单一性的问题。另外1不具有单一性不属于《专利法实施细则》第六十四条第二款规定的可以宣告专利权无效的理由之一，更不属于《专利法实施细则》第二十条第一款规定的情形。

虽然权利要求1包含4个技术方案，可能造成直接或间接引用其从属权利要求4、5或其他权利要求6~16之间的引用关系显得复杂，但这种引用关系本身是确定、清楚的，在此基础上，引用权利要求1的从属权利要求4、5和其他权利要求6~16的保护范围也必然是确定、清楚的，不会出现"保护范围实质相同的权利要求"的情况。另外，即使由于权利要求1包含4个技术方案可能会导致实质上出现"多项从属权利要求引用多项从属权利要求"的情况，也不属于《专利法实施细则》第二十条第一款所规定的"权利要求不清楚"的情形，而是属于《专利法实施细则》第二十三条第二款所规定的情形，但该款并不属于《专利法实施细则》第六十四条第二款规定的可以宣告专利权无效的理由一，这也表明"多项从属权利要求引用多项从属权利要求"并不会造成权利要求的保护范围不清楚，综上，优他制药公司认为，直接或间接引用权利要求1的权利要求4~16的保护范围清楚、符合《专利法实施细则》第二十条第一款的规定，第11006号决定和一审判决认定事实清楚，适用法律正确，程序合法，请求二审法院驳回万高药业公司的上诉请求，维持一审判决。

一审期间，专利复审委向法院提交了本专利的授权公告文本作为证据，万高药业公司、优他制药公司未向法院提交证据。一审法院向专利复审委调取了万高药业公司在无效程序中递交的无效宣告请求书。

上述证据均随案移送本院，经审查本院认为，上述证据与本案具有关联性、内容真实，来源合法，能够证明法院查明的事实，本院予以确认。

经审理查明，2004年4月20日，优他制药公司向国家知识产权局提出名称为"藏药独一味软胶囊制剂及其制备方法"的发明专利申请，国家知识产权局经审查于2006年5月10日授予其专利权，专利号为200410031071.4。本专利授权公告的权利要求书如下：

1. 一种独一味的软胶囊制剂、其特征在于该软胶囊由如下重量份的原料药组成：独一味提取物20~30重量份，植物油25~36重量份，助悬剂1~5重量份；

其中独一味提取物由下面四种提取方法中任意一种制备：

Ⅰ、取独一味药材，粉碎成最粗粉，加水煎煮二次，第一次加10~30倍量的水，煎煮1~2小时，第二次加10~20倍量水，煎煮0.5~1.5小时、合并药液，滤过，滤液浓缩成稠膏，减压干燥，粉碎成细粉，过200目筛，备用；

Ⅱ、取独一味药材，粉碎成最粗粉、加水煎煮二次，第一次加10~30倍量的水，煎煮1~2小时，第二次加10~20倍量水、煎煮0.5~1.5小时、合并药液、滤过，浓缩备用：将浓缩液过大孔树脂层析柱，用30-50倍蒸馏水洗脱，收集洗脱液浓缩成稠膏、减压干燥，粉碎成细粉，过200目筛，备用；

Ⅲ、取独一味药材，粉碎成粗粉，加70%~99%的乙醇回流提取2~3次、第一次加乙醇8~12倍量，回流1~3小时，第2、3次加乙醇6~10倍量，回流1~2小时；合并回流液，减压浓缩，回收乙醇至无醇味，得到醇提浓缩液；醇提浓缩液加水混悬后，依次用石油醚、正丁醇萃取2~3次，回收溶剂，干燥，得到石油醚提取物A、正丁醇提取物B，提取剩余部分为水提取物C；合并上述A、B、C三种提取物，粉碎成细粉，过200目筛，备用；

Ⅳ、取独一味药材，粉碎成粗粉，置于渗漉器中用70%~90%乙醇浸泡12~36小时后，以5ml~10ml/min的速度渗漉，直至流出液经薄层层析检测无斑点为止；减压浓缩回收乙醇至无醇味，得到独一味渗漉液；将独一味渗漉液加水静置12~35小时，得到沉淀物A，干燥备用；上清液过大孔树脂层析柱，分别用30~50倍蒸馏水，30~50倍15%~45%乙醇洗脱，回收乙醇，干燥，得到提取物B、C；合并上述A、B、C三种提取物，粉碎成细粉、过200目筛、备用。

2. 权利要求1所述的独一味软胶囊制剂，其特征在于该软胶囊由如下重量份的原料药组成：独一味提取物26重量份，植物油29重量份，助悬剂3重量份。

3. 一种独一味软胶囊制剂，其特征在于该软胶囊由如下重量份的原料药制成：独一味提取物26重量份，植物油29重量份，助悬剂3重量份。

4. 如权利要求1、2或3所述的独一味的软胶囊制剂，其特征在于所述的独一味提取物中含有脂溶性成分41%~21%、黄酮类化合物和甙8%~60%、多糖25%~65%。

5. 如权利要求4所述的制剂，其特征在于所述的独一味提取物中含有的脂溶性成分为5、7、3′、4′一四羟基黄酮，5．7、3′、4′一甲羟基黄酮-7-O-β-D-葡萄糖苷，槲皮素，槲皮素-3-O-β-L-阿拉伯糖苷，5、7、4′-三羟基黄酮-7-O-β-新橙皮糖苷，偏诺皂苷元糖苷，β-谷甾醇和正三十三烷；

黄酮类和甙类为木犀草素，木犀草素-7-O-葡萄糖苷，槲皮素、槲皮素-O-阿拉伯糖苷，芹菜素、芹菜素-7-O新橙皮糖苷；β-谷甾醇。

6. 如权利要求1或3所述独一味软胶囊制剂的制备方法，其特征在于该方法为：

独一味药材100重量份粉碎成最粗粉，加水煎煮二次，第一次加20倍量的水，煎煮1.5小时，第二次加15倍量水，煎煮1小时，合并药液，滤过，滤液浓缩成稠膏，减压干燥，粉碎成细粉，过200目筛备用；取大豆油29重量份加热到80℃，加入蜂蜡3重量份，使其溶化，放凉至40℃左右，加入上述浸膏细粉,混匀,过胶体磨、压制成软胶囊,干燥,压制成软胶囊,经三洗丸、干燥即得独一味软胶囊。

7. 如权利要求1所述独一味软胶囊制剂的制备方法,其特征在于该方法为:取独一味药材,粉碎成最粗粉,加水煎煮二次,第一次加10~30倍量的水,煎煮1~2小时,第二次加10~20倍量水,煎煮0.5~1.5小时,合并药液,滤过,浓缩备用;将浓缩液过大孔树脂层析柱,用30~50倍蒸馏水洗脱,收集洗脱液浓缩成稠膏、减压干燥,粉碎成细粉,过200目筛备用;取植物油加热到80℃,加入助悬剂,陡其溶化,放凉至40℃左右,加入上述浸膏细粉,混匀、过胶体磨、压制成软胶囊,经洗丸、干燥即得独一味软胶囊。

8. 如权利要求7所述二独一味软胶囊制剂的制备方法,其特征在于该方法为:

独一味药二材,粉碎成最粗粉、加水煎煮二次,第一次加20倍量的水,煎煮1.5小时,第二次加15倍量水、煎煮1小时,合并药液,滤过,滤液浓缩备用;将浓缩液过大孔树脂层析柱,用40倍蒸馏水洗脱,收集洗脱液浓缩成稠膏,减压干燥、粉碎成细粉,过200目筛备用;取大豆油加热到80℃,加入蜂蜡,使其溶化,放凉至40℃左右,加入上述浸膏细粉,混匀,过胶体磨,压制成软胶囊,干燥、压制成软胶囊、经洗丸、干燥即得独一味软胶囊。

9. 如权利要求1所述独一味软胶囊制剂的制备方法。其特征在于该方法为:取独一味药材,粉碎成粗粉,加70%~99%的乙醇回溻提取2~3次,第一次加乙醇8~12倍量、回流1~3小时,第2、3次加乙醇6~10倍量、回流1~2小时;合并回流液,减压浓缩,回收乙醇至无醇味,得到醇提浓缩液;醇提浓缩液加水混悬后,依次用石油醚、正丁醇革取2~3次,回收溶剂,干燥,得到石油醚提取物A、正丁醇提取物B,提取剩余部分为水提取物C;合并上述A、B、C三种提取物,粉碎成细粉,过200目筛备用;驳植物油加热到80℃、加入助悬剂,使其溶化,放凉至40℃左右,加入上述提取物细粉,混匀,过胶体磨,压制成软胶囊,经洗丸、干燥即得独一味软胶囊。

10. 如权利要求9所述约独一味软狡囊制剂的制备方法、其特征在于该方法为:

取独一味药药,粉碎成粗粉,加95%的乙醇回流提取3次,第一次加乙醇10倍量、回流2小时,第2、3次加乙醇8倍量,回流1.5小时;合并回流液,减压浓缩,回收乙醇至无醇味,得到醇提浓缩液;醇提浓缩液加等量水混悬后,依次用等量石油醚、正丁醇萃取3次,回收溶剂,干燥,得到石油醚提取物A,正丁醇提取物B,提取剩余部分为水提取物C;合并上述A、B、C三种提取物,粉碎成细粉,过200目筛备用;取大豆油加热到80℃言加入助悬剂蜂蜡,使其溶化,放凉至40℃左右,加入上述提取物细粉,混匀,过胶体磨、压制成软胶囊、经洗丸、干燥即得独一味软胶囊。

11. 如权利要求1所述的独一味软胶囊制剂的制备方法,其特征在于该方法为:取独一味药材,粉碎成粗粉,置于渗漉器中用70%~90%乙醇浸泡12~36小时后,以5ml~10ml/min的速度渗漉、直至流出液经薄层层析检测无斑点为止;减压浓缩回收乙醇至无醇味、得到独一味渗漉液;将独一味渗漉液加水静置12~36小时,得到沉淀物A,干燥备用;上清液过大孔树脂层析柱、分别用30~50倍蒸馏水,30~50倍15%~45%乙醇洗脱,回收乙醇,干燥,得到提取物B、C;合并上述A、B、C三种提取物,粉碎成细粉,过200目筛备用;取植物油加热到80℃,加入助悬利、使其溶化,放凉至40℃左右,加入上述提取物细粉、混匀、过胶体磨,压制成软胶囊,经洗丸、干燥即得独一味软胶囊。

12. 如权利要求11所述的独一味软胶囊制剂的制备方法,其特征在于该方法为:

取独一味药材100重量份、粉碎成粗粉,置于渗漉器中用80%乙醇浸泡24小时后,以5ml/min的速度渗漉、直至流出液经薄层层析检测无斑点为止;减压浓缩回收乙醇至无醇味,得到独一味渗漉液;将独一味渗滤液加水静置24小时,得到到沉淀物A,干燥备用;上清液过大孔树脂层析柱,分别后40倍蒸馏水，40倍30%乙醇洗脱、回收乙醇、干燥、得到提取物B、C；合并上述A、B、C三种提取物共26重量份、粉碎成细粉、过200目筛备用；取大豆油29重量。份加热到80℃，加入助悬剂蜂蜡3重量份、使其溶化，放凉至40℃左右，加入上述提取物细粉，混匀，过胶体磨，压制成软胶囊，经洗丸、干燥即得独一味软胶囊。

13. 如权利要求7、9或11中所述的独一味软胶囊制剂的制备方法，其特征在于所用植物油是大豆油、色拉油、麻油、花生油、玉米油、杏仁油、桃仁油、棉籽油、葵花籽油、蓖麻油、橄榄油中的一种或几种。

14. 如权利要求7、9或11中所述的独一味软胶囊制剂的制备方法，其特征在于所用助悬剂是甘油、吐温-80、棕榈油、单硬脂酸铝、大豆卵磷脂或蜂蜡等中的任意一种或几种。

15. 如权利要求1、2或3所述的独一味软胶囊制剂的质量控制方法，其特征在于该方法中含量测定方法为：

高效液相色谱法：色谱条件色谱柱：Hypersil BDS C_4；

流动相：比例为40∶60的甲醇-0.2%磷酸溶液，检测波长350nm，检测灵敏度0.01AUFS，柱温：30℃，流速：1.0ml/min，进样量：10μl；

对照溶液的制备：精密称取木犀草素对照品适量、加早醇制成每1ml含25μg的溶液，即得；

供试品溶液的制备：分别取各提取试验项下的浸膏粉约2g，精密称定，分别置100ml磨口具塞三角瓶中．精密加甲醇25ml称定重量，超声处理30分钟、放冷、再称定重量、加甲醇补足减失约重量、摇匀、滤过，取续滤液作为供试品溶液；

线性关系：精密称取木犀草素对照品适量，加甲醇制成每1ml含28.5μg的溶液，吸取该溶液2、5、8、12、15μl，注入高效液相色谱仪，按上述色谱测定木犀草素吸收峰面积：软胶囊制剂中每粒含独一味木犀草素计，不得少于0.8000mg。

16. 如权利要求15所述的独一味软胶囊制剂的质量控制方法，其特征在于该方法中还包括如下鉴别方法：

照薄层色谱法：

取软胶囊内容物0.3g，加乙醇5ml，加热回流10分钟，滤过，取滤液2ml，浓缩至约1ml，作为供试品溶液；

另取独一味对照药材1g，同上法制成对照药材溶液；

吸取上述两种溶液各5μl，分别点于同一硅胶G薄层板上，以比例为4∶1的氯仿-甲醇为展开剂，展开、取出、晾干，喷以磷钼酸试液，在105℃加热约15分钟；

供试品色谱中、在与对照药材色谱相应的位置上，显相同颜色的斑点。

针对本专利，万高药业公司于2007年4月2日以本专利权利要求4～16不符合《专利法实施细则》第二十条第一款的规定为由，向专利复审委提出无效宣告请求。其请求的具体理山是：权利要求1相当于4项权利要求，从属权利要求4实质上造成多项权利要求引用在前的多项权利要求，因此权利要求4不清楚，其从属权利要求5同样不清楚；权利要求6的表述不清楚；权利要求7、9、11的表述方式产生歧义；权利要求8、10、12～14，16分别是权利要求7、9、11、15的直接或间接从属权利要求，也不符合《专利法实施细则》第二十条第十一款的规定。

专利复审委受理后，依法进行了转文，并定于2007年11月12日举行口头审理。万高药业公司在口头审理通知书回执中声明请专利复审委依据其提交的有有关证据对本案进行审理，未参加口头审理。优他公司的委托代理人参加了口头审理。

在口头审理的基础上专利复审委认为，《专利法实施细则》第二十条第一款规定，权利要求书应当说说明发明或者实用新型的技术特征、清楚、简要地表述请求保护的范围。权利要求应当清楚，不仅指每一项权利要求应当清楚，而且指构成权利要求书的所有权利要求作为一个整体也应当清楚。权手要求6、7、9、11引用了权利要求1，其保护范围应结合这些权利要求的方法特征和所引用的权利要求的特征来判断。虽然权利要求1是用方法表征的产品权利要求，但是并不会使引用其的方法权利要求保护范围不清楚，本领域技术人员可以清楚地理解权利要求6、7、9、11进一步限定的技术方案。尽管权利要求1中包含了四个独立的技术方案，但其后的从属权利要求引用权利要求1时均可认为分别就四个方案进行限定，本领域技术人员可以清楚地理解其所限定的技术方案，虽然会造成引用关系的复杂和保护范围的部分重叠，但其请求保护的范围是清楚的。因此权利要求4~16作为整体，其保护范围是清楚的，符合《专利法实施细则》第二十条第一款的规定，据此，专利复审委作出第11006号决定。

本院认为，根据《专利法实施细则》第二十条第一款的规定，权利要求书应当说明发明或实用新型的技术特征，清楚和简要地表述请求保护的范围。关于权利要求书是否清楚，《审查指南》第二部分第二章第3.2.2节有明确规定，权利要求书应当清楚，一是指每一项权利要求应当清楚，二是指构成权利要求书的所有权利要求作为一个整体也应当清楚。

本专利权利要求1是以制备方法表征的产品权利要求，包含4个独立的技术方案，虽然可能造成其后的从属权利要求之间引用关系的复杂，以及在权利要求保护范围上存在交叉，但是这种引用关系的复杂并未造成权利要求保护的范围不清楚。因此，专利复审委得出的本领域技术人员能够理解权利要求4是对上述4个不同的技术方案分别进行的限定。每一个技术方案的保护范围是清楚的结论正确。本院予以支持。权利要求6、7、9、11、15是方法权利要求，其保护范围应当结合上述权利要求的方法特征以及其所引用的产品权利要求特征进行判断。因此，专利复审委得出的本领域技术人员能够理解上述方法权利要求是在权利要求1的基础上进一步限定的技术方案，不会产生歧义的结论正确，本院予以支持。

因万高药业公司在诉讼中提出的权利要求4是多项权利要求的从属权利要求，实际上造成了多项从属权利要求引用另一多项权利要求，由此能够衍生出十令复杂并且不清楚的权利要求保护范围，存在两项以上权利要求范围实质相同的权利要求的主张，不属于《专利法实施细则》第六十四条第二款规定的可以提起无效宣告请求的理由，故该主张不属于本案的审查范围；其在一审中补充的权利要求15不清楚的具体理由，因在无效程序中未提出，亦不属于本案的审查范围。据此，万高药业公司关于权利要求4~16不清楚、不简要的主张缺乏事实依据，本院不予采信。综上、第11006号决定认定事实清楚，适用法律正确，程序合法；一审法院判决维持符合《中华人民共和国行政诉设法》第五十四条第（一）项的规定；万高药业公司的上诉主张不能成立，本院不予支持，依照《中华人民共和国行政诉讼法》第六十一条第（一）项之规定，判决如下：

驳回上诉、维持一审判决。

二审案件受理费100元，由上诉人江苏万高药业有限公司负担（已不纳）。

本判决为终审判决。

审　判　长　郭　宜
审　判　员　张学磊
审　判　员　朱世宽
二〇〇九年六月十六日
书　记　员　程钰玮

内压式膨胀活塞

无效宣告请求审查决定（第 11014 号）

决 定 号	第 11014 号
决 定 日	2008 年 1 月 25 日
发明创造名称	内压式膨胀活塞
国 际 分 类 号	F04B 53/14
无效宣告请求人	新疆维吾尔自治区石油管理局
专 利 权 人	魏建宏
专 利 号	99215419.7
申 请 日	1999 年 6 月 23 日
授 权 公 告 日	2000 年 8 月 16 日
合 议 组 组 长	李 隽
主 审 员	宋鸣镝
参 审 员	张 华
法 律 依 据	专利法第 22 条第 2 款、第 3 款、第 4 款

决 定 要 点

如果权利要求所保护的技术方案与证据所公开的现有技术内容相比具有区别技术特征，同时由于该区别技术特征的存在，使得权利要求所保护的技术方案具有一定的技术效果，以致该权利要求与现有技术相比具有实质性特点和进步，则该权利要求具有创造性。

一、案由

本无效宣告请求涉及国家知识产权局专利局于 2000 年 8 月 16 日授权公告的、专利号为 99215419.7、名称为"内压式膨胀活塞"的实用新型专利（下称本专利），其申请日为 1999 年 6 月 23 日，专利权人为魏建宏。本专利授权公告的权利要求书如下：

"1. 内压式膨胀活塞，主要由活塞主体（1）和密封胶体（2）组成，其特征是密封胶体（2）由压盖（3）固定在活塞主体（1）上，密封胶体（2）与活塞主体（1）之间有环空（4），环空（4）经通道（5）与柱塞泵的缸套内腔相通。

2. 根据权利要求 1 所述的内压式膨胀活塞，其特征是在密封胶体（2）内装有弹簧（6）和锁销（7），在压盖（3）上加工有锯齿形倒刺，与锁销（7）一起形成单向锁死机构。"

2004 年 4 月 13 日，专利复审委员会作出了第 6011 号无效宣告请求审查决定，宣告本专利的权利要求 1 无效，在权利要求 2 的基础上维持本专利继续有效。其后，北京市第一中级人民法院和北京市高级人民法院分别作出（2004）一中行初字第669号和（2005）高行终字第190号行政判决，维持了专利复审委员会所作出的第6011号决定，上述决定及行政判决均已生效。

针对本专利权，新疆维吾尔自治区石油管理局（下称请求人）于2006年7月24日向国家知识产权局专利复审委员会提出了无效宣告请求，请求专利复审委员会宣告本专利无效。请求宣告无效的理由是：本专利的权利要求2不具备专利法第22条第1~4款规定的新颖性、创造性和实用性，请求人同时提交了以下8份附件作为证据：

证据1：专利号为4270440的美国专利说明书附图（共4页）及该美国专利说明书和摘要的中文译文（共15页），其公开日期为1981年6月2日；

证据2：公告号为CN2069947U的中国实用新型专利申请说明书（共7页），其公告日为1991年1月23日；

证据3：公开号为CN1114008A的中国发明专利申请公开说明书（共6页），其公开日为1995年12月27日；

证据4：授权公告号为CN2158930Y的中国实用新型专利说明书（共5页），其授权公告日为1994年3月16日；

证据5：授权公告号为CN2305503Y的中国实用新型专利说明书（共5页），其授权公告日为1999年1月27日；

证据6：公告号为CN2105594U的中国实用新型专利申请说明书（共6页），其公告日为1992年5月27日；

证据7：盖有"中共新疆石油管理局钻井公司钻井六公司基层委员会"印章，并有证明人7017钻井队经理张发新签字的"内压式膨胀活塞实验数据"复印件（共1页）；

证据8：中华人民共和国新疆维吾尔自治区巴音郭楞蒙古自治州公证处出具的（2004）巴州证字第2509号公证书复印件（共5页）。

请求人认为：首先从工作原理上分析，在通常情况下密封胶体达到报废的磨损量是由其压缩程度决定的，而膨胀式密封胶体是否报废则是由其与缸体之间是否存在间隙决定的，在本案中，当密封胶体的磨损量超过其压缩量且未超过导致单向锁死机构移动一锯齿间距时，会发生泄漏甚至报废，同时密封胶体与定位机构在形状上相互不匹配，也会出现局部磨损和裂缝等情形，此外锁销与密封胶体在材料变形上的差异也会导致间隙的出现，最后锁销与锯齿形倒刺不垂直会导致锁销失效，这些都是本实用新型的技术方案所固有的缺陷，不是制造工艺和质量能够解决的问题；其次从实验数据上分析，由于证据7所记载的试验条件不清楚，对比对象错误，无法判定其是否为与本专利权利要求2技术方案相同的产品所具有的试验结果，况且由证据8已足以证明证据7为伪证，故证据7的实验数据无法证明本专利权利要求2具有有益效果；综上，本专利权利要求2不具有实用性。综合考虑本专利和证据1~6，其中本专利中的由锯齿形倒刺、弹簧和锁销构成的定位机构只有在密封件磨损到一定程度时才能实现膨胀的技术效果，这与证据1~6所公开的定位机构可以根据密封件磨损程度实现逐渐膨胀相比，实际效果更差，与现有技术相比，仅仅是简单的组合或者置换，更不具有实质性特点和进步，故本专利权利要求2不具有新颖性和创造性。

经形式审查合格后，专利复审委员会受理了上述无效宣告请求，于2006年7月24日向请求人和专利权人发出了无效宣告请求受理通知书，并将上述专利权无效宣告请求书及其附件副本转送给专利权人，要求专利权人在指定的期限内进行意见陈述，同时依法成立合议组对本案进行审理。

针对上述无效宣告请求，专利权人于2006年8月17日提交了意见陈述书，专利权人认为：请求人的相关分析不能成立，本专利权利要求2具有实用性；请求人所提交的上述证据1~6均未公开本专利权利要求2的技术特征，权利要求2中的单向锁死机构能够保证扩张后的密封胶体不回缩，使密封胶体在少量磨损后被向缸套内壁推出，密封胶体仍然与缸套紧密接触，保证泵可以继续工作，故本专利权利要求2具有新颖性和创造性。同时专利权人还提交了如下反证材料以证明其观点：

反证1：专利权人向新疆维吾尔自治区高级人民法院提交的起诉状复印件（共2页）；

反证2：江汉机械研究所石油机械检验实验室出具的并加盖有"中国石油天然气总公司江汉机械研究所检测中心"检验章的（2002）油机实检字第05号检验报告复印件（共6页）；

反证3：中国石油天然气总公司发布的SY/T6185—1996号、名称为"三缸单作用钻井泵主要易损件技术条件"的行业标准的复印件（共3页）；

反证4：中国石油和石油化工设备工业协会推广泥浆泵最新科技成果相关信息的网页打印件的复印件（共2页）；

反证5：请求人于2005年6月14日提交的、未被专利复审委员会受理的专利权无效宣告请求书复印件（共8页）；

反证6：新疆石油报于2003年8月14日对本专利技术的相关报道复印件（共1页）；

反证7：中国石油报于2003年3月17日对本专利技术的相关报道复印件（共1页）；

反证8：新华通讯社于2003年9月10日对本专利技术的相关报道的网页打印件的复印件（共1页）；

反证9：专利复审委员会于2004年4月13日作出的第6011号无效宣告请求审查决定复印件（共4页）；

反证10：北京市第一中级人民法院于2004年12月9日作出的（2004）一中行初字第669号行政判决书复印件（共7页）；

反证11：北京市高级人民法院于2005年6月17日作出的（2005）高行终字第190号行政判决书复印件（共7页）；

反证12：克拉玛依市深思专利事务所于2003年9月11日向国家知识产权局出具的证明材料复印件（共1页）。

专利复审委员会于2006年9月4日向双方当事人发出了《无效宣告请求口头审理通知书》，定于2006年10月9日举行口头审理，同时将专利权人于2006年8月17日提交的意见陈述书及其附件副本转送给请求人，要求请求人在指定期限内进行意见陈述。

请求人在指定期限内未进行意见陈述。

口头审理如期举行，仅请求人一方当事人出席本次口头审理，专利权人未出席口头审理。在口头审理过程中，请求人当庭出示了证据8的原件，经合议组核对该证据8的复印件与原件相符。请求人当庭表示对专利权人提交的反证1～3、5和9～12的真实性无异议，但认为它们与本案之间缺乏关联性；对专利权人提交的反证4和6～8的真实性有异议。请求人当庭明确其无效理由为：本专利权利要求2不具有新颖性、创造性和实用性，请求宣告本专利权利要求2无效。其具体证据使用方式为：请求人引用证据7和证据8来说明权利要求2不具有实用性，其中证据8可以证明证据7为虚假证据，并称证据7为请求人从专利权人手中获得的证据，其原件在专利权人手中；证据2和证据6为与本专利最接近的现有技术，证据2或者证据6分别破坏权利要求2的新颖性；证据1～6中的任何一篇分别结合公知常识破坏权利要求2的创造性。合议组当庭告知请求人：根据一事不再理的审查原则，本次无效审理不再对证据1、证据4和证据5是否单独破坏权利要求2的创造性进行审查。请求人结合证据就本专利权利要求2的新颖性、创造性和实用性陈述了意见。

在上述程序的基础上，合议组认为本案事实已经清楚，可以依法作出如下审查决定。

二、决定的理由

1. 证据认定

请求人提交的证据1~6均为专利文献，属于公开出版物，专利权人未对这些证据1~6的真实性提出异议，合议组经核实对这些证据1~6的真实性予以确认，并且这些证据1~6的公开日期均早于本专利的申请日，故这些证据1~6可以作为用于评价本专利新颖性和创造性的现有技术。

2. 关于实用性

专利法第22条第4款规定："实用性，是指该发明或者实用新型能够制造或者使用，并且能够产生积极效果。"

本专利权利要求2要求保护一种内压式膨胀活塞，该活塞主要由活塞主体和密封胶体组成，密封胶体由压盖固定在活塞主体上，密封胶体与活塞主体之间有环空，环空经通道与柱塞泵的缸套内腔相通，在密封胶体内装有弹簧和锁销，在压盖上加工有锯齿形倒刺，与锁销一起形成单向锁死机构。当活塞在缸套内向前运动时，缸套内的工作介质受压，并将压力经通道和环空传递给密封胶体，密封胶体受压后向外膨胀，同时上述单向锁死机构保证密封胶体只能向外膨胀，不能向内收缩，进而保证其与缸套内壁的接触，实现较好的密封效果。由于密封胶体具有一定的弹性，并且压紧在缸套内壁上，因此在工作中密封胶体会处于变形状态，并且压力越大，变形越大，而这个压力是经过通道和环空的柱塞泵缸套内腔中的流体压力，只要锯齿之间的间距大小在密封胶体变形范围内，就可以保证密封胶体与缸套内壁紧密接触。因而，本专利权利要求2所保护的技术方案能够制造和使用，并且能够产生一定的积极效果，故该权利要求2符合专利法第22条第4款关于实用性的规定。

请求人在无效宣告请求书中及口头审理时认为：从工作原理上分析，在通常情况下密封胶体达到报废的磨损量是由其压缩程度决定的，而膨胀式密封胶体是否报废则是由其与缸体之间是否存在间隙决定的，在本案中，当密封胶体的磨损量超过其压缩量且未超过导致单向锁死机构移动一锯齿间距时，会发生泄漏甚至报废，同时密封胶体与定位机构在形状上相互不匹配，也会出现局部磨损和裂缝等情形，此外锁销与密封胶体在材料变形上的差异也会导致间隙的出现，最后锁销与锯齿形倒刺不垂直会导致锁销失效，这些都是本实用新型的技术方案所固有的缺陷，不是制造工艺和质量能够解决的问题。

对此，合议组认为：在密封胶体处于工作过程中，由于缸套内的工作介质始终经通道和环空压向密封胶体，密封胶体受压后始终处于向外膨胀的状态，从而保证密封胶体始终与缸套内壁紧密接触，而单向锁死机构只是保障密封胶体只能向外膨胀、不能向内收缩，因此在正常工作状态下，无论密封胶体磨损量的大小，都不会在密封胶体与缸体内壁之间产生间隙，不会发生泄漏现象。此外，即使密封胶体有可能存在请求人所声称的缺陷，但是这些缺陷并未导致本专利的产品明显无益、脱离社会需要，并未达到在产业上不能制造或者使用的程度，因此不能仅由于本专利权利要求2所保护的产品可能存在某些瑕疵就认定其技术方案不具有实用性。

请求人在无效宣告请求书中及口头审理时还认为：从实验数据上分析，由于证据7所记载的试验条件不清楚，对比对象错误，无法判定其是否为与本专利权利要求2技术方案相同的产品所具有的试验结果，况且由证据8已足以证明证据7为伪证，故证据7的实验数据无法证明本专利权利要求2具有有益效果。请求人试图引用证据7和证据8来从试验数据分析上说明专利权人所作出的实验数据是虚假的，进而证明本专利权利要求2所保护的技术方案与现有技术相比不具有有益效果，是一种技术上的倒退。

对此，合议组认为：从证据7和证据8所公开的内容上看，证据7为新疆钻井六分公司7017钻井队经理张发新出具的证言,其证明于2002年9月到2002年12月期间曾更换过Φ170mm的活塞,并经检查该活塞还可以继续使用,而该活塞的累计使用时间已远远大于原有活塞的使用寿命;证据8为中华人民共和国新疆维吾尔自治区巴音郭楞蒙古自治州公证处出具的(2004)巴州证字第2509号公证书,其中记载了关系人张友新在公证员面前的询问笔录,张友新称"其于2002年9月到2002年12月期间并未在7017钻井队工作,而是在32953井队任副队长,证据7的书面材料和签名也并非我本人亲笔书写";由此可见,证据7和证据8所涉及的内容存在相互矛盾之处,证据8公证书的证明力要大于证据7书面证人证言的证明力,证据7的证明力具有不确定性。但是从客观上讲,在评价本专利权利要求2所保护的技术方案是否具有实用性时,首先应从技术方案本身出发,同时兼顾试验数据所给出的有益效果。在本案中,即使证据7中所给出的实验数据不是真实的,即本专利权利要求2所保护的技术方案有可能达不到专利权人所声称的积极效果,但这也并不影响本专利权利要求2所保护的技术方案能够制造和使用,同时请求人在口头审理过程中也承认根据图纸是能够制造权利要求2所述产品的,至于该技术方案的积极效果,本领域技术人员能够根据本专利说明书所公开的技术内容,通过对内压式膨胀活塞所具有的内部结构进行分析,可以预料到其具有通过单向锁死机构保证密封胶体扩张后不回缩、在其少量磨损后因受压被向缸套内壁推出、密封胶体仍然与缸套内壁紧密接触、保证泵可以持续工作的积极效果。

故合议组对请求人所提出的本专利权利要求2不符合专利法第22条第4款规定的主张不予支持。

3. 关于新颖性

专利法第22条第2款规定:"新颖性,是指在申请日以前没有同样的发明或者实用新型在国内外出版物上公开发表过、在国内公开使用过或者以其他方式为公众所知,也没有同样的发明或者实用新型由他人向国务院专利行政部门提出过申请并且记载在申请日以后公布的专利申请文件中。"

请求人主张证据2或者证据6分别破坏权利要求2的新颖性。

证据2公开了一种预压式动压补偿往复运动密封装置,适用于液压往复运动系统的动密封,它由密封环(附图标记12,相当于本专利的密封胶体)、动压圈(附图标记14,其中的空腔相当于本专利的环空)、单向阀(附图标记22,其中的通道相当于本专利的通道)、溢流阀、支架(附图标记6,相当于本专利的活塞主体)、挡板(附图标记13,相当于本专利的压盖)组成,系统的工作流体可通过单向阀流入动压圈的空腔中,使动压圈压破密封环,使其实现密封作用,溢流阀可以保持动压圈内的流体压力,使密封环始终压紧在密封圈上。

将本专利权利要求2所保护的技术方案与证据2所公开的技术内容相比,其区别在于,证据2至少未公开本专利权利要求2的"在密封胶体(2)内装有弹簧(6)和锁销(7),在压盖(3)上加工有锯齿形倒刺,与锁销(7)一起形成单向锁死机构"这一技术特征。

证据6公开了一种用于液压支柱的密封装置,该装置包含活塞(附图标记7,相当于本专利的活塞主体)和充压密封圈(附图标记4,相当于本专利的密封胶体),活塞端部用螺纹连接有限位盘(附图标记1,相当于本专利的压盖),限位盘将充压密封圈固定在活塞上,充压密封圈断面形状为一边断开的"口"字形,其中间形成有空腔(相当于本专利中的环空),该空腔通过与其对应位置上的径向通孔(附图标记8,相当于本专利的通道)与缸体内腔相通,在限位盘上,与充压密封圈相接触的端面上设有用以安置密封调节楔(附图标记3)的凹台,密封调节楔设置在该凹台上,凹台下方设有可以调节密封调节楔上下位置的平头螺钉(附图标记2),在充压密封圈上与密封调节楔相对应位置上开有垂直梯形槽,该垂直梯形槽的斜边位于靠近密封圈外缘侧,密封调节楔的截面形状与充压密封圈的垂直梯形槽截面形状相匹配。当活塞在缸体内向前运动时,缸体内的压力液受压,并通过径向通孔和密封圈上的开口将压力液引入密封圈的空腔中,对密封圈施加压力,密封圈受压后向外膨胀,同时上述密封调节楔与垂直梯形槽的相互配合，限制密封圈的反向运动，从而保证其与缸体内壁的接触，实现较好的密封效果。

将本专利权利要求2所保护的技术方案与证据6所公开的技术内容相比，其区别在于，①本专利中的环空与证据6中的空腔设置位置不同，本专利中的环空设置在密封胶体与活塞主体之间，证据6中的空腔形成在充压密封圈的内部；②本专利的单向锁死机构与证据6中的锁死机构不同，本专利是在密封胶体内装有弹簧和锁销，在压盖上加工有锯齿形倒刺，与锁销一起形成单向锁死机构；证据6是在限位盘上设置有平头螺钉和密封调节楔，在充压密封圈上开有垂直梯形槽，与密封调节楔相互配合形成调节初始密封预胀量的装置。

由此可见，本专利权利要求2所保护的技术方案与证据2和证据6所分别公开的技术内容存在区别，它们属于不同的技术方案，故本专利权利要求2分别相对于证据2和证据6具有新颖性，符合专利法第22条第2款的规定。

4. 关于创造性

专利法第22条第3款规定："创造性，是指同申请日以前已有的技术相比，该发明有突出的实质性特点和显著的进步，该实用新型有实质性特点和进步。"

请求人主张证据1~6中的任何一篇分别结合公知常识破坏权利要求2的创造性，并认为权利要求2的附加技术特征为公知常识。

在专利复审委员会在先作出的第6011号无效宣告请求审查决定中，已经就证据1、证据4和证据5单独使用是否破坏本专利权利要求2的创造性进行过评述，其中阐述了本专利权利要求2的技术特征"在密封胶体（2）内装有弹簧（6）和锁销（7），在压盖（3）上加工有锯齿形倒刺，与锁销（7）一起形成单向锁死机构"均未被证据1、证据4和证据5公开，并且具有有益的技术效果，从而得出了权利要求2具有创造性的审查结论。同时在本案口头审理过程中，合议组也当庭告知了请求人：根据一事不再理的审查原则，本次无效审理不再对证据1、证据4和证据5是否单独破坏权利要求2的创造性进行审查。

证据2和证据6所公开的技术内容以及它们与本专利权利要求2的区别已经在上面有关新颖性的评述过程中陈述过，在此不再赘述。

证据3公开了一种用于油田钻井等各种泥浆泵的组合活塞与密封方法，该活塞主要由二级涨力环、一级涨力环、密封支撑环、支撑环高压室、承受压力环、O型密封环、单流阀、高压通路、压紧环等部分组成。其主要特点是：在活塞杆的尾部和泵身机械部分设置自动平衡调整器，减少因机械部分偏心对缸筒和活塞造成的损伤；活塞由七个独立部件组合而成，拆装更换部件方便；密封装置采用不同材料组合，密封方法采用平衡原理，可自动补偿密封。

将本专利权利要求2所保护的技术方案与证据3所公开的技术内容相比，其区别在于，证据3也至少未公开本专利权利要求2的"在密封胶体（2）内装有弹簧（6）和锁销（7），在压盖（3）上加工有锯齿形倒刺，与锁销（7）一起形成单向锁死机构"这一技术特征。

事实上，本案合议组将权利要求2与证据1~6分别对比可知，证据1~6均未公开本专利权利要求2的"在密封胶体（2）内装有弹簧（6）和锁销（7），在压盖（3）上加工有锯齿形倒刺，与锁销（7）一起形成单向锁死机构"这一技术特征，同时由于上述区别技术特征的存在，使得本专利权利要求2所保护的技术方案与证据1~6所分别公开的现有技术方案相比，其单向锁死机构具有能够保证密封胶体在扩张后不可以回缩、使密封胶体在少量磨损后因受压被向缸套内壁推出、密封胶体仍然与缸套内壁紧密接触、保证泵可以持续工作的积极效果。请求人在口头审理过程中还主张上述区别技术特征属于本领域的公知常识，但是请求人并未提供相关证据来证明其主张，合议组对于该区别技术特征为公知常识的主张不予认可，由于证据1~6中均未给出将上述区别技术特征引入本专利中以获得权利要求2技术方案的技术启示，且权利要求2的技术方案具备上述有益的技术效果，因此该权利要求2相对于证据1~6中的任何一份证据分别结合公知常识具有实质性特点和进步，具备专利法第22条第3款规定的创造性。

故合议组对请求人所提出的证据1~6中的任何一篇分别结合公知常识破坏权利要求2创造性的主张不予支持。

三、决定

维持99215419.7号实用新型专利权的权利要求2继续有效。

当事人对本决定不服的，可以根据专利法第46条第2款的规定，自收到本决定之日起三个月内向北京市第一中级人民法院起诉。根据该款的规定，一方当事人起诉后，另一方当事人应当作为第三人参加诉讼。

一种中草药药物组合物及其制备方法

无效宣告请求审查决定（第 11015 号）

决 定 号	第 11015 号
决 定 日	2008 年 1 月 20 日
发明创造名称	一种中草药药物组合物及其制备方法
国 际 分 类 号	A61K 35/78，A61K 35/84，A61P 15/00
无效宣告请求人	王大志
专 利 权 人	江苏康缘药业股份有限公司
专 利 号	01815449.2
优 先 权 日	2000 年 9 月 13 日
申 请 日	2001 年 9 月 13 日
授权公告日	2005 年 7 月 6 日
合议组组长	叶 娟
主 审 员	卢 阳
参 审 员	许 磊
法 律 依 据	专利法第 22 条第 3 款

决 定 要 点

当事人对自己提出的无效宣告请求所依据的事实或者反驳对方无效宣告请求所依据的事实有责任提供证据加以证明；没有证据或者证据不足以证明当事人的事实主张的，由负有举证责任的当事人承担不利后果。

一、案由

本无效宣告请求案涉及国家知识产权局于 2005 年 7 月 6 日公告授予的、名称为"一种中草药药物组合物及其制备方法"的第 01815449.2 号发明专利权（下称本专利），其申请日为 2001 年 9 月 13 日，优先权日为 2000 年 9 月 13 日，专利权人为江苏康缘药业股份有限公司。本专利授权公告的权利要求如下：

"1. 一种治疗妇科疾病的药物组合物，其特征在于是由下述配比的原料药按如下方法制成的胶囊剂：

桂枝 1~2 重量份、白芍 1~2 重量份、茯苓 1~2 重量份、桃仁 1~2 重量份、牡丹皮 1~2 重量份；

取牡丹皮，将其进行水蒸汽蒸馏，以便从其中提取丹皮酚；将水蒸汽蒸馏后的提取液冷藏、过滤得滤液,其为丹皮酚粗品;将上述过滤的药渣与桂枝、白芍、桃仁和一半量的茯苓混合,向其中加3倍量的90%乙醇回流提取二次,每次回流提取2小时,合并乙醇提取液,再将用乙醇提取后的药渣加4倍量水煎煮3次,每次2小时,合并水提取液;将乙醇提取液和水提取液与上述的牡丹皮蒸馏后的水溶液合并浓缩成浸膏;将余下一半量的茯苓粉碎成细粉,再与所述的浓缩浸膏混匀,制粒、干燥,再加入上述的丹皮酚粗品,混匀后制成胶囊。

2. 一种治疗妇科疾病的药物组合物,其特征在于是由下述配比的原料药按如下方法制成的胶囊剂:

桂枝1.70重量份、茯苓1.20重量份、牡丹皮1.70重量份、白芍1.30重量份、桃仁1.30重量份;

取牡丹皮,将其进行水蒸汽蒸馏,以便从其中提取丹皮酚;将水溶液蒸馏后的提取液冷藏、过滤得滤液,其为丹皮酚粗品;将上述过滤所得药渣与桂枝、白芍、桃仁和茯苓混合,向其中加3倍量的90%乙醇回流提取二次,每次回流提取2小时,每次过滤后得乙醇提取液,再将用乙醇提取后的药渣加4倍量水煎煮3次,每次3小时,每次过滤后得提取液;将乙醇提取液和水提取液与上述的牡丹皮蒸馏后的水溶液合并并浓缩成浸膏,于75~80℃将其浓缩至相对密度1.27以上,得浸膏;将余下一半量的茯苓粉碎成细粉,再与所述的浓缩浸膏混匀,经制粒、干燥,再加入上述的丹皮酚粗品,混匀后制成胶囊。

3. 一种治疗妇科疾病的药物组合物,其特征在于是由下述配比的原料药按如下方法制成的胶囊剂:

桂枝1.44重量份、茯苓1.44重量份、牡丹皮1.44重量份、白芍1.44重量份、桃仁1.44重量份;

取牡丹皮,将其进行水蒸汽蒸馏,以便从其中提取丹皮酚;将水溶液蒸馏后的提取液冷藏、过滤得滤液,其为丹皮酚粗品;将上述过滤所得药渣与桂枝、白芍、桃仁和茯苓混合,向其中加3倍量的90%乙醇回流提取二次,每次回流提取2小时,每次过滤后得乙醇提取液,再将用乙醇提取后的药渣加4倍量水煎煮3次,每次3小时,每次过滤后得提取液;将乙醇提取液和水提取液与上述的牡丹皮蒸馏后的水溶液合并并浓缩成浸膏,于75~80℃将其浓缩至相对密度1.27以上,得浸膏;将余下一半量的茯苓粉碎成细粉,再与所述的浓缩浸膏混匀,经制粒、干燥,再加入上述的丹皮酚粗品,混匀后制成胶囊。

4. 如权利要求1所述的治疗妇科疾病的药物组合物的制备方法,其特征在于该方法为:

取桂枝1~2重量份、白芍1~2重量份、茯苓1~2重量份、桃仁1~2重量份、牡丹皮1~2重量份,备用;

取牡丹皮,将其进行水蒸汽蒸馏,以便从其中提取丹皮酚;将水蒸汽蒸馏后的提取液冷藏、过滤得滤液,其为丹皮酚粗品;将上述过滤的药渣与桂枝、白芍、桃仁和一半量的茯苓混合,向其中加3倍量的90%乙醇回流提取二次,每次回流提取2小时,合并乙醇提取液,再将用乙醇提取后的药渣加4倍量水煎煮3次,每次2小时,合并水提取液;将乙醇提取液和水提取液与上述的牡丹皮蒸馏后的水溶液合并浓缩成浸膏;将余下一半量的茯苓粉碎成细粉,再与所述的浓缩浸膏混匀,制粒、干燥,再加入上述的丹皮酚粗品,混匀后制成胶囊。

5. 如权利要求2所述的治疗妇科疾病的药物组合物的制备方法,其特征在于该方法为:

取桂枝1.70重量份、茯苓1.20重量份、牡丹皮1.70重量份、白芍1.30重量份、桃仁1.30重量份,备用;

取牡丹皮,将其进行水蒸汽蒸馏,以便从其中提取丹皮酚;将水溶液蒸馏后的提取液冷藏、过滤得滤液，其为丹皮酚粗品；将上述过滤所得药渣与桂枝、白芍、桃仁和茯苓混合，向其中加3倍量的90%乙醇回流提取二次，每次回流提取2小时，每次过滤后得乙醇提取液，再将用乙醇提取后的药渣加4倍量水煎煮3次，每次3小时，每次过滤后得提取液；将乙醇提取液和水提取液与上述的牡丹皮蒸馏后的水溶液合并并浓缩成浸膏，于75～80℃将其浓缩至相对密度1.27以上，得浸膏；将余下一半量的茯苓粉碎成细粉，再与所述的浓缩浸膏混匀，经制粒、干燥，再加入上述的丹皮酚粗品，混匀后制成胶囊。

6. 如权利要求3所述的治疗妇科疾病的药物组合物的制备方法，其特征在于该方法为：

取桂枝1.44重量份、茯苓1.44重量份、牡丹皮1.44重量份、白芍1.44重量份、桃仁1.44重量份，备用；

取牡丹皮，将其进行水蒸汽蒸馏，以便从其中提取丹皮酚；将水溶液蒸馏后的提取液冷藏、过滤得滤液，其为丹皮酚粗品；将上述过滤所得药渣与桂枝、白芍、桃仁和茯苓混合，向其中加3倍量的90%乙醇回流提取二次，每次回流提取2小时，每次过滤后得乙醇提取液，再将用乙醇提取后的药渣加4倍量水煎煮3次，每次3小时，每次过滤后得提取液；将乙醇提取液和水提取液与上述的牡丹皮蒸馏后的水溶液合并并浓缩成浸膏，于75～80℃将其浓缩至相对密度1.27以上，得浸膏；将余下一半量的茯苓粉碎成细粉，再与所述的浓缩浸膏混匀，经制粒、干燥，再加入上述的丹皮酚粗品，混匀后制成胶囊。

7. 如权利要求1、2或3所述的治疗妇科疾病的药物组合物，其特征在于该药物胶囊中芍药苷含量为3.90～5.90mg/粒、丹皮酚含量为2.20～3.30mg/粒。

8. 如权利要求1、2或3所述的治疗妇科疾病的药物组合物的质量控制方法，其特征在于该药物胶囊中各成分的指纹图谱如下：

挥发性成分的气相色谱指纹图谱的特征峰及其相对峰面积限度为：特征峰序号1h，相对保留时间/相对峰面积为0.757/1.183，波动范围为0.770～0.745/1.740～0.690；特征峰序号s，相对保留时间/相对峰面积为1/1；特征峰序号2h，相对保留时间/相对峰面积为1.275，波动范围为1.280～1.270；特征峰序号3h，相对保留时间/相对峰面积为1.290/0.696，波动范围为1.295～1.285/1.110～0.350；特征峰序号4h，相对保留时间/相对峰面积为1.449/5.565，波动范围为1.455～1.440/8.080～3.460；特征峰序号5h，相对保留时间/相对峰面积为1.704/0.093，波动范围为1.710～1.700/0.140～0.060；特征峰序号6h，相对保留时间/相对峰面积为2.146/0.164，波动范围为2.150～2.140/0.255～0.080；特征峰序号7h，相对保留时间/相对峰面积为3.061/0.115，波动范围为3.070～3.055/0.160～0.070；

水溶性成分HPLC指纹图谱的特征峰及其相对峰面积限度为：特征峰序号1s，相对保留时间/相对峰面积为0.261/0.645，波动范围为0.275～0.250/0.750～0.460；特征峰序号2s，相对保留时间/相对峰面积为0.349/0.103，波动范围为0.360～0.340/0.160～0.070；特征峰序号3s，相对保留时间/相对峰面积为0.584/0.128，波动范围为0.600～0.560/0.230～0.065；特征峰序号4s，相对保留时间/相对峰面积为0.915/0.212，波动范围为0.920～0.910/0.250～0.170；特征峰序号s，相对保留时间/相对峰面积为1/1；特征峰序号5s，相对保留时间/相对峰面积为1.076/0.089，波动范围为1.085～1.070/0.130～0.065；特征峰序号6s，相对保留时间/相对峰面积为1.118/0.046，波动范围为1.125～1.110/0.060～0.035；特征峰序号7s，相对保留时间/相对峰面积为1.162/0.052，波动范围为1.175～1.155/0.080～0.030；特征峰序号8s，相对保留时间/相对峰面积为1.196/0.083，波动范围为1.210～1.180/0.105～0.055；特征峰序号9s，相对保留时间/相对峰面积为1.268/0.076，波动范围为1.285～1.250/0.090～0.065；特征峰序号10s，相对保留时间/相对峰面积为1.312/0.211，波动范围为1.330～1.295/0.255～0.140；特征峰序号11s，相对保留时间/相对峰面积为1.420/

0.404，波动范围为1.450~1.400/0.470~0.310；特征峰序号12s，相对保留时间/相对峰面积为2.107/0.149，波动范围为2.170~2.060/0.195~0.130；特征峰序号13s，相对保留时间/相对峰面积为2.389/0.981，波动范围为2.465~2.340/1.475~0.680；

脂溶性成分在210nm处HPLC指纹图谱的特征峰及其相对峰面积限度为：特征峰序号1z，相对保留时间/相对峰面积为0.367/0.322，波动范围为0.375~0.355/0.540~0.180；特征峰序号2z，相对保留时间/相对峰面积为0.408/0.580，波动范围为0.420~0.395/0.900~0.410；特征峰序号3z，相对保留时间/相对峰面积为0.897/0.280，波动范围为0.905~0.890/0.350~0.220；特征峰序号4z，相对保留时间/相对峰面积为0.980/0.752，波动范围为0.985~0.975/0.940~0.600；特征峰序号s，相对保留时间/相对峰面积为1/1；特征峰序号5z，相对保留时间/相对峰面积为1.019/0.286，波动范围为1.025~1.015/0.410~0.210；特征峰序号6z，相对保留时间/相对峰面积为1.143/4.650，波动范围为1.150~1.135/5.950~2.900；特征峰序号7z，相对保留时间/相对峰面积为1.305/0.959，波动范围为1.315~1.295/1.450~0.575；

脂溶性成分在242nm处HPLC指纹图谱的特征峰及其相对峰面积限度为：特征峰序号1z′，相对保留时间/相对峰面积为0.520/0.155，波动范围为0.530~0.510/0.185~0.120；特征峰序号2z′，相对保留时间/相对峰面积为0.566/0.184，波动范围为0.570~0.560/0.230~0.140；特征峰序号3z′，相对保留时间/相对峰面积为0.686/1.385，波动范围为0.690~0.680/1.950~0.900；特征峰序号s，相对保留时间/相对峰面积为1/1；特征峰序号4z′，相对保留时间/相对峰面积为1.128/0.481，波动范围为1.135~1.125/0.530~0.430；特征峰序号5z′，相对保留时间/相对峰面积为1.557/0.181，波动范围为1.585~1.525/0.240~0.150；特征峰序号6z′，相对保留时间/相对峰面积为1.763/1.414，波动范围为1.800~1.720/1.700~1.250；特征峰序号7z′，相对保留时间/相对峰面积为2.133/0.630，波动范围为2.190~2.070/0.840~0.480；特征峰序号8z′，相对保留时间/相对峰面积为3.033/0.463，波动范围为3.105~2.950/0.680~0.160。

上述指纹图谱是在如下条件实现的：

供试品溶液挥发性成分的制备：取成品10粒，除去胶囊外壳加水50ml，乙醚30ml，于75℃水浴上回流90min，放冷，分取乙醚层，水层再用乙醚萃取三次，每次20ml，合并乙醚液，于35℃水浴上挥干，加乙醚至5ml。

供试品溶液水溶性成分的制备：取成品3粒，除去胶囊外科，加水200ml，回流30min，放冷，离心10min，上清液经0.45um滤膜滤过，取续滤液即得。

供试品溶液脂溶性成分的制备：将上述供试品溶液水溶液成分的制备中离心后的沉淀以水冲洗至无色，加甲醇20ml回流30min，放冷，离心10min，甲醇液于75℃水浴上挥干加甲醇至2ml，0.45um滤膜滤过，取续滤液即得。

参照物溶液的制备：桂皮醛用乙醚制成0.5mg/ml的溶液；芍药甙用甲醇制成0.5mg/ml的溶液即得；茯苓对照药材溶液为取茯苓粉末1g，加甲醇10ml，回流30min，放冷，离心，上清液经0.45um滤膜滤过，取续滤液即得。

测定仪器：气相色谱仪，具程序升温功能及FID检测器；液相色谱仪，具梯度洗脱功能及可变波长紫外检测器，梯度滞后体积为1.4ml，Alltima保护柱+色谱柱体积为3ml；色谱数据的采集与处理由色谱工作站完成；试剂采用桂皮醛、芍药甙对照品及茯苓对照药材；乙醚、甲醇、磷酸为分析纯，乙腈为色谱纯，水为超纯水。

气相色谱测定条件：采用牌号为HP-5的5%苯基甲基硅氧烷毛细管柱，柱长30.0m，内径0.32mm，膜厚0.25μm；进样口温度为250℃；检测器温度为280℃；载气N_2，流速1.5ml/min；FID

检测器，H₂40ml/min，空气350ml/min，尾吹气N₂30ml/min；分流比为50∶1；程序升温：初始温度80℃，保持5分钟，以每分钟3℃升至250℃，保持10分钟，测定，记录时间72min。

水溶性成分指纹图谱的液相测定条件：色谱柱以十八烷基硅烷键合硅胶为填充剂，型号Alltima，柱长250mm，内径4.6mm，粒径5μm；保护柱以十八烷基硅烷键合硅胶为填充剂，型号Alltima，柱长7.5mm，内径4.6mm，粒径5μm；以含0.1%磷酸及5%乙腈的水溶液为流动相A，以含0.1%磷酸及50%乙腈的水溶液为流动相B；洗脱程序为，0到70分钟，流动相A由100%线性下降至0%，流动相B由0%线性上升至100%；柱温30℃；流速1ml/min，检测波长230nm，进样5ul，记录时间70min。

脂溶性成分指纹图谱的液相测定条件：色谱柱以十八烷基硅烷键合硅胶为填充剂，型号Alltima，柱长250mm，内径4.6mm，粒径5μm；保护柱以十八烷基硅烷键合硅胶为填充剂，型号Alltima，柱长7.5mm，内径4.6mm，粒径5μm；以含0.1%磷酸及60%乙腈的水溶液为流动相A，以含0.1%磷酸及95%乙腈的水溶液为流动相B；洗脱程序为，0到25分钟，以100%流动相A进行洗脱，25至65分钟流动相A由100%线性下降至0%，流动相B由0%线性上升至100%；65至76分钟，以100%流动相B进行洗脱；柱温50℃；流速1ml/min；检测波长210nm和242nm，进样5ul，记录时间76min。

9. 如权利要求1、2或3所述的治疗妇科疾病的药物组合物在制备治疗妇科血瘀症的药物中的应用。

10. 如权利要求1、2或3所述的治疗妇科疾病的药物组合物在制备治疗盆腔炎的药物中的应用。

11. 如权利要求1、2或3所述的治疗妇科疾病的药物组合物在制备治疗痛经的药物中的应用。"

针对上述专利权，王大志（下称请求人）于2007年5月14日向专利复审委员会提出无效宣告请求，认为本专利权利要求1~7、9~11不符合专利法第22条第3款的规定。请求人同时提交了本专利授权公告文本及以下证据：

证据1："国家新药注册数据（1985~2000）"光盘封套及其中所载关于桂枝茯苓胶囊的内容，国家药品监督管理局药品注册司、国家药品监督管理局药品审评中心联合制作，电子工业出版社，复印件共2页；国家食品药品监督管理局药品评审中心于2002年4月3日发布的"关于《国家新药注册数据库（1985-2000）》光盘注册的通知"的网页复印件共1页；

证据2："药剂学"，湖北中医学院主编，上海科学技术出版社，封面、编写说明页、第85页复印件，共3页；

证据3："中华人民共和国卫生部药品标准中药成方制剂第十七册"，中华人民共和国卫生部药典委员会编，1998年，封面、第226页复印件，共2页；

证据4："中华人民共和国卫生部药品标准中药成方制剂第十九册"，中华人民共和国卫生部药典委员会编，1996年，封面、第7页复印件，共2页；

证据5："正交试验在中药制剂研究中应用"，郭澄等人，时珍国医国药，第11卷第4期，2000年，第360~362页复印件，共3页；

证据6："中华人民共和国药典（2000年版）一部"，国家药典委员会编，化学工业出版社，2000年1月第1版第1次印刷，封面、出版信息页、第534页复印件，共3页。

依据上述证据，请求人认为：证据1~6均为申请日前公开的资料，其中证据1公开了一种桂枝茯苓胶囊的处方及生产工艺，还揭示了丹皮酚为桂枝茯苓胶囊的唯一含量标准；证据5公开了丹皮酚的水蒸馏提取；证据2、3、4公开证明了中药水提取和醇提取是常规工艺常规参数；因此，本专利权利要求1~7、9~11没有创新，不符合专利法第22条第3款的规定。

经形式审查合格后，专利复审委员会受理了上述请求，于 2007 年 6 月 11 日向双方当事人发出《无效宣告请求受理通知书》，并将《专利权无效宣告请求书》及其附件清单所列附件的副本转送给专利权人，要求其在指定的期限内答复，同时成立合议组对本无效宣告请求案进行审理。

专利权人于 2007 年 7 月 25 日提交了意见陈述书和以下反证：

反证 1：名为"桂枝茯苓胶囊制备工艺中牡丹皮单独提取和混提工艺的优选"的试验报告，共 1 页；

反证 2：名为"桂枝茯苓胶囊提取工艺优选"的试验报告，共 2 页。

专利权人认为：(1) 请求人出具的证据 1 为光盘复印件及国家药监局网站的新闻网页，其真实性、来源的合法性以及与本案的关联性存疑，不具备证明力。(2) 证据 1 的出版信息页中没有记载光盘的出版日，不能证明其为申请日之前的公开出版物，因此证据 1 不能作为现有技术。(3) 证据 2~6 均为复印件，不具备真实性，且证据 3~6 与本专利差别甚大，与本案不具有关联性。(4) 证据 1 中所述桂枝茯苓胶囊制备工艺的主要技术路线为："加 90% 乙醇和水分别回流提取各两次"，此描述存在两种理解，即先醇提后水提和先水提后醇提，确定是哪一条技术路线本身就需要本领域技术人员进行创造性工作。(5) 即使将"加 90% 乙醇和水分别回流提取各两次"理解为先醇提后水提，权利要求 1~7 所记载的技术方案与证据 1 的方法相比，还存在以下区别：增加了牡丹皮单独水蒸汽蒸馏的步骤，并且增加了加入乙醇浸泡的时间、回流时加入乙醇的量、提取的时间以及水回流时加入水的量和回流提取的时间等技术特征，这些技术特征都影响着产品的功效；例如反证 1 证明本发明制备方法与不采用牡丹皮单独提取的混提的制备工艺相比，能较高的保留药材中的活性成分丹皮酚，提高丹皮酚成分转移率，提高制剂中丹皮酚的含量；反证 2 证明本专利优选的工艺参数保证了药物组合物的疗效，因此，权利要求 1~7 具备创造性。(6) 权利要求 9~11 为权利要求 1~3 的新用途主题的从属权利要求，基于权利要求 1~3 具备创造性相同的理由，权利要求 9~11 也具备创造性。

2007 年 8 月 2 日，专利权人再次提交意见陈述书，其中声明撤回其于 2007 年 7 月 25 日提交的答复意见，同时认为请求人所提请求过于简单，并未具体说明无效宣告请求的理由及指明每项理由所依据的证据，因此不符合专利法第 64 条的规定。

2007 年 8 月 14 日，本案合议组向双方当事人发出《无效宣告请求口头审理通知书》，拟定于 2007 年 10 月 18 日对本无效宣告请求案进行口头审理。同时，专利复审委员会本案合议组将专利权人于 2007 年 7 月 25 日和 2007 年 8 月 2 日提交的意见陈述书及其附件副本转送给请求人。

2007 年 10 月 18 日，口头审理如期进行，双方当事人均委托代理人参加了口头审理，口头审理过程中确认的事实如下：(1) 请求人方明确其请求宣告本专利权无效的理由为：权利要求 1~7 相对于证据 1~6 不具备专利法第 22 条第 3 款规定的创造性，权利要求 9~11 相对于证据 1 不具备专利法第 22 条第 3 款规定的创造性，其中最接近的对比文件均为证据 1。(2) 专利权人方当庭再次明确放弃其于 2007 年 7 月 25 日提交的意见陈述书，并同时放弃其于 2007 年 8 月 2 日提出的本无效宣告请求案不符合专利法实施细则第 64 条规定的主张。(3) 专利权人方不认可证据 1~6 的真实性，不认可证据 2~6 与本案的关联性，同时表示证据 1 未能显示在本专利申请日前已经公开；请求人的代理人表示由于请求人本人因身体原因不能到庭，因此无法出示证据 1~6 的原件；证据 1 中所涉及的光盘可从药监局购买，其中虽然没有出版日期但内容为 94 年的技术标准；证据 2~6 为公知常识性证据。(4) 请求人方当庭补交了下列证据（编号续前）作为公知常识性证据用于补充结合证据 1：

证据 7：2007 年 10 月 17 日于 http://cache.baidu.com 下载的关于桂枝茯苓胶囊的网页复印件，共 2 页；

证据 8：2007 年 10 月 17 日于 http://www.medste.gd.cn/Html/Article/3823.html 下载的关于桂枝

茯苓胶囊的网页复印件，共2页。

专利权人方对证据7、8的真实性存疑，并认为没有证据证明证据7、8为公知常识证据；合议组当庭告知双方当事人：由于证据7、8的提交时间超出了"无效宣告请求之日起一个月内"的期限，并且其不属于审查指南第四部分第三章第4.3.2节中规定的可在无效宣告请求之日起一个月后补充证据的情况，因此合议组根据专利法实施细则第66条的规定对证据7、8不予考虑。

至此，合议组认为本案的事实清楚，可以作出审查决定。

二、决定的理由

1. 无效宣告请求的理由和范围

根据《专利权无效宣告请求书》及请求人在口头审理中的陈述，合议组确认本无效宣告请求案的审理范围为：权利要求1~7相对于证据1~6不具备专利法第22条第3款规定的创造性，权利要求9~11相对于证据1不具备专利法第22条第3款规定的创造性，其中最接近的对比文件均为证据1。

2. 关于证据

（1）关于证据1~6。

证据1~6均为出版物资料复印件，专利权人对其真实性提出异议。由于请求人未能提交足以证明证据1~6真实性的证据，致使证据1~6的真实性无法得到确认，因此合议组对请求人提交的证据1~6不予确认。

（2）关于证据7、8。

证据7、8是请求人在口头审理过程中提交的证据，其举证时间超出了"无效宣告请求之日起一个月内"的期限，并且该证据7、8均为从互联网下载的网页，并非公知常识性证据，不属于审查指南第四部分第三章第4.3.2节中规定的可在无效宣告请求之日起一个月后补充证据的情况，因此合议组根据专利法实施细则第66条的规定对其不予考虑。

3. 关于专利法第22条第3款。

专利法第22条第3款规定：创造性是指同申请日以前已有的技术相比，该发明有突出的实质性特点和显著的进步，该实用新型有实质性特点和进步。

当事人对自己提出的无效宣告请求所依据的事实或者反驳对方无效宣告请求所依据的事实有责任提供证据加以证明；没有证据或者证据不足以证明当事人的事实主张的，由负有举证责任的当事人承担不利后果。

本案中，无效宣告请求人主张本专利权利要求1~7相对于证据1~6不具备专利法第22条第3款规定的创造性，权利要求9~11相对于证据1不具备专利法第22条第3款规定的创造性。鉴于证据1~6的真实性无法得到确认致使其不能用作证明本专利不具备创造性的有效证据，因此，合议组认为：请求人关于本专利权利要求1~7、9~11不具有创造性的主张缺乏证据支持，不能成立。

根据以上事实和理由，本案合议组作出如下审查决定。

三、决定

维持第01815449.2号发明专利权有效。

当事人对本决定不服的，可以根据专利法第46条第2款的规定，自收到本决定之日起三个月内向北京市第一中级人民法院起诉。根据该款的规定，一方当事人起诉后，另一方当事人应当作为第三人参加诉讼。

口服药物组合物及制备方法

无效宣告请求审查决定（第 11016 号）

决 定 号	第 11016 号
决 定 日	2008 年 1 月 29 日
发明创造名称	口服药物组合物及制备方法
国 际 分 类 号	A61K 31/415
无效宣告请求人	浙江永宁制药厂
专 利 权 人	武田药品工业株式会社
专 利 号	93100008.4
优 先 权 日	1992 年 12 月 13 日
申 请 日	1993 年 1 月 1 日
授 权 公 告 日	1999 年 7 月 14 日
合 议 组 组 长	叶 娟
主 审 员	许 磊
参 审 员	魏春宝
法 律 依 据	专利法第 26 条第 3 款、第 4 款，专利法第 22 条第 3 款，专利法实施细则第 21 条第 2 款

决 定 要 点

权利要求书应当以说明书为依据，是指权利要求应当得到说明书的支持，权利要求书中的每一项权利要求所要求保护的技术方案应当是所属技术领域的技术人员能够从说明书充分公开的内容中得到或概括得出的技术方案。

必要技术特征是指发明为解决其技术问题所必不可少的技术特征，其总和足以构成发明的技术方案，使之区别于背景技术中所述的其他技术方案；判断某一技术特征是否为必要技术特征，应当从所要解决的技术问题出发并考虑说明书描述的整体内容，不应简单地将实施例中的技术特征直接认定为必要技术特征。

如果说明书中已经清楚、完整地记载了所要解决的技术问题、解决技术问题的技术方案，以及该技术方案所能够获得的有益效果，并且没有证据表明所属技术领域的技术人员按照说明书记载的内容不能实现该发明，则应认为说明书已对发明作出了清楚、完整的说明。

在判断一项发明专利权利要求的创造性时，应当将权利要求限定的技术方案与现有技术中最接近的对比文件中公开的技术方案相对比，找出其区别技术特征，如果现有技术中没有给出将该区别技术特征应用于最接近的对比文件以解决其存在的技术问题的启示，则该权利要求的技术方案是非显而易见的，而且若该权利要求所限定的技术方案能够带来有益的效果，则该方案具有显著的进步。

一、案由

本无效宣告请求案涉及国家知识产权局于1999年7月14日公告授予的、名称为"口服药物组合物及制备方法"的第93100008.4号发明专利权（下称本专利），其申请日为1993年1月1日，优先权日为1992年12月13日，专利权人为武田药品工业株式会社。该专利授权公告的权利要求书如下：

"1. 用于口服的药物组合物，该组合物由有效量的具有血管紧张素Ⅱ抑制作用的通式（Ⅰ）化合物和熔点范围为20～90℃的油性化合物组成：

$$\text{(I)}$$

在通式（Ⅰ）中，W环为随意取代的含N杂环；R^3是能够形成阴离子或转变为阴离子的基团；X是苯撑基和苯基之间的直接相连的一根键或两个或两个以下原子长度的链；n为整数1或2。

2. 根据权利要求1的组合物，其中通式（Ⅰ）的化合物是熔点为100～200℃的结晶化合物。

3. 根据权利要求1的组合物，其中通式（Ⅰ）化合物中的W环为苯并咪唑环。

4. 根据权利要求3的组合物，其中通式（Ⅰ）化合物为苯并咪唑-7-羧酸化合物或其衍生物。

5. 根据权利要求3的组合物，其中通式（Ⅰ）化合物中的W环是通式（Ⅱ）的苯并咪唑，

$$\text{(II)}$$

其中A环为苯环，除R^2代表的基团外，苯环可含进一步的取代基；R^1为氯或随意取代的烃基；R^2为随意酯化的羧基；Y为一根键、-O-、-S(O)m-，其中m为0、1或2，或-N(R^4)-，其中R^4为氢或随意取代的烷基。

6. 根据权利要求5的组合物，其中通式（Ⅱ）的苯并咪唑环中的R^2由-CO-D代表的基，而D为羟基或低级（C_{1-4}）烷氧基，该烷氧基的烷基部分随意被羟基、氨基、卤素、低级（C_{2-6}）脂肪酰氧基、1-低级（C_{1-6}）烷氧羰基或低级（C_{1-4}）烷氧基取代。

7. 根据权利要求1的组合物，其中通式（Ⅰ）化合物中的R^3为随意取代的单环杂环残基。

8. 根据权利要求7的组合物，杂环残基为四唑基。

9. 根据权利要求1的组合物，通式（Ⅰ）的化合物为（±）-1-（环己氧羰氧）乙基2-乙氧-1-[[2'-（1H-四唑-5-基）联苯-4-基]甲基]-1H-苯并咪唑-7-羧酸酯。

10. 根据权利要求1的组合物，通式（Ⅰ）的化合物为2-丁基-1-[[2'-（1H-四唑-5-基）联苯基-4-基]甲基]苯并咪唑-7-羧酸。

11. 根据权利要求1的组合物，其中油性化合物为选自烃、高级脂肪酸、高级醇、多元醇的脂肪酸酯、多元醇的高级醇醚，和氧化烯的高聚体或共聚体的一个或多个成员。

12. 根据权利要求11的组合物，其中油性化合物为氧化烯的高聚体的一种或多种成员。

13. 根据权利要求1的组合物，其中油性化合物的量按每一份重量的组合物计，为0.005～0.15份重。

14. 根据权利要求1的组合物，其中通式（Ⅰ）化合物为2-乙氧基-1-[2'-（1H-四唑-5-基）联苯-4-基]甲基[-1H-苯并咪唑-7-（±）-1-（环己氧羰氧）乙基羧酸酯，而油性化合物为氧化

烯的聚合物。

15. 根据权利要求 1 的组合物，其中油性化合物的量按每一份重量的组合物计，为 0.01~0.1 份重。

16. 根据权利要求 1 的组合物，其中组合物是片剂形式。

17. 口服的固体药物组合物，其包括有效量的 2-乙氧基-1 [[（2'-）1H-四唑-5-基（联苯-4-基］甲基］-1H-苯并咪唑-7-羧酸（±）-1-（环己氧羰氧）乙酯和分散于整个组合物中的聚乙二醇。

18. 根据权利要求 17 的组合物，其中聚乙二醇分子量为 1000~10000。

19. 根据权利要求 17 的组合物，其中组合物是片剂形式。"

针对上述专利权，浙江永宁制药厂（下称请求人）于 2006 年 12 月 21 日向专利复审委员会提出专利权无效宣告请求，认为本专利权利要求 1~19 不符合专利法第 26 条第 3、4 款的规定，请求人在提出无效宣告请求时提交了本专利的授权公告文本（复印件共 36 页）。

请求人认为：（1）权利要求 1~16 要求保护的药物组合物仅由"通式（I）化合物和油性化合物"组成以及其中的"熔点范围为 20~90℃的油性化合物"、权利要求 1~8、11~13、15 和 16 要求保护的药物组合物中的"通式（I）化合物"，以及权利要求 1~19 要求保护的药物组合物中的油性化合物的比例在说明书中均找不到依据。由本专利说明书第 22 页第 3 段和实施例可知，只有含有确定比例的油性化合物和活性组分的药物组合物才能实现本发明的目的，权利要求 1~19 要求保护的技术方案均不能实现本发明的目的，因此权利要求 1~19 不符合专利法第 26 条第 4 款的规定。（2）本专利说明书的实施例 6 仅公开了药物组合物的组成及配比，并没有给出相应的效果数据，故所属技术领域的技术人员不能相信该组合物可以达到本专利所述的技术效果；本专利说明书实施例 1~4 所用样品 A 和对照 B 的组成及配比以及说明书实施例 5 所用样品 A、B、C、D 和对照 E 的组成和配方均有两处不同，本领域技术人员不清楚到底是哪一处不同使得二者稳定性不同，从而不能由此得到可以实现本发明目的的技术方案，因此说明书不符合专利法第 26 条第 3 款的规定。

经形式审查合格后，专利复审委员会受理了上述请求，于 2006 年 12 月 21 日向双方当事人发出《无效宣告请求受理通知书》，并将《专利权无效宣告请求书》及其附件清单中所列文件的副本转送给专利权人，要求其在指定的期限内答复，同时成立合议组对本无效请求案进行审理。

请求人于 2007 年 1 月 22 日再次补充提交了意见陈述书，增加了本专利权利要求 1~19 不符合专利法第 22 条第 2、3 款，权利要求 1~10、13、15、16 不符合专利法实施细则第 20 条第 1 款，权利要求 1 和 17 不符合专利法第 21 条第 2 款规定的无效宣告理由并同时提交了以下证据：

证据 1：国家知识产权局专利检索咨询中心出具的编号为 G070014 的检索报告以及其中所引用的对比文件 1（CN1063689A，公开日为 1992 年 8 月 19 日），复印件共 21 页；

证据 2：关于本专利的《第一次审查意见通知书》、《第二次审查意见通知书》、《授予发明专利权通知书》以及《意见陈述书》，复印件共 23 页。

请求人认为：（1）证据 1 中引用了对比文件 1，该对比文件 1 披露了含式 I 化合物和赋形剂如凡士林、聚乙二醇的药物制剂，因此本专利的权利要求 1、2、7、8、11、12、16 无新颖性或创造性；证据 2 中引用了对比文件 2（EP459136），该对比文件 2 公开了本专利要求保护的含式 I 化合物和油性化合物的药物组合物（参见对比文件 2 说明书第 20 页第 14~43 行及权利要求书），本专利的权利要求 1~12、14、16~19 均无新颖性或创造性；综上，结合证据 1 和 2，本专利的权利要求 1~19 均无新颖性和/或创造性。（2）权利要求 1~10、13、15、16 中所用"油性化合物"既不是技术术语，本领域普通技术人员也不清楚其所指何物，因而是不清楚的名词，故这些权利要求不符合专利法实施细则第 20 条第 1 款的规定。(3) 权利要求 1 和 17 请求保护的组合物仅含有组分，没有各组分的配比关系，而从本专利说明书中可以看到，需要由特定比例的组份组成的组合物才会具有相应的发明效果，因此权利要求 1 和 17 没有从整体上反映发明的技术方案，缺乏必要技术特征，不符合专利法实施细则第 21 条第 2 款的规定；即使将权利要求 1～19 修改为新的独立权利要求，其也会因为没有包含本专利说明书第 22 页第 3 段的内容而缺少必要技术特征，同样不符合专利法实施细则第 21 条第 2 款的规定。

专利权人于 2007 年 1 月 30 日提交了意见陈述书，针对请求人于 2006 年 12 月 21 日提出复审时提交的意见陈述书和证据陈述了意见，专利权人认为：(1) 本专利说明书对本专利的口服组合物进行了详细的描述，其中第 4～18 页给出并阐述了式 I 化合物，第 18～21 页详细地描述了油性化合物，说明书包括具体实施例都说明了本发明组合物的制备，说明书提供了权利要求 17～19 的固体口服组合物的具体实施例（包括片剂），因此权利要求 1～19 得到了说明书的支持，符合专利法第 26 条第 4 款的规定。(2) 如本专利说明书第 2 页所述，本发明的目的是提供具有拮抗血管紧张素 II 作用的通式（I）化合物的稳定制剂，本发明的技术方案是通过使用所述油性化合物来稳定通式（I）化合物，说明书中详细地描述了所述的口服组合物，包括通式（I）化合物、所述油性化合物以及该口服组合物的制备，并且说明书提供了具体实施例以说明如何制备得到该组合物，并且实施例 1～5 清楚地表明使用油性化合物能提高稳定性，本领域技术人员完全能够确信本专利方法的效果和实施本专利的方法，因此，本专利符合专利法第 26 条第 3 款的规定。

2007 年 3 月 14 日，合议组将请求人于 2007 年 1 月 22 日提交的意见陈述书及其附件清单中所列文件的副本转送给专利权人，要求其在收到所述文件之日起 1 个月内作出答复。

专利权人于 2007 年 4 月 29 日针对请求人于 2007 年 1 月 22 日的提交的意见陈述和证据作出答复，专利权人同时对本专利权利要求书作了修改，修改后的权利要求书如下：

"1. 用于口服的药物组合物，该组合物由有效量的化合物 2-乙氧基-1-［［2′-（1H-四唑-5-基）联苯-4-基］甲基］-1H-苯并咪唑-7-羧酸（±）-1-（环己氧羰氧）乙酯和熔点范围为 20～90℃的氧化烯的聚合物组成；其中该组合物为片剂形式，并且其中氧化烯的聚合物的量按每一份重量的组合物计为 0.005～0.15 份重。

2. 根据权利要求 1 的组合物，其中氧化烯的聚合物的量按每一份重量的组合物计为 0.01～0.1 份重。

3. 口服的固体药物组合物，其包括有效量的 2-乙氧基-1-［［2′-（1H-四唑-5-基）联苯-4-基］甲基］-1H-苯并咪唑-7-羧酸（±）-1-（环己氧羰氧）乙酯和分散于整个组合物中的聚乙二醇；其中该组合物为片剂形式，并且其中聚乙二醇的分子量为 1000～10000。"

专利权人认为：(1) 对比文件 1 没有公开本专利修改后的权利要求 1 和 3 的方案中的活性化合物，因此修改后的权利要求 1～3 相对于对比文件 1 具有新颖性，请求人提供的证据 1 也证实了这一点；请求人提供的证据 2 中没有提出新颖性的问题，因此，审查员显然认为本专利具有新颖性。综上，本专利修改后的权利要求 1～3 符合专利法第 22 条第 2 款的规定。(2) 本专利的实施例 1～4 表明，与其他物质（如乳糖）相比，本专利的氧化烯的聚合物（如聚乙二醇）可以有效地提高组合物的稳定性；对比文件 1 没有意识到本专利所要解决的技术问题，也没有公开本专利的效果；请求人提供的证据 2 清楚地表明审查员认为本专利的权利要求 1～3 具有创造性，因此，本专利的权利要求 1～3 符合专利法第 22 条第 3 款的规定。(3) 权利要求 1～3 的方案具有新颖性和创造性，其方案足以区别于现有技术，也反映了本专利相对于现有技术所做出的贡献，本专利的实施例 1～4 也确认了该方案的效果，因此，权利要求 1～3 符合专利法实施细则第 21 条第 2 款的规定。

2007年5月23日，本案合议组向双方当事人发出《无效宣告请求口头审理通知书》，拟定于2007年7月17日对本专利权的无效请求进行口头审理，同时，将专利权人的两次意见陈述转送给请求人，要求其在口头审理时一并答复。

2007年7月17日，口头审理如期进行，双方当事人均委托代理人出席了口头审理。口头审理过程中，请求人针对专利权人于2007年4月29日提交的修改后的权利要求书补充提交了如下的证据（编号续前）：

证据3："聚乙二醇及其在药剂中的应用"，郑永安等，中国药学杂志，1989年，第24卷第8期，第451~453页，复印件共3页；

证据4：《现代汉语词典》，中国社会科学院语言研究所词典编辑室编，商务印书馆出版，1983年1月第2版，1986年8月第75次印刷，出版信息页、第1397、1399页，复印件共3页；

证据5：《药用辅料应用技术》，上海医药工业研究院药物制剂研究室编著，中国医药科技出版社出版，1991年12月第1版第1次印刷，封面页、出版信息页、第121、122、230、569~572页，复印件共9页。

合议组告知专利权人，由于专利权人以合并方式对权利要求进行了修改，因此请求人当庭提交的证据不属于审查指南规定不予接受的新证据，并当庭将上述证据3~5转交给专利权人，专利权人表示对请求人提交的证据需要事后答辩。

专利权人认为其于2007年1月22日提交的修改后的权利要求1和3中的"2-乙氧基-1-［［2′-（1H-四唑-5-基）联苯-4-基］甲基］-1H-苯并咪唑-7-羧酸（±）-1-（环己氧羰氧）乙酯"与本专利授权公告文本权利要求14和17中的"2-乙氧基-1-［2′-（1H-四唑-5-基）联苯-4-基］甲基［-1H-苯并咪唑-7-（±）-1-（环己氧羰氧）乙基羧酸酯"和"2-乙氧基-1［［（2′-）1H-四唑-5-基（联苯-4-基］甲基］-1H-苯并咪唑-7-羧酸（±）-1-（环己氧羰氧）乙酯"虽然表述形式存在差异，但实质一致，请求人对此无异议。专利权人当庭对权利要求1和3中化合物的表述形式进行了修改，以使新权利要求1和3中的化合物在表述形式上分别与授权公告权利要求14和17中的化合物一致，并提交了权利要求书全文替换页，修改后的权利要求书如下：

"1. 用于口服的药物组合物，该组合物由有效量的2-乙氧基-1-［2′-（1H-四唑-5-基）联苯-4-基］甲基［-1H-苯并咪唑-7-（±）-1-（环己氧羰氧）乙基羧酸酯和熔点范围为20~90℃的氧化烯的聚合物组成；其中该组合物为片剂形式，并且其中氧化烯的聚合物的量按每一份重量的组合物计为0.005~0.15份重。

2. 根据权利要求1的组合物，其中氧化烯的聚合物的量按每一份重量的组合物计，为0.01~0.1份重。

3. 口服的固体药物组合物，其包括有效量的2-乙氧基-1-［［（2′-）1H-四唑-5-基（联苯-4-基］甲基］-1H-苯并咪唑-7-羧酸（±）-1-（环己氧羰氧）乙酯和分散于整个组合物中的聚乙二醇；其中该组合物为片剂形式，其中聚乙二醇的分子量为1000~10000。"

合议组当庭将专利权人当庭提交的权利要求书全文替换页转交请求人，并告知请求人和专利权人可以在本次口头审理结束后一个月内分别针对专利权人当庭提交的新权利要求书和请求人当庭提交的证据3~5重新陈述意见。

请求人于2007年8月17日提交了意见陈述书并再次提交了证据3和5，请求人认为：（1）本专利说明书不符合专利法第26条第3款的规定，理由同提出无效宣告请求时相同。（2）如提出无效宣告请求时所指出的那样，首先，权利要求1和2中的"熔点范围为20~90℃氧化烯的聚合物"无法得到说明书的支持；其次，权利要求1和2采取封闭式权利要求，即由"活性物质"与"氧化烯的聚合物"组成，而说明书中的实施例中的组合物还包含其他物质，因此得不到说明书支持；第三，权利要求1中"氧化烯的聚合物的量为0.005~0.15份",权利要求2中"氧化烯的聚合物的量为0.01~0.1份",而说明书中实施例的氧化烯的聚合物的量分别是0.86(实施例1)、0.5(实施例5)、0.91(实施例5)、0.86(实施例5)、0.86(实施例5),因此得不到说明书的支持;第四,根据说明书第22页第3段的描述,油性化合物与活性物质之间的配比关系是本发明要解决技术问题所必不可少的,因此权利要求1~3得不到说明书支持;第五,权利要求3中两个组分缺少配比关系,并且其中聚乙二醇的分子量为1000~10000,而说明书中仅公开了分子量为6000的聚乙二醇,因此得不到说明书的支持。(3)根据说明书第22页第3段的描述,油性化合物与活性物质之间的配比关系是本发明要解决技术问题必不可少的技术特征,而权利要求1和3缺少该技术特征,同时,权利要求3还缺少对聚乙二醇含量的限定这一必要技术特征,因此权利要求1和3不符合专利法实施细则第21条第2款的规定。(4)由于活性物质"坎地沙坦酯"是已知的(见本专利说明书),而证据3和5又公开了聚乙二醇作为药物辅剂的应用,因此,由本专利的说明书及证据3和5可显而易见地得到权利要求1~3所保护的技术方案,权利要求1~3不符合专利法第22条第3款的规定。

针对请求人在口头审理过程中提交的新证据,专利权人于2007年8月17日提交了意见陈述书和以下反证:

反证1:《药剂学》(第二版),南京药学院药剂学教研组编著,人民卫生出版社,1985年5月第2版第1次印刷,封面页、出版信息页、第667~704页,复印件共40页;

反证2:CN1055927A公开说明书,公开日为1991年11月6日,首页、说明书第52~55、116、117页,复印件共7页。

专利权人认为:(1)请求人提交的证据4涉及"油"的含义,修改后的权利要求1~3不涉及该术语,证据4与本案无关;(2)证据3是关于PEG在药学中应用的综述,证据5涉及可药用的赋形剂,均未公开本专利权利要求1~3的技术方案,因此权利要求1~3具有新颖性;(3)本专利解决坎地沙坦酯在片剂中不稳定的问题,如本专利实施例1~4所示,与其他物质如乳糖相比,氧化烯聚合物(如聚乙二醇)可有效地提高组合物的稳定性,证据3和5没有意识到该技术问题,也没有公开上述技术效果,此外,证据3中描述了PEG4000可用作干燥粘合剂,使用干燥粘合剂的目的是为了避免使用水(参见反证1和2),而本专利在制备片剂的过程中使用了大量的水,并且证据3还表明PEG可降低一些药物的疗效和作用强度,因此,权利要求1~3具有创造性。

2007年8月28日,合议组将请求人于2007年8月17日提交的意见陈述书以及其附件清单中所列附件的副本转交给专利权人,要求其在一个月内陈述意见。

2007年9月29日,专利权人针对请求人于2007年8月17日提交的意见陈述书和证据作出答复,并同时提交了以下反证(编号续前):

反证3:科学技术部知识产权事务中心于2007年9月10日出具的国科知鉴字[2007]52号技术鉴定报告书及其附件,复印件共17页。

专利权人认为:(1)现有技术没有公开聚乙二醇用于坎地沙坦酯,没有意识到本发明的技术问题并且也没有公开本发明的技术效果,反证3也确认了这一点,修改后的权利要求1~3具有创造性。(2)请求人没有提供任何证据支持其有关本专利不符合专利法第26条第3~4款和专利法实施细则第21条第2款规定的主张,本专利符合专利法及专利法实施细则的相关规定。

2007年10月17日,本案合议组向双方当事人发出《无效宣告请求口头审理通知书》,定于2007年12月3日对本无效宣告请求进行口头审理,同时,将专利权人分别于2007年8月17日和2007年9月29日提交的意见陈述书及其附件副本转送给请求人,要求其在口头审理时一并答复。

2007年12月3日,口头审理如期进行,双方当事人均委托代理人参加了口头审理。双方当事人对对方

出庭人员的身份和资格没有异议,对合议组成员无回避请求。口头审理过程中确认的事实如下:

(1) 双方当事人对对方提交的证据或反证的真实性、公开性、合法性、关联性均没有异议;

(2) 双方当事人均认可权利要求1和3中所述的化合物即为本专利说明书第17、18页中所述的通式(V)的化合物,其也被称为"坎地沙坦酯"。

(3) 请求人放弃使用证据1和证据4,请求人明确其无效宣告请求的理由、范围及所依据的证据和事实为:①本专利说明书不符合专利法第26条第3款,具体理由与意见陈述中所述意见相同,即,本专利说明书的实施例6仅公开了药物组合物的组成及配比,并没有给出相应的效果数据,故所属技术领域的技术人员不能相信该组合物可以达到本专利所述的技术效果;本专利说明书实施例1~4所用样品A和对照B的组成及配比以及说明书实施例5所用样品A、B、C、D和对照E的组成和配方均有两处不同,本领域技术人员不清楚到底是哪一处不同使得二者稳定性不同,从而不能由此得到可以实现本发明发明目的的技术方案,因此说明书不符合专利法第26条第3款的规定。②权利要求1~3不符合专利法第26条第4款的规定,具体理由为:a. 权利要求1、2中用到了氧化烯的聚合物,但是氧化烯的聚合物在说明书实施例中仅仅提到了聚乙二醇6000,其熔点为60℃左右,氧化烯聚合物概括了过宽的范围,因此权利要求1和2中的"熔点范围为20~90℃氧化烯的聚合物"无法得到说明书的支持,权利要求3中聚乙二醇的分子量为1000~10000,而说明书中仅公开了分子量为6000的聚乙二醇,因此权利要求3得不到说明书的支持;b. 权利要求1和2采用了封闭式权利要求,即由"活性物质"与"氧化烯"的聚合物组成,而说明书的全部实施例中给出的组合物除这两种组份外都还包含其他物质;c. 氧化烯的聚合物的量在权利要求1中为"0.005~0.15份",在权利要求2中为"0.01~0.1份",而说明书实施例的氧化烯的聚合物的量均不在此范围内,因此含量范围得不到说明书的支持;d. 说明书第22页第3段提及的油性化合物与活性物质之间的配比关系是解决本发明所要解决的技术问题所必不可少的,权利要求1~3没有体现,此外,权利要求3采用了开放式权利要求,其中没有限定聚乙二醇的用量和配比关系,就此而言,权利要求1~3也得不到说明书的支持。③说明书第22页第3段提及"油性化合物与活性物质之间的配比关系"是解决本发明所要解决的技术问题所必不可少的,而权利要求1和3缺少,不符合专利法实施细则第21条第2款的规定。④本专利说明书第2、17~18行记载的内容表明坎地沙坦酯在申请日前是已知的,证据3和5均公开了聚乙二醇作为药物辅剂的应用,二者的结合是显而易见的,因此权利要求1~3没有创造性。

(4) 专利权人认为:①本专利说明书已经提供了制剂实施例1~5,实施例1~4中对照品的不同是本领域普通技术人员采用的常规方式,本专利说明书符合专利法第26条第3款的规定。②聚乙二醇6000是优选的实施方案,权利要求可以进行合理概括,而且油性化合物与活性成分之间的关系也不是必不可少的,只是优选的含量,本领域技术人员完全可以确信本发明的效果并实施本发明的方案,请求人认为本申请权利要求1~3不符合专利法第26条第4款规定的主张没有证据支持。③权利要求1、3目前的方案足以区别现有技术,符合专利法实施细则第21条第2款的规定。④虽然坎地沙坦酯在申请日前是已知的,但是对比文件1以及证据3和5均未教导聚乙二醇可以增强该化合物的稳定性,并且证据3中描述了PEG4000可用作干燥粘合剂,使用其的目的是避免在制粒过程中使用水,专利权人提交的反证1和2也表明了这一点,而本专利在制备过程中使用了大量的水,此外,证据3还表明PEG可降低一些药物的疗效和作用强度,因此,本专利权利要求1~3具有创造性。

至此,合议组认为本案的事实清楚,可以作出审查决定。

二、决定的理由

1. 决定所依据的文本

专利权人于2007年7月17日对本专利的权利要求书进行了修改,所作修改如下:将授权公告文本中的独立权利要求1删除，将分别从属于权利要求1的权利要求13、14、16合并为新的权利要求1，将授权公告文本中的权利要求15修改为新的权利要求2，和将授权公告文本中的独立权利要求17删除，将分别从属于权利要求17的权利要求18、19合并为新的权利要求3，并删除了其余的权利要求。经审查，专利权人对权利要求书的修改符合审查指南的规定，请求人对上述修改也没有异议，因此，本决定是在专利权人于2007年7月17日提交的权利要求第1~3项和授权公告的说明书和说明书摘要的基础上作出的。

2. 关于无效的理由和范围

请求人在口头审理过程中明确其无效宣告请求的理由和范围为：（1）说明书不符合专利法第26条第3款的规定；（2）权利要求1和3不符合专利法实施细则第21条第2款的规定；（3）权利要求1~3不符合专利法第26条第4款的规定；（4）权利要求1~3相对于本专利说明书和证据3、5不符合专利法第22条第3款的规定。合议组对此予以确认并据此进行本案的审理。

3. 关于证据

请求人表示主动放弃证据1和4，因此合议组对这两份证据不再进行调查和考虑。

专利权人和请求人对对方提交的证据的真实性、合法性和关联性没有异议，因此，合议组对证据2、3、5和反证1~3的真实性、合法性和关联性予以确认。

请求人主张用证据3和5来评价本专利的创造性。由于证据3和5的公开日均在本专利申请日之前，因此其可用作评价本专利创造性的现有技术证据。

3. 关于专利法第26条第3款

专利法第26条第3款规定，说明书应当对发明或者实用新型作出清楚、完整的说明，以所属技术领域的技术人员能够实现为准。

根据该款规定，如果说明书中已经清楚、完整地记载了所要解决的技术问题、解决技术问题的技术方案，以及该技术方案所能够获得的有益效果，并且没有证据表明所属技术领域的技术人员按照说明书记载的内容不能实现该发明，则应认为说明书已对发明作出了清楚、完整的说明。

本案中，独立权利要求1请求保护由坎地沙坦酯和熔点为20~90℃的氧化烯的聚合物组成的口服药物组合物；独立权利要求3请求保护包含坎地沙坦酯和分子量为1000~10000的聚乙二醇的片剂组合物。本发明要解决的技术问题是要提供一种稳定的药物组合物，采用的技术手段是在该组合物中包含油性化合物（见本专利说明书第1页第1~2段），在说明书中给出了大量该类油性化合物的实例（见本专利说明书第18页倒数第2段至第21页第3段），其中作为具体实例提及了聚乙二醇，在实施例中给出了包含聚乙二醇6000或其他油性化合物和坎地沙坦酯的片剂组合物的实施例（见本专利实施例1-6），在实施例1~5中对包含坎地沙坦酯和聚乙二醇6000的组合物的稳定性进行了试验表明包含聚乙二醇6000的组合物的稳定性高于不含聚乙二醇6000的对照，因此，说明书中已经清楚地记载了所要解决的技术问题、采用的技术方案并证明了该方案能获得的有益效果，因此，本专利说明书符合专利法第26条第3款的规定。

对于请求人所主张的本专利不符合专利法第26条第3款的具体理由，合议组认为：（1）实施例6虽然没有给出效果数据，但是实施例1~5已经给出了聚乙二醇6000对稳定性影响的实验数据，而且实施例6中含有坎地沙坦酯的技术方案（即样品C）与实施例1中的样品A相同，可见本专利说明书中已经提供了足以证明本专利能够实施的效果数据，因此，实施例6中没有效果数据并不影响本领域技术人员根据说明书的描述实施和实现本发明，因此，请求人认为实施例6没有效果数据从而导致说明书公开不充分的理由不成立。（2）本专利说明书清楚地记载了本发明的目的是要用低熔点的油性化合物来稳定坎地沙坦酯，在此基础上，在本发明组合物的制备中，也可以使用一些用于固体组合物的添加剂如赋形剂例如乳糖等（见本专利说明书第21页最后一行至第22页第1段），本领域技术人员公知乳糖等是本领域的常用辅料，并非药物组合物中的活性成分，例如在专利权人提供的反证1（参见反证1第66页第4~8段、第670页第2~5段）中也证实了这一点。因此，在本专利说明书实施例1-5的配方中，乳糖含量的变化显然是为了保持样品和对照品片剂总重量的一致性而做出的调整，即其目的是在对照品不含所述油性化合物的情况下增加辅料乳糖的含量以保持片重的恒定，因此，本领域技术人员根据说明书的描述并结合公知常识，显然可以判断样品和对照之间性质的差别是由所述活性化合物带来的，而不是由乳糖含量减少带来的，因此，请求人的主张不成立。

4. 专利法实施细则第21条第2款

专利法实施细则第21条第2款规定，独立权利要求应当从整体上记载反映发明或者实用新型的技术方案，记载解决技术问题的必要技术特征。

必要技术特征是指发明为解决其技术问题所必不可少的技术特征，其总和足以构成发明的技术方案，使之区别于背景技术中所述的其他技术方案；判断某一技术特征是否为必要技术特征，应当从所要解决的技术问题出发并考虑说明书描述的整体内容，不应简单地将实施例中的技术特征直接认定为必要技术特征。

本案中，权利要求1中明确限定了氧化烯聚合物的量按组合物计为"0.005~0.15份重"，而该组合物是由氧化烯聚合物和活性成分组成的，所以权利要求1显然限定了活性成分与油性化合物之间的配比关系。

权利要求3请求保护包含坎地沙坦酯和分子量为1000~10000的聚乙二醇的片剂组合物。首先，如上所述，本发明要解决的技术问题是要提供一种稳定的药物组合物，采用的技术手段是在该组合物中包含油性化合物（见本专利说明书第1页第1~2段、第21页倒数第1~4行、第22页最后一段至第23页第1行），说明书中已经给出了不同油性化合物能够使活性成分坎地沙坦酯稳定的实例（见本专利说明书第18页倒数第2段至第21页第3段，实施例1-6），也即证明了油性化合物的存在是本发明技术方案的必要技术特征；其次，虽然在本专利说明书第22页第3段中提及了油性化合物和活性成分的比例，但是并没有提及二者的比例是完成本发明必不可少的，而且在本专利说明书第18~21页中列举了大量油性化合物，本领域技术人员在选择不同的油性化合物时显然需要对其应用比例进行调整，因此，油性化合物与活性物质的比例，即聚乙二醇的含量并非权利要求3的必要技术特征。

综上所述，请求人主张权利要求1和3缺少必要技术特征，从而不符合专利法实施细则第21条第2款的理由不成立，合议组对该主张不予支持。

5. 关于专利法第26条第4款

专利法第26条第4款规定，权利要求书应当以说明书为依据，说明要求专利保护的范围。

根据该款规定，权利要求书应当以说明书为依据，是指权利要求应当得到说明书的支持，权利要求书中的每一项权利要求所要求保护的技术方案应当是所属技术领域的技术人员能够从说明书充分公开的内容中得到或概括得出的技术方案。

（1）关于权利要求1和2。

本案中，权利要求1请求保护一种用于口服的药物组合物，其由有效量的坎地沙坦酯和熔点范围为20~90℃的氧化烯的聚合物组成，其为片剂形式，并且其中氧化烯聚合物的量按每一份重量的组合物计为0.005~0.15份重。权利要求2进一步将权利要求1中所述的重量份数限定为0.01~0.1份重。

请求人认为权利要求1和2不符合专利法第26条第4的理由共有a~d四点（参见前述）。

对于a，合议组认为：本发明的目的是要用所述油性化合物来稳定活性成分坎地沙坦酯，实施例中不仅采用了聚乙二醇作为氧化烯聚合物的实例，还在说明书中列举了大量油性化合物，同时在实施例5中证明除氧化烯聚合物外其他类型的油性化合物如硬脂醇、蔗糖脂肪酸酯等也能实现本发明的目的，也即说明书证明了不同类别油性化合物均能实现发明目的，同时说明书还已证明熔点范围为20~90℃的氧化烯聚合物之一（聚乙二醇6000）能实现本发明的目的，基于此，在没有证据证明该类物质中各物质性质差异足以导致其不能实现本发明目的的情况下，请求人认为氧化烯聚合物概括过宽的主张不能成立，合议组对此不予支持。

对于b，合议组认为：本发明的发明目的是解决坎地沙坦酯在药物组合物中的稳定性问题，所采用的技术方案是利用氧化烯聚合物来稳定坎地沙坦酯，虽然权利要求1、2均为以封闭式撰写的权利要求，也即所述组合物仅含坎地沙坦酯和氧化烯聚合物两种组分，而说明书中所有实施例中所述的组合物均还含有乳糖、淀粉等物质，导致权利要求1、2的组合物与说明书中实施例提供的组合物不对应，但是请求人并未提供证据证明仅由两种组分组成的药物组合物不能实现发明目的，相反，说明书实施例给出的组合物中除此以外的其他组分均为本领域常用的辅料，根据本领域的公知常识可知，这些辅料本身通常是惰性的，对于坎地沙坦酯的活性不会产生影响，而且本发明正是要解决乳糖等常用辅料不能使坎地沙坦酯稳定的问题，因而它们本身通常对坎地沙坦酯的稳定没有作用，同时也没有证据表明实施例中所述的氧化烯聚合物对坎地沙坦酯的稳定作用是由氧化烯聚合物与这些辅料协同形成的，因此，本领域普通技术人员可以合理预见，去除其他辅料后，氧化烯聚合物单独也仍然能够实现稳定坎地沙坦酯的效果，请求人也并没有具体说明并提供证据证明仅由两种组分组成的药物组合物不能实现发明目的。因此，合议组对于该理由也不予支持。

对于c和d，合议组认为：首先，如前所述，油性化合物和活性成分比例并非解决本发明技术问题必不可少的，在此基础上，本领域技术人员不会认为不限定活性成分和油性化合物比例时本发明无法实现；其次，即使根据实施例中活性成分和聚乙二醇比例计算出来的活性成分与油性化合物的比例不在权利要求1和2所述的范围内，但是由于判断权利要求是否得到说明书支持不仅限于实施例，而是应当考虑说明书的全部内容，而本专利说明书第22页中明确记载了仅由活性成分与油性化合物组成的组合物中"每1份重量组合物含该油性化合物0.005~0.15份重量，最好是0.01~0.1份重量"，因此，在没有证据表明其不能实现本发明的目的的情况下，请求人主张的具体理由c和d也不成立。

综上所述，请求人有关本专利权利要求1和2得不到说明书支持的理由均不能成立，因此合议组对请求人有关权利要求1和2不符合专利法第26条第4款规定的主张不予支持。

（2）关于权利要求3。

权利要求3请求保护包含坎地沙坦酯和分子量为1000~10000的聚乙二醇的片剂组合物。

如前面案由部分所述，请求人认为权利要求3得不到说明书支持的具体理由有两点。

对此，合议组认为：（1）权利要求通常是由说明书中记载的一个或多个实施方案概括而成的，虽然说明书实施例中仅给出了使用聚乙二醇6000的实例，但是，本发明的目的是要用低熔点的油性化合物来稳定所述活性物质，在说明书中给出了大量可用的油性化合物的实例，其中提及可以使用分子量为1000~10000的氧化烯的聚合物，并且在该类物质中作为具体实例又列举了聚乙二醇6000，同时，在实施例5中证明除聚乙二醇外其他类型的油性化合物如硬脂醇、蔗糖脂肪酸酯等也能实现本发明的目的，因此，对于本发明要用低熔点油性化合物来稳定所述活性成分的目的而言，本领域技术人员结合现有技术可以合理预测权利要求3中所概括的聚乙二醇分子量范围可以实现本发明的目的，在请求人没有证据证明分子量为1000~10000范围内的聚乙二醇不能实现本发明目的的情况下，对请求人认为该范围概括过宽的主张不予支持。（2）如上面评价权利要求1和2时所述的理由，没有证据表明油性化合物和活性成分比例是解决本发明技术问题必不可少的必要技术特征，因此不能认为不限定活性成分和油性化合物比例时本发明无法完成。综上所述，请求人认为权利要求3得不到说明书支持的理由也不成立。

6. 关于专利法第22条第3款

专利法第22条第3款规定，创造性，是指同申请日以前已有的技术相比，该发明具有突出的实质性特点和显著的进步。

根据该款规定，在判断一项发明专利权利要求的创造性时，应当将权利要求限定的技术方案与现有技术中最接近的对比文件中公开的技术方案相对比，找出其区别技术特征，如果现有技术中没有给出将该区别技术特征应用于最接近的对比文件以解决其存在的技术问题的启示，则该权利要求的技术方案是非显而易见的，而且若该权利要求所限定的技术方案能够带来有益的效果，则该方案具有显著的进步。

本案中，独立权利要求1请求保护由坎地沙坦酯和熔点为20～90℃的氧化烯的聚合物组成的口服药物组合物；独立权利要求3请求保护包含坎地沙坦酯和分子量为1000～10000的聚乙二醇的片剂组合物。本发明要解决的技术问题是提供一种稳定的药物组合物，采用的技术手段是在该组合物中使用油性化合物如氧化烯的聚合物，例如聚乙二醇。请求人和专利权人均认可坎地沙坦酯是已知药物。

证据3公开了聚乙二醇在药剂学领域中可用作片剂的辅料，指出聚乙二醇在片剂中可用作崩解剂、润滑剂以及干燥粘合剂，并且指出"在此应用的聚乙二醇一般是PEG-4000和PEG-6000，而前者更为常用"和"对于热不稳定性药物，如采用PEG-4000为粘合剂，可直接在干燥状态下与主药混合，效果理想"、"同时，PEG-6000的温乙醇溶液是良好的片剂包衣物料"（见证据3第452页左栏第四点的内容），但是其并没有公开聚乙二醇6000可用作稳定药物的赋形剂，更没有提及其可用于稳定坎地沙坦酯。虽然在证据3中提及对于热不稳定性药物而言可以用PEG-4000作为粘合剂在干态下与主药混合，但是，根据其描述以及本领域技术人员的公知常识可知，其目的显然是通过采用干燥混合制粒来避免采用含水粘合剂制粒后加温干燥时热不稳定成分发生分解的问题，并不是要用聚乙二醇来提高药物的稳定性，而从本专利说明书的描述（见本专利说明书第21页最后1段）和实施例来看，本发明的方案可以采用水，因此，证据3中该段描述与本发明所述方案所要解决的技术问题显然不同。此外，在证据3第453页左栏"二、聚乙二醇类对某些药物的络合作用"中还提到，"聚乙二醇类物质对某些药物具有络合作用"，会对某些药物的"疗效和作用强度有不同程度的降低，在液体及半固体状态下尤为明显"，即实际上给出了对于某些药物而言不适于使用聚乙二醇的教导，该教导与本发明的一些方案中采用的将聚乙二醇6000分散于坎地沙坦酯水溶液中来制备片剂的操作（见本专利实施例2-4）相反。因此，证据3没有给出氧化烯的聚合物或聚乙二醇6000可稳定坎地沙坦酯的教导，并且本领域技术人员结合公知常识在阅读证据3时也得不出氧化烯的聚合物或聚乙二醇6000和坎地沙坦酯联用可增强坎地沙坦酯的稳定性的结论。

证据5中公开了聚乙二醇4000和6000可用作水溶性润滑剂，适用于能完全溶解的片剂的教导并给出了该片剂的实例（见证据5第121页倒数第3行至第122页第11行），但是，在证据5中没有提及氧化烯的聚合物或聚乙二醇可用于稳定药物活性成分，更没有具体涉及坎地沙坦酯，因此，证据5也没有给出氧化烯的聚合物或聚乙二醇6000和坎地沙坦酯联用可增强坎地沙坦酯的稳定性的教导。

综上所述，证据3和5均没有给出熔点为20～90℃的氧化烯的聚合物和坎地沙坦酯联用可增强坎地沙坦酯稳定性的教导，更没有给出聚乙二醇6000和坎地沙坦酯联用可增强坎地沙坦酯稳定性的教导，本领域技术人员在坎地沙坦酯已知的情况下结合证据3和/或5不能得到本专利权利要求1或3所要保护的技术方案，因此，对于本领域技术人员而言，权利要求1或3保护的技术方案相对于请求人所举的证据组合方式而言是非显而易见的，具有突出的实质性特点。此外，根据本专利说明书实施例 1~5 提供的实验数据，使用了氧化烯聚合物如聚乙二醇 6000 的组合物的稳定性高于不使用该物质的对照，因此，权利要求 1 和 3 的技术方案具有有益效果，该技术方案也具有显著的进步。因此，权利要求 1 和 3 符合专利法第 22 条第 3 款的规定。

权利要求 2 是权利要求 1 的从属权利要求，在权利要求 1 具备创造性的基础上，权利要求 2 也具备创造性。

三、决定

在专利权人于 2007 年 7 月 17 日提交的权利要求第 1~3 项的基础上维持第 93100008.4 号发明专利权有效。

当事人对本决定不服的，可以根据专利法第 46 条第 2 款的规定，自收到本决定之日起三个月内向北京市第一中级人民法院起诉。根据该款的规定，一方当事人起诉后，另一方当事人应当作为第三人参加诉讼。

北京市第一中级人民法院
行政判决书

(2008) 一中行初字第 440 号

原告浙江永宁制药厂，住所地中华人民共和国浙江省台州市黄岩梅花井路 4 号。

法定代表人叶凤起，厂长。

委托代理人薛琦，男，上海智信专利代理有限公司专利代理人。

委托代理人谢炳光，北京市华联律师事务所律师。

被告中华人民共和国国家知识产权局专利复审委员会，住所地中华人民共和国北京市海淀区北四环西路 9 号银谷大厦。

法定代表人廖涛，副主任。

委托代理人许磊，女，中华人民共和国国家知识产权局专利复审委员会审查员。

委托代理人刘妍，女，中华人民共和国国家知识产权局专利复审委员会审查员。

第三人武田药品工业株式会社，住所地日本国大阪市中央区道修町四丁目 1 番 1 号。

法定代表人秋元浩，常务董事。

委托代理人张平元，北京市柳沈律师事务所律师。

委托代理人曹立莉，女，北京市柳沈律师事务所工作人员。

原告浙江永宁制药厂不服被告中华人民共和国国家知识产权局专利复审委员会作出的第 11016 号无效宣告请求审查决定（以下简称第 11016 号决定），向本院提起行政诉讼。本院受理后，依法组成合议庭，在法定期限内向被告送达了起诉书副本及应诉通知书。依照《中华人民共和国行政诉讼法》第二十七条的规定，本院通知武田药品工业株式会社作为第三人参加诉讼，并于 2008 年 7 月 7 日公开开庭审理了本案。原告的委托代理人薛琦，被告的委托代理人许磊、刘妍。第三人的委托代理人张平元、曹立莉到庭参加了诉讼。本案现已审理终结。

2008 年 1 月 29 日，被告作出第 11016 号决定。该决定认为，名称为"口服药物组合物及制备力法"的第 93100008.4 号发明专利（以下简称本专利）的说明书符合《中华人民共和国专利法》（以下简称《专利法》）第二十六条第三款的规定，权利要求 1-3 符合《中华人民共和国专利法实施细则》（以下简称《专利法实施细则》）第二十一条第二款、《专利法》第二十六条第四款、第二十二条第三款的规定，故决定在第三人 2007 年 7 月 17 日提交的权利要求 1~3 的基础上维持本专利权有效。

为证明第 11016 号决定的合法性，被告向本院提交了下列证据：1.《中国药学杂志》1989 年第 24 卷第 8 期第 451-453 页刊登的郑永安等著《聚乙二醇及其在药剂中的应用》一文复印件共 3 页（即第 11016 号决定中的证据 3，以下简称证据 3）；2. 中国医药科技出版社出版、1991 年 12 月第 1 版第 1 次印刷、上海医药工业研究院药物制剂研究室编著的《药用辅料应用技术》一书的封面页、出版信息页、第 121、122、230、569-572 页的复印件共 9 页（即第 11016 号决定中的证据 5，以下简称证据 5）；3. 本专利授权公告文本；4. 2007 年 7 月 17 日第三人提交的修改后的权利要求书；5. 2007 年 12 月 3 日的口审记录表。

原告诉称：1. 被告在对原告无效请求进行审查时，错误地分担举证责任，直接导致得出错误的审查结论。根据谁主张谁举证的原则，专利权人应当就其专利的权利要求的保护范围、所属技术领域的技术人员按照说明书记载的内容能够实现该发明,以及仅有两种组分组成的药物组合物能够实现其发明目的等问题承担举证责任。但被告将举证责任推给原告承担是错误的,由此导致所作的审查结论亦是错误的。2. 第三人在无效审查程序中修改了权利要求,新权利要求形成了新的技术方案,涉及的发明的目的以及所要解决的技术问题均发生变化。被告应当根据修改后的权利要求所保护的技术方案,重新认定其所解决的技术问题及达到的技术效果。被告以修改前的说明书中记载的发明目的以及所要解决的技术问题、达到的技术效果用来评价修改后权利要求是否符合《专利法》相关规定是错误的。3. 本专利不符合《专利法》第二十六条第三款的规定。第三人修改权利要求后,技术方案发生变化,原说明书公开的内容不再支持修改后的权利要求。说明书中实施例1~5的技术方案与修改后的权利要求所保护的技术方案实质上不同,其效果不能用于说明修改后技术方案的效果。说明书中给出的油性化合物种类已不是修改后权利要求中的氧化烯聚合物,不能用来证明说明书公开充分。此外,在本专利的申请日之前,现有技术中并没有公开乳糖含量的变化不会对坎地沙坦酯的稳定性产生任何影响的技术内容,在专利权人没有进一步举证排除乳糖含量减少带来样品和对照之间性质的差别的可能性的情况下,本领域技术人员根据说明书记载不能判断是聚乙二醇含量的变化还是乳糖含量的变化导致了坎地沙坦酯稳定性的提高。因此,本专利不符合《专利法》第二十六条第三款的规定。4. 本专利权利要求缺少必要技术特征。本专利的说明书中虽然没有直接陈述油性化合物(氧化烯的聚合物)和活性组分(坎地沙坦酯)的比例是完成该发明必不可少的,但是也没有说明该比例不是完成该发明必不可少的。因此,上述比例是该发明的必要技术特征。在化学发明领域,对于以药物辅料为特征的药物组合物,活性组分和辅料及其配比均是权利要求的主要技术特征,均应写入独立权利要求中。说明书中列举的油性化合物不是权利要求3所述的聚乙二醇1000-10000不能用于说明聚乙二醇的应用且本领域技术人员在选用聚乙二醇1000-10000中一种作为稳定坎地沙坦酯的组份时,并不能根据现有技术或通过简单实验确定其比例,因此,各组分及其含量是修改后的权利要求1、2、3部不可缺少的必要技术特征。5. 本专利权利要求1~3得不到说明书的支持。仅由本专利说明书给出的聚乙二醇6000的熔点为60℃左右,是不能合理推出20~90℃不同熔点的氧化烯的聚合物也能实现本发明目的。氧化烯聚合物包括多种不同的化合物,不同化合物之间差异很大,不能仅仅由聚乙二醇6000就可以合理推知出氧化烯化合物也能实现该发明。聚乙二醇6000与聚乙二醇1000和10000的性质差别很大,仅由前者不能合理推出不同聚合度的聚乙二醇一定也能实现发明目的。权利要求1、2不能得到说明书的支持。本专利明书并未指出乳糖对坎地沙坦酯的活性不会产生影响。本领域技术人员依照说明书以及本专利申请日前的现有技术,不能推断出取出其他辅料后,氧化烯聚合物单独仍能稳定坎地沙坦酯的效果。坎地沙坦酯与氧化烯聚合物的含量或配比均得不到说明书的支持。6. 本专利权利要求1~3不具备创造性。证据3已经给出聚乙二醇使药物活性物质稳定效果理想的启示。证据3公开"聚乙二醇对某些药物的络和作用"的同时也具体说明了这些药物是"某些酚类、醛类、酮类及胺类药物如盐酸苯海拉明、青霉素G钾盐、杆菌肽、四环素等",并没有说明坎地沙坦酯或酯类与聚乙二醇类物质络和会使疗效和作用强度有不同程度降低,也没有给出坎地沙坦酯不适于使用聚乙二醇的教导。因此,"聚乙二醇对某些药物的络和作用"的内容不能用于说明权利要求1~3的创造性。此外,本专利说明书中的实施例不能说明权利要求1、2的技术效果。权利要求1~3的技术方案没有显著的进步。综上所述,被告作出的第11016号决定错误。请求法院依法撤销该决定,并判令被告承担本案诉讼费用。原告向本院提交了与被告提交的证据1、2相同的2份证据,用以支持其诉讼主张。

被告辩称:1. 在本专利说明书中已经对本发明作出了清楚、完整的说明,本领域技术人员根据说明书公开的内容能够实施该发明的情况下,无需专利权人进一步举证,原告关于举证责任的主张不能成立。2. 说明中、已经清楚记载了本发明的目的是通过加入低熔点油性化合物来稳定通式（Ⅰ）的化合物。专利权人虽然修改了权利要求，但是修改后的权利要求的技术方案中涉及的氧化烯聚合物是油性化合物中的具体实施例，坎地沙坦酯是式（Ⅰ）化合物中的具体化合物，修改后权利要求仅仅是缩小了保护范围，其涉及的技术方案仍然属于原发明的范畴，并不会因此改变发明的目的和要解决的技术问题，故原告认为权利要求修改后发明创造的内容发生变化的观点不能成立。3. 原告在无效审查阶段针对《专利法》第二十六条第三款提出的具体无效理由并不包括修改后的实施方案没有任何实验数据的理由。第11016号决定中涉及的实施例1～4和实施例6的实验中所涉及组合物中的活性成分都是坎地沙坦酯，涉及的聚乙二醇6000是油性成分的具体实例，因此，不存在原告认为效果数据不能适用的问题。同时，聚乙二醇是氧化烯聚合物中的一种，这两个方案是大范围和小范围的关系，并不是根本不同的两个方案，使用实施例1～4的数据并无不妥。由于本发明的目的就是要用油性化合物来稳定坎地沙坦酯，因此，本领域技术人员显然理解乳糖等是作为常用添加剂加入的，不会对活性成分产生影响。4. 根据说明书的描述，本发明解决的技术问题就是用油性化合物来稳定包括坎地沙坦酯在内的式（Ⅰ）的化合物，即包含油性化合物是解决本发明技术问题必不可少的技术特征，其足以将本发明的方案区别于背景技术，而且说明书给出的实施例的比例也证明油性化合物与活性成分的比例可以进行变化，都可以实现本发明的目的，并不局限于特定的比例范围。因此，原告所述的数值比例并不是权利要求的必要技术特征。5. 在说明书中证明除氧化烯聚合物外的其他油性化合物如硬制醇等也能实现发明目的和证明氧化烯聚合物中的聚乙二醇6000能实现发明目的的情况下，请求人没有提供任何证据证明氧化烯聚合物性质差异极大从而导致氧化烯聚合物以及分子量为1000～10000的聚乙二醇概括过宽，其主张不成立。在本专利说明书中表明可以由油性化合物和活性成分两种组分组成口服药物组合物，乳糖等是可以根据需要加入的常规添加剂，实施例给出的效果数据证明油性化合物可以起到稳定活性成分的作用，因此，该组合物显然也可以达到预期的效果，实现发明目的。因此，原告认为权利要求1、2采用封闭式表述的技术方案得不到说明书支持主张不成立。六、第11016号决定对《专利法》第二十二条第三款的评述正确。证据3虽然公开了"对于热不稳定性药物，如采用PEG-4000为粘合剂，可直接在干燥状态下与主药混合、效果理想"，但是其没有公开聚乙二醇6000可作为稳定药物的赋形剂，更没有提及其可以用于稳定坎地沙坦酯，根据证据3的描述以及本领域技术人员的公知常识可知，证据3目的是通过采用干燥混合制粒来避免采用含水粘合剂制粒后加温干燥时热不稳定成分发生分解的问题，即对于热不稳定药物而言使用聚乙二醇时采用干燥状态下直接混合效果才理想。本发明的方案可以采用水，即可采用湿法制粒，然后可以对颗粒进行干燥，而且没有证据表明坎地沙坦酯是热不稳定物质。证据3中的上述描述与本发明所述方案所要解决的技术问题并不相同；此外，说明书实施例中给出的坎地沙坦酯在50℃下4周和40℃下8周的实验结果也表明坎地沙坦酯不是热不稳定物质，因此证据3没有给出聚乙二醇可稳定坎地沙坦酯的教导，并且因为证据3指出聚乙二醇会与某些药物发生络合从而影响其疗效，即证据3反而给出聚乙二醇不是适用于所有药物的相反教导。因此，本专利权利要求1～3的技术方案相对于证据3和/或证据5而言是非显而易见的。综上所述，第11016号决定认定事实清楚、适用法律正确，程序合法，审查结论正确。故请求法院判决予以维持。

第三人述称：1. 本专利说明书已经对本发明作了清楚完整的说明，本领域的普通技术人员完全能够实现本专利。故被告对举证责任认定正确。2. 本专利说明书符合《专利法》第二十六条第三款的规定。在本专利的说明书中已经清楚地记载了本发明的目标是通过加入低熔点的油性化合物来稳定通式（1）的化合物。修改后权利要求1～3而言，其目的是通过加入氧化烯聚合物来改善坎地沙坦酯片剂的储存稳定性。其技术方案是在片剂中加入氧化烯聚合物。而氧化烯聚合物是本专利说明书中公开的多种油性化合物中的一种，聚乙二醇是氧化烯聚合物的具体实例。所以，权利要求修改后，并没有改变本发明的目的和所要解决的技术问题，仅仅是缩小了保护范围。3. 本说明书已经清楚地记载了本发明目的是通过加入低熔点的油性化学物来稳定通式（Ⅰ）的化合物。修改后的权利要求1～3其目的是通过加入氧化烯聚合物来改善坎地沙坦酯片剂的储存稳定性。说明书具体公开了包含坎地沙坦酯、聚乙二醇6000的片剂形式的药物组合物的实施方案。实施例1-4中药物组合物的储存稳定性测试表明，含有聚乙二醇6000的片剂的稳定性优于不含聚乙二醇6000的对照组。因此，本专利的说明书充分清楚地公开了要解决的技术问题、解决技术问题的技术方案以及所取得的有益的效果、符合《专利法》第二十六条第三款的规定。4. 权利要求1和3的方案足以区别于现有技术，并反映了本专利相对于现有技术所做出的贡献。本专利的目的是提高坎地沙坦酯片剂的储存稳定性。本专利的实施例1-4也确认了本专利可以实现所述效果。因此，本专利的权利要求1和3符合《专利法实施细则》第二十一条第二款的规定。5. 本专利的权利要求1和2涉及口服片剂，而片剂一般包含药物活性成分组合物，并根据需要添加各种赋形剂，这是本领域的公知常识。本专利提供了详细清楚的实施例，实施例中的组合物均包含其他常用赋形剂，任何本领域的技术人员都能够理解本专利的技术方案。聚乙二醇6000的技术方案是本专利的优选方案。没有任何证据表明本专利在权利要求3的范围内不能实施。权利要求3中能够得到说明书的支持。六、证据3公开了聚乙二醇在片剂中用作赋形剂，但没有公开PEG-4000用作提高化合物片剂的储存稳定性。证据3中采用的PEG-4000是为了"可直接在干燥状态下与主药混合"；其目的在于避免在制剂过程中使用水。而本专利在制备片剂过程中使用了大量的水。证据3根本没有给出PEG提高片剂的储存稳定性的启示，更没有给出聚乙二醇提高坎地沙坦片剂的储存稳定性的启示。此外，证据3教导聚乙二醇并不是普遍地适合所有药物。本领域的技术人员不能得出聚乙二醇提高坎地沙坦片剂的储存稳定性。证据5也没有给出聚乙二醇提高坎地沙坦片剂的储存稳定性的启示。因此，本专利权利要求1～3相对于证据3、5具有创造性。综上，第11016号决定认定事实清楚，适用法律正确，程序合法，请求法院判决维持该决定。第三人未向本院提交证据。

经庭审质证，原告、被告、第三人对原告、被告提交证据的关联性、合法性、真实性均没有异议，但是原告、被告均不同意对方主张的证据的证明作用，第三人亦不同意原告主张的证据的证明作用。

本院经审查认为，被告、原告提交的证据与本案审查的第11016号决定有关，且符合证据合法性、真实性的要求，能够证明本案的相关事实，本院对上述证据均予以采纳。

根据上述确认的有效证据以及当事人当庭无争议的陈述，本院认定事实如下：

1993年1月1日，第三人向国家知识产权局提出名称为"口服药物组合物及制备方法"的发明专利申请，该申请的优先权日为1992年12月13日。1999年7月14日，国家知识产权局授予其专利权，即本专利。本专利授权公告的权利要求书共计19项。

2006年12月21日，原告以本专利权利要求1～19不符合《专利法》第二十六条第三、四款的规定为由，向被告提出专利权无效宣告请求，并提交了本专利的授权公告文本（复印件共36页）作为证据。2007年1月22日，原告增加了本专利权利要求1～19不符合《专利法》第二十二条第二、三款、权利要求1～10、13、15、16不符合《专利法实施细则》第二十条第一款、权利要求1和17不符合《专利法》第二十一条第二款规定的无效宣告理由，并同时提交2份证据。

被告受理后，进行了转文。第三人针对原告于2007年1月22日增加的无效宣告理由修改了权利要求书，将授权公告文本中的独立权利要求1删除，将分别从属于权利要求1的权利要求13、14、16合并为新的权利要求1，将授权公告文本中的权利要求15修改为新的权利要求2，将授权公告文本中的独立权利要求17删除，将分别从属于权利要求17的权利要求18、19合并为新的权利要求3，并删除了其余的权利要求。修改后的权利要求书内容如下：

1. 用于口服的药物组合物，该组合物由有效量的化合物2-乙氧基-1-［［2′-（1H-四唑-5-基）联苯-4-基］甲基］-1H-苯并咪唑-7-羧酸（±）-1-（环己氧羰氧）乙酯和熔点范围为20-90℃的氧化烯的聚合物组成；其中该组合物为片剂形式，并且其中氧化烯的聚合物的量按每一份重量的组合物计为0.005-0.15份重。

2. 根据权利要求1的组合物，其中氧化烯的聚合物的量按每一份重量的组合物计为0.01-0.1份重。

3. 口服的固体药物组合物，其包括有效量的2-乙氧基-1-［［2′-（1H-四唑-5-基）联苯-4-基］甲基］-1H-苯并咪唑-7羧酸（±）-1-（环己氧羰氧）乙酯和分散于整个组合物中的聚乙二醇；其中该组合物为片剂形式，并且其中聚乙二醇的分子量为1000至10000。

被告将第三人提交的意见陈述以及权利要求的修改替换页转送给原告，并告知其在口头审理时一并答复。

2007年7月17日，被告举行了口头审理。在口头审理中，原告针对第三人修改后的权利要求书补充提交了包括证据3、5在内的3份证据。被告经审查认为，因第三人以合并方式修改了权利要求，故原告当庭提交的证据不属于《审查指南》规定不予接受的新证据。被告将原告当庭提交的证据转交给第三人。第三人要求庭后对上述证据进行答辩。同时，第三人明确，其修改后的权利要求1、3中的"2-乙氧基-1-［［2′-（1H-四唑-5-基）联苯-4-基］甲基］-1H-苯并咪唑-7-羧酸（±）-1-（环己氧羰氧）乙酯"，与本专利授权公告文本权利要求14.17中的"2-乙氧基-1-［2′-（1H-四唑-5-基）联苯-4-基］甲基［-1H-苯并咪唑-7-（±）-1-（环己氧羰氧）乙基羧酸酯"和"2-乙氧基-1-［［（2′-）1H-四唑-5-基（联苯-4-基）甲基］-1H-苯并咪唑-7-羧酸（±）-1-（环己氧羰氧）乙酯"虽然表述形式存在差异，但实质上是一致的。原告对此无异议。第三人当庭对权利要求1和3中化合物的表述形式进行了修改，以使新权利要求1和3中的化合物在表述形式上分别与授权公告权利要求14和17中的化合物一致，并提交了权利要求书全文替换页，具体内容如下：

1. 用于口服的药物组合物，该组合物由有效量的2-乙氧基-1-［2′-（1H-四唑-5-基）联苯-4-基］甲基［-1H-苯并咪唑-7-（±）-1-（环己氧羰氧）乙基羧酸酯和熔点范围为20-90℃的氧化烯的聚合物组成；其中该组合物为片剂形式，并且其中氧化烯的聚合物的量按每一份重量的组合物计为0.005-0.15份重。

2. 根据权利要求1的组合物，其中氧化烯的聚合物的量按每一份重量的组合物计，为0.01-0.1份重。

3. 口服的固体药物组合物，其包括有效量的2-乙氧基-1-［［（2′-）1H-四唑-5-基（联苯-4-基）甲基］-1H-苯并咪唑-7-羧酸（±）-1-（环己氧羰氧）乙酯和分散于整个组合物中的聚乙二醇；其中该组合物为片剂形式，其中聚乙二醇的分子量为1000至10000。

被告将第三人提交的权利要求的全文替换页转交给原告，并告知原告、第三人可以在本次口头审理结束后一个月内重新陈述意见。

2007年8月17日，原告、第三人均提交了意见陈述。原告重新提交了证据3、5，第三人亦提交了2份反证。被告将双方提交的意见陈述以及证据进行了转文，并于同年12月3日再次举行了口头审理。根据此次口头审理记录表的记载，双方当事人对对方提交的证据或反证的真实性、公开性、合法性、关联性均没有异议；均认可权利要求1和3中所述的化合物即为本专利说明书第17、18页中所述的通式（v）的化合物，其也被称为"坎地沙坦酯"。原告并明确其无效宣告请求的理由、范围及所依据的证据和事实,具体内容如下:①本专利说明书的实施例6仅公开了药物组合物的组成及配比,并没有给出相应的效果数据,故所属技术领域的技术人员不能相信该组合物可以达到本专利所述的技术效果;本专利说明书实施例1-4所用样品A和对照B的组成及配比以及说明书实施例5所用样品A、B、C、D和对照E的组成和配方均有两处不同,本领域技术人员不清楚造成二者稳定性不同的原因,从而不能由此得到可以实现本发明发明目的的技术方案,因此说明书不符合《专利法》第二十六条第三款的规定。②权利要求1~3不符合《专利法》第二十六条第四款的规定,具体理由为:a. 权利要求1、2中用到了氧化烯的聚合物,但是氧化烯的聚合物在说明书实施例中仅仅提到了聚乙二醇6000,其熔点为60℃左右,氧化烯聚合物概括了过宽的范围,因此权利要求1和2中的"熔点范围为20~90℃氧化烯的聚合物"无法得到说明书的支持,权利要求3中聚乙二醇的分子量为1000~10000,而说明书中仅公开了分子量为6000的聚乙二醇,因此权利要求3得不到说明书的支持;b. 权利要求1和2采用了封闭式权利要求,即由"活性物质"与"氧化烯"的聚合物组成,而说明书的全部实施例中给出的组合物除这两种组份外都还包含其他物质;c. 氧化烯的聚合物的量在权利要求1中为"0.005~0.15份",在权利要求2中为"0.01~0.1份",而说明书实施例的氧化烯的聚合物的量均不在此范围内,因此含量范围得不到说明书的支持;d. 说明书第22页第3段提及的油性化合物与活性物质之间的配比关系是解决本发明所要解决的技术问题所必不可少的,权利要求1~3没有体现,此外,权利要求3采用了开放式权利要求,其中没有限定聚乙二醇的用量和配比关系,就此而言,权利要求1~3也得不到说明书的支持。③说明书第22页第3段提及"油性化合物与活性物质之间的配比关系"是解决本发明所要解决的技术问题所必不可少的,而权利要求1和3缺少,不符合《专利法实施细则》第二十一条第二款的规定。④本专利说明书第2、17~18行记载的内容表明坎地沙坦酯在申请日前是已知的,证据3和5均公开了聚乙二醇作为药物辅剂的应用,二者的结合是显而易见的,因此权利要求1~3没有创造性。除上述证据3、5外,原告放弃使用其他证据。针对原告的上述理由,第三人的意见主要是:①本专利说明书已经提供了制剂实施例1-5,实施例1-4中对照品的不同是本领域普通技术人员采用的常规方式,本专利说明书符合《专利法》第二十六条第三款的规定。②聚乙二醇6000是优选的实施方案,权利要求可以进行合理概括,而且油性化合物与活性成分之间的关系也不是必不可少的,只是优选的含量,本领域技术人员完全可以确信本发明的效果并实施本发明的方案,原告认为本申请权利要求1~3不符合《专利法》第二十六条第四款规定的主张没有证据支持。③权利要求1、3目前的方案足以区别现有技术,符合《专利法实施细则》第二十一条第二款的规定。④虽然坎地沙坦酯在申请日前是已知的,但是对比文件1以及证据3和5均未教导聚乙二醇可以增强该化合物的稳定性,并且证据3中描述了PEG4000可用作干燥粘合剂,使用其的目的是避免在制粒过程中使用水,第三人提交的反证1和2也表明了这一点,而本专利在制备过程中使用了大量的水,此外,证据3还表明PEG可降低一些药物的疗效和作用强度,因此,本专利权利要求1~3具有创造性。

被告经审查后认为,第三人对权利要求书的修改符合《审查指南》的规定。因此,此次无效宣告请求的审查是在第三人于2007年7月17日提交的权利要求第1~3项和授权公告的说明书和说明书摘要的基础上,针对原告在第二次口头审理中明确的无效宣告请求的理由和范围进行的。

被告对原告主动放弃使用的证据不再进行调查和考虑。鉴于第三人和原告对对方提交的证据的真实性、合法性和关联性均没有异议,被告对证据2、3、5和反证1~3的真实性、合法性和关联性予以确认。且证据3和5的公开日均在本专利申请日之前,因此可以用作评价本专利创造性的现有技术证据。

关于本专利是否符合《专利法》第二十六条第三款规定的问题,被告认为,根据《专利法》第二十六条第三款的规定,如果说明书中已经清楚、完整地记载了所要解决的技术问题、解决技术问题的技术方案、以及该技术方案所能够获得的有益效果,并且没有证据表明所属技术领域的技术人员按照说明书记载的内容不能实现该发明、则应认为说明书已对发明作出了清楚、完整的说明。本案中,独立权利要求1请求保护由坎地沙坦酯和熔点为20~90℃的氧化烯的聚合物组成的口服药物组合物;独立权利要求3请求保护包含坎地沙坦酯和分子量为1000~10000的聚乙二醇的片剂组合物。本发明要解决的技术问题是要提供一种稳定的药物组合物,采用的技术手段是在该组合物中包含油性化合物(见本专利说明书第1页第1~2段),在说明书中给出了大量该类油性化合物的实例(见本专利说明书第18页倒数第2段至第21页第3段),其中作为具体实例提及了聚乙二醇,在实施例中给出了包含聚乙二醇6000或其他油性化合物和坎地沙坦酯的片剂组合物的实施例(见本专利实施例1~6),在实施例1~5中对包含坎地沙坦酯和聚乙二醇6000的组合物的稳定性进行了试验表明包含聚乙二醇6000的组合物的稳定性高于不含聚乙二醇6000的对照,因此,说明书中已经清楚地记载了所要解决的技术问题、采用的技术方案并证明了该方案能获得的有益效果。虽然实施例6没有给出效果数据,但是实施例1~5已经给出了聚乙二醇6000对稳定性影响的实验数据,而且实施例6中合有坎地沙坦酯的技术方案(即样品C)与实施例1中的样品A相同,可见本专利说明书中已经提供了足以证明本专利能够实施的效果数据,因此,实施例6中没有效果数据并不影响本领域技术人员根据说明书的描述实施和实现本发明。原告认为实施例6没有效果数据从而导致说明书公开不充分的理由不成立。本专利说明书清楚地记载了本发明的目的是要用低熔点的油性化合物来稳定坎地沙坦酯,在此基础上,在本发明组合物的制备中,也可以使用一些用于固体组合物的添加剂如赋形剂例如乳糖等(见本专利说明书第21页最后一行至第22页第1段),本领域技术人员公知乳糖等是本领域的常用辅料,并非药物组合物中的活性成分,例如在第三人提供的反证1(参见反证1第66页第4~8段、第670页第2~5段)中也证实了这一点。因此,在本专利说明书实施例1~5的配方中,乳糖含量的变化显然是为了保持样品和对照品片剂总重量的一致性而做出的调整,即其目的是在对照品不含所述油性化合物的情况下增加辅料乳糖的含量以保持片重的恒定,因此,本领域技术人员根据说明书的描述并结合公知常识,显然可以判断样品和对照之间性质的差别是由所述活性化合物带来的,而不是由乳糖含量减少带来的。本专利说明书符合《专利法》第二十六条第三款的规定。

关于本专利权利要求是否符合《专利法实施细则》第二十一条第二款规定的问题,被告认为,必要技术特征是指发明为解决其技术问题所必不可少的技术特征,其总和足以构成发明的技术方案,使之区别于背景技术中所述的其他技术方案;判断某一技术特征是否为必要技术特征,应当从所要解决的技术问题出发并考虑说明书描述的整体内容,不应简单地将实施例中的技术特征直接认定为必要技术特征。本案中,权利要求1中明确限定了氧化烯聚合物的量按组合物计为"0.005-0.15份重",而该组合物是由氧化烯聚合物和活性成分组成的,所以权利要求1显然限定了活性成分与油性化合物之间的配比关系。权利要求3请求保护包含坎地沙坦酯和分子量为1000至10000的聚乙二醇的片剂组合物。本发明要解决的技术问题是要提供一种稳定的药物组合物,采用的技术手段是在该组合物中包含油性化合物(见本专利说明书第1页第1~2段、第21页倒数第1~4行、第22页最后一段至第23页第1行),说明书中已经给出了不同油性化合物能够使活性成分坎地沙坦酯稳定的实例(见本专利说明书第18页倒数第2段至第21页第3段,实施例1-6),证明了油性化合物的存在是本发明技术方案的必要技术特征;虽然在本专利说明书第22页第3段中提及了油性化合物和活性成分的比例,但是并没有提及二者的比例是完成本发明必不可少的,而且在本专利说明书第18~21页中列举了大量油性化合物,本领域技术人员在选择不同的油性化合物时显然需要对其应用比例进行调整,因此,油性化合物与活性物质的比例,即聚乙二醇的含量并非权利要求3的必要技术特征。综上所述,被告对原告提出的权利要求 1 和 3 缺少必要技术特征的无效理由未予支持。

针对本专利是否符合《专利法》第二十六条第四款规定的问题,被告认为,《专利法》第二十六条第四款规定的"权利要求书应当以说明书为依据",是指权利要求应当得到说明书的支持,权利要求书中的每一项权利要求所要求保护的技术方案应当是所属技术领域的技术人员能够从说明书充分公开的内容中得到或概括得出的技术方案。本案中,权利要求 1 请求保护一种用于口服的药物组合物,其由有效量的坎地沙坦酯和熔点范围为 20~90℃ 的氧化烯的聚合物组成,其为片剂形式,并且其中氧化烯聚合物的量按每一份重量的组合物计为 0.005~0.15 份重。权利要求 2 进一步将权利要求 1 中所述的重量份数限定为 0.01~0.1 份重。本发明的目的是要用所述油性化合物来稳定活性成分坎地沙坦酯,实施例中不仅采用了聚乙二醇作为氧化烯聚合物的实例,还在说明书中列举了大量油性化合物,同时在实施例 5 中证明除氧化烯聚合物外其他类型的油性化合物如硬脂醇、蔗糖脂肪酸酯等也能实现本发明的目的,也即说明书证明了不同类别油性化合物均能实现发明目的,同时说明书还已证明熔点范围为 20-90℃ 的氧化烯聚合物之一(聚乙二醇 6000)能实现本发明的目的,基于此,在没有证据证明该类物质中各物质性质差异足以导致其不能实现本发明目的的情况下,原告认为氧化烯聚合物概括过宽的主张不能成立。本发明的发明目的是解决坎地沙坦酯在药物组合物中的稳定性问题,所采用的技术方案是利用氧化烯聚合物来稳定坎地沙坦酯,虽然权利要求 1、2 均为以封闭式撰写的权利要求,也即所述组合物仅含坎地沙坦酯和氧化烯聚合物两种组分,而说明书中所有实施例中所述的组合物均还含有乳糖、淀粉等物质,导致权利要求 1、2 的组合物与说明书中实施例提供的组合物不对应,但是原告并未提供证据证明仅由两种组分组成的药物组合物不能实现发明目的,相反,说明书实施例给出的组合物中除此以外的其他组分均为本领域常用的辅料,根据本领域的公知常识可知,这些辅料本身通常是惰性的,对于坎地沙坦酯的活性不会产生影响,而且本发明正是要解决乳糖等常用辅料不能使坎地沙坦酯稳定的问题,因而它们本身通常对坎地沙坦酯的稳定没有作用,同时也没有证据表明实施例中所述的氧化烯聚合物对坎地沙坦酯的稳定作用是由氧化烯聚合物与这些辅料协同形成的,因此,本领域普通技术人员可以合理预见,去除其他辅料后,氧化烯聚合物单独也仍然能够实现稳定坎地沙坦酯的效果。油性化合物和活性成分比例并非解决本发明技术问题必不可少的,在此基础上,本领域技术人员不会认为不限定活性成分和油性化合物比例时本发明无法实现;其次,即使根据实施例中活性成分和聚乙二醇比例计算出来的活性成分与油性化合物的比例不在权利要求 1 和 2 所述的范围内,但是由于判断权利要求是否得到说明书支持不仅限于实施例,而是应当考虑说明书的全部内容,而本专利说明书第 22 页中明确记载了仅由活性成分与油性化合物组成的组合物中"每 1 份重量组合物含该油性化合物 0.005~0.15 份重量,最好是 0.01~0.1 份重量"。综上所述,原告有关本专利权利要求 1 和 2 得不到说明书支持的理由均不能成立。

权利要求 3 请求保护包含坎地沙坦酯和分子量为 1000~10000 的聚乙二醇的片剂组合物。权利要求通常是由说明书中记载的一个或多个实施方案概括而成的,虽然说明书实施例中仅给出了使用聚乙二醇 6000 的实例,但是,本发明的目的是要用低熔点的油性化合物来稳定所述活性物质,在说明书中给出了大量可用的油性化合物的实例,其中提及可以使用分子量为 1000~10000 的氧化烯的聚合物,并且在该类物质中作为具体实例又列举了聚乙二醇 6000,同时,在实施例 5 中证明除聚乙二醇外其他类型的油性化合物如硬脂醇、蔗糖脂肪酸酯等也能实现本发明的目的,因此,对于本发明要用低熔点油性化合物来稳定所述活性成分的目的而言,本领域技术人员结合现有技术可以合理预测权利要求 3 中所概括的聚乙二醇分子量范围可以实现本发明的目的,在原告没有证据证明分子量为 1000~10000 范围内的聚乙二醇不能实现本发明目的的情况下,对原告认为该范围概括过宽的主张不予支持。如上面评价权利要求 1 和 2 时所述的理由,没有证据表明油性化合物和活性成分比例是解决本发明技术问题必不可少的必要技术特征，因此不能认为不限定活性成分和油性化合物比例时本发明无法完成。原告认为权利要求3得不到说明书支持的理由也不成立。

针对本专利是否符合《专利法》第二十二条第三款规定的问题，被告认为，在判断一项发明专利权利要求的创造性时，应当将权利要求限定的技术方案与现有技术中最接近的对比文件中公开的技术方案相对比，找出其区别技术特征，如果现有技术中没有给出将该区别技术特征应用于最接近的对比文件以解决其存在的技术问题的启示，则该权利要求的技术方案是非显而易见的，而且若该权利要求所限定的技术方案能够带来有益的效果，则该方案具有显著的进步。本案中，独立权利要求1请求保护由坎地沙坦酯和熔点为20～90℃的氧化烯的聚合物组成的口服药物组合物；独立权利要求3请求保护包含坎地沙坦酯和分子量为1000～10000的聚乙二醇的片剂组合物。本发明要解决的技术问题是提供一种稳定的药物组合物，采用的技术手段是在该组合物中使用油性化合物如氧化烯的聚合物，例如聚乙二醇。原告和第三人均认可坎地沙坦酯是已知药物。证据3公开了聚乙二醇在药剂学领域中可用作片剂的辅料，指出聚乙二醇在片剂中可用作崩解剂、润滑剂以及干燥粘合剂，并且指出"在此应用的聚乙二醇一般是PEG-4000和PEG-6000，而前者更为常用"和"对于热不稳定性药物，如采用PEG-4000为粘合剂，可直接在干燥状态下与主药混合，效果理想"、"同时，PEG-6000的温乙醇溶液是良好的片剂包衣物料"（见证据3第452页左栏第四点的内容），但是其并没有公开聚乙二醇6000可用作稳定药物的赋形剂，更没有提及其可用于稳定坎地沙坦酯。虽然在证据3中提及对于热不稳定性药物而言可以用PEG-4000作为粘合剂在干态下与主药混合，但是，根据其描述以及本领域技术人员的公知常识可知，其目的显然是通过采用干燥混合制粒来避免采用含水粘合剂制粒后加温干燥时热不稳定成分发生分解的问题，并不是要用聚乙二醇来提高药物的稳定性，而从本专利说明书的描述（见本专利说明书第21页最后1段）和实施例来看，本发明的方案可以采用水，因此，证据3中该段描述与本发明所述方案所要解决的技术问题显然不同。此外，在证据3第453页左栏"二、聚乙二醇类对某些药物的络合作用"中还提到，"聚乙二醇类物质对某些药物具有络合作用"，会对某些药物的"疗效和作用强度有不同程度的降低，在液体及半固体状态下尤为明显"，即实际上给出了对于某些药物而言不适于使用聚乙二醇的教导，该教导与本发明的一些方案中采用的将聚乙二醇6000分散于坎地沙坦酯水溶液中来制备片剂的操作（见本专利实施例2-4）相反。因此，证据3没有给出氧化烯的聚合物或聚乙二醇6000可稳定坎地沙坦酯的教导，并且本领域技术人员结合公知常识在阅读证据3时也得不出氧化烯的聚合物或聚乙二醇6000和坎地沙坦酯联用可增强坎地沙坦酯的稳定性的结论。证据5中公开了聚乙二醇4000和6000可用作水溶性润滑剂，适用于能完全溶解的片剂的教导并给出了该片剂的实例（见证据5第121页倒数第3行至第122页第11行），但是，在证据5中没有提及氧化烯的聚合物或聚乙二醇可用于稳定药物活性成分，更没有具体涉及坎地沙坦酯，因此，证据5也没有给出氧化烯的聚合物或聚乙二醇6000和坎地沙坦酯联用可增强坎地沙坦酯的稳定性的教导。综上所述，证据3和5均没有给出熔点为20～90℃的氧化烯的聚合物和坎地沙坦酯联用可增强坎地沙坦酯稳定性的教导，更没有给出聚乙二醇6000和坎地沙坦酯联用可增强坎地沙坦酯稳定性的教导，本领域技术人员在坎地沙坦酯已知的情况下结合证据3和/或5不能得到本专利权利要求1或3所要保护的技术方案，因此，对于本领域技术人员而言，权利要求1或3保护的技术方案相列于原告所举的证据组合方式而言是非显而易见的，具有突出的实质性特点。此外，根据本专利说明书实施例1～5提供的实验数据，使用了氧化烯聚合物如聚乙二醇6000的组合物的稳定性高于不使用该物质的对照，因此，权利要求1和3的技术方案具有有益效果，该技术方案也具有显著的进步。综上所述，权利要求1和3符合《专利法》第二十二条第三款的规定。

权利要求2是权利要求1的从属权利要求，在权利要求1具备创造性的基础上，权利要求2也具备创造性。

被告在上述分析的基础上，于2008年1月29日作出了第11016号决定。在第三人2007年7月17日提交的权利要求第1~3项的基础上维持本专利权有效。原告不服该决定，向本院提起行政诉讼。

在本院庭审中，原告、第三人明确表示对被告作出第11016号决定的审查程序没有异议，对被告关于第三人修改权利要求书的问题以及对原告、第三人提交证据的审查认定结论均没有异议。原告、第三人亦同意被告确认的此次无效宣告请求审查的内容、范围。

本院认为，对于原告、第三人在庭审中明确表示没有异议的内容，本院经审查，同意被告关于上述问题的审查认定结论，并对被告作出第11016号决定的审查程序的合法性予以确认。

在无效程序中，第三人修改了权利要求书，修改后的权利要求相对于原权利要求仅仅是缩小了保护范围，并未使发明的目的和所要解决的技术问题发生实质性改变。原告关于修改后的权利要求属于新的技术方案，发明目的和解决的技术问题均发生变化的诉讼理由，缺乏依据，本院不予采信。

根据《专利法》第二十六条第三款的规定，说明书应当对发明作出清楚、完整的说明，所属技术领域的技术人员按照说明书记载的内容，能够实现该发明的技术方案，解决技术问题，并且产生预期的技术效果。根据本专利说明书的记载，本发明的目的就是通过加入低熔点的油性化合物提高活性成份坎地沙坦酯的稳定性。在说明书中给出了包含聚乙二醇6000或其他油性化合物与坎地沙坦酯的片剂组合物的实施例。实施例1~5中的稳定性实验测定结果也表明聚乙二醇6000与坎地沙坦酯的组合物比不含聚乙二醇6000的对照物明显稳定。由此可见，说明书中已经清楚地记载了所要解决的技术问题、采用的技术方案并证明了该方案能获得的有益效果，因此，本领域技术人员根据说明书记载的内容能够实现本发明，被告据此认定本专利说明书符合《专利法》第二十六条第三款的规定正确。

根据《专利法实施细则》第二十一条第二款的规定，独立权利要求应当从整体上记载反映发明的技术方案，记载解决技术问题的必要技术特征。在判断某一技术特征是否属于必要技术特征，应当从发明所要解决的技术问题出发，结合说明书的整体内容判断。根据本专利说明书的记载，本专利所要解决的技术问题是使用油性化合物来稳定活性成份坎地沙坦酯。权利要求1已经明确限定了坎地沙坦酯与氧化烯聚合物的配比关系。权利要求3请求保护的是坎地沙坦酯与分子量1000~10000的聚乙二醇组成的药物组合物。从说明书记载的内容可知，油性化合物与活性成分的比例是可变的，并非需要局限于某一特定的比例才能解决上述技术问题，本领域技术人员亦可以根据所选用的油性化合物调整二者的比例。因此，权利要求1、3已经构成解决上述技术问题的完整技术方案。被告据此认定权利要求1、3符合《专利法实施细则》第二十一条第二款的规定正确。原告以说明书并未明确油性化合物与活性成份的比例不是完成本发明必不可少的为由，主张该比例应当为权利要求3必要的技术特征缺乏法律依据，本院不予采信。原告以本专利的改进不仅在于组份，还在于组份的特定含量为由，主张权利要求3缺少必要的技术特征缺乏事实依据，本院亦不予采信。

根据《专利法》第二十六条第四款的规定，权利要求书应当以说明书为依据，说明要求专利保护的范围。参照《审查指南》第二部分第二章第3.2.1的规定，判断权利要求是否得到说明书的支持，应当结合整个说明书的内容，而不是仅限于具体实施例。所属技术领域的技术人员根据说明书记载的内容，并结合现有技术能够得出或概括得出权利要求所保护的技术方案，则可以认定权利要求得到说明书的支持。在无效审查程序中，被告针对原告提起的本专利不符合《专利法》第二十六条第四款规定的具体理由逐一进行了评述。经审查，被告在第11016号决定中的相关论述正确，其认定本专利权利要求符合《专利法》第二十六条第四款的规定的理由充分，本院予以确认。

根据《专利法》第二十二条第三款的规定，发明的创造性是指同申请日以前已有的技术相比，该发明具有突出的实质性特点和显著的进步。本案中，证据3公开了在药剂学领域中，聚乙二醇可以用作片剂的辅料。但是，证据3并未公开聚乙二醇可以用来提高药物活性成份的稳定性的教导。证据5公开了聚乙二醇6000可以作为水溶性润滑剂，适用于能完全溶解的片剂的技术内容，但亦未公开聚乙二醇可以用于稳定药物活性成分的技术内容。因此，本领域技术人员根据证据3或5公开的技术内容，并结合本领域的公知常识，得到权利要求1、3所保护的技术方案需要付出创造性的劳动。被告据此认定权利要求1、3相对于证据3或证据5或证据3和5的结合具备创造性正确。权利要求2是权利要求1的从属权利要求，在权利要求1具备创造性的基础上，被告认定权利要求2具备创造性亦是正确的。

综上，第11016号决定认定事实清楚，适用法律正确，审理程序合法，本院应予维持。原告的诉讼理由根据不足，本院不予采纳。其诉讼请求本院亦不予支持。据此，依照《中华人民共和国行政诉讼法》第五十四条第（一）项的规定，判决如下：

维持被告中华人民共和国国家知识产权局专利复审委员会于二〇〇八年一月二十九日作出的第11016号无效宣告请求审查决定。

案件受理费人民币100元，由原告浙江永宁制药厂负担（已交纳）。

如不服本判决，原告浙江永宁制药厂、被告中华人民共和国国家知识产权局专利复审委员会可在判决书送达之日起15日内，第三人武田药品工业株式会社可在本判决书送达之日起30日内，向本院递交上诉状，并按对方当事人的人数提出副本，上诉于中华人民共和国北京市高级人民法院。上诉人在接到人民法院预交诉讼费的通知后7日内未预交，又不提出缓交申请的，按自动撤回上诉处理。

审　判　长　张　杰
代理审判员　何君慧
人民陪审员　张燕宾
二〇〇九年二月十八日
书　记　员　李　智

北京市高级人民法院
行政判决书

（2009）高行终字第647号

上诉人（一审原告）浙江永宁制药厂，住所地中华人民共和国浙江省台州市黄岩梅花井路4号。
法定代表人叶凤起，厂长。
委托代理人薛琦，男，上海智信专利代理有限公司专利代理人。
委托代理人谢炳光，北京市华联律师事务所律师。
被上诉人（一审被告）中华人民共和国国家知识产权局专利复审委员会，住所地中华人民共和国北京市海淀区北四环西路9号银谷大厦。法定代表人廖涛，副主任。
委托代理人李瑛琦，中华人民共和国国家知识产权局专利复审委员会审查员。
委托代理人郭鹏鹏，中华人民共和国国家知识产权局专利复审委员会审查员。
被上诉人（一审第三人）武田药品工业株式会社，住所地日本国大阪市中央区道修町四丁目1番1号。

法定代表人秋元浩，常务董事。

委托代理人张平元，北京市柳沈律师事务所律师。

委托代理人曹立莉，女，北京市柳沈律师事务所工作人员。

上诉人浙江永宁制药厂（以下简称永宁制药厂）因专利无效宣告请求审查决定一案，不服中华人民共和国北京市第一中级人民法院（2008）一中行初字第440号行政判决，向本院提起上诉。本院受理后，依法组成合议庭，公开开庭进行了审理。上诉人永宁制药厂的委托代理人薛琦、谢炳光，被上诉人中华人民共和国国家知识产权局专利复审委员会（以下简称专利复审委）的委托代理人李瑛琦、郭鹏鹏，被上诉人武田药品工业株式会社（以下简称武田会社）的委托代理人张平元、曹立莉到庭参加了诉讼。本案现已审理终结。

2008年1月29日，专利复审委作出第11016号无效宣告请求审查决定（以下简称第11016号决定），认为名称为"口服药物组合物及制备方法"的第93100008.4号发明专利（以下简称本专利）的说明书符合《中华人民共和国专利法》（以下简称《专利法》）第二十六条第三款的规定，权利要求1~3符合《中华人民共和国专利法实施细则》（以下简称《专利法实施细则》）第二十一条第二款、《专利法》第二十六条第四款、第二十二条第三款的规定，故决定在武田会社于2007年7月17日提交的权利要求第1~3项的基础上维持本专利权有效。

永宁制药厂不服第11016号决定，向中华人民共和国北京市第一中级人民法院（以下简称一审法院）提起行政诉讼。

一审法院判决认为，对永宁制药厂、武田会社在庭审中明确表示没有异议的内容，经审查同意专利复审委的审查认定结论，并对专利复审委作出第11016号决定的审查程序的合法性予以确认。在无效程序中，武田会社修改了权利要求书，修改后的权利要求相对于原权利要求仅仅是缩小了保护范围，并未使发明的目的和所要解决的技术问题发生实质性改变。永宁制药厂关于修改后的权利要求属于新的技术方案，发明目的和解决的技术问题均发生变化的诉讼理由，缺乏依据，不予采信。根据《专利法》第二十六条第三款的规定，说明书应当对发明作出清楚、完整的说明，所属技术领域的技术人员按照说明书记载的内容，能够实现该发明的技术方案，解决技术问题，并且产生预期的技术效果。根据本专利说明书的记载，本发明的目的就是通过加入低熔点的油性化合物提高活性成份坎地沙坦酯的稳定性。在说明书中给出了包含聚乙二醇6000或其他油性化合物与坎地沙坦酯的片剂组合物的实施例。实施例1~5中的稳定性实验测定结果也表明聚乙二醇6000与坎地沙坦酯的组合物比不含聚乙二醇6000的对照物明显稳定。由此可见，说明书中已经清楚地记载了所要解决的技术问题、采用的技术方案并证明了该方案能获得的有益效果，因此，本领域技术人员根据说明书记载的内容能够实现本发明，专利复审委据此认定本专利说明书符合《专利法》第二十六条第三款的规定正确。根据《专利法实施细则》第二十一条第二款的规定，独立权利要求应当从整体上记载反映发明的技术方案，记载解决技术问题的必要技术特征。判断某一技术特征是否属于必要技术特征，应当从发明所要解决的技术问题出发，结合说明书的整体内容判断。根据本专利说明书的记载，本专利所要解决的技术问题是使用油性化合物来稳定活性成份坎地沙坦酯。权利要求1已经明确限定了坎地沙坦酯与氧化烯聚合物的配比关系。权利要求3请求保护的是坎地沙坦酯与分子量1000-10000的聚乙二醇组成的药物组合物。从说明书记载的内容可知，油性化合物与活性成分的比例是可变的，并非需要局限于某一特定的比例才能解决上述技术问题，本领域技术人员亦可以根据所选用的油性化合物调整二者的比例。因此，权利要求1、3已经构成解决上述技术问题的完整技术方案。专利复审委据此认定权利要求1、3符合《专利法实施细则》第二十一条第二款的规定正确。永宁制药厂以说明书并未明确油性化合物与活性成份的比例不是完成本发明必不可少的为由，主张该比例应当为权利要求3必要的技术特征缺乏法律依据，不予采信。永宁制药厂以本专利的改进不仅在于组份，还在于组份的特定含量为由，主张权利要求3缺少必要的技术特征缺乏事实依据，亦不予采信。根据《专利法》第二十六条第四款的规定，权利要求书应当以说明书为依据，说明要求专利保护的范围。参照《审查指南》第二部分第二章第3.2.1的规定，判断权利要求是否得到说明书的支持，应当结合整个说明书的内容，而不是仅限于具体实施例。所属技术领域的技术人员根据说明书记载的内容，并结合现有技术能够得出或概括得出权利要求所保护的技术方案，则可认定权利要求得到说明书的支持。在无效审查程序中，专利复审委针对永宁制药厂提起的本专利不符合《专利法》第二十六条第四款规定的具体理由逐一进行了评述。经审查，专利复审委在第11016号决定中的相关论述正确，其认定本专利权利要求符合《专利法》第二十六条第四款的规定的理由充分，予以确认。根据《专利法》第二十二条第三款的规定，发明的创造性是指同申请日以前已有的技术相比，该发明具有突出的实质性特点和显著的进步。本案中，证据3公开了在药剂学领域中，聚乙二醇可以用作片剂的辅料。但是，证据3并未公开聚乙二醇可用来提高药物活性成份的稳定性的教导。证据5公开了聚乙二醇6000可以作为水溶性润滑剂，适用于能完全溶解的片剂的技术内容，但亦未公开聚乙二醇可以用于稳定药物活性成分的技术内容。因此，本领域技术人员根据证据3或5公开的技术内容，并结合本领域的公知常识，得到权利要求1、3所保护的技术方案需要付出创造性的劳动。专利复审委据此认定权利要求1、3相对于证据3或证据5或证据3和5的结合具备创造性正确。权利要求2是权利要求1的从属权利要求，在权利要求1具备创造性的基础上，专利复审委认定权利要求2具备创造性亦是正确的。综上，第11016号决定认定事实清楚，适用法律正确，审理程序合法，应予维持。永宁制药厂的诉讼理由根据不足，不予采纳，对其诉讼请求亦不予支持。依照《中华人民共和国行政诉讼法》第五十四条第（一）项的规定，判决维持第11016号决定。

永宁制药厂不服一审判决，向本院提起上诉。诉称，1. 武田会社在无效程序中对本专利权利要求修改以后的权利要求属于新的技术方案，导致原发明的目的和技术问题发生改变。一审法院认为修改后的权利要求仅仅是缩小了保护的范围，并未使发明的目的和所要解决的技术问题发生实质性改变，这一事实认定理由错误。2. 一审法院支持专利复审委认定说明书符合《专利法》第二十六条第三款的结论是错误的。首先，一审法院和专利复审委对举证责任的认定错误，应该由专利权人提供证据表明所属技术领域的技术人员按照说明书记载的内容能够实现该发明。其次，专利复审委对实施例的实验设计的分析错误，没有考虑在本专利的申请日之前的现有技术中，在专利权人没有进一步证据证明的情况下，该技术领域的技术人员不能判断是聚乙二醇含量的变化还是乳糖的变化导致了坎地沙坦酯稳定性的提高。第三，聚乙二醇6000与聚乙二醇1000、聚乙二醇10000的性质差别很大，仅由聚乙二醇6000不能合理推出聚乙二醇1000-10000如此大范围的不同聚合度的聚乙二醇一定也能实现该发明目的或不能实现该发明目的。3. 一审法院对本专利独立权利要求的必要技术特征的认定结论错误。本专利说明书中虽然没有直接陈述油性化合物（氧化烯的聚合物）和活性组分（坎地沙坦酯）是完成该发明必不可少的，但也没有说明其比例不是必不可少的，其意思应是各组分的比例是必要技术特征。组合物发明的特征不仅在于由那些组分组成，还在于各组分的含量或配比关系，因而组分及其含量均为发明的必要技术特征，都应当写入独立权利要求。4. 一审法院对权利要求是否得到说明书支持的认定结论错误。首先，权利要求1~2所述的20~90℃的氧化烯的聚合物的范围要求过宽，得不到说明书的支持。其次，坎地沙坦酯和氧化烯的聚合物的含量或配比得不到说明书的支持。权利要求书应当以说明书为依据，不仅仅是一种形式要求，而且是对发明技术内容的实质性要求。5. 一审法院对有关证明权利要求创造性的证据证明力认定错误。首先，证据3"对于热不稳定性药物，如采用PEG-4000位粘合剂，可直接在干燥状态下与主药混合，效果理想"存在聚乙二醇使药物活性物质效果理想的启示。其次,"聚乙二醇对某些药物的络合作用"并不说明坎地沙坦酯或酯类于聚乙二醇类物质络合会使疗效和作用强度有不同程度降低,也没有给出坎地沙坦酯不适于使用于聚乙二醇的教导。第三,本专利的技术效果仅仅在说明书中进行了断言,没有试验数据的说明,毫无说服力。综上,一审法院判决认定事实不清,主要证据不足,请求二审法院判决撤销一审判决,撤销专利复审委作出的第11016号决定。

专利复审委答辩认为,鉴于永宁制药厂提出上诉的理由与一审起诉状理由相同,并无新的意见,专利复审委坚持第11016号决定中的相关评述和一审答辩状中意见。一审判决及第11016号决定认定事实清楚,适用法律正确,程序合法,请求二审法院判决驳回上诉,维持一审判决和第11016号决定。

武田会社同意一审法院判决,请求二审法院判决驳回永宁制药厂的诉讼请求,维持一审判决。

本案一审审理期间,专利复审委在法定期限内向一审法院提交了以下证据:1.《中国药学杂志》1989年第24卷第8期第451~453页刊登的郑永安等著《聚乙二醇及其在药剂中的应用》一文复印件共3页;2. 中国医药科技出版社出版、1991年12月第1版第1次印刷、上海医药工业研究院药物制剂研究室编著的《药用辅料应用技术》一书的封面页、出版信息页、第121、122、230、569~572页的复印件共9页;3. 本专利授权公告文本;4. 武田会社于2007年7月17日提交的修改后的权利要求书;5. 2007年12月3日口审记录表。

永宁制药厂向一审法院提交了如下证据:同专利复审委证据1、2。

武田会社未向一审法院提交证据。

一审法院经审查认为,专利复审委和永宁制药厂提交的证据,与本案审查的第11016号决定有关,且符合证据合法性、真实性的要求,能够证明本案的相关事实,均予以采纳。

上述证据均随案移送本院。二审期间,永宁制药厂向本院提交了《专家意见书》作为证据。

经审查,本院认为永宁制药厂在二审期间提交的《专家意见书》,属于当事人在行政程序和一审程序中无正当事由未提交的证据,本院不予接纳。上述其他证据经庭审质证及审查核实,本院确认一审法院认证意见正确,并据此认定本案如下事实:

本专利是名称为"口服药物组合物及制备方法"的发明专利,专利号为第93100008.4号,其申请日为1993年1月1日,优先权日为1992年12月13日,授权公告日为1999年7月14日,专利权人为武田会社。

2006年12月21日,永宁制药厂以本专利权利要求1~19不符合《专利法》第二十六条第三、四款的规定为由,向专利复审委提出专利权无效宣告请求,并提交了本专利的授权公告文本作为证据。2007年1月22日,永宁制药厂增加了本专利权利要求1~19不符合《专利法》第二十二条第二、三款、权利要求1~10、13、15、16不符合《专利法实施细则》第二十条第一款、权利要求1和17不符合《专利法》第二十一条第二款规定的无效宣告理由,并同时提交2份证据。

专利复审委受理后,进行了转文。武田会社针对永宁制药厂于2007年1月22日增加的无效宣告理由修改了权利要求书,将授权公告文本中的独立权利要求1删除,将分别从属于权利要求1的权利要求13、14、16合并为新的权利要求1,将授权公告文本中的权利要求15修改为新的权利要求2,将授权公告文本中的独立权利要求17删除,将分别从属于权利要求17的权利要求18、19合并为新的权利要求3,并删除了其余的权利要求。修改后的权利要求书内容如下:

1. 用于口服的药物组合物,该组合物由有效量的化合物2-乙氧基-1-[[2′-(1H-四唑-5-基)联苯-4-基]甲基]-1H-苯并咪唑-7-羧酸(±)-1-(环己氧羰氧)乙酯和熔点范围为20-90℃的氧化烯的聚合物组成;其中该组合物为片剂形式,并且其中氧化烯的聚合物的量按每一份重量的组合物计为0.005~0.15份重。

2. 根据权利要求1的组合物,其中氧化烯的聚合物的量按每一份重量的组合物计为0.01-0.1份重。

3. 口服的固体药物组合物,其包括有效量的2-乙氧基-1-[[2'-(1H-四唑-5-基)联苯-4-基]甲基]-1H-苯并咪唑-7-羧酸(±)-1-(环己氧羰氧)乙酯和分散于整个组合物中的聚乙二醇;其中该组合物为片剂形式,并且其中聚乙二醇的分子量为1000至10000。

专利复审委将武田会社提交的意见陈述以及权利要求的修改替换页转送给永宁制药厂,并告知其在口头审理时一并答复。

2007年7月17日,专利复审委举行了口头审理。在口头审理中,永宁制药厂针对武田会社修改后的权利要求书补充提交了3份证据,其中包括:《中国药学杂志》1989年第24卷第8期第451~453页刊登的郑永安等著《聚乙二醇及其在药剂中的应用》一文复印件共3页(即第11016号决定中的证据3)、《药用辅料应用技术》一书的封面页、出版信息页、第121、122、230、569~572页的复印件共9页(中国医药科技出版社出版、1991年12月第1版第1次印刷、上海医药工业研究院药物制剂研究室编著,即第11016号决定中的证据5)。专利复审委经审查认为,因武田会社以合并方式修改了权利要求,故永宁制药厂当庭提交的证据不属于《审查指南》规定不予接受的新证据。专利复审委将永宁制药厂当庭提交的证据转交给武田会社。武田会社要求庭后对上述证据进行答辩。同时,武田会社明确,其修改后的权利要求1、3中的"2-乙氧基-1-[[2'-(1H-四唑-5-基)联苯-4-基]甲基]-1H-苯并咪唑-7-羧酸(±)-1-(环己氧羰氧)乙酯",与本专利授权公告文本权利要求14、17中的"2-乙氧基-1-[2'-(1H-四唑-5-基)联苯-4-基]甲基[-1H-苯并咪唑-7-(±)-1-(环己氧羰氧)乙基羧酸酯"和"2-乙氧基-1[[(2'-)1H-四唑-5-基(联苯-4-基]甲基]-1H-苯并咪唑-7-羧酸(±)-1-(环己氧羰氧)乙酯"虽然表述形式存在差异,但实质上是一致的。永宁制药厂对此无异议。武田会社当庭对权利要求1和3中化合物的表述形式进行了修改,以使新权利要求1和3中的化合物在表述形式上分别与授权公告权利要求14和17中的化合物一致,并提交了权利要求书全文替换页,具体内容如下:

1. 用于口服的药物组合物,该组合物由有效量的2-乙氧基-1-[2'-(1H-四唑-5-基)联苯-4-基]甲基-1H-苯并咪唑-7-(±)-1-(环己氧羰氧)乙基羧酸酯和熔点范围为20~90℃的氧化烯的聚合物组成;其中该组合物为片剂形式,并且其中氧化烯的聚合物的量按每一份重量的组合物计为0.005~0.15份重。

2. 根据权利要求1的组合物,其中氧化烯的聚合物的量按每一份重量的组合物计,为0.01~0.1份重。

3. 口服的固体药物组合物,其包括有效量的2-乙氧基-1-[[(2'-)1H-四唑-5-基(联苯-4-基]甲基]-1H-苯并咪唑-7-羧酸(±)-1-(环己氧羰氧)乙酯和分散于整个组合物中的聚乙二醇;其中该组合物为片剂形式,其中聚乙二醇的分子量为1000至10000。

专利复审委将武田会社提交的权利要求的全文替换页转交给永宁制药厂,并告知永宁制药厂、武田会社可以在本次口头审理结束后一个月内重新陈述意见。

2007年8月17日,永宁制药厂、武田会社均提交了意见陈述。永宁制药厂重新提交了证据3、5,武田会社亦提交了2份反证。专利复审委将双方提交的意见陈述以及证据进行了转文,并于同年12月3日再次举行了口头审理。根据此次口头审理记录表的记载,双方当事人对对方提交的证据或反证的真实性、公开性、合法性、关联性均没有异议;均认可权利要求1和3中所述的化合物即为本专利说明书第17、18页中所述的通式(V)的化合物,其也被称为"坎地沙坦酯"。永宁制药厂明确了其无效宣告请求的理由、范围及所依据的证据和事实,具体内容如下:(1)本专利说明书的实施例6仅公开了药物组合物的组成及配比,并没有给出相应的效果数据,故所属技术领域的技术人员不能相信该组合物可以达到本专利所述的技术效果;本专利说明书实施例1~4所用样品A和对照B的组成及配比以及说明书实施例5所用样品A、B、C、D和对照E的组成和配方均有两处不同,本领域技术人员不清楚造成二者稳定性不同的原因,从而不能由此得到可以实现本发明发明目的的技术方案,因此说明书不符合《专利法》第二十六条第三款的规定。(2)权利要求1~3不符合《专利法》第二十六条第四款的规定,具体理由为:a. 权利要求1、2中用到了氧化烯的聚合物,但是氧化烯的聚合物在说明书实施例中仅仅提到了聚乙二醇6000,其熔点为60℃左右,氧化烯聚合物概括了过宽的范围,因此权利要求1和2中的"熔点范围为20~90℃氧化烯的聚合物"无法得到说明书的支持,权利要求3中聚乙二醇的分子量为1000~10000,而说明书中仅公开了分子量为6000的聚乙二醇,因此权利要求3得不到说明书的支持;b. 权利要求1和2采用了封闭式权利要求,即由"活性物质"与"氧化烯"的聚合物组成,而说明书的全部实施例中给出的组合物除这两种组份外都还包含其他物质;c. 氧化烯的聚合物的量在权利要求1中为"0.005~0.15份",在权利要求2中为"0.01~0.1份",而说明书实施例的氧化烯的聚合物的量均不在此范围内,因此含量范围得不到说明书的支持;d. 说明书第22页第3段提及的油性化合物与活性物质之间的配比关系是解决本发明所要解决的技术问题所必不可少的,权利要求1~3没有体现,此外,权利要求3采用了开放式权利要求,其中没有限定聚乙二醇的用量和配比关系,就此而言,权利要求1~3也得不到说明书的支持。(3)说明书第22页第3段提及"油性化合物与活性物质之间的配比关系"是解决本发明所要解决的技术问题所必不可少的,而权利要求1和3缺少,不符合《专利法实施细则》第二十一条第二款的规定。(4)本专利说明书第2、17~18行记载的内容表明坎地沙坦酯在申请日前是已知的,证据3和5均公开了聚乙二醇作为药物辅剂的应用,二者的结合是显而易见的,因此权利要求1~3没有创造性。除上述证据3、5外,永宁制药厂放弃使用其他证据。针对永宁制药厂的上述理由,武田会社的意见主要是:(1)本专利说明书已经提供了制剂实施例1~5,实施例1~4中对照品的不同是本领域普通技术人员采用的常规方式,本专利说明书符合《专利法》第二十六条第三款的规定。(2)聚乙二醇6000是优选的实施方案,权利要求可以进行合理概括,而且油性化合物与活性成分之间的关系也不是必不可少的,只是优选的含量,本领域技术人员完全可以确信本发明的效果并实施本发明的方案,永宁制药厂认为本申请权利要求1~3不符合《专利法》第二十六条第四款规定的主张没有证据支持。(3)权利要求1、3目前的方案足以区别现有技术,符合《专利法实施细则》第二十一条第二款的规定。(4)虽然坎地沙坦酯在申请日前是已知的,但是对比文件1以及证据3和5均未教导聚乙二醇可以增强该化合物的稳定性,并且证据3中描述了PEG4000可用作干燥粘合剂,使用其的目的是避免在制粒过程中使用水,武田会社提交的反证1和2也表明了这一点,而本专利在制备过程中使用了大量的水,此外,证据3还表明PEG可降低一些药物的疗效和作用强度,因此,本专利权利要求1~3具有创造性。

专利复审委经审查认为:1. 决定所依据的文本及无效的理由和范围。武田会社对权利要求书的修改符合《审查指南》的规定。因此,此次无效宣告请求的审查是在武田会社于2007年7月17日提交的权利要求第1~3项和授权公告的说明书和说明书摘要的基础上,针对永宁制药厂在第二次口头审理中明确的无效宣告请求的理由和范围进行的。

2. 关于证据。专利复审委对永宁制药厂主动放弃使用的证据不再进行调查和考虑。鉴于武田会社和永宁制药厂对对方提交的证据的真实性、合法性和关联性均没有异议,专利复审委对证据2、3、5和反证1~3的真实性、合法性和关联性予以确认。且证据3和5的公开日均在本专利申请日之前,因此可以用作评价本专利创造性的现有技术证据。

3. 关于本专利是否符合《专利法》第二十六条第三款规定的问题。如果说明书中已经清楚、完整地记载了所要解决的技术问题、解决技术问题的技术方案、以及该技术方案所能够获得的有益效果，并且没有证据表明所属技术领域的技术人员按照说明书记载的内容不能实现该发明，则应认为说明书已对发明作出了清楚、完整的说明。本案中，独立权利要求 1 请求保护由坎地沙坦酯和熔点为 20～90℃的氧化烯的聚合物组成的口服药物组合物；独立权利要求 3 请求保护包含坎地沙坦酯和分子量为 1000 至 10000 的聚乙二醇的片剂组合物。本发明要解决的技术问题是要提供一种稳定的药物组合物，采用的技术手段是在该组合物中包含油性化合物（见本专利说明书第 1 页第 1～2 段），在说明书中给出了大量该类油性化合物的实例（见本专利说明书第 18 页倒数第 2 段至第 21 页第 3 段），其中作为具体实例提及了聚乙二醇，在实施例中给出了包含聚乙二醇 6000 或其他油性化合物和坎地沙坦酯的片剂组合物的实施例（见本专利实施例 1～6），在实施例 1～5 中对包含坎地沙坦酯和聚乙二醇 6000 的组合物的稳定性进行了试验表明包含聚乙二醇 6000 的组合物的稳定性高于不含聚乙二醇 6000 的对照，因此，说明书中已经清楚地记载了所要解决的技术问题、采用的技术方案并证明了该方案能获得的有益效果。虽然实施例 6 没有给出效果数据，但是实施例 1～5 已经给出了聚乙二醇 6000 对稳定性影响的实验数据，而且实施例 6 中含有坎地沙坦酯的技术方案（即样品 C）与实施例 1 中的样品 A 相同，可见本专利说明书中已经提供了足以证明本专利能够实施的效果数据，因此，实施例 6 中没有效果数据并不影响本领域技术人员根据说明书的描述实施和实现本发明。永宁制药厂认为实施例 6 没有效果数据从而导致说明书公开不充分的理由不成立。本专利说明书清楚地记载了本发明的目的是要用低熔点的油性化合物来稳定坎地沙坦酯，在此基础上，在本发明组合物的制备中，也可以使用一些用于固体组合物的添加剂如赋形剂例如乳糖等，本领域技术人员公知乳糖等是本领域的常用辅料，并非药物组合物中的活性成分。因此，在本专利说明书实施例 1～5 的配方中，乳糖含量的变化显然是为了保持样品和对照品片剂总重量的一致性而做出的调整，即其目的是在对照品不含所述油性化合物的情况下增加辅料乳糖的含量以保持片重的恒定，因此，本领域技术人员根据说明书的描述并结合公知常识，显然可以判断样品和对照之间性质的差别是由所述活性化合物带来的，而不是由乳糖含量减少带来的。本专利说明书符合《专利法》第二十六条第三款的规定。

4. 关于本专利权利要求是否符合《专利法实施细则》第二十一条第二款规定的问题。必要技术特征是指发明为解决其技术问题所必不可少的技术特征，其总和足以构成发明的技术方案，使之区别于背景技术中所述的其他技术方案；判断某一技术特征是否为必要技术特征，应当从所要解决的技术问题出发并考虑说明书描述的整体内容，不应简单地将实施例中的技术特征直接认定为必要技术特征。本案中，权利要求 1 中明确限定了氧化烯聚合物的量按组合物计为"0.005～0.15 份重"，而该组合物是由氧化烯聚合物和活性成分组成的，所以权利要求 1 显然限定了活性成分与油性化合物之间的配比关系。权利要求 3 请求保护包含坎地沙坦酯和分子量为 1000 至 10000 的聚乙二醇的片剂组合物。本发明要解决的技术问题是要提供一种稳定的药物组合物，采用的技术手段是在该组合物中包含油性化合物，说明书中已经给出了不同油性化合物能够使活性成分坎地沙坦酯稳定的实例，证明了油性化合物的存在是本发明技术方案的必要技术特征；虽然在本专利说明书第 22 页第 3 段中提及了油性化合物和活性成分的比例，但是并没有提及二者的比例是完成本发明必不可少的，而且在本专利说明书第 18 至 21 页中列举了大量油性化合物，本领域技术人员在选择不同的油性化合物时显然需要对其应用比例进行调整，因此，油性化合物与活性物质的比例，即聚乙二醇的含量并非权利要求 3 的必要技术特征。综上所述，专利复审委对永宁制药厂提出的权利要求 1 和 3 缺少必要技术特征的无效理由未予支持。

5. 关于本专利是否符合《专利法》第二十六条第四款规定的问题。所谓"权利要求书应当以说明书为依据",是指权利要求应当得到说明书的支持,权利要求书中的每一项权利要求所要求保护的技术方案应当是所属技术领域的技术人员能够从说明书充分公开的内容中得到或概括得出的技术方案。权利要求1请求保护一种用于口服的药物组合物,其由有效量的坎地沙坦酯和熔点范围为20~90℃的氧化烯的聚合物组成,其为片剂形式,并且其中氧化烯聚合物的量按每一份重量的组合物计为0.005~0.15份重。权利要求2进一步将权利要求1中所述的重量份数限定为0.01~0.1份重。本发明的目的是要用所述油性化合物来稳定活性成分坎地沙坦酯,实施例中不仅采用了聚乙二醇作为氧化烯聚合物的实例,还在说明书中列举了大量油性化合物,同时在实施例5中证明除氧化烯聚合物外其他类型的油性化合物如硬脂醇、蔗糖脂肪酸酯等也能实现本发明的目的,也即说明书证明了不同类别油性化合物均能实现发明目的,同时说明书还已证明熔点范围为20~90℃的氧化烯聚合物之一(聚乙二醇6000)能实现本发明的目的。据此,在没有证据证明该类物质中各物质性质差异足以导致其不能实现本发明目的的情况下,永宁制药厂认为氧化烯聚合物概括过宽的主张不能成立。本发明的发明目的是解决坎地沙坦酯在药物组合物中的稳定性问题,所采用的技术方案是利用氧化烯聚合物来稳定坎地沙坦酯,虽然权利要求1、2均为以封闭式撰写的权利要求,也即所述组合物仅含坎地沙坦酯和氧化烯聚合物两种组分,而说明书中所有实施例中所述的组合物均还含有乳糖、淀粉等物质,导致权利要求1、2的组合物与说明书中实施例提供的组合物不对应,但是永宁制药厂并未提供证据证明仅由两种组分组成的药物组合物不能实现发明目的,相反,说明书实施例给出的组合物中除此以外的其他组分均为本领域常用的辅料,根据本领域的公知常识可知,这些辅料本身通常是惰性的,对于坎地沙坦酯的活性不会产生影响,而且本发明正是要解决乳糖等常用辅料不能使坎地沙坦酯稳定的问题,因而它们本身通常对坎地沙坦酯的稳定没有作用,同时也没有证据表明实施例中所述的氧化烯聚合物对坎地沙坦酯的稳定作用是由氧化烯聚合物与这些辅料协同形成的,因此,本领域普通技术人员可以合理预见,去除其他辅料后,氧化烯聚合物单独也仍然能够实现稳定坎地沙坦酯的效果。油性化合物和活性成分比例并非解决本发明技术问题必不可少的,在此基础上,本领域技术人员不会认为不限定活性成分和油性化合物比例时本发明无法实现;其次,即使根据实施例中活性成分和聚乙二醇比例计算出来的活性成分与油性化合物的比例不在权利要求1和2所述的范围内,但是由于判断权利要求是否得到说明书支持不仅限于实施例,而是应当考虑说明书的全部内容,而本专利说明书第22页中明确记载了仅由活性成分与油性化合物组成的组合物中"每1份重量组合物含该油性化合物0.005至0.15份重量,最好是0.01至0.1份重量"。综上所述,永宁制药厂有关本专利权利要求1和2得不到说明书支持的理由均不能成立。权利要求3请求保护包含坎地沙坦酯和分子量为1000至10000的聚乙二醇的片剂组合物。权利要求通常是由说明书中记载的一个或多个实施方案概括而成的,虽然说明书实施例中仅给出了使用聚乙二醇6000的实例,但是,本发明的目的是要用低熔点的油性化合物来稳定所述活性物质,在说明书中给出了大量可用的油性化合物的实例,其中提及可以使用分子量为1000至10000的氧化烯的聚合物,并且在该类物质中作为具体实例又列举了聚乙二醇6000,同时,在实施例5中证明除聚乙二醇外其他类型的油性化合物如硬脂醇、蔗糖脂肪酸酯等也能实现本发明的目的,因此,对于本发明要用低熔点油性化合物来稳定所述活性成分的目的而言,本领域技术人员结合现有技术可以合理预测权利要求3中所概括的聚乙二醇分子量范围可以实现本发明的目的,在永宁制药厂没有证据证明分子量为1000至10000范围内的聚乙二醇不能实现本发明目的的情况下,对永宁制药厂认为该范围概括过宽的主张不予支持。如上面评价权利要求1和2时所述的理由,没有证据表明油性化合物和活性成分比例是解决本发明技术问题必不可少的必要技术特征,因此不能认为不限定活性成分和油性化合物比例时本发明无法完成。永宁制药厂认为权利要求3得不到说明书支持的理由也不成立。

6. 关于本专利是否符合《专利法》第二十二条第三款规定的问题。判断一项发明专利权利要求的创造性，应当将权利要求限定的技术方案与现有技术中最接近的对比文件中公开的技术方案相对比，找出其区别技术特征，如果现有技术中没有给出将该区别技术特征应用于最接近的对比文件以解决其存在的技术问题的启示，则该权利要求的技术方案是非显而易见的，而且若该权利要求所限定的技术方案能够带来有益的效果，则该方案具有显著的进步。独立权利要求1请求保护由坎地沙坦酯和熔点为20~90℃的氧化烯的聚合物组成的口服药物组合物；独立权利要求3请求保护包含坎地沙坦酯和分子量为1000至10000的聚乙二醇的片剂组合物。本发明要解决的技术问题是提供一种稳定的药物组合物，采用的技术手段是在该组合物中使用油性化合物如氧化烯的聚合物，例如聚乙二醇。永宁制药厂和武田会社均认可坎地沙坦酯是已知药物。证据3公开了聚乙二醇在药剂学领域中可用作片剂的辅料，指出聚乙二醇在片剂中可用作崩解剂、润滑剂以及干燥粘合剂，并且指出"在此应用的聚乙二醇一般是PEG-4000和PEG-6000，而前者更为常用"和"对于热不稳定性药物，如采用PEG-4000为粘合剂，可直接在干燥状态下与主药混合，效果理想"，"同时，PEG-6000的温乙醇溶液是良好的片剂包衣物料"，但是其并没有公开聚乙二醇6000可用作稳定药物的赋形剂，更没有提及其可用于稳定坎地沙坦酯。虽然在证据3中提及对于热不稳定性药物而言可以用PEG-4000作为粘合剂在干态下与主药混合，但是，根据其描述以及本领域技术人员的公知常识可知，其目的显然是通过采用干燥混合制粒来避免采用含水粘合剂制粒后加温干燥时热不稳定成分发生分解的问题，并不是要用聚乙二醇来提高药物的稳定性，而从本专利说明书的描述和实施例来看，本发明的方案可以采用水，因此，证据3中该段描述与本发明所述方案所要解决的技术问题显然不同。此外，在证据3第453页左栏"二、聚乙二醇类对某些药物的络合作用"中还提到，"聚乙二醇类物质对某些药物具有络合作用"，会对某些药物的"疗效和作用强度有不同程度的降低，在液体及半固体状态下尤为明显"，即实际上给出了对于某些药物而言不适于使用聚乙二醇的教导，该教导与本发明的一些方案中采用的将聚乙二醇6000分散于坎地沙坦酯水溶液中来制备片剂的操作相反。因此，证据3没有给出氧化烯的聚合物或聚乙二醇6000可稳定坎地沙坦酯的教导，并且本领域技术人员结合公知常识在阅读证据3时也得不出氧化烯的聚合物或聚乙二醇6000和坎地沙坦酯联用可增强坎地沙坦酯的稳定性的结论。证据5中公开了聚乙二醇4000和6000可用作水溶性润滑剂，适用于能完全溶解的片剂的教导并给出了该片剂的实例，但是，在证据5中没有提及氧化烯的聚合物或聚乙二醇可用于稳定药物活性成分，更没有具体涉及坎地沙坦酯，因此，证据5也没有给出氧化烯的聚合物或聚乙二醇6000和坎地沙坦酯联用可增强坎地沙坦酯的稳定性的教导。综上所述，证据3和5均没有给出熔点为20~90℃的氧化烯的聚合物和坎地沙坦酯联用可增强坎地沙坦酯稳定性的教导，更没有给出聚乙二醇6000和坎地沙坦酯联用可增强坎地沙坦酯稳定性的教导，本领域技术人员在坎地沙坦酯已知的情况下结合证据3和/或5不能得到本专利权利要求1或3所要保护的技术方案，因此，对于本领域技术人员而言，权利要求1或3保护的技术方案相对于永宁制药厂所举的证据组合方式而言是非显而易见的，具有突出的实质性特点。此外，根据本专利说明书实施例1~5提供的实验数据，使用了氧化烯聚合物如聚乙二醇6000的组合物的稳定性高于不使用该物质的对照，因此，权利要求1和3的技术方案具有有益效果，该技术方案也具有显著的进步。综上所述，权利要求1和3符合《专利法》第二十二条第三款的规定。权利要求2是权利要求1的从属权利要求，在权利要求1具备创造性的基础上，权利要求2也具备创造性。

据此，专利复审委于2008年1月29日作出了第11016号决定，宣告在武田会社于2007年7月17日提交的权利要求第1~3项的基础上维持本专利权有效。永宁制药厂不服该决定，向一审法院提起行政诉讼。

本院认为，根据《专利法》第二十六条第三款、第四款的规定，说明书应当对发明或者实用新型作出清楚、完整的说明，以所属技术领域的技术人员能够实现为准。权利要求书应当以说明书为依据，说明要求专利保护的范围。参照《审查指南》第二部分第二章2.2.6节的规定，说明书中实施例的数量应当根据发明或者实用新型的性质、所属技术领域、现有技术状况以及要求保护的范围来确定。当权利要求覆盖的保护范围较宽，其概括不能从一个实施例中找到依据时，应当给出一个以上的不同实施例，以支持要求保护的范围。参照《审查指南》第二部分第二章3.2.1节的规定，权利要求书应当以说明书为依据，是指权利要求应当得到说明书的支持。权利要求书中的每一项权利要求所要求保护的技术方案应当是所属技术领域的技术人员能够从说明书充分公开的内容中得到或概括得出的技术方案，并且不得超出说明书公开的范围。

本案中，本专利权利要求1请求保护一种用于口服的药物组合物，其由有效量的坎地沙坦酯和熔点范围为20~90℃的氧化烯的聚合物组成；权利要求3请求保护包含坎地沙坦酯和分子量为1000至10000的聚乙二醇的片剂组合物。本专利说明书记载的6个实施例中，实施例5涉及氧化烯聚合物以外的其他类型的油性化合物，与本专利权利要求无关；实施例1~4、6仅仅用以证明聚乙二醇6000能够实现本发明的目的。因此，本专利权利要求覆盖的组合物的保护范围较宽，而说明书中支持该保护范围的只是其中某一种具体的物质。由于化学领域属于实验性学科，在多数情况下，化学发明能否实施往往难以预测，必须借助于实验结果加以证实才能得到确认，因此其说明书中应当包括与其权利要求的技术特征的概括程度相当数目的实施例。虽然本专利说明书列举了大量的油性化合物，但是权利要求的技术方案在说明书中存在一致性的表述，并不意味着权利要求必然得到说明书的支持，除聚乙二醇6000以外的熔点范围为20~90℃的氧化烯的聚合物或者分子量为1000至10000的聚乙二醇能否实现本发明没有实验数据的支持。如果权利要求的概括包含了专利权人推测的内容，其效果又难于预先确定和评价的，应当认为这种概括超出了说明书公开的范围，而无须专利无效宣告请求人另行举证证明。因此，专利复审委认为在没有证据证明在权利要求保护范围内的各物质性质差异足以导致其不能实现本发明目的的情况下，永宁制药厂认为氧化烯聚合物概括过宽的主张不能成立，该认定无法律和事实依据。综上，专利复审委认定本专利符合《专利法》第二十六条第三款、第四款规定的理由不充分，主要证据不足。一审法院判决认定事实有误，应予纠正。据此，依照《中华人民共和国行政诉讼法》第五十四条第（二）项第1目、第六十一条第（三）项的规定，判决如下：

1. 撤销中华人民共和国北京市第一中级人民法院（2008）一中行初字第440号行政判决书；
2. 撤销中华人民共和国国家知识产权局专利复审委员会于二〇〇八年一月二十九日作出的第11016号无效宣告请求审查决定。

一、二审案件受理费人民币各100元，由被上诉人中华人民共和国国家知识产权局专利复审委员会负担（自收到本判决之日起七日内交纳）。

本判决为终审判决。

审　判　长　胡华峰
审　判　员　赵宇辉
代理审判员　刘　行
　　二〇〇九年九月四日
书　记　员　张　怡

疫 苗

无效宣告请求审查决定（第11120号）

决 定 号	第11120号
决 定 日	2008年2月25日
发明创造名称	疫苗
国 际 分 类 号	A61K 39/29，A61K 39/385，A61P 31/12
无效宣告请求人	凯龙公司
专 利 权 人	史密丝克莱恩比彻姆生物有限公司
专 利 申 请 号	93107319.7
最早优先权日	1992年5月23日
申 请 日	1993年5月22日
授 权 公 告 日	2004年2月4日
合 议 组 组 长	李 越
主 审 员	叶 娟
参 审 员	周英姿
法 律 依 据	专利法第25条，第22条第2款、第3款，第26条第3款、第4款

决 定 要 点

所属技术领域的技术人员能够实现，是指所属技术领域的技术人员按照说明书记载的内容，不需要创造性的劳动，就能够实现该发明或者实用新型的技术方案，解决其技术问题，并且产生预期的技术效果。

创造性，是指同申请日以前已有的技术相比，该发明有突出的实质性特点和显著的进步，该实用新型有实质性特点和进步。判断发明是否具有突出的实质性特点，就是要判断对本领域的技术人员来说，要求保护的发明相对于现有技术是否显而易见，如果要求保护的发明相对于现有技术是显而易见的，则不具有突出的实质性特点。

一、案由

本无效宣告请求案涉及国家知识产权局于2004年2月4日授权公告的、名称为"疫苗"的第93107319.7号发明专利（下称本专利），其申请日为1993年5月22日，优先权日为1992年5月23日和1992年6月23日，专利权人是史密丝克莱恩比彻姆生物有限公司。

本专利的权利要求书如下：

"1. 一种疫苗组合物，它含B型肝炎表面抗原（HBsAg）和一定量（n）的其他抗原，并配以佐剂，佐剂含一种或一种以上的铝盐，n值是1或大于1，用于吸附HBsAg的佐剂是磷酸铝（AP），条件是当n是1时，其他抗原不是针对A型肝炎的抗原。

2. 权利要求1的疫苗组合物，其中所述其他抗原提供针对下列一种和一种以上疾病的免疫性：白喉、破伤风、百日咳、脊髓灰质炎、嗜血杆菌流行性感冒b、A型肝炎、脑膜炎A、脑膜炎B、脑膜炎C和中耳炎。

3. 权利要求1或2的疫苗组合物，其中至少一种所述其他抗原吸附在AP上。

4. 权利要求1或2的疫苗组合物，其中至少一种所述其他抗原吸附在氢氧化铝（AH）上。

5. 权利要求1或2的疫苗组合物，其中n是2、3、4、5或6。

6. 权利要求5的疫苗组合物，其中所述其他抗原提供针对白喉（D）、破伤风（T）和百日咳（P）的免疫性。

7. 权利要求6的疫苗组合物，其中百日咳组分是全细胞百日咳（Pw）或无细胞百日咳抗原（Pa）。

8. 权利要求6或7的疫苗组合物，其还含有针对嗜血杆菌流行性感冒b（Hib）的抗原。

9. 权利要求6或7的疫苗组合物，其还含有失活的脊髓灰质炎病毒（IPV）。

10. 权利要求8的疫苗组合物，其还含有失活的脊髓灰质炎病毒（IPV）。

11. 权利要求6或7的疫苗组合物，其还含有针对A型肝炎的抗原。

12. 权利要求1或2的疫苗组合物，其中疫苗的稳定性为在37℃可保持一星期，而HBsAg组分的免疫原性没有显著损失。

13. 权利要求1或2的疫苗组合物，其特征在于疫苗中的HBsAg的免疫原性是这样的，当按适当接种计划每隔一个月接种疫苗时，在幼儿中测到几何平均效价为200mIU/ml（第三次接种后一个月）或200mIU/ml以上。

14. 权利要求1或2的疫苗组合物，其用作药物。

15. HBsAg在制备用于预防B型肝炎病毒感染的权利要求1~12中任一权项的疫苗组合物中的应用。

16. 制备权利要求1~13中任一权项的疫苗组合物的方法，其包括将AP吸附的HBsAg与一种或一种以上AH或AP吸附的其他抗原混合。

17. 磷酸铝（AP）作为吸附HBsAg的佐剂的应用，其特征在于所述应用的目的是制备一种稳定有效的复合疫苗，该疫苗含有HBsAg和一定量（n）的吸附在磷酸铝或氢氧化铝（AH）上的其他抗原，其中n值是1或大于1，由此HBsAg组分的稳定性和/或免疫原性比在相应的其中HBsAg组分吸附在AH上的复合疫苗中的高，条件是当n是1时，所述其他抗原不是针对A型肝炎的抗原。

18. 权利要求17的应用，其中疫苗的稳定性为在37℃可保持一星期，而HBsAg的免疫原性没有显著损失。

19. 权利要求17或18的应用，其中复合疫苗中的免疫原性是这样的，当按适当接种计划每隔一个月接种疫苗时，在幼儿中测到几何平均效价为200mIU/ml（第三次接种后一个月）或200mIU/ml以上。

20. 权利要求17或18的应用，其中在复合疫苗中有至少2种其他抗原。

21. 权利要求20的应用，其中疫苗是DTP-B型肝炎疫苗。

22. 权利要求20的应用，其中疫苗是DTP-B型肝炎-Hib疫苗。

23. 权利要求20的应用，其中疫苗是DTP-B型肝炎-Hib-IPV疫苗。

24. 权利要求20的应用，其中疫苗是DTP-B型肝炎-Hib-IPV-A型肝炎疫苗。

25. 权利要求1或2的疫苗组合物,其中疫苗组合物中有无细胞百日咳(Pa),所述Pa组分含有pertactin。

26. 权利要求15的应用,其中疫苗组合物中有无细胞百日咳(Pa),所述Pa组分含有pertactin。

27. 权利要求16的应用,其中疫苗组合物中有无细胞百日咳(Pa),所述Pa组分含有pertactin。

28. 权利要求17或18的应用,其中疫苗组合物中有无细胞百日咳(Pa),所述Pa组分含有pertactin。

29. 权利要求7的疫苗组合物,其中0.5ml剂量的疫苗包含:

白喉类毒素	7.5Lf
破伤风类毒素	3.25Lf
全细胞百日咳抗原	15OU
HBsAg	10μg蛋白

30. 权利要求7的疫苗组合物,其中0.5ml剂量的疫苗包含:

白喉类毒素	25Lf
破伤风类毒素	10Lf
失活的百日咳毒素	25μg
丝状血细胞凝集素	25μg
Pertactin	8μg。"

针对上述专利权,凯龙公司(下称请求人)于2004年8月20日向专利复审委员会提出无效宣告请求,以本专利权利要求1~30不符合专利法第22条第1、2款和专利法第26条第3、4款的规定为由请求宣告本专利权无效,请求人同时提交了以下证据:

证据1:第0339667A2号欧洲专利申请,公开日为1989年11月2日,英文,复印件共11页;

证据2:本专利发明人Jean Petre的证言及其附件,共包括以下证据2-1~2-4:

证据2-1:本专利发明人Jean Petre的证言,英文,复印件共5页;

证据2-2:Jean Petre的简历,英文,复印件共3页;

证据2-3:"Workshop on Standardisation of Aluminum Adsorbed Vaccines",M. J. Corbel等人,Biologicals,第25期,第351~353页,1997年,英文,复印件共4页;

证据2-4:"The Importance of Surface Charge in the Optimization of Antigen-Adjuvant Interactions",Partricia M. Callahan等人,Pharm. Res.,第8卷第7期,第851~858页,1991年,英文,复印件共9页;

证据3:第01801925.0号中国发明专利申请公开说明书,公开号为CN 1383384A,公开日为2002年12月4日,复印件共15页;

证据4:第02803593.3号中国发明专利申请公开说明书,公开号为CN 1484531A,公开日为2004年3月24日,复印件共24页;

证据5:韩国论文及其相关资料,复印件共41页,共包括以下证据5-1~5-3;

证据5-1:Dong Wan KIM的声明,英文,复印件1页;

证据5-2:韩国大学科学图书馆馆长Jun Pil BANG的声明,韩文和英文,复印件1页;

证据5-3:韩国高丽大学校硕士学位论文,1988年7月,韩文(英文摘要),复印件共39页;

证据6:Mario Contorni的第一份声明及其个人简历,英文,复印件共6页;

证据7:"Global Perspectives on Hepatitis",Newsletter of the International Task Force on Hepatitis B Immunization and the Program for Appropriate Technology in Health(PATH),第2卷第1期,1991年6

月，英文，复印件共 4 页；

证据 8："Universal Hepatitis B Immunization"，PEDIATRICS，第 89 卷，第 4 期，第 795~820 页，1992 年 4 月，英文，复印件共 6 页；

证据 9："Informal Consultation on Quadrivalent Diphtheria-tetanus-pertussis-hepatitis B Vaccine"，世界卫生组织，1992 年 5 月 7 至 8 日，英文，复印件共 15 页；

证据 10："Studies of Immune Response To Hepatitis B Vaccine in Thai Blood Donors"，C Nuchprayoon 等人，Southeast Asean J Trop Med Public Health，第 23 卷第 1 期，第 17~21 页，1992 年 3 月，英文，复印件共 5 页；

证据 11：第 85101017 号中国发明专利申请公开说明书，公开号为 CN 85101017A，公开日为 1987 年 1 月 10 日，复印件共 30 页；

证据 12：第 85106376 号中国发明专利申请公开说明书，公开号为 CN 85106376A，公开日为 1987 年 3 月 4 日，复印件共 28 页；

证据 13：第 0168234A2 号欧洲专利申请，公开日 1986 年 1 月 15 日，英文，复印件共 24 页；

证据 14：第 96194973.2 号中国专利申请公开说明书，公开号为 CN 1188418A，公开日为 1998 年 7 月 22 日，复印件共 8 页；

证据 15：Francis E. ANDRE 的证言，1999 年 1 月 26~27 日，英文，复印件共 2 页；

证据 16：本专利授权公告文本，公告号 CN 1136918C，复印件共 26 页。

依据上述证据，请求人提出的具体无效宣告理由简述如下：

（1）本专利不符合专利法第 26 条第 3 款的规定：①本专利说明书中以实施例 1~11 的数据来表明 AP 作为多价疫苗中 HBsAg 的佐剂比 AH 优越，但是证据 2 显示，由于本专利中没有进行正确的对照实验，因此，这种比较没有任何优势，本专利中 AP 的优点被发明人否认；②证据 3、4 强化了"没有必要去避免"AH 作为多价疫苗中 HBsAg 的佐剂；③综上可见，本专利所依据的试验基础以及所描述的现有技术的缺陷是不存在的，根据本专利公开的技术方案无法实现发明目的，同时，本专利没有提供足以证明本专利的技术方案可以达到预期要解决的技术问题或者效果的真实实验室试验或临床试验的定性或定量数据，也没有清楚地解释和说明 AP 何以实现好的效果；此外，不经过创造性劳动是不能实现本专利保护的含 Hib 的疫苗组合物的，因此，本领域技术人员无法实施本专利；

（2）本专利不符合专利法第 26 条第 3、4 款的规定：①证据 14 表明，在联合疫苗中加入 Hib 难以实现，因为这会降低抗体滴度，证据 14、15 表明添加 Hib 到联合疫苗中是很困难的，因此，在联合疫苗中成功添加 Hib 需要创造性劳动；②证据 1 中公开了一个二价的 HAV+HBsAg 疫苗，其佐剂是 AH，效果很好，但根据本专利可知，AH 在加入其他抗原后就不能作为佐剂（例如，HAV+HBsAg+Polio），如果简单的因为增加额外的抗原 HBsAg 需要的佐剂就要不可预测的改变，那么增加任何一个新抗原就需要对情况进行完全再评价；③本专利权利要求为开放式，其中包含多种抗原，抗原数量和佐剂特性方面内容太广，根据本专利的说明书，要实现本专利的权利要求所保护的包含 Hib 的疫苗组合物，不经过创造性劳动是不能实现的，因此，本专利的保护范围过大；

（3）权利要求 1、14~17 相对于证据 5-3 没有新颖性，不符合专利法第 22 条第 2 款的规定：①证据 5-1 证明证据 5-3 从 1988 年 7 月开始向社会公开；②证据 5-3 第二部分第 8 点描述了一种以磷酸铝作为佐剂的 HBsAg-DTPw 疫苗的制备，抗原与磷酸铝佐剂混合并被吸附；证据 6 也证实，将 HBsAg 与磷酸铝混合后会使得 HBsAg 被磷酸铝佐剂吸附；证据 5-3 第三部分的第一点（结合插图 5 和图表 6-9）和第四部分证实，AP 吸附的结合疫苗的免疫源性可以和单个单价疫苗的免疫源性相比较，尤其是 HBsAg 的免疫源性可以和单价 AP 吸附的 HBsAg（根据证据 5-3 第二部分第一点制备）

免疫源性相比；③综上所述，证据5-3提供了一种HBsAg-DTPw疫苗，公开了权利要求1、14～17的全部技术特征；

（4）本专利不符合专利法第22条第3款的规定：①证据7～9表明，制造一个DTP-HBsAg多价疫苗的想法在本专利申请日以前已经很普遍了，证据7和13特别证实了这些疫苗已经被检验的剂量是高效的，并且按证据9的第六部分也证实了这一点，因此，DTP-HBsAg疫苗和AP吸附的HbsAg疫苗在1992年就已经为人所知；而根据本专利说明书（第1页第2段、最后1段，实施例6）以及证据7～13可知，选择AP作为HBsAg的佐剂是显而易见的；②证据5-3已经表明，磷酸铝可以作为包括乙肝病毒等多价疫苗的佐剂，在已经测试过的多价疫苗中乙肝病毒抗原的活性没有降低，且证据8第797～798页表明可以向已知乙肝病毒抗原中加白百破、流感病毒、脊髓灰质炎病毒、麻疹病毒等；③因此，基于以上分析可以发现，在专利申请日前，使用AP的多价疫苗早已存在，吸附抗原的佐剂也被长期以来认为具有AH和AP，并且有试验结果显示AP吸附到HBsAg上会有较好的效果，因而对于本技术领域的技术人员来说，利用AP作为HbsAg的吸附佐剂，是显而易见的事情，可以不需要任何创造性的劳动，因而本专利权利要求1～30不具有创造性。

经形式审查合格后，专利复审委员会受理了该无效宣告请求案，并于2004年9月8日向双方当事人发出《无效宣告请求受理通知书》，同时将《专利权无效宣告请求书》及其附件副本转送给专利权人，要求其在指定期限内答复，同时成立合议组对本无效请求案进行审理。

2004年9月20日，请求人提交了专利权无效宣告请求书的补充意见，其中增加了一条无效理由：本专利申请过程中的专利文件修改违反了专利法第33条的规定。请求人同时提交了：

证据1的中文译文，复印件共9页；

证据2的中文译文，复印件共13页；

证据5-1、5-2的全文译文以及证据5-3的部分译文，复印件共6页；

证据6的中文译文，复印件共4页；

证据7的中文译文，复印件共4页；

证据8的部分中文译文，复印件共1页；

证据9的中文译文，复印件共8页；

证据10的中文译文，复印件共4页；

证据13的部分中文译文，复印件共1页；

证据15的中文译文，复印件共1页；

在www.ingenta.com网站上搜索证据2～3和证据2～4的搜索结果，复印件共2页；

在www.ncbi.nlm.nih.gov网站上搜索证据8的搜索结果，复印件共1页；

在www.ncbi.nlm.nih.gov网站上搜索证据10的搜索结果，复印件共1页；

以及以下新证据（编号续前）：

证据17：欧洲专利EP0642355的无效决定书及其中文译文，复印件共42页；

证据18：公开号为WO9324148A1的国际专利申请公开说明书及其附件，英文，公开日为1993年12月9日，复印件共30页；

证据19：本专利公开文本的权利要求书，复印件共4页；

证据20：本专利申请实质审查过程中的中间文件，复印件共20页。

专利权人于2004年10月25日作出答复，对权利要求书做了修改，修改后的新权利要求书如下：

"1. 一种疫苗组合物，它含B型肝炎表面抗原（HBsAg）和一定量（n）的其他抗原，并配以佐剂，佐剂含一种或一种以上的铝盐，n值是3、4、5或6，用于吸附HBsAg的佐剂是磷酸铝（AP），其中所述其他抗原提供针对白喉（D）、破伤风（T）和百日咳（P）的免疫性。

2. 权利要求 1 的疫苗组合物，其中所述其他抗原提供针对下列一种和一种以上疾病的免疫性：脊髓灰质炎、嗜血杆菌流行性感冒 b、A 型肝炎、脑膜炎 A、脑膜炎 B、脑膜炎 C 和中耳炎。

3. 权利要求 1 或 2 的疫苗组合物，其中至少一种所述其他抗原吸附在 AP 上。

4. 权利要求 1 或 2 的疫苗组合物，其中至少一种所述其他抗原吸附在氢氧化铝（AH）上。

5. 权利要求 1 的疫苗组合物，其中百日咳组分是全细胞百日咳（Pw）或无细胞百日咳抗原（Pa）。

6. 权利要求 1 或 5 的疫苗组合物，其还含有针对嗜血杆菌流行性感冒 b（Hib）的抗原。

7. 权利要求 1 或 5 的疫苗组合物，其还含有失活的脊髓灰质炎病毒（IPV）。

8. 权利要求 6 的疫苗组合物，其还含有失活的脊髓灰质炎病毒（IPV）。

9. 权利要求 1 或 5 的疫苗组合物，其还含有针对 A 型肝炎的抗原。

10. 权利要求 1 或 2 的疫苗组合物，其中疫苗的稳定性为在 37℃可保持一星期，而 HBsAg 组分的免疫原性没有显著损失。

11. 权利要求 1 或 2 的疫苗组合物，其特征在于疫苗中的 HBsAg 的免疫原性是这样的，当按适当接种计划每隔一个月接种疫苗时，在幼儿中测到几何平均效价为 200mIU/ml（第三次接种后一个月）或 200mIU/ml 以上。

12. 权利要求 1 或 2 的疫苗组合物，其用作药物。

13. HBsAg 在制备用于预防 B 型肝炎病毒感染的权利要求 1～11 中任一权项的疫苗组合物中的应用。

14. 制备权利要求 1～11 中任一权项的疫苗组合物的方法，其包括将 AP 吸附的 HBsAg 与一种或一种以上 AH 或 AP 吸附的其他抗原混合。

15. 磷酸铝（AP）作为吸附 HBsAg 的佐剂的应用，其特征在于所述应用的目的是制备一种稳定有效的复合疫苗，该疫苗含有 HBsAg 和一定量（n）的吸附在磷酸铝或氢氧化铝（AH）上的其他抗原，其中 n 值是 1 或大于 1，由此 HBsAg 组分的稳定性和/或免疫原性比在相应的其中 HBsAg 组分吸附在 AH 上的复合疫苗中的高，条件是当 n 是 1 时，所述其他抗原不是针对 A 型肝炎的抗原，并且其中疫苗的稳定性为在 37℃可保持一星期，而 HBsAg 的免疫原性没有显著损失。

16. 磷酸铝（AP）作为吸附 HBsAg 的佐剂的应用，其特征在于所述应用的目的是制备一种稳定有效的复合疫苗，该疫苗含有 HBsAg 和一定量（n）的吸附在磷酸铝或氢氧化铝（AH）上的其他抗原，其中 n 值是 1 或大于 1，由此 HBsAg 组分的稳定性和/或免疫原性比在相应的其中 HBsAg 组分吸附在 AH 上的复合疫苗中的高，条件是当 n 是 1 时，所述其他抗原不是针对 A 型肝炎的抗原，其中复合疫苗中的免疫原性是这样的，当按适当接种计划每隔一个月接种疫苗时，在幼儿中测到几何平均效价为 200mIU/ml（第三次接种后一个月）或 200mIU/ml 以上。

17. 权利要求 15 或 16 的应用，其中在复合疫苗中有至少 2 种其他抗原。

18. 磷酸铝（AP）作为吸附 HBsAg 的佐剂的应用，其特征在于所述应用的目的是制备一种稳定有效的复合疫苗，该疫苗含有 HBsAg 和一定量（n）的吸附在磷酸铝或氢氧化铝（AH）上的其他抗原，由此 HBsAg 组分的稳定性和/或免疫原性比在相应的其中 HBsAg 组分吸附在 AH 上的复合疫苗中的高，其中疫苗是 DTP-B 型肝炎疫苗。

19. 磷酸铝（AP）作为吸附 HBsAg 的佐剂的应用，其特征在于所述应用的目的是制备一种稳定有效的复合疫苗，该疫苗含有 HBsAg 和一定量（n）的吸附在磷酸铝或氢氧化铝（AH）上的其他抗原，由此 HBsAg 组分的稳定性和/或免疫原性比在相应的其中 HBsAg 组分吸附在 AH 上的复合疫苗中的高，其中疫苗是DTP-B型肝炎-Hib疫苗。

20. 磷酸铝（AP）作为吸附HBsAg的佐剂的应用，其特征在于所述应用的目的是制备一种稳定有效的复合疫苗，该疫苗含有HBsAg和一定量（n）的吸附在磷酸铝或氢氧化铝（AH）上的其他抗原，由此HBsAg组分的稳定性和/或免疫原性比在相应的其中HBsAg组分吸附在AH上的复合疫苗中的高，其中疫苗是DTP-B型肝炎-Hib-IPV疫苗。

21. 磷酸铝（AP）作为吸附HBsAg的佐剂的应用，其特征在于所述应用的目的是制备一种稳定有效的复合疫苗，该疫苗含有HBsAg和一定量（n）的吸附在磷酸铝或氢氧化铝（AH）上的其他抗原，由此HBsAg组分的稳定性和/或免疫原性比在相应的其中HBsAg组分吸附在AH上的复合疫苗中的高，其中疫苗是DTP-B型肝炎-Hib-IPV-A型肝炎疫苗。

22. 权利要求1或2的疫苗组合物，其中疫苗组合物中有无细胞百日咳（Pa），所述Pa组分含有pertactin。

23. 权利要求13的应用，其中疫苗组合物中有无细胞百日咳（Pa），所述Pa组分含有pertactin。

24. 权利要求14的方法，其中疫苗组合物中有无细胞百日咳（Pa），所述Pa组分含有pertactin。

25. 权利要求15的应用，其中疫苗组合物中有无细胞百日咳（Pa），所述Pa组分含有pertactin。

26. 权利要求5的疫苗组合物，其中0.5ml剂量的疫苗包含：

白喉类毒素	7.5Lf
破伤风类毒素	3.25Lf
全细胞百日咳抗原	15OU
HBsAg	10μg蛋白。

27. 权利要求5的疫苗组合物，其中0.5ml剂量的疫苗包含：

白喉类毒素	25Lf
破伤风类毒素	10Lf
失活的百日咳毒素	25μg
丝状血细胞凝集素	25μg
Pertactin	8μg。"

专利权人同时提交了以下反证：

反证1：Dr. Sophie Biernaux 的声明，英文，复印件共14页；

反证2：Dr. Pierre Desmons 的声明，英文，复印件共4页；

反证3：Terence Michael Nolan 教授的声明，英文，复印件共23页；

反证4：Dr. Francis E. Andre 的报告，英文，复印件共20页；

反证5：Dr. Nathalie Garçon 的第一份声明，英文，复印件共7页；

反证6：Dr. Nathalie Garçon 的第二份声明，英文，复印件共10页；

反证7：优先权日可获得的单价HBsAg疫苗列表，英文，复印件共2页；

反证8：韩国专利申请，申请号KR1990-0013356，公开号KR1992-0003992，公开日1992年3月27日，英文，复印件共11页；

反证9："Adjuvants"，K. DALSGAARD，Veterinary Immunology and Immunopathology，17（1987），第145~152页，英文，复印件共8页；

反证10："Andvances in Adjuvant Technology and Application"，John C. Cox 和 Alan R. Coulter，Animal Parasite Control Utilising Biotechnology（chapter 4），ISBN 0-8493-6843-X，1992年，英文，复印件共10页；

反证 11：Koen De-Heyder 的声明，英文，复印件共 4 页；

反证 12："Comparative immunogenicity study of four plasma-derived hepatitis B vaccines in Thai young adults"，Praphan Phanuphak 等人，Vaccine，第 7 卷，1989 年 6 月，第 253～256，英文，复印件共 4 页。

依据上述新权利要求书和反证，专利权人认为：

(1) 关于本发明的实验基础的真实性：反证 2 表明，证据 2 所示 Petre 的声明是错误的，本专利实施例 7 中各组的比较是有效的，结论正确，也即 AP 作为复合疫苗中 HBsAg 的佐剂优于 AH；证据 3、4 的公开日晚于本专利的优先权日，因此它们与本发明无关；参见实施例 7、8、9 和 11，其显示对于其他部分相同的疫苗制备而言，AP 吸附的组比 AH 吸附的组产生更强的抗-HB 免疫反应，因此，请求人认为本发明的实验基础不真实的主张不成立。

(2) 基于新权利要求书，本发明公开充分，权利要求概括适当，理由是：①本发明解决的技术问题是 HBsAg 在复合疫苗中其免疫原性不显著降低，而不是解决复合疫苗中的每一个和所有可能的抗原与单价疫苗相比仍保持免疫原性的问题，因此，与本发明对现有技术作出的贡献相适应，本发明的权利要求保护范围是适当的，请求人也未能充分举证表明本发明公开不充分；②反证 1 表明，无需证据 14 的教导即可采用不同于证据 14 中所示的其他方式来获得 Hib 疫苗，因此，请求人提出的为得到本发明的含 Hib 的疫苗需要进行创造性劳动的主张没有根据；③证据 15 的出处是反证 4 所示报告，而根据反证 4 所示的完整报告可知，反证 4 根本没有叙述到生产大于六价的疫苗，反证 4 只陈述到不大可能开发更多的大的多价疫苗，而不是更高价的疫苗，因此认为证据 15 指出了无法获得高于六价的复合疫苗的观点是错误的，反证 1 也证实了能够获得高于六价的复合疫苗；④本发明涉及对乙型肝炎问题的解决方案，这需要以 AP 作为 HBsAg 的佐剂，在该技术方案中无需将权利要求限于其他抗原的任何特定制剂；⑤修改后的权利要求涉及 HBsAg+DTP，因此，证据 1 已与此无关。

(3) 关于本发明的新颖性：①请求人评价本专利的证据只有证据 5-3，但是对于证据 5-3 在本专利优先权日前是否能够被公众得到尚存疑问；②证据 5-3 的内容简短、细节深度有限，无法教导本领域普通技术人员制备本专利权利要求保护范围内的任何物质，而反证 5、6 表明，证据 5-3 中描述的多价疫苗与本专利权利要求 1 的产品并不相同，此外，证据 5-3 中也未曾教导如何制备所述疫苗组合物，因此证据 5-3 不能够破坏权利要求 1 的新颖性；③全部权利要求相对于现有技术均具有新颖性，且由于证据 5-3 没有公开从属权利要求 2、4、8～13、18、19、22～30 的附加技术特征，因此这些权利要求相对于证据 5-3 具备新颖性；④权利要求 16 涉及疫苗的制备方法，其中在使吸附的复合物与其他 AH 或 AP 吸附的抗原混合物前将 HBsAg 预先吸附到 AP 上，而证据 5-3 中是同时混合 HBsAg、D、T 和 P，然后再添加 AP，因此权利要求 16 相对于证据 5-3 有新颖性。

(4) 关于本发明的创造性：①本发明立足于以下事实：即由包含 D、T、P 和 HBsAg 的 2 个相同的复合疫苗引起的抗-HBsAg 免疫反应在 HBsAg 吸附到 AP 时比在 HBsAg 吸附到 AH 时高；②根据证据 9、反证 8 可知，现有技术中清楚预计到，尽管需要一种复合的 DTP HBsAg 疫苗，但是诱导与单价对照无显著差异的免疫反应的 DTP HBsAg 复合疫苗是不容易的事情，通过简单的将两种疫苗混合并不能得到所需的复合疫苗；③根据反证 7～10，现有技术已知，相对于抗原，氢氧化铝比磷酸铝优选，且氢氧化铝比磷酸铝更强地吸附抗原，根据现有技术不能预计选择 AP 来吸附 HBsAg 可以解决免疫干扰的问题，这是因为它不涉及被认为导致上述问题的任一性质——抗原纯度或 HBsAg 与佐剂结合的强度，而本发明以不能由现有技术预计的方式解决了复合疫苗问题，不能认为 DTP HBsAg 复合疫苗是包含已知疫苗的混合物的简单开发；④证据 5 没有充分公开本专利权利要求保护范围内的任何内容，技术人员需要进行超过合理的努力的才能制备疫苗，因此，本专利相对于证据 5 不是显而易见的；证据5在优先权日前5年发表，当时血浆疫苗尚不常见，然而，至优先权日，HBsAg疫苗吸附于AH上是不言自明的，并不会认识到证据5的工作与含有HBsAg的复合疫苗的开发相关。

2004年11月19日，请求人补充提交了：

证据21：申请号为93912750.2的欧洲专利申请中的文件的公证认证书，复印件3页；及该公证认证书的中文译文，复印件共2页。

2004年11月24日，专利权人提交了反证1~12的中文译文。

2005年3月2日，专利复审委员会本案合议组将请求人分别于2004年9月20日、2004年11月19日提交的补充证据材料的副本转送给专利权人，将专利权人分别于2004年10月25日、2004年11月24日提交的意见陈述书及其附件的副本转送给请求人。

2005年3月25日，专利权人主动提交了反证5第4页的译文替换页，以及：

反证13：Nathalie Garçon的第三份声明（未签名），英文，复印件共13页；及该声明的中文译文，复印件共9页。

2005年4月1日，专利复审委员会本案合议组分别向双方当事人发出《无效宣告请求口头审理通知书》，告知双方当事人专利复审委员会拟定于2005年5月23日对本无效宣告请求案进行口头审理。同时，要求双方当事人于口头审理之时各自针对已转送收到的文件进行答复。

2005年4月18日，请求人再次提交了意见陈述书，其意见概括如下：

（1）反证2的Desmons声明站不住脚，专利权人所声称的AH作为HBsAg佐剂的缺陷是不存在的，证据3、4清楚地表明：基于AH的HBsAg复合疫苗制剂不存在问题，这进一步证明了本专利不存在发明创造的基础。

（2）权利要求1中限定"n值是3、4、5、或6……其中所述的其他抗原提供针对白喉（D）、破伤风（T）和百日咳（P）的免疫性"，说明书中只公开了n是3的情况，对n是4、5、6的情况说明书中没有给出任何实施例，而根据证据14、15、反证4可知，本领域技术人员无法根据说明书实施权利要求1的技术方案，因此，本专利公开不充分，不符合专利法第26条第3、4款的规定；权利要求1中，"佐剂包含一种或者一种以上的铝盐"，而说明书中只给出了AH和AP，因此权利要求1得不到说明书的支持；根据权利要求1的表述，其应该包括至少两种铝盐佐剂而其中HBsAg由AP作为佐剂的情况，还包括AP作为其他所有抗原的佐剂的情况，也有AP作为部分其他抗原佐剂的情况，还包括AP不作为其他抗原的佐剂的情况，但是说明书中并没有给出AP作为其他抗原佐剂的任何实施例，因此，该权利要求得不到说明书的支持。

（3）权利要求1与证据5相比，技术领域（疫苗配方）和技术、所要解决的技术问题（含有HBsAg的复合疫苗）、技术方案（AP吸附HBsAg，同时包含DTP）也是相同的，专利权人提出异议的仅仅是预期的效果是否相同，但是证据5、证据6的作者根据证据5进行实验均取得了较好的效果，并不存在反证5、6所称的问题。

（4）现有技术中已知复合DTP-HBsAg是需要的目标、且已存在DTP及制作方法、已经存在HBsAg抗原、经常使用的佐剂只有AH和AP，结合这些因素，当研究人员使用AH不成功时就会想到使用AP，说明书中也没有给出本发明具有任何其他的发明创新点，因此，本专利的唯一特征是现有技术中二选一的特征，对于本领域技术人员来说是显而易见的，因此不具备创造性。

（5）与本专利具有相同优先权的欧洲专利（证据18）的权利要求（如证据20第12页意见陈述书所述）的专利权EP 0642355被欧洲专利局撤销（证据17）。

（6）修改后的权利要求1~27不具有新颖性和创造性/公开不充分以及得不到说明书的支持，此外，权利要求12违反专利法第25条第1款，权利要求26、27得不到说明书的支持。

请求人同时提交了以下证据：

证据 22：Jean Petre 的声明及其附件，复印件共 98 页；

证据 23：Mario Contorni 的第二份声明及其附件，复印件共 48 页。

请求人同时提交了证据 22 所述声明的中文译文 2 页，证据 23 所述声明的中文译文 4 页。

2005 年 4 月 18 日，专利权人针对请求人所提供的证据 7～10、13 和 15 的译文提交了部分校对稿（复印件共 8 页）（下称反证 14）。

2005 年 5 月 11 日，专利复审委员会本案合议组将请求人于 2005 年 4 月 18 日提交的补充材料的副本转送给专利权人；将专利权人于 2005 年 3 月 25 日提交的意见陈述书的副本转送给请求人。

2005 年 5 月 23 日，口头审理如期进行。双方当事人均参加了口头审理。在口头审理过程中，双方当事人确认收到复审委员会转送的所有文件，同时专利复审委员会还将专利权人于 2005 年 4 月 18 日提交的反证 14 当庭转交给请求人。口头审理过程中：

（1）请求人对专利权人提交的修改文本没有异议，合议组当庭确定，口头审理针对修改文本进行。

（2）请求人确认其无效宣告请求理由及所依据的相应证据仅为：①权利要求 12 不符合专利法第 25 条第 1 款的规定，该无效理由为补充的无效理由；②全部权利要求公开不充分，不符合专利法第 26 条第 3 款的规定，所依据的证据是 1～4、14；③权利要求 26、27 不符合专利法第 26 条第 4 款的规定，且该无效理由不使用证据；④权利要求 1 不符合专利法第 22 条第 2 款的规定，所依据的证据是 5、6、15、22、23、24；⑤全部权利要求不符合专利法第 22 条第 3 款的规定，所依据的证据是证据 5、7～13，具体证据结合方式为：第一组（权利要求 1～12、22、26、27），疫苗组合物权利要求 1、3～9 用证据 5 和 7 结合评述，权利要求 2 用证据 5 和 7 或 5 和 8 结合评述，权利要求 10～12、22、26、27 用证据 5 单独评述；第二组（权利要求 13、23），HBsAg 用途权利要求 13 用证据 5 或 5 和 9 结合评述，权利要求 23 用证据 5 单独评述；第三组（权利要求 14、24），制备方法权利要求 14 用证据 5 单独评述，权利要求 24 的附加技术特征与权利要求 23 相同；第四组（权利要求 15～21、25），AP 用途权利要求 15～21、25 用证据 5 单独或证据 5 分别与证据 10～13 结合评述；各证据结合方式中均以证据 5 为最接近的对比文件。

（3）专利权人对请求人补充的"权利要求 12 不符合专利法第 25 条第 1 款的规定"这一无效理由当庭表示接受其纳入本案审理范围。

（4）请求人在口头审理过程中：①当庭提交了 Mario Contorni 的第三份声明（下称证据 24），用于针对专利权人的反证 6 证明证据 5-3 的技术方案是可行的，专利权人认为证据 24 超出了举证期限，应不予接受，合议组当庭告知双方当事人，由于该证据 24 是针对专利权人的反证提交的，因而予以接受，并当庭将其转交给专利权人；②当庭提交了审判号为"2001 当 1896"的韩国专利复审委员会判决，用于证明与本发明相同的技术方案在韩国已经被无效，合议组当庭转交给了专利权人；并且，当庭宣布该证据与本案审理无关，故不予接受；③指出其于口头审理前（2004 年 11 月 19 日）提交的证据 21 复印件并非完整的复印件，并当庭出示了证据 21 的完整原件，以及当庭提交了证据 21 的完整复印件，经专利权人核实后确认其与原件一致。

（5）请求人明确表示放弃证据 16～20。

（6）专利权人对证据 1、9、11～13、22、23 无异议，对证据 2、6～8、10、24 的真实性有异议，对证据 3、4、14、15 的真实性无异议、对其与本案的关联性有异议，对证据 5 的真实性、合法性和关联性均有异议。

（7）专利权人当庭提交了：①反证 15-1～15-5：依次为反证 1、2、5、6 和 11 的公证认证书；

②反证 16-1～16-3：依次为反证 1、2、11 的证人不能出庭的声明。

（8）请求人对专利权人的反证 1~6 和 14 的真实性、合法性无异议，对反证 7 的来源、合法性和内容真实性有异议，对反证 8 的真实性无异议、对关联性有异议，对反证 9 的真实性、关联性和合法性均有异议，对反证 10 的真实性有异议，对于反证 11 的公证书（即反证 15-5），请求人认为无法认定反证 15-5 的首页是公证认证文件，无法证明反证 15-5 第 2 页所加盖的印章与 15-5 后续页面的关系，因此，不认可反证 15-5 是一份公证认证文件；请求人还对反证 12 和 13 的真实性有异议；对专利权人提交的译文校对的准确性无异议。

（9）请求人主张本专利说明书公开不充分的理由有五点：①根据证据 14，本专利说明书提及含 Hib 抗原的情况下必须吸附到 AP 上而不能吸附到 AH 上，而权利要求 1 的方案中本领域普通技术人员不知道不能吸附到 AH 上，这需要付出创造性劳动才能实现的；②本专利实施例中只给出了 DTP 加乙肝抗原的实施例，但是权利要求请求保护 5~7 价疫苗，而开发多价疫苗是非常困难的；③权利要求 1 中提及佐剂，但说明书中没有给出两种佐剂情况下一种佐剂为 AP、一种为 AH 的实施例和方案；④根据权利要求 1，其他抗原可以是吸附的也可以是不吸附的，但说明书中只给出了 DTP 吸附到 AH 上的实施例，本领域普通技术人员无法实施权利要求中的其他技术方案；⑤根据证据 2，本专利的复合疫苗制备过程中不含缓冲液，而用于比较的单价疫苗的制备过程中含有缓冲液，两者比较没有意义，因此本专利没有实验基础，且根据证据 1、3、4 可知，现有技术中已知用 AH 吸附乙肝抗原其免疫效力不会下降，也即本专利说明书中所述的技术问题不存在。

（10）专利权人方的证人 Nathalie Garçon 出庭就其证言（即反证 5、6、13）接受了合议组和请求人的质询。

（11）合议组经与双方当事人协商达成一致意见后当庭告知：①请求人应当在口头审理后一个月内提交证据 5 的公证认证书，专利权人应当在口头审理后一个月内提交反证 9、10、12 的原件，并定于 2005 年 6 月 23 日再次对证据 5 和反证 9、10、12 进行质证，并告知双方当事人，如若届时未能到庭，则视为其认可对方证据（证据 5 或反证 9、10、12）的真实性；②专利权人可以在口头审理后一周内针对证据 24 和针对请求人主张的本专利不符合专利法第 25 条的无效宣告请求理由补交意见陈述；③双方可以在一周内提交口头审理代理词，但对于口头审理后补交的新证据概不予考虑。

口头审理后，专利权人于 2005 年 5 月 30 日针对请求人于口头审理时提交的证据 24 提交了意见陈述，认为：证据 24 中描述的方法与 Choi 论文所描述的配制程序有差异，例如盐浓度、pH 值，因此，从该证据并不能看出是否是这些差异导致在最终制剂中观察到的不同；而专利权人所关心的是 Choi 的论文是否有清楚、完整的描述，使得本领域技术人员能够重复，而 Contorni 和 Garçon 的重复得到了不同的结果，这说明 Choi 的论文不是清楚、完整、可重复的。此外，对专利法第 25 条没有补充意见。

2005 年 6 月 23 日，双方当事人对证据 5 和反证 9、10、12 进行了进一步的质证。在此次质证过程中：

（1）请求人提交了证据 5 的公证认证书原件及其复印件一式两份，合议组将其中一份复印件转交给专利权人；

（2）经核对原件，专利权人对证据 5 的真实性、来源、译文准确性没有异议；

（3）专利权人提交了：反证 9、10、12（首页均有公证人签字字样）的复印件，关于这三份反证的总的图书馆声明（下称反证 17）复印件 2 页，以及该声明的中文译文 3 页；

（4）请求人表示，由于反证 17 未经过公证认证，因此不认可反证 9、10、12 的真实性，但基于专利权人的要求，同意其在次日下午前提交，并提出如果专利权人举证的时间再次超出期限，则应当对其超期的证据不予考虑。

2005年6月24日,专利权人提交了以下文件:

(1) 反证9的复印件共15页,其上加盖有红色"中国农业科学院图书馆期刊2005.6.23"骑缝章;

(2) 反证12的复印件共7页,其上加盖有红色"中国人民解放军图书馆业务处"骑缝章;

(3) 在http://opamp.com网站上定购反证10所示书目的网上定购页面,复印件共2页。

2005年6月27日,专利权人继续针对实验基础、公开不充分和支持问题、新颖性、创造性提交了补充意见陈述书(共7页)。

2005年6月27日,专利权人提交了反证9、10、12的公证认证书复印件(共4页)。

2005年6月28日,专利权人提交了反证9、10、12及作为公知技术供合议组参考的反证18的公证原件,以及这四份文献的公证认证书原件(共5页),反证18如下:

反证18:The Journal of Pediatrics Part I,1992年2月,第120卷第2期,封面页、目录页、第184~189页,共16页。

至此,合议组认为本案的事实清楚,可以作出审查决定。

二、决定的理由

1. 关于审查文本

专利权人于2004年10月25日提交了修改后的新权利要求书,其相对于授权公告的权利要求书(其中的权利要求称为"原权利要求"),所作修改包括:①删除了原权利要求1、2、5;②将删除了"n为2"技术方案后的原权利要求6中引用原权利要求1的技术方案作为新权利要求1,将删除了"n为2"技术方案后的原权利要求6中引用原权利要求2的技术方案作为新权利要求2;③将原权利要求3、4、12~14、25分别与"删除了'n为2'的技术方案的原权利要求6"(即新权利要求1或2)合并分别形成新权利要求3、4、10~12、22,将原权利要求7、29、30分别与新权利要求1合并形成新权利要求5、26、27;④相应修改原权利要求8~11、14、15、24、26中所引用的权利要求的编号,形成新的权利要求6~9、14、13、24、23;⑤将原权利要求17分别与原权利要求18、19、21~24合并形成新权利要求15、16、18~21;⑥相应修改原权利要求20、28中所引用的权利要求的编号,得到新权利要求17和25。经合议组审查,这样的修改方式符合审查指南对无效程序中权利要求修改的规定,且口头审理时,请求人对该新权利要求书没有异议,因此本次无效宣告审查以授权说明书及其摘要以及专利权人于2004年10月25日提交的权利要求书为审查基础。

2. 无效宣告理由的确定

根据请求人口头审理时的确认,其无效宣告理由及范围是:①权利要求12不符合专利法第25条第1款的规定;②全部权利要求公开不充分,不符合专利法第26条第3款的规定;③权利要求26、27不符合专利法第26条第4款的规定;④权利要求1不符合专利法第22条第2款的规定;⑤全部权利要求不符合专利法第22条第3款的规定。

在上述无效理由中,虽然"权利要求12不符合专利法第25条第1款的规定"为请求人提出无效请求一个月后增加的理由,但由于:(1)这一新增无效宣告理由不需要新的证据支持;(2)专利权人对该理由表示接受;因此,合议组对该新增无效宣告理由予以考虑。

因此,合议组确认本次无效宣告请求针对请求人在口头审理时确认的上述全部五条无效理由及范围进行。

3. 关于证据

(1) 请求人提交的证据。

在本案审理过程中,请求人共提交了24份证据。但口头审理时,请求人明确放弃证据16~20,

因此合议组对这些证据不再评述。

证据1、13均为欧洲专利申请公开说明书，证据11、12为中国专利申请公开说明书，请求人对它们的真实性均无异议，因此合议组对它们的真实性予以确认。证据1、11~13的公开日（依次分别为1989年11月2日、1992年5月8日、1987年1月10日、1987年3月4日、1986年1月15日）均在本专利最早优先权日之前，因而可以用作本专利的现有技术对本专利的新颖性和创造性进行评价。

证据2包括一份证人证言（证据2-1）及其附件（证据2-2、2-3、2-4），证据6也是一份证人证言，证据7~10均为外文书籍或期刊文献，专利权人对证据2、6~8、10的真实性均有异议。证据21为一套公证认证文件的复印件，所公证的内容为该公证书中所附的文件（证据2、5~10、15、22、23）均为通过合法手续从欧洲专利局获得的，请求人欲以此来证明其中所附文件的真实性。口头审理时，请求人出示了证据21的原件，并提交了证据21的完整复印件，专利权人经核对后认为证据21与其原件一致，经合议组核对，证据21中所公证的文件包括证据2（含证据2-1~2-4）、5~10以及证据5-3的英文译文。合议组认为：虽然证据21是一套完整的公证认证文件，并且请求人已经出示了其原件，但是这只能证明证据21中所公证的证据均来自欧洲专利局这一事实；在这些证据中，证据2-1、6均为证人证言，证据2-3、2-4、7、8、10均为中国境外出版的刊物文献，请求人未能证明其在中国境内亦有发行或能够获得，因此这些证据属于域外证据，在专利权人对其提出异议的情况下，上述证据的内容及形式的真实性仍然需要其他的证明方式才能得到确认；虽然请求人提交了证据2-2（Jean Petre的简历）意图证明证据2-1出证人的身份，但证据2-2同样也未经过公证认证，既不足以表明出证人的身份也不足以证明证据2-1的真实性，请求人还提交了在www.ingenta.com网站上搜索证据2-3、2-4和在www.ncbi.nlm.nih.gov网站上搜索证据8、10的搜索结果，由于这一搜索过程未经公证，也无其他证据可以证明上述搜索过程和搜索结果的真实性，且互联网上所登载的内容易于更改，随意性很强，请求人也未对上述网站是否具有公信力进行说明或证明，因此这些搜索结果也不足以证明证据2-3、2-4、8、10的真实性，此外请求人也未能提交其他足以证实证据2、6~8、10真实性的证据，因此，合议组对证据2、6~8、10的真实性不予确认。

证据3、4、14均为中国专利申请公开说明书，专利权人对它们的真实性无异议，但对其与本案的关联性有异议。鉴于此，合议组对于证据3、4、14的真实性予以确认，但认为，证据3、4、14中均记载了涉及"联合疫苗"的技术内容，请求人据此主张在联合疫苗制备过程中的相关技术状况，因此它们与本专利具有关联性，合议组对专利权人的主张不予支持。

证据15是一份报告，专利权人对其真实性无异议，但对其与本案的关联性有异议。对此，合议组认为：请求人在提出无效宣告请求时主张以该证据支持其提出的有关本专利不符合专利法第26条第4款的无效理由，但是在口头审理时请求人又放弃了在该无效理由中使用证据；口头审理时，请求人最初主张将该证据15用于支持其有关本专利不符合专利法第26条第3款、本专利权利要求不具备新颖性的无效理由，但是在后续调查中又放弃了使用证据15来支持其有关本专利不符合专利法第26条第3款的无效理由，并且在进行有关新颖性的具体调查中却又并未陈述证据15的具体使用方式，因此，合议组无法获知证据15的使用方式，不能确定该证据与本无效宣告请求案的关联性，故对该证据不予评述。

专利权人对证据9未提出异议，且在答复本案的意见陈述中也大量引用证据9的内容，因此合议组对证据9的真实性也予以确认。

证据5、22~24见下文"（3）关于证据5-3及其相关证据和反证"。

(2)专利权人提交的证据。

在本案审理过程中,专利权人共提交了18份反证。

反证1~4均为证人证言,鉴于专利权人提交了反证1、2的公证认证文件原件,且请求人对反证1~4的真实性无异议,因此合议组对这些反证1~4的证人曾作出过相应证言的事实予以确认。反证15-1、15-2分别是反证1、2的公证认证书,反证16-1、16-2分别是反证1、2的证人不能出庭的声明,鉴于合议组在上文中已经对反证1、2的证人曾经作出过相关证言的事实予以了确认,因此合议组对于反证15-1、15-2、16-1、16-2不再评述。但在本案审理过程中,专利权人从未主张反证3的具体使用方式以及提交反证3的目的,因此,合议组不能确定该证据与本案的无效宣告理由有何关联性,故对反证3不予评述。根据专利权人的意见陈述,反证1、2、4均用于证明本专利说明书公开充分,其中:反证1用于反驳证据14,证明Hib可以在不吸附的状态下使用,以及反驳证据15,证明在申请日后已经开发出六价疫苗;反证2用于反驳证据2,证明本专利实验基础真实可靠;反证4用于反驳证据15,以澄清证据15作者的本意(也即,开发多价疫苗的困难是涉及临床开发和管理批准过程,而不涉及疫苗是否将提供抗目标疾病的免疫性)。鉴于合议组在上文中已经确认对于证据2、15不予考虑,因此对于反证2、4的证明作用合议组不再评述。

反证7是专利权人自己打印的一份优先权日可获得的单价HBsAg疫苗列表,专利权人未提交任何证据来证明其来源、真实性、合法性,因此,合议组对该证据不予采信。

反证8是一篇韩国专利,请求人对其表示接受,根据专利权人的陈述,反证8用于证明本专利的创造性。合议组对反证8的真实性予以确认,由于反证8的公开日1992年3月27日,在本专利优先权日之前,其内容涉及乙肝疫苗,因而可以作为本专利的现有技术,在评价本专利的创造性时予以考虑。

反证9、10、12为三篇外文文献复印件,直至口头审理结束之时,专利权人未能提供证明这三份证据真实性的证据,合议组于口头审理时指定专利权人在一个月的期限提交相关证据以证明上述三份反证的真实性。2005年6月23日,专利权人仅提交了首页印有公证人签字字样的反证9、10、12复印件以及反证17,由于这些证据均为中国境外出版的刊物文献复印件,属于域外证据,在请求人坚持质疑其真实性的情况下,专利权人未能证明其在中国境内的公共渠道能够获得,也没有其他证据足以证明其真实性,因此,专利权人应当履行相关的证明手续才能使它们的内容及形式的真实性得到确认。虽然在专利权人于2005年6月23日再次提交的证据9、10、12的复印件首页加盖有公证人字样的签章,但是由于此次提交的文件也仅为复印件,且并没有经过中国大使馆的认证,也即这三份证据的公证认证手续并不完整,致使这些文件本身的真实性也无法确认,因而此次提交的文件均不足以证明反证9、10、12的真实性;但质证时请求人同意再给予专利权人一天的举证期限。2005年6月24日,专利权人提交了加盖有红色"中国农业科学院图书馆期刊2005.6.23"骑缝章的反证9复印件,和加盖有红色"中国人民解放军图书馆业务处"骑缝章的反证12复印件,经合议组核实,上述原件与复印件相符,因此,合议组对反证9、12的真实性予以确认;同日,专利权人还提交了在http://opamp.com网站上定购反证10所示书目的网上定购页面的复印件,由于该搜索过程并未经过公证,也无其他证据证明该搜索过程和搜索结果的真实性,此外,由于该证据获自随意性很大的互联网,且未能显示反证10的内容,致使合议组无法确认网上的名称为"MOLECULAR CONCEPTS, PRINCIPLES AND APPROACHES"的书籍是否与本案反证10一致,因此,其不足以证实反证10的真实性。虽然专利权人最终于2005年6月28日提交了包括反证10在内的合格公证认证文件,但是由于其提交期限已经远远超出了合议组多次指定的期限,而根据专利法实施细则第七十条的规定,"在无效宣告请求审查程序中,专利复审委员会指定的期限不得延长";此外,根据专利权人的陈述,该证据用于证明本专利的现有技术，但其出版日期为1992年5月，则应推定其公开日为1992年5月31日，晚于本专利的优先权日，故合议组对反证10不予考虑。根据专利权人的陈述，反证9、12用于证明本专利的创造性，由于反证9、12的公开日分别为1987年、1989年6月，均在本专利优先权日之前，且其内容涉及乙肝疫苗和/或其佐剂，与本专利内容相关，因而反证9、12可以用作本专利的现有技术在评价本专利的创造性时予以考虑。

反证11是一份证人证言，专利权人提交了反证15-5，声称其为反证11的完整公证认证书原件，但请求人对此持有异议，请求人认为反证15-5并非完整的公证认证书。反证16-3是反证11的出证人不能参加口头审理的书面声明，专利权人欲以此作证反证11的真实性。对此，合议组认为：反证15-5第1、2页所作声明的内容及其所附简历内容与反证11的第1、2页所作声明的内容及其所附简历内容完全相同，根据第1、2页所载内容可知，二者均为"Koen De-Heyder"所作声明，且内容连贯，而第2页后续的文件均为有关"Koen De-Heyder"的简历，因此，在没有相反证据的情况下，尚不足以认为反证15-5中的各页文件不属于同一公证认证书，而该公证认证书包括完整的比利时使馆公证以及中华人民共和国驻比利时大使馆认证印章原件，因此，合议组对反证15-5的真实性予以确认，并认可其即为反证11的公证认证书，故对反证11的出证人曾作出过相应证言的事实予以确认；基于此，合议组对于反证16-3不再予以评述。根据专利权人的意见陈述，反证11用于证明"在本专利的现有技术中，用于吸附HBsAg的佐剂明显优选的是氢氧化铝而不是AP"以及"在专利现有技术中，已知氢氧化铝比磷酸铝更强地吸附抗原"，从而证明本领域普通技术人员根据本专利现有技术不会选择AP作为复合疫苗中HBsAg的佐剂，合议组认为，反证11的出证时间为2003年2月26日，该日期远晚于本专利的优先权日，证人所作证言或者基于出证时的其个人的技术水平或者基于其个人的回忆，且该证人并未出庭致使无法对其内容的准确客观性作进一步调查，因此，在没有其他证据能与之相互印证的情况下，单凭其证言尚不足以准确客观地反映本专利的现有技术状况，即不足以证明请求人所主张的内容。

反证14是专利权人针对请求人提交的证据7~10、13的译文提交的部分校对稿，请求人对其译文准确性表示接受，合议组对此予以确认，故相关证据内容以此译文为准。

反证18是专利权人在口头审理后提交的新证据，鉴于合议组在口头审理时已经明确告知双方当事人，且双方当事人亦达成共识，对于口头审理后提交的证据概不考虑，因此合议组对反证18不予考虑。

反证5、6、13见下文"3 关于证据5-3及其相关证据和反证"。

（3）关于证据5-3及其相关证据和反证。

证据5包括一份韩国高丽大学硕士学位论文（证据5-3）以及关于该论文的两份声明（证据5-1、5-2），请求人欲以其中的证据5-3作为对比文件评述本专利权利要求的新颖性和创造性。2005年6月23日，请求人提交了该证据的完整公证认证文件原件，专利权人质证后对其真实性予以接受，因此，合议组对证据5的形式真实性予以确认。

关于证据5-3内容的客观真实性，专利权人提供了三份证人证言（反证5、6、13）来证明证据5-3中所记载的技术内容是无法实施的，不能用作对比文件评价本专利的创造性，与此相对应，请求人提交了三份证人证言（证据22~24）来证明反证5、6、13的实验过程是错误的，同时证明证据5-3中所载的技术内容是真实可行的。对此，合议组认为：

①专利权人对证据22、23未表示异议，合议组对它们的形式真实性予以确认，也即合议组对于上述证言的出证人作出过相应证言的事实予以确认。证据24是请求人在口头审理时提交的一份新证据，虽然专利权人认为该证据的提交时间已经超出了提出无效请求后一个月的期限而应不予接受，但

合议组认为,由于证据24是请求人为了反驳专利权人的意见而提交的证据,不应被视为新证据,因此合议组对其予以接受,并当庭转交给了专利权人,但由于证据24属于域外证据,而请求人未提交该证据的公证认证文件,且证人未参加口头审理接受专利权人和合议组的质询,也无相关证据可与之相印证,因此合议组对证据24不予采信。

②反证5、6、13均为证人Dr. Nathalie Garçon的证言,专利权人提交了反证5、6的公证认证文件原件,因此合议组对反证5、6、13的出证人曾作出过相应证言的事实予以确认。反证15-3、15-4分别是反证5、6的公证认证书,鉴于合议组已经对反证5、6的证人曾经作出过相关证言的事实予以了确认,因此合议组对于反证15-3、15-4不再评述。

③证据5-3作为一份硕士论文,其本身具有较高的可信度,在没有足够证据的情况下,不应轻易怀疑其内容的真实和客观;其次,虽然证人Dr Nathalie Garçon在口头审理时出庭作证,但除出示其护照外,并未出具任何其他可以表明其作为反证5、6、13的出证人身份的证明文件,且未对其身份进行公证认证,并且根据Dr Nathalie Garçon在口头审理时的陈述可知,反证5、6、13所记载试验均为Dr Nathalie Garçon以专利权人公司员工身份带领其工作小组完成的,而口头审理时,请求人对于反证5、6、13中所载的试验过程是否与证据5-3相同提出过质疑(例如,请求人对其中的反应条件是否完全按照证据5-3所述进行提出了质疑,而上述证人也陈述了实验中有额外设定的条件),因此合议组认为,由于反证5、6、13是专利权人单方自行完成并提供的试验过程及结论,且该试验仅由个人及由其领导的工作小组完成,而请求人也对其中的试验是否能够真实再现证据5-3的过程表示了怀疑,因此反证5、6、13中所记载的试验及其结果充其量仅能代表其个人及由其领导的工作小组的观点,鉴于此,在没有其他证据能够与之相互印证的情况下,合议组认为反证5、6、13尚不足以否定证据5-3内容的客观真实性。鉴于此,合议组对于请求人用于反驳证据5、6、13的证据22、23不再考虑和评述。

④证据5-3首页记载"在此我提交这篇论文作为我的硕士学位论文1988.7",根据证据5-2韩国图书馆馆长的声明,证据5-3于1988年在高丽大学科学图书馆没有任何限制地对公众开放,因此,可以推定证据5的公开日最迟为1988年12月31日,该日期在本专利优先权日之前,且其内容为乙肝疫苗的制备方法,与本专利内容相关,因而证据5-3可以用作本专利的现有技术对本专利进行评价。

(4)证据的使用方式。

综上,合议组已经分析确认对证据2、6~8、10、15~20、22~24和反证2~7、10、11、13~18不再予以考虑,且由于前述也已确认了证据5、9的真实性,因此对于用于证明证据2、5~10、15、22、23真实性的证据21亦不再评述。对于请求人提交的其余证据,结合请求人在口头审理时的陈述,这些证据的具体使用方式为:①证据1、3、4、14用于证明全部权利要求公开不充分,不符合专利法第26条第3款的规定;②证据5用于证明本专利权利要求1不符合专利法第22条第2款的规定;③证据5、9、11~13用于证明本专利全部权利要求不符合专利法第22条第3款的规定。专利权人提交的其余证据为反证1、8、9、12,其中反证1用于反驳证据14证明本专利公开充分,反证8、9、12用于证明本专利的创造性。

4. 关于专利法第25条第1款

专利法第25条第1款规定:"对下列各项,不授予专利权:(一)科学发现;(二)智力活动的规则和方法;(三)疾病的诊断和治疗方法;(四)动物和植物品种;(五)用原子核变换方法获得的物质。"

疾病的诊断和治疗方法是指以有生命的人体或者动物体为直接实施对象,进行识别、确定或消除病因或病灶的过程。

本专利权利要求 12 为：权利要求 1 或 2 的疫苗组合物，其用作药物。合议组认为，虽然该权利要求中有"用作药物"这样的用途限定，但是其请求保护的主题仍然为"疫苗组合物"，也即该权利要求是产品权利要求，并非方法/用途权利要求，不属于疾病的诊断/治疗方法，符合专利法第 25 条第 1 款第 3 项的规定。

5. 关于专利法第 26 条第 3 款

专利法第 26 条第 3 款规定：说明书应当对发明或者实用新型作出清楚、完整的说明，以所属技术领域的技术人员能够实现为准。

所属技术领域的技术人员能够实现，是指所属技术领域的技术人员按照说明书记载的内容，不需要创造性的劳动，就能够实现该发明或者实用新型的技术方案，解决其技术问题，并且产生预期的技术效果。

请求人以如下理由主张本专利全部权利要求公开不充分：(1) 证据 1 表明本专利的实验基础不存在；(2) 证据 1 公开了一种 HAV-HBsAg 二价疫苗，其佐剂是 AH，效果很好，但本专利却认为如果在 HBsAg 疫苗中再加入其他抗原，则 AH 不再适于作为乙肝抗原的佐剂，因此，如果简单的因为增加额外的抗原后，乙肝需要的佐剂就不可预测的改变，那么增加任何一个新抗原就需要对情况进行完全再评价，因此由于本专利权利要求中还保护包含 Hib 的疫苗组合物，而说明书中没有给出有关这类疫苗组合物的实施例，本专利说明书公开不充分；(3) 根据权利要求 1，其他抗原可以是吸附的也可以是不吸附的，但说明书中只给出了 DTP 吸附到 AH 上的实施例，本领域普通技术人员无法实施权利要求中的其他技术方案；(4) 权利要求 1 中包含佐剂，但说明书中没有给出任何一种佐剂为 AP 一种为 AH 的实施例和方案。

合议组认为：本专利独立权利要求 1 保护一种复合疫苗组合物，它含 B 型肝炎表面抗原（HBsAg）和一定量（n）的其他抗原，并配以佐剂，佐剂含一种或一种以上的铝盐，n 值是 3、4、5 或 6，用于吸附 HBsAg 的佐剂是磷酸铝（AP），其中所述其他抗原提供针对白喉（D）、破伤风（T）和百日咳（P）的免疫性。根据说明书的描述，其解决的技术问题是使 HBsAg 在包含 DTP 的多价复合疫苗中的免疫原性与单价 HBsAg 疫苗相比没有下降。本专利说明书中给出了一种含有乙肝抗原 HBsAg 的复合疫苗，其中 HBsAg 吸附于佐剂 AP 上。说明书实施例 1～5 给出了制备以下疫苗的方法：吸附于 AP 的 HBsAg 疫苗，包含吸附 AP 或 AH 的 DT 以及吸附于 AP 的 HBsAg 疫苗，包含吸附于 AP 或 AH 的 DTPw 以及吸附于 AP 的 HBsAg 疫苗，包含吸附于 AP 或 AH 的 DTPa 以及吸附于 AP 的 HBsAg 疫苗；实施例 6～11 给出了用含有乙肝抗原 HBsAg 的单价和复合疫苗进行动物和人体实验及其结果，通过比较 HBsAg 在单价疫苗中、DT-HBsAg、DTPa（Pw）-HBsAg、HA-HB 等多种复合疫苗中的免疫效力，证实了在包含 DTP 的复合疫苗中用 AP 吸附的 HBsAg 其免疫效力与单价疫苗中的免疫效力相当，且比用 AH 吸附的 HBsAg 免疫效力高，稳定性更好，也即，说明书中已经给出了足够的信息证明本专利请求保护的技术方案已经解决了所述的技术问题，能够产生预期的技术效果，因此，独立权利要求 1 在说明书中得到了充分公开。

针对请求人提出的具体理由，合议组认为：(1) 请求人未具体陈述证据 1 如何表明本专利实验基础不成立，也未提供证据证明其观点，故合议组对请求人的第 1 点主张不予支持；(2) 首先，请求人未能提供现有技术的证据来证明在 DTP-HBsAg 中加入 Hib 后用 AP 吸附的 HBsAg 的免疫效力不能继续保持；其次，证据 1 中公开的仅仅是一种 HAV-HB 二价疫苗，其佐剂为铝凝胶，优选为 AP 或 AH，并未教导 AP、AH 二者哪个效果更好，应当理解为证据 1 尚未意识到本专利所指出的问题；再次，本专利保护的是包含 DTP-HB 的至少四价疫苗，并且，如上文所述，在说明书中已经相应地提供了充分的技术信息，特别是，还通过实施例证实了以 AP 作为佐剂的 HBsAg 抗原在 1~4 价疫苗（单价 HA-HB、DT-HBsAg、DTPa（Pw）-HBsAg）中的免疫效力高于以 AH 为佐剂吸附的 HBsAg。因此，在请求人并未能证明其怀疑的合理性的前提下，即便说明书中未提供还包含 Hib 的疫苗组合物的具体实施例也并不能认为该技术方案无法实现，也就是说，在没有其他证据的情况下，合议组对请求人的第 2 点主张也不予支持；(3) 请求人未能举证证明在 DTP 吸附或不吸附的情况下会导致吸附于 AP 的 HBsAg 的免疫效力发生根本性变化，虽然说明书中给出的 DTP 均为与佐剂吸附的情况，但是并不意味着本领域技术人员无法制备不吸附的 DTP，而且本发明的发明点所指向的仅仅是复合疫苗中 HBsAg 免疫效力的保持问题，只要该问题得以解决那么本发明即已经满足充分公开的要求，因此合议组对请求人的第 3 点主张不予支持；(4) 本专利实施例中给出的以 AP 吸附 HBsAg 的疫苗中，均以 AH 吸附其他抗原，也即已经给出了佐剂为 AP 和 AH 的实施例，请求人的第 4 点主张也不成立。

此外，请求人欲以证据 3、4、14 来支持其提出的本专利不符合专利法第 26 条第 3 款的规定的无效宣告理由，但合议组认为，证据 3、4、14 的公开日依次分别为 2002 年 12 月 4 日、2004 年 3 月 24 日、1998 年 7 月 22 日，均在本专利最早优先权日和申请日之后，故上述证据不能用作本专利的现有技术，从而不应依据上述证据对本专利是否符合专利法第 26 条第 3 款的规定进行评价；且鉴于此，合议组对于专利权人提交的用于反驳证据 14 以证明本专利符合上述规定的反证 1 亦不再评述。

综上所述，请求人主张权利要求 1 不符合专利法第 26 条第 3 款之规定的理由不成立；基于与上述相同的理由合议组对于请求人依据完全相同的事实和理由提出的权利要求 1 的全部从属权利要求以及其余涉及制备权利要求 1 及其从属权利要求的疫苗组合物的方法、HBsAg 在制备权利要求 1 及其从属权利要求的疫苗组合物中的应用、AP 作为吸附 HBsAg 的佐剂的应用的全部权利要求亦未公开充分的主张均不予以支持，也就是说，请求人主张的本专利全部权利要求不符合专利法第 26 条第 3 款的无效宣告理由均不成立。

6. 关于专利法第 26 条第 4 款

专利法第 26 条第 4 款规定：权利要求书应当以说明书为依据，说明要求专利保护的范围。

请求人主张：由于权利要求 26 中所记载的"蛋白"与说明书第 10 页记载的"蛋白质"不同，权利要求 27 在说明书中没有相应的记载，说明书第 11 页实施例 4 中记载的组分 FHA 和外膜蛋白 Pertactin（OMp）为经过甲醛处理的而权利要求 27 中未记载，因此权利要求 26、27 得不到说明书的支持。专利权人辩称：对本领域技术而言，"蛋白"和"蛋白质"是同一物质，由于权利要求中不能记载括弧，因此权利要求 27 中删除了括弧中的内容。

合议组认为：首先，对于本领域普通技术人员来说，公知 HBsAg 本质为一种蛋白质，用"蛋白"简称"蛋白质"含义清楚明确，可以相互替换使用；其次，权利要求所记载的技术方案是对说明书实施例进行的概括，而不局限于实施例记载的内容，虽然说明书实施例 4 中具体使用的 FHA 和 OMp 是经过甲醛处理的，但是从实施例 4 第一段、实施例 5 的记载来看，并未限定所使用的 FHA 和 OMp 必须是经过甲醛处理的，因而在没有相反证据的情况下，应当认为其他处理方式的 FHA 和 OMp 也能适用于制备权利要求 27 所述的疫苗，因此，请求人主张权利要求 26、27 得不到说明书的支持的理由均不成立。

7. 关于专利法第 22 条第 2 款

专利法第 22 条第 2 款规定：新颖性，是指在申请日以前没有同样的发明或者实用新型在国内外出版物上公开发表过、在国内公开使用过或者以其他方式为公众所知，也没有同样的发明或者实用新型由他人向国务院专利行政部门提出过申请并且记载在申请日以后公布的专利申请文件中。

本专利权利要求 1 为：一种疫苗组合物，它含 B 型肝炎表面抗原（HBsAg）和一定量（n）的其他抗原，并配以佐剂，佐剂含一种或一种以上的铝盐，n值是3、4、5、6，用于吸附HBsAg的佐剂是磷酸铝（AP），其中所述其他抗原提供针对白喉（D）、破伤风（T）和百日咳（P）的免疫性。

证据5-3（参见证据5-3译文第4~5页）公开了一种DTP-HBsAg联合疫苗，它是通过如下步骤制备的：制备用AP吸附的HBsAg疫苗，并分别制备白喉类毒素、百日咳细菌、破伤风类毒素以及AP凝胶，再将上述成分混合搅拌使之吸附后得到DTP-HBsAg联合疫苗。根据上述制备方法可知，该联合疫苗中包含HBsAg和白喉类毒素、百日咳细菌、破伤风类毒素，配以铝盐AP作为佐剂，HBsAg与AP吸附，白喉类毒素、百日咳细菌、破伤风类毒素可以提供针对白喉（D）、破伤风（T）和百日咳（P）的免疫性。

将证据5-3的技术方案与权利要求1中"n=3"的技术方案相比较可见，二者完全相同，因此权利要求1中"n=3"的技术方案相对于证据5-3没有新颖性，不符合专利法第22条第2款的规定。

8. 关于专利法第22条第3款

专利法第22条第3款规定：创造性，是指同申请日以前已有的技术相比，该发明有突出的实质性特点和显著的进步，该实用新型有实质性特点和进步。

判断发明是否具有突出的实质性特点，就是要判断对本领域的技术人员来说，要求保护的发明相对于现有技术是否显而易见，如果要求保护的发明相对于现有技术是显而易见的，则不具有突出的实质性特点。

本专利修改后的权利要求书包括27项权利要求，根据其主题可分为四组，以下分组评述其创造性。

（1）第一组权利要求。

第一组权利要求保护疫苗组合物，包括权利要求1~12、22、26、27，其中仅权利要求1为独立权利要求，权利要求2~7、9~12、22、26、27从属于权利要求1，权利要求8从属于权利要求6，权利要求26、27从属于权利要求5。

针对权利要求1中"n=4、5、6"的技术方案，其是在权利要求1中"n=3"的技术方案中再增加1、2、3种其他的抗原。在证据5-3中已经公开了制备多价疫苗的基础上，本领域技术人员能够十分容易地想到通过在其中加入更多的抗原从而得到更多价的联合疫苗，而且专利权人既未主张也未提供证据证明这种添加能够带来预料不到的技术效果，因此，权利要求1中"n=4、5、6"的技术方案相对于证据5-3不具备突出的实质性特点和显著的进步，也即没有创造性，不符合专利法第22条第3款的规定。

权利要求2~9、22、26、27的附加技术特征分别进一步限定复合疫苗中其他抗原的种类、和/或其含量以及限定其佐剂为AP或AH，由于复合抗原中其他抗原的种类是可以根据免疫目的设置的，而且AP和AH均为本领域熟知和常用抗原佐剂，因此，将上述附加技术特征应用到证据5-3的技术方案中得到权利要求2~9、22、26、27的技术方案是本领域技术人员容易就能想到的，且专利权人既未主张也未能提供证据证明这些附加技术特征能够为这些技术方案带来预料不到的技术效果，因此，在权利要求1中"n=3"的技术方案相对于证据5-3没有新颖性以及权利要求中"n=4、5、6"的技术方案相对于证据3-5没有创造性的基础上，权利要求2~9、22、26、27相对于证据5-3没有创造性。

权利要求10、11、12从属于权利要求1或2，其附加技术特征分别为"其中疫苗的稳定性为在37℃可保持一星期，而HBsAg组分的免疫原性没有显著损失"、"其特征在于疫苗中的HBsAg的免疫原性是这样的，当按适当接种计划每隔一个月接种疫苗时，在幼儿中测到几何平均效价为200mIU/ml（第三次接种后一个月）或200mIU/ml以上"和"其用作药物"，这些附加技术特征均为功能/用途性限定。合议组认为：首先，从说明书的记载来看，无法看出这些功能/用途的实现是通过其所从属的权利要求1或2中所记载的技术方案之外的其他技术手段来实现的，即无法看出上述附加技术特征给权利要求1或2的技术方案带来了实质上的影响和改变，这些功能特征应当视为权利要求1、2的疫苗组合物本身所具有的属性。其次，即使考虑上述附加技术特征，专利权人既未主张也未能提供证据证明它们的引入能为权利要求10~12带来预料不到的技术效果。因此，在权利要求1中"n=3"的技术方案相对于证据5-3没有新颖性、权利要求1中"n=4、5、6"的技术方案以及权利要求2相对于证据5-3没有创造性的基础上，权利要求10~12相对于证据5-3也没有创造性。

综上，权利要求1中"n=3"的技术方案相对于证据5-3没有新颖性、权利要求1中"n=4、5、6"的技术方案以及权利要求2~12、22、26、27相对于证据5-3没有创造性，不符合专利法第22条第3款的规定。

（2）第二组权利要求。

权利要求13保护：HBsAg在制备用于预防B型肝炎病毒感染的权利要求1~11中任一权项的疫苗组合物中的应用。权利要求23从属于权利要求13，其附加技术特征为"其中疫苗组合物中有无细胞百日咳（Pa），所述Pa组分含有pertactin"。

上文已经评述了权利要求1中"n=3"的技术方案相对于证据5-3没有新颖性、权利要求1中"n=4、5、6"的技术方案以及权利要求2~11相对于证据5-3没有创造性的理由，在此基础上，HBsAg在权利要求1~11这些疫苗组合物中的应用对于本领域普通技术人员而言是显而易见的，因此，权利要求13相对于证据5-3没有创造性。本领域普通技术人员可以根据具体需要选择不同的抗原，因此，权利要求23的附加技术特征不会给权利要求13的技术方案带来突出的实质性特点和显著的进步，在其所引用的权利要求13相对于证据5-3没有创造性的情况下，权利要求23相对于证据5-3也没有创造性。

（3）第三组权利要求。

权利要求为14：制备权利要求1~11中任一权项的疫苗组合物的方法，其包括将AP吸附的HBsAg与一种或一种以上AH或AP吸附的其他抗原混合。权利要求24从属于权利要求14，其附加技术特征为"权利要求14的应用，其中疫苗组合物中有无细胞百日咳（Pa），所述Pa组分含有pertactin"。

基于上文已经评述了权利要求1中"n=3"的技术方案相对于证据5-3没有新颖性、权利要求1中"n=4、5、6"的技术方案以及权利要求2~11相对于证据5-3没有创造性的理由，权利要求1~11的疫苗组合物中包含用AP吸附的HBsAg以及一种或者一种以上AH或AP吸附的其他抗原，而通过将抗原与佐剂混合使二者吸附是本领域的公知技术手段，因此，对于本领域技术人员而言，根据证据5-3得到权利要求14的技术方案是显而易见的，权利要求14相对于证据5-3没有创造性。本领域普通技术人员可以根据具体需要选择不同的抗原，因此，权利要求24的附加技术特征不会给权利要求13的技术方案带来突出的实质性特点和显著的进步，在其所引用的权利要求14相对于证据5-3没有创造性的情况下，权利要求24相对于证据5-3也没有创造性。

（4）第四组权利要求。

第四组权利要求保护"磷酸铝（AP）作为吸附HBsAg的佐剂的应用"，包括权利要求15~21、25，其中权利要求15、16、18~21均为独立权利要求。在这些权利要求中，所述应用的目的均为制备复合疫苗，这些复合疫苗中均包含用AP吸附的HBsAg和用AP或AH吸附的其他抗原，在权利要求中还具体限定了其他抗原的数量和/或种类（详见本决定"案由"部分）。

证据5-3（参见证据5-3译文第1~5页）中公开了用AP作为佐剂吸附HBsAg制备DTP-HBsAg

复合疫苗的用途，所制备的复合疫苗中包含HBsAg和吸附在AP上的DTP抗原。因此，证据5-3已经给出了以磷酸铝作为吸附HBsAg的佐剂的应用的教导。虽然，与证据5-3公开的技术方案相比，权利要求15~21、25的技术方案中还对所制备的疫苗的性能和种类作了限定，但合议组认为：首先，上述技术方案中所述的疫苗性能是由所述疫苗的结构组成所带来的固有特性，其次，Hib、IPV、HAV均为已知抗原，对于本领域普通技术人员来说，根据不同的免疫目的在证据5-3公开的用途中加入上述抗原是容易想到的，其效果也是可以预见的，因此，上述技术手段并不能为权利要求15~21、25带来突出的实质性特点和显著的进步。综上所述，在证据5-3的基础上，得到用途权利要求15~21、25的"将磷酸铝作为吸附HBsAg的佐剂的应用"技术方案是显而易见的，这些权利要求没有创造性，不符合专利法第22条第3款的规定。

关于本专利的创造性，专利权人欲以反证8、9、12证明在本专利申请日之前，本领域普通技术人员只会想到采用AH而非AP来制备乙肝复合疫苗，因而本专利具有创造性。对此，合议组认为，在本专利优先权日之前形成的证据5-3中已经明确选择AP作为HBsAg在DTP-HBsAg复合疫苗中的佐剂，因此，反证8、9、12并不能达到其证明目的，合议组对其主张不予支持。

综上所述，本专利权利要求1中"n=3"的技术方案相对于证据5-3没有新颖性，权利要求1中"n=4、5、6"的技术方案以及权利要求2~27相对于证据5-3没有创造性，不符合专利法的第22条第3款的规定。

请求人还主张使用证据9、11~13来证明本专利权利要求相对于现有技术不具备创造性。合议组认为，鉴于上述已经得出本专利全部权利要求相对于证据5-3没有创造性的结论，因而对于请求人提出的该无效宣告请求理由不再需其他证据支持，故合议组对证据9、11~13不再评述。

根据上述事实和理由，本案合议组作出如下决定。

三、决定

在专利权人于2004年10月25日提交的权利要求书以及授权公告的其他文件的基础上，宣告第93107319.7号发明专利权全部无效。

当事人对本决定不服的，可以根据专利法第46条第2款的规定，自收到本决定之日起三个月内向北京市第一中级人民法院起诉。根据该款规定，一方当事人起诉后，另一方当事人应当作为第三人参加诉讼。

一种油炸食品及其制作方法

无效宣告请求审查决定（第 11133 号）

决　定　号	第 11133 号
决　定　日	2008 年 3 月 7 日
发明创造名称	一种油炸食品及其制作方法
国际分类号	A23L 1/01，A23L 1/10，A23L 1/18
无效宣告请求人	李成钢
专 利 权 人	高志春
专　利　号	200410056863.7
申　请　日	2004 年 8 月 26 日
授权公告日	2006 年 6 月 21 日
合议组组长	周英姿
主　审　员	魏春宝
参　审　员	李人久
法　律　依　据	专利法第 26 条第 3 款，第 22 条第 2 款、第 3 款，专利法实施细则第 2 条第 1 款、第 20 条第 1 款
决　定　要　点	当判断一项专利的权利要求的新颖性和创造性时，如果请求人提交的所有证据均在该专利的申请日之后形成，而且相互间又无法形成完整的证据链反映该专利的现有技术，那么这些证据不足以破坏该专利的新颖性和创造性。

一、案由

本无效宣告请求案涉及国家知识产权局于 2006 年 6 月 21 日公告授予的、名称为"一种油炸食品及其制作方法"的第 200410056863.7 号发明专利权（下称本专利），其申请日为 2004 年 8 月 26 日，专利权人为高志春。本专利授权公告的权利要求书如下：

"1. 一种油炸食品的制作方法，其特征在于它包括下述步骤：

（1）配料：按重量比将谷物膨化粒 0.5~1.5 份和芝麻 0.5~1.5 份掺匀备用；其中谷物膨化粒为大米、小米、玉米中的一种或多种以任意比例配比后经谷物膨化机膨化而制成的颗粒；

（2）和面：将面粉 1~5 份、水、糖、发面酵母倒入和面机搅拌均匀，和成面团；

（3）成形：将和好的面团压片、切条、制成均匀的条状或球状或块状或片状生坯；

（4）粘挂辅料：将生坯盛在筛子里快速浸入水中 10~20 秒，捞出沥完多余水分，倒入备好的谷物膨化粒和芝麻的混合物中掺匀，使生坯各个表面都粘上辅料，再放入筛子中筛2～5分钟，直到没有多余辅料掉下；

(5) 炸制：将油烧到炸制食品温度140℃～180℃，放入粘上辅料的生坯，炸至食品熟透。"

针对上述专利权，李成钢（下称请求人）于2007年6月11日向专利复审委员会提出专利无效宣告请求，认为本专利不符合专利法第26条第3款、第22条和专利法实施细则第2条、第20条第1款的规定。请求人同时提交了以下证据：

证据1：中华人民共和国河北省巨鹿县公证处于2007年6月3日出具的（2007）巨证民字第38号公证书及经该公证书公证的书面证言，复印件，共9页；

证据2：河北省巨鹿县公证处于2007年5月31日封存的光盘；

证据3：专利号为第200410056863.7的发明专利证书及说明书复印件，共7页。

依据上述证据和拟在口头审理时当庭提交的证据1中所述产品实物（证据4），请求人认为：(1) 本专利权利要求1～5不符合专利法第22条的规定，不具有新颖性和创造性。本专利所保护的油炸食品制作方法中的每一步都是传统工艺，制作方法原始简单，所使用的原料白面、蔗糖、食用油和芝麻都是家家户户必备的基本食品，制出的产品是传统手工食品，在本专利申请日之前，本专利的方法就已经众所周知；(2) 本专利说明书未对发明作出清楚、完整说明，不符合专利法第26条第3款的规定；(3) 本专利权利要求1～5未能说明技术特征和保护范围，不符合专利法实施细则第20条第1款的规定；(4) 本专利权利要求1～5不符合专利法实施细则第2条的规定；(5) 请求人在本专利申请日前（2002年）已经制作并销售同类产品，制作方法与本专利保护的方法不同，第一，本专利使用的粘辅料包括大米、玉米、小米等杂粮和未去皮的芝麻，而请求人使用的是玉米和去皮的芝麻仁；第二，本专利中用清水粘辅料，而请求人用糖水粘辅料；第三，用料比例不一样；第四，本专利用发酵粉和面，而请求人用老渣头和面，因此，请求人的制作工艺与本专利的制作工艺存在区别，并不侵犯本专利的专利权。

经形式审查合格后，专利复审委员会受理了上述请求，于2007年6月11日向双方当事人发出《无效宣告请求受理通知书》，并将《专利权无效宣告请求书》及其证据清单中所列文件副本转送给专利权人，要求其在指定的期限内答复，同时成立合议组对本无效宣告请求案进行审理。

2007年7月12日，专利权人针对无效宣告请求提交了意见陈述书和以下反证：

反证1：巨鹿县卫生局和巨鹿县卫生监督所于2005年3月21日签发的巨鹿县康健食品厂卫生许可申请的受理通知书，复印件，共1页；

反证2：巨鹿县卫生局于2005年4月4日签发的巨卫食字（2005）第101079号卫生许可证存根，复印件，共1页；

反证3：巨鹿县工商行政管理局于2007年3月9日出具的个体工商户综合查询—详细信息页，复印件，共1页。

专利权人认为：(1) 请求人没有对提出的无效宣告理由具体说明，也没有指明无效宣告理由所依据的证据，不符合专利法实施细则第64条第1款、第65条第1款规定，应不予考虑。(2) 在证据2（光盘）未核实前，其中记载方法与本专利工艺是否相同无从判断，但是，证据2以及用其中所记载方法制备的产品（即证据4）的形成时间都在本专利申请日之后。(3) 证据1（公证书）中记载的证人证言是证人根据其对2002年所售产品的回忆，得出该产品与请求人于2007年5月31日所制作产品一样的判断，无其他证据支持情况下，判断对错无法确定。而且，根据审查指南第四部分第八章第4.2节的规定，证人根据其经历所作的判断，不能作为定案的依据。(4) 从反证1～3中记载的巨鹿县食品卫生厂（请求人为其法定代表人和经营者）的成立日期及其申请和获得卫生许可证的日期可知，请求人在本专利申请日前实施本专利方法的主张不成立。

2007年10月8日，本案合议组向双方当事人发出口头审理通知书，定于2007年11月20日对本案进行口头审理。同时，专利复审委员会本案合议组将专利权人于2007年7月12日提交的意见陈述书及全部反证副本转送给请求人。

2007年11月20日，口头审理如期进行。仅请求人一方参加了口头审理，专利权人未参加口头审理。请求人当庭提交了下列证据4~9：

证据4：河北省巨鹿县公证处于2007年5月31日封存的产品实物；

证据5：河北省宁晋县宏兴食品厂生产的"中冀宏兴牌"芝麻香酥，生产日期为2007年10月1日；

证据6：宁晋县宏旺食品厂生产的新芝麻香酥，生产日期为2007年10月9日；

证据7：隆尧县陈村成占华食品加工厂生产的"成家牌"香酥芝麻条，生产日期为2007年8月30日；

证据8：隆尧县董师傅食品加工厂生产的董家牌香酥芝麻条；

证据9：隆尧县国金食品厂生产的"宋家牌"香酥高级食品。

口头审理过程中认定的事实如下：（1）请求人提交采用证据2所示的方法制作的产品证据4来证明其与用本专利权利要求1所述方法生产的产品相同。（2）请求人提交证据5-9用来证明本专利权利要求1中的方法是传统工艺，该方法生产的产品是广泛生产的传统工艺产品。（3）请求人当庭提交了证据1的原件。（4）请求人对专利权人提交的反证1~3的真实性与合法性无异议，对其关联性提出异议，认为反证1~3只能证明卫生许可的日期，不能证明真实的生产日期。（5）本专利只有1项权利要求，据此请求人将无效宣告请求的范围由原来的权利要求1~5变更为权利要求1，请求人当庭确认其无效宣告请求的理由和范围为：（a）专利法第26条第3款和专利法实施细则第2条第1款、第20条第1款都是对发明作出的规定，而证据1~4表明本专利所保护的方法是传统工艺，不是发明，因此，本专利说明书不符合专利法第26条第3款的规定，权利要求1不符合专利法实施细则第2条第1款、第20条第1款的规定；（b）证据1~4表明用本专利所述方法生产的产品在申请日之前已经公开，因此本专利权利要求1相对于证据1~4不具有新颖性；（c）尽管证据2中记载的方法与本专利的方法虽有所不同，但都属于传统工艺范畴，因此权利要求1相对于证据1~4不具有创造性。

2007年11月22日，本案合议组再次向双方当事人发出口头审理通知书，定于2008年1月8日对本案进行第二次口头审理。

2008年1月8日，第二次口头审理如期进行，仅专利权人一方参加了口头审理，请求人未参加口头审理，口头审理过程中认定的事实如下：（1）专利权人认为证据1~2的形成日期及证据4~9中产品的生产日期在本专利申请日之后，因而对证据1~2和4~9的关联性有异议，此外，专利权人还对证据5~9的真实性提出异议。专利权人对证据1、2和4的真实性无异议，对证据3的关联性、真实性和合法性无异议。（2）专利权人当庭提交了反证1~3的原件，用来证明请求人的生产行为在本专利的申请日之后。（3）专利权人对请求人的无效宣告请求的理由和范围无异议。

至此，合议组认为本案事实已经清楚，可以依法作出审查决定。

二、决定的理由

1. 有关证据

证据1是一份公证书及经该公证书公证的书面证言，该公证书中共公证了下列三项内容：（1）证据1中附具的于2007年5月31日和2007年6月1日调查制作的四份书面证人证言；（2）证据2

中记载的麻芝酥制作方法即为2007年5月31日请求人现场制作的工艺流程；（3）证据4中封存的麻芝酥是请求人于2007年5月31日在公证人员现场监督下由证据2中的方法制作而成。请求人欲通过证据1中的书面证言证明请求人在本专利申请日之前已经制作并销售与证据4（麻芝酥）相同的产品。对此合议组认为：证据1中的书面证言虽然经过公证，但是该公证内容只能证明证人身份以及当时确系提供了所述证言，公证书本身并不能证明证言中所述的公开使用事实的真实性，而且，出具证据1中证言的所有证人在未说明不能到庭的正当理由的情况下均未参加口头审理，全部证言未经质证，而且又无其他证据佐证证言内容，因此，证据1并不足以证明请求人在本专利申请日之前已经制作并销售与证据4相同的产品，也无法证明申请日之前本专利的制作工艺已被公开。

证据2是河北省巨鹿县公证处于2007年5月31日制作并封存的光盘，其中记载了2007年5月31日公证人员在场时请求人制作麻芝酥的方法。合议组认为，由于证据2的形成时间2007年5月31日晚于本专利的申请日，因此证据2只能证明请求人在2007年5月31日时所采用的制作方法，由于该日期晚于本专利的申请日，故证据2不能构成本专利的现有技术。

证据3是本专利的发明专利证书及说明书的复印件，专利权人对其真实性、合法性和关联性没有异议，合议组予以认可。但是，证据3只是本专利的授权信息，并不构成本专利的现有技术。

证据4是河北省巨鹿县公证处于2007年5月31日制作并封存的产品实物（即用证据2中方法制作的麻芝酥，两袋）。合议组认为，封存证据4的公证处封条完好，能够证明证据4是无效宣告请求书中附件清单中所列的产品实物，同时由于证据4是证据1中公证书所公证内容之一，因此合议组对证据4予以接受。但是证据4中的产品是请求人在2007年5月31日采用证据2中方法制作的油炸食品麻芝酥，其形成时间为2007年5月31日，该日期在本专利的申请日之后，因此证据4不能构成本专利的现有技术。

证据5~9是请求人在2007年11月20日第一次口头审理中当庭提交的，属于请求人在提出无效宣告请求之日起一个月后提交的新证据，根据专利法实施细则第66条的规定，合议组对证据5~9不予考虑。

2. 关于专利法实施细则第2条第1款

专利法实施细则第2条第1款规定，专利法所称发明是指对产品、方法或者其改进所提出的新的技术方案。

请求人主张，专利法实施细则第2条第1款是对发明作出的规定，依据证据1~4，本专利权利要求1保护的方法是传统工艺，不是发明，因而权利要求1不符合专利法实施细则第2条第1款的规定。

对此，合议组认为，根据专利法实施细则第2条第1款的规定，专利法中所称的发明是对产品、方法或其改进提出的新的技术方案，这是对可申请专利保护的发明客体的一般性定义，不是判断新颖性、创造性的具体审查标准，故本专利权利要求1保护的方法无论是否是传统工艺，都并不影响其符合专利法实施细则第2条第1款规定的发明定义。就本专利权利要求1而言，其保护一种油炸食品的制作方法，该方法采取配料、和面、成形、粘挂辅料和炸制等技术手段，解决现有油炸食品中保质期短等技术问题，由此可见，本专利权利要求1是由解决所述技术问题的技术手段集合构成的技术方案。证据1~4均不足以证明权利要求1的技术方案不符合发明客体的规定。

因此，请求人关于本专利权利要求1不符合专利法实施细则第2条第1款规定的主张不能成立。

3. 关于专利法第26条第3款

专利法第26条第3款规定，说明书应当对发明或者实用新型作出清楚、完整的说明，以所属技术领域的技术人员能够实现为准。

本案中，无效宣告请求人认为：专利法第26条第3款是对发明作出的规定，根据证据1~4，权利要求1中的方法是传统工艺，不是发明，因而本专利说明书不可能对权利要求1要求保护的技术方案作出清楚、完整的说明，因此本专利说明书不符合专利法第26条第3款的规定。

对此合议组认为，本专利权利要求保护一种油炸食品的制作方法，说明书中记载了制作油炸食品的全过程，其中所包括的各个步骤的工艺条件清楚，步骤间顺序明确，本领域技术人员按照说明书记载的内容就能够实现该方法，制作出油炸食品。请求人所依据的证据1~4不足以证明本专利权利要求1要求保护的制作方法不能实现。至于权利要求1保护的方法是否为传统工艺，并不能得出其不符合专利法第26条第3款规定的结论；相反，如果一种方法是传统工艺，那么就意味着该方法已经被人们长期、反复应用，因而该方法也就应该能够实现。

因此，请求人主张的本专利说明书不符合专利法第26条第3款规定的无效理由不成立。

4. 关于专利法实施细则第20条第1款

专利法实施细则第20条第1款规定，权利要求书应当说明发明或者实用新型的技术特征，清楚、简要地表述请求保护的范围。

本案中，无效宣告请求人主张，本专利权利要求1中没有发明的技术特征，依据证据1~4，步骤1~5都是传统工艺，也没有清楚说明保护范围，因而本专利权利要求1不符合专利法实施细则第20条第1款的规定。

对此合议组认为，首先，本专利权利要求1保护一种油炸食品制作方法，其中清楚记载了具体步骤及其工艺条件等方法权利要求的技术特征，该权利要求的类型是清楚的，属于方法权利要求。其次，本领域技术人员能够理解该权利要求中技术术语的含义。至于该权利要求步骤是否为传统工艺，并不影响其符合专利法实施细则第20条第1款的规定。

因此，请求人主张的本专利权利要求1不符合专利法实施细则第20条第1款规定的无效理由不成立。

5. 关于专利法第22条第2、3款

专利法第22条第2款规定，新颖性是指在申请日以前没有同样的发明或实用新型在国内外出版物上公开发表过、在国内公开使用过或者以其他方式为公众所知，也没有同样的发明或者实用新型由他人向国务院专利行政部门提出过申请并且记载在申请日以后公布的专利申请文件中。

专利法第22条第3款规定，创造性是指同申请日以前已有的技术相比，该发明具有突出的实质性特点和显著的进步。

当判断一项专利的权利要求的新颖性和创造性时，如果请求人提交的所有证据均在该专利的申请日之后形成，而且相互间又无法形成完整的证据链反映该专利的现有技术，那么这些证据不足以破坏该专利的新颖性和创造性。

如前所述，本案中请求人提交的证据1~4的形成时间均在本申请的申请日之后，均不能成为本专利的现有技术。其次，由于证据1并不能证明请求人在本专利申请日之前已经制作并销售与证据4相同的产品，因此，证据1、2和4之间无法形成完整证据链反映本专利的现有技术，因此，请求人提交的所有证据不足以破坏本专利权利要求1的新颖性和创造性。请求人主张本专利权利要求1不具有新颖性和创造性的无效理由不成立。

基于以上事实和理由，本案合议组作出如下审查决定。

三、决定

维持第200410056863.7号发明专利权有效。

当事人对本决定不服的，可以根据专利法第46条第2款的规定，自收到本决定之日起三个月内向北京市第一中级人民法院起诉。根据该款的规定，一方当事人起诉后，另一方当事人应当作为第三人参加诉讼。

三氧化二砷冻干粉针及其生产方法

无效宣告请求审查决定（第11136号）

决　定　号	第11136号
决　定　日	2008年2月29日
发明创造名称	三氧化二砷冻干粉针及其生产方法
国际分类号	A61K 33/36，A61K 9/19，A61P 35/00
无效宣告请求人	赵　恩
专　利　权　人	重庆维特瑞医药开发有限公司
专　利　号	200310118272.3
申　请　日	2003年12月9日
授权公告日	2006年4月19日
合议组组长	叶　娟
主　审　员	吴通义
参　审　员	许　磊
法　律　依　据	专利法第22条第3款

决　定　要　点

当专利要求保护的技术方案相对于最接近的现有技术存在区别技术特征时，应判断现有技术是否给出将上述区别技术特征应用到该最接近现有技术以解决其存在的技术问题的启示，如果存在这种技术启示，并且要求保护的技术方案没有带来意想不到的技术效果，则该技术方案不具有创造性。

一、案由

本专利权无效宣告请求案涉及国家知识产权局于2006年4月19日公告授予的、名称为"三氧化二砷冻干粉针及其生产方法"的第200310118272.3号发明专利权（下称本专利），其申请日为2003年12月9日，专利权人为重庆维特瑞医药开发有限公司。

本专利授权公告的权利要求书如下：

"1. 一种三氧化二砷冻干粉针的生产方法，它包括以下步骤：
（1）称取三氧化二砷，置于无菌容器中，加入适量无菌注射用水，制成悬浮液；
（2）将悬浮液加热搅拌至溶解，冷却至室温；
（3）将溶液分装到10ml西林瓶中，每瓶5ml，低温冷冻干燥后无菌压盖。

2. 如权利要求1所述的三氧化二砷冻干粉针的生产方法，其特征在于，在所述的步骤（1）中，使用的三氧化二砷与无菌注射用水的比例为1mg：1ml。

3. 如权利要求1或2所述的三氧化二砷冻干粉针的生产方法，其特征在于，在所述的步骤（3）中，低温冷冻干燥约35小时后无菌压盖。

4. 由权利要求1或2所述的生产方法制得的三氧化二砷冻干粉针。

5. 由权利要求3所述的生产方法制得的三氧化二砷冻干粉针。"

针对上述专利权，赵恩（下称请求人）于2007年5月21日向专利复审委员会提出专利权无效宣告请求，认为本专利不符合专利法第22条第2、3款以及专利法第26条第3款的规定。请求人同时提交了本专利申请公开说明书及以下证据：

证据1：中国发明专利申请公开说明书，申请号为95108768.1，公开号为CN1121807A，公开日为1996年5月8日，复印件共6页；

证据2：中国发明专利申请公开说明书，申请号为98813016.5，公开号为CN1285743A，公开日为2001年2月28日，复印件共32页；

证据3：中国发明专利申请公开说明书，申请号为200380105498.8，公开号为CN1723029A，申请日为2003年10月8日，公开日为2006年1月18日，申请人为香港大学，复印件共37页；

证据4：《中国大百科全书》·化学·（Ⅰ-Ⅱ），中国大百科全书出版社编辑部编，中国大百科全书出版社出版，1998年10月第3次印刷，出版信息页、第892页，复印件共2页。

依据上述证据，请求人认为：（1）本专利说明书没有说明在低温干燥时所用的温度和真空度为多少，本领域技术人员无法再现其技术方案，本专利不符合专利法第26条第3款的规定。（2）证据3构成本专利的抵触申请，证据3权利要求10公开向150ml无菌水中加入500mg三氧化二砷，形成的溶液再加入250mg无菌水，而加热搅拌溶解与不加热搅拌溶解，以及形成冻干粉与形成注射液都是惯用手段的直接置换，权利要求1相对于证据3不具有新颖性；本专利权利要求2的附加技术特征在证据3的权利要求9中公开，本专利权利要求3～5的附加技术特征是惯用技术手段的替换，本专利权利要求2～5相对于证据3也不具有新颖性。（3）证据1第2页第1～5行和第3页第6行公开主要由三氧化二砷组成的癌灵注射液的制法，其与本专利权利要求1的区别特征是"低温冷冻干燥后无菌压盖"，而证据2指出该复合剂可以是冻干品或干制品，明示了可以将其制成冻干粉针剂，制备冻干粉针剂是现有技术，其容器通常为西林瓶，是惯常知识，本专利权利要求1与证据1和2属于同一技术领域，要解决的技术问题相同，证据4记载了三氧化二砷在0℃时的溶解度为1.2%，所以1mg/ml的三氧化二砷溶液在0℃、5℃和16℃下不会析出结晶，因此，本专利说明书记载的"本发明与现有技术相比不会析出结晶，性质稳定"等优点并不存在，没有产生意想不到的技术效果，故权利要求1相对于证据1和2的结合不具有创造性。（4）本专利权利要求2的附加技术特征在证据1和2中公开，在权利要求1不具有创造性的基础上，权利要求2也不具有创造性；同理，在权利要求1和2不具有创造性的基础上，权利要求3～5也不具有创造性。

经形式审查合格后，专利复审委员会受理了上述请求，于2007年6月11日向双方当事人发出《无效宣告请求受理通知书》，并将《专利权无效宣告请求书》及其附件副本转送给专利权人，要求其在指定的期限内答复，同时成立合议组对本无效宣告请求案进行审理。

2007年8月21日，专利权人提交了意见陈述书。专利权人认为：（1）证据3公开的是三氧化二砷组合物的制备方法，权利要求1与该方法之间存在区别技术特征，权利要求1具有新颖性；在权利要求1具有新颖性的基础上，权利要求2和3也具有新颖性；本发明的三氧化二砷冻干粉针与证据3中的组合物溶液属于不同的剂型和组成，权利要求4和5具有新颖性。（2）与证据1公开的注射液制备方法相比，权利要求1在产品剂型、原料和溶解过程上存在不同，并且还包括将5ml的溶液分装到10ml西林瓶中，再进行冷冻干燥后压盖，以获得三氧化二砷冻干粉的步骤，虽然证据2记载有"该复合剂可以是冻干品",但是未公开如何制备,未明确得出三氧化二砷确实可以制成冻干粉以及如何制备的结论,结合证据1和2不能显而易见地得到权利要求1的技术方案,而本发明将三氧化二砷制成冻干粉针,使得其溶解性能不同于自然状态下的三氧化二砷,产生室温下不会析出晶体并且性质稳定的技术效果,权利要求1具有创造性,基于此,权利要求2和3也具有创造性;权利要求4和5的冻干粉针在制备过程中不添加碱和酸,与证据2的复合剂冻干品有实质差别,具有创造性。(3) 说明书的"低温冷冻干燥后装瓶"指出其低温要达到使三氧化二砷溶液能够冷冻的程度,而且不同的低温和真空度只影响冷冻干燥过程的时间长短,未公开低温和真空度并不影响本发明目的的实现,因此,说明书已经做出清楚完整的说明,符合专利法第26条第3款的规定。

2007年8月28日,本案合议组向双方当事人发出《口头审理通知书》,定于2007年10月16日对本案进行口头审理。同时,将专利权人于2007年8月21日提交的意见陈述书副本转送给请求人。

2007年10月16日口头审理如期进行。双方当事人均委托代理人参加了口头审理。双方当事人对对方出庭人员的身份和资格无异议,对合议组成员没有回避请求。口头审理过程中认定的事实如下:(1) 请求人明确其无效请求的理由和范围是:①本专利说明书不符合专利法第26条第3款的规定;②权利要求1~5相对于证据3不具有新颖性;③权利要求1~5相对于证据1和2的结合不具有创造性,具体理由与《无效宣告请求书》中所述相同。(2) 专利权人对证据1~3的真实性、公开性、关联性没有异议。(3) 请求人当庭提交了《中国大百科全书》·化学·Ⅰ和《中国大百科全书》·化学·Ⅱ的原件,专利权人将其与证据4核对后,认为证据4第892页与所交的化学第Ⅱ册原件内容一致,出版信息页与所交的化学第Ⅰ册原件内容一致,但这两页不在同一本书上,所以第892页的出版时间不明,不认可证据4第892页的公开性。在口头审理过程中,合议组对请求人提出的无效理由和事实进行了充分调查,并听取了各方当事人的陈述。

至此,合议组认为本案事实已经清楚,可以依法作出审查决定。

二、决定的理由

1. 无效宣告请求的理由和范围

根据请求人在口头审理中的确认,其请求宣告本专利无效的理由及其范围是:①本专利说明书不符合专利法第26条第3款的规定;②权利要求1~5相对于证据3不具有新颖性;③权利要求1~5相对于证据1和2的结合不具有创造性。

2. 关于证据

专利权人对证据1~3的真实性、合法性、关联性均没有异议,合议组对这些证据予以采信。

请求人在口头审理时提交了《中国大百科全书》·化学·Ⅰ和《中国大百科全书》·化学·Ⅱ的原件,证据4中的出版信息页与所述化学第Ⅰ册原件中的出版信息页的内容一致,第892页与所述化学第Ⅱ册原件的第892页的内容一致。由于证据4的出版信息页上记载有"《中国大百科全书》·化学·(Ⅰ-Ⅱ)"、"中国大百科全书出版社出版发行"和"1998年10月第3次印刷"等内容,因此,表明1998年10月出版的《中国大百科全书》·化学由Ⅰ卷和Ⅱ卷组成。此外,请求人在口头审理时提交的《中国大百科全书》·化学·Ⅰ的扉页上载有"中国大百科全书出版社.北京.1998.10",其最后一页的页码为"640",《中国大百科全书》·化学·Ⅱ的扉页上载有"中国大百科全书出版社.北京.1998.10",其首页的页码为"641",这表明请求人在口头审理过程中所提交的《中国大百科全书》·化学·Ⅰ和《中国大百科全书》·化学·Ⅱ是同时出版发行的成套书籍。由此,合议组认为,证据4中的出版信息页上载明的出版日期即为第892页的公开日期,且该日期在本专利申请日之前,因而,证据4可以作为本专利的现有技术。

3. 关于专利法第 22 条第 3 款

专利法第 22 条第 3 款规定:"创造性,是指同申请日以前已有的技术相比,该发明有突出的实质性特点和显著的进步,该实用新型有实质性特点和进步。"

当专利要求保护的技术方案相对于最接近的现有技术存在区别技术特征时,应判断现有技术是否给出将上述区别技术特征应用到该最接近现有技术以解决其存在的技术问题的启示,如果存在这种技术启示,并且要求保护的技术方案没有带来意想不到的技术效果,则该技术方案不具有创造性。

本案中,权利要求 1 请求保护一种三氧化二砷冻干粉针的生产方法。

证据 1 公开了一种癌灵注射液,其由三氧化二砷 1~10 克、氯化钠 8 克、注射用水 1000 毫升制成,其制备方法包括将注射用水 1000 毫升煮沸,加入三氧化二砷煮沸半小时,完全溶解后,加入氯化钠,再补加注射用水至 1000 毫升,用 G3 垂熔玻璃漏斗过滤、灌注、熔封、灭菌即可(参见证据 1 说明书第 2 页第 1~5 行和第 3 页第 6 行)。

将权利要求 1 的技术方案与证据 1 公开的制备癌灵注射液的方法相比,两者都包括了采取加热方式将三氧化二砷溶解在水中,得到三氧化二砷溶液的操作步骤,不同之处在于本专利权利要求 1 将得到的三氧化二砷溶液经冷冻干燥等步骤制备成冻干粉针,而证据 1 中则是将得到的三氧化二砷溶液制备成注射液。权利要求 1 相对于证据 1 所解决的技术问题是提供冻干粉针形式的三氧化二砷制剂。

证据 2 公开了砷化物的复合剂可以是冻干品或干制品,其可以重新配制成注射用溶液(参见证据 2 说明书第 11 页倒数第 3 行至倒数第 1 行),所述砷化物包括三氧化二砷(参见例如证据 2 第 5 页第 10~11 行),可见证据 2 给出了可以将三氧化二砷制备成冻干的针剂的技术启示,由此,本领域技术人员显然知晓可以将三氧化二砷溶液冷冻干燥成冻干粉。此外,权利要求 1 中所包括的按照每瓶 5ml 规格分装是常规的药物剂量选择,进一步的低温冷冻干燥和无菌压盖的具体工艺操作也是本领域的常规技术,本领域技术人员通过有限次实验就能够实现三氧化二砷溶液的冷冻干燥和无菌压盖,因此,对于本领域技术人员而言,在证据 1 和 2 的基础上得到权利要求 1 的技术方案是显而易见的,权利要求 1 的技术方案不具备突出的实质性特点。本专利说明书第 2 页第 7~10 行描述的本专利冻干粉针的优点是本领域公知的冻干品相对于水针剂型的优点,是本领域技术人员可以预期的,故权利要求 1 的技术方案也不具有显著的进步。综上所述,权利要求 1 相对于证据 1 和证据 2 的结合不具有突出的实质性特点和显著的进步,不符合专利法第 22 条第 3 款的规定。

专利权人认为:(1) 本专利与证据 1 相比,在制备三氧化二砷溶液时,加热溶解的顺序不同;(2) 从原料上看,证据 1 中还含有氯化钠;(3) 本专利的冻干粉针的溶解性能不同于天然状态的三氧化二砷。

对此,合议组认为:(1) 证据 1 中通过将三氧化二砷加入煮沸注射用水中并煮沸溶解三氧化二砷的方式与权利要求 1 中将三氧化二砷制成悬浮液后加热溶解的效果是一致的,不具有实质性差别,专利权人也没有提供证据表明这种溶解顺序的差异会对三氧化二砷的溶解性能产生影响。(2) 本领域技术人员公知氯化钠是制备注射剂的常用等渗剂,证据 1 中加入氯化钠是为了使得所制备的注射液与血液等渗,证据 1 的方法是在获得三氧化二砷溶液后,进行制备注射液所需的包括添加氯化钠在内的相应操作工艺。但是对于冻干制剂的制备而言,适用于制备注射剂的后续步骤并非其所必需的,而且粉针剂通常在使用时需要用生理盐水(0.9%氯化钠溶液)溶解,因此,在制备粉针剂时,省去添加氯化钠是本领域技术人员显然能够想到的。此外,权利要求 1 的制备方法中没有添加氯化钠,所制备的冻干粉针本身相应也缺乏氯化钠所带来的调节渗透压的效果。因此,在获得三氧化二砷溶液后,是否进行添加氯化钠的操作是本领域技术人员可以根据需要进行选择的,其不会给本发明的技术方案带来任何实质性特点。(3) 本发明的技术方案采用的是常规的粉针剂制备方法,并没有采用其他用于增加药物溶解度的特殊步骤，冷冻干燥对产品的形态和物理性能所产生的有利影响是本领域技术人员可以预期的，而且证据1中的三氧化二砷本身就以溶解了的溶液形式存在，证据2公开了冻干的三氧化二砷，因此，本申请的三氧化二砷粉针相对于现有技术也没有显著的进步。合议组对专利权人的上述主张不予支持。

权利要求2进一步限定权利要求1的生产方法中使用的三氧化二砷与无菌注射用水的比例为1mg：1ml。权利要求3限定所述方法在低温冷冻干燥约35小时后无菌压盖。对于本领域普通技术人员来说，根据实际需要对三氧化二砷与无菌注射用水的比例进行选择是其常规技能，证据2也公开了浓度为1mg/ml的三氧化二砷水溶液作为药物（证据2说明书第14页第1～2行，第20页倒数第3行至倒数第2行），专利权人也没有提供证据表明选择这样的浓度比例会给冻干粉针带来何种意想不到的技术效果；对三氧化二砷水溶液进行35小时的低温冷冻干燥也是本领域技术人员通过有限次实验就能够确定的。因此，对权利要求1作进一步限定后得到的权利要求2和3是显而易见的，而且也没有带来意想不到的技术效果，故在权利要求1不具有创造性的基础上，权利要求2和3相对于证据1和证据2的结合亦不具有专利法第22条第3款规定的创造性。

权利要求4请求保护由权利要求1或2所述的生产方法制得的三氧化二砷冻干粉针。权利要求5请求保护由权利要求3所述的生产方法制得的三氧化二砷冻干粉针。基于前述，在权利要求1～3的方法无创造性的基础上，由其制备得到的产品也不具有创造性。因此，权利要求4和5不符合专利法第22条第3款的规定。

鉴于以上论述已经得出权利要求1～5不符合专利法第22条第3款规定的结论，本合议组对请求人提出的其他无效宣告请求理由不作进一步评述。

基于以上事实和理由，本案合议组作出如下审查决定。

三、决定

宣告第200310118272.3号发明专利权全部无效。

当事人对本决定不服的，可以根据专利法第46条第2款的规定，自收到本决定之日起三个月内向北京市第一中级人民法院起诉。根据该款的规定，一方当事人起诉后，另一方当事人应当作为第三人参加诉讼。

治疗心血管疾病的中药制剂及其制备方法

无效宣告请求审查决定（第 11174 号）

决 定 号	第 11174 号
决 定 日	2008 年 2 月 27 日
发明创造名称	治疗心血管疾病的中药制剂及其制备方法
国 际 分 类 号	A61K 36/9066，A61K 9/20，A61K 9/48，A61P 9/10
无效宣告请求人	漳州片仔癀药业股份有限公司
专 利 权 人	贵州顺健制药有限公司
专 利 号	200410021921.2
申 请 日	2004 年 2 月 24 日
授 权 公 告 日	2006 年 3 月 8 日
合 议 组 组 长	何 炜
主 审 员	尹 昕
参 审 员	吴通义
法 律 依 据	专利法第 22 条第 2 款、第 3 款

决 定 要 点

如果一项发明专利申请与现有技术的相关内容相比，其技术领域、所要解决的技术问题和技术方案、预期效果实质上相同，则认为两者为同样的发明。

在判断一项权利要求是否具备创造性时，一般先将该权利要求所述的技术方案与现有技术中最接近的技术方案进行对比分析，确定二者之间的区别技术特征；随后根据该区别特征所能达到的技术效果确定发明实际解决的技术问题；再判断将该区别特征应用到该最接近的现有技术以解决其存在的技术问题对于本领域技术人员而言是否显而易见。如果本领域技术人员根据现有技术教导或启示能够容易引入上述区别特征，而且没有产生预料不到的技术效果，则应当认为该权利要求的技术方案是显而易见的，即相应的权利要求不符合专利法第 22 条第 3 款关于创造性的规定。

一、案由

本专利权无效宣告请求案涉及国家知识产权局于 2006 年 3 月 8 日公告授予的、名称为"治疗心血管疾病的中药制剂及其制备方法"的第 200410021921.2 号发明专利权（下称本专利），其申请日为 2004 年 2 月 24 日，专利权人为贵州顺健制药有限公司。本专利授权公告的权利要求书如下：

"1. 一种治疗心血管疾病的中药制剂，其特征在于：按照重量组分计算：它由丹参 150~250g、白芍 1500~2500g、刺五加 800~1200g、郁金 200~400g、山楂 1500~2500g 制备而成。

2. 按照权利要求1所述的治疗心血管疾病的中药制剂，其特征在于：它由：丹参200g、白芍2000g、刺五加1000g、郁金300g、山楂2000g制备而成。

3. 按照权利要求1所述的治疗心血管疾病的中药制剂，其特征在于：所述制剂为颗粒剂、胶囊、软胶囊剂及滴丸剂。

4. 如权利要求1或2所述的治疗心血管疾病的中药制剂的制备方法，其特征在于：按照给定的原料配方及重量组份：

①以上五味，取白芍300~500g，粉碎为细粉，备用，

②山楂用乙醇加热回流，合并提取液，回收乙醇，浓缩至适量，与得到的白芍细粉混合，在70℃以下真空干燥，粉碎为细粉，备用，

③剩余白芍与丹参、刺五加、郁金这三味加水煎煮，合并煎液，滤过，滤液浓缩，加乙醇使醇含量达70%，静置过滤，滤取上清液，回收乙醇，浓缩成稠膏，与上述细粉混匀，然后制备成需要的剂型。

5. 按照权利要求4所述的治疗心血管疾病的中药制剂的制备方法，其特征在于：①取白芍330g，粉碎为细粉，备用，②山楂用乙醇加热回流提取二次，每次2小时，合并提取液，回收乙醇，浓缩至适量，与白芍细粉混合，70℃以下真空干燥，粉碎为细粉，备用，③剩余白芍与其余丹参等三味加水煎煮二次，每次2小时，合并煎液，滤过，滤液浓缩至1200g，加乙醇使醇含量达70%，静置过滤，滤取上清液，回收乙醇，浓缩成稠膏，与上述细粉混匀，制粒，装入胶囊、得胶囊制剂，亦可制成颗粒，若将稠膏与细粉混合后，加入1：1的大豆油，则可制成软胶囊，同样亦可制成滴丸。"

针对上述专利权，漳州片仔癀药业股份有限公司（下称请求人）于2007年5月9日向专利复审委员会提出专利无效宣告请求，认为本专利不符合专利法第22条第2、3款的规定。请求人同时提交了本专利授权公告文本及以下证据：

证据1："中华人民共和国卫生部药品标准，中药成方制剂，第14册"，第21页及封面页，1997年，复印件共2页；

证据2："浅谈中药软胶囊的研制"，贺志宇等人，时珍国药研究，第7卷第1期，第50~51页、封面页及目录页，1996年2月，复印件共4页。

依据上述证据，请求人认为：（1）证据1中公开了心舒宝片的处方及制法，药物组成与权利要求1和2完全相同，其配比落在了权利要求1的数值范围内，并且与权利要求2的数值完全相同，因此权利要求1和2不符合专利法第22条第2款有关新颖性的规定；（2）本专利权利要求3在证据1公开的技术方案的基础上进行了简单的剂型置换，权利要求4与证据1公开的制法相比区别仅在于证据1中制成片剂，而权利要求4则制备成需要的剂型，该区别特征为本领域技术人员的公知常识，因此，与证据1相比，权利要求3、4不符合专利法第22条第3款关于创造性的规定。权利要求5的制备方法与证据1公开的制法相比，区别仅在于加入了"若将稠膏与细粉混合后，加入1：1的大豆油，则可制成软胶囊，同样亦可制成滴丸"这一技术特征，而证据2中已经公开了"软胶囊多选用植物油基质……一般提取物与基质比介于1：1~1：2之间"这一技术特征，因此本领域普通技术人员在证据1公开的技术方案的基础上，结合证据2，不需要付出创造性劳动就可以获得权利要求5的技术方案，权利要求5不符合专利法第22条第3款关于创造性的规定。

经形式审查合格后，专利复审委员会受理了上述请求，于2007年6月11日向双方当事人发出《无效宣告请求受理通知书》，并将《专利权无效宣告请求书》及其附件副本转送给专利权人，要求其在指定的期限内答复，同时成立合议组对本无效宣告请求案进行审理。

专利权人于2007年7月10日提交了意见陈述书，同时提交了修改后的权利要求书替换页，全文

如下：

"1. 一种治疗心血管疾病的中药制剂，按照重量组分计算：它由丹参 150～250g、白芍 1500～2500g、刺五加 800～1200g、郁金 200～400g、山楂 1500～2500g 制备而成，其特征在于：它是按照下述方法制成的颗粒剂、胶囊、软胶囊剂及滴丸剂：

①以上五味，取白芍 300～500g，粉碎为细粉，备用，

②山楂用乙醇加热回流提取二次，每次 2 小时，合并提取液，回收乙醇，浓缩至适量，与得到的白芍细粉混合，在 70℃以下真空干燥，粉碎为细粉，备用，

③剩余白芍与丹参、刺五加、郁金三味加水煎煮二次，每次 2 小时，合并煎液，滤过，滤液浓缩至 1200g，加乙醇使醇含量达 70％，静置过滤，滤取上清液，回收乙醇，浓缩成稠膏，与上述细粉混匀，制粒，装入胶囊，得胶囊剂；或者制成颗粒剂；将稠膏与细粉混合后，加入 1∶1 的大豆油，则制成软胶囊，或制成滴丸。

2. 如权利要求 1 所述的治疗心血管疾病的中药制剂的制备方法，其特征在于：①取白芍 300～500g，粉碎为细粉，备用，②山楂用乙醇加热回流提取二次，每次 2 小时，合并提取液，回收乙醇，浓缩至适量，与白芍细粉混合，70℃以下真空干燥，粉碎为细粉，备用，③剩余白芍与丹参、刺五加、郁金三味加水煎煮二次，每次 2 小时，合并煎液，滤过，滤液浓缩至 1200g，加乙醇使醇含量达 70％，静置过滤，滤取上清液，回收乙醇，浓缩成稠膏，与上述细粉混匀，制粒，装入胶囊、得胶囊剂；或者制成颗粒剂；若将稠膏与细粉混合后，加入 1∶1 的大豆油，则制成软胶囊，或制成滴丸。"

专利权人认为：（1）专利权人对权利要求书的修改是按照专利法实施细则第 68 条第 1 款的规定进行的，也符合审查指南第四部分第三章第 4.6 节的要求。（2）本专利修改后的权利要求 1 是在证据 1 的基础上改剂成为颗粒剂、胶囊、软胶囊剂或滴丸剂，其成型工艺与证据 1 中的心舒宝片并不相同，因此权利要求 1 相对于证据 1 具有新颖性，同理，权利要求 2 相对于证据 1 也具有新颖性。（3）虽然中药中的胶囊剂、颗粒剂或丸剂等剂型都是本领域的常规剂型，但剂型的选择和处方工艺的设计对产品的理化性质、生物利用度以及临床疗效均有影响，对于具体的药物（组方）而言，不通过创造性的研究，而仅仅通过常识推断不能得知最适合的剂型和合理的工艺。因此尽管证据 2 中公开了软胶囊常用的基质及其一般用量，但中药的组成成分相当复杂，并不是任意一种中药组方在制备成软胶囊时都可以套用证据 2 中的技术信息，而必须经过大量的实验研究和筛选后才能确定最佳的技术方案。（4）药物改剂型的关键在于辅料的筛选，在选择辅料时需要注意以下问题：满足制剂成型、稳定、作用特点的要求，不与药物发生不良相互作用，避免影响药品的检测；根据组方药物的特点，减少服用量，提高用药对象的顺应性，并注意辅料的用量，在尽可能少的辅料用量下获得良好的制剂成型性。现有技术关于制剂制备的技术手段只能对中药研发起到方向性指导，虽然本专利权利要求中记载的颗粒剂和软胶囊没有添加辅料，但软胶囊和滴丸选用大豆油作为基质并非本领域技术人员可以简单推测出来的，而是发明人根据药物、辅料的性质，结合剂型特点，采用科学、合理的实验方法和合理的评价指标进行了实验，才确定了最佳的辅料种类和用量，而且改剂后的产品的有益效果已通过临床疗效进行了验证，因此本专利修改后的权利要求 1 和 2 相对于证据 1 和 2 而言具有专利法第 22 条第 3 款所规定的创造性。

2007 年 9 月 20 日，本案合议组向双方当事人发出口头审理通知书，定于 2007 年 10 月 29 日对本案进行口头审理。同时向请求人发出转送文件通知书，将 2007 年 7 月 10 日专利权人提交的意见陈述书及其所附附件转送给请求人。

请求人于 2007 年 10 月 10 日提交了意见陈述书，请求人认为：（1）新修改的权利要求 1 是对原权利要求 1、3、4、5 的合并，其中的特征组合在原权利要求书中没有出现过，超出了原权利要求书

及说明书记载的范围，不符合专利法实施细则第 68 条第 1 款的规定。（2）原权利要求 1 是以产品为主题，原权利要求 4 和 5 是以方法为主题，新修改的权利要求 1 中用制备方法限定产品的组合在原权利要求书及说明书中是没有过的，超出了原说明书和权利要求书记载的范围，不符合审查指南第四部分第三章第 4.6 节的规定。因此原权利要求 1、3、4、5 的合并是不被允许的，而新权利要求 2 是权利要求 1 的从属权利要求，因此新权利要求 2 也是无效的。（3）关于原权利要求 3～5 不具备创造性的问题，请求人坚持其提出无效宣告请求时的观点，认为原权利要求 3～5 相对于证据 1 和 2 的结合不具备创造性。

2007 年 10 月 29 日，请求人委托代理人参加了口头审理，而专利权人未出席口头审理。在口头审理中，请求人当庭出示了证据 1、2 的原件。合议组对请求人提出的无效宣告理由和事实进行了充分调查，请求人充分陈述了意见。请求人认为专利权人对本专利权利要求书的修改不符合专利法实施细则第 68 条第 1 款以及《审查指南》第四部分第三章第 4.6 节的相关规定，同时指出授权公告的权利要求 1 和 2 相对于证据 1 不具备专利法第 22 条第 2 款规定的新颖性，权利要求 3 和 4 相对于证据 1 以及权利要求 5 相对于证据 1 和 2 的结合不具备专利法第 22 条第 3 款规定的创造性，并特别指出由于权利要求 4 的所有技术特征均被证据 1 公开，更确切地说权利要求 4 是不具备新颖性。

2007 年 11 月 1 日，本案合议组向专利权人发出无效宣告请求审查通知书，同时将请求人于 2007 年 10 月 10 日提交的意见陈述书（共 4 页）转交给专利权人，要求专利权人在收到通知书一个月内答复，期满未答复，视为专利权人已得知本通知书中所涉及的事实、理由和证据，并且未提出反对意见。通知书中首先将口头审理的情况简要告知专利权人，即：请求人坚持认为专利权人于 2007 年 7 月 10 日提交的经修改的权利要求书不符合专利法实施细则以及审查指南的相关规定，同时认为授权公告的权利要求第 1～5 项以及修改后的权利要求第 1～2 项均不符合专利法第 22 条第 2 款和第 3 款的规定，还特别指出授权公告的权利要求 4 不具备新颖性或创造性。此外，通知书中还明确指出：对于无效宣告程序中专利文件的修改，审查指南第四部分第三章第 4.6.2 节规定：修改权利要求书的具体方式一般仅限于权利要求的删除、合并和技术方案的删除。其中权利要求的合并是指两项或者两项以上相互无从属关系但在授权公告文本中从属于同一独立权利要求的权利要求的合并。在此情况下，所合并的从属权利要求的技术特征组合在一起形成新的权利要求。该新的权利要求应当包含被合并的从属权利要求中的全部技术特征。本案中，专利权人于 2007 年 7 月 10 日提交的修改后的权利要求书显然不符合审查指南的上述规定，是不能允许的，因此本案的审查仍将以授权公告的权利要求 1～5 为基础。

专利权人没有在上述审查通知书规定的期限内进行答复。

至此，合议组认为本案事实已经清楚，可以依法作出审查决定。

二、决定的理由

1. 关于审查文本

根据专利法实施细则第 68 条第 1 款的规定，无效宣告程序中，专利权人对发明或者实用新型专利文件的修改仅限于权利要求书，审查指南第四部分第三章第 4.6.2 节规定了无效宣告程序中权利要求书的具体修改方式，即修改权利要求书的具体方式一般仅限于权利要求的删除、合并和技术方案的删除。其中权利要求的合并是指两项或者两项以上相互无从属关系但在授权公告文本中从属于同一独立权利要求的权利要求的合并。在此情况下，所合并的从属权利要求的技术特征组合在一起形成新的权利要求。该新的权利要求应当包含被合并的从属权利要求中的全部技术特征。

本案中，专利权人于 2007 年 7 月 10 日提交了修改后的权利要求书全文替换页，其中修改后的权利要求 1 是对授权公告的权利要求 1、3、4、5 部分技术特征的组合，修改后的权利要求 2 是授权公告的权利要求4和权利要求5的部分技术特征的组合，这种修改显然不符合上述的审查指南对无效宣告程序中权利要求修改的有关规定。因此，本案合议组对该修改文本不予接受，仍以本专利的授权公告文本作为审查的基础。

2. 关于无效宣告请求的理由和范围

本案中，请求人在提出无效宣告请求时提出的理由和范围是：权利要求1和2相对于证据1不具备专利法第22条第2款规定的新颖性，权利要求3和4相对于证据1以及权利要求5相对于证据1和2的结合不具备专利法第22条第3款规定的创造性。在口头审理过程中，请求人还特别指出由于权利要求4的所有技术特征均被证据1公开，更确切地说权利要求4是不具备新颖性。根据审查指南第四部分第三章4.2节的规定，请求人可对明显与提交的证据不相对应的无效宣告理由进行变更。本案中由于请求人认为证据1公开了权利要求4的全部技术特征，与其在提出无效宣告请求时提出的权利要求4相对于证据1不具备创造性的无效宣告理由明显不相对应，因此合议组对请求人增加权利要求4相对于证据1不具备新颖性的无效理由予以接受。因此合议组确定本案无效宣告请求的理由和范围是：本专利的权利要求1、2、4相对于证据1不具备专利法第22条第2款规定的新颖性；权利要求3、4相对于证据1以及权利要求5相对于证据1和2的结合不具备专利法第22条第3款规定的创造性。

3. 关于证据

请求人当庭提交了证据1、2的原件，合议组对其真实性、合法性予以认可。证据1、2的公开日期均在本专利的申请日之前，可以作为现有技术文件使用。

4. 关于专利法第22条第2款

专利法第22条第2款规定，新颖性，是指在申请日以前没有同样的发明或者实用新型在国内外出版物上公开发表过，在国内公开使用过或者以其他方式为公众所知，也没有同样的发明或者实用新型由他人向国务院专利行政部门提出过申请并且记载在申请日以后公布的专利申请文件中。

具体而言，如果一项发明专利申请与现有技术的相关内容相比，其技术领域、所解决的技术问题和技术方案、预期效果实质上相同，则认为两者为同样的发明。

本专利权利要求1和2要求保护一种治疗心血管疾病的中药制剂。证据1中公开了一种用于治疗冠心病、高血压、高血脂等的心舒宝片的处方，由丹参200g、白芍2000g、刺五加1000g、郁金300g、山楂2000g组成（参见证据1第21页第1自然段，处方），其药物组成与权利要求1和2完全相同，具体配比在权利要求1的数值范围内，并且与权利要求2的配比数值完全相同，可见，本专利权利要求1、2所请求保护的技术方案已经被证据1公开，两者技术领域、所要解决的技术问题和技术方案实质上相同、预期效果相同，所以权利要求1、2不具备专利法第22条第2款所规定的新颖性。

权利要求4要求保护如权利要求1或2所述的治疗心血管疾病的中药制剂的制备方法，如上所述，证据1中已经公开了权利要求1中的中药制剂，同时也公开了其制备方法，具体步骤包括：以上五味，取白芍330g，粉碎为细粉，备用；山楂用乙醇加热回流提取2次，每次2小时，合并提取液，回收乙醇，浓缩至适量，与白芍细粉混合，70℃以下真空干燥，粉碎为细粉备用；剩余白芍与其余丹参等三味加水煎煮二次，每次2小时，合并煎液，滤过，滤液浓缩至1200g，加乙醇使醇含量达70%，静置过滤，滤取上清液，回收乙醇，浓缩成稠膏，与上述细粉混匀，制粒，压制成1000片，即得（参见证据1第21页第2段，"制法"）。将本专利权利要求4的技术方案与证据1中公开的制备方法相比，文字上的差别在于：（1）权利要求4中步骤②中将"山楂用乙醇加热回流，合并提取液，回收乙醇，浓缩至适量"，而证据1中为"山楂用乙醇加热回流提取2次，每次2小时，合并提取液，回收乙醇，浓缩至适量"；（2）权利要求4步骤③中将"剩余白芍与丹参、刺五加、郁金这三味加水煎煮，合并煎液，滤过，滤液浓缩"，而证据1中为"剩余白芍与其余丹参等三味加水煎煮二次，每次2小时，合并煎液，滤过，滤液浓缩至1200g"；（3）权利要求4中将药物制备成需要的剂型，证据1中将药物制成片剂。可见，证据1所公开的上述具体工艺参数和剂型都在权利要求4记载方案的范围内，本专利权利要求4请求保护的技术方案已经被证据1公开，而且两者所属技术领域、所要解决的技术问题和预期效果相同，所以权利要求4不具备专利法第22条第2款所规定的新颖性。

5. 关于专利法第22条第3款

专利法第22条第3款规定：创造性，是指同申请日以前已有的技术相比，该发明有突出的实质性特点和显著的进步。

在判断一项权利要求是否具备创造性时，一般先将该权利要求所述的技术方案与现有技术中最接近的技术方案进行对比分析，确定二者之间的区别技术特征；随后根据该区别特征所能达到的技术效果确定发明实际解决的技术问题；再判断将该区别特征应用到该最接近的现有技术以解决其存在的技术问题对于本领域技术人员而言是否显而易见。如果本领域技术人员根据现有技术教导或启示能够容易引入上述区别特征，而且没有产生预料不到的技术效果，则应当认为该权利要求的技术方案是显而易见的，即相应的权利要求不符合专利法第22条第3款关于创造性的规定。

本专利的权利要求3要求保护按照权利要求1所述的治疗心血管疾病的中药制剂，其特征在于：所述制剂为颗粒剂、胶囊、软胶囊剂及滴丸剂。如上所述，证据1中公开了一种中药制剂，将本专利权利要求3的技术方案与证据1中公开的内容相比，其区别在于，权利要求3将中药制剂的剂型由片剂改为颗粒剂、胶囊、软胶囊剂及滴丸剂，而证据1中为片剂。由此可见，权利要求3的技术方案实际解决的技术问题在于提供除心舒宝片剂外的颗粒剂、胶囊、软胶囊剂及滴丸剂等剂型。然而，在已知配方组成的基础上进行简单的剂型置换是本领域技术人员的常规技术手段，在证据1公开的技术方案的基础上得到本专利权利要求3的技术方案对于本领域技术人员而言是显而易见的，权利要求3不具备突出的实质性特点和显著的进步，不具有专利法第22条第3款所规定的创造性。

专利权人在其于2007年7月10日提交的意见陈述书中指出：虽然中药中的胶囊剂、颗粒剂或丸剂等剂型都是本领域的常规剂型，但剂型的选择和处方工艺的设计对产品的理化性质、生物利用度以及临床疗效均有影响，对于具体的药物（组方）而言，不通过创造性的研究，而仅仅通过常识推断不能得知最适合的剂型和合理的工艺。

对此，合议组认为，权利要求3中几乎囊括了现有技术中除证据1中所公开的心舒宝片剂外的所有常规剂型，专利权人没有提供证据表明这种剂型的转换对产品的理化性质、生物利用度以及临床疗效产生了积极的影响，或这种剂型转换对于心舒宝片而言存在相当的技术难度或障碍，也没有证据显示其与现有技术相比取得了其他意料不到的技术效果，因此，专利权人的意见不具有说服力，权利要求3不具备创造性。

权利要求5要求保护按照权利要求4所述的治疗心血管疾病的中药制剂的制备方法，如上所述，证据1中公开了一种心舒宝制剂的制备方法，将权利要求5的技术方案与证据1公开的制法相比，区别仅在于权利要求5中将片剂改为胶囊或颗粒，并加入了"若将稠膏与细粉混合后，加入1：1的大豆油，则可制成软胶囊，同样亦可制成滴丸"这一技术特征，由此可见，权利要求5的技术方案实际解决的技术问题在于改变产品剂型为胶囊或颗粒、或选择合适的基质，根据实际需要制备治疗心血管疾病的中药软胶囊或滴丸。证据2中公开了软胶囊多选用植物油基质，油量的多少要通过试验比较加以确定，油量多触变值低，流动性好，但易泄漏；油少稳定性好，但流动性差，压丸困难。一般提取物与基质比介于1：1～1：2之间（参见证据2第51页左栏倒数第5～8行），因此证据2实际上已经给出了软胶囊制剂常用的基质及其用量，并且公开了植物油基质用量的多少对软胶囊质量的影响。至于具体选用何种植物油以及具体用量，本领域技术人员可以通过有限的试验以及依据常规分析推理获知，而且专利权人没有提供证据证明将证据1中的片剂改变剂型为软胶囊等存在何种技术难度或障碍，也未证明这种剂型的选择起到了出人意料的技术效果。可见，对本领域技术人员而言，证据2已经给出了将上述区别技术特征应用到证据1中以解决其存在的技术问题的启示，因此本领域技术人员在证据1公开的技术方案的基础上，结合证据2的上述内容，不需要付出创造性劳动就可以获得权利要求5的技术方案，即本专利权利要求5的技术方案相对于证据1和2的结合而言是显而易见的，权利要求5不具备突出的实质性特点和显著的进步，不具备专利法第22条第3款所规定的创造性。

专利权人在其于2007年7月10日提交的意见陈述书中指出：（1）尽管证据2中公开了软胶囊常用的基质及其一般用量，但中药的组成成分相当复杂，并不是任意一种中药组方在制备成软胶囊时都可以套用证据2中的技术信息，而必须经过大量的实验研究和筛选后才能确定最佳的技术方案。（2）药物改剂的关键在于辅料的筛选，虽然本专利权利要求中记载的颗粒剂和软胶囊没有添加辅料，但软胶囊和滴丸选用大豆油作为基质并非本领域技术人员可以简单推测出来的，而是发明人根据药物、辅料的性质，结合剂型特点，采用科学、合理的实验方法和合理的评价指标进行了实验，才确定了最佳的辅料种类和用量，而且改剂后的产品的有益效果已通过临床疗效进行了验证，现有技术关于制剂制备的技术手段只能对中药研发起到方向性指导。

对此，合议组认为：（1）根据证据2给出的软胶囊所采用的常用基质及其一般用量的教导，本领域技术人员可以通过有限的常规实验选择适宜的技术参数，获得权利要求5的技术方案。（2）并没有证据表明本专利选用的大豆油基质和其用量导致其制备的心舒宝制剂相对于现有技术而言取得了预料不到的技术效果。因此，专利权人的上述意见不具有说服力，权利要求5不具备创造性。

综上所述，本专利权利要求1、2、4不具备专利法第22条第2款规定的新颖性，权利要求3、5不具备专利法第22条第3款规定的创造性。

基于以上事实和理由，本案合议组作出如下审查决定。

三、决定

宣告第200410021921.2号发明专利权全部无效。

当事人对本决定不服的，可以根据专利法第46条第2款的规定，自收到本决定之日起三个月内向北京市第一中级人民法院起诉。根据该款的规定，一方当事人起诉后，另一方当事人应当作为第三人参加诉讼。

用表皮生长因子拮抗物治疗顽固性的人肿瘤

无效宣告请求审查决定（第 11230 号）

决 定 号	第 11230 号
决 定 日	2008 年 3 月 21 日
发明创造名称	用表皮生长因子拮抗物治疗顽固性的人肿瘤
国 际 分 类 号	A61K 39/395
无效宣告请求人	陈春会
专 利 权 人	伊姆克罗尼系统公司
专 利 号	00810321.6
优 先 权 日	1999 年 5 月 14 日，1999 年 8 月 13 日
申 请 日	2000 年 5 月 1 日
授 权 公 告 日	2005 年 5 月 11 日
合 议 组 组 长	何 炜
主 审 员	郭 婷
参 审 员	周英姿
法 律 依 据	专利法第 22 条第 2 款、第 3 款，第 26 条第 3 款、第 4 款；专利法实施细则第 20 条第 1 款

决 定 要 点

如果现有技术整体上存在某种启示，即现有技术给出了将区别特征应用于最接近的现有技术以解决发明实际解决的技术问题的启示，这种启示会使本领域技术人员在面对所述技术问题时，有动机改进该最接近的现有技术并获得要求保护的发明，则该发明是显而易见的。

一、案由

本无效宣告请求案涉及国家知识产权局于 2005 年 5 月 11 日公告授予的、名称为"用表皮生长因子拮抗物治疗顽固性的人肿瘤"的第 00810321.6 号发明专利权（下称本专利），其最早优先权日为 1999 年 5 月 14 日，申请日为 2000 年 5 月 1 日，专利权人为伊姆克罗尼系统公司。

本专利授权公告的权利要求书如下：

"1. 有效量的表皮生长因子（EGFR）拮抗物在制备施用于人以抑制顽固性肿瘤生长的药物中的用途，该顽固性肿瘤在所述人中不能用抗肿瘤剂进行治疗或对所述治疗有抗性，其中拮抗物是 EGFR 的特异性抗体或其功能等价物。

2. 有效量的 EGFR 拮抗物和化学治疗剂的组合在制备施用于人以抑制顽固性肿瘤生长的药物中

的用途，该顽固性肿瘤在所述人中不能用抗肿瘤剂进行治疗或对所述治疗有抗性，其中拮抗物是EGFR的特异性抗体或其功能等价物。

3. 有效量的EGFR拮抗物和放射的组合在制备施用于人以抑制顽固性肿瘤生长的药物中的用途，该顽固性肿瘤在所述人中不能用抗肿瘤剂进行治疗或对所述治疗有抗性，其中拮抗物是EGFR的特异性抗体或其功能等价物。

4. 权利要求1~3任一项的用途，其中顽固性肿瘤过量表达EGFR。

5. 权利要求1~4任一项的用途，其中顽固性肿瘤是乳房、心脏、肺、小肠、结肠、脾、肾、膀胱、头颈部、卵巢、前列腺、脑、胰、皮肤、骨、骨髓、血、胸腺、子宫、睾丸、宫颈或肝的顽固性肿瘤。

6. 权利要求1~5任一项的用途，其中顽固性肿瘤是结肠或头颈部顽固性肿瘤。

7. 权利要求1~5任一项的用途，其中顽固性肿瘤是顽固性鳞状细胞肿瘤。

8. 权利要求1~7任一项的用途，其中EGFR拮抗物是静脉内给药。

9. 权利要求2~8任一项的用途，其中EGFR拮抗物在化学治疗剂给药之前给药。

10. 权利要求1~9任一项的用途，其中EGFR拮抗物以每周约10到约500mg/m^{2}的剂量给药。

11. 权利要求1~10任一项的用途，其中EGFR拮抗物抑制EGFR配体对其的刺激。

12. 权利要求11的用途，其中EGFR拮抗物抑制EGFR对其配体的结合。

13. 权利要求11或12的用途，其中EGFR拮抗物与EGFR外部结合。

14. 权利要求11~13任一项的用途，其中EGFR拮抗物抑制EGFR磷酸化。

15. 权利要求11~14任一项的用途，其中EGFR拮抗物抑制EGFR酪氨酸激酶活性。

16. 权利要求1~15任一项的用途，其中抗体包括人抗体的恒定区。

17. 权利要求16的用途，其中抗体是包括鼠抗体可变区的嵌合抗体。

18. 权利要求16的用途，其中抗体是包括具有鼠抗体互补决定区（CDR）和人抗体框架区的可变区的人源化抗体。

19. 权利要求16的用途，其中抗体是包括人抗体可变区的人抗体。

20. 权利要求1~19任一项的用途，其中抗体以足以饱和EGFR的剂量给药。

21. 权利要求2或4~20任一项的用途，其中用途还包括给予放射。

22. 权利要求3~20任一项的用途，其中用途还包括给予化学治疗剂。

23. 权利要求2或22任一项的用途，其中用途化学治疗剂包括氨磷汀、顺式铂氨、达卡巴嗪、放线菌素D、氮芥、链佐星、环磷酰胺、卡莫司丁、洛莫司丁、多柔比星、多柔比星脂、吉西他滨、柔红霉素、丙卡巴阱、丝裂霉素、阿糖孢苷、依托泊苷、甲氨蝶呤、5-氟尿嘧啶、长春花碱、长春新碱、博来霉素、紫杉醇、多西塔可塞尔、阿地白介素、天冬酰胺酶、白消安、卡铂、克拉屈滨、喜树碱、CPT-11、10-羟基-7-乙基-喜树碱（SN38）、达卡巴嗪、氟尿苷、氟达拉滨、羟基脲、异环磷酰胺、伊达比星、美司钠、α干扰素、β干扰素、伊立替康、米托蒽酮、托普替康、亮脯利得、甲地孕酮、美法仑、巯基嘌呤、普卡霉素、米托坦、培门冬酶、喷司他丁、派泊溴烷、普卡霉素、链佐星、他莫昔芬、替尼泊苷、睾内酯、硫鸟嘌呤、塞替派、尿嘧啶氮芥、长春瑞滨、苯丁酸氮芥或其组合。

24. 权利要求2或22任一项的用途，其中化学治疗剂包括顺式铂氨、柔红霉素、紫杉醇、伊立替康（CPT-11）、托普替康或其组合。

25. 权利要求2或22~24任一项的用途，其中化学治疗剂以每周约69到约125mg/m^{2}的剂量给药。

26. 权利要求21~25任一项的用途，其中放射源对病人是内部的。

27. 权利要求 21~25 任一项的用途，其中放射源对病人是外部的。

28. 权利要求 26 或 27 任一项的用途，其中放射量是约 2 到约 80Gy。

29. 权利要求 1~28 任一项的用途，其中用途还包括给药佐剂。

30. 有效量的 EGFR 特异性嵌合抗体和顺式铂氨在制备施用于人以抑制头颈部顽固性鳞状细胞肿瘤生长的药物中的用途，该顽固性肿瘤在所述人中不能用抗肿瘤剂进行治疗或对所述治疗有抗性，其中拮抗物是 EGFR 的特异性抗体或其功能等价物。

31. 有效量的 EGFR 特异性嵌合抗体和伊立替康（CPT-11）在制备施用于人以抑制顽固性结肠肿瘤生长的药物中的用途，该顽固性肿瘤在所述人中不能用抗肿瘤剂进行治疗或对所述治疗有抗性，其中拮抗物是 EGFR 的特异性抗体或其功能等价物。"

针对上述专利权，陈春会（下称请求人）于 2007 年 4 月 17 日向专利复审委员会提出专利权无效宣告请求，认为本专利不符合利法第 22 条第 2、3 款，专利法第 26 条第 3、4 款以及专利法实施细则第 20 条第 1 款的规定。请求人同时提交了以下附件：

附件 1："表皮生长因子受体单抗与丝裂霉素交联物对荷人肺癌裸鼠的抑瘤作用"，陈小东等，中华结核和呼吸杂志，第 22 卷第 3 期，第 152 页，1999 年 3 月，复印件共 1 页；

附件 2："表皮生长因子受体单克隆抗体对人肺腺癌细胞的生长抑制作用"，陈小东等，中华结核和呼吸杂志，第 21 卷第 4 期，第 233~235 页，1998 年 4 月，复印件共 3 页；

附件 3："表皮生长因子受体单克隆抗体与丝裂霉素 C 交联物的抗肺癌活性"，陈小东等，中华医学杂志，第 78 卷第 8 期，第 637~638 页，1998 年 8 月，复印件共 2 页；

附件 4："040 表皮生长因子受体单克隆抗体与肿瘤免疫治疗"，第二军医大学免疫学教研室章卫平等，国外医学免疫学分册，1993 年第 2 期，第 75~78 页，复印件共 4 页；

附件 5："表皮生长因子受体与头颈部鳞状细胞癌"，第四军医大学口腔医院陈富林等，国外医学口腔医学分册，第 22 卷第 5 期，第 257~259 页，1995 年 9 月，复印件共 3 页；

附件 6："抗表皮生长因子受体单克隆抗体抑制和杀伤肺癌细胞的机理"，任新玲等，第四军医大学学报，第 18 卷第 6 期，第 560~562 页，1997 年，复印件共 3 页；

附件 7："The epidermal growth factor receptor as a target for therapy in breast carcinoma", Jose Baselga and John Mendelsohn, Breast Cancer Research and Treatment, 第 29 卷, 第 127~138 页, 1994 年, 原文复印件共 12 页及中文译文共 8 页；

附件 8："Modulation of radiation response in squamous cell carcinomas of the head and neck following EGFR blockade with the anti-EGFR monoclonal antibody C225", Huang, S. and Harari, P. M., Proceedings of the American Association for Cancer Research, 第 40 卷, 第 421 页, 1999 年 3 月, 原文复印件共 1 页及中文译文共 1 页；

附件 9："Antitumor Activity of Sequential Treatment with Topotecan and Anti-Epidermal Growth Factor Receptor Monoclonal Antibody C225", Fortunato Ciardiello 等, Clinical Cancer Research, 第 5 卷, 第 909~916 页, 1999 年 4 月, 原文复印件共 8 页及部分中文译文共 5 页。

请求人认为：

（1）本专利说明书不符合专利法第 26 条第 3 款的规定，具体理由是：①说明书中涉及的技术术语"顽固性肿瘤"为不清楚的表述，其并非本领域技术人员公知的标准术语，从说明书中对其的定义、举例和描述（说明书第 7 页第 32 行至第 8 页第 7 行、第 13~21 行）来看，本领域技术人员无法确定本专利中的"顽固性肿瘤"究竟为何种类型的肿瘤，因此也无法实现本专利所述的用 EGFR 的拮抗物来进行治疗的技术方案；②本专利说明书未对"抗肿瘤剂"作出清楚、完整的说明，按照一般的理解，抗肿瘤剂应为对肿瘤有抗性的药剂，那么抗肿瘤剂不但应当包括所有治疗肿瘤的药剂，例如化疗药物、毒素、放射线、生物制剂等等，还应当包括EGFR的拮抗物本身，因为EGFR拮抗物也是对肿瘤有抗性的药剂。

（2）权利要求1～7、30和31中涉及的"顽固性肿瘤"和"抗肿瘤剂"不清楚，导致这些权利要求及引用这些权利要求的权利要求的保护范围不清楚，不符合专利法实施细则第20条第1款的规定。

（3）权利要求1～3、9、25～31不符合专利法第26条第4款的规定，具体理由是：①权利要求1～3、30和31为独立权利要求，其要求保护的用途在说明书中没有足以支持其效果的体外实验、动物体内实验或者临床实验证据。从实施例1、2中本领域技术人员无法得出施用EGFR拮抗物对于治疗顽固性肿瘤有何效果，首先，并未证明实施例中选择的这些病例是不能用抗肿瘤剂治疗或对抗肿瘤剂治疗无效的肿瘤病人，其次，实施例的结果并未有临床或实验室证据证明施用EGFR拮抗物对于这些病人的治疗效果。说明书中未提供足够的和可信的证据证明对于那些"不能用抗肿瘤剂治疗或对抗肿瘤剂治疗有抗性的顽固性肿瘤"都有治疗效果。而且从附件7公开的内容可知，并不是所有的EGFR拮抗物即EGFR的特异性抗体或其功能等价物都对肿瘤的生长有抑制效果，只有MAb528和C225具有抗肿瘤的效果。②从属权利要求9进一步限定EGFR拮抗物在化学治疗剂给药前给予，但说明书中并没有提供支持该给药方式的实施例和效果的证据，权利要求9得不到说明书的支持，而且从附件9公开的内容可知，当将EGFR拮抗物C225与拓扑替康联合用于肿瘤病人的治疗时，先用C225处理，再给药拓扑替康时，没有协同效果。③类似地，权利要求25～29中限定的技术特征在说明书中也没有得到支持。

（4）附件7（第132页左栏最后1段和右栏第1段，图3）公开了权利要求2的所有技术特征，因此，权利要求2不具备专利法第22条第2款规定的新颖性。

（5）权利要求1、3～8、10～24、30和31不符合专利法第22条第3款的规定，具体理由是：①附件5（见第259页左栏第1、2段及其中引用的文献）和附件4（见第76页左栏第1段、第78页左栏第1、2段）结合，或者附件4中内容的结合公开了权利要求1的所有技术特征，它们与本专利具有相同的技术领域，本领域技术人员不须付出创造性劳动即可得出权利要求1的技术方案，权利要求1不具备创造性；②附件8结合附件5公开了权利要求3的所有技术特征，权利要求3不具备创造性；③本领域技术人员在附件5公开的研究成果的基础上，结合附件3不须付出创造性劳动即可得出权利要求30的技术方案，权利要求30不具备创造性；④本领域技术人员在附件9公开的技术方案的基础上，不须付出创造性劳动即可得出权利要求31的技术方案，权利要求31不具备创造性；⑤从属权利要求4～7的附加技术特征已经被附件5公开，在它们所引用的权利要求不具备新颖性或创造性的基础上，权利要求4～7也不具备创造性。

（6）从属权利要求8、10～24的附加技术特征是本领域公知技术，在它们所引用的权利要求不具备新颖性或创造性的基础上，权利要求8、10～24也不具备创造性。

经形式审查合格后，专利复审委员会受理了上述请求，于2007年6月11日向双方当事人发出《无效宣告请求受理通知书》，并将《专利权无效宣告请求书》及其附件副本转送给专利权人，要求其在指定的期限内答复，同时成立合议组对本无效宣告请求案进行审理。

专利权人于2007年7月26日提交了意见陈述书和以下反证：

反证1："英汉辞海（上）"，王同亿主编译，国防工业出版社，1987年12月第一版，封面页、出版信息页、第221页，复印件共3页。

专利权人认为：

(1) 本专利说明书符合专利法第 26 条第 3 款的规定,具体理由是:①关于"顽固性肿瘤",说明书中已经提供了清楚的定义,见说明书第 3 页第 31 行至第 4 页第 5 行。②"抗肿瘤剂"是本领域技术人员公知的术语,按照反证 1 的解释,抗肿瘤药是拮抗肿瘤生长的药物。此外,从权利要求和说明书的上下文可以看出,此处用到的"抗肿瘤剂"不可能包括 EGFR 拮抗物,因为本领域技术人员根本不可能用 EGFR 拮抗物来治疗已经证明不能用 EGFR 拮抗物治疗或对 EGFR 拮抗物有抗性的肿瘤。

(2) 说明书已对"顽固性肿瘤"进行了清楚的限定,"抗肿瘤剂"是公知术语,因此,权利要求 1~7、30 和 31 符合专利法实施细则第 20 条第 1 款的规定。

(3) 权利要求 1~3、9、25~31 符合专利法第 26 条第 4 款的规定,具体理由是:①说明书已公开了权利要求书中的具体实施方式,并且在实施例中提供了数据,因此说明书支持了权利要求 1~3、30 和 31 所述的具体实施方式。说明书中给出的顽固性肿瘤的定义适用于实施例 1 和 2 中治疗的肿瘤,因为实施例中明确指出了患者是顽固性肿瘤患者。此外,附件 7 并不涉及本专利的治疗顽固性肿瘤的方案,其不适用于评价本专利权利要求的主题。②说明书第 14 页第 18~23 行公开的内容为权利要求 9 提供了明确的支持。尽管实施例并未明确表明非同时的给药,但是请求人的无效宣告请求并未提供任何怀疑说明书第 14 页第 18~23 行公开内容中的具体实施方式不起作用的技术理由或基础。此外,附件 9 并未教导或暗示治疗不能用抗肿瘤剂进行治疗或对所述治疗有抗性的顽固性结肠肿瘤,因此与本专利不相关。③同理,本专利说明书能够支持从属权利要求 25~29。

(4) 附件 7 描述了抗 EGFR 抗体和阿霉素在标准肿瘤细胞系的体外测试和小鼠异种移植物测试中抑制癌细胞的用途,还简要提及了抗 EGFR 抗体的 I 期临床试验,但这些测试均未采用证明此前对抗肿瘤剂敏感,随后变得顽固,即权利要求 2 中所述的"在所述人中不能用抗肿瘤剂进行治疗或对所述治疗有抗性"的癌细胞或肿瘤细胞系,因此,权利要求 2 相对于附件 7 具备专利法第 22 条第 2 款规定的新颖性。

(5) 权利要求 1、3~8、10~24、30 和 31 符合专利法第 22 条第 3 款的规定,具体理由是:①附件 4 指出利用抗 EGFR 拮抗物来抑制癌细胞的增殖可能会降低共同施用的化学治疗剂的有效性,附件 5 和附件 4 无论是单独地还是结合在一起都未教导或暗示抗 EGFR 药物用于"抑制顽固性肿瘤生长,该顽固性肿瘤在所述人中不能用抗肿瘤剂进行治疗或对所述治疗有抗性",因此,权利要求 1 具备创造性。②附件 8 单独或与附件 5 的结合缺少"抑制顽固性肿瘤生长,该顽固性肿瘤在所述人中不能用抗肿瘤剂进行治疗或对所述治疗有抗性"这一权利要求 3 的关键部分,因此,权利要求 3 具备创造性。③附件 5 和附件 3 的结合缺少"抑制顽固性鳞状细胞肿瘤生长,该顽固性肿瘤在所述人中不能用抗肿瘤剂进行治疗或对所述治疗有抗性"这一权利要求 30 的关键部分,因此,权利要求 30 具备创造性。④附件 9 缺少"抑制顽固性结肠肿瘤生长,该顽固性肿瘤在所述人中不能用抗肿瘤剂进行治疗或对所述治疗有抗性"这一权利要求 31 的关键部分,因此,权利要求 31 具备创造性。⑤当独立权利要求具有新颖性和创造性时,从属于这些独立权利要求的从属权利要求 4~8、10~24 也具有新颖性和创造性。

2007 年 8 月 24 日,本案合议组向双方当事人发出《口头审理通知书》,定于 2007 年 10 月 17 日对本案进行口头审理。同时,合议组将专利权人于 2007 年 7 月 26 日提交的意见陈述书及其附件副本转送给请求人,并要求其在口头审理时一并答复。

2007 年 10 月 17 日口头审理如期进行。双方当事人均委托代理人参加了口头审理、双方当事人对对方出庭人员的身份均无异议。口头审理过程中认定的事实如下:(1) 请求人提交了盖有"国家图书馆科技查新中心"红章及骑缝章的附件 1~7、9 的复印件和国家图书馆科技查新中心出具的文献复制证明，以及盖有"中国医学科学院中国协和医科大学图书馆"红章的附件8的复印件。专利权人对附件1~9的真实性、公开性无异议，认可附件7~9译文的准确性。请求人声明附件1、2、6仅作参考，不作为证据使用。（2）专利权人当庭出示了反证1的原件，提交了用于证明"顽固性肿瘤"含义的公知常识性证据反证2（"英汉医学辞典"，陈维益等，上海科学技术出版社，1984年5月第1版，1992年8月第7次印刷，封面页，出版信息页及第1244、1245页，复印件共3页）并出示了其原件，合议组当庭将反证2转给了请求人，请求人对反证1、2的真实性、公开性无异议，对反证2作为公知常识性证据使用也无异议。（3）请求人明确其宣告专利权无效的理由为：①关于专利法第26条第3款："顽固性肿瘤"不清楚，说明书公开不充分，针对权利要求1~7、30、31；"抗肿瘤剂"不清楚，说明书公开不充分，针对权利要求1~3、30、31。②关于专利法实施细则第20条第1款：权利要求1~7、30、31中的"顽固性肿瘤"、"抗肿瘤剂"不清楚，放弃无效宣告请求书第8页倒数第2行提及的"引用这些权利要求的权利要求的保护范围不清楚"。③关于专利法第26条第4款：权利要求1~3、30、31：其中的"顽固性肿瘤"得不到说明书定义的支持；"EGFR的特异性抗体或其功能等价物"得不到说明书支持，实施例中仅用了C225，且用附件7证明其不支持；得不到实施例的支持，一是实施例中的"患者"没证明，二是实施例不能体现治疗效果。权利要求9进一步限定的技术特征得不到说明书支持，说明书未提供实验证据，且用附件9可证明。基于类似的理由，权利要求25~29进一步限定的技术特征也得不到说明书支持。④关于专利法第22条第2款，权利要求2相对于附件7不具备新颖性。⑤关于专利法第22条第3款：权利要求1相对于附件5与附件4的结合或者附件4中内容的结合不具备创造性；权利要求3相对于附件8与附件5的结合不具备创造性；权利要求30相对于附件5和附件3的结合不具备创造性；权利要求31相对于附件9不具备创造性；从属权利要求4~7的附加技术特征被附件5公开，权利要求4~7不具备创造性；从属权利要求8、10~24的附加技术特征是本领域公知技术或公知常识，这些权利要求也不具备创造性。庭审中，合议组对请求人提出的无效理由和事实进行了充分调查，并听取了各方当事人的陈述。

至此，合议组认为本案事实已经清楚，可以依法作出审查决定。

二、决定的理由

1. 关于无效宣告理由

请求人在口头审理中明确了其无效宣告理由（具体见上文案由口头审理部分第3点），专利权人对此无异议，合议组对此也予以认可并按照此范围进行审理。

2. 关于证据

（1）关于请求人提交的证据。

请求人在口头审理中明确表示附件1、2、6仅作为参考，而不作为证据使用，因此，合议组对附件1、2、6不再予以评述。

请求人当庭提交了盖有"国家图书馆科技查新中心"红章及骑缝章的附件3~5、7、9的复印件和国家图书馆科技查新中心出具的文献复制证明，以及盖有"中国医学科学院中国协和医科大学图书馆"红章的附件8的复印件，专利权人对附件3~5、7~9的真实性、附件7~9的中文译文无异议，合议组对附件3~5、7~9的真实性以及附件7~9的中文译文也予以认可。而且，附件3~5、7~9是公开发行的出版物，其公开日均早于本专利的优先权日，因此附件3~5、7~9均构成了本专利的现有技术。

（2）关于专利权人提交的反证。

专利权人当庭出示了反证1的原件，反证1的公开日早于本专利优先权日，请求人对反证1的真实性、公开性无异议，合议组对反证1的真实性、公开性也予以认可。

专利权人在口头审理当庭补充提交了用作公知常识性证据的反证2并出示了其原件,该反证包括《英汉医学辞典》的封面页、出版信息页和第1244~1245页,属于公知常识性证据的范畴,该反证提出的时机满足审查指南关于公知常识性证据举证时限的要求,该反证的公开日早于本专利优先权日,请求人对该反证的真实性、公开性无异议,合议组对反证2的真实性、公开性也予以认可。

3. 关于专利法第26条第3款

专利法第26条第3款规定,说明书应当对发明作出清楚、完整的说明,以所属技术领域的技术人员能够实现为准。

根据该款规定,如果说明书准确地表述了发明的技术内容,使得所属技术领域的技术人员能够清楚正确地理解该发明,则说明书的表述是清楚、准确的。

请求人认为说明书中的"顽固性肿瘤"和"抗肿瘤剂"为不清楚的表述,对此,合议组认为:(1)本申请说明书第3页第31行至第4页第21行对"顽固性肿瘤"进行了说明,其中除说明"顽固性肿瘤包括仅抗化学治疗剂治疗的肿瘤、仅抗放射治疗的肿瘤,或抗化学治疗剂和放射联合治疗的肿瘤,或化学治疗、放射治疗和化学与放射联合治疗失败的肿瘤,或虽然表现出能被化学治疗剂和/或放射治疗所抑制,但在中断治疗后,长达5年,有时10年或更长时间后复发的肿瘤"以外,还进一步说明"根据本发明,治疗顽固性肿瘤的类型是能被EGFR配体所刺激的任何顽固性肿瘤","肿瘤可能在正常水平上表达EGFR或在不同水平上过度表达EGFR,例如至少是正常水平的10100或1000倍"。根据说明书第3页第31行至第4页第21行对"顽固性肿瘤"给出的整体的、综合的定义,本领域技术人员可以界定"顽固性肿瘤",说明书中的"顽固性肿瘤"的含义是清楚的。(2)"抗肿瘤剂"是本领域技术人员公知的术语,专利权人提交的反证1《英汉辞海》中定义了"抗肿瘤药"是指拮抗肿瘤生长的药物,请求人在专利权无效宣告请求书中也承认"抗肿瘤剂"应为拮抗肿瘤生长的药物。请求人的异议在于"抗肿瘤剂"也应当包括EGFR的拮抗物本身,这会导致"用EGFR拮抗物治疗不能用抗肿瘤剂进行治疗或对所述治疗有抗性的肿瘤"不清楚,但是根据常规的逻辑和表述习惯,本领域技术人员不会将该抗肿瘤剂的范围理解为包含EGRF拮抗物。综上所述,"抗肿瘤剂"的含义也是清楚的。

合议组对于请求人提出的①"顽固性肿瘤"不清楚,导致说明书公开不充分,应无效权利要求1~7、30、31的主张以及②"抗肿瘤剂"不清楚,导致说明书公开不充分,应无效权利要求1~3、30、31的主张不予支持。

4. 关于专利法实施细则第20条第1款

专利法实施细则第20条第1款规定,权利要求书应当说明发明或者实用新型的技术特征,清楚、简要地表述请求保护的范围。

根据该款规定,一般情况下,权利要求中的用词应当理解为相关技术领域通常具有的含义,在特定情况下,如果说明书中指明了某词具有特定的含义,并且使用了该词的权利要求的保护范围由于说明书中对该词的说明而被限定得足够清楚,这种情况也是允许的。

请求人认为"顽固性肿瘤"和"抗肿瘤剂"的含义不清楚导致权利要求1~7、30、31的保护范围不清楚,合议组认为,"顽固性肿瘤"和"抗肿瘤剂"的含义是清楚的,具体理由参见上述第3点。因此,合议组对请求人提出的因权利要求1~7、30、31中的"顽固性肿瘤"、"抗肿瘤剂"不清楚,从而导致这些权利要求的保护范围不清楚,不符合专利法实施细则第20条第1款规定的主张不予支持。

5. 关于专利法第26条第4款

专利法第26条第4款规定,权利要求书应当以说明书为依据,说明要求专利保护的范围。

根据该款规定，在判断权利要求是否得到说明书的支持时，应当考虑说明书的全部内容，而不是仅限于具体实施方式部分的内容。

（1）请求人认为对于权利要求1~3、30、31，①其中的"顽固性肿瘤"得不到说明书定义的支持；②其中的"EGFR的特异性抗体或其功能等价物"得不到说明书支持，实施例中仅用了C225，且用附件7证明其不支持；③并且得不到实施例的支持，一是实施例中的"患者"没证明，二是实施例不能体现治疗效果。对此，合议组认为：①说明书中已经对"顽固性肿瘤"给出了清楚的定义，其能够得到说明书定义的支持，具体理由参见上述第3点；②本申请说明书第4页第23~26行指出"就本发明而言，EGFR/HER1拮抗物是任何一种物质，它能抑制EGFR/HER1配体对EGFR/HER1的刺激作用。抑制这种刺激作用就抑制了表达EGFR/HER1细胞的生长"，说明书第5页第13~15行指出"抗体的功能等同物具有可比于抗体的结合特性和抑制EGFR表达细胞的生长"，由此可知，本发明的EGFR的特异性抗体或其功能等价物是通过抑制EGFR配体对EGFR的刺激作用从而抑制表达EGFR的细胞生长这一机理在起作用，在说明书中已经用作用机理对"EGFR的特异性抗体或其功能等价物"进行了定义的情况下，本领域技术人员会认为符合这种机理定义的"EGFR的特异性抗体或其功能等价物"都能够起到抑制顽固性肿瘤生长的作用。说明书中虽然只采用C225进行了实验，但是在判断权利要求是否得到说明书的支持时，应当考虑说明书的全部内容，而不是仅限于具体实施方式部分的内容。请求人还认为附件7译文第3页中的MAb455是一个反例，其能够证明并不是所有的EGFR拮抗物都对肿瘤的生长有抑制效果，但是根据附件7译文第3页第3段的记载"当细胞受到MAb455作用时其抗增殖活性作用的缺乏提供了一种重要的控制，这是由于这种也同EGFR结合的抗体未抑制配体结合，没有阻断受体酪氨酸激酶的活化，故Mabs对EGFR的特异性不足以抑制生长"可知，MAb455不能抑制配体结合，不符合本申请说明书中对于本发明"EGFR的特异性抗体或其功能等价物"的定义，不能证明"EGFR的特异性抗体或其功能等价物"无法得到说明书的支持。③在说明书实施例1、2已经指明了实验对象/患者为"患有顽固性头颈部鳞状细胞癌的病人"和"患有顽固性结肠癌的病人"的情况下，请求人无需在说明书中证明这些患者确实是患有这些顽固性疾病的患者。实施例1中在给药后评价了肿瘤EGFR饱和作用及功能，随后用CR（完全反应）、PR（部分反应）和MR（最小反应）表示了实验结果，实施例2用"病人表现完全反应"表示了实验结果。说明书中在定义EGFR拮抗物时已指出EGFR抑制EGFR配体对EGFR的刺激作用，抑制这种刺激作用就抑制了表达EGFR细胞的生长，也就是抑制了顽固性肿瘤的生长，因此实施例1、2的评价指标和实验结果能够体现本发明EGFR拮抗物可抑制顽固性肿瘤的效果。综上所述，合议组对请求人提出的权利要求1~3、30、31不符合专利法第26条第4款规定的无效理由不予支持。

（2）请求人认为权利要求9进一步限定的技术特征得不到说明书支持，说明书中没有提供支持该给药方式的实施例和效果的证据，并且附件9提供了反面证据。对此，合议组认为，从属权利要求9的附加技术特征为EGFR拮抗物在化学治疗剂给药之前给药，说明书第14页第18~25行记载了"EGFR/HER1拮抗物可在开始化学治疗剂或放射治疗之前或期间或之后给药，也可以是其任意组合"，虽然说明书中没有提供这种给药方式的具体实施例，但是根据说明书中对EGFR拮抗物治疗顽固性肿瘤作用机理的说明可知，它抑制肿瘤细胞中EGFR配体对EGFR的刺激作用，它与化学治疗剂的作用机理不一致，二者使用顺序应当不会影响对肿瘤的抑制作用。附件9译文第4页第2段虽然记载了先使用MAb C225后使用拓扑替康降低了所有剂量的拓扑替康试验的生长抑制作用，但是其中并未记载这种使用顺序导致无法对肿瘤产生抑制作用，附件9并不能证明权利要求9不符合专利法第26条第4款的规定。因此，合议组对请求人提出的权利要求9不符合专利法第26条第4款规定的无效理由不予支持。

(3) 请求人认为基于与权利要求9类似的理由，权利要求25～29进一步限定的技术特征也得不到说明书的支持。对此，合议组认为，从属权利要求25的附加技术特征为化学治疗剂以每周约69到约125mg/m²的剂量给药，说明书实施例2中就使用了该剂量；从属权利要求26～28的附加技术特征分别为，放射源对病人是内部的、是外部的、放射量是约2到约80Gy，实施例1中采用了放射治疗，说明书第13页倒数第2段至第14页第1段中也已记载了近程放射治疗（内部）和放射线放射治疗（外部）以及典型剂量是2-80Gy，这些选择也是本领域技术人员的常规选择；从属权利要求29的附加技术特征为用途还包括给药佐剂，这在说明书第11页第2段中也已有所记载，并且也是本领域技术人员的常规选择。在缺乏相反证据证明的情况下，合议组对于请求人提出的权利要求25～29不符合专利法第26条第4款规定的无效理由不予支持。

6. 关于专利法第22条第2款

专利法第22条第2款规定，新颖性，是指在申请日以前没有同样的发明或者实用新型在国内外出版物上公开发表过、在国内公开使用过或者以其他方式为公众所知，也没有同样的发明或者实用新型由他人向国务院专利行政部门提出过申请并且记载在申请日以后公布的专利申请文件中。

根据该款规定，如果权利要求所限定的技术方案与对比文件公开的技术方案相比实质上不同，则该权利要求具备专利法第22条第2款规定的新颖性。

权利要求2要求保护有效量的EGFR拮抗物和化学治疗剂的组合在制备施用于人以抑制顽固性肿瘤生长的药物中的用途，该顽固性肿瘤在所述人中不能用抗肿瘤剂进行治疗或对所述治疗有抗性，其中拮抗物是EGFR的特异性抗体或其功能等价物。附件7中公开的与权利要求2最接近的技术方案为"我们接着研究联合治疗对相当发展的乳腺癌细胞MDA-468的异种移植体的效果。当肿瘤平均大小达到大于0.2cm³时，将试验小鼠按照可比较的肿瘤大小进行分组并开始治疗。在未治疗的动物中，肿瘤如预期快速增殖。单独将阿霉素以最大耐受剂量100μg/20g体重，连续两天使用，没有明显的抗肿瘤活性。阿霉素和Mab528联合治疗组，其抗肿瘤活性作用最显著，这些结果证实在A431细胞异体移植中联合治疗导致肿瘤根除"（见附件7译文第6页倒数第2段）。权利要求2的技术方案与附件7公开的技术方案相比，区别在于权利要求2中的给药对象为人，其肿瘤为人内生肿瘤，而附件7公开的技术方案中的给药对象为小鼠，其肿瘤是异种移植肿瘤。由于专利权人在本专利说明书第4页第10～11行中已经记载了"本发明可以治疗的难治肿瘤是内生肿瘤，对病人来说是固有的，这些肿瘤比外部的、异体移植在动物中的人类肿瘤更加难治"以表明内生肿瘤和异体移植肿瘤不同，而请求人未提供足够的证据和理由来证实和说明二者等同从而证明权利要求2所要求保护的技术方案与附件7公开的技术方案实质上相同的情况下，合议组对请求人提出的权利要求2相对于附件7不具备专利法第22条第2款规定的新颖性的主张不予支持。

7. 关于专利法第22条第3款

专利法第22条第3款规定，创造性，是指同申请日以前已有的技术相比，该发明有突出的实质性特点和显著的进步。

根据该款规定，如果现有技术整体上存在某种启示，即现有技术给出了将区别特征应用于最接近的现有技术以解决发明实际解决的技术问题的启示，这种启示会使本领域技术人员在面对所述技术问题时，有动机改进该最接近的现有技术并获得要求保护的发明，则该发明是显而易见的。

(1) 权利要求1要求保护有效量的表皮生长因子（EGFR）拮抗物在制备施用于人以抑制顽固性肿瘤生长的药物中的用途，该顽固性肿瘤在所述人中不能用抗肿瘤剂进行治疗或对所述治疗有抗性，其中拮抗剂是EGFR的特异性抗体或其功能等价物。附件4公开了多种肿瘤细胞可过度表达EGF-R，EGF-R与其配体结合后促进肿瘤的发生、发展（见附件4第76页左栏第1、2段），还公开了EGF-R

单抗通过阻断受体与配体的结合,抑制肿瘤细胞生长,体内外研究均证实了EGF-R单抗的确具有显著的抑瘤作用,临床Ⅰ期试用也证明其对于晚期肿瘤患者有一定的疗效(见附件4第78页左栏最后一段)。根据本申请说明书第4页中的定义,顽固性肿瘤能被EGFR配体所刺激的肿瘤,其在正常水平上表达EGFR或在不同水平上过度表达EGFR,因此权利要求1中的顽固性肿瘤与附件4中公开的肿瘤实质上相同。本专利权利要求1与附件4公开的技术方案的区别仅在于,本专利权利要求1的表皮生长因子拮抗物是施用于人的,而附件4中公开的是体外试验、动物体内试验以及关注安全性和动力学的临床Ⅰ期试验。即本发明实际解决的技术问题是通过进一步的试验来确证该EGFR拮抗物能够用于制备人用药物。然而,在附件4已经给出了EGF-R单抗抑制肿瘤生长的机理,也给出了体外试验、动物体内试验和临床Ⅰ期试验的情况下,本领域技术人员完全能够从附件4中得到启示,有动机进一步地对该EGFR-拮抗物进行Ⅱ、Ⅲ期临床等试验研究以确证其对于人肿瘤的功效,从而显而易见的获得权利要求1所要求保护的技术方案。虽然进行试验来确定这一结论虽然需要花费一定的劳动,但是用于验证的试验手段以及对试验结果的分析都是本领域的常规技术,这种劳动并不是创造性的劳动,而且本领域技术人员沿着该技术启示的方向进行实验也获得了预期的结果。虽然专利权人认为附件4第77页右栏最后一段记载的"EGF-R单抗抑制细胞增殖可能降低化疗药物的敏感性"给出了相反的启示,但是其中并未记载采用EGF-R单抗不能抑制肿瘤,综合考虑附件4其仍然是给出了可用EGF-R抑制人肿瘤的正向启示。因此,权利要求1相对于附件4不具备突出的实质性特点和显著的进步,不具备专利法第22条第3款规定的创造性。

(2)权利要求3要求保护有效量的EGFR拮抗物和放射的组合在制备施用于人以抑制顽固性肿瘤生长的药物中的用途,该顽固性肿瘤在所述人中不能用抗肿瘤剂进行治疗或对所述治疗有抗性,其中拮抗物是EGFR的特异性抗体或其功能等价物。附件5公开了头颈部鳞癌具有高表达EGFR的特点,Guan观察了EGFR单克隆抗体的抑癌作用,发现抗体能明显抑制裸鼠的移植性肿瘤(见附件5第259页左栏倒数第1段)。附件8公开了抗EGFR单克隆抗体(C225)可提高人头颈部鳞状细胞癌的体外放射敏感性,在接受联合治疗的小鼠中,用证明完全消除已建立的肿瘤的初步试验来测试在人头颈部鳞状细胞癌异种移植的无胸腺鼠中C225增强体内放射效应的能力,C225联合放射对人头颈部鳞状细胞癌患者的潜在好处,将计划在1999年进入第Ⅲ期临床试验评估(见附件8译文第1页)。根据本申请说明书第4页中的定义,顽固性肿瘤是能被EGFR配体所刺激的肿瘤,其在正常水平上表达EGFR或在不同水平上过度表达EGFR,因此权利要求3中的顽固性肿瘤与附件5中公开的肿瘤实质上相同。附件8本身就给出了与附件5相结合的启示。将本专利权利要求3与附件5和8相结合的技术方案的区别仅在于,本专利权利要求3中的EGFR拮抗物和放射的组合是施用于人的,而附件5和8中公开的动物体内试验。即本发明实际解决的技术问题是通过进一步的试验来确证该EGFR拮抗物和放射的组合能够用于制备人用药物。然而,在附件8已经给出了基于C225联合放射对人头颈部鳞状细胞癌患者的潜在好处,将计划在1999年进入第Ⅲ期临床试验评估的情况下,本领域技术人员完全能够从附件8中得到启示,有动机进一步地进行临床试验研究以确证它们的组合对于人肿瘤的功效,从而显而易见的获得权利要求3所要求保护的技术方案。虽然进行试验来确定这一结论虽然需要花费一定的劳动,但是用于验证的试验手段以及对试验结果的分析都是本领域的常规技术,这种劳动并不是创造性的劳动,而且本领域技术人员沿着该技术启示的方向进行实验也获得了预期的结果。因此,权利要求3相对于附件5和8的结合不具备突出的实质性特点和显著的进步,不具备专利法第22条第3款规定的创造性。

(3)从属权利要求4~7进一步限定了顽固性肿瘤过量表达EGFR和顽固性肿瘤的类型,附件5公开了头颈部鳞癌具有高表达EGFR的特点(见附件5第259页倒数第1段),由此可见,权利要求

4~7的这些附加技术特征已经在附件5中公开。结合上述第（1）、（2）点的评述可知，当直接或间接引用权利要求1或权利要求3时，从属权利要求4~7相对于附件4与5的结合或者相对于附件5与8的结合都不具备突出的实质性特点和显著的进步，不具备专利法第22条第3款规定的创造性。

从属权利要求8、10~24进一步限定了EGFR拮抗物的给药方式和剂量、EGFR拮抗物的作用机理、特体的特征、采用的具体化学治疗剂等，然而这些附加技术特征对于本领域技术人员而言都是常规的、是显而易见的。因此，结合上述第（1）、（2）点的评述可知，当直接或间接引用权利要求1或权利要求3时，从属权利要求8、10~24相对于附件4或者相对于附件5与8的结合也都不具备突出的实质性特点和显著的进步，不具备专利法第22条第3款规定的创造性（不包括权利要求10~24中直接或间接引用权利要求9的技术方案）。

关于直接或间接引用权利要求2的权利要求4~8，以及直接或间接引用权利要求2、9的权利要求10~24是否具有创造性问题，合议组认为，由于请求人宣告这些权利要求无效的基础在于它们所引用的权利要求不具有新颖性或创造性，但是如上所述，权利要求2具有新颖性，而且请求人未请求合议组对权利要求2的创造性和权利要求9的新颖性、创造性做出认定，因此，合议组对于直接或间接引用权利要求2的权利要求4~8，以及直接或间接引用权利要求2、9的权利要求10~24是否具有创造性不再予以认定。

（4）权利要求30要求保护有效量的EGFR特异性嵌合抗体和顺式铂氨在制备施用于人以抑制头颈部顽固性鳞状细胞肿瘤生长的药物中的用途，该顽固性肿瘤在所述人中不能用抗肿瘤剂进行治疗或对所述治疗有抗性，其中拮抗物是EGFR的特异性抗体或其功能等价物。附件5公开了头颈部鳞癌具有高表达EGFR的特点，Guan观察了EGFR单克隆抗体的抑癌作用，发现抗体能明显抑制裸鼠的移植性肿瘤（见附件5第259页左栏倒数第1段）。附件3公开了随着肿瘤分子生物学的发展，EGFR作为肿瘤导向治疗的潜在靶点已得到肯定，并已证实EGFR单抗通过阻断EGFR介导的细胞信号传递，对某些高度表达EGFR的癌细胞具有显著的体内外生长抑制作用，此外，EGFR单抗与化疗药物阿霉素或顺铂联合使用也具有抗癌协同作用（见附件3第638页中栏）。根据本申请说明书第4页中的定义，顽固性肿瘤是能被EGFR配体所刺激的肿瘤，其在正常水平上表达EGFR或在不同水平上过度表达EGFR，因此权利要求30中的头颈部顽固性鳞状细胞肿瘤与附件5中公开的头颈部鳞癌实质上相同。将本专利权利要求30与附件5和3相结合的技术方案的区别仅在于，本专利权利要求30中的EGFR特异性嵌合抗体和顺铂的组合是施用于人的，而附件5和3中公开的是动物试验或体外试验，以及附件3中未直接公开用顺铂治疗头颈部鳞状细胞癌。然而，本领域技术人员公知顺铂是临床常用的治疗头颈部鳞状细胞癌的化疗药物。此外，在附件3已经给出了二者联用有协同抗癌作用的情况下，本领域技术人员完全能够从附件3中得到启示，有动机进一步地进行临床试验研究以确证它们的组合对于人头颈部鳞状细胞肿瘤的功效，从而显而易见的获得权利要求30所要求保护的技术方案。虽然进行试验来确定这一结论虽然需要花费一定的劳动，但是用于验证的试验手段以及对试验结果的分析都是本领域的常规技术，这种劳动并不是创造性的劳动，而且本领域技术人员沿着该技术启示的方向进行实验也获得了预期的结果。因此，权利要求30相对于附件5和3的结合不具备突出的实质性特点和显著的进步，不具备专利法第22条第3款规定的创造性。

（5）权利要求31要求保护有效量的EGFR特异性嵌合抗体和伊立替康（CPT-11）在制备施用于人以抑制顽固性结肠肿瘤生长的药物中的用途，该顽固性肿瘤在所述人中不能用抗肿瘤剂进行治疗或对所述治疗有抗性，其中拮抗物是EGFR的特异性抗体或其功能等价物。附件9公开了阻断EGFR活性已被建议作为抗肿瘤治疗的靶，单克隆抗体（MAb）C225是一种抗EGFR人源化嵌合鼠MAb，目前已进入癌症患者的第Ⅱ期临床试验，将带有已建立人结肠癌异种移植鼠用拓扑替康和MAb C225联合治疗后，可观察到几乎全部的肿瘤消退，该结果为临床试验中联合拓扑异构酶Ⅰ抑制剂和抗EGFR阻断剂MAbs的抗肿瘤活性的评估提供了一种基本原理。根据本申请说明书第4页中的定义，顽固性肿瘤是能被EGFR配体所刺激的肿瘤，其在正常水平上表达EGFR或在不同水平上过度表达EGFR，因此权利要求31中的顽固性结肠肿瘤与附件9中公开的结肠癌实质上相同。将本专利权利要求31与附件9的技术方案的区别仅在于，权利要求31中的是伊立替康，附件9中的是拓扑替康，以及权利要求31中的EGFR特异性嵌合抗体和伊立替康的组合是施用于人的，而附件9中公开的是异种移植动物试验。然而，本领域技术人员公知伊立替康属于附件9中指出的拓扑异构酶Ⅰ抑制剂，其与拓扑替康的化学结构和药理性质均相似，本领域技术人员很容易想到用伊立替康代替拓扑替康。此外，在附件9已经给出了该结果为临床试验中联合拓扑异构酶Ⅰ抑制剂和抗EGFR阻断剂MAbs的抗肿瘤活性的评估提供了一种基本原理的情况下，本领域技术人员完全能够从附件9中得到启示，有动机进一步地进行临床试验研究以确证它们的组合对于人结肠肿瘤的功效，从而显而易见的获得权利要求31所要求保护的技术方案。虽然进行试验来确定这一结论虽然需要花费一定的劳动，但是用于验证的试验手段以及对试验结果的分析都是本领域的常规技术，这种劳动并不是创造性的劳动，而且本领域技术人员沿着该技术启示的方向进行实验也获得了预期的结果。因此，权利要求31相对于附件9不具备突出的实质性特点和显著的进步，不具备专利法第22条第3款规定的创造性。

专利权人提交的反证1仅为证明"抗肿瘤剂"的定义，反证2仅为证明"顽固性肿瘤"的定义。反证1、2均不能证明本专利权利要求所要求保护的技术方案具备创造性。

基于以上事实和理由，本案合议组作出如下审查决定。

三、决定

在2005年5月11日授权公告的权利要求2、9、25~29，权利要求4~8中直接或间接引用权利要求2的技术方案，以及权利要求10~24中直接或间接引用权利要求2或9的技术方案的基础上维持00810321.6号发明专利权有效；宣告该专利授权公告文本中的权利要求1、3、30、31，以及权利要求4~8、10~24中的其他技术方案无效。

当事人对本决定不服的，可以根据专利法第46条第2款的规定，自收到本决定之日起三个月内向北京市第一中级人民法院起诉。根据该款的规定，一方当事人起诉后，另一方当事人应当作为第三人参加诉讼。

北京市第一中级人民法院
行政判决书

(2008) 一中行初字第1355号

原告伊姆克罗尼系统公司（IMCLONE SYSTEMS INCORPORATED），住所地美利坚合众国纽约州纽约市瓦里克（VARICK）街180号6层。

法定代表人格雷戈里·梅耶斯（GREGORY MAYES），副主席。

委托代理人吴玉和，中国专利代理（香港）有限公司专利代理人。

委托代理人李波，中国专利代理（香港）有限公司专利代理人。

被告中华人民共和国国家知识产权局专利复审委员会，住所地中华人民共和国北京市海淀区北四环西路9号银谷大厦10~12层。

法定代表人廖涛，副主任。

委托代理人郭婷，中华人民共和国国家知识产权局专利复审委员会审查员。

委托代理人刘妍，中华人民共和国国家知识产权局专利复审委员会审查员。

第三人陈春会，女，1983年8月27日出生，汉族，中华人民共和国四川恒星生物医药有限公司技术员，住中华人民共和国四川省成都市高新区创业路18号附5号。

委托代理人黄韧敏，北京律诚同业知识产权代理有限公司专利代理人。

委托代理人李高峡，北京律诚同业知识产权代理有限公司专利代理人。

原告伊姆克罗尼系统公司（简称伊姆克罗尼公司）不服被告中华人民共和国国家知识产权局专利复审委员会（简称专利复审委员会）于2008年3月21日作出的第11230号无效宣告请求审查决定（简称第11230号决定），于法定期限内向本院提起行政诉讼。本院于2008年9月8日受理后，依法组成合议庭，并通知陈春会作为本案第三人参加诉讼，于2008年11月17日公开开庭进行了审理。原告伊姆克罗尼公司的委托代理人吴玉和、李波，被告专利复审委员会的委托代理人郭婷、刘妍，第三人陈春会的委托代理人黄韧敏、李高峡到庭参加了诉讼。本案现已审理终结。

第11230号决定系专利复审委员会针对陈春会就伊姆克罗尼公司拥有的00810321.6号发明专利权（下称本专利）所提出的无效宣告请求而作出的。专利复审委员会在该决定中认定：1. 对陈春会提出的"顽固性肿瘤"、"抗肿瘤剂"不清楚，导致说明书公开不充分、权利要求1~7、30、31应予无效及上述权利要求不符合《中华人民共和国专利法实施细则》（简称《专利法实施细则》）第二十条第一款规定的主张不予支持。对陈春会提出的权利要求1~3、9、25~29、30、31不符合《中华人民共和国专利法》（简称《专利法》）第二十六条第四款规定的无效理由不予支持。对陈春会提出的权利要求2相对于附件7不具备新颖性的主张不予支持。2. 关于创造性：（1）权利要求1：附件4公开了多种肿瘤细胞可过度表达EGFR，EGFR与其配体结合后促进肿瘤的发生、发展，还公开了EGFR单抗通过阻断受体与配体的结合，抑制肿瘤细胞生长，体内外研究均证实了EGFR单抗的确具有显著的抑瘤作用，临床I期试用也证明其对于晚期肿瘤患者有一定的疗效。根据本专利说明书第4页中的定义，顽固性肿瘤能被EGFR配体所刺激的肿瘤，其在正常水平上表达EGFR或在不同水平上过度表达EGFR，因此权利要求1中的顽固性肿瘤与附件4中公开的肿瘤实质上相同。本专利权利要求1与附件4公开的技术方案的区别仅在于，本专利权利要求1的表皮生长因子拮抗物是施用于人的，而附件4中公开的是体外试验、动物体内试验以及关注安全性和动力学的临床I期试验。即本发明实际解决的技术问题是通过进一步的试验来确证该EGFR拮抗物能够用于制备人用药物。然而，在附件4已经给出了EGFR单抗抑制肿瘤生长的机理，也给出了体外试验、动物体内试验和临床I期试验的情况下，本领域技术人员完全能够从附件4中得到启示，有动机进一步地对该EGFR-拮抗物进行Ⅱ、Ⅲ期临床等试验研究以确证其对于人肿瘤的功效，从而显而易见地获得权利要求1所要求保护的技术方案。进行试验花费的劳动并不是创造性的劳动，而且获得了预期的结果。虽然伊姆克罗尼公司认为附件4第77页右栏最后一段记载的"EGFR单抗抑制细胞增殖可能降低化疗药物的敏感性"给出了相反的启示，但是其中并未记载采用EGFR单抗不能抑制肿瘤，综合考虑附件4其仍然是给出了可用EGFR抑制人肿瘤的正向启示。因此，权利要求1相对于附件4不具备创造性。(2) 权利要求3：附件5公开了头颈部鳞癌具有高表达EGFR的特点，Guan观察了EGFR单克隆抗体的抑癌作用，发现抗体能明显抑制裸鼠的移植性肿瘤。附件8公开了抗EGFR单克隆抗体（C225）可提高人头颈部鳞状细胞癌的体外放射敏感性，在接受联合治疗的小鼠中，用证明完全消除已建立的肿瘤的初步试验来测试在人头颈部鳞状细胞癌异种移植的无胸腺鼠中C225增强体内放射效应的能力，C225联合放射对人头颈部鳞状细胞癌患者的潜在好处，将计划在1999年进入第Ⅲ期临床试验评估。同样根据本专利说明书第4页中的定义可知，权利要求3中的顽固性肿瘤与附件5中公开的肿瘤实质上相同。附件8本身就给出了与附件5相结合的启示。将本专利权利要求3与附件5和8相结合的技术方案的区别仅在于，本专利权利要求3中的EGFR拮抗物和放射的组合是施用于人的，而附件5和8中公开的动物体内试验。即本发明实际解决的技术问题是通过进一步的试验来确证该EGFR拮抗物和放射的组合能够用于制备人用药物。然而，在附件8已经给出了基于C225联合放射对人头颈部鳞状细胞癌患者的潜在好处，将计划在1999年进入第Ⅲ期临床试验评估的情况下，本领域技术人员完全能够从附件8中得到启示，有动机进一步地进行临床试验研究以确证它们的组合对于人肿瘤的功效，从而显而易见地获得权利要求3所要求保护的技术方案。进行试验花费的劳动并不是创造性的劳动，而且获得了预期的结果。因此，权利要求3相对于附件5和8的结合不具备创造性。(3) 从属权利要求4~7的附加技术特征在附件5中公开，从属权利要求8、10~24的附加技术特征对于本领域技术人员而言都是常规的、是显而易见的，当直接或间接引用权利要求1或权利要求3时，从属权利要求4~7、8、10~24都不具备创造性（不包括权利要求10~24中直接或间接引用权利要求9的技术方案）。(4) 权利要求30：附件5公开了头颈部鳞癌具有高表达EGFR的特点，Guan观察了EGFR单克隆抗体的抑癌作用，发现抗体能明显抑制裸鼠的移植性肿瘤。附件3公开了随着肿瘤分子生物学的发展，EGFR作为肿瘤导向治疗的潜在靶点已得到肯定，并已证实EGFR单抗通过阻断EGFR介导的细胞信号传递，对某些高度表达EGFR的癌细胞具有显著的体内外生长抑制作用，此外，EGFR单抗与化疗药物阿霉素或顺铂联合使用也具有抗癌协同作用。同样根据本申请说明书第4页中的定义可知，权利要求30中的头颈部顽固性鳞状细胞肿瘤与附件5中公开的头颈部鳞癌实质上相同。将本专利权利要求30与附件5和3相结合的技术方案的区别仅在于，本专利权利要求30中的EGFR特异性嵌合抗体和顺铂的组合是施用于人的，而附件5和3中公开的是动物试验或体外试验，以及附件3中未直接公开用顺铂治疗头颈部鳞状细胞癌。然而，本领域技术人员公知顺铂是临床常用的治疗头颈部鳞状细胞癌的化疗药物。此外，在附件3已经给出了二者联用有协同抗癌作用的情况下，本领域技术人员完全能够从附件3中得到启示，有动机进一步地进行临床试验研究以确证它们的组合对于人头颈部鳞状细胞肿瘤的功效，从而显而易见地获得权利要求30所要求保护的技术方案。进行试验花费的劳动并不是创造性的劳动，而且获得了预期的结果。因此，权利要求30相对于附件5和3的结合不具备创造性。(5) 权利要求31：附件9公开了阻断EGFR活性已被建议作为抗肿瘤治疗的靶，单克隆抗体（MAb）C225是一种抗EGFR人源化嵌合鼠MAb，目前已进入癌症患者的第Ⅱ期临床试验，将带有已建立人结肠癌异种移植鼠用拓扑替康和MAb C225联合治疗后，可观察到几乎全部的肿瘤消退，该结果为临床试验中联合拓扑异构酶I抑制剂和抗EGFR阻断剂MAbs的抗肿瘤活性的评估提供了一种基本原理。根据本申请说明书第4页中的定义可知，权利要求31中的顽固性结肠肿瘤与附件9中公开的结肠癌实质上相同。将本专利权利要求31与附件9的技术方案的区别仅在于，权利要求31中的是伊立替康，附件9中的是拓扑替康，以及权利要求31中的EGFR特异性嵌合抗体和伊立替康的组合是施用于人的，而附件9中公开的是异种移植动物试验。然而，本领域技术人员公知伊立替康属于附件9中指出的拓扑异构酶I抑制剂，其与拓扑替康的化学结构和药理性质均相似，本领域技术人员很容易想到用伊立替康代替拓扑替康。此外，在附件9已经给出了该结果为临床试验中联合拓扑异构酶I抑制剂和抗EGFR阻断剂MAbs的抗肿瘤活性的评估提供了一种基本原理的情况下，本领域技术人员完全能够从附件9中得到启示，有动机进一步地进行临床试验研究以确证它们的组合对于人结肠肿瘤的功效，从而显而易见地获得权利要求31所要求保护的技术方案。进行试验花费的劳动并不是创造性的劳动，而且获得了预期的结果。因此，权利要求31相对于附件9不具备创造性。据此，专利复审委员会作出第11230号决定，在2005年5月11日授权公告的权利要求2、9、25~29，权利要求4~8中直接或间接引用权利要求2的技术方案，以及权利要求10~24中直接或间接引用权利要求2或9的技术方案的基础上维持本专利权有效；宣告本专利授权公告文本中的权利要求1、3、30、31，以及权利要求4~8、10~24中的其他技术方案无效。

原告伊姆克罗尼公司不服该决定，向本院提起行政诉讼，其诉称：1. 本专利的"顽固性肿瘤"与附件所公开的肿瘤不同。本专利的"顽固性肿瘤"不能用抗肿瘤剂进行治疗或对所述治疗有抗性，第11230号决定认为术语"顽固性肿瘤"在本专利说明书中有完整清楚的定义，但却没有应用被其认定为清楚确定的"顽固性肿瘤"的定义对本专利的肿瘤与作为现有技术的附件进行区别，只强调了现有技术中关于肿瘤过度表达EGFR的教导，而本发明的顽固性肿瘤可以（但并不一定）过度表达EGFR，没能意识到之前治疗的失败也是对每一个权利要求的明确限定。其使用的附件4、5、9的肿瘤为异种移植物，不是人类患者的内源肿瘤，且没有指出其肿瘤是否经过预治疗，没有表明细胞实际上形成了肿瘤，在多个方面都不符合本专利说明书中所提供的顽固性肿瘤的定义，附件3公开的协同结果是在体外得到的，且附件3使用的细胞系都不是头颈鳞状顽固性肿瘤细胞，也没有提到细胞系实际上形成了"肿瘤"。因此，权利要求1与附件4的区别、权利要求3与附件5和8结合的区别、权利要求30与附件5和3结合的区别、权利要求31与附件9的区别比第11230号决定认定的区别大得多，本专利权利要求1、3、30、31具备创造性，其相应的从属权利要求也具备创造性。2. 附件4中"还应该考虑，用EGF-R单克隆抗体抑制细胞增殖会降低化疗药物的敏感度"对联合治疗给出相反教导。3. 在评述权利要求3的创造性时，被告系将权利要求3与附件5和8结合的方案比较，其并没有指出最接近的对比文件，没有用《审查指南》所规定的"三步法"来分析评判。4. 附件5中"有些学者认为EGFR的表达水平与肿瘤的临床分期和患者预后间没有明确的联系"，可见附件5给出的是不明确的结论，没有启示。5. 对于权利要求31，虽然伊立替康与拓扑替康结构和药理性质相似，但联合治疗中的药物并不能轻易替换。美国药监局批准的爱必妥药品使用说明书证明本专利权利要求31中所阐述的发明取得了出人意料的结果，Venook的期刊文章表明作出本发明时的现有技术状态，即存在渴望已久的需求，希望能够治疗顽固性肿瘤的二线疗法，本发明满足了这一需求，因此也证明本专利具有创造性。综上，原告认为第11230号决定认定事实不清、证据不足、法律适用错误，请求人民法院依法予以撤销，并责令被告重新作出审查决定。

被告专利复审委员会坚持第11230号决定对本专利创造性的认定，认为诉讼期间原告新提交的证据法院不应考虑，第11230号决定认定事实清楚，适用法律法规正确，审理程序合法，请求人民法院维持该决定。

第三人陈春会述称：本专利说明书关于"顽固性肿瘤"的定义无法与现有技术中相关概念划分界限，现有技术包含了"顽固性肿瘤"的内容，对本专利技术方案整体上存在启示，本领域技术人员在这种启示基础上不需要花费创造性劳动即可获得本专利的技术方案，故请求人民法院维持第11230号决定。

经审理查明：

本案涉及中华人民共和国国家知识产权局于2005年5月11日公告授予的、名称为"用表皮生长因子拮抗物治疗顽固性的人肿瘤"的第00810321.6号发明专利权（即本专利），其最早优先权日为1999年5月14日，申请日为2000年5月1日，专利权人为伊姆克罗尼公司。其授权公告的权利要求如下：

"1. 有效量的表皮生长因子（EGFR）拮抗物在制备施用于人以抑制顽固性肿瘤生长的药物中的用途，该顽固性肿瘤在所述人中不能用抗肿瘤剂进行治疗或对所述治疗有抗性，其中拮抗物是EGFR的特异性抗体或其功能等价物。

2. 有效量的EGFR拮抗物和化学治疗剂的组合在制备施用于人以抑制顽固性肿瘤生长的药物中的用途，该顽固性肿瘤在所述人中不能用抗肿瘤剂进行治疗或对所述治疗有抗性，其中拮抗物是EGFR的特异性抗体或其功能等价物。

3. 有效量的EGFR拮抗物和放射的组合在制备施用于人以抑制顽固性肿瘤生长的药物中的用途，该顽固性肿瘤在所述人中不能用抗肿瘤剂进行治疗或对所述治疗有抗性，其中拮抗物是EGFR的特异性抗体或其功能等价物。

4. 权利要求1~3任一项的用途，其中顽固性肿瘤过量表达EGFR。

5. 权利要求1~4任一项的用途，其中顽固性肿瘤是乳房、心脏、肺、小肠、结肠、脾、肾、膀胱、头颈部、卵巢、前列腺、脑、胰、皮肤、骨、骨髓、血、胸腺、子宫、睾丸、宫颈或肝的顽固性肿瘤。

6. 权利要求1~5任一项的用途，其中顽固性肿瘤是结肠或头颈部顽固性肿瘤。

7. 权利要求1~5任一项的用途，其中顽固性肿瘤是顽固性鳞状细胞肿瘤。

8. 权利要求1~7任一项的用途，其中EGFR拮抗物是静脉内给药。

9. 权利要求2~8任一项的用途，其中EGFR拮抗物在化学治疗剂给药之前给药。

10. 权利要求1~9任一项的用途，其中EGFR拮抗物以每周约10到约500mg/m2的剂量给药。

11. 权利要求1~10任一项的用途，其中EGFR拮抗物抑制EGFR配体对其的刺激。

12. 权利要求11的用途，其中EGFR拮抗物抑制EGFR对其配体的结合。

13. 权利要求11或12的用途，其中EGFR拮抗物与EGFR外部结合。

14. 权利要求11~13任一项的用途，其中EGFR拮抗物抑制EGFR磷酸化。

15. 权利要求11~14任一项的用途，其中EGFR拮抗物抑制EGFR酪氨酸激酶活性。

16. 权利要求1~15任一项的用途，其中抗体包括人抗体的恒定区。

17. 权利要求16的用途，其中抗体是包括鼠抗体可变区的嵌合抗体。

18. 权利要求16的用途，其中抗体是包括具有鼠抗体互补决定区（CDR）和人抗体框架区的可变区的人源化抗体。

19. 权利要求16的用途，其中抗体是包括人抗体可变区的人抗体。

20. 权利要求1~19任一项的用途，其中抗体以足以饱和EGFR的剂量给药。

21. 权利要求2或4~20任一项的用途，其中用途还包括给予放射。

22. 权利要求3~20任一项的用途，其中用途还包括给予化学治疗剂。

23. 权利要求2或22任一项的用途，其中用途化学治疗剂包括氨磷汀、顺式铂氨、达卡巴嗪、放线菌素D、氮芥、链佐星、环磷酰胺、卡莫司丁、洛莫司丁、多柔比星、多柔比星脂、吉西他滨、柔红霉素、丙卡巴肼、丝裂霉素、阿糖孢苷、依托泊苷、甲氨蝶呤、5-氟尿嘧啶、长春花碱、长春新碱、博来霉素、紫杉醇、多西塔可塞尔、阿地白介素、天冬酰胺酶、白消安、卡铂、克拉屈滨、喜树碱、CPT-11、10-羟基-7-乙基-喜树碱（SN38）、达卡巴嗪、氟尿苷、氟达拉滨、羟基脲、异环磷酰胺、伊达比星、美司钠、α干扰素、β干扰素、伊立替康、米托蒽酮、托普替康、亮脯利得、甲地孕酮、美法仑、巯基嘌呤、普卡霉素、米托坦、培门冬酶、喷司他丁、派泊溴烷、普卡霉素、链佐星、他莫昔芬、替尼泊苷、睾内酯、硫鸟嘌呤、塞替派、尿嘧啶氮芥、长春瑞滨、苯丁酸氮芥或其组合。

24. 权利要求2或22任一项的用途，其中化学治疗剂包括顺式铂氨、柔红霉素、紫杉醇、伊立替康（CPT-11）、托普替康或其组合。

25. 权利要求2或22~24任一项的用途，其中化学治疗剂以每周约69到约125mg/m2的剂量给药。

26. 权利要求21~25任一项的用途，其中放射源对病人是内部的。

27. 权利要求21~25任一项的用途，其中放射源对病人是外部的。

28. 权利要求26或27任一项的用途，其中放射量是约2到约80Gy。

29. 权利要求1~28任一项的用途，其中用途还包括给药佐剂。

30. 有效量的EGFR特异性嵌合抗体和顺式铂氨在制备施用于人以抑制头颈部顽固性鳞状细胞肿瘤生长的药物中的用途，该顽固性肿瘤在所述人中不能用抗肿瘤剂进行治疗或对所述治疗有抗性，其中拮抗物是EGFR的特异性抗体或其功能等价物。

31. 有效量的EGFR特异性嵌合抗体和伊立替康（CPT-11）在制备施用于人以抑制顽固性结肠肿瘤生长的药物中的用途，该顽固性肿瘤在所述人中不能用抗肿瘤剂进行治疗或对所述治疗有抗性，其中拮抗物是EGFR的特异性抗体或其功能等价物。"

本专利说明书记载："本发明提供了一种治疗顽固性肿瘤的改进方法，特别是顽固性的恶性肿瘤，其病人患有顽固性癌症"；"顽固性肿瘤包括这些肿瘤，仅抗化学治疗剂治疗的肿瘤、仅抗放射治疗的肿瘤，或抗化学治疗剂和放射联合治疗的肿瘤，或化学治疗、放射治疗和化学与放射联合治疗失败的肿瘤，在本说明书中，顽固性肿瘤也包括这些肿瘤，它们虽然表现出能被化学治疗剂和/或放射治疗所抑制，但在中断治疗后，长达5年，有时10年或更长时间后复发的肿瘤"；"治疗顽固性肿瘤的类型是能被EGFR配体所刺激的任何顽固性肿瘤"；"本发明可以治疗的难治肿瘤是内生肿瘤，对病人来说是固有的。这些肿瘤比外部的、异体移植在动物中的人类肿瘤更加难治"；"肿瘤可能在正常水平上表达EGFR或在不同水平上过度表达EGFR"；"本发明中，顽固性肿瘤能被一种EGFR/HER1拮抗物治疗"。

针对本专利，陈春会于2007年4月17日向专利复审委员会提出无效宣告请求，认为本专利不符合《专利法》第二十二条第二、三款，第二十六条第三、四款以及《专利法实施细则》第二十条第一款的规定，并提交了9份证据，其中：

附件3为陈小东等撰写、刊登于1998年8月第78卷第8期《中华医学杂志》第637~638页"表皮生长因子受体单克隆抗体与丝裂霉素C交联物的抗肺癌活性"一文，其中提到随着肿瘤分子生物学的发展，EGFR作为肿瘤导向治疗的潜在靶点已得到肯定，并已证实EGFR单抗通过阻断EGFR介导的细胞信号传递，对某些高度表达EGFR的癌细胞具有显著的体内外生长抑制作用，此外，EGFR单抗与化疗药物阿霉素或顺铂联合使用也具有抗癌协同作用。

附件4为第二军医大学免疫学教研室章卫平等撰写、刊登于1993年第2期《国外医学免疫学分册》第75~78页"040表皮生长因子受体单克隆抗体与肿瘤免疫治疗"一文，其中提到多种肿瘤细胞可过度表达EGFR，EGFR与其配体结合后促进肿瘤的发生、发展，还公开了EGFR单抗通过阻断受体与配体的结合，抑制肿瘤细胞生长，体内外研究均证实了EGFR单抗的确具有显著的抑瘤作用，临床Ⅰ期试用也证明其对于晚期肿瘤患者有一定的疗效。

附件5为第四军医大学口腔医院陈富林等撰写、刊登于1995年9月第22卷第5期《国外医学口腔医学分册》第257~259页"表皮生长因子受体与头颈部鳞状细胞癌"一文，其中提到头颈部鳞癌具有高表达EGFR的特点，Guan观察了EGFR单克隆抗体的抑癌作用，发现抗体能明显抑制裸鼠的移植性肿瘤。

附件8："Moduiation of radiation response insquamous cell carcinomas of the head and neck followingEGFR blockade with the anti-EGFR monoclonal antibodyC225"，Huang, S. and Harari, P. M.，Proceedings of theAmerican Association for Cancer Research，第40卷，第421页，1999年3月，原文复印件及中文译文，其中提到抗EGFR单克隆抗体（C225）可提高人头颈部鳞状细胞癌的体外放射敏感性，在接受联合治疗的小鼠中，用证明完全消除已建立的肿瘤的初步试验来测试在人头颈部鳞状细胞癌异种移植的无胸腺鼠中C225增强体内放射效应的能力，C225联合放射对人头颈部鳞状细胞癌患者的潜在好处，将计划在1999年进入第Ⅲ期临床试验评估。

附件9："Antitumor Activity of Sequential Treatment with Topotecan and Anti-Epidermal Growth Factor Receptor Monoclonal Antibody C225"，Fortunato Ciardiello等，Clinical Cancer Research，第5卷，第909-916页，1999年4月，原文复印件及部分中文译文，其中提到阻断EGFR活性已被建议作为抗肿瘤治疗的靶，单克隆抗体（MAb）C225是一种抗EGFR人源化嵌合鼠MAb，目前已进入癌症患者的第Ⅱ期临床试验，将带有已建立人结肠癌异种移植鼠用拓扑替康和MAb C225联合治疗后，可观察到几乎全部的肿瘤消退，该结果为临床试验中联合拓扑异构酶Ⅰ抑制剂和抗EGFR阻断剂MAbs的抗肿瘤活性的评估提供了一种基本原理。

2007年10月17日专利复审委员会进行了口头审理。

2008年3月21日，专利复审委员会作出第11230号决定。

在本案诉讼中，伊姆克罗尼公司提交Venook的期刊文章用以表明本发明满足了本领域渴望已久的需求，并提交有关爱必妥的药品注册、药品使用说明书等证据用以证明爱必妥已经用于治疗顽固性肿瘤，并认为爱必妥即是权利要求31的技术方案对应的产品，其商业的应用表明商业上取得成功。本案庭审中，伊姆克罗尼公司明确本专利的"顽固性肿瘤"应当同时具备放化疗等预治疗失败、能被EGFR配体刺激、内生肿瘤三个条件，并认可药物开发通常采用由动物试验到人的试验的顺序，伊立替康与拓扑替康结构和药理性质相似。

以上事实有附件3~5、附件8~9、本专利文献、第11230号决定、Venook的期刊文章、爱必妥的药品注册和使用说明书以及当事人陈述等证据在案佐证。

本院认为：《专利法》第三十三条第三款规定，发明的创造性是指同申请日以前已有的技术相比，该发明有突出的实质性特点和显著的进步。

根据当事人的诉辩主张，本案争议的焦点问题之一是本专利的顽固性肿瘤与附件4、5、8、9中公开的肿瘤是否实质相同，继而使得权利要求1、3、30、31不具备创造性。

原告主张，顽固性肿瘤除了具备能够被FGFR配体刺激的性质外，还必须满足放化疗等预治疗失败和内生肿瘤的条件，附件4、5、8、9都没有明确是否经过预治疗，且都涉及移植性肿瘤，而内生肿瘤更难以治疗，因此本专利的顽固性肿瘤与附件4、5、8、9公开的肿瘤之间的存在实质性区别，具备创造性。对此本院认为，各方当事人对本专利的顽固性肿瘤与附件4、5、8、9的肿瘤都具有能够被EGFR配体刺激的性质没有异议。本专利的顽固性肿瘤预治疗失败表明其不具有对预治疗方案敏感的性质，而附件4、5、8、9都没有记载是否经过预治疗，其肿瘤是否具有对预治疗敏感的性质未知，而EGFR拮抗物能够用于治疗本专利的"顽固性肿瘤"主要基于其能够被EGFR配体刺激的性质，附件4、5、8、9的肿瘤同样具有这样的性质，所述性质是EGFR拮抗物能够作为治疗此类肿瘤的药物成分的主要原因，在此基础上，用EGFR拮抗物治疗具有能够被EGFR配体刺激的肿瘤是显而易见的，没有证据表明这样的肿瘤经过预治疗及预治疗失败对于其被EGFR配体刺激的性质会产生影响，其经过预治疗及失败与否与EGFR拮抗物治疗这类肿瘤的用途没有必然联系。对于移植性肿瘤和内生肿瘤的区别，第11230号决定已将其作为区别技术特征予以评述，即认定权利要求1、3、30、31施用于人而附件4公开的是体外、动物体内或I期临床试验、附件5和8公开的是体内动物试验、附件9公开的是异种移植动物试验，原告亦认可药物开发是由动物试验到人的试验的顺序，故第11230号决定认定在附件公开动物试验和/或I期临床试验的基础上，进一步进行临床试验研究以确证是否适用于人是显而易见的认定正确，本院予以支持。原告关于本专利的"顽固性肿瘤"与附件所公开的肿瘤不同，本专利权利要求1、3、30、31具备创造性的主张没有事实和法律依据，本院不予支持。

原告认为附件4中"EGF-R单抗抑制细胞增值可能降低化疗药物的敏感性"的相反教导致使本领域技术人员不会想到用于治疗顽固性肿瘤。本院认为，权利要求1的技术方案并非EGFR拮抗物与化疗药物的联合治疗，降低化疗药物敏感的可能性也并不影响附件4给出的治疗肿瘤的教导，因此对原告的这一主张本院不予支持。

对于第11230号决定关于权利要求3的评述，原告主张被告系将权利要求3与附件5和8结合的方案比较，其并没有指出最接近的对比文件，没有用《审查指南》所规定的"三步法"来分析评判。对此，本院认为，附件5公开的是头颈部鳞癌的固有性质，附件8公开的是对人头颈部鳞状细胞癌的治疗，故附件8的肿瘤本身即具有附件5所述的性质，被告在第11230号决定中虽然表述为在附件5和8结合的基础上找出与权利要求3的区别技术特征，但其实质仍是以附件8为最接近的对比文件，在附件8给出EGFR单克隆抗体联合放射对人头颈部鳞状细胞癌患者的潜在好处启示下认定权利要求3不具备创造性并无不当，本院予以支持。

对于权利要求30，原告认为附件5中"有些学者认为EGFR的表达水平与肿瘤的临床分期和患者预后间没有明确的联系"，从而认为附件5给出的是不明确的结论，没有启示。本院认为，附件5已经给出明确的EGFR单克隆抗体抑癌作用的教导，上述认为没有明确联系的记载并不会妨碍本领域技术人员用EGFR单克隆抗体治疗肿瘤的尝试，在附件3给出EGFR单抗与化疗药物联合使用的基础上，认定权利要求30相对于附件5、3不具备创造性并无不当，原告主张与事实不符，本院不予支持。

对于权利要求31，原告认可伊立替康与拓扑替康结构和药理性质相似，但主张联合治疗不能轻易替换。对此，本院认为，在附件9公开拓扑替康与EGFR单克隆抗体C225联合治疗结肠癌的基础上，用相似的伊立替康代替拓扑替康是常规的替代，本专利并没有给出这种替换具有了预料不到的效果的证明，故原告的上述主张本院不予支持。

原告在诉讼期间提交Venook的文章用以表明本发明对本领域的需求给出了渴望已久的解决方案以及有关爱必妥的证据用以证明权利要求31取得出人意料的效果并获得商业成功。对于这些证据，本院认为，首先无法确定权利要求31的方案与爱必妥的对应性，且爱必妥投入商业使用也不能证明其在商业上取得成功，即使在商业上取得成功，也无法证明这种成功是由于发明的技术特征直接导致的，在本专利权利要求31相对于附件9不具有突出的实质性特点的情况下，无法据此认定本专利权利要求31、具有创造性。Venook 的文章也仅提到爱必妥与伊立替康联合施用于顽固性结肠癌患者，并不能证明这一方案适用所有肿瘤的二线治疗，即不能证明满足了渴望已久的需求。因此原告的上述主张没有事实和法律依据，本院不予支持。

综上，被告作出的第11230号决定认定事实清楚，适用法律正确，审查程序合法，应予维持。原告要求撤销该决定的起诉理由不能成立，本院不予支持。依照《中华人民共和国行政诉讼法》第五十四条第（一）项之规定，本院判决如下：

维持被告中华人民共和国国家知识产权局专利复审委员会作出的第11230号无效宣告请求审查决定。

案件受理费人民币100元，由原告伊姆克罗尼系统公司负担（已交纳）。

如不服本判决，原告伊姆克罗尼系统公司可于本判决送达之日起30日内，被告中华人民共和国国家知识产权局专利复审委员会和第三人陈春会可于本判决送达之日起15日内，向本院提交上诉状及其副本，并交纳上诉案件受理费人民币100元，上诉于中华人民共和国北京市高级人民法院。

审 判 长 姜 颖
代理审判员 周云川
人民陪审员 郝建欣
二○○八年十二月十七日
书 记 员 穆 颖

014

以塔三烷衍生物为主组分的新组合物

无效宣告请求审查决定（第 11271 号）

决　定　号	第 11271 号
决　定　日	2008 年 4 月 6 日
发明创造名称	以塔三烷衍生物为主组分的新组合物
国 际 分 类 号	A61K 31/335，A61P 35/00
无效宣告请求人	江苏恒瑞医药股份有限公司
专　利　权　人	阿文蒂斯药物股份有限公司
专　利　号	02147245.9
优　先　权　日	1992 年 12 月 2 日
申　请　日	1993 年 10 月 29 日
授权公告日	2006 年 12 月 27 日
合议组组长	周英姿
主　审　员	尹昕
参　审　员	郭婷

法 律 依 据　专利法第 33 条

决 定 要 点

分案申请的内容不得超出原申请公开的范围，该"公开的范围"应当理解为专利法第 33 条所述的"记载的范围"。如果申请的内容通过增加、改变和/或删除其中的一部分，致使所属技术领域的技术人员看到的信息与原申请记载的信息不同，而且又不能从原申请记载的信息中直接地、毫无疑义地确定，那么，这种修改就是不允许的。

一、案由

本无效宣告请求案涉及国家知识产权局于 2006 年 12 月 27 日公告授予的、名称为"以塔三烷衍生物为主组分的新组合物"的第 02147245.9 号发明专利权（下称本专利），其优先权日为 1992 年 12 月 2 日，申请日为 1993 年 10 月 29 日，专利权人为阿文蒂斯药物股份有限公司。本专利是申请号为 93119653.1，名称为"以塔三烷衍生物为主组分的新组合物"的发明专利申请的分案申请。

本专利授权公告的权利要求书如下：

"1. 含有塔三烷类衍生物的可注射组合物，其由两个室组成，其中一个室为存在于吐温 80 中的多西他赛的溶液，并且另一个室带有选自葡萄糖、甘油、山梨醇、甘露糖醇、甘氨酸、聚乙二醇、丙二醇、苄醇、乙醇的稀释添加剂，其中添加剂与吐温 80 的重量比大于 6% 并小于 38%。"

针对上述专利权，江苏恒瑞医药股份有限公司（下称请求人）于2007年9月18日向专利复审委员会提出无效宣告请求，其理由是本专利权利要求1不符合专利法第33条、第26条第4款、第22条第3款以及专利法实施细则第21条第2款、第20条第1款的规定。请求人同时提交了本专利的授权公告文本及以下证据：

证据1：美国专利文献US4814470，公开日为1989年3月21日，英文，复印件共11页；

证据2：申请号为02147245.9的中国发明专利公开说明书（即本专利公开文本），公开号为CN1636560A，公开日为2005年7月13日，复印件共13页。

请求人有以下几方面的认识。

1. 关于专利法第33条

本专利原始说明书第4页倒数第3行指出"本发明在于将塔三烷类衍生物在表面活性剂中的溶液和含有添加剂的水溶液之间形成一种中间溶液，其中添加剂此后可以帮助上述中间溶液溶解于输液溶液中"，说明书第6页第1行指出"塔三烷衍生物在表面活性剂中的溶液与稀释添加剂水溶液最好在烧瓶、卵形瓶或有两个室的装置中，使在注入输液袋时两种溶液能当即混合。"根据被请求专利的公开说明书内容，尤其是上述内容可以看出：（1）本发明含有塔三烷衍生物的可注射组合物由塔三烷衍生物在表面活性剂中的溶液与稀释添加剂水溶液两部分组成；（2）上述两部分最好放在两个室的装置中，使在注入输液袋时两种溶液能当即混合；（3）两部分溶液混合后，塔三烷类衍生物在表面活性剂中的溶液和含有添加剂的水溶液之间形成一种中间溶液，其中添加剂此后可以帮助上述中间溶液溶解于输液溶液中。

将本专利授权的权利要求1与上述内容进行比较后可知：（1）本专利授权的权利要求1中限定"另一个室带有选自葡萄糖、甘油、山梨醇、甘露糖醇、甘氨酸、聚乙二醇、丙二醇、苄醇、乙醇的稀释添加剂"，而不是原始说明书中的"稀释添加剂水溶液"，显然这样的修改超出了原始公开的范围；（2）原始说明书第4页和权利要求书中记载"其中一个室为带有乙醇的……"，这样制备的组合物中必然会含有乙醇，而最终授权的权利要求1中将"带有乙醇删除"，扩大了保护范围；（3）专利权人将原权利要求1中"添加剂与表面活性剂的重量比小于或等于101.2％"修改为"38％"，而原始说明书第5页最后一段指出："添加剂的用量随着它的性质而变化"，这意味着不同的添加剂的优选用量是不同的，原始说明书中重量比为38％仅指下列添加剂：甘油、山梨醇、聚乙二醇、葡萄糖、氯化钠、甘油和葡萄糖的混合物的用量，因此将实施例记载的仅用于上述添加剂的用量上升到权利要求1中，用于定义一宽范围的添加剂的用量是属于修改超范围的。

综上所述，本专利权利要求1的修改超出了原始公开的范围，不符合专利法第33条的规定。

2. 关于专利法实施细则第21条第2款

根据本专利说明书第4页的描述，"本发明在于在塔三烷类衍生物在表面活性剂中的溶液和含有添加剂的水溶液之间形成一种中间溶液，其中添加剂此后可以帮助上述中间溶液溶解于输液溶液中"，可以确定添加剂的水溶液是实现本发明的必要技术特征，只有添加剂水溶液才能与在表面活性剂中的活性成分的溶液之间形成一种中间溶液，其中添加剂此后可以帮助上述中间溶液溶解于输液溶液中。因此，本专利的权利要求1缺乏必要技术特征，不符合专利法实施细则第21条第2款的规定。

3. 关于专利法第26条第4款

本专利权利要求1要求保护的组合物的组分之一是"带有选自葡萄糖、甘油、山梨醇、甘露糖醇、甘氨酸、聚乙二醇、丙二醇、苄醇、乙醇的稀释添加剂"，而根据说明书和实施例所公开内容，本发明的目的在于"在塔三烷类衍生物在表面活性剂中的溶液和含有添加剂的水溶液之间形成一种中间溶液，其中添加剂此后可以帮助上述中间溶液溶解于输液溶液中"，所有的实施例也均为含有添加剂的水溶液，即仅是"含有添加剂的水溶液"方能使得到的中间溶液溶解在输液溶液中，因此并不是所有的"带有选自……的稀释添加剂"均能实现本发明的目的。因此，本专利的权利要求1得不到说明书的支持，不符合专利法第26条第4款的规定。

4. 关于专利法第22条第3款

证据1公开了一种含有塔三烷类衍生物的组合物，其实施例中指出，将塔三烷类衍生物（40mg）溶于Emulphor EL 620（1cc）和乙醇（1cc），然后将所述溶液通过加入生理盐水（18cc）稀释。此组合物可以通过生理盐水静脉注射液的形式施用。将本专利权利要求1的技术方案与证据1进行比较后可以看出，其区别在于：（1）权利要求1的组合物由两个室组成；（2）添加剂的种类不同于证据1中的乙醇和生理盐水；（3）权利要求1的表面活性剂为吐温80（聚氧乙烯山梨糖醇酐单油酸酯）不同于证据1中的Emulphor EL620（蓖麻油聚氧乙烯醚）。然而作为一种组合物的两种组分，如果各组分均是稳定的，无论是将其单独放置在两个室，直至使用时再混合，还是将其混合后放置直至使用是没有区别的，因此组合物由两个室组成并没有带来意想不到的效果；此外，本专利的权利要求1中所述的添加剂和表面活性剂均为本领域常用的添加剂和表面活性剂，是本领域技术人员的常规选择。因此，本专利的权利要求1没有创造性，不符合专利法第22条3款的规定。

5. 关于专利法实施细则第20条第1款

本专利的权利要求1请求保护"含有塔三烷类衍生物的可注射组合物"，但是其组分为"多西他赛的溶液"，同时并存上下位概念，不符合专利法实施细则第20条第1款的规定。

经形式审查合格后，专利复审委员会受理了上述请求，于2007年9月19日向双方当事人发出《无效宣告请求受理通知书》，并将《专利权无效宣告请求书》及其附件副本转送给专利权人，要求其在指定的期限内答复，同时成立合议组对本无效宣告请求案进行审理。

2007年10月18日，请求人再次提交了意见陈述书，同时提交了证据1的中文译文（复印件共16页）。在意见陈述中，请求人再次阐述了其在提出无效宣告请求时所陈述的事实和理由。

针对《无效宣告请求受理通知书》，专利权人于2007年11月5日提交了意见陈述书，同时提交了如下反证：

反证1：申请号为93119653.1、公开号为CN1090170A的中国发明专利申请公开说明书（即本专利的母案的公开文本），公开日为1994年8月3日，复印件共12页；

反证2a：专利权人在本专利母案93119653.1的实质审查过程中答复第一次审查意见通知书时提交的意见陈述书，复印件共5页；

反证2b：反证2a所附的对比实验报告，中文，复印件共2页；

反证3：反证2b的英文原文，复印件共2页。

专利权人有以下几方面的认识。

1. 关于专利法第33条

本专利为申请号为93119653.1、名称为"以塔三烷衍生物为主组分的新组合物"的发明专利申请的分案申请，判断对本专利的申请文件的修改是否超出原始公开的范围应当以其母案的原始申请文本为准，由于母案在申请日提交之后和公开之前并未修改，因此可以母案的公开文本CN1090170A为判断依据。

（1）母案公开文本的权利要求1涉及含有塔三烷类衍生物的可供注射用的组合物，是由一种在表面活性剂中含有塔三烷类衍生物及稀释添加剂的溶液所组成，当此溶液与水溶液混合时稀释添加剂可以避免胶化层的形成或破坏已形成的胶化层。其中并没有限定稀释添加剂的具体形式。根据上述内容同时基于原始说明书第6页第1段有关两个室的优选实施方案及原始权利要求9和实施例1和5～

14公开的具体的表面活性剂、原始权利要求8的活性物质和原始权利要求4的添加剂，完全可以得到本专利权利要求1的两室技术方案。

（2）本专利说明书第4页并没有描述所述的组合物中必然含有乙醇，由本专利说明书第4页第2~3段可知，在母液中含有乙醇只是现有技术的优选实施方案之一，而且由第4页第5段可知，即使在现有技术中，所涉及的表面活性剂溶液也只是"可能含有少量乙醇"，而不是一定含有乙醇。而且由本专利说明书第3~4页的跨页段可知，在现有技术的另一种方案中，将活性成分溶解在乙醇中，然后逐渐加入表面活性剂来制备母液，溶液中所含的乙醇随后通过真空蒸发或其他适当方法至少部分消除，本专利的实施例1就是采用这种方法来制备所述的母液的。以上内容表明，乙醇并非必然存在于塔三烷类衍生物在表面活性剂中的溶液中。

（3）对于本专利权利要求1中添加剂与表面活性剂重量比的上限38%，本专利说明书的实施例5~9、11、12等已经针对多种添加剂，例如甘油、山梨醇、PEG200、葡萄糖、丙二醇以及甘油+葡萄糖的等量混合物，甚至甘油+葡萄糖+氯化钠的混合物等情况下证实添加剂与表面活性剂的重量比为38%时可以具体实施，该比值完全可以由这些实施例中的具体数据计算得到，因此，该重量比的上限值38%在本专利的原始说明书是有明确记载的。此外，由本专利说明书第5页第2~3段的内容可知，其中所选择的添加剂为分子量等于或小于200并且至少带有一个羟基或胺基功能团的化合物，这些添加剂的功能在于破坏或避免胶化层，而基于此标准选择的添加剂——葡萄糖、甘油、山梨醇、甘露糖醇、甘氨酸、聚乙二醇、丙二醇、苄醇、乙醇具有相似的物性。因此在实施例中已经具体实施了多种添加剂，并且这些添加剂的用量与表面活性剂吐温80的重量比落在权利要求1的数值范围内的情况下，结合说明书的上述教导，本领域技术人员可以预见，如果使用权利要求1的其他添加剂，这一重量比也是完全可行的。

综上所述，本专利权利要求1的技术方案完全在原始公开的范围内，因此本专利权利要求1的修改符合专利法第33条的规定。

2. 关于专利法实施细则第21条第2款

根据说明书的描述，基于现有技术，本专利所要解决的技术问题即本发明的目的是提供（在母液中）活性物质浓度高，从而减少（导致毒性和过敏性休克的）表面活性剂和乙醇用量的、稳定的含塔三烷类衍生物的可注射组合物，这种组合物可以达到以下技术效果：在高活性物质浓度下保持活性成分和组合物良好的稳定性，从而防止因表面活性剂和乙醇用量过大导致的过敏性休克以及乙醇中毒问题，同时改善了组合物在输液液体中的溶解性，从而避免了在将组合物混入输液液体时进行高速搅拌或加热的步骤（参见本专利说明书第2页倒数第2行，第3页第2~3段，第4页第3~6段）。此外，说明书中还描述了通过将第一个室中的多西他赛在吐温80中的溶液和第二个室中的稀释添加剂形成中间溶液，其中的添加剂可以帮助中间溶液溶解于输液液体中，从而避免在含有多西他赛的乳化剂与水之间形成胶化层或破坏已经形成的胶化层，无需加热或者剧烈搅拌就能实现溶解（参见本专利说明书第4页倒数第5~6行、第5页第1~2段）。基于说明书上述内容的总体教导，可知其必要技术特征是所述稀释添加剂的存在，即只要存在所述的稀释添加剂即可实现发明目的，稀释添加剂可以单独使用或以水溶液的形式使用，而说明书实施例所述的"稀释添加剂的水溶液"则不应认定为所述技术方案的必要技术特征。因此，本专利的权利要求1符合专利法实施细则第21条第2款的规定。

3. 关于专利法第26条第4款

如上专利法实施细则第21条第2款中所述的理由，本专利所要解决的技术问题即本发明的目的是提供（在母液中）活性物质浓度高，从而减少（导致毒性和过敏性休克的）表面活性剂和乙醇用量的、稳定的含塔三烷类衍生物的可注射组合物，这种组合物可以达到说明书中所述的技术效果

(参见本专利说明书第2页倒数第2行,第3页第2~3段,第4页第3~6段)。说明书中还描述了通过将第一个室中的多西他赛在吐温80中的溶液和第二个室中的稀释添加剂形成中间溶液,其中的添加剂可以帮助中间溶液溶解于输液液体中,从而避免在含有多西他赛的乳化剂与水之间形成胶化层或破坏已经形成的胶化层,无需加热或者剧烈搅拌就能实现溶解(参见本专利说明书第4页倒数第5~6行、第5页第1~2段)。因此,基于本专利的发明目的,只要在所述另一个室中存在所述稀释添加剂,就可以将所述添加剂成功地引入所述注射组合物中,进而起到消除胶化层的作用,获得稳定的可注射组合物。至于稀释添加剂的使用形式,本领域技术人员可以想到,它既可以单独使用也可以水溶液的形式使用,而不应局限于说明书中具体实施方式及实施例中所实施的"水溶液"形式,因此,本专利的权利要求1的技术方案完全得到了说明书的支持,符合专利法第26条第4款的规定。

4. 关于专利法第22条第3款

本专利权利要求1的技术方案与证据1公开的技术方案相比,存在如下不同:(1)制剂形态不同,权利要求1的组合物由两个室组成,证据1的组合物是单一的溶液;(2)添加剂不同,权利要求1的添加剂种类不同于证据1中的乙醇和生理盐水,权利要求1中添加剂和表面活性剂的比例也不同于证据1中乙醇和生理盐水与表面活性剂(Emulphor El 620)的比例;(3)表面活性剂不同,权利要求1中为吐温80,证据1中为Emulphor El 620。

基于以上区别特征可知,(1)证据1中公开的组合物是四种组分混合在一起的单一组合物,而本发明的组合物由两个室组成,该双室形式的组合物完全不同于证据1中的单一组合物,现有技术中并无任何公开或者暗示采用双室方式提供多西他赛的组合物。(2)本专利权利要求1中使用的是选自葡萄糖、甘油、山梨醇、甘露糖醇、甘氨酸、聚乙二醇、丙二醇、苄醇、乙醇的稀释添加剂,证据1中并未提到添加剂的概念,更没有说明添加剂应当分别放置,此后才与母液形成中间溶液。即便将其中的乙醇和生理盐水看成是添加剂,也与上述本发明的添加剂不同;而且权利要求1中的添加剂与表面活性剂(吐温80)的重量比为大于6%并小于38%,证据1中乙醇和生理盐水的重量与表面活性剂Emulphor El 620的重量比显然远大于此。(3)吐温80(聚氧乙烯山梨糖醇酐单油酸酯)和Emulphor El 620(蓖麻油聚氧乙烯醚)是不同的,请求人提供的现有技术并没有给出可以使用吐温80替代Emulphor El 620的技术启示。

以上区别特征的存在使本发明的组合物与证据1的组合物相比具有以下显著的技术效果:(1)虽然证据1公开了上述组成的组合物,但是研究表明,由于该组合物中的活性成分(即多西他赛)溶在水中导致其稳定性差、不能满足实用药品的要求。正如专利权人在重复试验中已经证明的(参见反证2b和反证3),当按照上述证据1重复试验的时候,经过半小时溶液就已经开始沉淀或完全沉淀了。而本发明组合物因为采用双室形式,其中一室为存在于吐温80中的多西他赛溶液,从而避免了多西他赛与大量水的接触,得到了稳定的溶液,使组合物整体满足了实用药品的要求。(2)在使用同样数量的表面活性剂的情况下,本发明的组合物使用的添加剂(如乙醇)的量明显少于证据1,添加剂(如乙醇)的使用量偏高容易引起乙醇中毒症状,因此本发明的组合物可以避免这一缺陷。(3)本领域公知,吐温80的副作用(如过敏症状)要小于Emulphor El 620,因此使用吐温80作为表面活性剂的本发明组合物显然比使用Emulphor El 620作为表面活性剂的证据1的组合物产生的副作用(过敏症状)小。

综上所述,请求人所引用的证据1公开的技术方案并没有给出这样的技术启示:通过引入上述三个区别技术特征,实现上述三点技术效果,因此本专利的权利要求1相对于证据1具备突出的实质性特点和显著的进步,具有创造性。

5. 关于专利法实施细则第 20 条第 1 款

本专利权利要求 1 要求保护一种可注射组合物，是产品权利要求，而对于该产品，权利要求 1 中清楚地限定了其为两室结构，并具体限定了每一室中所含有的物质以及关键物质的用量关系。其中的下位概念（多西他赛）是对上位概念（塔三烷类衍生物）的具体限定或选择，因此，本专利权利要求 1 的保护类型和范围均是清楚的，符合专利法第 20 条第 1 款的规定。

专利权人还于 2007 年 11 月 5 日提交了延期举证请求书，提出由于要聘请专家、重复试验和必要的公证认证需要较长时间，希望延长举证期。

2007 年 12 月 18 日，本案合议组向双方当事人发出《无效宣告请求口头审理通知书》，定于 2008 年 1 月 24 日对本案进行口头审理。同时将请求人于 2007 年 10 月 18 日提交的补充意见陈述书及证据 1 的中文译文转送给专利权人，并且将专利权人于 2007 年 11 月 5 日提交的意见陈述书及其附件副本转送给请求人。

2008 年 1 月 22 日专利复审委员会收到了专利权人提交的如下反证（编号续前）：

反证 4：Martine Jouin 于 2008 年 1 月 9 日签署的第一份声明及其简历、公证认证书及其中文译文，复印件 4 页，另附反证 2 和反证 3 的复印件 9 页，共 13 页。

反证 5：Jean-Marc Bobee 于 2008 年 1 月 9 日签署的一份声明及其简历、公证认证书及其中文译文，复印件 8 页，另附反证 2 和反证 3 的复印件 9 页，共 17 页。

反证 6：Martine Jouin 于 2008 年 1 月 11 日签署的第二份声明及其简历、公证认证书及其中文译文复印件共 11 页。

2008 年 1 月 24 日，口头审理如期进行。双方当事人均委托代理人参加了口头审理，双方当事人对对方出庭人员的身份和资格无异议，对合议组成员没有回避请求，并且双方当事人确认已收到复审委员会转送的所有文件。口头审理过程中，专利权人当庭提交了反证 4-6 的原件及其中文译文，并表示反证 4~6 的中文译文以当庭提交的为准。合议组当庭将上述证据的副本及其中文译文转送给了请求人。专利权人对请求人提交的证据 1 的中文译文有异议并当庭提交了证据 1 第 10 页和第 11 页的中文译文，合议组也当庭将该中文译文转送给了请求人。此外，专利权人请求合议组允许专家证人出庭作证以证明本专利的创造性，双方当事人以及合议组对证人进行了质证。

口头审理过程中，合议组对请求人提出的无效理由和事实进行了充分调查，并听取了各方当事人的陈述，在口头审理的过程中确认的事实如下：

（1）请求人当庭确认其无效理由是：本专利权利要求 1 的修改不符合专利法第 33 条的规定，权利要求 1 不符合专利法第 26 条第 4 款、第 22 条第 3 款以及专利法实施细则第 21 条第 2 款、第 20 条第 1 款的规定。同时明确了用证据 1 作为对比文件评述权利要求 1 的创造性。

请求人认为本专利权利要求 1 的修改不符合专利法第 33 条规定所依据的事实为：①本专利最终授权的权利要求 1 中将含有塔三烷类衍生物的可注射组合物限定为由两个室组成，这超出了原始文本公开的范围；②本专利修改后的权利要求 1 中限定"另一个室带有选自葡萄糖、甘油、山梨醇、甘露糖醇、甘氨酸、聚乙二醇、丙二醇、苄醇、乙醇的稀释添加剂"，而不是原始说明书中的"稀释添加剂水溶液"，这样的修改超出了原始公开的范围。请求人明确表示放弃其在无效宣告请求书以及补充意见陈述中的另外两个涉及专利法第 33 条的事实，即（a）原说明书和权利要求书中记载的组合物中必然会含有乙醇，而修改后的权利要求书中将"带有乙醇"删除以及（b）将原始文本中添加剂与表面活性剂的重量比小于或等于"101.2%"修改为"38%"。

对于上述①关于"两个室组成"在原始文本中没有公开的事实，专利权人认为请求人在无效宣告请求书以及补充意见陈述中均没有涉及，属于逾期提出的新理由，但请求人坚持认为其在请求书第

2页中已经明确提出过，合议组当庭告知专利权人可于口头审理后15日内对此提交书面意见陈述。

（2）专利权人对请求人提交的证据1的真实性、合法性、关联性以及公开日期均无异议。对证据2（即本专利的公开文本）的真实性、合法性和公开日期也无异议，但认为由于本专利是申请号为93119653.1的发明专利申请的分案申请，判断本专利是否符合专利法第33条规定的依据应当是母案的原始公开文本，即专利权人提交的反证1，因此认为证据2与本案缺乏关联性。对此，请求人当庭放弃以证据2作为判断本专利是否符合专利法第33条的依据，并且明确表示同意以专利权人提交的反证1作为评价本专利权利要求1的修改不符合专利法第33条的证据。

（3）专利权人当庭确认其提交的反证1用于证明本专利申请文件的修改不符合专利法第33条的规定，提交的反证2和反证3作为证明本专利的权利要求1具有创造性的证据，提交的反证4~6用于证明反证2和反证3的真实性。请求人对反证1的真实性、关联性、合法性以及公开日期均无异议，对反证2a的真实性、关联性和合法性无异议，但不认可反证2b、3中所附试验数据的真实性。经与原件核实，请求人认可反证4~6中公证认证书本身的真实性，但不认可其中声明内容的真实性。此外，请求人认为反证4~6为专利权人当庭提交的新证据，请求人无法对其具体内容发表意见，对此合议组当庭告知请求人可于口头审理后15日内对反证4~6提交书面意见陈述。

（4）专利权人对证据1第10~11页的中文译文有异议并当庭提交了相关部分的中文译文，请求人认为专利权人提交的第10~11页中文译文与其自己提交的中文译文没有实质差别，双方当事人一致同意请求人提交的证据1中译文第10页倒数第1段改为以专利权人提交的译文第10页第23~25行为准，请求人提交的证据1中译文第10页第14行的"水状或无水无菌溶液"改为以专利权人提交的译文的第10页第14行的"水性或非水无菌溶液"为准，其余部分以请求人提交的中文译文为准。请求人对专利权人所提交的反证3的中文译文，即反证2b没有异议，对专利权人所提交的反证4-6的中文译文也没有异议。

（5）请求人与专利权人一致确认本专利权利要求1的技术方案与证据1中公开的技术方案相比的区别技术特征在于：①本专利权利要求1的组合物由两个室组成，证据1的组合物是单一的溶液；②本专利权利要求1中添加剂和表面活性剂的用量与证据1不同，权利要求1中添加剂和表面活性剂的比例为6%~38%，而证据1中乙醇和生理盐水与表面活性剂（Emulphor EL 620）的比例约为80%；③表面活性剂不同，本专利权利要求1中为吐温80，证据1中为Emulphor El 620。此外，请求人认为由于反证2、3中记载的试验采用Cremophor EL作为表面活性剂，不同于证据1中的Emulphor EL 620，因此根据反证2~6所记载的试验数据无法证明本专利权利要求1的技术方案相对于证据1而言具有创造性。

（6）口审过程中，专利权人聘请专家证人倪萍出庭对本专利权利要求1的创造性问题进行作证，合议组对证人的身份进行了核实，并对证人进行了询问。双方当事人对证人进行了质证。请求人对证人的身份和作证资格无异议，但认为证人的证言不足以证明本专利权利要求1的创造性。

口头审理结束后，请求人于2008年2月4日提交了书面意见陈述，对于专利权人在口头审理时当庭提交的反证4~6，请求人认为反证6是证人Martine Jouin根据反证2所提交的新的实验结果，因此认为反证6属于超期证据，不应予以考虑。同时专利权人认为反证2-5均无法证明本专利权利要求1具有创造性。此外，请求人再次陈述了口审时已陈述过的有关本专利权利要求1的修改不符合专利法第33条，权利要求1不符合专利法第26条第4款、第22条第3款以及专利法实施细则第21条第2款、第20条第1款规定的理由。

专利权人于2008年2月13日提交了书面意见陈述，对于请求人在口头审理过程中针对本专利权利要求1的修改不符合专利法第33条规定的无效理由所提出的关于"两个室组成"在原始文本中没有公开的事实，专利权人仍然认为这一点请求人在无效宣告请求书以及补充意见陈述中均没有提出过。同时，专利权人指出：①本专利最终授权的权利要求1中的"由两个室组成的含有塔三烷类衍生物的可注射组合物"在原始公开文本的说明书第6页第1段由明确记载，同时说明书实施例中也公开了"两室"的方案，各实施例中分别配制了本发明的可注射组合物中的"母液"和"稀释添加剂水溶液"，然后将两种液体混合得到流体状的可注射组合物。因此，本专利权利要求1的技术特征"由两个室组成"完全在其原始公开范围内，符合专利法第33条的规定。②对于本专利权利要求1中"另一个室带有选自葡萄糖、甘油、山梨醇、甘露糖醇、甘氨酸、聚乙二醇、丙二醇、苄醇、乙醇的稀释添加剂"的技术特征，需要进一步强调的是，由于本专利要求保护的是一种可静脉注射组合物，这已经限定另一室中内容物的形态和组成均应使所述组合物可注射，即保证其注射可行性和安全性。

至此，合议组认为本案事实已经清楚，可以依法作出审查决定。

二、决定的理由

1. 关于无效宣告请求的理由和范围

本案中，请求人在无效宣告请求书以及补充意见陈述中提出无效宣告请求的理由和范围是：本专利权利要求1的修改不符合专利法第33条的规定，权利要求1不符合专利法第26条第4款、第22条第3款以及专利法实施细则第21条第2款、第20条第1款的规定。请求人提出的本专利权利要求1的修改不符合专利法第33条的规定所依据的事实包括：（1）本专利最终授权的权利要求1中限定"另一个室带有选自葡萄糖、甘油、山梨醇、甘露糖醇、甘氨酸、聚乙二醇、丙二醇、苄醇、乙醇的稀释添加剂"，而不是原始说明书中的"稀释添加剂水溶液"；（2）原始说明书第4页和权利要求书中记载"其中一个室为带有乙醇的……"，这样制备的组合物中必然会含有乙醇，而最终授权的权利要求1中将"带有乙醇删除"，扩大了保护范围；（3）专利权人将原权利要求1中"添加剂与表面活性剂的重量比小于或等于101.2%"修改为"38%"。

在口头审理过程中，请求人明确表示放弃上述（2）和（3），但同时指出本专利最终授权的权利要求1中将含有塔三烷类衍生物的可注射组合物限定为"由两个室组成"也超出了原始文本公开的范围。专利权人认为新增的这一点事实并未在请求人提交的无效宣告请求书以及补充意见陈述中涉及，因此属于提出无效宣告请求之日起一个月后新增加的无效理由。对此，合议组认为，审查指南第四部分第三章第4.2节规定：请求人在提出无效宣告请求之日起一个月后增加无效宣告理由的，专利复审委员会一般不予考虑，但下列情形除外：（1）针对专利权人以合并方式修改权利要求，在专利复审委员会指定期限内增加无效宣告理由，并在该期限内对所增加的无效宣告理由具体说明的；（2）对明显与提交的证据不相对应的无效宣告理由进行变更的。但上述事实和理由并非属于上述例外情形，合议组对请求人上述新增加的理由不予考虑。因此，合议组审理的请求人关于专利法第33条的无效理由具体为：本专利最终授权的权利要求1中限定"另一个室带有选自葡萄糖、甘油、山梨醇、甘露糖醇、甘氨酸、聚乙二醇、丙二醇、苄醇、乙醇的稀释添加剂"，而不是原始说明书中的"稀释添加剂水溶液"超出了原始申请文件公开的范围。

此外，关于本专利权利要求1不符合专利法第26条第4款、第22条第3款以及专利法实施细则第21条第2款、第20条第1款的规定的无效理由所涉及的具体事实与请求人在无效宣告请求书以及补充意见陈述中所提出的相同。

2. 关于证据

请求人当庭放弃了证据2（本专利公开文本），同时认可专利权人提供的反证1（母案公开文本）的真实性、合法性和关联性，同意以反证1作为判断本专利是否符合专利法第33条规定的证据。根据专利法第33条、专利法实施细则第43条第1款以及审查指南第二部分第六章第3.2节的规定，分案申请的内容不得超出原申请公开的范围，此外，经合议组核实，本专利母案自申请至公开期间未提交过修改文本。因此，本案合议组确认将反证1，即本专利母案申请的公开文本作为评述本专利权利要求1是否符合专利法第33条规定的证据。

3. 关于专利法第33条

专利法第33条规定，申请人可以对其专利申请文件进行修改，但是，对发明和实用新型专利申请文件的修改不得超出原说明书和权利要求书记载的范围。

分案申请的内容不得超出原申请公开的范围，该"公开的范围"应当理解为专利法第33条所述的"记载的范围"。如果申请的内容通过增加、改变和/或删除其中的一部分，致使所属技术领域的技术人员看到的信息与原申请记载的信息不同，而且又不能从原申请记载的信息中直接地、毫无疑义地确定，那么，这种修改就是不允许的。

在本专利的实质审查阶段，专利权人对权利要求书进行了修改，本专利最终授权的权利要求1为"含有塔三烷类衍生物的可注射组合物，其由两个室组成，其中一个室为存在于吐温80中的多西他赛的溶液，并且另一个室带有选自葡萄糖、甘油、山梨醇、甘露糖醇、甘氨酸、聚乙二醇、丙二醇、苄醇、乙醇的稀释添加剂，其中添加剂与吐温80的重量比大于6％并小于38％"。

根据本专利记载的内容，本专利的目的在于提供减少导致毒性和过敏性休克的表面活性剂和乙醇用量的含多西他赛的稳定可注射组合物，达到在高浓度活性成份下保持组合物稳定性、降低副作用和避免在混入输液液体时进行高速搅拌或加热的步骤等技术效果（参见反证1说明书第2～4页）。本专利权利要求1所述的两室组成的可注射组合物中，一室为"存在于吐温80中的多西他赛的溶液"，另一室"带有选自葡萄糖、甘油、山梨醇、甘露糖醇、甘氨酸、聚乙二醇、丙二醇、苄醇、乙醇的稀释添加剂"，对于本领域技术人员而言，"带有"的表述方式一般理解为表示除所述成份之外还可以含有其他成份或存在其他形式。请求人认为修改后的本专利权利要求1的"另一室带有选自葡萄糖、甘油、山梨醇、甘露糖醇、甘氨酸、聚乙二醇、丙二醇、苄醇、乙醇的稀释添加剂"超出了原始申请文件公开的范围。

本专利原始申请文件，即反证1记载的内容是判断本专利申请文件的修改是否超范围的依据。首先，反证1的权利要求1要求保护"含有塔三烷类衍生物的可供注射用的组合物，是由一种在表面活性剂中含有塔三烷类衍生物及稀释添加剂的溶液所组成，当此溶液与水溶液混合时稀释添加剂可以避免胶化层的形成或破坏已形成的胶化层"。其中所述组合物是由"在表面活性剂中含有塔三烷类衍生物及稀释添加剂的溶液所组成"，由此可知反证1的权利要求1公开的技术方案为由表面活性剂、塔三烷类衍生物及稀释添加剂三种成分混合在一起的单一溶液，故为与本专利的权利要求1不同的技术方案。而原权利要求4、8和9仅是对原权利要求1中活性成分和添加剂种类的限定，根据其中内容均无法得出或毫无疑义的确定本专利权利要求1的技术方案。其次，反证1说明书第6页第1段记载了"塔三烷衍生物在表面活性剂中的溶液与稀释添加剂水溶液最好放在烧瓶、卵形瓶或有两个室的装置中，使在注入输液袋时两种溶液能当即混合"，根据该部分内容，本领域技术人员只能得出分在两室中的是"塔三烷衍生物在表面活性剂中的溶液"和"稀释添加剂水溶液"，无法毫无疑义地确定其中一室为"带有选自……的稀释添加剂"。第三，根据反证1其他部分的内容，尤其是说明书实施例的内容，本领域技术人员可以看出，实施例1中公开了将1ml含有多西他赛和吐温80的溶液与3ml含水和甘油的水溶液手工搅拌彻底混合的技术方案，实施例3-4公开了利用不同的表面活性剂代替吐温80重复实施例1试验的技术方案，实施例5-12涉及水和甘油、水和山梨醇、水和PEG200、水和葡萄糖、水和丙二醇、水和NaCl、水和甘油+葡萄糖、水和甘油+葡萄糖+NaCl的稀释混合液的技术方案，由上述内容本领域技术人员仅可以得出稀释添加剂在配制成水溶液时可以与含吐温80和多西他赛的溶液一起配制而呈流体状。说明书第9页实施例13-14（即试验13-17）涉及向6g吐温80的溶液中加入不等量的添加剂及4ml水的试验，但从中也无法毫无疑义地确定两室组合物中一室为"带有选自……的稀释添加剂"。因此反证1中并未公开另一个室"带有选自葡萄糖、甘油、山梨醇、甘露糖醇、甘氨酸、聚乙二醇、丙二醇、苄醇、乙醇的稀释添加剂"的技术方案。合议组认为，本专利最终授权的权利要求1将另一个室中的物质限定为"带有选自葡萄糖、甘油、山梨醇、甘露糖醇、甘氨酸、聚乙二醇、丙二醇、苄醇、乙醇的稀释添加剂"，这种限定导致最终授权的权利要求1至少包括三种不同的技术方案，即（1）该室内含有所述稀释添加剂的水溶液；（2）该室内仅含有所述稀释添加剂本身，例如乙醇；（3）该室内含有所述稀释添加剂可静脉注射的非水溶液。对于上述（2）和（3）的技术方案，原始申请文件中并没有记载，这些内容与原申请记载的信息不同，而本领域技术人员又不能从原申请记载的信息中直接地、毫无疑义地确定，这种修改是不允许的，本专利权利要求1的修改不符合专利法第33条的规定。

专利权人认为，反证1的权利要求1涉及含有塔三烷类衍生物的可供注射用的组合物，是由一种在表面活性剂中含有塔三烷类衍生物及稀释添加剂的溶液所组成，当此溶液与水溶液混合时稀释添加剂可以避免胶化层的形成或破坏已形成的胶化层。其中并没有限定稀释添加剂的具体形式。根据上述内容同时基于原始说明书第6页第1段有关两个室的优选实施方案及原始权利要求9和实施例1和5~14公开的具体的表面活性剂、原始权利要求8的活性物质和原始权利要求4的添加剂，完全可以得到本专利权利要求1的两室技术方案。此外，由于本专利要求保护的是一种可静脉注射组合物，这已经限定最终授权的权利要求1中另一室中内容物的形态和组成均应使所述组合物可注射，即保证其注射可行性和安全性。对此，合议组认为，反证1权利要求1、4、8和9公开的技术方案为由表面活性剂、塔三烷类衍生物及稀释添加剂三种成分混合在一起的单一溶液，反证1说明书第6页第1段仅记载了将"塔三烷衍生物在表面活性剂中的溶液"和"稀释添加剂水溶液"分在两室中的技术方案，说明书实施例中也没有记载一个室"带有选自葡萄糖、甘油、山梨醇、甘露糖醇、甘氨酸、聚乙二醇、丙二醇、苄醇、乙醇的稀释添加剂"的技术方案，申请人对申请文件进行修改并获得专利权的技术方案不应仅是专利权人所述能达到其发明目的或技术效果的技术方案，还应当是能从原始文件中得出或毫无疑义确定的技术方案，但本领域技术人员不能从证据1记载的信息中直接地、毫无疑义地确定本专利权利要求1的技术方案，因此即便考虑到请求人的上述意见，本专利权利要求1的修改仍不符合专利法第33条的规定。

综上所述，鉴于本专利权利要求1的修改不符合专利法第33条的规定，导致本专利被全部无效，故对于请求人在本无效宣告请求案中提出的其他无效理由和证据，本案合议组不再予以评述。

基于以上事实和理由，本案合议组作出如下审查决定。

三、决定

宣告第02147245.9号发明专利权全部无效。

当事人对本决定不服的，可以根据专利法第46条第2款的规定，自收到本决定之日起三个月内向北京市第一中级人民法院起诉。根据该款的规定，一方当事人起诉后，另一方当事人应当作为第三人参加诉讼。

北京市第一中级人民法院
行政判决书

(2009) 一中行初字第568号

原告阿文蒂斯药物股份有限公司 (AVENTIS PHARMA S. A.),住所地法兰西共和国安东尼市阿洪雷蒙街20号 (20, AVENUE RAYMOND ARON, 92160 ANTONY, FRANCE)。

法定代表人玛丽亚·苏洛 (Maria SOULEAU),专利副总裁。

委托代理人龙传红,中国国际贸易促进委员会专利商标事务所专利代理人。

委托代理人陈建民,北京天驰律师事务所律师。

被告中华人民共和国国家知识产权局专利复审委员会,住所地中华人民共和国北京市海淀区北四环西路9号银谷大厦10～12层。

法定代表人廖涛,副主任。

委托代理人尹昕,中华人民共和国国家知识产权局专利复审委员会审查员。

委托代理人郭鹏鹏,中华人民共和国国家知识产权局专利复审委员会审查员。

第三人江苏恒瑞医药股份有限公司,住所地中华人民共和国江苏省连云港经济技术开发区黄河路38号。

法定代表人孙飘扬,董事长。

委托代理人蒋洪义,北京市立方律师事务所律师。

委托代理人刘永全,北京市立方律师事务所律师。

原告阿文蒂斯药物股份有限公司(简称阿文蒂斯公司)不服被告中华人民共和国国家知识产权局专利复审委员会(简称专利复审委员会)于2008年4月6日作出的第11271号无效宣告请求审查决定(简称第11271号决定),于法定期限内向本院提起诉讼。本院于2009年2月17日受理本案后,依法组成合议庭,并通知第11271号决定的请求人江苏恒瑞医药股份有限公司(简称恒瑞公司)作为第三人参加诉讼,于2009年4月15日公开开庭进行了审理。原告阿文蒂斯公司的委托代理人龙传红、陈建民,被告专利复审委员会的委托代理人尹昕、郭鹏鹏,第三人恒瑞公司的委托代理人蒋洪义、刘永全到庭参加了诉讼。本案现已审理终结。

专利复审委员会针对恒瑞公司就阿文蒂斯公司享有的第02147245.9号名称为"以塔三烷衍生物为主组分的新组合物"的发明专利(简称本专利)所提出的无效宣告请求作出第11271号决定。专利复审委员会根据恒瑞公司提出的无效宣告请求理由,其中包括对于本专利权利要求1的修改不符合《专利法》第三十三条规定的请求;以及阿文蒂斯公司针对这一请求提出的抗辩及反证作出审查,其中认定如下:

1. 关于证据

恒瑞公司同意以阿文蒂斯公司提供的反证1(即本专利母案公开文本)作为判断本专利是否符合《专利法》第三十三条规定的依据。经核实,本专利母案自申请至公开期间未提交过修改文本。因此,确认将反证1作为评述本专利权利要求1是否符合《专利法》第三十三条规定的证据。

2. 关于《专利法》第三十三条

《专利法》第三十三条规定,申请人可以对其专利申请文件进行修改,但是,对发明和实用新型专利申请文件的修改不得超出原说明书和权利要求书记载的范围。

分案申请的内容不得超出原申请公开的范围,该"公开的范围"应当理解为《专利法》第三十三条所述的"记载的范围"。如果申请的内容通过增加、改变和/或删除其中的一部分,致使所属技术领域的技术人员看到的信息与原申请记载的信息不同,而且又不能从原申请记载的信息中直接地、毫无疑义地确定,那么,这种修改就是不允许的。

本专利权利要求1所述的两室组成的可注射组合物中,一室为"存在于吐温80中的多西他赛的溶液",另一室"带有选自葡萄糖、甘油、山梨醇、甘露糖醇、甘氨酸、聚乙二醇、丙二醇、苄醇、乙醇的稀释添加剂",对于本领域技术人员而言,"带有"的表述方式一般理解为表示除所述成份之外还可以含有其他成份或存在其他形式。恒瑞公司认为修改后的本专利权利要求1的"另一室带有选自葡萄糖、甘油、山梨醇、甘露糖醇、甘氨酸、聚乙二醇、丙二醇、苄醇、乙醇的稀释添加剂"超出了原始申请文件公开的范围。

本专利原始申请文件,即反证1记载的内容是判断本专利申请文件的修改是否超范围的依据。首先,反证1的权利要求1要求保护"含有塔三烷类衍生物的可供注射用的组合物,是由一种在表面活性剂中含有塔三烷类衍生物及稀释添加剂的溶液所组成,当此溶液与水溶液混合时稀释添加剂可以避免胶化层的形成或破坏已形成的胶化层"。其中所述组合物是由"在表面活性剂中含有塔三烷类衍生物及稀释添加剂的溶液所组成",由此可知反证1的权利要求1公开的技术方案为由表面活性剂、塔三烷类衍生物及稀释添加剂三种成分混合在一起的单一溶液,故为与本专利的权利要求1不同的技术方案。而反证1权利要求4、8和9仅是对反证1权利要求1中活性成分和添加剂种类的限定,根据其中内容均无法得出或毫无疑义的确定本专利权利要求1的技术方案。其次,反证1说明书第6页第1段记载了"塔三烷衍生物在表面活性剂中的溶液与稀释添加剂水溶液最好放在烧瓶、卵形瓶或有两个室的装置中,使在注入输液袋时两种溶液能当即混合",根据该部分内容,本领域技术人员只能得出分在两室中的是"塔三烷衍生物在表面活性剂中的溶液"和"稀释添加剂水溶液",无法毫无疑义地确定其中一室为"带有选自……的稀释添加剂"。第三,根据反证1其他部分的内容,尤其是说明书实施例的内容,本领域技术人员可以看出,实施例1中公开了将1ml含有多西他赛和吐温80的溶液与3ml含水和甘油的水溶液手工搅拌彻底混合的技术方案,实施例3~4公开了利用不同的表面活性剂代替吐温80重复实施例1试验的技术方案,实施例5~12涉及水和甘油、水和山梨醇、水和PEG200、水和葡萄糖、水和丙二醇、水和NaCl、水和甘油+葡萄糖、水和甘油+葡萄糖+NaCl的稀释混合液的技术方案,由上述内容本领域技术人员仅可以得出稀释添加剂在配制成水溶液时可以与含吐温80和多西他赛的溶液一起配制而呈流体状。说明书第9页实施例13~14(即试验13~17)涉及向6g吐温80的溶液中加入不等量的添加剂及4ml水的试验,但从中也无法毫无疑义地确定两室组合物中一室为"带有选自……的稀释添加剂"。因此反证1中并未公开另一个室"带有选自葡萄糖、甘油、山梨醇、甘露糖醇、甘氨酸、聚乙二醇、丙二醇、苄醇、乙醇的稀释添加剂"的技术方案。专利复审委员会认为,本专利最终授权的权利要求1将另一个室中的物质限定为"带有选自葡萄糖、甘油、山梨醇、甘露糖醇、甘氨酸、聚乙二醇、丙二醇、苄醇、乙醇的稀释添加剂",这种限定导致最终授权的权利要求1至少包括三种不同的技术方案,即(1)该室内含有所述稀释添加剂的水溶液;(2)该室内仅含有所述稀释添加剂本身,例如乙醇;(3)该室内含有所述稀释添加剂可静脉注射的非水溶液。对于上述(2)和(3)的技术方案,原始申请文件中并没有记载,这些内容与原申请记载的信息不同,而本领域技术人员又不能从原申请记载的信息中直接地、毫无疑义地确定,这种修改是不允许的,本专利权利要求1的修改不符合《专利法》第三十三条的规定。

阿文蒂斯公司认为,反证1的权利要求1涉及含有塔三烷类衍生物的可供注射用的组合物,是由一种在表面活性剂中含有塔三烷类衍生物及稀释添加剂的溶液所组成,当此溶液与水溶液混合时稀释添加剂可以避免胶化层的形成或破坏已形成的胶化层。其中并没有限定稀释添加剂的具体形式。根据上述内容同时基于反证1说明书第6页第1段有关两个室的优选实施方案及权利要求9和实施例1和5~14公开的具体的表面活性剂、权利要求8的活性物质和权利要求4的添加剂,完全可以得到本专利权利要求1的两室技术方案。此外,由于本专利要求保护的是一种可静脉注射组合物,这已经限定最终授权的权利要求1中另一室中内容物的形态和组成均应使所述组合物可注射,即保证其注射可行性和安全性。对此,专利复审委员会认为,反证1权利要求1、4、8和9公开的技术方案为由表面活性剂、塔三烷类衍生物及稀释添加剂三种成分混合在一起的单一溶液,反证1说明书第6页第1段仅记载了将"塔三烷衍生物在表面活性剂中的溶液"和"稀释添加剂水溶液"分在两室中的技术方案,说明书实施例中也没有记载一个室"带有选自葡萄糖、甘油、山梨醇、甘露糖醇、甘氨酸、聚乙二醇、丙二醇、苄醇、乙醇的稀释添加剂"的技术方案,申请人对申请文件进行修改并获得专利权的技术方案不应仅是专利权人所述能达到其发明目的或技术效果的技术方案,还应当是能从原始文件中得出或毫无疑义确定的技术方案,但本领域技术人员不能从反证1记载的信息中直接地、毫无疑义地确定本专利权利要求1的技术方案,因此即便考虑到申请人的上述意见,本专利权利要求1的修改仍不符合《专利法》第三十三条的规定。决定:宣告02147245.9号发明专利权全部无效。

原告阿文蒂斯公司不服该决定,向本院提起诉讼称:1.反证1权利要求1并非要求保护一种单一溶液,其与本专利有关,在判断本专利权利要求1的修改是否超范围时应当考虑反证1权利要求1的技术方案。一方面,从反证1权利要求1本身来说,从其文字上可以清楚明确地看出其要求保护的是一种双组分系统,其与本专利的权利要求所保护的都是一种"组合物",因此可以是混合物也可以是用于"组合"之物,不应当将反证1权利要求1中的"是由在表面活性剂中含有塔三烷类衍生物及稀释添加剂的溶液所组成"理解为"表面活性剂、塔三烷类衍生物及稀释添加剂三种成分混合在一起的单一溶液"。从反证1权利要求1中可以看出,这里隐含着本专利权利要求1所定义的"由两个室组成"的组合物,而本专利权利要求1中仅仅是将这一情况明确说明。事实上,本发明的关键就在于将"在表面活性剂中的塔三烷衍生物"和"稀释添加剂"相分离。将反证1权利要求1的内容与本专利权利要求1的内容相比较,可以明显看出它们可以彼此对应。另一方面,将反证1权利要求1结合其说明书的内容,可以明确得出本专利的权利要求1的技术方案,被告专利复审委员会在第11271号决定中已经确认本发明的组合物需要分在两室中,由此可以毫无疑问的得出,反证1权利要求1保护了一种两室的组合物,而不是一种单一溶液。2.反证1说明书明确显示本专利权利要求1是在原始公开范围内。判断分案的修改是否超范围,应当基于原案专利申请的说明书和权利要求书公开的整体内容,而非部分段落的部分文字。反证1权利要求1并没有将稀释添加剂限定于水溶液的形式;反证1权利要求4和说明书第5页说明具体添加剂时也没有限于水溶液,本领域技术人员可以理解这里所述的添加剂可以以水溶液或非水溶液的形式应用。因此根据原始说明书和权利要求书整体公开的内容,本领域技术人员可以直接地和毫无疑义地确定,添加剂的存在形式既可以是添加剂的水溶液,也可以是添加剂本身或者添加剂的非水溶液。3.说明书实施例的内容公开了稀释添加剂水溶液和非水溶液的内容。实施例13~14(试验13~17)明确记载向多乙氧基醚80(吐温80)的溶液中加入添加剂,然后加入水。比较试验1、2、5~12与13~17,可以看出,试验1、2、5~12中稀释添加剂是水溶液形式的,而试验13~17中,采用的是将添加剂本身加入吐温80溶液中,而后向组合物中加入水。试验13~17的结果显示并未形成胶化层,这进一步证明了本发明的添加剂既包括水溶液形式的,也包括非水溶液形式的。4.本专利权利要求1已经实审审查员认可,是合法的。综上,被告专利复审委员会关于本专利权利要求1中另一室的特征"带有选自葡萄糖、甘油、山梨醇、甘露糖醇、甘氨酸、聚乙二醇、丙二醇、苄醇、乙醇的稀释添加剂"不能从原申请记载的信息中直接地、毫无疑义地确定的认定,没有事实和法律依据,据此宣告原告专利权全部无效是错误的,因此,原告请求人民法院撤销被告作出的第11271号决定。

被告专利复审委员会辩称:1. 反证1的权利要求1要求保护的技术方案与本专利的权利要求1并不相同。本领域技术人员在阅读反证1权利要求后可以确定其中所述组合物"是由一种在表面活性剂中含有塔三烷类衍生物及稀释添加剂的溶液所组成",由此可知其中要求保护的技术方案为由表面活性剂、塔三烷类衍生物及稀释添加剂三种成分混合在一起的单一溶液,故为与本专利的权利要求1不同的技术方案。2. 本领域技术人员从反证1的权利要求书和说明书整体内容出发,可以判断本专利权利要求书的修改不符合《专利法》第三十三条的规定。反证1权利要求1、4中要求保护的技术方案为由表面活性剂、塔三烷类衍生物及稀释添加剂三种成分混合在一起的单一溶液,其与反证1说明书第6页第1段记载的技术方案并不相同,后者是将"塔三烷衍生物在表面活性剂中的溶液"和"稀释添加剂水溶液"分在两室中的优选的技术方案,因此虽然反证1权利要求1、4中公开的组合物并未具体限定添加剂的形式,但据此无法判断当将"塔三烷衍生物在表面活性剂中的溶液"和"稀释添加剂"分在两室中后稀释添加剂的形式,综观反证1的整体内容,本领域技术人员只能得出分在两室中的是"塔三烷衍生物在表面活性剂中的溶液"和"稀释添加剂水溶液",无法毫无疑义地确定其中一室为"带有选自……的稀释添加剂"。3. 反证1的说明书实施例并未公开本专利权利要求1的技术方案,反证1试验13~17并未公开将吐温80中的多西他赛的溶液放置于一室,而另一室"带有选自葡萄糖、甘油、山梨醇、甘露糖醇、甘氨酸、聚乙二醇、丙二醇、苄醇、乙醇的稀释添加剂"的技术方案。综上,专利复审委员会第11271号决定认定事实清楚、说明理由充分、审理程序合法、适用法律正确,请求人民法院依法维持第11271号决定。

第三人恒瑞公司当庭提交了书面意见陈述,认为:1. 反证1权利要求1所要求保护的技术方案并不包括单独存放的稀释添加剂或其水溶液或者非水溶液,也不需要使用两个室,因此,根本没有公开本专利权利要求1限定的三种技术方案,即(1)另一室内含有所述稀释添加剂的水溶液;(2)另一室内仅含有所述稀释添加剂本身;(3)另一室内含有所述稀释添加剂的非水溶液。同时反证1权利要求4仅是对权利要求1中的添加剂种类进行限定。可见,阿文蒂斯公司对本专利权利要求1的修改超出了反证1权利要求书记载的范围。2. 根据反证1说明书公开的内容,不能毫无疑义地确定本专利权利要求1限定的上述第(2)和第(3)种技术方案,因此阿文蒂斯公司对本专利权利要求1的修改超出了反证1说明书记载的范围。3. 阿文蒂斯公司对实施例13~14的解释没有任何事实根据,其结论显然是错误的。综上,阿文蒂斯公司对本专利权利要求1的修改不符合《专利法》第三十三条的规定,请求人民法院维持第11271号决定。

经审理查明:

阿文蒂斯公司于1993年10月29日向原中华人民共和国专利局提交了申请号为93119653.1、名称为"以塔三烷衍生物为主组分的新组合物"的发明专利申请,其分案申请即本专利。本专利于2006年12月27日被授权公告,专利号为02147245.9号,名称为"以塔三烷衍生物为主组分的新组合物",优先权日为1992年12月2日。本专利授权公告的权利要求书的内容为:

"1. 含有塔三烷类衍生物的可注射组合物,其由两个室组成,其中一个室为存在于吐温80中的多西他赛的溶液,并且另一个室带有选自葡萄糖、甘油、山梨醇、甘露糖醇、甘氨酸、聚乙二醇、丙二醇、苄醇、乙醇的稀释添加剂,其中添加剂与吐温80的重量比大于6%并小于38%。"

针对本专利,恒瑞公司于2007年9月18日向专利复审委员会提出了无效宣告请求,请求宣告本专利权利要求1无效,其理由包括本专利权利要求1中限定"另一室带有选自葡萄糖、甘油、山梨醇、甘露糖醇、甘氨酸、聚乙二醇、丙二醇、苄醇、乙醇的稀释添加剂",而不是原始说明书中的

"稀释添加剂水溶液",超出了原始申请文件公开的范围,导致本专利权利要求1不符合《专利法》第三十三条的规定。并提交了本专利的授权公告文本及公开文本。

阿文蒂斯公司于2007年11月5日针对上述无效宣告请求提交了意见陈述书及相应反证:

反证1:申请号为93119653.1的中国发明专利申请公开说明书(即本专利母案公开文本),公开号为CN1090170A,公开日期为1994年8月3日。权利要求1为:含有塔三烷类衍生物的可供注射用的组合物,是由一种在表面活性剂中含有塔三烷类衍生物及稀释添加剂的溶液所组成,当此溶液与水溶液混合时稀释添加剂可以避免胶化层的形成或破坏已形成的胶化层。权利要求4为:根据权利要求2的组合物,其特征在于添加剂选自葡萄糖、甘油、山梨醇、甘露糖醇、甘氨酸、聚乙二醇、丙二醇、苯甲醇、乙醇。说明书第4页最后一段至第5页提到:本发明在于在塔三烷类衍生物在表面活性剂中的溶液和含有添加剂的水溶液之间形成一种中间溶液,其中添加剂此后可以帮助上述中间溶液溶解于输液溶液中。所用的添加剂选自那些能够破坏或避免在含有塔三烷类衍生物的乳化剂与水之间形成胶化层的添加剂。在这些可以破坏或避免这种胶化层形成的添加剂中,可以例举出那些分子量等于或小于200的衍生物。在这些化合物中更优选那些至少带有一个羟基或一个胺基功能团的化合物,例如氨基酸。作为这样的化合物的例子列举如下:乙醇、葡萄糖、甘油、丙二醇、甘氨酸、山梨醇、甘露糖醇、苯甲醇、聚乙二醇。也可以用无机盐,如氯化钠。说明书第6页第1段提到:塔三烷衍生物在表面活性剂中的溶液与稀释添加剂水溶液最好放在烧瓶、卵形瓶或有两个室的装置中,使在注入输液袋时两种溶液能当即混合。说明书第6页至第9页记载了实施例,其中实施例1提到:按照专利申请91.08527制备塔三烷衍生物的溶液……所得溶液稳定性好,含40mg/ml的塔三得尔。将1ml的这种溶液与3ml含重量为70%水及30%甘油的水溶液混合。手工搅拌后彻底溶解。这种情况下,如果将水/甘油混合物用水单独代替,搅拌后观察到非均匀胶的形成。仅加入2ml这种甘油水溶液时得到了同样的结果,即一种流体溶液。实施例2提到:用含35%(重量)的葡萄糖水溶液代替甘油溶液重复实施例1。用手工搅拌后,溶液为流体状。实施例3~4提到:用不同的表面活性剂代替多乙氧基醚重复实施例1,结果列于下表(表略)。实施例5~12提到:在与实施例1相同的条件下操作,但要将1g多乙氧基醚80与1g列于下表中的稀释混合液混合;观察到液体相的性质(表略)。实施例13~14提到:向6g多乙氧基醚80的溶液中加入xg的添加剂及4ml水,观察溶液的流体性。结果列于下表:表中,试验13的添加剂为苯甲醇0.5g;试验14的添加剂为甘氨酸0.4g;试验15的添加剂为乙二醇1.90g;试验16的添加剂为乙醇0.60g;试验17的添加剂为甘油0.53g、乙醇0.53g。

恒瑞公司向本院提交了一九九〇年版《中华人民共和国药典》二部和2005年版《中华人民共和国药典》二部,但当庭表示放弃上述两份证据。

在本案审理中,阿文蒂斯公司当庭表示,实施例13~14(即试验13~17)公开了另一个室中的添加剂可以是添加剂本身或添加剂的可静脉注射的非水溶液。反证1说明书第4页最后一段"本发明在于在塔三烷类衍生物在表面活性剂中的溶液和含有添加剂的水溶液之间形成一种中间溶液,其中添加剂此后可以帮助上述中间溶液溶解于输液溶液中"是将母液(即反证1中的"塔三烷类衍生物在表面活性剂中的溶液",也即本专利权利要求1中的"存在于吐温80中的多西他赛的溶液")和水混合形成中间溶液,加入输液溶液中可以更好的溶解,本发明是为了验证母液和水混合时添加剂是否可以起到帮助溶解的效果。反证1说明书第5页第1段"所用的添加剂选自那些能够破坏或避免在含有塔三烷类衍生物的乳化剂与水之间形成胶化层的添加剂"表明添加剂的作用是破坏或避免母液与水之间形成胶化层。实施例13~14记载了"向6g多乙氧基醚80的溶液中加入xg的添加剂及4ml水",其措辞与实施例1~12中明确添加剂与水事先形成混合液不同,可以看出,xg的添加剂和4ml水基本上是同时加入到母液("6g多乙氧基醚80的溶液")中的,没有事先混合形成添加剂的水溶液,因此表明:"6g多乙氧基醚80的溶液"是本专利权利要求1中的"一个室"即"存在于吐温80中的多西他赛的溶液";"xg的添加剂"是本专利权利要求1中的"另一个室"中的内容,其中试验13~16为另一个室中仅含有稀释添加剂本身的情况,而试验17中添加剂为甘油和乙醇,由于二者互溶,因此是一种非水溶液,为另一个室中含有稀释添加剂可静脉注射的非水溶液的情况;"4ml水"的加入是为了验证xg的添加剂是否具有破坏或避免母液("6g多乙氧基醚80的溶液")和水混合时形成胶化层的作用,实施例13~14由于没有使用添加剂的水溶液,因此才需要额外加入4ml水来验证添加剂是否具有上述作用,而实施例1~12由于使用了添加剂的水溶液,因此无需额外加入水就已经可以验证添加剂是否具有上述作用。专利复审委员会当庭表示,首先,阿文蒂斯公司陈述的上述内容在口头审理过程中均未提及;其次,从实施例13~14的措辞上不能判断出xg的添加剂和4ml水是分开加入的,也不能够判断出加入4ml水仅是为了验证xg的添加剂是否能够破坏或避免母液和水混合时形成胶化层而非用于形成xg的添加剂的水溶液;此外,具体实施例是对说明书发明内容的解释,反证1说明书第4页最后一段明确记载了"本发明在于在塔三烷类衍生物在表面活性剂中的溶液和含有添加剂的水溶液之间形成一种中间溶液,其中添加剂此后可以帮助上述中间溶液溶解于输液溶液中",表明添加剂是以水溶液的形式存在,除了使用添加剂的水溶液外并没有明确提及添加剂的其他形式。实施例1~14均是制备由塔三烷类衍生物在表面活性剂中的溶液和含有添加剂的水溶液形成的中间溶液,其中实施例1~12中使用的水都是用于形成添加剂的水溶液,并验证了制备得到的中间溶液是否为流体状,尽管反证1说明书第4页最后一段记载了"其中添加剂此后可以帮助上述中间溶液溶解于输液溶液中",但是实施例1~12均未额外加入水来验证添加剂是否能够帮助中间溶液溶解于水中,因此实施例13~14中的水也不应当理解为是额外加入的。恒瑞公司当庭表示,反证1说明书第4页最后一段提到了添加剂的存在形式为添加剂的水溶液,是对本发明技术方案的总体概括,稀释添加剂只有一种存在形式,如果稀释添加剂不是以水溶液的形态存在应有明确的表示,并且,反证1第5页第1段所用的添加剂应认为是第4页最后一段中的添加剂,即以水溶液形式存在的添加剂。实施例13~14中记载的"加入xg的添加剂及4ml水"从措辞上看不出水是事后加入的,根据说明书应当理解为添加剂和水先混合后再加入。阿文蒂斯公司将"加入xg的添加剂及4ml水"解释为添加剂和水分别加入,与其将试验17中添加剂"甘油0.53g、乙醇0.53g"解释为甘油和乙醇先混合再加入未采用同一标准,前后矛盾。而且,甘油和乙醇在本发明中都是添加剂,不能认为甘油和乙醇混合在一起形成的是非水溶液,而应认为是混合的添加剂。

上述事实,有第11271号决定、本专利说明书、公开号为CN1090170A的中国发明专利申请公开说明书以及当事人陈述等证据在案佐证。

本院认为:

根据《专利法》第三十三条的规定,申请人可以对其专利申请文件进行修改,但是对发明和实用新型专利申请文件的修改不得超出原说明书和权利要求书记载的范围。原说明书和权利要求书记载的范围包括原说明书和权利要求书文字记载的内容和根据原说明书和权利要求书文字记载的内容以及说明书附图能直接地、毫无疑义地确定的内容。如果申请的内容通过增加、改变和/或删除其中的一部分,致使所属技术领域的技术人员看到的信息与原申请记载的信息不同,而且又不能从原申请记载的信息中直接地、毫无疑义地确定,那么,这种修改就是不允许的。分案申请的内容不得超出原申请公开的范围,此处"公开的范围"应当理解为《专利法》第三十三条所述"记载的范围"。

各方当事人对如下事实没有争议,本院予以确认:本专利权利要求1将另一个室中的物质限定为"带有选自葡萄糖、甘油、山梨醇、甘露糖醇、甘氨酸、聚乙二醇、丙二醇、苄醇、乙醇的稀释添加剂"导致权利要求1至少包括三种不同的技术方案,即(1)该室内含有所述稀释添加剂的水溶液;

(2) 该室内仅含有所述稀释添加剂本身, 例如乙醇; (3) 该室内含有所述稀释添加剂可静脉注射的非水溶液, 并且本专利权利要求1包括的上述技术方案 (1) 未超出反证1说明书和权利要求书记载的范围。根据各方当事人的诉辩主张, 本案争议的焦点为本专利权利要求1的修改"带有选自葡萄糖、甘油、山梨醇、甘露糖醇、甘氨酸、聚乙二醇、丙二醇、苄醇、乙醇的稀释添加剂"是否符合《专利法》第三十三条的规定, 即本专利权利要求1包括的上述技术方案 (2) 和 (3) 是否超出了反证1说明书和权利要求书记载的范围。具体地说, 以下四点存在争议:

1. 反证1权利要求1要求保护的技术方案是否为由表面活性剂、塔三烷类衍生物及稀释添加剂三种成分混合在一起的单一溶液, 即是否为与本专利权利要求1不同的技术方案。本院认为, 本领域技术人员在阅读反证1权利要求1后可以确定所述组合物是由一种溶液所组成, 且该溶液是"一种在表面活性剂中含有塔三烷类衍生物及稀释添加剂的溶液", 因此该组合物当然是一种单一溶液而非双组分系统, 在这种情况下, 即使说明书中还记载了"塔三烷衍生物在表面活性剂中的溶液与稀释添加剂水溶液最好放在烧瓶、卵形瓶或有两个室的装置中"的技术方案, 也不能将反证1权利要求1的技术方案理解为由两个室组成的组合物, 因此其与本专利权利要求1要求保护的"由两个室组成"的组合物确实属于不同的技术方案。

2. 反证1整体是否明确显示本专利权利要求1是在原始公开范围内, 即根据反证1说明书和权利要求书整体公开的内容, 本领域技术人员是否可以直接地和毫无疑义地确定添加剂的存在形式既可以是添加剂的水溶液, 也可以是添加剂本身或者添加剂的非水溶液。本院认为, 尽管反证1权利要求1没有将添加剂限定为特定形式, 权利要求4在说明具体添加剂时也没有限于其水溶液形式, 但是如前所述, 反证1权利要求1是与本专利权利要求1不同的技术方案, 反证1权利要求4作为权利要求1的从属权利要求, 其与本专利权利要求1也属于不同的技术方案, 不能据此判断本专利权利要求1的修改是否超范围。反证1中说明书第4页最后一段记载了"本发明在于在塔三烷类衍生物在表面活性剂中的溶液和含有添加剂的水溶液之间形成一种中间溶液, 其中添加剂此后可以帮助上述中间溶液溶解于输液溶液中", "含有添加剂的水溶液"表明添加剂以其水溶液的形式与塔三烷类衍生物在表面活性剂中溶液混合形成中间溶液, 之后说明书第5页第1段记载了"所用的添加剂选自那些能够破坏或避免在含有塔三烷类衍生物的乳化剂与水之间形成胶化层的添加剂", "所用的添加剂"表明那些能够破坏或避免在塔三烷类衍生物的乳化剂与水之间形成胶化层的添加剂是前述以水溶液形式存在的添加剂, 之后说明书第5页第2~3段举例说明了该以水溶液形式存在的添加剂, 以及说明书第6页第1段记载了"塔三烷衍生物在表面活性剂中的溶液与稀释添加剂水溶液最好放在烧瓶、卵形瓶或有两个室的装置中, 使在注入输液袋时两种溶液能当即混合", 由此可见, 根据反证1说明书和权利要求书整体公开的内容, 本领域技术人员不能直接地和毫无疑义地确定与塔三烷衍生物在表面活性剂中的溶液存在于两室之中的添加剂的存在形式除其水溶液外还可以是添加剂本身或者添加剂的非水溶液。

3. 根据反证1实施例13~14 (即试验13~17) 是否可以直接地、毫无疑义地确定另一个室中的添加剂可以是添加剂本身或添加剂的可静脉注射的非水溶液。本院认为, 从说明书相应记载中看不出实施例13~14中记载的"加入xg的添加剂及4ml水"能够表明xg添加剂与4ml水是分别加入的。除实施例1记载了完整的实施例之外, 实施例2~12明确记载其重复实施例1或在与实施例1相同的条件下操作, 实施例13~14虽未明确其是否重复实施例1或者在与实施例1相同的条件下操作, 但其中记载的"6g多乙氧基醚80的溶液"毫无疑义为实施例1中所制备, 因此实施例1~14不是彼此孤立的, 它们都是用于举例说明申请解决技术问题所采用的技术方案。由于实施例13~14的撰写方式并未清楚表明xg的添加剂和4ml的水是否预先混合, 因此为了确定其含义本领域技术人员势必要结合反证1说明书所记载的解决技术问题所采用的技术方案, 反证1说明书中涉及添加剂的部分为说明书第4页最后一段、第5页第1段、第2~3段以及第6页第1段,如前所述,说明书第4页最后一段表明添加剂是以其水溶液的形式与塔三烷类衍生物在表面活性剂中溶液混合形成中间溶液,之后说明书第5页第1段表明那些能够破坏或避免在含有塔三烷类衍生物的乳化剂与水之间形成胶化层的添加剂是前述以水溶液形式存在的添加剂,之后说明书第5页第2~3段举例说明了该以水溶液形式存在的添加剂,以及说明书第6页第1段记载了"塔三烷衍生物在表面活性剂中的溶液与稀释添加剂水溶液最好放在烧瓶、卵形瓶或有两个室的装置中,使在注入输液袋时两种溶液能当即混合",可见说明书所记载的技术方案中添加剂始终以其水溶液的形式存在,因此本领域技术人员在阅读实施例13~14中记载的"加入xg的添加剂及4ml水"时会将其理解为"加入xg添加剂的4ml水溶液",而不会依据实施例13~14的撰写方式与实施例1~12不同将其理解为"分别加入xg的添加剂和4ml水",因为撰写方式是否相同与含义是否相同没有必然的联系。

4. 关于本专利权利要求1已经实审审查员认可是否就说明其符合《专利法》第三十三条的规定。本院认为,根据《专利法》第四十五条的规定,自国务院专利行政部门公告授予专利权之日起,任何单位或者个人认为该专利权的授予不符合本法有关规定的,可以请求专利复审委员会宣告该专利无效,而《专利法实施细则》第六十四条第二款规定了无效宣告请求的理由,其中包括《专利法》第三十三条,因此,即使经过实审审查员认可被授予专利权的专利如果不符合《专利法》第三十三条的规定仍然可以被宣告无效。

综上,被告专利复审委员会认定本专利不符合专利法第三十三条的规定并无不当。第11271号决定认定事实清楚,适用法律正确,程序合法,应予维持。依照《中华人民共和国行政诉讼法》第五十四条第(一)项之规定,本院判决如下:

维持被告中华人民共和国国家知识产权局专利复审委员会作出的第11271号无效宣告请求审查决定。

案件受理费人民币100元,由原告阿文蒂斯药物股份有限公司负担(已交纳)。

如不服本判决,原告阿文蒂斯药物股份有限公司可在本判决书送达之日起30日内,被告中华人民共和国国家知识产权局专利复审委员会、第三人江苏恒瑞医药股份有限公司可在本判决书送达之日起15日内,向本院递交上诉状,并按对方当事人人数提交副本,交纳上诉案件受理费人民币100元,上诉于中华人民共和国北京市高级人民法院。

审　判　长　任　进
代理审判员　邢　军
人民陪审员　牛艳玲
二〇〇九年十一月三十日
书　记　员　陈文煊
书　记　员　朱　平

北京市高级人民法院
行政判决书

(2009)高行终字第1148号

上诉人(原审原告)阿文蒂斯药物股份有限公司(AVENTISPHARMA S. A.),住所地法兰西共和国安东尼市阿洪雷蒙街 20 号（20，AVENUE RAYMOND ARON，92160 ANTONY，FRANCE）。

法定代表人玛丽亚·苏洛（Maria SOULEAU），专利副总裁。

委托代理人龙传红，男，汉族，1969 年 5 月 2 日出生，中国国际贸易促进委员会专利商标事务所专利代理人，住中华人民共和国北京市海淀区皂君庙 14 号 3 号楼 3 门 101 号。

委托代理人陈建民，北京翔鲲律师事务所律师。

被上诉人（原审被告）中华人民共和国国家知识产权局专利复审委员会，住所地中华人民共和国北京市海淀区北四环西路 9 号银谷大厦 10～12 层。

法定代表人张茂于，副主任。

委托代理人尹昕，该委员会审查员。

委托代理人程强，该委员会审查员。

原审第三人江苏恒瑞医药股份有限公司，住所地中华人民共和国江苏省连云港经济技术开发区黄河路 38 号。

法定代表人孙飘扬，董事长。

委托代理人蒋洪义，北京市联德律师事务所律师。

委托代理人刘永全，北京市联德律师事务所律师。

上诉人阿文蒂斯药物股份有限公司（简称阿文蒂斯公司）因发明专利权无效行政纠纷一案，不服中华人民共和国北京市第一中级人民法院（简称北京市第一中级人民法院）（2009）一中行初字第 568 号行政判决，向本院提起上诉。本院 2009 年 8 月 26 日受理后，依法组成合议庭，于 2009 年 11 月 10 日公开开庭进行了审理。上诉人阿文蒂斯公司的委托代理人龙传红、陈建民，被上诉人中华人民共和国国家知识产权局专利复审委员会（简称专利复审委员会）的委托代理人尹昕、程强，原审第三人江苏恒瑞医药股份有限公司（简称恒瑞公司）的委托代理人蒋洪义、刘永全到庭参加了诉讼。本案现已审理终结。

北京市第一中级人民法院认定，涉案专利系阿文蒂斯公司拥有的"以塔三烷衍生物为主组分的新组合物"发明专利权（简称本专利）。针对本专利权，恒瑞公司于 2007 年 9 月 18 日向专利复审委员会提出了无效宣告请求，其理由包括本专利权利要求 1 不符合《专利法》第三十三条的规定。2008 年 4 月 6 日，专利复审委员会作出第 11271 号无效宣告请求审查决定（简称第 11271 号决定），宣告本专利权全部无效。

北京市第一中级人民法院认为，本领域技术人员在阅读反证 1 权利要求 1 后可以确定所述组合物是由一种溶液所组成，且该溶液是"一种在表面活性剂中含有塔三烷类衍生物及稀释添加剂的溶液"，因此该组合物当然是一种单一溶液而非双组分系统。在这种情况下，即使说明书中还记载了"塔三烷衍生物在表面活性剂中的溶液与稀释添加剂水溶液最好放在烧瓶、卵形瓶或有两个室的装置中"的技术方案，也不能将反证 1 权利要求 1 的技术方案理解为由两个室组成的组合物，因此其与本专利权利要求 1 要求保护的"由两个室组成"的组合物确实属于不同的技术方案。反证 1 权利要求 1 是与本专利权利要求 1 不同的技术方案，反证 1 权利要求 4 作为权利要求 1 的从属权利要求，其与本专利权利要求 1 也属于不同的技术方案，不能据此判断本专利权利要求 1 的修改是否超范围。根据反证 1 说明书和权利要求书整体公开的内容，本领域技术人员不能直接地和毫无疑义地确定与塔三烷衍生物在表面活性剂中的溶液存在于两室之中的添加剂的存在形式除其水溶液外还可以是添加剂本身或者添加剂的非水溶液。说明书所记载的技术方案中添加剂始终以其水溶液的形式存在，因此本领域技术人员在阅读实施例 13～14 中记载的"加入 xg 的添加剂及 4ml 水"时会将其理解为"加入 xg 添加剂的 4ml 水溶液"，而不会依据实施例 13～14 的撰写方式与实施例 1～12 不同将其理解为"分别加入

xg 的添加剂和 4ml 水",因为撰写方式是否相同与含义是否相同没有必然的联系。

北京市第一中级人民法院依照《中华人民共和国行政诉讼法》第五十四条第（一）项之规定，判决：维持专利复审委员会作出的第 11271 号决定。

上诉人阿文蒂斯公司不服原审判决，向本院提起上诉，请求撤销原审判决及专利复审委员会第 11271 号决定，责令专利复审委员会重新做出无效审查决定。其理由为：1. 原审判决认定本专利原始文本权利要求 1 要求保护的是由表面活性剂、塔三烷类衍生物及稀释添加剂三种成分混合在一起的单一溶液，这一认定是错误的。2. 原审判决中认定"根据反证 1 说明书和权利要求书整体公开的内容……不能直接和毫无疑义地确定……添加剂的存在形式……还可以是添加剂本身或者添加剂的非水溶液"的结论是错误的。3. 原审判决对于实施例 13~14 溶液含义的认识是错误的。4. 本专利是一项发明专利，是经严格的实质审查后才得到授权的，要考虑公平问题。专利复审委员会、恒瑞公司服从原审判决。

经审理查明：

阿文蒂斯公司于 1993 年 10 月 29 日向原中华人民共和国专利局提交了申请号为 93119653.1、名称为"以塔三烷衍生物为主组分的新组合物"的发明专利申请，其分案申请即本专利。本专利于 2006 年 12 月 27 日被授权公告，专利号为 02147245.9 号，名称为"以塔三烷衍生物为主组分的新组合物"，优先权日为 1992 年 12 月 2 日。本专利权利要求的内容为：

"1. 含有塔三烷类衍生物的可注射组合物，其由两个室组成，其中一个室为存在于吐温 80 中的多西他赛的溶液，并且另一个室带有选自葡萄糖、甘油、山梨醇、甘露糖醇、甘氨酸、聚乙二醇、丙二醇、苄醇、乙醇的稀释添加剂，其中添加剂与吐温 80 的重量比大于 6% 并小于 38%。"

针对本专利权，恒瑞公司于 2007 年 9 月 18 日向专利复审委员会提出了无效宣告请求，请求宣告本专利权利要求 1 无效，其理由包括本专利权利要求 1 中限定"另一室带有选自葡萄糖、甘油、山梨醇、甘露糖醇、甘氨酸、聚乙二醇、丙二醇、苄醇、乙醇的稀释添加剂"，而不是原始说明书中的"稀释添加剂水溶液"，超出了原始申请文件公开的范围，导致本专利权利要求 1 不符合《专利法》第三十三条的规定。恒瑞公司提交了本专利的授权公告文本及公开文本。

阿文蒂斯公司于 2007 年 11 月 5 日针对上述无效宣告请求提交了意见陈述书及相应反证：

反证 1：申请号为 93119653.1 的中国发明专利申请公开说明书（即本专利母案公开文本），公开号为 CN1090170A，公开日期为 1994 年 8 月 3 日。权利要求 1 为：含有塔三烷类衍生物的可供注射用的组合物，是由一种在表面活性剂中含有塔三烷类衍生物及稀释添加剂的溶液所组成，当此溶液与水溶液混合时稀释添加剂可以避免胶化层的形成或破坏已形成的胶化层。权利要求 4 为：根据权利要求 2 的组合物，其特征在于添加剂选自葡萄糖、甘油、山梨醇、甘露糖醇、甘氨酸、聚乙二醇、丙二醇、苯甲醇、乙醇。说明书第 4 页最后一段至第 5 页提到：本发明在于在塔三烷类衍生物在表面活性剂中的溶液和含有添加剂的水溶液之间形成一种中间溶液，其中添加剂此后可以帮助上述中间溶液溶解于输液溶液中。所用的添加剂选自那些能够破坏或避免在含有塔三烷类衍生物的乳化剂与水之间形成胶化层的添加剂。在这些可以破坏或避免这种胶化层形成的添加剂中，可以例举出那些分子量等于或小于 200 的衍生物。在这些化合物中更优选那些至少带有一个羟基或一个胺基功能团的化合物，例如氨基酸。作为这样的化合物的例子列举如下：乙醇、葡萄糖、甘油、丙二醇、甘氨酸、山梨醇、甘露糖醇、苯甲醇、聚乙二醇。也可以用无机盐，如氯化钠。说明书第 6 页第 1 段提到：塔三烷衍生物在表面活性剂中的溶液与稀释添加剂水溶液最好放在烧瓶、卵形瓶或有两个室的装置中，使在注入输液袋时两种溶液能当即混合。说明书第 6 页至第 9 页记载了实施例，其中实施例 1 提到：按照专利申请 91.08527 制备塔三烷衍生物的溶液……所得溶液稳定性好，含 40mg/ml 的塔三得尔。将 1ml 的这种溶液与3ml含重量为70％水及30％甘油的水溶液混合。手工搅拌后彻底溶解。这种情况下，如果将水/甘油混合物用水单独代替，搅拌后观察到非均匀胶的形成。仅加入2ml这种甘油水溶液时得到了同样的结果，即一种流体溶液。实施例2提到：用含35％（重量）的葡萄糖水溶液代替甘油溶液重复实施例1。用手工搅拌后，溶液为流体状。实施例3～4提到：用不同的表面活性剂代替多乙氧基醚重复实施例1，结果列于下表（表略）。实施例5～12提到：在与实施例1相同的条件下操作，但要将1g多乙氧基醚80与1g列于下表中的稀释混合液混合；观察到液体相的性质（表略）。实施例13～14提到：向6g多乙氧基醚80的溶液中加入xg的添加剂及4ml水，观察溶液的流体性。结果列于下表：表中，试验13的添加剂为苯甲醇0.5g；试验14的添加剂为甘氨酸0.4g；试验15的添加剂为乙二醇1.90g；试验16的添加剂为乙醇0.60g；试验17的添加剂为甘油0.53g、乙醇0.53g。

2008年4月6日，专利复审委员会做出第11271号决定。专利复审委员会在该决定中认定：

1. 关于证据

恒瑞公司同意以阿文蒂斯公司提供的反证1（即本专利母案公开文本）作为判断本专利是否符合《专利法》第三十三条规定的依据。经核实，本专利母案自申请至公开期间未提交过修改文本。因此，确认将反证1作为评述本专利权利要求1是否符合《专利法》第三十三条规定的证据。

2. 关于《专利法》第三十三条

本专利权利要求1所述的两室组成的可注射组合物中，一室为"存在于吐温80中的多西他赛的溶液"，另一室"带有选自葡萄糖、甘油、山梨醇、甘露糖醇、甘氨酸、聚乙二醇、丙二醇、苄醇、乙醇的稀释添加剂"，对于本领域技术人员而言，"带有"的表述方式一般理解为表示除所述成份之外还可以含有其他成份或存在其他形式。恒瑞公司认为修改后的本专利权利要求1的"另一室带有选自葡萄糖、甘油、山梨醇、甘露糖醇、甘氨酸、聚乙二醇、丙二醇、苄醇、乙醇的稀释添加剂"超出了原始申请文件公开的范围。

本专利原始申请文件，即反证1记载的内容是判断本专利申请文件的修改是否超范围的依据。首先，反证1的权利要求1要求保护"含有塔三烷类衍生物的可供注射用的组合物，是由一种在表面活性剂中含有塔三烷类衍生物及稀释添加剂的溶液所组成，当此溶液与水溶液混合时稀释添加剂可以避免胶化层的形成或破坏已形成的胶化层"。其中所述组合物是由"在表面活性剂中含有塔三烷类衍生物及稀释添加剂的溶液所组成"，由此可知反证1的权利要求1公开的技术方案为由表面活性剂、塔三烷类衍生物及稀释添加剂三种成分混合在一起的单一溶液，故为与本专利的权利要求1不同的技术方案。而反证1权利要求4、8和9仅是对反证1权利要求1中活性成分和添加剂种类的限定，根据其中内容均无法得出或毫无疑义的确定本专利权利要求1的技术方案。其次，反证1说明书第6页第1段记载了"塔三烷衍生物在表面活性剂中的溶液与稀释添加剂水溶液最好放在烧瓶、卵形瓶或有两个室的装置中，使在注入输液袋时两种溶液能当即混合"，根据该部分内容，本领域技术人员只能得出分在两室中的是"塔三烷衍生物在表面活性剂中的溶液"和"稀释添加剂水溶液"，无法毫无疑义地确定其中一室为"带有选自……的稀释添加剂"。第三，根据反证1其他部分的内容，尤其是说明书实施例的内容，本领域技术人员可以看出，实施例1中公开了将1ml含有多西他赛和吐温80的溶液与3ml含水和甘油的水溶液手工搅拌彻底混合的技术方案，实施例3～4公开了利用不同的表面活性剂代替吐温80重复实施例1试验的技术方案，实施例5～12涉及水和甘油、水和山梨醇、水和PEG200、水和葡萄糖、水和丙二醇、水和NaCl、水和甘油+葡萄糖、水和甘油+葡萄糖+NaCl的稀释混合液的技术方案，由上述内容本领域技术人员仅可以得出稀释添加剂在配制成水溶液时可以与含吐温80和多西他赛的溶液一起配制而呈流体状。说明书第9页实施例13～14（即试验13～17）涉及向6g吐温80的溶液中加入不等量的添加剂及4ml水的试验，但从中也无法毫无疑义地确定两室组合物中一室为"带有选自……的稀释添加剂"。因此反证1中并未公开另一个室"带有选自葡萄糖、甘油、山梨醇、甘露糖醇、甘氨酸、聚乙二醇、丙二醇、苄醇、乙醇的稀释添加剂"的技术方案。本专利最终授权的权利要求1将另一个室中的物质限定为"带有选自葡萄糖、甘油、山梨醇、甘露糖醇、甘氨酸、聚乙二醇、丙二醇、苄醇、乙醇的稀释添加剂",这种限定导致最终授权的权利要求1至少包括三种不同的技术方案,即(1)该室内含有所述稀释添加剂的水溶液;(2)该室内仅含有所述稀释添加剂本身,例如乙醇;(3)该室内含有所述稀释添加剂可静脉注射的非水溶液。对于上述(2)和(3)的技术方案,原始申请文件中并没有记载,这些内容与原申请记载的信息不同,而本领域技术人员又不能从原申请记载的信息中直接地、毫无疑义地确定,这种修改是不允许的,本专利权利要求1的修改不符合《专利法》第三十三条的规定。

阿文蒂斯公司认为,反证1的权利要求1涉及含有塔三烷类衍生物的可供注射用的组合物,是由一种在表面活性剂中含有塔三烷类衍生物及稀释添加剂的溶液所组成,当此溶液与水溶液混合时稀释添加剂可以避免胶化层的形成或破坏已形成的胶化层。其中并没有限定稀释添加剂的具体形式。根据上述内容同时基于反证1说明书第6页第1段有关两个室的优选实施方案及权利要求9和实施例1和5～14公开的具体的表面活性剂、权利要求8的活性物质和权利要求4的添加剂,完全可以得到本专利权利要求1的两室技术方案。此外,由于本专利要求保护的是一种可静脉注射组合物,这已经限定最终授权的权利要求1中另一室中内容物的形态和组成均应使所述组合物可注射,即保证其注射可行性和安全性。对此,反证1权利要求1、4、8和9公开的技术方案为由表面活性剂、塔三烷类衍生物及稀释添加剂三种成分混合在一起的单一溶液,反证1说明书第6页第1段仅记载了将"塔三烷衍生物在表面活性剂中的溶液"和"稀释添加剂水溶液"分在两室中的技术方案,说明书实施例中也没有记载一个室"带有选自葡萄糖、甘油、山梨醇、甘露糖醇、甘氨酸、聚乙二醇、丙二醇、苄醇、乙醇的稀释添加剂"的技术方案,申请人对申请文件进行修改并获得专利权的技术方案不应仅是专利权人所述能达到其发明目的或技术效果的技术方案,还应当是能从原始文件中得出或毫无疑义确定的技术方案,但本领域技术人员不能从反证1记载的信息中直接地、毫无疑义地确定本专利权利要求1的技术方案,因此即便考虑到申请人的上述意见,本专利权利要求1的修改仍不符合《专利法》第三十三条的规定。

据此,专利复审委员会宣告本专利权全部无效。

在本案原审法院庭审中,阿文蒂斯公司主张,实施例13～14(即试验13～17)公开了另一个室中的添加剂可以是添加剂本身或添加剂的可静脉注射的非水溶液。反证1说明书第4页最后一段"本发明在于在塔三烷类衍生物在表面活性剂中的溶液和含有添加剂的水溶液之间形成一种中间溶液,其中添加剂此后可以帮助上述中间溶液溶解于输液溶液中"是将母液(即反证1中的"塔三烷类衍生物在表面活性剂中的溶液",也即本专利权利要求1中的"存在于吐温80中的多西他赛的溶液")和水混合形成中间溶液,加入输液溶液中可以更好的溶解,本发明是为了验证母液和水混合时添加剂是否可以起到帮助溶解的效果。反证1说明书第5页第1段"所用的添加剂选自那些能够破坏或避免在含有塔三烷类衍生物的乳化剂与水之间形成胶化层的添加剂"表明添加剂的作用是破坏或避免母液与水之间形成胶化层。实施例13～14记载了"向6g多乙氧基醚80的溶液中加入xg的添加剂及4ml水",其措辞与实施例1-12中明确添加剂与水事先形成混合液不同,可以看出,xg的添加剂和4ml水基本上是同时加入到母液("6g多乙氧基醚80的溶液")中的,没有事先混合形成添加剂的水溶液,因此表明:"6g多乙氧基醚80的溶液"是本专利权利要求1中的"一个室"即"存在于吐温80中的多西他赛的溶液";"xg的添加剂"是本专利权利要求1中的"另一个室"中的内容,其中试验13～16为另一个室中仅含有稀释添加剂本身的情况,而试验17中添加剂为甘油和乙醇,由于二者互溶，因此是一种非水溶液，为另一个室中含有稀释添加剂可静脉注射的非水溶液的情况；"4ml 水"的加入是为了验证 xg 的添加剂是否具有破坏或避免母液（"6g 多乙氧基醚 80 的溶液"）和水混合时形成胶化层的作用，实施例 13~14 由于没有使用添加剂的水溶液，因此才需要额外加入 4ml 水来验证添加剂是否具有上述作用，而实施例 1~12 由于使用了添加剂的水溶液，因此无需额外加入水就已经可以验证添加剂是否具有上述作用。专利复审委员会主张，首先，阿文蒂斯公司陈述的上述内容在口头审理过程中均未提及；其次，从实施例 13~14 的措辞上不能判断出 xg 的添加剂和 4ml 水是分开加入的，也不能够判断出加入 4ml 水仅是为了验证 xg 的添加剂是否能够破坏或避免母液和水混合时形成胶化层而非用于形成 xg 的添加剂的水溶液；此外，具体实施例是对说明书发明内容的解释，反证 1 说明书第 4 页最后一段明确记载了"本发明在于在塔三烷类衍生物在表面活性剂中的溶液和含有添加剂的水溶液之间形成一种中间溶液，其中添加剂此后可以帮助上述中间溶液溶解于输液溶液中"，表明添加剂是以水溶液的形式存在，除了使用添加剂的水溶液外并没有明确提及添加剂的其他形式。实施例 1~14 均是制备由塔三烷类衍生物在表面活性剂中的溶液和含有添加剂的水溶液形成的中间溶液，其中实施例 1~12 中使用的水都是用于形成添加剂的水溶液，并验证了制备得到的中间溶液是否为流体状，尽管反证 1 说明书第 4 页最后一段记载了"其中添加剂此后可以帮助上述中间溶液溶解于输液溶液中"，但是实施例 1~12 均未额外加入水来验证添加剂是否能够帮助中间溶液溶解于水中，因此实施例 13~14 中的水也不应当理解为是额外加入的。恒瑞公司当庭表示，反证 1 说明书第 4 页最后一段提到了添加剂的存在形式为添加剂的水溶液，是对本发明技术方案的总体概括，稀释添加剂只有一种存在形式，如果稀释添加剂不是以水溶液的形态存在应有明确的表示，并且，反证 1 第 5 页第 1 段所用的添加剂应认为是第 4 页最后一段中的添加剂，即以水溶液形式存在的添加剂。实施例 13~14 中记载的"加入 xg 的添加剂及 4ml 水"从措辞上看不出水是事后加入的，根据说明书应当理解为添加剂和水先混合后再加入。阿文蒂斯公司将"加入 xg 的添加剂及 4ml 水"解释为添加剂和水分别加入，与其将试验 17 中添加剂"甘油 0.53g、乙醇 0.53g"解释为甘油和乙醇先混合再加入未采用同一标准，前后矛盾。而且，甘油和乙醇在本发明中都是添加剂，不能认为甘油和乙醇混合在一起形成的是非水溶液，而应认为是混合的添加剂。

上述事实，有第 11271 号决定、本专利说明书、公开号为 CN1090170A 的中国发明专利申请公开说明书以及当事人陈述等证据在案佐证。

本院认为：

根据《专利法》第三十三条的规定，申请人可以对其专利申请文件进行修改，但是对发明和实用新型专利申请文件的修改不得超出原说明书和权利要求书记载的范围。原说明书和权利要求书记载的范围包括原说明书和权利要求书文字记载的内容和根据原说明书和权利要求书文字记载的内容以及说明书附图能直接地、毫无疑义地确定的内容。如果申请的内容通过增加、改变和/或删除其中的一部分，致使所属技术领域的技术人员看到的信息与原申请记载的信息不同，而且又不能从原申请记载的信息中直接地、毫无疑义地确定，那么，这种修改就是不允许的。

本案中，本领域技术人员在阅读反证 1 权利要求 1 后可以确定所述组合物是由一种溶液所组成，且该溶液是"一种在表面活性剂中含有塔三烷类衍生物及稀释添加剂的溶液"，因此该组合物当然是一种单一溶液而非双组分系统，在这种情况下，即使说明书中还记载了"塔三烷衍生物在表面活性剂中的溶液与稀释添加剂水溶液最好放在烧瓶、卵形瓶或有两个室的装置中"的技术方案，也不能将反证 1 权利要求 1 的技术方案理解为由两个室组成的组合物，因此其与本专利权利要求 1 要求保护的"由两个室组成"的组合物确实属于不同的技术方案。据此，本专利权利要求 1 不符合《专利法》第三十三条的规定。

此外，尽管反证 1 权利要求 1 没有将添加剂限定为特定形式，权利要求 4 在说明具体添加剂时也没有限于其水溶液形式，但是如前所述，反证 1 权利要求 1 是与本专利权利要求 1 不同的技术方案，反证 1 权利要求 4 作为权利要求 1 的从属权利要求，其与本专利权利要求 1 也属于不同的技术方案，不能据此判断本专利权利要求 1 的修改是否超范围。反证 1 中说明书第 4 页最后一段记载了"本发明在于在塔三烷类衍生物在表面活性剂中的溶液和含有添加剂的水溶液之间形成一种中间溶液，其中添加剂此后可以帮助上述中间溶液溶解于输液溶液中"，"含有添加剂的水溶液"表明添加剂以其水溶液的形式与塔三烷类衍生物在表面活性剂中溶液混合形成中间溶液，之后说明书第 5 页第 1 段记载了"所用的添加剂选自那些能够破坏或避免在含有塔三烷类衍生物的乳化剂与水之间形成胶化层的添加剂"，"所用的添加剂"表明那些能够破坏或避免在塔三烷类衍生物的乳化剂与水之间形成胶化层的添加剂是前述以水溶液形式存在的添加剂，之后说明书第 5 页第 2~3 段举例说明了该以水溶液形式存在的添加剂，以及说明书第 6 页第 1 段记载了"塔三烷衍生物在表面活性剂中的溶液与稀释添加剂水溶液最好放在烧瓶、卵形瓶或有两个室的装置中，使在注入输液袋时两种溶液能当即混合"。由此可见，根据反证 1 说明书和权利要求书整体公开的内容，本领域技术人员不能直接地和毫无疑义地确定与塔三烷衍生物在表面活性剂中的溶液存在于两室之中的添加剂的存在形式除其水溶液外还可以是添加剂本身或者添加剂的非水溶液。另外，就原说明书实施例 13~14 中记载的"加入 xg 的添加剂及 4ml 水"而言，难以表明 xg 添加剂与 4ml 水是分别加入的。由此可见，本专利权利要求 1 不符合《专利法》第三十三条的规定。

综上所述，原审判决认定事实清楚，适用法律正确。阿文蒂斯公司的上诉主张于法无据，本院不予支持。依照《中华人民共和国行政诉讼法》第六十一条第（一）项之规定，本院判决如下：

驳回上诉，维持原判。

一审案件受理费 100 元人民币，由阿文蒂斯药物股份有限公司负担（已交纳）；二审案件受理费 100 元，由阿文蒂斯药物股份有限公司负担（已交纳）。

本判决为终审判决。

审　判　长　刘　辉
代理审判员　谢甄珂
代理审判员　焦　彦
二〇〇九年十一月二十五日
书　记　员　陈　明

滑板结构

无效宣告请求审查决定（第 11331 号）

决 定 号	第 11331 号
决 定 日	2008 年 3 月 18 日
发明创造名称	滑板结构
国 际 分 类 号	A63C 5/044，A63C 5/056，B63B 35/79
无效宣告请求人	沈爱甫
专 利 权 人	叶宗殷
专 利 号	03229355.0
申 请 日	2003 年 3 月 11 日
授 权 公 告 日	2004 年 5 月 19 日
合议组组长	李人久
主 审 员	郭 婷
参 审 员	吴通义
法 律 依 据	专利法第 22 条第 3 款

决 定 要 点

在判断一项实用新型专利权利要求的创造性时，首先应当将该权利要求的技术方案与最接近的现有技术相比较，找出它们之间的区别技术特征，然后再考察现有技术中是否给出了将上述区别技术特征应用到该最接近的现有技术以解决本实用新型实际解决的技术问题的启示，若存在这种启示，则权利要求的技术方案是显而易见的，不具有实质性特点。

一、案由

本专利权无效宣告请求案涉及国家知识产权局于 2004 年 5 月 19 日公告授予的、名称为"滑板结构"的第 03229355.0 号实用新型专利权（下称本专利），其申请日为 2003 年 3 月 11 日，专利权人为叶宗殷。本专利授权公告的权利要求书如下：

"1. 一种滑板结构，其特征在于：包括：

一聚乙烯发泡基材；

一塑胶膜，系结合于该聚乙烯发泡基材表面。

2. 根据权利要求 1 所述的滑板结构，其特征在于：该聚乙烯发泡基材，系可为一聚乙烯发泡板具有许多直径为 1~3mm 的发泡囊。

3. 根据权利要求 1 所述的滑板结构，其特征在于：该聚乙烯发泡基材，系可为一聚乙烯发泡皮，该聚乙烯发泡皮具有许多直径0.5mm或更低之微细发泡囊。

4. 根据权利要求1所述的滑板结构,其特征在于:该聚乙烯发泡基材,包括:

——聚乙烯发泡板,该聚乙烯发泡板具有许多直径为1~3mm之发泡囊;

——聚乙烯发泡皮系设于该聚乙烯发泡板之外侧,该聚乙烯发泡皮具有许多直径0.5mm或更低之微细发泡囊。

5. 根据权利要求1所述的滑板结构,其特征在于:该塑胶膜上形成复数个微凹部,该微凹部陷入该聚乙烯发泡基材。

6. 根据权利要求1所述的滑板结构,其特征在于:该聚乙烯发泡基材系具有一顶面、一底面及一外围;而该塑胶膜包括:

——第一塑胶膜,系结合于该聚乙烯发泡基材的顶面及外围;

——第二塑胶膜,系结合于该聚乙烯发泡基材的底面。

7. 根据权利要求6所述的滑板结构,其特征在于:该第一塑胶膜上系形成复数个微凹部,该微凹部系陷入该聚乙烯发泡基材。

8. 根据权利要求6所述的滑板结构,其特征在于:该第一塑胶膜系包括:

——第一外层膜,系具有透光性及一内侧面,并于该内侧面设一第一图案,该第一外层膜之厚度为0.02~0.15mm;"

针对上述专利权,沈爱甫(下称请求人)于2006年4月10日向专利复审委员会提出专利权无效宣告请求,同时提交了以下附件作为证据:

附件1:中国实用新型专利说明书,专利号ZL 00237987.2,授权公告号CN2439303Y,授权公告日为2001年7月18日,共7页。

请求人认为:权利要求1~8相对于附件1不具备专利法第22条第3款规定的创造性。

经形式审查合格后,专利复审委员会受理了上述请求,于2006年4月10日向双方当事人发出《无效宣告请求受理通知书》,并将请求人提交的《专利权无效宣告请求书》及其附件副本转送给专利权人,要求其在指定的期限内答复,同时成立合议组对本无效宣告请求案进行审理。

专利权人于2006年5月8日提交了意见陈述书,专利权人认为:(1)由于请求人在无效请求书中没有将证据同无效理由结合起来对本专利各个技术方案不具有创造性进行具体的阐述和说明,因此,该无效请求形式上存在瑕疵,不应被予以受理。(2)由于本专利提供了一种不同技术构思的技术方案,而且其技术效果也明显优于附件1,因此,本专利权利要求1~8相对于附件1具备创造性。

2006年5月9日,请求人再次提交了意见陈述书及以下附件(编号续前)作为证据:

附件2:中国实用新型专利说明书,专利号ZL 00201499.8,授权公告号CN2425000Y,授权公告日为2001年3月28日,共20页;

附件3:美国专利US5658179A,公开日为1997年8月19日,原文复印件及中文译文,共19页;

附件4:美国专利US5275860A,公开日为1994年1月4日,原文复印件及中文译文,共17页;

附件5:美国专利US5211593A,公开日为1993年5月18日,原文复印件及中文译文,共18页;

附件6:美国专利US4850913A,公开日为1989年7月25日,原文复印件及中文译文,共9页;

附件7:美国专利US5114370A,公开日为1992年5月19日,原文复印件及中文译文,共15页;

附件8:美国专利US5647784A,公开日为1997年7月15日,原文复印件及中文译文,共15页。

请求人分别以附件2、3和6作为最接近的对比文件进行了评述,认为本专利权利要求1~8不具备新颖性或创造性。

2006年12月18日,本案合议组将请求人于2006年5月9日提交的意见陈述书及其附件副本转送给专利权人，将专利权人于2006年5月8日提交的意见陈述书转送给请求人。

2007年1月18日，专利权人针对请求人于2006年5月9日提交的意见陈述书及补充证据作出答复，同时提交了修改后的新权利要求书，要求以此文本作为审理依据。

修改后的权利要求书如下：

"1. 一种滑板结构，其特征在于：包括：

一聚乙烯发泡基材；

一塑胶膜，系结合于该聚乙烯发泡基材表面；

该聚乙烯发泡基材，包括：

一聚乙烯发泡板，该聚乙烯发泡板具有许多直径为1～3mm之发泡囊；

一聚乙烯发泡皮，该聚乙烯发泡皮系设于该聚乙烯发泡板之外侧，该聚乙烯发泡皮具有许多直径0.5mm或更低之微细发泡囊；

该聚乙烯发泡基材系具有一顶面、一底面及一外围；而该塑胶膜包括：

一第一塑胶膜，系结合于该聚乙烯发泡基材的顶面及外围；

一第二塑胶膜，系结合于该聚乙烯发泡基材的底面；

该第一塑胶膜上系形成复数个微凹部，该微凹部系陷入该聚乙烯发泡基材；

该第一塑胶膜包括：

一第一外层膜，系具有透光性及一内侧面，并于该内侧面设一第一图案，该第一外层膜之厚度为0.02～0.15mm；

一第一内层膜，系具有一外侧面及一内侧面，该外侧面系供结合于该第一外层膜之内侧面并覆盖住该第一图案，该内侧面供结合于该聚乙烯发泡基材，其中该第一内层膜之厚度为0.01～0.15mm；以及该第一外层膜之厚度系大于该第一内层膜。

2. 根据权利要求1所述的滑板结构，其特征在于：该第二塑胶膜包括：

一第二外层膜，系具有透光性及一内侧面，并于该内侧面设一第二图案；

一第二内层膜，系具有一外侧面及一内侧面，该外侧面系供结合于该第一外层膜之内侧面并覆盖住该第二图案，该内侧面供结合于该聚乙烯发泡基材；以及该第二外层膜至该第二内层膜之总厚度为0.3～1.5mm。

3. 根据权利要求1所述的滑板结构，其特征在于：该聚乙烯发泡基材系具有一底面，该底面可结合一底板。"

专利权人认为：与附件2、5公开的技术内容相比，与附件3、2、5公开的技术内容相比，以及与附件6等公开的技术内容相比，本专利权利要求1都具有创造性。在权利要求1具有创造性的前提下，其从属权利要求2、3也具有创造性。

2007年1月25日，专利权人再次提交了意见陈述书，提出由于本专利一共有10项权利要求，而请求人只宣告本专利前7项权利要求以及第8项权利要求的部分内容无效，在经过专利权人对权利要求修改后，请求人的无效理由不能成立，请求合议组维持涉案专利有效。

2007年1月26日，本案合议组向请求人发出《转送文件通知书》，将专利权人于2007年1月18日及2007年1月25日提交的意见陈述书及所附附件转送给请求人。

2007年2月13日，本案合议组向双方当事人发出《无效宣告请求审查通知书》，告知双方当事人：经审查，国家知识产权局公告的文本与实际授权的文本不一致，导致请求人未能针对实际授权文本提出无效理由，现随此通知书附上实际授权的权利要求书（共两页10项），请求人可以在收到本通知书之日起壹个月内针对专利权人于2007年1月18日提交的权利要求书修改文本提交新的无效理由和证据。

实际授权的权利要求书全文如下：

"1. 一种滑板结构，其特征在于：包括：

一聚乙烯发泡基材；

一塑胶膜，系结合于该聚乙烯发泡基材表面。

2. 根据权利要求1所述的滑板结构，其特征在于：该聚乙烯发泡基材，系可为一聚乙烯发泡板具有许多直径为1～3mm的发泡囊。

3. 根据权利要求1所述的滑板结构，其特征在于：该聚乙烯发泡基材，系可为一聚乙烯发泡皮，该聚乙烯发泡皮具有许多直径0.5mm或更低之微细发泡囊。

4. 根据权利要求1所述的滑板结构，其特征在于：该聚乙烯发泡基材，包括：

一聚乙烯发泡板，该聚乙烯发泡板具有许多直径为1～3mm之发泡囊；

一聚乙烯发泡皮系设于该聚乙烯发泡板之外侧，该聚乙烯发泡皮具有许多直径0.5mm或更低之微细发泡囊。

5. 根据权利要求1所述的滑板结构，其特征在于：该塑胶膜上形成复数个微凹部，该微凹部陷入该聚乙烯发泡基材。

6. 根据权利要求1所述的滑板结构，其特征在于：该聚乙烯发泡基材系具有一顶面、一底面及一外围；而该塑胶膜包括：

一第一塑胶膜，系结合于该聚乙烯发泡基材的顶面及外围；

一第二塑胶膜，系结合于该聚乙烯发泡基材的底面。

7. 根据权利要求6所述的滑板结构，其特征在于：该第一塑胶膜上系形成复数个微凹部，该微凹部系陷入该聚乙烯发泡基材。

8. 根据权利要求6所述的滑板结构，其特征在于：该第一塑胶膜系包括：

一第一外层膜，系具有透光性及一内侧面，并于该内侧面设一第一图案，该第一外层膜之厚度为0.02～0.15mm；

一第一内层膜，系具有一外侧面及一内侧面，该外侧面系供结合于该第一外层膜之内侧面并覆盖住该第一图案，该内侧面供结合于该聚乙烯发泡基材，其中该第一内层膜之厚度为0.01～0.15mm；以及该第一外层膜之厚度系大于该第一内层膜。

9. 根据权利要求6所述的滑板结构，其特征在于：该第二塑胶膜包括：

一第二外层膜，系具有透光性及一内侧面，并于该内侧面设一第二图案；

一第二内层膜，系具有一外侧面及一内侧面，该外侧面系供结合于该第一外层膜之内侧面并覆盖住该第二图案，该内侧面供结合于该聚乙烯发泡基材；以及该第二外层膜至该第二内层膜之总厚度为0.3～1.5mm。

10. 根据权利要求1所述的滑板结构，其特征在于：该聚乙烯发泡基材系具有一底面，该底面可结合一底板。"

2007年3月27日，请求人提交了意见陈述书，提出：（1）权利要求1～3不清楚，不符合专利法实施细则第20条第1款的规定，具体理由是：①权利要求1第3行文字中明确记载"一塑胶膜，系结合于该聚乙烯发泡基材表面"，即塑胶膜只有一个，而第11～12行文字又明确记载"一第一塑胶膜，一第二塑胶膜"，而且两个塑胶膜的厚度不相同，这是完全矛盾的，导致权利要求保护范围不清楚；②权利要求3从属于权利要求1，因此权利要求3的内容应当包括权利要求1的，所以在权利要求3中聚乙烯发泡基材的底面既要结合第二塑胶膜，又要结合一底板，这是不可能的，这也导致权利要求不清楚；③在权利要求 1 不清楚的情况下，其从属权利要求 2、3 也必然不清楚。（2）权利要求 1~3 不具备创造性，不符合专利法第 22 条第 3 款的规定，具体理由是：①以附件 2 为最接近的对比文件，权利要求 1 相对于附件 2、5 与常规技术的结合，或者相对于附件 2、5、常规技术与附件 3 或 6 或 8 的结合不具备创造性；②以附件 3 为最接近的对比文件，权利要求 1 相对于附件 3、5、2 及常规技术的结合不具备创造性；③以附件 6 为最接近的对比文件，权利要求 1 相对于附件 6、5、2 和常规技术的结合不具备创造性；④从属权利要求 2 的附加技术特征被附件 5 公开或者是常规安排，依上述三种针对权利要求 1 的评述方式可知权利要求 2 不具备创造性；⑤从属权利要求 3 的附加技术特征被附件 2 或 3 公开，依上述第一和第二种针对权利要求 1 的评述方式可知权利要求 3 不具备创造性。

2007 年 4 月 12 日，专利复审委员会向专利权人发出《转送文件通知书》，将请求人于 2007 年 3 月 27 日提交的意见陈述书转送给专利权人，并要求其在收到所述文件之日起壹个月内作出答复。

2007 年 5 月 16 日，专利权人提交了意见陈述书，认为：（1）权利要求 1 并不存在矛盾或不清楚之处，权利要求 3 的内容是可理解的，即可将第二塑胶膜换成底板，因此，权利要求 1~3 符合专利法实施细则第 20 条第 1 款的规定。（2）本专利权利要求 1 相对于附件 2、5 的结合，相对于附件 3、5 的结合，相对于附件 6 等公开的技术内容均具有创造性。在独立权利要求 1 具有创造性的前提下，从属权利要求 2、3 也具有创造性。将对比文件公开的技术与涉案专利技术相比，两者技术方案在设计思路、层次排列或效果等方面都有明显的不同，而且这些明显的不同又不能使本领域普通技术人员从对比文件中得到相应的技术启示，所以，本专利与现有技术相比，具有实质性特点和进步。

2007 年 6 月 22 日，本案合议组向双方当事人发出口头审理通知书，定于 2007 年 8 月 23 日对本案进行口头审理。同时，本案合议组将专利权人于 2007 年 5 月 16 日提交的意见陈述书转送给请求人，要求其在口头审理时一并答复。

2007 年 8 月 23 日口头审理如期进行。双方当事人均委托代理人参加了口头审理。在口头审理中，请求人提出在授权文本公告错误未进行更正的情况下，不能认可该权利要求修改文本。合议组将请求人当庭提交的口审代理意见转给专利权人，要求专利权人在本次口头审理结束后的 10 天内作出书面答复，同时告知双方当事人，本案将择日另行口头审理。

2007 年 9 月 3 日，专利权人提交了意见陈述书，提出：（1）关于请求人提出的本案口审存在法律程序上的瑕疵问题，专利权人认为，在符合法定程序的情况下，专利权人尊重复审委员会的意见和决定；（2）请求人口审代理意见中的其他观点和理由同其在 2007 年 3 月 27 日提交的意见陈述没有实质性区别，专利权人在 2007 年 5 月 16 日提交的意见陈述中已进行了答辩。

2007 年 9 月 26 日，本案合议组向双方当事人发出口头审理通知书，定于 2007 年 11 月 12 日对本案进行口头审理。同时，本案合议组告知双方当事人本专利实际授权文本已由国家知识产权局进行了更正公告，现将该更正后的授权公告文本转给双方，并将专利权人于 2007 年 9 月 3 日提交的意见陈述书转送给请求人，要求其在口头审理时一并答复。

2007 年 11 月 12 日口头审理如期进行。双方当事人均委托代理人参加了口头审理。口头审理以专利权人于 2007 年 1 月 18 日提交的权利要求第 1~3 项为审理基础，口头审理过程中确定的事实如下：（1）请求人放弃使用附件 1、4、6~8 作为证据。专利权人对附件 2、5 的真实性、合法性、关联性以及公开时间均无异议，对附件 5 的译文准确性也没有异议。（2）请求人放弃新颖性这一无效宣告理由，并明确其无效宣告请求理由为：①权利要求 1~3 不符合专利法实施细则第 20 条第 1 款的规定，具体理由与 2007 年 3 月 27 日提交的意见陈述书中的一致；②权利要求 1~3 相对于附件 2 和 5 的结合不具备专利法第 22 条第 3 款规定的创造性，其中附件 2 公开了最接近的现有技术。口头审理过程中，合议组对请求人提出的无效理由和事实进行了充分调查，并听取了双方当事人的陈述。

至此，合议组认为本案事实已经清楚，可以依法作出审查决定。

二、决定的理由

1. 关于审查文本

专利法实施细则第68条规定：在无效宣告请求的审查过程中，发明或者实用新型专利的专利权人可以修改其权利要求书，但是不得扩大原专利的保护范围。发明或者实用新型专利的专利权人不得修改专利说明书和附图，外观设计专利的专利权人不得修改图片、照片和简要说明。

依据审查指南第四部分第三章第4.6节的规定，在无效宣告程序中，专利权人对实用新型专利文件的修改仅限于权利要求书，其原则是：（1）不得改变原权利要求的主题名称。（2）与授权的权利要求相比，不得扩大原专利的保护范围。（3）不得超出原说明书和权利要求书记载的范围。（4）一般不得增加未包含在授权的权利要求书中的技术特征。在满足上述修改原则的前提下，修改权利要求书的具体方式一般限于权利要求的删除、合并和技术方案的删除。权利要求的删除是指从权利要求书中去掉某项或者某些项权利要求，例如独立权利要求或者从属权利要求。权利要求的合并是指两项或者两项以上相互无从属关系但在授权公告文本中从属于同一独立权利要求的权利要求的合并。对于以合并方式修改权利要求书，仅在下列三种情形的答复期限内允许：（1）针对无效宣告请求书。（2）针对请求人增加的无效宣告理由或者补充的证据。（3）针对专利复审委员会引入的请求人未提及的无效宣告理由或者证据。

专利权人于2007年1月18日提交了权利要求书修改文本（共3项），并要求以此文本作为审理基础。

合议组审查后认为：该修改文本是针对请求人增加的无效宣告理由和补充的证据提出的，提出时机符合审查指南的规定。专利权人对权利要求书所作的修改具体为删除了原始权利要求1~3、5、6，将原始权利要求4、7、8合并为新权利要求1，将原始权利要求9变为新权利要求2，将原始权利要求10变为新权利要求3。首先，该修改符合审查指南规定的上述四项原则；其次，对权利要求1~3、5、6的删除符合审查指南对于权利要求的删除的规定，而权利要求4、7、8是三项相互无从属关系且在授权公告文本中均从属于独立权利要求1的权利要求，它们的合并也符合审查指南的规定。综上所述，专利权人对权利要求书所作的修改符合审查指南第四部分第三章第4.6节的规定，符合专利法实施细则第68条的规定，合议组予以接受。

因此，本无效宣告请求审查决定所针对的文本为：专利权人于2007年1月18日提交的权利要求第1~3项，2004年5月19日授权公告的说明书第1~8页、说明书附图第1~6页、说明书摘要以及摘要附图。

2. 关于证据

（1）附件2为中国实用新型专利文献（专利号ZL 00201499.8，授权公告号CN2425000Y，授权公告日为2001年3月28日，共20页），附件5为美国专利文献（US5211593A，公开日：1993年5月18日，原文复印件及中文译文，共18页），专利权人对附件2、5的真实性、合法性、关联性以及公开时间均无异议，对附件5的译文准确性也没有异议，合议组对附件2、5的真实性、合法性、关联性以及附件5的译文准确性也予以认可，而且，附件2、5的公开日都在本专利申请日之前，因此它们可以作为本专利的现有技术用于评价本专利的创造性。

（2）由于请求人在口头审理时已经放弃使用附件1、3、4、6~8作为证据，因此合议组对附件1、3、4、6~8不再予以评述。

3. 关于专利法第 22 条第 3 款

专利法第 22 条第 3 款规定，创造性，是指同申请日以前已有的技术相比，该实用新型有实质性特点和进步。

根据该款规定，在判断一项实用新型权利要求的创造性时，首先应当将该权利要求的技术方案与最接近的现有技术相比较，找出它们之间的区别技术特征，然后再考察现有技术中是否给出了将上述区别技术特征应用到该最接近的现有技术以解决本实用新型实际解决的技术问题的启示，若存在这种启示，则权利要求的技术方案是显而易见的，不具有实质性特点。

（1）本专利权利要求 1 要求保护一种滑板结构。

附件 2 同样公开了一种冲浪板。附件 2 在背景技术部分（参见说明书第 1 页倒数第 1 行至第 2 页第 9 行、说明书第 2 页倒数第 3 行）介绍了已有 BODYBOARD 的构成，其是裁切一块具预定形状之聚脂类发泡基板，然后在该发泡基板上表面黏贴一层面皮、在其侧边黏贴侧皮（该面皮、侧皮相当于权利要求 1 中的发泡皮），在其底面黏贴一种稍硬的底板，其中聚脂类发泡基板系由一种聚脂类以约 25 倍至 30 倍之发泡倍率得到，而所述面皮及侧皮则是由一种聚脂类以约 10～15 倍之发泡倍率得到。面皮的作用在于提供较佳的美感与质感。附件 2 在随后的发明内容部分（参见说明书第 4 页第 10 行至第 7 页，图 4 和图 5）阐述了对已有 BODYBOARD 的改进，改进之处在于在面皮上表面热压贴合一层塑料膜（相当于权利要求 1 的塑胶膜），该塑料膜表面可形成止滑凸粒或纹路，借该塑料膜形成一保护层，使冲浪板不会受到日照及摩擦的破坏，进而可防止其老化。其中还具体指出了聚脂类发泡基材包括 PE（相当于权利要求 1 的聚乙烯发泡基材），塑料膜以使用 PE 为佳。同时指出塑料膜上可有多款颜色及图案花纹。由上可知，之前对已有 BODYBOARD 的描述和之后对已有 BODYBOARD 的改进构成了附件 2 专利中所述的抗老化冲浪板的完整技术方案。

本专利权利要求 1 与附件 2 中公开的抗老化冲浪板的技术方案相比，区别在于：①权利要求 1 中限定的聚乙烯发泡板具有许多直径为 1～3mm 之发泡囊，聚乙烯发泡皮具有许多直径 0.5mm 或更低之微细发泡囊；附件 2 公开的可选择 PE 的聚脂类发泡板的发泡倍率为约 25～30 倍，面皮及侧皮的发泡倍率为约 10 至 15 倍。②权利要求 1 中限定发泡皮设于发泡板之外侧，附件 2 中的面皮和侧皮设于发泡板之上面和侧面。③权利要求 1 中该发泡基材的所有面都结合有塑胶膜，附件 2 中的发泡基材仅在上表面结合有塑胶膜。④权利要求 1 限定了关于第一塑胶膜包括第一外层膜和第一内层膜并限定了厚度特征，附件 2 未公开该塑胶膜分层。

对于上述区别技术特征①，本专利和附件 2 虽然使用了两种不同的参数来限定发泡板和发泡皮的发泡特性，不能直接进行数值范围的比较，但是由于附件 2 已经公开了发泡板的发泡率比发泡皮的发泡率高，并公开了二者的发泡率的比例，即附件 2 已经给出了如何选择发泡板和发泡皮的技术启示，本专利权利要求 1 限定的具体发泡率范围也是本领域技术人员易于选择的，而且该具体限定的发泡板和发泡皮并未产生任何意想不到的技术效果。对于上述区别技术特征②，本申请说明书中记载的发泡皮的优点在于"能使该滑板具有更佳之表面质感及触感，籍以增加舒适度"，附件 2 已经公开了其面皮、侧皮的作用在于提供较佳的美感与质感，即附件 2 中的面皮、侧皮与本专利中发泡皮所起的作用相同，因此，在附件 2 的启示下，在发泡板的底面也黏贴上发泡皮对于本领域技术人员来说是显而易见的。对于区别技术特征③和④而言，附件 5 也公开了一种冲浪板，其中解决的技术问题是由于已有冲浪板表面塑料膜上的图形图像不耐久，因此提供一种有明显、清晰和耐磨损图形的冲浪板，具体技术方案是，用表皮（即本专利中的塑胶膜）包围和围绕板的泡沫芯，表皮包括黏结在一起的多个层，包括由厚度通常在 1 毫英寸至 5 毫英寸（相当于 0.0254～0.1270mm）之间的透明塑性板材料构成的外层，和由厚度通常在 1 毫英寸至 5 毫英寸（相当于 0.0254～0.1270mm）之间的塑性板材料构成的内层,以及,该外层包括印在板面向芯的侧面上的图形,该图像透过透明外层是可见的(参见附件5第1页第14行至第2页第19行,权利要求1)。可见附件5给出了用塑胶膜全面包裹发泡基材以对其进行保护的启示,而且附件5解决的在塑胶膜内设置图案来使图案保持耐久的技术问题与本实用新型实际解决的技术问题一致,虽然附件5没有公开第一外层膜的厚度大于第一内层膜,但是出于耐磨保护的目的,本领域技术人员做出这样的选择是显而易见的。由此可见,附件5给出了将上述区别技术特征(3)、(4)应用于附件2以解决本实用新型所要解决的技术问题的启示,在该启示下,本领域技术人员有动机去改进附件2的技术方案并获得本专利权利要求1。

综上所述,本专利权利要求1相对于附件2和5的结合是显而易见的,不具备实质性特点和进步,不符合专利法第22条第3款规定的创造性。

(2)权利要求2是权利要求1的从属权利要求,其进一步限定了第二塑胶膜包括第二外层膜和第二内层膜并限定了它们的总厚度。该附加技术特征已经被附件5公开,附件5公开了提供图形印制的底部表皮覆盖在主体板的滑行底面,该表皮包括两层,外层是由透明聚乙烯材料构成的薄膜塑性板,图形印在其上,内层也是塑性聚乙烯膜板,外层的图形侧面面向内层黏结,表皮材料的总厚度通常在4毫英寸至10毫英寸之间(相当于0.1017~0.2542mm)(参见附件5第3页第22行至第4页第15行)。虽然权利要求2限定的第二塑胶膜的总厚度比附件5中的略厚,但是由于第二塑胶膜设置在滑板底部,为增加其耐磨性选择稍厚的厚度对于本领域技术人员来说是显而易见的。结合上述评价权利要求1的理由可见,权利要求2相对于附件2和5的结合也不具备实质性特点和进步,不具备专利法第22条第3款规定的创造性。

(3)权利要求3也是权利要求1的从属权利要求,其进一步限定了该聚乙烯发泡基材底面可结合一底板,该附加技术特征也已经被附件2公开(参见附件2第2页第2~3行),结合上述评价权利要求1的理由可见,权利要求3相对于附件2和5的结合也不具备实质性特点和进步,不具备专利法第22条第3款规定的创造性。

4. 关于其他无效宣告理由

由于本专利权利要求1~3已不符合专利法第22条第3款的规定,因此,对于请求人提出的其他无效宣告理由,合议组不再予以评述。

基于以上事实和理由,本案合议组作出如下审查决定。

三、决定

宣告03229355.0号实用新型专利权全部无效。

当事人对本决定不服的,可以根据专利法第46条第2款的规定,自收到本决定之日起三个月内向北京市第一中级人民法院起诉。根据该款的规定,一方当事人起诉后,另一方当事人应当作为第三人参加诉讼。

北京市第一中级人民法院
行政判决书

（2008）一中行初字第 1484 号

原告叶宗殷，住中华人民共和国台湾省台中市梅川东路四段 111 号 12 楼。

委托代理人穆魁良，男，北京三友知识产权代理有限公司专利代理人。

委托代理人党晓林，男，北京三友知识产权代理有限公司专利代理人。

被告中华人民共和国国家知识产权局专利复审委员会，住所地中华人民共和国北京市海淀区北四环西路 9 号银谷大厦。

法定代表人廖涛，副主任。

委托代理人郭婷，女，中华人民共和国国家知识产权局专利复审委员会审查员。

委托代理人刘妍，女，中华人民共和国国家知识产权局专利复审委员会审查员。

第三人沈爱甫，男，住中华人民共和国浙江省宁波市江北区慈成城南路 306 号。

委托代理人唐迅，男，1961 年 7 月 25 日出生，汉族，住中华人民共和国浙江省杭州市西湖区政新花园 7 幢 1 单元 502 室。

原告叶宗殷不服被告中华人民共和国国家知识产权局专利复审委员会作出的第 11331 号无效宣告请求审查决定（以下简称第 11331 号决定），于 2008 年 7 月 28 日向本院提起行政诉讼。本院受理后，依法组成合议庭，向被告送达了起诉状副本及应诉通知书，并依照《中华人民共和国行政诉讼法》第二十七条的规定，通知沈爱甫作为本案的第三人参加诉讼。本院于 2008 年 12 月 11 日对本案公开开庭进行了审理。原告的委托代理人穆魁良、党晓林，被告的委托代理人郭婷、刘妍，第三人的委托代理人唐迅到庭参加了诉讼。本案现已审理终结。

2008 年 3 月 18 日，被告作出第 11331 号决定，依照《中华人民共和国专利法》（以下简称《专利法》）第二十二条第三款的规定，宣告原告的名称为"滑板结构"的 03229355.0 号实用新型专利权（以下简称本专利）全部无效。

原告诉称：本专利的权利要求 1 相对于附件 2 有 4 个区别技术特征，其中区别技术特征 1 "该第一塑胶膜上系形成复数个微凹部，该微凹部系陷入该聚乙烯发泡基材"，第 11331 号决定没有将其列为区别技术特征，也没有评述该特征是否为附件 2 所公开；本专利区别技术特征 2 限定了发泡皮设于发泡板的外侧，而附件 2 中的面皮和侧皮设于发泡板的上面和侧面，因此附件 2 没有公开区别技术特征 2，也没有给出相应的技术启示；本专利区别技术特征 3 限定了该发泡基材的所有面部结合有塑胶膜，而附件 5 的图 1-4 及其相应的说明指出表皮 40 只结合在泡沫板 30 的底面，而不是全面包裹，因此附件 5 没有公开区别技术特征 3，也没有给出相应的技术启示；本专利区别技术特征 4 "第一外层膜的厚度大于第一内层膜"没有被附件 2、5 公开，第 11331 号决定认定其"出于耐磨保护目的"没有依据。原告认为第 11331 号决定认定事实错误，适用法律不正确，请求人民法院撤销第 11331 号决定。

被告辩称：第 11331 号决定第 10 页对原告所称的区别技术特征 1 "该第一塑胶膜上系形成复数个微凹部，该微凹部系陷入该聚乙烯发泡基材"进行了评述，认定该特征已被附件 2 第 7 页"该塑料膜表面可形成止滑凸粒或纹路"所公开。对于原告所称区别技术特征 2、3、4，被告坚持第 11331 号决定中的相关评述意见。第 11331 号决定认定事实清楚、适用法律正确、审理程序合法，因此，请求予以维持，并驳回原告的诉讼请求。

在法定举证期限内，被告向本院提交并经当庭质证了如下证据：1. 本专利授权公告文本复印件；2. 原告于2007年1月18日提交的权利要求书修改替换页复印件；3. 专利号为00201499.8的中国实用新型专利说明书（即第11331号决定中的附件2）的复印件；4. 专利号为US5211593A的美国专利说明书（即第11331号决定中的附件5）的复印件；5. 口头审理记录表。

第三人同意被告的诉讼意见，请求驳回原告的诉讼请求。

庭审中，原告及第三人对第11331号决定中关于被告对本案处理经过的表述及第11331号决定作出的程序无异议。原告和第三人对被告提交的证据1~5的证据形式均无异议，但原告不认同其证明作用。上述证据与第11331号决定的合法性审查有关且真实合法，本院予以采纳。根据被告证据1~5及各方当事人在庭审中无争议的陈述，本院对本案事实作出如下认定：

中华人民共和国国家知识产权局于2004年5月19日授权公告了本专利。该专利的申请日为2003年3月11日，专利权人是本案原告叶宗殷。本专利授权公告的权利要求书内容如下：

"1. 一种滑板结构，其特征在于：包括：一聚乙烯发泡基材；一塑胶膜，系结合于该聚乙烯发泡基材表面。

2. 根据权利要求1所述的滑板结构，其特征在于：该聚乙烯发泡基材，系可为一聚乙烯发泡板具有许多直径为1~3mm的发泡囊。

3. 根据权利要求1所述的滑板结构，其特征在于：该聚乙烯发泡基材，系可为一聚乙烯发泡皮，该聚乙烯发泡皮具有许多直径0.5mm或更低之微细发泡囊。

4. 根据权利要求1所述的滑板结构，其特征在于：该聚乙烯发泡基材，包括：一聚乙烯发泡板，该聚乙烯发泡板具有许多直径为1~3mm之发泡囊；一聚乙烯发泡皮系设于该聚乙烯发泡板之外侧，该聚乙烯发泡皮具有许多直径0.5mm或更低之微细发泡囊。

5. 根据权利要求1所述的滑板结构，其特征在于：该塑胶膜上形成复数个微凹部，该微凹部陷入该聚乙烯发泡基材。

6. 根据权利要求1所述的滑板结构，其特征在于：该聚乙烯发泡基材系具有一顶面、一底面及一外围；而该塑胶膜包括：

一第一塑胶膜，系结合于该聚乙烯发泡基材的顶面及外围；

一第二塑胶膜，系结合于该聚乙烯发泡基材的底面。

7. 根据权利要求6所述的滑板结构，其特征在于：该第一塑胶膜上系形成复数个微凹部，该微凹部系陷入该聚乙烯发泡基材。

8. 根据权利要求6所述的滑板结构，其特征在于：该第一塑胶膜系包括：一第一外层膜，系具有透光性及一内侧面，并于该内侧面设一第一图案，该第一外层膜之厚度为0.02mm~0.15mm；"

2006年4月10日，第三人针对本专利向被告提出无效宣告请求，认为本专利不具有新颖性和创造性，并在举证期限内提交了如下证据：附件1：中国实用新型专利说明书，专利号ZL00237987.2，授权公告号CN2439303Y，授权公告日为2001年7月18日；

附件2：中国实用新型专利说明书，专利00201499.8，授权公告号CN2425000Y，授权公告日为2001年3月28日；

附件3：美国专利US5658179A及其中文译文，公开日为1997年8月19日；附件4：美国专利US5275860A及其中文译文，公开日为1994年1月4日；附件5：美国专利US5211593A及其中文译文，公开日为1993年5月18日；附件6：美国专利US4850913A及其中文译文，公开日为1989年7月25日；附件7：美国专利US5114370A及其中文译文，公开日为1992年5月19日；附件8：美国专利US5647784A及其中文译文，公开日为1997年7月15日。

被告受理后，将第三人的无效宣告请求及附件清单中所列附件的副本转送给原告。原告针对第三人的无效宣告请求，于2007年1月18日提交了意见陈述书，并将本专利权利要求书修改如下：

"1. 一种滑板结构，其特征在于：包括：一聚乙烯发泡基材；一塑胶膜，系结合于该聚乙烯发泡基材表面；该聚乙烯发泡基材，包括：一聚乙烯发泡板，该聚乙烯发泡板具有许多直径为1～3mm之发泡囊；一聚乙烯发泡皮，该聚乙烯发泡皮系设于该聚乙烯发泡板之外侧，该聚乙烯发泡皮具有许多直径0.5mm或更低之微细发泡囊；该聚乙烯发泡基材系具有一顶面、一底面及一外围；而该塑胶膜包括：一第一塑胶膜，系结合于该聚乙烯发泡基材的顶面及外围；一第二塑胶膜，系结合于该聚乙烯发泡基材的底面；该第一塑胶膜上系形成复数个微凹部，该微凹部系陷入该聚乙烯发泡基材；该第一塑胶膜包括：一第一外层膜，系具有透光性及一内侧面，并于该内侧面设一第一图案，该第一外层膜之厚度为0.02～0.15mm；一第一内层膜，系具有一外侧面及一内侧面，该外侧面系供结合于该第一外层膜之内侧面并覆盖住该第一图案，该内侧面供结合于该聚乙烯发泡基材，其中该第一内层膜之厚度为0.01～0.15mm；以及该第一外层膜之厚度系大于该第一内层膜。

2. 根据权利要求1所述的滑板结构，其特征在于：该第二塑胶膜包括：一第二外层膜，系具有透光性及一内侧面，并于该内侧面设一第二图案；一第二内层膜，系具有一外侧面及一内侧面，该外侧面系供结合于该第一外层膜之内侧面并覆盖住该第二图案，该内侧面供结合于该聚乙烯发泡基材；以及该第二外层膜至该第二内层膜之总厚度为0.3～1.5mm。

3. 根据权利要求1所述的滑板结构，其特征在于：该聚乙烯发泡基材系具有一底面，该底面可结合一底板。"

原告认为：本专利上述修改后的权利要求1-3具有新颖性和创造性，因此符合《专利法》第二十二条第二、三款的规定。

后被告向原告和第三人发出无效宣告请求口头审理通知书，告知双方当事人定于2007年8月23日举行口头审理，同时将原告的意见陈述书转送给第三人。

原告和第三人均如期出席了口头审理。在口头审理中，第三人放弃了新颖性的无效宣告理由，放弃附件1、3、6、8作为证据，原告承认附件2和附件5的真实性。被告当庭告知双方原告于2007年1月18日修改的权利要求书符合《专利法》和《中华人民共和国专利法实施细则》（以下简称《专利法实施细则》）的规定，故审查以该修改后的权利要求书为准，原告、第三人在此基础上对本专利是否符合《专利法》第二十二条第三款的规定进行了辩论。

被告经审查认为：原告于2007年1月18日提交的本专利权利要求书修改文本是针对第三人增加的无效宣告理由和补充的证据提出的，提出时机符合《审查指南》的规定。原告对权利要求书所作的修改具体为删除了原始权利要求1～3、5、6，将原始权利要求4、7、8合并为新权利要求1，将原始权利要求9变为新权利要求2，将原始权利要求10变为新权利要求3。该修改符合《审查指南》规定的修改原则；原告对权利要求1～3、6的删除符合《审查指南》对于权利要求的删除的规定，而权利要求4、7、8是三项相互无从属关系且在授权公告文本中均从属于独立权利要求1的权利要求，它们的合并也符合《审查指南》的规定。综上，原告对权利要求书所作的修改符合《审查指南》第四部分第三章4.6节的规定，符合《专利法实施细则》第六十八条的规定。因此，第11331号决定所针对的文本为：原告于2007年1月18日提交的权利要求第1～3项，2004年5月19日授权公告的说明书第1～8页、说明书附图第1～6页、说明书摘要以及摘要附图。附件2为中国实用新型专利文献，附件5为美国专利文献，原告对附件2、5的真实性、合法性、关联性以及公开时间均无异议，对附件5的译文准确性也没有异议，被告对附件2、5的真实性、合法性、关联性以及附件5的译文准确性也予以认可，而且，附件2、5的公开日都在本专利申请日之前，因此它们可以作为本专利的现有技术用于评价本专利的创造性。由于第三人在口头审理时已经放弃使用附件1、3、4、6～8作为证据，因此被告对附件1、3、4、6～8不再予以评述。

本专利权利要求1要求保护一种滑板结构。附件2同样公开了一种冲浪板。附件2在背景技术部分介绍了已有BODYBOARD的构成，其是裁切一块具预定形状之聚脂类发泡基板，然后在该发泡基板上表面黏贴一层面皮、在其侧边黏贴侧皮（该面皮、侧皮相当于权利要求1中的发泡皮），在其底面黏贴一种稍硬的底板，其中聚脂类发泡基板系由一种聚脂类以约25倍至30倍之发泡倍率得到，而所述面皮及侧皮则是由一种聚脂类以约10倍至15倍之发泡倍率得到。面皮的作用在于提供较佳的美感与质感。附件2在随后的发明内容部分（参见说明书第4页第10行至第7页，图4和5）阐述了对已有BODYBOARD的改进，改进之处在于在面皮上表面热压贴合一层塑料膜（相当于权利要求1的塑胶膜），该塑料膜表面可形成止滑凸粒或纹路，籍该塑料膜形成一保护层，使冲浪板不会受到日照及磨擦的破坏，进而可防止其老化。其中还具体指出了聚脂类发泡基材包括PE（相当于权利要求1的聚乙烯发泡基材），塑料膜以使用PE为佳。同时指出塑料膜上可有多款颜色及图案花纹。由上可知，之前对已有BODYBOARD的描述和之后对已有BODYBOARD的改进构成了附件2专利中所述的抗老化冲浪板的完整技术方案。

本专利权利要求1与附件2中公开的抗老化冲浪板的技术方案相比，区别在于：（1）权利要求1中限定的聚乙烯发泡板具有许多直径为1～3mm之发泡囊，聚乙烯发泡皮具有许多直径0.5mm或更低之微细发泡囊；附件2公开的可选择PE的聚脂类发泡板的发泡倍率为约25至30倍，面皮及侧皮的发泡倍率为约10至15倍。（2）权利要求1中限定发泡皮设于发泡板之外侧，附件2中的面皮和侧皮设于发泡板之上面和侧面。（3）权利要求1中该发泡基材的所有面都结合有塑胶膜，附件2中的发泡基材仅在上表面结合有塑胶膜。（4）权利要求1限定了关于第一塑胶膜包括第一外层膜和第一内层膜并限定了厚度特征，附件2未公开该塑胶膜分层。

对于上述区别技术特征（1），本专利和附件2虽然使用了两种不同的参数来限定发泡板和发泡皮的发泡特性，不能直接进行数值范围的比较，但是由于附件2已经公开了发泡板的发泡率比发泡皮的发泡率高，并公开了二者的发泡率的比例，即附件2已经给出了如何选择发泡板和发泡皮的技术启示，本专利权利要求1限定的具体发泡率范围也是本领域技术人员易于选择的，而且该具体限定的发泡板和发泡皮并未产生任何意想不到的技术效果。对于上述区别技术特征（2），本专利说明书中记载的发泡皮的优点在于"能使该滑板具有更佳之表面质感及触感，籍以增加舒适度"，附件2中已经公开了其面皮、侧皮的作用在于提供较佳的美感与质感，即附件2中的面皮、侧皮与本专利中发泡皮所起的作用相同，因此，在附件2的启示下，在发泡板的底面也黏贴上发泡皮对于本领域技术人员来说是显而易见的。对于区别技术特征（3）和（4）而言，附件5也公开了一种冲浪板，其中解决的技术问题是由于已有冲浪板表面塑料膜上的图形图像不耐久，因此提供一种有明显、清晰和耐磨损图形的冲浪板，具体技术方案是，用表皮（即本专利中的塑胶膜）包围和围绕板的泡沫芯，表皮包括黏结在一起的多个层，包括由厚度通常在1毫英寸至5毫英寸（相当于0.0254mm至0.1270mm）之间的透明塑性板材料构成的外层，和由厚度通常在1毫英寸至5毫英寸（相当于0.0254mm至0.1270mm）之间的塑性板材料构成的内层，以及，该外层包括印在板面向芯的侧面上的图形，该图像透过透明外层是可见的（参见附件5第1页第14行至第2页第19行，权利要求1）。可见附件5给出了用塑胶膜全面包裹发泡基材以对其进行保护的启示，而且附件5解决的在塑胶膜内设置图案来使图案保持耐久的技术问题与本实用新型实际解决的技术问题一致，虽然附件5没有公开第一外层膜的厚度大于第一内层膜，但是出于耐磨保护的目的，本领域技术人员做出这样的选择是显而易见的。由此可见，附件5给出了将上述区别技术特征（3）、（4）应用于附件2以解决本实用新型所要解决的技术问题的启示，在该启示下，本领域技术人员有动机去改进附件2的技术方案并获得本专利权利要求1。

综上，本专利权利要求1相对于附件2和5的结合是显而易见的，不具备实质性特点和进步，不符合《专利法》第二十二条第三款规定的创造性。

权利要求2是权利要求1的从属权利要求，其进一步限定了第二塑胶膜包括第二外层膜和第二内层膜并限定了它们的总厚度。该附加技术特征已经被附件5公开，附件5公开了提供图形印制的底部表皮覆盖在主体板的滑行底面，该表皮包括两层，外层是由透明聚乙烯材料构成的薄膜塑性板，图形印在其上，内层也是塑性聚乙烯膜板，外层的图形印侧面面向内层黏结，表皮材料的总厚度通常在4毫英寸至10毫英寸之间（相当于0.1017～0.2542mm）（参见附件5第3页第22行至第4页第15行）。虽然权利要求2限定的第二塑胶膜的总厚度比附件5中的略厚，但是由于第二塑胶膜设置在滑板底部，为增加其耐磨性选择稍厚的厚度对于本领域技术人员来说是显而易见的。结合上述评价权利要求1的理由可见，权利要求2相对于附件2和5的结合也不具备实质性特点和进步，不具备专利法第22条第3款规定的创造性。

权利要求3也是权利要求1的从属权利要求，其进一步限定了该聚乙烯发泡基材底面可结合一底板，该附加技术特征也已经被附件2公开，结合上述评价权利要求1的理由可见，权利要求3相对于附件2和5的结合也不具备实质性特点和进步，不具备《专利法》第二十二条第三款规定的创造性。

由于本专利权利要求1～3已不符合《专利法》第二十二条第三款的规定，因此，对于第三人提出的其他无效宣告理由，被告未再予以评述。

基于以上事实和理由，被告作出了宣告本专利权全部无效的第11331号决定。

本院认为：《专利法实施细则》第六十八条第一款规定，发明或者实用新型专利的专利权人可以修改其权利要求书，但不得扩大原专利的保护范围。本案原告于2007年1月18日提交的修改的权利要求书符合该条款的规定，故被告以该修改文本为审查基础是正确的。

《专利法》第二十二条第三款规定，创造性是指同申请日以前已有的技术相比，该发明有突出的实质性特点和显著的进步，该实用新型有实质性特点和进步。本案中，附件2记载的"所述的塑料膜表面可形成有止滑凸粒"、"在热压贴合该塑料膜（21）后，整个冲浪板上即具有止滑凸粒或止滑纹路"已经公开了本专利的"该第一塑胶膜上系形成复数个微凹部，该微凹部系陷入该聚乙烯发泡基材"，因此第11331号决定认定附件2公开了本专利权利要求1的上述技术特征，没有将其认定为区别技术特征是正确的。原告关于该技术特征为区别技术特征，第11331号决定没有对该技术特征进行评述的主张没有事实依据，本院不予支持。

附件2中已经公开了面皮、侧皮设于发泡板的上面和侧面，作用在于提供较佳的美感与质感。对于本领域技术人员来说，由此想到在发泡板的底面也粘贴上发泡皮是显而易见的，故第11331号决定认定附件2给出了对本专利区别技术特征2"该聚乙烯发泡皮系设于该聚乙烯发泡板之外侧"的技术启示是正确的。附件5公开了一种有明显、清晰和耐磨损图形的冲浪板，其用表皮（即本专利中的塑胶膜）包围和围绕板的泡沫芯，表皮包括黏结在一起的多个层，包括由厚度通常在1毫英寸至5毫英寸（相当于0.0254mm至0.1270mm）之间的透明塑性板材料构成的外层，和由厚度通常在1毫英寸至5毫英寸（相当于0.0254mm至0.1270mm）之间的塑性板材料构成的内层，以及，该外层包括印在板面向芯的侧面上的图形，该图像透过透明外层是可见的（参见附件5第1页第14行至第2页第19行及权利要求1）。故对于本领域普通技术人员来说，用塑胶膜全面包裹发泡基材以以对其进行保护、对塑胶膜的厚度进行如本专利权利要求1中的限定是显而易见的。同时，对于本领域普通技术人员来说，出于耐磨损的考虑，选择外膜厚度大于内膜也是显而易见的。故第11331号决定认定附件5给出了对本专利权利要求1的区别技术特征3"发泡基材的所有面部都结合有塑料膜"、区别技术特征4"该第一塑胶膜包括：一第一外层膜，系具有透光性及一内侧面，并于该内侧面设一第一图案，该第一外层膜之厚度为0.02~0.15mm；一第一内层膜，系具有一外侧面及一内侧面，该外侧面系供结合于该第一外层膜之内侧面并覆盖住该第一图案，该内侧面供结合于该聚乙烯发泡基材，其中该第一内层膜之厚度为0.01~0.15mm；以及该第一外层膜之厚度系大于该第一内层膜"的技术启示是正确的。原告关于附件2没有给出本专利权利要求1的区别技术特征2、附件5没有给出本专利权利要求1的区别技术特征3、4的技术启示的主张没有事实和法律依据，本院不予支持。第11331号决定认定本专利权利要求1~3相对于附件2和附件5的结合不具有创造性是正确的，本院应予维持。

此外，本院亦认同第11331号决定中关于本专利的其他评述意见。

综上，第11331号决定认定事实清楚，适用法律正确，审查程序合法，本院应予维持。原告的诉讼理由不成立，其请求本院不予支持。据此，依据《中华人民共和国行政诉讼法》第五十四条第（一）项之规定，判决如下：

维持被告中华人民共和国国家知识产权局专利复审委员会作出的第11331号无效宣告请求审查决定。

案件受理费人民币100元，由原告叶宗殷负担（已交纳）。

如不服本判决，叶宗殷可在本判决书送达之日起30日内，中华人民共和国国家知识产权局专利复审委员会、沈爱甫可在本判决送达之日起15日内，向本院递交上诉状，并按照对方当事人的人数提出副本，预交上诉案件受理费人民币100元，上诉于中华人民共和国北京市高级人民法院。

审　判　长　吴　月
代理审判员　胡华峰
代理审判员　石　磊
二〇〇九年三月二十四日
书　记　员　汪　明

胰岛素类似物制剂

无效宣告请求审查决定（第 11397 号）

决 定 号	第 11397 号
决 定 日	2008 年 4 月 27 日
发明创造名称	胰岛素类似物制剂
国际分类号	A61K 38/28，A61P 3/10 //（A61K 38/28，31：05，33：30）
无效宣告请求人	甘李药业有限公司
专 利 权 人	伊莱利利公司
专 利 号	95106568.8
优 先 权 日	1994 年 6 月 16 日
申 请 日	1995 年 6 月 14 日
授权公告日	2003 年 4 月 16 日
合议组组长	何 炜
主 审 员	葛永奇
参 审 员	叶 娟
法 律 依 据	专利法第 26 条第 3 款

决 定 要 点

如果一项发明专利的说明书中只给出任务和/或设想，或者只表明一种愿望和/或结果，而未给出任何使所属技术领域的技术人员能够实现的技术手段，则认为该发明由于说明书中缺乏解决技术问题的技术手段而无法实现，不符合专利法第 26 条第 3 款的规定。

一、案由

本无效宣告请求案涉及国家知识产权局于 2003 年 4 月 16 日公告授予的、名称为"胰岛素类似物制剂"的第 95106568.8 号发明专利权（下称本专利），其申请日为 1995 年 6 月 14 日，优先权日为 1994 年 6 月 16 日，专利权人为伊莱利利公司。本专利授权公告的权利要求书如下：

"1. 一种稳定而快速作用的溶液形式的人胰岛素类似物六聚物复合物，其包括：六分子人胰岛素类似物，二分子锌离子和至少三分子的选自间甲苯酚、苯酚、或间甲苯酚和苯酚混合物的苯酚衍生物。

2. 权利要求 1 的人胰岛素类似物六聚物复合物，其中所述人胰岛素类似物是 $Lys^{B28}Pro^{B29}$- 人胰岛素。

3. 根据权利要求1的人胰岛素类似物六聚物复合物，其中所述人胰岛素类似物是 Asp^{B28-} 人胰岛素。

4. 一种非肠道用药物制剂，包含权利要求1~3任一权项的人胰岛素类似物六聚物复合物。

5. 权利要求4的非肠道用药物制剂，其还进一步含有等渗剂和生理上耐受的缓冲剂。

6. 权利要求5的非肠道用药物制剂，其中所述人胰岛素类似物是 $Lys^{B28}Pro^{B29-}$ 人胰岛素。

7. 权利要求6的非肠道用药物制剂，其含有3.5mg/ml $Lys^{B28}Pro^{B29-}$ 人胰岛素、19.7（g/ml 锌、7mM 磷酸钠、16mg/ml 甘油、1.25mg/ml 间甲苯酚和1.09mg/ml 苯酚。

8. 权利要求5的非肠道用药物制剂，其中所述人胰岛素类似物是 Asp^{B28-} 人胰岛素。

9. 权利要求8的非肠道用药物制剂，其中所述人胰岛素类似物的浓度为0.5mg/ml至20mg/ml，并且所述锌的浓度为10g/ml至50g/ml。"

针对上述专利权，甘李药业有限公司（下称请求人）于2007年7月9日向专利复审委员会提出无效宣告请求，认为本专利说明书不符合专利法第26条第3款的规定，权利要求1~9不符合专利法第26条第4款、专利法第22条第2款和专利法第22条第3款的规定，请求宣告本专利全部无效。请求人在提出无效宣告请求时提交了本专利授权公告文本及下述附件：

附件1：中国发明专利申请公开说明书，专利申请号为86106574，公开号为CN86106574A，公开日为1988年8月3日，复印件共46页；

附件2：中国发明专利申请公开说明书，专利申请号为90101415.X，公开号为CN1044820A，公开日为1990年8月22日，复印件共108页；

附件3："Remington's Pharmaceutical Sciences"，Alfonso R Gennaro 等编，Philadelphia College of Pharmacy and Science 出版，1985年第17版，封面、扉页、第974~975页，英文，复印件共5页，及其中文译文共1页；

附件4："[Lys（B28），Pro（B29）] - human insulin—A rapidly absorbed analogue of human insulin"，Daniel C. Howey 等人，Diabetes，第43卷，第396~402页及目录页，1994年3月，英文，复印件共8页，及其中文译文共5页；

附件5："Fast-acting, "mealtime" insulin analog under study"，Directions in Diabetes Research III，A lilly symposium held in indianapolis, Indiana（1993年6月10~11日），英文，复印件共8页，及其中文译文共1页；

附件6："The development of a fast-acting insulin analog"摘要，Marchi R. D. 等人，Diabetic Medicine，增刊3至第10卷，第S33页和封面，1993年，英文，复印件共2页，及其中文译文共1页；

附件7："Action Profile of Rapid-Acting Human Insulin Analogue"，L. Heinemann 等人，Frontiers in Insulin Pharmacology，International Symposium，Hamburg，第VI、87-96页及文集封面，1993年，英文，复印件共12页，及其中文译文共3页；

附件8："Monomeric Insulins and Their Experimental and Clinical Implications"，J. Brange 等人，Diabetes Care，第13卷第9期，第923~954页及目录页，1990年9月，英文，复印件共33页，及其中文译文共1页；

附件9："Self-Association of Des-（B26-B30）-insulin"，Peter L. Jeffrey，Biol. Chem. Hoppe-Seyler，第367卷，第363~369页及期刊封面和目录页，1986年5月，英文，复印件共9页，及其中文译文共1页；

附件10：中国发明专利说明书，专利号为96106635.0，授权公告号为CN1103602C，授权公告日为2003年3月26日，复印件共106页；

附件11："原告伊莱利利公司（Eli Lilly and Company）向北京市第二中级人民法院提出的针对被告北京甘李生物技术有限公司的民事起诉状，复印件共10页；

附件12：荷兰无效宣告请求书及其附件（荷兰语）的公证认证文书，公证日为2007年2月20日，认证日为2007年2月26日，复印件共28页，及其英文译文共23页，中文译文共19页；

附件13："Neutral Insulin Solutions Physically Stabilized by Addition of Zn^{2+}", J. Brange等人，Diabetic Medicine，第3卷，第532~536页，1986年，英文，复印件共5页，及其中文译文共1页；

附件14：USP XXIINF XVII, USP XXII第694页及封面，1990年，英文，复印件共2页，及其中文译文共2页；

附件15："British Pharmacopoeia 1988", London Her Majesty's Stationery office，生效日为1988年12月1日，封面、第804~807页，英文，复印件共5页，及其中文译文共2页。

请求人认为：

（1）附件4涉及$lys^{B28}Pro^{B29}$胰岛素类似物（赖脯胰岛素）的六聚体形式，附件5和6分别提出赖脯胰岛素的六聚体形式，附件8证明存在胰岛素类似物六聚体，且在有1％苯酚存在的条件下，晶体衍射研究证明这种六聚体和天然胰岛素一样，附件2公开了包括赖脯胰岛素在内的一系列胰岛素类似物，且公开了按照附件3记载的制备胰岛素药物制剂的常用辅料和常规方法将这些胰岛素类似物制备成不同的药物剂型的内容。因此上述公开出版物均构成了胰岛素类似物六聚体制剂及其制备方法的现有技术，即辅以与胰岛素常规注射制剂中的相应含量相一致的锌及苯酚衍生物制成其六聚体形式，使这些胰岛素类似物药物制剂既能保持起效迅速的特点，又具有很好的稳定性。附件12可证明本专利在荷兰的同族专利已被宣告无效。

（2）说明书没有得到充分公开，不符合专利法第26条第3款的规定。第一，如上所述，说明书以天然人胰岛素的六聚体和/或人胰岛素类似物的单体制剂作为最接近的现有技术是不恰当的，由于比较基准不对，其作出的可专利性的比较结论不可靠/不成立。第二，说明书没有提供晶相鉴定等证据证明由六分子人胰岛素类似物、二分子锌和三分子以上酚类物质组成的、与天然人胰岛素六聚物构象不同的胰岛素类似物六聚物的存在，更没有证明它在溶液中存在；第三，由于实验设计的缺陷，无法证明本专利的胰岛素类似物六聚物起效快。第四，由于二聚物百分数不能直接代表高分子量组分，也不能代表品质降低，且高分子量百分数高并不必然表示不稳定，因此，实施例1结合附图2不能证明本发明的制剂稳定性好。

（3）由于说明书所使用的最接近的现有技术不对，且仅列举了一种人胰岛素类似物即赖脯胰岛素的所称六聚体制剂与天然人胰岛素六聚体的和/或赖脯胰岛素单体的制剂之间的比较实验结果，因此无法支持权利要求1所定义的所有人胰岛素类似物都具有好的性能。而且，即使是做了对比实验的赖脯胰岛素，说明书中也没有充分的证据证明该"溶液形式的复合物"中的人胰岛素类似物确实是以六聚体形态存在且是稳定的，也不能证明其有好的生物活性。因此权利要求1得不到说明书的支持，不符合专利法第26条第4款的规定，相应地，其余权利要求也得不到说明书的支持。

（4）附件1涉及速效的人胰岛素类似物及其六聚体制剂，含有锌离子和防腐剂，如间甲酚和酚，附件2涉及具有相对较快的起效速度且保留了与天然人胰岛素类似或更好的生物活性的人胰岛素类似物及其常规制剂，使用公知的肠胃外产物的普通赋形剂或载体，另一种肠外药剂配方含有防腐剂，例如间甲酚，参照附件3，而附件3记载的胰岛素注射溶液含锌及苯酚或间甲酚，附件4、5涉及快速起效的赖脯胰岛素及其六聚体制剂，其中公开了加锌的赖脯胰岛素注射液，注射液中自然要添加作为防腐剂的酚类衍生物，附件4中的图4就是本专利首页用的摘要附图及说明书附图1；附件5、6、7涉及快速起效的赖脯胰岛素及其六聚体制剂，其中公开了加锌、苯酚或间甲酚的赖脯胰岛素注射液；附件8涉及快速起效的Asp^{B9}、Glu^{B27}人胰岛素类似物及其六聚体制剂，其中公开了加锌、苯酚的Asp^{B9}、Glu^{B27}人胰岛素类似物的注射液；附件9涉及加锌的Des-（B26-B30）人胰岛素类似物及其六聚体溶液，作为制剂自然要添加作为防腐剂的酚类衍生物。并且，由于本专利的技术方案与附件1、2、4～9公开的技术方案完全相同，将胰岛素或其类似物配制成含锌和苯酚衍生物的复合物就可以提高制剂稳定性已经成为现有技术中的公知常识，因此可以确定上述附件中记载的制剂稳定性可与本专利的制剂稳定性相比。因此，根据上述任一附件，权利要求1均不具备新颖性。权利要求2和3将所述胰岛素类似物限定为赖脯胰岛素或Asp^{B28-}人胰岛素，但这些具体的胰岛素类似物已经在上述附件中的一个或多个中公开，因此，权利要求2和3仍然不具备新颖性。权利要求4要求保护的药物制剂的区别在于使用了权利要求1～3任一权利要求的人胰岛素类似物六聚物复合物，在权利要求1～3不具有新颖性的前提下，权利要求4同样不具备新颖性，权利要求5～9具体限定胰岛素类似物也不具备新颖性。

（5）首先，例如附件5、6、8、9已提出了胰岛素类似物六聚体的存在，通过加锌和苯酚使胰岛素类似物变为稳定的六聚物构象在本技术领域已经属于常识技术。本专利说明书指出所述六聚物复合物完全不同于相同条件下用人胰岛素形成的六聚物复合物的构象，但本专利说明书没有进行任何六聚物复合物的晶相鉴定，没有证明胰岛素类似物六聚物的存在，也没有证明人胰岛素类似物复合物的分子量与人胰岛素的六聚物在相同液相条件下测得的分子量（实质性）相同。其次，如附件4所公开的，在胰岛素类似物制剂中加入适量的锌以提高制剂的稳定性属于常识技术。再次，附件7图6显示了对Asp^{B28}制剂加锌对起效时间没有明显影响，附件4的图4还显示加锌和不加锌的赖脯胰岛素的起效时间并无明显区别，没有证据发现加锌对赖脯胰岛素在药动学参数上有何影响，含锌赖脯胰岛素和无锌赖脯胰岛素达峰时间都明显早于常规人胰岛素。附件6描述了"这种构造不适于形成正常的二聚体，这就解释了含锌赖脯胰岛素六聚体分解比人胰岛素分解的更快"。因此，在胰岛素类似物制剂中加入适量的锌、在提高制剂稳定性的前提下不丧失类似物快速起效的特征，对于本领域技术人员来说属于公知常识，不存在技术偏见。最后，苯酚衍生物作为防腐剂的使用在本技术领域是显而易见的。本专利说明书第2页第3段记载，据Derewenda在《自然》杂志（Nature 338：594-6（1989））报道，"苯酚类物质也已表现出可以与胰岛素六聚物特异性结合并且可以诱导变构的构象变化，借此可以将B链中8个N-末端氨基酸由扩展构象转变成α-螺旋形"。可见，在胰岛素类似物中加适量的苯酚衍生物，使之兼具防腐和稳定六聚体构象功能已经属于公知常识。总之，通过在胰岛素类似物溶液中加锌，使类似物形成六聚物复合物以提高制剂稳定性；通过加苯酚衍生物既防腐又有助于稳定六聚体构象；这种复合物还保持了快速起效的优点，这都已经成为公知常识，不存在任何技术偏见。基于附件1、2或4本身，或附件4结合附件5、6、7或9或附件7结合附件8或9，本领域技术人员不需要创造性劳动就可以实现本发明，所以本专利权利要求1不具有创造性。权利要求4的药物制剂其区别在于权利要求1～3任一项的人胰岛素类似物六聚物复合物，而该复合物不具备创造性，因此，权利要求4也不具有创造性。相应地，由于上述附件公开了具体的胰岛素类似物，因此，权利要求1和4的从属权利要求也都不具有创造性。

经形式审查合格后，专利复审委员会受理了上述请求，于2007年8月3日向双方当事人发出《无效宣告请求受理通知书》，并将《专利权无效宣告请求书》及其附件副本转送给专利权人，要求其在指定的期限内答复，同时成立合议组对本无效请求案进行审理。

专利权人于2007年9月18日提交了意见陈述书和如下证据：

反证1："Fast-acting, "mealtime" insulin analog under study", Directions in Diabetes Research III, A lilly symposium held in indianapolis, Indiana（1993年6月10～11日），英文，复印件共4页，及其

中文译文 2 页；

反证 2："Altering the association properties of insulin by amino acid replacement"，David N. Brems 等人，Protein Engineering，第 5 卷第 6 期，第 527~533 页，1992 年，英文，复印件共 7 页，及其中文译文 15 页；

反证 3："Physicochemical basis for the rapid time-action of Lys（B28）Pro（B29）-insulin：Dissociation of a protein-ligand complex"，Diane L. Bakaysa 等人，Protein Science，第 5 期，1996 年，第 2521~2531 页及标题页，英文，复印件共 12 页，及其中文译文 23 页；

反证 4："Insulin self-association and the relationship to pharmacokinetics and pharmacodynamics"，Michael R. Defelippis 等人，Critical Reviews™ in Therapeutic Drug Carrier Systems，第 18 卷第 2 期，2001 年，第 201~264 页，英文，复印件共 64 页，及其部分中文译文 18 页；

反证 5："Self-association properties of monomeric insulin analogs under formulation conditions"，Jane P. Richards 等人，Pharmaceutical Research，第 15 卷第 9 期，1998 年，第 1434~1441 页，英文，复印件共 8 页，及其中文译文 13 页；

反证 6："Role of C-terminal B-chain residues in insulin assembly：the structure of hexameric $Lys^{B28}Pro^{B29}$-human insulin"，Ewa Ciszak 等人，Structure，第 3 卷第 6 期，1995 年 6 月 15 日，第 615-622 页，英文，复印件共 8 页，及其中文译文 17 页；

反证 7："［Lys（B28），Pro（B29）］-human insulin—A rapidly absorbed analogue of human insulin"，Daniel C. Howey 等人，Diabetes，第 43 卷，第 396~397、402 页及目录页，1994 年 3 月，英文，复印件共 4 页，及其中文译文 11 页；

反证 8：COMMITTEE FOR PROPRIETARY MEDICINAL PRODUCTS（CPMP），Note for Guidance on Development Pharmaceutics，欧洲药物产品评估机构，1998 年 1 月 28 日，英文，复印件共 9 页，及其中文译文 1 页；

反证 9："Action Profiles of Rapid-Acting Human Insulin Analogues"，L. Heinemann 等人，Frontiers in Insulin Pharmacology，International Symposium Hamburg，第 VI、87-96 页及文集封面，1993 年，英文，复印件共 12 页，及其中文译文 6 页；

反证 10：专利文献 WO9500550A1 及其国际检索报告，公开日 1995 年 1 月 5 日，英文，复印件共 22 页，及其中文译文 1 页。

同时，专利权人对权利要求书进行了修改，修改后的权利要求书如下：

"1. 一种稳定而快速作用的溶液形式的人胰岛素类似物六聚物复合物，其包括：六分子人胰岛素类似物，二分子锌离子和至少三分子的选自间甲苯酚、苯酚、或间甲苯酚和苯酚混合物的苯酚衍生物，其中所述人胰岛素类似物是 $Lys^{B28}Pro^{B29}$-人胰岛素。

2. 一种非肠道用药物制剂，包含权利要求 1 的人胰岛素类似物六聚物复合物。

3. 权利要求 2 的非肠道用药物制剂，其还进一步含有等渗剂和生理上耐受的缓冲剂。

4. 权利要求 3 的非肠道用药物制剂，其含有 3.5mg/ml $Lys^{B28}Pro^{B29}$-人胰岛素、19.7mg/ml 锌、7mM 磷酸钠、16mg/ml 甘油、1.25mg/ml 间甲苯酚和 1.09mg/ml 苯酚。"

专利权人指出：

（1）虽然不同意请求人的无效理由，但为了简化无效程序，专利权人修改了权利要求书，将权利要求限定为仅涉及赖脯胰岛素。

（2）本专利的说明书充分公开了本发明要求保护的技术方案，而且提供了实施例和测试数据，证明了本发明要求保护的技术方案能够产生预期的效果，因此，说明书符合专利法第 26 条第 3 款的规定。本发明所要解决的技术问题是提供一种稳定的并且作用快速的胰岛素类似物六聚物复合物的非肠道用制剂。解决该技术问题采用的技术方案是"本发明提供了一种人胰岛素类似物复合物，其包括：六分子人胰岛素类似物，二分子锌离子和至少三分子的选自间甲苯酚、苯酚、或间甲苯酚和苯酚混合物的苯酚衍生物；以使得类似物复合物是六聚物。本发明还提供了含有此六聚物复合物的非肠道用制剂"（说明书第4页）。说明书第6页描述了制备本发明胰岛素类似物六聚物复合物的方法以及制备本发明制剂的方法。

（3）修改后的权利要求书涉及的是赖脯胰岛素六聚物复合物，而实施例例证的正是赖脯胰岛素六聚物复合物，因此，本专利要求保护的范围与实施例的例证范围相应，能够得到说明书的支持，符合专利法第26条第4款的规定。

（4）大量的文章和专利可以证明，在本专利申请日之前的目标是要得到胰岛素类似物的单体形式从而具有快速起效的作用，而不是要得到胰岛素类似物的稳定六聚体形式。而本专利要求保护的"六聚物复合物"与现有技术中公开的六聚物不同，本专利的六聚物复合物是非常规整的、稳定的，是赖脯胰岛素与锌和苯酚衍生物的六聚物复合物。这种六聚物复合物不仅稳定，而且具有快速的起效作用。申请日之后公开的反证3-6可以证实这一点。关于新颖性，只有附件2、4、5、6与修改后的权利要求的新颖性相关，但附件2涉及的是单体形式的胰岛素类似物，不希望任何聚合形式的胰岛素类似物，附件2没有公开如本专利权利要求1记载的赖脯胰岛素六聚物复合物，也没有公开如本专利权利要求2~4记载的含赖脯胰岛素六聚物复合物的非肠道用药物制剂。附件4没有公开包含六分子赖脯胰岛素、二分子锌离子和至少三分子苯酚衍生物的六聚物复合物（其中的苯酚衍生物选自间甲苯酚、苯酚或间甲苯酚和苯酚混合物）。尤其是附件4根本就没有提及"六聚物复合物"和"防腐剂"或"苯酚衍生物"。请求人认定附件4的注射液中自然添加作为防腐剂的酚类衍生物是没有任何理由和根据的，例如单一剂量是在临床条件下给予的，不需要防腐剂（参见反证8）。附件5和6都仅仅是一个简短的摘录，其内容远远不能构成专利法意义上的"技术方案"。因此新的权利要求1~4具备新颖性。

（5）关于创造性，附件1和2均清楚地教导了它们的胰岛素类似物都是特别地设计为避免缔合成六聚物，附件4没有提及"六聚物复合物"和"防腐剂"或"苯酚衍生物"，而反证2-6已证实将锌加入赖脯胰岛素中形成的是不同低聚物的多分散性分布形式的混合物，这种多分散性分布形式是非均质的，不同于本发明的规整的、离散的、稳定的六聚体复合物。附件5和6涉及的并不是本专利要求保护的六聚物复合物，即，在锌和苯酚衍生物的存在下形成的稳定的、离散的六聚物。附件5和6根本没有提及"苯酚衍生物"或"防腐剂"。附件7~9均不涉及赖脯胰岛素。附件3、14和15与本专利的赖脯胰岛素不相关。总之，本专利的赖脯胰岛素六聚物复合物相对于现有技术是一种新的、未意料到的六聚物复合物。而且这种新的六聚物复合物在配制成制剂后具有与天然胰岛素制剂一样好的稳定性，同时又保留了单体赖脯胰岛素的快速起效特性。因此新的权利要求1~4具备创造性。

2007年11月28日，本案合议组向双方当事人发出《无效宣告请求口头审理通知书》，同时将专利权人于2007年9月18日提交的意见陈述书及其所附附件和修改后的权利要求书的副本转送给请求人，要求其在口头审理时一并答复。

双方当事人均参加了于2008年1月24日进行的口头审理，口头审理过程中认定的事实如下：

(1) 请求人认可专利权人在专利权无效宣告程序中对权利要求书的修改符合审查指南的相关规定，合议组确认本案审理所依据的权利要求书为专利权人于2007年9月18日提交的权利要求书。

(2) 请求人当庭出示了5份公证书，用于证明包括附件5和7在内的证据的真实性、合法性和关联性。专利权人认为虽然公证书证明了在德国专利局中存在附件5和7，但不能证明附件5和7是真实的，专利权人虽然认可附件11和12的合法性和真实性，但认为其与本案无关，除此之外，专利权人认可其他附件的真实性、合法性和关联性。

（3）专利权人当庭出示了加盖有"北京化工大学图书馆"红章的反证2、4、6、8的复印件，用于证明反证2、4、6、8的真实性，但请求人认为其上所加盖的公章不清晰，且没有文字说明，不能认可其真实性，但认可反证1、3、5、7、9、10的真实性、合法性，并且认为反证3和6是本专利申请日之后发表的文章，不能用于证明说明书充分公开。

（4）双方均认可对方提供的证据译文的准确性。

（5）请求人当庭提交了对反证8的补充翻译，其中补充了前言部分的中文译文；专利权人当庭提交了反证11（"Remington's Pharmaceutical Sciences"，MACK PUBLISHING COMPANY，Easton，Pennsylvania18042，1985年第17版，封面、第975页，英文，加盖北京化工大学图书馆馆藏章红章的复印件共2页，及其中文译文共3页）作为公知常识性证据，请求人认可反证11的真实性、合法性并需要庭后答辩时间，合议组允许其在口审后7天内提交书面意见陈述。

（6）针对专利法第26条第3款，专利权人认为本专利权利要求1记载的是溶液形式的而非结晶形式的六聚体复合物，本专利测定的是溶液形式的六聚体复合物；由本专利说明书图3显示的分子量曲线可推知本专利的赖脯胰岛素制剂与天然胰岛素制剂一样为六聚体，且反证3和4可以证实该六聚体的存在；根据天然胰岛素及其六聚物的结构特征（涉及与锌和酚的结合的氨基酸位点）可以推测赖脯胰岛素六聚物所结合的锌和苯酚衍生物的分子数，所依据的现有技术为反证2、本专利说明书第2页第2段引用的文献、反证3和6及其中所引用的本专利优先权日之前公开的文献；图2和反证5可以证实赖脯胰岛素六聚物的稳定性。请求人认为不能由天然胰岛素六聚物的结构推测得到赖脯胰岛素六聚物的结构。

（7）请求人认为权利要求1~4相对于附件2、4、5或6不具备新颖性，相对于附件2（使用时结合附件3）或4不具备创造性、相对于附件4与附件7的结合不具备创造性。专利权人认为附件4结合附件7评述权利要求1~4的创造性的证据使用方式在无效宣告请求书中未提及，因此不应接受。

专利复审委员会分别于2008年2月1日收到请求人提交的意见陈述，于2008年2月20日收到专利权人提交的意见陈述书，专利权人在提交意见陈述书的同时还提交了对请求人于口头审理时提交的反证8补充译文的校对稿。

至此，合议组认为本案的事实清楚，可以作出审查决定。

二、决定的理由

1. 审查文本

在专利权人于2007年9月18日提交的经修改的权利要求书中，专利权人删除了授权公告的权利要求1、3、6、8和9，相应地将剩余的权利要求依次编号为权利要求1~4，这种修改符合审查指南第四部分第三章第4.6节的规定，请求人对此修改亦无异议，合议组予以接受，以下审理基于该新提交的权利要求书及授权公告的其他文本。根据审查指南第四部分第三章第2.2节的规定，视为授权公告的权利要求1、3、6、8和9自始无效。

2. 无效宣告请求的理由和范围

依据请求人在口头审理过程中的确认，其请求宣告本专利无效的理由及其范围是：说明书不符合专利法第26条第3款的规定，权利要求1~4不符合专利法第22条第2款、第22条第3款、第26条第4款的规定。

3. 关于证据

（1）鉴于专利权人认可除附件5和7之外的其他附件的真实性、合法性，请求人认可反证1、3、

5、7、9、10、11 的真实性、合法性，合议组对附件 1~4、6、8~15 和反证 1、3、5、7、9、10、11 的真实性、合法性予以确认。

（2）请求人认为专利权人出示的反证 2、4、6、8 的复印件上加盖的"北京化工大学图书馆"红章不清楚，且没有文字说明，不能认可其真实性。合议组认为，尽管所述复印件上的红章不太清晰，但能够辨认出"北京化工大学图书馆"字样，而图书馆在文献复印件上加盖公章通常所要证明的就是该图书馆中存在其原始文献且该复印件复印自该原始文献，况且请求人也没有提供任何证据证明反证 2、4、6、8 不是真实的或者所述复印件上加盖公章是用于其他目的。在此情况下，合议组对反证 2、4、6、8 的真实性予以认可。

（3）反证 3~6、8、10 的公开日期均在本专利优先权日（1994 年 6 月 16 日）之后，不是本专利的现有技术，其本身不能作为证明本专利说明书充分公开的证据。

4. 关于专利法第 26 条第 3 款

专利法第 26 条第 3 款规定，说明书应当对发明或者实用新型作出清楚、完整的说明，以所属技术领域的技术人员能够实现为准。

如果说明书中只给出任务和/或设想，或者只表明一种愿望和/或结果，而未给出任何使所属技术领域的技术人员能够实现的技术手段，则认为说明书中缺乏解决技术问题的技术手段而无法实现其发明，不符合专利法第 26 条第 3 款的规定。

本专利权利要求 1 涉及一种稳定而快速作用的溶液形式的人胰岛素类似物六聚物复合物，其包括：六分子人胰岛素类似物，二分子锌离子和至少三分子的选自间甲苯酚、苯酚、或间甲苯酚和苯酚混合物的苯酚衍生物，其中所述人胰岛素类似物是 $Lys^{B28}Pro^{B29}$-人胰岛素，权利要求 2~4 涉及包含权利要求 1 的人胰岛素类似物六聚物复合物的非肠道用药物制剂。根据说明书的记载，本专利获得的单体胰岛素类似物的确定的、稳定的锌-苯酚六聚物复合物完全不同于相同条件下用胰岛素形成的复合物，该六聚物复合物相较于胰岛素与锌和苯酚形成的复合物，两者的构象不同（说明书第 3 页第 2 段），所述胰岛素类似物六聚物复合物具有稳定且作用快速的特性（说明书第 4 页第 2 段）。

首先，对于所述六聚物复合物的结构组成即包括六分子赖脯胰岛素、二分子锌离子和至少三分子苯酚衍生物，本专利说明书中没有提供任何证据予以确认，尽管实施例 2 的静态光散射试验结果表明赖脯胰岛素制剂的平均分子量与天然人胰岛素制剂的平均分子量接近，据此推测赖脯胰岛素制剂和天然人胰岛素制剂一样可能也存在六聚体形式（参见本专利附图 3），但此结果并不能证明该复合物中包括二分子锌离子和至少三分子苯酚衍生物。其次，尽管说明书第 6 页第 6 段和制备例 1 提到了制备六聚物复合物形式的赖脯胰岛素的方法，但同样没有任何证据表明以此方法制备的赖脯胰岛素六聚物复合物中包括二分子锌离子和至少三分子苯酚衍生物，而且由制备过程中加入的各种组分的浓度也无法精确推知该六聚物复合物中锌离子和苯酚衍生物的分子数；说明书第 7 页第 2 段和实施例 1 中提及的各种组分的浓度是含有六聚物赖脯胰岛素的制剂中所包含的各种组分的浓度，由此浓度更无法推知该六聚物复合物中锌离子和苯酚衍生物的分子数。因此，由说明书记载的内容无法确认赖脯胰岛素六聚物复合物这一化学产品的结构特征。

在口头审理过程中，专利权人依据反证 2、本专利说明书第 2 页第 2 段引用的文献、反证 3 和 6 及其中所引用的本专利优先权日之前公开的文献认为，根据天然胰岛素及其六聚物的结构特征（涉及与锌和苯酚衍生物的结合）可以推测赖脯胰岛素六聚物所结合的锌和苯酚衍生物的分子数。合议组认为，首先，反证 3 和 6 的公开日在本专利优先权日之后，其本身不能作为现有技术来评价本专利说明书是否充分公开了发明；其次，反证 2 只是表明天然胰岛素六聚体可能结合两个锌离子（参见反证 2 译文第 2 页第 2 段），同时，就本专利说明书以及反证 3 和 6 记载的相关内容来看（本专利说明书第 2 页第 3 段，反证 3 译文第 10 页第 3 段），其中引用的本专利优先权日之前公开的文献（注：均未作为证据提交）只是表明苯酚类物质能够结合于天然人胰岛素六聚物并诱导天然人胰岛素六聚物发生构象变化，因此，反证 2 以及本专利说明书和反证 3、反证 6 中引用的文献并不能证实本专利所涉及的赖脯胰岛素六聚物复合物中包括二分子锌离子和至少三分子苯酚衍生物；第三，尽管专利权人认为赖脯胰岛素与天然人胰岛素在结合锌和苯酚衍生物的氨基酸位点没有发生改变，因而二者结合锌、酚的数量也应不会发生变化，但合议组认为 B28 和 B29 位氨基酸残基的改变已经使两者在构象和缔合特性等方面发生了巨大变化，因此由天然人胰岛素六聚物所结合的锌离子和苯酚衍生物的分子数也无法直接地、毫无疑义地推知本专利所述赖脯胰岛素六聚物复合物中所结合的锌离子和苯酚衍生物的分子数。

专利权人提交的反证 1、7、9 涉及快速起效的赖脯胰岛素六聚物或 Asp^{B28-} 人胰岛素六聚物，没有公开包含特定分子数的锌离子和苯酚衍生物的赖脯胰岛素六聚物复合物的结构组成，专利权人当庭提交的反证 11 也不涉及赖脯胰岛素六聚物复合物的具体结构组成，如前所述，反证 4、5、8、10 的公开日期均在本专利优先权日之后，不能作为本专利的现有技术评价本专利说明书是否充分公开，况且反证 4、5、8、10 也都不涉及赖脯胰岛素六聚物复合物的具体结构组成，因此，专利权人提供的其他证据也都不能证实赖脯胰岛素六聚物复合物的具体结构组成。

综上所述，虽然本专利说明书声称获得了完全不同于天然人胰岛素六聚物的确定的、稳定的胰岛素类似物六聚物复合物，但是由说明书记载的内容并结合现有技术都无法确认本专利确实获得了具有权利要求 1~4 所述结构组成的六聚物复合物，也无法确认依据说明书记载的制备方法能够获得所述六聚物复合物，因此本专利说明书中只是给出了一种设想或者说只给出了一种无充分依据的推论，而未给出任何使所属技术领域的技术人员能够实现的技术手段，故认为本专利说明书中缺乏解决技术问题的技术手段而无法实现其发明，不符合专利法第 26 条第 3 款的规定。

鉴于上述分析已得出本专利说明书不符合专利法第 26 条第 3 款的规定的结论，而该缺陷足以导致所涉及的权利要求 1~4 无效，因此，对于权利要求 1~4 是否符合专利法第 22 条第 2 款、第 22 条第 3 款、第 26 条第 4 款的规定，本决定不再予以评述。

基于以上事实和理由，本案合议组作出如下审查决定。

三、决定

宣告第 95106568.8 号发明专利权全部无效。

当事人对本决定不服的，可以根据专利法第 46 条第 2 款的规定，自收到本决定之日起三个月内向北京市第一中级人民法院起诉。根据该款的规定，一方当事人起诉后，另一方当事人应当作为第三人参加诉讼。

北京市第一中级人民法院
行政判决书

(2009) 一中行初字第 430 号

原告伊莱利利公司（ELI LILLY AND COMPANY），住所地美利坚合众国印第安纳州。

法定代表人葆拉.K.迪威思（Paula K. Davis），专利顾问。

委托代理人邰红，中国专利代理（香港）有限公司专利代理人。

委托代理人李炳爱，中国专利代理（香港）有限公司专利代理人。

被告中华人民共和国国家知识产权局专利复审委员会，住所地中华人民共和国北京市海淀区北四环西路9号银谷大厦10~12层。

法定代表人廖涛，副主任。

委托代理人葛永奇，中华人民共和国国家知识产权局专利复审委员会审查员。

委托代理人郭鹏鹏，中华人民共和国国家知识产权局专利复审委员会审查员。

第三人甘李药业有限公司，住所地中华人民共和国北京市通州区中关村科技园区通州园金桥科技产业基地景盛北三街8号。

法定代表人甘忠如，董事长兼总经理。

委托代理人王继胜，男，1970年11月7日出生，甘李药业有限公司经理，住中华人民共和国吉林省通化市东昌区民主街二道河委九组。

原告伊莱利利公司不服被告中华人民共和国国家知识产权局专利复审委员会（简称专利复审委员会）于2008年5月12日作出的第11397号无效宣告请求审查决定（简称第11397号决定），于法定期限内向本院提起诉讼。本院于2009年1月13日受理本案后，依法组成合议庭，并通知甘李药业有限公司（简称甘李公司）作为第三人参加诉讼，于2009年3月16日公开开庭进行了审理。原告伊莱利利公司的法定代表人葆拉.K.迪威思及委托代理人邰红、李炳爱，被告专利复审委员会的委托代理人葛永奇、郭鹏鹏，第三人甘李公司的法定代表人甘忠如及委托代理人王继胜到庭参加了诉讼。本案现已审理终结。

专利复审委员会针对甘李公司就伊莱利利公司享有的第95106568.8号名称为"胰岛素类似物制剂"的发明专利（以下简称本专利）所提出的无效宣告请求作出第11397号决定，其认定：

本专利权利要求1涉及一种稳定而快速作用的溶液形式的人胰岛素类似物六聚物复合物，其包括：六分子人胰岛素类似物，二分子锌离子和至少三分子的选自间甲苯酚、苯酚、或间甲苯酚和苯酚混合物的苯酚衍生物（简称苯酚衍生物），其中所述人胰岛素类似物是$Lys^{B28}Pro^{B29}$-人胰岛素（简称赖脯胰岛素），权利要求2~4涉及包含权利要求1的人胰岛素类似物六聚物复合物的非肠道用药物制剂。根据说明书的记载，本专利获得的单体胰岛素类似物的确定的、稳定的锌-苯酚六聚物复合物完全不同于相同条件下用胰岛素形成的复合物，该六聚物复合物相较于胰岛素与锌和苯酚形成的复合物，两者的构象不同，所述胰岛素类似物六聚物复合物具有稳定且作用快速的特性。

首先，对于所述六聚物复合物的结构组成即包括六分子赖脯胰岛素、二分子锌离子和至少三分子苯酚衍生物，本专利说明书中没有提供任何证据予以确认，尽管实施例2的静态光散射试验结果表明赖脯胰岛素制剂的平均分子量与天然人胰岛素制剂的平均分子量接近，据此推测赖脯胰岛素制剂和天然人胰岛素制剂一样可能也存在六聚体形式，但此结果并不能证明该复合物中包括二分子锌离子和至少三分子苯酚衍生物。其次，尽管说明书第6页第6段和制备例1提到了制备六聚物复合物形式的赖脯胰岛素的方法，但同样没有任何证据表明以此方法制备的赖脯胰岛素六聚物复合物中包括二分子锌离子和至少三分子苯酚衍生物，而且由制备过程中加入的各种组分的浓度也无法精确推知该六聚物复合物中锌离子和苯酚衍生物的分子数；说明书第7页第2段和实施例1中提及的各种组分的浓度是含有六聚物赖脯胰岛素的制剂中所包含的各种组分的浓度，由此浓度更无法推知该六聚物复合物中锌离子和苯酚衍生物的分子数。因此，由说明书记载的内容无法确认赖脯胰岛素六聚物复合物这一化学产品的结构特征。

在口头审理过程中，伊莱利利公司依据反证2、本专利说明书第2页第2段引用的文献、反证3和6及其中所引用的本专利优先权日之前公开的文献认为，根据天然胰岛素及其六聚物的结构特征（涉及与锌和苯酚衍生物的结合）可以推测赖脯胰岛素六聚物所结合的锌和苯酚衍生物的分子数。专利复审委员会认为，首先，反证3和6的公开日在本专利优先权日之后，其本身不能作为现有技术来评价本专利说明书是否充分公开了发明；其次，反证2只是表明天然胰岛素六聚体可能结合两个锌离子，同时，就本专利说明书以及反证3和6记载的相关内容来看，其中引用的本专利优先权日之前公开的文献只是表明苯酚类物质能够结合于天然人胰岛素六聚物并诱导天然人胰岛素六聚物发生构象变化，因此，反证2以及本专利说明书和反证3、反证6中引用的文献并不能证实本专利所涉及的赖脯胰岛素六聚物复合物中包括二分子锌离子和至少三分子苯酚衍生物；第三，尽管伊莱利利公司认为赖脯胰岛素与天然人胰岛素在结合锌和苯酚衍生物的氨基酸位点没有发生改变，因而二者结合锌、酚的数量也应不会发生变化，但B28和B29位氨基酸残基的改变已经使两者在构象和缔合特性等方面发生了巨大变化，因此由天然人胰岛素六聚物所结合的锌离子和苯酚衍生物的分子数也无法直接地、毫无疑义地推知本专利所述赖脯胰岛素六聚物复合物中所结合的锌离子和苯酚衍生物的分子数。

伊莱利利公司提交的反证1、7涉及快速起效的赖脯胰岛素六聚物或Asp^{B28}-人胰岛素六聚物，没有公开包含特定分子数的锌离子和苯酚衍生物的赖脯胰岛素六聚物复合物的结构组成；反证4、5的公开日期均在本专利优先权日之后，不能作为本专利的现有技术评价本专利说明书是否充分公开，况且反证4、5也都不涉及赖脯胰岛素六聚物复合物的具体结构组成。因此，伊莱利利公司提供的其他证据也都不能证实赖脯胰岛素六聚物复合物的具体结构组成。

综上所述，虽然本专利说明书声称获得了完全不同于天然人胰岛素六聚物的确定的、稳定的胰岛素类似物六聚物复合物，但是由说明书记载的内容并结合现有技术无法确认本专利确实获得了具有权利要求1~4所述结构组成的六聚物复合物，也无法确认依据说明书记载的制备方法能够获得所述六聚物复合物，因此本专利说明书中只是给出了一种设想或者说只给出了一种无充分依据的推论，而未给出任何使所属技术领域的技术人员能够实现的技术手段，故本专利说明书中缺乏解决技术问题的技术手段而无法实现其发明，不符合《中华人民共和国专利法》（简称《专利法》）第二十六条第三款的规定。据此，专利复审委员会作出第11397号决定，宣告本专利权全部无效。

原告伊莱利利公司不服该决定，于法定期限内向本院提起诉讼，其诉称：1. 第11397号决定的主要证据不足，从而导致结论错误。(1) 本专利说明书提供了实验数据证明了赖脯胰岛素六聚物复合物的制备得到并且含有六分子赖脯胰岛素。(2) 本领域普通技术人员完全理解本专利赖脯胰岛素六聚物复合物包含二分子的锌离子。本领域技术人员根据现有技术公知天然胰岛素六聚体含有两个锌离子，并公知其结构如下：锌离子配位结合在天然胰岛素B10位上的His残基上的三个咪唑环形成的结合口袋中（参见反证2）。此外，附件10解释了从前人们认为天然胰岛素六聚体构象中包含四分子的锌离子实际上真正包含的是二分子的锌离子。并且本领域技术人员根据现有技术还公知胰岛素B链不同区域的改变相互之间是彼此独立的，互不影响。例如，附件13通过实验证明了由于B28和B29

发生自缔合的位点与锌离子的结合位点 B10 相距非常远,中间间隔了将近 20 个氨基酸残基,从而 B28 和 B29 位的互换并不影响 B10 位组氨酸上咪唑环形成的结合口袋。基于这样的现有技术知识,由于赖脯胰岛素与天然胰岛素不同之处仅仅是将 B28 和 B29 位的氨基酸互换,因此本领域普通技术人员完全理解本专利的赖脯胰岛素六聚物复合物与天然胰岛素六聚体一样,都包含二分子的锌离子。

(3) 本领域普通技术人员完全理解本专利赖脯胰岛素六聚体复合物包含至少三分子的苯酚衍生物。附件 14 研究了天然胰岛素的三种独特的构象形式:T_6、T_3R_3 和 R_6,解释了苯酚在诱导这些构象的改变中所起的作用。附件 10 也对天然胰岛素六聚体的三种公知的构象 T_6、T_3R_3 和 R_6 进行了描述,其译文第 6 页第 6~8 行描述到:"B-链构象的变化也导致在二聚体-二聚体的界面,在被 T_6 六聚体 B6Leu 侧链占据的区域形成三个垂直腔"。T_3R_3 构象可以作为一种构象形式稳定地存在,或者也可以在 T_6 构象转变成 R_6 构象的过程中作为中间的一步而存在。附件 15 教导,天然胰岛素在锌离子的存在下公知的是具有 T_6 构象,即在 B 链 1~8 位的残基是 β-折叠构象,但是,当苯酚类物质加入到天然胰岛素六聚体中时,它诱导构象发生了改变:B 链的 1~8 位中的 β-折叠构象被诱导变成 α-螺旋构象。转变后的构象公知称为 R_6 构象。这种构象上的改变在胰岛素分子之间打开了一些空穴,从而在这些空穴中可以键入六分子的苯酚类物质。也就是说,天然胰岛素六聚体具有 R_6 构象即意味着构象中有六分子的苯酚类物质存在。T_3R_3 构象在 B 链的 1~8 位仅有三个 β-折叠构象变成了 α-螺旋构象,并且形成了三个结合位点,意味着构象中有三分子的苯酚类物质。可见,天然胰岛素六聚体在苯酚衍生物的存在下可以包含至少三分子的苯酚衍生物是本领域技术人员公知的知识。并且,本领域技术人员根据现有技术已经公知,胰岛素 B 链各区域的改变相互之间彼此独立,互不影响。B28 和 B29 发生自缔合的位点与苯酚衍生物的结合位点 B1~B8 相距更远,中间间隔了 20 个甚至超过 20 个氨基酸残基。因此,B28 和 B29 位的互换并不影响 B1~B8 位对苯酚衍生物的结合。基于这样的现有技术知识,本领域普通技术人员完全理解本专利仅改变了 B28 和 B29 位的赖脯胰岛素六聚物复合物与天然胰岛素六聚体一样,都包含至少三分子的苯酚衍生物。

2. 专利复审委员会适用法律、法规错误。(1) 衡量一项发明的说明书是否清楚、完整地公开了该发明,唯一的标准是看该发明所属技术领域的技术人员按照该说明书的教导能否实现该发明。然而,专利复审委员会在判断本专利说明书是否充分公开时,认为说明书记载的内容并结合现有技术都无法确认本专利确实获得了具有权利要求 1~4 所述结构组成的六聚物复合物,也无法确认依据说明书记载的制备方法能够获得所述六聚物复合物,即采用了与《专利法》第二十六条第三款规定不同的标准。(2) 本专利说明书提供了解决技术问题的技术手段,本领域技术人员根据说明书的内容,完全能够实现本发明。对于本专利权利要求 1 要求保护的赖脯胰岛素六聚物复合物,本专利说明书描述了该六聚物复合物的组分,提供了能获得该六聚物复合物的组分含量范围,描述了制备六聚物复合物的方法,并进一步提供了具体实施例例证了该六聚物复合物的制备和获得,所述实施例中使用的就是权利要求 1 中记载的赖脯胰岛素。而且,本专利说明书实施例 2 和附图 3 证明了在浓度大于 3mg/mL 时,赖脯胰岛素六聚物复合物形成。此外,附图 3 还证明了随着样品不断被稀释,六聚体复合物很快离解,表明了赖脯胰岛素六聚物复合物的快速起效特性。再有,本专利说明书在实施例 1 和附图 2 中提供数据证明了赖脯胰岛素六聚体复合物的化学稳定性等同于天然胰岛素六聚体的稳定性,从而表明赖脯胰岛素六聚物复合物具有非常理想的化学稳定性。结合实施例 2 的静态光散射数据表明,本专利包含六分子赖脯胰岛素的六聚体复合物的确已形成,并且其具有等同于天然胰岛素六聚体的化学稳定性。本领域普通技术人员阅读本专利说明书公开的这些内容,完全理解本专利的赖脯胰岛素六聚体包含六分子赖脯胰岛素,而且,基于公知的知识,本领域技术人员也完全理解,本专利赖脯胰岛素六聚物复合物与天然胰岛素六聚体一样包含二分子锌离子和至少三分子苯酚衍生物。本专利说明书公开的上述内容都是实现本发明的技术手段，这些技术手段公开得非常清楚和完整，本领域技术人员根据这些内容完全能够制备得到本专利的赖脯胰岛素六聚物复合物，且能够预期到该六聚物复合物能够取得的技术效果，因此，本领域技术人员完全能够实现本发明。对于本专利权利要求2~4要求保护的非肠道药物制剂，说明书描述了如何将本专利的六聚物复合物配制成药物制剂。在本专利说明书已经充分公开六聚物复合物本身的条件下，说明书对包含此六聚物复合物的非肠道药物制剂的公开内容也是充分的，本领域技术人员完全能够制备并得到这样的非肠道药物制剂，并且能够预期到该药物制剂能取得所需的技术效果。

综上，本专利说明书符合《专利法》第二十六条第三款的规定，请求撤销专利复审委员会作出的第11397号决定。

被告专利复审委员会辩称：1. 关于适用的法律、法规是否错误。根据说明书的记载，本专利所要解决的技术问题是要获得胰岛素类似物与锌、苯酚衍生物形成的六聚物复合物，该六聚物复合物完全不同于相同条件下用天然胰岛素形成的复合物，两者的构象不同，且该胰岛素类似物六聚物复合物具有稳定且作用快速的特性。本专利解决该技术问题的技术手段是获得一种溶液形式的赖脯胰岛素六聚物复合物，其包括：六分子赖脯胰岛素，二分子锌离子和至少三分子的苯酚衍生物。然而，按照本专利说明书记载的内容并结合现有技术的教导无法证实能够获得具有上述组成的赖脯胰岛素六聚物复合物，因此，所属技术领域的技术人员按照说明书的教导无法实现该发明。专利复审委员会认定本专利不符合《专利法》第二十六条第三款的规定是正确的。2. 关于证据的采信。首先，伊莱利利公司此次提交的附件10、13~15在无效宣告程序中均没有作为证据提交，除了分别引用这些文献的反证6、反证4、反证3和本专利说明书中提到的相关内容外，附件10、13~15中公开的其他内容与本案缺乏关联性，不应予以考虑。其次，从反证6、3和本专利说明书在分别引用附件10、14、15时的描述来看，不能证实本专利所涉及的赖脯胰岛素六聚物复合物中包括二分子锌离子和至少三分子苯酚衍生物，甚至不能得知天然胰岛素六聚物所结合的锌离子和苯酚衍生物分子数。第三，附件10、14、15所涉及的均是天然胰岛素六聚体的构象及其与锌和酚的结合，并不涉及本专利的赖脯胰岛素六聚体的构象及其与锌和酚的结合。虽然反证4在引用附件13时描述到"受体识别（Phe^{B24}、Phe^{B25}）、六聚体成形（His^{B10}）和二聚体成形（Pro^{B28}、Lys^{B29}）表面对胰岛素结构和功能有独立作用，可作为独立的设计目标"，但仅仅B28和B29位氨基酸残基的改变就已经使得两者在构象和缔合特性等方面发生了巨大变化，因此由天然胰岛素六聚物所结合的锌离子和苯酚衍生物的分子数也无法直接地、毫无疑义地推知本专利所述赖脯胰岛素六聚物复合物中所结合的锌离子和苯酚衍生物的分子数。综上，专利复审委员会认定事实清楚、适用法律正确、审理程序合法，请求人民法院依法维持第11397号决定。

第三人甘李公司述称：本专利不符合《专利法》第二十六条第三款的规定。理由是：1. 本发明所公开的实验数据没有证明专利权人所制备的赖脯胰岛素溶液必然含有赖脯胰岛素六聚体。2. 本领域技术人员不能根据已有技术预见本专利的所谓复合物必然含有二分子锌和三分子以上的酚类物质。首先，不能由天然胰岛素六聚物含有二分子锌、三分子以上酚类物质推出赖脯胰岛素六聚体也含有二分子锌和三分子以上的酚类物质。众多的已有技术已经证明了锌与胰岛素类似物结合的方式和与天然胰岛素的结合方式不同。本专利说明书第2~3页记载的内容也表明专利权人已承认赖脯胰岛素与锌的结合非常不同于天然胰岛素与锌的结合。因而无法由天然胰岛素六聚体含有锌和苯酚的数量推测赖脯胰岛素六聚体含有锌和苯酚的数量。其次，对于伊莱利利公司所主张的由于B28~B29位距离锌和苯酚结合位点有约20个氨基酸残基的距离，因而在B28~B29位上的改变不会影响锌和苯酚对胰岛素的结合。伊莱利利公司忽视了一个蛋白质结构的重要事实，即两个位点在一级结构上的距离并不代

表三级结构上的距离,由于蛋白质的碳链经过折叠形成三级立体结构后,在一级结构上相距甚远的两个氨基酸可能在立体结构上非常靠近,因此其论点是不成立的。至于附件13,首先,该附件没有明确无误地证明在赖脯胰岛素 B28~B29 位上的改变不会影响对锌和苯酚的结合;其次,该研究所用的胰岛素类似物是在 B10、B24、B25、B28 和 B29 位上同时改变所得到的类似物,在这样多的氨基酸位点上同时改变,可能导致其构象完全不同于天然胰岛素或赖脯胰岛素,因而用该类似物所得到的实验结果也不能用于解释赖脯胰岛素所结合锌或苯酚物质的数量是否和天然胰岛素相同。总之,本发明只是根据已有技术推测获得了一种由六分子赖脯胰岛素,二分子锌和三分子以上的酚类物质所组成的复合物,但没有给出任何所述复合物组成的分析方法和数据。且本领域技术人员不能从说明书和现有技术中直接、唯一地得出所述复合物的组成。因此本专利说明书公开不充分,不符合《专利法》第二十六条第三款的规定。此外,本发明也不具备新颖性和创造性,应当被宣告无效。综上,请求人民法院维持第 11397 号决定。

经审理查明:

伊莱利利公司于1995年6月14日向中华人民共和国国家知识产权局专利局申请了名称为"胰岛素类似物制剂"的发明专利(即本专利),2003年4月16日获得授权,专利号为95106568.8,优先权日为1994年6月16日。2007年9月18日,即无效审查期间伊莱利利公司对本专利进行了修改,修改后的权利要求书的内容为:

"1. 一种稳定而快速作用的溶液形式的人胰岛素类似物六聚物复合物,其包括:六分子人胰岛素类似物,二分子锌离子和至少三分子的选自间甲苯酚、苯酚、或间甲苯酚和苯酚混合物的苯酚衍生物,其中所述人胰岛素类似物是 $Lys^{B28}Pro^{B29}$-人胰岛素。

2. 一种非肠道用药物制剂,包含权利要求1的人胰岛素类似物六聚物复合物。

3. 权利要求2的非肠道用药物制剂,其还进一步含有等渗剂和生理上耐受的缓冲剂。

4. 权利要求3的非肠道用药物制剂,其含有 3.5mg/ml $Lys^{B28}Pro^{B29}$-人胰岛素、19.7μg/ml 锌、7mM 磷酸钠、16mg/ml 甘油、1.25mg/ml 间甲苯酚和 1.09mg/ml 苯酚。"

本专利说明书记载:苯酚类物质也已表现出可以与胰岛素六聚物特异性结合并且可以诱导变构的构象变化,借此可以将 B-链中 8 个 N-末端氨基酸由扩展构象转变为 α-螺旋形。Derewenda 等人,Nature,338:594-596(1989)。此结合了苯酚类的构象形式以 Zn(II)-R 形式公知。已证实在锌存在下胰岛素易于缔合形成确定的、稳定的 Zn-六聚物结构。但与这些已被证实无误的实验结果完全相反,用单体胰岛素类似物进行的早期研究发现,锌与胰岛素类似物之间的任何缔合作用不同于所观察到的锌与胰岛素之间的缔合作用:B. H. Frank,Text and Slide copies of Lecture given at theConference on Insulin "Self-Associati on andConforma tional Studieson Human Proinsulin and InsulinAnalogs",University of York,(1989.8.29-9.1)另外,用胰岛素能够形成高度稳定的 Zn-六聚物,但用单体的类似物没有观察到这种结果。文献同上。Brems 等人,在 ProteinEngineering,5:6,527-533(1992)中表明,单体 $Lys^{B28}Pro^{B29}$-hI 与人胰岛素相比更不易于发生二聚作用和自缔合成较高分子量形式。Brems 等人进一步得出结论,$Asp^{B28}Pro^{B29}$-hI、$Ala^{B28}Pro^{B29}$-hI 和 $Lys^{B28}Pro^{B29}$-hI 几乎不会发生或者不会发生 Zn-诱导的缔合作用,而 Pro^{B29} 胰岛素、Lys^{B28} 胰岛素、Asp^{B28} 胰岛素和 Ala^{B28} 胰岛素表现出 Zn-诱导的缔合作用,但比 Zn-胰岛素要弱。后来,本发明发明人未公开的试验结果表明,可以观察到与锌的缔合作用;但是,这种类似物与锌之间的缔合作用不同于与胰岛素的缔合作用。用这些类似物时所观察到的缔合作用,将会产生大量大分子量物质并且不同于大多数情况下的、已明确定义的 Zn-胰岛素六聚物。因此,很显然,单体胰岛素类似物不会以类似于胰岛素的方式形成 Zn-(II)-T_6 构象。纵观已公开的文献可以惊奇地发现,本发明获得了单体胰岛素类似物的确定的、稳定的锌-苯酚六聚物复合物，此六聚物复合物完全不同于相同条件下用胰岛素形成的复合物。胰岛素与锌和苯酚形成的复合物为 Zn（II）-T6 构象，本发明的六聚物复合物与此构象不同。而且很明显，胰岛素类似物六聚物复合物与胰岛素相比更易离解，此易离解的特性导致了所需的作用迅速的特性。

针对本专利，甘李公司于 2007 年 7 月 9 日向专利复审委员会提出了无效宣告请求，其理由包括本专利说明书不符合《专利法》第二十六条第三款的规定，并提交了证据，其中：

附件 1：中国发明专利申请公开说明书，专利申请号为 86106574，公开号为 CN86106574A，公开日为 1988 年 8 月 3 日，复印件共 46 页。

附件 2：中国发明专利申请公开说明书，专利申请号为 90101415.X，公开号为 CN1044820A，公开日为 1990 年 8 月 22 日，复印件共 108 页。

伊莱利利公司于 2007 年 9 月 18 日针对上述无效宣告请求提交了意见陈述书及反证，其中：

反证 1 为"研究中的速效'餐时'胰岛素类似物"，糖尿病研究趋势 III，1993 年 6 月 10~11 日，复印件 4 页及中文译文 2 页。

反证 2 为"通过氨基酸置换改变胰岛素的缔合特性"，David N. Brems 等人著，Protein Engineering，1992 年，第 5 卷第 6 期，第 527~533 页，复印件 7 页及中文译文 15 页。译文第 2 页第 2 段载明……每个六聚体两个锌原子。两个锌离子与来自不同二聚体的三个单体的 His^{B10} 中咪唑部分的三处配位点形成六配位。

反证 3 为"$Lys^{B28}Pro^{B29}$-胰岛素快速时效的生理化学基础：蛋白质-配体复合物的解离"，Diane L. BAKAYSA 等人著，Protein Science，1996 年，第 5 期，第 2521~2531 页及标题页，复印件 12 页及中文译文 23 页。

反 4 为"胰岛素自缔合以及与药动学和药效学的关系"，Michael R. DeFelippis 等人著，Critical Reviews™ inTherapeutic Drug Carrier Systems，2001 年，第 18 卷第 2 期，第 201~264 页，复印件 64 页及相关部分的中文译文 18 页。在译文第 7 页第 17~21 行记载了"用在 B24 和 B25 位有另外取代的 $Asp^{B10}Lys^{B28}Pro^{B29}$ 类似物的其他 NMR 研究证明，受体识别（Phe^{B24}、Phe^{B25}）、六聚体成形（His^{B10}）和二聚体成形（Pro^{B28}、Lys^{B29}）表面对胰岛素结构和功能有独立作用，可作为独立的设计目标。[213]

反证 5 为"在配制条件下单体胰岛素类似物的自发缔合特性"，Jane P. Richards 等人著，Pharmaceutical Research，1998 年，第 15 卷第 9 期，第 1434~1441 页，复印件 8 页及中文译文 13 页。

反证 6 为"C 端 B 链残基在胰岛素装配中的作用：六聚体 $Lys^{B28}Pro^{B29}$-人胰岛素的结构"，Ewa Ciszak 等人著，Structure，1995 年 6 月 15 日，第 3 卷第 6 期，第 615~622 页，复印件 8 页及中文译文 17 页。

反证 7 为"赖脯胰岛素—一个快速吸收的人胰岛素类似物"，Daniel C. Howey 等人著，Diabetes，1994 年 3 月，第 43 卷，第 396~397、402 页及目录页，复印件 4 页及中文译文 11 页。

2008 年 1 月 24 日，专利复审委员会进行了口头审理。2008 年 5 月 12 日，专利复审委员会作出第 11937 号决定。

在本案审理过程中，伊莱利利公司补充提交了证据，其中：

附件 10 为"T_3R_3 人胰岛素六聚体中锌周围双配位的晶体学证据"，Ewa Ciszak 等人著，Biochemistry，1994 年，第 33 卷第 6 期，第 1512~1517 页，复印件 6 页及中文译文 12 页。该附件为前述反证 6 中引用的参考文献 3。伊莱利利公司认为 Biochemistry 是周刊，第 6 期的公开日是 1994 年 2 月 15 日。

附件 13 为"在胰岛素的二聚体表面、六聚体表面和受体结合表面的突变独立地影响胰岛素-胰岛素的相互作用以及胰岛素-受体的相互作用"，Steven E. Shoelson 等人著，Biochemistry，1992 年，

第 31 卷第 6 期，第 1757～1767 页及封面页，复印件 12 页及相关部分的中文译文 7 页。该附件为前述反证 4 中引用的参考文献 213。译文第 1～2 页载明：胰岛素各自的受体识别（PheB24、PheB25）表面、六聚体的形成（HisB10）表面和二聚体的形成（ProB28、LysB29）表面可以认为是对于蛋白质设计的独立的目标。

附件 14 为"胰岛素六聚体：新构象和应用"，Mark L. Brader 等人著，TI BS，1991 年 9 月，第 16 卷，第 341～345 页及封面页，复印件 6 页及中文译文 9 页。该附件为前述反证 3 中引用的参考文献。

附件 15 为"苯酚可稳定锌对称性锌胰岛素六聚体的更多螺旋"，U. Derewenda 等人著，Nature，1989 年 4 月 13 日，第 338 卷第 6216 期，第 594～596 页及封面页，复印件 4 页及中文译文 5 页。该附件为本专利授权公告说明书中引用的参考文献。译文第 2 页载明：苯酚分子位于由一个二聚体的 A 链残基和相邻二聚体的 B1～B8 螺旋结构形式的空腔中。

伊莱利利公司主张：反证 1 和 7，附件 11 和 12 用以说明现有技术的情况，即为了克服天然胰岛素溶液皮下注射延迟起效的缺陷，设计出不易发生自缔合的赖脯胰岛素，B28 和 B29 是胰岛素发生自缔合成二聚体的位点，在锌离子的存在下，赖脯胰岛素并没有形成类似天然胰岛素六聚体的聚合物；反证 5 进一步证明上述现有技术的情况。反证 2 和附件 10 用以证明现有技术公知天然胰岛素六聚体含有二个锌离子。附件 10、14 和 15 用以证明现有技术公知天然胰岛素六聚体在苯酚衍生物的存在下可以包含至少三分子的苯酚衍生物。附件 13 用以说明现有技术公知胰岛素 B 链不同区域的改变相互之间是彼此独立的，互不影响。反证 6 用以证实本专利的方法能够得到含有二分子锌离子和至少三分子苯酚衍生物的赖脯胰岛素六聚物复合物。

专利复审委员会认为附件 10、13～15 在无效程序中没有提交，除了分别引用这些文献的反证 6、4、3 和本专利授权公告说明书中提到的相关内容外，附件 10、13～15 中公开的其他内容与本案缺乏关联性，不应予以考虑。专利复审委员会认可天然胰岛素六聚体中含有二分子锌离子，但对天然胰岛素六聚体中是否含有至少三分子的苯酚衍生物未发表意见。甘李公司认为天然胰岛素六聚体中究竟是含有二分子锌离子还是四分子锌离子存在争议，并且不认可天然胰岛素六聚体中含有至少三分子的苯酚衍生物。

上述事实，有第 11397 号决定、本专利授权公告说明书、权利要求书的修改文本、伊莱利利公司在无效程序和诉讼过程中提交的证据以及当事人陈述等证据在案佐证。

本院认为：

结合各方当事人的主张，本案争议的焦点在以下两个方面：

1. 对《专利法》第二十六条第三款的理解。

《专利法》第二十六条第三款规定，说明书应当对发明或者实用新型作出清楚、完整的说明，以所属技术领域的技术人员能够实现为准。

根据上述规定，如果说明书中只给出任务和/或设想，或者只表明一种愿望和/或结果，而未给出任何使所属技术领域的技术人员能够实现的技术手段，则认为说明书中缺乏解决技术问题的技术手段而无法实现其发明，不符合《专利法》第二十六条第三款的规定。《审查指南》第二部分第十章第 3.1 节就化学发明的充分公开问题指出："要求保护的发明为化学产品本身的，说明书中应当记载化学产品的确认"；"对于化合物发明……应当记载与发明要解决的技术问题相关的化学、物理性能参数（例如各种定性或者定量数据和图谱等），使要求保护的化合物能被清楚地确认"。就本案而言，本专利权利要求 1 要求保护一种稳定而快速作用的溶液形式的人胰岛素类似物六聚物复合物，其包括：六分子人胰岛素类似物，二分子锌离子和至少三分子的选自间甲苯酚、苯酚、或间甲苯酚和苯酚混合物的苯酚衍生物，其中所述人胰岛素类似物是 $Lys^{B28}Pro^{B29}$-人胰岛素，权利要求 2～4 要求保护包含权利要求1的人胰岛素类似物六聚物复合物的非肠道用药物制剂。说明书描述了权利要求1要求保护的六聚物复合物的组分、能获得该六聚物复合物的组分含量范围、制备方法，提供了具体的制备实施例并测定了化学稳定性和体外离解特性，但是如果说明书没有进一步提供任何定性或者定量数据和图谱等相关的化学、物理性能参数证明其制备得到的赖脯胰岛素六聚物复合物中确实含有二分子锌离子和至少三分子的苯酚衍生物，且本领域技术人员结合现有技术也不能够预见其制备得到的赖脯胰岛素六聚物复合物中含有二分子锌离子和至少三分子的苯酚衍生物，则本领域技术人员不能明确或预见本专利说明书所描述的制备方法包括具体的制备实施例确实能够得到权利要求1~4要求保护的化学产品。在此情况下，也就不能达到"能够实现"的标准。因此，专利复审委员会在第11397号决定中适用的"确认"标准是对《专利法》第二十六条第三款的正确理解，本院对此予以认可。伊莱利利公司认为专利复审委员会适用法律错误的理由不充分，本院不予支持。

2. 关于是否能够由含有锌离子和苯酚衍生物的天然胰岛素六聚体的结构预见本专利的赖脯胰岛素六聚物复合物中含有锌离子和苯酚衍生物的分子数综合各方当事人的主张，各方对锌离子与天然胰岛素六聚体的结合位点为B10位以及苯酚衍生物与天然胰岛素六聚体的结合位点为B1~B8位均未提出异议。基于此，该问题的争议焦点为对于本领域技术人员来说，B28和B29位的互换是否会影响B10位以及B1~B8位分别与锌离子和苯酚衍生物的结合。

首先，对于B28和B29位的互换是否会影响B10位与锌离子的结合，本院认为，尽管附件13教导了"六聚体的形成（HisB10）表面和二聚体的形成（ProB28、LysB29）表面可以认为是对于蛋白质设计的独立的目标"，但是本专利说明书针对现有技术的情况载明，"锌与胰岛素类似物之间的任何缔合作用不同于所观察到的锌与胰岛素之间的缔合作用"，"用胰岛素能够形成高度稳定的Zn-六聚物，但用单体的类似物没有观察到这种结果"，"单体$Lys^{B28}Pro^{B29}$-hI与人胰岛素相比更不易于发生二聚作用和自缔合成较高分子量形式"，"$Lys^{B28}Pro^{B29}$-hI几乎不会发生或者不会发生Zn-诱导的缔合作用"，"这种类似物与锌之间的缔合作用不同于与胰岛素的缔合作用。用这些类似物时所观察到的缔合作用，将会产生大量大分子量物质并且不同于大多数情况下的、已明确定义的Zn-胰岛素六聚物"，"很显然，单体胰岛素类似物不会以类似于胰岛素的方式形成Zn-（II）-T_6构象"。以上内容表明现有技术还存在B28和B29位的互换影响B10位与锌离子的结合的情形。可见，对于B28和B29位的互换是否会影响B10位与锌离子的结合，现有技术中存在完全相反的教导。而且，本专利说明书针对本专利的赖脯胰岛素六聚物复合物还载明："此六聚物复合物完全不同于相同条件下用胰岛素形成的复合物。胰岛素与锌和苯酚形成的复合物为Zn（II）-T6构象，本发明的六聚物复合物与此构象不同。而且很明显，胰岛素类似物六聚物复合物与胰岛素相比更易离解，此易离解的特性导致了所需的作用迅速的特性"。本领域技术人员在面对上述现有技术给出的完全相反的教导以及本专利说明书中关于赖脯胰岛素六聚物复合物与天然胰岛素六聚体的构象和离解特性不同的陈述时，不会确认或预见本发明的赖脯胰岛素六聚物复合物具有与天然胰岛素六聚体相同分子数的锌离子。

其次，对于B28和B29位的互换是否会影响B1~B8位与苯酚衍生物的结合，本院认为，由于组成蛋白质的氨基酸残基在一级结构上的距离与其在三级结构上的距离没有必然的因果关系，因此在没有证据予以证实的情况下，"六聚体的形成表面和二聚体的形成表面可以认为是对于蛋白质设计的独立的目标"的原因并非如伊莱利利公司所主张的"由于B28~B29位与B10位相距非常远，中间间隔了将近20个氨基酸残基"。另外，尽管在一级结构上与B10位相比，B1~B8位与B28~B29位相距更远是客观事实，但是没有证据表明在三级结构上与B10位相比，B1~B8位与B28~B29位也相距更远，因此由"B28~B29位与B1~B8位相距更远，中间间隔了20个甚至超过20个氨基酸残基"不能得出"B28和B29位的互换也不应影响B1~B8位对苯酚衍生物的结合"的结论。同时，附件13

也并不涉及B1~B8区域，因此依据附件13不能得出"现有技术已经公知胰岛素B链不同区域的改变相互之间是彼此独立的，互不影响"的结论，从而不能得出"B28和B29位的互换不会影响B1~B8位与苯酚衍生物的结合"的结论。综上，附件13并未给出"B28和B29位的互换不会影响B1~B8位与苯酚衍生物的结合"的教导。

再次，本专利说明书还记载了本专利的赖脯胰岛素六聚物复合物与天然胰岛素六聚体的构象和离解特性均不同，在这种情况下，本领域技术人员不能确认或预见本发明的赖脯胰岛素六聚物复合物具有与天然胰岛素六聚体相同分子数的苯酚衍生物。

最后，反证6的公开日期为1995年6月15日，在本专利的优先权日之后，并非本领域技术人员所知晓的普通技术知识、能够获知的现有技术以及具有的应用常规实验手段的能力，因此不能在评判本专利说明书是否充分公开时予以考虑。故本院对伊莱利利公司关于在判断说明书是否充分公开时应考虑反证6记载内容的主张不予支持。

因此，专利复审委员会关于由天然胰岛素六聚物所结合的锌离子和苯酚衍生物的分子数无法直接地、毫无疑义地推知本专利所述赖脯胰岛素六聚物复合物中所结合的锌离子和苯酚衍生物的分子数的结论并无不当，本院予以支持。另外，由于不能由含有锌离子和苯酚衍生物的天然胰岛素六聚体的结构预见本专利的赖脯胰岛素六聚物复合物含有锌离子和苯酚衍生物的分子数，因此各方当事人所争议的天然胰岛素六聚体结合的锌离子和苯酚衍生物的分子数对上述结论并无实质性影响。

综上，专利复审委员会在第11397号决定中认定事实清楚，适用法律正确，审查程序合法，应予维持。依照《中华人民共和国行政诉讼法》第五十四条第（一）项之规定，本院判决如下：

维持被告中华人民共和国国家知识产权局专利复审委员会作出的第11397号无效宣告请求审查决定。

案件受理费人民币100元，由原告伊莱利利公司负担（已交纳）。

如不服本判决，原告伊莱利利公司可在本判决书送达之日起30日内，被告中华人民共和国国家知识产权局专利复审委员会、第三人甘李药业有限公司可在本判决书送达之日起15日内，向本院递交上诉状及其副本，并交纳上诉案件受理费人民币100元，上诉于中华人民共和国北京市高级人民法院。

审 判 长 仪 军
代理审判员 周丽婷
人民陪审员 牛艳玲
二〇〇九年六月二十三日
书 记 员 王东勇

用于治疗过敏性疾病的药物及其制备方法

无效宣告请求审查决定（第 11409 号）

决　定　号	第 11409 号
决　定　日	2008 年 4 月 24 日
发明创造名称	用于治疗过敏性疾病的药物及其制备方法
国际分类号	A61K 39/002，A61P 37/08
无效宣告请求人	中国医学科学院北京协和医院，阿尔可—爱比洛公司
专　利　权　人	浙江我武生物科技有限公司
专　利　号	02137621.2
申　请　日	2002 年 10 月 24 日
授权公告日	2005 年 6 月 29 日
合议组组长	李人久
主　审　员	唐　莉
参　审　员	张晓飞
法　律　依　据	专利法第 26 条第 3 款、第 26 条第 4 款、第 22 条第 3 款，专利法实施细则第 20 条第 1 款

决 定 要 点

如果所属技术领域的技术人员按照说明书记载的内容，不需要创造性的劳动，就能够再现该发明或者实用新型的技术方案，解决其技术问题，并且产生预期的技术效果，则说明书公开充分。

如果所属技术领域的技术人员能够从说明书公开的内容直接得到或者概括得出一项权利要求要求保护的技术方案，并且其保护范围不超过说明书记载的内容，则该权利要求能够得到说明书的支持。

如果发明与现有技术相比存在区别技术特征，现有技术并没有给出上述区别技术特征的教导和启示，并且发明获得了有益的效果，则该发明具备创造性。

权利要求清楚表述请求保护的范围，首先要求权利要求的主题类型应当清楚；其次，每项权利要求所确定的保护范围应当清楚。权利要求的保护范围应当根据其所用词语的含义来理解。如果权利要求中的术语对于本领域技术人员来说含义确切，限定的范围边界清晰，则不应认为该术语的使用导致权利要求请求保护的范围不清楚。

一、案由

本无效宣告请求案涉及国家知识产权局于 2005 年 6 月 29 日公告授予的、名称为"用于治疗过敏性疾病的药物及其制备方法"的第 02137621.2 号发明专利权（下称本专利），其申请日为 2002 年 10

月 24 日，授权公告时的专利权人为胡赓熙，2005 年 12 月 2 日专利权人变更为浙江我武生物科技有限公司。本专利授权公告的权利要求如下：

"1. 一种治疗由螨过敏引起的过敏性疾病的药物，其特征在于，该药物是由混合螨变应原浸出液制成的各种医学上可接受的制剂，其中所述混合螨变应原浸出液主要含有 24KD 的变应原 I 和 15KD 的变应原 II。

2. 一种如权利要求 1 所述的治疗由螨过敏引起的过敏性疾病的药物，其特征在于其中所述的螨浸出液是将标准种粉尘螨的代谢培养基通过丙酮脱脂、生理盐水浸出、超滤、稀释的方法而获得的。

3. 一种如权利要求 1 所述的治疗由螨过敏引起的过敏性疾病的药物，其特征在于其中所述的制剂包括口服液、注射剂、舌下含服剂、片剂、胶囊剂。

4. 一种如权利要求 1 所述的治疗由螨过敏引起的过敏性疾病的药物，其特征在于其中所述的 24KD 的变应原 I 和 15KD 的变应原 II 是指 DerfI 或 DerpI 和 DerfII 或 DerpII 的变应原。

5. 一种如权利要求 2 所述的治疗由螨过敏引起的过敏性疾病的药物，其特征在于其中所述的粉尘螨培养基选自面粉或动物饲料。

6. 一种如权利要求 1 所述的治疗由螨过敏引起的过敏性疾病的药物的制备方法，其特征在于该制剂的制备包括下列步骤：

A 螨变应原浸出液的制备

1）粉尘螨标准种，实验室纯培养，95％纯种，杂螨不超过 5％，符合国际标准；

2）在约 300 克粉尘螨代谢培养基中，加入适量体积的丙酮，清洗脱脂 2～5 小时；倾倒出丙酮，加入新的丙酮，重复清洗脱脂 2 次；

3）三次脱脂后，倾倒出上层丙酮，保留下层固体，于室温自然吹干，待残留粉末中毫无丙酮刺激性气味即为丙酮挥干标准；

4）取晾干后的粉尘螨代谢培养基按照 1∶2～6W/V 浸于 1/万硫柳汞氯化钠注射液中，即每 5 毫升生理盐水中有 1 克脱脂后的代谢培养基，4℃磁力搅拌 5～9 小时；间隔冷浸过夜，再磁力搅拌，至少 60 小时后取上层清液；

5）滤纸去渣；

6）0.45μm 超滤膜正压过滤，得到原液；BCA 法测原液的蛋白含量；

B 制剂的制备

1）将上述原液用生理盐水和等体积甘油稀释，按照治疗所需浓度，稀释成 1∶100w/v 至 1∶1,000,000w/v 范围内的多个浓度的制剂；分装、灌封；56℃灭活 1 小时左右除菌，即得舌下含服剂；

2）取上述原液按常规制剂方法制得注射剂、片剂或胶囊剂。

7. 一种如权利要求 1 所述的药物在制备治疗由螨过敏引起的过敏性疾病药物中的应用。

8. 一种如权利要求 7 所述的应用，其特征在于该药物可用于制备治疗由螨过敏引起的过敏性哮喘、鼻炎或慢性荨麻疹的药物。"

针对上述专利权，中国医学科学院北京协和医院（下称请求人I）于 2006 年 3 月 3 日向专利复审委员会提出无效宣告请求，并提交了下述证据：

证据 I-1：Pichler CE et al., "Specific immunotherapy with Dermatophagoides pteronyssinus and D. farinae results in decreased bronchial hyperreactivity", Allergy, 1997, 第 52 卷, 第 274～282 页, 复印件共 9 页以及其中文译文共 8 页；

证据 I-2：张鲁雁等, "粉尘螨 Der f2 变应原的分离纯化及其特征", 《复旦学报（医学科学版）》, 2001, 28（2）, 第 152、153、161 页, 复印件共 3 页；

证据 I-3：钟建敏等，"尘螨变应原的免疫学研究进展"，《国外医学寄生虫病分册》，1992 年，第 19 卷第 5 期，第 193~196 页，复印件共 4 页；

证据 I-4：卢宏昌等，"粉尘螨口服滴剂与针剂治疗过敏性哮喘的疗效比较"，《中国临床药理学与治疗学》，2001，6（1），第 73、79 页，复印件共 2 页；

证据 I-5：乔秉善编著，《变态反应实验技术》，科学出版社，1990 年，封面页、扉页及第 82~87、172~175 页，复印件共 7 页；

证据 I-6：马行宣等，"粉尘螨浸液制备方法探讨"，《佳木斯医学院学报》，1991 年第 14 卷第 3 期，第 206~208 页，复印件共 3 页；

请求人 I 主张本专利不符合专利法第 26 条第 3 款、第 26 条第 4 款、第 22 条第 3 款以及专利法实施细则第 20 条第 1 款的规定，其理由为：（1）根据说明书的描述无法预见到能够制备获得包含户尘螨的混合螨变应原浸出液制成的制剂，也无法预见到包含户尘螨的混合螨变应原浸出液制成的制剂具有治疗过敏性疾病的作用，并且本专利的说明书中没有提供任何实验数据证实本专利的制剂中含有 24KD 的变应原 I 和 15KD 的变应原 II，因此权利要求 1~5 得不到说明书的支持，不符合专利法第 26 条第 4 款的规定。（2）权利要求 1 中"混合螨变应原浸出液"的范围不清楚，其中也没有限定变应原 I 和变应原 II 的含量，权利要求 4 引用权利要求 1，但其技术方案却不在权利要求 1 的范围之内，权利要求 6 的步骤 2）中"加入适量体积的丙酮"没有清楚限定丙酮的用量，因此权利要求 1、6 及引用权利要求 1 的权利要求 2~5、7~8 不符合专利法实施细则第 20 条第 1 款的规定。（3）说明书中仅仅提供了螨变应原制剂的制备方法，没有提供实验数据证实根据该方法制备获得的制剂是否含有 24KD 的变应原 I 和 15KD 的变应原 II 及其含量，根据说明书的记载，本领域技术人员无法确认本申请实施例制备的产品是否就是权利要求 1 所要求保护的产品，因此说明书公开不充分，不符合专利法第 26 条第 3 款的规定。（4）证据 I-1 公开了治疗螨过敏引起的过敏性疾病的药物，其含有粉尘螨和户尘螨的标准化提取物，证据 I-2 和 I-3 公开了尘螨的主要变应原有 I（24KD）和 II 类变应原（14KD），因此本领域技术人员很容易想到治疗过敏性疾病的药物中的粉尘螨和户尘螨的标准化提取物中应当含有 I 和 II 类变应原，因而容易想到或制备出含有螨变应原 I 和 II 的螨提取物的治疗螨过敏引起的过敏性疾病的药物，虽然本专利权利要求 1 中提到变应原 II 分子量为 15KD，而对比文件 I-2 和 I-3 中公开的是 14KD，但是，本领域公知粉尘螨和户尘螨中主要含有变应原 I 和 II，而 14KD 和 15KD 的分子量差别并不显著，在测定分子量时 14KD 和 15KD 几乎会重合成一条带，可以相信权利要求 1 所述的 15KD 的变应原 II 与对比文件 I-2 和 I-3 中所说的 14KD 的变应原 II 为相同的蛋白质，并且说明书中也没有描述权利要求 1 的 15KD 的变应原 II 相对于现有技术的 14KD 的变应原 II 产生了预料不到的技术效果，因此权利要求 1 不具备创造性；权利要求 2 附加技术特征所述的螨浸出液的获得方法已经在证据 I-2 中公开，因此权利要求 2 不具备创造性；证据 I-1 中公开了其疫苗制剂是注射剂，证据 I-4 也公开了粉尘螨口服滴剂和针剂用于治疗过敏性哮喘，因此权利要求 3 也不具备创造性；权利要求 4 的附加技术特征在证据 3 中已有明确教导，因此权利要求 4 也不具备创造性；权利要求 5 中所限定的粉尘螨培养基选自面粉或动物饲料已是公知常识，例如证据 I-5 中提及培养尘螨的培养基为"新鲜米、面"，因此权利要求 5 也不具备创造性；证据 I-2 基本公开与本发明权利要求 6 的步骤 A 相同的粉尘螨浸液的制备方法，二者的不同之处，如培养螨种的纯度、脱脂的次数和时间、干燥方法、浸体液加入 1/万硫柳汞、以及磁力搅拌的时间是所属领域技术人员的公知常识，权利要求 6 的 B 步骤也是所属领域技术人员的公知常识，因此权利要求 6 不具备创造性；证据 I-1 公开了尘螨浸出液有效地用于脱敏治疗，证据 I-4 公开了粉尘螨口服滴剂与针剂治疗过敏性哮喘的实验内容，在权利要求 1 的药物不具备创造性的前提下，权利要求 7 和 8 的制药用途也不具备创造性。综上，权利要求1~8不符合专利法第22条第3款的规定。

经形式审查合格后,专利复审委员会受理了上述请求,于2006年8月10日向双方当事人发出《无效宣告请求受理通知书》,并将《专利权无效宣告请求书》及其附件清单中所列附件的副本转送给专利权人,要求其在指定的期限内答复,同时成立合议组对本无效请求案进行审理。

针对上述专利权无效宣告请求,专利权人于2006年9月22日提交了意见称述书和经修改的权利要求书全文替换页(共2页5项),修改后的权利要求书如下:

"1. 一种治疗由螨过敏引起的过敏性疾病的药物,其特征在于,该药物是由混合螨变应原浸出液制成的各种医学上可接受的制剂,其中所述混合螨变应原浸出液主要含有24KD的变应原 I 和15KD的变应原 II,所述的24KD的变应原 I 是 Derf I,所述的15KD的变应原 II 是 DerfII,所述的螨浸出液是将标准种粉尘螨的代谢培养基通过丙酮脱脂、生理盐水浸出、超滤、稀释的方法而获得的,所述的制剂为舌下含服剂。

2. 一种如权利要求1所述的治疗由螨过敏引起的过敏性疾病的药物,其特征在于其中所述的粉尘螨培养基选自面粉或动物饲料。

3. 一种如权利要求1所述的治疗由螨过敏引起的过敏性疾病的药物的制备方法,其特征在于该制剂的制备包括下列步骤:

A 螨变应原浸出液的制备

1)粉尘螨标准种,实验室纯培养,95%纯种,杂螨不超过5%,符合国际标准;

2)在约300克粉尘螨代谢培养基中,加入适量体积的丙酮,清洗脱脂2~5小时;倾倒出丙酮,加入新的丙酮,重复清洗脱脂2次;

3)三次脱脂后,倾倒出上层丙酮,保留下层固体,于室温自然吹干,待残留粉末中毫无丙酮刺激性气味即为丙酮挥干标准;

4)取晾干后的粉尘螨代谢培养基按照1:2~6W/V浸于1/万硫柳汞氯化钠注射液中,即每5毫升生理盐水中有1克脱脂后的代谢培养基,4℃磁力搅拌5~9小时;间隔冷浸过夜,再磁力搅拌,至少60小时后取上层清液;

5)滤纸去渣;

6)0.45μm超滤膜正压过滤,得到原液;BCA法测原液的蛋白含量;

B 制剂的制备

1)将上述原液用生理盐水和等体积甘油稀释,按照治疗所需浓度,稀释成1:100w/v至1:1000000w/v范围内的多个浓度的制剂;分装、灌封;56℃灭活1小时左右除菌,即得舌下含服剂。

4. 一种如权利要求1所述的药物在制备治疗由螨过敏引起的过敏性疾病药物中的应用。

5. 一种如权利要求4所述的应用,其特征在于该药物可用于制备治疗由螨过敏引起的过敏性哮喘、鼻炎或慢性荨麻疹的药物。"

专利权人认为:(1)修改后的独立权利要求1中合并了原从属权利要求2、3、4中的附加技术特征,并且删除了原从属权利要求3和4中的并列技术方案中的部分技术方案,修改后的独立权利要求3删除了步骤B中的一个并列技术方案,修改后的权利要求没有改变原权利要求书的主题名称,没有扩大保护范围,没有超出原说明书和权利要求书记载的范围,也没有增加未包含在授权的权利要求书中的技术特征,因此上述修改符合专利法、专利法实施细则和审查指南的规定;(2)修改后的权利要求1仅涉及粉尘螨的变应原,"混合螨变应原"应理解为"螨的不同变应原的混合物",不应理解为"来自不同螨的变应原的混合物",说明书中提供了SDS-PAGE电泳结果说明本发明浸出液中含有24KD和15KD的变应原蛋白条带,因此,修改后的权利要求得到了说明书的支持,符合专利法第26

条第4款的规定；（3）修改后的权利要求1已对"混合螨变应原浸出液"作了清楚的限定，混合螨变应原浸出液中变应原的含量会因实施过程的具体情况有所差异，无法对其具体含量进行限定，在修改后的权利要求中限定所述混合螨变应原浸出液主要含有24KD的变应原Ⅰ和15KD的变应原Ⅱ，并辅以制备方法的限定，这足以清楚地表征该混合螨变应原浸出液，修改后原权利要求4已被删除，对于原权利要求6，本领域技术人员能够根据具体情况选择合适体积的丙酮进行脱脂，因此修改后的权利要求符合专利法实施细则第20条第1款的规定；（4）说明书中提供了定性的SDS-PAGE电泳实验数据验证实施例所制备的浸出液的实验结果，因而本申请说明书公开充分，符合专利法第26条第3款的规定；（5）证据Ⅰ-1至Ⅰ-6均没有揭示修改后的权利要求1中所述的混合螨变应原浸出液制备方法，证据Ⅰ-2中的浸液制备方法与本专利权利要求1的制备方法不同，本发明的方法中不包含证据Ⅰ-2中的透析步骤，透析会导致一些致敏原的丢失或者失去活性，专利权人对按照本专利实施例1的方法和证据Ⅰ-2中的方法获得的粉尘螨培养基浸出液的变应原活性进行了测定，结果表明使用本专利方法表现出的变应原活性显著优于证据Ⅰ-2的方法，而且证据Ⅰ-1至Ⅰ-6均没有记载或暗示"舌下含服剂"这一特征，而粉尘螨舌下含服剂相对于注射剂型和口服剂型更具优点，因此权利要求1~6具备创造性。

针对上述专利权无效宣告请求，专利权人于2007年3月16日再次提交了意见称述书和经修改的权利要求书全文替换页（共2页5项），修改后的权利要求书如下：

"1. 一种治疗由螨过敏引起的过敏性疾病的药物，其特征在于，该药物是由混合螨变应原浸出液制成的各种医学上可接受的制剂，其中所述混合螨变应原浸出液主要含有24KD的变应原Ⅰ和15KD的变应原Ⅱ，所述的24KD的变应原Ⅰ是DerfⅠ，所述的15KD的变应原Ⅱ是DerfⅡ，所述的制剂为舌下含服剂，所述制剂用包括下列步骤的方法制得：

A 螨变应原浸出液的制备

1）粉尘螨标准种，实验室纯培养，95%纯种，杂螨不超过5%，符合国际标准；

2）在约300克粉尘螨代谢培养基中，加入适量体积的丙酮，清洗脱脂2~5小时；倾倒出丙酮，加入新的丙酮，重复清洗脱脂2次；

3）三次脱脂后，倾倒出上层丙酮，保留下层固体，于室温自然吹干，待残留粉末中毫无丙酮刺激性气味即为丙酮挥干标准；

4）取晾干后的粉尘螨代谢培养基按照1:2~6W/V浸于1/万硫柳汞氯化钠注射液中，即每5毫升生理盐水中有1克脱脂后的代谢培养基，4℃磁力搅拌5~9小时；间隔冷浸过夜，再磁力搅拌，至少60小时后取上层清液；

5）滤纸去渣；

6）0.45μm超滤膜正压过滤，得到原液；BCA法测原液的蛋白含量；

B 制剂的制备

将上述原液用生理盐水和等体积甘油稀释，按照治疗所需浓度，稀释成1:100w/v至1:1,000,000w/v范围内的多个浓度的制剂；分装、灌封；56℃灭活1小时左右除菌，即得舌下含服剂。

2. 一种如权利要求1所述的治疗由螨过敏引起的过敏性疾病的药物，其特征在于其中所述的粉尘螨培养基选自面粉或动物饲料。

3. 一种如权利要求1所述的治疗由螨过敏引起的过敏性疾病的药物的制备方法，其特征在于该制剂的制备包括下列步骤：

A 螨变应原浸出液的制备

1）粉尘螨标准种，实验室纯培养，95％纯种，杂螨不超过5％，符合国际标准；

2）在约300克粉尘螨代谢培养基中，加入适量体积的丙酮，清洗脱脂2～5小时；倾倒出丙酮，加入新的丙酮，重复清洗脱脂2次；

3）三次脱脂后，倾倒出上层丙酮，保留下层固体，于室温自然吹干，待残留粉末中毫无丙酮刺激性气味即为丙酮挥干标准；

4）取晾干后的粉尘螨代谢培养基按照1：2～6W/V浸于1/万硫柳汞氯化钠注射液中，即每5毫升生理盐水中有1克脱脂后的代谢培养基，4℃磁力搅拌5～9小时；间隔冷浸过夜，再磁力搅拌，至少60小时后取上层清液；

5）滤纸去渣；

6）0.45μm超滤膜正压过滤，得到原液；BCA法测原液的蛋白含量；

B 制剂的制备

1）将上述原液用生理盐水和等体积甘油稀释，按照治疗所需浓度，稀释成1：100w/v至1：1,000,000w/v范围内的多个浓度的制剂；分装、灌封；56℃灭活1小时左右除菌，即得舌下含服剂。

4. 一种如权利要求1所述的药物在制备治疗由螨过敏引起的过敏性疾病药物中的应用。

5. 一种如权利要求4所述的应用，其特征在于该药物可用于制备治疗由螨过敏引起的过敏性哮喘、鼻炎或慢性荨麻疹的药物。"

专利权人认为：(1) 修改后的独立权利要求1中合并了原从属权利要求3、4中的并列技术方案中的部分技术方案，另外还补入了原独立权利要求6的制备方法，修改后的独立权利要求3删除了步骤B中的一个并列技术方案，其中原独立权利要求6的修改方式属于审查指南第四部分第三章第4.6.2节中规定的技术方案的删除，而对于权利要求1的修改方式，由于审查指南中并未明确规定无效过程中对权利要求的修改方式仅限于审查指南第四部分第三章第4.6.2节所列举的这些修改方式，并且修改后的权利要求没有改变原权利要求书的主题名称，没有扩大保护范围，没有超出原说明书和权利要求书记载的范围，也没有增加未包含在授权的权利要求书中的技术特征，因此上述修改符合专利法、专利法实施细则和审查指南的规定；(2) 修改后的权利要求1将混合螨变应原限定为主要含有Derf I 和Derf II，说明书中提供的SDS-PAGE电泳结果说明本发明浸出液中含有24KD和15KD的变应原蛋白条带，因此，修改后的权利要求得到了说明书的支持，符合专利法第26条第4款的规定；(3) 混合螨变应原浸出液中变应原的含量会因实施过程的具体情况有所差异，无法对其具体含量进行限定，在修改后的权利要求中将24KD的变应原Ⅰ限定为Derf I，将15KD的变应原Ⅱ限定为Derf II并且用制备方法特征加以限定，这足以清楚地表征该混合螨变应原浸出液，修改后原权利要求4已被删除，对于原权利要求6，本领域技术人员能够根据具体情况选择合适体积的丙酮进行脱脂，因此修改后的权利要求符合专利法实施细则第20条第1款的规定；(4) 说明书中提供了定性的SDS-PAGE电泳实验数据验证实施例所制备的浸出液的实验结果，因而本申请说明书公开充分，符合专利法第26条第3款的规定；(5) 证据I-1至I-6均没有揭示修改后的权利要求1中所述的混合螨变应原浸出液制备方法，证据I-2中的浸液制备方法与本专利权利要求1的制备方法不同，本发明的方法中不包含证据I-2中的透析步骤，透析会导致一些致敏原的丢失或者失去活性，专利权人对按照本专利实施例1的方法和证据I-2中的方法获得的粉尘螨培养基浸出液的变应原活性进行了测定，结果表明使用本专利方法表现出的变应原活性显著优于证据I-2的方法，而且证据I-1至I-6均没有记载或暗示"舌下含服剂"这一特征，而粉尘螨舌下含服剂相对于注射剂型和口服剂型对于哮喘的疗效好而且安全，因此权利要求1～6具备创造性，符合专利法第22条第3款的规定。

2007年4月10日，合议组向请求人I和专利权人发出《无效宣告请求口头审理通知书》，定于2007年6月22日对该专利权的无效请求进行口头审理。同时，将专利权人于2006年9月22日和2007年3月16日两次提交的意见陈述书及其附件清单所列附件的副本转送给请求人I，要求请求人I在本案口头审理时予以答复。

2007年6月22日，口头审理如期进行，双方当事人均出席了口头审理。请求人I当庭提交了以下证据材料：

证据I-7：鹿道温主编，《鼻炎与哮喘中西医最新诊疗学》，中国中医药出版社，出版日为1996年3月，封面页、出版信息页和第308~309页，复印件共3页；

证据I-8：汪家政，范明主编，《蛋白质技术手册》，科学出版社，出版日为2000年8月，封面页、出版信息页和第44、45、48~51、70~75页，复印件共8页。

合议组当庭向专利权人转交了上述文件的副本。

口头审理过程中，合议组对请求人I提出的无效理由和事实进行了充分调查，对双方当事人的证据材料进行了质证，并给予了双方当事人充分陈述意见的机会。口头审理中认定的事实如下：

（1）合议组当庭宣布专利权人于2007年3月16日提交的经修改的权利要求书不能接受，专利权人提出以2006年9月22日提交的经修改的权利要求书作为修改文本，合议组当庭宣布该修改文本的权利要求4和5的修改方式不符合审查指南规定，专利权人放弃于2006年9月22日提交的修改文本中的权利要求4、5，确认以权利要求1~3作为经修改的权利要求书；

（2）请求人I放弃证据I-1和I-4，认为证据I-5和I-8为公知常识，确认专利权无效宣告请求的理由和范围为：以证据I-2和I-3主张本专利的说明书不符合专利法第26条第3款的规定，专利权人于2006年9月22日提交的权利要求1不符合专利法第26条第4款的规定，权利要求1、3不符合专利法实施细则第20条第1款的规定，权利要求1相对于证据I-2、I-3和I-7的结合、权利要求2相对于证据I-2、I-3、I-5和I-7的结合以及权利要求3相对于证据I-2、I-6和I-7的结合不具备创造性，不符合专利法第22条第3款的规定；

（3）专利权人对证据I-1至I-8的真实性、公开性没有异议。

合议组给予专利权人庭后20天的答复期限，就请求人I在口头审理过程中提出的新的具体无效理由提交书面意见。

专利权人于2007年7月12日提交了意见称述书和以下反证：

反证I-1：Int. Archs Allergy appli. Immun., 1986, 第81卷, 封面页及第214~223页, 复印件共11页以及标题、第214页的摘要和第218页左栏第十五行的中文译文共1页；

反证I-2：J Allergy Clin Immunol., 1989, 第83卷, 第1055~1067页, 复印件共13页以及标题和第1055页摘要的中文译文共1页；

反证I-3：Int. Archs Allergy Immunol., 1994, 第103卷, 第53~58页, 该文献在PubMed上检索结果的网页打印件共1页以及标题和摘要的中文译文共1页；

反证I-4：Yonsei Medical Journal, 1991, 第32卷, 封面页、扉页、目录页、第24~32页, 复印件共13页以及标题、第24页摘要、第31页左栏第八行的中文译文共1页。

专利权人认为：反证I-4证实Der f2的分子量所允许的误差范围为14-15kD，反证I-1至I-3证实Der f2的分子量为15000，而且证据I-2的图3表明Der f2的分子量应该大于分子量标记14400，其也存在与反证I-4中类似的实验误差，另外在用SDS-PAGE测定蛋白质分子量时也会产生一定的误差，因此，本专利中的具体实验结果即Der f2的分子量为15000的信息与证据I-2和I-3中Der f2的分子量为14000的事实并不矛盾，这是本领域技术人员能够理解的误差；而SDS-PAGE电泳是本领域的常规技术，其电泳条件为本领域所熟知，且其提供对具体实施例所制备的浸出液进行验证测定的定性实验结果。综上，本专利的说明书符合专利法第26条第3款的规定，权利要求1符合专利法第26条第4款的规定。

2007年8月13日，合议组发出《转送文件通知书》，并将专利权人于2007年7月12日提交的意见称述书及其所附附件转送无效宣告请求人I，并要求其若对专利权人提供的外文证据译文的具体内容有异议，则应当在收到本通知书之日起一个月内对有异议的部分提交中文译文。

2007年11月13日，合议组向请求人I和专利权人发出《无效宣告请求口头审理通知书》，定于2007年12月20日对该专利权的无效请求进行第二次口头审理。

2007年12月20日，口头审理如期进行，双方当事人或其代理人均出席了口头审理。专利权人当庭提交了修改的权利要求书，其为2006年9月22日提交的权利要求书中的权利要求1~3，合议组当庭将其转给请求人I。此次提交的权利要求书的内容如下：

"1. 一种治疗由螨过敏引起的过敏性疾病的药物，其特征在于，该药物是由混合螨变应原浸出液制成的各种医学上可接受的制剂，其中所述混合螨变应原浸出液主要含有24KD的变应原I和15KD的变应原II，所述的24KD的变应原I是Derf I，所述的15KD的变应原II是DerfII，所述的螨浸出液是将标准种粉尘螨的代谢培养基通过丙酮脱脂、生理盐水浸出、超滤、稀释的方法而获得的，所述的制剂为舌下含服剂。

2. 一种如权利要求1所述的治疗由螨过敏引起的过敏性疾病的药物，其特征在于其中所述的粉尘螨培养基选自面粉或动物饲料。

3. 一种如权利要求1所述的治疗由螨过敏引起的过敏性疾病的药物的制备方法，其特征在于该制剂的制备包括下列步骤：

A 螨变应原浸出液的制备

1）粉尘螨标准种，实验室纯培养，95％纯种，杂螨不超过5％，符合国际标准；

2）在约300克粉尘螨代谢培养基中，加入适量体积的丙酮，清洗脱脂2~5小时；倾倒出丙酮，加入新的丙酮，重复清洗脱脂2次；

3）三次脱脂后，倾倒出上层丙酮，保留下层固体，于室温自然吹干，待残留粉末中毫无丙酮刺激性气味即为丙酮挥干标准；

4）取晾干后的粉尘螨代谢培养基按照1∶2~6W/V浸于1/万硫柳汞氯化钠注射液中，即每5毫升生理盐水中有1克脱脂后的代谢培养基，4℃磁力搅拌5~9小时；间隔冷浸过夜，再磁力搅拌，至少60小时后取上层清液；

5）滤纸去渣；

6）0.45μm超滤膜正压过滤，得到原液；BCA法测原液的蛋白含量；

B 制剂的制备

将上述原液用生理盐水和等体积甘油稀释，按照治疗所需浓度，稀释成1∶100w/v至1∶1000000w/v范围内的多个浓度的制剂；分装、灌封；56℃灭活1小时左右除菌，即得舌下含服剂。"

口头审理过程中，合议组对双方当事人的证据材料进行了质证，并给予了双方当事人充分陈述意见的机会。口头审理中认定的事实如下：

（1）请求人I对反证I-1至I-4的真实性、公开时间和译文准确性无异议；

（2）专利权人认为证据I-7和I-8不是公知常识；

（3）反证I-1至I-4用于证明本专利的说明书符合专利法第26条第3款的规定以及权利要求1符合专利法第26条第4款的规定。

合议组分别给予双方当事人7天的答复期限进行书面意见陈述。

针对上述专利权，阿尔可-爱比洛公司（下称请求人Ⅱ）于2006年10月24日向专利复审委员会提出无效宣告请求，并提交了下述证据：

证据Ⅱ-1：Haugaard et al.，"A controlled dose-response study of immunotherapy with standardized, partially purified extract of house dust mite: Clinical efficacy and side effects"，J. Allergy Clin. Immunol.，1993，第91卷第3期，扉页、目录页和第709~722页，复印件共16页，标题、第710页材料和方法、第711页提取物和第713页免疫治疗的中文译文共2页；

证据Ⅱ-2：Hong et al.，"Identification of major allergens from the house dust mites, Dermatophagoides Farinae and Dermatophagoides Pteronyssinum, by electroblotting"，Yonsei Medical Journal，1991，32（1），杂志封面页、扉页、目录页、第24~32页复印件共12页，部分中文译文1页；

证据Ⅱ-3：Elliott Middleton et al.，Allergy（Principles and Practice），第4版第Ⅰ卷，1993，封面页、扉页、封二、目录页和第529~553页复印件共29页以及第531页提取物制备中的核心方面的中文译文共1页；

证据Ⅱ-4：张鲁雁等，"粉尘螨Der f2变应原的分离纯化及其特征"，《复旦学报（医学科学版）》，2001，第28卷第2期，封面页、出版信息页、目录页和第152、153、161页复印件共6页；

证据Ⅱ-5：刘向辉等，"表达屋尘螨Ⅰ类变应原Derp 1的基因工程菌的发酵条件探讨"，《广州医学院学报》，2002，第3卷第1期，封面页、出版信息页、目录页和第46、47页复印件共6页；

证据Ⅱ-6：Guez S et al.，"House-dust-mite sublingual-swallow immunotherapy（SLIT）in perennial rhinitis: a double-blind, placebo-controlled study"，Allergy，2000，第55卷第4期，封面页、扉页、目录页和第369~375页复印件共10页以及第370页标题和免疫治疗的中文译文共1页；

证据Ⅱ-7：Pritam Singh，ARTIFICIAL DIETS FOR INSECTS, MITES, AND SPIDERS，封面页、扉页、目录页和第475、480页复印件共7页以及第475、480页相关内容的中文译文共2页；

请求人Ⅱ认为本专利的权利要求1~5和7~8不符合专利法第22条第3款的规定，其理由为：（1）证据Ⅱ-1公开了用DerpⅠ和DerpⅡ提取物来治疗对尘螨变应原过敏的病人，而本专利的背景技术部分公开了Ⅰ组变应原（DerfⅠ，DerpⅠ）的分子量为24000，Ⅱ组变应原（DerfⅡ，DerpⅡ）的分子量为15000，因此在证据Ⅱ-1的基础上结合现有技术可以推导得出本专利权利要求1的技术方案，权利要求1相对于证据Ⅱ-1不具备创造性；（2）证据Ⅱ-4公开了粉尘螨代谢培养基及其浸液制备，证据Ⅱ-3公开了通过超滤的方法从最终提取物中除去分子量小于3000~5000的物质，而"稀释"的步骤是公知常识，证据Ⅱ-6中也提到在治疗期间向病人给药不同稀释度的制剂，可见结合证据Ⅱ-3和Ⅱ-4以及公知常识，本领域技术人员可以显而易见地得到本专利权利要求2的技术方案，因此权利要求2不具备创造性；（3）本专利的实施例仅给出注射剂和舌下含服剂的制备和用途，权利要求3得不到说明书支持，另一方面，根据需要将药物制备成适当的剂型是本领域的常识，证据Ⅱ-1公开了变应原提取物可以注射剂的形式给药，证据Ⅱ-6公开了舌下含服剂，本领域技术人员可根据需要制成其他制剂形式，因此在证据Ⅱ-1的基础上结合公知技术可以得到权利要求3的技术方案，权利要求3不具备创造性；（4）权利要求4的技术特征是现有技术，因此根据上述权利要求1不具备创造性的理由，权利要求4也不具备创造性；（5）证据Ⅱ-7公开了用"麦胚"作为螨培养基，用狗食和鱼食作为尘螨培养基，证据Ⅱ-2公开了粉尘螨可以在与老鼠食物和干燥酵母混合物的培养基中培养，因此权利要求5不具备创造性；（6）证据Ⅱ-1已公开了一种用标准的、部分纯化的尘螨提取物进行的控制性剂量应答的免疫治疗研究，其中涉及的病人为对尘螨过敏的病人，本领域技术人员可显而易见地根据证据Ⅱ-1的记载得出将权利要求1的药物应用在治疗尘螨过敏引起的过敏性疾病药物中的技术方案,权利要求7也不具备创造性;(8)本专利的实施例中仅给出了含螨变应原制剂在治疗鼻炎和哮喘方面的作用效果,没有涉及荨麻疹,因此权利要求8得不到说明书支持,另一方面,证据II-1已披露了尘螨提取物在制备治疗过敏性哮喘的药物中的用途,证据II-6公开了用尘螨变应原浸液治疗鼻炎,证据II-5公开了可用尘螨变应原对过敏性疾病进行诊断和治疗,本领域技术人员由此容易想到可用尘螨变应原治疗过敏性哮喘、鼻炎或慢性荨麻疹,因此权利要求8没有创造性。综上,权利要求1~5、7~8不符合专利法第22条第3款的规定。

经形式审查合格后,专利复审委员会受理了上述请求,于2006年11月29日向双方当事人发出《无效宣告请求受理通知书》,并将《专利权无效宣告请求书》及其附件清单中所列附件的副本转送给专利权人,要求其在指定的期限内答复,同时成立合议组对本无效请求案进行审理。

针对上述专利权无效宣告请求,专利权人于2007年1月9日提交了意见陈述书和经修改的权利要求书全文替换页(共2页5项),修改后的权利要求书的内容与前述专利权人针对请求人I提出的无效宣告请求于2007年3月16日提交的权利要求书的内容完全相同。

专利权人认为:(1)修改后的独立权利要求1中合并了原从属权利要求3、4中的并列技术方案中的部分技术方案,另外还补入了原独立权利要求6的制备方法,修改后的独立权利要求3删除了步骤B中的一个并列技术方案,其中原独立权利要求6的修改方式属于审查指南第四部分第三章第4.6.2节中规定的技术方案的删除,而对于权利要求1的修改方式,由于审查指南中并未明确规定无效过程中对权利要求的修改方式仅限于审查指南第四部分第三章第4.6.2节所列举的这些修改方式,并且修改后的权利要求没有改变原权利要求书的主题名称,没有扩大保护范围,没有超出原说明书和权利要求书记载的范围,也没有增加未包含在授权的权利要求书中的技术特征,因此上述修改符合专利法、专利法实施细则和审查指南的规定。(2)修改后的权利要求1中所含的具体变应原DerfI、DerfII、作为变应原来源的尘螨的种类粉尘螨标准种、药物的剂型舌下含服剂都与证据II-1不同,证据II-1也没有公开权利要求1中的制备方法;证据II-2没有记载修改后的权利要求1的制备方法,其采用的提取方法是对粉尘螨虫体进行的,而本专利权利要求1中是对粉尘螨代谢培养基进行的,证据II-2没有对所得到的提取物中的组分进行任何描述,更没有记载该制剂的舌下含服剂型;证据II-3没有涉及任何具体变应原、制备方法,也没有记载舌下含服剂型;本发明的混合螨变应原浸出液的制备方法不包含证据II-4中的透析步骤,采用的是"0.45μm超滤膜正压过滤",透析步骤可能会导致这些致敏原的丢失或失去活性,专利权人对按照本专利实施例1的方法和证据II-4中的方法获得的粉尘螨培养基浸出液的变应原活性进行了测定,结果表明使用本专利方法表现出的变应原活性显著优于证据II-4,证据II-4也没有涉及舌下含服剂的特征;证据II-5与修改后的权利要求1的技术方案的技术领域和解决的技术问题都不同;证据II-6没有记载从粉尘螨标准种制得的含Der f I和Der f II作为主要变应原的舌下含服剂,也没有记载其制备方法,而且证据II-6的研究结果表明本领域技术人员不能显而易见地认识到其他变应原的舌下含服剂能否获得优异的效果,而本发明提供了一种与证据II-6不同的变应原制剂,其效果已在本专利说明书中得到证实;证据II-7与权利要求1所述技术方案并不相关。综上,证据II-1至II-7及其组合均没有为本领域技术人员提供明显的启示而能够根据这些证据公开的内容不经创造性劳动就获得修改后权利要求1的技术方案,因此修改后的权利要求1具备创造性。(3)基于相同的理由,修改后的权利要求2~5也具备创造性。

2007年4月10日,合议组向请求人II和专利权人发出《无效宣告请求口头审理通知书》,拟定于2007年6月22日对该专利权的无效请求进行口头审理。同时,将专利权人于2007年1月9日提交的意见陈述书及其附件清单所列附件的副本转送给请求人II,要求请求人II在本案口头审理时予以答复。

2007年6月22日,口头审理如期进行,双方当事人均出席了口头审理。合议组当庭将专利权人针对请求人 I 于2006年9月22日提交的经修改的权利要求书转给请求人 II。口头审理过程中确定的事实如下:

(1)专利权人对证据 II-1 至 II-7 的真实性、公开性没有异议;

(2)专利权人删除于2006年9月22日提交的修改文本中的权利要求4、5,确认以权利要求1~3作为经修改的权利要求书。

请求人 II 于2007年7月18日提交了意见称述书和以下证据:

证据 II-8:Pichler CE et al.,"Specific immunotherapy with dermatophagoides pteronyssinus and D. farinae results in decreased bronchial hyperreactivity",Allergy 1997,第52卷,第274~282页,复印件共9页以及全文中文译文共8页;

证据 II-9:万义福等,"粉尘螨口服滴剂与针剂治疗过敏性哮喘的疗效比较",中国临床药理学与治疗学,2001年,第6卷第1期,第73、79页,复印件共2页;

证据 II-10:乔秉善编著,《变态反应实验技术》,科学出版社,1990年,封面页、出版信息页和第82~87、172~175页,复印件共6页;

证据 II-11:马行宣等,"粉尘螨津液制备方法探讨",佳木斯医学院学报,1991年,第14卷第3期,第206-208页,复印件共3页;

证据 II-12:汪家政,范明主编,《蛋白质技术手册》,科学出版社,2000年,封面页和第70~75页,复印件共4页。

请求人 II 认为本专利不符合专利法第26条第3款、第26条第4款、第22条第3款和专利法实施细则第20条第1款的规定,其理由为:(1)本专利的说明书仅公开了修改后的权利要求1要求保护的药物在治疗变应性鼻炎和/或哮喘中的应用,没有涉及在治疗结膜炎、皮炎等其他由尘螨引起的过敏性疾病的治疗中的应用,因此,权利要求1中要求保护的"治疗由螨过敏引起的过敏性疾病的药物"包含了难以预先确定和评价的内容,权利要求1得不到说明书的支持,不符合专利法第26条第4款的规定,同理,权利要求2、3也得不到说明书的支持,不符合专利法第26条第4款的规定。(2)权利要求1中"混合螨变应原"的表述存在歧义,可以理解为"混合螨的变应原"或"混合的螨变应原",而且如果理解为前者,由于权利要求1中描述的只是粉尘螨变应原,前后不一致,使得权利要求1的表述不清楚;如果理解为后者,本领域技术人员不清楚权利要求1中的粉尘螨是实施例1中的 Dermatophagoides pteronyssinus 还是实施例3中的 Dermatophagoides farinae Hughes,其表述不清楚,因此权利要求1不符合专利法实施细则第20条第1款的规定;如果理解为实施例1中的 Dermatophagoides pteronyssinus,则其制备的应该是 Derp I 和 Derp II,但不一定包括 Derf I 和 Der f II,说明书中没有公开权利要求1中的 Derf I 和 Der f II,权利要求1得不到说明书的支持,不符合专利法第26条第4款的规定。(3)证据 II-4 公开了采用粉尘螨粗制浸液进行过敏性治疗以及 Derf 提取物作为药物治疗螨过敏引起的过敏性疾病的用途,证据 II-1 公开了用屋尘螨提取物进行免疫治疗以及 Derp 整螨培养物的制备,证据 II-8 公开了用粉尘螨和屋尘螨的标准化提取物进行脱敏治疗,证据 II-9 公开了使用粉尘螨口服滴剂治疗过敏性哮喘,证据 II-6 公开了用于舍下含服免疫治疗的提取物,因此证据 II-4 与证据 II-1 或证据 II-8 以及证据 II-6 或证据 II-9 的结合使得权利要求1中的技术特征"一种治疗由螨过敏引起的过敏性疾病的药物,其特征在于,该药物是由混合螨变应原浸出液制成的各种医学上可接受的制剂"不具备创造性;证据 II-4 公开了粉尘螨两种最重要的变应原为1类变应原(derf1)和2类变应原(derf2),证据 II-3 公开了粉尘螨两个重要的变应原 DerfI 的分子量为24KD,DerfII 的分子量为15KD,因此证据 II-3 和证据 II-4 的结合使得权利要求1的技术特征"其中所述混合螨变应原浸出液主要含有24KD的变应原Ⅰ和15KD的变应原Ⅱ,所述的24KD的变应原Ⅰ是Derf Ⅰ,所述的15KD的变应原Ⅱ是DerfⅡ"不具备创造性;证据Ⅱ-4公开了粉尘螨代谢培养基的用途,证据Ⅱ-3公开了螨变应原提取物的原料可以来自纯的螨虫体或整螨培养物,证据Ⅱ-1公开了Der p整螨培养物,因此权利要求1的技术特征"所述的螨浸出液是将标准种粉尘螨的代谢培养基"对本领域技术人员来说是显而易见的;证据Ⅱ-4公开了技术特征"通过丙酮脱脂"和"生理盐水浸出",并且公开了利用透析进行无菌超滤,证据Ⅱ-3公开了可以通过透析、超滤或排阻色谱将分子量≤3000到5000D的非变应原物质在最终提取物中的量最少,证据Ⅱ-12公开了透析比较耗时,蛋白质浓缩和交换缓冲液通常采用超滤法,可见透析和超滤是本领域技术人员可以根据需要选择的两种公知技术,并且权利要求1的方法中没有排除采用透析步骤;对于技术特征"稀释的方法而获得",一方面将浓缩物稀释为本领域的公知常识,证据Ⅱ-6也提到将药物制剂稀释给予病人;对于技术特征"所述的制剂为舌下含服剂",证据Ⅱ-6公开了Derp Ⅰ/Derf Ⅰ提取物的舌下含服剂,而且螨提取物制成舌下含服剂也是公知常识,综上,权利要求1相对于证据Ⅱ-4与公知常识的结合、证据Ⅱ-4、证据Ⅱ-1和证据Ⅱ-6的结合或者证据Ⅱ-4、证据Ⅱ-1、证据Ⅱ-6、证据Ⅱ-8和证据Ⅱ-9的结合不具备创造性。(4)证据Ⅱ-7公开了麦胚作为螨培养基,而面粉中含有麦胚,证据Ⅱ-10公开了螨的培养基是新鲜米、面,证据Ⅱ-2公开了粉尘螨可以在老鼠食物和干燥酵母混合物的培养基中培养,证据Ⅱ-7公开了以狗饲料和鱼饲料作为尘螨培养基,因此在权利要求1不具备创造性的基础上,权利要求2相对于证据Ⅱ-2、证据Ⅱ-7和证据Ⅱ-10不具备创造性。(5)证据Ⅱ-4公开了粉尘螨代谢培养基的用途,证据Ⅱ-3公开了螨变应原提取物的原料可以来自纯的螨虫体或整螨培养物,证据Ⅱ-1公开了Derp整螨培养物,因此权利要求3的技术特征"1)粉尘螨标准种,实验室纯培养,95%纯种,杂螨不超过5%,符合国际标准"对本领域技术人员来说是显而易见的,对于技术特征"2)在约300克粉尘螨代谢培养基中,加入适量体积的丙酮,清洗脱脂2~5小时;倾倒出丙酮,加入新的丙酮,重复清洗脱脂2次;3)三次脱脂后,倾倒出上层丙酮,保留下层固体,于室温自然吹干,待残留粉末中毫无丙酮刺激性气味即为丙酮挥干标准",证据Ⅱ-4公开了培养基丙酮脱脂,证据Ⅱ-11公开了丙酮多次洗涤脱脂后晾干,对于技术特征"4)取晾干后的粉尘螨代谢培养基按照1:2~6W/V浸于1/万硫柳汞氯化钠注射液中,即每5毫升生理盐水中有1克脱脂后的代谢培养基,4℃磁力搅拌5~9小时;间隔冷浸过夜,再磁力搅拌,至少60小时后取上层清液",证据Ⅱ-4公开了将代谢培养物浸泡在生理盐水中以1:5(m/V)浸于生理盐水中,4℃搅拌48h,低温离心,取上清液,证据Ⅱ-3公开了公开了应该用水溶液缓冲体系提取变应原,证据Ⅱ-11公开了碱性浸提液(1:50w/v,1/万硫柳汞作防腐剂),且磁力搅拌法是制备变应原浸出液的常用方法,可见该技术特征只是现有技术的组合,不具备创造性,技术特征"5)滤纸去渣"是本领域的公知常识,对于技术特征"6)0.45μm超滤膜正压过滤,得到原液;BCA法测原液的蛋白含量"以及"1)将上述原液用生理盐水和等体积甘油稀释,按照治疗所需浓度,稀释成1:100w/v至1:1000000w/v范围内的多个浓度的制剂;分装、灌封;56℃灭活1小时左右除菌,即得舌下含服剂",同上述评价权利要求1中相关技术特征时类似的理由,其相对于现有技术也都不具备创造性,综上,权利要求3相对于证据Ⅱ-4、证据Ⅱ-3、证据Ⅱ-6、证据Ⅱ-11和证据Ⅱ-12的结合不具备创造性。(6)专利权人如果认为透析导致一些致敏原的丢失或失去活性而超滤不存在上述问题,则由于说明书中没有公开超滤可以获得上述效果的任何具体实验证据,因此说明书不符合专利法第26条第3款的规定。(7)权利要求1的产品主要含有24KD的变应原Ⅰ和15KD的变应原Ⅱ,完全可以用产品特征进行限定,因此其采用制备方法限定产品的修改方式不符合审查指南的规定。

2007年8月13日,合议组发出《转送文件通知书》,并将无效宣告请求人Ⅱ于2007年7月18

日提交的意见称述书及其所附附件转送专利权人，并要求其若对无效宣告请求人Ⅱ提供的外文证据译文的具体内容有异议，则应当在收到本通知书之日起一个月内对有异议的部分提交中文译文。

2007年9月13日，专利权人提交了意见称述书，认为：（1）过敏性疾病的发病机理为变应原进入机体后，诱导B细胞产生IgE抗体，其吸附在肥大细胞、嗜碱性粒细胞表面，当相同的抗原再次进入致敏的机体与IgE抗体结合，会引发细胞膜的生化反应启动脱颗粒和合成新的介质两个平行的过程。本专利说明书中揭示了脱敏疗法治疗由变应原引起的过敏性疾病是针对病因的治疗方法，其原理是通过剂量由大至小、浓度由稀至浓，使病人逐渐提高对外来的变应原的耐受性，当再次接触该变应原时，过敏症状明显减轻或不再产生，且说明书中详细描述了如何从尘螨制备本专利的螨变应原制剂，并在实施例中以变应性鼻炎和/或哮喘为例描述了本专利获得的舌下含服剂的效果，在上述内容基础上，本领域技术人员可以合理地预先确定和评价本专利的制剂对于由螨过敏引起的其他过敏性疾病也能获得相同的治疗效果，权利要求1符合专利法第26条第4款的规定，基于同样的理由，权利要求2、3也符合专利法第26条第4款的规定；（2）"混合螨变应原"应当理解为"混合的螨变应原"，且证据Ⅱ-4公开了粉尘螨的拉丁名为Dermatophagoides farinae，因此，权利要求1的保护范围清楚，符合专利法实施细则第20条第1款的规定，而说明书实施例1涉及注射用螨变应原制剂的制备，实施例3涉及舌下含服螨变应原制剂的制备，因此权利要求1的技术方案也得到了说明书的支持，符合专利法第26条第4款的规定；（3）证据Ⅱ-4中没有公开"超滤"的技术特征，且专利权人于2007年1月16日提交的意见称述书中已经陈述了采用超滤相对于透析的优点，并提供了对比实验进行了证明，证据Ⅱ-4、证据Ⅱ-1、证据Ⅱ-6、证据Ⅱ-8和证据Ⅱ-9没有公开权利要求1的所有技术特征，而且很多篇证据组合评价权利要求1，本身也证实了权利要求1的非显而易见性，因此权利要求1具备创造性；（4）本专利说明书实施例4描述了用制得的舌下含服螨变应原制剂治疗过敏性疾病的实验结果，验证了要求保护的技术方案的效果，因此说明书符合专利法第26条第3款的规定；（5）本专利的混合螨变应原制剂中除了主要组分24kD和15kD的变应原之外，还含有其他结构和含量不明确的变应原组分，因此单纯用结构和/或组成特征无法清楚限定该制剂，因此采用制备方法限定的修改方式符合专利法和审查指南的规定。

2007年11月13日，合议组向请求人Ⅱ和专利权人发出《无效宣告请求口头审理通知书》，定于2007年12月20日对该专利权的无效请求进行第二次口头审理。同时，将专利权人于2007年9月13日提交的提交的意见陈述书转送给请求人Ⅱ，要求请求人Ⅱ在本案口头审理时予以答复。

2007年12月20日，口头审理如期进行，双方当事人或其代理人均出席了口头审理。专利权人当庭提交了2007年6月22日第一次口头审理时双方当事人共同确认的修改文本，即专利权人于2006年9月22日提交的权利要求书中的权利要求1~3，合议组当庭将其转给请求人Ⅱ。

口头审理过程中，合议组对双方当事人的证据材料进行了质证，并给予了双方当事人充分陈述意见的机会。口头审理中认定的事实如下：

（1）请求人Ⅱ认为专利权人于2006年9月22日提交的权利要求1~3的修改不符合专利法第33条的规定；

（2）在专利权人于2006年9月22日提交的权利要求1~3的基础上，请求人Ⅱ确认无效宣告的理由和范围为：本专利说明书不符合专利法第26条第3款的规定，权利要求1不符合专利法第26条第4款和专利法实施细则第20条第1款的规定，权利要求1相对于证据Ⅱ-4和公知常识的结合、证据Ⅱ-4、证据Ⅱ-6和证据Ⅱ-1的结合以及证据Ⅱ-4、证据Ⅱ-9和证据Ⅱ-6的结合不具备创造性，权利要求2在权利要求1的证据结合方式基础上再结合证据Ⅱ-7后不具备创造性，权利要求3在权利要求1的证据结合方式基础上再结合证据Ⅱ-3和证据Ⅱ-11后不具备创造性。

（3）请求人Ⅱ放弃上述结合方式中未提及的证据Ⅱ-2、证据Ⅱ-5、证据Ⅱ-8、证据Ⅱ-10和证据Ⅱ-12。

（4）专利权人对证据Ⅱ-9和Ⅱ-11的真实性和公开性无异议。

合议组分别给予双方当事人7天的答复期限进行书面意见陈述。

专利权人于2007年12月26日提交了意见称述书，认为：（1）对于2007年12月20日口头审理过程中针对的本专利的权利要求1~3，由于其已在第一次口头审理时当庭转给请求人Ⅱ，而请求人Ⅱ并没有在第一次口头审理结束后合议组给予请求人Ⅱ的一个月的答复期内提出该权利要求1~3的修改不符合专利法第33条的无效宣告理由，而是在2007年12月20日口头审理过程中提出，因此该理由为新增加的理由，并且上述权利要求1~3的修改符合专利法第33条的规定；（2）证据Ⅱ-4仅公开了Der f2变应原的分离纯化，没有提供任何实验数据证实获得的浸液必定含有Der f1，其也没有记载本专利权利要求1所述的"舌下含服剂"，而证据Ⅱ-6没有公开所用的屋尘螨舌下含服剂的具体组成和制备方法，且根据其摘要和讨论部分所述的内容可以得知并非所有的尘螨变应原浸出液在制备成舌下含服剂后都能表现出所希望的生物活性或疗效，证据Ⅱ-9中只是提供了尘螨口服滴剂的来源，没有提供制备方法，本领域技术人员无法确信证据Ⅱ-6和证据Ⅱ-9中的制剂其组成与证据Ⅱ-4所制备的浸出液的组成相同，或采用了证据Ⅱ-4相同的方法制得，证据Ⅱ-4中没有记载本专利权利要求1中"超滤、稀释"的步骤，专利权人对按照本专利实施例1的方法和证据Ⅱ-4中的方法获得的粉尘螨培养基浸出液的变应原活性进行了测定，结果表明使用本专利方法表现出的变应原活性显著优于证据Ⅱ-4，本专利说明书的实施例4证实舌下含服剂产生了优于现有技术的效果，综上，权利要求1相对于请求人Ⅱ在2007年12月20日口头审理过程中主张的证据结合方式具备创造性；（3）证据Ⅱ-7仅记载了麦胚，没有公开"面粉"的技术特征，并且没有证据表明麦胚和面粉完全相同或者麦胚是面粉的下位概念，因此在权利要求1具备创造性的前提下，权利要求2相对于针对权利要求1的证据组合再结合证据Ⅱ-7后也具备创造性；（4）证据Ⅱ-11公开的浸提液浓度范围与权利要求3中的不同，并且用于评价权利要求3的所有证据未提及"0.45μm超滤膜正压过滤"的技术特征，而该技术特征使得本专利制得的舌下含服剂表现出起效快、效果好的优异效果，因此权利要求3相对于针对权利要求1的证据组合再结合证据Ⅱ-3和证据Ⅱ-11后也具备创造性。

2007年12月27日，请求人Ⅱ提交了意见称述书，认为：（1）权利要求1中的"超滤"证据Ⅱ-4中的"无菌抽滤"本质上相同，而透析、无菌超滤和超滤是公知常识，本领域技术人员可根据需要进行选择，证据Ⅱ-4没有公开"Der f1为24KD"，但本专利背景技术记载了derf1为24KD，derf2为15KD，将制剂制成各种剂型是本领域的公知常识，本专利说明书中也没有提供任何数据证明本专利的舌下含服剂优于现有技术的产品，"稀释"步骤也是本领域的公知常识，因此权利要求1相对于证据Ⅱ-4与公知常识的结合不具备创造性；（2）除了证据Ⅱ-4公开的上述内容外，证据Ⅱ-6公开了Der p I/Der f I提取物的舌下含服剂，证据Ⅱ-9公开了粉尘螨口服滴剂的临床疗效"总有效率为91.4％"，此效果优于本发明实施例4记载的"有效率88.6％"，因此权利要求1相对于证据Ⅱ-4、证据Ⅱ-6和证据Ⅱ-9的结合不具备创造性；（3）本专利说明书实施例4中给出了权利要求1产品的效果证明数据，但没有说明效果的具体衡量标准，本领域技术人员根据该数据不能得知本发明的产品是否具有优异效果，而证据Ⅱ-9中公开的临床疗效数据优于本专利实施例4中记载的结果，并且根据本专利实施例4中的描述，本发明的产品并不是在服用一个月后起效，对于专利权人提供的用于证明"超滤"的效果优于"透析"的对比实验，这在原始说明书中未记载，且是专利权人主观设计的对比实验，不可取信，因此本发明产品的效果也不优于现有技术产品的效果；（4）证据Ⅱ-7公开了相对于面粉的"麦胚"以及狗饲料和鱼饲料作为尘螨培养基，因此在权利要求1不具备创造性的基础上，权利要求2也不具备创造性；（5）与请求人Ⅱ于2007年7月18日提交的意见陈述书中相同的理由，权利要求3相对于证据Ⅱ-4、证据Ⅱ-11和证据Ⅱ-3的结合不具备创造性；（6）权利要求1相对于证据Ⅱ-4、证据Ⅱ-3和证据Ⅱ-6的结合不具备创造性。

至此，合议组认为本案的事实清楚，可以作出审查决定。

二、决定的理由

1. 审查依据的文本

（1）关于专利文件的修改。

针对中国医学科学院北京协和医院（请求人Ⅰ）于2006年3月3日提出的无效宣告请求，专利权人分别于2006年9月22日、2007年3月16日和2007年12月20日先后三次提交了经修改的权利要求书全文替换页（以下称修改文本1、修改文本2和修改文本3），针对阿尔可-爱比洛公司（请求人Ⅱ）于2006年10月24日提出的无效宣告请求，专利权人于2007年1月9日提交了修改文本2，并于2007年6月22日提交了修改文本1，以及于2007年12月20日提交了修改文本3。

对于修改文本1和修改文本3，修改文本1共有5项权利要求，其权利要求1~3的内容和修改文本3的全文完全相同，其权利要求1为授权公告的权利要求书中权利要求1的从属权利要求2、3和4合并后，将其中涉及"口服剂、注射剂、片剂、胶囊剂"的技术方案以及涉及Derp Ⅰ和Derp Ⅱ的技术方案删除后得到的，权利要求2为授权公告的权利要求书中权利要求1的从属权利要求2、3、4和5合并后，将其中涉及"口服剂、注射剂、片剂、胶囊剂"的技术方案以及涉及Derp Ⅰ和Derp Ⅱ的技术方案删除后得到的，由于粉尘螨的变应原Ⅰ和Ⅱ即为Derf Ⅰ和Derf Ⅱ，故权利要求3实质上为授权公告的权利要求书中权利要求6删除涉及"注射剂、片剂、胶囊剂"的技术方案后得到的，因此修改文本1和3的权利要求1~3的修改方式符合专利法和审查指南关于合并和删除的规定，其内容能够从原权利要求书中毫无疑义地确定，因此其修改也符合专利法第33条的规定，虽然修改文本3是专利权人于2007年12月20日提交的，但由于其内容与修改文本1的权利要求1~3完全相同，而修改文本1是专利权人针对请求人Ⅰ的无效宣告请求而在专利复审委员会指定的答复期限内提交的，故修改文本3的修改时间也符合审查指南第四部分第三章第4.6.3节的规定，而对于修改文本1的权利要求4和5，其分别为授权公告的权利要求书中权利要求1的从属权利要求2、3、4和独立权利要求7或8合并后，将其中涉及"口服剂、注射剂、片剂、胶囊剂"的技术方案删除后得到的，其修改方式不符合审查指南的规定，而专利权人在2007年6月22日的口头审理过程中由于其修改方式不符合审查指南的规定而删除了修改文本1中的权利要求4和5，因此合议组对于修改文本1中的权利要求4和5不予考虑。

对于修改文本2，其权利要求1为授权公告的权利要求书中权利要求1的从属权利要求3、4和独立权利要求6合并后，将其中涉及"口服剂、注射剂、片剂、胶囊剂"的技术方案删除后得到的，由于在无效宣告程序中权利要求的合并是指两项和两项以上相互无从属关系但在授权公告文本中从属于同一独立权利要求的权利要求的合并（审查指南第377页第4.6.2节），而上述修改方式是一项独立权利要求的两项从属权利要求与另一项独立权利要求的合并，因此上述修改方式不符合审查指南的规定。

（2）关于审查依据的文本。

根据上述1中"关于专利文件的修改"的评述，专利权人于2007年12月20日提交的权利要求书（修改文本3）的修改时间和修改方式均符合专利法、专利法实施细则及审查指南的相关规定，因此，本决定所针对的文本为授权公告的说明书和说明书附图以及由专利权人于2007年12月20日提交的权利要求书（共1页3项）。

2. 关于证据

(1) 关于请求人I提交的证据。

①请求人I于2006年3月3日提出无效宣告请求时提交了证据I-1至I-6,并于2007年6月22日第一次口头审理过程中当庭提交了证据I-7和I-8,同时放弃了证据I-1和I-4,合议组对证据I-1和I-4不予考虑;

②对于请求人I在提出无效宣告请求时提交的证据I-2、I-3、I-5和I-6,专利权人对其举证期限、真实性和公开日期无异议,合议组对其予以采信;

③对于请求人I在第一次口头审理期间提交的证据I-7和I-8,由于其属于请求人I针对专利权人以合并方式修改的权利要求在专利复审委员会指定的期限内提交的,并且请求人I在该期限内结合上述证据具体说明了无效理由,因此其符合审查指南第四部分第三章第4.3节关于举证期限的规定,专利权人对其真实性和公开日期无异议,合议组对其予以采信。

(2) 关于请求人II提交的证据。

①请求人II于2006年10月24日提出无效宣告请求时提交了证据II-1至II-7,于2007年7月18日提交了证据II-8至II-12,并于2007年12月20日第二次口头审理过程中当庭放弃了证据II-2、II-5、II-8、II-10和II-12,合议组对这些放弃的证据不予考虑;

②对于证据II-1、II-3、II-4、II-6、II-7、II-9和II-11,专利权人对其真实性和公开日期无异议,合议组对其真实性和公开日期予以采信,其中证据II-1、II-3、II-4、II-6、II-7以及证据II-9、II-11分别是在提出本专利无效宣告请求时以及针对专利权人以合并方式修改的权利要求在专利复审委员会指定的答复期限内提交的,其公开日期均在本专利申请日之前,可以作为本专利的现有技术证据,因此合议组根据专利法实施细则第66条以及审查指南第四部分第三章第4.3.1节的规定对证据II-1、II-3、II-4、II-6、II-7、II-9和II-11予以考虑。

(3) 关于专利权人提交的证据。

专利权人于2007年7月12日提交了反证I-1至I-4,请求人I认为其是在第一次口头审理之后提交的,属于超期举证证据,合议组认为,针对请求人I的无效宣告请求书,专利权人在规定的期限内对权利要求书作了合并方式的修改,针对上述合并方式的修改,请求人I在第一次口头审理时以证据I-2和I-3主张本专利不符合专利法第26条第3款的规定,针对上述新理由,专利权人在专利复审委员会指定的期限内提交了上述反证I-1至I-4,其举证期限符合审查指南第四部分第三章第4.3.2节的规定,鉴于请求人I对其真实性、公开日期和译文准确性无异议,合议组根据根据专利法实施细则第66条以及审查指南第四部分第三章第4.3.2节的规定,对反证I-1至I-4予以采信。

3. 无效宣告请求的理由和范围

根据请求人I和II在《专利权无效宣告请求书》和口头审理时的陈述,请求人I和II确认本专利无效宣告请求的理由及其范围是:(1) 本专利的说明书不符合专利法第26条第3款的规定;(2) 权利要求1~3不符合专利法第26条第4款的规定;(3) 权利要求1、3不符合专利法实施细则第20条第1款的规定;(4) 权利要求1相对于请求人I提交的证据I-2、3和7的结合、权利要求2相对于证据I-2、3、5和7的结合以及权利要求3相对于证据I-2、6和7的结合不具备创造性;(5) 权利要求1相对于请求人II提交的证据II-4和公知常识的结合、证据II-4、证据II-6和证据II-1的结合以及、证据II-4、证据II-9和证据II-6的结合不具备创造性,权利要求2在权利要求1的证据结合方式基础上再结合证据II-7后不具备创造性,权利要求3在权利要求1的证据结合方式基础上再结合证据II-3和证据II-11后不具备创造性。

4. 关于专利法第 26 条第 3 款

专利法第 26 条第 3 款规定，说明书应当对发明或者实用新型作出清楚、完整的说明，以所属技术领域的技术人员能够实现为准。

如果所属技术领域的技术人员按照说明书记载的内容，不需要创造性的劳动，就能够再现该发明或者实用新型的技术方案，解决其技术问题，并且产生预期的技术效果，则说明书公开充分。

请求人 I 认为，证据 I-2 和证据 I-3 表明 Der f2 的分子量为 14000，而本专利说明书中没有提供任何实验数据证实获得了含有 24KD Der f1 和 15KD Der f2 的制剂。专利权人认为，根据反证 I-1 至 I-4 可以得知，现有技术中已知 Der f2 的分子量为 15KD，本专利说明书的第 3 页第 2 行描述了通过本发明的方法制得了含有 24KD Der f1 和 15KD Der f2 的粉尘螨变应原。

请求人 II 认为，如果专利权人认为透析导致一些致敏原的丢失或失去活性而超滤不存在上述问题，则说明书中没有公开超滤可以获得上述效果的任何具体实验证据。专利权人认为，本专利说明书实施例 4 描述了用制得的舌下含服螨变应原制剂治疗过敏性疾病的实验结果，验证了要求保护的技术方案的效果。

合议组认为，就请求人 I 的无效宣告理由而言，反证 I-4 提示分子量为 14-15kD 的组分为 Der fII（参见反证 I-4 的中文译文的第 31 页左栏第 8 行部分），反证 I-1 至 I-3 证实 Der f2 的分子量为 15000（参见反证 I-1 至 I-3 的中文译文），另外由于 SDS-PAGE 的工作原理，在用 SDS-PAGE 测定蛋白质分子量时也会产生一定的误差，因此，本专利说明书中关于 Der f2 的分子量为 15000 的信息与证据 I-2 和 I-3 中 Der f2 的分子量为 14000 的事实并不矛盾，这是本领域技术人员能够理解的误差；另外，专利说明书中对于实验结果可以采用定性或者定量的方式进行描述，本专利说明书中提供了制备粉尘螨变应原制剂的制备方法，并且通过"SDS-PAGE 电泳显示，浸出液中含有 24KD 和 15KD 等变应原蛋白条带"（第 3 页第 2-3 行）的描述证实了所制备的制剂含有 24KD Der f1 和 15KD Der f2，本领域技术人员按照说明书记载的内容，不需要创造性的劳动，就能够再现该发明的技术方案，解决其技术问题，并且产生预期的技术效果，因此本专利的说明书符合专利法第 26 条第 3 款的规定。

就请求人 II 的无效宣告理由而言，本专利说明书的实施例 1-4 描述了螨变应原制剂的制备方法以及用制得的舌下含服螨变应原制剂治疗过敏性疾病的实验结果，实施例 4 的效果数据体现了螨变应原制剂的制备方法整体上对制得的制剂的效果，在上述内容基础上，说明书中并不需要记载制备方法中的各个步骤相对于现有技术中各个不同步骤能够产生有益效果的实验数据，本领域技术人员按照上述内容，不需要创造性的劳动，就能够再现该发明的技术方案，解决其技术问题，并且产生预期的技术效果，因此本专利的说明书符合专利法第 26 条第 3 款的规定。

5. 关于专利法第 26 条第 4 款

专利法第 26 条第 4 款规定，权利要求书应当以说明书为依据，说明要求专利保护的范围。

根据该款规定，如果所属技术领域的技术人员能够从说明书公开的内容直接得到或者概括得出一项权利要求要求保护的技术方案，并且其保护范围不超过说明书记载的内容，则该权利要求能够得到说明书的支持。

请求人 I 和专利权人就权利要求 1 是否能得到说明书的支持的理由和证据与说明书是否符合专利法第 26 条第 3 款的理由和证据相同，因此，基于上述合议组对本专利说明书符合专利法第 26 条第 3 款的规定的论述，合议组认为请求人 I 提出的权利要求 1 不符合专利法第 26 条第 4 款的规定的无效宣告理由不成立。

请求人 II 认为，本专利的说明书仅公开了修改后的权利要求 1 要求保护的药物在治疗变应性鼻炎和/或哮喘中的应用，没有涉及在治疗结膜炎、皮炎等其他由尘螨引起的过敏性疾病的治疗中的应用，因此权利要求 1 中要求保护的"治疗由螨过敏引起的过敏性疾病的药物"包含了难以预先确定和评价的内容，权利要求 1 得不到说明书的支持，不符合专利法第 26 条第 4 款的规定，同理，权利要求 2、3 也得不到说明书的支持，不符合专利法第 26 条第 4 款的规定。专利权人为，本专利说明书中揭示了脱敏疗法治疗由变应原引起的过敏性疾病是针对病因的治疗方法，且说明书中详细描述了如何从尘螨制备本专利的螨变应原制剂，并在实施例中以变应性鼻炎和/或哮喘为例描述了本专利获得的舌下含服剂的效果，在上述内容基础上，本领域技术人员可以合理地预先确定和评价本专利的制剂对于由螨过敏引起的其他过敏性疾病也能获得相同的治疗效果，权利要求 1 符合专利法第 26 条第 4 款的规定，同理，权利要求 2、3 也符合专利法第 26 条第 4 款的规定。

对此，合议组认为，本领域技术人员已知螨引起的过敏性反应属于 I 型变态反应，其发病机理为变应原进入机体后，诱导 B 细胞产生 IgE 抗体，其吸附在肥大细胞、嗜碱性粒细胞表面，当相同的抗原再次进入致敏的机体与 IgE 抗体结合，会引发细胞膜的生化反应启动脱颗粒和合成新的介质两个平行的过程。本专利说明书中揭示了脱敏疗法治疗由变应原引起的过敏性疾病是针对病因的治疗方法，其原理是通过剂量由大至小、浓度由稀至浓，使病人逐渐提高对外来的变应原的耐受性，当再次接触该变应原时，过敏症状明显减轻或不再产生（说明书第 2 页第 4、5 段），并且说明书中详细描述了如何从尘螨制备本专利的螨变应原制剂，在实施例中以变应性鼻炎和/或哮喘为例描述了本专利获得的舌下含服剂的效果，实施例 4 的过程也证实了上述脱敏疗法的治病原理，并且鼻炎和哮喘属于两种不同类型的由螨过敏引起过敏性疾病。另外，如说明书中所述，粉尘螨的变应原中，I 类和 II 类变应原是室内灰尘变应原的主要来源（说明书第 1 页），过敏性疾病患者的病因与多种变应原有关，而本发明的制剂中主要含有 I 类和 II 类变应原，SDS-PAGE 电泳显示浸出液中有 24KD 和 15KD 等变应原蛋白条带，包含多种螨变应原，治疗时的适用范围更广（说明书第 3~4 页），因此在上述内容基础上，权利要求 1 关于"治疗螨过敏引起的过敏性疾病"的概括是恰当的，其符合专利法第 26 条第 4 款的规定，基于同样的理由，权利要求 2、3 也符合专利法第 26 条第 4 款的规定。

6. 关于专利法实施细则第 20 条第 1 款

专利法实施细则第 20 条第 1 款规定，权利要求书应当说明发明或者实用新型的技术特征，清楚、简要地表述请求保护的范围。

根据该款规定，清楚表述请求保护的范围，首先要求权利要求的主题类型应当清楚；其次，每项权利要求所确定的保护范围应当清楚。权利要求的保护范围应当根据其所用词语的含义来理解。如果权利要求中的术语对于本领域技术人员来说含义确切，限定的范围边界清晰，则不应认为该术语的使用导致权利要求请求保护的范围不清楚。

请求人 I 和请求人 II 均认为权利要求 1 中的"混合螨变应原浸出液"的含义不清楚，请求人 I 还认为权利要求 1 中的"主要含有"没有限定 24KD 的变应原 I 和 15KD 的变应原 II 的具体含量，"加入适量体积的丙酮"没有清楚地限定丙酮的用量。专利权人认为，"混合螨变应原浸出液"指混合的螨变应原浸出液，由于权利要求 1 的制剂除了包含 24KD 的变应原 I 和 15KD 的变应原 II 外，还含有其他的一些致敏原，因此采用"主要含有"进行限定，对于用于脱脂的丙酮，本领域技术人员可根据具体情况选择合适的体积。

对此，合议组认为，根据说明书以及权利要求 1 中制剂的制备方法可知，混合螨变应原浸出液中变应原的含量会因实施过程的具体情况不同而有所差异，无法对其具体含量进行限定，权利要求 1 中将 24KD 的变应原 I 限定为 Derf I，将 15KD 的变应原 II 限定为 Derf II 并且用制备方法特征加以限定，足以清楚地表征该混合螨变应原浸出液，而且通过所述方法制备的产物为混合物，不仅仅只含有 24KD 的变应原 I 和 15KD 的变应原 II，因此采用"主要含有"的限定也是允许的，而对于采用丙酮进行脱脂，这是本领域的常规技术，本领域技术人员完全可以结合具体情况选择合适体积的丙酮，因此，权利要求1的主题类型清楚，所用的术语含义清楚，限定的保护范围清楚，权利要求1符合专利法实施细则第20条第1款的规定。

7. 关于专利法第22条第3款

专利法第22条第3款规定，创造性是指同申请日以前已有的技术相比，该发明有突出的实质性特点和显著的进步。

如果发明与现有技术相比存在区别技术特征，现有技术并没有给出上述区别技术特征的教导和启示，并且发明获得了有益的效果，则该发明具备创造性。

(1) 关于请求人Ⅰ的无效宣告理由。

①本专利权利要求1为一种治疗由螨过敏引起的过敏性疾病的药物，其特征在于，该药物是由混合螨变应原浸出液制成的各种医学上可接受的制剂，其中所述混合螨变应原浸出液主要含有24KD的变应原Ⅰ和15KD的变应原Ⅱ，所述的24KD的变应原Ⅰ是DerfⅠ，所述的15KD的变应原Ⅱ是DerfⅡ，所述的螨浸出液是将标准种粉尘螨的代谢培养基通过丙酮脱脂、生理盐水浸出、超滤、稀释的方法而获得的，所述的制剂为舌下含服剂。

根据请求人Ⅰ确定的无效宣告请求的理由和范围，证据Ⅰ-2为最接近的现有技术，其公开了下列内容："粉尘螨是世界范围内已知的引起螨性哮喘、过敏性鼻炎、过敏性皮炎等变态反应性疾病的主要变应原之一，其中最主要的是粉尘螨1类变应原（Der f1）和粉尘螨2类变应原（Der f2）。国内已用粉尘螨粗制浸液作为免疫治疗，疗效显著[1]，但其所含的变应原种类和含量未知"（证据Ⅰ-2的第152页左栏第一段）、"粉尘螨代谢培养基及其浸液制备 将粉尘螨全培养物的螨体及碎片部分全部除去，得到粉尘螨代谢培养基，培养基经丙酮脱脂后，以1：5（m/V）浸于生理盐水中，4℃搅拌48h，低温离心，取上清液经透析、无菌抽滤即成代谢培养基浸液（Dff）"（证据Ⅰ-2的第152页右栏第一段）、"SDS-PAGE测定 经SDS-PAGE分析生物活性高部分表明它具有一条带，其相对分子质量为14000（图3）"（证据Ⅰ-2的第153页左栏最后一行至右栏第二行）、"粉尘螨变应原主要存在于螨体及其代谢产物中，其组成成分非常复杂，约有30种左右。目前国际上已从粉尘螨中提取出16类变应原，其中Der f1和Der f2为主要变应原。作者从粉尘螨代谢培养基浸液中分离纯化，成功地得到Der f2，经SDS-PAGE测定，其相对分子质量为14000，经100℃加热15min后，其生物学活性仍保留有50%~83.3%，表明它具有热稳定性，其特征与国外文献[5]报道一致。国外文献[6]报道螨体及其代谢培养基中的1类和2类应原含量各异，在螨体中1类与2类变应原之比为1.1/1~7/1，而在代谢培养基中则高达11/1~35/1，表明无论在螨体中或其代谢培养基中均是1类变应原占优势。而我实验室制备的螨代谢培养基浸液中经初步实验表明以2类变应原为主，则可能与尘螨种类、遗传、区域性和制备方法有关"（证据Ⅰ-2的第153页右栏倒数第二段）。

由上可知，证据Ⅰ-2公开了一种仅含Der f2变应原的粉尘螨代谢培养基浸出液以及用作免疫治疗的变应原种类和含量未知的粉尘螨粗制浸液，将权利要求1与之相比，区别包括：①证据Ⅰ-2中记载的是仅含Der f2变应原的粉尘螨代谢培养基浸出液，而权利要求1中记载的是主要含有DerfⅠ和DerfⅡ变应原的粉尘螨代谢培养基浸出液；②证据Ⅰ-2中的粉尘螨代谢培养基浸出液用于分析其中的变应原种类，而权利要求1所述的粉尘螨代谢培养基浸出液是用于制备治疗螨过敏引起的疾病的药物。证据Ⅰ-2并没有记载其浸液含有DerfⅠ变应原，虽然该证据记载"粉尘螨最主要的变应原是粉尘螨1类变应原（Der f1）和粉尘螨2类变应原（Der f2）"（参见第152页左栏第3~4行），但该描述仅仅表明现有技术中已知粉尘螨主要含有1和2类变应原，并不能用于证明本领域技术人员制备得到了同时含有1和2类螨变应原的粉尘螨代谢培养基浸液，而该证据还记载了"而我实验室制备的螨代谢培养基浸液中经初步实验表明以2类变应原为主,可能与尘螨种类、遗传、区域性和制备方法有关"(参见第153页右栏倒数第5~3行),也表明其制备得到的浸液中含2类变应原并不表示其能够从粉尘螨培养基中得到同时含有Derf I 和 Derf II变应原,并且能用于制备治疗螨过敏引起的过敏性疾病药物制剂的粉尘螨代谢培养基浸液,对于提及的粗制浸液用作免疫治疗,其所含的变应原种类和含量均未知,证据I-2中也未公开或提示该粗制浸液主要含有Derf I 和 Derf II变应原,因此证据I-2并未公开同时主要含有1和2类螨变应原的粉尘螨浸液,以及用此浸液治疗螨过敏引起的过敏性疾病,整体上也未给出通过其公开的内容能够得到同时含有1和2类螨变应原的粉尘螨变应原浸液,并将其制备成治疗螨过敏引起的过敏性疾病药物制剂的启示,而本专利说明书的实施例4证实了通过权利要求1所述的方法制备的螨变应原制剂在治疗变应性鼻炎和/或哮喘中有效率为88.6%,具有有益的技术效果;

证据I-3公开了尘螨的变应原包括分子量为25KD的I类变应原和分子量为14KD的II类变应原及其他类型的变应原(第93页右栏第三段);证据I-5属于本领域的公知常识,其公开了粉尘螨的培养方法及变应原浸液的制备方法(第83~86页);证据I-7公开了变应原的给药途径,包括可以舌下给药(第309页右栏);证据I-8属于本领域的公知常识,其公开了超滤法和透析法是蛋白质浓缩和缓冲液交换的常用方法(证据I-8第70~74页);

证据I-3、I-5、I-7和I-8均未公开同时含有Derf I 和 Derf II的粉尘螨代谢培养基浸出液以及用该浸出液作为治疗螨过敏引起的过敏性疾病的药物,也没有给出相应的教导或启示,因此,即使结合本领域的公知常识,证据I-2、I-3和I-7的结合也不能破坏本专利权利要求1的创造性。

②权利要求2引用权利要求1,进一步限定了粉尘螨的培养基类型。

证据I-5公开了粉尘螨的培养方法及粉尘螨浸液的制备方法(第83~86页),但并未公开制备得到的粉尘螨浸液中的变应原类型,其并未获得含有Derf I 和 Derf II的粉尘螨浸出液以及用所述浸出液治疗螨过敏引起的过敏性疾病,也未给出相应的教导或启示,因此,在其引用的权利要求1相对于证据I-2、I-3和I-7的结合具备创造性的前提下,权利要求2相对于证据I-2、I-3、I-5和I-7的结合也具备创造性。

③权利要求3要求保护权利要求1的药物的制备方法。

如上所述,证据证据I-2、证据I-7均未公开主要含有Derf I 和 Derf II的粉尘螨代谢培养基浸出液,其也未公开将粉尘螨代谢培养基浸出液用于治疗螨过敏引起的过敏性疾病。证据I-6公开了粉尘螨浸液的制备方法(第206页至第207页左栏第一段),但并未公开含有Derf I 和 Derf II的粉尘螨浸出液,以及用于、所述浸出液治疗螨过敏引起的过敏性疾病,也未给出相应的教导或启示,权利要求3相对于证据I-2、I-6和I-7的结合也具备创造性。

(2)关于请求人II的无效宣告理由。

①根据请求人II确定的无效宣告请求的理由和范围,证据II-4为最接近的现有技术,而该证据与请求人I提供的证据I-2为同一篇现有技术文献,根据上述I中1的评述,证据II-4并未公开同时含有1和2类螨变应原的粉尘螨浸液,整体上也未给出将浸出液制备成治疗螨过敏引起的过敏性疾病药物制剂的教导和启示;

证据II-1公开了含有主要变应原Derp I 和 Derp II的屋尘螨提取物用于免疫治疗(证据II-1的中文译文的第1页最后一段至第2页第一段);证据II-6公开了屋尘螨舌下含服免疫治疗的变应原药滴(证据II-6的中文译文第1页);证据II-9公开了粉尘螨口服滴剂,其中仅公开了尘螨口服滴剂的来源"江西省肺科医院制剂室提供,批号970310"(第79页左栏第三段第1~2行);

证据II-1、II-6和II-9均未公开同时含有Derf I 和 Derf II的粉尘螨浸出液以及用该浸出液作为治疗螨过敏引起的过敏性疾病的药物，也没有给出相应的教导或启示，而本领域的公知常识也没有记载上述含有 Derf I 和 Derf II 的粉尘螨浸出液或给出将所述浸出液用于治疗螨过敏引起的过敏性疾病的教导或启示，因此，证据 II-4 和公知常识的结合或证据 II-4、II-1 和 II-6 的结合或证据 II-4、II-6 和 II-9 的结合均不能破坏本专利权利要求 1 的创造性。

②权利要求 2 引用权利要求 1，进一步限定了粉尘螨的培养基类型。

证据 II-7 公开了刺足根螨、球根螨、美洲家刺皮螨和美国屋尘螨的培养方法（证据 II-7 的中文译文第 1~2 页），其并未记载获得了同时含有 Derf I 和 Derf II 的粉尘螨浸出液以及用该浸出液作为治疗螨过敏引起的过敏性疾病的药物，也没有给出相应的教导或启示，因此，在其引用的权利要求 1 相对于证据 II-4 和公知常识的结合或证据 II-4、II-1 和 II-6 的结合或证据 II-4、II-6 和 II-9 的结合具备创造性的前提下，权利要求 2 相对于上述证据组合再结合证据 II-7 也具备创造性。

③权利要求 3 要求保护权利要求 1 的药物的制备方法。

证据 II-3 公开了变应原提取物制备中的核心方面，包括变应原提取物的处理、储藏和提取物培养基的缓冲系统选择（证据 II-3 的中文译文第 1 页）；证据 II-11 公开了粉尘螨浸液的制备方法（第 206 页至第 207 页左栏第一段），但均未公开同时含有 Derf I 和 Derf II 的粉尘螨浸出液以及用该浸出液作为治疗螨过敏引起的过敏性疾病的药物，也没有给出相应的教导或启示，因此，在其引用的权利要求 1 相对于证据 II-4 和公知常识的结合或证据 II-4、II-1 和 II-6 的结合或证据 II-4、II-6 和 II-9 的结合具备创造性的前提下，权利要求 3 相对于上述证据组合再结合证据 II-3 和证据 II-11 也具备创造性。

综上所述，请求人 I 和 II 提出的本专利不具备创造性的理由不成立。

基于以上事实和理由，本案合议组作出如下审查决定。

三、决定

维持第 02137621.2 号发明专利权有效。

当事人对本决定不服的，可以根据专利法第 46 条第 2 款的规定，自收到本决定之日起三个月内向北京市第一中级人民法院起诉。根据该款的规定，一方当事人起诉后，另一方当事人应当作为第三人参加诉讼。

北京市第一中级人民法院
行政判决书

(2008) 一中行初字第1241号

原告阿尔可-爱比洛公司，住所地丹麦。

法定代表人斯蒂格-阿斯莫欧森，总裁。

委托代理人安晓地，北京市安伦律师事务所律师。

委托代理人吴华，北京市安伦律师事务所律师。

被告中华人民共和国国家知识产权局专利复审委员会，住所地中华人民共和国北京市海淀区北四环西路9号银谷大厦。

法定代表人廖涛，副主任。

委托代理人张晓飞，中华人民共和国国家知识产权局专利复审委员会审查员。

委托代理人郭鹏鹏，中华人民共和国国家知识产权局专利复审委员会审查员。

第三人浙江我武生物科技有限公司，住所地中华人民共和国浙江省德清县武康镇至远北路636号。

法定代表人胡赓熙，总经理。

委托代理人范征，上海市一平律师事务所专利代理人。

委托代理人王惠香，上海市一平律师事务所律师。

第三人中国医学科学院北京协和医院。

原告阿尔可-爱比洛公司不服被告中华人民共和国国家知识产权局专利复审委员会作出的第11409号无效宣告请求审查决定（以下简称第11409号决定），向本院提起行政诉讼。本院受理后，依法组成合议庭，向被告送达了起诉状副本及应诉通知书，并依照《中华人民共和国行政诉讼法》第二十七条之规定，通知浙江我武生物科技有限公司（以下简称我武公司）和中国医学科学院北京协和医院（以下简称协和医院）作为本案第三人参加诉讼。本院于2008年11月5日公开开庭审理了本案。原告的委托代理人安晓地、吴华，被告的委托代理人张晓飞、郭鹏鹏，第三人浙江我武生物科技有限公司的委托代理人范征、王惠香到庭参加了诉讼。经本院依法传唤，第三人协和医院未到庭参加诉讼，亦未向本院提交书面诉讼意见及其他诉讼材料。本案现已审理终结。

2008年4月24日，被告作出第11409号决定，依照《中华人民共和国专利法》（以下简称《专利法》）第二十二条第三款和第二十六条第三、四款《中华人民共和国专利法实施法则》（以下简称《专利法实施细则》）第二十条第一款的规定，维持第三人我武公司名称为"用于治疗过敏性疾病的药物及其制备方法"的第02137621.2号发明专利权（下称本专利）有效。

被告为证明第11409号决定的合法性，在法定举证期限内向本院提供了作出该决定的证据：1. Haugaard et al., "Acontrolled dose-response study of immunotherapy withstandardized, partially purified extract of house dustmite: Clinical efficacy and side effects", J. AllergyClin. Immunol., 1993, 第91卷第3期，扉页、目录页和第709~722页，及标题、第710页材料和方法、第711页提取物和第713页免疫治疗的中文译文，共18页（即被诉决定中的证据Ⅱ-1）；2. Elliott Middleton et al., Allergy (Principles and Practice)，第4版第Ⅰ卷，1993，封面页、扉页、封二、目录页和第529~553页及第531页提取物制备中的核心方面的中文译文，共30页（即被诉决定中的证据-3）；3. 张鲁雁等，"粉

尘螨Der f2变应原的分离纯化及其特征",《复旦学报（医学科学版）》,2001,第28卷第2期,封面页、出版信息页、目录页和第152、153、161页,共6页（即被诉决定中的证据Ⅱ-4）;4. Guez S et al.,"House-dust-mire sublingual-swallow immunotherapy (SLIT) in perennial rhinitis: a double-blind, placebo-controlled study",Allergy,2000,第55卷第4期,封面页、扉页、目录页和第369~375页及第370页标题和免疫治疗的中文译文,共11页（即被诉决定中的证据Ⅱ-6）;5. Pritam Singh,ARTIFICIAL DIETS FOR INSECTS, MITES, AND SPIDERS,封面页、扉页、目录页和第475、480页及第475、480页相关内容的中文译文,共9页（即被诉决定中的证据-7）;6. 万义福等,"粉尘螨口服滴剂与针剂治疗过敏性哮喘的疗效比较",中国临床药理学与治疗学,2001年,第6卷第1期,第73、79页,共2页（即被诉决定中的证据Ⅱ-9）;7. 马行宣等,"粉尘螨津液制备方法探讨",佳木斯医学院学报,1991年,第14卷第3期,第206~208页,共3页（即被诉决定中的证据Ⅱ-11）;8. Int. ArchsAllergy appli. Immun.,1986,第81卷,封面页及第214~223页,及标题、第214页的摘要和第218页左栏第十五行的中文译文,共12页（被诉决定中的反证Ⅰ-1）;9. J Allergy ClinImmunol.,1989,第83卷,第1055~1067页,及标题和第1055页摘要的中文译文,共14页（被诉决定中的反证Ⅰ-2）;10. Int. Archs Allergy Immunol.,1994,第103卷,第53~58页,该文献在PubMed上检索结果的网页打印件及标题和摘要的中文译文,共2页（被诉决定中的反证Ⅰ-3）;11. YonseiMedical Journal,1991,第32卷,封面页、扉页、目录页、第24~32页,及标题、第24页摘要、第31页左栏第八行的中文译文,共14页（被诉决定中的反证Ⅰ-4）;12. 张鲁雁等,"粉尘螨Der f2变应原的分离纯化及其特征",《复旦学报（医学科学版）》,2001,28(2),第152、153、161页,共3页（被诉决定中的证据Ⅰ-2）;13. 钟建敏等,"尘螨变应原的免疫学研究进展",《国外医学寄生虫病分册》,1992年,第19卷第5期,第193-196页,共4页（被诉决定中的证据Ⅰ-3）;14. 乔秉善编著,《变态反应实验技术》,科学出版社,1990年,封面页、扉页及第82~87、172~175页,共7页（被诉决定中的证据Ⅰ-5）;15. 马行宣等,"粉尘螨浸液制备方法探讨",《佳木斯医学院学报》,1991年第14卷第3期,第206~208页,共3页（被诉决定中的证据Ⅰ-6）;16. 鹿道温主编,《鼻炎与哮喘中西医最新诊疗学》,中国中医药出版社,出版日为1996年3月,封面页、出版信息页和第308~309页,共3页（被诉决定中的证据Ⅰ-7）;17. 汪家政、范明主编,《蛋白质技术手册》,科学出版社,出版日为2000年8月,封面页、出版信息页和第44、45、48~51、70~75页,共8页（被诉决定中的证据Ⅰ-8）;18. 第02137621.2号发明专利说明书（即涉案本专利）;19. 专利权人浙江我武生物科技有限公司于2007年12月20日提交的权利要求书（即被诉决定依据的权利要求文本）;20. 2007年6月22日、2007年12月20日两次口头审理记录表附页,共13页;

  以上证据用以证明第11409号决定审理程序合法、事实认定清楚、法律适用正确。

  原告诉称:1. 本专利权利要求1与现有技术相比较,并不存在第11409号认定的"同时含有DerfⅠ和DerfⅡ的粉尘螨浸出液"和"用该浸出液作为治疗螨过敏引起的过敏性疾病的药物"的区别技术特征。(1) 原告证据3（即Ⅱ-4）、证据9（即反证-4）的译文以及证据9的附图中;都明确地、毫无疑义地公开了同一粉尘螨变应原浸液同时含Derf1和Derf2。本专利权利要求1,采用与证据2、3、4、5和6相同的材料与制备方法制得粉尘螨变应原浸出液。从以上粉尘螨变应原浸出液中,通过层析的方法可以得到Derf1、Derf2,也可以得到Derf4等变应原。这一结果明确表明,本专利权利要求1与证据2、3、4、5和6的方法和材料相同,且制得的粉尘螨变应原浸出液都同时含Derf1和Derf2。(2) 原告证据3（即Ⅱ-4）、证据14（即Ⅱ-9）摘要部分;都明确地给出了用粉尘螨变应原浸出液或其制剂来治疗由螨过敏引起的过敏性疾病的教导和启示。(3) 证据14（即Ⅱ-9）公开了将粉尘螨制剂以口服滴液的形式治疗过敏性哮喘的有效率为91.4%，优于本专利"有效率88.6%"，本专利的制剂与现有技术相比较，无有益的技术效果。因此，被告在第11409号决定中所做出的"证据Ⅱ-4和公知常识的结合或证据Ⅱ-4、Ⅱ-1和Ⅱ-6的结合或证据Ⅱ-4、Ⅱ-6和Ⅱ-9的结合"，"均未公开同时含有DerfⅠ和DerfⅡ的粉尘螨浸出液"，以及"用该浸出液作为治疗螨过敏引起的过敏性疾病的药物"，"也没有给出相应的教导或启示"等判定是错误的。本专利权利要求1不具有创造性，不符合《专利法》第二十二条第三款的规定。进而可推知，本专利权利要求2和3也不具有创造性，不符合《专利法》第二十二条第三款的规定。2. 本专利的说明书仅提及提取粉尘螨和屋尘螨的变应原浸液来治疗由螨过敏引起的变应性鼻炎和哮喘。按照特异性免疫治疗的专一性的特点，所属技术领域的技术人员在不经过创造性劳动的情况下，无法实现：（1）用本专利仅含粉尘螨变应原浸出液的药物制剂，来达到治疗本专利权利要求所要保护的"由螨过敏引起的"、也就是说包括由诸如革螨、恙螨、疥螨、蠕螨和蒲螨等不同于粉尘螨的螨种所引起的过敏性疾病。（2）用本专利仅可治疗变应性鼻炎和哮喘的药物制剂来治疗本专利权利要求所要保护的包括鼻炎、过敏性哮喘、皮炎和慢性荨麻疹在内的更多其他种类的"过敏性疾病"。因此，本专利的说明书对本发明的说明不够完整，不符合《专利法》第二十六条第三款的规定。权利要求在前序部分"一种治疗由螨过敏引起的过敏性疾病的药物"的概括过于宽泛，得不到说明书的支持，不符合《专利法》第二十六条第四款的规定。3. 本专利的药物是"由混合螨变应原浸出液制成的各种医学上可接受的制剂"。第三人认为"'混合螨变应原'应当理解为'混合的螨变应原'"。该说法与制备得到"同时含Derf1和Derf2的粉尘螨变应原浸出液"相矛盾，使得权利要求所确定的保护范围不清楚，限定的范围边界十分模糊，由此造成以制备方法限定的药物的保护范围不明，不符合《专利法实施细则》第二十条第一款的规定。4. 被告在本领域技术人员的知识和能力的认定上采用了不同的标准。在创造性问题上，被告对本领域技术人员的知识和能力的认定上采用了较低标准，而在认定权利要求是否得到支持和表述清楚的问题上，则采用了较高的标准。

基于以上理由，请求撤销第11409号决定，判令被告作出新的决定。

原告为支持其诉讼主张，在指定期限内向本院提交了下列证据：1. 蛋白质技术手册；2. 上海医科大学学报（1993第20卷第5期）；3. 复旦学报（医学科学版）2001.02；4. 中国寄生虫学与寄生虫病杂志（1996第14卷第2期）；5. 中国寄生虫学与寄生虫病杂志（1993第11卷第3期）；6. 江西医学学报（1996：36）粉尘螨柱层析纯化抗原的分析；7. 广西医学（1994年10月第16卷第4、5期）；8. 上海免疫杂志（1990年第10卷第4期）；9. 同被告证据11；10. 同被告证据1；11. 同被告证据2；12. 同被告证据4；13. 同被告证据5；14. 同被告证据6；15. 同被告证据7、15；16. 同被告证据8；17. 同被告证据9；18. 同被告证据10；19. 同被告证据13；20. 同被告证据14；21. 同被告证据16；22. 同被告证据18；23. 同被告证据19。

被告辩称：1. 对于本专利权利要求1～3相对于原告在第二次口头审理时确定的证据组合方式是否具备创造性的理由已在第11409号决定第（七）部分作了详细阐述，在此不再赘述。需要指出的是上述证据组合方式中涉及的证据均未公开同时含有DerfⅠ和DerfⅡ的粉尘螨浸出液，对于证据Ⅱ-4，可参见其结果部分的图1和2以及讨论部分的描述，证据Ⅱ-2为原告于第二次口头审理时当庭放弃的证据，而证据Ⅰ-3、Ⅰ-5、Ⅰ-7、Ⅰ-8和证据Ⅱ-1、Ⅱ-3、Ⅱ-6、Ⅱ-7、Ⅱ-9和Ⅱ-11中也没有公开同时含有DerfⅠ和DerfⅡ的粉尘螨浸出液。2. 对于本专利是否符合《专利法》第二十六条第三、四款和《专利法实施细则》第二十条第一款的规定的理由已分别在第11409号决定第（四）至（六）部分做了详细阐述，在此不再赘述。需要指出的是，对于"混合螨变应原浸出液"的理解，根据本专利说明书实施例部分的记载，其应该理解为制备得到的浸出液中含有混合的螨变应原，而不是对制备的浸出液进行混合而得到。3. 第11409号决定中对本领域技术人员知识和能力的认定是根据不同的案情而作出的，判断创造性和是否得到说明书的支持时所针对的事实和该事实所属领域中现有技术的水平均不同，因此，不存在采用了不同标准来认定本领域技术人员的知识和能力的情况。

综上，第11409号决定认定事实清楚、适用法律正确、审理程序合法，因此，请求予以维持，驳回原告的诉讼请求。

第三人我武公司同意被告的诉讼意见，请求维持第11409号决定，驳回原告的诉讼请求。

第三人我武公司在指定期限内未向本院提交证据。

经庭审质证，本院审查认为，被告证据1至20、原告证据9至23与本案被诉第11409号决定的合法性审查有关且合法、各方当事人对其真实性亦无异议，均为有效证据。

根据以上有效证据及各方当事人在庭审中无争议的陈述，本院对本案事实作出如下认定：

中华人民共和国国家知识产权局（以下简称国知局）于2005年6月29日授权公告了本专利。该专利的申请日为2002年10月24日，授权公告时的专利权人为胡赓熙，2005年12月2日专利权人变更为浙江我武生物科技有限公司。本专利授权公告的权利要求如下：

"1. 一种治疗由螨过敏引起的过敏性疾病的药物，其特征在于，该药物是由混合螨变应原浸出液制成的各种医学上可接受的制剂，其中所述混合螨变应原浸出液主要含有24KD的变应原Ⅰ和15KD的变应原Ⅱ。

2. 一种如权利要求1所述的治疗由螨过敏引起的过敏性疾病的药物，其特征在于其中所述的螨浸出液是将标准种粉尘螨的代谢培养基通过丙酮脱脂、生理盐水浸出、超滤、稀释的方法而获得的。

3. 一种如权利要求1所述的治疗由螨过敏引起的过敏性疾病的药物，其特征在于其中所述的制剂包括口服液、注射剂、舌下含服剂、片剂、胶囊剂。

4. 一种如权利要求1所述的治疗由螨过敏引起的过敏性疾病的药物，其特征在于其中所述的24KD的变应原Ⅰ和15KD的变应原Ⅱ是指Derf Ⅰ或Derp Ⅰ和Derf Ⅱ或Derp Ⅱ的变应原。

5. 一种如权利要求2所述的治疗由螨过敏引起的过敏性疾病的药物，其特征在于其中所述的粉尘螨培养基选自面粉或动物饲料。

6. 一种如权利要求1所述的治疗由螨过敏引起的过敏性疾病的药物的制备方法，其特征在于该制剂的制备包括下列步骤：

A 螨变应原浸出液的制备

1）粉尘螨标准种，实验室纯培养，95％纯种，杂螨不超过5％，符合国际标准；

2）在约300克粉尘螨代谢培养基中，加入适量体积的丙酮，清洗脱脂2-5小时；倾倒出丙酮，加入新的丙酮，重复清洗脱脂2次；

3）三次脱脂后，倾倒出上层丙酮，保留下层固体，于室温自然吹干，待残留粉末中毫无丙酮刺激性气味即为丙酮挥干标准；

4）取晾干后的粉尘螨代谢培养基按照1∶2-6W/V浸于1/万硫柳汞氯化钠注射液中，即每5毫升生理盐水中有1克脱脂后的代谢培养基，4℃磁力搅拌5-9小时；间隔冷浸过夜，再磁力搅拌，至少60小时后取上层清液；

5）滤纸去渣；

6）0.45μm超滤膜正压过滤，得到原液；BCA法测原液的蛋白含量；

B 制剂的制备

1）将上述原液用生理盐水和等体积甘油稀释，按照治疗所需浓度，稀释成1∶100w/v至1∶1,000,000w/v范围内的多个浓度的制剂；分装、灌封；56℃灭活1小时左右除菌，即得舌下含服剂；

2）取上述原液按常规制剂方法制得注射剂、片剂或胶囊剂。

7. 一种如权利要求1所述的药物在制备治疗由螨过敏引起的过敏性疾病药物中的应用。

8. 一种如权利要求7所述的应用，其特征在于该药物可用于制备治疗由螨过敏引起的过敏性哮喘、鼻炎或慢性荨麻疹的药物。"

针对上述专利权，第三人协和医院于2006年3月3日向专利复审委员会提出无效宣告请求，并提交了下述证据：

证据Ⅰ-1：Pichler CE etal.，"Specific immunotherapywith Dermatophagoides pteronyssinus and D. farinaeresults in decreased bronchial hyperreactivity"，Allergy，1997，第52卷，第274~282页，复印件共9页以及其中文译文共8页；

证据Ⅰ-2：张鲁雁等，"粉尘螨Der f2变应原的分离纯化及其特征"，《复旦学报（医学科学版）》，2001，28（2），第152、153、161页，复印件共3页；

证据Ⅰ-3：钟建敏等，"尘螨变应原的免疫学研究进展"，《国外医学寄生虫病分册》，1992年，第19卷第5期，第193~196页，复印件共4页；

证据Ⅰ-4：卢宏昌等，"粉尘螨口服滴剂与针剂治疗过敏性哮喘的疗效比较"，《中国临床药理学与治疗学》，2001，6（1），第73、79页，复印件共2页；

证据Ⅰ-5：乔秉善编著，《变态反应实验技术》，科学出版社，1990年，封面页、扉页及第82-87、172~175页，复印件共7页；

证据Ⅰ-6：马行宣等，"粉尘螨浸液制备方法探讨"，《佳木斯医学院学报》，1991年第14卷第3期，第206-208页，复印件共3页；

第三人协和医院主张本专利不符合《专利法》第二十六条第三款、第二十六条第四款、第二十二条第三款以及《专利法实施细则》）第二十条第一款的规定，其理由为：（1）根据说明书的描述无法预见到能够制备获得包含户尘螨的混合螨变应原浸出液制成的制剂，也无法预见到包含户尘螨的混合螨变应原浸出液制成的制剂具有治疗过敏性疾病的作用，并且本专利的说明书中没有提供任何实验数据证实本专利的制剂中含有24KD的变应原Ⅰ和15KD的变应原Ⅱ，因此权利要求1-5得不到说明书的支持，不符合《专利法》第二十六条第四款的规定；（2）权利要求1中"混合螨变应原浸出液"的范围不清楚，其中也没有限定变应原Ⅰ和变应原Ⅱ的含量，权利要求4引用权利要求1，但其技术方案却不在权利要求1的范围之内，权利要求6的步骤2）中"加入适量体积的丙酮"没有清楚限定丙酮的用量，因此权利要求1、6及引用权利要求1的权利要求2~5、7~8不符合《专利法实施细则》第二十条第一款的规定；（3）说明书中仅仅提供了螨变应原制剂的制备方法，没有提供实验数据证实根据该方法制备获得的制剂是否含有24KD的变应原Ⅰ和15KD的变应原Ⅱ及其含量，根据说明书的记载，本领域技术人员无法确认本申请实施例制备的产品是否就是权利要求1所要求保护的产品，因此说明书公开不充分，不符合《专利法》第二十六条第三款的规定；（4）证据Ⅰ-1公开了治疗螨过敏引起的过敏性疾病的药物，其含有粉尘螨和户尘螨的标准化提取物，证据Ⅰ-2和Ⅰ-3公开了尘螨的主要变应原有Ⅰ（24KD）和Ⅱ类变应原（14KD），因此本领域技术人员很容易想到治疗过敏性疾病的药物中的粉尘螨和户尘螨的标准化提取物中应当含有Ⅰ和Ⅱ类变应原，因而容易想到或制备出含有螨变应原Ⅰ和Ⅱ的螨提取物的治疗螨过敏引起的过敏性疾病的药物，虽然本专利权利要求1中提到变应原Ⅱ分子量为15KD，而对比文件Ⅰ-2和Ⅰ-3中公开的是14KD，但是，本领域公知粉尘螨和户尘螨中主要含有变应原Ⅰ和Ⅱ，而14KD和15KD的分子量差别并不显著，在测定分子量时14KD和15KD几乎会重合成一条带，可以相信权利要求1所述的15KD的变应原Ⅱ与对比文件Ⅰ-2和Ⅰ-3中所说的14KD的变应原Ⅱ为相同的蛋白质，并且说明书中也没有描述权利要求1的15KD的变应原Ⅱ相对于现有技术的14KD的变应原Ⅱ产生了预料不到的技术效果，因此权利要求1不具备创造性；权利要求2附加技术特征所述的螨浸出液的获得方法已经在证据Ⅰ-2中公开，因此权利要求2不具备创造性；证据Ⅰ-1中公开了其疫苗制剂是注射剂，证据Ⅰ-4也公开了粉尘螨口服滴剂和针剂用于治疗过敏性哮喘，因此权利要求3也不具备创造性；权利要求4的附加技术特征在证据3中已有明确教导，因此权利要求4也不具备创造性；权利要求5中所限定的粉尘螨培养基选自面粉或动物饲料已是公知常识，例如证据Ⅰ-5中提及培养尘螨的培养基为"新鲜米、面"，因此权利要求5也不具备创造性；证据Ⅰ-2基本公开与本发明权利要求6的步骤A相同的粉尘螨浸液的制备方法，二者的不同之处，如培养螨种的纯度、脱脂的次数和时间、干燥方法、浸体液加入1/万硫柳汞、以及磁力搅拌的时间是所属领域技术人员的公知常识，权利要求6的B步骤也是所属领域技术人员的公知常识，因此权利要求6不具备创造性；证据Ⅰ-1公开了尘螨浸出液有效地用于脱敏治疗，证据Ⅰ-4公开了粉尘螨口服滴剂与针剂治疗过敏性哮喘的实验内容，在权利要求1的药物不具备创造性的前提下，权利要求7和8的制药用途也不具备创造性。综上，权利要求1~8不符合《专利法》第二十二条第三款的规定。

被告受理后，将《专利权无效宣告请求书》及其附件清单中所列附件的副本转送给第三人我武公司，要求其在指定的期限内答复。

第三人我武公司于2006年9月22日提交了意见陈述书和经修改的权利要求书全文替换页（共2页5项），修改后的权利要求书如下：

"1. 一种治疗由螨过敏引起的过敏性疾病的药物，其特征在于，该药物是由混合螨变应原浸出液制成的各种医学上可接受的制剂，其中所述混合螨变应原浸出液主要含有24KD的变应原Ⅰ和15KD的变应原Ⅱ，所述的24KD的变应原Ⅰ是Derf Ⅰ，所述的15KD的变应原Ⅱ是Derf Ⅱ，所述的螨浸出液是将标准种粉尘螨的代谢培养基通过丙酮脱脂、生理盐水浸出、超滤、稀释的方法而获得的，所述的制剂为舌下含服剂。

2. 一种如权利要求1所述的治疗由螨过敏引起的过敏性疾病的药物，其特征在于其中所述的粉尘螨培养基选自面粉或动物饲料。

3. 一种如权利要求1所述的治疗由螨过敏引起的过敏性疾病的药物的制备方法，其特征在于该制剂的制备包括下列步骤：

A 螨变应原浸出液的制备

1）粉尘螨标准种，实验室纯培养，95%纯种，杂螨不超过5%，符合国际标准；

2）在约300克粉尘螨代谢培养基中，加入适量体积的丙酮，清洗脱脂2~5小时；倾倒出丙酮，加入新的丙酮，重复清洗脱脂2次；

3）三次脱脂后，倾倒出上层丙酮，保留下层固体，于室温自然吹干，待残留粉末中毫无丙酮刺激性气味即为丙酮挥干标准；

4）取晾干后的粉尘螨代谢培养基按照1:2~6w/V浸于1/万硫柳汞氯化钠注射液中，即每5毫升生理盐水中有1克脱脂后的代谢培养基，4℃磁力搅拌5~9小时；间隔冷浸过夜，再磁力搅拌，至少60小时后取上层清液；

5）滤纸去渣；

6）0.45μm超滤膜正压过滤，得到原液；BCA法测原液的蛋白含量；

B 制剂的制备

1）将上述原液用生理盐水和等体积甘油稀释，按照治疗所需浓度，稀释成1:100w/v至1:1,000,000w/v范围内的多个浓度的制剂；分装、灌封；56℃灭活1小时左右除菌，即得舌下含服剂。

4 一种如权利要求1所述的药物在制备治疗由螨过敏引起的过敏性疾病药物中的应用。

5. 一种如权利要求4所述的应用，其特征在于该药物可用于制备治疗由螨过敏引起的过敏性哮喘、鼻炎或慢性荨麻疹的药物。"

第三人我武公司认为：（1）修改后的独立权利要求1中合并了原从属权利要求2、3、4中的附加技术特征，并且删除了原从属权利要求3和4中的并列技术方案中的部分技术方案，修改后的独立权利要求3删除了步骤B中的一个并列技术方案，修改后的权利要求没有改变原权利要求书的主题名称，没有扩大保护范围，没有超出原说明书和权利要求书记载的范围，也没有增加未包含在授权的权利要求书中的技术特征，因此上述修改符合《专利法》、《专利法实施细则》和《审查指南》的规定；（2）修改后的权利要求1仅涉及粉尘螨的变应原，"混合螨变应原"应理解为"螨的不同变应原的混合物"，不应理解为"来自不同螨的变应原的混合物"，说明书中提供了SDS-PAGE电泳结果说明本发明浸出液中含有24KD和15KD的变应原蛋白条带，因此，修改后的权利要求得到了说明书的支持，符合《专利法》第二十六条第四款的规定；（3）修改后的权利要求1已对"混合螨变应原浸出液"作了清楚的限定，混合螨变应原浸出液中变应原的含量会因实施过程的具体情况有所差异，无法对其具体含量进行限定，在修改后的权利要求中限定所述混合螨变应原浸出液主要含有24KD的变应原Ⅰ和15KD的变应原Ⅱ，并辅以制备方法的限定，这足以清楚地表征该混合螨变应原浸出液，修改后原权利要求4已被删除，对于原权利要求6，本领域技术人员能够根据具体情况选择合适体积的丙酮进行脱脂，因此修改后的权利要求符合《专利法实施细则》第二十条第一款的规定；（4）说明书中提供了定性的SDS-PAGE电泳实验数据验证实施例所制备的浸出液的实验结果，因而本申请说明书公开充分，符合《专利法》第二十六条第三款的规定；（5）证据Ⅰ-1至Ⅰ-6均没有揭示修改后的权利要求1中所述的混合螨变应原浸出液制备方法，证据Ⅰ-2中的浸液制备方法与本专利权利要求1的制备方法不同，本发明的方法中不包含证据Ⅰ-2中的透析步骤，透析会导致一些致敏原的丢失或者失去活性，第三人我武公司对按照本专利实施例1的方法和证据Ⅰ-2中的方法获得的粉尘螨培养基浸出液的变应原活性进行了测定，结果表明使用本专利方法表现出的变应原活性显著优于证据Ⅰ-2的方法，而且证据Ⅰ-1至Ⅰ-6均没有记载或暗示"舌下含服剂"这一特征，而粉尘螨舌下含服剂相对于注射剂型和口服剂型更具优点，因此权利要求1-6具备创造性。

针对上述专利权无效宣告请求，第三人我武公司于2007年3月16日再次提交了意见陈述书和经修改的权利要求书全文替换页（共2页5项），修改后的权利要求书如下：

"1. 一种治疗由螨过敏引起的过敏性疾病的药物，其特征在于，该药物是由混合螨变应原浸出液制成的各种医学上可接受的制剂，其中所述混合螨变应原浸出液主要含有24KD的变应原Ⅰ和15KD的变应原Ⅱ，所述的24KD的变应原Ⅰ是Der f Ⅰ，所述的15KD的变应原Ⅱ是Der f Ⅱ，所述的制剂为舌下含服剂，所述制剂用包括下列步骤的方法制得：

A 螨变应原浸出液的制备

1）粉尘螨标准种，实验室纯培养，95%纯种，杂螨不超过5%，符合国际标准；

2）在约300克粉尘螨代谢培养基中，加入适量体积的丙酮，清洗脱脂2~5小时；倾倒出丙酮，加入新的丙酮，重复清洗脱脂2次；

3）三次脱脂后，倾倒出上层丙酮，保留下层固体，于室温自然吹干，待残留粉末中毫无丙酮刺激性气味即为丙酮挥干标准；

4）取晾干后的粉尘螨代谢培养基按照1:2~6w/V浸于1/万硫柳汞氯化钠注射液中，即每5毫升生理盐水中有1克脱脂后的代谢培养基，4℃磁力搅拌5~9小时；间隔冷浸过夜，再磁力搅拌，至少60小时后取上层清液；

5）滤纸去渣；

6）0.45μm超滤膜正压过滤，得到原液；BCA法测原液的蛋白含量；

B 制剂的制备

将上述原液用生理盐水和等体积甘油稀释，按照治疗所需浓度，稀释成1：100w/v至1：1000000w/v范围内的多个浓度的制剂；分装、灌封；56℃灭活1小时左右除菌，即得舌下含服剂。

2．一种如权利要求1所述的治疗由螨过敏引起的过敏性疾病的药物，其特征在于其中所述的粉尘螨培养基选自面粉或动物饲料。

3．一种如权利要求1所述的治疗由螨过敏引起的过敏性疾病的药物的制备方法，其特征在于该制剂的制备包括下列步骤：

A 螨变应原浸出液的制备

1）粉尘螨标准种，实验室纯培养，95％纯种，杂螨不超过5％，符合国际标准；

2）在约300克粉尘螨代谢培养基中，加入适量体积的丙酮，清洗脱脂2～5小时；倾倒出丙酮，加入新的丙酮，重复清洗脱脂2次；

3）三次脱脂后，倾倒出上层丙酮，保留下层固体，于室温自然吹干，待残留粉末中毫无丙酮刺激性气味即为丙酮挥干标准；

4）取晾干后的粉尘螨代谢培养基按照1：2～6w/V浸于1/万硫柳汞氯化钠注射液中，即每5毫升生理盐水中有1克脱脂后的代谢培养基，4℃磁力搅拌5～9小时；间隔冷浸过夜，再磁力搅拌，至少60小时后取上层清液；

5）滤纸去渣；

6）0.45μm超滤膜正压过滤，得到原液；BCA法测原液的蛋白含量；

B 制剂的制备

1）将上述原液用生理盐水和等体积甘油稀释，按照治疗所需浓度，稀释成1：100w/v至1：1,000,000w/v范围内的多个浓度的制剂；分装、灌封；56℃灭活1小时左右除菌，即得舌下含服剂。

4．一种如权利要求1所述的药物在制备治疗由螨过敏引起的过敏性疾病药物中的应用。

5．一种如权利要求4所述的应用，其特征在于该药物可用于制备治疗由螨过敏引起的过敏性哮喘、鼻炎或慢性荨麻疹的药物。"

第三人我武公司认为：（1）修改后的独立权利要求1中合并了原从属权利要求3、4中的并列技术方案中的部分技术方案，另外还补入了原独立权利要求6的制备方法，修改后的独立权利要求3删除了步骤B中的一个并列技术方案，其中原独立权利要求6的修改方式属于《审查指南》第四部分第三章第4.6.2节中规定的技术方案的删除，而对于权利要求1的修改方式，由于《审查指南》中并未明确规定无效过程中对权利要求的修改方式仅限于《审查指南》第四部分第三章第4.6.2节所列举的这些修改方式，并且修改后的权利要求没有改变原权利要求书的主题名称，没有扩大保护范围，没有超出原说明书和权利要求书记载的范围，也没有增加未包含在授权的权利要求书中的技术特征，因此上述修改符合《专利法》《专利法实施细则》和《审查指南》的规定；（2）修改后的权利要求1将混合螨变应原限定为主要含有Derf Ⅰ和Derf Ⅱ，说明书中提供的SDS-PAGE电泳结果说明本发明浸出液中含有24KD和15KD的变应原蛋白条带，因此，修改后的权利要求得到了说明书的支持，符合《专利法》第二十六条第四款的规定；（3）混合螨变应原浸出液中变应原的含量会因实施过程的具体情况有所差异，无法对其具体含量进行限定，在修改后的权利要求中将24KD的变应原Ⅰ限定为Derf Ⅰ，将15KD的变应原Ⅱ限定为Derf Ⅱ并且用制备方法特征加以限定，这足以清楚地表征该混合螨变应原浸出液，修改后原权利要求4已被删除，对于原权利要求6，本领域技术人员能够根据具体情况选择合适体积的丙酮进行脱脂，因此修改后的权利要求符合《专利法实施细则》第二十条第一款的规定；(4) 说明书中提供了定性的 SDS-PAGE 电泳实验数据验证实施例所制备的浸出液的实验结果，因而本申请说明书公开充分，符合《专利法》第二十六条第三款的规定；(5) 证据 I-1 至 I-6 均没有揭示修改后的权利要求 1 中所述的混合螨变应原浸出液制备方法，证据 I-2 中的浸液制备方法与本专利权利要求 1 的制备方法不同，本发明的方法中不包含证据 I-2 中的透析步骤，透析会导致一些致敏原的丢失或者失去活性，第三人我武公司对按照本专利实施例 1 的方法和证据 I-2 中的方法获得的粉尘螨培养基浸出液的变应原活性进行了测定，结果表明使用本专利方法表现出的变应原活性显著优于证据 I-2 的方法，而且证据 I-1 至 I-6 均没有记载或暗示"舌下含服剂"这一特征，而粉尘螨舌下含服剂相对于注射剂型和口服剂型对于哮喘的疗效好而且安全，因此权利要求 1~6 具备创造性，符合《专利法》第二十二条第三款的规定。

2007 年 4 月被告向第三人协和医院和第三人我武公司发出《无效宣告请求口头审理通知书》，定于 2007 年 6 月 22 日对该专利权的无效请求进行口头审理。同时，将第三人我武公司于 2006 年 9 月 22 日和 2007 年 3 月 16 日两次提交的意见陈述书及其附件清单所列附件的副本转送给第三人协和医院，要求其在本案口头审理时予以答复。

口头审理如期进行，双方当事人均出席了口头审理。第三人协和医院当庭提交了以下证据材料：

证据 I-7：鹿道温主编，《鼻炎与哮喘中西医最新诊疗学》，中国中医药出版社，出版日为 1996 年 3 月，封面页、出版信息页和第 308~309 页，复印件共 3 页；

证据 I-8：汪家政，范明主编，《蛋白质技术手册》，科学出版社，出版日为 2000 年 8 月，封面页、出版信息页和第 44、45、48~51、70~75 页，复印件共 8 页。

被告当庭向第三人我武公司转交了上述文件的副本。

口头审理过程中，被告对第三人协和医院提出的无效理由和事实进行了充分调查，对双方当事人的证据材料进行了质证，并给予了双方当事人充分陈述意见的机会。口头审理中认定的事实如下：

(1) 被告当庭宣布第三人我武公司于 2007 年 3 月 16 日提交的经修改的权利要求书不能接受，第三人我武公司提出以于 2006 年 9 月 22 日提交的经修改的权利要求书作为修改文本，被告当庭宣布该修改文本的权利要求 4 和 5 的修改方式不符合《审查指南》的规定，第三人我武公司放弃于 2006 年 9 月 22 日提交的修改文本中的权利要求 4、5，确认以权利要求 1~3 作为经修改的权利要求书；

(2) 第三人协和医院放弃证据 I-1 和 I-4，认为证据 I-5 和 I-8 为公知常识，确认专利权无效宣告请求的理由和范围为：以证据 I-2 和 I-3 主张本专利的说明书不符合《专利法》第二十六条第三款的规定，第三人我武公司于 2006 年 9 月 22 日提交的权利要求 1 不符合《专利法》第二十六条第四款的规定，权利要求 1、3 不符合《专利法实施细则》第二十条第一款的规定，权利要求 1 相对于证据 I-2、I-3 和 I-7 的结合、权利要求 2 相对于证据 I-2、I-3、I-5 和 I-7 的结合以及权利要求 3 相对于证据 I-2、I-6 和 I-7 的结合不具备创造性，不符合《专利法》第二十二条第三款的规定；

(3) 第三人我武公司对证据 I-1 至 I-8 的真实性、公开性没有异议。

被告给予第三人我武公司庭后 20 天的答复期限，就第三人协和医院在口头审理过程中提出的新的具体无效理由提交书面意见。

第三人我武公司于 2007 年 7 月 12 日提交了意见陈述书和以下反证：

反证 I-1：Int. Archs Allergy appli. Immun., 1986, 第 81 卷，封面页及第 214~223 页，复印件共 11 页以及标题、第 214 页的摘要和第 218 页左栏第十五行的中文译文共 1 页；

反证 I-2：J Allergy Clin Immunol., 1989, 第 83 卷，第 1055~1067 页，复印件共 13 页以及标题

和第1055页摘要的中文译文共1页；

反证Ⅰ-3：Int. Archs Allergy Immunol.，1994，第103卷，第53~58页，该文献在PubMed上检索结果的网页打印件共1页以及标题和摘要的中文译文共1页；

反证Ⅰ-4：Yonsei Medical Journal，1991，第32卷，封面页、扉页、目录页、第24~32页，复印件共13页以及标题、第24页摘要、第31页左栏第八行的中文译文共1页。

第三人我武公司认为：反证Ⅰ-4证实Der f2的分子量所允许的误差范围为14-15kD，反证Ⅰ-1至Ⅰ-3证实Der f2的分子量为15000，而且证据Ⅰ-2的图3表明Der f2的分子量应该大于分子量标记14400，其也存在与反证Ⅰ-4中类似的实验误差，另外在用SDS-PAGE测定蛋白质分子量时也会产生一定的误差，因此，本专利中的具体实验结果即Der f2的分子量为15000的信息与证据Ⅰ-2和Ⅰ-3中Der f2的分子量为14000的事实并不矛盾，这是本领域技术人员能够理解的误差；而SDS-PAGE电泳是本领域的常规技术，其电泳条件为本领域所熟知，且其提供对具体实施例所制备的浸出液进行验证测定的定性实验结果。综上，本专利的说明书符合《专利法》第二十六条第三款的规定，权利要求1符合《专利法》第二十六条第四款的规定。

2007年8月13日，被告发出《转送文件通知书》，并将第三人我武公司于2007年7月12日提交的意见陈述书及其所附附件转送第三人协和医院，并要求其若对第三人我武公司提供的外文证据译文的具体内容有异议，则应当在收到本通知书之日起一个月内对有异议的部分提交中文译文。

2007年11月13日，被告向第三人协和医院和第三人我武公司发出《无效宣告请求口头审理通知书》，定于2007年12月20日对该专利权的无效请求进行第二次口头审理。2007年12月20日，口头审理如期进行，双方当事人或其代理人均出席了口头审理。第三人我武公司当庭提交了修改的权利要求书，其为2006年9月22日提交的权利要求书中的权利要求1~3，被告当庭将其转给第三人协和医院。此次提交的权利要求书的内容如下：

"1. 一种治疗由螨过敏引起的过敏性疾病的药物，其特征在于，该药物是由混合螨变应原浸出液制成的各种医学上可接受的制剂，其中所述混合螨变应原浸出液主要含有24KD的变应原Ⅰ和15KD的变应原Ⅱ，所述的24KD的变应原Ⅰ是Derf Ⅰ，所述的15KD的变应原Ⅱ是Derf Ⅱ，所述的螨浸出液是将标准种粉尘螨的代谢培养基通过丙酮脱脂、生理盐水浸出、超滤、稀释的方法而获得的，所述的制剂为舌下含服剂。

2. 一种如权利要求1所述的治疗由螨过敏引起的过敏性疾病的药物，其特征在于其中所述的粉尘螨培养基选自面粉或动物饲料。

3. 一种如权利要求1所述的治疗由螨过敏引起的过敏性疾病的药物的制备方法，其特征在于该制剂的制备包括下列步骤：

A 螨变应原浸出液的制备

1）粉尘螨标准种，实验室纯培养，95％纯种，杂螨不超过5％，符合国际标准；

2）在约300克粉尘螨代谢培养基中，加入适量体积的丙酮，清洗脱脂2~5小时；倾倒出丙酮，加入新的丙酮，重复清洗脱脂2次；

3）三次脱脂后，倾倒出上层丙酮，保留下层固体，于室温自然吹干，待残留粉末中毫无丙酮刺激性气味即为丙酮挥干标准；

4）取晾干后的粉尘螨代谢培养基按照1∶2~6w/V浸于1/万硫柳汞氯化钠注射液中，即每5毫升生理盐水中有1克脱脂后的代谢培养基，4℃磁力搅拌5~9小时；间隔冷浸过夜，再磁力搅拌，至少60小时后取上层清液；

5）滤纸去渣；

6）0.45μm 超滤膜正压过滤，得到原液；BCA 法测原液的蛋白含量；

B 制剂的制备

1）将上述原液用生理盐水和等体积甘油稀释，按照治疗所需浓度，稀释成 1：100w/v 至 1：1000000w/v 范围内的多个浓度的制剂；分装、灌封；56℃灭活1小时左右除菌，即得舌下含服剂。"

口头审理过程中，合议组对双方当事人的证据材料进行了质证，并给予了双方当事人充分陈述意见的机会。口头审理中认定的事实如下：

（1）第三人协和医院对反证Ⅰ-1至Ⅰ-4的真实性、公开时间和译文准确性无异议；

（2）第三人我武公司认为证据Ⅰ-7和Ⅰ-8不是公知常识；

（3）反证Ⅰ-1至Ⅰ-4用于证明本专利的说明书符合《专利法》第二十六条第三款的规定以及权利要求1符合《专利法》第二十六条第四款的规定。

被告分别给予双方当事人7天的答复期限进行书面意见陈述。

针对上述专利权，原告于2006年10月24日向被告提出无效宣告请求，并提交了下述证据：

证据Ⅱ-1：Haugaard et al.，"A controll eddose-response study of immunotherapy with standardized, partially purified extract of house dust mite：Clinicalefficacy and side effects"，J. Allergy Clin. Immunol.，1993，第91卷第3期，扉页、目录页和第709-722页，复印件共16页，标题、第710页材料和方法、第711页提取物和第713页免疫治疗的中文译文共2页；

证据Ⅱ-2：Hong et al.，"Identificati on of ma jorallergens from the house dust mites, Dermatopha-goidesFarinae and Dermatophagoides Pteronyssinum, byelectroblotting"，Yonsei Medical Journal，1991，32（1），杂志封面页、扉页、目录页、第24-32页复印件共12页，部分中文译文1页；

证据Ⅱ-3：Elliott Middleton et al.，Allergy（Principles and Practice），第4版第Ⅰ卷，1993，封面页、扉页、封二、目录页和第529-553页复印件共29页以及第531页提取物制备中的核心方面的中文译文共1页；

证据Ⅱ-4：张鲁雁等，"粉尘螨Der f2变应原的分离纯化及其特征"，《复旦学报（医学科学版）》，2001，第28卷第2期，封面页、出版信息页、目录页和第152、153、161页复印件共6页；

证据Ⅱ-5：刘向辉等，"表达屋尘螨Ⅰ类变应原Derp 1的基因工程菌的发酵条件探讨"，《广州医学院学报》，2002，第3卷第1期，封面页、出版信息页、目录页和第46、47页复印件共6页；

证据Ⅱ-6：Guez S et al.，"House-dust-mitesublingual-swallow immunotherapy（SLIT）in perennial-rhinitis：a double-blind, placebo-controlled study"，Allergy，2000，第55卷第4期，封面页、扉页、目录页和第369-375页复印件共10页以及第370页标题和免疫治疗的中文译文共1页；

证据Ⅱ-7：Pritam Singh，ARTIFICIAL DIETS FORINSECTS, MITES, AND SPIDERS，封面页、扉页、目录页和第475、480页复印件共7页以及第475、480页相关内容的中文译文共2页；

原告认为本专利的权利要求1~5和7~8不符合《专利法》第二十二条第三款的规定，其理由为：（1）证据Ⅱ-1公开了用DerpⅠ和DerpⅡ提取物来治疗对尘螨变应原过敏的病人，而本专利的背景技术部分公开了Ⅰ组变应原（DerfⅠ，DerpⅠ）的分子量为24000，Ⅱ组变应原（DerfⅡ，DerpⅡ）的分子量为15000，因此在证据Ⅱ-1的基础上结合现有技术可以推导得出本专利权利要求1的技术方案，权利要求1相对于证据Ⅱ-1不具备创造性；（2）证据Ⅱ-4公开了粉尘螨代谢培养基及其浸液制备，证据Ⅱ-3公开了通过超滤的方法从最终提取物中除去分子量小于3000~5000的物质，而"稀释"的步骤是公知常识，证据Ⅱ-6中也提到在治疗期间向病人给药不同稀释度的制剂，可见结合证据Ⅱ-3和Ⅱ-4以及公知常识，本领域技术人员可以显而易见地得到本专利权利要求2的技术方案，因此权利要求2不具备创造性；（3）本专利的实施例仅给出注射剂和舌下含服剂的制备和用途，权利要求3得不到说明书支持，另一方面，根据需要将药物制备成适当的剂型是本领域的常识，证据Ⅱ-1公开了变应原提取物可以注射剂的形式给药，证据Ⅱ-6公开了舌下含服剂，本领域技术人员可根据需要制成其他制剂形式，因此在证据Ⅱ-1的基础上结合公知技术可以得到权利要求3的技术方案，权利要求3不具备创造性；（4）权利要求4的技术特征是现有技术，因此根据上述权利要求1不具备创造性的理由，权利要求4也不具备创造性；（5）证据Ⅱ-7公开了用"麦胚"作为螨培养基，用狗食和鱼食作为尘螨培养基，证据Ⅱ-2公开了粉尘螨可以在与老鼠食物和干燥酵母混合物的培养基中培养，因此权利要求5不具备创造性；（6）证据Ⅱ-1已公开了一种用标准的、部分纯化的尘螨提取物进行的控制性剂量应答的免疫治疗研究，其中涉及的病人为对尘螨过敏的病人，本领域技术人员可显而易见地根据证据Ⅱ-1的记载得出将权利要求1的药物应用在治疗尘螨过敏引起的过敏性疾病药物中的技术方案，权利要求7也不具备创造性；（8）本专利的实施例中仅给出了含螨变应原制剂在治疗鼻炎和哮喘方面的作用效果，没有涉及荨麻疹，因此权利要求8得不到说明书支持，另一方面，证据Ⅱ-1已披露了尘螨提取物在制备治疗过敏性哮喘的药物中的用途，证据Ⅱ-6公开了用尘螨变应原浸液治疗鼻炎，证据Ⅱ-5公开了可用尘螨变应原对过敏性疾病进行诊断和治疗，本领域技术人员由此容易想到可用尘螨变应原治疗过敏性哮喘、鼻炎或慢性荨麻疹，因此权利要求8没有创造性。综上，权利要求1~5、7~8不符合《专利法》第二十二条第三款的规定。

被告受理后，将《专利权无效宣告请求书》及其附件清单中所列附件的副本转送给第三人我武公司，要求其在指定的期限内答复。

针对上述专利权无效宣告请求，第三人我武公司于2007年1月9日提交了意见陈述书和经修改的权利要求书全文替换页（共2页5项），修改后的权利要求书的内容与前述第三人我武公司针对第三人协和医院提出的无效宣告请求于2007年3月16日提交的权利要求书的内容完全相同。

第三人我武公司认为：（1）修改后的独立权利要求1中合并了原从属权利要求3、4中的并列技术方案中的部分技术方案，另外还补入了原独立权利要求6的制备方法，修改后的独立权利要求3删除了步骤B中的一个并列技术方案，其中原独立权利要求6的修改方式属于《审查指南》第四部分第三章第4.6.2节中规定的技术方案的删除，而对于权利要求1的修改方式，由于《审查指南》中并未明确规定无效过程中对权利要求的修改方式仅限于《审查指南》第四部分第三章第4.6.2节所列举的这些修改方式，并且修改后的权利要求没有改变原权利要求书的主题名称，没有扩大保护范围，没有超出原说明书和权利要求书记载的范围，也没有增加未包含在授权的权利要求书中的技术特征，因此上述修改符合《专利法》《专利法实施细则》和《审查指南》的规定；（2）修改后的权利要求1中所含的具体变应原DerfⅠ，DerfⅡ、作为变应原来源的尘螨的种类粉尘螨标准种、药物的剂型舌下含服剂都与证据Ⅱ-1不同，证据Ⅱ-1也没有公开权利要求1中的制备方法；证据Ⅱ-2没有记载修改后的权利要求1的制备方法，其采用的提取方法是对粉尘螨虫体进行的，而本专利权利要求1中是对粉尘螨代谢培养基进行的，证据Ⅱ-2没有对所得到的提取物中的组分进行任何描述，更没有记载该制剂的舌下含服剂型；证据Ⅱ-3没有涉及任何具体变应原、制备方法，也没有记载舌下含服剂型；本发明的混合螨变应原浸出液的制备方法不包含证据Ⅱ-4中的透析步骤，采用的是"0.45 μm超滤膜正压过滤"，透析步骤可能会导致这些致敏原的丢失或失去活性，第三人我武公司对按照本专利实施例1的方法和证据Ⅱ-4中的方法获得的粉尘螨培养基浸出液的变应原活性进行了测定，结果表明使用本专利方法表现出的变应原活性显著优于证据Ⅱ-4，证据Ⅱ-4也没有涉及舌下含服剂的特征；证据Ⅱ-5与修改后的权利要求1的技术方案的技术领域和解决的技术问题都不同；证据Ⅱ-6没有记载从粉尘螨标准种制得的含DerfⅠ和DerfⅡ作为主要变应原的舌下含服剂，也没有记载其制备方法，而且证据Ⅱ-6的研究结果表明本领域技术人员不能显而易见地认识到其他变应原的舌下含服剂能否获得优异的效果，而本发明提供了一种与证据Ⅱ-6不同的变应原制剂，其效果已在本专利说明书中得到证实；证据Ⅱ-7与权利要求1所述技术方案并不相关。综上，证据Ⅱ-1至Ⅱ-7及其组合均没有为本领域技术人员提供明显的启示而能够根据这些证据公开的内容不经创造性劳动就获得修改后权利要求1的技术方案，因此修改后的权利要求1具备创造性；（3）基于相同的理由，修改后的权利要求2～5也具备创造性。

2007年4月10日，被告向原告和第三人我武公司发出《无效宣告请求口头审理通知书》，拟定于2007年6月22日对该专利权的无效请求进行口头审理。同时，将第三人我武公司于2007年1月9日提交的意见陈述书及其附件清单所列附件的副本转送给原告，要求其在本案口头审理时予以答复。

口头审理如期进行，双方当事人均出席了口头审理。被告当庭将第三人我武公司针对第三人协和医院于2006年9月22日提交的经修改的权利要求书转给原告。口头审理过程中确定的事实如下：

（1）第三人我武公司对证据Ⅱ-1至Ⅱ-7的真实性、公开性没有异议；

（2）第三人我武公司删除于2006年9月22日提交的修改文本中的权利要求4、5，确认以权利要求1-3作为经修改的权利要求书。

原告于2007年7月18日提交了意见陈述书和以下证据：

证据Ⅱ-8：Pichler CE et al., "Specificimmunotherapy with dermatophagoides pteronyssinus andD. farinae results in decreased bronchialhyperreact ivity", Allergy 1997, 第52卷, 第274-282页，复印件共9页以及全文中文译文共8页；

证据Ⅱ-9：万义福等，"粉尘螨口服滴剂与针剂治疗过敏性哮喘的疗效比较"，中国临床药理学与治疗学，2001年，第6卷第1期，第73、79页，复印件共2页；

证据Ⅱ-10：乔秉善编著，《变态反应实验技术》，科学出版社，1990年，封面页、出版信息页和第82～87、172～175页，复印件共6页；

证据Ⅱ-11：马行宣等，"粉尘螨津液制备方法探讨"，佳木斯医学院学报，1991年，第14卷第3期，第206～208页，复印件共3页；

证据Ⅱ-12：汪家政，范明主编，《蛋白质技术手册》，科学出版社，2000年，封面页和第70～75页，复印件共4页。

原告认为本专利不符合《专利法》第二十六条第三款、第二十六条第四款、第二十二条第三款和《专利法实施细则》第二十条第一款的规定，其理由为：（1）本专利的说明书仅公开了修改后的权利要求1要求保护的药物在治疗变应性鼻炎和/或哮喘中的应用，没有涉及在治疗结膜炎、皮炎等其他由尘螨引起的过敏性疾病的治疗中的应用，因此，权利要求1中要求保护的"治疗由螨过敏引起的过敏性疾病的药物"包含了难以预先确定和评价的内容，权利要求1得不到说明书的支持，不符合《专利法》第二十六条第四款的规定，同理，权利要求2、3也得不到说明书的支持，不符合《专利法》第二十六条第四款的规定；（2）权利要求1中"混合螨变应原"的表述存在歧义，可以理解为"混合螨的变应原"或"混合的螨变应原"，而且如果理解为前者，由于权利要求1中描述的只是粉尘螨变应原，前后不一致，使得权利要求1的表述不清楚；如果理解为后者，本领域技术人员不清楚权利要求1中的粉尘螨是实施例1中的Dermatophagoidespteronyssinus还是实施例3中的Dermatophagoidesfarinae Hughes，其表述不清楚，因此权利要求1不符合《专利法实施细则》第二十条第一款的规定；如果理解为实施例1中的Dermatophagoides pteronvssinus，则其制备的应该是Derp Ⅰ和Derp Ⅱ，但不一定包括Derf Ⅰ和Derf Ⅱ，说明书中没有公开权利要求1中的Derf Ⅰ和Derf Ⅱ，权利要求1得不到说明书的支持，不符合《专利法》第二十六条第四款的规定；（3）证据Ⅱ-4公开了采用粉尘螨粗制浸液进行过敏性治疗以及Derf提取物作为药物治疗螨过敏引起的过敏性疾病的用途，证据Ⅱ-1

公开了用屋尘螨提取物进行免疫治疗以及Derp整螨培养物的制备，证据Ⅱ-8公开了用粉尘螨和屋尘螨的标准化提取物进行脱敏治疗，证据Ⅱ-9公开了使用粉尘螨口服滴剂治疗过敏性哮喘，证据Ⅱ-6公开了用于舌下含服免疫治疗的提取物，因此证据Ⅱ-4与证据Ⅱ-1或证据Ⅱ-8以及证据Ⅱ-6或证据Ⅱ-9的结合使得权利要求1中的技术特征"一种治疗由螨过敏引起的过敏性疾病的药物，其特征在于，该药物是由混合螨变应原浸出液制成的各种医学上可接受的制剂"不具备创造性；证据Ⅱ-4公开了粉尘螨两种最重要的变应原为1类变应原（derf1）和2类变应原（derf2），证据Ⅱ-3公开了粉尘螨两个重要的变应原DerfⅠ的分子量为24KD，DerfⅡ的分子量为15KD，因此证据Ⅱ-3和证据Ⅱ-4的结合使得权利要求1的技术特征"其中所述混合螨变应原浸出液主要含有24KD的变应原Ⅰ和15KD的变应原Ⅱ，所述的24KD的变应原Ⅰ是DerfⅠ，所述的15KD的变应原Ⅱ是DerfⅡ"不具备创造性；证据Ⅱ-4公开了粉尘螨代谢培养基的用途，证据Ⅱ-3公开了螨变应原提取物的原料可以来自纯的螨虫体或整螨培养物，证据Ⅱ-1公开了Derp整螨培养物，因此权利要求1的技术特征"所述的螨浸出液是将标准种粉尘螨的代谢培养基"对本领域技术人员来说是显而易见的；证据Ⅱ-4公开了技术特征"通过丙酮脱脂"和"生理盐水浸出"，并且公开了利用透析进行无菌超滤，证据Ⅱ-3公开了可以通过透析、超滤或排阻色谱将分子量≤3000到5000D的非变应原物质在最终提取物中的量最少，证据Ⅱ-12公开了透析比较耗时，蛋白质浓缩和交换缓冲液通常采用超滤法，可见透析和超滤是本领域技术人员可以根据需要选择的两种公知技术，并且权利要求1的方法中没有排除采用透析步骤；对于技术特征"稀释的方法而获得"，一方面将浓缩物稀释为本领域的公知常识，证据Ⅱ-6也提到将药物制剂稀释给予病人；对于技术特征"所述的制剂为舌下含服剂"，证据Ⅱ-6公开了DerpⅠ/DerfⅠ提取物的舌下含服剂，而且螨提取物制成舌下含服剂也是公知常识，综上，权利要求1相对于证据Ⅱ-4与公知常识的结合、证据Ⅱ-4、证据Ⅱ-1和证据Ⅱ-6的结合或者证据Ⅱ-4、证据Ⅱ-1、证据Ⅱ-6、证据Ⅱ-8和证据Ⅱ-9的结合不具备创造性；（4）证据Ⅱ-7公开了麦胚作为螨培养基，而面粉中含有麦胚，证据Ⅱ-10公开了螨的培养基是新鲜米、面，证据Ⅱ-2公开了粉尘螨可以在老鼠食物和干燥酵母混合物的培养基中培养，证据Ⅱ-7公开了以狗饲料和鱼饲料作为尘螨培养基，因此在权利要求1不具备创造性的基础上，权利要求2相对于证据Ⅱ-2、证据Ⅱ-7和证据Ⅱ-10不具备创造性；（5）证据Ⅱ-4公开了粉尘螨代谢培养基的用途，证据Ⅱ-3公开了螨变应原提取物的原料可以来自纯的螨虫体或整螨培养物，证据Ⅱ-1公开了Derp整螨培养物，因此权利要求3的技术特征"1）粉尘螨标准种，实验室纯培养，95%纯种，杂螨不超过5%，符合国际标准"对本领域技术人员来说是显而易见的，对于技术特征"2）在约300克粉尘螨代谢培养基中，加入适量体积的丙酮，清洗脱脂2-5小时；倾倒出丙酮，加入新的丙酮，重复清洗脱脂2次；3）三次脱脂后，倾倒出上层丙酮，保留下层固体，于室温自然吹干，待残留粉末中毫无丙酮刺激性气味即为丙酮挥干标准"，证据Ⅱ-4公开了培养基经丙酮脱脂，证据Ⅱ-11公开了丙酮多次洗涤脱脂后晾干，对于技术特征"4）取晾干后的粉尘螨代谢培养基按照1:2~6w/V浸于1/万硫柳汞氯化钠注射液中，即每5毫升生理盐水中有1克脱脂后的代谢培养基，4℃磁力搅拌5~9小时；间隔冷浸过夜，再磁力搅拌，至少60小时后取上层清液"，证据Ⅱ-4公开了将代谢培养物浸泡在生理盐水中以1:5（m/V）浸于生理盐水中，4℃搅拌48h，低温离心，取上清液，证据Ⅱ-3公开了公开了应该用水溶液缓冲体系提取变应原，证据Ⅱ-11公开了碱性浸提液（1:50w/v，1/万硫柳汞作防腐剂），且磁力搅拌法是制备变应原浸出液的常用方法，可见该技术特征只是现有技术的组合，不具备创造性，技术特征"5）滤纸去渣"是本领域的公知常识，对于技术特征"6）0.45μm超滤膜正压过滤，得到原液；BCA法测原液的蛋白含量"以及"1）将上述原液用生理盐水和等体积甘油稀释，按照治疗所需浓度，稀释成1:100w/v至1:1,000,000w/v范围内的多个浓度的制剂；分装、灌封；56℃灭活1小时左右除菌，即得舌下含服剂",同上述评价权利要求1中相关技术特征时类似的理由,其相对于现有技术也都不具备创造性,综上,权利要求3相对于证据Ⅱ-4、证据Ⅱ-3、证据Ⅱ-6、证据Ⅱ-11和证据Ⅱ-12的结合不具备创造性;(6)第三人我武公司如果认为透析导致一些致敏原的丢失或失去活性而超滤不存在上述问题,则由于说明书中没有公开超滤可以获得上述效果的任何具体实验证据,因此说明书不符合《专利法》第二十六条第三款的规定;(7)权利要求1的产品主要含有24KD的变应原Ⅰ和15KD的变应原Ⅱ,完全可以用产品特征进行限定,因此其采用制备方法限定产品的修改方式不符合《审查指南》的规定。

2007年8月13日,被告发出《转送文件通知书》,并将原告于2007年7月18日提交的意见陈述书及其所附附件转送第三人我武公司,并要求其若对原告提供的外文证据译文的具体内容有异议,则应当在收到本通知书之日起一个月内对有异议的部分提交中文译文。

2007年9月13日,第三人我武公司提交了意见陈述书,认为:(1)过敏性疾病的发病机理为变应原进入机体后,诱导B细胞产生IgE抗体,其吸附在肥大细胞、嗜碱性粒细胞表面,当相同的抗原再次进入致敏的机体与IgE抗体结合,会引发细胞膜的生化反应启动脱颗粒和合成新的介质两个平行的过程。本专利说明书中揭示了脱敏疗法治疗由变应原引起的过敏性疾病是针对病因的治疗方法,其原理是通过剂量由大至小、浓度由稀至浓,使病人逐渐提高对外来的变应原的耐受性,当再次接触该变应原时,过敏症状明显减轻或不再产生,且说明书中详细描述了如何从尘螨制备本专利的螨变应原制剂,并在实施例中以变应性鼻炎和/或哮喘为例描述了本专利获得的舌下含服剂的效果,在上述内容基础上,本领域技术人员可以合理地预先确定和评价本专利的制剂对于由螨过敏引起的其他过敏性疾病也能获得相同的治疗效果,权利要求1符合《专利法》第二十六条第四款的规定,基于同样的理由,权利要求2、3也符合《专利法》第二十六条第四款的规定;(2)"混合螨变应原"应当理解为"混合的螨变应原",且证据Ⅱ-4公开了粉尘螨的拉丁名为Derma tophagoides farinae,因此,权利要求1的保护范围清楚,符合《专利法实施细则》第二十条第一款的规定,而说明书实施例1涉及注射用螨变应原制剂的制备,实施例3涉及舌下含服螨变应原制剂的制备,因此权利要求1的技术方案也得到了说明书的支持,符合《专利法》第二十六条第四款的规定;(3)证据Ⅱ-4中没有公开"超滤"的技术特征,且第三人我武公司于2007年1月16日提交的意见陈述书中已经陈述了采用超滤相对于透析的优点,并提供了对比实验进行了证明,证据Ⅱ-4、证据Ⅱ-1、证据Ⅱ-6、证据Ⅱ-8和证据Ⅱ-9没有公开权利要求1的所有技术特征,而且很多篇证据组合评价权利要求1,本身也证实了权利要求1的非显而易见性,因此权利要求1具备创造性;(4)本专利说明书实施例4描述了用制得的舌下含服螨变应原制剂治疗过敏性疾病的实验结果,验证了要求保护的技术方案的效果,因此说明书符合《专利法》第二十六条第三款的规定;(5)本专利的混合螨变应原制剂中除了主要组分24kD和15kD的变应原之外,还含有其他结构和含量不明确的变应原组分,因此单纯用结构和/或组成特征无法清楚限定该制剂,因此采用制备方法限定的修改方式符合《专利法》和《审查指南》的规定。

2007年11月13日,被告向原告和第三人我武公司发出《无效宣告请求口头审理通知书》,定于2007年12月20日对该专利权的无效请求进行第二次口头审理。同时,将第三人我武公司于2007年9月13日提交的意见陈述书转送给原告,要求原告在本案口头审理时予以答复。

2007年12月20日,口头审理如期进行,双方当事人或其代理人均出席了口头审理。第三人我武公司当庭提交了2007年6月22日第一次口头审理时双方当事人共同确认的修改文本,即第三人我武公司于2006年9月22日提交的权利要求书中的权利要求1~3,被告当庭将其转给原告。

口头审理过程中,被告对双方当事人的证据材料进行了质证,并给予了双方当事人充分陈述意见的机会。口头审理中认定的事实如下:

（1）原告认为第三人我武公司于2006年9月22日提交的权利要求1~3的修改不符合《专利法》第三十三条的规定；

（2）在第三人我武公司于2006年9月22日提交的权利要求1~3的基础上，原告确认无效宣告的理由和范围为：本专利说明书不符合《专利法》第二十六条第三款的规定，权利要求1不符合《专利法》第二十六条第四款和《专利法实施细则》第二十条第一款的规定，权利要求1相对于证据Ⅱ-4和公知常识的结合、证据Ⅱ-4、证据Ⅱ-6和证据Ⅱ-1的结合以及证据Ⅱ-4、证据Ⅱ-9和证据Ⅱ-6的结合不具备创造性，权利要求2在权利要求1的证据结合方式基础上再结合证据Ⅱ-7后不具备创造性，权利要求3在权利要求1的证据结合方式基础上再结合证据Ⅱ-3和证据Ⅱ-11后不具备创造性。

（3）原告放弃上述结合方式中未提及的证据Ⅱ-2、证据Ⅱ-5、证据Ⅱ-8、证据Ⅱ-10和证据Ⅱ-12。

（4）第三人我武公司对证据Ⅱ-9和Ⅱ-11的真实性和公开性无异议。

被告分别给予双方当事人7天的答复期限进行书面意见陈述。

第三人我武公司于2007年12月26日提交了意见陈述书，认为：（1）对于2007年12月20日口头审理过程中针对的本专利的权利要求1~3，由于其已在第一次口头审理时当庭转给原告，而原告在第一次口头审理结束后，并没有在被告给予原告的一个月的答复期内提出该权利要求1-3的修改不符合《专利法》第三十三条的无效宣告理由，而是在2007年12月20日口头审理过程中提出，因此该理由为新增加的理由，并且上述权利要求1~3的修改符合《专利法》第三十三条的规定；（2）证据Ⅱ-4仅公开了Der f2变应原的分离纯化，没有提供任何实验数据证实获得的浸液必定含有Derf1，其也没有记载本专利权利要求1所述的"舌下含服剂"，而证据Ⅱ-6没有公开所用的屋尘螨舌下含服剂的具体组成和制备方法，且根据其摘要和讨论部分所述的内容可以得知并非所有的尘螨变应原浸出液在制备成舌下含服剂后都能表现出所希望的生物活性或疗效，证据Ⅱ-9中只是提供了尘螨口服滴剂的来源，没有提供制备方法，本领域技术人员无法确信证据Ⅱ-6和证据Ⅱ-9中的制剂其组成与证据Ⅱ-4所制备的浸出液的组成相同，或采用了证据Ⅱ-4相同的方法制得，证据Ⅱ-4中没有记载本专利权利要求1中"超滤、稀释"的步骤，第三人我武公司对按照本专利实施例1的方法和证据Ⅱ-4中的方法获得的粉尘螨培养基浸出液的变应原活性进行了测定，结果表明使用本专利方法表现出的变应原活性显著优于证据Ⅱ-4，本专利说明书的实施例4证实舌下含服剂产生了优于现有技术的效果，综上，权利要求1相对于原告在2007年12月20日口头审理过程中主张的证据结合方式具备创造性；（3）证据Ⅱ-7仅记载了麦胚，没有公开"面粉"的技术特征，并且没有证据表明麦胚和面粉完全相同或者麦胚是面粉的下位概念，因此在权利要求1具备创造性的前提下，权利要求2相对于针对权利要求1的证据组合再结合证据Ⅱ-7后也具备创造性；（4）证据Ⅱ-11公开的浸提液浓度范围与权利要求3中的不同，并且用于评价权利要求3的所有证据未提及"0.45μm超滤膜正压过滤"的技术特征，而该技术特征使得本专利制得的舌下含服剂表现出起效快、效果好的优异效果，因此权利要求3相对于针对权利要求1的证据组合再结合证据Ⅱ-3和证据Ⅱ-11后也具备创造性。

2007年12月27日，原告提交了意见陈述书，认为：（1）权利要求1中的"超滤"证据Ⅱ-4中的"无菌抽滤"本质上相同，而透析、无菌超滤和超滤是公知常识，本领域技术人员可根据需要进行选择，证据Ⅱ-4没有公开"Der f1为24KD"，但本专利背景技术记载了derf1为24KD，derf2为15KD，将制剂制成各种剂型是本领域的公知常识，本专利说明书中也没有提供任何数据证明本专利的舌下含服剂优于现有技术的产品，"稀释"步骤也是本领域的公知常识，因此权利要求1相对于证据Ⅱ-4与公知常识的结合不具备创造性；（2）除了证据Ⅱ-4公开的上述内容外，证据Ⅱ-6公开了

Der p Ⅰ/Der f Ⅰ提取物的舌下含服剂,证据Ⅱ-9公开了粉尘螨口服滴剂的临床疗效"总有效率为91.4%",此效果优于本发明实施例4记载的"有效率88.6%",因此权利要求1相对于证据Ⅱ-4、证据Ⅱ-6和证据Ⅱ-9的结合不具备创造性;(3)本专利说明书实施例4中给出了权利要求1产品的效果证明数据,但没有说明效果的具体衡量标准,本领域技术人员根据该数据不能得知本发明的产品是否具有优异效果,而证据Ⅱ-9中公开的临床疗效数据优于本专利实施例4中记载的结果,并且根据本专利实施例4中的描述,本发明的产品并不是在服用一个月后起效,对于第三人我武公司提供的用于证明"超滤"的效果优于"透析"的对比实验,这在原始说明书中未记载,且是第三人我武公司主观设计的对比实验,不可取信,因此本发明产品的效果也不优于现有技术产品的效果;(4)证据Ⅱ-7公开了相对于面粉的"麦胚"以及狗饲料和鱼饲料作为尘螨培养基,因此在权利要求1不具备创造性的基础上,权利要求2也不具备创造性;(5)与原告于2007年7月18日提交的意见陈述书中相同的理由,权利要求3相对于证据Ⅱ-4、证据Ⅱ-11和证据Ⅱ-3的结合不具备创造性;(6)权利要求1相对于证据Ⅱ-4、证据Ⅱ-3和证据Ⅱ-6的结合不具备创造性。

被告经审查认为:针对第三人协和医院于2006年3月3日提出的无效宣告请求,第三人我武公司分别于2006年9月22日、2007年3月16日和2007年12月20日先后三次提交了经修改的权利要求书全文替换页(以下称修改文本1、修改文本2和修改文本3),针对原告于2006年10月24日提出的无效宣告请求,第三人我武公司于2007年1月9日提交了修改文本2,并于2007年6月22日提交了修改文本1,以及于2007年12月20日提交了修改文本3。

对于修改文本1和修改文本3,修改文本1共有5项权利要求,其权利要求1-3的内容和修改文本3的全文完全相同,其权利要求1为授权公告的权利要求书中权利要求1的从属权利要求2、3和4合并后,将其中涉及"口服剂、注射剂、片剂、胶囊剂"的技术方案以及涉及Derp Ⅰ和Derp Ⅱ的技术方案删除后得到的,权利要求2为授权公告的权利要求书中权利要求1的从属权利要求2、3、4和5合并后,将其中涉及"口服剂、注射剂、片剂、胶囊剂"的技术方案以及涉及Derp Ⅰ和Derp Ⅱ的技术方案删除后得到的,由于粉尘螨的变应原Ⅰ和Ⅱ即为Derf Ⅰ和Derf Ⅱ,故权利要求3实质上为授权公告的权利要求书中权利要求6删除涉及"注射剂、片剂、胶囊剂"的技术方案后得到的,因此修改文本1和3的权利要求1~3的修改方式符合《专利法》和《审查指南》关于合并和删除的规定,其内容能够从原权利要求书中毫无疑义地确定,因此其修改也符合《专利法》第三十三条的规定,虽然修改文本3是第三人我武公司于2007年12月20日提交的,但由于其内容与修改文本1的权利要求1~3完全相同,而修改文本1是专利权人针对第三人协和医院的无效宣告请求而在被告指定的答复期限内提交的,故修改文本3的修改时间也符合《审查指南》第四部分第三章第4.6.3节的规定,而对于修改文本1的权利要求4和5,其分别为授权公告的权利要求书中权利要求1的从属权利要求2、3、4和独立权利要求7或8合并后,将其中涉及"口服剂、注射剂、片剂、胶囊剂"的技术方案删除后得到的,其修改方式不符合《审查指南》的规定,而第三人我武公司在2007年6月22日的口头审理过程中由于其修改方式不符合《审查指南》的规定而删除了修改文本1中的权利要求4和5,因此合议组对于修改文本1中的权利要求4和5不予考虑。

对于修改文本2,其权利要求1为授权公告的权利要求书中权利要求1的从属权利要求3、4和独立权利要求6合并后,将其中涉及"口服剂、注射剂、片剂、胶囊剂"的技术方案删除后得到的,由于在无效宣告程序中权利要求的合并是指两项和两项以上相互无从属关系但在授权公告文本中从属于同一独立权利要求的权利要求的合并,而上述修改方式是一项独立权利要求的两项从属权利要求与另一项独立权利要求的合并,因此上述修改方式不符合《审查指南》的规定。

根据以上"关于专利文件的修改"的评述,第三人我武公司于2007年12月20日提交的权利要求书（修改文本3）的修改时间和修改方式均符合《专利法》《专利法实施细则》及《审查指南》的相关规定，因此，此次审查所针对的文本为授权公告的说明书和说明书附图以及由第三人我武公司于2007年12月20日提交的权利要求书。

第三人协和医院于2006年3月3日提出无效宣告请求时提交了证据Ⅰ-1至Ⅰ-6，并于2007年6月22日第一次口头审理过程中当庭提交了证据Ⅰ-7和Ⅰ-8，同时放弃了证据Ⅰ-1和Ⅰ-4，被告对证据Ⅰ-1和Ⅰ-4不予考虑；第三人协和医院在提出无效宣告请求时提交的证据Ⅰ-2、Ⅰ-3、Ⅰ-5和Ⅰ-6，第三人我武公司对其举证期限、真实性和公开日期无异议，被告对其予以采信；第三人协和医院在第一次口头审理期间提交的证据Ⅰ-7和Ⅰ-8，属于其针对第三人我武公司以合并方式修改的权利要求在被告指定的期限内提交的，并且第三人协和医院在该期限内结合上述证据具体说明了无效理由，因此其符合《审查指南》第四部分第三章第4.3节关于举证期限的规定，第三人我武公司对其真实性和公开日期无异议，被告对其予以采信。

原告于2006年10月24日提出无效宣告请求时提交了证据Ⅱ-1至Ⅱ-7，于2007年7月18日提交了证据Ⅱ-8至Ⅱ-12，并于2007年12月20日第二次口头审理过程中当庭放弃了证据Ⅱ-2、Ⅱ-5、Ⅱ-8、Ⅱ-10和Ⅱ-12，被告对这些放弃的证据不予考虑；对于证据Ⅱ-1、Ⅱ-3、Ⅱ-4、Ⅱ-6、Ⅱ-7、Ⅱ-9和Ⅱ-11，第三人我武公司对其真实性和公开日期无异议，被告对其真实性和公开日期予以采信，其中证据Ⅱ-1、Ⅱ-3、Ⅱ-4、Ⅱ-6、Ⅱ-7以及证据Ⅱ-9、Ⅱ-11分别是在提出本专利无效宣告请求时以及针对第三人我武公司以合并方式修改的权利要求在被告指定的答复期限内提交的，其公开日期均在本专利申请日之前，可以作为本专利的现有技术证据，因此被告根据《专利法实施细则》第六十六条以及《审查指南》第四部分第三章4.3.1的规定对证据Ⅱ-1、Ⅱ-3、Ⅱ-4、Ⅱ-6、Ⅱ-7、Ⅱ-9和Ⅱ-11予以考虑。

第三人我武公司于2007年7月12日提交了反证Ⅰ-1至Ⅰ-4，第三人协和医院认为其是在第一次口头审理之后提交的，属于超期举证证据，被告认为，针对第三人协和医院的无效宣告请求书，第三人我武公司在规定的期限内对权利要求书作了合并方式的修改，针对上述合并方式的修改，第三人协和医院在第一次口头审理时以证据Ⅰ-2和Ⅰ-3主张本专利不符合《专利法》第二十六条第三款的规定，针对上述新理由，第三人我武公司在被告指定的期限内提交了上述反证Ⅰ-1至Ⅰ-4，其举证期限符合《审查指南》第四部分第三章第4.3.2节的规定，鉴于第三人协和医院对其真实性、公开日期和译文准确性无异议，被告根据《专利法实施细则》第六十六条以及《审查指南》第四部分第三章4.3.2的规定，对反证Ⅰ-1至Ⅰ-4予以采信。

根据第三人协和医院和原告在《专利权无效宣告请求书》和口头审理时的陈述，第三人协和医院和原告确认本专利无效宣告请求的理由及其范围是：（1）本专利的说明书不符合《专利法》第二十六条第三款的规定；（2）权利要求1-3不符合《专利法》第二十六条第四款的规定；（3）权利要求1、3不符合《专利法实施细则》第二十条第一款的规定；（4）权利要求1相对于第三人协和医院提交的证据Ⅰ-2、3和7的结合、权利要求2相对于证据Ⅰ-2、3、5和7的结合以及权利要求3相对于证据Ⅰ-2、6和7的结合不具备创造性；（5）权利要求1相对于原告提交的证据Ⅱ-4和公知常识的结合、证据Ⅱ-4、证据Ⅱ-6和证据Ⅱ-1的结合以及证据Ⅱ-4、证据Ⅱ-9和证据Ⅱ-6的结合不具备创造性，权利要求2在权利要求1的证据结合方式基础上再结合证据Ⅱ-7后不具备创造性，权利要求3在权利要求1的证据结合方式基础上再结合证据Ⅱ-3和证据Ⅱ-11后不具备创造性。

第三人协和医院认为，证据Ⅰ-2和证据Ⅰ-3表明Der f2的分子量为14000，而本专利说明书中没有提供任何实验数据证实获得了含有24KD Der f1和15KD Der f2的制剂。第三人我武公司认为，根据反证Ⅰ-1至Ⅰ-4可以得知，现有技术中已知Der f2的分子量为15KD，本专利说明书的第3页第2

行描述了通过本发明的方法制得了含有 24KD Der f1 和 15KD Der f2 的粉尘螨变应原。

原告认为，如果第三人我武公司认为透析导致一些致敏原的丢失或失去活性而超滤不存在上述问题，则说明书中没有公开超滤可以获得上述效果的任何具体实验证据。第三人我武公司认为，本专利说明书实施例 4 描述了用制得的舌下含服螨变应原制剂治疗过敏性疾病的实验结果，验证了要求保护的技术方案的效果。

被告认为，就第三人协和医院的无效宣告理由而言，反证Ⅰ-4 提示分子量为 14-15kD 的组分为 Der fⅡ，反证Ⅰ-1 至Ⅰ-3 证实 Der f2 的分子量为 15000，另外由于 SDS-PAGE 的工作原理，在用 SDS-PAGE 测定蛋白质分子量时也会产生一定的误差，因此，本专利说明书中关于 Der f2 的分子量为 15000 的信息与证据Ⅰ-2 和Ⅰ-3 中 Der f2 的分子量为 14000 的事实并不矛盾，这是本领域技术人员能够理解的误差；另外，专利说明书中对于实验结果可以采用定性或者定量的方式进行描述，本专利说明书中提供了制备粉尘螨变应原制剂的制备方法，并且通过"SDS-PAGE 电泳显示，浸出液中含有 24KD 和 15KD 等变应原蛋白条带"（第 3 页第 2-3 行）的描述证实了所制备的制剂含有 24KD Der f1 和 15KD Der f2，本领域技术人员按照说明书记载的内容，不需要创造性的劳动，就能够再现该发明的技术方案，解决其技术问题，并且产生预期的技术效果，因此本专利的说明书符合《专利法》第二十六条第三款的规定。

就原告的无效宣告理由而言，本专利说明书的实施例 1-4 描述了螨变应原制剂的制备方法以及用制得的舌下含服螨变应原制剂治疗过敏性疾病的实验结果，实施例 4 的效果数据体现了螨变应原制剂的制备方法整体上对制得的制剂的效果，在上述内容基础上，说明书中并不需要记载制备方法中的各个步骤相对于现有技术中各个不同步骤能够产生有益效果的实验数据，本领域技术人员按照上述内容，不需要创造性的劳动，就能够再现该发明的技术方案，解决其技术问题，并且产生预期的技术效果，因此本专利的说明书符合《专利法》第二十六条第三款的规定。

根据《专利法》第二十六条第四款规定，如果所属技术领域的技术人员能够从说明书公开的内容直接得到或者概括得出一项权利要求要求保护的技术方案，并且其保护范围不超过说明书记载的内容，则该权利要求能够得到说明书的支持。

第三人协和医院和第三人我武公司就权利要求 1 是否能得到说明书的支持的理由和证据与说明书是否符合《专利法》第二十六条第三款的理由和证据相同，因此，基于上述被告对本专利说明书符合《专利法》第二十六条第三款的规定的论述，被告认为第三人协和医院提出的权利要求 1 不符合《专利法》第二十六条第四款的规定的无效宣告理由不成立。

原告认为，本专利的说明书仅公开了修改后的权利要求 1 要求保护的药物在治疗变应性鼻炎和/或哮喘中的应用，没有涉及在治疗结膜炎、皮炎等其他由尘螨引起的过敏性疾病的治疗中的应用，因此权利要求 1 中要求保护的"治疗由螨过敏引起的过敏性疾病的药物"包含了难以预先确定和评价的内容，权利要求 1 得不到说明书的支持，不符合《专利法》第二十六条第四款的规定，同理，权利要求 2、3 也得不到说明书的支持，不符合《专利法》第二十六条第四款的规定。第三人我武公司认为，本专利说明书中揭示了脱敏疗法治疗由变应原引起的过敏性疾病是针对病因的治疗方法，且说明书中详细描述了如何从尘螨制备本专利的螨变应原制剂，并在实施例中以变应性鼻炎和/或哮喘为例描述了本专利获得的舌下含服剂的效果，在上述内容基础上，本领域技术人员可以合理地预先确定和评价本专利的制剂对于由螨过敏引起的其他过敏性疾病也能获得相同的治疗效果，权利要求 1 符合《专利法》第二十六条第四款的规定，同理，权利要求 2、3 也符合《专利法》第二十六条第四款的规定。

对此，被告认为，本领域技术人员已知螨引起的过敏性反应属于Ⅰ型变态反应，其发病机理为变应原进入机体后，诱导 B 细胞产生 IgE 抗体，其吸附在肥大细胞、嗜碱性粒细胞表面，当相同的抗原再次进入致敏的机体与 IgE 抗体结合，会引发细胞膜的生化反应启动脱颗粒和合成新的介质两个平行的过程。本专利说明书中揭示了脱敏疗法治疗由变应原引起的过敏性疾病是针对病因的治疗方法，其原理是通过剂量由大至小、浓度由稀至浓，使病人逐渐提高对外来的变应原的耐受性，当再次接触该变应原时，过敏症状明显减轻或不再产生，并且说明书中详细描述了如何从尘螨制备本专利的螨变应原制剂，在实施例中以变应性鼻炎和/或哮喘为例描述了本专利获得的舌下含服剂的效果，实施例 4 的过程也证实了上述脱敏疗法的治病原理，并且鼻炎和哮喘属于两种不同类型的由螨过敏引起的过敏性疾病。另外，如说明书中所述，粉尘螨的变应原中，Ⅰ类和Ⅱ类变应原是室内灰尘变应原的主要来源，过敏性疾病患者的病因与多种变应原有关，而本发明的制剂中主要含有Ⅰ类和Ⅱ类变应原，SDS-PAGE 电泳显示浸出液中有 24KD 和 15KD 等变应原蛋白条带，包含多种螨变应原，治疗时的适用范围更广，因此在上述内容基础上，权利要求 1 关于"治疗螨过敏引起的过敏性疾病"的概括是恰当的，其符合《专利法》第二十六条第四款的规定，基于同样的理由，权利要求 2、3 也符合《专利法》第二十六条第四款的规定。

根据《专利法实施细则》第二十条第一款规定，清楚表述请求保护的范围，首先要求权利要求的主题类型应当清楚；其次，每项权利要求所确定的保护范围应当清楚。权利要求的保护范围应当根据其所用词语的含义来理解。如果权利要求中的术语对于本领域技术人员来说含义确切，限定的范围边界清晰，则不应认为该术语的使用导致权利要求请求保护的范围不清楚。

第三人协和医院和原告均认为权利要求 1 中的"混合螨变应原浸出液"的含义不清楚，第三人协和医院还认为权利要求 1 中的"主要含有"没有限定 24KD 的变应原Ⅰ和 15KD 的变应原Ⅱ的具体含量，"加入适量体积的丙酮"没有清楚地限定丙酮的用量。专利权人认为，"混合螨变应原浸出液"指混合的螨变应原浸出液，由于权利要求 1 的制剂除了包含 24KD 的变应原Ⅰ和 15KD 的变应原Ⅱ外，还含有其他的一些致敏原，因此采用"主要含有"进行限定，对于用于脱脂的丙酮，本领域技术人员可根据具体情况选择合适的体积。

对此，被告认为，根据说明书以及权利要求 1 中制剂的制备方法可知，混合螨变应原浸出液中变应原的含量会因实施过程的具体情况不同而有所差异，无法对其具体含量进行限定，权利要求 1 中将 24KD 的变应原Ⅰ限定为 DerfⅠ，将 15KD 的变应原Ⅱ限定为 DerfⅡ并且用制备方法特征加以限定，足以清楚地表征该混合螨变应原浸出液，而且通过所述方法制备的产物为混合物，不仅仅只含有 24KD 的变应原Ⅰ和 15KD 的变应原Ⅱ，因此采用"主要含有"的限定也是允许的，而对于采用丙酮进行脱脂，这是本领域的常规技术，本领域技术人员完全可以结合具体情况选择合适体积的丙酮，因此，权利要求 1 的主题类型清楚，所用的术语含义清楚，限定出的保护范围清楚，权利要求 1 符合《专利法实施细则》第二十条第一款的规定。

《专利法》第二十二条第三款规定，创造性是指同申请日以前已有的技术相比，该发明有突出的实质性特点和显著的进步。

如果发明与现有技术相比存在区别技术特征，现有技术并没有给出上述区别技术特征的教导和启示，并且发明获得了有益的效果，则该发明具备创造性。

本专利权利要求 1 为一种治疗由螨过敏引起的过敏性疾病的药物，其特征在于，该药物是由混合螨变应原浸出液制成的各种医学上可接受的制剂，其中所述混合螨变应原浸出液主要含有 24KD 的变应原Ⅰ和 15KD 的变应原Ⅱ，所述的 24KD 的变应原Ⅰ是 DerfⅠ，所述的 15KD 的变应原Ⅱ是 DerfⅡ，所述的螨浸出液是将标准种粉尘螨的代谢培养基通过丙酮脱脂、生理盐水浸出、超滤、稀释的方法而获得的，所述的制剂为舌下含服剂。根据第三人协和医院确定的无效宣告请求的理由和范围，证据Ⅰ-2为最接近的现有技术，其公开了下列内容："粉尘螨是世界范围内已知的引起螨性哮喘、过敏性鼻炎、过敏性皮炎等变态反应性疾病的主要变应原之一，其中最主要的是粉尘螨1类变应原（Der f1）和粉尘螨2类变应原（Der f2）。国内已用粉尘螨粗制浸液作为免疫治疗，疗效显著，但其所含的变应原种类和含量未知"、"粉尘螨代谢培养基及其浸液制备将粉尘螨全培养物的螨体及碎片部分全部除去，得到粉尘螨代谢培养基，培养基经丙酮脱脂后，以1:5（m/V）浸于生理盐水中，4℃搅拌48h，低温离心，取上清液经透析、无菌抽滤即成代谢培养基浸液（Dff）"（证据Ⅰ-2的第152页右栏第一段）、"SDS-PAGE测定经SDS-PAGE分析生物活性高部分表明它具有一条带，其相对分子质量为14000（图3）"（证据Ⅰ-2的第153页左栏最后一行至右栏第二行）、"粉尘螨变应原主要存在于螨体及其代谢产物中，其组成成分非常复杂，约有30种左右。目前国际上已从粉尘螨中提取出16类变应原，其中Der f1和Der f2为主要变应原。作者从粉尘螨代谢培养基浸液中分离纯化，成功地得到Der f2，经SDS-PAGE测定，其相对分子质量为14000，经100℃加热15min后，其生物学活性仍保留有50%~83.3%，表明它具有热稳定性，其特征与国外文献[5]报道一致。国外文献[6]报道螨体及其代谢培养基中的1类和2类应原含量各异，在螨体中1类与2类变应原之比为1.1/1~7/1，而在代谢培养基中则高达11/1~35/1，表明无论在螨体中或其代谢培养基中均是1类变应原占优势。而我实验室制备的螨代谢培养基浸液中经初步实验表明以2类变应原为主，则可能与尘螨种类、遗传、区域性和制备方法有关"。

由上可知，证据Ⅰ-2公开了一种仅含Der f2变应原的粉尘螨代谢培养基浸出液以及用作免疫治疗的变应原种类和含量未知的粉尘螨粗制浸液，将权利要求1与之相比，区别包括：（1）证据Ⅰ-2中记载的是仅含Der f2变应原的粉尘螨代谢培养基浸出液，而权利要求1中记载的是主要含有Derf Ⅰ和Derf Ⅱ变应原的粉尘螨代谢培养基浸出液；（2）证据Ⅰ-2中的粉尘螨代谢培养基浸出液用于分析其中的变应原种类，而权利要求1所述的粉尘螨代谢培养基浸出液是用于制备治疗螨过敏引起的疾病的药物。证据Ⅰ-2并没有记载其浸液含有Derf Ⅰ变应原，虽然该证据记载"粉尘螨最主要的变应原是粉尘螨1类变应原（Der f1）和粉尘螨2类变应原（Der f2）"（参见第152页左栏第3~4行），但该描述仅仅表明现有技术中已知粉尘螨主要含有1和2类变应原，并不能用于证明本领域技术人员制备得到了同时含有1和2类螨变应原的粉尘螨代谢培养基浸液，而该证据还记载了"而我实验室制备的螨代谢培养基浸液中经初步实验表明以2类变应原为主，可能与尘螨种类、遗传、区域性和制备方法有关"（参见第153页右栏倒数第5~3行），也表明其制备得到的浸液中含2类变应原并不表示其能够从粉尘螨培养基中得到同时含有Derf Ⅰ和Derf Ⅱ变应原，并且能用于制备治疗螨过敏引起的过敏性疾病药物制剂的粉尘螨代谢培养基浸液，对于提及的粗制浸液用作免疫治疗，其所含的变应原种类和含量均未知，证据Ⅰ-2中也未公开或提示该粗制浸液主要含有Derf Ⅰ和Derf Ⅱ变应原，因此证据Ⅰ-2并未公开同时主要含有1和2类螨变应原的粉尘螨浸液，以及用此浸液治疗螨过敏引起的过敏性疾病，整体上也未给出通过其公开的内容能够得到同时含有1和2类螨变应原的粉尘螨变应原浸液，并将其制备成治疗螨过敏引起的过敏性疾病药物制剂的启示，而本专利说明书的实施例4证实了通过权利要求1所述的方法制备的螨变应原制剂在治疗变应性鼻炎和/或哮喘中有效率为88.6%，具有有益的技术效果。

证据Ⅰ-3公开了尘螨的变应原包括分子量为25KD的Ⅰ类变应原和分子量为14KD的Ⅱ类变应原及其他类型的变应原；证据Ⅰ-5属于本领域的公知常识，其公开了粉尘螨的培养方法及变应原浸液的制备方法；证据Ⅰ-7公开了变应原的给药途径，包括可以舌下给药；证据Ⅰ-8属于本领域的公知常识，其公开了超滤法和透析法是蛋白质浓缩和缓冲液交换的常用方法。

证据Ⅰ-3、Ⅰ-5、Ⅰ-7和Ⅰ-8均未公开同时含有Derf Ⅰ和Derf Ⅱ的粉尘螨代谢培养基浸出液以及用该浸出液作为治疗螨过敏引起的过敏性疾病的药物，也没有给出相应的教导或启示，因此，即使结合本领域的公知常识，证据Ⅰ-2、Ⅰ-3和Ⅰ-7的结合也不能破坏本专利权利要求1的创造性。

权利要求2引用权利要求1，进一步限定了粉尘螨的培养基类型。

证据Ⅰ-5公开了粉尘螨的培养方法及粉尘螨浸液的制备方法（第83~86页），但并未公开制备得到的粉尘螨浸液中的变应原类型，其并未获得含有Derf Ⅰ和Derf Ⅱ的粉尘螨浸出液以及用所述浸出液治疗螨过敏引起的过敏性疾病，也未给出相应的教导或启示，因此，在其引用的权利要求1相对于证据Ⅰ-2、Ⅰ-3和Ⅰ-7的结合具备创造性的前提下，权利要求2相对于证据Ⅰ-2、Ⅰ-3、Ⅰ-5和Ⅰ-7的结合也具备创造性。

权利要求3要求保护权利要求1的药物的制备方法。

如上所述，证据证据Ⅰ-2、证据Ⅰ-7均未公开主要含有Derf Ⅰ和Derf Ⅱ的粉尘螨代谢培养基浸出液，其也未公开将粉尘螨代谢培养基浸出液用于治疗螨过敏引起的过敏性疾病。证据Ⅰ-6公开了粉尘螨浸液的制备方法（第206页至第207页左栏第一段），但并未公开含有Derf Ⅰ和Derf Ⅱ的粉尘螨浸出液，以及用于、所述浸出液治疗螨过敏引起的过敏性疾病，也未给出相应的教导或启示，权利要求3相对于证据Ⅰ-2、Ⅰ-6和Ⅰ-7的结合也具备创造性。

根据原告确定的无效宣告请求的理由和范围，证据Ⅱ-4为最接近的现有技术，而该证据与请求人Ⅰ提供的证据Ⅰ-2为同一篇现有技术文献，根据上述Ⅰ中1的评述，证据Ⅱ-4并未公开同时含有1和2类螨变应原的粉尘螨浸液，整体上也未给出将浸出液制备成治疗螨过敏引起的过敏性疾病药物制剂的教导和启示；

证据Ⅱ-1公开了含有主要变应原Derp Ⅰ和Derp Ⅱ的屋尘螨提取物用于免疫治疗（证据Ⅱ-1的中文译文的第1页最后一段至第2页第一段）；证据Ⅱ-6公开了屋尘螨舌下含服免疫治疗的变应原药滴（证据Ⅱ-6的中文译文第1页）；证据Ⅱ-9公开了粉尘螨口服滴剂，其中仅公开了尘螨口服滴剂的来源"江西省肺科医院制剂室提供，批号970310"（第79页左栏第三段第1-2行）；

证据Ⅱ-1、Ⅱ-6和Ⅱ-9均未公开同时含有Derf Ⅰ和Derf Ⅱ的粉尘螨浸出液以及用该浸出液作为治疗螨过敏引起的过敏性疾病的药物，也没有给出相应的教导或启示，而本领域的公知常识也没有记载上述含有Derf Ⅰ和Derf Ⅱ的粉尘螨浸出液或给出将所述浸出液用于治疗螨过敏引起的过敏性疾病的教导或启示，因此，证据Ⅱ-4和公知常识的结合或证据Ⅱ-4、Ⅱ-1和Ⅱ-6的结合或证据Ⅱ-4、Ⅱ-6和Ⅱ-9的结合均不能破坏本专利权利要求1的创造性。

权利要求2引用权利要求1，进一步限定了粉尘螨的培养基类型。

证据Ⅱ-7公开了刺足根螨、球根螨、美洲家刺皮螨和美国屋尘螨的培养方法，其并未记载获得了同时含有Derf Ⅰ和Derf Ⅱ的粉尘螨浸出液以及用该浸出液作为治疗螨过敏引起的过敏性疾病的药物，也没有给出相应的教导或启示，因此，在其引用的权利要求1相对于证据Ⅱ-4和公知常识的结合或证据Ⅱ-4、Ⅰ-1和Ⅱ-6的结合或证据Ⅱ-4、Ⅱ-6和Ⅱ-9的结合具备创造性的前提下，权利要求2相对于上述证据组合再结合证据Ⅱ-7也具备创造性。

权利要求3要求保护权利要求1的药物的制备方法。

证据Ⅱ-3公开了变应原提取物制备中的核心方面，包括变应原提取物的处理、储藏和提取物培养基的缓冲系统选择；证据Ⅱ-11公开了粉尘螨浸液的制备方法，但均未公开同时含有Derf Ⅰ和Derf Ⅱ的粉尘螨浸出液以及用该浸出液作为治疗螨过敏引起的过敏性疾病的药物，也没有给出相应的教导或启示，因此，在其引用的权利要求1相对于证据Ⅱ-4和公知常识的结合或证据Ⅱ-4、Ⅱ-1和Ⅱ-6的结合或证据Ⅱ-4、Ⅱ-6和Ⅱ-9的结合具备创造性的前提下，权利要求3相对于上述证据组合再结合证据Ⅱ-3和证据Ⅱ-11也具备创造性。

综上所述，第三人协和医院和原告提出的本专利不具备创造性的理由不成立。

基于以上事实和理由，被告作出了维持本专利权有效的第11409号决定。

本院认为，根据《专利法》第二十二条第三款的规定，创造性是指同申请日以前已有的技术相比，该发明有突出的实质性特点和显著的进步，该实用新型具有实质性特点和进步。本案中，证据Ⅱ-4记载了"从粉尘螨代谢培养基浸液中分离纯化主要变应原Derf2，并作其特征鉴定""从粉尘螨待续培养基浸液中分离纯化，成功地得到Derf2，经SDS-PAGE测定……表明它具有热稳定性""我实验室制备的螨代谢培养基浸液中经初步试验表明2类变应原为主"。本专利的权利要求1要求保护"所述混合螨变应原浸出液主要含有24KD的变应原Ⅰ和15KD的变应原Ⅱ，所述24KD的变应原Ⅰ是DerfⅠ，所述的15KD的变应原Ⅱ是DerfⅡ"。根据该证据有关"目前国际上已从粉尘螨中提取出16类变应原"的描述可知螨变应原存在多种类型，证据Ⅱ-4制备的变应原Derf2为主的螨代谢培养基浸液与权利要求1的主要含有24KD的DerfⅠ和15KD的DerfⅠ的螨代谢培养基浸液在产品的主要组成上并不相同，故第11409号决定认定"同时主要含有1和2类螨变应原的粉尘螨代谢培养基浸液"是本专利与证据Ⅱ-4的区别技术特征之一是正确的。再者，权利要求1要求保护一种治疗由螨过敏引起的过敏性疾病的药物且该药物由所述混合螨变应原浸出液制成，证据Ⅱ-4仅记载了对粉尘螨代谢培养基浸液进行分离纯化和分析，但未提及治疗螨引起的过敏性疾病的内容。因此，原告有关第11409号决定认定证据Ⅱ-4与本专利权利要求1存在上述两个区别技术特征错误的主张没有事实依据，本院不予支持。

《审查指南》第二部分第四章第3.2.1.1节中规定：要从最接近的现有技术和发明实际解决的技术问题出发，判定要求保护的发明对本领域的技术人员来说是否显而易见。本专利权利要求1的药物产品限定其主要组成，即主要同时含有derf1和derf2的螨变应原浸出液，还限定了所述螨浸出液的制备方法、药物治疗的具体疾病和给药剂型等技术特征，本专利实际解决的问题是提供了一种能够治疗螨引起的过敏性疾病的药物，即达到治疗由螨过敏引起的过敏性疾病的效果。证据Ⅱ-4中公开了对粉尘螨代谢培养基浸液的分离和纯化，分析其主要含有变应原derf2和热稳定性等性质，并未给出所述粉尘螨代谢培养基浸液主要含有derf1和derf2并可用于治疗特定疾病的技术启示。另外，证据Ⅱ-4第152页左栏虽然提及粉尘螨粗制浸液可作为免疫治疗、疗效显著，却进一步指出所述"粉尘螨粗制浸液"所含的变应原种类和含量均未知，而且从粉尘螨可提取出十多种变应原，故本领域技术人员并不能显而易见地得出用于治疗螨引起的过敏性疾病的并主要含有derf1和derf2的粉尘螨浸液的制剂。

原告还主张反证Ⅰ-4和证据Ⅱ-3、6、7、9中公开了含有derf1和derf2的粉尘螨浸液。本院认为，反证Ⅰ-4明确记载所述粉尘螨虫体的提起液的主要变应原是分子量为14-15KD的derf2组分，证据3、6、7和9中并未公开或揭示同时主要含有derf1和derf2变应原的粉尘螨浸出液或粉尘螨浸出液用于治疗螨引起的过敏性疾病。此外，原告认为公知常识公开上述两个区别技术特征的主张也缺乏事实依据。据此，本院认同第11409号有关相对于原告的上述理由和证据本专利权利要求1创造性的认定意见。

权利要求2是权利要求1的从属权利要求，权利要求3是权利要求1所述药物的制备方法。在第11409号决定有关与上述证据和公知常识及其结合相比本专利权利要求1符合《专利法》第二十二条第三款的认定正确的基础上，本院对原告对权利要求2和3具备创造性的主张不予支持。

原告主张证据Ⅱ-4中的"透析"与本专利中的"超滤"之间是等同替换的。本院认为，本专利权利要求1的产品技术方案包含了产品特征和方法特征，方法特征的限定作用应考虑对产品本身的结构和/或组合的影响。依据上述认定，本专利的药物产品本身与证据Ⅱ-4之间已存在区别技术特征，具备创造性，故本院认为"透析"与"超滤"是否等同实质上并不足以影响权利要求1的创造性。

《专利法》第二十六条第三款规定，说明书应当对发明或者实用新型作出清楚、完整的说明，以所属技术领域的技术人员能够实现为准。本案中，本专利说明书揭示了脱敏治疗是一种特异性免疫治疗，是针对病因的预防性治疗措施。它用能使病人诱致过敏疾病发作的变应原提取物，通过反复注射或口服，剂量由小至大，浓度由稀到浓，使病人逐渐提高对外来变应原的耐受性，从而达到减轻发作或控制发作的目的（参见说明书第2页第4段），本专利进一步说明本专利的螨变应原制剂利用上述脱敏的原理（参见说明书第2页倒数第2段），本专利实施例1-3详细描述了注射用螨变应原制剂和舌下含服螨变应原制剂的制备以及原液蛋白含量的测定，实施例4公开了本专利获得的舌下含服制剂在治疗过敏性疾病变应性鼻炎和哮喘中的效果，其中患有变应性鼻炎和哮喘的患者的变应原皮试结果均为螨阳性。本领域技术人员基于对上述治疗原理的了解和过敏病因的判断，按照本发明的内容，不需要创造性劳动就可再现本发明的技术方案，解决其技术问题，并且达到预期的技术效果，因此，第11409号决定认定本专利的说明书不符合《专利法》第二十六条第三款是正确的，本院应予维持。

《专利法》第二十六条第四款规定，权利要求书应当以说明书为依据，说明要求专利保护的范围。本专利详细记载了本专利药物的治疗是针对病因的治疗方法，即通过剂量由小至大，浓度由稀到浓，使病人逐渐提高对外来变应原的耐受性，从而达到减轻发作或控制发作的目的，本专利实施例4进一步描述了的患者变应原皮试均呈螨阳性以及对哮喘和过敏性鼻炎两种不同类型过敏性疾病的有益效果，因此，在原告没有其他证据证实不同螨所致过敏性疾病存在本质差异的前提下，本专利权利要求1~3中"螨引起的过敏性疾病"的用途限定和概括并无不妥。因此，本院对原告关于第11409号决定认定本专利权利要求1~3符合《专利法》第二十六条第四款规定的认定错误的主张不予支持。

《专利法实施细则》第二十条第一款规定，权利要求书应当说明发明或者实用新型的技术特征，清楚、简要地表述请求保护的范围。说明书可以用于解释权利要求。本案中，根据说明书实施例中描述的制备螨变应原浸出液的原料和过程，本领域技术人员清楚权利要求1中的混合螨变应原浸出液是通过所述方法制备的混合物，该术语的含义是清楚的，因此，第11409号决定中关于权利要求1的类型和保护范围清楚的认定是正确的。

对于原告在诉讼阶段新提出的、在本专利无效阶段未涉及的事实和理由，不属于本案审理的范围，本院在此不予评述。

综上，第11409号决定认定事实清楚、适用法律正确、审理程序合法，本院应予维持。由于原告的诉讼理由不充分，其请求本院不予支持。据此，依照《中华人民共和国行政诉讼法》第五十四条第（一）项之规定，判决如下：

维持被告中华人民共和国国家知识产权局专利复审委员会作出的第11409号无效宣告请求审查决定。

案件受理费人民币100元，由原告阿尔可-爱比洛公司负担（已交纳）。

如不服本判决，阿尔可-爱比洛公司可在本判决书送达之日起30日内，中华人民共和国国家知识产权局专利复审委员会、浙江我武生物科技有限公司、中国医学科学院北京协和医院可在本判决书送达之日起15日内，向本院递交上诉状，并按照对方当事人的人数提出副本，预交上诉案件受理费人民币100元，上诉于中华人民共和国北京市高级人民法院。

审 判 长 吴　月
代理审判员　胡华峰
代理审判员　毛天鹏
二〇〇九年三月十日
书 记 员 张　琳

含有胰岛素类似物的药物制剂的制备方法

无效宣告请求审查决定（第 11413 号）

决　定　号	第 11413 号
决　定　日	2008 年 4 月 27 日
发明创造名称	含有胰岛素类似物的药物制剂的制备方法
国际分类号	A61K 38/28，C07K 14/62，A61P 5/48
无效宣告请求人	甘李药业有限公司
专 利 权 人	伊莱利利公司
专　利　号	96106635.0
优　先　权　日	1989 年 2 月 9 日，1989 年 8 月 4 日
申　请　日	1990 年 2 月 8 日
授权公告日	2003 年 3 月 26 日
合议组组长	何　炜
主　审　员	葛永奇
参　审　员	叶　娟
法　律　依　据	专利法第 5 条、第 26 条第 3 款、第 26 条第 4 款、第 22 条第 3 款

决 定 要 点

如果发明创造的实施或使用对社会公众的健康有利，不会对公众或社会造成危害，并且不会使国家和社会的正常秩序受到影响，则该发明创造不妨害专利法第 5 条所说的公共利益。

如果说明书清楚、完整地给出了具体的可实施的技术方案，而且给出了实验证据证明该技术方案能够解决发明所要解决的技术问题，达到预期的技术效果，则说明书对发明的公开是充分的。

如果权利要求所保护的技术方案是所属技术领域的技术人员能够从说明书充分公开的内容中得到或概括得出的技术方案，并且没有超出说明书公开的范围，则权利要求能够得到说明书的支持。

如果发明提供了一种技术构思不同的技术方案，其技术效果能够基本上达到现有技术的水平，则通常应当认为发明具有有益的技术效果，具有显著的进步。

一、案由

本无效宣告请求案涉及国家知识产权局于 2003 年 3 月 26 日公告授予的、名称为"含有胰岛素类似物的药物制剂的制备方法"的第 96106635.0 号发明专利权（下称本专利），其申请日为 1990 年 2 月 8 日，优先权日为 1989 年 2 月 9 日和 1989 年 8 月 4 日，专利权人为伊莱利利公司。本专利是申请号为 90101415.X、名称为"胰岛素类似物"的发明专利申请的分案申请，分案申请的提交日为 1996

年5月23日。本专利授权公告的权利要求书如下:

"1. 一种制备药物制剂的方法,该方法包括使具有治疗活性的式(I)胰岛素类似物或其可药用盐与一种或更多种可药用的赋形剂或载体混合:

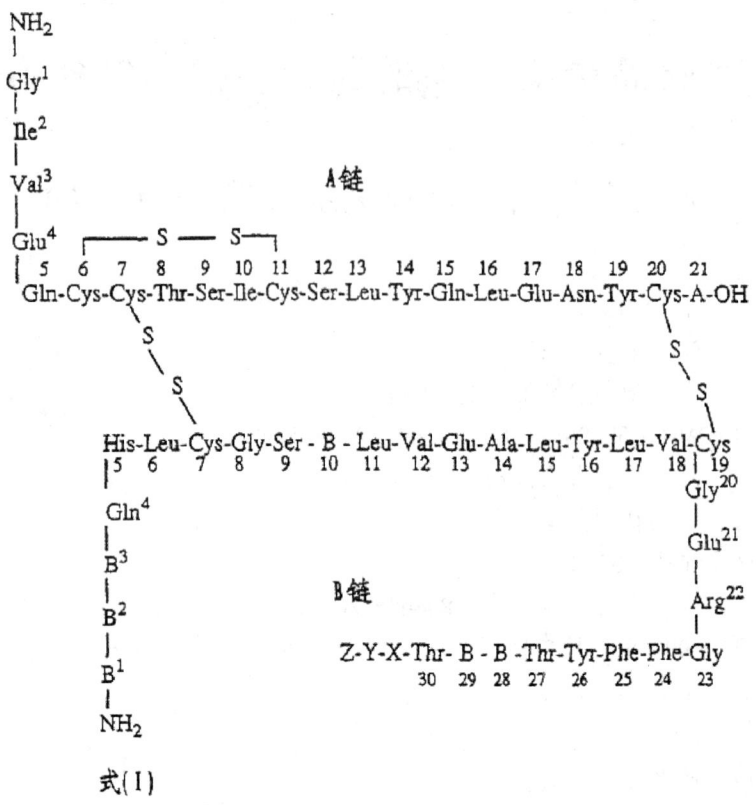

式(I)

其中 A21 是天冬酰胺、丙氨酸或甘氨酸;B1 是苯丙氨酸、天冬氨酸或没有;B2 是缬氨酸,或 B1 没有时 B2 也没有;B3 是天冬酰胺或天冬氨酸;B10 是组氨酸或天冬氨酸;B28 是任何氨基酸;B29 是 L-脯氨酸或 D-赖氨酸;Z 是-OH;X 是 Arg-Arg 或是没有;Y 只有当有 X 时才有,若有 Y 的话,Y 是 Glu 或一种氨基酸顺序,该顺序含有所有或部分如下顺序:

Glu-Ala-Glu-Asp-Leu-Gln-Val-Gly-Gln-Val-Glu-Leu-Gly-Gly-Gly-Pro-Gly-Ala-Gly-Ser-Leu-Gln-Pro-Leu-Ala-Leu-Glu-Gly-Ser-Leu-Gln-Lys-Arg,该顺序从氨基末端 Glu 开始。

2. 按权利要求1的方法,其中 A21 是天冬酰胺,B1 是苯丙氨酸,B2 是缬氨酸,B3 是天冬酰胺,B10 是组氨酸,B28 是赖氨酸,B29 是 L-脯氨酸,Z 是-OH,X 没有,Y 没有。"

针对上述专利权,甘李药业有限公司(下称请求人)于 2007 年 7 月 9 日向专利复审委员会提出无效宣告请求,认为本专利说明书不符合专利法第 26 条第 3 款的规定,权利要求 1 和 2 不符合专利法第 26 条第 4 款、专利法第 5 条和专利法第 22 条第 3 款的规定,请求宣告本专利全部无效。请求人在提出无效宣告请求时提交了本专利的授权公告文本及下述附件:

附件 1:中国发明专利申请公开说明书,专利申请号为 86106574,公开号为 CN86106574A,公开日为 1988 年 8 月 3 日,复印件共 46 页;

附件 2:"Monomeric insulins obtained by protein engineering and their medical implications",J. Brange 等人,NATURE,第 333 卷,第 6174 期,第 679~682 页及期刊封面和目录页,1988 年 6 月 16 日,英文,复印件共 6 页,及其相关部分的中文译文共 6 页;

附件 3:"The structure of 2Zn pig insulin crystals at 1.5? resolution",Edward N. Baker 等人,Phil. Trans. R. Soc. Lond.,第 B 319 期,第 369~456 页及附图 5 页(在第 447 页和第 449 页之间),

1988年，英文，复印件共93页，及其相关部分的中文译文共5页；

附件4："Direct comparison of insulin Lispro and Aspart shows small differences in plasma insulin profiles after subcutaneous injection in type 1 diabetes"，Christina A. Hedman 等人，DIABETES CARE，第24卷第6期，第1120~1121页及期刊封面，2001年6月，英文，复印件共3页，及其相关部分的中文译文共1页；

附件5："A direct comparison of insulin Aspart and insulin Lispro in patients with type 1 diabetes"，Johannes Plank 等人，DIABETES CARE，第25卷第11期，第2053~2057页及期刊封面和目录页，2002年11月，英文，复印件共8页，及其相关部分的中文译文共3页；

附件6："Comparison of insulin Aspart and Lispro"，Carol Homko, RN 等人，DIABETES CARE，第26卷第7期，第2027~2031页及期刊封面和目录页，2003年7月，英文，复印件共8页，及其相关部分的中文译文共4页；

附件7：伊莱利利公司（Eli Lilly and Company）作为原告向北京市第二中级人民法院提出的针对被告北京甘李生物技术有限公司的民事起诉状，复印件共10页；

附件8：于2007年6月21日自中国人大网（www.npc.gov.cn）下载打印的关于《中华人民共和国专利法（草案）》的说明——1983年12月2日在第六届全国人民代表大会常务委员会第三次会议上，中国专利局局长黄坤益，网页打印件共8页；

附件9：HUMALOG® INSULIN LISPRO INJECTION（rDNA ORIGIN）100 UNITS PER ML（U-100）说明书，英文，复印件共13页，及其相关部分的中文译文共1页；

附件10："The apolar surface area of amino acids and its empirical correlation with hydrophobic free energy"，Cornelius Frömmel，*J. Theor. Biol.*，第111卷第1期，第247~260页及期刊封面和目录页，1984年11月7日，英文，复印件共10页，及其相关部分中文译文共1页。

请求人认为：

（1）本专利实质上重新垄断了社会公众可以在一般意义上使用该类人胰岛素类似物于制备药品的自由使用权，以及用常规方法、将该类人胰岛素类似物与常规赋形剂或载体混合来制备胰岛素药物制剂的、在一般意义上的自由制造权，因此，权利要求1和2妨害了公共利益，不符合专利法第5条的规定。

（2）本专利说明书没有充分公开本发明，不符合专利法第26条第3款的规定。① 与本专利最接近的现有技术应为附件1和附件2所公开的速效胰岛素类似物而不是含天然人胰岛素的制剂，因此说明书应证明本专利相较于上述速效胰岛素类似物具有突出的实质性特点和至少一种有利的效能。② 附件2~6证明本专利的胰岛素类似物相较于上述速效胰岛素类似物不具备突出的实质性特点和显著的进步。附件2第679页右栏第2~7行指出对人胰岛素B链的B10、B26、B27、B28位氨基酸进行重组有利于降低二聚体的形成趋势且不损害其生物活性，并没有指出B29位进行重组能够降低二聚体形成趋势；附件3说明单独改变B29位不能使胰岛素起效迅速；本专利申请日之后公开的附件4~6分别表明赖脯胰岛素与B28Asp人胰岛素（门冬胰岛素）在结构和活性上均可相提并论。③ 从本专利说明书第79页表Ⅲ的数据可以看出仅有B29位氨基酸发生改变的胰岛素类似物与人胰岛素相比并不具有更好的活性和最大作用（表Ⅲ倒数第三行的Pro（B29）HI），本专利中涉及的大多数胰岛素类似物的生物活性比天然人胰岛素的差；说明书第82页表Ⅳ只用一种人胰岛素类似物赖脯胰岛素（B28Lys，B29Pro-hI）的一种剂型与人胰岛素进行降糖比较，第83页表Ⅴ中虽然加入了静脉施药剂型和皮下施药剂型的实验数据，但没有将静脉施药剂型和皮下施药剂型分别以人胰岛素为对照进行实验，因此说明书的内容不能说明其他胰岛素类似物以及其他给药剂型均具有与赖脯胰岛素及其鼻内给药剂型相同的效果。综上，说明书没有证明本专利技术相较于现有技术产生了更好的效果，因此不符合专利法第26条第3款的规定。

（3）权利要求1和2不符合专利法第26条第4款的规定。首先，说明书引用的现有技术不是实际上最接近的现有技术即附件1和附件2，故其中记载的所有比较实验数据不能用于说明本专利解决了最接近的现有技术中存在的问题，说明书不能支持权利要求1所要求保护的范围。其次，权利要求1要求保护制备包含了具有治疗活性的、为数众多的一类人胰岛素类似物即式（I）人胰岛素类似物或其可药用盐的制剂的方法，而说明书中仅用一种人胰岛素类似物即赖脯胰岛素、以一种制剂形式使用时获得的"起效迅速"的实验数据，并不能证明所有的式（I）人胰岛素类似物、所有其他制剂都具有"起效迅速"的特点。再次，说明书第79页表III证明大部分式（I）人胰岛素类似物的生物活性比人胰岛素的有实质性下降，故式（I）人胰岛素类似物不满足用在制备治疗糖尿病药剂上的基本要求。因此，权利要求1所限定的技术方案得不到说明书的支持，不符合专利法第26条第4款的规定。权利要求2也存在引用的最接近的现有技术文件不恰当、以及只有一种剂型的"起效迅速"的数据，不足以支持其他剂型也有"起效迅速"的效果，因此，权利要求2也得不到说明书支持。

（4）权利要求1和2不符合专利法第22条第3款的规定。

对于权利要求1：① 附件1和附件2公开了多个用亲水性强的氨基酸取代原有氨基酸的胰岛素类似物，包括B28位的取代，如附件1实施例9的B28Asp人胰岛素，虽然不包括B29位的氨基酸取代，但本专利没有用比较实验数据证明B29位的变化具有突出的实质性特点，附件3说明B29位对胰岛素形成二聚体几乎没有影响，附件4-6均表明赖脯胰岛素和B28Asp人胰岛素具有相当的快速起效能力和生物活性，因此，附件1公开的胰岛素类似物及其在制药中的应用与本专利所属技术领域相同，所要解决的技术问题相同，技术方案相似，权利要求1不具备突出的实质性特点。同样，与附件2公开的内容相比，或者与附件1和附件2的结合相比，权利要求1也不具备突出的实质性特点。② 本专利说明书只用第82页表IV说明符合式（I）的一个胰岛素类似物赖脯胰岛素在进行鼻内给药时具有"起效迅速"的优点，没有实验数据支持权利要求1所限定的式（I）胰岛素类似物均具备良好的"治疗活性"，相反，说明书第79页表III中的数据说明式（I）胰岛素类似物不具备好的"治疗活性"。而附件1公开的胰岛素类似物起效都显著地快于人胰岛素。因此，与附件1记载的"起效迅速"的效果相比，权利要求1所限定的技术方案不具备显著的进步。同样与附件2公开的内容相比、或者与附件1和附件2的结合相比，权利要求1也没有代表显著的技术进步。③ 说明书中没有表明权利要求1定义的配制方法中采用了任何新的辅料组合或新的配制工艺，配制得到的药剂组合物也不具有协同增效效果。因此，权利要求1所限定的技术方案不具有突出的实质性特点和显著的进步，相对于附件1和/或附件2与公知常识的结合不具备创造性。

对于权利要求2：除了针对权利要求1所陈述的理由外，作为区别特征的赖脯胰岛素与现有技术中的B28Asp胰岛素相比也没有显著的进步，赖脯胰岛素是用亲水性更强的赖氨酸取代天然人胰岛素B28位亲水性较弱的脯氨酸（附件10）而得到的快速起效的胰岛素类似物，而附件3揭示了B28位的脯氨酸等一些疏水性或极性较弱的氨基酸是形成两个胰岛素分子间的非极性相互作用从而促进胰岛素二聚体形成的主要原因，附件1和附件2公开的胰岛素类似物就是用亲水性更强的氨基酸替换人胰岛素中原有的氨基酸，破坏两个胰岛素分子间的非极性相互作用，阻止二聚体的形成，从而得到速效胰岛素类似物；本专利说明书证明在B29位进行氨基酸取代对胰岛素快速起效没有作用，未能证明同时改变B28位和B29位比单独改变B28位具有更显著的快速起效作用；附件9表明赖脯胰岛素的活性效价与人胰岛素相等，降低血糖效果相同；附件4~6分别证明赖脯胰岛素与B28Asp人胰岛素的药代动力学差别很小甚至完全一样，药效作用也完全相同。因此，权利要求2的技术方案相对于附件1

或附件2与公知常识的结合不具备突出的实质性特点和显著的进步,不具有创造性。

经形式审查合格后,专利复审委员会受理了上述请求,于2007年8月3日向双方当事人发出《无效宣告请求受理通知书》,并将《专利权无效宣告请求书》及附件副本转送给专利权人,要求其在指定的期限内答复,同时成立合议组对本无效宣告请求案进行审理。

专利权人于2007年9月18日提交了意见陈述书和如下证据:

反证1:"Altering the association properties of insulin by amino acid replacement", David N. Brems等人, Protein Engineering, 第5卷第6期, 1992年, 第527~533页, 英文, 复印件共7页, 及其中文译文16页;

反证2:专利文献WO9500550A1及其国际检索报告, 公开日1995年1月5日, 英文, 复印件共22页, 及其部分中文译文1页;

反证3:"Insulin self-association and the relationship to pharmacokinetics and pharmacodynamics", Michael R. Defelippis等人, Critical Reviews™ in Therapeutic Drug Carrier Systems, 第18卷第2期, 2001年, 第201~264页, 英文, 复印件共64页, 及其中文译文18页;

反证4:"Role of C-terminal B-chain residues in insulin assembly: the structure of hexameric Lys^{B28}Pro^{B29}-human insulin", Ewa Ciszak等人, Structure, 第3卷第6期, 1995年, 第615~622页, 英文, 复印件共8页, 及其中文译文21页;

反证5:中国发明专利说明书, 专利号为ZL89109562.4, 授权公告号为CN 1028294C, 授权公告日为1995年4月26日, 复印件共13页;

反证6:中国发明专利申请审定说明书, 申请号为85102584, 审定号为CN 1019115B, 审定公告日为1992年11月18日, 复印件共3页。

同时,专利权人对权利要求书进行了修改,修改后的权利要求书如下:

"1. 一种制备药物制剂的方法,该方法包括使具有治疗活性的式(I)胰岛素类似物或其可药用盐与一种或更多种可药用的赋形剂或载体混合:

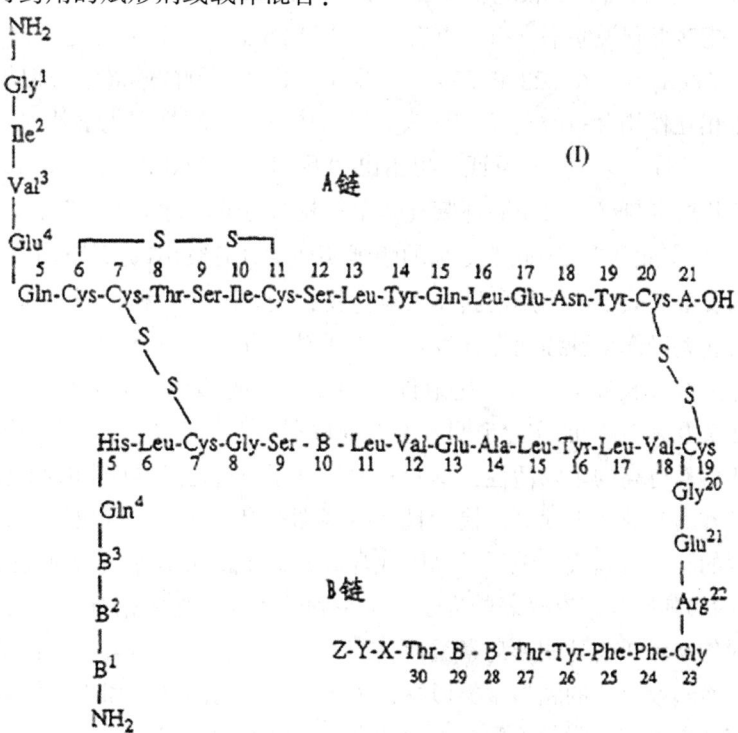

其中 A21 是天冬酰胺；B1 是苯丙氨酸；B2 是缬氨酸；B3 是天冬酰胺；B10 是组氨酸；B28 是赖氨酸；B29 是 L-脯氨酸；Z 是-OH；X 没有；Y 没有。"

专利权人指出修改权利要求书而将其内容限定到说明书中实施例的范围是为了便于在无效过程中更集中于讨论赖脯胰岛素，而不是同意请求人提出的针对原权利要求 1 的任何无效宣告理由。同时认为：

（1）本专利申请日之前的现有技术状况是：在本专利申请日之前，本领域公知对于象胰岛素这样的很小的多肽来说，其氨基酸序列上的氨基酸改变可能对其活性造成巨大的影响，例如反证 2 公开的 Glu^{B28} 人胰岛素；在本专利的申请日前，在临床上还没有已知的安全和有效的胰岛素类似物，更没有任何已商用的胰岛素类似物。

（2）胰岛素或胰岛素类似物是治疗糖尿病的最有效药物，制备这些药物的方法不会妨害公共利益。在中国专利的实践中已经授权了许多药用组合物制备方法的专利，例如反证 5 和反证 6，对药用组合物制备方法授予专利权同样振兴了中国的药物工业。因此，本专利权利要求符合专利法第 5 条的规定。

（3）本专利说明书描述了本专利式（I）的胰岛素类似物及其可药用盐的结构（第 1~10 页），给出了大量实施例来描述如何制备本专利的胰岛素类似物，其中实施例 1 和 2 给出了制备赖脯胰岛素的两种方法，说明书还通过体内检测系统实验证明了权利要求 1（授权公告的权利要求 2）保护的赖脯胰岛素的生物活性（见说明书第 81~82 页以及表 III），同时，说明书还比较了赖脯胰岛素与人胰岛素的效果，证明赖脯胰岛素的起效时间比人胰岛素早；说明书第 83 页第 2 段至第 84 页第 1 段记载了如何将本专利式（I）的胰岛素类似物及其可药用盐与医药上可接受的赋形剂或载体相混合，以获得本专利的药物制剂，并在实施例中给出了其中一种，即适于鼻内给药的药物组合物的具体制备方法和配方，在实施例中证明制备得到了该制剂，其在狗动物模型中获得了成功的效果（说明书第 84~85 页以及表 IV 和 V）。因此，本专利说明书已经充分公开了本发明，符合专利法第 26 条第 3 款的规定。本专利权利要求 1（授权公告的权利要求 2）涉及的胰岛素类似物就是实施例给出的胰岛素类似物赖脯胰岛素，因此能够得到说明书支持，符合专利法第 26 条第 4 款的规定。

（4）本专利的赖脯胰岛素是在 B28 和 B29 位发生了互换或颠倒的胰岛素类似物，这种互换或颠倒改变了 B28 位的疏水相互作用和折叠构象，是该类似物快速起效的物理化学基础（反证 3 第 227 页第 37~41 行），反证 4 也证明了这一点。反证 1 也指出"我们认为在 B29 位插入 Pro 形成了干扰二聚作用的新表面。在破坏胰岛素自缔合又不破坏胰岛素单体构象方面，除去 Pro^{B28} 分子内接触的同时用 Pro 在 B^{29} 引入干扰接触是最有效的"。因此本专利的赖脯胰岛素具有突出的实质性特点。在本专利的申请日之前没有任何已知安全有效、已商用的胰岛素类似物，例如附件 1 和 2 公开的 Asp^{B10} 胰岛素类似物在临床动物实验中引起大鼠产生肿瘤而在开发过程中被放弃了（参见反证 3）。因此与本专利的胰岛素类似物最接近的是天然人胰岛素，而不是附件 1 和 2 公开的胰岛素类似物。本专利说明书实施例（见说明书第 81~82 页及表 III）的实验证明，本专利权利要求 1（授权公告的权利要求 2）保护的赖脯胰岛素具有比人胰岛素更高的生物活性，本专利说明书还通过比较含赖脯胰岛素或人胰岛素的制剂的效果证明赖脯胰岛素的起效比人胰岛素快，且证明根据权利要求 1（授权公告的权利要求 2）的方法得到的赖脯胰岛素的制剂可以成功地通过鼻内或静脉或皮下的方式给药（见说明书第 84~85 页及表 V），因此本专利的赖脯胰岛素有显著的进步，本专利的赖脯胰岛素相对于天然胰岛素具有创造性。

（5）即便是与附件 1 和 2 公开的胰岛素类似物相比，本专利的胰岛素类似物也具有创造性。为了获得缔合倾向减小从而起效更快的胰岛素类似物，请求人引用的附件 1 和 2 采用和教导的设计策略完全与本专利的赖脯胰岛素不同。附件 1 和 2 采用的设计策略是把天然胰岛素的氨基酸用亲水性更强的氨基酸替换,即其原理是基于与天然胰岛素二聚体中已存在的电荷而引入电荷排斥。该策略选择性引入含侧链羧基的氨基酸以产生电荷排斥。选择负电荷氨基酸优于带正电荷侧链的氨基酸(因为在胰岛素二聚体形成界面已经存在负电荷)。附件1和2采用的另一种设计策略是将空间位阻引入界面内的氨基酸取代。而本专利在B28位引入赖氨酸与附件1和2教导的完全不同,甚至正好相反,因为天冬氨酸是酸性氨基酸,而赖氨酸是碱性氨基酸(即带正电荷),其既没有产生电荷排斥也没有增加空间位阻。综上所述,新提交的权利要求1相对于现有技术具有突出的实质性特点和显著的进步,符合专利法第22条第3款有关创造性的规定。

2007年11月28日,本案合议组向双方当事人发出《无效宣告请求口头审理通知书》,同时将专利权人于2007年9月18日提交的意见陈述书及其所附附件和修改后的权利要求书的副本转送给请求人,要求其在口头审理时一并答复。

双方当事人均参加了于2008年1月23日进行的口头审理,口头审理过程中认定的事实如下:(1)请求人和专利权人对本案所适用的专利法和审查指南的版本达成一致,即适用1984年颁布的未经修正的专利法(以下简称1984年版专利法)和2006年版审查指南,同时双方均认可2000年修正后的专利法(以下简称2000年版专利法)与1984年版专利法相比,本案所涉及的四个法律条款在文字表述上完全一致。(2)请求人认可专利权人在专利权无效宣告程序中对权利要求书的修改符合审查指南的相关规定,合议组确认本案审理所依据的权利要求书为专利权人于2007年9月18日提交的权利要求书。(3)请求人当庭提交了证明附件2~6、10的真实性的公证书原件((2007)京证经字第15229号),证明附件8和9的真实性的公证书原件((2007)京证经字第15231号),还出示了(2005)二中民初字第6026号民事判决书用于证明附件7的真实性。专利权人核对上述文件后认为附件7~9与本案之间没有直接关系,附件4~6的公开日在本专利优先权日之后,不应被采纳,不认可附件9的真实性,除此之外,专利权人认可请求人所提交的其他附件的真实性、合法性和关联性。(4)专利权人当庭提交了反证1、3、4的盖有"北京化工大学图书馆"红章的复印件来证明其真实性,请求人经核实后认为反证1、3、4所盖红章不清晰,且图书馆没有作出详细的文字说明,因而不认可反证1、3、4的真实性,对附件2、5、6的真实性和合法性予以认可。(5)双方均认可对方提供的证据译文的准确性。(6)针对专利法第26条第3、4款的无效理由,请求人认可本专利的技术方案可以实施,说明书中提供的实验数据和结果也是真实、准确的,但认为本专利的技术方案的效果没有对现有技术作出改进。同时,请求人声明放弃除鼻内给药剂型之外的其他制剂得不到说明书支持的无效理由。(7)请求人在口头审理过程中针对权利要求1(授权公告的权利要求2)相对于附件1、附件1结合附件2、附件1结合附件3不具备创造性的理由作了陈述,其中附件1代表最接近的现有技术。专利权人认为附件1与附件3结合使用的证据使用方式在专利权无效宣告请求书中没有明确提及,不能接受这种证据使用方式。

请求人于庭后对口头审理过程中陈述的意见提交了两份内容相同的书面陈述。

至此,合议组认为本案的事实清楚,可以作出审查决定。

二、决定的理由

1. 关于本案的法律适用

请求人和专利权人对本案所适用的专利法的版本达成一致,即适用1984年版专利法,同时双方均认可2000年版专利法与1984年版专利法相比,本案所涉及的四个法律条款在文字表述上完全一致,对本案的法律适用问题双方不存在争议。

2. 审查文本

在专利权人于2007年9月18日提交的经修改的权利要求书中,删除了授权公告的权利要求1,

相应地将授权公告的权利要求 2 变更为新的权利要求 1，该修改符合审查指南第四部分第三章第 4.6 节的规定，请求人对此修改亦无异议，合议组予以接受，基于此，本案的审理以该修改文本为基础。根据审查指南第四部分第三章第 2.2 节的规定，视为授权公告的权利要求 1 自始即无效。

3. 无效宣告请求的理由和范围

鉴于授权公告的权利要求 1 被视为自始无效，故合议组不再评述针对授权公告的权利要求 1 的无效宣告理由。依据请求人在口头审理过程中的确认，其请求宣告本专利无效的理由及其范围是：说明书未充分公开权利要求 1（以下如无特别说明均指新修改的权利要求 1 即授权公告的权利要求 2）的技术方案，不符合专利法第 26 条第 3 款的规定，权利要求 1 不符合专利法第 5 条、第 22 条第 3 款、第 26 条第 4 款的规定。

其中对于评述创造性的证据使用方式，请求人在口头审理过程中针对权利要求 1 相对于附件 1、附件 1 结合附件 2、附件 1 结合附件 3 的创造性作了陈述。专利权人认为附件 1 与附件 3 结合使用的证据使用方式在专利权无效宣告请求书中没有明确提及，不应接受。鉴于请求人在专利权无效宣告请求书中阐述了附件 3 公开的内容及其在评述授权公告的权利要求 2 的创造性时的作用（参见专利无效宣告请求书第 19 页最后一段至第 20 页第 5 行，第 21 页第 6～9 行和第 25～26 行），因此，合议组接受附件 1 和附件 3 结合评述权利要求 1 的创造性的证据使用方式，将其纳入本案的审理范围之内，而不视其为新增加的专利权无效宣告理由。

4. 关于证据

（1）附件 1～3、10 是公开发行的出版物，请求人提供这些附件作为现有技术使用，并当庭提交了证明附件 2、3、10 的真实性的（2007）京证经字第 15229 号公证书，专利权人认可附件 1～3、10 的真实性、合法性、关联性，合议组对其予以确认，同时，附件 1～3、10 的公开日均早于本专利的优先权日，因此均构成了本专利的现有技术。

（2）（2007）京证经字第 15229 号公证书记载了在中国医学科学院中国基础医学研究所图书馆查找到包含附件 4～6 的期刊并复印附件 4～6 的过程，同时附件 4～6 的内容均涉及赖脯胰岛素和门冬胰岛素的比较，该内容与本专利的技术内容有关，且专利权人未对附件 4～6 的真实性、合法性和关联性提出异议，因此合议组对附件 4～6 的真实性、合法性和关联性予以认可。但附件 4～6 的公开日在本专利优先权日之后，在评价本专利的新颖性和创造性时不能作为现有技术使用。

（3）请求人当庭出示了用于证明附件 7 的真实性的（2005）二中民初字第 6026 号民事判决书，并提交了证明附件 8 和 9 的真实性的（2007）京证经字第 15231 号公证书，专利权人认可附件 7 的真实性，对第 15231 号公证书和附件 8 的真实性不持异议，但对获得附件 9 的网址是否为官方网站及其真实性有异议，从而怀疑附件 9 的真实性，同时专利权人还认为附件 7～9 与本案无关。合议组认为，请求人提出附件 9 为专利权人所生产的 HUMALOG（赖脯胰岛素注射剂的产品说明书，而专利权人只是怀疑获得附件 9 的网站及其真实性，并没有否认附件 9 是其所生产产品的说明书，如果附件 9 所示产品的生产商确为专利权人，则专利权人在怀疑附件 9 的真实性时有责任证明其与真实情况不同，否则应承担举证不能的后果。同时，请求人提交的附件 7-9 的内容均与本专利制备含有胰岛素类似物的药物制剂的方法或其所涉及的赖脯胰岛素有关，因此合议组对附件 7 和 8 的真实性、合法性、关联性以及附件 9 所述内容的真实性均予以认可。但对于附件 9，由于没有证据表明其公开日期在本专利优先权日之前，因此在评价本专利的新颖性和创造性时其不能作为现有技术使用。

（4）反证 1～6 的公开日在本专利优先权日之后，因此在评价本专利的新颖性和创造性时不能作为现有技术使用。

5. 关于专利法第 5 条

专利法第 5 条规定，对违反国家法律、社会公德或者妨害公共利益的发明创造，不授予专利权。

妨害公共利益，是指发明创造的实施或使用会给公众或社会造成危害，或者会使国家和社会的正常秩序受到影响。如果发明创造的实施或使用对社会公众的健康有利，不会对公众或社会造成危害，并且不会使国家和社会的正常秩序受到影响，则该发明创造不妨害专利法第 5 条所说的公共利益。

请求人提供附件 7 来说明任何将式（I）人胰岛素类似物或其可药用盐以常规方法、与常规赋形剂或载体混合的行为都将落入权利要求 1 的保护范围，基于此，请求人认为本专利实质上重新垄断了社会公众可以在一般意义上使用该类人胰岛素类似物制备药品的自由使用权，以及用常规方法将该类人胰岛素类似物与常规赋形剂或载体混合来制备胰岛素药物制剂的一般意义上的自由制造权，从而妨害了公共利益，不符合专利法第 5 条的规定。请求人提供附件 8 用于说明 1984 年版专利法排除对化合物和药品等的专利保护的立法本意是要排除这类产品专利对公众的约束，赋予公众以其他方法制造产品、自由销售产品和自由使用产品的权利，虽然权利要求 1 的方法不属于专利法第 25 条所规定的不授予专利权的主题，但可授予专利权的方法必须是包含了对现有技术作出了实质性贡献的、化合物本身的制备方法或其使用方法（制药方法），同时这类方法必须是属于"有利于进行技术改造及从国外引进新技术"的方法。

合议组认为：首先，本专利权利要求 1 的保护主题是方法而非产品，不属于专利法第 25 条规定的不授予专利权的客体。其次，本专利权利要求 1 所涉及的是将赖脯胰岛素或其可药用盐与一种或更多种可药用的赋形剂或载体混合而制备药物制剂的方法，实施或使用本专利方法的结果是制得含有速效赖脯胰岛素的药物制剂，该药物制剂可用于糖尿病的治疗，对公众健康有利。专利法第 5 条所说的妨害公共利益是指发明创造的实施或使用会给公众或社会造成危害，这种危害应当是技术方案本身直接带来的。由于发明创造被滥用可能造成妨害公共利益或者由于发明创造被授予专利权而形成垄断，从而使社会公众不能自由制造或使用都不属于专利法第 5 条所说的妨害公共利益。关于请求人认为授予专利权的方法必须是包含了对现有技术作出了实质性贡献的、化合物本身的制备方法或其使用方法（制药方法），同时这类方法必须是属于"有利于进行技术改造及从国外引进新技术"的方法的观点，由于该内容不属于专利法第 5 条规制的范畴，其理由与专利法第 5 条不相对应，合议组不予评述。综上所述，本专利的实施或使用并不妨害公共利益，合议组对请求人所提出的本专利属于专利法第 5 条规定的妨害公共利益的发明的主张不予支持。

6. 关于专利法第 26 条第 3 款

专利法第 26 条第 3 款规定，说明书应当对发明或者实用新型作出清楚、完整的说明，以所属技术领域的技术人员能够实现为准。

如果说明书中给出了具体的可实施的技术方案，而且给出了实验证据证明该技术方案能够解决发明所要解决的技术问题，达到预期的技术效果，则说明书对发明的公开是充分的，符合专利法第 26 条第 3 款的规定。

本专利权利要求 1 涉及一种制备药物制剂的方法，该方法包括使具有治疗活性的式（I）胰岛素类似物或其可药用盐与一种或更多种可药用的赋形剂或载体混合，其中所述胰岛素类似物为赖脯胰岛素。其目的是制备具有相对较快的活化作用，并且保留了天然人胰岛素的生物活性的胰岛素制剂。

首先，赖脯胰岛素的结构在本专利说明书中是明确的，即在天然人胰岛素的基础上，B 链氨基酸序列中的 B28 位脯氨酸被赖氨酸取代，B29 位赖氨酸被脯氨酸取代，或者说是"将天然人胰岛素 B 链氨基酸顺序中的 B28 和 B29 位点进行颠倒"（说明书第 5 页第 1 段），实施例 1 和 2 还给出了制备赖脯胰岛素的两种方法。其次，将药物活性成分与可药用的赋形剂或载体混合来制备药物制剂是本领域公知的常规方法，本专利说明书第80~81页连接段和第81页第2段也描述了这种方法并引用了有关胰岛素制剂的制备方法的参考文献（例如 Remington's Pharmaceutical Sciences, 17th edition, Mack Publishing Company, Easton, PA, USA (1985) 和 EP0200383A3，后者涉及将胰岛素类似物制成适于鼻内给药的药物组合物），其中还具体列举了一些可用的稀释剂、赋形剂和载体。最后，为了验证赖脯胰岛素的效果，本专利说明书中还具体使用了含有赖脯胰岛素的鼻内给药、静脉给药和皮下给药组合物即含有赖脯胰岛素的药物制剂作了实验（参见说明书第81页第3段至第83页），实验结果显示赖脯胰岛素相对于人胰岛素起效迅速（第82页表IV）且生物活性更好（第79页表III）。综上所述，对于权利要求1所保护的制备药物制剂的方法，说明书记载了其所用的原料物质、工艺步骤等，并且明确记载了其中作为药物活性成分使用的原料物质赖脯胰岛素的结构及其制备方法，还通过实验数据证明所制得的胰岛素制剂起效迅速且生物活性较好。因此，本专利说明书对发明作出了清楚、完整的说明，所属技术领域的技术人员依据说明书记载的内容能够实现本发明。

请求人并不否认本专利说明书中（包括表III和表IV）的实验数据的真实性，只是认为与本专利最接近的现有技术应当是附件1或2所公开的速效胰岛素类似物，而不是天然人胰岛素，相对于附件1和/或2的速效胰岛素类似物，本专利的技术方案不具备突出的实质性特点和显著的进步，附件3~6也证实了这一点。然而，本专利所要提供是速效胰岛素类似物赖脯胰岛素药物制剂的制备方法，如上所述，本专利说明书记载的内容已确实表明获得了速效胰岛素类似物赖脯胰岛素，并利用说明书记载的制备方法制得了含有赖脯胰岛素的快速起效的药物制剂如鼻内给药的组合物，达到了发明的预期目的，因此，本专利是否对现有技术作出改进并不能改变说明书已充分公开其欲保护的技术方案这一事实。对于除鼻内给药组合物之外的其他胰岛素给药剂型如静脉施药剂型和皮下施药剂型，虽然说明书没有提供直接证据证明其具有与鼻内给药剂型相同的效果，但加入常规赋形剂和载体的目的通常并不是为了改变药物有效成分的活性，因此通常情况下本领域普通技术人员会认为由权利要求1所述方法制备的药物制剂将与鼻内给药剂型一样保留赖脯胰岛素快速起效的作用特性，况且请求人也未能提供证据证明其他给药剂型不能保留赖脯胰岛素快速起效且生物活性更好的特性。

综上所述，本专利说明书充分公开了本发明，本专利符合专利法第26条第3款的规定，合议组对于请求人所提出的本专利说明书未充分公开其发明的主张不予支持。

7. 关于专利法第26条第4款

专利法第26条第4款规定，权利要求书应当以说明书为依据，清楚并简要地表述请求保护的范围。

根据该款规定，权利要求书应当以说明书为依据，是指权利要求应当得到说明书的支持。如果权利要求所保护的技术方案是所属技术领域的技术人员能够从说明书充分公开的内容中得到或概括得出的技术方案，并且没有超出说明书公开的范围，则权利要求能够得到说明书的支持。

本专利权利要求1涉及将赖脯胰岛素或其可药用盐与一种或更多种可药用的赋形剂或载体混合而制备药物制剂的方法。如以上第6部分所述，本专利说明书记载的内容已表明权利要求1中涉及的赖脯胰岛素相对于天然人胰岛素起效速度快且保留了天然人胰岛素的生物活性，将药物活性成分与可药用的赋形剂或载体混合来制备药物制剂是本领域公知的常规方法且说明书中也详细地描述了这种方法，利用该方法也制得了含有赖脯胰岛素的快速起效的药物制剂如鼻内给药组合物，赖脯胰岛素与常规赋形剂和载体混合所得到的除鼻内给药组合物外的其他药物剂型通常也都将保留赖脯胰岛素的作用特性，即权利要求1的技术方案能够解决发明所要解决的技术问题并达到相同的技术效果。请求人认为本专利说明书引用的现有技术并不是实际上最接近的现有技术，故其中记载的所有比较实验数据都不能用于说明涉及专利解决了最接近的现有技术中存在的问题。然而，如上所述，权利要求1的技术方案能够从说明书充分公开的内容中得到或概括得出，没有超出说明书公开的范围，权利要求1要求保护技术方案是与说明书公开的内容相适应的，得到了说明书的支持，因此合议组对于请求人所提出的本专利权利要求1不符合专利法第26条第4款的规定的主张不予支持。

8. 关于专利法第22条第3款

专利法第22条第3款规定，创造性，是指同申请日以前已有的技术相比，该发明有突出的实质性特点和显著的进步。

如果发明提供了一种技术构思不同的技术方案，其技术效果能够基本上达到现有技术的水平，则通常应当认为发明具有有益的技术效果，具有显著的进步。

本专利权利要求1涉及将赖脯胰岛素或其可药用盐与一种或更多种可药用的赋形剂或载体混合而制备药物制剂的方法。附件1涉及一种以皮下注射后立即产生作用为特征的人类胰岛素类似物、含有这种胰岛素类似物的胰岛素注射液和制备这种胰岛素类似物的方法（说明书第6页第1段）。附件1提供具有胰岛素活性的可注射溶液，其含有所述的人胰岛素类似物或其药物学上可接受的盐，最好是在中性pH值的水溶液中，含水介质可以添加如氯化钠和葡萄糖制成等渗的，也可以添加缓冲液和防腐剂，还可以含有锌离子（说明书第15页第3段）。本专利权利要求1的技术方案与附件1公开的内容相比区别在于胰岛素类似物不同，本专利权利要求1中胰岛素类似物为赖脯胰岛素。

针对快速起效的胰岛素类似物，附件1的说明书还公开了如下内容"通过用天然存在的氨基酸残基取代人胰岛素的一个或多个氨基酸残基，提供了一种新型的速效人胰岛素类似物，它降低了自身联合成二聚物、四聚物、六聚物或多聚物的趋势，并在中性pH值将具有与人胰岛素相同的或更大的负电荷"（第8～9页连接段），"最好从Asp、Glu、Ser、Thr、His和Ile中选择氨基酸取代物，特别是选择带有负电荷的氨基酸残基，即Asp或/和Glu"（第10页第5段）。附件1中还列举了一系列可能涉及胰岛素单体聚合的氨基酸残基位点以及可用于取代的氨基酸残基（其中不包括B28位可用赖氨酸取代，也不包括B29位的取代）（说明书第11～14页）。由此可见，附件1针对快速起效的胰岛素类似物给出了如下教导：在相应位置上用比天然氨基酸残基亲水性更强的其他氨基酸残基取代人胰岛素的某些残基的同时，应当使所得到的速效胰岛素类似物在中性pH值具有与人胰岛素相同的或更大的负电荷，即亲水性氨基酸和相同的或更大的负电荷是需要同时满足的两个条件。然而，本专利中涉及的赖脯胰岛素在B28位用赖氨酸取代了天然人胰岛素中原有的脯氨酸，尽管赖氨酸也是亲水性的（参见附件10），但其为带正电荷的氨基酸，如此取代显然并未考虑所获得的胰岛素类似物的电荷，这与附件1的发明构思不同，偏离了附件1的教导。此外，赖脯胰岛素相对于人胰岛素在B29位也发生了氨基酸取代，无论本专利和现有技术是否证明B29位对于胰岛素快速起效有贡献，对于赖脯胰岛素这样一种不可分割的胰岛素类似物整体来说，本专利说明书的内容都已经证明在B28和B29位同时进行上述取代而获得的赖脯胰岛素相对于天然人胰岛素起效迅速（参见第82页表IV）且生物活性更好（参见第79页表III）。总之，与附件1的技术构思完全不同的赖脯胰岛素却同样具备了速效性能且保留了较好的生物活性，因此，赖脯胰岛素相对于附件1公开的技术内容而言具有突出的实质性特点和显著的进步。

针对本专利权利要求1制备药物制剂的方法而言，其既包括原料特征又包括工艺步骤特征，赖脯胰岛素即为该方法中作为药物活性成分的最重要的原料物质，因此，尽管该方法中使用的可药用赋形剂或载体以及混合原料的工艺步骤都是常规的，但在赖脯胰岛素相对于附件1具有突出的实质性特点和显著的进步的情况下，将其作为重要的原料物质使用的权利要求1的方法也具有突出的实质性特点和显著的进步，具备专利法第22条第3款规定的创造性。

附件2也没有教导同时用带正电荷的赖氨酸取代B28位的脯氨酸、用脯氨酸取代B29位的赖氨酸而得到的赖脯胰岛素具有快速起效的特性，相反，附件2只是公开了可能涉及胰岛素二聚体中单体之间相互作用的若干个氨基酸残基位点（包括B28位但不包括B29位）（参见第679页），并指出"采用B28Asp比在B27进行取代具有更显著的效果（表1，图2f）。这可归因于B28（3-4Å）与二聚体中相邻单体的B21Glu之间更加接近（图1e）"（第680页右栏最后1行至第681页左栏第3行，译文第3页）。附件3也只是表明B28位氨基酸参与了导致胰岛素单体聚合的非极性力的形成，但其同样没有教导可用带正电荷的赖氨酸取代B28位的脯氨酸。因此，与针对权利要求1相对于附件1的创造性的评述类似的理由，权利要求1相对于附件2、附件1和附件2的结合、相对于附件1和附件3的结合均具有突出的实质性特点和显著的进步，具备创造性。

请求人认为：就权利要求1制备胰岛素药剂的方法而言，本专利说明书并未表明权利要求1定义的配制方法中采用了任何新的辅料组合或新的配制工艺，配制得到的药剂组合也不具有协同增效效果；作为权利要求1与附件1或附件2之间的区别特征，权利要求1所用赖脯胰岛素同样是用亲水性更强的赖氨酸取代天然人胰岛素B28位亲水性较弱的脯氨酸而得到的快速起效的胰岛素类似物，与现有技术中的B28Asp人胰岛素基于相同的设计构思，且附件9表明赖脯胰岛素的活性效价与人胰岛素相等，附件4~6分别证明赖脯胰岛素与B28Asp人胰岛素的药代动力学差别很小甚至完全一样，药效作用也完全相同，本专利说明书也证明在B29位进行氨基酸取代对胰岛素快速起效没有影响，同时改变B28位和B29位比单独改变B28位并不具有更显著的快速起效作用。因此权利要求1的技术方案相对于附件1或附件2与公知常识的结合不具有创造性。

合议组认为，如前所述，赖脯胰岛素是与附件1~3的技术构思完全不同的一种胰岛素类似物，其同时还具备速效性能且保留了较好的生物活性，因此赖脯胰岛素相对于附件1~3公开的内容而言具有突出的实质性特点和显著的进步，相应地，将其作为重要的原料物质使用的权利要求1的方法也具有突出的实质性特点和显著的进步。至于附件4~6、9，首先，这些证据的公开日在本专利优先权日之后或者不能证明其公开日在本专利优先权日之前，因而其不能作为评价本专利权利要求1是否具备新颖性或创造性的现有技术，其次，即便其可用于证明本专利中涉及的赖脯胰岛素与B28Asp人胰岛素起效速度和生物活性相当，但如上所述，与附件1~3的技术构思完全不同的赖脯胰岛素却同样具备了速效性能且保留了较好的生物活性，因此，赖脯胰岛素相对于附件1~3公开的技术内容而言具有突出的实质性特点和显著的进步。因此请求人陈述的理由不成立，合议组对于请求人所提出的本专利权利要求1不具备创造性的主张不予支持。

基于以上事实和理由，本案合议组作出如下审查决定。

三、决定

在专利权人于2007年9月18日提交的经修改的权利要求书的基础上维持本专利权有效。

当事人对本决定不服的，可以根据专利法第46条第2款的规定，自收到本决定之日起三个月内向北京市第一中级人民法院起诉。根据该款的规定，一方当事人起诉后，另一方当事人应当作为第三人参加诉讼。

北京市第一中级人民法院
行政判决书

(2008) 一中行初字第762号

原告甘李药业有限公司，住所地中华人民共和国北京市通州区中关村科技园区通州园金桥科技产业基地景盛北三街8号。

法定代表人甘忠如，董事长。

委托代理人王继胜，男，甘李药业有限公司职员。

委托代理人王大梅，女，甘李药业有限公司职员。

被告中华人民共和国国家知识产权局专利复审委员会，住所地中华人民共和国北京市海淀区北四环西路9号银谷大厦。

法定代表人廖涛，副主任。

委托代理人葛永奇，男，中华人民共和国国家知识产权局专利复审委员会审查员。

委托代理人郭鹏鹏，男，中华人民共和国国家知识产权局专利复审委员会审查员。

第三人伊莱利利公司，住所地美利坚合众国印第安纳州印第安纳波利斯市伊莱利利公司中心。

法定代表人葆拉.K.迪威思，专利律师。

委托代理人邰红，中国专利代理（香港）有限公司专利代理人。

委托代理人李静冰，北京市正见永申律师事务所律师。

原告甘李药业有限公司不服被告中华人民共和国国家知识产权局专利复审委员会作出的专利行政决定，向本院提起行政诉讼。本院受理后，依法组成合议庭，并依据《中华人民共和国行政诉讼法》第二十七条的规定通知伊莱利利公司作为本案第三人参加诉讼，于2009年3月17日公开开庭审理了本案。原告的法定代表人甘忠如及委托代理人王继胜、王大梅，被告的委托代理人葛永奇、郭鹏鹏，第三人的委托代理人邰红、李静冰到庭参加了诉讼。本案现已审理终结。

2008年4月27日，被告作出第11413号无效宣告请求审查决定（下称被诉决定），针对原告对第96106635.0号发明专利（下称本专利）提出的无效宣告请求，决定在第三人于2007年9月18日提交的经修改的权利要求书的基础上维持本专利权有效。

被告在法定期限内向本院提交了以下证据的复印件：1. 本专利授权公告文本；2. 被诉决定中的附件1~10；3. 第三人于2007年9月18日提交的经过修改的权利要求书，上述证据用以证明被诉决定认定事实清楚，适用法律正确，程序合法。

原告诉称：

1. 被告对事实认定错误。被告承认本专利的技术方案和附件1的技术方案的第1点相同，即本专利所使用的赖氨酸比B28位上的原有的脯氨酸更亲水。但被告认为，由于赖氨酸同时又是带正电的氨基酸，因此与附件1技术方案的第2条不同，即未考虑所获得的胰岛素类似物的电荷。对此，原告认为：首先，附件1技术方案的第2条所限定的条件是进行氨基酸取代后所获得的胰岛素分子的带电情况，而不是指用来进行取代的氨基酸的带电情况，并没有限定不能用带正电的氨基酸进行取代。因此本专利用带正电的赖氨酸进行取代并没有违背附件1的教导；相反，附件1给出了大量用带正电的氨基酸去取代胰岛素分子上原有氨基酸的教导。因此本专利用带正电的赖氨酸进行取代也落入了附件1的技术方案之内。其次，用带正电的氨基酸取带胰岛素分子上原有的氨基酸后，所获得的胰岛素分子并不一定必然增加正电荷，原因是蛋白质分子上的氨基酸间的电化学的相互作用或空间结构的遮蔽作用，都有可能使带电的氨基酸整合到蛋白质分子内后不带电，这是本领域的公知常识。因此本专利的技术构思和附件1的技术方案相同，被告关于本专利和附件1的技术方案不相同的认定是错误的。

2. 被告对本案关键的事实认定不清。本案最关键的一个证据是在B29位上的取代是否产生有益的技术效果。而能证明此事实的重要证据是说明书第79页表Ⅲ中所列出的仅在B29位上进行取代所得到的叫做PrOB29HI类似物的活性和是否快速起效。表中E_{50}值是表示起效速度的重要参数，但被告在无效审查期间并未对E_{50}值这样一个重要数据进行调查，这种以未查明的事实为依据所作出的审查结论是无效的。

3. 被告违反专利无效审查原则。被告仅对原告关于本发明的技术构思一项进行了评述，而对于原告关于本专利不符合1984年《中华人民共和国专利法》（以下简称《专利法》）第二十二条第三款的其他理由和主要观点并没有而给出具体分析，阐明原告理由不成立的原因。特别是原告所强调的，由于本专利的赖脯胰岛素和附件1所公开的门冬胰岛素结构接近，因此赖脯胰岛素应比门冬胰岛素具有更优良的技术效果才能获得专利权的理由，被告对此没有做任何评述。本专利名义上是方法专利，但与现有技术的区别技术特征是赖脯胰岛素这个化合物，即本专利的创造性体现在赖脯胰岛素是否有创造性，而评价一个化合物的创造性，化学结构是最重要的，首先应考虑的是技术特征。关于这点，原告已在无效审理期间多次阐明赖脯胰岛素与门冬胰岛素结构接近，因而不具有显著进步的理由。被告对于这样一个重要的理由和事实没有作任何评论，剥夺了原告的质证权利。

4. 本专利违反1984年《专利法》第五条的规定。该条规定排除了对于药品的专利授权，目的是为了降低医药费用，使低收入民众能够用得起药。本专利实质上重新垄断了社会公众可以在一般意义上使用该类人胰岛素类似物制备药品的自由使用权，以及用常规方法将该类人胰岛素类似物与常规赋形剂或载体混合来制备胰岛素药物制剂的一般意义上的自由制造权，从而妨害了公共利益。

综上，原告请求撤销被诉决定。

为证明其主张，原告在法定期限内向本院提交了以下证据的复印件：

1. 无效宣告申请书；2. 无效宣告口审陈述；3. 本专利授权公告文本；4. 被诉决定书；5. 被诉决定中的附件1～10。上述证据用以证明本专利无效，被诉决定应当被撤销。

被告辩称：

1. 关于无效申请过程中已查明的事实。原告坚持认为："胰岛素B29位上的赖氨酸改变成脯氨酸后，对其活性和起效速度没有明显改变"是无效审查中已查明的"事实"，该"事实"已被本专利说明书第79页表Ⅲ所证明。对于原告的该项主张，被告并不认可，被诉决定中的相应描述应为"赖脯胰岛素相对于人胰岛素在B29位也发生了氨基酸取代，无论本专利和现有技术是否证明B29位对于胰岛素快速起效有贡献，对于赖脯胰岛素这样一种不可分割的胰岛素类似物整体来说，本专利说明书的内容都已经证明在B28和B29位同时进行上述取代而获得的赖脯胰岛素相对于天然人胰岛素起效迅速且生物活性更好。赖脯胰岛素作为一个胰岛素类似物整体，不能在没有充分证据的情况下就简单认定B29位的改变对其活性和起效速度没有影响。原告的上述主张并未得到证实，被告也并未认可，因此原告认为本专利不具备创造性的基础并不存在。

2. 关于1984年《专利法》第二十二条第三款。首先，尽管赖氨酸和天冬氨酸（Asp）都是亲水性氨基酸，且替换B28位原有的脯氨酸后都具有了快速起效的优点，但在中性PH值时赖氨酸带正电荷，用赖氨酸取代可能增加胰岛素分子的正电荷，因此，这种取代偏离了附件1的教导，是用不同的技术方案获得了与门冬胰岛素相同或相似的技术效果。其次，尽管化合物的结构是化合物的重要特征，但在判断化合物的发明构思时仍然需要将化合物的结构和性质作为整体综合考虑。再次，胰岛素分子所带电荷的变化并非如加减法一样简单，原告所谓 B28 位和 B29 位正电荷的一加一减使得所获得的赖脯胰岛素在中性 PH 值条件下具有与人胰岛素相同的电荷的说法只是一种推断，并无事实依据。另外，即便如原告所说 B29 位赖氨酸被取代抵消了 B28 位正电荷的增加，这本身也是附件 1 所没有教导过的技术构思，这种与附件 1 不同的发明构思取得了与附件 1 相近的技术效果，因此赖脯胰岛素和以其为重要区别特征的方法也具有显著的进步，具备创造性。

3. 关于 1984 年《专利法》第五条。原告认为，1984 年《专利法》排除对药品授予专利权的目的是降低中国公众的医药费用，对名义上为方法实际上为药品的发明予以专利保护其结果使药品价格增高，损害了公众利益，违反了立法本意。本专利权利要求 1 所保护的是将赖脯胰岛素或其可药用盐与一种或更多种可药用的赋形剂或载体混合而制备药物制剂的方法而非产品，实施或使用本专利方法的结果是制得含有速效赖脯胰岛素的药物制剂，该药物制剂可用于糖尿病的治疗，对公众健康有利。1984 年《专利法》第五条所说的妨害公共利益是指发明创造的实施或使用会给公众或社会造成危害，这种危害应当是技术方案本身直接带来的。由于发明创造被滥用可能造成妨害公共利益或者由于发明创造被授予专利权而形成垄断，从而使社会公众不能自由制造或使用都不属于 1984 年《专利法》第五条所说的妨害公共利益。此外，原告依据 1984 年《专利法》第二十五条第五款的规定认为本专利缺乏新颖性和创造性的观点与本案没有关联性。

综上，被告认为，被诉决定认定事实清楚、适用法律正确、审理程序合法，原告的诉讼请求没有事实和法律依据，请求人民法院依法驳回原告的诉讼请求、维持被诉决定。

第三人述称：

1. 本专利权利要求符合 1984 年《专利法》第五条的规定。本专利的权利要求要求保护的是一种制备药物制剂的方法，不属于 1984 年《专利法》第二十五条规定不能授予专利权的范围。胰岛素或胰岛素类似物作为治疗糖尿病的有效药物，拯救了千百万人的生命，而制备这些药物的方法不会妨害公共利益。事实上，对制备药物制剂的方法甚至药品本身给予专利保护，能够推进药物设计和科学技术进步，鼓励科技人员发明创造的积极性。因此，对制备药物制剂的方法甚至药品本身给予专利保护是必要的，不会导致公众利益受损。

2. 本专利权利要求符合 1984 年《专利法》第二十二条第三款的规定。首先，同天然胰岛素相比，本专利具备创造性。本专利说明书实施例给出的评估胰岛素生物活性的体内检测系统实验中证明，本专利权利要求 1 保护的赖脯胰岛素具有比人类胰岛素更高的生物活性，赖脯胰岛素的起效比人胰岛素快。本专利权利要求 1 涉及的赖脯胰岛素是不易于聚合或自我联合成大分子形式，从而具有相对较快的活化作用而又保留天然人胰岛素生物活性甚至具有更高活性的胰岛素类似物，因此相对于天然胰岛素有显著的进步。其次，同天然胰岛素相比，本专利的赖脯胰岛素还具有突出的实质性特点。本专利的赖脯胰岛素类似物实际上相当于天然胰岛素在 B28 和 B29 上的氨基酸发生了互换或颠倒。而这个氨基酸序列的颠倒对胰岛素二聚体之间的相互作用产生了显著的影响，大大地降低了胰岛素二聚体的稳定性。如附件 3 和附件 4 指出的，赖脯胰岛素中存在的 B28 和 B29 位氨基酸互换导致两种天然胰岛素构象上的改变：一种是改变了 B28 位的疏水相互作用，另一种是改变了 β-折叠构象。这种改变体现了本专利的赖脯胰岛素有突出的实质性特点。再者，即使是与被诉决定中所述的附件 1 和 2 进行比较，本专利的赖脯胰岛素也具有突出的实质性特点和显著的进步。为了获得缔合倾向减少从而起效更快的胰岛素类似物，原告引用的附件 1 和 2 采用和教导的设计策略完全与本专利的赖脯胰岛素不同。附件 1 和 2 中完全没有公开或建议在胰岛素的序列中，特别是在 B28 位，可以用如本专利的赖氨酸来取代胰岛素中的氨基酸。附件 1 给出了它优选的氨基酸，其中包括 Asp, Glu, Ser, Thr, His 和 Ile 等，但是没有 Lys。另外，在该发明说明书第 12 页指出 B28 位最佳氨基酸取代基是与本发明的

Lys 氨基酸在性质上正好相反的 Glu 和 Asp。这说明本专利使用的赖氨酸与附件 1 和 2 的设计策略不同，甚至正好相反，因为赖氨酸既没有产生电荷排斥，也没有增加空间位阻。另外，在本专利的申请日，本领域公知对蛋白（如胰岛素）进行简单修饰就会对其生物特性或药物特性引起巨大影响。其中一个例子是 Glu^{B28} 人胰岛素。在附件 2 中，通过把胰岛素类似物 Asp^{B28} 人胰岛素与鱼精蛋白在小量的锌和苯酚中混和，可制备满足悬浮液制剂的要求的 NPH 胰岛素样晶体。相反，其他非常类似的胰岛素类似物 Glu^{B28} 人胰岛素就不可能制备其晶体的合适的悬浮液。因此，本领域的技术人员不可能从原告引用的附件 1 和 2 的公开内容预测如本专利的 B28 是赖氨酸，B29 是脯氨酸，其他氨基酸序列与天然胰岛素相同的赖脯胰岛素会有如说明书表Ⅲ和Ⅳ证明的突出的优良性质，包括更高的生物活性和更快起效的药物学特性。

综上，第三人认为，被诉决定正确，请求予以维持。

第三人在法定期限内向本院提交下列证据的复印件：

1. "Altering the association properties of insulinby amino acid replacement"，David N. Brems 等人，ProteinEngineering，第 5 卷第 6 期，1992 年，第 527～533 页，英文，共 7 页，及其中文译文 16 页，即被诉决定中的反证 1；

2. 专利文献 WO9500550A1 及其国际检索报告，公开日 1995 年 1 月 5 日，英文，共 22 页，及其部分中文译文 1 页，即被诉决定中的反证 2；

3. "Insulin self-association and the relationshipto pharmacokinetics and pharmacodynamics"，Michael R. Defelippis 等人，*Critical Reviews™ in Therapeutic Drug Carrier Systems*，第 18 卷第 2 期，2001 年，第 201～264 页，英文，共 64 页，及其中文译文 18 页，即被诉决定中的反证 3；

4. "Role of C-terminal B-chain residues in insulinassembly: the structure of hexameric $Lys^{B28}Pro^{B29}$-humaninsulin"，Ewa Ciszak 等人，Structure，第 3 卷第 6 期，1995 年，第 615～622 页，英文，共 8 页，及其中文译文 21 页，即被诉决定中的反证 4；

5. 中国发明专利说明书，专利号为 ZL89109562.4，授权公告号为 CN1028294C，授权公告日为 1995 年 4 月 26 日，共 13 页，即被诉决定中的反证 5；

6. 中国发明专利申请审定说明书，申请号为 85102584，审定号为 CN1019115B，审定公告日为 1992 年 11 月 18 日，共 3 页，即被诉决定中的反证 6；

7. 被诉决定引用的附件 2 的中文译文。

上述证据，第三人用以证明本专利具有创造性。

经庭审质证及合议庭评议，本院认为，被告提交的证据与本案具有关联性，且符合形式上的合法性、真实性要求，能够作为其认定相关事实的依据，本院予以采纳。原告及第三人提交的全部证据与本案具有关联性且形式上真实、合法，本院均予采纳。

本院经审理查明，本案涉及于 2003 年 3 月 26 日公告的、名称为"含有胰岛素类似物的药物制剂的制备方法"的第 96106635.0 号发明专利权（即本专利），其申请日为 1990 年 2 月 8 日，优先权日为 1989 年 2 月 9 日和 1989 年 8 月 4 日，专利权人为第三人。本专利是申请号为 90101415.X、名称为"胰岛素类似物"的发明专利申请的分案申请，分案申请的提交日为 1996 年 5 月 23 日。本专利授权公告的权利要求书如下：

"1. 一种制备药物制剂的方法，该方法包括使具有治疗活性的式（Ⅰ）胰岛素类似物或其可药用盐与一种或更多种可药用的赋形剂或载体混合：

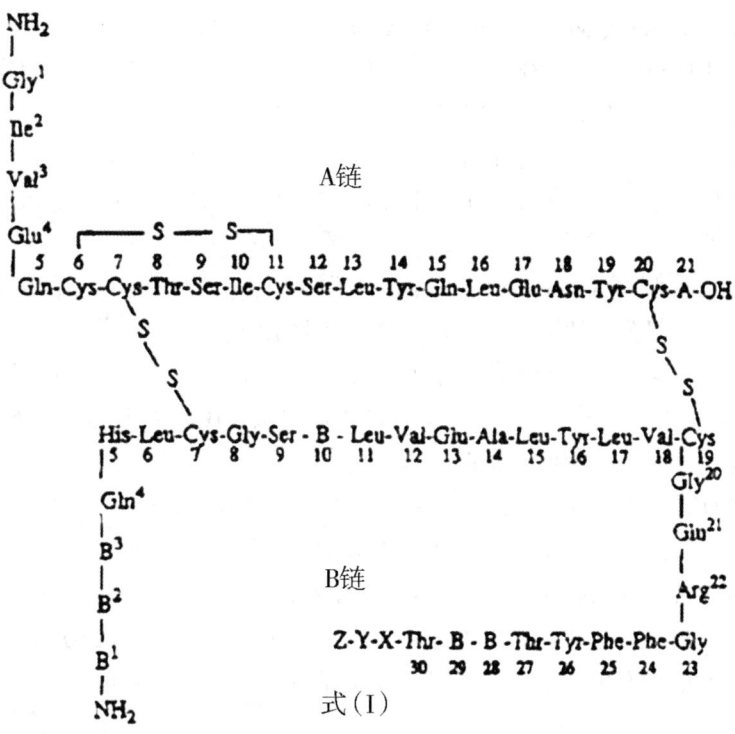

式（I）

其中 A21 是天冬酰胺、丙氨酸或甘氨酸；B1 是苯丙氨酸、天冬氨酸或没有；B2 是缬氨酸，或 B1 没有时 B2 也没有；B3 是天冬酰胺或天冬氨酸；B10 是组氨酸或天冬氨酸；B28 是任何氨基酸；B29 是 L-脯氨酸或 D-赖氨酸；Z 是 -OH；X 是 Arg-Arg 或是没有；Y 只有当有 X 时才有，若有 Y 的话，Y 是 Glu 或一种氨基酸顺序，该顺序含有所有或部分如下顺序：Glu-Ala-Glu-Asp-Leu-Gln-Val-Gly-Gln-Val-Glu-Leu-Gly-Gly-Gly-Pro-Gly-Ala-Gly-Ser-Leu-Gln-Pro-Leu-Ala-Leu-Glu-Gly-Ser-Leu-Gln-Lys-Arg，该顺序从氨基末端 Glu 开始。

2. 按权利要求 1 的方法，其中 A21 是天冬酰胺，B1 是苯丙氨酸，B2 是缬氨酸，B3 是天冬酰胺，B10 是组氨酸，B28 是赖氨酸，B29 是 L-脯氨酸，Z 是 -OH，X 没有，Y 没有。"

针对本专利，原告于 2007 年 7 月 9 日向被告提出无效宣告请求，认为本专利说明书不符合 1984 年《专利法》第二十六条第三款的规定，权利要求 1 和 2 不符合 1984 年《专利法》第二十六条第四款、1984 年《专利法》第五条和 1984 年《专利法》第二十二条第三款的规定，请求宣告本专利全部无效。原告在提出无效宣告请求时提交了本专利的授权公告文本及下述附件：

附件 1：中国发明专利申请公开说明书，专利申请号为 86106574，公开号为 CN86106574A，公开日为 1988 年 8 月 3 日，复印件共 46 页；

附件 2："Monomeric insulins obtained by proteinengineer ing and their medical implications"，J. Brange 等人，NATURE，第 333 卷，第 6174 期，第 679～682 页及期刊封面和目录页，1988 年 6 月 16 日，英文，复印件共 6 页，及其相关部分的中文译文共 6 页；

附件 3："The structure of 2Zn pig insulin crystalsat 1. 5 Åresolution"，Edward N. Baker 等人，Phil. Trans. R. Soc. Lond.，第 B319 期，第 369-456 页及附图 5 页（在第 447 页和第 449 页之间），1988 年，英文，复印件共 93 页，及其相关部分的中文译文共 5 页；

附件 4："Direct comparison of insulin Lispro and Aspart shows small differences in plasma insulin profiles af ter subcutaneous injection in type 1 diabetes"，Christina A. Hedman 等人，DIABETES CARE，第 24 卷第 6 期，第 1120～1121 页及期刊封面，2001 年 6 月，英文，复印件共 3 页，及其相关部分的中文译文共 1 页；

附件5："Adirect comparison of insulin Aspart and insulin Lispro in patients with typeld iabetes"，Johannes Plank 等人，DIABETES CARE，第 25 卷第 11 期，第 2053～2057 页及期刊封面和目录页，2002 年 11 月，英文，复印件共 8 页，及其相关部分的中文译文共 3 页；

附件6："Comparison of insulin Aspart and Lispro"，Carol Homko，RN 等人，DIABETES CARE，第 26 卷第 7 期，第 2027～2031 页及期刊封面和目录页，2003 年 7 月，英文，复印件共 8 页，及其相关部分的中文译文共 4 页；

附件7：伊莱利利公司（Eli Lilly and Company）作为原告向北京市第二中级人民法院提出的针对被告北京甘李生物技术有限公司的民事起诉状，复印件共 10 页；

附件8：于 2007 年 6 月 21 日自中国人大网（www.npc.gov.cn）下载打印的关于《中华人民共和国专利法（草案）》的说明，1983 年 12 月 2 日在第六届全国人民代表大会常务委员会第三次会议上，中国专利局局长黄坤益，网页打印件共 8 页；

附件9：HUMALOG® INSULIN LISPRO INJECTION（rDNAORIGIN）100 UNITS PER ML（U-100）说明书，英文，复印件共 13 页，及其相关部分的中文译文共 1 页；

附件10："The apolar surface area of amino acidsand its empirical correlation with hydrophobic freeenergy"，Cornelius Frömmel J. Theor. Biol.，第 111 卷第 1 期，第 247～260 页及期刊封面和目录页，1984 年 11 月 7 日，英文，复印件共 10 页，及其相关部分中文译文共 1 页。

原告认为：

（1）本专利实质上重新垄断了社会公众可以在一般意义上使用该类人胰岛素类似物于制备药品的自由使用权，以及用常规方法、将该类人胰岛素类似物与常规赋形剂或载体混合来制备胰岛素药物制剂的、在一般意义上的自由制造权，因此，权利要求 1 和 2 妨害了公共利益，不符合 1984 年《专利法》第五条的规定。

（2）本专利说明书没有充分公开本发明，不符合 1984 年《专利法》第二十六条第三款的规定。①与本专利最接近的现有技术应为附件 1 和附件 2 所公开的速效胰岛素类似物而不是含天然人胰岛素的制剂，因此说明书应证明本专利相较于上述速效胰岛素类似物具有突出的实质性特点和至少一种有利的效能。②附件 2～6 正明本专利的胰岛素类似物相较于上述速效胰岛素类似物不具备突出的实质性特点和显著的进步。附件 2 第 679 页右栏第 2～7 行指出对人胰岛素 B 链的 B10、B26、B27、B28 位氨基酸进行重组有利于降低二聚体的形成趋势且不损害其生物活性，并没有指出 B29 位进行重组能够降低二聚体形成趋势；附件 3 说明单独改变 B29 位不能使胰岛素起效迅速；本专利申请日之后公开的附件 4～6 分别表明赖脯胰岛素与 B28Asp 人胰岛素（门冬胰岛素）在结构和活性上均可相提并论。③从本专利说明书第 79 页表Ⅲ的数据可以看出仅有 B29 位氨基酸发生改变的胰岛素类似物与人胰岛素相比并不具有更好的活性和最大作用（表倒数第三行的 ProB29）HI)，本专利中涉及的大多数胰岛素类似物的生物活性比天然人胰岛素的差；说明书第 82 页表Ⅳ只用一种人胰岛素类似物赖脯胰岛素（B28Lys，B29Pro-hI）的一种剂型与人胰岛素进行降糖比较，第 83 页表Ⅴ中虽然加入了静脉施药剂型和皮下施药剂型的实验数据，但没有将静脉施药剂型和皮下施药剂型分别以人胰岛素为对照进行实验，因此说明书的内容不能说明其他胰岛素类似物以及其他给药剂型均具有与赖脯胰岛素及其鼻内给药剂型相同的效果。综上，说明书没有证明本专利技术相较于现有技术产生了更好的效果，因此不符合 1984 年《专利法》第二十六条第三款的规定。

（3）权利要求 1 和 2 不符合 1984 年《专利法》第二十六条第四款的规定。首先，说明书引用的现有技术不是实际上最接近的现有技术即附件 1 和附件 2，故其中记载的所有比较实验数据不能用于说明本专利解决了最接近的现有技术中存在的问题，说明书不能支持权利要求 1 所要求保护的范围。

其次，权利要求1要求保护制备包含了具有治疗活性的、为数众多的一类人胰岛素类似物即式（Ⅰ）人胰岛素类似物或其可药用盐的制剂的方法，而说明书中仅用一种人胰岛素类似物即赖脯胰岛素、以一种制剂形式使用时获得的"起效迅速"的实验数据，并不能证明所有的式（Ⅰ）人胰岛素类似物、所有其他制剂都具有"起效迅速"的特点。再次，说明书第79页表Ⅲ证明大部分式（Ⅰ）人胰岛素类似物的生物活性比人胰岛素的有实质性下降，故式（Ⅰ）人胰岛素类似物不满足用在制备治疗糖尿病药剂上的基本要求。因此，权利要求1所限定的技术方案得不到说明书的支持，不符合1984年《专利法》第二十六条第四款的规定。权利要求2也存在引用的最接近的现有技术文件不恰当、以及只有一种剂型的"起效迅速"的数据，不足以支持其他剂型也有"起效迅速"的效果，因此，权利要求2也得不到说明书支持。

（4）权利要求1和2不符合专利法第22条第3款的规定。

对于权利要求1：①附件1和附件2公开了多个用亲水性强的氨基酸取代原有氨基酸的胰岛素类似物，包括B28位的取代，如附件1实施例9的B28Asp人胰岛素，虽然不包括B29位的氨基酸取代，但本专利没有用比较实验数据证明B29位的变化具有突出的实质性特点，附件3说明B29位对胰岛素形成二聚体几乎没有影响，附件4~6均表明赖脯胰岛素和B28Asp人胰岛素具有相当的快速起效能力和生物活性，因此，附件1公开的胰岛素类似物及其在制药中的应用与本专利所属技术领域相同，所要解决的技术问题相同，技术方案相似，权利要求1不具备突出的实质性特点。同样，与附件2公开的内容相比，或者与附件1和附件2的结合相比，权利要求1也不具备突出的实质性特点。②本专利说明书只用第82页表Ⅳ说明符合式（Ⅰ）的一个胰岛素类似物赖脯胰岛素在进行鼻内给药时具有"起效迅速"的优点，没有实验数据支持权利要求1所限定的式（Ⅰ）胰岛素类似物均具备良好的"治疗活性"，相反，说明书第79页表Ⅲ中的数据说明式（Ⅰ）胰岛素类似物不具备好的"治疗活性"。而附件1公开的胰岛素类似物起效都显著地快于人胰岛素。因此，与附件1记载的"起效迅速"的效果相比，权利要求1所限定的技术方案不具备显著的进步。同样与附件2公开的内容相比、或者与附件1和附件2的结合相比，权利要求1也没有代表显著的技术进步。③说明书中没有表明权利要求1定义的配制方法中采用了任何新的辅料组合或新的配制工艺，配制得到的药剂组合物也不具有协同增效效果。因此，权利要求1所限定的技术方案不具有突出的实质性特点和显著的进步，相对于附件1和/或附件2与公知常识的结合不具备创造性。

对于权利要求2：除了针对权利要求1所陈述的理由外，作为区别特征的赖脯胰岛素与现有技术中的B28Asp胰岛素相比也没有显著的进步，赖脯胰岛素是用亲水性更强的赖氨酸取代天然人胰岛素B28位亲水性较弱的脯氨酸（附件10）而得到的快速起效的胰岛素类似物，而附件3揭示了B28位的脯氨酸等一些疏水性或极性较弱的氨基酸是形成两个胰岛素分子间的非极性相互作用从而促进胰岛素二聚体形成的主要原因，附件1和附件2公开的胰岛素类似物就是用亲水性更强的氨基酸替换人胰岛素中原有的氨基酸，破坏两个胰岛素分子间的非极性相互作用，阻止二聚体的形成，从而得到速效胰岛素类似物；本专利说明书证明在B29位进行氨基酸取代对胰岛素快速起效没有作用，未能证明同时改变B28位和B29位比单独改变B28位具有更显著的快速起效作用；附件9表明赖脯胰岛素的活性效价与人胰岛素相等，降低血糖效果相同；附件4~6分别证明赖脯胰岛素与B28Asp人胰岛素的药代动力学差别很小甚至完全一样，药效作用也完全相同。因此，权利要求2的技术方案相对于附件1或附件2与公知常识的结合不具备突出的实质性特点和显著的进步，不具有创造性。

经形式审查合格后，被告受理了上述请求，于2007年8月3日向双方当事人发出《无效宣告请求受理通知书》，并将《专利权无效宣告请求书》及附件副本转送给第三人，要求其在指定的期限内答复，同时成立合议组对本无效宣告请求案进行审理。

第三人于 2007 年 9 月 18 日提交了意见陈述书和如下证据：

反证 1："Altering the association properties of insulin by amino acid replacement"，David N. Brems 等人，*Protein Engineering*，第 5 卷第 6 期，1992 年，第 527-533 页，英文，复印件共 7 页，及其中文译文 16 页；

反证 2：专利文献 W09500550A1 及其国际检索报告，公开日 1995 年 1 月 5 日，英文，复印件共 22 页，及其部分中文译文 1 页；

反证 3："Insulin self-association and therelationship to pharmacokinetics andpharmacodynamics"，Michael R. Defelippis 等人，*Critical Reviews™ in Therapeutic Drug Carrier Systems*，第 18 卷第 2 期，2001 年，第 201~264 页，英文，复印件共 64 页，及其中文译文 18 页；

反证 4："Role of C-terminal B-chain residues ininsulin assembly: the structure of hexameric Lys^{B28}Pro^{B29}-human insulin"，Ewa Ciszak 等人，*Structure*，第 3 卷第 6 期，1995 年，第 615~622 页，英文，复印件共 8 页，及其中文译文 21 页；

反证 5：中国发明专利说明书，专利号为 ZL89109562.4，授权公告号为 CN1028294C，授权公告日为 1995 年 4 月 26 日，复印件共 13 页；

反证 6：中国发明专利申请审定说明书，申请号为 85102584，审定号为 CN1019115B，审定公告日为 1992 年 11 月 18 日，复印件共 3 页。

同时，第三人对权利要求书进行了修改，修改后的权利要求书如下：

"1. 一种制备药物制剂的方法，该方法包括使具有治疗活性的式（Ⅰ）胰岛素类似物或其可药用盐与一种或更多种可药用的赋形剂或载体混合：

[化学结构式（Ⅰ）：含A链和B链的胰岛素类似物结构图]

其中 A21 是天冬酰胺；B1 是苯丙氨酸；B2 是缬氨酸；B3 是天冬酰胺；B10 是组氨酸；B28 是赖氨酸；B29 是 L-脯氨酸；Z 是 -OH；X 没有；Y 没有。"

第三人指出修改权利要求书而将其内容限定到说明书中实施例的范围是为了便于在无效过程中更集中于讨论赖脯胰岛素，而不是同意原告提出的针对原权利要求 1 的任何无效宣告理由。同时认为：

（1）本专利申请日之前的现有技术状况是：在本专利申请日之前，本领域公知对于象胰岛素这样的很小的多肽来说，其氨基酸序列上的氨基酸改变可能对其活性造成巨大的影响，例如反证 2 公开的 Glu^{B28} 人胰岛素；在本专利的申请日前，在临床上还没有已知的安全和有效的胰岛素类似物，更没有任何已商用的胰岛素类似物。

（2）胰岛素或胰岛素类似物是治疗糖尿病的最有效药物，制备这些药物的方法不会妨害公共利益。在中国专利的实践中已经授权了许多药用组合物制备方法的专利，例如反证5和反证6，对药用组合物制备方法授予专利权同样振兴了中国的药物工业。因此，本专利权利要求符合1984年《专利法》第五条的规定。

（3）本专利说明书描述了本专利式（Ⅰ）的胰岛素类似物及其可药用盐的结构（第1~10页），给出了大量实施例来描述如何制备本专利的胰岛素类似物，其中实施例1和2给出了制备赖脯胰岛素的两种方法，说明书还通过体内检测系统实验证明了权利要求1（授权公告的权利要求2）保护的赖脯胰岛素的生物活性（见说明书第81~82页以及表Ⅲ），同时，说明书还比较了赖脯胰岛素与人胰岛素的效果，证明赖脯胰岛素的起效时间比人胰岛素早；说明书第83页第2段至第84页第1段记载了如何将本专利式（Ⅰ）的胰岛素类似物及其可药用盐与医药上可接受的赋形剂或载体相混合，以获得本专利的药物制剂，并在实施例中给出了其中一种，即适于鼻内给药的药物组合物的具体制备方法和配方，在实施例中证明制备得到了该制剂，其在狗动物模型中获得了成功的效果（说明书第84~85页以及表Ⅳ和Ⅴ）。因此，本专利说明书已经充分公开了本发明，符合1984年《专利法》第二十六条第三款的规定。本专利权利要求1（授权公告的权利要求2）涉及的胰岛素类似物就是实施例给出的胰岛素类似物赖脯胰岛素，因此能够得到说明书支持，符合1984年《专利法》第二十六条第四款的规定。

（4）本专利的赖脯胰岛素是在B28和B29位发生了互换或颠倒的胰岛素类似物，这种互换或颠倒改变了B28位的疏水相互作用和β-折叠构象，是该类似物快速起效的物理化学基础（反证3第227页第37~41行），反证4也证明了这一点。反证1也指出："我们认为在B29位插入Prp形成了干扰二聚作用的新表面。在破坏胰岛素自缔合又不破坏胰岛素单体构象方面，除去 Pro^{B28} 分子内接触的同时用Pro在 B^{29} 引入干扰接触是最有效的"。因此本专利的赖脯胰岛素具有突出的实质性特点。在本专利的申请日之前没有任何已知安全有效、已商用的胰岛素类似物，例如附件1和2公开的 Asp^{B10} 岛素类似物在临床动物实验中引起大鼠产生肿瘤而在开发过程中被放弃了（参见反证3）。因此与本专利的胰岛素类似物最接近的是天然人胰岛素，而不是附件1和2公开的胰岛素类似物。本专利说明书实施例（见说明书第81~82页及表Ⅲ）的实验证明，本专利权利要求1（授权公告的权利要求2）保护的赖脯胰岛素具有比人胰岛素更高的生物活性，本专利说明书还通过比较含赖脯胰岛素或人胰岛素的制剂的效果证明赖脯胰岛素的起效比人胰岛素快，且证明根据权利要求1（授权公告的权利要求2）的方法得到的赖脯胰岛素的制剂可以成功地通过鼻内或静脉或皮下的方式给药（见说明书第84~85页及表Ⅴ），因此本专利的赖脯胰岛素有显著的进步，本专利的赖脯胰岛素相对于天然胰岛素具有创造性。

（5）即便是与附件1和2公开的胰岛素类似物相比，本专利的胰岛素类似物也具有创造性。为了获得缔合倾向减小从而起效更快的胰岛素类似物，原告引用的附件1和2采用和教导的设计策略完全与本专利的赖脯胰岛素不同。附件1和2采用的设计策略是把天然胰岛素的氨基酸用亲水性更强的氨基酸替换，即其原理是基于与天然胰岛素二聚体中已存在的电荷而引入电荷排斥。该策略选择性引入含侧链羧基的氨基酸以产生电荷排斥。选择负电荷氨基酸优于带正电荷侧链的氨基酸（因为在胰岛素二聚体形成界面已经存在负电荷）。附件1和2采用的另一种设计策略是将空间位阻引入界面内的氨基酸取代。而本专利在B28位引入赖氨酸与附件1和2教导的完全不同，甚至正好相反，因为天冬氨酸是酸性氨基酸，而赖氨酸是碱性氨基酸（即带正电荷），其既没有产生电荷排斥也没有增加空间位阻。综上所述，新提交的权利要求1相对于现有技术具有突出的实质性特点和显著的进步，符合1984年《专利法》第二十二条第三款有关创造性的规定。

2007年11月28日，被告向原告和第三人发出《无效宣告请求口头审理通知书》，同时将第三人于2007年9月18日提交的意见陈述书及其所附附件和修改后的权利要求书的副本转送给原告，要求其在口头审理时一并答复。

原告与第三人均参加了于2008年1月23日进行的口头审理，口头审理过程中认定的事实如下：（1）原告和第三人对本案所适用的《专利法》和《审查指南》的版本达成一致，即适用1984年颁布的未经修正的《专利法》和2006年版《审查指南》，同时双方均认可2000年修正后的《专利法》与1984年版《专利法》相比，本案所涉及的四个法律条款在文字表述上完全一致。（2）原告认可第三人在专利权无效宣告程序中对权利要求书的修改符合《审查指南》的相关规定，被告确认其审理所依据的权利要求书为第三人于2007年9月18日提交的权利要求书。（3）原告当庭提交了证明附件2~6、10的真实性的公证书原件（（2007）京证经字第15229号），证明附件8和9的真实性的公证书原件（（2007）京证经字第15231号），还出示了（2005）二中民初字第6026号民事判决书用于证明附件7的真实性。第三人核对上述文件后认为附件7~9与本案之间没有直接关系，附件4~6的公开日在本专利优先权日之后，不应被采纳，不认可附件9的真实性，除此之外，第三人认可原告所提交的其他附件的真实性、合法性和关联性。（4）第三人当庭提交了反证1、3、4的盖有"北京化工大学图书馆"红章的复印件来证明其真实性，原告经核实后认为反证1、3、4所盖红章不清晰，且图书馆没有作出详细的文字说明，因而不认可反证1、3、4的真实性，对附件2、5、6的真实性和合法性予以认可。（5）双方均认可对方提供的证据译文的准确性。（6）针对1984年《专利法》第二十六条第三、四款的无效理由，原告认可本专利的技术方案可以实施，说明书中提供的实验数据和结果也是真实、准确的，但认为本专利的技术方案的效果没有对现有技术作出改进。同时，原告声明放弃除鼻内给药剂型之外的其他制剂得不到说明书支持的无效理由。（7）原告在口头审理过程中针对权利要求1（授权公告的权利要求2）相对于附件1、附件1结合附件2、附件1结合附件3不具备创造性的理由作了陈述，其中附件1代表最接近的现有技术。第三人认为附件1与附件3结合使用的证据使用方式在专利权无效宣告请求书中没有明确提及，不能接受这种证据使用方式。

原告于口头审理结束后对口头审理过程中陈述的意见提交了两份内容相同的书面陈述。

至此，被告认为本案的事实清楚，故作出以下决定：

1. 关于本案的法律适用。

原告和第三人对本案所适用的《专利法》的版本达成一致，即适用1984年版《专利法》，同时双方均认可2000年版《专利法》与1984年版《专利法》相比，本案所涉及的四个法律条款在文字表述上完全一致，对本案的法律适用问题双方不存在争议。

2. 审查文本。

在第三人于2007年9月18日提交的经修改的权利要求书中，删除了授权公告的权利要求1，相应地将授权公告的权利要求2变更为新的权利要求1，该修改符合《审查指南》第四部分第三章第4.6节的规定，原告对此修改亦无异议，被告予以接受，基于此，本案的审理以该修改文本为基础。根据《审查指南》第四部分第三章第2.2节的规定，视为授权公告的权利要求1自始即无效。

3. 无效宣告请求的理由和范围。

鉴于授权公告的权利要求1被视为自始无效，故被告不再评述针对授权公告的权利要求1的无效宣告理由。依据原告在口头审理过程中的确认，其请求宣告本专利无效的理由及其范围是：说明书未充分公开权利要求1（如无特别说明均指新修改的权利要求1，即授权公告的权利要求2）的技术方案，不符合 1984 年《专利法》第二十六条第三款的规定，权利要求 1 不符合 1984 年《专利法》第五条、第二十二条第三款、第二十六条第四款的规定。

其中对于评述创造性的证据使用方式，原告在口头审理过程中针对权利要求 1 相对于附件 1、附件 1 结合附件 2、附件 1 结合附件 3 的创造性作了陈述。第三人认为附件 1 与附件 3 结合使用的证据使用方式在专利权无效宣告请求书中没有明确提及，不应接受。鉴于原告在专利权无效宣告请求书中阐述了附件 3 公开的内容及其在评述授权公告的权利要求 2 的创造性时的作用，因此，被告接受附件 1 和附件 3 结合评述权利要求 1 的创造性的证据使用方式，将其纳入本案的审理范围之内，而不视其为新增加的无效宣告理由。

4. 关于证据。

（1）附件 1~3、10 是公开发行的出版物，原告提供这些附件作为现有技术使用，并当庭提交了证明附件 2、3、10 的真实性的（2007）京证经字第 15229 号公证书，第三人认可附件 1~3、10 的真实性、合法性、关联性，被告对其予以确认，同时，附件 1~3、10 的公开日均早于本专利的优先权日，因此均构成了本专利的现有技术。

（2）（2007）京证经字第 15229 号公证书记载了在中国医学科学院中国基础医学研究所图书馆查找到包含附件 4~6 的期刊并复印附件 4~6 的过程，同时附件 4~6 的内容均涉及赖脯胰岛素和门冬胰岛素的比较，该内容与本专利的技术内容有关，且第三人未对附件 4~6 的真实性、合法性和关联性提出异议，因此被告对附件 4~6 的真实性、合法性和关联性予以认可。但附件 4~6 的公开日在本专利优先权日之后，在评价本专利的新颖性和创造性时不能作为现有技术使用。

（3）原告当庭出示了用于证明附件 7 的真实性的（2005）二中民初字第 6026 号民事判决书，并提交了证明附件 8 和 9 的真实性的（2007）京证经字第 15231 号公证书，第三人认可附件 7 的真实性，对第 15231 号公证书和附件 8 的真实性不持异议，但对获得附件 9 的网址是否为官方网站及其真实性有异议，从而怀疑附件 9 的真实性，同时第三人还认为附件 7~9 与本案无关。被告认为，原告提出附件 9 为第三人所生产的 HUMALOG®赖脯胰岛素注射剂的产品说明书，而第三人只是怀疑获得附件 9 的网站及其真实性，并没有否认附件 9 是其所生产产品的说明书，如果附件 9 所示产品的生产商确为第三人，则第三人在怀疑附件 9 的真实性时有责任证明其与真实情况不同，否则应承担举证不能的后果。同时，原告提交的附件 7~9 的内容均与本专利制备含有胰岛素类似物的药物制剂的方法或其所涉及的赖脯胰岛素有关，因此被告对附件 7 和 8 的真实性、合法性、关联性以及附件 9 所述内容的真实性均予以认可。但对于附件 9，由于没有证据表明其公开日期在本专利优先权日之前，因此在评价本专利的新颖性和创造性时其不能作为现有技术使用。

（4）反证 1~6 的公开日在本专利优先权日之后，因此在评价本专利的新颖性和创造性时不能作为现有技术使用。

5. 关于 1984 年《专利法》第五条。

1984 年《专利法》第五条规定，对违反国家法律、社会公德或者妨害公共利益的发明创造，不授予专利权。

妨害公共利益，是指发明创造的实施或使用会给公众或社会造成危害，或者会使国家和社会的正常秩序受到影响。如果发明创造的实施或使用对社会公众的健康有利，不会对公众或社会造成危害，并且不会使国家和社会的正常秩序受到影响，则该发明创造不妨害 1984 年《专利法》第五条所说的公共利益。

原告提供附件 7 来说明任何将式（Ⅰ）人胰岛素类似物或其可药用盐以常规方法、与常规赋形剂或载体混合的行为都将落入权利要求 1 的保护范围，基于此，原告认为本专利实质上重新垄断了社会公众可以在一般意义上使用该类人胰岛素类似物制备药品的自由使用权，以及用常规方法将该类人胰岛素类似物与常规赋形剂或载体混合来制备胰岛素药物制剂的一般意义上的自由制造权，从而妨害了公共利益，不符合1984年《专利法》第五条的规定。原告提供附件8用于说明1984年版《专利法》排除对化合物和药品等的专利保护的立法本意是要排除这类产品专利对公众的约束，赋予公众以其他方法制造产品、自由销售产品和自由使用产品的权利，虽然权利要求1的方法不属于1984年《专利法》第二十五条所规定的不授予专利权的主题，但可授予专利权的方法必须是包含了对现有技术作出了实质性贡献的、化合物本身的制备方法或其使用方法（制药方法），同时这类方法必须是属于"有利于进行技术改造及从国外引进新技术"的方法。

被告认为：首先，本专利权利要求1的保护主题是方法而非产品，不属于1984年《专利法》第二十五条规定的不授予专利权的客体。其次，本专利权利要求1所涉及的是将赖脯胰岛素或其可药用盐与一种或更多种可药用的赋形剂或载体混合而制备药物制剂的方法，实施或使用本专利方法的结果是制得含有速效赖脯胰岛素的药物制剂，该药物制剂可用于糖尿病的治疗，对公众健康有利。1984年《专利法》第五条所说的妨害公共利益是指发明创造的实施或使用会给公众或社会造成危害，这种危害应当是技术方案本身直接带来的。由于发明创造被滥用可能造成妨害公共利益或者由于发明创造被授予专利权而形成垄断，从而使社会公众不能自由制造或使用都不属于1984年《专利法》第五条所说的妨害公共利益。关于原告认为授予专利权的方法必须是包含了对现有技术作出了实质性贡献的、化合物本身的制备方法或其使用方法（制药方法），同时这类方法必须是属于"有利于进行技术改造及从国外引进新技术"的方法的观点，由于该内容不属于1984年《专利法》第五条规制的范畴，其理由与1984年《专利法》第五条不相对应。综上所述，本专利的实施或使用并不妨害公共利益，原告所提出的本专利属于1984年《专利法》第五条规定的妨害公共利益的发明的主张不成立。

6. 关于1984年《专利法》第二十六条第三款。1984年《专利法》第二十六条第三款规定，说明书应当对发明或者实用新型作出清楚、完整的说明，以所属技术领域的技术人员能够实现为准。

如果说明书中给出了具体的可实施的技术方案，而且给出了实验证据证明该技术方案能够解决发明所要解决的技术问题，达到预期的技术效果，则说明书对发明的公开是充分的，符合1984年《专利法》第二十六条第三款的规定。

本专利权利要求1涉及一种制备药物制剂的方法，该方法包括使具有治疗活性的式（Ⅰ）胰岛素类似物或其可药用盐与一种或更多种可药用的赋形剂或载体混合，其中所述胰岛素类似物为赖脯胰岛素。其目的是制备具有相对较快的活化作用，并且保留了天然人胰岛素的生物活性的胰岛素制剂。

首先，赖脯胰岛素的结构在本专利说明书中是明确的，即在天然人胰岛素的基础上，B链氨基酸序列中的B28位脯氨酸被赖氨酸取代，B29位赖氨酸被脯氨酸取代，或者说是"将天然人胰岛素B链氨基酸顺序中的B28和B29位点进行颠倒"（说明书第5页第1段），实施例1和2还给出了制备赖脯胰岛素的两种方法。其次，将药物活性成分与可药用的赋形剂或载体混合来制备药物制剂是本领域公知的常规方法，本专利说明书第80~81页连接段和第81页第2段也描述了这种方法并引用了有关胰岛素制剂的制备方法的参考文献（例如Remington's Pharmaceutical Sciences, 17th edition, Mack Publishing Company, Easton, PA, USA（1985）和EP0200383A3，后者涉及将胰岛素类似物制成适于鼻内给药的药物组合物），其中还具体列举了一些可用的稀释剂、赋形剂和载体。第三、为了验证赖脯胰岛素的效果，本专利说明书中还具体使用了含有赖脯胰岛素的鼻内给药、静脉给药和皮下给药组合物即含有赖脯胰岛素的药物制剂作了实验（参见说明书第81页第3段至第83页），实验结果显示赖脯胰岛素相对于人胰岛素起效迅速（第82页表Ⅳ）且生物活性更好（第79页表Ⅲ）。综上所述，对于权利要求1所保护的制备药物制剂的方法，说明书记载了其所用的原料物质、工艺步骤等，并且明确记载了其中作为药物活性成分使用的原料物质赖脯胰岛素的结构及其制备方法,还通过实验数据证明所制得的胰岛素制剂起效迅速且生物活性较好。因此,本专利说明书对发明作出了清楚、完整的说明,所属技术领域的技术人员依据说明书记载的内容能够实现本发明。

原告并不否认本专利说明书中(包括表Ⅲ和表Ⅳ)的实验数据的真实性,只是认为与本专利最接近的现有技术应当是附件1或2所公开的速效胰岛素类似物,而不是天然人胰岛素,相对于附件1和/或2的速效胰岛素类似物,本专利的技术方案不具备突出的实质性特点和显著的进步,附件3~6也证实了这一点。然而,本专利所要提供是速效胰岛素类似物赖脯胰岛素药物制剂的制备方法,如上所述,本专利说明书记载的内容已确实表明获得了速效胰岛素类似物赖脯胰岛素,并利用说明书记载的制备方法制得了含有赖脯胰岛素的快速起效的药物制剂如鼻内给药的组合物,达到了发明的预期目的,因此,本专利是否对现有技术作出改进并不能改变说明书已充分公开其欲保护的技术方案这一事实。对于除鼻内给药组合物之外的其他胰岛素给药剂型如静脉施药剂型和皮下施药剂型,虽然说明书没有提供直接证据证明其具有与鼻内给药剂型相同的效果,但加入常规赋形剂和载体的目的通常并不是为了改变药物有效成分的活性,因此通常情况下本领域普通技术人员会认为由权利要求1所述方法制备的药物制剂将与鼻内给药剂型一样保留赖脯胰岛素快速起效的作用特性,况且原告也未能提供证据证明其他给药剂型不能保留赖脯胰岛素快速起效且生物活性更好的特性。

综上所述,本专利说明书充分公开了本发明,本专利符合1984年《专利法》第二十六条第三款的规定。

7. 关于1984年《专利法》第二十六条第四款。

1984年《专利法》第二十六条第四款规定,权利要求书应当以说明书为依据,清楚并简要地表述请求保护的范围。

根据该款规定,权利要求书应当以说明书为依据,是指权利要求应当得到说明书的支持。如果权利要求所保护的技术方案是所属技术领域的技术人员能够从说明书充分公开的内容中得到或概括得出的技术方案,并且没有超出说明书公开的范围,则权利要求能够得到说明书的支持。

本专利权利要求1涉及将赖脯胰岛素或其可药用盐与一种或更多种可药用的赋形剂或载体混合而制备药物制剂的方法。如以上第(六)部分所述,本专利说明书记载的内容已表明权利要求1中涉及的赖脯胰岛素相对于天然人胰岛素起效速度快且保留了天然人胰岛素的生物活性,将药物活性成分与可药用的赋形剂或载体混合来制备药物制剂是本领域公知的常规方法且说明书中也详细地描述了这种方法,利用该方法也制得了含有赖脯胰岛素的快速起效的药物制剂如鼻内给药组合物,赖脯胰岛素与常规赋形剂和载体混合所得到的除鼻内给药组合物外的其他药物剂型通常也都将保留赖脯胰岛素的作用特性,即权利要求1的技术方案能够解决发明所要解决的技术问题并达到相同的技术效果。原告认为本专利说明书引用的现有技术并不是实际上最接近的现有技术,故其中记载的所有比较实验数据都不能用于说明涉及专利解决了最接近的现有技术中存在的问题。然而,如上所述,权利要求1的技术方案能够从说明书充分公开的内容中得到或概括得出,没有超出说明书公开的范围,权利要求1要求保护技术方案是与说明书公开的内容相适应的,得到了说明书的支持,因此被告对于原告所提出的本专利权利要求1不符合1984年《专利法》第二十六条第四款的规定的主张不予支持。

8. 关于1984年《专利法》第二十二条第三款。

1984年《专利法》第二十二条第三款规定,创造性,是指同申请日以前已有的技术相比,该发明有突出的实质性特点和显著的进步。

如果发明提供了一种技术构思不同的技术方案,其技术效果能够基本上达到现有技术的水平,则通常应当认为发明具有有益的技术效果,具有显著的进步。

本专利权利要求 1 涉及将赖脯胰岛素或其可药用盐与一种或更多种可药用的赋形剂或载体混合而制备药物制剂的方法。附件 1 涉及一种以皮下注射后立即产生作用为特征的人类胰岛素类似物、含有这种胰岛素类似物的胰岛素注射液和制备这种胰岛素类似物的方法（说明书第 6 页第 1 段）。附件 1 提供具有胰岛素活性的可注射溶液，其含有所述的人胰岛素类似物或其药物学上可接受的盐，最好是在中性 pH 值的水溶液中，含水介质可以添加如氯化钠和葡萄糖制成等渗的，也可以添加缓冲液和防腐剂，还可以含有锌离子（说明书第 15 页第 3 段）。本专利权利要求 1 的技术方案与附件 1 公开的内容相比区别在于胰岛素类似物不同，本专利权利要求 1 中胰岛素类似物为赖脯胰岛素。

针对快速起效的胰岛素类似物，附件 1 的说明书还公开了如下内容："通过用天然存在的氨基酸残基取代人胰岛素的一个或多个氨基酸残基，提供了一种新型的速效人胰岛素类似物，它降低了自身联合成二聚物、四聚物、六聚物或多聚物的趋势，并在中性 pH 值将具有与人胰岛素相同的或更大的负电荷"（第 8~9 页连接段），"最好从 Asp、Glu、Ser、Thr、His 和 Ile 中选择氨基酸取代物，特别是选择带有负电荷的氨基酸残基，即 Asp 或/和 Glu"（第 10 页第 5 段）。附件 1 中还列举了一系列可能涉及胰岛素单体聚合的氨基酸残基位点以及可用于取代的氨基酸残基（其中不包括 B28 位可用赖氨酸取代，也不包括 B29 位的取代）（说明书第 11~14 页）。由此可见，附件 1 针对快速起效的胰岛素类似物给出了如下教导：在相应位置上用比天然氨基酸残基亲水性更强的其他氨基酸残基取代人胰岛素的某些残基的同时，应当使所得到的速效胰岛素类似物在中性 pH 值具有与人胰岛素相同的或更大的负电荷，即亲水性氨基酸和相同的或更大的负电荷是需要同时满足的两个条件。然而，本专利中涉及的赖脯胰岛素在 B28 位用赖氨酸取代了天然人胰岛素中原有的脯氨酸，尽管赖氨酸也是亲水性的（参见附件 10），但其为带正电荷的氨基酸，如此取代显然并未考虑所获得的胰岛素类似物的电荷，这与附件 1 的发明构思不同，偏离了附件 1 的教导。此外，赖脯胰岛素相对于人胰岛素在 B29 位也发生了氨基酸取代，无论本专利和现有技术是否证明 B29 位对于胰岛素快速起效有贡献，对于赖脯胰岛素这样一种不可分割的胰岛素类似物整体来说，本专利说明书的内容都已经证明在 B28 和 B29 位同时进行上述取代而获得的赖脯胰岛素相对于天然人胰岛素起效迅速（参见第 82 页表Ⅳ）且生物活性更好（参见第 79 页表Ⅲ）。总之，与附件 1 的技术构思完全不同的赖脯胰岛素却同样具备了速效性能且保留了较好的生物活性，因此，赖脯胰岛素相对于附件 1 公开的技术内容而言具有突出的实质性特点和显著的进步。

针对本专利权利要求 1 制备药物制剂的方法而言，其既包括原料特征又包括工艺步骤特征，赖脯胰岛素即为该方法中作为药物活性成分的最重要的原料物质，因此，尽管该方法中使用的可药用赋形剂或载体以及混合原料的工艺步骤都是常规的，但在赖脯胰岛素相对于附件 1 具有突出的实质性特点和显著的进步的情况下，将其作为重要的原料物质使用的权利要求 1 的方法也具有突出的实质性特点和显著的进步，具备 1984 年《专利法》第二十二条第三款规定的创造性。

附件 2 也没有教导同时用带正电荷的赖氨酸取代 B28 位的脯氨酸、用脯氨酸取代 B29 位的赖氨酸而得到的赖脯胰岛素具有快速起效的特性，相反，附件 2 只是公开了可能涉及胰岛素二聚体中单体之间相互作用的若干个氨基酸残基位点（包括 B28 位但不包括 B29 位）（参见第 679 页），并指出"采用 B28Asp 比在 B27 进行取代具有更显著的效果（表1，图2f）。这可归因于 B28（3-4Å）与二聚体中相邻单体的 B21 Glu 之间更加接近（图1e）"（第 680 页右栏最后 1 行至第 681 页左栏第 3 行，译文第 3 页）。附件 3 也只是表明 B28 位氨基酸参与了导致胰岛素单体聚合的非极性力的形成，但其同样没有教导可用带正电荷的赖氨酸取代 B28 位的脯氨酸。因此，与针对权利要求 1 相对于附件 1 的创造性的评述类似的理由，权利要求 1 相对于附件 2、附件 1 和附件 2 的结合、相对于附件 1 和附件 3 的结合均具有突出的实质性特点和显著的进步，具备创造性。

原告认为：就权利要求1制备胰岛素药剂的方法而言，本专利说明书并未表明权利要求1定义的配制方法中采用了任何新的辅料组合或新的配制工艺，配制得到的药剂组合也不具有协同增效效果；作为权利要求1与附件1或附件2之间的区别特征，权利要求1所用赖脯胰岛素同样是用亲水性更强的赖氨酸取代天然人胰岛素B28位亲水性较弱的脯氨酸而得到的快速起效的胰岛素类似物，与现有技术中的B28Asp人胰岛素基于相同的设计构思，且附件9表明赖脯胰岛素的活性效价与人胰岛素相等，附件4~6分别证明赖脯胰岛素与B28Asp人胰岛素的药代动力学差别很小甚至完全一样，药效作用也完全相同，本专利说明书也证明在B29位进行氨基酸取代对胰岛素快速起效没有影响，同时改变B28位和B29位比单独改变B28位并不具有更显著的快速起效作用。因此权利要求1的技术方案相对于附件1或附件2与公知常识的结合不具有创造性。

被告认为，赖脯胰岛素是与附件1~3的技术构思完全不同的一种胰岛素类似物，其同时还具备速效性能且保留了较好的生物活性，因此赖脯胰岛素相对于附件1~3公开的内容而言具有突出的实质性特点和显著的进步，相应地，将其作为重要的原料物质使用的权利要求1的方法也具有突出的实质性特点和显著的进步。至于附件4~6、9，首先，这些证据的公开日在本专利优先权日之后或者不能证明其公开日在本专利优先权日之前，因而其不能作为评价本专利权利要求1是否具备新颖性或创造性的现有技术，其次，即便其可用于证明本专利中涉及的赖脯胰岛素与B28Asp人胰岛素起效速度和生物活性相当，但如上所述，与附件1~3的技术构思完全不同的赖脯胰岛素却同样具备了速效性能且保留了较好的生物活性，因此，赖脯胰岛素相对于附件1~3公开的技术内容而言具有突出的实质性特点和显著的进步，原告陈述的理由不成立。

基于上述理由，被告作出被诉决定。原告不服该决定，在法定期限内向本院提起行政诉讼。

庭审中，原告和第三人明确表示对于被诉决定的下列内容不持异议：被告的审查程序；被诉决定"案由"部分记载的内容；被告关于"本案的法律适用"的认定；被告关于审查文本的认定；被诉决定关于"无效宣告请求的理由和范围"的记载；被诉决定关于证据的记载；被告关于"1984年《专利法》第二十六条第三款"的认定；被告关于"1984年《专利法》第二十六条第四款"的认定。

本院认为，对于被诉决定中原告与第三人明确表示不持异议的部分，本院经审查，对其合法性予以确认。在此基础上，本案的审查重点在于：（1）本专利是否违反1984年《专利法》第五条的规定；（2）本专利是否具备1984年《专利法》第二十二条第三款规定的创造性。

1. 本专利是否违反1984年《专利法》第五条的规定

1984年《专利法》第五条规定：对违反国家法律、社会公德或者妨害公共利益的发明创造，不授予专利权。

妨害公共利益是指发明创造的实施或使用会给公众或社会造成危害，这种危害应当是技术方案本身直接造成的。本专利权利要求1所涉及的是将赖脯胰岛素或其可药用盐与一种或更多种可药用的赋形剂或载体混合而制备药物制剂的方法，实施或使用本专利方法的结果是制得含有速效赖脯胰岛素的药物制剂，该药物制剂可用于糖尿病的治疗，对公众健康有利。因此，原告关于本专利妨害公共利益，违反1984年《专利法》第五条规定的主张缺乏事实及法律依据，本院不予支持。

2. 本专利是否具有1984年《专利法》第二十二条第三款规定的创造性。

1984年《专利法》第二十二条第三款规定：创造性，是指同申请日以前已有的技术相比，该发明有突出的实质性特点和显著的进步，该实用新型有实质性特点和进步。

本专利权利要求1涉及将赖脯胰岛素或其可药用盐与一种或更多种可药用的赋形剂或载体混合而制备药物制剂的方法。附件1涉及一种以皮下注射后立即产生作用为特征的人类胰岛素类似物、含有这种胰岛素类似物的胰岛素注射液和制备这种胰岛素类似物的方法。本专利权利要求1的技术方案与附件1公开的内容相比，区别在于胰岛素类似物不同，本专利权利要求1中胰岛素类似物为赖脯胰岛素。针对快速起效的胰岛素类似物，附件1给出了如下教导：在相应位置上用比天然氨基酸残基亲水性更强的其他氨基酸残基取代人胰岛素的某些残基的同时，应当使所得到的速效胰岛素类似物在中性pH值具有与人胰岛素相同的或更大的负电荷，即亲水性氨基酸和相同的或更大的负电荷是需要同时满足的两个条件。然而，本专利中涉及的赖脯胰岛素在B28位用赖氨酸取代了天然人胰岛素中原有的脯氨酸，尽管赖氨酸也是亲水性的，但其为带正电荷的氨基酸，如此取代显然并未考虑所获得的胰岛素类似物的电荷，这与附件1的发明构思不同，偏离了附件1的教导。此外，赖脯胰岛素相对于人胰岛素在B29位也发生了氨基酸取代，无论本专利和现有技术是否证明B29位对于胰岛素快速起效有贡献，对于赖脯胰岛素来说，本专利说明书的内容都已经证明在B28和B29位同时进行上述取代而获得的赖脯胰岛素相对于天然人胰岛素起效迅速。

原告认为，附件1技术方案的第2条所限定的条件是进行氨基酸取代后所获得的胰岛素分子的带电情况，而不是指用来进行取代的氨基酸的带电情况，并没有限定不能用带正电的氨基酸进行取代。因此本专利用带正电的赖氨酸进行取代并没有违背附件1的教导。相反，附件1给出了大量用带正电的氨基酸去取代胰岛素分子上原有氨基酸的教导。因此本专利用带正电的赖氨酸进行取代也落入了附件1的技术方案之内。另外，用带正电的氨基酸取代胰岛素分子上原有的氨基酸后，所获得的胰岛素分子并不一定必然增加正电荷，原因是蛋白质分子上的氨基酸间的电化学的相互作用或空间结构的遮蔽作用，都有可能使带电的氨基酸整合到蛋白质分子内后不带电，这是本领域的公知常识。因此，原告认为，本专利的技术构思和附件1的技术方案相同，本专利相对于附件1不具有创造性。

本院认为：原告所谓B28位和B29位正电荷的一加一减使得所获得的赖脯胰岛素在中性PH值条件下具有与人胰岛素相同的电荷的说法只是一种推断，并无事实依据。另外，即便B29位赖氨酸被取代抵消了B28位正电荷的增加，这本身也是附件1没有教导过的。与附件1的技术方案不同的赖脯胰岛素同样具备了速效性能并保留了较好的生物活性，相对于附件1公开的技术内容而言，赖脯胰岛素具有突出的实质性特点和显著的进步。本专利权利要求1制备药物制剂的方法既包括原料特征又包括工艺步骤特征，赖脯胰岛素即为该方法中作为药物活性成分的最重要的原料物质。因此，尽管该方法中使用的可药用赋形剂或载体以及混合原料的工艺步骤都是常规的，但在赖脯胰岛素相对于附件1具有突出的实质性特点和显著的进步的情况下，被告认定将其作为重要的原料物质使用的权利要求1的方法也具备创造性正确，本院应予支持。

同时，附件2没有教导同时用带正电荷的赖氨酸取代B28位的脯氨酸、用脯氨酸取代B29位的赖氨酸而得到的赖脯胰岛素具有快速起效的特性。附件3也只是表明B28位氨基酸参与了导致胰岛素单体聚合的非极性力的形成，但其同样没有教导可用带正电荷的赖氨酸取代B28位的脯氨酸。因此，被告关于本专利权利要求1相对于附件2、附件1和附件2的结合、相对于附件1和附件3的结合，均具备创造性的认定正确，本院应予支持。

综上，被诉决定认定事实清楚、适用法律正确、程序合法，本院应予维持。原告的诉讼请求缺乏事实和法律依据，本院不予支持。据此，依照《中华人民共和国行政诉讼法》第五十四条第（一）项，判决如下：

维持被告中华人民共和国国家知识产权局专利复审委员会于二〇〇八年四月二十七日作出的第11413号无效宣告请求审查决定。

案件受理费人民币100元，由原告甘李药业有限公司负担（已交纳）。

如不服本判决，原告甘李药业有限公司、被告中华人民共和国国家知识产权局专利复审委员会可在本判决书送达之日起15日内，第三人伊莱利利公司可在本判决书送达之日起30日内，向本院递交上诉状，并按对方当事人的人数提交副本，上诉于中华人民共和国北京市高级人民法院。上诉人在上诉期满后 7 日内未预交上诉案件受理费又不提出缓交申请的，按自动撤回上诉处理。

审　判　长　强刚华
代理审判员　司品华
代理审判员　石　磊
二〇〇九年十二月二十日
书　记　员　赵　峰

单体胰岛素类似物制剂

无效宣告请求审查决定（第 11435 号）

决 定 号	第 11435 号
决 定 日	2008 年 4 月 27 日
发明创造名称	单体胰岛素类似物制剂
国际分类号	C07K 14/62，A61K 38/28
无效宣告请求人	甘李药业有限公司
专 利 权 人	伊莱利利公司
专 利 号	95106567.X
优 先 权 日	1994 年 6 月 16 日
申 请 日	1995 年 6 月 14 日
授权公告日	2004 年 4 月 14 日
合议组组长	何 炜
主 审 员	葛永奇
参 审 员	叶 娟
法 律 依 据	专利法第 22 条第 3 款

决定要点

如果发明与对比文献 1 的区别特征为对比文献 2 中披露的相关技术手段，该技术手段在对比文献 2 中所起的作用与在要求保护的发明中所起的作用相同，且现有技术中不存在不能将该技术手段用于对比文献 1 中的技术偏见，同时，若如此组合的发明其总的技术效果是各组合部分效果的总和，仅仅是一种简单的效果叠加，则该发明不具备突出的实质性特点和显著的进步，不符合专利法第 22 条第 3 款有关创造性的规定。

一、案由

本无效宣告请求案涉及国家知识产权局于 2004 年 4 月 14 日公告授予的、名称为"单体胰岛素类似物制剂"的第 95106567.X 号发明专利权（下称本专利），其优先权日为 1994 年 6 月 16 日，申请日为 1995 年 6 月 14 日，专利权人为伊莱利利公司。该专利授权公告的权利要求书如下：

"1. 一种单体胰岛素类似物-鱼精蛋白复合物，其基本上由下列成分组成：其中 B28 位上的 Pro 被 Asp、Lys、Leu、Val 或 Ala 取代并且 B29 位上的 Lys 是 Lys 或 Pro 的人胰岛素、脱（B28-B30）-人胰岛素或脱（B27）-人胰岛素；鱼精蛋白；锌；和苯酚衍生物；条件是当胰岛素为 Asp^{B28}-人胰岛素时，鱼精蛋白的浓度低于 10% 重量比。

2. 权利要求1的复合物，其为Lys^{B28}Pro^{B29-}人胰岛素，约0.27～0.32mg鱼精蛋白/100IU单体胰岛素类似物，约0.35%～0.9%重量比的锌，和苯酚衍生物。

3. 权利要求1的复合物，其为Asp^{B28-}人胰岛素，约0.27～0.35mg鱼精蛋白/100IU单体胰岛素类似物，约0.35%～0.9%重量比的锌，和苯酚衍生物。

4. 权利要求1、2或3中任一权利要求的复合物，其中所述复合物为结晶。

5. 一种非肠道用单体胰岛素类似物-鱼精蛋白药物制剂，其含有权利要求1的复合物。

6. 权利要求5的药物制剂，其还含有约0.2～1.5mg鱼精蛋白/100IU单体胰岛素类似物，约0.35%～0.9%重量比的锌，和苯酚衍生物。

7. 权利要求6的药物制剂，其含有Lys^{B28}Pro^{B29-}人胰岛素，约0.27～0.32mg鱼精蛋白/100IU单体胰岛素类似物和约0.35%～0.9%重量比的锌。

8. 权利要求6的药物制剂，其含有Asp^{B28-}人胰岛素，约0.27～0.35mg鱼精蛋白/100IU单体胰岛素类似物和约0.35%～0.9%重量比的锌。

9. 权利要求5的药物制剂，其还含有可溶性单体胰岛素类似物。

10. 一种非肠道用药物制剂，其含有Lys^{B28}Pro^{B29-}人胰岛素，约0.3mg鱼精蛋白/100IU胰岛素类似物，约0.7%重量比的锌，约1.7mg/mL间甲苯酚，约0.7mg/mL苯酚，约16mg/mL甘油和约3.78mg/mL磷酸氢二钠。

11. 权利要求10的非肠道用药物制剂，其还含有可溶性单体胰岛素类似物。

12. 非肠道用药物制剂，含有可溶性单体胰岛素类似物和单体胰岛素类似物-鱼精蛋白结晶的混合物；其中单体胰岛素类似物与单体胰岛素类似物-鱼精蛋白结晶的重量比约为1∶99～99∶1；

所述单体胰岛素类似物是其中B28位上的Pro被Asp、Lys、Leu、Val或Ala取代并且B29位上的Lys是Lys或Pro的人胰岛素、脱（B28-B30）-人胰岛素或脱（B27）-人胰岛素；条件是当胰岛素为Asp^{B28-}人胰岛素时，鱼精蛋白的浓度低于10%重量比。

13. 权利要求12的非肠道用药物制剂，其中两种组分的重量比约为75∶25～25∶75。

14. 权利要求13的非肠道用药物制剂，其含有：Lys^{B28}Pro^{B29-}人胰岛素和Lys^{B28}Pro^{B29-}人胰岛素-鱼精蛋白结晶。

15. 权利要求14的非肠道用药物制剂，其中两种组分的重量比约为50∶50、75∶25、或25∶75。

16. 权利要求1的复合物在制备治疗糖尿病的药物中的应用。

17. 权利要求1的复合物的制备方法，其包括：于含水溶剂中混合单体胰岛素类似物、鱼精蛋白、锌和苯酚衍生物，并形成所述复合物。

18. 一种Lys^{B28}Pro^{B29-}人胰岛素-鱼精蛋白结晶的制备方法，其包括：

于约8℃～22℃的温度下，将六聚物缔合形式的Lys^{B28}Pro^{B29-}人胰岛素水溶液与鱼精蛋白溶液混合；

所述水溶液含有重量比为约0.35%～0.9%锌、Lys^{B28}Pro^{B29-}人胰岛素和苯酚衍生物，pH约为7.1～7.6；

所述鱼精蛋白溶液含有鱼精蛋白，pH值约为7.1～7.6，以使得鱼精蛋白的最终浓度为约0.27～0.32mg鱼精蛋白/100IU单体胰岛素类似物。

19. 权利要求18的方法，其中温度为15℃；锌的浓度为0.7%-0.9%并且鱼精蛋白的浓度为0.3mg/100IU单体胰岛素类似物。

20. 一种Asp^{B28-}人胰岛素鱼精蛋白结晶的制备方法，其包括：

于约13～17℃的温度下，将六聚物缔合形式的Asp^{28-}人胰岛素水溶液与鱼精蛋白溶液混合；

所述水溶液含有重量比为约 0.35%~0.9% 锌、Asp^{28-}人胰岛素和苯酚衍生物，pH 值约为 7.1~7.6；

所述鱼精蛋白溶液含有鱼精蛋白，pH 值约为 7.1~7.6，以使得鱼精蛋白的最终浓度为约 0.27~0.32mg 鱼精蛋白/100IU 单体胰岛素类似物。

21. 一种权利要求 5 的非肠道用药物制剂的制备方法，其包括：将单体胰岛素类似物-鱼精蛋白结晶悬浮于可药用的稀释剂中。"

针对上述专利权，甘李药业有限公司（下称请求人）于 2007 年 7 月 9 日向专利复审委员会提出无效宣告请求，认为本专利说明书不符合专利法第 26 条第 3 款的规定，权利要求 1~21 不符合专利法第 26 条第 4 款、权利要求 10、12、18、20、21 不符合专利法实施细则第 20 条第 1 款的规定，权利要求 1、2、4~7、9~19、21 不符合专利法第 22 条第 2 款的规定，权利要求 1~21 不符合专利法第 22 条第 3 款的规定，请求宣告本专利全部无效。请求人在提出无效宣告请求时提交了本专利的授权公告文本和下述附件：

附件 1：中国发明专利申请公开说明书，专利申请号为 90101415.X，公开号为 CN1044820A，公开日为 1990 年 8 月 22 日，复印件共 108 页；

附件 2："Remington's Pharmaceutical Sciences"，Alfonso R Gennaro 等编，Philadelphia College of Pharmacy and Science 出版，1985 年第 17 版，第 973~977 页及期刊封面和扉页，英文，复印件共 8 页，及其部分中文译文 2 页；

附件 3："British Pharmacopoeia 1988"，London Her Majesty's Stationery office，生效日为 1988 年 12 月 1 日，封面、第 804~809 页，英文，复印件共 7 页，及其部分中文译文 3 页；

附件 4：中国发明专利说明书，专利号为 96106635.0，授权公告号为 CN1103602C，授权公告日为 2003 年 3 月 26 日，复印件共 106 页；

附件 5：伊莱利利公司（Eli Lilly and Company）作为原告向北京市第二中级人民法院提出的针对被告北京甘李生物技术有限公司的民事起诉状，复印件共 10 页；

附件 6："The Pharmacopeia of the United States of America（The United States Pharmacopeia），Sixteenth Revision U.S.P. XVI"，1960 年 10 月 1 日，封面、第 344~353 页，英文，复印件共 6 页，及其部分中文译文 2 页；

附件 7：中国发明专利申请公开说明书，专利申请号为 86106574，公开号为 CN86106574A，公开日为 1988 年 8 月 3 日，复印件共 46 页；

附件 8："Action Profiles of Rapid-Acting Human Insulin Analogues"，L. Heinemann 等人，*Frontiers in Insulin Pharmacology*，*International Symposium*，*Hamburg*，第 87~96 页及期刊封面和扉页，1993 年，英文，复印件共 12 页，及其部分中文译文 3 页；

附件 9："Fast-acting, "mealtime" insulin analog under study"，*Directions in Diabetes Research III*，*A lilly symposium held in Indianapolis*，*Indiana*，1993 年 6 月 10~11 日，英文，复印件共 8 页，及其部分中文译文 1 页；

附件 10："The development of a fast-acting insulin analog" 摘要，Marchi R.D. 等人，*Diabetic Medicine*，第 S33 页 P41，1993 年，英文，复印件共 2 页，及其部分中文译文 1 页；

附件 11："[Lys(B28), Pro(B29)]-human insulin—A rapidly absorbed analogue of human insulin"，Daniel C. Howey 等人，Diabetes，第 43 卷，第 396~402 页及目录页，1994 年 3 月，英文，复印件共 8 页，及其部分中文译文 3 页；

附件 12：专利文献 US 2,538,018，授权公告日 1951 年 1 月 16 日，英文，复印件 9 页，及其部分中文译文9页；

附件13："Insulini Biphasici Iniectabilium"等，第831、832、832-2、833、833-2、834、835、835-2、836、836-2、837、837-2、838、838-2、838-3、838-4、838-5、838-6页，英文，复印件共18页，及其部分中文译文2页；

附件14："Self-Association of Des-（B26-B30）-insulin"，Peter D. Jeffrey，*Biol. Chem. Hoppe-Seyler*，第367卷，第363~369页及期刊封面和目录页，1986年5月，英文，复印件共9页，及其部分中文译文1页；

附件15："Miscibility of human semisynthetic regular and lente insulin and human biosynthetic regular and NPH insulin"，Per-Olof Olsson等人，Diabetes Care，第10卷第4期，1987年7~8月，目录页及第473~477页，英文，复印件共7页，及其部分中文译文1页；

附件16："A comparison of premixed with patient-mixed insulins"，J. S. Corcoran和J. S. Yudkin，Diabetic Medicine，第3卷第3期，1986年5月，目录页及第246~249页，英文，复印件共5页，及其部分中文译文1页；

附件17：案卷编号为4W01070的无效宣告请求案中专利复审委员会于2005年11月4日向北京甘李生物技术有限公司发出的《转送文件通知书》及其所转送的《复审、无效程序中意见陈述书》，复印件共10页；

附件18：专利文献EP 0705275 B1，授权公告日为1999年2月3日，英文，复印件共10页，及其部分中文译文1页；

附件19：Legal status（INPADOC）of DE19521753，发明名称为"monomeric insulin analog formulations"，英文，复印件共1页，及其中文译文1页；

附件20：附件2和附件6中各成分单位换算；

附件21：本专利说明书附图1曲线下积分面积计算，共2页；

附件22：专利文献US 5，164，366A，公开日为1992年11月17日，英文，复印件共18页，及其部分中文译文1页；

附件23：北京市第二中级人民法院（2005）二中民初字第6026号民事判决书，判决日为2007年6月20日，复印件共6页。

请求人认为：

（1）说明书没有充分公开发明，不符合专利法第26条第3款的规定。①包括了各种胰岛素类似物制剂（其中含有以鱼精蛋白和胰岛素类似物复合物制成的制剂）的附件1、2、3代表了最接近的现有技术，天然人胰岛素制剂并非与本专利最接近的现有技术，由于比较基准不对，本专利说明书作出的可专利性的比较结论不可靠。②本专利说明书实施例6和附图1通过将赖脯胰岛素-鱼精蛋白复合物（以下简称赖脯胰岛素-NPD）与天然人胰岛素-NPH进行对比以说明本专利所要求的人胰岛素类似物-鱼精蛋白复合物的有益效果，但该实验中采用的人胰岛素-NPH和赖脯胰岛素-NPD的效价不相等，导致起效速度不同，不能说明赖脯胰岛素-NPD具有"起效更快"的优点。③说明书中仅表明赖脯胰岛素-NPD与天然人胰岛素-NPH相比具有"起效迅速"的效果（见附图1），不能由此推知本专利所要求的众多具有不同结构的人胰岛素类似物都具有这样的优点。④本专利没有证明赖脯胰岛素-NPD同时具有与天然人胰岛素-NPH相比至少相似或更好的生物活性，不能用作胰岛素药剂。

（2）如上述，由于说明书中引用的现有技术不当即比较基准不对，并且对比实验中采用的人胰岛素-NPH和赖脯胰岛素-NPD的效价不同，不能说明赖脯胰岛素-NPD具有"起效更快"的优点，因此权利要求1~21不符合专利法第26条第4款的规定；同时说明书中仅给出了赖脯胰岛素-NPD与天然人胰岛素-NPH 相比具有"起效迅速"的效果，并且没能证明赖脯胰岛素-NPD 同时具有与天然人胰岛素-NPH 相比至少相似或更好的生物活性，因此权利要求 1、3～6、8、9、12、13、16、17、20、21 不符合专利法第 26 条第 4 款的规定。

（3）权利要求 10、12、18、20、21 不简要，不符合专利法实施细则第 20 条第 1 款的规定。

（4）附件 1、2、3（合称对比文件 1）公开的胰岛素类似物是权利要求 1 中胰岛素类似物的下位概念，权利要求 1 记载的其他技术特征也都被对比文件 1 所公开，因此权利要求 1 不具备新颖性。对比文件 1 已公开了赖脯胰岛素（实施例 1、2、29），并具体公开了鱼精蛋白的用量和锌的浓度，因此权利要求 2 不具备新颖性。附件 2 公开了复合物结晶的制剂，因此权利要求 4 不具备新颖性。权利要求 5 的区别技术特征仅在于使用了权利要求 1 定义的复合物，而权利要求 1 的复合物已被对比文件 1 公开，同时对比文件 1 还公开了将权利要求 1 的复合物与一种或多种医药上可接受的赋形剂或载体相混合制备肠胃外施用的药剂（见附件 1，说明书第 80 页第 2 段），因此权利要求 5 不具备新颖性。对比文件 1 中公开的鱼精蛋白含量落入权利要求 6 限定的范围内，权利要求 6 所限定的锌的浓度已经包含在对比文件 1 公开的范围之内，因此权利要求 6 不具备新颖性。对比文件 1 已经公开了赖脯胰岛素及其复合物制剂，附件 2 也公开了鱼精蛋白的含量（0.3～0.6mg 鱼精蛋白/100IU 单体胰岛素类似物），因此权利要求 7 不具备新颖性。附件 3 公开了将中效鱼精蛋白胰岛素类似物与可溶性胰岛素类似物混合制成的双时相胰岛素悬浮液，因此权利要求 9 相对于对比文件 1 不具有新颖性。权利要求 10 与对比文件 1 的唯一区别是磷酸氢二钠的浓度不同，但由于磷酸氢二钠不是主要辅料，它的作用是起 pH 缓冲作用，更重要的是，两者导致的 pH 值相同，因此权利要求 10 相对于对比文件 1 不具有新颖性。附件 2 已经公开了"还含有可溶性单体胰岛素类似物"（附件 2 第 973 页右栏倒数第 5～7 行），因此权利要求 11 不具有新颖性。由于对比文件 1 已经公开了用适当比例的可溶性胰岛素类似物与胰岛素类似物-鱼精蛋白结晶制成混合制剂，而且附件 15 和 16 还公开了具体的可溶性成分与不溶性成分的比例，故权利要求 12～15 相对于对比文件 1 不具有新颖性。权利要求 1 的复合物已被对比文件 1 公开，对比文件 1 还公开了胰岛素类似物组合物在制备治疗糖尿病药物中的应用，因此，权利要求 16 也不具有新颖性。权利要求 17～19、21 描述的胰岛素类似物药物制剂的制备方法均为将胰岛素类似物与各种辅料混合，在对比文件 1 所公开的方法的范围之内，所以权利要求 17～19、21 不具有新颖性。

（5）权利要求 1 相对于对比文件 1 本身，或相对于附件 2、3、6、13 结合附件 7～11、14 之一不具备创造性。（a）权利要求 1 所限定的技术方案不具有突出的实质性特点。一方面，对比文件 1 公开了具有"起效迅速"特点的人胰岛素类似物尤其是赖脯胰岛素和制备人胰岛素类似物制剂（包括中效和长效制剂）所常用的辅料/载体的内容，且说明书第 80 页第 2 段中详细记载了将它们结合制成溶液或悬浮液形式的药剂，将其与直接引用的附件 2、3 记载的内容结合，不需要任何创造性劳动，就能够得到权利要求 1 的技术方案，故对比文件 1 本身就能够破坏权利要求 1 的创造性。另一方面，将现有技术中已经公知的人胰岛素类似物的六聚物与现有技术中用来制备中效或长效制剂所常用的鱼精蛋白结合制成本发明的复合物是显而易见的。附件 7、8 公开了 B28Asp 人胰岛素配制成含锌、苯酚的制剂，附件 8 还证明该含锌的制剂与 B28Asp 单体制剂的作用曲线相似，且都快于人胰岛素制剂。附件 9 和 10 也公开了制得的赖脯胰岛素六聚物缔合形式及由此制得的制剂的效果评价结果。附件 11 公开了赖脯胰岛素含锌、苯酚的制剂，并用第 400 页的图 4 证明，该含锌的制剂与赖脯胰岛素非含锌制剂的作用曲线相似，且起效都快于人胰岛素。附件 14 公开了 Des-（B26-B30）胰岛素类似物六聚体及其制备。而附件 2、3 和附件 6、13 分别公开了包含胰岛素六聚物与鱼精蛋白的复合物的药剂。在使用人胰岛素类似物的现今阶段，对于所需的中效制剂，仍然是先将人胰岛素类似物与锌、苯酚衍生物制成六聚物，再和鱼精蛋白结合制成复合物并制成中效制剂（参见附件22），说明用现有方法制作胰岛素类似物鱼精蛋白制剂对本领域技术人员是显而易见的。(b) 权利要求1所限定的技术方案不具有显著的进步。本专利说明书仅用附图1图解叙述了赖脯胰岛素-NPD和人胰岛素-NPH的作用情况，据此认为NPD在中等作用时效方面与人胰岛素-NPH相似，即NPD制剂和人胰岛素-NPH制剂的作用时间几乎相同，但与人胰岛素-NPH相比，赖脯胰岛素-NPD起效更快且能在较长的时间内保持稳定（本专利说明书第6页第18~22行）。请求人认为这并不能说明权利要求1所限定的技术方案具有显著的进步。首先，本专利附图1所描述的技术方案无论在实验设计上还是在实验结果上都不符合对比研究所应当遵循的规则，因而其实验结果没有证明力。图1所公开的研究的致命缺陷是实验观察的时间不够长，不能证明所用的NPH和NPD是同样的效价单位，实验结果不能完全反映实验的合理性和真实性（见附件2），且根据附件21可推知，图1的实验中NPD的用量比NPH多，因而导致该实验无效。附件18的比较实验证明NPD和NPH的作用曲线一样。其次，即使图1所描述的研究结果没有上述严重缺陷，请求人认为，图1仅比较了两种制剂起效的快慢以及作用时间，并不能说明是否赖脯胰岛素-NPD相对于人胰岛素-NPH能在较长的时间内保持稳定。再者，对比文件1的内容已经表明赖脯胰岛素-NPD相对于人胰岛素-NPH起效更快是显而易见的。附件9和10都具体公开了赖脯胰岛素的六聚体及其"起效迅速"的性能；附件11还表明赖脯胰岛素含锌、苯酚衍生物的制剂与赖脯胰岛素的单体制剂的作用曲线相似，且都快于人胰岛素。将他们任何一篇的内容与附件2、3或附件6、13结合，本领域技术人员均可预料到将赖脯胰岛素的六聚体形式代替天然人胰岛素的六聚体形式来与鱼精蛋白形成复合物后，形成的赖脯胰岛素-NPD相对于人胰岛素-NPH会具有起效更快的技术效果。故此赖脯胰岛素-NPD的效果仅是赖脯胰岛素的六聚体形式与人胰岛素-NPH中使用的鱼精蛋白效果的简单叠加，没有产生预料不到的效果。因此，权利要求1所限定的技术方案不具有显著的进步。权利要求1不符合专利法第22条第3款有关创造性的规定。

(6) 权利要求2相对于对比文件1本身，或相对于附件9~11之一与附件2、3或附件6、13的结合不具备创造性；权利要求3相对于附件7或8之一与附件2、3或6、13的结合不具备创造性；权利要求4-6相对于对比文件1本身，或者相对于附件7~11和14之一与附件2、3或6、13的结合不具备创造性；权利要求7相对于对比文件1，或者相对于附件9~11之一与附件2、3或6、13的结合不具备创造性；权利要求8相对于附件7和8之一或其与附件2、3或6、13的结合不具备创造性；权利要求9相对于对比文件1，或者相对于附件7~11和14之一结合附件2、3，或者对比文件1结合附件12、13、15、16之一不具备创造性；权利要求10相对于对比文件1、附件9~11之一或其与附件2、3或6、13的结合不具备创造性；权利要求11相对于对比文件1，或者其结合附件12、13、15、16之一，或者附件9-11之一结合附件2或3不具备创造性；权利要求12相对于对比文件1，或者其与附件12、13、15和16之一的结合，或者附件7~11和14之一与附件2或3的结合不具备创造性；权利要求13相对于对比文件1与附件15或附件16的结合，或者相对于附件7~11和14之一与附件2或3的结合不具备创造性；权利要求14和15相对于对比文件1与附件15或附件16的结合，或者相对于附件9~11之一与附件2或3的结合不具备创造性；权利要求16相对于对比文件1本身，附件7~11和14之一与附件2、3或6、13的结合不具备创造性；权利要求17相对于对比文件1或结合附件12，或相对于附件7~11和14之一结合附件2、3、6、13或12不具备创造性；权利要求18和19相对于对比文件1或其与附件12的结合，或相对于附件9~11之一结合附件2、3或6、13并结合公知常识（附件12）不具备创造性；权利要求20相对于附件7或8结合附件2、3或6、13并结合公知常识（附件12）不具备创造性；权利要求21相对于对比文件1，附件7~11和14之一结合附件2、3或6、13不具备创造性。

经形式审查合格后,专利复审委员会受理了上述请求,于 2007 年 8 月 23 日向双方当事人发出《无效宣告请求受理通知书》,并将《专利权无效宣告请求书》及其附件副本转送给专利权人,要求其在指定的期限内答复,同时成立合议组对本无效请求案进行审理。

专利权人于 2007 年 10 月 7 日提交了意见陈述书和如下证据:

反证 1:中国发明专利说明书,专利号 95106568.8,授权公告号为 CN 1105576C,授权公告日为 2003 年 4 月 16 日,复印件共 15 页;

反证 2:"Altering the association properties of insulin by amino acid replacement",David N. Brems 等人,*Protein Engineering*,第 5 卷第 6 期,第 527~533 页,1992 年,英文,复印件共 7 页,及其中文译文共 16 页;

反证 3:请求人提交的附件 9 的部分中文译文共 2 页;

反证 4:"Physicochemical basis for the rapid time-action of LysB28ProB29-insulin:Dissociation of a protein-ligand complex",Diane L. Bakaysa 等人,*Protein Science*,第 5 卷,标题页及第 2521~2531 页,1996 年,英文,复印件共 12 页,及其中文译文共 23 页;

反证 5:"Insulin self-association and the relationship to pharmacokinetics and pharmacodynamics",Michael R. DeFelippis 等人,*Critical Reviews™ in Therapeutic Drug Carrier Systems*,第 18 卷第 2 期,2001 年,第 201~249 页,英文,复印件共 49 页,及其中文译文共 18 页;

反证 6:"Self-association properties of monomeric insulin analogs under formulation conditions",Jane P. Richards 等人,*Pharmaceutical Research*,第 15 卷第 9 期,1998 年,第 1434~1441 页,英文,复印件共 8 页,及其中文译文共 13 页;

反证 7:"Role of C-terminal B-chain residues in insulin assembly:the structure of hexameric $Lys^{B28}Pro^{B29}$-human insulin",Ewa Ciszak 等人,*Structure*,第 3 卷第 6 期,1995 年 6 月 15 日,第 615~622 页,英文,复印件共 8 页,及其中文译文共 17 页;

反证 8:请求人提交的附件 18 的部分中文译文共 2 页;

反证 9:请求人提交的附件 22 的部分中文译文共 2 页;

反证 10:有关药品 Humalog NPL 100 U/ml Pen, suspension for injection 的资料,英文,第 88~94 页,英文,共 7 页,及其部分中文译文共 2 页;

反证 11:"Clinical pharmacokinetics and pharmacodynamics of insulin Lispro mixtures",Paris Roach 和 James R. Woodworth,*Clin. Pharmacokinet*,第 41 卷第 13 期,2002 年,第 1043~1057 页,英文,复印件共 15 页,及其中文译文共 19 页;

反证 12:"Preparation and characterization of a cocrystalline suspension of [Lys^{B28},Pro^{B29}]-human insulin analogue",Michael R. DeFelippis 等人,Journal of Pharmaceutical Sciences,第 87 卷第 2 期,1998 年 2 月,第 170~176 页,英文,复印件共 7 页,及其中文译文共 15 页。

同时,专利权人对权利要求书进行了修改,修改后的权利要求书如下:

"1. 一种单体胰岛素类似物-鱼精蛋白复合物,其基本上由下列成分组成:其中 B28 位上的 Pro 被 Lys 取代并且 B29 位上的 Lys 是 Pro 的人胰岛素;鱼精蛋白;锌;和苯酚衍生物。

2. 权利要求 1 的复合物,其为 LysB28ProB29-人胰岛素,约 0.27~0.32mg 鱼精蛋白/100IU 单体胰岛素类似物,约 0.35%~0.9% 重量比的锌,和苯酚衍生物。

3. 权利要求 1 或 2 的复合物,其中所述复合物为结晶。

4. 一种非肠道用单体胰岛素类似物-鱼精蛋白药物制剂,其含有权利要求 1 的复合物。

5. 权利要求 4 的药物制剂,其还含有约 0.2~1.5mg 鱼精蛋白/100IU 单体胰岛素类似物,约

0.35%~0.9%重量比的锌，和苯酚衍生物。

6. 权利要求5的药物制剂，其含有：Lys^{B28}Pro^{B29}-人胰岛素，约0.27~0.32mg 鱼精蛋白/100IU 单体胰岛素类似物和约0.35%~0.9%重量比的锌。

7. 权利要求4的药物制剂，其还含有可溶性单体胰岛素类似物。

8. 一种非肠道用药物制剂，其含有Lys^{B28}Pro^{B29}-人胰岛素，约0.3mg 鱼精蛋白/100IU 胰岛素类似物，约0.7%重量比的锌，约1.7mg/mL 间甲苯酚，约0.7mg/mL 苯酚，约16mg/mL 甘油和约3.78mg/mL 磷酸氢二钠。

9. 权利要求8的非肠道用药物制剂，其还含有可溶性单体胰岛素类似物。

10. 非肠道用药物制剂，含有可溶性单体胰岛素类似物和单体胰岛素类似物-鱼精蛋白结晶的混合物；其中单体胰岛素类似物与单体胰岛素类似物-鱼精蛋白结晶的重量比约为1:99~99:1；

所述单体胰岛素类似物是其中B28位上的Pro被Lys取代并且B29位上的Lys是Pro的人胰岛素。

11. 权利要求10的非肠道用药物制剂，其中两种组分的重量比约为75:25~25:75。

12. 权利要求11的非肠道用药物制剂，其中两种组分的重量比约为50:50、75:25、或25:75。

13. 权利要求1的复合物在制备治疗糖尿病的药物中的应用。

14. 权利要求1的复合物的制备方法，其包括：于含水溶剂中混合单体胰岛素类似物、鱼精蛋白、锌和苯酚衍生物，并形成所述复合物。

15. 一种Lys^{B28}Pro^{B29}-人胰岛素-鱼精蛋白结晶的制备方法，其包括：

于约8~22℃的温度下，将六聚物缔合形式的Lys^{B28}Pro^{B29}-人胰岛素水溶液与鱼精蛋白溶液混合；

所述水溶液含有重量比为约0.35%~0.9%锌、Lys^{B28}Pro^{B29}-人胰岛素和苯酚衍生物，pH约为7.1~7.6；

所述鱼精蛋白溶液含有鱼精蛋白，pH值约为7.1~7.6，以使得鱼精蛋白的最终浓度为约0.27~0.32mg 鱼精蛋白/100IU 单体胰岛素类似物。

16. 权利要求15的方法，其中温度为15℃；锌的浓度为0.7%~0.9%并且鱼精蛋白的浓度为0.3mg/100IU 单体胰岛素类似物。

17. 一种权利要求4的非肠道用药物制剂的制备方法，其包括：将单体胰岛素类似物-鱼精蛋白结晶悬浮于可药用的稀释剂中。"

专利权人指出：

(1) 虽然不同意请求人的无效理由，但为了简化无效程序，专利权人修改了权利要求书，将权利要求限定为仅涉及赖脯胰岛素。

(2) 本专利说明书详细描述了本发明的单体胰岛素类似物-鱼精蛋白复合物或晶体的构成及其制备方法，并指出所述胰岛素类似物-鱼精蛋白复合物可用于制备治疗患有糖尿病的患者的药物。附图1证实获得了本发明的产品，实施例6的实验数据表明本专利的产品可以实现发明目的。另外，说明书第13页公开了包含有一定比例铁结晶固体状胰岛素类似物-NPD和可溶性胰岛素类似物的混合物的胰岛素类似物制剂，其中可溶性胰岛素类似物是溶于稀释剂水溶液中的单体胰岛素类似物，所述稀释剂水溶液包括：锌，苯酚衍生物，等渗剂和缓冲剂，通过将各个组分混合可以容易地制得此混合物。并且说明书第13页指出所述含有结晶固体状胰岛素类似物-NPD和可溶性胰岛素类似物的混合物制剂由于起效快并且作用时间长，因此特别适于治疗糖尿病。根据患者的需要、饮食和身体状况通过改变各个组分的量可以使所述混合物达到"最佳控制"。因此，本专利说明书充分公开了本发明。

(3) 本专利新提交的权利要求涉及的技术方案在实施例中给予了证明，本领域的技术人员完全能够判断权利要求书限定的范围都可以实施并取得所述的效果。因此新提交的权利要求完全能够得到说明书的支持，符合专利法第26条第4款的规定。

（4）大量的文章和专利可以证明，在本专利申请日之前的目标是要得到胰岛素类似物的单体形式从而具有快速起效的作用，而不是要得到胰岛素类似物的稳定六聚体形式。而本专利要求保护的"六聚物复合物"与现有技术中公开的六聚物不同，本专利的六聚物复合物是非常规整的稳定的，是赖脯胰岛素与锌和苯酚衍生物的六聚物复合物。这种六聚物复合物不仅稳定，而且起效迅速，申请日之后公开的反证3~6可以证实这一点。关于新颖性，现有技术例如请求人引用的附件6、12、13中描述的是天然胰岛素-鱼精蛋白复合物或其晶体，在本发明的申请日之前从来没有公开过赖脯胰岛素-鱼精蛋白复合物。请求人认为本专利相对于三篇不同的文献，即附件1、2和3的组合不具备新颖性，这违反了新颖性判断的单独对比原则，而且这三篇文献均没有完全公开本发明。请求人依据诉讼文件和民事判决书的内容来评价本专利的新颖性同样违反了判断新颖性的原则，专利96106635.0的保护范围包含本发明并不意味着本专利的新颖性被其所破坏。附件6和13都不涉及赖脯胰岛素有关的制剂，附件7~11涉及的是各种胰岛素类似物的制剂，其中都不涉及鱼精蛋白的使用，更没有公开如本专利保护的稳定的赖脯胰岛素-鱼精蛋白复合物，附件12未提及任何胰岛素类似物，附件15和16涉及的是胰岛素的混和制剂，不涉及赖脯胰岛素-鱼精蛋白复合物。请求人引用的所有对比文件都没有公开含有一种本发明的赖脯胰岛素-鱼精蛋白复合物和一种赖脯胰岛素溶液的组合物，也没有公开制备本发明的赖脯胰岛素-鱼精蛋白复合物的方法，特别是没有公开如新权利要求15和16中涉及的方法中的特定步骤。因此，新提交的权利要求均具备新颖性。

（5）天然胰岛素-鱼精蛋白复合物NPH应该被视为本发明的最接近的现有技术，且无论是相对于本专利中指出的最接近的现有技术，还是请求人引用的对比文件，新提交的权利要求都具有创造性。(a)赖脯胰岛素-锌-苯酚-鱼精蛋白复合物具备创造性。附件1、7、9均可证明本专利申请日前的目标是避免六聚体的形成，因此本领域技术人员不会预测到赖脯胰岛素-鱼精蛋白复合物能够形成，没有动机把速效的赖脯胰岛素制备成中效的赖脯胰岛素-鱼精蛋白复合物。反证1和反证2表明，将锌加入单体胰岛素类似物中没有形成稳定的六聚体。虽然可以观察到胰岛素类似物与锌的缔合作用，但是缔合作用不同于与胰岛素的缔合作用，胰岛素类似物与锌的缔合作用将会产生大量大分子量物质并且不同于大多数情况下的、已明确定义的Zn-胰岛素六聚物。公开于本专利申请日之后的反证4、5、6和7也证实这种缔合作用产生的大量大分子量物质事实上是不同低聚物（其中包括六聚体）的多分散性分布形式。涉及其他胰岛素类似物的文献例如附件18（中文译文见反证8）和附件22表明本发明的赖脯胰岛素-鱼精蛋白复合物在本发明之前是完全不可预测的。因此，本专利的赖脯胰岛素-鱼精蛋白复合物有突出的实质性特点。另外，8个小时的观察对于中效胰岛素制剂来说是足够的。同时，附图1已经清楚地证明本发明的赖脯胰岛素-NPD至少在8小时内与人胰岛素-NPH具有更好的特性，因此，本发明的赖脯胰岛素-NPD具有显著的进步。综上所述，本专利涉及的赖脯胰岛素-鱼精蛋白复合物具有突出的实质性特点和显著的进步，具备创造性。(b)在本发明前本领域不知道赖脯胰岛素-鱼精蛋白复合物（NPD）的晶体，没有途径知道NPD的结构，甚至不知道NPD是否可以形成（参见附件18和反证4）。本领域技术人员也不能合理地预测赖脯胰岛素-鱼精蛋白复合物（NPD）的晶体能否用于形成可用于注射的悬浮液。因此本发明的赖脯胰岛素-锌-苯酚-鱼精蛋白复合物的晶体是具备创造性的。(c)含有一种本发明的赖脯胰岛素-锌-苯酚-鱼精蛋白复合物和一种赖脯胰岛素的溶液的组合物制剂具备创造性。可溶性赖脯胰岛素和普通胰岛素鱼精蛋白悬浮物，即NPH预先混合并贮存一段时间后会互换进入对方的相中，从而影响胰岛素/类似物混合物的活性表现，而赖脯胰岛素-鱼精蛋白复合物解决了这个问题，反证7记载了预混合产物的益处。虽然请求人引用的附件12、15、16涉及二相组合物，但它们使用的都是普通胰岛素而不是单体的胰岛素类似物，当然更不是本发明的赖脯胰岛素，由附件12、15、16中使用普通胰岛素的技术方案也完全不能预想到赖脯胰岛素和鱼精蛋白的复合物的技术方案。（d）与现有技术Krayenbühl法中把所有成分（即胰岛素、锌、苯酚和鱼精蛋白）混合到一起不同，制备本专利的赖脯胰岛素-鱼精蛋白复合物和其结晶的方法是通过先制备稳定的含有锌和苯酚的赖脯胰岛素六聚体的步骤，以降低胰岛素组分产生自缔合的趋势。只有在制备了稳定的赖脯胰岛素六聚体的基础上才加入鱼精蛋白，最后得到赖脯胰岛素-鱼精蛋白复合物/结晶。反证8证明用Krayenbühl法制备脯胰岛素-鱼精蛋白复合物/结晶未能获得成功，因此本专利的方法具备创造性。

（6）原权利要求10、12和18以及修改后的权利要求本身是简洁的和清楚的，其中只记载了必要的技术特征，符合专利法实施细则第20条第1款的规定。

2007年10月16日，专利权人提交了其于2007年10月7日提交的意见陈述书附页第21、23、25页的替换页。

2007年11月28日，本案合议组向双方当事人发出《无效宣告请求口头审理通知书》，定于2008年1月24日对本案进行口头审理，同时将专利权人于2007年10月7日和2007年10月16日提交的意见陈述书及其所附附件和修改后的权利要求书的副本转送给请求人。

双方当事人均参加了于2008年1月25日进行的口头审理，口头审理过程中认定的事实如下：

（1）请求人认可专利权人在专利权无效宣告程序中对权利要求书的修改符合审查指南的相关规定，合议组确认本案审理所依据的权利要求书为专利权人于2007年10月7日提交的权利要求书。

（2）请求人指出在针对专利号为96106635.0的专利权无效宣告请求案中提交的第15229号公证书中包括附件2、10、11、14~16，在针对专利号为95106568.8的专利权无效宣告请求案中提交的第15230号公证书中包括附件3、6、13，于荷兰作出的公证书中包括附件8，于德国作出的公证书中包括附件9，对于上述公证书专利权人无异议。专利权人不认可附件8、9和19的真实性，认为附件18的公开日在本专利的优先权日之后，其和附件19都与本案无关，附件20和21是请求人一方的计算结果，不具有合法性，除此之外，专利权人对其他附件不持异议。

（3）请求人认可反证3、8和9分别对应附件9、18和22；不认可反证10的真实性；认为反证4~8、11、12与本案无关；除此之外，请求人对其他反证不持异议。

（4）专利权人认为尽管反证4~8、11、12的公开日在本专利优先权日之后，但其中引用的文献的公开日在本发明的优先权日之前，可用于支持本专利具备创造性。

（5）双方均认可对方提供的证据译文的准确性；专利权人认为请求人对附件9、18、22的翻译不完整，因而作了补充翻译（即反证3、8、9）；请求人对专利权人补充的翻译及译文准确性不持异议。

（6）请求人放弃权利要求8、10、15、17不符合专利法实施细则第20条第1款的规定的无效宣告理由，但认为权利要求14存在实质性缺陷，其所涉及的是上位概念单体胰岛素类似物而非赖脯胰岛素。专利权人对请求人有关权利要求14不符合专利法实施细则第20条第1款规定的无效宣告理由的提出时机不持异议。

（7）在有关专利法第26条第3款和第4款的无效宣告理由中，请求人确认用于支持这两个理由的具体事实相同，并放弃无效宣告请求书第8页中所涉及的认为说明书没有给出除赖脯胰岛素以外的胰岛素类似物相关的实验数据因而说明书公开不充分且权利要求得不到说明书支持的理由，但如果权利要求14涉及了除赖脯胰岛素之外的其他胰岛素类似物则针对权利要求14仍坚持上述理由。

（8）请求人认为附件2的内容是附件1不可分割的一部分，其共同构成一份现有技术，权利要求1~17相对于附件1不具备新颖性。

（9）请求人认为权利要求1~17相对于附件1不具备创造性（单独使用附件1评价权利要求的创

造性时，附件1的内容包含其所引用的附件2的内容），专利权人认为请求人所述单独使用附件1评述权利要求1～17的创造性实际上是将附件1和2结合使用；权利要求7、9～12相对于附件1（最接近的对比文件）与附件15的结合不具备创造性；权利要求14～16相对于附件1（最接近的对比文件）与附件12的结合不具备创造性；权利要求1～6、8、13～17相对于附件9～11之一（最接近的对比文件）与附件2、3、6、13之一的结合不具备创造性；权利要求7、9～12相对于附件9～11之一（最接近的对比文件）与附件2、3之一的结合不具备创造性；权利要求14～16相对于附件9～11之一与附件12的结合不具备创造性。专利权人认为无效宣告请求书中没有附件2和3择一使用或附件2、3、6、13择一使用的证据使用方式，不予接受，请求人认为请求书中相应内容所表达的就是择一使用。

（10）请求人确认在评价权利要求的新颖性和创造性时证据的使用方式以口审笔录为准，其他没用到的视为放弃；在有关专利法实施细则第20条第1款的无效宣告理由中不使用证据；在有关专利法第26条第3款和第4款的无效宣告理由中使用的证据与无效宣告请求书一致，但不再坚持使用针对已经过修改而被放弃的权利要求的证据；在证明现有技术不存在技术偏见时使用附件18和22。专利权人确认其所提供的反证的使用方式以意见陈述书中的引用为准。

请求人和专利权人均在庭后对口头审理过程中陈述的意见提交了相应的书面陈述。

至此，合议组认为本案的事实清楚，可以作出审查决定。

二、决定的理由

1. 审查文本

在专利权人于2007年10月7日提交的经修改的权利要求书中，删除了授权公告的权利要求3、8、14和20，并删除了权利要求1中除赖脯胰岛素之外的其他胰岛素类似物及仅针对这些胰岛素类似物的技术特征（即删除了部分并列技术方案），相应地将剩余的权利要求依次编号为权利要求1～17，这种修改符合审查指南第四部分第三章第4.6节的规定，请求人对此修改亦无异议，合议组予以接受，本案的审理基于该新提交的权利要求书及授权公告的其他文本。根据审查指南第四部分第三章第2.2节的规定，视为授权公告的权利要求3、8、14和20自始即无效。

2. 无效宣告请求的理由和范围

依据请求人在口头审理过程中的确认，其请求宣告本专利无效的理由及其范围是：说明书不符合专利法第26条第3款的规定，权利要求1～17不符合专利法第22条第2款、第22条第3款、第26条第4款的规定。

对于专利法第22条第3款的无效宣告理由所使用的证据结合方式，专利权人认为在无效宣告请求书中没有记载附件2和3择一使用或者附件2、3、6、13择一使用的证据使用方式，因此不予接受请求人在口头审理过程中所确定的涉及附件2和3择一使用或附件2、3、6、13择一使用的证据使用方式。合议组注意到，在请求书第34页第9行、第35页第1行和第16行、第36页第4行、第37页第9行等处有附件2或3择一使用或者附件2、3、6、13或12择一使用的相应描述，尽管其他位置为类似于"与附件2、3或附件6、13的结合"、"与附件2、3或6、13的结合"、或者"与附件2、3、6、13的结合"等描述方式，但这种描述仅从字面来看不能唯一理解为将附件2和3结合使用，或者将附件2、3、6、13结合使用，其也可以理解为择一使用。从附件2、3、6和13所涉及的内容来看，这些证据是相似的，即均涉及中效胰岛素悬浮液，依据本专利的技术内容以及评述创造性时的附件2、3、6、13所起的作用可知，这些证据择一使用即可，无需结合使用。因此认为请求人在口头审理过程中有关附件2、3、6、13择一使用的证据使用方式已记载于无效宣告请求书中，没有引入新的证据使用方式。同时，鉴于无效宣告请求书中单独使用附件1评价权利要求1～17的创造性时，所使用的附件 1 的内容实际上包含了其所引用的附件 2 的内容，且专利权人也认同这实际上是将附件 1 和 2 结合使用来评述权利要求 1~17 的创造性。基于前述理由，合议组认为无效宣告请求书中实质上记载了附件 1 结合附件 2 评述权利要求 1~13、17 的创造性、附件 1 结合附件 12 评述权利要求 14~16 的创造性的证据使用方式，因此将两种证据使用方式纳入本案的审理范围之内。

3. 关于证据

（1）专利权人不认可附件 8、9 和 19 的真实性，认为附件 18 的公开日在本专利的优先权日之后，其和附件 19 都与本案无关，还认为附件 20 和 21 是请求人一方的计算结果，不具有合法性，除此之外，专利权人对其他附件不持异议。合议组对附件 1~7、10~18、22、23 的真实性、合法性和关联性予以确认，其中附件 18 的公开日在本专利的优先权日之后，因此不能作为现有技术文件评价本专利的新颖性和创造性。

（2）请求人认可反证 1~9、11 和 12 的真实性和合法性，合议组对此予以确认。请求人认为反证 4~8 与本案无关，合议组认为，专利权人提供反证 4~7 用于证实胰岛素类似物与锌的缔合作用将会产生大量大分子量物质并且不同于大多数情况下的、已明确定义的 Zn-胰岛素六聚物，提供涉及其他胰岛素类似物的反证 8 表明赖脯胰岛素-鱼精蛋白复合物在本发明之前是完全不可预测的，反证 11 和 12 分别涉及赖脯胰岛素混合物和赖脯胰岛素混悬液，其内容均与本专利的胰岛素类似物制剂有关，同样反证 1~3、9 的内容也与本案有关，因此合议组确认反证 1~9、11 和 12 与本案有关联性。

（3）反证 4~7、8（附件 18 的中文译文）、11 和 12 的公开日均在本专利的优先权日之后，且反证 10 本身的内容及现有证据均不能证明反证 10 的公开日在本专利的优先权日之前，因此在评价本专利的新颖性和创造性时，反证 4~8、10~12 本身均不能作为现有技术使用。

4. 关于专利法第 22 条第 3 款

专利法第 22 条第 3 款规定，创造性，是指同申请日以前已有的技术相比，该发明有突出的实质性特点和显著的进步。

如果发明与对比文献 1 的区别特征为对比文献 2 中披露的相关技术手段，该技术手段在对比文献 2 中所起的作用与在要求保护的发明中所起的作用相同，且现有技术中不存在不能将该技术手段用于对比文献 1 中的技术偏见，同时，若如此组合的发明其总的技术效果是各组合部分效果的总和，仅仅是一种简单的效果叠加，则该发明不具备突出的实质性特点和显著的进步，不符合专利法第 22 条第 3 款有关创造性的规定。

本专利权利要求 1 涉及一种单体胰岛素类似物-鱼精蛋白复合物，本专利说明书中记载的这种复合物包括结晶胰岛素类似物和鱼精蛋白的悬浮液即胰岛素类似物-NPD，如赖脯胰岛素-NPD，根据说明书的记载，该 NPD 制剂和胰岛素-NPH 制剂的作用时间几乎相同，但与胰岛素-NPH 相比，该 NPD 制剂起效更快并且能在较长时间内保持稳定（参见说明书第 6 页第 5 段和图 1）。附件 2 公开了一种在缓冲的注射水中配制的锌胰岛素晶体和硫酸鱼精蛋白的中效胰岛素悬浮液，所述悬浮液的固体相由胰岛素、鱼精蛋白和锌组成的结晶构成，该悬浮液含有 1.4%~1.8%（重量/体积）的甘油，0.20%~0.25%（重量/体积）的苯酚；含有 0.15%~0.25%（重量/体积）的磷酸氢二钠；每 100 单位（美国药典单位，通常情况下 USP 与 IU 单位相当）胰岛素还含有 0.01~0.04 毫克的锌（相当于 0.28%~1.12% 重量比的锌）和 0.3~0.6 毫克的鱼精蛋白。用显微镜观察，悬浮液的不溶物质是结晶体，并含有不超过微量的非结晶物质；用 pH 计测定的 pH 值在 7.1 到 7.4 之间。权利要求 1 与附件 2 公开的内容相比区别在于权利要求 1 中用胰岛素类似物赖脯胰岛素替代了人胰岛素。因此，权利要求 1 的技术方案解决的技术问题是提供与胰岛素-NPH 相比起效更快的中效胰岛素类似物-鱼精蛋白复合物。

附件1公开了快速起效的胰岛素类似物即赖脯胰岛素（参见说明书第87页表Ⅳ），并指出可按附件2所述方法制备含胰岛素类似物的药物组合物，例如将胰岛素类似物悬浮或溶于适于注射的无毒液体载体如一种含水介质中（参见说明书第85页第2段）。在附件1教导了快速起效的胰岛素类似物同样可以像天然人胰岛素一样被配制为药物组合物的情况下，为了使附件2的中效胰岛素同时具有快速起效的特性，所属领域的技术人员很容易想到用附件1的速效胰岛素类似物即赖脯胰岛素替换附件2的中效胰岛素制剂中的天然人胰岛素，以获得起效更快且与中效胰岛素一样具有较长的作用时间的胰岛素类似物–鱼精蛋白复合物，权利要求1的技术方案相对于附件1和2的结合不具备突出的实质性特点。同时，用赖脯胰岛素替换胰岛素而获得的赖脯胰岛素–NPD的技术效果只是中效胰岛素制剂的延长的作用时间与赖脯胰岛素的快速起效这两种技术效果的简单叠加，其技术效果是可以预见的，相对于附件1和2的结合不具备显著的进步。因此，权利要求1相对于附件1和2的结合不具备专利法第22条第3款所规定的创造性。

专利权人认为，由于赖脯胰岛素降低了聚合倾向，不能像天然胰岛素那样与锌形成稳定的六聚体（参见反证1和2），其与锌的缔合将会产生大量大分子量物质并且不同于大多数情况下的、已明确定义的Zn–胰岛素六聚物（参见反证4~7）。且当时的目标是得到快速起效的单体胰岛素类似物，避免其形成六聚体（参见反证3即附件9、反证9即附件22），因而本领域技术人员不会预测到赖脯胰岛素–鱼精蛋白复合物能够形成，也没有动机把速效的赖脯胰岛素制备成为延长起效时间的胰岛素制剂，制成含有鱼精蛋白的胰岛素类似物制剂偏离了附件1的目的和教导，另外，即使是非常类似的胰岛素类似物也并非都能够制备其晶体的合适的悬浮液，如GluB28人胰岛素（参见反证8即附件18）。同时图1已证明本发明的赖脯胰岛素–NPD至少在8小时内比人胰岛素NPH具有更好的特性。因此，本专利的赖脯胰岛素–鱼精蛋白复合物具备突出的实质性特点和显著的进步，权利要求1具备创造性。

合议组认为，首先，在专利权人陈述意见所依据的证据中，反证4~8、10~12的公开日均在本专利的优先权日之后或者不能证明其公开日在本专利的优先权日之前，因此其本身不能作为现有技术文件支持本专利的创造性。对于反证4~8、11、12中引用的文献，专利权人并没有提交这些文献作为证据，无法了解其中记载了什么内容。其次，专利权人提供这些证据是要证明本领域技术人员没有动机把速效的赖脯胰岛素制备成为延长时间的胰岛素制剂，也不会预测到赖脯胰岛素–鱼精蛋白复合物能够形成。然而，起效速度的快慢是指从胰岛素（或类似物）制剂被注入体内起到其开始发挥作用所需的时间间隔，而作用时间的长短指其发挥作用的持续时间，对作用时间延长的需求并不妨碍对快速起效的需求，本领域存在对具有即时起效且效果持续足够长时间的胰岛素制剂的需求。况且如前所述，相对于最接近的附件2公开的现有技术来说，权利要求1的技术方案只是将附件2的中效胰岛素制剂中的胰岛素替换为快速起效的赖脯胰岛素，而现有技术中并不存在不能用胰岛素类似物替代天然人胰岛素的技术偏见，例如附件22记载了用胰岛素类似物取代目前已知的胰岛素制剂中的人胰岛素或猪胰岛素可以用来制造新的具有胰岛素活性的胰岛素制剂。如果要获得同时具有快速起效和作用时间延长两种特性的胰岛素制剂，所属领域的技术人员很容易想到用速效的赖脯胰岛素取代中效胰岛素制剂中的天然人胰岛素，因为这只是快速起效和作用时间延长两种技术效果的简单叠加。而且，用赖脯胰岛素能否制备其晶体的合适的悬浮液只需有限的试验即可验证。因此，反证4~8、11和12并不能达到其证明目的，专利权人所陈述的意见不具有说服力。

权利要求2对鱼精蛋白和锌的含量作了进一步限定，如前所述，附件2已公开每100个单位胰岛素含有0.28%~1.12%重量比的锌和0.3~0.6毫克的鱼精蛋白，其中鱼精蛋白的含量与权利要求2中含量范围部分重叠，锌的含量为在附件2中可用的含量范围内选择的更小的含量范围，这种选择并没有为权利要求2的技术方案带来任何意料不到的技术效果，况且权利要求2中锌和鱼精蛋白的含量为近似值，表明接近该含量范围均可使用，因此权利要求2相对于附件1和2的结合也不具备创造性。

权利要求3限定权利要求1或2的复合物为结晶，如前所述，附件2公开了固体相为由胰岛素、鱼精蛋白和锌组成的结晶且液体相中含有苯酚衍生物的悬浮液，而本专利说明书的内容并不足以表明所述复合物结晶中必然包含苯酚衍生物作为组成成分，因此权利要求3的技术方案与附件2公开的内容相比区别仍在于用赖脯胰岛素替代了人胰岛素，与权利要求1类似的道理，在附件1公开了赖脯胰岛素的情况下，权利要求3相对于附件1和2的结合也不具备创造性。

权利要求4涉及一种非肠道用单体胰岛素类似物-鱼精蛋白药物制剂，其创造性依赖于权利要求1的复合物，由于权利要求1的复合物不具备创造性，因此权利要求4的药物制剂相对于附件1和2的结合也不具备创造性。权利要求5和6对所述药物制剂中鱼精蛋白和锌的含量作了进一步限定，其中鱼精蛋白的含量已由附件2所公开或者与附件2公开的含量部分重叠，锌的含量在附件2所公开的可用含量范围之内，这种含量的具体选择也没有为权利要求5和6的技术方案带来任何意料不到的技术效果，况且权利要求5和6中锌和鱼精蛋白的含量为近似值，表明接近该含量范围均可使用，因此权利要求5和6相对于附件1和2的结合不具备创造性。

权利要求8涉及一种非肠道用药物制剂，其中赖脯胰岛素、鱼精蛋白、间甲苯酚、苯酚的含量均被附件2所公开，其与附件2的区别特征在于用赖脯胰岛素替换了天然人胰岛素，且锌、甘油和磷酸氢二钠的含量与附件2中不同，然而，与对权利要求1的评述类似，用附件1中速效的赖脯胰岛素替代附件2的中效胰岛素中的天然人胰岛素是本领域技术人员容易想到的，而锌和甘油的含量在附件2公开的可用含量范围之内，磷酸氢二钠的含量与附件2公开的含量相差不大，这种含量的具体选择并没有为权利要求8的技术方案带来任何意料不到的技术效果，况且锌、甘油和磷酸氢二钠的含量均为近似值，表明接近该含量范围均可使用，因此权利要求8相对于附件1和2的结合不具备创造性。

权利要求13涉及权利要求1的复合物在制备治疗糖尿病的药物中的应用，而胰岛素及其类似物的制剂用于治疗糖尿病是本领域公知常识，在权利要求1的复合物不具备创造性的前提下，权利要求13相对于附件1和2的结合同样不具备创造性。权利要求17涉及权利要求4的非肠道用药物制剂的制备方法，如前所述，由于单体胰岛素类似物-鱼精蛋白结晶相对于附件1和2的结合不具备创造性，而将其悬浮于可药用的稀释剂中为常规制剂方法，因此，权利要求17的制备方法相对于附件1和2的结合不具备创造性。

权利要求14涉及权利要求1的复合物的制备方法，附件12公开了胰岛素与碱性蛋白的结晶产品和制备方法，其中实施例1公开了如下内容：在25毫升0.1当量的盐酸的帮助下将1.6克含锌量0.4％的锌-胰岛素结晶溶解在400毫升水中，向其中加入3毫升三甲酚的水溶液、7.6克的氯化钠和终浓度为1/75摩尔及pH为6.9的足量的磷酸钠缓冲液。然后边摇晃边加入溶解于水中的0.14克硫酸鳟鱼精蛋白。权利要求14的技术方案与附件12公开的内容相比区别在于用赖脯胰岛素替代了附件12中的天然人胰岛素。因此权利要求14的技术方案解决的技术问题是提供制备与胰岛素-鱼精蛋白结晶相比起效更快的胰岛素类似物-鱼精蛋白复合物的方法。附件1公开了快速起效的胰岛素类似物即赖脯胰岛素（参见说明书第87页表IV），并指出可以制备含胰岛素类似物的药物组合物，例如将胰岛素类似物悬浮或溶于适用于注射的无毒液体载体如一种含水介质中（参见说明书第85页第2段）。在附件1教导了快速起效的胰岛素类似物同样可以像天然人胰岛素一样被配制为药物组合物或其他复合物形式的情况下，为使附件12的胰岛素和鱼精蛋白结晶同时具有快速起效的特性，所属领域的技术人员很容易想到用附件1的速效胰岛素类似物即赖脯胰岛素替换附件12的结晶产物中的天然人胰岛素，以制备起效更快且与所述结晶产物一样具有较长的作用时间的胰岛素类似物-鱼精蛋白复合物,权利要求14的技术方案相对于附件1和12的结合不具备突出的实质性特点。同时,由权利要求14的制备方法制得的胰岛素类似物-鱼精蛋白复合物的技术效果也只是中效胰岛素制剂延长的作用时效与赖脯胰岛素的快速起效这两种技术效果的简单叠加,相对于附件1和12的结合不具备显著的进步。此外,如前所述,现有技术中不存在不能用胰岛素类似物替代天然人胰岛素的技术偏见,且以赖脯胰岛素替代天然人胰岛素的制备方法能否制得所述复合物只需有限的试验即可验证。因此权利要求14相对于附件1和12的结合不具备专利法第22条第3款所规定的创造性。

权利要求15和16涉及赖脯胰岛素-鱼精蛋白结晶的制备方法,除了所公开的上述内容之外,附件12还指出,为了有效地生产所述结晶,某些条件是必需的,包括:第一,碱性蛋白与胰岛素的比率P/I,"等相"比率是获得结晶的碱性蛋白与胰岛素之间的恰当比率,但该值可发生相当大的变化,有效的结晶并不需要比率P/I为精确的等相比率;第二,必须存在锌,锌含量可在与胰岛素重量比为约0.2%~0.5%的范围内变化;第三,必须存在苯酚或甲酚,或两者的混合物,其浓度可在获得结晶的溶液体积的约0.05%~2.0%范围内变化,要获得充分而且完全的结晶,允许的浓度范围更小,随着所考虑的第四个条件即pH值而在0.1%~0.7%的限度内变化;第四,需要一定的pH值范围,pH值会随着所用碱性蛋白、P/I比、锌含量以及所存在的最重要的酚类物质-苯酚或甲酚或二者的混合物而变化,pH必须至少为6.3,以致明显高于胰岛素的等电点,必须低于碱性蛋白如鱼精蛋白或鱼精蛋白的分离产物的等电点,并且不能超过pH7.7以避免不需要的降低胰岛素稳定性的碱性;第五、虽然温度应足够高以防止冻结,但理想的结晶温度不超过20℃,有效结晶的适宜温度在15(C至20(C之间(说明书第4栏至第8栏)。权利要求15和16的技术方案与附件12相比,锌含量和pH值处于附件2中公开的可用范围内,附件12还给出了测定有利于形成结晶的鱼精蛋白与胰岛素之间的恰当比率的方法以及根据碱性蛋白和胰岛素的等电点确定恰当的pH值的原则,况且权利要求15中各参数值为近似值,表明这些参数值可以在一定范围内变化而并不影响其技术效果,从本专利说明书来看,在附件12公开的可用含量范围内选择上述特定参数(或参数范围)也没有为发明带来任何意料不到的技术效果;且本领域公知天然人胰岛素在锌和苯酚衍生物存在下可形成六聚物缔合形式。因此,权利要求15和16与附件12所代表的现有技术相比,其实质区别仍在于用速效的赖脯胰岛素替代天然人胰岛素,从而可以用该制备方法制得既能快速起效又能延长作用时间的赖脯胰岛素-鱼精蛋白结晶。而在附件1教导了快速起效的赖脯胰岛素同样可以像天然人胰岛素一样被配制为药物组合物或其他复合物形式的情况下,与权利要求14类似的道理,用附件1的速效赖脯胰岛素替代附件12的结晶产物中的胰岛素而制备赖脯胰岛素-鱼精蛋白结晶的方法是普通技术人员容易想到的,所制得的具有快速起效和作用时间延长的叠加效果也是能够合理预期的。虽然专利权人认为赖脯胰岛素与天然人胰岛素不同,其在仅有锌存在下不能缔合为高度稳定的六聚物,但是,附件12公开的制备方法的步骤与权利要求15和16相同,也是先将苯酚衍生物加至含锌胰岛素之后才加入鱼精蛋白,这样,用附件1的赖脯胰岛素替代天然人胰岛素时,在加入鱼精蛋白之前与赖脯胰岛素混合的除了锌还有苯酚衍生物,应当也是首先形成的六聚缔合形式的赖脯胰岛素。因此,专利权人陈述的意见不具备说服力,权利要求15和16相对于附件1和附件12的结合不具备专利法第22条第3款所规定的创造性。

权利要求7要求保护权利要求4的药物制剂,其还含有可溶性单胰岛素类似物。附件2还指出,在有些时候,鱼精蛋白锌胰岛素可以与常规胰岛素混合后使用(第973页右栏倒数第7至5行),因此,权利要求7的技术方案与附件2公开的内容相比,区别仍然只是用赖脯胰岛素替代鱼精蛋白锌胰岛素与常规胰岛素的混合制剂中的天然人胰岛素,以获得既可以迅速起效又可以延长作用时间的双时相赖脯胰岛素制剂。与对权利要求1的评述类似的道理,用附件1中速效的赖脯胰岛素替代附件2胰岛素制剂中的天然人胰岛素是本领域技术人员容易想到的且不存在技术偏见,效果也是能够合理预期的,因此权利要求7相对于附件1和2的结合不具备专利法第22条第3款所规定的创造性。

权利要求9要求保护权利要求8的非肠道用药物制剂,其还含有可溶性单胰岛素类似物。如前所述,权利要求8的非肠道药物制剂对鱼精蛋白、间甲苯酚、苯酚、锌、甘油和磷酸氢二钠含量的限定均不能使之相对于附件1和2的结合具备创造性,而且附件2也公开了还含有常规胰岛素的双时相胰岛素制剂,而用附件1中速效的赖脯胰岛素替换附件2的胰岛素制剂中的天然人胰岛素是本领域技术人员容易想到的且不存在技术偏见,效果也是能够合理预期的,因此权利要求9相对于附件1和2的结合不具备专利法第22条第3款所规定的创造性。

权利要求10要求保护非肠道用药物制剂,其中赖脯胰岛素-鱼精蛋白结晶为其延长作用时间的制剂部分,而这样的赖脯胰岛素-鱼精蛋白结晶是不具备创造性的(参见对权利要求3的评述),附件2也公开了还含有常规胰岛素的鱼精蛋白锌胰岛素制剂,用附件1中速效的赖脯胰岛素替换附件2含有常规胰岛素的鱼精蛋白锌胰岛素制剂中的天然人胰岛素是本领域技术人员容易想到的且不存在技术偏见,效果也是能够合理预期的,而双时相药物制剂中可溶性单体胰岛素类似物和单体胰岛素类似物-鱼精蛋白结晶的适宜的重量比是本领域普通技术人员能够根据需要进行调整的,况且将该重量比限定为1:99~99:1并没有产生任何预料不到的技术效果,因此,权利要求10相对于附件1和2的结合不具备专利法第22条第3款所规定的创造性。权利要求11和12对所述重量比作了进一步的限定,这同样在本领域普通技术人员所掌握的常规知识的范畴之内,而且该具体限定同样没有产生任何预料不到的技术效果,因此权利要求11和12相对于附件1和2的结合仍然不具备创造性。

综上所述,本专利权利要求1~13、17相对于附件1和2的结合不具备创造性,权利要求14~16相对于附件1和12的结合不具备创造性,均不符合专利法第22条第3款的规定。

鉴于上述分析已得出本专利权利要求1~17相对于附件1和2的结合或者相对于附件1和12的结合不具备创造性从而应予全部无效的结论,因此,对于请求人提出的权利要求1~17相对于其他证据或证据组合不符合专利法第22条第3款的规定、权利要求1~17不符合专利法第22条第2款或第26条第4款的规定、本专利说明书不符合专利法第26条第3款的规定的无效宣告理由,本决定不再予以评述。

基于以上事实和理由,本案合议组作出如下审查决定。

三、决定

宣告第95106567.X号发明专利权全部无效。

当事人对本决定不服的,可以根据专利法第46条第2款的规定,自收到本决定之日起三个月内向北京市第一中级人民法院起诉。根据该款的规定,一方当事人起诉后,另一方当事人应当作为第三人参加诉讼。

北京市第一中级人民法院
行政判决书

(2008) 一中行初字第1290号

原告伊莱利利公司（ELI LILLY AND COMPANY），住所地美利坚合众国印第安纳州印第安纳波利斯市伊莱利利企业中心（LILLY CORPORATE CENTER, INDIANAPOLIS）。

法定代表人葆拉·K迪威思（Paula K. Davis），专利顾问。

委托代理人邰红，中国专利代理（香港）有限公司专利代理人。

委托代理人李静冰，北京市正见永申律师事务所律师。

被告中华人民共和国国家知识产权局专利复审委员会，住所地中华人民共和国北京市海淀区北四环西路9号银谷大厦10~12层。

法定代表人廖涛，副主任。

委托代理人葛永奇，中华人民共和国国家知识产权局专利复审委员会审查员。

委托代理人刘妍，中华人民共和国国家知识产权局专利复审委员会审查员。

第三人甘李药业有限公司，住所地中华人民共和国北京市通州区国家环保产业园区156号。

法定代表人甘忠如，总经理。

委托代理人王继胜，男，汉族，1970年11月7日出生，甘李药业有限公司经理，住中华人民共和国吉林省通化市东昌区民主街二道河委九组。

原告伊莱利利公司不服被告中华人民共和国国家知识产权局专利复审委员会（简称专利复审委员会）作出的第11435号无效宣告请求审查决定（简称第11435号决定），于法定期限内向本院提起诉讼。本院于2008年8月27日受理本案后，依法组成合议庭，并依法通知甘李药业有限公司（简称甘李公司）作为第三人参加诉讼，于2008年11月14日公开开庭进行了审理。原告伊莱利利公司的法定代表人葆拉·K迪威思及委托代理人邰红、李静冰，被告专利复审委员会的委托代理人葛永奇、刘妍，第三人甘李公司的法定代表人甘忠如及委托代理人王继胜到庭参加了诉讼。本案现已审理终结。

专利复审委员会2008年4月27日作出的第11435号决定是针对甘李公司对伊莱利利公司享有的95106567.X号名称为"单体胰岛素类似物制剂"的发明专利（以下简称本专利）所提出的无效宣告请求作出的。

专利复审委员会根据甘李公司提出的无效请求理由，其中包括对于修改后的本专利权利要求1~17相对于附件1（附件1的内容包含有其所引用的附件2的内容）均不具备创造性的请求；以及伊莱利利公司针对这一请求提出的抗辩及反证作出审查，其中认定如下：

如果发明与对比文件1的区别特征为对比文件2中披露的相关技术手段，该技术手段在对比文件2中所起的作用与在要求保护的发明中所起的作用相同，且现有技术中不存在不能将该技术手段用于对比文件1中的技术偏见，同时，若此组合的发明其总的技术效果是各组合部分效果的总和，仅仅是一种简单的效果叠加，则该发明不具备突出的实质性特点和显著的进步，不符合《中华人民共和国专利法》（简称《专利法》）第二十二条第三款有关创造性的规定。

权利要求1与附件2公开的内容相比区别在于权利要求1中用胰岛素类似物赖脯胰岛素代替了人胰岛素。因此，权利要求1的技术方案解决的技术问题是提供与胰岛素-NPH相比起效更快的中效胰岛素类似物-鱼精蛋白复合物。

附件1公开了快速起效的胰岛素类似物即赖脯胰岛素，并指出可按照附件2所述方法制备含胰岛素类似物的药物组合物。在附件1教导了快速起效的胰岛素类似物同样可以像天然人胰岛素一样被配制为药物组合物的情况下，为了使附件2的中效胰岛素同时具有快速起效的特征性，所属领域技术人员很容易想到用附件1的速效胰岛素类似物即赖脯胰岛素替换附件2的中效胰岛素制剂中的天然人胰岛素，以获得起效更快且与中效胰岛素一样具有较长作用时间的胰岛素类似物-鱼精蛋白复合物，权利要求1的技术方案相对于附件1和2的结合不具有突出的实质性特点。同时，用赖脯胰岛素替换胰岛素而获得的赖脯胰岛素-NPD的技术效果只是中效胰岛素制剂的延长作用时间与赖脯胰岛素的快速起效这两种技术效果的简单叠加，其技术效果是可以预见的，相对于附件1和2的结合不具有显著的进步。因此，权利要求1相当于附件1和2的结合不具备《专利法》第二十二条第三款所规定的创造性。

反证4~8、10~12的公开日均在本专利的优先权日之后，或者不能证明其公开日在本专利的优先权日之前，因此不能作为现有技术文件支持本专利的创造性。伊莱利利公司提供这些证据为的是要证明本领域技术人员没有动机把速效的赖脯胰岛素制备成能延长时间的胰岛素制剂，更不会预测到赖脯胰岛素-鱼精蛋白复合物能够形成。然而起效速度的快慢是指从胰岛素（或类似物）制剂被注入体内起到其开始发挥作用所需要的时间间隔，而作用时间的长短指其发挥作用的持续时间，对作用时间延长的需求并不妨碍对快速起效的需求，本领域存在对具有即时起效且效果持续足够长时间的胰岛素制剂的需求。况且，相对于最接近的附件2公开的现有技术来说，权利要求1的技术方案只是将附件2的中效胰岛素制剂中的胰岛素替换为快速起效的赖脯胰岛素，而现有技术中不存在不能用胰岛素类似物替换天然人胰岛素的技术偏见。如果要获得同时具有快速起效和作用时间延长两种特性的胰岛素制剂，所属领域的技术人员很容易想到用速效的赖脯胰岛素取代中效的胰岛素制剂中的天然人胰岛素，因为这只是快速起效和作用时间延长两种技术效果的简单叠加。而且赖脯胰岛素能否制备其晶体的合适的悬浮液只需有限的试验即可验证。因此，上述反证并不能达到其证明目的。

权利要求2对鱼精蛋白和锌的含量作了进一步的限定，而附件2已经公开了每100个单位胰岛素含有0.28%~1.12%重量比的锌和0.3~0.6毫克的鱼精蛋白，其中鱼精蛋白的含量与权利要求2中含量范围部分重叠，锌的含量为在附件2中可用的含量范围内选择的更小的含量范围，这种选择并没有为权利要求2的技术方案带来何种意料不到的技术效果，况且权利要求2中锌和鱼精蛋白的含量为近似值，表明接近该含量范围均可使用，因此权利要求2相对于附件1和2的结合也不具备创造性。

权利要求3限定权利要求1或2的复合物为结晶，而附件2公开了固体相为由胰岛素、鱼精蛋白和锌组成的结晶且液体相中含有苯酚衍生物的悬浮液，而本专利说明书的内容并不足以表明所述复合物结晶中必然含有苯酚衍生物作为组成成份，因此权利要求3的技术方案与附件2公开的内容相比区别仍然在于用赖脯胰岛素替代了人胰岛素，与权利要求1类似的道理，在附件1公开了赖脯胰岛素的情况下，权利要求3相对于附件1和2的结合也不具备创造性。

权利要求4涉及一种非肠道用单体胰岛素类似物-鱼精蛋白药物制剂，其创造性依赖于权利要求1的复合物，由于权利要求1的复合物不具备创造性，因此，权利要求4的药物制剂相对于附件1和2的结合也不具备创造性。

权利要求5和6对所述药物制剂中鱼精蛋白和锌的含量作了进一步限定，其中鱼精蛋白的含量已由附件2所公开或者与附件2公开的含量部分重叠，锌的含量在附件2所公开的可用含量范围之内，这种含量的具体选择也没有为权利要求5和6的技术方案带来任何意想不到的技术效果，况且权利要求5和6中锌和鱼精蛋白的含量为近似值，表明接近该含量范围均可使用，因此，权利要求5和6相对于附件1和2的结合不具有创造性。

权利要求14涉及权利要求1的复合物的制备方法，附件12公开了赖脯胰岛素与碱性蛋白的结晶产物和制备方法，其中实施例1公开了如下内容：在25毫克0.1当量的盐酸的帮助下将1.6克含锌量0.4%的锌-胰岛素结晶溶解在400毫克水中，向其中加入3毫升三甲酚的水溶液、7.6克氯化钠和终浓度为1/75摩尔及pH为6.9的足量磷酸钠缓冲液。然后边摇晃边加入溶解于水中的0.14克硫酸鳟鱼精蛋白。权利要求14的技术方案与附件12公开的内容相比区别在于赖脯胰岛素替代了附件12中的天然人胰岛素。因此，权利要求14技术方案解决的技术问题是提供制备与胰岛素-鱼精蛋白结晶相比起效更快的胰岛素类似物-鱼精蛋白复合物的方法。附件1公开了快速起效胰岛素类似物即赖脯胰岛素，并指出可以制备含胰岛素类似物的药物组合物，例如将胰岛素类似物悬浮液或溶于适用于注射无毒液体载体如一种含水介质中。在附件1教导了快速起效的胰岛素类似物同样可以像天然人胰岛素一样被配制为药物组合物或其他复合物形式的情况下，为使附件12的胰岛素和鱼精蛋白结晶同时具有快速起效的特性，所属领域技术人员很容易想到用附件1的速效胰岛素类似物即赖脯胰岛素替换附件12的结晶产物中的天然人胰岛素，以制备起效更快且所述结晶产物一样具有较长的作用时间的胰岛素类似物-鱼精蛋白复合物，权利要求14的技术方案相对于附件1和12的结合不具备突出的实质性特点。同时，由权利要求14的制备方法制得的胰岛素类似物-鱼精蛋白复合物的技术效果也只是中效胰岛素制剂延长的作用时效与赖脯胰岛素的快速起效这两种技术效果的简单叠加，相对于附件1和12的结合不具备显著的进步。此外，如前所述，现有技术中不存在不能用胰岛素类似物替代天然人胰岛素的技术偏见，且以赖脯胰岛素替代天然人胰岛素的制备方法能否制得所述复合物只需有限的试验即可验证。因此，权利要求14相对于附件1和12的结合不具备《专利法》第二十二条第三款所规定的创造性。

权利要求15和16涉及赖脯胰岛素-鱼精蛋白结晶的制备方法，除了所公开的上述内容之外，附件12还指出，为了有效地生产所述结晶，某些条件是必须的，包括：第一、碱性蛋白与胰岛素的比率P/I，"等相"比率是获得结晶的碱性蛋白与胰岛素之间的恰当比率，但该值可以发生相当大的变化，有效的结晶并不需要比率P/I为精确的等相比率；第二、必须存在锌，锌含量可在胰岛素重量比为约0.2%至0.5%的范围内变化；第三、必须存在苯酚或甲酚，或两者的混合，其浓度可在获得结晶的溶液体积的约0.05%~0.2%范围内变化，要获得充分而且完全的结晶，允许的浓度范围更小，随着所考虑的第四个条件即pH值在0.1%~0.7%的限度内变化；第四、需要一定的pH值范围，pH值会随着所用碱性蛋白、P/I比、锌含量以及所存在的最重要的酚类物质-苯酚或甲酚或二者的混合物而变化，pH必须为6.3，以至于明显高于胰岛素的等电点，必须低于碱性蛋白如鱼精蛋白或鱼精蛋白的分离产物的等电点，并且不能超过pH7.7以避免不需要的降低胰岛素稳定性的碱性；第五、虽然温度应足够高以防止冻结，但理想的结晶不超过20℃，有效结晶的适宜温度在15℃至20℃之间。权利要求15和16的技术方案与附件12相比，锌含量和pH值处于附件12中公开的可用范围内，附件12还给出了测定有利于形成结晶的鱼精蛋白与胰岛素之间的恰当比率的方法以及根据碱性蛋白和胰岛素的等电点确定恰当的pH值的原则，况且权利要求15中各参数值为近似值，表明这些参数值可以在一定范围内变化而不影响其技术效果，从本专利说明书来看，在附件12公开的可用含量范围内选择上述特定参数（或参数范围）也没有为发明带来任何意想不到的技术效果；且本领域公知天然胰岛素在锌和苯酚衍生物存在下可形成六聚物缔合形式，因此，权利要求15和16与附件12所代表的现有技术相比，其实质性区别仍在于用速效的胰岛素替代天然人胰岛素，从而可以用该制备方法制得既能快速起效又能延长作用时间的赖脯胰岛素-鱼精蛋白结晶。而在附件1教导了快速起效的赖脯胰岛素同样可以像天然人胰岛素一样被配制为药物组合物或其他复合物形式的情况下，与权利要求

14类似的道理，用附件1的速效赖脯胰岛素替代附件12的结晶产物中的胰岛素而制备赖脯胰岛素-鱼精蛋白结晶的方法是普通技术人员容易想到的，所制得的具有快速起效和作用时间延长的叠加效果也是能够合理预期的。虽然专利权人认为赖脯胰岛素与天然胰岛素不同，其在仅有锌存在的情况下不能缔合为高度稳定的六聚物，但是，附件12公开的制备方法的步骤与权利要求15和16相同，也是先将苯酚的衍生物加至含锌胰岛素之后才加入鱼精蛋白，这样用附件1的赖脯胰岛素替代天然人胰岛素时，在加入鱼精蛋白之前与赖脯胰岛素混合的除了锌还有苯酚衍生物，应当也是首先形成的六聚物缔合形式的赖脯胰岛素。因此，专利权人陈述的意见不具备说服力，权利要求15和16相对于附件1和附件12的结合不具备《专利法》第二十二条第三款所规定的创造性。

综上所述，本专利权利要求1～13、17相对于附件1和2的结合不具备创造性，权利要求14-16相对于附件1和12的结合不具备创造性。决定：宣告95106567.X号发明专利权全部无效。

原告伊莱利利公司不服该决定，向本院起诉称：第11435号决定存在主要证据不足，适用法律错误，程序违法等问题。1. 错误认定如下事实：（1）错误认定"本发明的晶体不含有苯酚衍生物"。我公司的主张是本专利权利要求3要求保护的发明晶体含有苯酚衍生物。在本发明的图2和图3中给出了本发明的晶体照片，本领域的普通技术人员能够确切无疑地从中看到本发明的晶体形状与已知的天然胰岛素鱼精蛋白的双锥体型晶体极其相似，加之本发明方法中使用的材料资料，普通技术人员会确信说明书的图2和图3中给出的晶体含有胰岛素或其类似物、锌、苯酚衍生物和鱼精蛋白。因此根据本专利说明书，本领域普通技术人员能够理解本发明的赖脯胰岛素-鱼精蛋白复合物的晶体形态和结构可以确认苯酚衍生物确实结合在该复合物总体中。（2）错误认定"现有技术中不存在不能用胰岛素类似物替代天然胰岛素的技术偏见"。专利复审委员会仅凭附件22中一句"可以用（本发明的）胰岛素类似物去取代目前胰岛素类似物制剂中的人胰岛素或猪胰岛素"的记述，就确定"现有技术中不存在不能用胰岛素类似物替代天然胰岛素的技术偏见"，显属证据不足。我公司认为自本发明之前，本领域存在快速起效的单体胰岛素类似物，特别是赖脯胰岛素不能形成鱼精蛋白复合物晶体的技术偏见。其理由是，赖脯胰岛素是一种优良的快速起效的单体胰岛素类似物，其形成二聚体乃至六聚体的趋势大大降低，更不用说有形成晶体的能力。由于开发赖脯胰岛素的目标是避免形成六聚体，尽量保持单体形式以达到快速起效的目的，可见开发赖脯胰岛素的中效制剂或其晶体形式是与该发明的目的及教导相背离的，故本领域技术人员没有任何动机去制备胰岛素的中效制剂或其晶体，上述技术偏见是存在的。退一步说，即便有动机制备赖脯胰岛素的中效制剂或者其晶体，本领域技术人员也会认为单体胰岛素类似物不能形成六聚体胰岛素鱼精蛋白复合物或其晶体。需要指出的是在本发明之前，本领域还不知道也不存在稳定的赖脯胰岛素六聚体。2. 违背听证原则，被告专利复审委员会仅根据"本发明的晶体不含有苯酚衍生物"这一错误事实认定，得出本发明权利要求3不具备创造性的结论，而无论是专利复审委员会还是无效请求人都从未在与本发明有关的实审、无效请求审查程序中提出过"本发明的晶体不含有苯酚衍生物"这一观点，也未给我公司以陈述意见的机会，即作出本发明权利要求3不具备创造性的判定。综上，本专利符合《专利法》第二十二条第三款所规定的创造性，请求撤销专利复审委员会作出的第11435号决定。

被告专利复审委员会的答辩称：1. 关于事实认定，（1）根据本发明的描述，本发明的晶体是一种新的晶体，其结晶及组成根据现有技术无法推断。而本申请说明书中仅仅记载了利用本发明复合物的各组分能够形成晶体的混合物，但是，对于所形成的晶体并没有提供任何数据及其分析证明其中具体包含了何种成份，本领域普通技术人员根据说明书的记载只能知道所述复合物是一种混合物，其中包含了所述所有组分，但是并不能获知所述组分在晶体与非晶体中的分配，也即不能获知所述晶体中是否必然包含复合物中的苯酚衍生物这一组分。此外，对于原告在诉状中所称，由于本发明晶体的

"双锥体型"与现有技术中的含有苯酚衍生物的晶体相同从而认为本发明的晶体也必然含有苯酚衍生物,我委认为,首先,本领域没有任何技术教导,外形相同的晶体结构和组分是相同的;其次,正如原告所称,本发明与现有技术晶体的形式也仅为相似;第三,即便是原告声称二者型体"相似",也仅仅是一种主观的判断,而并未提供任何科学严谨的证据证实。(2)第11435号决定中认定"现有技术中不存在不能用胰岛素类似物替代天然胰岛素的技术偏见",得到了附件22的支持,事实认定清楚无误。需要强调的是,该认定中所述"偏见"与原告在诉状中所述"在本发明之前,本领域存在快速起效的单体胰岛素类似物,特别是本发明的赖脯胰岛素不能形成鱼精蛋白复合物晶体的技术偏见"并不相同,我委对于后者在第11435号决定中并未进行过任何评述。2. 关于听证原则,原告与第三人对于权利要求3是否清楚均无异议,而在权利要求清楚的情况下,权利要求的保护范围是确定的,我委仅仅是在创造性评述中对权利要求3的保护范围作出说明,并没有引入任何新的事实、理由及证据。因此不存在违反听证原则问题,所作决定无任何不当。综上,该决定认定事实清楚、适用法律正确、程序合法,请求驳回原告的诉讼请求,维持第11435号决定。

第三人甘李公司同意第11435号决定,认为专利复审委员会的决定正确,应予维持。理由是:1. 关于所述结晶是否含有苯酚衍生物和锌属于原告与我公司在本案中最重大的争议,我公司多次强调涉案专利的说明书所记载的内容不能证明所述结晶含有苯酚衍生物或锌,而原告在口审中也拿不出任何证据,但却始终坚持主张所述结晶中含有苯酚衍生物或锌,并对该问题作出了意见陈述,专利复审委员会的无效审查不存在违反听证原则问题。2. 本专利说明书中根本没有记载其权利要求所述结晶含有苯酚衍生物等内容,原告试图从已知胰岛素在鱼精蛋白、苯酚衍生物等存在的条件下形成具有一定形态的结晶,而这些结晶的晶型和本专利所公开的棒状结晶相似,因此推测本专利的结晶含有苯酚衍生物。且不说原告所引用的已有技术并未公开所获得的结晶中是否含有苯酚衍生物,即便已知的结晶含有苯酚衍生物,用结晶形态来推定结晶的化学组分也是十分荒谬的。本领域公知的常识是任何温度、离子强度、种类的一些微小改变都有可能影响结晶过程和晶型。因此,原告的上述推测是错误的。专利复审委员会所作判定结论是正确的。3. 关于本领域技术人员是否对于将速效胰岛素类似物制成中效制剂存在技术偏见问题,事实是在本专利优先权日之前,胰岛素制剂领域已有了将动物胰岛素和人胰岛素制成速效和中效制剂。速效制剂只有一种,即由胰岛素、锌、酚类物质和其他常用辅料组成的可溶剂。中效制剂中最常见的是本专利所涉及的鱼精蛋白胰岛素制剂,即NPH(Neutral Protamine Hagdon),通常为悬浮液制剂。患者既需要速效又需要中效的胰岛素,使得开发混合型胰岛素制剂成为必然,就现有技术而言,当时发明的速效胰岛素类似物的缔合趋势比天然胰岛素小,但还是制成并公开了其六聚体形式的胰岛素类似物;同时,患者对混合型制剂需求的存在,本领域技术人员不存在想不到将速效胰岛素类似物制成中长效制剂的技术偏见。即使假设原告所称的赖脯胰岛素NPD比人胰岛素NPH起效快,也是本领域技术人员可以预期的。鱼精蛋白胰岛素悬浮液在皮下注射后,胰岛素缓慢从晶体中释放出来,释放出的游离胰岛素由六聚体形式转化为二聚体和单体后,才能进入毛细血管运输到靶细胞起到降糖作用。上述六聚体转化为单体的过程是天然胰岛素起效慢的主要原因。而快速胰岛素类似物由于形成六聚体的趋势小,因此进入毛细血管的速度比天然胰岛素快。上述过程是本领域的公知常识,本领域技术人员很容易预期如果赖脯胰岛素能制成鱼精蛋白中效制剂,其起效速度要比人胰岛素NPH快。综上,请求法院维持第11435号决定。

经审理查明:

1995年6月14日,原告伊莱利利公司申请了名称为"单体胰岛素类似物制剂"发明专利(即本专利),2004年4月14日获得授权,专利号为95106567.X,本专利优先权日为1994年6月16日。2007年10月7日,即无效审查期间原告对本专利进行了修改,并将权利要求限定为仅涉及赖脯胰岛素。修改后的权利要求为：1. 一种单体胰岛素类似物-鱼精蛋白复合物，其基本上由下列成分组成：其中B28位上的Pro被Lys取代并且B29位上的Lys是Pro的人胰岛素；鱼精蛋白；锌；和苯酚衍生物。2. 权利要求1的复合物其为$Lys^{B28}Pro^{B29}$-人胰岛素，约0.27~0.32mg鱼精蛋白/100IU单体胰岛素类似物，约0.35%~0.9%重量比的锌，和苯酚衍生物。3. 权利要求1或2的复合物，其中所述复合物为结晶。4. 一种非肠道用单体胰岛素类似物-鱼精蛋白药物制剂，其含有权利要求1的复合物。5. 权利要求4的药物制剂，其还含有约0.2~1.5mg鱼精蛋白/100IU单体胰岛素类似物，约0.35%~0.9%重量比的锌，和苯酚衍生物。6. 权利要求5的药物制剂，其含有：$Lys^{B28}Pro^{B29}$-人胰岛素，约0.27~0.32mg鱼精蛋白/100IU单体胰岛素类似物和约0.35%~0.9%重量比的锌。7. 权利要求4的药物制剂，其还含有可溶性单体胰岛素类似物。8. 一种非肠道用药物制剂，其含有$Lys^{B28}Pro^{B29}$-人胰岛素，约0.3mg鱼精蛋白/100IU胰岛素类似物，约0.7%重量比的锌，约1.7mg/mL间甲苯酚，约0.7mg/ml苯酚，约16mg/mL甘油和约3.78mg/mL磷酸氢二钠。9. 权利要求8的非肠道用药物制剂，其还含有可溶性单体胰岛素类似物。10. 非肠道用药物制剂，含有可溶性单体胰岛素类似物和单体胰岛素类似物-鱼精蛋白结晶的混合物；其中单体胰岛素类似物与单体胰岛素类似物-鱼精蛋白结晶的重量比约为1：99~99：1；所述单体胰岛素类似物是其中B28位上的Pro被Lys取代并且B29位上的Lys是Pro的人胰岛素。11. 权利要求10的非肠道用药物制剂，其中两种组分的重量比约为75：25~25：75。12. 权利要求11的非肠道用药物制剂，其中两种组分的重量比约为50：50、75：25、或25：75。13. 权利要求1的复合物在制备治疗糖尿病的药物中的应用。14. 权利要求1的复合物的制备方法，其包括：于含水溶剂中混合单体胰岛素类似物、鱼精蛋白、锌和苯酚衍生物，并形成所述复合物。15. 一种$Lys^{B28}Pro^{B29}$-人胰岛素-鱼精蛋白结晶的制备方法，其包括：于约8~22℃的温度下，将六聚物缔合形式的$Lys^{B28}Pro^{B29}$-人胰岛素水溶液与鱼精蛋白溶液混合；所述水溶液含有重量比为约0.35%~0.9%锌、$Lys^{B28}Pro^{B29}$-人胰岛素和苯酚衍生物，pH约为7.1~7.6；所述鱼精蛋白溶液含有鱼精蛋白，pH约为7.1-7.6，以使得鱼精蛋白的最终浓度为约0.27~0.32mg鱼精蛋白/100IU单体胰岛素类似物。16. 权利要求15的方法，其中温度为15℃；锌的浓度为0.7%~0.9%并且鱼精蛋白的浓度为0.3mg/100IU单体胰岛素类似物。17. 一种权利要求4的非肠道用药物制剂的制备方法，其包括：将单体胰岛素类似物-鱼精蛋白结晶悬浮液于可药用的稀释剂中。

本专利说明书中（第3、4页）载明：本发明进一步提供了一种结晶状胰岛素类似物-鱼精蛋白复合物，此复合物已定义为胰岛素类似物-NPD，$Lys^{B28}Pro^{B29}$-人胰岛素-NPD含有：$Lys^{B28}Pro^{B29}$-人胰岛素，约0.27~0.32mg鱼精蛋白/100IU胰岛素类似物、约0.35%~0.9%锌（重量比），和苯酚衍生物。本发明还提供了具有作用迅速和中效作用两大特性的制剂，此制剂是单体胰岛素类似物和结晶胰岛素类似物-NPD的混合物，所述两个组分的重量比约为1-99：99-1。术语"单体胰岛素类似物-NPD"或"胰岛素类似物-NPD"是指制剂中结晶胰岛素类似物和鱼精蛋白的悬浮液。在本发明研究之初，单体胰岛素类似物缔合和形成六聚物的趋势较弱，这是公知的，但是以前在本领域中并不知道用鱼精蛋白是单体胰岛素类似物缔合以形成结晶所必需的条件。重要的是，现已发现了本发明方法的参数-即结晶的温度以及胰岛素类似物、锌和苯酚衍生物的六聚物复合物的形成严格限制了稳定的$Lys^{B28}Pro^{B29}$-人胰岛素-NPD结晶的形成。

还有一点重要的是，在形成结晶之前，胰岛素类似物被转变成六聚物形式。

2007年7月9日，甘李公司针对本专利提起无效宣告请求，同时为证明本专利不具备《专利法》第二十二条第三款规定的创造性，向专利复审委员会提交了大量书证，其中包括如下附件：

附件1为中国发明专利申请公开说明书，发明名称为"胰岛素类似物"，专利申请号为90101415.X，公开号为CN1044820A，公开日期为1990年8月22日。在该说明书第85页中提到：借助于含有效量的至少一种结构式Ⅰ的胰岛素类似物的药物组合物与一种或多种医药商可接受的赋形剂或载体相混合，可根据病人需要（即患高血糖的病人）施用本发明的胰岛素类似物。在这些情况下，一般配制的药物组合物每 ml 含 100 单位或含有效量的胰岛素类似物的类似浓度。这些组合物一般（但不是必须的）不口服，可用现有技术中公知的肠胃外产物的普通赋形剂或载体，用不同的方法制得。参见例如列入本文参考文献的 Remington's Pharmaceutical Sciences. 17th edition, Mark Publishing Company, Easton, PA, USA (1985)（本判决注：即第 17 版，百明顿制药科学出版物）。例如将所需量的至少一种结构式Ⅰ的胰岛素类似物悬浮或溶于适用于注射的无毒液体载体如一种含水介质中，并使该悬浮液或溶液消毒，可制备肠胃外施用的药剂。附件 2 为附件 1 中提到的 1985 年，第 17 版，百明顿制药科学出版物（Remington's PharmaceuticalSciences, 17th edition），Philadelphia College of Pharmacy and Scierce 出版第 973~977 页英文原文及中文译文，内容载明：在有些时候，鱼精蛋白锌胰岛素可以与常规胰岛素混合后使用。文中列举了有关胰岛素注射液、中效胰岛素悬浮液、锌胰岛素悬浮液、长效胰岛素锌悬浮液、快速锌胰岛素悬浮液、鱼精蛋白锌胰岛素悬浮液等的制备方法。一种在缓冲到注射水中配制的锌胰岛素晶体和硫酸鱼精蛋白悬浮液，上述悬浮液可通过适当的方法结合制成，以使得所述悬浮液的固体相是由胰岛素、鱼精蛋白和锌组成的结晶构成。所述鱼精蛋白可以从鱼的精子或鱼的成熟精巢中制备，这些鱼是属于大马哈鱼属（Onco rhynchus Suckley），或鲑鱼属 SalmoLinné（Fam Salmonidae）。特征-棒状结晶的白色悬浮液，所述棒状结晶约为 30 微米长，在轻微的摇混后，无大块的结晶聚合体；该悬浮液或含有（1）1.4%~1.8%（重量/体积）的甘油，0.15%~0.17%（重量/体积）的间甲酚，和 0.06%~0.07%（重量/体积）的苯酚，或含有（2）1.4%~1.8%（重量/体积）的甘油，0.20%~0.25%（重量/体积）的苯酚；含有 0.15%~0.25%（重量/体积）的磷酸氢二钠；每 100 单位（美国药典单位）胰岛素还含有 0.01~0.04 毫克的锌和 0.3~0.6 毫克的鱼精蛋白。用显微镜观察，悬浮液的不溶物质是结晶体，并含有不超过微量的非结晶物质；用 pH 计测定的 pH 值是在 7.1 到 7.4 之间。

伊莱利利公司认为，根据本专利权利要求书及说明书所记述的内容可以证明本专利权利要求 1 中所述"复合物"含有系由赖脯胰岛素、锌、苯酚衍生物和鱼精蛋白四部分组成的结晶，且该结晶中含有苯酚衍生物，而这一点正是本专利与附件 2 中技术方案的不同之处。即权利要求 1 与附件 2 的区别不仅在于赖脯胰岛素替代人胰岛素，还在于结晶中包含苯酚衍生物，其替代不是简单替换，赖脯胰岛素对附件 2 中人胰岛素的简单替换不能获得本专利的结晶产品。专利复审委员会表示，本专利权利要求书及说明书清楚地表明本专利权利要求 1 要求保护的是一种复合物，而没有说是否是结晶，及结晶中是否含有苯酚衍生物，经将本专利与附件 1 和 2 相比对，权利要求 1 的技术方案相对于附件 1 和 2 的结合不具有突出的实质性特点。甘李公司与专利复审委员会意见相同。

为证明赖脯胰岛素与锌可以形成二聚体、六聚体，只是容易解离，而且属于本领域已知的常识，并非如伊莱利利公司所称很难形成二聚体、六聚体，甘李公司提交了附件 9 和 10。附件 9 为 1993 年 6 月 10~11 日，礼来印第安纳研讨会会议集：糖尿病研究Ⅲ（Directions in Diabetes ResearchⅢ: A Lily Symposium Held in Indianapolis, Indiana），其中题目为"研究中的速效餐时胰岛素类似物"（"Fast-Acting, 'Mealtime' Insulin Analog Under Study"）一文中载明：詹斯博士明确地指出："虽然赖脯胰岛素在锌存在的条件下形成二聚体和六聚体，但是它的解离常数比常规的锌胰岛素六聚体需要弱得多"。附件 10 为 1993 年"糖尿病医学"期刊（Diabetic Medicine, Journal of the British Diabetic Association），其上标题为"快速起效的胰岛素类似物的进展"（"The development of a fast-acting insulin analog"）一文中载明：赖脯胰岛素（Lys^{B28}Pro^{B29}）人胰岛素（HI）是把人胰岛素 B 链第 28 位和第 29 位的氨基酸对换后而产生的一个速效类似物。虽然赖脯胰岛素和人胰岛素是等效的，但通过动物和人体的药学研究表明赖脯胰岛素常规可溶的 HI 具有从皮下注射部分吸收更快、作用时间更短的特点。物理化学研究表明这种理想到时间作用是部分由于相对 HI，Lys-Pro 结构的更弱的自身聚合性能，可能是由于把 B 链第 28 位的辅氨酸移到 B 链第 29 位所致。而且，一个用 Cray 超级计算机计算出的 300°K 的 1000 皮秒分子动力轨迹揭示赖脯胰岛素 B 链羧基端伸展的 β 链一些微小 Lys-Pro 构造改变。这种构造不易于形成正常的二聚体，这就解释了含锌赖脯胰岛素六聚体分解比人胰岛素分解得更快。因此，把人胰岛素 B28 和 B29 的氨基酸交换后产生的赖脯胰岛素与人胰岛素有一样的氨基酸组成和电荷，而且赖脯胰岛素是一个具有起效快、作用时间短的餐时胰岛素临床功效的胰岛素类似物。伊莱利利公司认为，上述证据没有推翻其有关赖脯胰岛素与锌很难形成二聚体、六聚体的主张，但也不否认其可以形成的事实。在此，甘李公司同时也认可天然胰岛素鱼精蛋白晶体为六聚体形成，即附件 2 中的结晶是由天然胰岛素六聚体形成的事实。

附件 12 为美国专利文献，发明名称为"胰岛素与碱性蛋白的结晶产品和制备方法"文献号为 US2538018，公开日为 1951 年 1 月 16 日在 4 栏第 3 段至 8 栏第 3 段中载明：为了有效地生产这种结晶，我们发现了某些必要的条件：1. 得出碱性蛋白比胰岛素的某一确定比率的近似值，即比率 P/I 的某一确定值是有用的。2. 必须存在锌，锌含量在与胰岛素重量比为约 0.2% ~ 0.5% 的锌的范围内可变化，我们优选胰岛素重量比为 0.36% ~ 0.52% 的锌浓度。3. 必须存在苯酚或甲酚，或是两者的混合物。四、需要一定的 pH 值范围，pH 值在 6.3 ~ 7.7 的宽范有一个约 0.5pH 单位的狭窄范围可以达到最佳且通常相当完全的结晶。对该证据，伊莱利利公司亦认可其中所记载的方法除了赖脯胰岛素替代人胰岛素之外，与本专利的制备方法不存在其他实质区别。

附件 22 为美国专利文献，发明名称为"人胰岛素类似物"，文献号 US5164366A，公开日为 1992 年 11 月 17 日。在 7 栏最后 1 段至 8 栏第 1 段中载明：通过用本文所公开的胰岛素类似物去取代目前已知的胰岛素制剂中的人胰岛素或猪胰岛素，本文所提及的胰岛素类似物可以用来制造新的具有胰岛素活性的胰岛素制剂。这种新的胰岛素制剂含有本发明的胰岛素类似物或其药学上可接受的盐，为水溶液或悬浮液，优选 pH 为中性。用氯化钠、醋酸钠或甘油等可将上述水介质做成等渗的。上述水介质可以含有锌离子、缓冲液如醋酸或柠檬酸和防腐剂，例如间甲酚，羟苯甲酯或苯酚。制剂的 pH 可被调到所需要的值，并通过无菌过滤使其无菌。

伊莱利利公司为证明其诉讼主张成立，向本院提交了如下证据，且基本属于无效宣告审查期间提交的反驳证据：

反证 2 为 David N. Brems 等人于 1992 年发表在 Protein Engineering《蛋白工程》期刊第 5 卷第 6 期上的题目为"通过氨基酸置换改变胰岛素的缔合特性"一文的复印件及中文译文；第 10 页中载明："$Asp^{B28}Pro^{B29}$ 胰岛素、$Lys^{B28}Pro^{B29}$ 胰岛素、$Ala^{B28}Pro^{B29}$ 胰岛素的锌诱导的缔合很小或没有。"伊莱利利公司认为该证据证明赖脯胰岛素在只有锌存在的情况下，才不会发生自缔合。

反证 4 为 1996 年 Protein Science 第 5 卷上，题目为"$Lys^{B28}Pro^{B29}$-胰岛素快速时效的生理化学基础：蛋白质-配体复合物的解离"一文的复印件及中文译文；反证 5 为 2001 年 Critical Reviews™ in Therapeutic Drug CarrierSystems 第 18 卷第 2 期上，题目为"胰岛素自缔合以及与药物动力学和药效学的关系"一文的复印件及中文译文；反证 6 为 1998 年 Pharmaceutical Research, Vol. 15, NO.9 上，题目为"在配制条件下单体胰岛素类似物的自发缔合特性"一文的复印件及中文译文；反证 7 为 stucture1995 年 6 月 15 日一篇题目为"C 端 B 链残基在胰岛素装配中的作用：六聚体 $Lys^{B28}Pro^{B29}$-人胰岛素的结构"一文的复印件及中文译文。上述证据用以证明，在本专利优先权日之前，本领域技术人员没有动机把速效的赖脯胰岛素制备成能延长时间的胰岛素制剂，更不会预测到赖脯胰岛素-鱼精蛋白复合物能够形成。专利复审委员会与甘李公司均坚持上述证据形成时间落在本专利优先权日之后，用于证明上述主张不具备可证据性要求。

反证17为Br Med Bull 1989年第45卷第1期第4~18页的题目为"胰岛素的分子结构：胰岛素单体和其组成"一文的复印件及中文译文，属于在本院审理期间提交的补充证据，文中写道："苯酚特别地结合到胰岛素六聚体使B1-B8螺旋稳定化的新发现对采用苯酚作为保存剂具有重要意义。将苯酚和甲酚等分子以0.2％水平加入，该浓度足够与所述六聚体相互作用并偶尔将菱面体晶体转变成单斜形式。还发现甲酚特别地结合到NPH胰岛素。苯酚相互作用和氯相互作用的重要结果是B链螺旋延伸到锌位置上方，减少了Zn离子的交换。总之，苯酚的存在通过减少六聚体的分解而减少了降解并提高了溶解性，估计通过移走六聚体表面的HisB5，否则其可能参与通过锌配位结构使六聚体交联"。"当在锌、苯酚或甲酚存在下，将胰岛素溶液与鱼精蛋白混合时，形成沉淀物，所述沉淀物转变成四方晶体[25]。该制剂特征性地稳定并具有较长期的效果。晶体的化学分析显示：每个六聚体中存在两个Zn离子，每8.5个胰岛素单体有一个鱼精蛋白分子；苯酚浓度对应每个六聚体22个苯酚分子。X-射线衍射研究揭示：这种晶体中的胰岛素六聚体是对称的，具有三个两重轴，与单斜晶体相同。然而，苯酚和甲酚分子都结合于NPH晶体中。鱼精蛋白相互作用没有影响苯酚接触或六聚体的结构"。在本院审理期间，伊莱利利公司表示抛弃反证17不再使用。

针对伊莱利利公司主张有关"本发明的晶体不含苯酚衍生物"的认定没有给其举证和听证机会问题，专利复审委员会提交了2008年1月25日的口审记录表，该记录中载明：专利复审委员会问："权利要求10中的'单体胰岛素类似物-鱼精蛋白结晶'代表的是什么物质？"伊莱利利公司答："这是一个缩写，实际指的就是权利要求1中的包含四种物质的复合物，也即其中除包含单体胰岛素类似物和鱼精蛋白外，还必定包含了锌和苯酚，这在说明书第9页，有具体的解释。"甘李公司反对称："我们不同意。从这个概念看不出其中包含了锌和苯酚。"对于上述口审记录表，伊莱利利公司表示专利复审委员会没有针对本专利权利要求3中涉及的是否含有锌和苯酚问题给予其举证和陈述权利。专利复审委员会认为，本专利所涉及的结晶中是否含有锌和苯酚问题，无论在权利要求3还是10指的都是同一物，即结晶。

上述事实有第11435号决定书、本专利权利要求书及说明书、甘李公司提交给专利复审委员会的附件、伊莱利利公司提交的反证，以及当事人陈述等证据在案佐证。

本院认为：

依照《专利法》第二十二条第三款的规定，创造性是指同申请日以前已有的技术相比，该发明有突出的实质性特点和显著的进步。

根据各方当事人的诉辩主张，本案的焦点问题为权利要求1、3相对于附件1、2是否具备创造性，权利要求15相对于附件1、12是否具备创造性。

1. 关于反证4~7

伊莱利利公司认为反证4~7虽然公开日在本专利优先权日之后，但其证明的是一个科学事实，而不是本领域技术人员的认知程度，因此应当作为证据在评判创造性时予以考虑。本院认为，创造性是基于以本领域技术人员的知识和能力角度，以申请日或优先权日为时间点，评判一项发明相对于现有技术的显而易见性，公开日在优先权日之后的文献，不管其记载的内容是科学事实还是本领域技术人员的主观认知，均不能反映本领域技术人员在申请日或优先权日之前是否意识到其记载内容的存在，也就不能在评判创造性时予以考虑。故本院对伊莱利利公司关于在创造性判断时应当考虑反证4~7记载的内容的主张不予支持。

2. 关于权利要求1

权利要求1的争议焦点在于：权利要求1要求保护的"一种单体胰岛素类似物-鱼精蛋白复合

物"的四种成分是否形成结晶、结晶中是否包含苯酚衍生物。伊莱利利公司认为，根据说明书中的定义，权利要求1的复合物中固体相为赖脯胰岛素、鱼精蛋白、锌和苯酚衍生物形成的结晶。权利要求1与附件2的区别不仅在于赖脯胰岛素替代人胰岛素，还在于结晶中包含苯酚衍生物，其替代不是简单替换，赖脯胰岛素对附件2中人胰岛素的简单替换不能获得本专利的结晶产品。对此本院认为，权利要求保护范围应当根据其所用词语的含义来理解，在说明书中没有指明某词具有特定含义的情况下，权利要求中的用词应当理解为相关技术领域通常具有的含义，而"复合物"对于本领域技术人员来说是一个具有清楚含义的词语，特别是根据本专利权利要求书及说明书两证，权利要求1要求保护的"复合物"并未被限定为"结晶状"，并且说明书第3页定义的是"结晶状胰岛素类似物-鱼精蛋白复合物"，对"复合物"没有给出如伊莱利利公司上述的特别定义或说明。故本院认为权利要求1的复合物不仅限于上述四种成分构成结晶的情形，对伊莱利利公司关于权利要求1中固体相为包含苯酚衍生物的结晶故而权利要求1具备创造性的主张本院不予支持。

3. 关于权利要求3

伊莱利利公司主张第11435号决定违反听证原则，对于"本发明的晶体不含苯酚衍生物"的认定没有给其举证和听证机会。本院认为，根据口审记录表的记载，伊莱利利公司在回答专利复审委员会提出的"单体胰岛素类似物-鱼精蛋白结晶代表什么物质"这一问题时已经发表了"必定包含了锌和苯酚"的意见，第三人也发表了相反的意见。虽然这一问题是在调查权利要求10时提出的，但本专利并不涉及其他结晶物质，原告上述意见应当同样适用于本专利其他部分提到的结晶，即关于本发明的晶体是否含有苯酚衍生物原告已发表过意见，其权利的行使并未受到实质的妨碍，故其主张本院不予支持。

关于权利要求3晶体是否含有苯酚衍生物的问题，本院认为，本专利说明书明确记载苯酚分子键合到结晶结构上，对其晶体中含有苯酚衍生物应予确认。反证17是公开于1989年的专门研究胰岛素分子结构的文章，原告于诉讼期间提交所述证据意在证明本专利的结晶中含有苯酚衍生物，虽然原告于庭审中表示放弃所述证据，但其公开日早于本专利优先权日，属于客观存在的现有技术，为了澄清附件2的结晶中是否含有苯酚衍生物的客观问题，本院依从客观实际予以引入。反证17记载苯酚与甲酚分子结合于NPH晶体中，而附件2同样涉及胰岛素鱼精蛋白晶体，却没有记载其晶体中含有苯酚衍生物，两份证据在胰岛素鱼精蛋白晶体是否含有苯酚衍生物的问题上似有矛盾之处。本院认为，附件2为介绍胰岛素制剂的工具性书籍，其重点不在于晶体分子结构的研究，且其公开日为1985年，早于反证17的公开日。反证17是公开于1989年的专门研究胰岛素分子结构的文章，从尊重科学发展与客观事实角度出发，反证17的记载更能反映胰岛素鱼精蛋白晶体中是否含有苯酚衍生物的客观事实，因此应当判定事实上附件2的结晶中含有苯酚衍生物，即在结晶中是否含有苯酚衍生物的问题上本专利权利要求3与附件2不应存在区别，故本院对第11435号决定关于权利要求3与附件2的区别仅在于赖脯胰岛素替代了人胰岛素的结论予以支持。

关于附件2的结晶是否为六聚体形成的结晶，甘李公司认可天然胰岛素鱼精蛋白晶体为六聚体形成，即附件2中的结晶是由天然胰岛素六聚体所形成，故在用附件1中的赖脯胰岛素替代附件2中的天然胰岛素时，应当对本领域是否存在赖脯胰岛素不能够形成鱼精蛋白复合物晶体的技术偏见加以考虑。原告认为，根据反证2第10页的记载，赖脯胰岛素在只有锌存在的情况下，不会发生自缔合，因此才能够快速起效，而与鱼精蛋白制备成晶体需要形成六聚物形式，这与赖脯胰岛素作为单体胰岛素类似物避免形成六聚体的开发目标相悖，本领域技术人员不会想到将其制备成鱼精蛋白中效制剂；即使本领域技术人员想到将其制备鱼精蛋白中效制剂，由于其自缔合和锌诱导缔合趋势低，本领域技术人员也不会有能够成功制备赖脯胰岛素-鱼精蛋白结晶的预期；并且，本专利发现只有在苯酚衍生物存在的情况下先使赖脯胰岛素和锌、苯酚衍生物形成六聚体然后加入鱼精蛋白才能形成结晶，普通的天然胰岛素鱼精蛋白结晶方法不适用于赖脯胰岛素；即使制备成晶体，由于胰岛素类似物不再以单体形式存在，难以预期是否还能够快速起效。对于赖脯胰岛素是否能形成六聚体的问题，甘李公司提供附件9、10证明现有技术中已经存在赖脯胰岛素六聚体，只是易于解离。对此，原告承认赖脯胰岛素能够形成六聚体，但不稳定，与天然胰岛素和锌形成的稳定六聚体不同。本院认为，本专利要求保护的结晶属于蛋白质结晶，其形成过程复杂，可能受多种因素影响，没有证据表明必须先形成稳定的重复单元才能形成蛋白质结晶，这一过程也不属于本领域的公知常识，虽然赖脯胰岛素自缔合和锌诱导缔合趋势低，但并非不能形成六聚体，亦没有证据表明现有技术中存在其不能和锌、苯酚衍生物、鱼精蛋白形成稳定结晶的教导，因此原告关于本领域存在赖脯胰岛素不能形成鱼精蛋白复合物晶体的技术偏见不符合客观事实，本院不予支持。

关于权利要求3的创造性，附件1给出明确教导适用附件2的方法制备制剂，同时，附件22公开的也是缔合作用降低的胰岛素类似物，并给出其类似物取代目前已知的胰岛素制剂中的人胰岛素或猪胰岛素，制造新的具有胰岛素活性的胰岛素制剂的明确启示，而附件2仅给出六种胰岛素制剂，用附件1的胰岛素类似物制备主要以单体形式存在的快速胰岛素制剂固然是最直接的选择，但由于本领域存在对中长效制剂的需求，本领域普通技术人员将单体胰岛素类似物制备成鱼精蛋白中效制剂属于合理尝试，且如附件12记载，有效生产胰岛素与碱性蛋白结晶的必要条件包括"必须存在苯酚或甲酚，或者两者的混合物"，即在胰岛素和鱼精蛋白形成晶体的制备方法中就加有苯酚衍生物，伊莱利利公司亦认可附件12记载的方法除了赖脯胰岛素替代人胰岛素之外，与本专利的制备方法不存在其他实质区别，本领域技术人员在尝试制备赖脯胰岛素中效制剂时，根据附件12的方法必然也会加入苯酚衍生物，从而能够制备出赖脯胰岛素-鱼精蛋白结晶，并不需要克服什么技术上的困难。因此，原告关于加入苯酚衍生物才能够形成稳定的胰岛素类似物-鱼精蛋白晶体是其发现、本领域技术人员不存在成功预期、不能实际制备成功的主张本院不予支持。

关于赖脯胰岛素鱼精蛋白结晶的效果，如伊莱利利公司所认可的，鱼精蛋白胰岛素结晶的作用过程为先溶解出胰岛素六聚体，然后解离成单体发挥作用，其亦认可赖脯胰岛素一旦形成六聚体比天然胰岛素易于解离。因此，虽然结晶后赖脯胰岛素不再以单体形式存在，但由于其六聚体解离速度快，故所述结晶能够保持快速起效以及作用时间长的性质是本领域技术人员可以预见的。综上，第11435号决定关于权利要求3相对于附件1、2的结合不具备创造性的结论并无不当，本院予以支持。

4. 关于权利要求15

伊莱利利公司认可权利要求15与附件12的区别仅在于用赖脯胰岛素替代人胰岛素，但认为本领域不存在赖脯胰岛素能够形成六聚体、能够与鱼精蛋白形成结晶的预期。如前所述，本院认为，赖脯胰岛素并非不能形成六聚体，且本领域并不存在其不能与锌、苯酚衍生物、鱼精蛋白形成晶体的偏见，因此伊莱利利公司的主张本院不予支持。

伊莱利利公司对权利要求1、3、15之外的权利要求未明确提出异议，故本院对第11435号决定关于权利要求2、4~14、16~17的评述予以支持。

综上，专利复审委员会作出的第11435号决定认定事实基本清楚，适用法律正确，审查程序合法，应予维持。依照《中华人民共和国行政诉讼法》第五十四条第（一）项之规定，本院判决如下：

维持被告中华人民共和国国家知识产权局专利复审委员会作出的第11435号无效宣告请求审查决定。案件受理费人民币一百元，由伊莱利利公司负担（已交纳）。

如不服本判决，伊莱利利公司可于本判决送达之日起30日内，中华人民共和国国家知识产权局专利复审委员会、甘李药业有限公司可于本判决送达之日起15日内，向本院提交上诉状及其副本，并交纳上诉案件受理费人民币100元，上诉于中华人民共和国北京市高级人民法院。

审　判　长　任　进
代理审判员　邢　军
人民陪审员　郝建欣
二〇〇九年三月十七日
书　记　员　袁　伟

北京市高级人民法院
行政判决书

（2009）高行终字第724号

上诉人（原审原告）伊莱利利公司（ELILILLY AND COMPANY），住所地美利坚合众国印第安纳州印第安纳波利斯市伊莱利利企业中心（LILLY CORPORATE CENTER，INDIANAPOLIS）。

法定代表人葆拉·K迪威思（Paula K. Davis），专利顾问。

委托代理人邰红，女，汉族，1968年1月4日出生，中国专利代理（香港）有限公司专利代理人，住中华人民共和国北京市海淀区万泉河路68号院4号楼1004号。

委托代理人李静冰，北京市正见永申律师事务所律师。

被上诉人（原审被告）中华人民共和国国家知识产权局专利复审委员会，住所地中华人民共和国北京市海淀区北四环西路9号银谷大厦10～12层。

法定代表人张茂于，副主任。

委托代理人何炜，该委员会审查员。

委托代理人程强，该委员会审查员。

原审第三人甘李药业有限公司，住所地中华人民共和国北京市通州区中关村科技园区通州园金桥科技产业基地景盛北三街8号。

法定代表人甘忠如，总经理。

委托代理人王继胜，男，汉族，1970年11月7日出生，该公司经理，住中华人民共和国吉林省通化市东昌区民主街二道河委九组。

上诉人伊莱利利公司因发明专利权无效行政纠纷一案，不服中华人民共和国北京市第一中级人民法院（简称北京市第一中级人民法院）（2008）一中行初字第1290号行政判决，向本院提起上诉。本院2009年6月9日受理本案后，依法组成合议庭，于2009年8月17日公开开庭进行了审理。上诉人伊莱利利公司的法定代表人葆拉K迪威思及委托代理人邰红、李静冰，被上诉人中华人民共和国国家知识产权局专利复审委员会（简称专利复审委员会）的委托代理人何炜、程强，原审第三人甘李药业有限公司（简称甘李公司）的法定代表人甘忠如及委托代理人王继胜到庭参加了诉讼。本案现已审理终结。

北京市第一中级人民法院认定，伊莱利利公司系名称为"单体胰岛素类似物制剂"的95106567.X号发明专利（简称本专利）的专利权人。2007年7月9日，甘李公司针对本专利向专利复审委员会提起无效宣告请求，理由为本专利不具备《专利法》第二十二条第三款规定的创造性。2008年4月27日，专利复审委员会作出第11435号无效宣告请求审查决定（简称第11435号决定），宣告本专利权全部无效。

北京市第一中级人民法院认为，反证4~7公开日在本专利优先权日之后，不能反映本领域技术人员在申请日或优先权日之前是否意识到其记载内容的存在，不能在评判创造性时予以考虑。本专利权利要求1不具备创造性。反证17公开日早于本专利优先权日，属于客观存在的现有技术，为了澄清附件2的结晶中是否含有苯酚衍生物的客观问题，依从客观实际予以引入。反证17记载苯酚与甲酚分子结合于NPH晶体中，而附件2同样涉及胰岛素鱼精蛋白晶体，却没有记载其晶体中含有苯酚衍生物，两份证据在胰岛素鱼精蛋白晶体是否含有苯酚衍生物的问题上似有矛盾之处。附件2为介绍胰岛素制剂的工具性书籍，其重点不在于晶体分子结构的研究，且其公开日为1985年，早于反证17的公开日。反证17是公开于1989年的专门研究胰岛素分子结构的文章，从尊重科学发展与客观事实角度出发，反证17的记载更能反映胰岛素鱼精蛋白晶体中是否含有苯酚衍生物的客观事实，因此应当判定事实上附件2的结晶中含有苯酚衍生物，即在结晶中是否含有苯酚衍生物的问题上本专利权利要求3与附件2不应存在区别，故对第11435号决定关于权利要求3与附件2的区别仅在于赖脯胰岛素替代了人胰岛素的结论予以支持。

附件1给出明确教导适用附件2的方法制备制剂，本领域普通技术人员将单体胰岛素类似物制备成鱼精蛋白中效制剂属于合理尝试，在尝试制备赖脯胰岛素中效制剂时，必然也会加入苯酚衍生物，从而能够制备出赖脯胰岛素-鱼精蛋白结晶，并不需要克服什么技术上的困难。故专利复审委员会第11435号决定关于权利要求3相对于附件1、2的结合不具备创造性的结论并无不当。本专利权利要求15也不具备创造性。

北京市第一中级人民法院依照《中华人民共和国行政诉讼法》第五十四条第（一）项之规定，判决：维持专利复审委员会作出的第11435号决定。

上诉人伊莱利利公司不服原审判决，向本院提起上诉，请求撤销原审判决及第11435号决定，判令专利复审委员会重新做出无效决定。其理由为：1. 原审法院仅仅因为反证4~7的公开日晚于本专利优先权日，对上述证据不予采信，过于武断，违反法定程序，并导致事实认定错误。2. 本专利权利要求1具备创造性。此外，原审法院在已经认定被诉决定中关于本专利权利要求3的结晶中不含有苯酚衍生物的主要事实依据错误的情况下，依然判决维持被诉决定，违反了行政诉讼法的基本原则。3. 原审判决基于已经放弃的反证17做出行政判决，严重违反行政诉讼程序和人民法院审理专利无效行政诉讼的基本原则。反证17虽然由上诉人于原审审理程序中提交，但庭审中放弃该证据，而且没有经过质证，原审判决以此作为重要证据来维持无效决定，严重违反行政诉讼法定程序。4. 原审判决认定事实错误，本专利权利要求3具备创造性。专利复审委员会、甘李公司服从原审判决。

经审理查明：1995年6月14日，伊莱利利公司申请了名称为"单体胰岛素类似物制剂"发明专利（即本专利）。2004年4月14日，该专利获得授权，专利号为95106567.X，本专利优先权日为1994年6月16日。

2007年7月9日，甘李公司针对本专利权向专利复审委员会提起无效宣告请求，其理由包括本专利权利要求1~21不符合《专利法》第二十二条第三款。2007年10月7日，伊莱利利公司提交了意见陈述书，并对本专利进行了修改，修改后的权利要求为：

"1. 一种单体胰岛素类似物-鱼精蛋白复合物，其基本上由下列成分组成：其中B28位上的Pro被Lys取代并B29位上的Lys是Pro的人胰岛素；鱼精蛋白；锌；和苯酚衍生物。

2. 权利要求1的复合物其为$Lys^{B28}Pro^{B29}$-人胰岛素，约0.27~0.32mg鱼精蛋白/100IU单体胰岛素类似物，约0.35%~0.9%重量比的锌，和苯酚衍生物。

3. 权利要求1或2的复合物，其中所述复合物为结晶。

4. 一种非肠道用单体胰岛素类似物-鱼精蛋白药物制剂，其含有权利要求1的复合物。

5. 权利要求4的药物制剂，其还含有约0.2~1.5mg鱼精蛋白/100IU单体胰岛素类似物，约0.35%~0.9%重量比的锌，和苯酚衍生物。

6. 权利要求5的药物制剂，其含有：$Lys^{B28}Pro^{B29}$-人胰岛素，约0.27~0.32mg鱼精蛋白/100IU单体胰岛素类似物和约0.35%~0.9%重量比的锌。

7. 权利要求4的药物制剂，其还含有可溶性单体胰岛素类似物。

8. 一种非肠道用药物制剂，其含有$Lys^{B28}Pro^{B29}$-人胰岛素，约0.3mg鱼精蛋白/100IU胰岛素类似物，约0.7%重量比的锌，约1.7mg/mL间甲苯酚，约0.7mg/ml苯酚，约16mg/mL甘油和约3.78mg/mL磷酸氢二钠。

9. 权利要求8的非肠道用药物制剂，其还含有可溶性单体胰岛素类似物。

10. 非肠道用药物制剂，含有可溶性单体胰岛素类似物和单体胰岛素类似物-鱼精蛋白结晶的混合物；其中单体胰岛素类似物与单体胰岛素类似物-鱼精蛋白结晶的重量比约为1：99-99：1；所述单体胰岛素类似物是其中B28位上的Pro被Lys取代并且B29位上的Lys是Pro的人胰岛素。

11. 权利要求10的非肠道用药物制剂，其中两种组分的重量比约为75：25-25：75。

12. 权利要求11的非肠道用药物制剂，其中两种组分的重量比约为50：50、75：25、或25：75。

13. 权利要求1的复合物在制备治疗糖尿病的药物中的应用。

14. 权利要求1的复合物的制备方法，其包括：于含水溶剂中混合单体胰岛素类似物、鱼精蛋白、锌和苯酚衍生物，并形成所述复合物。

15. 一种$Lys^{B28}Pro^{B29}$-人胰岛素-鱼精蛋白结晶的制备方法，其包括：于约8~22℃的温度下，将六聚物缔合形式的$Lys^{B28}Pro^{B29}$-人胰岛素水溶液与鱼精蛋白溶液混合；所述水溶液含有重量比为约0.35-0.9%锌、$Lys^{B28}Pro^{B29}$-人胰岛素和苯酚衍生物，pH约为7.1~7.6；所述鱼精蛋白溶液含有鱼精蛋白，pH约为7.1~7.6，以使得鱼精蛋白的最终浓度为约0.27~0.32mg鱼精蛋白/100IU单体胰岛素类似物。

16. 权利要求15的方法，其中温度为15℃；锌的浓度为0.7%~0.9%并且鱼精蛋白的浓度为0.3mg/100IU单体胰岛素类似物。

17. 一种权利要求4的非肠道用药物制剂的制备方法，其包括：将单体胰岛素类似物-鱼精蛋白结晶悬浮液于可药用的稀释剂中。"

本专利说明书中载明：本发明进一步提供了一种结晶状胰岛素类似物-鱼精蛋白复合物，此复合物已定义为胰岛素类似物-NPD，$Lys^{B28}Pro^{B29}$-人胰岛素-NPD含有：$Lys^{B28}Pro^{B29}$-人胰岛素，约0.27~0.32mg鱼精蛋白/100IU胰岛素类似物、约0.35%~0.9%锌（重量比），和苯酚衍生物。本发明还提供了具有作用迅速和中效作用两大特性的制剂，此制剂是单体胰岛素类似物和结晶胰岛素类似物-NPD的混合物，所述两个组分的重量比约为1-99：99-1。术语"单体胰岛素类似物-NPD"或"胰岛素类似物-NPD"是指制剂中结晶胰岛素类似物和鱼精蛋白的悬浮液。在本发明研究之初，单体胰岛素类似物缔合和形成六聚物的趋势较弱，这是公知的，但是以前在本领域中并不知道用鱼精蛋白是单体胰岛素类似物缔合以形成结晶所必需的条件。重要的是，现已发现了本发明方法的参数-即结晶的温度以及胰岛素类似物、锌和苯酚衍生物的六聚物复合物的形成严格限制了稳定的$Lys^{B28}Pro^{B29}$-人胰岛素-NPD结晶的形成。还有一点重要的是，在形成结晶之前，胰岛素类似物被转变成六聚物形式。此外，本专利说明书第6页中明确记载："有苯酚衍生物存在这才是关键，因为，除了用作防腐剂外，它还能使所述类似物、鱼精蛋白和锌发生复合。但是，可以确信的是，对于每分子胰岛素类似物来讲只有一分子苯酚键合到结晶结构上。"

甘李公司为证明本专利不具备《专利法》第二十二条第三款规定的创造性，向专利复审委员会提交了以下证据，其中包括：

附件1：发明名称为"胰岛素类似物"、专利申请号为90101415.X的中国发明专利申请公开说明书，该附件公开日期为1990年8月22日。在该说明书第85页中记载：借助于含有效量的至少一种结构式I的胰岛素类似物的药物组合物与一种或多种医药商可接受的赋形剂或载体相混合，可根据病人需要（即患高血糖的病人）施用本发明的胰岛素类似物。在这些情况下，一般配制的药物组合物每ml含100单位或含有效量的胰岛素类似物的类似浓度。这些组合物一般（但不是必须的）不口服，可用现有技术中公知的肠胃外产物的普通赋形剂或载体，用不同的方法制得。参见例如列入本文参考文献的Remington'sPharmaceutical Sciences，17th edition，Mark PublishingCompany，Easton，PA，USA（1985）。例如将所需量的至少一种结构式I的胰岛素类似物悬浮或溶于适用于注射的无毒液体载体如一种含水介质中，并使该悬浮液或溶液消毒，可制备肠胃外施用的药剂。

附件2：附件1中提到的1985年，第17版，百明顿制药科学出版物（Remington's Pharmaceutical Sciences，17th edition），Philadelphia College of Pharmacy and Science 第973~977页英文原文及中文译文，内容载明：在有些时候，鱼精蛋白锌胰岛素可以与常规胰岛素混合后使用。文中列举了有关胰岛素注射液、中效胰岛素悬浮液、锌胰岛素悬浮液、长效胰岛素锌悬浮液、快速锌胰岛素悬浮液、鱼精蛋白锌胰岛素悬浮液等的制备方法。一种在缓冲到注射水中配制的锌胰岛素晶体和硫酸鱼精蛋白悬浮液，上述悬浮液可通过适当的方法结合制成，以使得所述悬浮液的固体相是由胰岛素、鱼精蛋白和锌组成的结晶构成。所述鱼精蛋白可以从鱼的精子或鱼的成熟精巢中制备，这些鱼是属于大马哈鱼属（Oncorhynchus Suckley），或鲑鱼属Salmo Linné（Fam Salmonidae）。特征-棒状结晶的白色悬浮液，所述棒状结晶约为30微米长，在轻微的摇混后，无大块的结晶聚合体；该悬浮液或含有（1）1.4%~1.8%（重量/体积）的甘油，0.15%~0.17%（重量/体积）的间甲酚，和0.06%~0.07%（重量/体积）的苯酚，或含有（2）1.4%~1.8%（重量/体积）的甘油，0.20%~0.25%（重量/体积）的苯酚；含有0.15%~0.25%（重量/体积）的磷酸氢二钠；每100单位（美国药典单位）胰岛素还含有0.01~0.04毫克的锌和0.3~0.6毫克的鱼精蛋白。用显微镜观察，悬浮液的不溶物质是结晶体，并含有不超过微量的非结晶物质；用pH计测定的pH值是在7.1到7.4之间。

伊莱利利公司认为，根据本专利权利要求书及说明书所记述的内容可以证明本专利权利要求1中所述"复合物"含有系由赖脯胰岛素、锌、苯酚衍生物和鱼精蛋白四部分组成的结晶，且该结晶中含有苯酚衍生物，而这一点正是本专利与附件2中技术方案的不同之处。即本专利权利要求1与附件2的区别不仅在于赖脯胰岛素替代人胰岛素，还在于结晶中包含苯酚衍生物，其替代不是简单替换，赖脯胰岛素对附件2中人胰岛素的简单替换不能获得本专利的结晶产品。专利复审委员会表示，本专利权利要求书及说明书清楚地表明本专利权利要求1要求保护的是一种复合物，而没有说是否是结晶，及结晶中是否含有苯酚衍生物，经将本专利与附件1和2相比对，权利要求1的技术方案相对于附件1和2的结合不具有突出的实质性特点。甘李公司同意专利复审委员会的意见。

伊莱利利公司在提交意见陈述书时提交以下反证：

反证2：David N. Brems等人于1992年发表在ProteinEngineering《蛋白工程》期刊第5卷第6期上的题目为"通过氨基酸置换改变胰岛素的缔合特性"一文的复印件及中文译文；第10页中载明：Asp^{B28}Pro^{B29}胰岛素、Lys^{B28}Pro^{B29}胰岛素、Ala^{B28}Pro^{B29}胰岛素的锌诱导的缔合很小或没有。"伊莱利利公司认为该证据证明赖脯胰岛素在只有锌存在的情况下，才不会发生自缔合。

反正4：1996年Protein Science第5卷上，题目为"Lys^{B28}Pro^{B29}-胰岛素快速时效的生理化学基

础：蛋白质-配体复合物的解离"一文的复印件及中文译文；反5为2001年Criticalin Rcviews™ in Therapeutic Drug Carrier Systems第18卷第2期上，题目为"胰岛素自缔合以及与药物动力学和药效学的关系"一文的复印件及中文译文；反证6为1998年PharmaceuticalResearch，Vol. 15，No. 9上，题目为"在配制条件下单体胰岛素类似物的自发缔合特性"一文的复印件及中文译文；

反证："Insulin self-association and the relationshipto pharmacokinetics and pharmacodynamics"，Michael R. DeFelippis等人，Critical ReviewsTM in Therapeutic DrugCarrier Systems，第18卷第2期，2001年，第201~249页，英文，复印件共49页，及其中文译文共18页；

反证6："Self-association properties of monomericinsulin analogs under formulation conditions"，Jane P. Richards等人，Pharmaceutical Research，第15卷第9期，1998年，第1434~1441页，英文，复印件共8页，及其中文译文共13页；

反证7："Role of C-terminal B-chain residues in insulinassembly: the structure of hexameric LysB28ProB29-humaninsulin"，Ewa Ciszak等人，Structure，第3卷第6期，1995年6月15日，第615~622页，英文，复印件共8页，及其中文译文共17页。

伊莱利利公司主张：根据上述反证，在本专利优先权日之前，本领域技术人员没有动机把速效的赖脯胰岛素制备成能延长时间的胰岛素制剂，更不会预测到赖脯胰岛素-鱼精蛋白复合物能够形成。专利复审委员会与甘李公司均坚持反证4~7形成时间均在本专利优先权日之后，不能作为证据使用。

为证明赖脯胰岛素与锌可以形成二聚体、六聚体，只是容易解离，而且属于本领域已知的常识，并非如伊莱利利公司所称很难形成二聚体、六聚体，甘李公司提交了附件9和10：

附件9：1993年6月10~11日，礼来印第安纳研讨会会议集：糖尿病研究Ⅲ（Direct ions in Diabetes ResearchⅢ: A LilySymposium Held in Indianapolis, Indiana），其中题目为"研究中的速效餐时胰岛素类似物"（"Fast-Acting, 'Mealtime' Insulin Analog Under Study'"）一文中载明：詹斯博士明确地指出："虽然赖脯胰岛素在锌存在的条件下形成二聚体和六聚体，但是它的解离常数比常规的锌胰岛素六聚体需要弱得多"。

附件10：1993年"糖尿病医学"期刊（Diabetic Medicine, Journal of the British Diabetic Association），其上标题为"快速起效的胰岛素类似物的进展"（"The development of afast-acting insulin ana log"）一文中载明：赖脯胰岛素（$Lys^{B28} Pro^{B29}$）人胰岛素（HI）是把人胰岛素B链第28位和第29位的氨基酸对换后而产生的一个速效类似物。虽然赖脯胰岛素和人胰岛素是等效的，但通过动物和人体的药学研究表明赖脯胰岛素常规可溶的HI具有从皮下注射部分吸收更快、作用时间更短的特点。物理化学研究表明这种理想到时间作用是部分由于相对HI，Lys-Pro结构的更弱的自身聚合性能，可能是由于把B链第28位的辅氨酸移到B链第29位所致。而且，一个用Cray超级计算机计算出的300°K的1000皮秒分子动力轨迹揭示赖脯胰岛素B链羧基端伸展的β链的一些微小Lys-Pro构造改变。这种构造不易于形成正常的二聚体，这就解释了含锌赖脯胰岛素六聚体分解比人胰岛素分解得更快。因此，把人胰岛素B28和B29的氨基酸交换后产生的赖脯胰岛素与人胰岛素有一样的氨基酸组成和电荷，而且赖脯胰岛素是一个具有起效快、作用时间短的餐时胰岛素临床功效的胰岛素类似物。

附件12：发明名称为"胰岛素与碱性蛋白的结晶产品和制备方法"、文献号为US2538018、公开日为1951年1月16日的美国专利文献，该文献在4栏第3段至8栏第3段中载明：为了有效地生产这种结晶，我们发现了某些必要的条件：1. 得出碱性蛋白比胰岛素的某一确定比率的近似值，即比率P/I的某一确定值是有用的。2. 必须存在锌，锌含量在与胰岛素重量比为约0.2%~0.5%的锌的范围内可变化，我们优选胰岛素重量比为0.36%~0.52%的锌浓度。3. 必须存在苯酚或甲酚，或是两者的混合物。四、需要一定的pH值范围，pH值在6.3~7.7的宽范有一个约0.5pH单位的狭窄范围可以达到最佳且通常相当完全的结晶。对该证据，伊莱利利公司亦认可其中所记载的方法除了赖脯胰岛素替代人胰岛素之外，与本专利的制备方法不存在其他实质区别。

附件22：发明名称为"人胰岛素类似物"、文献号US5164366A、公开日为1992年11月17日的美国专利文献，该文献载明：通过用本文所公开的胰岛素类似物去取代目前已知的胰岛素制剂中的人胰岛素或猪胰岛素，本文所提及的胰岛素类似物可以用来制造新的具有胰岛素活性的胰岛素制剂。这种新的胰岛素制剂含有本发明的胰岛素类似物或其药学上可接受的盐，为水溶液或悬浮液，优选pH为中性。用氯化钠、醋酸钠或甘油等可将上述水介质做成等渗的。上述水介质可以含有锌离子、缓冲液如醋酸或柠檬酸和防腐剂，例如间甲酚，羟苯甲酯或苯酚。制剂的pH可被调到所需要的值，并通过无菌过滤使其无菌。

2008年4月27日，专利复审委员会作出第11435号决定。

专利复审委员会在该决定中认定：

本专利权利要求1与附件2公开的内容相比区别在于权利要求1中用胰岛素类似物赖脯胰岛素代替了人胰岛素。因此，本专利权利要求1的技术方案解决的技术问题是提供与胰岛素-NPH相比起效更快的中效胰岛素类似物-鱼精蛋白复合物。

附件1公开了快速起效的胰岛素类似物即赖脯胰岛素，并指出可按照附件2所述方法制备含胰岛素类似物的药物组合物。在附件1教导了快速起效的胰岛素类似物同样可以像天然人胰岛素一样被配制为药物组合物的情况下，为了使附件2的中效胰岛素同时具有快速起效的特征性，所属领域技术人员很容易想到用附件1的速效胰岛素类似物即赖脯胰岛素替换附件2的中效胰岛素制剂中的天然人胰岛素，以获得起效更快且与中效胰岛素一样具有较长作用时间的胰岛素类似物-鱼精蛋白复合物，权利要求1的技术方案相对于附件1和2的结合不具有突出的实质性特点。同时，用赖脯胰岛素替换胰岛素而获得的赖脯胰岛素-NPD的技术效果只是中效胰岛素制剂的延长作用时间与赖脯胰岛素的快速起效这两种技术效果的简单叠加，其技术效果是可以预见的，相对于附件1和2的结合不具有显著的进步。因此，本专利权利要求1相当于附件1和2的结合不具备《专利法》第二十二条第三款所规定的创造性。

反证4~8、10~12的公开日均在本专利的优先权日之后，或者不能证明其公开日在本专利的优先权日之前，因此不能作为现有技术文件支持本专利的创造性。

本专利权利要求2相对于附件1和2的结合也不具备创造性。

权利要求3限定权利要求1或2的复合物为结晶，而附件2公开了固体相为由胰岛素、鱼精蛋白和锌组成的结晶且液体相中含有苯酚衍生物的悬浮液，而本专利说明书的内容并不足以表明所述复合物结晶中必然含有苯酚衍生物作为组成成份，因此权利要求3的技术方案与附件2公开的内容相比区别仍然在于用赖脯胰岛素替代了人胰岛素，与权利要求1类似的道理，在附件1公开了赖脯胰岛素的情况下，权利要求3相对于附件1和2的结合也不具备创造性。本专利权利要求4~13及17也不具备创造性。

本专利权利要求14~16相对于附件1和12的结合不具有突出的实质性特点和显著的进步，不具备《专利法》第二十二条第三款所规定的创造性。

据此，专利复审委员会宣告本专利权全部无效。

伊莱利利公司在本案一审审理期间向原审法院提交了下列新的证据：

反证17：Br Med Bull 1989年第45卷第1期第4~18页的题目为"胰岛素的分子结构：胰岛素单体和其组成"一文的复印件及中文译文，文中记载："苯酚特别地结合到胰岛素六聚体使B1-B8螺旋稳定化的新发现对采用苯酚作为保存剂具有重要意义。将苯酚和甲酚等分子以0.2％水平加入，该浓度足够与所述六聚体相互作用并偶尔将菱面体晶体转变成单斜形式。还发现甲酚特别地结合到NPH胰岛素。苯酚相互作用和氯相互作用的重要结果是B链螺旋延伸到锌位置上方，减少了zn离子的交换。总之，苯酚的存在通过减少六聚体的分解而减少了降解并提高了溶解性，估计通过移走六聚体表面的His B5，否则其可能参与通过锌配位结构使六聚体交联"。"当在锌、苯酚或甲酚存在下，将胰岛素溶液与鱼精蛋白混合时，形成沉淀物，所述沉淀物转变成四方晶体[25]。该制剂特征性地稳定并具有较长期的效果。晶体的化学分析显示：每个六聚体中存在两个zn离子，每8.5个胰岛素单体有一个鱼精蛋白分子；苯酚浓度对应每个六聚体22个苯酚分子。X-射线衍射研究揭示：这种晶体中的胰岛素六聚体是对称的，具有三个两重轴，与单斜晶体相同。然而，苯酚和甲酚分子都结合于NPH晶体中。鱼精蛋白相互作用没有影响苯酚接触或六聚体的结构"。在原审法院审理期间，伊莱利利公司表示抛弃反证17不再使用。

上述事实有第11435号决定、本专利权利要求书及说明书、甘李公司提交给专利复审委员会的各附件、伊莱利利公司提交的各反证以及当事人陈述等证据在案佐证。

本院认为：依照《专利法》第二十二条第三款的规定，发明的创造性是指同申请日以前已有的技术相比，该发明有突出的实质性特点和显著的进步。本案的核心问题是本专利权利要求1、3是否符合《专利法》第二十二条第三款关于创造性的规定。

本专利权利要求1涉及一种单体胰岛素类似物–鱼精蛋白复合物，本专利说明书中记载的这种复合物包括结晶胰岛素类似物和鱼精蛋白的悬浮液即胰岛素类似物–NPD，如赖脯胰岛素–NPD，根据说明书的记载，该NPD制剂和胰岛素–NPH制剂的作用时间几乎相同，但与胰岛素–NPH相比，该NPD制剂起效更快并且能在较长时间内保持稳定。附件2公开了一种在缓冲的注射水中配制的锌胰岛素晶体和硫酸鱼精蛋白的中效胰岛素悬浮液，所述悬浮液的固体相由胰岛素、鱼精蛋白和锌组成的结晶构成。本专利权利要求1与附件2公开的内容相比区别在于权利要求1中用胰岛素类似物赖脯胰岛素替代了人胰岛素。因此，本专利权利要求1的技术方案解决的技术问题是提供与胰岛素–NPH相比起效更快的中效胰岛素类似物–鱼精蛋白复合物。

附件1公开了快速起效的胰岛素类似物即赖脯胰岛素，并指出可按附件2所述方法制备含胰岛素类似物的药物组合物，例如将胰岛素类似物悬浮或溶于适于注射的无毒液体载体如一种含水介质中。在附件1教导了快速起效的胰岛素类似物同样可以像天然人胰岛素一样被配制为药物组合物的情况下，为了使附件2的中效胰岛素同时具有快速起效的特性，所属领域的技术人员很容易想到用附件1的速效胰岛素类似物即赖脯胰岛素替换附件2的中效胰岛素制剂中的天然人胰岛素，以获得起效更快且与中效胰岛素一样具有较长的作用时间的胰岛素类似物–鱼精蛋白复合物，故本专利权利要求1的技术方案相对于附件1和2的结合不具有突出的实质性特点。第11435号决定关于本专利权利要求1不具备创造性的认定正确。伊莱利利公司关于本专利权利要求1具备创造性的上诉主张没有事实和法律依据，本院不予支持。

根据查明的事实，本专利说明书明确记载苯酚分子键合到结晶结构上，因此，本专利权利要求3的晶体中应当含有苯酚衍生物。第11435号决定关于本专利说明书的内容并不足以表明本专利权利要求3所述复合物结晶中必然包含苯酚衍生物作为组成成分的认定错误，原审判决对此予以纠正是正确的。由于第11435号决定对本专利权利要求3中是否含有苯酚衍生物的事实认定错误，影响到对该权利要求的创造性评判，故该决定应予撤销。专利复审委员会应当在认定本专利权利要求3的晶体中含有苯酚的基础上重新对本专利权利要求3是否具备创造性重新做出审查决定。

人民法院对行政机关具体行政行为进行司法审查的范围在于审查被诉具体行政行为的合法性，即被诉具体行政行为的做出是否有充足的证据支持，适用法律是否正确以及程序是否公正。被诉具体行政行为做出时行政相对人未提交的证据，一般在司法审查中不予考虑。本案中，根据反证17的记载，苯酚与甲酚分子结合于胰岛素鱼精蛋白晶体中，而附件2同样涉及胰岛素鱼精蛋白晶体，却没有记载其晶体中含有苯酚衍生物。两份证据在胰岛素鱼精蛋白晶体是否含有苯酚衍生物的问题上存在矛盾。但是，反证17系伊莱利利公司于本案一审审理期间提交的新证据，在无效程序中并未提交，专利复审委员会在作出第11435号决定过程中也未予考虑。此外，伊莱利利公司在原审法院审理期间亦主动放弃反证17。在此情况下，原审法院在正确纠正了第11435号决定中关于本专利权利要求3中结晶含有苯酚衍生物的情况下，却主动引入反证17，确认附件2中的胰岛素鱼精蛋白晶体中也含有苯酚衍生物，从而在改变专利复审委员会第11435号决定中所认定事实的基础上维持该决定，确有不当。因此，原审判决应予撤销。

创造性是以本领域技术人员的知识水平，以申请日或优先权日为时间点，评判一项发明相对于现有技术的显而易见性，公开日在优先权日之后的文献，不管其记载的内容是科学事实还是本领域技术人员的主观认知，均不能反映本领域技术人员在申请日或优先权日之前是否意识到其记载内容的存在，也就不能在评判创造性时予以考虑。反证4~7的公开日在本专利优先权日之后，在评判创造性时不予考虑，原审判决对此认定正确。伊莱利利公司关于原审判决对反证4~7不予采信错误的上诉主张于法无据，本院不予支持。

综上，第11435号决定部分事实认定错误，适用法律不当，应予撤销。原审判决适用法律错误，应予撤销。伊莱利利公司的上诉主张部分成立。依据《中华人民共和国行政诉讼法》第六十一条第（二）项之规定，判决如下：

1. 撤销中华人民共和国北京市第一中级人民法院（2008）一中行初字第1290号行政判决；
2. 撤销中华人民共和国国家知识产权局专利复审委员会做出的第11435号无效宣告请求审查决定；
3. 中华人民共和国国家知识产权局专利复审委员会重新就名称为"单体胰岛素类似物制剂"、专利号为95106567.X的发明专利权做出无效宣告请求审查决定。

一审案件受理费100元，由中华人民共和国国家知识产权局专利复审委员会负担（于本判决生效之日起7日内交纳）；二审案件受理费100元，由中华人民共和国国家知识产权局专利复审委员会负担（于本判决生效之日起日内交纳）。

本判决为终审判决。

审　判　长　刘　辉
代理审判员　岑宏宇
代理审判员　焦　彦
二〇〇九年十月二十日
书　记　员　陈　明
书　记　员　耿巍巍

青稞油炸、焙烤系列食品

无效宣告请求审查决定（第 11457 号）

决 定 号	第 11457 号
决 定 日	2008 年 5 月 10 日
发明创造名称	青稞油炸、焙烤系列食品
国际分类号	A23L 1/164，A23L 1/105
无效宣告请求人	四川米老头食品工业有限公司
专 利 权 人	胡永斌
专 利 号	97125646.2
申 请 日	1997 年 12 月 31 日
授权公告日	2002 年 12 月 25 日
合议组组长	周英姿
主 审 员	张秀丽
参 审 员	王 冬
法 律 依 据	专利法第 22 条第 3 款

决定要点

在判断一项发明是否具有创造性时，应先将要求保护的技术方案与最接近的现有技术进行比较，确定区别技术特征和发明实际解决的技术问题，然后考察上述区别技术特征的引入是否给权利要求所要求保护的技术方案带来突出的实质性特点和显著的进步。

一、案由

本无效宣告请求案涉及国家知识产权局于 2002 年 12 月 25 日公告授予的、名称为"青稞油炸、焙烤系列食品"的第 97125646.2 号发明专利权（下称本专利），其申请日为 1997 年 12 月 31 日，专利权人为胡永斌。本专利授权公告的权利要求书如下：

"1. 一种青稞油炸系列食品，其特征是原料配比为青稞粉 4%~95%，面筋 0%~91%，添加剂 5%~96%，添加剂为糖类、奶类、水、油脂类、蛋类、抗氧化剂类、保鲜剂类、膨松剂类、植物胶类、乳化剂类；加工工艺为调匀、成型、油炸、检验包装、产品。

2. 一种青稞油炸系列产品，其特征是原料配比为青稞粉 4%~95%，面筋 0%~91%，添加剂 5%~96%，添加剂为糖类、奶类、水、油脂类、蛋类、抗氧化剂类、保鲜剂类、膨松剂类、植物胶类、乳化剂类；加工工艺为调匀、发酵、成型、油炸、检验包装、产品。

3. 一种青稞焙烤系列食品，其特征是原料配比为青稞粉4%~95%，面筋0%~91%，添加剂5%~96%，添加剂为糖类、奶类、水、油脂类、蛋类、抗氧化剂类、保鲜剂类、膨松剂类、植物胶类、乳化剂类；加工工艺为调匀、成型、焙烤、检验包装、产品。

4. 一种青稞焙烤系列食品，其特征是原料配比为青稞粉4%~95%，面筋0%~91%，添加剂5%~96%，添加剂为糖类、奶类、水、油脂类、蛋类、抗氧化剂类、保鲜剂类、膨松剂类、植物胶类、乳化剂类；加工工艺为调匀、发酵、成型、焙烤、检验包装、产品。"

针对上述专利权，四川米老头食品工业有限公司（下称请求人）于2007年8月3日向专利复审委员会提出专利无效宣告请求，认为本专利不符合专利法第22条的规定，并提交了本专利授权公告文本以及以下证据：

证据1：公开号为CN1062075A的中国发明专利申请公开说明书，公开日为1992年6月24日，复印件共5页；

证据2：公开号为CN1149965A的中国发明专利申请公开说明书，公开日为1997年5月21日，复印件共10页；

证据3：公开号为CN1109709A的中国发明专利申请公开说明书，公开日为1995年10月11日，复印件共10页。

请求人在无效宣告请求书表格第4栏中表明本专利权利要求1~4不符合专利法第22条的规定，并依据证据1~3，但请求人在无效宣告请求书正文中陈述了第97225765.9号实用新型专利缺乏创造性的具体理由，所引用的证据也不是证据1~3。

经形式审查合格后，专利复审委员会受理了上述请求，于2007年8月7日向双方当事人发出《无效宣告请求受理通知书》，并将《专利权无效宣告请求书》附件清单中的附件副本转送给专利权人，要求其在指定的期限内答复，同时成立合议组对本无效宣告请求案进行审理。

针对上述专利权无效宣告请求，专利权人于2007年8月24日提交了意见陈述书。专利权人认为：（1）证据1是一种以杂粮粉、小麦粉、食用淀粉为主料，添加多种辅料油炸的产品，其发明目的是为了用杂粮制作出营养丰富且口味良好、易于保鲜的食品。证据2是在传统的面粉、油脂、糖为原料的基础上再加上玉米粉、小米粉及植物蛋白制成的营养保健饼干，其发明目的是提供口感细腻、营养价值高、成型容易的饼干。证据3是以面粉为原料，添加多种配料制成的饼干，其发明目的是利用大地植物精华通过特殊的加工方法和配方，制成能迅速有效补充人体必需的维生素、氨基酸及各种微量元素，增强体质及免疫力的饼干。而本专利是以青稞为原料，添加面筋、添加剂而制成的食品，其发明的目的是将含有多种氨基酸和多种人体必需矿物质的、无污染的青稞替代小麦，研制出工业化生产形式的青稞油炸、焙烤系列食品。证据1~3的技术方案与本专利的技术方案相差太远，没有相同性和可比性，并且发明目的不同，故本专利具有新颖性、创造性。（2）请求人的"无效宣告请求书正文"中提出的是中国第97225765.9号实用新型专利的无效宣告，与本案无关。

2007年11月20日，请求人又提交了补充意见陈述书及以下证据（编号从前）：

证据4：《简明食品词典》，何长志编，黑龙江科学技术出版社，1989年6月第1版，1989年6月第1次印刷，版权页、前言页、第76~77、174~175页，复印件共3页；

证据5：《中国糕点大全》，张政衡等编，上海科学技术出版社，1993年4月第1版，1995年4月第8次印刷，版权页、前言页、第652~655页，复印件共3页；

证据6：《西式糕点大观》，王树亭、王津利编著，中国旅游出版社，1988年9月第1版，1994年9月第4次印刷，版权页、第222~225、284~285页，复印件共4页；

证据7：《食品词典》，上海辞书出版社，1991年11月第1版，1991年11月第1次印刷，版权页、第588~589页，复印件共2页；

证据8：《中华食品工业大辞典》，河北省食品研究所、中国食品出版社辞书编辑部编著，中国食品出版社出版，1989年2月第1版，1989年2月第1次印刷，版权页、第411、414、480~482、512、520、682、803页，复印件共10页；

证据9：《中国农业百科全书 农作物卷（上、下）》，中国农业百科全书总编辑委员会农作物卷编辑委员会等编著，农业出版社，1991年4月第1版，1991年4月第1次印刷，版权页、第84页，复印件共2页；

证据10：《中国烹饪百科全书》，中国烹饪百科全书编辑委员会等编，中国大百科全书出版社出版，1992年4月第1版，1992年4月第1次印刷，版权页、第586、718页，复印件共3页；

证据11：《食品添加剂手册》，凌关庭等编著，化学工业出版社，2003年2月第3版，2003年2月第9次印刷，版权页、第672页，复印件共2页。

依据上述证据4~11，请求人主张本专利不符合专利法第22条第3款的规定，具体理由概括为：（1）证据6第284页公开了起子面炸糕圈及其制备工艺，证据6的技术方案与权利要求1的区别仅在于（a）没有限定面粉采用青稞粉，（b）没有限定可以添加面筋，（c）部分添加剂的具体成分有所不同，（d）工艺中没有明确说明要进行检验包装。对于区别特征（a），从证据7~9可以看出青稞粉制作糕点和其他食品是公知常识；对于区别特征（b），本专利中的面筋与通常术语中的面筋是不同的（参见证据8第481页），实际上是粘性较高的面粉，当面团中一种面粉的粘性不高（例如青稞粉），添加另一种粘性高的面粉能够提高面团的粘性是公知常识，如证据10第718页中也说明可以通过增加粘性高的面粉增加小米面等低粘性的面团的粘性；对于区别特征（c），由证据8、4和10可知，本专利中所有添加剂可以添加到食品原料中是公知常识；对于区别特征（d），检验、包装是剔除不合格产品、形成包装食品的必要手段和惯用手段，证据8第482页记载用于包装面包的面包包装纸，第520页记载用于进行饼干包装的饼干整理机，说明面包和饼干的制作中存在包装步骤。因此，在证据6中的起子面炸糕圈制作方法中包括或采用检验包装步骤是显而易见的。由上述可知，区别特征（a）、（b）、（c）、（d）都是公知常识，均已被记载在其他证据中，其在所附证据技术方案中的作用与本专利中相同，将这些技术特征同证据6中的上述技术方案相结合得出本专利权利要求1的技术方案是显而易见的，因此本专利权利要求1不具有创造性。另外，证据8第414页的油炸糕点的技术方案同证据6中起子面炸糕圈技术方案一样，其与权利要求1的区别在于上述（a）、（b）、（c）、（d）四点，而这些区别特征都是公知常识，均已被记载在其他证据中，同样得出本专利权利要求1的技术方案是显而易见的，因此，权利要求1不具备创造性。（2）证据5第653~654页公开了食品大良崩砂，该产品的原料中包括富强粉和添加剂，其中富强粉所占比例在4%~95%之间，添加剂中包括油脂类等，所用工艺包括调匀（和面）、发酵（醒发）、成型（制坯）和油炸，最终形成产品。证据5的技术方案与权利要求2的区别在于前述（1）中的（a）、（b）、（c）、（d）四点，而这些区别特征都是公知常识，均已被记载在上述的其他证据中，如（1）中所述，其在上述证据的技术方案中的作用与本专利中的相同，将这些技术特征与证据5的技术方案相结合得出本专利权利要求2的技术方案是显而易见的，因此，权利要求2不具备创造性。另外，证据8第480页和第411页分别记载了面包的原料中包括小麦粉或燕麦粉以及水、糖、油、蛋、奶等，油炸面包是用热油炸熟的面包，面坯经过发酵，所用生产步骤包括调匀（调粉）、发酵、成型和油炸，最终形成产品。其与权利要求2的区别在于上述（a）、（b）、（c）、（d）四点，而这些区别特征都是公知常识，均已被记载在其他证据中，同样得出本专利权利要求2的技术方案是显而易见的，因此，权利要求2不具备创造性。（3）证据6第223-224页公开了一种字头饼干，该产品的原料中包括面粉和添加剂，其中面粉所占比例在4%~

95％之间，添加剂中包括糖类、蛋类和油脂类等，所用工艺包括调匀（制饼干糊）、成型（挤型）和焙烤（烘烤），最终形成产品。证据6的技术方案与权利要求3的区别在于前述（1）中的（a）、（b）、（c）、（d）四点，而这些区别特征都是公知常识，均已被记载在上述所述的其他证据中，如（1）中所述，其在上述证据技术方案中的作用与本专利中相同，将这些技术特征与证据6中的上述技术方案相结合得出本专利权利要求3的技术方案是显而易见的，因此，权利要求3不具备创造性。另外，证据8第520页记载了饼干的原料中包括面粉以及油、糖和牛奶等，所用的生产步骤包括调匀（和面）、成型和焙烤（烘烤），最终形成产品。其与权利要求3的区别在于上述（a）、（b）、（c）、（d）四点，而这些区别特征都是公知常识，均已被记载在其他证据中，同样得出本专利权利要求3的技术方案是显而易见的，因此，权利要求3不具备创造性。（4）证据6第224~225页公开了一种酵面花生仁饼干，该产品的原料中包括面粉和添加剂，其中面粉所占比例在4％~95％之间，添加剂中包括糖类和油脂类等，所用工艺包括调匀（和面团）、发酵、成型和焙烤（烘烤），最终形成产品。证据6的技术方案与权利要求4的区别在于前述（1）中的（a）、（b）、（c）、（d）四点，而这些区别特征都是公知常识，均已被记载在上述所述的其他证据中，如（1）中所述，其在上述证据技术方案中的作用与本专利中相同，将这些技术特征与证据6中的上述技术方案相结合得出本专利权利要求4的技术方案是显而易见的，因此，权利要求4不具备创造性。另外，证据8第480页记载了面包的原料中包括小麦粉或燕麦粉以及糖、油、蛋和奶等，所用生产步骤包括调匀（调制成面团）、发酵、成型和焙烤（烘烤），最终形成产品。其与权利要求4的区别在于上述（a）、（b）、（c）、（d）四点，而这些区别特征都是公知常识，均已被记载在其他证据中，同样得出本专利权利要求4的技术方案是显而易见的，因此，权利要求4不具备创造性。（5）本专利权利要求书和说明书均未记载保鲜剂的具体成分，导致本领域技术人员无法理解和实施权利要求涉及保鲜剂的技术方案。参见证据11第672页中的保鲜剂的定义，保鲜剂的具体成分可以是毒性较大的联苯、邻苯基苯酚钠等，因此，如果不加限定地将保鲜剂添加到食品原料中，并且添加比例最高可达96％，显然不能实现本专利的目的，并且妨害公共利益。

2008年1月21日，本案合议组向双方当事人发出《无效宣告请求口头审理通知书》，拟定于2008年3月4日对该专利权的无效宣告请求举行口头审理，同时将请求人于2007年11月20日提交的补充意见陈述书及附件的副本转给专利权人，将专利权人于2007年8月24日提交的意见陈述书转送给请求人，并要求双方当事人在口头审理时予以答复。

2008年2月27日，无效请求人又提交了意见陈述书。请求人意见概括为：（1）2007年8月3日请求人提交的无效宣告请求书正文有误，此次主动修改并作为原请求书正文替换页。（2）证据1涉及民间食品咯咋的生产方法，步骤包括将原料搅拌均匀、成型、油炸、包装、形成产品。证据1与本专利权利要求1的区别在于：本专利权利要求1中限定青稞在原料中占4％~95％。由于公知青稞粉可以象小麦面粉一样制作食品，因而采用青稞面粉是对现有面粉的简单选择，没有产生意想不到的技术效果，因此，证据1结合公知常识获得的权利要求1的技术方案不具备创造性。（3）权利要求2与权利要求1相比仅增加发酵步骤，而发酵是面粉等食品原料的常见加工手段，在权利要求1不具有创造性的前提下，权利要求2也不具备创造性。（4）证据2作为评述权利要求3的最接近对比文件，其中公开了一种粗粮饼干，制备步骤包括将原料搅拌后调粉、成型、烘烤、形成产品，其与权利要求3的区别在于：证据2没有限定青稞在原料中占4％~95％，也没有提及包装。由于选用青稞粉是对现有面粉的简单选择，没有产生意想不到的技术效果，而包装食品是惯用技术手段。因此，权利要求3不具备创造性。（5）证据3公开了一种植物香料饼干及其加工方法，制备步骤包括将原料混合搅拌、发酵、成型、烘烤、包装成产品，其与权利要求4的区别在于：权利要求4中限定青稞在原料中占

4%~95%。由于选用青稞粉是对现有面粉的简单选择，没有产生意想不到的技术效果，因此，权利要求4不具备创造性；另外，权利要求4在权利要求3的基础上增加了发酵步骤。由于发酵是现有技术对面粉为主原料的食品中常见的加工手段，在权利要求3不具备创造性的情况下，权利要求4也不具有创造性。

2008年3月4日口头审理如期进行。无效请求人委托代理人、专利权人及其委托代理人出席参加了口头审理。口头审理过程中，合议组对双方当事人的证据材料进行了质证，并给予双方当事人充分陈述意见的机会，口审中认定以下事实：

（1）双方当事人确认收到合议组转送的全部文件，对对方当事人出庭人员的身份和资格无异议，对合议组成员无回避请求。

（2）请求人明确其无效宣告理由和范围是权利要求1~4不符合专利法第22条第3款的规定。经当庭与案卷内文件核对，请求人承认其在2007年8月3日提出无效宣告请求时提交的无效请求书正文内容与本案无关，没有针对本专利具体说明无效理由及其所依据的证据。对此，专利权人表示请求人的请求书正文内容与本案无关。

（3）合议组当庭向专利权人转交了请求人于2008年2月27日提交的要求作为无效请求书正文替换页的意见陈述书，专利权人当庭表示无法进行答复。合议组当庭宣布不予考虑请求人此次提交的无效请求书正文替换页。请求人对此无异议。

（4）请求人当庭放弃证据1~3，同时提交了盖有国家图书馆科技查新中心红色公章的文件复制证明（共1页）和复印文献清单（共3页）以及证据4的版权页、第76和175页，证据5的版权页和第653~654页，证据6，证据7的版权页和第588页，证据8~10，证据11的版权页和第672页，并补充提交证据4~11的扉页和证据11的第1、2、673~675、1117、1126~1128页。合议组当庭将证据11新增相关页转给专利权人。

专利权人对证据4~8的真实性有异议，理由是请求人于2007年11月20日提交的证据4~8复印件与当庭提交的盖有国家图书馆科技查新中心红色公章的证据4~8的复印件规格不同，后者不能证明前者的真实性，对证据9~10的真实性无异议。对证据4~10的公开性无异议，对证据11的公开性有异议。请求人指出证据11只作为参考，不是现有技术，且不作为证据使用。专利权人对证据4~7、10~11的关联性有异议，认为其均不涉及青稞，与本案无关，并认为证据8、9虽然提及青稞，但是也与本专利相差甚远。

（5）专利权人当庭提交了反证1~4的复印件并出示了反证1~4的原件，并表明反证1~4用于证明面粉就是小麦粉。反证1~4具体如下：

反证1：《面点制作技术》，中国商业出版社，1982年3月第1版，1988年5月第9次印刷，版权页、第4~5、76~77页，复印件共3页；

反证2：《烹饪原料知识》，中国商业出版社，1982年1月第1版，1994年8月第2版第12次印刷，版权页、第34~41页、第254页，复印件共5页；

反证3：《美味面点400种》，中国人民解放军空军后勤部军需部编，金盾出版社，1989年6月第1版，1990年6月第2版，1997年4月第16次印刷，版权页、前言页、第4~5、8~15页，复印件共12页；

反证4：《青海省食物营养成分表》，束生庚主编，青海人民出版社，1994年11月第1版，1994年11月第1次印刷，版权页、第2~3、38~41、264页，复印件共8页。

合议组当庭将反证1~4转送给请求人，请求人当庭核实反证1~4的原件并对反证1~4的真实性、关联性、公开性没有异议。

(6) 请求人明确以证据6为最接近现有技术，并结合公知常识证据4和7和8和9和10来评述权利要求1、3、4不具备创造性；以证据5为最接近现有技术，并结合公知常识证据4和7和8和9和10来评述权利要求2不具备创造性，放弃其他组合方式。同时明确有关保鲜剂未限定导致不能实现本发明的意见陈述不作为无效理由，只是说明保鲜剂的加入无创造性。

合议组给予双方当事人15天的和解和答复期限，双方当事人在此期限内可以进行书面意见陈述。

口头审理结束后，专利权人于2008年3月7日提交了书面意见陈述书，认为（1）证据11中所述的有毒物品不能作为本专利中人食用产品的添加剂，并且该文件在本专利申请日后公开，不能作为参考；（2）请求人提出的只是小麦粉、面粉、玉米粉等食品的制作工艺，本专利是以青稞粉为原料，与上述原料有着本质区别。本专利的最终产品与请求人提出的产品没有可比性。

请求人于2008年3月7日提交了书面意见陈述，认为专利权人提交的反证1~4没有记载"面粉只是指小麦面粉"的内容，而是证明了青稞营养成分等特点属于公知常识，本专利食品不具备创造性，具体理由为：（1）反证1、2和4没有"面粉只是指小麦面粉"、"青稞粉不属于面粉"的记载。根据证据8第481页和证据8第803页的记载，青稞面粉属于面粉，青稞面粉可用于制作包括焙烤等食品，将青稞面粉替代小麦面粉是简单的原料选择或原料替换，对于本领域技术人员而言是显而易见的，没有产生意想不到的技术效果。反证2还记载了大麦粉可作各式小吃，而不是只能制作糌粑。这些记载同样给出了青稞面粉替代小麦面粉制作本专利食品的启示。（2）专利权人依据反证3主张青稞与小麦营养成分不同，所以本专利食品与现有技术中面粉或小麦面粉制作的食品不同，本专利食品具备创造性。但反证3证明青稞的这些特点在申请日前已被认识，属于公知常识，本专利食品具有这些特点是显而易见的。

二、决定的理由

1. 关于审查文本：

在本无效宣告请求案中，专利权人未对本专利的权利要求书进行修改，故本专利的授权公告文本作为本无效宣告请求审查的基础。

2. 证据的认定

（1）请求人提交的证据。

①请求人在口头审理时当庭放弃了证据1~3，故合议组在本案中对其不予考虑。

②证据4~11是所属技术领域中的技术词典、技术手册类的公知常识性证据，请求人在口头审理辩论终结前提交并结合上述证据具体说明了相关无效宣告理由，符合审查指南第四部分第三章第4.3.1节（2）有关公知常识性证据提交的时机和条件，故合议组予以接受。

③专利权人对证据11的真实性无异议，但对证据11的公开性有异议。请求人表明证据11只作为参考，不是现有技术，不作为证据使用。合议组认为，证据11的公开时间是2003年2月，晚于本专利的申请日，其不构成评价本专利创造性的现有技术，故合议组对证据11不予考虑。

④专利权人对证据4~8的真实性有异议，理由是请求人于2007年11月20日提交的证据4~8复印件与当庭提交的盖有国家图书馆科技查新中心红色公章的证据4~8相关页的复印件规格不同，后者不能证明前者的真实性，对证据9~10的真实性无异议。对此，合议组认为：请求人于2007年11月20日提交的证据4~10与口头审理时提交的盖有国家图书馆科技查新中心红色公章的骑缝章的证据4~10相比，请求人两次均提交证据4~10的版权页和证据4的第76、175页，证据5的第653~654页，证据6的第222~225、284~285页，证据7的第588页，证据8的第411、414、480~482、512、520、682、803页，证据9的第84页，证据10的第586、718页，虽然两次提交的证据4~8的相关页复印件规格不同，但其记载的内容及排版方式相同，并且国家图书馆科技查新中心

出具的《中国国家图书馆文献复制证明》证明请求人当庭提交的盖有国家图书馆科技查新中心红色公章的骑缝章的上述页码所记载的内容与其馆内文献原件相同,因此,合议组认可请求人提交的证据4的版权页、第76、175页,证据5的版权页、第653~654页,证据6,证据7的版权页、第588页,证据8~10的真实性,对于专利权人仅凭复印件规格不同而无其他佐证证明的对证据4~8真实性持异议的主张不予支持。

专利权人对证据4~10的公开性无异议,由于证据4~10的公开日均早于本专利申请日,是公开发行的出版物,故合议组对于上述证据的公开时间予以认可。

专利权人对证据4~7、10的关联性有异议,认为其均不涉及青稞,与本案无关,并认为证据8、9虽然提及青稞,与本专利相差甚远。但是由于证据4~10与本专利均属食品及其制作领域,其内容涉及食品及食品加工制作、食品添加剂等技术内容,因此合议组对证据4~10的关联性予以认可。

综上所述,证据4~10可以构成本专利的现有技术,可作为评价本专利创造性的证据使用。

(2) 专利权人提交的证据。

专利权人于口头审理时当庭提交了反证1~4,用于证明面粉就是小麦粉。请求人当庭核实了其原件,认可反证1~4的真实性、公开性和关联性,因此,合议组对反证1~4的真实性、公开性和关联性予以确认。

3. 无效宣告请求的理由和范围

请求人在提出无效宣告请求时,提交了无效宣告请求书、无效宣告请求书正文和证据1~3,其中在无效宣告请求书表格第4栏中记载了无效宣告请求的理由是专利法第22条且无效宣告请求范围是权利要求1~4。请求人于2007年11月20日提交了意见陈述书及公知常识性证据4~11,其中结合证据4~11具体说明了本专利权利要求1~4不符合专利法第22条第3款规定的无效理由。根据请求人在意见陈述书中和口头审理时的陈述,请求人明确以证据6为最接近现有技术,并结合公知常识证据4和7和8和9和10来主张权利要求1、3、4不符合专利法第22条第3款的规定;以证据5为最接近现有技术,并结合公知常识证据4和7和8和9和10来主张权利要求2不符合专利法第22条第3款的规定,放弃其他评述创造性的证据组合方式。

请求人当庭承认其在无效宣告请求时提交的无效宣告请求书正文部分并没有针对本专利结合证据1~3具体说明无效宣告理由,并当庭放弃了证据1~3。根据审查指南第四部分第三章第4.1节的规定,合议组对于请求人在提出无效宣告请求时没有具体说明的无效宣告理由以及未在提出无效宣告请求之日起1个月内补充具体说明的,即请求人于2008年2月27日的意见陈述不予考虑,上述理由不符合专利法实施细则第64条第1款的规定。

4. 关于专利法第22条第3款

专利法第22条第3款规定:创造性,是指同申请日以前已有的技术相比,该发明有突出的实质性特点和显著的进步。

在判断一项发明是否具有创造性时,应先将要求保护的技术方案与最接近的现有技术进行比较,确定区别技术特征和发明实际解决的技术问题,然后考察上述区别技术特征的引入是否给权利要求所要求保护的技术方案带来实质性特点和显著的进步。

(1) 权利要求1的创造性。

本案中,权利要求1请求保护一种青稞油炸系列食品,其特征是原料配比为青稞粉4%~95%,面筋0~91%,添加剂5%~96%,添加剂为糖类、奶类、水、油脂类、蛋类、抗氧化剂类、保鲜剂类、膨松剂类、植物胶类、乳化剂类;加工工艺为调匀、成型、油炸、检验包装、产品。根据说明书的记载,权利要求1实际要解决的技术问题是用青稞粉替代小麦粉,提供一种包括青稞粉和多种添加剂的的青稞食品。

根据请求人确定的无效宣告理由和范围，证据6作为评述权利要求1创造性最接近的现有技术。证据6第284页公开了一种起子面炸糕圈，所述炸糕圈的原料为面粉500克、黄油100克、白糖100克、鸡蛋100克、牛奶150克、发酵粉5克、精盐5克、香兰素1克，表层挂霜糖粉50克，其中面粉所占比例约为49%，其他成分相当于本专利中的添加剂，添加剂占原料的比例约为51%，所述炸糕圈制作中包括将原料和面团、成型、油炸、筛糖粉、成品。证据6没有明确使用面筋，权利要求1中面筋的含量可以是0%，权利要求1中添加剂包含有水，证据6所使用的牛奶中也含水，并且证据6中发酵粉是起膨松剂的作用。证据6的技术方案与权利要求1要求保护的技术方案相比，其区别特征在于（a）证据6以面粉为原料，权利要求1的食品采用了青稞粉，（b）证据6的炸糕圈与权利要求1的部分添加剂不同，权利要求1所述的添加剂中的抗氧化剂、植物胶、乳化剂和保鲜剂在证据6中没有公开；证据6中使用了精盐、香兰素，而权利要求1中没有使用这两种添加剂，（c）证据6的工艺中没有进行检验包装。

对于区别特征（a），证据8第803页公开了裸大麦也称青稞，食用时必须碾成米或磨成面粉，可用于制作小食品，证据9第84页也公开了包括青稞在内的大麦的营养成分，同时也公开了大麦食用时一般碾成面粉，证据7第588页表明糕点是小食品的总称。由此可见，在食品领域中可以用青稞粉作为原料制备各种小食品，这已是本领域技术人员的公知常识。对于区别特征（b），证据8第512页公开了食品添加剂是用于食品生产、加工、保藏的化学合成和天然物质，食品添加剂包括抗氧化剂、膨松剂、乳化剂、香精香料、调味剂等，证据8第480页记载了在制作面包面团时可以加入水、糖、油、蛋和奶等，证据8第682页记载了可以在食品原料中混入一定数量的其他种食品原料，证据4第76页公开了一种植物胶-果胶，该果胶可用于食品，证据4第175页公开了柠檬酸是制作食品的主要酸味剂，证据10第586页也记载了，调制面团时可以采用多种原料包括主要原料和糖、油脂、盐、化学膨松剂等辅料加水后，采用搅、和、揉、搓等方式调匀，形成符合要求的面团。证据6的起子面炸糕圈中增加使用的盐和香兰素属于调味品和香精香料，而盐和香料香精也在上述证据中公开。由上述证据可知，抗氧化剂、乳化剂、膨松剂、盐、香精香料和植物胶等原料都是食品加工制作中常用的组分，本领域技术人员可以根据所做食品的具体需要进行简单选择，对保鲜剂的使用和选择也是不需花费创造性劳动的。对于区别特征（c），证据8第482页记载用于包装面包的面包包装纸，第520页记载用于进行饼干包装的饼干整理机。由此可见，在食品制作工艺中对食品进行检验包装是公知常识。

综上所述，在食品制作加工中选用青稞面粉制备小食品、向食品中选择加入添加剂并对食品进行检验包装属于公知常识，证据6与权利要求1的区别特征（a）、（b）、（c）分别在公知常识证据4、7、8、9和10被公开，而且这些区别特征在所述证据中所起到作用与本专利中的作用相同。在证据6的基础上结合这些公知常识获得权利要求1的技术方案是显而易见的，且这种结合没有产生意料不到的技术效果。因此，权利要求1相对于证据6与公知常识的结合不具有突出的实质性特点和显著的进步，即不具备创造性，不符合专利法第22条第3款的规定。

专利权人认为：本专利核心是用青稞粉制作高端食品，本专利选择青稞是非显而易见的。现有技术中面粉就是小麦粉，不包括青稞粉。反证1~4证明，小麦粉与青稞粉的物理特性相差甚远，青稞粉不易制成小食品，因而，青稞粉替代现有技术中的面粉制备食品克服了这个难题；另外，从84年到本申请的申请日1997年这十几年时间内没有出现相关的青稞食品，可见本专利克服了现有技术中的偏见。

对此，合议组认为：反证1中指出"麦子磨成粉状（通称面粉）"（参见第5页第4段），反证2

指出"小麦经磨制去尽麦皮即成面粉,也称小麦粉"(参见第 37 页第 1 段),还指出"青稞……磨成粉味道不如小麦粉,但可作各式小吃"(参见第 39 页倒数第 1 段和第 40 页第 1 段),反证 3 指出"面粉是制作面点的重要原料"(参见第 4 页第 3 段),反证 4 公开了青稞粉、小麦粉等的营养图表。但反证 1~4 没有明确定义青稞粉不是面粉,其只能说明小麦粉通常称为面粉,小麦粉与青稞粉不同,却不足以证明青稞粉不可以磨成面粉。而请求人提交的证据 8 第 803 页明确了青稞食用时可磨成面粉,还公开了青稞也称裸大麦,食用时必须碾成米或磨成面粉,可用于制作小食品;反证 2 也指出青稞粉可以制成各式小吃,例如麦片糕,而该麦片糕制备时需加入一部分糯米粉,这说明将青稞粉制成各式小食品是现有技术,并不存在无青稞食品的偏见。十几年间没有相关产品出现,这也只是因为随着我国人们生活水平日益提高,口味的多元化要求及粗粮的健康作用日益被人们认识到,因此,并不存在不能制备青稞油炸食品的技术偏见。合议组对专利权人提出的关于本专利权利要求 1 具备专利法第 22 条第 3 款规定的创造性的理由不予支持。

(2) 权利要求 2 的创造性。

权利要求 2 请求保护一种青稞油炸系列食品,其特征是原料配比为青稞粉 4%~95%,面筋 0~91%,添加剂 5%~96%,添加剂为糖类、奶类、水、油脂类、蛋类、抗氧化剂类、保鲜剂类、膨松剂类、植物胶类、乳化剂类;加工工艺为调匀、发酵、成型、油炸、检验包装、产品。根据说明书的记载,权利要求 2 实际要解决的技术问题是用青稞粉替代小麦粉,提供一种包括青稞粉和多种添加剂的的青稞食品。

根据请求人确定的无效宣告理由和范围,请求人要求以证据 5 作为评述权利要求 2 创造性最接近的现有技术。证据 5 第 653~654 页公开了一种食品——大良崩砂,该产品的原料包括富强粉 5 千克、酵母 4 克、白砂糖 2.5 千克、花生油 0.15 千克、南乳腐 0.25 千克、精盐 0.1 千克、味精 10 克、碳酸氢铵 10 克、碱水 50 克、清水 1 千克,其中富强粉的比例约在 55% 左右,其他的成分相当于本专利的添加剂,添加剂的比例约 45% 左右,所述大良崩砂的制备工艺包括制酵面、和面、醒发、制坯和油炸,最终形成产品,这些制作步骤分别对应于本专利权利要求 2 的调匀、发酵、成型、油炸和得到产品步骤。证据 5 没有明确使用面筋,权利要求 2 中面筋的含量可以是 0%,证据 5 中的酵母、碳酸氢铵、碱水与权利要求 2 中的发酵起相同的作用。证据 5 的技术方案与权利要求 2 要求保护的技术方案相比,其区别特征在于 (a) 证据 5 中采用了富强粉,权利要求 2 的食品采用了青稞粉,(b) 证据 5 的大良崩砂食品与权利要求 2 的部分添加剂不同,权利要求 2 所述的添加剂中的奶类、蛋类、抗氧化剂、膨松剂、植物胶、乳化剂和保鲜剂在证据 5 中没有公开,证据 5 中使用了南腐乳、精盐、味精、碳酸氢铵和碱水,而权利要求 2 中没有使用这些添加剂,(c) 证据 5 的工艺中没有进行检验包装。由于证据 5 中使用的南腐乳、味精、盐都是调味剂,证据 8 第 512 页中已经公开添加剂包括调味剂,因而,在制作食品时,选择是否加入这些添加剂是本领域技术人员的公知常识,其他则与评述权利要求 1 的理由相同,选用青稞面粉制备小食品、向食品中加入添加剂、对食品进行检验包装属于常规知识,证据 5 与权利要求 2 的其他区别特征分别在公知常识证据 4、7~10 被公开,而且这些区别特征在所述证据中所起到作用与本专利中的作用相同。因此,在证据 5 的基础上结合上述公知常识获得权利要求 2 的技术方案是显而易见的,且权利要求 2 的技术方案没有产生意料不到的技术效果。因此,权利要求 2 相对于证据 5 与上述公知常识证据的结合不具备创造性,不符合专利法第 22 条第 3 款的规定。

(3) 权利要求 3 的创造性。

权利要求 3 请求保护一种青稞焙烤系列食品,其特征是原料配比为青稞粉 4%~95%,面筋 0~91%,添加剂 5%~96%,添加剂为糖类、奶类、水、油脂类、蛋类、抗氧化剂类、保鲜剂类、膨松剂类、植物胶类、乳化剂类；加工工艺为调匀、成型、焙烤、检验包装、产品。根据说明书的记载，权利要求3实际要解决的技术问题是用青稞粉替代小麦粉，提供一种包括青稞粉和多种添加剂的的青稞食品。

根据请求人确定的无效宣告理由和范围，证据6作为评述权利要求3创造性最接近的现有技术。证据6第223～224页公开了一种字头饼干，该产品的原料中包括面粉50克、鸡蛋清250克、白砂糖500克、可可粉25克、桔子香精少许，其中面粉所占比例约6%左右，其他成分相当于本专利的添加剂，添加剂所占比例约为94%，所述饼干的制备工艺包括制饼干糊、挤形和烘烤，最终形成产品，这些制作步骤分别对应于本专利权利要求3的调匀、成型、焙烤和产品步骤。证据6没有明确使用面筋，权利要求3中面筋的含量可以是0%。证据6的技术方案与权利要求3要求保护的技术方案相比，其区别特征在于（a）证据6以面粉为原料，权利要求3的食品采用了青稞粉，（b）证据6的字头饼干与权利要求3的部分添加剂不同，权利要求3所述的添加剂中的奶、水、油脂、抗氧化剂、膨松剂、植物胶、乳化剂和保鲜剂在证据6中没有公开，证据6中使用了可可粉和桔子香精，而权利要求3中没有使用这两种添加剂，（c）证据6的工艺中没有进行检验包装。证据6中使用的可可粉和桔子香精是调味剂和香精香料，证据8第512页已经公开添加剂包括调味剂和香精香料，因此，在制作食品时，选择是否使用调味剂和香精香料是本领域技术人员的公知常识，其他则与评述权利要求1的理由相同，选用青稞面粉制备小食品、向食品中加入添加剂、对食品进行检验包装属于常规知识，证据6与权利要求3的其他区别特征分别在公知常识证据4、7～10被公开，而且这些区别特征在所述证据中所起到作用与本专利中的作用相同。在证据6的基础上结合上述的公知常识获得权利要求3的技术方案是显而易见的，且权利要求3的技术方案没有产生意料不到的技术效果。因此，权利要求3相对于证据6与上述公知常识证据的结合不具备创造性，不符合专利法第22条第3款的规定。

（4）权利要求4的创造性。

权利要求4请求保护一种青稞焙烤系列食品，其特征是原料配比为青稞粉4%～95%，面筋0%～91%，添加剂5%～96%，添加剂为糖类、奶类、水、油脂类、蛋类、抗氧化剂类、保鲜剂类、膨松剂类、植物胶类、乳化剂类；加工工艺为调匀、发酵、成型、焙烤、检验包装、产品。根据说明书的记载，权利要求4实际要解决的技术问题是用青稞粉替代小麦粉，提供一种包括青稞粉和多种添加剂的的青稞食品。

根据请求人确定的无效宣告理由和范围，证据6作为评述权利要求4创造性最接近的现有技术。证据6第224～225页介绍了一种酵面花生仁饼干，该产品的原料中包括面粉5公斤、白糖200克、精盐75克、花生仁500克、猪大油300克、味精少许、干酵母100克、水2500克，其中面粉所占比例约60%左右，其他成分相当于本专利的添加剂，添加剂所占比例为约40%左右，所述酵面花生仁饼干的制备工艺包括和面团、发酵、成型和烘烤，最终形成产品。这些制作步骤分别对应于本专利权利要求4的调匀、发酵、成型、焙烤和产品步骤。证据6没有明确使用面筋，权利要求4中面筋的含量可以是0%，证据6中干酵母所起作用与权利要求4中的发酵相同。证据6的技术方案与权利要求4要求保护的技术方案相比，其区别特征在于（a）证据6以面粉为原料，权利要求4的食品采用了青稞粉，（b）证据6的酵面花生仁饼干与权利要求4的部分添加剂不同，权利要求4所述的添加剂中的奶类、蛋类、抗氧化剂、膨松剂、植物胶、乳化剂和保鲜剂在证据6中没有公开，证据6使用了精盐、花生仁、味精，而权利要求4中没有使用这些添加剂，（c）证据6的工艺中没有进行检验包装。证据6中使用的精盐、味精都是调味剂，证据8第512中已经公开添加剂中包括调味剂，即在制作食品时选择是否使用调味剂是本领域技术人员的公知常识，而证据6中花生仁的加入是为了改善食品的口味，选择在食品中是否加入花生仁是无须付出创造性劳动的，其他则与评述权利要求1的理由相同，选用青稞面粉制备小食品、向食品中加入添加剂、对食品进行检验包装属于常规知识，证据 6 与权利要求 4 的其他区别特征分别在公知常识证据 4、7~10 被公开，而且这些区别特征在所述证据中所起到作用与本专利中的作用相同。在证据 6 的基础上结合上述公知常识获得权利要求 4 的技术方案是显而易见的，且权利要求 4 的技术方案没有产生意料不到的技术效果。因此，权利要求 4 相对于证据 6 与上述公知常识证据的结合不具备创造性，不符合专利法第 22 条第 3 款的规定。

另外，当本专利的食品中面筋含量不为"0"时，本专利说明书第 1 页第 17 行指出面筋是增强青稞粉黏结力的食用原料，例如是小麦粉、糯米粉以及它们的精制物或混合物。但证据 10 第 718 页中指出为了增加杂粮面团的粘性，可掺加面粉等；另外，专利权人提供的反证 2 也记载"青稞……磨成粉味道不如小麦粉，但可作各式小吃……麦片糕（做麦片糕时需掺入一部分糯米粉）"（参见第 39 页倒数第 1 段和第 40 页第 1 段），由此可见，证据 10 和反证 2 均给出了将粘性较高的面粉或米粉掺加入粘性低的面粉以提高其粘性的启示。因此，即使本专利中限定面筋含量不为"0"时，结合上述意见，本专利的权利要求 1~4 的技术方案仍然不具备创造性，不符合专利法第 22 条第 3 款的规定。

基于以上事实和理由，本案合议组作出如下审查决定。

三、决定

宣告第 97125646.2 号发明专利权全部无效。

当事人对本决定不服的，可以根据专利法第 46 条第 2 款的规定，自收到本决定之日起三个月内向北京市第一中级人民法院起诉。根据该款的规定，一方当事人起诉后，另一方当事人应当作为第三人参加诉讼。

北京市第一中级人民法院
行政判决书

(2008) 一中行初字第1493号

原告胡永斌，男，1968年12月11日出生，汉族，无业，住青海省西宁市城中区南山路13号1号楼211室。

被告国家知识产权局专利复审委员会，住所地北京市海淀区北四环西路9号银谷大厦。

法定代表人廖涛，副主任。

委托代理人王冬，男，国家知识产权局专利复审委员会审查员。

委托代理人郝兴辉，男，国家知识产权局专利复审委员会审查员。

第三人四川米老头食品工业有限公司，住所地四川省广汉市向阳镇月亮村。

法定代表人杨晓勇，董事长。

原告胡永斌不服被告国家知识产权局专利复审委员会作出的第11457号无效宣告请求审查决定（下称被诉决定），向本院提起行政诉讼。本院受理后，依法组成合议庭，并依法通知与本案被诉决定存在法律上利害关系的四川米老头食品工业有限公司作为本案第三人参加诉讼。2008年11月14日，本院公开开庭审理了本案，原告胡永斌及被告的委托代理人王冬、郝兴辉到庭参加了诉讼。经本院合法传唤，第三人四川米老头食品工业有限公司明确表示不参加本案诉讼，根据最高人民法院《关于执行〈中华人民共和国行政诉讼法〉若干问题的解释》第四十九条第三款的规定，第三人不到庭参加诉讼，不影响本案的审理。本案现已审理终结。

2008年5月10日，被告依照第三人的无效宣告请求，针对专利权人为本案原告、名称为"青稞油炸、焙烤系列食品"的第97125646.2号发明专利权（下称本专利）作出被诉决定，认定本专利权利要求1~4均无创造性，故宣告本专利权全部无效。

法定期限内，被告向本院提交了下列证据：1.本专利授权公告文本；2.第三人提交的专利无效宣告请求书、被诉决定中的证据1（即：公开号为CN1062075A的中国发明专利申请公开说明书，公开日为1992年6月24日1，复印件共5页；下称附件1）、被诉决定中的证据2（即：公开号为CN1149965A的中国发明专利申请公开说明书，公开日为1997年5月21日，复印件共10页；下称附件2）、被诉决定中的证据3（即3：公开号为CN1109709A的中国发明专利申请公开说明书，公开日为1995年10月11日，复印件共10页；下称附件3）；3.原告于2007年8月24日提交的意见陈述书；4.第三人于2007年11月20日提交的意见陈述书、被诉决定中的证据4（即：《简明食品词典》，何长志编，黑龙江科学技术出版社，1989年6月第1版，1989年6月第1次印刷，版权页、前言页、第76~77、174~175页，复印件共3页；下称附件4）、被诉决定中的证据5（即：《中国糕点大全》，张政衡等编，上海科学技术出版社，1993年4月第1版，1995年4月第8次印刷，版权页、前言页、第652~655页，复印件共3页；下称附件5）、被诉决定中的证据6（即：《西式糕点大观》，王树亭、王津利编著，中国旅游出版社，1988年9月第1版，1994年9月第4次印刷，版权页、第222~225、284~285页，复印件共4页；下称附件6）、被诉决定中的证据7（即：《食品词典》，上海辞书出版社，1991年11月第1版，1991年11月第1次印刷，版权页、第588~589页，复印件共2页；下称附件7）、被诉决定中的证据8（即：《中华食品工业大辞典》，河北省食品研究所、中国食品出版社辞书编辑部编著，中国食品出版社出版，1989年2月第1版，1989年2月第1次印刷，版权页、第411、414、480~482、512、520、682、803页,复印件共10页;下称附件8)、被诉决定中的证据9(即:《中国农业百科全书农作物卷(上、下)》,中国农业百科全书总编辑委员会农作物卷编辑委员会等编著,农业出版社,1991年4月第1版,1991年4月第1次印刷,版权页、第84页,复印件共2页;下称附件9)、被诉决定中的证据10(即:《中国烹饪百科全书》,中国烹饪百科全书编辑委员会等编,中国大百科全书出版社出版,1992年4月第1版,1992年4月第1次印刷,版权页、第586、718页,复印件共3页;下称附件10)、被诉决定中的证据11(即:《食品添加剂手册》,凌关庭等编著,化学工业出版社,2003年2月第3版,2003年2月第9次印刷,版权页、第672页,复印件共2页;下称附件11);5. 原告在行政阶段向被告提交的反证1(即:《面点制作技术》,中国商业出版社,1982年3月第1版,1988年5月第9次印刷,版权页、第4~5、76~77页,复印件共3页;下称反证1)、反证2(即:《烹饪原料知识》,中国商业出版社,1982年1月第1版,1994年8月第2版第12次印刷,版权页、第34~41页、第254页,复印件共5页;下称反证2)、反证3(即:《美味面点400种》,中国人民解放军空军后勤部军需部编,金盾出版社,1989年6月第1版,1990年6月第2版,1997年4月第16次印刷,版权页、前言页、第4~5、8~15页,复印件共12页;下称反证3)、反证4(即:《青海省食物营养成分表》,束生庚主编,青海人民出版社,1994年11月第1版,1994年11月第1次印刷,版权页、第2~3、38~41、264页,复印件共8页;下称反证4);6. 口头审理记录表。前述证据用以证明被诉决定认定事实清楚,适用法律正确,程序合法。

原告诉称:被诉决定程序违法,且认定事实不清,适用法律错误。首先,第三人在无效宣告请求书表格第三栏表明的是针对本专利提起无效宣告请求,理由是本专利权利要求1~4不符合《中华人民共和国专利法》(下称《专利法》)第二十二条的规定,其提交的证据是附件1、附件2、附件3。但该请求书正文所详细陈述的理由,针对的却是第97225765.9号实用新型专利,且依据的证据也不是附件1、2、3。因此,第三人的无效宣告请求不应当符合受理条件。其次,《审查指南》第四部分第三章第4.1节规定:请求人在提出无效宣告请求时没有具体说明的无效宣告理由以及没有用于具体说明相关无效宣告理由的证据,且在提出无效宣告请求之日起一个月内也未补充具体说明的,专利复审委员会不予考虑。而被诉决定对此规定的理解是错误的,并且漏掉了"以及没有用于具体说明相关无效宣告理由的证据"此节,该规定的条件应当是缺一不可。该规定是建立在请求人提出无效宣告请求时,明确了无效宣告请求客体,并且无效请求书结合提交的所有的证据,具体说明了无效宣告请求的理由,并指明每项理由所依据的证据。本案中,第三人的无效宣告请求书针对的不是本专利,也未结合其提交的附件1~3,又没有具体说明无效理由。而且,被诉决定"案由"部分对于原告第一次的意见陈述的总结也是错误的。第三,被诉决定对本专利实际解决的技术问题的归纳错误,其认定本专利权利要求1~4不具备创造性也是错误的。综上,请求法院撤销被诉决定。

法定期限内,原告向本院提交了下列证据用以支持其诉讼主张:

1. 无效宣告请求受理通知书;

2. 专利权无效宣告请求书;

3. 附件1;

4. 附件2;

5. 附件3;

证据1~5用以证明被告受理第三人的无效宣告请求不符合法律规定;

6. 原告向被告提交的意见陈述书,用以证明原告已经告知被告第三人无效请求书存在的错误;

7. 无效宣告请求口头审理通知书,用以证明原告毫无准备却突然收到该口头审理通知书,剥夺了原告的权利;

8. 附件4～11，用以证明这些附件有的出现空白处、有的无页码、有的字迹模糊，不具备证据真实性的要求；

9. 第三人的意见陈述书，用以证明在第三人的无效请求不符合受理条件的情况下，被告对于事实的认定以及第三人意见陈述的内容也是错误的；

10. 反证4；

11. 反证3；

12. 反证2；

13. 第97119915.9号发明专利申请公开说明书；

14. 第97112674.7号发明专利申请公开说明书；

15. 第200610138340.6号发明专利申请公布说明书；

16. 第200610124216.4号发明专利申请公布说明书；

17. 第200610152583.5号发明专利申请公布说明书。

证据10～17用以证明本专利具有创造性。

被告辩称：被诉决定认定事实清楚，法律适用正确，程序合法。首先，原告在收到被诉决定后，只是在法定起诉期限内通过邮寄的方式向法院提交起诉状，但其到法院起诉时已经超过了起诉期限，因此，原告的起诉超过法定期限。其次，被诉决定"案由"部分记载的内容，只是对于原告在行政阶段陈述意见的总结，并无不当。第三，我委收到第三人提出的无效宣告请求后，首先进行形式审查，第三人在无效请求书中已经记载了无效的理由、证据、无效的范围，形式上符合受理条件，而其在正文部分陈述的理由是否针对本专利，实际上是实体审查的问题。第四，第三人于2007年11月20日提交的意见陈述中，已经明确表示了无效的理由，且其提交的附件4～11均属于公知常识性证据，依法可以接收，而且被告已经将这些材料送达给了原告，被告的行为并未影响原告的实体权益。第五，被诉决定宣告本专利权全部无效是合法的，坚持被诉决定中认定的理由。综上，请求法院维持被诉决定，驳回原告的诉讼请求。

第三人四川米老头食品工业有限公司未向本院提交书面的诉讼意见及证据材料。

经庭审质证，原告对于被告证据的关联性、合法性与真实性均无异议，但认为这些证据并不能证明被诉决定合法。被告认为原告的证据13～17未在行政阶段提交，与本案无关，对于原告的证据1～12的真实性无异议，但认为这些证据不能支持原告的诉讼主张。

本院经审查认为，原告的证据13～17未在行政阶段提交，其在诉讼阶段提交且无正当理由，本院不予接纳；原告提交的其他证据及被告提交的所有证据均与本案有关，本院均予确认。

根据上述有效证据及各方当事人无争议的陈述，本院认定事实如下：

本专利申请日为1997年12月31日，其授权公告日为2002年12月25日。本专利授权公告的权利要求书如下：

"1. 一种青稞油炸系列食品，其特征是原料配比为青稞粉4%～95%，面筋0%～91%，添加剂5%～96%，添加剂为糖类、奶类、水、油脂类、蛋类、抗氧化剂类、保鲜剂类、膨松剂类、植物胶类、乳化剂类；加工工艺为调匀、成型、油炸、检验包装、产品。

2. 一种青稞油炸系列产品，其特征是原料配比为青稞粉4%～95%，面筋0%～91%，添加剂5%～96%，添加剂为糖类、奶类、水、油脂类、蛋类、抗氧化剂类、保鲜剂类、膨松剂类、植物胶类、乳化剂类；加工工艺为调匀、发酵、成型、油炸、检验包装、产品。

3. 一种青稞焙烤系列食品，其特征是原料配比为青稞粉4%～95%，面筋0%～91%，添加剂5%～96%，添加剂为糖类、奶类、水、油脂类、蛋类、抗氧化剂类、保鲜剂类、膨松剂类、植物胶类、乳化剂类；加工工艺为调匀、成型、焙烤、检验包装、产品。

4. 一种青稞焙烤系列食品，其特征是原料配比为青稞粉4％~95％，面筋0％~91％，添加剂5％~96％，添加剂为糖类、奶类、水、油脂类、蛋类、抗氧化剂类、保鲜剂类、膨松剂类、植物胶类、乳化剂类；加工工艺为调匀、发酵、成型、焙烤、检验包装、产品。"

针对本专利权，第三人于2007年8月3日向被告提出专利无效宣告请求，认为本专利的权利要求1~4不符合《专利法》第二十二条的规定，并提交了本专利授权公告文本及附件1~3作为证据，但在其提交的《无效宣告请求书正文》中，陈述的是第97225765.9号实用新型专利缺乏创造性的具体理由，所引用的证据也不是附件1~3。

经形式审查合格后，被告受理了上述请求，并将相关文件向原告进行转文，要求原告在指定的期限内答复。

2007年8月24日，原告提交了意见陈述书，具体陈述了其意见。此外，针对第三人的"无效宣告请求书正文"中提出的是对第97225765.9号实用新型专利的无效宣告理由之问题，原告在其意见陈述书中认为其不知道是第三人的故意所为还是无意出错，请求被告进行审查。

2007年11月20日，第三人提交了补充意见陈述书及附件4~11。在此次补充意见陈述书中，第三人主张本专利不符合《专利法》第二十二条第三款的规定，并结合附件4~11具体陈述了其无效理由。

被告亦将前述原告与第三人提交的意见陈述书及相关附件进行了转文。

2008年2月27日，第三人又向被告提交了意见陈述书，其除了补充无效理由外，还认为其于2007年8月3日提交的无效宣告请求书正文有误，此次主动修改并作为原请求书正文替换页。

2008年3月4日，第三人委托代理人、原告及其委托代理人出席了被告举行的口头审理。口头审理过程中，被告对双方当事人的证据材料进行了质证，并给予双方当事人充分陈述意见的机会，口审中认定以下事实：

（1）原告与第三人确认收到被告转送的全部文件，对对方当事人出庭人员的身份和资格无异议，对被告合议组成员无回避请求。

（2）第三人明确其无效宣告理由和范围是权利要求1~4不符合《专利法》第二十二条第三款的规定。经当庭与案卷内文件核对，第三人承认其在2007年8月3日提出无效宣告请求时提交的无效请求书正文内容与本案无关，没有针对本专利具体说明无效理由及其所依据的证据。

（3）被告当庭向原告转交了第三人于2008年2月27日提交的要求作为无效请求书正文替换页的意见陈述书，原告认为该份意见陈述书是对其突然袭击，对此持反对意见。被告当庭宣布不予考虑第三人此次提交的无效请求书正文替换页。第三人对此无异议。

（4）第三人当庭放弃附件1~3，同时提交了盖有国家图书馆科技查询中心红色公章的文件复制证明和复印文献清单以及附件4的版权页、第76和175页，附件5的版权页和第653~654页，附件6，附件7的版权页和第588页，附件8~10，附件11的版权页和第672页，并补充提交附件4~11的扉页和附件儿的第1、2、673~675、1117、1126~1128页。被告当庭将附件11新增相关页转给原告。

原告表示对附件4~8的真实性有异议，理由是第三人于2007年11月20日提交的附件4~8复印件与当庭提交的盖有国家图书馆科技查询中心红色公章的附件4~8的复印件规格不同，后者不能证明前者的真实性，对附件9~10的真实性无异议。对附件4~10的公开性无异议，对附件11的公开性有异议。第三人指出附件11只作为参考，不是现有技术，且不作为证据使用。原告对附件4~7、10~11的关联性有异议，认为其均不涉及青稞，与本案无关，并认为附件8、9虽然提及青稞，但是也与本专利相差甚远。

（5）原告当庭提交了反证1~4的复印件并出示了反证1~4的原件，并表明反证1~4用于证明面粉就是小麦粉。被告当庭将反证1~4转送给第三人，第三人当庭核实反证1~4的原件并对反证1~4的真实性、关联性、公开性无异议。

（6）第三人明确以附件6为最接近现有技术，并结合公知常识证据4和7和8和9和10来评述权利要求1、3、4不具备创造性；以附件5为最接近现有技术，并结合公知常识证据4和7和8和9和10来评述权利要求2不具备创造性，放弃其他组合方式。同时明确有关保鲜剂未限定导致不能实现本发明的意见陈述不作为无效理由，只是说明保鲜剂的加入无创造性。

被告给予原告与第三人15天的和解和答复期限，双方当事人在此期限内可以进行书面意见陈述。口头审理结束后，原告与第三人均于2008年3月7日向被告提交了书面意见陈述书。

被告经审查认为：

首先，在本无效宣告请求案中，原告未对本专利的权利要求书进行修改，故本专利的授权公告文本作为本无效宣告请求审查的基础。

其次，第三人在口头审理时当庭放弃了附件1~3，故对其不予考虑。附件4~11是所属技术领域中的技术词典、技术手册类的公知常识性证据，第三人在口头审理辩论终结前提交并结合上述证据具体说明了相关无效宣告理由，符合《审查指南》第四部分第三章第4.3.1节第（2）有关公知常识性证据提交的时机和条件，予以接受。

由于附件11的公开时间是2003年2月，晚于本专利的申请日，其不构成评价本专利创造性的现有技术，故对附件11不予考虑。第三人于2007年11月20日提交的附件4~10与口头审理时提交的盖有国家图书馆科技查询中心红色公章的骑缝章的附件4~10相比，第三人两次均提交附件4~10的版权页和附件4的第76、175页，附件5的第653~654页，附件6的第222~225、284~285页，附件7的第588页，附件8的第411、414、480~482、512、520、682、803页，附件9的第84页，附件10的第586、718页，虽然两次提交的附件4~8的相关页复印件规格不同，但其记载的内容及排版方式相同，并且国家图书馆科技查询中心出具的《中国国家图书馆文献复制证明》证明第三人当庭提交的盖有国家图书馆科技查询中心红色公章的骑缝章的上述页码所记载的内容与其馆内文献原件相同，因此，被告认可第三人提交的附件4的版权页、第76、175页，附件5的版权页、第653~654页，附件6、附件7的版权页、第588页，附件8~10的真实性。而且，附件4~10与本专利均属食品及其制作领域，其内容涉及食品及食品加工制作、食品添加剂等技术内容，因此对附件4~10的关联性予以认可。由于原告对附件4~10的公开性无异议，且附件4~10的公开日均早于本专利申请日，是公开发行的出版物，故被告对于上述证据的公开时间亦予认可。

此外，第三人当庭核实了原告提交的反证1~4的真实性、公开性和关联性并予认可，因此，被告对反证1~4的真实性、公开性和关联性予以确认。

第三，第三人在提出无效宣告请求时，提交了无效宣告请求书、无效宣告请求书正文和附件1~3，其中在无效宣告请求书表格第4栏中记载了无效宣告请求的理由是《专利法》第二十二条且无效宣告请求范围是权利要求1~4。第三人于2007年11月20日提交了意见陈述书及公知常识性证据4~11，并结合附件4~11具体说明了本专利权利要求1~4不符合《专利法》第二十二条第三款规定的无效理由。根据第三人在意见陈述书中和口头审理时的陈述，第三人明确以附件6为最接近现有技术，并结合公知常识证据4和7和8和9和10来主张权利要求1、3、4不符合《专利法》第二十二条第三款的规定；以附件5为最接近现有技术，并结合公知常识证据4和7和8和9和10来主张权利要求2不符合《专利法》第二十二条第三款的规定，放弃其他评述创造性的证据组合方式。

第三人当庭承认其在无效宣告请求时提交的无效宣告请求书正文部分并没有针对本专利结合附件1~3具体说明无效宣告理由，并当庭放弃了附件1~3。根据《审查指南》第四部分第三章第4.1节的规定，请求人在提出无效宣告请求时没有具体说明的无效宣告理由以及未在提出无效宣告请求之日起1个月内补充具体说明的，即第三人于2008年2月27日的意见陈述不予考虑，上述理由不符合《中华人民共和国专利法实施细则》（下称《专利法实施细则》）第六十四条第一款的规定。

第四，本专利权利要求1相对于附件6与公知常识的结合不具有突出的实质性特点和显著的进步，即不具备《专利法》第二十二条第三款规定的创造性；本专利权利要求2相对于附件5与公知常识证据的结合不具备创造性，不符合《专利法》第二十二条第三款的规定；本专利权利要求3相对于附件6与公知常识证据的结合不具备创造性，不符合《专利法》第二十二条第三款时规定；权利要求4相对于附件6与公知常识证据的结合不具备创造性，不符合《专利法》第二十二条第三款的规定。

综上，被告作出被诉决定，原告不服，向本院提起行政诉讼。

庭审中，原告明确表示认可附件4~10为公知常识性证据。

本院认为，当事人向人民法院起诉的，相关法律、法规并未规定当事人必须亲自到法院提交起诉状，原告胡永斌在法定期限内以邮寄的方式向本院提交起诉状，已经表达其针对本案被诉决定提起行政诉讼的真实意图，这种方式并不违反法律规定。因此，被告认为原告的起诉超过法定期限的主张明显缺乏法律依据与事实依据，本院不予支持。

本案中，第三人于2007年8月3日向被告提出无效宣告请求时，已经指出了无效的理由、范围及证据，且提交了无效宣告请求书正文，被告认为其无效请求已经符合了形式要件予以受理并无不当。原告认为第三人的无效宣告请求不符合形式审查的要求，缺乏事实及法律依据，本院不予支持。

《专利法实施细则》第六十四条第一款规定："无效宣告请求书应当结合提交的所有证据，具体说明无效宣告请求的理由，并指明每项理由所依据的证据。"《审查指南》第四部分第三章第3.3节（2）规定："无效宣告理由仅限于《专利法实施细则》第六十四条第二款规定的理由，并且应当以《专利法》及其《专利法实施细则》中有关的条、款、项作为独立的理由提出。无效宣告理由不属于《专利法实施细则》第六十四条第二款规定的理由的，不予受理。"《审查指南》第四部分第三章第4.1节规定：请求人在提出无效宣告请求时没有具体说明的无效宣告理由以及没有用于具体说明相关无效宣告理由的证据，且在提出无效宣告请求之日起一个月内也未补充具体说明的，专利复审委员会不予考虑。本案中，第三人于2007年8月3日提出的无效宣告请求书中，仅指出本专利权利要求1~4不符合《专利法》第二十二条的规定，但并未具体到某一特定款，不符合《专利法实施细则》第六十四条第一款与《审查指南》第四部分第三章第3.3节（2）的规定。第三人虽然于2007年11月20日提交的意见陈述书中指明其具体的无效理由，但此时已经超过了《审查指南》第四部分第三章第4.1节规定的一个月的期限，且结合的证据也只是附件4~11。附件4~10为公知常识性证据，虽然《审查指南》规定公知性常识证据可以在口头审理辩论终结前提交，但在第三人未于法定期限内明确其具体无效理由的情况下，这些公知常识性证据实际上已经失去了依托。因此，被告接受第三人在提出无效宣告请求1个月后提出的无效理由属程序违法，应予撤销。

综上，依照《中华人民共和国行政诉讼法》第五十四条第（二）项第3目之规定，判决如下：

撤销被告国家知识产权局专利复审委员会于二〇〇八年五月十日作出的第11457号无效宣告请求审查决定。

案件受理费100元，由被告国家知识产权局专利复审委员会负担（于本判决生效后7日内向本院交纳）。

如不服本判决，各方当事人可于判决书送达之日起 15 日内，向本院递交上诉状，并按对方当事人人数提出副本，上诉于北京市高级人民法院。上诉人在上诉期满后 7 日内未预交上诉费，又不提出缓交申请的，按自动撤回上诉处理。

审　判　长　梁　菲
代理审判员　司品华
人民陪审员　孟玉珍
二〇〇九年一月八日
书　记　员　董　伟

签语饼

无效宣告请求审查决定（第 11563 号）

决　定　号	第 11563 号
决　定　日	2008 年 5 月 15 日
实用新型名称	签语饼
国际分类号	A21D 13/08
无效宣告请求人	北京幸运签语食品技术有限公司
专 利 权 人	广州新丰食品工业有限公司
专　利　号	200420033070.9
申　请　日	2004 年 2 月 28 日
授权公告日	2006 年 1 月 4 日
合议组组长	李人久
主　审　员	王　冬
参　审　员	许　磊
法　律　依　据	专利法第 22 条第 2 款、第 3 款

决 定 要 点

如果一项实用新型权利要求的技术领域、所解决的技术问题、技术方案和预期效果与对比文件实质上相同，则认为该权利要求不具备新颖性。

在对一项实用新型权利要求的创造性进行评价时，将该权利要求与现有技术中最接近的技术方案进行特征分析后，如果发现尽管两者之间存在区别技术特征，但这些区别特征的引入对本领技术人员而言是容易想到的，则该权利要求不具备实质性特点，不具备创造性。

一、案由

本专利权无效宣告请求案涉及国家知识产权局于 2006 年 1 月 4 日公告授予的、名称为"签语饼"的第 200420033070.9 号实用新型专利权（下称本专利），其申请日为 2004 年 2 月 28 日，专利权人于 2006 年 7 月 14 日由邓大二变更为广州新丰食品工业有限公司。本专利授权公告的权利要求书如下：

"1. 一种签语饼，包括由粮食粉加工的含糖或不含糖的两层皮（1），其特征在于：在两层皮之间夹有一张印着吉祥或祝福的纸条（2），并将皮的边缘捏合成一体。

2. 据权利要求 1 所述的签语饼，其特征在于：签语饼为饺子状或夹心饼形状。"

针对上述专利权，北京幸运签语食品技术有限公司（下称请求人）于 2007 年 9 月 12 日向专利复审委员会提出无效宣告请求，认为本专利不符合专利法第 22 条第 2、3 款的规定。请求人同时提交了本专利授权公告文本及以下证据：

证据1：国家知识产权局出具的针对本实用新型专利的检索报告的复印件，共4页；

证据2：中国实用新型专利说明书，专利号为94217977.3，授权公告号为CN2232202Y，授权公告日为1996年8月7日，复印件以及该专利的题录信息，共9页；

证据3：中国实用新型专利说明书，专利号为99248604.1，授权公告号为CN2389479Y，授权公告日为2000年8月2日，复印件，共5页；

证据4：中国外观设计专利，申请号为91301818.X，授权公告号为CN3013104，授权公告日为1992年4月8日，复印件，共1页；

证据5：中国外观设计专利，申请号为92303321.1，授权公告号为CN3016498，授权公告日为1992年12月23日，复印件，共1页；

证据6：中国外观设计专利，申请号为92301828.X，授权公告号为CN3018586，授权公告日为1993年5月19日，复印件，1页；

证据7：中国外观设计专利，申请号为94313461.7，授权公告号为CN3042812，授权公告日为1996年4月10日，复印件，共1页。

请求人认为依据证据1，即国家知识产权局出具的针对本实用新型专利的检索报告以及证据2至7，本专利权利要求1、2请求保护的产品与上述证据的产品特征等同，权利要求1、2不具有新颖性、创造性。

经形式审查合格后，专利复审委员会受理了上述请求，于2007年9月13日向请求人以及专利权人发出《无效宣告请求受理通知书》，并将无效宣告请求书及其附件清单所列附件的副本转送给专利权人，要求其在指定的期限内答复，同时成立合议组对本无效宣告请求案进行审理。

请求人于2007年10月10日提交了补充意见陈述，请求人的意见概括为：

（1）权利要求1包括两个技术方案：技术方案1为饼皮含糖的方案，技术方案2为饼皮不含糖的方案。证据3（参见说明书第1页第7行至第2页第6行，图1~2）公开了一种夹心饼，其包括外皮和芯子，外皮主要是面粉、鸡蛋、玉米油等（相当于权利要求1中由粮食粉加工的皮），芯子包括写有祝福性语句的字条（相当于权利要求1中印有吉祥或祝福的纸条），其制作方法是将字条放入外皮内，再对折并将边缘捏紧，所述字条相当于对折后被捏紧的上下两层皮之间，其与权利要求1所述在两层皮之间夹有纸条，并将皮的边缘捏合成一体实质上相同。权利要求1的技术方案1与证据3的区别在于：技术方案1中的饼皮是含糖的，但在食用饼的饼皮成分中加入糖或者不加糖是常用的技术手段，在证据3基础上结合常用技术手段得到技术方案1，对本领域技术人员来说是显而易见的，权利要求1的技术方案1不具备专利法第22条第3款规定的创造性。此外，权利要求1的技术特征在两层皮之间夹有一张印着吉祥或祝福语的纸条，与中华传统食品茯苓饼即两层皮内夹馅的制作方法相同，使用两层皮内夹内容物对于本领域技术人员来说是常识性制作方法，因此使用两层皮不具备新颖性和创造性。

（2）权利要求2进一步限定了签语饼的形状为饺子状或夹心饼形状，证据3公开了夹心饼的制作工艺类似包饺子（参见说明书第2页第3行），采用这种方法制作夹心饼，制作成饺子状或夹心饼形状都是常用的技术手段。因此在权利要求1不具备新颖性或创造性时，权利要求2也不具备专利法第22条第3款规定的创造性。此外，证据2、证据4~7所披露的签语饼、夹心饼外观均为饺子状或夹心饼形状，因此，权利要求2不具备专利法第22条规定的新颖性、创造性。

专利权人于2007年10月22日提交了答辩状，专利权人的意见概括为：（1）现有专利法是在2000年8月25日第二次修正后施行的，请求人提交的证据2专利于2000年3月1日期限届满前终止后进入公有领域，为公众公开使用，由于请求人不能提供该专利与本专利完全一致的证据，其不能证明本专利是无效的。(2) 本专利在权利要求书中明确表明其特征在于"两层之间夹有一张印着吉祥或者祝福的纸条"，"两层"的特点是其他产品所不具备的，因此，请求人的无效主张缺乏法律依据支持，本专利是有效的。

2008年1月14日，本案合议组向双方当事人发出口头审理通知书，定于2008年3月6日对本案进行口头审理。

2008年3月6日，口头审理如期进行。双方当事人均委托代理人参加了口头审理。双方当事人对对方出庭人员的资格无异议，对合议组成员无回避请求。口头审理过程中认定的事实如下：(1) 请求人放弃证据2、4~7，将证据1作为相关文件，将证据3作为对比文件。(2) 专利权人对证据1、3的真实性、公开性、关联性没有异议。(3) 请求人明确其无效理由为：权利要求1、2相对于证据3不符合专利法第22条第2款、第3款的规定。

庭审中，合议组对请求人提出的无效理由和事实进行了充分调查，并听取了各方当事人的陈述。

至此，合议组认为本案事实已经清楚，可以依法作出审查决定。

二、决定的理由

1. 关于审查文本

专利权人在本案的无效宣告程序中，并未对本专利的权利要求书进行修改，因此，合议组以本专利的授权公告文本为基础进行审查。

2. 无效宣告请求的理由和范围

根据请求人在口头审理中的确认，本无效宣告请求审查决定审理的宣告本专利无效的理由是：权利要求1和2相对于证据3不符合专利法第22条第2款、第3款的规定。

3. 关于证据

请求人放弃证据2、4~7，合议组在本案中对其不予考虑；鉴于请求人已经放弃证据2，故合议组对专利权人针对证据2陈述的意见也不再进行评述。

证据1为国家知识产权局出具的针对本实用新型专利的检索报告，证据3为公开发行的出版物，证据3的公开日早于本专利的申请日，请求人提供证据3作为现有技术使用，专利权人对证据1和证据3的真实性、公开性、关联性均没有异议，因此，合议组对证据1和3的真实性、公开性、关联性予以确认，证据3构成了本专利的现有技术，可以作为评价本专利新颖性和创造性的证据使用。

4. 关于专利法第22条第2款

专利法第22条第2款规定：新颖性，是指在申请日以前没有同样的发明或者实用新型在国内外出版物上公开发表过、在国内公开使用过或者以其他方式为公众所知，也没有同样的发明或者实用新型由他人向国务院专利行政部门提出过申请并且记载在申请日以后公布的专利申请文件中。

根据该款规定，如果一项实用新型权利要求的技术领域、所解决的技术问题、技术方案和预期效果与对比文件实质上相同，则认为该权利要求不具备新颖性。

本案中，权利要求1请求保护一种签语饼，其包括由粮食粉加工的含糖或不含糖的两层皮，其特征在于：在两层皮之间夹有一张印着吉祥或祝福的纸条，并将皮的边缘捏合成一体。权利要求1中包括两个技术方案：签语饼的饼皮含糖的技术方案和饼皮不含糖的技术方案。请求人主张其中饼皮不含糖的技术方案相对于证据3不具备新颖性。

证据3（参见说明书第1页第7行至第2页第6行、图1~2）公开了一种夹心饼，其包括外皮和芯子，外皮主要成分是面粉等，芯子为一字条，字条上可以写有祝福性语句等。字条可以使用纸条等。夹心饼的制作方法是将字条放入外皮内，再对折并将边缘捏紧，然后采用烘、烤、蒸等方法制成。

将权利要求1的两个技术方案与证据3公开的技术方案相比，权利要求1和证据3均涉及食品领域的可食用饼，均由粮食粉加工的外皮和夹在外皮内的纸条构成，而且权利要求1所述的"将夹有纸条的两层皮的边缘捏合成一体"与证据3所述的"将字条放入外皮内，再对折并将边缘捏紧"实质上相同。由于权利要求1涉及饼皮含糖的技术方案和饼皮不含糖的技术方案，就其饼皮不含糖的技术方案而言，证据3已经公开了该技术方案的全部技术特征，两者的技术方案实质上相同，且属于相同的技术领域，本领域技术人员预期两者能解决同样的技术问题，达到相同的预期效果。因此，权利要求1中涉及饼皮不含糖的技术方案相对于证据3不具备专利法的22条第2款规定的新颖性。

权利要求2的附加技术特征进一步限定了签语饼为饺子状或夹心饼形状，证据3公开了带有芯子的夹心饼。由此可见，权利要求2的附加技术特征"夹心饼形状"已经被证据3公开了，在其所引用的权利要求1中饼皮不含糖的技术方案不具备新颖性的前提下，权利要求2涉及"饼皮不含糖"并且外形为"夹心饼形状"的技术方案相对于证据3也不具备专利法第22条第2款所规定的新颖性。

5. 关于专利法第22条第3款

专利法第22条第3款规定，创造性是指同申请日以前已有的技术相比，该发明有突出的实质性特点和显著的进步，该实用新型有实质性特点和进步。

根据该款规定，在对一项实用新型权利要求的创造性进行评价时，将该权利要求与现有技术中最接近的技术方案进行特征分析后，如果发现尽管两者之间存在区别技术特征，但这些区别特征的引入对本领技术人的员而言是容易想到的，则该权利要求不具备实质性特点，不具备创造性。

权利要求1中包含饼皮含糖和不含糖的两个技术方案，请求人主张其中饼皮含糖的技术方案相对于证据3不具备创造性，如上所述，其饼皮不含糖的技术方案相对于证据3不具备新颖性，因此，就权利要求1中饼皮含糖的技术方案而言，其与证据3公开的技术方案相比，区别仅在于：权利要求1的饼皮含糖，而证据3的夹心饼外皮不含糖。就上述区别特征而言，在食用夹心饼制作过程中，为了达到调整适口性等目的，向饼皮成分中加入糖属于本领域经常使用的技术手段，其对于本领域技术人员而言是容易想到的。因此，本领域技术人员在证据3的基础上，在制作夹有字条的食用饼过程中，为了调整适口性等目的，向外皮成分中加入糖，从而获得权利要求1中饼皮含糖的技术方案是显而易见的，该技术方案相对于证据3不具有实质性特点和进步，不具备专利法第22条第3款所规定的创造性。

如上所述，权利要求2涉及"饼皮不含糖"并且形状为"夹心饼形状"的技术方案不具有新颖性，对于其"饼皮含糖"的技术方案以及"饼皮不含糖"并且形状为"饺子状"的技术方案而言，证据3公开了带有芯子的夹心饼，其外形为菱角形（见证据3权利要求2，说明书第1页倒数第3~4行），其制作工艺类似包饺子（见证据3说明书第2页第3行）。由此可见，权利要求2的附加技术特征对于本领域技术人员而言是显而易见的，在其所引用的权利要求1相对于证据3不具备新颖性和创造性的前提下，权利要求2的上述技术方案相对于证据3也不具备专利法第22条第3款所规定的创造性。

基于以上事实和理由，本案合议组作出如下审查决定。

三、决定

宣告第200420033070.9号实用新型专利全部无效。

当事人对本决定不服的，可以根据专利法第46条第2款的规定，自收到本决定之日起三个月内向北京市第一中级人民法院起诉。根据该款的规定，一方当事人起诉后，另一方当事人应当作为第三人参加诉讼。

北京市第一中级人民法院
行政判决书

(2008) 一中行初字第1199号

原告广州新丰食品工业有限公司，住所地广东省广州市增城市新塘太平洋工业区 LA2 LOT18 号。
法定代表人林顺忠，董事长。
委托代理人柴永林，男，北京大和君成法律咨询事务所职员。
委托代理人李中良，男，北京大和君成法律咨询事务所职员。
被告国家知识产权局专利复审委员会，住所地北京市海淀区北四环西路9号银谷大厦。
法定代表人廖涛，副主任。
委托代理人王冬，男，国家知识产权局专利复审委员会审查员。
委托代理人隋璐，女，国家知识产权局专利复审委员会审查员。
第三人北京幸运签语食品技术有限公司，住所地北京市海淀区莲花池西路16号1栋B7028。
法定代表人李喜仁，经理。
委托代理人白良怡，北京市中普律师事务所律师。

原告广州新丰食品工业有限公司（以下简称新丰公司）不服被告国家知识产权局专利复审委员会（以下简称专利复审委）作出的无效宣告请求审查决定，向本院提起行政诉讼。本院受理后，依法组成合议庭，并依法通知与被诉具体行政行为有利害关系的北京幸运签语食品技术有限公司（以下简称幸运签语公司）作为本案第三人参加诉讼。本院于2008年9月27日公开开庭审理了本案。原告新丰公司的委托代理人柴永林、李中良，被告专利复审委的委托代理人王冬、隋璐，第三人幸运签语公司的委托代理人白良怡到庭参加了诉讼。本案现已审理终结。

2008年5月15日，被告作出第11563号无效宣告请求审查决定（以下简称被诉决定），依据《中华人民共和国专利法》（以下简称《专利法》）第二十二条第二款、第三款的规定，宣告第200420033070.9号实用新型专利权（以下简称本专利）全部无效。

被告于答辩期内向本院提交了作出被诉具体行政行为的证据材料：1. 本专利授权公告文本复印件；2. 中国实用新型专利说明书，专利号为99248604.1，授权公告号为CN2389479Y，授权公告日为2000年8月2日，复印件，共5页（即被诉决定中的证据3）。上述证据用以证明被诉决定认定事实清楚，适用法律正确。

原告新丰公司诉称：被告依据第三人提交的证据1国家知识产权局出具的实用新型检索报告复印件和证据3作出的被诉决定缺乏法律依据。在实用新型检索报告中，该专利的主要特征之一在于在两层皮之间夹有一张印有吉祥或祝福的纸条，重点在于两层皮之间，而被告却忽视这一重要特征。另外，专利自授权公告之日即具有法律效力，国家知识产权局在对专利进行初步审查后颁发的。作为一般的公众，其对专利的授予程序不可能了如指掌，而对实用新型专利只进行初步审查也是一种变相的资源浪费。在专利被授予之后，仅仅因为没有进行检索或者实质审查从而撤销一项专利，不管从专利权人还是专利管理机关来说都是一种无用功。综上，被诉决定认定事实不清，请求法院撤销该决定。

原告未向法院提交证据。

被告专利复审委辩称：被诉决定中的证据3公开了夹心饼包括外皮和芯子，外皮主要成分是面粉等，芯子为一字条，字条上可以写有祝福性语句等，字条可以使用纸条等。夹心饼的制作方法是将字条放入外皮内,再对折并将边缘捏紧,然后采用烘、烤、蒸等方法制成。与本专利的夹心饼相比,证据3公开的产品和本专利的产品都包括写有祝福性语句的纸条,并且纸条均是处于两层皮之间。由上述可知,原告所主张的本专利的"主要特征之一在两层皮之间夹有一张印着吉祥或祝福的纸条,重点在于两层皮之间"并非为本专利的产品所独有,所述内容已经被现有技术公开。综上,被诉决定认定事实清楚,适用法律正确,审理程序合法,原告的诉讼请求没有事实和法律依据,请求法院维持该决定。

第三人幸运签语公司同意被告意见,请求法院维持被诉决定。

第三人向法院提交了如下证据:1.国家知识产权局出具的针对本实用新型专利的检索报告的复印件(即被诉决定中的证据1);2.中国实用新型专利说明书,专利号为99248604.1,授权公告号为CN2389479Y,授权公告日为2000年8月2日,复印件(即被诉决定中的证据3)。上述证据用以证明本专利不具有新颖性和创造性。

因原告对被告口头审理过程提出异议,本院依职权向被告调取了本无效案件的口头审理记录表。

经庭审质证,原告对被告提交的证据无异议;对法院调取的证据的关联性、合法性、真实性无异议。第三人对被告证据无异议。原告对第三人证据1的关联性有异议,对证据2的证明作用有异议。被告对第三人证据无异议。

经审查,被告及第三人提交的证据与本案具有关联性,且合法、真实,能够证明本案事实,本院予以确认。本院依职权调取的口头审理记录表与本案具有关联性,且合法、真实,能够证明被诉决定作出的程序合法,本院予以确认。

经审理查明,本专利权无效宣告请求案涉及国家知识产权局于2006年1月4日公告授予的、名称为"签语饼"的第200420033070.9号实用新型专利权(即本专利),其申请日为2004年2月28日,专利权人于2006年7月14日由邓大二变更为本案原告。本专利授权公告的权利要求书如下:

"1.一种签语饼,包括由粮食粉加工的含糖或不含糖的两层皮(1),其特征在于:在两层皮之间夹有一张印着吉祥或祝福的纸条(2),并将皮的边缘捏合成一体。

2.据权利要求1所述的签语饼,其特征在于:签语饼为饺子状或夹心饼形状。"

针对上述专利权,第三人于2007年9月12日向被告提出无效宣告请求,认为本专利不符合《专利法》第二十二条第二、三款的规定。第三人同时提交了本专利授权公告文本及以下证据:

证据1:国家知识产权局出具的针对本实用新型专利的检索报告的复印件,共4页;

证据2:中国实用新型专利说明书,专利号为94217977.3,授权公告号为CN2232202Y,授权公告日为1996年8月7日,复印件以及该专利的题录信息,共9页;

证据3:中国实用新型专利说明书,专利号为99248604.1,授权公告号为CN2389479Y,授权公告日为2000年8月2日,复印件,共5页;

证据4:中国外观设计专利,申请号为91301818.X,授权公告号为CN3013104,授权公告日为1992年4月8日,复印件,共1页;

证据5:中国外观设计专利,申请号为92303321.1,授权公告号为CN3016498,授权公告日为1992年12月23日,复印件,共1页;

证据6:中国外观设计专利,申请号为92301828.X,授权公告号为CN3018586,授权公告日为1993年5月19日,复印件,1页;

证据7:中国外观设计专利,申请号为94313461.7,授权公告号为CN3042812,授权公告日为1996年4月10日,复印件,共1页。

第三人认为依据证据1,即国家知识产权局出具的针对本实用新型专利的检索报告以及证据2至

7，本专利权利要求1、2请求保护的产品与上述证据的产品特征等同，权利要求1、2不具有新颖性、创造性。

经形式审查合格后，被告受理了上述请求，于2007年9月13日向第三人以及原告发出《无效宣告请求受理通知书》，并将无效宣告请求书及其附件清单所列附件的副本转送给原告，要求其在指定的期限内答复，同时成立合议组对本无效宣告请求案进行审理。

第三人于2007年10月10日提交了补充意见陈述，第三人的意见概括为：

（1）权利要求1包括两个技术方案：技术方案1为饼皮含糖的方案，技术方案2为饼皮不含糖的方案。证据3（参见说明第1页第7行至第2页第6行，图1-2）公开了一种夹心饼，其包括外皮和芯子，外皮主要是面粉、鸡蛋、玉米油等（相当于权利要求1中由粮食粉加工的皮），芯子包括写有祝福性语句的字条（相当于权利要求1中印有吉祥或祝福的纸条），其制作方法是将字条放入外皮内，再对折并将边缘捏紧，所述字条相当于对折后被捏紧的上下两层皮之间，其与权利要求1所述在两层皮之间夹有纸条，并将皮的边缘捏合成一体实质上相同。权利要求1的技术方案1与证据3的区别在于：技术方案1中的饼皮是含糖的，但在食用饼的饼皮成分中加入糖或者不加糖是常用的技术手段，在证据3基础上结合常用技术手段得到技术方案1，对本领域技术人员来说是显而易见的，权利要求1的技术方案1不具备《专利法》第二十二条第三款规定的创造性。此外，权利要求1的技术特征在两层皮之间夹有一张印着吉祥或祝福语的纸条，与中华传统食品茯苓饼即两层皮内夹馅的制作方法相同，使用两层皮内夹内容物对于本领域技术人员来说是常识性制作方法，因此使用两层皮不具备新颖性和创造性。

（2）权利要求2进一步限定了签语饼的形状为饺子状或夹心饼形状，证据3公开了夹心饼的制作工艺类似包饺子（参见说明书第2页第3行），采用这种方法制作夹心饼，制作成饺子状或夹心饼形状都是常用的技术手段。因此在权利要求1不具备新颖性或创造性时，权利要求2也不具备《专利法》第二十二条第三款规定的创造性。此外，证据2、证据4~7所披露的签语饼、夹心饼外观均为饺子状或夹心饼形状，因此，权利要求2不具备《专利法》第二十二条规定的新颖性、创造性。

原告于2007年10月22日提交了答辩状，原告的意见概括为：（1）现有专利法是在2000年8月25日第二次修正后施行的，第三人提交的证据2专利于2000年3月1日期限届满前终止后进入公有领域，为公众公开使用，由于请求人不能提供该专利与本专利完全一致的证据，其不能证明本专利是无效的。（2）本专利在权利要求书中明确表明其特征在于"两层之间夹有一张印着吉祥或者祝福的纸条"，"两层"的特点是其他产品所不具备的，因此，第三人的无效主张缺乏法律依据支持，本专利是有效的。

2008年1月14日，本案合议组向双方当事人发出口头审理通知书，定于2008年3月6日对本案进行口头审理。

2008年3月6日，口头审理如期进行。双方当事人均委托代理人参加了口头审理。双方当事人对对方出庭人员的资格无异议，对合议组成员无回避请求。口头审理过程中认定的事实如下：（1）第三人放弃证据2、4~7，将证据1作为相关文件，将证据3作为对比文件。（2）原告对证据1、3的真实性、公开性、关联性没有异议。（3）第三人明确其无效理由为：权利要求1、2相对于证据3不符合《专利法》第二十二条第二款、第三款的规定。

被告经审查认为：

1. 关于审查文本

原告在本案的无效宣告程序中，并未对本专利的权利要求书进行修改，因此，被告以本专利的授权公告文本为基础进行审查。

2. 无效宣告请求的理由和范围

根据第三人在口头审理中的确认，本无效宣告请求审查决定审理的宣告本专利无效的理由是：权利要求1和2相对于证据3不符合《专利法》第二十二条第二款、第三款的规定。

3. 关于证据

第三人放弃证据2、4~7，被告在本案中对其不予考虑；鉴于第三人已经放弃证据2，故被告对原告针对证据2陈述的意见也不再进行评述。

证据1为国家知识产权局出具的针对本实用新型专利的检索报告，证据3为公开发行的出版物，证据3的公开日早于本专利的申请日，第三人提供证据3作为现有技术使用，原告对证据1和证据3的真实性、公开性、关联性均没有异议，因此，被告对证据1和3的真实性、公开性、关联性予以确认，证据3构成了本专利的现有技术，可以作为评价本专利新颖性和创造性的证据使用。

4. 关于《专利法》第二十二条第二款

本案中，权利要求1请求保护一种签语饼，其包括由粮食粉加工的含糖或不含糖的两层皮，其特征在于：在两层皮之间夹有一张印着吉祥或祝福的纸条，并将皮的边缘捏合成一体。权利要求1中包括两个技术方案：签语饼的饼皮含糖的技术方案和饼皮不含糖的技术方案。第三人主张其中饼皮不含糖的技术方案相对于证据3不具备新颖性。

证据3（参见说明书第1页第7行至第2页第6行、图1-2）公开了一种夹心饼，其包括外皮和芯子，外皮主要成分是面粉等，芯子为一字条，字条上可以写有祝福性语句等。字条可以使用纸条等。夹心饼的制作方法是将字条放入外皮内，再对折并将边缘捏紧，然后采用烘、烤、蒸等方法制成。

将权利要求1的两个技术方案与证据3公开的技术方案相比，权利要求1和证据3均涉及食品领域的可食用饼，均由粮食粉加工的外皮和夹在外皮内的纸条构成，而且权利要求1所述的"将夹有纸条的两层皮的边缘捏合成一体"与证据3所述的"将字条放入外皮内，再对折并将边缘捏紧"实质上相同。由于权利要求1涉及饼皮含糖的技术方案和饼皮不含糖的技术方案，就其饼皮不含糖的技术方案而言，证据3已经公开了该技术方案的全部技术特征，两者的技术方案实质上相同，且属于相同的技术领域，本领域技术人员预期两者能解决同样的技术问题，达到相同的预期效果。因此，权利要求1中涉及饼皮不含糖的技术方案相对于证据3不具备《专利法》第二十二条第二款规定的新颖性。

权利要求2的附加技术特征进一步限定了签语饼为饺子状或夹心饼形状，证据3公开了带有芯子的夹心饼。由此可见，权利要求2的附加技术特征"夹心饼形状"已经被证据3公开了，在其所引用的权利要求1中饼皮不含糖的技术方案不具备新颖性的前提下，权利要求2涉及"饼皮不含糖"并且外形为"夹心饼形状"的技术方案相对于证据3也不具备《专利法》第二十二条第二款所规定的新颖性。

5. 关于《专利法》第二十二条第三款

权利要求1中包含饼皮含糖和不含糖的两个技术方案，第三人主张其中饼皮含糖的技术方案相对于证据3不具备创造性，如上所述，其饼皮不含糖的技术方案相对于证据3不具备新颖性，因此，就权利要求1中饼皮含糖的技术方案而言，其与证据3公开的技术方案相比，区别仅在于：权利要求1的饼皮含糖，而证据3的夹心饼外皮不含糖。就上述区别特征而言，在食用夹心饼制作过程中，为了达到调整适口性等目的，向饼皮成分中加入糖属于本领域经常使用的技术手段，其对于本领域技术人员而言是容易想到的。因此，本领域技术人员在证据3的基础上，在制作夹有字条的食用饼过程中，为了调整适口性等目的，向外皮成分中加入糖，从而获得权利要求1中饼皮含糖的技术方案是显而易见的，该技术方案相对于证据3不具有实质性特点和进步，不具备《专利法》第二十二条第三款所规定的创造性。

如上所述，权利要求2涉及"饼皮不含糖"并且形状为"夹心饼形状"的技术方案不具有新颖性，对于其"饼皮含糖"的技术方案以及"饼皮不含糖"并且形状为"饺子状"的技术方案而言，证据3公开了带有芯子的夹心饼，其外形为菱角形（见证据3权利要求2，说明书第1页倒数第3~4行），其制作工艺类似包饺子（见证据3说明书第2页第3行）。由此可见，权利要求2的附加技术特征对于本领域技术人员而言是显而易见的，在其所引用的权利要求1相对于证据3不具备新颖性和创造性的前提下，权利要求2的上述技术方案相对于证据3也不具备《专利法》第二十二条第三款所规定的创造性。

据此，被告作出被诉决定。原告不服，诉至本院。

本院认为，各方当事人对于被诉决定作出的程序及决定中关于审查文本、无效宣告请求理由和范围及证据的认定无异议。经审查，被告对上述内容的评判合法，本院予以确认。

本案的重点问题在于本专利权利要求1和2相对于证据3是否符合《专利法》有关新颖性和创造性的规定。

《专利法》第二十二条第二款规定：新颖性，是指在申请日以前没有同样的发明或者实用新型在国内外出版物上公开发表过、在国内公开使用过或者以其他方式为公众所知，也没有同样的发明或者实用新型由他人向国务院行政部门提出过申请并且记载在申请日以后公布的专利申请文件中。

证据3公开了一种夹心饼，将其公开的技术方案与本专利权利要求1公开的技术方案相比较，二者均为由粮食粉加工的外皮和夹在外皮内的纸条构成的可食用饼，而且二者制作方法并无实质区别。权利要求1涉及饼皮含糖的技术方案和饼皮不含糖的技术方案，就其饼皮不含糖的技术方案而言，证据3已经公开了该技术方案的全部技术特征，两者的技术方案实质上相同。因此，被告认定权利要求1中涉及饼皮不含糖的技术方案相对于证据3不具备新颖性正确。

权利要求2的附加技术特征限定了签语饼为饺子状或夹心饼形状，证据3公开了带有芯子的夹心饼。权利要求2的附加技术特征"夹心饼形状"已经被证据3公开了，在其所引用的权利要求1中饼皮不含糖的技术方案不具备新颖性的前提下，被告认定权利要求2涉及"饼皮不含糖"并且外形为"夹心饼形状"的技术方案相对于证据3也不具备新颖性正确。

《专利法》第二十二条第三款规定：创造性，是指同申请日以前已有的技术相比，该发明有突出的实质性特点和显著的进步，该实用新型有实质性特点和进步。

就权利要求1中饼皮含糖的技术方案而言，其与证据3公开的技术方案相比，区别仅在于：权利要求1的饼皮含糖，而证据3的夹心饼外皮不含糖。而根据需要在饼皮成分中加糖对于本领域技术人员来说是容易想到的技术，故权利要求1中饼皮含糖的技术方案相对于证据3不具有实质性特点和进步，被告认定该技术方案不具备创造性正确。

对于权利要求2限定的签语饼为饺子状技术特征，证据3公开的夹心饼，其外形为菱角形，制作工艺类似包饺子。因此，相对于证据3而言，权利要求2的附加技术特征对于本领域技术人员亦是显而易见的。在其所引用的权利要求1相对于证据3不具备新颖性和创造性的前提下，被告认定权利要求2的上述技术方案相对于证据3也不具备创造性正确。

综上，被诉决定认定事实清楚，适用法律正确，行政程序合法，本院应予维持。原告的诉讼主张缺乏事实和法律依据，本院不予支持。据此，依照《中华人民共和国行政诉讼法》第五十四条第（一）项之规定，判决如下：

维持被告国家知识产权局专利复审委员会于二〇〇八年五月十五日作出的第11563号无效宣告请求审查决定。

案件受理费 100 元，由原告广州新丰食品工业有限公司负担（已交纳）。

如不服本判决，可在本判决书送达之日起 15 日内，向本院提交上诉状，并按对方当事人人数提出副本，上诉于北京市高级人民法院。上诉人在上诉期满后 7 日内未预交上诉案件受理费又不提交缓交申请的，按自动撤回上诉处理。

审　判　长　强刚华
代理审判员　贾志刚
代理审判员　殷　悦
二〇〇九年一月七日
书　记　员　张　莹

油脂化工产品 12−羟基硬脂酸的制取方法

无效宣告请求审查决定（第 11595 号）

决 定 号	第 11595 号
决 定 日	2008 年 5 月 28 日
发明创造名称	油脂化工产品 12−羟基硬脂酸的制取方法
国际分类号	C11C 3/00，C07C 59/01，C07C 27/02
无效宣告请求人	东营市顺利化工有限责任公司
专利权人	通辽市通华蓖麻化工有限责任公司
专 利 号	00122332.1
申 请 日	2000 年 8 月 24 日
授权公告日	2003 年 6 月 25 日
合议组组长	祝海燕
主 审 员	郭 婷
参 审 员	刘 妍
法律依据	专利法第 22 条第 3 款

决 定 要 点

虽然期刊封面上印有"内部刊物"字样，但综合考虑期刊封底出版信息等其他内容后可知，该期刊的发行面向全国，且不限于国内特定人，是公开出版物。

在判断要求保护的发明相对于现有技术是否显而易见时，应先将该发明的技术方案与最接近的现有技术相比以确定区别技术特征和发明实际解决的技术问题，如果现有技术整体上给出了引入该区别技术特征解决该技术问题的启示，则该技术方案是显而易见的，不具有突出的实质性特点。

一、案由

本专利权无效宣告请求案涉及国家知识产权局于 2003 年 6 月 25 日公告授予的、名称为"油脂化工产品 12−羟基硬脂酸的制取方法"的第 00122332.1 号发明专利权（下称本专利），其申请日为 2000 年 8 月 24 日，专利权人为通辽市通华蓖麻化工有限责任公司。本专利授权公告的权利要求书如下：

"1. 一种油脂化工产品 12−羟基硬脂酸的制取方法：其特征在于：先在反应釜内注水加温，再按 1∶0.5 的油水比例加入氢化蓖麻油搅匀，至沸腾状，将油碱比为 1∶0.13～0.14 的固碱稀释成 30%～40% 的碱液加入釜内，在常压沸腾状态下进行皂化反应；皂化的油水比保持在 1∶1.2，当皂化率达 95% 以上，物料 pH 值达 11～12 时，将 20%～40% 的稀硫酸在搅拌条件下喷洒在物料上，在

80~100℃的条件下进行酸解反应；待物料pH值为1~2时，进入水洗阶段，首先静止分离，排出废液，用95℃以上的热水洗涤去杂，而后，送入干燥罐中，干至水分<1%。

2. 根据权利要求1所述的油脂化工产品12-羟基硬脂酸的制取方法，其特征在于：所说的碱液浓度为35%。

3. 根据权利要求1所述的油脂化工产品12-羟基硬脂酸的制取方法，其特征在于：所说的稀硫酸的浓度为25%。

4. 根据权利要求1所述的油脂化工产品12-羟基硬脂酸的制取方法，其特征在于：要求干燥温度为80~100℃。"

针对上述专利权，东营市顺利化工有限责任公司（下称请求人）于2007年9月11日向专利复审委员会提出专利权无效宣告请求，认为本专利权利要求1~4不符合专利法第22条第4款、专利法第22条第3款、专利法第26条第4款以及专利法实施细则第20条第1款的规定。请求人同时提交了本专利授权公告文本及以下附件：

附件1："12-羟基硬脂酸试制总结"，张海金，《吉林石油化工》，1983年第3期，1983年7月出版，封面页、第9~14、17页、封底页，复印件共9页；

附件2：《贝雷 油脂化学与工艺学》，[美]D.斯沃恩主编，秦洪万主译，第四版（第一册），轻工业出版社，1989年2月第一版第一次印刷，封面页、第567~568页、出版信息页，复印件共4页；

附件3：《硬脂酸及脂肪酸衍生物生产工艺》，王福海等，轻工业出版社，1991年7月第1版第1次印刷，封面页、出版信息页、154~157页，复印件共4页；

附件4：审查指南第二部分第二章第134、137~139页，复印件共4页；

附件5：由中华人民共和国吉林省长春市国安公证处出具的两份公证书：其中附件5-1为（2007）吉长国安证民字第4879号，复印件19页；附件5-2为（2007）吉长国安证民字第4880号，复印件4页；

附件6：《油脂化学》，徐学兵等，中国商业出版社，1993年5月第1版，封面页、第79、326页、出版信息页，复印件共4页；

附件7：《肥皂生产基本知识》，吕也博，轻工业出版社，1978年10月第一版第一次印刷，封面页、出版信息页、第112、113页，复印件共2页；

附件8：《植物油脂生产与综合利用》，刘玉兰主编，中国轻工业出版社，1999年8月第1版，2000年5月第2次印刷，出版信息页、第253~256页，复印件共5页。

请求人提出：（1）依据附件1和附件6，认为本专利权利要求1~4不符合专利法第22条第4款关于实用性的规定，因为从本专利的实施例、常压沸腾状态下会导致不确定量的水分蒸发以及"油"、"水"的定义不明三个方面可以证明其中的技术特征"皂化的油水比保持在1∶1.2"不可实施；此外，"油水比1∶0.5"、"油碱比为1∶0.13~0.14"、"皂化的油水比在1∶1.2"三个特征中均没有明确说明是重量比、体积比或克分子比，也无法实施。（2）依据附件4，认为权利要求1~4不符合专利法第26条第4款的规定，因为权利要求中要求皂化的油水比保持在1∶1.2，而说明书实施例中的油水比在1∶0.757，权利要求不能得到说明书的支持。（3）依据附件4，认为权利要求1~4不符合专利法实施细则第20条第1款的规定，因为"油水比1∶0.5"、"油碱比为1∶0.13~0.14"、"皂化的油水比在1∶1.2"三个特征中均没有明确说明是重量比、体积比或克分子比。（4）依据附件1~3、附件5-1、5-2、附件7、8，认为本专利权利要求1~4不具备专利法第22条第3款规定的创造性。附件1系记载有技术和设计内容的独立存在的传播载体，系专利法意义上的出版物；附件1有报刊登记证号与核定售价，其本身属合法出版物，并面向全国发行；另外，附件1自1983年7月即被吉林省图书馆予以馆藏并对外借阅，由此可知，其在本专利申请日以前就处于可为广大公众知晓的状态。虽然附件1表面印有"内部刊物"字样，但综合上述信息和附件可知，附件1实质上并非在特定范围内发行并要求保密，而是公开发行出售的，已经构成了出版物公开。请求人提供了本专利与附件1、2、3的技术特征比较表，逐个特征进行了比较说明。

经形式审查合格后，专利复审委员会受理了上述请求，于2007年10月12日向双方当事人发出《无效宣告请求受理通知书》，并将《专利权无效宣告请求书》及其附件副本转送给专利权人。

2007年12月28日，本案合议组向双方当事人发出口头审理通知书，定于2008年2月28日对本案进行口头审理。

2008年2月28日，口头审理如期进行。双方当事人均委托代理人参加了口头审理，双方对对方参加口头审理人员的身份和资格没有异议，对合议组成员没有回避请求。双方在审理中对本案无效宣告请求理由是否成立充分陈述了意见，审理过程中确认如下事项：

（1）专利权人当庭提交了如下三份反证：

反证1：通辽市邮政局发行投递局出具的证明，出证日期2008年1月22日，复印件1页；

反证2：中华人民共和国吉林省长春市民众公证处出具的（2008）吉长民众证民字第99号公证书，复印件共3页；

反证3：第5984号无效宣告请求审查决定书，复印件6页。

专利权人指出，由于邮局的失误（见反证1），使专利权人没有及时收到专利复审委员会2007年10月12日转送的无效宣告请求书及其附件，失去了及时提供意见和证据的机会，于口审当庭将上述反证1~3交给合议组。专利权人同时认为，反证2能够证明附件1为吉林省图书馆馆藏的内部刊物，该刊物在2003年以前不对外借阅、复印；反证3是已生效的针对本专利的无效宣告请求审查决定，该决定中的附件1与本案中的附件1都是《吉林石油化工》1983年第3期，该决定中已认定其中的附件1有明显的变造痕迹，所以，本案中的附件1也不能被采信作为无效本专利的证据使用。专利权人出示了反证1~3的原件。合议组当庭将反证1~3的复印件转给请求人。经核实原件，请求人认可反证1~3的真实性。请求人承认专利权人收到无效宣告请求书及其附件的时间为反证1中记载的2008年1月21日，但是认为到口审当日已经超过了一个月的举证期限，因此不应接受反证1~3。由于反证1~3是当庭才提交的证据，合议组告知请求人可在庭后15日内提交针对反证1~3的书面意见陈述。

（2）请求人当庭出示了附件1~8的原件。

请求人认为从附件1本身可以看出其是公开出版物，同时认为附件5的公证书能够证明附件1的真实性和公开性。专利权人认为：①附件1载明其为"内部刊物"，因此并不是公开出版物；②不认可附件5本身的真实性，理由是其中公证处的章为红章，而公证书中所附的《证明》上的章为复印黑章；③承认附件5能证明附件1的原件与复印件相符，但是仍然认为附件5不能证明附件1的真实性；④附件5只能证明其中吉林省图书馆报刊部出具的《证明》与原件相符和《证明》上的印鉴属实，但不能证明附件1是公开出版物，且该《证明》存在以下缺陷：①缺少经办人签字；②缺少证明该刊物上架供公众阅览时间的旁证；③专利权人提供了证明附件1在2003年以前在吉林省图书馆不对外借阅的反证2；④已生效的专利复审委员会做出的5984号无效宣告审查决定（即反证3）已涉及过附件1，其未被做出该决定的合议组采信；⑤附件5-1工作记录第6点所述"证明"与附件5中所附《证明》无法关联；⑥公证书首页上写到的"图书馆"与证明中的"吉林省图书馆报刊部"不一致，且该章只是部门章，不具有法律效力。

专利权人认为附件2上的字与其原件上的字大小不同，因此对附件2的真实性有异议；对于附件

2 的公开性问题,专利权人表示听从合议组的判断。

专利权人认可附件 3 的真实性、公开性,但认为附件 3 与本案缺乏关联性。

请求人明确表示附件 4、6、7、8 只作为参考,不作为证据使用。

(3) 请求人依据附件 1 认为权利要求 1~4 不具备专利法第 22 条第 4 款规定的实用性,认为附件 1 中就没有提到 1:1.2 这个比例,具体理由同无效请求书中的意见。专利权人认为:①为将油水比保持在 1:1.2,本领域技术人员会通过计算加入合适量的水,不需花费创造性劳动;②常压沸腾皂化时,安装回流冷凝器就能使蒸汽冷却成水,保持皂化油水比在 1:1.2,而且本领域技术人员也知道水会不断蒸发,会适时补充水量以保持油水比;③油水定义、比例的问题,本领域技术人员很好理解;④"油水比 1:0.5"、"油碱比为 1:0.13~0.14"、"皂化的油水比在 1:1.2"是重量比,从说明书实施例可得知。

(4) 请求人认为权利要求 1~4 不符合专利法第 26 条第 4 款的规定,理由同请求书。专利权人认为本领域技术人员会对实施例计算并加水使油水比保持在 1:1.2,再结合本专利说明书第 3 页倒数 14–倒数 1 行直到第 4 页第 2 行完全可以概括出权利要求 1 的技术方案。

(5) 请求人认为权利要求 1~4 不符合专利法实施细则第 20 条第 1 款的规定,理由同请求书。专利权人认为,"油水比 1:0.5"、"油碱比为 1:0.13~0.14"、"皂化的油水比在 1:1.2"是重量比,从说明书实施例可得知。

(6) 请求人认为权利要求 1~4 相对于附件 1 加附件 2 加附件 3 加公知常识的结合不具备专利法第 22 条第 3 款规定的创造性。双方共同认可的本专利权利要求 1 与附件 1 的区别技术特征在于:本专利权利要求 1 中是先加水后加油;油碱比为 1:0.13~0.14 固碱;皂化的油水比保持在 1:1.2;皂化率达 95% 以上;稀硫酸在搅拌条件下喷洒在物料上;95℃ 以上的热水洗涤;干至水分<1%。请求人认为,除 95℃ 以上热水洗涤这个特征在附件 3 中公开以外,其他特征都是显而易见的。专利权人表示,由于不认可附件 1 的公开性,因此对创造性的问题不陈述意见,由合议组进行判断。

口头审理结束后,请求人于 2008 年 3 月 13 日提交了意见陈述书,请求人认为:(1) 反证 1 虽然加盖了证明人的原章,但也仅是形式意义上具有真实性,并不等同于内容真实,不足以证明该信件投递延误的事实以及超期提交证据的合法性。即便反证 1 记载的投递延误的情况属实,专利权人于 2008 年 1 月 21 日收到了信件,其反证和意见陈述也应在 2008 年 2 月 21 日前交至复审委,或者在该期限内向复审委提交请求延期的书面申请。反证 2 是在规定期限届满后提交的,应不予考虑。(2) 附件 5 依法形成,具有真实性。按照公证程序,盖有原始章戳的文件材料都存于公证处,公证处出具了复印件与原件相符的公证书,公证书中文件上的章戳自然为黑色。(3) 请求人同时提交了如下补充材料供合议组参考:

补充材料 1:中华人民共和国吉林长春市信维公证处出具的 (2008) 吉长信维证字第 1751 号公证书,证明反证 2 的证明与吉林省图书馆的业务规则不符。

补充材料 2:吉林省长春市国安公证处出具的附件 5 中《证明》原件存于该公证处的证明。

补充材料 3:中华人民共和国天津市北方公证处出具的 (2008) 津北方证经字第 783 号公证书,证明天津图书馆馆藏有附件 1 的期刊且在馆藏之日起可公开借阅。

补充材料 4:中华人民共和国北京市求是公证处出具的 (2008) 京求是内民证字第 0631 号公证书,证明在中国化工信息中心借阅、复印附件 1 期刊的过程,并附有中国化工信息中心出具的有关该期刊自收藏起即开始对外提供阅览服务的证明。

补充材料 5:吉林省石油化工设计研究院收藏的内含附件 1 期刊的合订本,其中的资料借阅卡证明附件 1 的期刊最迟于 1986 年已开始对本单位和外单位人员提供借阅服务。

补充材料6：京九司鉴中心［2007］知鉴字第57号鉴定报告书，对请求人生产12-羟基硬脂酸的技术是否属于公知技术进行鉴定，其中采用附件1的期刊进行对比。

补充材料7：京九司鉴中心［2007］知鉴字第58号鉴定报告书，对请求人生产12-羟基硬脂酸的技术是否包含本专利的全部技术特征进行鉴定。

补充材料8：国科知鉴字［2007］106号技术鉴定报告书。

至此，合议组认为本案事实已经清楚，可以依法作出审查决定。

二、决定的理由

1. 无效宣告请求的理由和范围

根据请求人在口头审理中的确认，其请求宣告本专利无效的理由及范围是：（1）依据附件1认为权利要求1~4不符合专利法第22条第4款的规定；（2）权利要求1~4不符合专利法第26条第4款的规定；（3）权利要求1~4不符合专利法实施细则第20条第1款的规定；（4）权利要求1~4相对于附件1、附件2和附件3以及公知常识的结合不具备专利法第22条第3款规定的创造性。

2. 关于证据

（1）关于附件1的真实性。

请求人用附件5-1来证明附件1的真实性。

附件5-1是公证书，其中包含工作记录、吉林省图书馆报刊部出具的证明、索书单和附件1的复印件，公证了在吉林省图书馆借阅包含附件1的期刊合订本、复印附件1以及吉林省图书馆报刊部出具证明的过程，并证明了其中《工作记录》的复印件与原件内容相符，公证员及代理人的签名属实。

首先，专利权人不认可附件5-1的真实性，因为附件5-1上公证处的章为原章（红章），而其中所附《证明》上的章为复印章。对此，合议组认为：附件5-1中所附工作记录、吉林省图书馆报刊部出具的证明、索书单和附件1都是复印件，附件5-1的公证书中已经写明了"兹证明本公证书相粘连的《工作记录》的复印件与原件内容相符"，即该公证书中已经对复印件的问题进行了清楚的说明，不应因为印章不是原章（红章）否认附件5-1的真实性。合议组对附件5-1的真实性予以认可。

其次，专利权人认为附件5-1能证明附件1的复印件与原件相符，但是仍然认为附件5-1不能证明附件1的真实性。对此，合议组认为：附件5-1的《工作记录》中已经载明了借阅和复印附件1的全过程，包括来到吉林省图书馆一楼报刊内阅处，到电脑查取索书号TE65/2-1，图书馆工作人员根据索书号取出1983年1~4期《吉林石油化工》（保存本），在该馆复印室复印附件1，图书馆人员在其上加盖"吉林省图书馆复印室"章。附件5-1证明了附件1的来源真实、合法，专利权人也认为其能证明附件1的复印件与原件相符，因此，合议组对附件1的真实性予以认可。

（2）关于附件1的公开性。

请求人除主张用附件5来证明附件1的公开性以外，还认为从附件1本身也可证明其是公开出版物。合议组认为：①附件1封底上附有详细的出版信息，包括报刊登记证号（吉林省报刊登记证第312号）、编辑出版者（吉林省石油化工科技情报总站、吉林省石油化工研究所）、地址（长春市斯大林大街79号）、印刷厂（长春新华印刷厂）、出版期号（一九八三年第三期）、出版日期（1983年7月出版）和定价（0.50元）；②封底上附有该杂志的征订启事，其中载有其为"《中国化工文摘》选定的引用期刊之一"，其"可供石油化工领域广大科技人员、工人、管理人员和大专院校师生参阅"，以及"本刊一九八四年计划出版四期，内部发行全国，欢迎各地单位和个人订阅，欲订阅者请来函索取订单"；③从附件5中所附的附件1，即该期杂志的目录中也可看到，该杂志设有"科学实验与技术革新"、"进口设备分析"、"综述与专论"、"石油化工科普讲座"、"知识简介"、"建议"、"译文"、"省内简讯"等栏目。综合上述信息可知，附件1是供国内石油化工领域人员交流学习之用的期刊，虽然附件1的封面上印有"内部刊物"字样，但是由于其发行范围为整个国内石油化工领域，且并不限于特定人，又无证据证明其处于保密状态，因此附件1属于公开出版物，且由于其出版日期为1983年7月，早于本专利申请日，因此，附件1可以作为本专利的现有技术评价本专利权利要求的创造性。

此外，专利权人认为：①反证2能够证明附件1的刊物在吉林省图书馆于2003年前不对外进行借阅、复印；②已生效的针对本专利的第5984号无效宣告请求审查决定（反证3）中已涉及过附件1，但未被作出该决定的合议组采信，本案合议组也不该采信附件1。对此，本案合议组认为，①如前所述，附件1的刊物属于公开出版物，其在2003年前是否在某个特定图书馆（如吉林省图书馆）对外借阅、复印并不影响其本身的公开性；②第5984号决定中认定其所涉及的附件1有明显的变造痕迹，在没有原件予以核实的情况下，无法确认附件1的真实性、公开性。然而，如上所述，本案附件1的真实性已由附件5-1证实，从附件1本身能够证明其公开性。因此，反证2、3均不能否认本案附件1的真实性和公开性。

3. 关于创造性

专利法第22条第3款规定，创造性，是指同申请日以前已有的技术相比，该发明有突出的实质性特点和显著的进步，该实用新型有实质性特点和进步。

根据该款规定，在判断要求保护的发明相对于现有技术是否显而易见时，应先将该发明的技术方案与最接近的现有技术相比以确定区别技术特征和发明实际解决的技术问题，如果现有技术整体上给出了引入该区别特征解决该技术问题的启示，则该技术方案是显而易见的，不具有突出的实质性特点。

本专利权利要求1要求保护一种油脂化工产品12-羟基硬脂酸的制取方法：其特征在于：先在反应釜内注水加温，再按1∶0.5的油水比例加入氢化蓖麻油搅匀，至沸腾状，将油碱比为1∶0.13~0.14的固碱稀释成30%~40%的碱液加入釜内，在常压沸腾状态下进行皂化反应；皂化的油水比保持在1∶1.2，当皂化率达95%以上，物料pH值达11~12时，将20%~40%的稀硫酸在搅拌条件下喷洒在物料上，在80~100℃的条件下进行酸解反应；待物料pH值为1~2时，进入水洗阶段，首先静止分离，排出废液，用95℃以上的热水洗涤去杂，而后，送入干燥罐中，干至水分<1%。

附件1也公开了12-羟基硬脂酸的制备方法，其步骤为：将反应好、沉淀后的氢化蓖麻油放入皂化罐，以3~4kg/cm^{2}蒸汽直接加热搅拌，缓慢加水，其量为油的二分之一，使油水充分混匀。温度大于100℃时，开始以每分钟4~5公斤的速度加入35%~40%NaOH溶液。皂化时由于反应激烈引起大量泡沫上涨，要注意防止跑料，可用冷水、停止供气、停止加碱液的方法控制。皂化时间40~60分钟，皂化终点测pH值11~12，10分钟pH值不变时，取样化验过剩游离碱（以Na$_2$O计）0.1%~0.3%为合格，但要注意皂化时如水量不足或碱液浓度大，都可能造成结块沉入罐底和皂化不完全。将计算好的浓度30%左右的工业盐酸放入酸解罐（第14页讨论部分公开了用硫酸代替盐酸的试验研究，结果比较满意），先放皂100公斤左右，供以3~4/cm^{2}蒸汽，使之迅速沸腾，并继续供气，全速放皂至完毕开始计时，供气沸腾，酸解15~20分钟，取样测pH值达1~3，静置10~15分钟，油水分层放出废液及油水中间层杂质，水洗用水量是油的二分之一，供汽搅拌5分钟，停气静置10~15分钟放液，pH值一般在4~5，然后再加水，其量与前面相同，水温要求在80℃以上，通蒸汽搅拌5分钟，静置10分钟放液，水洗二至三次，pH值达6为止。脱水设备是锚式搅拌1000立升搪瓷罐，脱水工艺过程是先将脱水罐预热90℃左右，真空抽料，脱水时间一般20~30分钟，真空度达540mmHg，温度75~85℃，即可放料进入制片、包装（表2中显示的产品含水量为≤1.5%）（参见附件1第11~13页）。

经比较可知，本专利权利要求1要求保护的技术方案和附件1公开的技术方案都是12-羟基硬脂酸的制取方法，二者采用的原料物质和目的产物相同，且均经过皂化、酸解、水洗和干燥四个主要步骤，二者的区别仅在于各步骤中的某些具体工艺参数或实施方法的细微差异，具体是：(1) 皂化步骤中，本专利权利要求1是先加水后加油，附件1中是先加油后加水；本专利权利要求1中的油碱比为1:0.13~0.14固碱，附件1中未具体公开此比例；本专利权利要求1中皂化的油水比保持在1:1.2，附件1中未具体公开此比例；本专利权利要求1中判断皂化完成、合格的指标为皂化率达95%以上，附件1中采用取样化验过剩游离碱来判断皂化是否合格；(2) 酸解步骤中，本专利权利要求1中未提及使用酸解罐，并且是将稀硫酸在搅拌条件下喷洒在物料上，附件1中提到了使用酸解罐，并且是先将皂放入酸解罐中再向其中放入皂；(3) 水洗步骤中，本专利权利要求1中要求用95℃以上的热水洗涤，附件1中公开用80℃以上热水洗涤并通两次蒸汽；(4) 干燥步骤中，本专利权利要求1要求干至水分<1%，附件1中公开的是含水≤1.5%。

合议组认为：(1) 在皂化步骤中，对于油水加入顺序而言，由于油水之间不发生化学反应，在它们充分混匀后才加入碱进行皂化，因此，油、水先加哪个均可，加入顺序不会影响二者的充分混匀，也不会影响后续的皂化反应；对于油与固碱的比例而言，由于油、碱之间将发生皂化反应，因此本领域技术人员根据常规知识即可计算出应加固碱量；对于"皂化的油水比保持在1:1.2"而言，该比例中体现的水量高于开始加入的水和碱液量，需再加水，然而附件1中已经给出了再加水的启示，如附件1第11页左栏中公开了"皂化时由于反应激烈引起大量泡沫上涨，要注意防止跑料，可用加冷水的方法控制"和"皂化时如水量不足或碱液浓度大，都能造成结块沉入罐底和皂化不完全"，本领域技术人员在该技术启示下，通过再加水使油水比保持在该比例并保证皂化反应的顺利进行和最终产品的质量是显而易见的；对于判断皂化完成、合格的指标而言，附件1采用的取样化验过剩游离碱来判断皂化是否合格与权利要求1采用的"皂化率"均为本领域常用的判断皂化完成、合格的指标，是本领域技术人员的常规选择。(2) 在酸解步骤中，附件1第11页中公开了"酸解罐与皂化罐基本相同"，另外在第14页讨论部分第6点中还公开了"试制12-羟基硬脂酸工序之间最好连续进行，间隔时间太长对产品质量会带来不同程度的影响"，即附件1给出了可以在同一反应釜中完成皂化和酸解步骤的启示，而且对反应容器的选择也是本领域技术人员的常规选择；附件1中虽然是将皂放在酸中进行酸解反应，但是将酸在搅拌下喷洒在皂上进行酸解反应也是本领域技术人员的常规选择。(3) 在水洗步骤中，附件1在公开水温要在80℃以上的同时，还公开了要通两次蒸汽，每次五分钟，在此启示下，采用95℃以上的热水洗涤对于本领域技术人员来说也是显而易见的。(4) 在干燥步骤中，虽然附件1中公开的是含水≤1.5%，但是本领域技术人员完全可以按照产品质量要求选择最终含水量的高低，即完全可以选择干至水分<1%。

由此可见，本专利权利要求1要求保护的制取方法和附件1公开的制备方法中的原料、产品、四个主要方法步骤相同，区别仅在于各步骤中的某些具体参数或实施方法有所差异，且这些区别技术特征或是由附件1给出了技术启示或是本领域常规选择，本领域技术人员在附件1的基础上结合本领域公知常识得到权利要求1的技术方案是显而易见的，这些对于参数、具体实施方法的微调、细化也并未给本发明带来任何意想不到的技术效果，因此，权利要求1不具备突出的实质性特点和显著的进步，不具备专利法第22条第3款规定的创造性。

从属权利要求2~4分别进一步限定了所说的碱液浓度为35%、所说的稀硫酸的浓度为25%和要求干燥温度为80~100℃。附件1已经公开了加入35%~40%NaOH溶液，采用浓度30%左右的工业盐酸的技术特征，且附件1进一步公开了采用硫酸代替盐酸可获得满意结果，以及干燥脱水罐预热90℃左右，真空抽料，温度75~85℃的技术特征。由此可见，从属权利要求2、4的附加技术特征也被附件1公开，并且在附件1的技术启示下，选择权利要求3中所述的浓度为25%的稀硫酸对于本领域技术人员而言也是显而易见的。因此，在它们所引用的权利要求1相对于附件1不具备创造性的基础上，权利要求2~4相对于附件1也不具备突出的实质性特点和显著的进步，不具备专利法第22条第3款规定的创造性。

4. 关于其他理由和证据

由于本专利权利要求1~4不具备专利法第22条第3款规定的创造性，因此，合议组对其他无效理由和证据不再予以评述。

基于以上事实和理由，本案合议组作出如下审查决定。

三、决定

宣告第00122332.1号发明专利权全部无效。

当事人对本决定不服的，可以根据专利法第46条第2款的规定，自收到本决定之日起三个月内向北京市第一中级人民法院起诉。根据该款的规定，一方当事人起诉后，另一方当事人应当作为第三人参加诉讼。

六味地黄胶囊的生产工艺

无效宣告请求审查决定（第 11647 号）

决 定 号	第 11647 号
决 定 日	2008 年 6 月 16 日
发明创造名称	六味地黄胶囊的生产工艺
国际分类号	A61K 35/78，A61K 9/48，A61P 1/14
无效宣告请求人	烟台大洋制药有限公司，广东环球制药有限公司，北京亚东生物制药有限公司
专 利 权 人	贵州康纳圣方药业有限公司
专 利 号	02134148.6
申 请 日	2002 年 11 月 19 日
授权公告日	2004 年 11 月 17 日
合议组组长	李金光
主 审 员	郭鹏鹏
参 审 员	卢 阳

法 律 依 据　专利法第 22 条第 2 款、第 3 款

决 定 要 点

如果权利要求要求保护的技术方案与现有技术中公开的一项技术方案比较，因存在区别技术特征而实质上不相同，则该权利要求具备新颖性。

如果发明是所属技术领域的技术人员在现有技术的基础上经常规变化可以得到的，并且这种变化未产生优于现有技术的效果，则该发明是显而易见的，不具备创造性。

一、案由

本无效宣告请求涉及国家知识产权局于 2004 年 11 月 17 日授权公告的、名称为"六味地黄胶囊的生产工艺"的发明专利（下称本专利），其专利号是 02134148.6，申请日是 2002 年 11 月 19 日，原申请人是高杨，2004 年 10 月 29 日变更为现专利权人贵州康纳圣方药业有限公司。

本发明专利授权公告的权利要求书如下：

"1. 一种六味地黄胶囊的生产工艺，其中熟地黄 1408 克、山茱萸 704 克、牡丹皮 528 克、山药 704 克、茯苓 528 克、泽泻 538 克，其特征在于：

A. 将 30%～40% 重量的茯苓粉碎成细粉，筛余部分与剩余的茯苓加水煎煮合并滤液，浓缩至稠膏状，

B. 山茱萸加乙醇回流提取滤过，药渣备用，滤液回收乙醇，浓缩至稠膏状，

C. 牡丹皮用水蒸气蒸馏，并在收集的蒸馏液中加入盐酸溶液，使其结晶，滤过，结晶用水洗涤，干燥后研成细粉，

D. 蒸馏后的水溶液及牡丹皮药渣、山茱萸药渣与熟地黄、山药、泽泻加水煎煮、滤过、合并滤液，通过大孔吸附树脂柱，用乙醇洗脱，回收乙醇，浓缩至稠膏状，加入已经获得的茯苓稠膏、山茱萸稠膏及茯苓细粉，混合、干燥、粉碎成细粉，再加入获得的牡丹皮提取物细粉和适量的辅料，混合均匀后装入胶囊中，得1000粒产品。

2. 按照权利要求1所述的这种六味地黄胶囊的生产工艺，其特征在于：具体地工艺是：将110克茯苓粉碎成细粉，筛余部分与剩余的418克茯苓加水煎煮三次，每次30分钟，滤过，合并滤液，浓缩至稠膏状，山茱萸加乙醇回流提取二次，每次1小时，滤过，药渣备用，滤液回收乙醇，浓缩至稠膏状，牡丹皮用水蒸气蒸馏，并在收集的蒸馏液中加入1moL/L盐酸溶液，使其结晶，滤过，结晶用水洗涤，低温干燥，研成细粉，蒸馏后的水溶液及牡丹皮药渣、山茱萸药渣与熟地黄、山药、泽泻加水煎煮三次，每次1小时，滤过、合并滤液，通过大孔吸附树脂柱，用70％的乙醇洗脱，回收乙醇，浓缩至稠膏状，加入已经获得的茯苓稠膏、山茱萸稠膏及茯苓细粉，混合、减压干燥，粉碎成细粉，在加入获得的牡丹皮提取物细粉和适量的辅料，混合均匀后装入胶囊中，得1000粒产品。

3. 按照权利要求1、2所述的这种六味地黄胶囊的生产工艺，其特征在于：更加具体地工艺是：将110克茯苓粉碎成细粉，筛余部分与剩余的418克茯苓加水煎煮三次，每次30分钟，滤过，合并滤液，浓缩至稠膏状，山茱萸加水煎煮三次，每次1小时，滤过，药渣加5倍量的90％乙醇回流提取二次，每次1小时，滤过，滤液回收乙醇，浓缩至稠膏状，牡丹皮用水蒸气蒸馏，并在收集的蒸馏液中加入1moL/L盐酸溶液，使其结晶，滤过，结晶用水洗涤，低温干燥，研成细粉，蒸馏后的水溶液及牡丹皮药渣与熟地黄、山药、泽泻加水煎煮三次，每次1小时，滤过、合并滤液，通过大孔吸附树脂柱，收集从树脂柱中流出液体，适当浓缩后加入等体积的95％乙醇，搅拌均匀，静置24小时，过滤，取沉淀物低温干燥，粉碎，将吸附树脂用70％的乙醇洗脱，洗脱液并入山茱萸回流液回收乙醇，浓缩至稠膏状，加入已经获得的茯苓稠膏及细粉，混合均匀，干燥，再粉碎成粉，加入牡丹皮提取物细粉及树脂柱流出液提取物，混合均匀后装入胶囊中，得1000粒产品。"

针对上述专利权，烟台大洋制药有限公司（下称请求人Ⅰ）于2005年8月29日向专利复审委员会提出无效宣告请求，其理由是：本专利权不符合专利法第5条，第22条第2、3款的规定。与此同时，请求人Ⅰ提交了本专利证书复印件和本专利登记薄副本以及以下附件作为证据：

附件1：国家药品监督管理局国家药品标准（修订）颁布件，2002ZFB0227，2002年10月16日，复印件3页（下称"颁布件"）；

附件2：关于提高（修订）"六味地黄胶囊"质量标准的请示的【［1999］烟洋药字第21号】文件，1999年3月26日，复印件2页；

附件3.1：六味地黄胶囊（精制型）处方组成和生产工艺，复印件1页；

附件3.2：六味地黄胶囊（精制型）工艺的研究资料，复印件6页；

附件3.3：六味地黄胶囊（精制型）标准起草说明，复印件1页；

附件3.4：六味地黄胶囊（精制型）中丹皮酚含量测定方法的研究总结，复印件6页；

附件3.5：六味地黄胶囊（精提型）初步稳定性试验结果，复印件1页；

附件4：关于修改六味地黄胶囊质量标准的请示的【烟卫药便字［1999］第17号】文件，1999年8月10日，复印件1页；

附件5：关于对申请修订六味地黄胶囊质量标准的审核意见的【［1999］鲁药检业字第25号】文件，1999年9月10日，复印件2页；

附件6.1：编号为990480的山东省药品检验所药品检验报告书，报告日期1999年9月10日，复印件1页；

附件6.2：编号为990481的山东省药品检验所药品检验报告书，报告日期1999年9月10日，复印件1页；

附件6.3：编号为990482的山东省药品检验所药品检验报告书，报告日期1999年9月10日，复印件1页；

附件7.1：编号为99010的烟台大洋制药有限公司检验报告书，报告日期1999年4月21日，复印件1页；

附件7.2：编号为99011的烟台大洋制药有限公司检验报告书，报告日期1999年4月11日，复印件1页；

附件7.3：编号为990402的烟台大洋制药有限公司检验报告书，报告日期1999年8月7日，复印件1页；

附件8：【鲁卫药函［1999］第131号】山东省卫生厅（便函），1999年9月20日，复印件1页；

附件9：关于转发国家药品监督管理局换发药品批准文号品种目录的通知的【鲁药监注字［2002］50号】文件，2002年6月17日，复印件3页；

附件10：2005年8月27日从中国国家药品监督管理局网页上下载的下载页，复印件8页。

请求人I认为：（1）"颁布件"的颁布日期为2002年10月16日（见附件1），本专利申请日是于2002年11月19日，本专利的技术内容在申请日之前已为公众所知，不具备新颖性。（2）请求人I在1999年3月26日研发的六味地黄胶囊（精制型）的生产工艺与贵州康纳圣方药业有限公司六味地黄胶囊的生产工艺无本质差异，本发明不具备创造性（见附件2~10）。（3）目前国内已有108家厂家获得生产六味地黄胶囊的批准文号，如果贵州康纳圣方药业有限公司获得该产品的专利权独家生产成为可能，势必形成垄断，对国内众多生产厂家以及消费者是不公平的，根据专利法第5条本专利应为妨害公共利益的发明创造，不应授予专利权（见附件9~10）。

经形式审查合格后，专利复审委员会受理了该无效宣告请求，于2005年8月30日向双方当事人发出了《无效宣告请求受理通知书》，并将请求人I提交的无效宣告请求书及所附证据的副本转送给专利权人，要求其在指定的期限内答复。

2005年10月13日，专利复审委员会收到了专利权人提交的意见陈述书。专利权人认为：（1）从属性角度来看，"颁布件"属于只针对特定范围发送的行政文件，不能视为向社会公众公开，其中所涉及的技术不应视为公知技术；（2）从时间角度来看，"颁布件"上标示的日期是该项行政行为的"作出"时间，而不是"颁布件"内容的"公开"时间，请求人I没有证据证明"颁布件"在本专利申请日前已被送交给指定的单位；（3）即使"颁布件"构成了专利法意义上的公开，按照专利法第24条第3项规定，其属于他人未经申请人同意而泄漏其内容的情况，本专利亦未丧失新颖性；（4）请求人I提供的有关六味地黄胶囊（精制型）处方组成和生产工艺材料并不构成本专利的现有技术，不能用来判断本专利的创造性；（5）专利法第5条中的"妨害公共利益"是指发明创造的实施或使用会给公众或社会造成危害，或者会使国家和社会的正常秩序受到影响，本专利显然不属于这种情形。

2005年11月7日，专利复审委员会向双方当事人发出了《无效宣告请求口头审理通知书》，拟定于2005年12月13日对本案进行口头审理，并随本口头审理通知书将专利复审委员会于2005年10月13日收到的专利权人的意见陈述书副本转送给请求人I。

口头审理如期进行，双方当事人均参加了口头审理。在口头审理中，请求人 I 明确表示放弃本专利不符合专利法第 5 条和第 22 条第 3 款规定的无效理由，仅保留本专利权利要求 1~3 不具备新颖性的无效理由；并仅保留"颁布件"（附件 1）作为本案的证据使用，放弃其他证据。专利权人对该"颁布件"的真实性没有异议，但对其公开性有异议。请求人 I 认为"颁布件"记载有抄送到相关生产单位，公开颁布的日期是 2002 年 10 月 16 日就是公开日，所以该"颁布件"已经公开；专利权人认为"颁布件"不能被视为专利法意义上的公开。

双方当事人在口头审理中对"颁布件"的公开性及本专利是否具有新颖性充分发表了意见。

针对本专利权，广东环球制药有限公司（下称请求人 II）于 2005 年 10 月 9 日向专利复审委员会提出无效宣告请求，其理由是：本专利权的授予不符合专利法第 22 条第 2 款规定的新颖性，请求宣告本专利权全部无效。与此同时，请求人 II 提交了本专利证书复印件、本专利登记薄副本复印件和本专利的《发明专利说明书》复印件（即授权公告文本）及以下附件作为证据：

附件 1'：国家药品监督管理局国家药品标准（修订）颁布件，2002ZFB0227，2002 年 10 月 16 日，复印件 3 页（下称颁布件）。

请求人 II 认为，本专利所述的六味地黄胶囊的生产工艺早于 2002 年 10 月 16 日作为国家药品标准予以颁布，其他生产商均可于公开渠道获得其制法，属于公知公认技术，因此本专利不具备新颖性。

经形式审查合格后，专利复审委员会受理了该无效宣告请求，于 2005 年 11 月 17 日向双方当事人发出了《无效宣告请求受理通知书》，并将请求人 II 提交的无效宣告请求书及所附证据的副本转送给专利权人，要求其在指定的期限内答复。

2005 年 12 月 20 日，专利复审委员会收到了专利权人的意见陈述书，专利权人认为"颁布件"所记载的"六味地黄胶囊国家标准"中的技术方案，与本专利所记载的技术方案不同；并且"颁布件"不属于专利法意义上的现有技术，不构成专利法意义上的"公开"，不能破坏本专利的新颖性。与此同时，专利权人提交了以下反证 1~3：

反证 1：第 5338 号无效宣告请求审查决定书，复印件 1 份；

反证 2：《知识产权精案评析》相关页复印件 5 页；

反证 3：国家图书馆文献检索室出具的检索证明及其《知识产权》（2004 年第 6 期）的相关复印件 10 页。

2006 年 3 月 29 日，专利复审委员会向请求人 II 和专利权人发出《无效宣告请求口头审理通知书》，定于 2006 年 4 月 18 日进行口头审理。

2006 年 4 月 18 日，双方当事人均参加了口头审理。在口头审理中，请求人 II 明确其无效理由是权利要求 1~3 不具备新颖性，支持该无效理由的证据仅是附件 1'"颁布件"。合议组当庭将专利复审委员会于 2005 年 12 月 20 日收到的专利权人的意见陈述书及其反证 1~3 的副本转送给请求人 II，请求人 II 明确表示对这些材料当庭陈述意见，口头审理之后不再提交新的书面意见。专利权人对"颁布件"的关联性、合法性、真实性无异议，但对"颁布件"的公开性持有异议。请求人 II 认为，"颁布件"在 2002 年 10 月 16 日颁布，并抄送给相关生产单位就已经视为向社会公开。双方当事人在口头审理中对"颁布件"的公开性及其本专利是否具有新颖性充分发表了意见。

在此基础上，专利复审委员会认为请求人 I 和请求人 II 用以支持其无效理由的证据均为"颁布件"，该"颁布件"是国家药品监督管理局于 2002 年 10 月 16 日核准的"六味地黄胶囊"的国家药品标准。从"颁布件"本身所反映的信息可以知道，该"颁布件"属于国家药品监督管理局依行政相对人的申请而作出的行政许可行为，并不能当然的视为向社会公众公开；而且在"颁布件"中也明确写明了该"颁布件"的主送单位和抄送单位,其发送单位仅涉及相关的医药行政管理部门和包括该药品标准申请单位在内的各相关生产单位,可见"颁布件"的发送范围是特定的,此种情形并不处于专利法意义上的公众中任何人想要得知就能够得知的状态;除此以外,请求人也并未提交其他证据予以证明在本专利申请日之前公众中的任何人通过正常的途径和渠道可以获得该"颁布件"的内容。因此,合议组认为"颁布件"中所记载的技术内容不能视为向社会公众公开,也就不能够成为本专利的现有技术,请求人 I 和请求人 II 所提出的本专利不具有新颖性的无效理由,由于没有证据支持而不能够成立。综上,专利复审委员会作出第 8670 号无效宣告请求审查决定,维持第 02134148.6 号发明专利权有效。

请求人 II 广东环球制药有限公司不服该决定,根据专利法第 46 条第 2 款的规定向北京市第一中级人民法院提起行政诉讼。2007 年 3 月 20 日,北京市第一中级人民法院做出(2007)一中行初字第 76 号判决。该判决认为:国家药品(修订)颁布件是国家药品监督管理局颁布的药品标准,具有规范性、强制性。根据该"颁布件"记载的内容,能够认定国家药品监督管理局于 2002 年 10 月 16 日核准了"六味地黄胶囊"的国家药品标准。在"主送单位"栏包括了各省(自治区、直辖市)药品监督管理局,在"抄送单位"一栏包括了各相关生产单位。因此,可以认定相关生产企业在该"颁布件"做出后能够和应当得知"颁布件"所记载的内容。而且,国家药品标准(修订)颁布件的颁布目的是为了统一执行国家标准,收到该"颁布件"的相关部门和生产企业也不具有保密的义务。因此,被诉的专利复审委员会第 8670 号无效宣告请求审查决定中认定的该"颁布件"不能视为向社会公众公开、不能成为涉案专利的现有技术的结论缺乏证据支持,撤销专利复审委员会第 8670 号无效宣告请求审查决定。

判决作出后,各方当事人均未上诉。

判决生效后,专利复审委员会就上述两个无效宣告请求案重新成立合议组进行审理,并于 2008 年 3 月 31 日向请求人 I、II 以及专利权人分别发出《合议组成员告知通知书》。

各方当事人均未在指定的期限内提出对合议组成员有异议的请求。

针对本专利,北京亚东生物制药有限公司(下称请求人 III)于 2006 年 5 月 8 日向专利复审委员会提出无效宣告请求,基于下述证据,请求人认为本专利不符合专利法第 22 条第 2、3 款的规定,和专利法第 26 条第 3 款、第 4 款的规定,以及专利法实施细则第 20 条第 1 款、第 21 条第 2 款的规定:

证据 1:国家药品监督管理局下发的国家药品标准(修订)颁布件,2002ZFB0227,2002 年 10 月 16 日,标准号 WS3-B-1518-93-2002,共 3 页(复印件)。

证据 2:国家食品药品监督管理局关于六味地黄胶囊有关问题的复函(复印件),共 1 页

请求人 III 认为:本专利与证据 1 相比不具备新颖性及创造性。

经形式审查合格后,专利复审委员会受理了上述请求,于 2006 年 5 月 9 日向双方当事人发出《无效宣告请求受理通知书》,并将《专利权无效宣告请求书》及其附件清单中所列附件的副本转送给专利权人,要求其在指定的期限内答复,同时成立合议组对本无效宣告请求进行审理。

请求人 III 于 2006 年 6 月 8 日补充提交意见陈述书及证据 3~9:

证据 3:国家药品监督管理局六味地黄胶囊仿制药品批件(99)ZF-143 号,1999 年 3 月 19 日,及六味地黄胶囊使用说明书,共 2 页(复印件);

证据 4:六味地黄胶囊质量标准,标准编号 WS3-B-1518-93,共 1 页(复印件);

证据 5:中华人民共和国药品生产企业许可证(副本),证号:京 Zb20010188;中华人民共和国药品生产许可证(副本),证号:京 Zb20060913,共 2 页(复印件);

证据 6:中华人民共和国药品 GMP 证书,证书编号:D1630,共 1 页(复印件);

证据7：北京市第三批换发批准文号品种汇总表，共2页（复印件）；

证据8：北京市海淀第二公证处出具的公证书，（2006）京海民证字第2068号，共10页（复印件）；

证据9：北京市药品检验所对六味地黄胶囊质量标准审核意见，2003年4月3日，共4页（复印件）。

请求人III认为：（1）本专利不符合专利法第26条第3、4款和专利法实施细则第20条第1款及第21条第2款规定的具体理由为：处方与药典不符，实施例不清楚；稠膏状不清楚；适量、辅料不清楚；权利要求2、3与权利要求1的特征之间矛盾，导致保护范围不清楚；权利要求3缺乏洗脱的技术特征；本专利缺乏药理、药效学、毒副作用的数据。（2）证据1公开了本专利权利要求1、2的全部技术特征，与权利要求3的区别在于权利要求3中还记载了二次提取及对从树脂柱流出液体浓缩后加95％乙醇搅匀静止的步骤，但该区别之处是本领域公知常识，所以相对于与证据1而言，权利要求1、2不具备新颖性、创造性，权利要求3不具备创造性。

2006年7月4日，专利权人贵州康纳圣方药业有限公司提交意见陈述书和下述反证：

反证3-1：专利复审委员会第5338号无效宣告请求审查决定书复印件，共7页。

反证3-2：《知识产权精案》，人民法院出版社，主编：郑伟，封面页、目录第1页、第73～79页，复印件共9页。

反证3-3：《知识产权》杂志，第14卷84期封面、目录及正文第3～9页，复印件，共9页；国家图书馆文献检索室2005年11月16日出具的书面检索证明，复印件1页。

反证3-4：康国忠诉北京亚东生物制药有限公司侵犯其第02134100.1号专利权案和北京亚东生物制药有限公司诉康国忠确认其不侵犯康国忠第02134100.1号专利权案庭审笔录，复印件，共12页。

专利权人认为：（1）请求人III提交的证据1属于只针对特定范围发送的行政文件，不能视为向社会公众公开，其中所涉及的技术不应视为公知技术；而且该证据1上标示的时间是该行政许可行为作出的时间，而不是其内容公开的时间；即使证据1构成专利法意义上的公开，由于证据1中的内容是专利权人根据《药品管理法》的规定，向国家药品监督管理局申请行政许可时递交的，国家药品监督管理局在未经专利权人同意的情况下，以药品标准颁布件的形式公开了该内容，属于专利法第24条的规定的他人未经申请人同意而泄漏其内容的情况。基于上述原因，该证据1不能破坏本专利的新颖性。（2）由于请求人III提交的证据1不属于专利法意义上的现有技术，所以也不能破坏本专利的创造性。（3）本专利完全符合专利法第26条第3、4款和专利法实施细则第20条第1款、第21条第2款的规定。

2007年1月23日，专利复审委员会向双方当事人发出口头审理通知书，拟定于2007年3月15日针对该无效宣告请求进行口头审理，并将2006年6月8日收到的请求人III补充提交的意见陈述书及其附件的副本转送给专利权人，将2006年7月4日收到的专利权人提交的意见陈述及所附文件的副本转送给请求人III，且告知双方当事人在口头审理时针对对方意见陈述进行答复。

鉴于请求人III和专利权人请求将原定于2007年3月15日的口头审理延期举行，2007年3月14日，专利复审委员会向双方当事人发出《无效宣告请求审查通知书》，告知双方当事人2007年3月15日的口头审理取消，具体口头审理时间和地点另行通知。

2008年3月31日，专利复审委员会再次向双方当事人发出《无效宣告请求口头审理通知书》，定于2008年5月26日下午举行口头审理，并告知了双方当事人的权利、义务，且明确告知：专利权人不参加口头审理时，可缺席审理。

口头审理如期举行，专利权人未参加，未提交书面意见，亦未对合议组成员提出回避请求。请求人 III 参加了口头审理，请求人 III 对合议组成员没有回避请求。请求人 III 当庭明确无效宣告请求的范围和理由为：(1) 本专利权利要求 2、3 不清楚，不符合专利法第 20 条第 1 款的规定；(2) 本专利权利要求 2 不具备专利法第 22 条第 2 款规定的新颖性，使用的证据为证据 1；(3) 本专利权利要求 1~3 相对于证据 1 不具备专利法第 22 条第 3 款规定的创造性。请求人 III 当庭放弃了证据 3、5~7、9。请求人 III 明确证据 8 用以佐证证据 1 的真实性，证据 2 佐证证据 1 在本专利申请日之前已经公开，证据 4 用以证明本领域公知的六味地黄胶囊标准，并当庭提交了证据 2、4、8 的原件。

在以上工作的基础上，合议组认为本案事实已经调查清楚，可以依法作出决定。

二、决定的理由

1. 关于证据

请求人 III 提交的证据 1 是国家药品监督管理局下发的国家药品标准（修订）颁布件第 2002ZFB0227 号，并附有标准号 WS3-B-1518-93-2002 的国家药品标准。证据 8 为北京市海淀第二公证处出具的（2006）京海民证字第 2068 号公证书，该公证书证明所附的《国家药品监督管理局国家药品标准（修订）颁布件》复印件与北京市药品检验所档案室中存留的该材料的原件一致。请求人 III 当庭提交了该份公证书的原件，合议组对该公证书的真实性予以认可。请求人 III 提交的证据 1 与证据 8 中所附的《国家药品监督管理局国家药品标准（修订）颁布件》一致，合议组对证据 1 的真实性亦予以认可。证据 2 是国家食品药品监督管理局药品注册司向北京市药品监督管理局发出的"关于六味地黄胶囊有关问题的复函 食药监注便函 [2005] 335 号"；请求人 III 当庭出示了证据 2 的原件，合议组对证据 2 的真实性予以认可。证据 2 证明了证据 1 是由国家食品药品监督管理局于 2002 年 10 月 16 日颁布的，抄送单位包括六味地黄胶囊的生产企业，所以合议组认定证据 1 的公开日期为 2002 年 10 月 16 日。由此可见证据 1 的公开日在本专利的申请日之前，可以作为本专利的现有技术文件使用。

专利权人认为证据 1 属于针对特定范围的行政文件，不能视为公知技术，且行政许可行为作出的时间不是其内容公开的时间。对此，合议组认为，由于国家药品标准是一种对整个药品生产行业具有约束力的规范性文件，约束所有从事该药品生产的生产单位和检验单位，其内容必须经颁布和公示为相关生产企业、检验单位所知悉。根据审查指南的规定，专利法意义上的现有技术是指在申请日之前公众能够得知的技术内容。根据证据 1 记载的内容，可以认定国家药品监督管理局于 2002 年 10 月 16 日核准了"六味地黄胶囊"的国家药品标准。在证据 1 的"主送单位"一栏包括了各省（自治区、直辖市）药品监督管理局，在"抄送单位"一栏包括了各相关生产单位，并且，在"实施规定"一栏明确注明了"除四川泰华药业有限公司、贵州康纳圣方药业有限公司外，其余生产企业在按修订标准执行时，前三批必须送省药品检验所检验，并报药典委员会备案"。证据 1 的内容明确该标准抄送给各生产、检验单位。可以认定相关生产企业、检验单位在该"颁布件"做出后能够和应当得知其内容，且收到该颁布件的相关部门和生产企业也不具有保密义务。因此，合议组对专利权人的认为证据 1 未公开的这一主张不予支持。

专利权人还认为，即使证据 1 属于专利法意义上的"公开"，由于该"公开"未经专利权人的同意，以药品标准颁布件的形式公开了该内容，属于专利法第 24 条规定的他人未经申请人同意而泄漏其内容的情况。基于上述原因，该证据 1 不能破坏本专利的新颖性。对此，合议组认为，审核、制订、颁布、修订药品标准均属于国家药品监督管理局的职权，将作为行业规范的药品标准颁布执行是国家药品监督管理局行使法定权力的行为，这并不属于专利法第 24 条规定的范畴，此外，也没有任何证据表明该"颁布件"的申报单位要求国家药品监督管理局将该药品标准作为保密内容，且得到国家药品监督管理局的准许保密。综上，合议组认为专利权人的这一主张不能成立。

请求人Ⅰ提交的附件1和请求人Ⅱ提交的附件1′均为国家药品标准（修订）颁布件，是由国家药品监督管理局于2002年10月16日颁布的，具有规范性、强制性，由于上述颁布件的颁布目的是为了统一执行国家标准，该"颁布件"上明确记载了抄送单位包括相关生产企业，收到该"颁布件"的相关部门和生产企业也不具有保密义务，因此，附件1、附件1′（"颁布件"）中记载的内容应视为向社会公众公开，构成为本专利的现有技术。经过合议组核实，附件1、附件1′与请求人Ⅲ提交的证据1内容完全一致，以下均称为证据1。

2. 关于专利法第22条第2款

专利法第22条第2款规定，新颖性，是指在申请日以前没有同样的发明或实用新型在国内外出版物上公开发表过、在国内公开使用过或者以其他方式为公众所知，也没有同样的发明或者实用新型由他人向国务院专利行政部门提出过申请并且记载在申请日以后公布的专利申请文件中。

如果权利要求要求保护的技术方案与现有技术中公开的一项技术方案比较，因存在区别技术特征而实质上不相同，则该权利要求具备新颖性。

请求人Ⅰ、Ⅱ认为本专利权利1-3相对于证据1不具备新颖性，请求人Ⅲ认为本专利权利要求2相对于证据1不具备新颖性。

合议组认为，本专利权利要求2、3虽然引用了权利要求1，但其特征部分限定"将110克茯苓粉碎成细粉……"，其中110克茯苓约为该原料中茯苓总量的21％（重量），该步骤中的茯苓用量并未落入权利要求1生产工艺中所限定的"将30％～40％重量的茯苓粉碎成细粉……"范围内，可见权利要求2、3的技术方案并未包含权利要求1技术方案的全部技术特征，结合本专利说明书的内容，权利要求2、3是在权利要求1所述的原料组成的基础上采用新的生产工艺步骤代替了权利要求1中的生产工艺步骤，即权利要求2、3要求保护的生产工艺中，原料配方与权利要求1相同，工艺步骤不同。因此，本专利权利要求2、3并非权利要求1的从属权利要求，实质上是独立的权利要求。

证据1公开了一种六味地黄胶囊的生产工艺，并具体公开如下内容：由组成为熟地黄1408克、山茱萸704克、牡丹皮528克、山药704克、茯苓528克、泽泻528克的原料，将110克茯苓粉碎成细粉，筛余部分与剩余的418克茯苓加水煎煮三次，每次30分钟，滤过，合并滤液，浓缩至稠膏状，山茱萸加乙醇回流提取二次，每次1小时，滤过，药渣备用，滤液回收乙醇，浓缩至稠膏状，牡丹皮用水蒸气蒸馏，并在收集的蒸馏液中加入1mol/l盐酸溶液，使其结晶，滤过，结晶用水洗涤，低温干燥，研成细粉，蒸馏后的水溶液及牡丹皮药渣、山茱萸药渣与熟地黄、山药、泽泻加水煎煮三次，每次1小时，滤过，合并滤液，通过大孔吸附树脂柱，用70％的乙醇洗脱，回收乙醇，浓缩至稠膏状，加入已经获得的茯苓稠膏、山茱萸稠膏及茯苓细粉，混合、减压干燥，粉碎成细粉，在加入获得的牡丹皮提取物细粉和适量的辅料，混合均匀后装入胶囊中，得1000粒产品。

将权利要求1～3的技术方案分别与证据1进行比较可以看出，权利要求2的技术方案与证据1公开的技术内容最接近。权利要求2的技术方案与证据1区别在于二者使用的原料用量不同，证据1的原料配方中使用的泽泻的量为528克，权利要求2中使用的泽泻的量均为538克。原料配方组分的用量是生产工艺的重要组成部分，上述区别技术特征使得权利要求2的技术方案与证据1公开的内容实质上不相同，所以本专利权利要求2相对于证据1具备新颖性，符合专利法第22条第2款的规定。基于同样的理由，本专利权利要求1、3相对证据1也具备新颖性，符合专利法第22条第2款的规定。

3. 关于专利法第22条第3款

专利法第22条第3款规定：创造性，是指同申请日以前已有的技术相比，该发明有突出的实质性特点和显著的进步。

如果发明是所属技术领域的技术人员在现有技术的基础上经常规变化可以得到的，并且这种变化未产生优于现有技术的效果，则该发明是显而易见的，不具备创造性。

就本专利而言，权利要求1要求保护一种六味地黄胶囊的生产工艺，证据1也公开了一种六味地黄胶囊的生产工艺。与证据1公开的内容相比，本专利权利要求1的区别技术特征在于：(1) 原料中泽泻的用量不同，权利要求1中为538克，证据1中为528克；(2) 茯苓分为碎粉和制膏两部分的重量比例不同，本专利权利要求1中制粉的茯苓为30%~40%重量，证据1制粉茯苓中约为21%重量，二者茯苓制粉重量相差约9%。对于上述区别，合议组认为：首先，就整个原料配方而言，除泽泻用量上10克的差别外，其他几种药材的量分别为：熟地黄1408克、山茱萸704克、牡丹皮528克、山药704克、茯苓528克，所以使药泽泻相差10克对整个原料各个组分之间的配比关系即作用没有实质影响，且在本领域中，原生药药性相对平和故用量相对宽泛，佐使药可以在一定范围的差异内简单变化不会影响药本身的效果，即对本领域技术人员来说在一定范围内用量不会影响药效；其次，在原料茯苓的处理工艺上，制粉的量上存在9%的差别，对于最终获得的1000粒产品而言，每粒中含有的茯苓粉的量差别微小，属常规简单变化，同时，本领域中原药用量范围相对宽泛且该处方中茯苓并非主药，并且本专利说明书中也并未公开任何内容说明这种制粉和差别为本发明的生产工艺带来意料不到的技术效果。所以，本领域技术人员在证据1公开的内容的基础上根据具体情况通过简单的比例变化得到本专利权利要求1中的技术方案，并预期其技术效果，这无需创造性劳动。因此，本专利权利要求1不符合专利法第22条第3款关于创造性的规定。

本专利权利要求2也要求保护一种六味地黄胶囊的生产工艺，与证据1公开的内容相比，区别仅在于原料中泽泻的用量，权利要求2中为538克，证据1中为528克。基于前述相同的理由，对于本领域技术人员来说，在证据1公开内容的基础上得到权利要求2原料组成的技术方案并预期其具备相同的技术效果，不需要创造性劳动，因此，本专利权利要求2不符合专利法第22条第3款关于创造性的规定。

本专利权利要求3要求保护一种六味地黄胶囊生产工艺，与证据1公开的内容相比，其区别在于：(1) 原料中泽泻的用量，权利要求3中为538克，证据1中为528克；(2) 茯苓分为碎粉和制膏两部分的重量比例不同，本专利权利要求3中制粉的茯苓为30%~40%重量，证据1中约为21%重量，二者茯苓制粉量相差9%。(3) 对于原料中山茱萸的处理方式不同，权利要求3中是先水提再醇提，证据1公开的技术方案中是先经醇提再用水提；(4) 权利要求3中包括经过大孔吸附树脂的流出液经过醇沉的步骤。对于上述区别，合议组认为：如前所述，区别特征(1)和(2)并不能使得权利要求3具备创造性；对于区别(3)而言，虽然二者在处理顺序上不同，但均是将山茱萸分别用水和乙醇进行活性成分的提取，再将水提取物和醇提取物都入药。对于本领域技术人员来说，这种两种处理都是常规的提取方式，且顺序的变化并未带来任何意料不到的技术效果。对于区别(4)而言，醇沉是本领域中对粗体物的一种常规的处理方式，且根据本专利说明书也未记载该步骤带来任何意料不到的技术效果。综上，对于本领域技术人员来说，在证据1公开内容的基础上，无需创造性劳动即可得出本专利权利要求3的技术方案并预期其技术效果。所以，本专利权利要求3不符合专利法第22条第3款关于创造性的规定。

综上所述，本专利权利要求1~3不符合专利法第22条第3款的规定。鉴于本专利存在上述缺陷应予无效，本决定对于请求人Ⅰ、Ⅱ、Ⅲ的其他理由和证据不再进行评述。

三、决定

宣告第 02134148.6 号发明专利权全部无效。

当事人对本决定不服的,可以根据专利法第 46 条第 2 款的规定,在收到本决定之日起三个月内向北京市第一中级人民法院起诉。根据该款的规定,一方当事人起诉后,另一方当事人可以作为第三人参加诉讼。

集菌仪

无效宣告请求审查决定（第11797号）

决 定 号	第11797号
决 定 日	2008年6月24日
发明创造名称	集菌仪
国 际 分 类 号	C12M 1/12
无效宣告请求人	温州禾子生物实验设备有限公司
专 利 权 人	叶大林
专 利 号	99245845.5
申 请 日	1999年10月1日
授 权 公 告 日	2000年8月30日
合议组组长	叶 娟
主 审 员	吴通义
参 审 员	张秀丽
法 律 依 据	专利法第22条第2款、第3款

决 定 要 点

以在先公开销售或使用导致实用新型专利丧失新颖性为由而请求宣告该实用新型专利权无效时，应当证明在该专利申请日前已经发生专利法意义上的公开销售或使用行为。在缺乏其他证据佐证的情况下，仅凭证人证言不足以确定针对特定产品的特定销售行为或使用行为曾经发生。

当一项技术方案相对于最接近的现有技术存在区别技术特征时，应判断现有技术是否给出将上述区别技术特征应用到该最接近现有技术以解决其存在的技术问题的启示，如果不存在这种技术启示，且所述技术方案获得了有益的技术效果，则该技术方案具备创造性。

一、案由

本无效宣告请求案涉及国家知识产权局于2000年8月30日授权公告、名称为"集菌仪"的第99245845.5号实用新型专利权（下称本专利），本专利的申请日为1999年10月1日，专利权人为叶大林。

本专利授权公告的权利要求如下：

"1. 一种集菌仪，包括一壳体（4）和位于壳体（4）上的集菌培养器（10），其特征在于：所述壳体（4）上设有支架，待测样品固定在支架上，在待测样品与集菌培养器（10）之间设置一蠕动泵（3），利用管路将待测样品通过蠕动泵（3）送入集菌培养器（10）；壳体（4）内设有控制电路，其控制面板（8）位于壳体（4）外部。

2. 根据权利要求1所述的集菌仪，其特征在于：所述的蠕动泵（3）的泵座（33）上设有由顶盖（31）、弧形动块（32）、定位卡（34）组成的泵头，顶盖（31）在泵头的顶部，弧形动块（32）在泵头一侧，弧形动块（32）以泵座（33）上的定位销为圆心作适度转动开合，定位卡（34）在泵头另一侧，定位卡（34）的端钩，可以钩住弧形动块（32）的挡离端，把弧形动块（32）固定在蠕动泵（3）内转轮（35）的外围。

3. 根据权利要求1所述的集菌仪，其特征在于：所述的壳体（4）上还设有排液槽（6）和废液排出管（7）。

4. 根据权利要求1所述的集菌仪，其特征在于：所述的支架由支杆（1）、滑块（2）、载瓶环（11）、压瓶夹（13）组成。

5. 根据权利要求1所述的集菌仪，其特征在于：所述的壳体（4）上设有安装支架的插口（9）。"

针对上述专利权，天津市罗根科技有限公司于2002年12月13日向专利复审委员会提出了无效宣告请求。2003年1月28日，专利权人针对该无效宣告请求提交了权利要求书、说明书及其附图的替换页，所作修改为将"集菌培养器"和"样品瓶"的部件编号分别由"10"和"6"相应修改为"5"和"12"，其中修改后的权利要求书具体如下：

"1. 一种集菌仪，包括一壳体（4）和位于壳体（4）上的集菌培养器（5），其特征在于：所述壳体（4）上设有支架，待测样品固定在支架上，在待测样品与集菌培养器（5）之间设置一蠕动泵（3），利用管路将待测样品通过蠕动泵（3）送入集菌培养器（5）；壳体（4）内设有控制电路，其控制面板（8）位于壳体（4）外部。

2. 根据权利要求1所述的集菌仪，其特征在于：所述的蠕动泵（3）的泵座（33）上设有由顶盖（31）、弧形动块（32）、定位卡（34）组成的泵头，顶盖（31）在泵头的顶部，弧形动块（32）在泵头一侧，弧形动块（32）以泵座（33）上的定位销为圆心作适度转动开合，定位卡（34）在泵头另一侧，定位卡（34）的端钩，可以钩住弧形动块（32）的挡离端，把弧形动块（32）固定在蠕动泵（3）内转轮（35）的外围。

3. 根据权利要求1所述的集菌仪，其特征在于：所述的壳体（4）上还设有排液槽（6）和废液排出管（7）。

4. 根据权利要求1所述的集菌仪，其特征在于：所述的支架由支杆（1）、滑块（2）、载瓶环（11）、压瓶夹（13）组成。

5. 根据权利要求1所述的集菌仪，其特征在于：所述的壳体（4）上设有安装支架的插口（9）。"

2004年5月25日专利复审委员会作出了第6112号无效宣告请求审查决定，在专利权人于2003年1月28日提交的权利要求书、授权公告的说明书第1~2页以及附图第1页的基础上，宣告本专利权利要求1、3~5无效，在权利要求2的基础上维持本专利继续有效。

2007年9月21日，温州禾子生物实验设备有限公司（下称请求人）针对本专利权提出无效宣告请求，认为权利要求2不符合专利法第22条第2、3款和专利法实施细则第2条第2款的规定。

请求人同时提交了下列证据：

证据1：周伟荣于2007年9月10日出具的一份"证明"，复印件共1页；

证据2：中国实用新型专利说明书，专利号为94243955.4，授权公告日为1995年5月31日，复印件共9页；

证据3：中国实用新型专利说明书，专利号为95242620.X，授权公告日为1997年2月26日，复印件共7页。

请求人认为：（1）证据1证明在1999年10月1日之前，已有与本专利同样的集菌仪产品在市场上公开销售、使用过，故本专利丧失新颖性；（2）本专利的蠕动泵的作用为将管路中待测样品通过蠕动泵送入集菌培养器，这在证据2和证据3中都已经披露，其泵头的固定结构本身不构成技术方案，且对于本领域技术人员来说也是显而易见的，因此本专利不具有创造性。综上，本专利不符合专利法第22条第2、3款和专利法实施细则第2条第2款的规定。

经形式审查合格后，专利复审委员会受理了上述请求，于2007年10月25日向双方当事人发出了《无效宣告请求受理通知书》，并将《专利权无效宣告请求书》及其附件清单中所列附件的副本转送给专利权人，要求其在指定的期限内答复，同时成立合议组对本无效请求案进行审理。

2007年9月29日，请求人补充了如下证据（编号续前），用于证明本专利不符合专利法第22条第2款的规定：

证据4：甲方"杭州高得医疗器械有限公司"与乙方"温州龙湾永兴剑泰机械厂"签订的一份协议书，签订日为2006年12月21日，复印件共1页；

证据5：陈仁朴于2007年9月27日出具的一份"证明"，复印件共1页。

针对专利复审委员会于2007年10月25日发出的《无效宣告请求受理通知书》及其附件，专利权人于2007年11月22日提交了意见陈述，专利权人认为：（1）证据1不能够证明本专利在申请日之前已公开销售，不能证明本专利丧失新颖性；（2）证据2和证据3都是关于"蠕动泵"的实用新型专利，与本专利的"集菌仪"是完全不同的两个产品，这两份证据没有具体公开本专利集菌仪的结构特征，与本专利保护范围的结构特征没有任何关联性，而且请求人也没有从结构特征上说明这些证据中哪些结构特征影响本专利的创造性，因此证据2和证据3均不影响本专利的创造性。综上，本专利符合专利法第22条第2、3款的规定。

2008年1月3日，本案合议组向双方当事人发出了《无效宣告请求口头审理通知书》，拟定于2008年2月28日对本无效宣告请求进行口头审理。同时将专利权人于2007年11月22日提交的意见陈述书转送给请求人，将请求人于2007年9月29日提交的补充证据转送给了专利权人，要求双方各自于口头审理时对所转送的文件进行答复。

2008年2月28日，口头审理如期举行，双方当事人均委托代理人参加了口头审理。口头审理中，请求人的两位证人周伟荣和陈仁朴出庭作证，并接受双方当事人和合议组的质询。合议组对请求人提出的无效理由和事实进行了调查，并充分听取了双方当事人的意见。

口头审理过程中调查及认定的事实如下：（1）双方当事人对对方出庭人员的身份和资格均无异议，对合议组成员无回避请求。（2）双方当事人均确认收到专利复审委员会转送的所有文件。(3) 本案的审理以第6112号无效宣告请求审查决定维持有效的权利要求2为基础，双方当事人均无异议。(4) 请求人放弃了主张本专利权利要求2不符合专利法实施细则第2条第2款的无效理由，明确其无效宣告请求的理由和范围是：证据1单独，或者证据1、4和5的结合破坏本专利权利要求2的新颖性，证据2和3结合、或者证据2、3和5的结合证明本专利权利要求2没有创造性，证据3是最接近的对比文件。专利权人认为请求人提出的主张本专利权利要求2相对于证据2、3和5的结合没有创造性的无效理由是新增加的，应不予接受。(5) 专利权人认可证据2、3的真实性、合法性及其公开日在本专利申请日之前，但是认为由于这两份证据中仅公开了蠕动泵而未公开集菌仪，因而与本专利没有关联性，请求人当庭出示了证据1、4和5的原件，专利权人核对后认可证据1、4和5与这三份原件的内容及形式均相同，因而认可证据1、4和5的形式真实性，但是仅认可证据4的内容真实性,而不认可证据1和5的内容真实性。(6)证人周伟荣(男),无业,其住所为浙江省象山县丹东街道靖南大街342号,周伟荣确认证据1是其签字出具的,其从1999年7月开始在杭州泰林医疗器械厂(杭州泰林生物技术有限公司/杭州高得医疗器械有限公司)任销售一职,并曾于1999年8月销售出两台HTY-III型集菌仪,而HTY-III型集菌仪与本专利产品完全相同,由此证明在本专利申请日之前已经有与本专利相同的产品在销售。(7)证人陈仁朴(男),温州龙湾永兴剑泰机械厂的法人代表,其住所为浙江省温州市龙湾区永兴街道下垟街326号,是请求人公司的董事之一章晓玲的丈夫,陈仁朴确认证据4和5是其签字出具的,其从1998年接受叶大林委托进行加工业务,加工除了壳体、马达、集菌瓶以外的不锈钢部件,而其他部件是委托别人加工的,他所加工的蠕动泵与本专利权利要求2描述的蠕动泵是一样的。(8)专利权人在口头审理之前的书面意见中未曾质疑过证人周伟荣的作证资格,但在口头审理过程中提出没有证据证明周伟荣在杭州泰林医疗器械厂工作过,因而没有资格作证,请求人当庭要求口审后提交一份杭州中级法院庭审笔录和判决,用于证明周伟荣是杭州泰林的员工且在该诉讼过程中专利权人对此亦予以承认。合议组允许请求人在口审后一周内提交该庭审笔录和判决,逾期不予考虑。

口头审理结束后,请求人于2008年3月7日提交下述证据6和证据7,请求人认为证据6第8页证明专利权人承认周伟荣是杭州泰林医疗器械厂、杭州高得医疗器械有限公司的员工,具备作证资格;证据7证明杭州泰林医疗器械厂成立于1998年8月27日,而专利权人在杭州中级人民法院的一审庭审过程中以泰林医疗器械厂成立于1999年10月1日之后而否认周伟荣在1999年10月1日之前就在泰林医疗器械厂任职与实际情况不符。

证据6:浙江省杭州市中级人民法院(2007)杭民三初字第204号案的庭审笔录复印件共12页,其首页和骑缝上盖有"浙江省杭州市中级人民法院民事审判第三庭"红章;

证据7:于2007年9月17日出具的杭州泰林医疗器械厂的基本情况证明复印件共1页,其上盖有杭州市工商行政管理局下城分局红章。

2008年4月8日,专利权人的代理人对请求人于2008年3月7日提交的证据6和证据7发表如下质证意见:(1)证据6和7的提交时间超出了举证期限;(2)对证据6和7的真实性没有异议;(3)证据7只说明注册和歇业时间,与本专利没有关联性;(4)证据6描述的周伟荣进入杭州泰林医疗器械厂的时间与本专利所争议的内容没有关联性;(5)周伟荣在杭州泰林医疗器械厂、杭州高得医疗器械有限公司期间所涉及的产品不能证明本专利在申请日前已经公开,本专利权人在本专利申请日前就拥有其他专利技术,技术不断更新,本专利技术具备新颖性和创造性。

至此,合议组认为本案的事实清楚,可以作出审查决定。

二、决定的理由

1. 审查文本的认定

本无效宣告请求审查决定以本专利授权公告的说明书第1~2页、附图第1页和说明书摘要,以及第6112号无效宣告请求审查决定维持有效的权利要求2为审查基础。

2. 无效宣告请求的理由

在口头审理过程中请求人明确其无效宣告请求的理由和范围是:证据1单独,或者证据1、4和5的结合破坏权利要求2的新颖性,证据2和3结合、或者证据2、3和5的结合证明权利要求2没有创造性,证据3是最接近的对比文件。其中请求人提出的本专利权利要求2相对于证据2、3和5的结合无创造性的无效理由是在其提出无效宣告请求之日起一个月后增加的,并且不属于专利复审委员会予以考虑的例外情形,本合议组依据专利法实施细则第66条对该无效理由不予考虑。

故本案审理的范围为本专利权利要求2相对于证据1,或者证据1、4和5的结合不具有新颖性,相对于证据2和3结合不具有创造性,其中证据3为最接近的对比文件。

3. 关于证据

证据1是署名为周伟荣的证人出具的证言,证据1中记载了周伟荣在1999年10月1日之前销售出两台HTY-Ⅲ型集菌仪,而证人周伟荣出庭时声明HTY-Ⅲ型集菌仪与本专利产品完全相同,可见,证据1与本专利是否具备新颖性有关,合议组对证据1与本案的关联性予以确认。此外,请求人当庭出示了证据1的原件,而证人周伟荣出庭作证证据1上是其签字出具的,合议组对证据1的合法性以及证据1的形式真实性予以确认。

证据2是专利号为94243955.4的中国实用新型专利说明书复印件,其授权公告日为1995年5月31日,在本专利申请日之前。证据3是专利号为95242620.X的中国实用新型专利说明书复印件,授权公告日为1997年2月26日,在本专利申请日之前。证据2和证据3公开的内容属于机械领域,涉及一种蠕动泵,而本专利属于机械领域,其结构中包含蠕动泵,证据2和证据3公开的内容与本专利是否具备创造性相关联。因此,合议组对证据2和证据3与本案具有关联性予以确认。此外,专利权人认可证据2和证据3的真实性、合法性及其公开日在本专利申请日之前,合议组对此亦予以确认。

证据4是甲方"杭州高得医疗器械有限公司"与乙方"温州龙湾永兴剑泰机械厂"于2006年12月21日签字生效的终止乙方为甲方加工集菌仪、隔离器、反复使用培养器等成套配件的协议书,甲方的法人代表为沈志林,乙方的法人代表为陈仁朴。证据5是署名为陈仁朴的证人出具的证言,其上载有的内容表明陈仁朴从1998年到2006年12月21日为杭州高得医疗器械有限公司加工集菌仪、隔离器、反复使用培养器等成套配件,而蠕动泵是本专利权利要求2所描述的产品。由于证据4和证据5记载的内容涉及本专利申请日前的加工集菌仪成套配件的活动,与在本专利申请日前是否有与本专利相同的产品被加工和使用相关,因此,合议组对证据4和证据5与本案的关联性予以确认。此外,专利权人对证据4和5的合法性未表示异议,且请求人当庭出示了证据4和证据5的原件,证人陈仁朴出庭作证证据4和证据5上是其签的字,专利权人认可证据4形式和内容的真实性,认可证据5形式的真实性,但是不认可证据5内容的真实性,因此,合议组对证据4和证据5的合法性,证据4的真实性和证据5的形式真实性予以确认。

请求人于2008年3月7日提交了证据6和证据7,专利权人认为这些证据提交的时间超出了举证期限。对此,合议组认为:由于专利权人在口头审理过程中才对证人周伟荣是否在杭州泰林医疗器械厂工作过提出质疑,而且专利权人是杭州泰林医疗器械厂、杭州高得医疗器械有限公司的法人代表,十分清楚周伟荣是否为其员工,因此,给予请求人对此予以说明的机会是公平合理的,且证据6在合议组指定的期限内提交,因此,合议组对证据6予以接受。证据6用于证明证人周伟荣是杭州泰林医疗器械厂、杭州高得医疗器械有限公司的员工,是用以佐证证据1的相关内容,合议组对证据6与本案的关联性予以确认。此外,证据6是浙江省杭州市中级人民法院(2007)杭民三初字第204号庭审笔录的原件,专利权人认可证据6的真实性,故合议组对证据6的合法性和真实性亦予以确认。根据证据6可知,双方当事人对于周伟荣曾为杭州泰林医疗器械厂员工并无异议。另外,根据证据6的记载,请求人和周伟荣均声称周伟荣进入杭州泰林医疗器械厂的时间为1999年7月,专利权人对周伟荣曾为杭州泰林医疗器械厂的员工并无异议,但是认为由于该公司成立于1999年10月之后,因而周伟荣进入该公司的时间也在1999年10月之后。证据7是杭州市工商行政管理局下城分局于2007年9月17日出具的杭州泰林医疗器械厂的基本情况的证明文件,其用于证明杭州泰林医疗器械厂成立于1998年8月27日。鉴于专利权人叶大林为杭州泰林医疗器械厂的法人代表,证据7所示的内容应为其所知晓的,且证据7为针对证据6所争议的问题而提交的,因此,合议组对证据7予以接受。根据证据7可知,杭州泰林医疗器械厂的注册时间为1998年8月27日,因此,专利权人在证据6中声称该厂成立于1999年10月之后,从而推定周伟荣于1999年10月以后进入该厂的主张不能成立。

4. 关于专利法第22条第2款

专利法第22条第2款规定,新颖性是指在申请日以前没有同样的发明或实用新型在国内外出版物上公开发表过、在国内公开使用过或者以其他方式为公众所知,也没有同样的发明或者实用新型由他人向国务院行政部门提出过申请并且记载在申请日以后公布的专利申请文件中。

根据该款规定,请求人以在先公开销售或使用导致一项实用新型专利丧失新颖性为由请求宣告该实用新型专利权无效时,应当证明在该专利申请日前已经发生专利法意义上的公开销售或使用行为。在缺乏其他证据佐证的情况下,仅凭证人证言不足以确定针对特定产品的特定销售行为或使用行为曾经发生。

(1) 本专利权利要求2相对于证据1的新颖性。

本专利权利要求2要求保护一种集菌仪。证据1载有的内容表明周伟荣从1999年7月到2007年4月在杭州泰林医疗器械厂(现在杭州泰林生物技术有限公司/杭州高得医疗器械有限公司)任销售一职,在99年10月1日前销售过HTY-III型集菌仪。虽然证据6第8页记载的内容表明了证人周伟荣曾经是专利权人的员工,但是由于请求人未提供其他证据佐证证人周伟荣在本专利申请日之前销售过HTY-III型集菌仪,也没有提供证据表明HTY-III型集菌仪具有何种结构特征,因此,仅凭证据1的证人证言,合议组不能确认存在周伟荣在99年10月1日前就销售过HTY-III型集菌仪,并且HTY-III型集菌仪与本专利产品是完全相同的事实。因此,证据1不能证明在本专利申请日前已经有与本专利同样的产品在市场上公开销售或使用,证据1不能破坏本专利权利要求2的新颖性。

(2) 本专利权利要求2相对于证据1、4和5的新颖性。

证据4载有的内容表明,温州龙湾永兴剑泰机械厂自1998年以来接受委托,为杭州高得医疗器械有限公司加工集菌仪、隔离器、反复使用培养器等成套配件,并且双方于2006年12月21日签订该终止合作协议书。证据5载有的内容表明陈仁朴从1998年到2006年12月21日为杭州高得医疗器械有限公司加工集菌仪、隔离器、反复使用培养器等成套配件。从证据4和证据5都无法看出温州龙湾永兴剑泰机械厂在本专利申请日前已经制造和使用了完整的集菌仪。证人陈仁朴在口头审理过程中也证明其仅为专利权人的公司加工除了壳体、马达、集菌瓶以外的不锈钢部件。此外,证据4中约定"1. 乙方承诺已归还甲方所有加工图纸等技术资料。并承诺没有复制、保留、利用或外泄",据此可知,陈仁朴的温州龙湾永兴剑泰机械厂在为杭州高得医疗器械有限公司加工配件时负有保密义务。因此,证据4和/或证据5都无法证明在本专利申请日之前有与本专利相同的集菌仪产品被公开制造和使用。此外,由于证据1不能够证明在本专利申请日前已经有集菌仪产品被公开销售或使用,更不能证明在本专利申请日前市场上有与本专利相同结构特征的集菌仪公开销售或使用的事实。因此,即使将证据1、4和5结合在一起来考虑,也不足以证明在本专利申请日前已经有与本专利同样的集菌仪产品在市场上公开销售或使用。因此,证据1、4和5的结合也不能够破坏本专利权利要求2的新颖性。

5. 关于专利法第22条第3款

专利法第22条第3款规定:创造性是指同申请日以前已有的技术相比,该发明有突出的实质性特点和显著的进步,该实用新型有实质性特点和进步。

根据该款规定,当一项技术方案相对于最接近的现有技术存在区别技术特征时,应判断现有技术是否给出将上述区别技术特征应用到该最接近现有技术以解决其存在的技术问题的启示,如果不存在这种技术启示,且所述技术方案获得了有益的技术效果,则该技术方案具备创造性。

本专利权利要求2请求保护一种集菌仪。证据2和证据3都仅涉及一种蠕动泵,蠕动泵仅是本专利权利要求2的集菌仪的组件之一，而本专利产品中包括的除了蠕动泵以外的其他组件都没有被证据2和证据3公开，这些组件以及组件之间的结构关系构成了本专利权利要求2与证据2和/或证据3公开内容之间的区别技术特征，而且证据2和证据3中都没有教导如何将蠕动泵与其他组件（如壳体、集菌培养器、支架、控制电路、控制面板等）组装在一起以得到本专利权利要求2的集菌仪，对于本领域技术人员来说，在证据2和3公开内容的基础上得到权利要求2的集菌仪并非显而易见，而且，本专利的集菌仪具有集进样、集菌、培养于一体，在全封闭条件下进行加压过滤集菌的技术效果（参见本专利说明书第1页第4段）。因此，本专利权利要求2相对于证据2和证据3具有实质性特点和进步，符合专利法第22条第3款的规定。

基于以上事实和理由，本案合议组作出如下审查决定。

三、决定

在专利复审委员会第6112号无效宣告请求审查决定维持权利要求2有效的基础上，维持第99245845.5号实用新型专利权有效。

当事人对本决定不服的，可以根据专利法第46条第2款的规定，自收到本决定之日起三个月内向北京市第一中级人民法院起诉。根据该款的规定，一方当事人起诉后，另一方当事人应当作为第三人参加诉讼。

一种与联合收割机配套的吸风式谷物清选装置

无效宣告请求审查决定（第 11951 号）

决 定 号	第 11951 号
决 定 日	2008 年 7 月 14 日
发明创造名称	一种与联合收割机配套的吸风式谷物清选装置
国 际 分 类 号	A01F 12/44
无效宣告请求人	武汉黄鹤拖拉机制造有限公司
专 利 权 人	广东省韶关市第二拖拉机厂
专 利 号	200520066361.2
申 请 日	2005 年 10 月 31 日
授 权 公 告 日	2006 年 10 月 18 日
合 议 组 组 长	叶 娟
主 审 员	张秀丽
参 审 员	祝海燕
法 律 依 据	专利法第 22 条第 2 款、第 3 款

决 定 要 点

当请求保护的技术方案与所对比的现有技术实质上不相同时，该技术方案相对于该现有技术具备新颖性。

在判断一个技术方案是否具有创造性时，应先将该技术方案与最接近的现有技术进行比较，确定区别技术特征和该技术方案实际解决的技术问题，然后考察上述区别技术特征的引入是否给该技术方案带来实质性特点。

一、案由

本无效宣告请求案涉及国家知识产权局于 2006 年 10 月 18 日公告授予的、名称为"一种与联合收割机配套的吸风式谷物清选装置"的第 200520066361.2 号实用新型专利权（下称本专利），其申请日为 2005 年 10 月 31 日，专利权人为广东省韶关市第二拖拉机厂。本专利授权公告的权利要求书如下：

"1. 一种与联合收割机配套的吸风式谷物清选装置，其特征在于包括出谷筒（7）、出谷口（8）、抽风机（4）、杂质排放筒（6）和杂质排放口（3），其中出谷筒（7）与收割机的脱粒滚筒出谷口联接，出谷口（8）设在出谷筒（7）的一端，杂质排放筒（6）与出谷筒（7）的另一端联接，杂质排放口（3）设置在杂质排放筒（6）的端部，抽风机（4）设置在杂质排放筒（6）内。

2. 根据权利要求 1 所述的与联合收割机配套的吸风式谷物清选装置，其特征在于杂质排放筒（6）内设置有风力调节器（5）。

3. 根据权利要求 1 或 2 所述的与联合收割机配套的吸风式谷物清选装置，其特征在于出谷口（8）处设置有进风口和可挂接装谷袋子的挂钩及夹紧装谷袋子的夹紧装置。"

针对上述专利权，武汉黄鹤拖拉机制造有限公司（下称请求人）于 2007 年 12 月 3 日向专利复审委员会提出专利权无效宣告请求，认为本专利不符合专利法第 22 条第 2、3 款的规定，并提交了以下证据：

证据 1：第 200420071893.0 号实用新型专利说明书，授权公告日为 2005 年 9 月 21 日，复印件共 5 页；

证据 2：第 96220096.4 号实用新型专利说明书，授权公告日为 1997 年 12 月 10 日，复印件共 6 页；

依据上述证据，请求人认为：（1）权利要求 1 相对于证据 1 不具备新颖性。证据 1 是现有技术，其公开了一种小型联合收割机的谷物自动清选装置，由抛谷器和谷物清选装置组成，抛谷器连接在小型联合收割机的脱粒滚筒的出谷口上，谷物清选装置通过抛谷接送筒与抛谷器连接，谷物清选装置包括清选筒、筛网、排草搅龙和排草叶片，其中抛谷接送筒相当于本专利的出谷筒（7）、排草叶片相当于本专利的抽风机，清选筒相当于本专利的杂质排放筒，证据 1 中各部件连接关系同本专利无异。因此，本专利权利要求 1 相对于证据 1 不具备新颖性。（2）权利要求 1 相对于证据 1 和 2 的结合不具备创造性。证据 2 是现有技术，其公开的技术方案包括下分离筒（相当于本专利的出谷筒（7）），出粮口（相当于本专利的出谷口），吸风机（相当于本专利的抽风机），上分离筒（相当于本专利的杂质排放筒）。权利要求 1 与证据 2 的区别在于：证据 2 中未标注杂质排放口，但对于本领域技术人员来说，该装置中的吸风机的下方即为杂质排放口是显而易见的；如果将证据 2 和证据 1 结合，也能够显而易见地得到权利要求 1 的技术方案。对于证据 1 和证据 2 结合而言，它除了具有本专利权利要求 1 的所有特征外，还在杂质排放筒设置有对杂质进行处理的结构（证据 1 的筛网、排草搅龙，证据 2 的防堵杆和挡料器），这些结构的作用是将杂质处理均匀，防止杂质排放筒被堵或杂质缠绕，与本专利相比更利于杂质的排放。（3）权利要求 2 和 3 的附加技术特征对于本领域技术人员来讲是非常常规的，是公知常识，例如对吸风机进行调速就能调节杂质排放筒内的风力，水泥和一些饮料的灌装均设置有挂接袋子的挂钩及夹紧袋子的夹紧装置。因此，在权利要求 1 不具备新颖性、创造性的基础上，权利要求 2 和 3 也没有新颖性和创造性。

经形式审查合格后，专利复审委员会受理了上述请求，于 2007 年 12 月 3 日向双方当事人发出《无效宣告请求受理通知书》，并将《专利权无效宣告请求书》及其附件清单中的附件副本转送给专利权人，要求其在指定的期限内答复，同时成立合议组对本无效宣告请求案进行审理。

专利权人于 2008 年 1 月 8 日提交了意见陈述书。专利权人认为：（1）证据 1 与本专利虽然都是用在联合收割机上进行谷物清选，但二者采用的技术方案是完全不同的。证据 1 中在清选筒内设置有筛网，风机向筛网内吹风，谷物是通过筛网过滤及风机吹风来进行清选的，风机的风力是不能调整的。而本专利是谷物在出谷筒内自由落下，吸风式的风机把谷物的杂质吸出后从杂质排放筒排出，同时吸风机的风力可以根据谷物的干、湿情况进行调节，因此，本专利与证据 1 是两种完全不同的技术方案。（2）本专利不需要证据 2 中的筛网、排草搅龙、防堵杆、挡料器和进料搅龙、逆板甩盘等装置。本专利的创造性就在于出谷口上设置有进风口后使吸风式的清选机构简单实用，达到对谷物很好的清选效果。

2008 年 4 月 10 日，合议组向双方当事人发出《无效宣告请求口头审理通知书》，拟定于 2008 年

5月26日对该专利权的无效宣告请求举行口头审理。

2008年5月26日口头审理如期进行。请求人委托代理人、专利权人委托代理人参加了口头审理。口头审理过程中，合议组对本案的理由、证据、事实进行了充分调查，并给予双方当事人充分陈述意见的机会，口头审理中认定以下事实：（1）双方当事人确认收到合议组转送的全部文件，对对方出庭人员的身份和资格无异议，对合议组成员无回避请求。（2）请求人当庭提交公知常识性证据3的复印件并出示了原件，用来证明权利要求1~3不具备创造性：

证据3：农业机械学（下册），北京农业机械化学院主编，农业出版社出版，1981年9月第1版，1986年11月第4次印刷，封面页、出版信息页、第179~180页，复印件共4页。

合议组将证据3复印件当庭转交给专利权人，专利权人表示接受证据3，合议组允许专利权人在口头审理后7日内对证据3提交书面答辩意见。（3）专利权人对证据1、2、3的真实性、关联性、合法性以及在本专利申请日之前公开无异议。（4）请求人明确其无效宣告请求理由和范围是：①权利要求1相对于证据1不具有新颖性；②相对于证据3单独、证据1和2结合，其中证据1是最接近对比文件，或者相对于证据1、2和3的结合，其中证据3为最接近的对比文件，权利要求1不具备创造性；③在评述权利要求1不具备创造性时所使用的各证据使用方式上再加上公知常识，评述权利要求2和3不具备创造性。

二、决定的理由

1. 关于审查文本

在本无效宣告请求案中，专利权人未对本专利的权利要求书进行修改，故本专利的无效宣告请求审查的基础为本专利授权公告文本。

2. 证据的认定

证据1、2分别是中国实用新型专利说明书，是公开发行的出版物，并且专利权人对证据1、2的真实性、关联性、合法性没有异议，故合议组对证据1、2的真实性、关联性、合法性予以确认。证据1、2的授权公告日均早于本专利的申请日，故它们可作为本申请前的现有技术。

证据3是请求人于口头审理时当庭提交的教科书，属本领域的公知常识性证据。审查指南第四部分第三章第4.3.1节规定，在口头审理辩论终结前提交技术词典、技术手册和教科书等所属技术领域的公知常识性证据，并在该期限内结合该证据具体说明相关无效宣告理由的，专利复审委应予以考虑。并且专利权人表示接受证据3并认可证据3的真实性、关联性、合法性和在本专利申请日之前公开，因此，合议组对证据3予以考虑并确认其真实性、关联性、合法性和公开性。

3. 无效宣告请求的理由和范围

根据请求人在口头审理中的确认，其请求宣告本专利无效的理由及其范围是：权利要求1相对于证据1不具有新颖性；相对于证据3单独、证据1和2结合，其中证据1是最接近对比文件，或者相对于证据1、2和3的结合，其中证据3为最接近的对比文件，权利要求1不具备创造性；在评述权利要求1不具备创造性时所使用的各证据使用方式上再加上公知常识，评述权利要求2和3不具备创造性。合议组对此予以确认。

4. 关于专利法第22条第2款

专利法第22条第2款规定：新颖性，是指在申请日以前没有同样的发明或者实用新型在国内外出版物上公开发表过、在国内公开使用过或者以其他方式为公众所知，也没有同样的发明或者实用新型由他人向国务院专利行政部门提出过申请并且记载在申请日以后公布的专利申请文件中。

根据该款规定，当请求保护的技术方案与所对比的现有技术不相同时，该技术方案相对于该现有技术具备新颖性。

本案中，权利要求 1 请求保护"一种与联合收割机配套的吸风式谷物清选装置，其特征在于包括出谷筒（7）、出谷口（8）、抽风机（4）、杂质排放筒（6）和杂质排放口（3），其中出谷筒（7）与收割机的脱粒滚筒出谷口联接，出谷口（8）设在出谷筒（7）的一端，杂质排放筒（6）与出谷筒（7）的另一端联接，杂质排放口（3）设置在杂质排放筒（6）的端部，抽风机（4）设置在杂质排放筒（6）内"。证据 1（参见证据 1 说明书第 1 页第 15～17 行、第 2 页第 1～2 行、第 13～21 行以及附图 1）公开了一种小型联合收割机的谷物自动清选装置，其由抛谷器和谷物清选装置组成，抛谷器连接在小型联合收割机的脱粒滚筒的出谷口上，谷物清选装置通过抛谷接送筒与抛谷器连接。抛谷器的叶轮外壳与抛谷接送筒连接，谷物清选装置包括清选筒、筛网、排草搅龙和排草叶片，其中清选筒的一端与抛谷接送筒连接，另一端与排草叶片的外壳连接，圆筒状的筛网设置在清选筒的内部，清选筒的底部设有一出谷口，排草搅龙位于筛网内，排草叶片位于排草叶片的外壳内，排草叶片的外壳下部设有一杂质排放口。将权利要求 1 的装置与证据 1 的装置相比可知，证据 1 中的抛谷接送筒相当于权利要求 1 中的出谷筒，排草叶片的高速旋转所产生的风力将杂质吸出外壳，因而排草叶片相当于权利要求 1 中的抽风机，证据 1 中的谷物杂质在风力作用下通过清选筒及排草叶片外壳的内部而从杂质排放口排出，因而证据 1 中的清选筒与排草叶片外壳合在一起相当于权利要求 1 的杂质排放筒。由此可见，相对于证据 1 公开的谷物自动清选装置，权利要求 1 请求保护的谷物清选装置中没有抛谷筒、筛网、排草搅龙结构，并且权利要求 1 与证据 1 中部件的连接关系不同，其中权利要求 1 中出谷口位于出谷筒的一端，杂质排放筒位于出谷筒的另一端，出谷筒与收割机的脱粒滚筒出谷口连接，而证据 1 中抛谷接送筒通过抛谷器与收割机的脱粒滚筒出谷口连接，出谷口位于清选筒的下端，即位于杂质排放筒的下端，而不是与抛谷接送筒连接。由此可见，权利要求 1 的技术方案与证据 1 公开的技术方案不相同，权利要求 1 相对于证据 1 具备新颖性。

5. 关于专利法第 22 条第 3 款

专利法第 22 条第 3 款规定：创造性，是指同申请日以前已有的技术相比，该实用新型有实质性特点和进步。

在判断一个技术方案是否具有创造性时，应先将该技术方案与最接近的现有技术进行比较，确定区别技术特征和该技术方案实际解决的技术问题，然后考察上述区别技术特征的引入是否给该技术方案带来实质性特点。

（1）权利要求 1 的创造性。

权利要求 1 请求保护一种与联合收割机配套的吸风式谷物清选装置。

证据 3 公开了（参见第 179 页倒数第 2 行至第 180 页第 14 行，图 9-2）一种气流清选脱粒机，其包括脱粒装置和气流清选装置，其中气流清选装置由抛射器、第一分离器、第二分离器、排杂筒、风扇、风管等组成，其中第一分离器与抛射器相连，抛射器与脱粒机相连，第一分离器的下端为翻腾出粮口，第二分离器位于第一分离器上端，第二分离器右下侧连有排杂筒，第二分离器内侧有上挡料板、下挡料板、内筒、风料分离器，第二分离器的上端与风管相连，风管的另一端有开口，风扇与风管相连。

将权利要求 1 的技术方案与证据 3 公开的技术方案对比分析，证据 3 中的第一分离器相当于权利要求 1 中的出谷筒，翻腾出粮口相当于权利要求 1 中的出谷口，风扇相当于权利要求 1 的抽风机，第二分离器、排杂筒以及风管合在一起相当于权利要求 1 的杂质排放筒，排杂筒以及风管的另一端都有开口，这两个开口相当于权利要求 1 中的杂质排放口，证据 3 中第一分离器与抛射器相连，脱粒后的谷物经过抛射器进入第一分离器，翻腾出粮口设在第一分离器的一端，第二分离器以及排杂筒设在第一分离器另一端，杂质排放口位于排杂筒或风管的端部。根据上述分析，权利要求 1 与证据 3 的区别在于：证据3中的第二分离器的内部还设有上挡料器、下挡料器、内筒、风料分离器，其包含2个杂质排放口，其第一分离器通过抛射器与脱粒机相连，而权利要求1没有限定杂质排放筒内部还包含其他结构，没有限定有2个杂质排放口并且限定出谷筒与脱粒机的出谷口相连。由此可见，权利要求1实际解决的技术问题是提供一种结构简单的谷物清选装置。根据证据3的描述可以看出（参见180页第9~13行），第二分离器中的上挡料器、下挡料器、内筒、风料分离器以及2个排杂口的作用是使飘浮速度较大的杂余不能继续悬浮而下沉，经排杂筒排除，但飘浮速度小的糠皮等能通过各阻挡器之间的通道，并从清选筒顶部被吸管吸走，也即证据3中各种阻挡器的作用是将杂质按飘浮速度的不同使其从不同的排杂口排出。当对杂质的排出无须按不同类型分别由不同出口排出，即对谷物清选的同时并不要求对杂质亦作分类时，本领域技术人员易于想到将证据3中的谷物清选系统中的第二分离器内部结构进行简化，省去各种阻挡器，只保留一个排杂口，使得杂质从同一排杂口排出，也就是说，省去该要素后，要素的相应功能也消失，这种要素省略对于本领域技术人员来说是显而易见的。对于权利要求1中限定出谷筒与脱粒机的出谷口连接，而证据3中第一分离器通过抛射器与脱粒机相连这一区别特征，证据3中抛射器将谷物混杂物抛起后，在混杂物下落的过程中，由于受到风扇吸风的作用，使得杂质被吸走而谷物落下，这个抛射器的功能就是使得谷物在落入翻腾出料口之前与杂质有充分的分离时间，从而使清选系统达到更好的分离效果。当对谷物清选的要求不是很高时，本领域技术人员易于想到将证据3中的谷物清选系统进行简化，省略抛射器，而将第一分离器直接与脱粒机出谷口连接，只要从脱粒机出谷口进入第一分离器的谷物在下落过程中，吸风风力足够将杂质吸出即可，因此，省略掉该要素，其功能也相应的省略，省略后的结构并未产生何种预料不到的技术效果。因此，本领域技术人员在证据3的基础上通过要素省略获得权利要求1的技术方案是显而易见的，权利要求1相对于证据3不符合专利法第22条第3款有关创造性的规定。

专利权人认为：①权利要求1中谷物从脱粒机出谷口出来以后自然落下，而无须抛射器。②证据3的风扇与权利要求1的抽风机不同，风扇起到吹风的作用，而抽风机是把风抽进来。证据3中的风扇没有说明装在排放筒外还是排放筒内。③证据3中有第一分离器、第二分离器，但权利要求1中没有分离器。④权利要求1中的杂质指的是打碎的稻草，禾杆在脱粒机出谷口就分离了，禾杆不进入清选系统，而证据3中杂质包括禾杆，证据3中没有杂质排放口，排杂筒出口和风管出口是谷糠皮的排放口，不是杂质的排放口。

对此，合议组认为：①证据3中的抛射器省略后，来自脱粒机的谷物混杂物自然就会自由落下，而这种省略并未产生何种预料不到的技术效果。②根据证据3图9-2标示的杂质走向以及文字说明"产生的气流（自下而上）"可以明确证据3中的风扇起到吸风的作用，与权利要求1中的抽风机抽风相同。虽然证据3中没有明确描述风扇是否位于风管内部，但本领域技术人员公知，只要风扇能够与杂质排放筒相连，使得排放筒产生负压，进而吸出杂质，则风扇的功能就充分完成，而将风扇置于风管的内部或外部，这只是本领域技术人员的一种常规选择，且权利要求1中选择抽风机置于杂质排放筒内部，并未显示产生何种预料不到的技术效果。③虽然证据3中有第一分离器、第二分离器，但其第一分离器相当于权利要求1的出谷筒，第二分离器与排杂筒以及风管相当于权利要求1的杂质排放筒，因此，证据3与权利要求1关于出谷筒和杂质排放筒只是文字表述不同，其实质上是相同的。④即便如专利权人所述，本专利权利要求1中所述杂质不包括禾杆，而指"打碎的稻草"，由于打碎的稻草属于"轻的混杂物"，这就使得本专利中的清选装置只要具有排出"轻的混杂物"的杂质排放口就可以了，即省略掉证据3的禾杆排放口即可，而这种省略是本领域技术人员易于想到的。

（2）权利要求2、3的创造性。

权利要求2是从属权利要求，其进一步限定"杂质排放筒内设置有风力调节器"。根据说明书的记载，该风力调节器的作用是根据谷物的干湿情况调节风力大小，防止风力过大而使谷物从杂质排放筒排出。证据3公开的清选装置是通过风扇的吸风使得杂质被排出，但该风力不足以使谷物被吸出，对于本领域技术人员来说，对于不同干湿的谷物混杂物，充分分离杂质和谷物所需的风力不同，这是公知常识。例如，对于较干谷物混杂物，排出杂质所需风力较小，如果吸风风力过大，谷物容易被风力吸起，有可能被吸入杂质排放筒中进而从杂质排放口排出，因此，对于较干的谷物混杂物，需要将风力调小，使之不能将谷物吸入杂质排放口排出，但如果谷物混杂物湿度较大时，杂质的飘浮速度将会增大，此时需要增大风力才能吸出杂质，只要该风力不能将谷物吸出即可。由此可见，对于本领域技术人员来说，根据谷物混杂物干湿程度适当调节风力大小，以使之能吸出杂质而保留谷物，这是显而易见的。因此，当其引用的权利要求1不具备创造性时，权利要求2的技术方案也不具备创造性，不符合专利法第22条第3款的规定。

权利要求3引用了权利要求1或2，其进一步限定"出谷口处设置有进风口和可挂接装谷袋子的挂钩及夹紧装谷袋子的夹紧装置"。对于本领域技术人员来说，为了方便接装干净的谷物，在出谷口设置挂接装谷袋子的挂钩及夹紧装置，这是本领域技术人员的常规操作。并且为了使抽风机在清选系统内形成通畅的气流回流通道，以便更好的将杂质从谷物中分离出去，本领域技术人员易于想到在气流回流通道中与抽风机相对的一端开有进风口。因此，当其引用的权利要求1、2不具备创造性时，权利要求3的技术方案也不具备创造性，不符合专利法第22条第3款的规定。

基于以上事实和理由，本案合议组作出如下审查决定。

鉴于以上分析，已可得出权利要求1~3应予无效的结论，合议组对于其他无效理由和证据使用方式不再评述。

三、决定

宣告第200520066361.2号实用新型专利权全部无效。

当事人对本决定不服的，可以根据专利法第46条第2款的规定，自收到本决定之日起三个月内向北京市第一中级人民法院起诉。根据该款的规定，一方当事人起诉后，另一方当事人应当作为第三人参加诉讼。

北京市第一中级人民法院
行政判决书

(2008) 一中行初字第1348号

原告广东省韶关市第二拖拉机厂，住所地广东省韶关市西河新华南路。

法定代表人李崇龙，厂长。

委托代理人刘展伟，男，1954年1月12日出生，广东省韶关市第二拖拉机厂董事，住广东省广州市番禺区大石镇丽江花园。

被告国家知识产权局专利复审委员会，住所地北京市海淀区北四环西路9号银谷大厦10~12层。

法定代表人廖涛，副主任。

委托代理人张秀丽，国家知识产权局专利复审委员会审查员。

委托代理人齐宏涛，国家知识产权局专利复审委员会审查员。

第三人武汉黄鹤拖拉机制造有限公司，住所地湖北省武汉市汉南区纱帽街育才路199号。

法定代表人李东风，董事长。

委托代理人徐祥生，武汉开元专利代理有限责任公司专利代理人。

委托代理人潘杰，武汉开元专利代理有限责任公司专利代理人。

原告广东省韶关市第二拖拉机厂（简称拖拉机厂）不服被告国家知识产权局专利复审委员会（简称专利复审委员会）于2008年7月14日作出的第11951号无效宣告请求审查决定（简称第11951号决定），于法定期限内向本院提起诉讼。本院于2008年9月3日受理后，依法组成合议庭，并按照法律有关规定通知武汉黄鹤拖拉机制造有限公司（简称黄鹤拖拉机公司）作为第三人参加诉讼，于2008年11月10日公开开庭进行了审理。原告拖拉机厂的委托代理人刘展伟，被告专利复审委员会的委托代理人张秀丽、齐宏涛，第三人黄鹤拖拉机公司的委托代理人徐祥生、潘杰到庭参加了诉讼。本案现已审理终结。

第11951号决定系被告专利复审委员会就第三人黄鹤拖拉机公司针对原告拖拉机厂所拥有的名称为"一种与联合收割机配套的吸风式谷物清选装置"的实用新型专利权（简称本专利）提出的无效宣告请求而作出的，该决定中认定：

1. 权利要求1的创造性

将权利要求1的技术方案与证据3公开的技术方案对比分析，区别在于：证据3中的第二分离器的内部还设有上挡料器、下挡料器、内筒、风料分离器，其包含2个杂质排放口，其第一分离器通过抛射器与脱粒机相连，而权利要求1没有限定杂质排放筒内部还包含其他结构，没有限定有2个杂质排放口并且限定出谷筒与脱粒机的出谷口相连。由此可见，权利要求1实际解决的技术问题是提供一种结构简单的谷物清选装置。根据证据3的描述可以看出，第二分离器中的上挡料器、下挡料器、内筒、风料分离器以及2个排杂口的作用是使飘浮速度较大的杂余不能继续悬浮而下沉，经排杂筒排除，但飘浮速度小的糠皮等能通过各阻挡器之间的通道，并从清选筒顶部被吸管吸走，也即证据3中各种阻挡器的作用是将杂质按飘浮速度的不同使其从不同的排杂口排出。当对杂质的排出无须按不同类型分别由不同出口排出，即对谷物清选的同时并不要求对杂质亦作分类时，本领域技术人员易于想到将证据3中的谷物清选系统中的第二分离器内部结构进行简化，省去各种阻挡器，只保留一个排杂口，使得杂质从同一排杂口排出，也就是说，省去该要素后，要素的相应功能也消失，这种要素省略对于本领域技术人员来说是显而易见的。对于权利要求1中限定出谷筒与脱粒机的出谷口连接，而证据 3 中第一分离器通过抛射器与脱粒机相连这一区别特征，证据 3 中抛射器将谷物混杂物抛起后，在混杂物下落的过程中，由于受到风扇吸风的作用，使得杂质被吸走而谷物落下，这个抛射器的功能就是使得谷物在落入翻腾出料口之前与杂质有充分的分离时间，从而使清选系统达到更好的分离效果。当对谷物清选的要求不是很高时，本领域技术人员易于想到将证据 3 中的谷物清选系统进行简化，省略抛射器，而将第一分离器直接与脱粒机出谷口连接，只要从脱粒机出谷口进入第一分离器的谷物在下落过程中，吸风风力足够将杂质吸出即可，因此，省略掉该要素，其功能也相应的省略，省略后的结构并未产生何种预料不到的技术效果。因此，本领域技术人员在证据 3 的基础上通过要素省略获得权利要求 1 的技术方案是显而易见的，权利要求 1 相对于证据 3 不符合《中华人民共和国专利法》（简称《专利法》）第二十二条第三款有关创造性的规定。

拖拉机厂认为：（1）权利要求 1 中谷物从脱粒机出谷口出来以后自然落下，而无须抛射器。（2）证据 3 的风扇与权利要求 1 的抽风机不同，风扇起到吹风的作用，而抽风机是把风抽进来。证据 3 中的风扇没有说明装在排放筒外还是排放筒内。（3）证据 3 中有第一分离器、第二分离器，但权利要求 1 中没有分离器。（4）权利要求 1 中的杂质指的是打碎的稻草，禾杆在脱粒机出谷口就分离了，禾杆不进入清选系统，而证据 3 中杂质包括禾杆，证据 3 中没有杂质排放口，排杂筒出口和风管出口是谷糠皮的排放口，不是杂质的排放口。对此，专利复审委员会认为：（1）证据 3 中的抛射器省略后，来自脱粒机的谷物混杂物自然就会自由落下，而这种省略并未产生何种预料不到的技术效果。（2）根据证据 3 图 9-2 标示的杂质走向以及文字说明"产生的气流（自下而上）"可以明确证据 3 中的风扇起到吸风的作用，与权利要求 1 中的抽风机抽风相同。虽然证据 3 中没有明确描述风扇是否位于风管内部，但本领域技术人员公知，只要风扇能够与杂质排放筒相连，使得排放筒产生负压，进而吸出杂质，则风扇的功能就充分完成，而将风扇置于风管的内部或外部，这只是本领域技术人员的一种常规选择，且权利要求 1 中选择抽风机置于杂质排放筒内部，并未显示产生何种预料不到的技术效果。（3）虽然证据 3 中有第一分离器、第二分离器，但其第一分离器相当于权利要求 1 的出谷筒，第二分离器与排杂筒以及风管相当于权利要求 1 的杂质排放筒，因此，证据 3 与权利要求 1 关于出谷筒和杂质排放筒只是文字表述不同，其实质上是相同的。（4）即便如拖拉机厂所述，本专利权利要求 1 中所述杂质不包括禾杆，而指"打碎的稻草"，由于打碎的稻草属于"轻的混杂物"，这就使得本专利中的清选装置只要具有排出"轻的混杂物"的杂质排放口就可以了，即省略掉证据 3 的禾杆排放口即可，而这种省略是本领域技术人员易于想到的。

2. 权利要求 2、3 的创造性

权利要求 2 是从属权利要求，其进一步限定"杂质排放筒内设置有风力调节器"。根据说明书的记载，该风力调节器的作用是根据谷物的干湿情况调节风力大小，防止风力过大而使谷物从杂质排放筒排出。证据 3 公开的清选装置是通过风扇的吸风使得杂质被排出，但该风力不足以使谷物被吸出，对于本领域技术人员来说，对于不同干湿的谷物混杂物，充分分离杂质和谷物所需的风力不同，这是公知常识。例如，对于较干谷物混杂物，排出杂质所需风力较小，如果吸风风力过大，谷物容易被风力吸起，有可能被吸入杂质排放筒中进而从杂质排放口排出，因此，对于较干的谷物混杂物，需要将风力调小，使之不能将谷物吸入杂质排放口排出，但如果谷物混杂物湿度较大时，杂质的飘浮速度将会增大，此时需要增大风力才能吸出杂质，只要该风力不能将谷物吸出即可。由此可见，对于本领域技术人员来说，根据谷物混杂物干湿程度适当调节风力大小，以使之能吸出杂质而保留谷物，这是显而易见的。因此，当其引用的权利要求 1 不具备创造性时，权利要求 2 的技术方案也不具备创造性，不符合《专利法》第二十二条第三款的规定。权利要求 3 引用了权利要求 1 或 2，其进一步限定"出谷口处设置有进风口和可挂接装谷袋子的挂钩及夹紧装置谷袋子的夹紧装置"。对于本领域技术人员来说，为了方便接装干净的谷物，在出谷口设置挂接装谷袋子的挂钩及夹紧装置，这是本领域技术人员的常规操作。并且为了使抽风机在清选系统内形成通畅的气流回流通道，以便更好的将杂质从谷物中分离出去，本领域技术人员易于想到在气流回流通道中与抽风机相对的一端开有进风口。因此，当其引用的权利要求1、2不具备创造性时，权利要求3的技术方案也不具备创造性，不符合《专利法》第二十二条第三款的规定。

专利复审委员会在此基础上作出第11951号决定，宣告本专利权无效。

原告拖拉机厂不服，于法定期限内向本院提起诉讼，其诉称：本专利与对比文件均只有一个杂质排放出口，两技术方案的作用相同，但本专利结构简单。如果进入物没有禾秆，则本专利出谷筒相当于对比文件的第一分离器。否则，对比文件的第一分离器和第二分离器的作用和起来相当于本专利的出谷筒。本专利出谷筒只排放杂质，并没有起到分离谷物的作用。本专利有风力调节器而对比文件没有。因此，第11951号决定认定事实和适用法律均有错误，请求法院撤销第11951号决定。

被告专利复审委员会辩称：我委坚持在第11951号决定中的意见，请求法院维持第11951号决定。

第三人黄鹤拖拉机公司述称：同意被告作出的第11951号决定中的理由，请求法院依法驳回原告的诉讼请求，维持第11951号决定。

本院经审理查明：

本专利是名称为"一种与联合收割机配套的吸风式谷物清选装置"、专利号为200520066361.2的实用新型专利，其申请日为2005年10月31日，授权公告日为2006年10月18日，专利权人是拖拉机厂，即本案原告。本专利授权公告的权利要求书如下：

"1. 一种与联合收割机配套的吸风式谷物清选装置，其特征在于包括出谷筒（7）、出谷口（8）、抽风机（4）、杂质排放筒（6）和杂质排放口（3），其中出谷筒（7）与收割机的脱粒滚筒出谷口联接，出谷口（8）设在出谷筒（7）的一端，杂质排放筒（6）与出谷筒（7）的另一端联接，杂质排放口（3）设置在杂质排放筒（6）的端部，抽风机（4）设置在杂质排放筒（6）内。

2. 根据权利要求1所述的与联合收割机配套的吸风式谷物清选装置，其特征在于杂质排放筒（6）内设置有风力调节器（5）。

3. 根据权利要求1或2所述的与联合收割机配套的吸风式谷物清选装置，其特征在于出谷口（8）处设置有进风口和可挂接装谷袋子的挂钩及夹紧装谷袋子的夹紧装置。"

黄鹤拖拉机公司于2007年12月3日向专利复审委员会提出无效宣告请求，其无效宣告的理由是本专利不符合《专利法》第二十二条第二、三款的规定，并提交了三份证据。

其中，证据3为《农业机械学（下册）》（即对比文件），北京农业机械化学院主编，农业出版社出版，1981年9月第1版，1986年11月第4次印刷，封面页、出版信息页、第179～180页，复印件共4页。其公开了一种气流清选脱粒机，其包括脱粒装置和气流清选装置，其中气流清选装置由抛射器、第一分离器、第二分离器、排杂筒、风扇、风管等组成，其中第一分离器与抛射器相连，抛射器与脱粒机相连，第一分离器的下端为翻腾出粮口，第二分离器位于第一分离器上端，第二分离器右下侧连有排杂筒，第二分离器内侧有上挡料板、下挡料板、内筒、风料分离器，第二分离器的上端与风管相连，风管的另一端有开口，风扇与风管相连。

在庭审中，拖拉机厂认可如果本专利权利要求1不具有创造性，则权利要求2和3也不具有创造性。

上述事实有第11951号决定、本专利授权公告文本、证据3及庭审笔录在案佐证。

本院认为：

《专利法》第二十二条第三款规定：创造性是指同申请日以前已有的技术相比，该实用新型有实质性特点和进步。

将权利要求1的技术方案与证据3公开的技术方案对比分析，证据3中的第一分离器相当于权利要求1中的出谷筒，翻腾出粮口相当于权利要求1中的出谷口，风扇相当于权利要求1的抽风机，第二分离器、排杂筒以及风管合在一起相当于权利要求1的杂质排放筒，排杂筒以及风管的另一端都有开口，这两个开口相当于权利要求1中的杂质排放口，证据3中第一分离器与抛射器相连，脱粒后的谷物经过抛射器进入第一分离器，翻腾出粮口设在第一分离器的一端，第二分离器以及排杂筒设在第一分离器另一端，杂质排放口位于排杂筒或风管的端部。根据上述分析，权利要求1与证据3的区别在于：证据3中的第二分离器的内部还设有上挡料器、下挡料器、内筒、风料分离器，其包含2个杂质排放口，其第一分离器通过抛射器与脱粒机相连，而权利要求1没有限定杂质排放筒内部还包含其他结构，没有限定有2个杂质排放口并且限定出谷筒与脱粒机的出谷口相连。由此可见，权利要求1实际解决的技术问题是提供一种结构简单的谷物清选装置。根据证据3的描述可以看出，第二分离器中的上挡料器、下挡料器、内筒、风料分离器以及2个排杂口的作用是使飘浮速度较大的杂余不能继续悬浮而下沉，经排杂筒排除，但飘浮速度小的糠皮等能通过各阻挡器之间的通道，并从清选筒顶部被吸管吸走，也即证据3中各种阻挡器的作用是将杂质按飘浮速度的不同使其从不同的排杂口排出。当对杂质的排出无须按不同类型分别由不同出口排出，即对谷物清选的同时并不要求对杂质亦作分类时，本领域技术人员易于想到将证据3中的谷物清选系统中的第二分离器内部结构进行简化，省去各种阻挡器，只保留一个排杂口，使得杂质从同一排杂口排出，也就是说，省去该要素后，要素的相应功能也消失，这种要素省略对于本领域技术人员来说是显而易见的。对于权利要求1中限定出谷筒与脱粒机的出谷口连接，而证据3中第一分离器通过抛射器与脱粒机相连这一区别特征，证据3中抛射器将谷物混杂物抛起后，在混杂物下落的过程中，由于受到风扇吸风的作用，使得杂质被吸走而谷物落下，这个抛射器的功能就是使得谷物在落入翻腾出料口之前与杂质有充分的分离时间，从而使清选系统达到更好的分离效果。当对谷物清选时要求不是很高时，本领域技术人员易于想到将证据3中的谷物清选系统进行简化，省略抛射器，而将第一分离器直接与脱粒机出谷口连接，只要从脱粒机出谷口进入第一分离器的谷物在下落过程中，吸风风力足够将杂质吸出即可，因此，省略掉该要素，其功能也相应的省略，省略后的结构并未产生何种预料不到的技术效果。因此，本领域技术人员在证据3的基础上通过要素省略获得权利要求1的技术方案是显而易见的，权利要求1相对于证据3不符合《专利法》第二十二条第三款有关创造性的规定。

由于拖拉机厂在庭审中确认，如果本专利权利要求1无创造性，则对从属权利要求2和3不再主张具有创造性，因此，本院认定本专利从属权利要求2和3不具有创造性。

综上，原告拖拉机厂的起诉理由不能成立，第11951号决定认定事实清楚，适用法律正确，程序合法，本院予以维持。依照《中华人民共和国行政诉讼法》第五十四条第（一）项之规定，本院判决如下：

维持被告国家知识产权局专利复审委员会作出的第11951号无效宣告请求审查决定。

案件受理费100元，由原告广东省韶关市第二拖拉机厂负担（已交纳）。

如不服本判决，各方当事人可在本判决书送达之日起15日内向本院提交上诉状及其副本，并交纳上诉案件受理费100元，上诉于北京市高级人民法院。

审　判　长　彭文毅
代理审判员　侯占恒
人民陪审员　高　伟
二〇〇八年十二月十九日
书　记　员　严　哲

诊断探针检测系统

无效宣告请求审查决定（第11963号）

决 定 号	第11963号
决 定 日	2008年7月3日
发明创造名称	诊断探针检测系统
国 际 分 类 号	C12Q 1/68，C07H 21/02，C07H 21/04
无效宣告请求人	上海复旦张江生物医药股份有限公司
专 利 权 人	一兰姆达公司
专 利 号	02823272.0
优 先 权 日	2001年9月24日
申 请 日	2002年9月24日
授权公告日	2007年4月25日
合议组组长	祝海燕
主 审 员	卢 阳
参 审 员	吴通义

法律依据 专利法第22条第2款、第3款，专利法实施细则第20条第1款

决定要点

每项权利要求所确定的保护范围应当清楚。权利要求的保护范围应当根据其所用词语的含义来理解。

引用对比文件判断发明的新颖性和创造性时，应当以对比文件公开的技术内容为准。该技术内容不仅包括明确记载在对比文件中的内容，而且包括对于所属技术领域的技术人员来说，隐含的且可直接地、毫无疑义地确定的技术内容。

一、案由

本专利权无效宣告请求案涉及国家知识产权局于2007年4月25日公告授予的、名称为"诊断探针检测系统"的第02823272.0号发明专利权（下称本专利），其申请日为2002年9月24日，优先权日为2001年9月24日，专利权人为一兰姆达公司。本专利授权公告的权利要求书如下：

"1. 一种检测样品核酸链中靶标核酸序列存在的方法，包括如下步骤：

在杂交条件下，将被怀疑包含靶标核酸序列的样品与诊断探针进行接触；

其中所述诊断探针的核苷酸序列包含（1）位于诊断探针5′端的第一探针区，基本上互补于所述靶标核酸序列的特征性第一靶标区，和（2）位于所述第一探针区3′侧的第二探针区，所述第二探针区基本上互补于靶标核酸链的靶标核酸序列的特征性第二靶标区，其中当靶标核酸链上的所述第一靶

标区与第二靶标区连续时,那么诊断探针上的第一和第二探针区由核酸间隔区所隔开,当诊断探针上的第一和第二探针区连续时,则靶标核酸链上的第一和第二靶标区之间存在着间插序列;

由此在所选择的杂交条件下,当第一探针区基本上互补于第一靶标区并且第二探针区基本上互补于第二靶标区时,第一和第二探针区能够使诊断探针与靶标核酸链稳定杂交,形成可检测的探针:靶标杂交体;

但在所选择的杂交条件下,当第一探针区不基本上互补于第一靶标区或第二探针区不基本上互补于第二靶标区时,诊断探针不能够与靶标核酸链稳定杂交,不能形成在指示稳定杂交的阈值之上的可检测的探针:靶标杂交体;和

检测稳定的探针:靶标杂交体的存在或不存在,作为样品中的是否存在靶标核酸序列的指标。

2. 权利要求1的方法,其中诊断探针上的所述第一探针区和第二探针区由间隔区所隔开,其中间隔区的核酸序列不互补于所述靶标核酸上的第一靶标区和第二靶标区之间的样品核酸链序列。

3. 权利要求2的方法,其中所述间隔区长度为1至30个碱基。

4. 权利要求2的方法,其中所述间隔区长度为3至10个碱基。

5. 权利要求1的方法,其中在靶标核酸序列上的所述第一靶标区与所述第二靶标区相距1至350个碱基。

6. 权利要求1的方法,其中第一探针区和第二探针区分别与第一靶标区和第二靶标区完全互补。

7. 权利要求2的方法,其中在所述靶标核酸上的第一靶标区和第二靶标区之间存在有间插序列。

8. 权利要求1的方法,其中靶标核酸序列是一或多个人白细胞抗原(HLA)或T细胞受体(TCR)基因序列的特征序列。

9. 权利要求1的方法,其中样品核酸链来自人类。"

针对上述专利权,上海复旦张江生物医药股份有限公司(下称请求人)于2007年10月23日向专利复审委员会提出专利权无效宣告请求,认为本专利不符合专利法第26条第4款、专利法第22条第2、3款以及专利法实施细则第20条第1款、第21条第2款的规定。请求人同时提交了本专利授权公告文本及以下附件:

附件1:美国专利US5424413A的公开文本,公开日为1995年6月13日,英文,复印件73页,以及部分中文译文17页,共90页;

附件2:"A novel method for determining linkage between DNA sequences: hybridization to paired probe arrays", Erik Gentalen 和 Mark Chee, Nucleic Acids Research, 第27卷第6期,第1485~1491页,1999年,英文,复印件7页,及其部分中文译文8页,共15页。

依据上述附件,请求人认为:

(1)权利要求1所要求保护的检测方法中包括靶标核酸连续而探针包含间隔区的技术方案,而附件1中已公开了一种通过检测探针-靶标杂交体检测样品中是否存在靶核酸以及靶核酸量的方法,其中核酸杂交探针包括至少两个独立的能够与靶标核酸序列杂交的靶标特异区域,和至少两个不与靶核酸杂交、但具有能相互杂交的互补区域的臂区域,由此可见,权利要求1要求保护的技术方案已被附件1所公开,因此,权利要求1不具备新颖性,不符合专利法第22条第2款的规定。

(2)权利要求1所要求保护的检测方法中包括探针不存在间隔区、靶标存在间插序列的技术方案,该方案与附件1所公开的方案的区别只是一种设计上的等同替代,本领域技术人员根据附件1公开的内容得到权利要求1所要求保护的上述技术方案不需创造性劳动,因此,权利要求1相对于附件1不具备创造性,不符合专利法第22条第3款的规定。

(3)附件2中公开了一种基于排列在二维玻璃表面上的成对寡核苷酸探针的协同杂交检测DNA

分子上两个位点之间的物理连锁的方法。虽然其中成对探针是两条分开的探针序列，但是将两条探针连成一条探针仅仅是此技术方案的等同替代，本领域技术人员据此很容易获得权利要求1中包含的探针不存在间隔区、靶标存在间插序列的技术方案，不需要花费创造性劳动，因此，权利要求1相对于附件2不具备创造性，不符合专利法第22条第3款的规定。

（4）附件1公开了两个靶特异区同时存在在一条探针序列上的技术方案，而附件2中已公开靶标的与探针的两个靶特异区结合的部分之间可存在间插序列。因此，本领域技术人员在对比文件2的基础上，结合对比文件1公开的两个靶特异区同时存在在一条序列上的启示，获得权利要求1的技术方案无需创造性劳动，因此，权利要求1相对于附件1和2的结合不具备创造性，不符合专利法第22条第3款的规定。

（5）即使认为权利要求1中包含使用不互补的间隔区的技术方案，由于附件1中给出了使用包含一个以上的探针区的缺口探针可以提高特异性的教导（参见附件1说明书第1栏第39~44行），附件2公开了一种协同杂交作用（第1486页图2），根据附件1、2公开的内容，本领域技术人员很容易预见到探针上臂区域的设计仅仅是一个更优选的方案，在不存在臂区域的情况下也能发生协同作用，形成稳定的杂交体；同样，检测稳定杂交体也不一定需要臂的存在，因此，权利要求1相对于附件1和2的结合也不具备创造性，不符合专利法第22条第3款的规定。

（6）在权利要求1不具备新颖性和创造性的情况下，权利要求2~4、6不具备新颖性，不符合专利法第22条第2款的规定，权利要求2~5、7~9不具备创造性，不符合专利法第22条第3款的规定。

（7）权利要求1中的术语"基本上"、"不基本上"、"所选择的杂交条件"、"指示稳定杂交的阈值"的含义不清楚，且权利要求1中没有限定探针区和靶标区的长度，这些缺陷均导致权利要求1的保护范围不清楚，不符合专利法实施细则第20条第1款的规定；权利要求2~9从属于权利要求1，其中没有对上述用语进行限定，因此也不符合专利法实施细则第20条第1款的规定。

（8）权利要求7引用权利要求2，其中限定靶核酸上的第一靶标区和第二靶标区之间存在间插序列，而权利要求2限定的是权利要求1所述的第一探针区和第二探针区之间存在间隔区。但是由权利要求1的技术特征可以看出，在探针和靶标两者之间的关系中，要么探针存在间隔区而靶标不存在间插序列，要么探针不存在间隔区而靶标存在间插序列，因此，权利要求7的技术方案不在权利要求1的保护范围内，导致权利要求书不清楚，不符合专利法实施细则第20条第1款的规定。

（9）权利要求1~9的技术方案中都没有对杂交条件、探针区和靶标区的长度以及标记步骤进行限定，导致权利要求1~9缺乏解决其技术问题所需的必要技术特征，不符合专利法实施细则第21条第2款的规定。

（10）权利要求1~9的技术方案中都没有对杂交条件、探针区和靶标区的长度以及标记步骤进行限定，导致权利要求1~9的技术方案得不到说明书的支持，不符合专利法第26条第4款的规定。

经形式审查合格后，专利复审委员会受理了上述请求，于2007年11月29日向双方当事人发出《无效宣告请求受理通知书》，并将《专利权无效宣告请求书》及其附件副本转送给专利权人，要求其在指定的期限内答复，同时成立合议组对本无效宣告请求案进行审理。

专利权人于2008年1月14日提交了意见陈述书，其中认为：

（1）附件1和附件2都允许出现当某一个探针区不基本上互补于靶标区时，探针/其他探针区能够与靶标稳定杂交的情形，而本发明权利要求1中存在以下特征："在所选择的杂交条件下，当第一探针区不基本上互补于第一靶标区或第二探针区不基本上互补于第二靶标区时，诊断探针不能够与靶标核酸链稳定杂交，不能形成在指示稳定杂交的阈值之上的可检测的探针：靶标杂交体"，即本发明权利要求1的技术方案不允许出现当某一个探针区不基本上互补于靶标区时，探针仍能够与靶标稳定杂交的情形，因此，权利要求1相对于附件1具备新颖性，相对于附件1、附件2以及附件1和2的结合具有创造性；相应的，其从属权利要求2~9也具有新颖性和创造性；

（2）"基本上互补"、"不基本上互补"、"所选择的杂交条件"、"指示稳定杂交的阈值"的含义在本申请说明书中都有相应的记载，其对于本领域技术人员是清楚的，探针和靶标区域的长度是本领域技术人员根据说明书的教导能够清楚知道的，因此，权利要求1符合专利法实施细则第20条第1款的规定；

（3）权利要求1的技术方案覆盖了靶标核酸链上的第一靶标区和第二靶标区以及诊断探针上的第一和第二探针区同时不连续的情形，因此，权利要求7的技术方案在权利要求1的保护范围之内，符合专利法实施细则第20条第1款的规定；

（4）"杂交条件"、"探针区和靶标区的长度"以及"对探针或靶序列进行标记的步骤"不是本发明的必要技术特征，无需记载在权利要求书中，因此，权利要求1~9符合专利法实施细则第21条第2款的规定；而且本专利的权利要求要求保护的范围与实施例的例证范围是适应的，符合专利法第26条第4款的规定。

2008年2月26日，专利复审委员会本案合议组向双方当事人发出口头审理通知书，定于2008年4月15日对本案进行口头审理。同时，本案合议组将专利权人于2008年1月14日提交的意见陈述书转送给请求人。

2008年4月15日口头审理如期进行。双方当事人均委托代理人参加了口头审理，合议组逐一调查了无效宣告请求的理由和证据，双方当事人充分陈述了意见。

口头审理过程中：（1）请求人明确其请求宣告本专利无效的理由为：权利要求1~9不符合专利法第26条第4款、专利法实施细则第21条第2款、专利法实施细则第20条第1款的规定；权利要求1、2、6相对于附件1没有新颖性；权利要求3~5、7~9相对于附件1不具备创造性，权利要求1、3~5、7~9相对于附件2不具备创造性；以附件2为最接近的对比文件，权利要求1~5、7~9相对于附件1和2的结合不具备创造性。（2）专利权人对附件1的真实性、公开性和关联性没有异议，专利权人和请求人一致认可附件1第2栏第10~12行的译文应为"但是，在存在靶核酸时，这些臂区域一定相互杂交"。（3）请求人当庭提交了盖有"上海图书馆上海科学技术情报研究所文献服务部"红章的附件2复印件，专利权人认为请求人未出示附件2的原件，故不认可附件2的真实性。（4）请求人当庭提交了附件3："分子克隆实验指南（第二版）"，J.萨姆布鲁克等著，科学出版社，1992年10月第2版，1999年10月第9次印刷，出版信息页、第565页，复印件共2页；请求人认为根据附件3中所记载的Tm计算方法以及附件1图5A中所示的探针结构，附件1实施例3中所采用探针的左区的Tm为44℃，右区的Tm为46℃，均低于该实施例中所使用的退火温度（60℃）；专利权人认为附件3属于超期证据，并且不认可请求人计算出的上述Tm，但对附件3中所述的Tm值计算方法没有异议；合议组当庭宣布，专利权人可以于庭后7天内针对附件1中图5A所示探针的左区和右区的Tm提交书面意见。

口头审理后，专利权人于2008年4月22日提交了意见陈述，其中认为：（1）根据附件3给出的经验公式，附件1的附图5A所示探针左区的Tm值应当为48℃，右区的Tm为46℃；（2）Tm的理论数值与杂交是否实际发生没有必然联系；（3）由于附图5A中所示的探针存在相互杂交的臂区域，因而从附图5A所示探针的左区和右区的Tm值无法得出两个探针区必须同时与靶标区杂交的结论。

至此，合议组认为本案事实已经清楚，可以依法作出审查决定。

二、决定的理由

1. 无效宣告请求的理由和范围

根据《专利权无效宣告请求书》及请求人在口头审理过程中的陈述，合议组确认本无效宣告请求案的审理范围为：(1) 权利要求1~9不符合专利法第26条第4款、专利法实施细则第21条第2款、专利法实施细则第20条第1款的规定；(2) 权利要求1、2、6相对于附件1没有新颖性；(3) 权利要求3~5、7~9相对于附件1不具备创造性；(4) 权利要求1、3~5、7~9相对于附件2不具备创造性；(5) 权利要求1~5、7~9相对于附件1和2的结合不具备创造性，其中最接近的对比文件为附件2。

2. 关于证据

(1) 举证期限。

根据审查指南第四部分第三章第4.3.1节的规定，公知常识性证据可以在口头审理辩论终结前补充，由于请求人在口头审理过程中提交的附件3"分子克隆实验指南（第二版）"是分子生物学领域常用的实验室手册，其提交时机符合审查指南的上述规定，因此，合议组对附件3予以考虑，对专利权人提出的附件3举证时机的质疑不予支持。

(2) 真实性。

附件2为出版物资料复印件，专利权人对其真实性提出异议。鉴于请求人在口头审理过程中提交了内容与附件2相同，且在首页和骑缝上盖有"上海图书馆上海科学技术情报研究所文献服务部"红章的附件2复印件，用以证明复印件与原件相符，而专利权人并未提出足以支持其主张的反证，因此，合议组对附件2的真实性予以采信。

专利权人未对附件1、3的真实性提出异议，因此，合议组对附件1、3的真实性予以认可。

(3) 公开性。

附件1~3的公开日期均早于本专利的优先权日，因此，附件1~3均构成本专利的现有技术。

(4) 关于译文。

专利权人和请求人在口头审理过程中一致认可附件1第2栏第10~12行应译为"但是，在存在靶核酸时，这些臂区域一定相互杂交"，且专利权人对请求人提交的附件1译文的其他部分和附件2的译文没有异议，由此，合议组确认：对于附件1第2栏第10~12行以双方当事人达成一致的上述译文为准，对于附件1的其他相关部分以及附件2相关部分的译文以请求人提交的译文为准。

3. 关于专利法实施细则第20条第1款

专利法实施细则第20条第1款规定，权利要求书应当说明发明或者实用新型的技术特征，清楚、简要地表述请求保护的范围。

根据该款规定，每项权利要求所确定的保护范围应当清楚。权利要求的保护范围应当根据其所用词语的含义来理解。

请求人认为权利要求1~9不符合专利法实施细则第20条第1款的规定，具体为：(1) 权利要求1中的术语"基本上"、"不基本上"、"所选择的杂交条件"、"指示稳定杂交的阈值"含义不清楚，且权利要求1中没有限定探针区和靶标区的长度，由此导致权利要求1的保护范围不清楚，相应的，其从属权利要求2~9的保护范围也不清楚；(2) 权利要求7间接从属于权利要求1，但是其技术方案不在权利要求1的保护范围内，因此，权利要求7不清楚。

对此，合议组认为：(1) 本专利说明书中已经对权利要求1中的特征"基本上互补"、"不基本上互补"、"所选择的杂交条件"、"指示稳定杂交的阈值"以及所述技术方案中探针和靶标区域长度进行了清楚的描述（参见本专利说明书第13页第15行至第14页第3行、第8页第26行至第9页第3行、第4页第22~28行、第5页第18~22行），本领域技术人员根据说明书中的上述描述以及本领域的常规知识能够清楚的理解权利要求1中上述术语的含义以及权利要求1的技术方案中的探针和靶标区域长度，即"基本上互补"是指探针与靶标足够互补以形成杂交，"不基本上互补"是指探针和靶标不足够互补，不能够形成杂交，"所选择的杂交条件"是指只有在两个探针区均与相应的靶标区基本上互补时才能形成靶标杂交体的杂交条件，"指示稳定杂交的阈值"是指能够区分稳定杂交和不稳定杂交的阈值，权利要求1技术方案中的探针和靶标区域长度为能够实现只在两个探针区均与相应的靶标区基本上互补时才稳定杂交的长度，因此，请求人有关权利要求1保护范围不清楚的理由均不成立；相应的，请求人基于权利要求1的保护范围不清楚认定权利要求2~9的保护范围不清楚的主张也不成立；(2)权利要求7间接从属于权利要求1，其所要求保护的技术方案中第一探针区和第二探针区之间存在间隔区，第一靶标区和第二靶标区之间存在间插序列，而权利要求1中限定探针和靶标应符合如下条件："当靶标核酸链上的所述第一靶标区与第二靶标区连续时，那么诊断探针上的第一和第二探针区由核酸间隔区所隔开，当诊断探针上的第一和第二探针区连续时，则靶标核酸链上的第一和第二靶标区之间存在着间插序列"，上述限定并未排除权利要求1的方案中还包括探针区和靶标区同时不连续的情况，由此可见，权利要求7的技术方案没有超出权利要求1的保护范围，请求人关于权利要求7不清楚的理由不成立。

综上所述，请求人有关权利要求1~9不符合专利法实施细则第20条第1款规定的理由均不成立。

4. 关于专利法第22条第2、3款

专利法第22条第2款规定，新颖性是指在申请日以前没有同样的发明或者实用新型在国内外出版物上公开发表过、在国内公开使用过或者以其他方式为公众所知，也没有同样的发明或者实用新型由他人向国务院专利行政部门提出过申请并且记载在申请日以后公布的专利申请文件中。

专利法第22条第3款规定，创造性是指同申请日以前已有的技术相比，该发明有突出的实质性特定和显著的进步。

引用对比文件判断发明的新颖性和创造性时，应当以对比文件公开的技术内容为准。该技术内容不仅包括明确记载在对比文件中的内容，而且包括对于所属技术领域的技术人员来说，隐含的且可直接地、毫无疑义地确定的技术内容。

本专利权利要求1要求保护一种检测样品核酸链中靶标核酸序列存在的方法。而附件1说明书实施例3中已经公开了一种使用核酸探针检测靶核酸的方法，该方法包括在给定杂交条件下将靶核酸与探针接触以及检测探针与靶标杂交体存在与否的步骤，其中靶核酸的第一靶标区和第二靶标区连续，而所采用的探针含有由间隔区分隔开的两个探针区（参见附件1译文第11页第12行至第12页第6行，以及图5A），并且根据附件1图5A所示的探针结构可知，在所述杂交条件下，只有两探针区均与相应的靶核酸基本上互补时才形成稳定杂交，由此可见，权利要求1所要求保护的技术方案已经被附件1公开，不具备新颖性。

专利权人认为：(1)附件1的技术方案中探针的间隔区内必须含有互补的臂区域；(2)附件1中没有公开权利要求1中的特征"在所选择的杂交条件下，当第一探针区不基本上互补于第一靶标区或第二探针区不基本上互补于第二靶标区时，诊断探针不能够与靶标核酸链稳定杂交，不能形成在指示稳定杂交的阈值之上的可检测的探针：靶标杂交体"；(3)如附件1译文第6页最后一段所述，"当发生所述杂交时，两条探针链的臂区域被约束得相互靠近，从而增加结合的双链体的稳定性"，附件1译文第11页最后一段也表示"臂区域之间形成的双链体在靶标存在时比靶标缺乏时更稳定……稳定性的相对差别大到足以用来清楚地检测靶核酸的存在……"，因此，由于存在有相互杂交的臂区域，附图5A所示探针完全有可能存在一个探针区与靶标区杂交，而另一个探针区不与靶标区杂交的情况。

对此，合议组认为：(1)权利要求1的技术方案中并未对探针间隔区的结构进行任何限定，因此，附件1中所述探针间隔区内含有的互补的臂区域并不构成其与权利要求1的区别技术特征。（2）根据本领域的常识，对于短于18个核苷酸的寡核苷酸，杂交体中A残基数与T残基数的和乘以2℃，G残基数与C残基数的和乘以4℃，两积相加即为杂交体的解链温度（Tm），当温度高于该Tm值时，则无法形成稳定的杂交体，附件1实施例3中所使用的探针的两个探针区："CAACACCCTCCTATAC"和"AGAGTCGCGATGGG"（参见附件1图5A）的Tm值应分别为48℃和46℃，均低于附件1实施例3方案中所采用的杂交温度：60℃（参见附件1说明书第13栏最后一段以及第9栏第5段），因此在附件1实施例3所公开的技术方案中当两个探针区之一不基本互补于相应的靶核酸时，另一探针区显然无法形成稳定的杂交，由此可见，虽然附件1的实施例3中并未明确记载在所述杂交条件下，当两个探针区之一不基本互补于相应的靶核酸时，探针无法与靶核酸稳定杂交，但该特征属于附件1实施例3的技术方案中隐含的且可直接地、毫无疑义地确定的技术内容，即附件1中已经公开了权利要求1的上述技术特征。（3）附件1中臂区域的杂交是靶核酸是否存在以及存在量的指示，只有在靶标存在时臂区域才能形成稳定的双链体（参见译文第2页第9行），专利权人提及的附件1译文第6页最后一段和第11页最后一段都只是表明两探针区域与各自靶区域发生杂交是臂区域之间形成稳定双链体的前提，其中并未明示或暗示臂区域会影响探针区与靶标区的结合，而专利权人也没有提供证据证明在当一个探针区不基本互补于相应的靶标区时，在附件1实施例3所述的杂交条件下附图5A所示的探针依然能够和靶标稳定杂交，因此，专利权人有关"由于存在相互杂交的臂区域，附图5A所示探针完全有可能存在一个探针区与靶标区杂交，而另一个探针区不与靶标区杂交的情况"的主张缺乏依据。

综上所述，权利要求1所要求保护的技术方案已经被附件1公开，因此，权利要求1相对于附件1不具备新颖性，不符合专利法第22条第2款的规定。

权利要求2是权利要求1的从属权利要求，其附加技术特征部分进一步限定"诊断探针上的所述第一探针区和第二探针区由间隔区所隔开，其中间隔区的核酸序列不互补于所述靶标核酸上的第一靶标区和第二靶标区之间的样品核酸链序列"，鉴于附件1附图5A中所示的探针中两探针区之间同样是由间隔区隔开，而且间隔区的序列也不互补于靶标区中的序列，因此，在权利要求1相对于附件1不具备新颖性的情况下，权利要求2也不具备新颖性，不符合专利法第22条第2款的规定。

权利要求3、4均为权利要求2的从属权利要求，其分别进一步限定所述间隔区的长度为1至30个碱基或3至10个碱基，该附加技术特征构成了权利要求3、4的技术方案与附件1公开的技术方案的区别技术特征（附件1实施例3所采用的探针的间隔区长度为33个碱基），但是，上述间隔区的长度均为本领域技术人员在常规知识范围内易于作出的常规性选择，对于本领域技术人员而言是显而易见的，而且该权利要求所述的方法也没有因为这些常规改变而产生任何意想不到的技术效果，因此，在权利要求2不具备新颖性的情况下，权利要求3、4不具备突出的实质性特点，不符合专利法第22条第3款的规定。

权利要求5是权利要求1的从属权利要求，其中进一步限定在靶标核酸序列上的两个靶标区之间相距1~350个碱基，该附加技术特征构成了权利要求5所要求保护的技术方案与附件1实施例3所公开的技术方案之间的区别技术特征（附件1实施例3所涉及的靶核酸中两靶标区连续），然而，附件1译文第3页第10~15行和图1F中所示的采用两组分探针的方案中已表明在所述检测方法中靶核酸的两个靶标区之间可以含有间插序列，且该间插序列并不影响探针对靶核酸的识别，本领域技术人员据此能够容易的想到在附件1实施例3的方案所采用的靶标区之间也可存在间插序列，至于权利要求5中对靶标区之间距离的限定，其属于本领域技术人员在常规知识范围内易于作出的常规性选择，由此可见，在附件1的基础上获得权利要求5的技术方案，对于本领域技术人员而言是显而易见的，鉴于该权利要求所述的方法也没有产生任何意想不到的技术效果,因此,在权利要求1不具备新颖性的情况下,权利要求5不具备创造性,不符合专利法第22条第3款的规定。

权利要求6是权利要求1的从属权利要求,其中进一步限定第一探针区和第二探针区分别与第一靶标区和第二靶标区完全互补,由于附件1附图5A所示的探针中两探针区也都与相应的靶标区完全互补,因此,在权利要求1相对于附件1不具备新颖性的情况下,权利要求6也不具备新颖性,不符合专利法第22条第2款的规定。

权利要求7是权利要求2的从属权利要求,其中进一步限定所述靶标核酸上的第一靶标区和第二靶标区之间存在有间插序列,该附件技术特征构成了权利要求7所要求保护的技术方案与附件1实施例3所公开的技术方案之间的区别技术特征(附件1实施例3所涉及的靶核酸中两靶标区之间没有间插序列),然而,附件1译文第3页第10~15行和图1F中所示的采用两组分探针的方案中已表明在所述检测方法中靶核酸的两个靶标区之间可以含有间插序列,且该间插序列并不影响探针对靶核酸的识别,本领域技术人员据此能够容易的想到在附件1实施例3的方案所采用的靶标区之间也可存在间插序列,由此可见,在附件1的基础上获得权利要求7的技术方案,对于本领域技术人员而言是显而易见的,鉴于该权利要求所述的方法也没有产生任何意想不到的技术效果,因此,在权利要求2不具备新颖性的情况下,权利要求7不具备创造性,不符合专利法第22条第3款的规定。

权利要求8、9均为权利要求1的从属权利要求,其中分别进一步限定了靶标核酸序列为一或多个人白细胞抗原(HLA)或T细胞受体(TCR)基因序列的特征序列,以及样品核酸链来自于人类,这些附加技术特征分别构成了权利要求8、9与附件1实施例3中所公开的技术方案的区别技术特征,然而,在附件1实施例3所公开的探针检测方法的基础上,进一步将该方法应用于检测一个或多个人白细胞抗原(HLA)或T细胞受体(TCR)基因序列的特征序列对于本领域技术人员而言是显而易见的,而且也没有证据表明权利要求8、9所述的方法产生了任何意想不到的技术效果,因此,在权利要求1不具备新颖性的情况下,权利要求8、9不具备创造性,不符合专利法第22条第3款的规定。

由于以上已得出权利要求1、2、6相对于附件1不具备新颖性,权利要求3~5、7~9相对于附件1不具备创造性的结论,因此,关于权利要求1~9不符合专利法第26条第4款、专利法实施细则第21条第2款以及权利要求1、3~5、7~9相对于附件2不具备创造性、权利要求1~5、7~9相对于附件1和附件2的结合不具备创造性的无效宣告理由不再予以评述。

基于以上事实和理由,本案合议组作出如下审查决定。

三、决定

宣告第02823272.0号发明专利权全部无效。

当事人对本决定不服的,可以根据专利法第46条第2款的规定,自收到本决定之日起三个月内向北京市第一中级人民法院起诉。根据该款的规定,一方当事人起诉后,另一方当事人应当作为第三人参加诉讼。

北京市第一中级人民法院
行政判决书

(2009) 一中行初字第11号

原告一兰姆达公司，住所地美利坚合众国加利福尼亚州91303-2801，凯诺嘉派克，凯特瑞智街21001。

法定代表人詹姆士·凯甘，首席财务官。

委托代理人程淼，男，中国专利代理（香港）有限公司专利代理人。

委托代理人刘玥，男，中国专利代理（香港）有限公司专利代理人。

被告中华人民共和国国家知识产权局专利复审委员会，住所地中华人民共和国北京市海淀区北四环西路9号。

法定代表人廖涛，副主任。

委托代理人卢阳，男，中华人民共和国国家知识产权局专利复审委员会审查员。

委托代理人刘妍，女，中华人民共和国国家知识产权局专利复审委员会审查员。

第三人上海复旦张江生物医药股份有限公司，住所地中华人民共和国上海市浦东新区蔡伦路308号。

法定代表人王海波，董事长。

委托代理人张文伯，男，上海复旦张江生物医药股份有限公司职员。

原告一兰姆达公司不服中华人民共和国国家知识产权局专利复审委员会作出的第11963号无效宣告请求审查决定（以下简称第11963号决定），向本院提起行政诉讼。本院受理后，依法组成合议庭，在法定期限内向被告送达了起诉书副本及应诉通知书。依照《中华人民共和国行政诉讼法》第二十七条的规定，本院通知上海复旦张江生物医药股份有限公司作为第三人参加诉讼，并于2009年3月2日公开开庭审理了本案。原告的委托代理人程淼、刘玥，被告的委托代理人卢阳、刘妍，第三人的委托代理人张文伯到庭参加了诉讼。本案现已审理终结。

2008年7月3日，被告作出第11963号决定。该决定认为，名称为"诊断探针检测系统"的第02823272.0号发明专利权（以下简称本专利）权利要求1、2、6相对于公开日为1995年6月13日的美国专利US5424413A（以下简称附件1）不具备新颖性，权利要求3~5、7~9相对于附件1不具备创造性。故决定宣告本专利权全部无效。

在法定举证期限内，被告向本院提交了下列证据：1. 本专利授权公告文本；2. 附件1以及部分中文译文共17页；3. J. 萨姆布鲁克等著、科学出版社1992年10月第2版、1999年10月第9次印刷的《分子克隆实验指南（第二版）》（以下简称附件3）的出版信息页、第565页复印件共2页；4. 口头审理记录表；5. 原告于2008年4月22日向被告提交的意见陈述书。上述证据用以证明第11963号决定认定事实清楚、适用法律正确、审理程序合法。

原告诉称：1. 被告作出的权利要求1不具备新颖性的结论主要证据不足。首先，附件1附图5A公开的技术方案结合本领域公知常识，并不能直接地或毫无疑义地得出本专利权利要求1所保护的技术方案。因此，被告关于附件1附图5A的技术方案破坏了本专利新颖性的结论是错误的。据附件3记载的内容，采用该附件记载的经验公式应当具备两个前提条件，即寡核苷酸探针与靶序列完全配对，且寡核苷酸的长度短于18个核苷酸。而附件1附图5A中的寡核苷酸探针的全长一共是63个核苷酸。且该探针存在不与靶序列完全配对的互补臂结构。因此,附件1附图5A中的寡核苷酸探针并不具备采用上述经验公式的前提条件,不能套用该经验公式。此外,上述经验公式是不精确的,可以用于估算,但不能用于评断本专利是否具有新颖性。其次,附件1实施例3的技术方案与本专利也是不同的。附件1附图5B至附图5G所示的不同结构的杂交特性以及附件1有关文字记载的内容表明,即使附件1的探针的两个探针区都不与靶核酸形成稳定的杂交,该探针也能自杂交,产生假阳性信号。而权利要求1保护的技术方案中,如果探针的两个探针区中的一个不与靶核酸形成稳定的杂交,则探针不能检测靶核酸的存在。虽然本发明并未对探针区之间的序列进行限定,但显然探针区之间的序列不能是附件1实施例3中的能形成双链体的臂区域,因为能形成双链体的臂区域的存在一定会形成可检测的杂交体,不能满足"当第一探针区不基本上互补于第一靶标区或第二探针区不基本上互补于第二靶标区时,诊断探针不能够与靶标核酸链稳定杂交,不能形成在指示稳定杂交的阈值之上的可检测的探针∶靶标杂交体"的要求。在附件1实施例3的技术方案中,靶标检测依赖于探针的互补臂区域彼此稳定杂交,不是基于探针与靶标充分(但不完全)互补从而与靶标稳定杂交。这与本发明的技术方案完全不同。第三,附件1中并未公开"基本上互补"和"阈值"这两个概念。综上所述,附件1实施例3的技术方案与本发明的完全不同。被告作出本专利权利要求1不具备新颖性的结论明显证据不足,从而导致被告所作的结论是错误的。2. 权利要求2、6是直接或间接从属于权利要求1的从属权利要求,在权利要求1具备新颖性的前提下,权利要求2~3也具备新颖性。被告在错误认定权利要求1相对于附件2缺乏新颖性的基础上,认为权利要求2、6不具备新颖性亦是错误的。3. 权利要求3~5、7~9也是直接或间接从属于权利要求1的从属权利要求。被告在判断这些权利要求的创造性时没有充分考虑权利要求1相对于附件1存在的区别技术特征所产生的突出的实质性特点和显著的进步。因此,被告关于权利要求3~5、7~9不具备创造性的结论也是错误的。4. 根据《中华人民共和国专利法》(以下简称《专利法》)、《审查指南》的规定,衡量一项发明的新颖性,标准是看该发明是否与现有技术所公开的技术内容完全相同。然而,被告对本专利作出宣告专利权无效的决定时,却应用了与《专利法》第二十二条第一款规定不同的标准。因此,被告没有按照《专利法》和《审查指南》的规定来正确衡量和判断本专利的权利要求1是否具备新颖性,作出第11963号决定适用法律、法规错误。综上所述,请求法院判决撤销第11963号决定;并判令被告依法重新作出无效决定。

在法定举证期限内,原告为支持其诉讼主张,除向本院提交了与被告证据1~3相同的证据外,还提交了附件3的第566页复印件以及Erik Gentalen和Mark Chee、NucleicAcids Research1999年第27卷第6期的第1485~1491页"Anovel method for determining linkage between DNAsequences: hybridization to paired probe arrays"的复印件及其部分中文译文共15页(以下简称附件2)作为证据。

被告辩称:1. 我委在第11963号决定中已经详细论述权利要求1、2、6不符合《专利法》第二十二条第二款、权利要求3~5、7~9不符合《专利法》第二十二条第三款规定的理由。我委仍坚持上述意见,在此不再赘述。2. 第11963号决定中所计算的是探针上各探针区序列(分别是16个核苷酸和14个核苷酸长)与靶序列的完全配对杂交体的理论解链温度(T_m),其目的是用于证明在附件1实施例3所述的杂交条件下,当仅有一个探针区与靶标区基本互补时,探针无法与靶核苷酸稳定杂交,因此采用短于18个核苷酸的寡核苷酸与靶序列的完全配对杂交体解链温度计算公式进行计算并无不妥。且原告在无效程序中提交的意见陈述中也认可根据经验公式,附件1附图5A所示探针左区的T_m值应当是48℃,右区的T_m值是46℃。因此,原告关于附件3记载的经验公式不能用于评价权利要求1的新颖性的主张不能成立。3. 附件1实施例3中所述的臂区域之间形成的双链体并非权利要求1中所述的"探针∶靶标杂交体"。附件1第14栏第9~15行中记载的内容也并未明示或暗示在探针不能与靶标核酸链稳定杂交时能够形成"稳定杂交的阈值之上的可检测的探针：靶标杂交体"。附件1附图5E所示的是实施例3中所使用的对照的结构，该对照产生的是阴性信号，而不是假阳性信号。事实上，正如附件1第14栏第9~15行中所述，臂区域之间形成的双链体在靶标存在时比靶标缺乏时更稳定，稳定性的相对差别大到足以用来清楚地检测靶核酸的存在，也就是说，附件1实施例3所述的方案足以清楚的区分探针与靶核酸稳定杂交的情况和探针无法与靶核酸稳定杂交的情况，并不会在探针不能与靶标核酸稳定杂交时误判存在"稳定杂交的阈值之上的可检测的探针：靶标杂交体"。由此可见，原告曲解了附件1所记载的内容。附件1实施例3以及附图5A中均清楚的表明在附件1实施例3的技术方案中，当两探针区与靶标区互补时，探针与靶标核酸链稳定杂交，形成可检测的探针：靶标杂交体。附件1第8栏第32~39行中所假定的"一个探针区域与非期望靶标杂交而另一个探针区域没有杂交"的技术方案与附件1实施例3所述的技术方案并非相同的技术方案，而且该段落中所记载的内容也并没有表示当"一个探针区域与非期望靶标杂交而另一个探针区域没有杂交"时产生假阳性信号，相反，其所表达的是"因为为了使臂区域杂交，两个探针区段必须杂交"，所以即使"一个探针区域与非期望靶标杂交而另一个探针区域没有杂交"，检测仍能够正确的进行，不会出现假阳性信号。设定一定的标准区分检测结果中的阳性结果和阴性结果使检测方法中不可避免的环节。因此，虽然附件1中并未提及阈值的概念，但是该特征属于附件1实施例3的技术方案隐含的且可直接地、毫无疑义地确定的技术内容，并非其与权利要求1的区别技术特征。附件1实施例3中所使用的探针如附图5A中所示，从该附图中可以清楚的看到其第一探针区和第二探针区都与靶标核酸互补，由此可见，原告关于"附件1实施例3中的探针与靶标核酸不基本互补"的主张明显与事实不符。综上所述，第11963号决定认定事实清楚，适用法律正确，审理程序合法，请求法院判决予以维持定。

  第三人述称：附件1实施例3公开了本专利权利要求1的全部技术特征，权利要求1相对于附件1不具备新颖性。权利要求1的探针实质上是以常规的探针与靶标杂交的方式与样品中的干扰性核酸序列进行反应，这种常规的探针与靶标形成的杂交体的稳定性可以用该杂交体的理论解链温度（Tm）值来估算。附件3提供了计算常规的寡聚核苷酸探针与靶标完全配对形成的杂交体解链温度的经验公式。该经验公式应满足两个条件：寡聚核苷酸探针的长度短于18个核苷酸；寡聚核苷酸探针与靶标核苷酸序列完全配对。附件1实施例3公开的探针，位于5端的探针区的长度14个核苷酸，位于3端的探针区长度为16个核苷酸，如果样品中存在只与其中一个探针区互补，另一个探针区不互补的干扰性核酸序列时，该探针与样品核酸序列的作用相当于一个14个核苷酸的常规探针或者一个16个核苷酸的常规探针与靶标核酸相互作用，其形成的杂交体的理论解链温度完全符合附件3经验公式的适用条件，可以采用附件3的经验公式进行计算。根据附件3提供的经验公式，附件1实施例3的探针当只有一个探针区与样品中的核酸序列互补时，形成的杂交体的理论解链温度分别为48℃、46℃，而对比文件实施例3确定的杂交温度为60℃。根据附件3的教导，常规的寡聚核苷酸探针与靶标的杂交应在低于其理论解链温度5~10℃的条件下进行，也就是说，只有在38~43℃或者36~41℃的条件下，上述只有一个探针区互补的杂交体才能够稳定杂交。因为附件1实施例3实际的杂交条件为60℃，远高于附件3教导的形成稳定杂交的条件，因此本领域的一般技术人员可以明确地、毫无疑义的推知附件1实施例3的探针，在60℃杂交条件下，当只有一个探针区互补时，不可能形成稳定的杂交体。附件1实施例3的技术方案和本专利权利要求1的技术方案相比：技术领域相同，都属于核酸检测领域；所解决的技术问题相同，都是要检测预期靶标核酸是否存在；采用的技术方案相同，都采用了非连续探针的设计，该探针包括两个探针区（与预期靶标核酸序列互补），两个探针区之间的间隔区（不与预期靶标核酸序列互补）；预期效果相同，即当待检样品中存在与两个探针区同时互补的预期靶标核酸时，出现阳性信号，否则出现阴性信号。可见附件1实施例3的技术方案和本专利权利要求1的技术方案实质上相同。附件1实施例3的技术方案中的非连续探针的间隔区包括一个臂区域，权利要求1的非连续探针的间隔区没有任何限定，并没有排除间隔区或间插序列中可包含臂区域。事实上，无论是本专利还是附件1的技术方案，当出现一个探针区互补而另一探针区不互补的情况时，都可能出现较弱的信号，这在实际检测中是不可避免的，但这种较弱的信号与两个探针区都互补时的阳性信号有明显区别，并不会出现足以混淆的假阳性信号，因此检测都能够正确地进行。综上所述，被告作出的第11963号决定认定事实清楚、适用法律正确、审理程序合法，请求法院判决驳回原告的诉讼请求，维持上述决定。

在法定举证期限内，第三人未向本院提交证据。

经庭审质证，各方当事人均充分发表了质证意见。本院经审查认为，原告、被告提交的证据均与第11963号决定有关，且符合证据合法性、真实性的要求，本院均予以采纳。

根据上述经确认的有效证据以及当事人当庭无争议的陈述，本院认定事实如下：

2002年9月24日，原告向国家知识产权局提出名称为"诊断探针检测系统"的发明专利申请。该申请的优先权日为2001年9月24日。2007年4月25日，国家知识产权局授予其专利权，即本专利。本专利授权公告的权利要求书如下：

1. 一种检测样品核酸链中靶标核酸序列存在的方法，包括如下步骤：

在杂交条件下，将被怀疑包含靶标核酸序列的样品与诊断探针进行接触；

其中所述诊断探针的核苷酸序列包含（1）位于诊断探针5'端的第一探针区，基本上互补于所述靶标核酸序列的特征性第一靶标区，和（2）位于所述第一探针区3'侧的第二探针区，所述第二探针区基本上互补于靶标核酸链的靶标核酸序列的特征性第二靶标区，其中当靶标核酸链上的所述第一靶标区与第二靶标区连续时，那么诊断探针上的第一和第二探针区由核酸间隔区所隔开，当诊断探针上的第一和第二探针区连续时，则靶标核酸链上的第一和第二靶标区之间存在着间插序列；

由此在所选择的杂交条件下，当第一探针区基本上互补于第一靶标区并且第二探针区基本上互补于第二靶标区时，第一和第二探针区能够使诊断探针与靶标核酸链稳定杂交，形成可检测的探针：靶标杂交体；

但在所选择的杂交条件下，当第一探针区不基本上互补于第一靶标区或第二探针区不基本上互补于第二靶标区时，诊断探针不能够与靶标核酸链稳定杂交，不能形成在指示稳定杂交的阈值之上的可检测的探针：靶标杂交体；和

检测稳定的探针：靶标杂交体的存在或不存在，作为样品中的是否存在靶标核酸序列的指标。

2. 权利要求1的方法，其中诊断探针上的所述第一探针区和第二探针区由间隔区所隔开，其中间隔区的核酸序列不互补于所述靶标核酸上的第一靶标区和第二靶标区之间的样品核酸链序列。

3. 权利要求2的方法，其中所述间隔区长度为1至30个碱基。

4. 权利要求2的方法，其中所述间隔区长度为3至10个碱基。

5. 权利要求1的方法，其中在靶标核酸序列上的所述第一靶标区与所述第二靶标区相距1至350个碱基。

6. 权利要求1的方法，其中第一探针区和第二探针区分别与第一靶标区和第二靶标区完全互补。

7. 权利要求2的方法，其中在所述靶标核酸上的第一靶标区和第二靶标区之间存在有间插序列。

8. 权利要求1的方法，其中靶标核酸序列是一或多个人白细胞抗原（HLA）或T细胞受体（TCR）基因序列的特征序列。

9. 权利要求1的方法，其中样品核酸链来自于人类。

2007年10月23日,第三人向以本专利不符合《专利法》第二十六条第四款、第二十二条第二、三款以及《中华人民共和国专利法实施细则》(以下简称《专利法实施细则》)第二十条第一款、第二十一条第二款的规定为由,向被告提出无效宣告请求,并提交了本专利授权公告文本及附件1、2作为支持其无效请求的证据。

被告受理该请求后进行了转文。原告针对第三人的无效请求和理由提交了意见陈述书。

2008年4月15日,被告举行了口头审理。双方当事人均委托代理人出席参加了口头审理。在口头审理中,第三人明确其请求宣告本专利无效的理由为:权利要求1~9不符合《专利法》第二十六条第四款、《专利法实施细则》第二十一条第二款、第二十条第一款的规定;权利要求1、2、6相对于附件1没有新颖性;权利要求3~5、7~9相对于附件1不具备创造性,权利要求1、3~5、7~9相对于附件2不具备创造性;以附件2为最接近的对比文件,权利要求1~5、7~9相对于附件1和2的结合不具备创造性。第三人当庭提交了盖有"上海图书馆上海科学技术情报研究所文献服务部"红章的附件2复印件以及附件3,同时第三人认为,根据附件3中所记载的T_m计算方法以及附件1图5A中所示的探针结构,附件1实施例3中所采用探针的左区的T_m为44℃,右区的T_m为46℃,均低于该实施例中所使用的退火温度(60℃)。原告对附件1的真实性、公开性和关联性没有异议。除附件1中第2栏第10~12行的译文外,原告对第三人提交的对于附件1、2的中文译文没有异议。对于上述原告有异议部分的译文,原告和第三人一致认可该部分内容应译为"但是,在存在靶核酸时,这些臂区域一定相互杂交"。同时,原告认为,第三人未出示附件2的原件,故不认可该附件的真实性。原告对附件3中记载的T_m值计算方法没有异议。但是认为第三人提交的附件3属于超期证据,且对第三人计算出的上述T_m值不予认可。被告告知原告可以于口头审理后7天内针对附件1附图5A中所示探针的左区和右区的T_m提交书面意见。2008年4月22日,原告提交了意见陈述。其认为:根据附件3给出的经验公式,附件1的附图5A所示探针左区的T_m值应当为48℃,右区的T_m为46℃。该T_m的理论数值与杂交是否实际发生没有必然联系;同时,由于附图5A中所示的探针存在相互杂交的臂区域,因而从附图5A所示探针的左区和右区的T_m值无法得出两个探针区必须同时与靶标区杂交的结论。

被告以第三人《专利权无效宣告请求书》以及口头审理中确定的无效宣告请求的理由和范围作为本案的审理范围。

被告经对第三人提交的证据审查后认为,根据《审查指南》第四部分第三章第4.3.1节的规定,公知常识性证据可以在口头审理辩论终结前补充。由于第三人在口头审理过程中提交的附件3是分子生物学领域常用的实验室手册,其提交时机符合《审查指南》的上述规定,因此,对附件3予以考虑。附件2为出版物资料复印件,第三人在口头审理过程中提交了内容与附件2相同,且在首页和骑缝上盖有"上海图书馆上海科学技术情报研究所文献服务部"红章的附件2复印件,用以证明复印件与原件相符,原告未提出足以支持其主张的反证,且原告亦未对附件1、3的真实性提出异议,故对第三人提交的附件1~3的真实性均予以认可。附件1~3的公开日期均早于本专利的优先权日,因此,附件1~3均构成本专利的现有技术。

鉴于原告、第三人已就第三人提交的附件1、2的中文译文达成一致意见,故被告确认,对于附件1第2栏第10~12行以双方当事人达成一致的译文为准,对于附件1的其他相关部分以及附件2相关部分的译文以第三人提交的译文为准。

针对第三人提出的本专利不符合《专利法实施细则》第二十条第一款的无效理由,被告经审查认为,根据《专利法实施细则》第二十条第一款规定,权利要求书应当说明发明或者实用新型的技术特征,清楚、简要地表述请求保护的范围。每项权利要求所确定的保护范围应当清楚。权利要求的保护范围应当根据其所用词语的含义来理解。本专利说明书中已经对权利要求1中的特征"基本上互补"、"不基本上互补"、"所选择的杂交条件"、"指示稳定杂交的阈值"以及所述技术方案中探针和靶标区域长度进行了清楚的描述（参见本专利说明书第13页第15行至第14页第3行、第8页第26行至第9页第3行、第4页第22~28行、第5页第18~22行），本领域技术人员根据说明书中的上述描述以及本领域的常规知识能够清楚的理解权利要求1中上述术语的含义以及权利要求1的技术方案中的探针和靶标区域长度，即"基本上互补"是指探针与靶标足够互补以形成杂交，"不基本上互补"是指探针和靶标不足够互补，不能够形成杂交，"所选择的杂交条件"是指只有在两个探针区均与相应的靶标区基本上互补时才能形成靶标杂交体的杂交条件，"指示稳定杂交的阈值"是指能够区分稳定杂交和不稳定杂交的阈值，权利要求1技术方案中的探针和靶标区域长度为能够实现只在两个探针区均与相应的靶标区基本上互补时才稳定杂交的长度，因此，第三人有关权利要求1保护范围不清楚的理由均不成立；相应的，第三人基于权利要求1的保护范围不清楚认定权利要求2~9的保护范围不清楚的主张也不成立。权利要求7间接从属于权利要求1，其所要求保护的技术方案中第一探针区和第二探针区之间存在间隔区，第一靶标区和第二靶标区之间存在间插序列，而权利要求1中限定探针和靶标应符合如下条件："当靶标核酸链上的所述第一靶标区与第二靶标区连续时，那么诊断探针上的第一和第二探针区由核酸间隔区所隔开，当诊断探针上的第一和第二探针区连续时，则靶标核酸链上的第一和第二靶标区之间存在着间插序列"，上述限定并未排除权利要求1的方案中还包括探针区和靶标区同时不连续的情况，由此可见，权利要求7的技术方案没有超出权利要求1的保护范围，第三人关于权利要求7不清楚的理由不成立。综上所述，第三人有关权利要求1~9不符合《专利法实施细则》第二十条第一款规定的理由均不成立。

针对第三人提出的本专利不符合《专利法》第二十二条第二、三款的无效理由，被告经审查认为，《专利法》第二十二条第二款规定，新颖性是指在申请日以前没有同样的发明或者实用新型在国内外出版物上公开发表过、在国内公开使用过或者以其他方式为公众所知，也没有同样的发明或者实用新型由他人向国务院专利行政部门提出过申请并且记载在申请日以后公布的专利申请文件中。第三款规定，创造性是指同申请日以前已有的技术相比，该发明有突出的实质性特定和显著的进步。

引用对比文件判断发明的新颖性和创造性时，应当以对比文件公开的技术内容为准。该技术内容不仅包括明确记载在对比文件中的内容，而且包括对于所属技术领域的技术人员来说，隐含的且可直接地、毫无疑义地确定的技术内容。

本专利权利要求1要求保护一种检测样品核酸链中靶标核酸序列存在的方法。而附件1说明书实施例3中已经公开了一种使用核酸探针检测靶核酸的方法，该方法包括在给定杂交条件下将靶核酸与探针接触以及检测探针与靶标杂交体存在与否的步骤，其中靶核酸的第一靶标区和第二靶标区连续，而所采用的探针含有由间隔区分隔开的两个探针区（参见附件1译文第11页第12行至第12页第6行，以及图5A），并且根据附件1图5A所示的探针结构可知，在所述杂交条件下，只有两探针区均与相应的靶核酸基本上互补时才形成稳定杂交，由此可见，权利要求1所要求保护的技术方案已经被附件1公开，不具备新颖性。

针对原告提出的下列理由：（1）附件1的技术方案中探针的间隔区内必须含有互补的臂区域；（2）附件1中没有公开权利要求1中的特征"在所选择的杂交条件下，当第一探针区不基本上互补于第一靶标区或第二探针区不基本上互补于第二靶标区时，诊断探针不能够与靶标核酸链稳定杂交，不能形成在指示稳定杂交的阈值之上的可检测的探针：靶标杂交体"；（3）如附件1译文第6页最后一段所述，"当发生所述杂交时，两条探针链的臂区域被约束得相互靠近，从而增加结合的双链体的稳定性"，附件1译文第11页最后一段也表示"臂区域之间形成的双链体在靶标存在时比靶标缺乏时更稳定……稳定性的相对差别大到足以用来清楚地检测靶核酸的存在……",因此,由于存在有相互杂交的臂区域,附图5A所示探针完全有可能存在一个探针区与靶标区杂交,而另一个探针区不与靶标区杂交的情况。

被告经审查认为：(1)权利要求1的技术方案中并未对探针间隔区的结构进行任何限定,因此,附件1中所述探针间隔区内含有的互补的臂区域并不构成其与权利要求1的区别技术特征；(2)根据本领域的常识,对于短于18个核苷酸的寡核苷酸,杂交体中A残基数与T残基数的和乘以2℃,G残基数与C残基数的和乘以4℃,两积相加即为杂交体的解链温度(Tm),当温度高于该Tm值时,则无法形成稳定的杂交体,附件1实施例3中所使用的探针的两个探针区："CAACACCCTCCTATAC"和"AGAGTCGCGATGGG"(参见附件1图5A)的Tm值应分别为48℃和46℃,均低于附件1实施例3方案中所采用的杂交温度：60℃(参见附件1说明书第13栏最后一段以及第9栏第5段),因此在附件1实施例3所公开的技术方案中当两个探针区之一不基本互补于相应的靶核酸时,另一探针区显然无法形成稳定的杂交,由此可见,虽然附件1的实施例3中并未明确记载在所述杂交条件下,当两个探针区之一不基本互补于相应的靶核酸时,探针无法与靶核酸稳定杂交,但该特征属于附件1实施例3的技术方案中隐含的且可直接地、毫无疑义地确定的技术内容,即附件1中已经公开了权利要求1的上述技术特征；(3)附件1中臂区域的杂交是靶核酸是否存在以及存在量的指示,只有在靶标存在时臂区域才能形成稳定的双链体(参见译文第2页第9行),原告提及的附件1译文第6页最后一段和第11页最后一段都只是表明两探针区域与各自靶区域发生杂交是臂区域之间形成稳定双链体的前提,其中并未明示或暗示臂区域会影响探针区与靶标区的结合,而原告也没有提供证据证明在当一个探针区不基本互补于相应的靶标区时,在附件1实施例3所述的杂交条件下附图5A所示的探针依然能够和靶标稳定杂交,因此,原告有关"由于存在相互杂交的臂区域,附图5A所示探针完全有可能存在一个探针区与靶标区杂交,而另一个探针区不与靶标区杂交的情况"的主张缺乏依据。

综上所述,权利要求1所要求保护的技术方案已经被附件1公开,因此,权利要求1相对于附件1不具备新颖性,不符合《专利法》第二十二条第二款的规定。

权利要求2是权利要求1的从属权利要求,其附加技术特征部分进一步限定"诊断探针上的所述第一探针区和第二探针区由间隔区所隔开,其中间隔区的核酸序列不互补于所述靶标核酸上的第一靶标区和第二靶标区之间的样品核酸链序列",鉴于附件1附图5A中所示的探针中两探针区之间同样是由间隔区隔开,而且间隔区的序列也不互补于靶标区中的序列,因此,在权利要求1相对于附件1不具备新颖性的情况下,权利要求2也不具备新颖性,不符合《专利法》第二十二条第二款的规定。

权利要求3、4均为权利要求2的从属权利要求,其分别进一步限定所述间隔区的长度为1至30个碱基或3至10个碱基,该附加技术特征构成了权利要求3、4的技术方案与附件1公开的技术方案的区别技术特征(附件1实施例3所采用的探针的间隔区长度为33个碱基),但是,上述间隔区的长度均为本领域技术人员在常规知识范围内易于作出的常规性选择,对于本领域技术人员而言是显而易见的,而且该权利要求所述的方法也没有因为这些常规改变而产生任何意想不到的技术效果,因此,在权利要求2不具备新颖性的情况下,权利要求3、4不具备突出的实质性特点,不符合《专利法》第二十二条第三款的规定。

权利要求5是权利要求1的从属权利要求,其中进一步限定在靶标核酸序列上的两个靶标区之间相距1至350个碱基,该附加技术特征构成了权利要求5所要求保护的技术方案与附件1实施例3所公开的技术方案之间的区别技术特征(附件1实施例3所涉及的靶核酸中两靶标区连续),然而,附件1译文第3页第10~15行和图1F中所示的采用两组分探针的方案中已表明在所述检测方法中靶核酸的两个靶标区之间可以含有间插序列,且该间插序列并不影响探针对靶核酸的识别,本领域技术人员据此能够容易的想到在附件1实施例3的方案所采用的靶标区之间也可存在间插序列，至于权利要求5中对靶标区之间距离的限定，其属于本领域技术人员在常规知识范围内易于作出的常规性选择，由此可见，在附件1的基础上获得权利要求5的技术方案，对于本领域技术人员而言是显而易见的，鉴于该权利要求所述的方法也没有产生任何意想不到的技术效果，因此，在权利要求1不具备新颖性的情况下，权利要求5不具备创造性，不符合《专利法》第二十二条第三款的规定。

权利要求6是权利要求1的从属权利要求，其中进一步限定第一探针区和第二探针区分别与第一靶标区和第二靶标区完全互补，由于附件1附图5A所示的探针中两探针区也都与相应的靶标区完全互补，因此，在权利要求1相对于附件1不具备新颖性的情况下，权利要求6也不具备新颖性，不符合《专利法》第二十二条第二款的规定。

权利要求7是权利要求2的从属权利要求，其中进一步限定所述靶标核酸上的第一靶标区和第二靶标区之间存在有间插序列，该附件技术特征构成了权利要求7所要求保护的技术方案与附件1实施例3所公开的技术方案之间的区别技术特征（附件1实施例3所涉及的靶核酸中两靶标区之间没有间插序列）。然而，附件1译文第3页第10～15行和图1F中所示的采用两组分探针的方案中已表明在所述检测方法中靶核酸的两个靶标区之间可以含有间插序列，且该间插序列并不影响探针对靶核酸的识别，本领域技术人员据此能够容易的想到在附件1实施例3的方案所采用的靶标区之间也可存在间插序列。由此可见，在附件1的基础上获得权利要求7的技术方案，对于本领域技术人员而言是显而易见的，鉴于该权利要求所述的方法也没有产生任何意想不到的技术效果，因此，在权利要求2不具备新颖性的情况下，权利要求7不具备创造性，不符合《专利法》第二十二条第三款的规定。

权利要求8、9均为权利要求1的从属权利要求，其中分别进一步限定了靶标核酸序列为一或多个人白细胞抗原（HLA）或T细胞受体（TCR）基因序列的特征序列，以及样品核酸链来自于人类，这些附加技术特征分别构成了权利要求8、9与附件1实施例3中所公开的技术方案的区别技术特征。然而，在附件1实施例3所公开的探针检测方法的基础上，进一步将该方法应用于检测一个或多个人白细胞抗原（HLA）或T细胞受体（TCR）基因序列的特征序列对于本领域技术人员而言是显而易见的，而且也没有证据表明权利要求8、9所述的方法产生了任何意想不到的技术效果。因此，在权利要求1不具备新颖性的情况下，权利要求8、9不具备创造性，不符合《专利法》第二十二条第三款的规定。

由于以上已得出权利要求1、2、6相对于附件1不具备新颖性，权利要求3～5、7～9相对于附件1不具备创造性的结论，因此，被告对于第三人提出的关于权利要求1～9不符合《专利法》第二十六条第四款、《专利法实施细则》第二十一条第二款以及权利要求1、3～5、7～9相对于附件2不具备创造性、权利要求1～5、7～9相对于附件1和附件2的结合不具备创造性的无效宣告理由未再予以评述。

基于上述事实和理由，被告于2008年7月3日作出第11963号决定，宣告本专利权全部无效。原告不服该决定，向本院提起行政诉讼。

在本院庭审中，原告、第三人明确表示对下列内容不持异议：被告作出第11963号决定的审查程序、该决定"案由"部分的记载内容、该决定确定的无效宣告请求的理由以及具体证据组合评价方式、对证据及外文证据中文译文的审查认定结论、对本专利符合《专利法实施细则》第二十条第一款的规定的审查认定结论。

本院认为，对于原告、第三人在庭审中明确表示没有异议的内容，本院经书面审查，认同被告作出的相关认定结论，并对被告作出第11963号决定审查程序的合法性予以确认。

根据《专利法》第二十二条第二款规定，新颖性是指在申请日以前没有同样的发明或者实用新型在国内外出版物上公开发表过、在国内公开使用过或者以其他方式为公众所知，也没有同样的发明或者实用新型由他人向国务院专利行政部门提出过申请并且记载在申请日以后公布的专利申请文件中。参照《审查指南》第二部分第三章第3.1节的规定，同样的发明是指技术领域、所要解决的技术问题和技术方案实质上相同，预期效果相同的发明。在《审查指南》第二部分第三章第2.3节对在发明新颖性判断时，如何确定对比文件公开内容作出了规定，即对比文件公开的技术内容包括明确记载在对比文件中的内容以及对于所属技术领域的技术人员来说，隐含的且可直接地、毫无疑义地确定的技术内容。本专利权利要求1请求保护的是一种检测样品核酸链中靶标核酸序列存在的方法，即在给定的杂交条件下，将靶核酸与探针接触检测探针与靶标之间是否形成稳定杂交的方法。同时，在权利要求1中对使用的探针结构作出了限定。附件1实施例3以及附图5A公开了一种通过探针检测靶核酸序列存在的方法，其中附图5A公开了两个探针区被间隔区隔开的探针，在给定的杂交条件下，该探针的两个探针区与相应的靶核酸互补，探针与靶核酸能够形成稳定杂交的技术内容。虽然附件1实施例3中没有明确记载两个探针区中有一个探针区不能与相应的靶核酸互补，探针无法与靶核酸形成稳定杂交的内容，但是本领域技术人员根据公知常识，通过采用经验公式来计算附图5A所示探针的两个探针区各自的理论解链温度，能够确定在附件1实施例3给定的杂交条件下，如果两个探针区中有一个与相应的靶核酸不能互补，探针与靶核酸亦无法形成稳定的杂交。因此，附件1实施例3以及附图5A已经完全公开了权利要求1请求保护的技术方案。被告据此认定权利要求1相对于附件1不具有新颖性的结论正确，本院应予支持。权利要求2、6是权利要求1的从属权利要求，其附加技术特征均已被附件1附图5A所公开，在权利要求1不具有新颖性的情况下，被告认定上述从属权利要求亦不具有新颖性正确，本院亦应支持。

被告根据权利要求3~5、7~9所保护的技术方案与对附件1公开的技术内容进行的比对，认定二者存在的两个区别技术特征准确。被告根据对上述区别技术特征的分析，认定上述权利要求不具备创造性亦是正确的。

综上，第11963号决定认定事实清楚，适用法律正确，审理程序合法，本院应予维持。原告关于本专利权利要求1与附件1的技术方案不同，具备新颖性的主张，依据不充分，本院不予支持。据此，依照《中华人民共和国行政诉讼法》第五十四条第（一）项的规定，判决如下：

维持被告中华人民共和国国家知识产权局专利复审委员会于二〇〇八年七月三日作出的第11963号无效宣告请求审查决定。

案件受理费人民币100元，由原告一兰姆达公司负担（已交纳）。

如不服本判决，原告一兰姆达公司可在判决书送达之日起30日内，被告中华人民共和国国家知识产权局专利复审委员会、第三人上海复旦张江生物医药股份有限公司可在判决书送达之日起15日内向本院递交上诉状，并按对方当事人的人数提出副本，上诉于中华人民共和国北京市高级人民法院。上诉人在接到人民法院预交诉讼费的通知后7日内未预交，又不提出缓交申请的，按自动撤回上诉处理。

审　判　长　张　杰
代理审判员　何君慧
代理审判员　殷　悦
二〇〇九年九月一日
书　记　员　李　智

一种改进的软冰淇淋机

无效宣告请求审查决定（第12011号）

决 定 号	第12011号
决 定 日	2008年7月28日
发明创造名称	一种改进的软冰淇淋机
国 际 分 类 号	A23G 9/04，A23G 9/22
无效宣告请求人	武汉赛林机械有限责任公司
专 利 权 人	石志强
专 利 号	200420050878.8
申 请 日	2004年5月11日
授权公告日	2005年5月11日
合议组组长	李人久
主 审 员	闻雷
参 审 员	尹昕
法 律 依 据	专利法第22条第2款、第3款
决 定 要 点	

以产品的公开销售事实作为现有技术主张实用新型专利权不具有新颖性和创造性请求宣告其无效的，必须提供足够的证据来证明其公开销售事实已在所述的专利申请日之前发生，并有足够的证据证明被公开销售产品的形状、构造与请求保护的产品相同，或者两者在形状、构造上的区别能够从其他现有技术中得到技术启示，否则请求人的主张不成立。

一、案由

本无效宣告请求案涉及国家知识产权局于2005年5月11日公告授予的、名称为"一种改进的软冰淇淋机"的第200420050878.8号实用新型专利（下称本专利），其申请日为2004年5月11日，专利权人为石志强。该专利授权公告的权利要求如下：

"1. 一种改进的软冰淇淋机包括：壳体、位于壳体下部的压缩机、冷凝器、冷凝风扇电机，设置在壳体中部的齿轮变速箱和搅拌电机，其特征在于：在壳体上部设置三只储料筒，三只储料筒与对应的三只搅拌缸连通，变速箱内包括一个主动齿轮和四个被动齿轮。

2. 按照权利要求1所述的一种改进的软冰淇淋机，其特征在于：三只搅拌缸与出料箱连通。

3. 按照权利要求2所述的一种改进的软冰淇淋机，其特征在于：出料箱设置放料口。"

针对上述专利权，武汉赛林机械有限责任公司（下称请求人）于2008年2月18日向专利复审委员会提出无效宣告请求，认为本专利权利要求1~3不具备专利法第22条第2款和第3款规定的新颖性和创造性，同时提交了下述证据1~6和8~14，并表示证据7属于上海冰箱厂的软冰淇淋机实物，经上海市黄浦区第一公证处公证后存放于上海，可以在口头审理时现场提交、演示和辨认。

证据1：刘柏榆工作照原件和复印件各1页；

证据2：四川省大邑县饮食服务公司函，复印件1页；

证据3：上海商业冰箱厂分类明细帐，复印件7页；

证据4：上海市科学技术进步奖证书，复印件2页；

证据5：上海市科技成果档案，复印件15页；

证据6：张咸杰证人证言和身份证，复印件2页；

证据7：上海商业冰箱厂销售的《星球牌》BQL-35/3软冰淇淋机实物；

证据8：上海商业冰箱厂软冰淇淋机照片10页；

证据9：上海商业冰箱厂软冰淇淋机图纸，复印件10页；

证据10：上海商业冰箱厂工商登记档案，复印件8页；

证据11：上海敬业房地产有限公司关于上海冰箱厂的情况说明，复印件1页；

证据12：上海市黄浦区第一公证处（2008）沪黄-证经字第443号公证书，复印件4页；

证据13：上海市黄浦区第一公证处（2008）沪黄-证经字第444号公证书，复印件4页；

证据14：上海市黄浦区第一公证处（2008）沪黄-证经字第445号公证书，复印件3页。

请求人在无效宣告请求书中指出，根据证据1~14，上海商业冰箱厂虽在本实用新型专利的申请日前被注销，但其生产的"星球牌"BQL-35/3型（即BQL-30/3型）软冰淇淋机因销售使用而公开，而本实用新型专利权利要求1~3的技术方案与上海商业冰箱厂的软冰淇淋机相同，因此不符合专利法第22条第2款和第3款规定的新颖性和创造性。

经形式审查合格后，专利复审委员会受理了上述请求，于2008年2月18日向双方当事人发出《无效宣告请求受理通知书》，并将《专利权无效宣告请求书》及其他有关文件的副本转送给专利权人，要求其在指定的期限内答复。

2008年3月17日，请求人向专利复审委员会提交了无效宣告程序补正书，将证据14的页数由3页改为2页，并在证据9中补入了BQL-30/3-01-02-10图纸。

2008年3月28日，专利权人针对请求人于2008年2月18日提交的无效宣告请求书和其他有关文件的副本作出答复，认为请求人的无效理由均不能成立，本专利符合专利法有关新颖性和创造性的规定。

2008年4月1日，专利权人提交了下述证据，用于证明请求人提交的有关证据来源非法。

反证1：南京中级人民法院主持下的质证笔录；

反证2：南京中级人民法院开庭时的开庭笔录。

专利复审委员会于2008年4月8日成立合议组对本无效请求案进行审理。2008年4月25日，合议组向双方当事人发出《无效宣告请求口头审理通知书》，定于2008年6月24日对该专利权的无效请求进行口头审理。同时，随审通知书向专利权人转送了请求人于2008年3月17日提交的无效宣告程序补正书及其附件的副本，并向请求人转送了专利权人于2008年3月28日和2008年4月1日提交的意见陈述书及其附件的副本。

请求人在2008年5月9日提交的口头审理通知书回执中提出在口头审理过程中演示物证并请证人出庭作证。

2008年6月24日，口头审理如期进行，双方当事人均委托代理人出席了口头审理。双方当事人对对方出席口头审理人员的资格及身份均无异议。合议组就本案的无效理由及事实逐一进行了调查，双方当事人充分陈述了各自的意见。

在口头审理中，（1）请求人当庭放弃了证据1和4；专利权人当庭放弃了反证1和2。（2）请求人出示了证据2、3、5、9~14的原件，当庭演示了证据7的软冰淇淋机实物，并播放了声称为证据14中所述的DVD光盘。（3）专利权人确认证据2、3、5、9~14的复印件与原件一致，证据8的照片与证据7的实物一致，对证据5、10、12~14的真实性无异议，但对证据2、3、9、11的真实性有异议，对证据12~14证言内容的真实性存有异议，对证据7的软冰淇淋机是否是上海商业冰箱厂生产的BQL-35/3型软冰淇淋机存有异议，对口审时播放的声称是证据14中所述的光盘存有异议，认为该光盘并没有公证处的公章，不能确认是证据14所述的光盘。（4）证据6的出证证人张咸杰及证据12的出证证人张建仁出庭作证，并接受质证，但证据13的出证证人未到庭接受质证。（5）请求人当庭补充了以下证据15~25，明确其中证据15~18用于进一步证明本专利的软冰淇淋机在申请日前已公开销售，证据19~25属于公知常识性证据，用于评价本专利权利要求1~3的创造性，并出示了证据15~19、21~25的原件。请求人认为证据19与21~25的任意一篇结合均可破坏本专利权利要求1~3的创造性。

证据15：上海商业冰箱长销售发票副本（No. 001251、No. 001629、No. 001876、No. 001693），复印件4页。

证据16：中国商业联合会制冷机械质量监督检验测试中心（北京）及国家商用制冷设备质量监督中心提供的证明，复印件1页。

证据17：《商办工业机电产品目录》，中国商业出版社，1992年1月第1版，封面页、扉页、出版信息页、第281页，复印件4页。

证据18：上海敬业房地产有限公司提供的证明，复印件1页。

证据19：中华人民共和国专业标准《软冰淇淋机技术条件》ZBX99002-86，1986年10月20日发布，复印件10页。

证据20：中华人民共和国行业标准《软冰淇淋机》SB/T10235-94，1995年1月26日发布，复印件20页；

证据21：《机械设计（下册）》，人民教育出版社，1979年11月第1版，封面页、出版信息页、第27~30页，复印件6页。

证据22：《机械原理及机械零件》，高等教育出版社，1983年11月第1版，封面页、出版信息页、第98~113页，复印件18页。

证据23：《机械原理与机械零件》，国防工业出版社，1984年12月第一版，封面页、扉页、出版信息页、第235~242页，复印件11页。

证据24：《机械设计基础》，中国计量出版社，2002年3月第1版，封面页、出版信息页、第92~101页，复印件12页。

证据25：《机械设计基础》，人民邮电出版社，2003年2月第1版，封面页、出版信息页、第101~107页，复印件9页。

（6）专利权人认为证据15-18超出了举证期限，不应予以考虑，并拒绝对其进行质证；专利权人对证据21~25的真实性无异议，但不认可证据19、20的真实性，理由是证据19的原件上没有印章，而证据20没有原件。（7）请求人增加了无效理由，认为权利要求1不符合专利法实施细则第20条第1款的规定；对此，合议组当庭宣布，对于请求人当庭增加的上述无效理由，由于未在提出无效宣告请求日起一个月内提出，属于新增加的无效理由，因此根据专利法实施细则第66条的规定，合议组对其不予接受。(8) 鉴于请求人当庭提交了新证据,合议组当庭告知专利权人可于口头审理后的10日内对其提交书面意见陈述。

2008年7月2日,专利权人提交了意见陈述书,其中对证据21~25的真实性无异议,也认可其以公知常识性证据提交;但不认可证据19的真实性,也不认可其属于公知常识,因此不应予以采纳。同时,专利权人指出,证据19与证据21~25的任意结合均不能破坏本专利的创造性。

2008年7月4日,请求人提交了意见陈述,其中再次陈述了口头审理时涉及的证据19与证据22的结合破坏本专利权利要求1~3的创造性的理由,并增加了新的无效理由,认为权利要求1不符合专利法实施细则第21条第2款的规定,说明书不符合专利法第26条第3款的规定。

经过上述审理程序,合议组认为本案事实已经清楚,可以作出审查决定。

二、决定的理由

1. 证据及事实的认定。

(1) 关于增加无效理由和举证的期限。

①关于证据15~18。

专利法实施细则第66条规定,在专利复审委员会受理无效宣告请求后,请求人可以在提出无效宣告请求之日起1个月内增加理由或者补充证据。逾期增加理由或者补充证据的,专利复审委员会可以不予考虑。

审查指南第四部分第三章第4.3.1 (2) 节规定,请求人在提出无效宣告请求之日起一个月后补充证据的,专利复审委员会一般不予考虑,但下列情形除外:(i) 针对专利权人以合并方式修改的权利要求或者提交的反证,请求人在指定期限内补充证据,并在该期限内结合该证据具体说明相关无效宣告理由的;(ii) 在口头审理辩论终结前提交技术词典、技术手册和教科书等所属技术领域中的公知常识性证据或者用于完善证据法定形式的公证书、原件等证据,并在该期限内结合该证据具体说明相关无效宣告理由的。

证据15~18用于证明本实用新型专利涉及的产品已经在申请日前公开销售,所述证据提交日期超出了专利法实施细则第66条及审查指南第四部分第三章第4.3.1节中规定的一个月的举证期限,且不属于审查指南上述规定的例外情形,因此合议组对该证据不予考虑。

②关于证据19与证据21~25任意一篇结合评价创造性的无效理由以及专利法实施细则第21条第2款和第26条第3款的无效理由。

审查指南第四部分第三章第4.2节规定,(i) 请求人在提出无效宣告请求之日起一个月内增加无效宣告理由的,应当在该期限内对所增加的无效宣告理由具体说明;否则专利复审委员会不予考虑,(ii) 请求人在提出无效宣告请求之日起一个月后增加无效宣告理由的,专利复审委员会一般不予考虑,但下列情形除外:(i) 针对专利权人以合并方式修改的权利要求,在专利复审委员会指定期限内增加无效宣告理由,并在该期限内对所增加的无效宣告理由具体说明的;(ii) 对明显与提交的证据不相对应的无效宣告理由进行变更的。

在口头审理过程中,请求人主张证据19~25属于公知常识性证据,并以证据19作为最接近的现有技术,分别与证据21~25结合,以证明本专利的权利要求1~3不具有创造性。请求人在无效宣告请求之日起一个月内仅仅主张本专利相对于公开销售的BQL-35/3型或BQL-30/3型软冰淇淋机不具有新颖性和创造性,并未主张本专利相对于技术词典、技术手册和教科书等所述技术领域中的公知常识不具有创造性,更没有对本专利相对于本领域的公知常识不具有创造性作具体说明。虽然证据19~25属于所属技术领域中的公知常识性证据,但只有在无效请求之日起一个月内主张某技术特征属于公知常识,并且在口头审理辩论终结前提交公知常识性证据,并结合该证据具体说明为何上述技术特征是公知常识时，所述理由和证据才能予以考虑和接受。本案中，针对权利要求 1~3 的创造性，请求人在提出无效宣告请求之日起一个月内从未主张任何技术特征属于公知常识，相反其主张的现有技术证据 1~14 均为在先公开销售的证据，而没有公知常识性证据。在口头审理过程中，请求人并不是以公知常识性证据与无效宣告请求时的证据 1~14 结合，而是完全以无效宣告请求之日起一个月后（即口头审理时）提交的全新证据组合主张本专利权利要求 1~3 不具有创造性。这种以口头审理时提交的证据 19 与证据 21~25 中任意一篇结合主张本专利权利要求 1~3 不具有创造性的无效理由在提出无效宣告请求之日起一个月内没有任何相关说明，当然更谈不上具体说明，以这种"突然袭击"的方式提出的无效宣告理由如果加以考虑，一方面不利于增强请求人在规定期限内提出无效宣告理由的责任心，造成请求人提出无效宣告理由的拖延，不利于审查效率的提高，另一方面从公平的角度考虑，对于请求人而言，如果其增加的未在规定期限内加以具体说明的无效宣告理由不予以考虑，请求人可以就该理由再次启动无效程序，并不会导致其丧失救济途径。综合上述因素，根据专利法实施细则第 66 条和审查指南第四部分第三章第 4.2 节的规定，合议组对权利要求 1~3 相对于证据 19 与证据 21~25 任意一篇结合不具有创造性的无效理由不予考虑。

对于请求人于 2008 年 7 月 4 日通过意见陈述增加的权利要求 1 不符合专利法实施细则第 21 条第 2 款的规定以及说明书不符合专利法第 26 条第 3 款的规定的无效理由，由于未在提出无效宣告请求日起一个月内提出，也属于新增加的无效理由，因此根据专利法实施细则第 66 条的规定，合议组对其不予考虑。

(2) 关于 BQL-35/3 型和 BQL-30/3 型软冰淇淋机产品的销售事实。

请求人试图以证据 2、3、5、10 来证明上海商业冰箱厂生产的 BQL-35/3 型（即 BQL-30/3 型）软冰淇淋机已在本实用新型专利的申请日前公开销售。

证据 2 是四川省大邑县饮食服务向上海商业冰箱厂购买 BQL-35/3 软冰淇淋机配件的公司函。专利权人对其真实性提出质疑，认为该证据没有其他销售合同和购买发票予以佐证，且该证据的落款人未能出庭质证。对此，请求人未提出反对理由和证据。合议组认为，证据 2 是加盖公章的企业之间商业往来的函件，其证明力较小，在无其他证据佐证的情况下，不足以证明所述产品已经销售的事实。

证据 3 是上海商业冰箱厂的分类明细帐，专利权人对其真实性提出质疑，理由在于①该证据封面日期的年份"1988"处有被涂改的痕迹；②该证据是请求人从仓库中找到的，上海商业冰箱厂虽已注销，但被注销公司的物品应由托管部门或上一级主管部门保管；③尽管该证据上盖有上海商业冰箱厂的公章，但盖公章是请求人在其与专利权人之间的侵权诉讼过程中加盖的，现在上海商业冰箱厂已被上海敬业房地产公司兼并，且证据 10 表明上海商业冰箱厂在被兼并时公章未收。对于专利权人的质疑，请求人承认证据 3 上的公章是在诉讼过程中加盖的，且对证据来源未提出反对理由和证据。对此，合议组认为，①该证据的封面日期年份处虽有被涂改的痕迹，但分类明细帐共有 276 页，其目录以及每一页分类明细帐上的时间均表明为 1988 年；②账目资料通常是单位内部资料，未在分类明细帐上加盖公章并无不妥，在侵权诉讼的过程中加盖公章，并不影响证据的真实性；③虽然该证据并非来源于被注销公司的托管部门或上一级主管部门，但并没有证据表明该证据是以侵害他人合法权益或者违反法律禁止性规定的方法取得的，同时在专利权人未提供充分的理由和证据否认其真实性的情况下，合议组对该证据的合法性、真实性和关联性予以认可。

证据 5 是上海商业冰箱厂于 1989 年提交的上海市科学技术进步奖申报书等科技成果档案，证据 10 是有关上海商业冰箱厂的工商登记档案，专利权人对证据 5 和证据 10 的真实性无异议，经过合议组审查，对以上两份证据的真实性予以认可，可以作为本案的证据使用。

证据 3 第 51 页的"子目、细目名称"处写明销售产品为"BQL-35/3 软冰淇淋机"，表格部分载明该产品曾于1988年销售至大光明电影院等处。证据5的《上海市科学技术进步奖申报书》"项目基本情况"部分载明上海市商业冰箱厂曾于1989年就"BQL-30/3软冰淇淋机"申报上海科学技术进步奖（第1页），该软冰淇淋机已于1988年6月正式投产（第2页），且"申报项目的详细内容及申报理由"部分载明BQL-30/3软冰淇淋机的应用和推广时间为1987年至1989年3月（第6页），并在此期间取得了经济效益（第10页）。证据10的《企业申请营业登记注册书》（工商企字（1988）第258号）证明1994年由上海商业冰箱厂等三家单位合并组建了上海商业制冷设备公司，《企业申请营业登记注销注册书》证明上海商业制冷设备公司商业冰箱厂随上海商业制冷设备公司一起于1998年被上海敬业房地产有限公司兼并，该证据表明在1994年以前确实存在上海商业冰箱厂。

由此，合议组认为证据3、5和10可以构成一完整的证据链证明上海商业冰箱厂生产的BQL-35/3型和BQL-30/3型软冰淇淋机已在本实用新型专利的申请日前公开销售。

(3) 关于BQL-35/3型和BQL-30/3型软冰淇淋机产品的结构。

① BQL-35/3软冰淇淋机的结构。

请求人试图以证据6~8、证据11和证据14构成证据链来证明上海商业冰箱厂生产的BQL-35/3软冰淇淋机的结构与证据7的实物样品结构一致。

证据6是证人张咸杰的出具的证言及其身份证复印件，证明其将一台型号为BQL-35/3的软冰淇淋机转让给请求人；证据7是证据6中张咸杰所述的软冰淇淋机实物；证据8是证据7的软冰淇淋机实物的照片；证据11是上海敬业房地产有限公司出具的情况说明，说明证人张建仁在上海商业冰箱厂工作至退休，并于1988年至1993年间任厂长；证据14是一份公证书，该公证书公证了公证人员摄制证人张建仁和刘柏榆就证据7的软冰淇淋机进行辨认和说明的全部过程的录像并制作成DVD光盘一张，证明该软冰淇淋机是上海商业冰箱厂生产的BQL-35/3软冰淇淋机。

专利权人对证据6~8和11的真实性提出质疑；对证据14公证书的真实性无异议，对口审时播放的声称是证据14中所述的光盘存有异议，认为该光盘并没有公证处的公章，不能确认是证据14所述的光盘，并对光盘中的证明内容提出质疑。

对此，合议组认为，(i) 证据7的软冰淇淋机实物壳体外侧有明显刮痕，无出厂日期等相关标注，虽然在壳体外侧贴有两张纸质标签，分别印有"上海商业冰箱厂"和"BQL-35/3软冰淇淋机"的字样，但除此以外没有任何证据表明其生产厂家和型号，由于纸质印刷标签采取贴附方式，其制作随意性较大，单凭上述标签不足以认定证据7即为上海商业冰箱厂生产的BQL-35/3型软冰淇淋机；(ii) 证据6的出证证人张咸杰表示证据7所示软冰淇淋机实物是其于1998年由王启明处购买的，并于2007年转让给请求人，在其使用过程中除因小故障维修过外，对压缩机等主要部件未做维修，但是该软冰淇淋机由张咸杰从王启明处购买前的状态不明，并且其仅声称证据7所示软冰淇淋机为BQL-35/3型，除证据7所示实物的纸质标签外没有任何证据加以佐证；(iii) 证据14的公证书和DVD光盘仅能证明张建仁、刘柏榆在公证处现场对证据7进行了拆装、辨认和说明，在没有其他证据予以佐证的情况下，单凭其证人证言并不能证明证据7所示软冰淇淋机确为上海商业冰箱厂生产的BQL-35/3软冰淇淋机；(iv) 尽管专利权人未提出充分的理由和证据来质疑证据11真实性，不足以否定其真实性，且在口头审理过程中证人张建仁出庭质证，但在没有其他有力证据予以佐证的情况下，单凭该证人证言不足以证明证据7的实物样品确为上海商业冰箱厂生产的BQL-35/3软冰淇淋机。因此，合议组认为证据6~8、11和14不足以构成一完整证据链来证明证据7的实物样品确为上海商业冰箱厂生产的BQL-35/3软冰淇淋机。

②BQL-30/3软冰淇淋机的结构。

(i) 请求人试图以证据9、12和13来证明上海商业冰箱厂生产的BQL-30/3软冰淇淋机的结构与证据9的图纸所描述的结构一致。

证据9是上海商业冰箱厂的软冰淇淋机设计图纸复印件，在口头审理过程中，请求人出示了该设计图纸的蓝图；证据12和13是两份公证书，分别附有证人张建仁和证人刘柏榆出具的声明书，证明刘柏榆主持设计了BQL-30/3软冰淇淋机，并将其保存的图纸提供给了请求人，该图纸是三次整改后的最后稿，没有任何改动。

专利权人对证据9上海商业冰箱厂软冰淇淋机图纸的真实性提出质疑，其理由在于（1）证据9是请求人从刘柏榆个人手中获得的，上海商业冰箱厂虽已注销，但被注销公司的物品应由托管部门或上一级主管部门保管；（2）尽管证据9均盖有上海商业冰箱厂的公章，但该公章是2007年请求人在其与专利权人之间的侵权诉讼过程中加盖的，现在上海商业冰箱厂已被上海敬业房地产公司兼并，且证据10表明上海商业冰箱厂在被兼并时公章未收。此外，专利权人对证据12和13中公证书本身的真实性无异议，但对这两份证据欲证明的内容是否真实提出质疑。

合议组认为，请求人在口头审理当庭出示的蓝图不同于用绘图笔绘制的图纸原件，其实质是后者的复印件。此外，经过合议组审查，发现请求人提交的编号为-01-06-01-00（盛料缸）、-01-06-01-05（套管）、01-02-03（齿轴）、01-02-07（中间齿轮轴）、01-02-10（齿轮）的复印蓝图中，产品型号"BQL-30/3"是用黑色签字笔写入的。证据12和13的公证书仅能证明证人张建仁和刘柏榆在其被公证的声明书上的签名属实，并不能证明证据9的图纸确为上海商业冰箱厂生产的BQL-30/3型软冰淇淋机的图纸。鉴于以上原因，合议组对证据9的真实性不予认可。

（ii）请求人试图以证据5来说明上海商业冰箱厂生产的BQL-30/3软冰淇淋机的结构。

如上所述，合议组对证据5的真实性予以认可。证据5的"项目的主要技术内容（29）"（第4页）及"BQL30/3型软冰淇淋机研制工作技术总结"（第56页）载明，本机设有三只储料缸及三只冷冻缸，本机机械传动部分由一只电机经一级带轮减速后，再经减速箱同步带动三只冷冻缸的搅拌螺杆进行搅拌。因此，可以认定上海市商业冰箱厂销售的BQL-30/3型软冰淇淋机具备上述结构。

（iii）请求人还试图以证据12～14来证明上海商业冰箱厂生产的BQL-35/3型软冰淇淋机等同于BQL-30/3型软冰淇淋机。

对此，合议组认为，证据12和13的公证书仅能证明证人张建仁和刘柏榆在其被公证的声明书上的签名属实，证据14的公证书和DVD光盘仅能证明张建仁、刘柏榆在公证处现场对证据7进行了拆装、辨认和说明，尽管在口头审理过程中证人张建仁出庭作证，但在没有其他有力证据予以佐证的情况下，单凭证据12～14的三份公证书及张建仁的证人证言并不能证明BQL-30/3型软冰淇淋机等同于BQL-35/3型软冰淇淋机。

综上所述，可以依据证据3、5和10认定上海商业冰箱厂生产的BQL-35/3型和BQL-30/3型软冰淇淋机已在本实用新型专利的申请日前公开销售，且BQL-30/3型软冰淇淋机具有上述证据5中描述的结构，BQL-35/3型软冰淇淋机的结构不明。

2. 关于新颖性和创造性

专利法第22条第2款规定：新颖性，是指在申请日以前没有同样的发明或者实用新型在国内外出版物上公开发表过、在国内公开使用过或者以其他方式为公众所知，也没有同样的发明或者实用新型由他人向国务院专利行政部门提出过申请并且记载在申请日以后公布的专利申请文件中。

专利法第22条第3款规定，创造性，是指同申请日以前已有的技术相比，该发明有突出的实质性特点和显著的进步，该实用新型有实质性特点和进步。

以产品的公开销售事实作为现有技术主张实用新型专利权不具有新颖性和创造性请求宣告其无效的，必须提供足够的证据来证明其公开销售事实已在所述的专利申请日之前发生，并有足够的证据证明被公开销售产品的形状、构造与请求保护的产品相同，或者两者在形状、构造上的区别能够从其他现有技术中得到技术启示，否则请求人的主张不成立。

就本实用新型专利而言，其目的在于提供一种结构简单、能够制作三种颜色软冰淇淋的软冰淇淋机。权利要求1要求保护的技术方案为："一种改进的软冰淇淋机包括：壳体、位于壳体下部的压缩机、冷凝器、冷凝风扇电机，设置在壳体中部的齿轮变速箱和搅拌电机，其特征在于：在壳体上部设置三只储料筒，三只储料筒与对应的三只搅拌缸连通，变速箱内包括一个主动齿轮和四个被动齿轮。"

如前所述，请求人提供的证据证明上海商业冰箱厂生产的BQL-35/3型和BQL-30/3型软冰淇淋机已在本实用新型专利的申请日前公开销售，由于BQL-35/3型软冰淇淋机结构不明，请求人关于本专利权利要求1～3相对于其不具有新颖性和创造性的主张显然不能成立。就BQL-30/3型软冰淇淋机而言，证据5记载该软冰淇淋机设有三只储料缸及三只冷冻缸，机械传动部分由一只电机经一级带轮减速后，再经减速箱同步带动三只冷冻缸的搅拌螺杆进行搅拌。储料缸、冷冻缸、减速箱分别相当于权利要求1中的储料筒、搅拌缸、变速箱。

将上述BQL-30/3型软冰淇淋机与权利要求1的技术方案相比，其区别在于，本专利的变速箱内包括一个主动齿轮和四个被动齿轮，而请求人所主张的证据5描述的内容并未揭示BQL-30/3型软冰淇淋机的减速箱内部结构。因此，权利要求1相对于证据5所示的BQL-30/3型软冰淇淋机具有专利法第22条第2款规定的新颖性。

在请求人所主张的证据5描述的内容并未揭示BQL-30/3型软冰淇淋机的减速箱内部结构的前提下，现有技术也并未给出将上述区别技术特征应用于BQL-30/3型软冰淇淋机以获得权利要求1的技术方案的技术启示。因此，请求人提供的证据不足以证明在证据5所述的上海商业冰箱厂销售的BQL-30/3型软冰淇淋机的基础上，得到变速箱内包括一个主动齿轮和四个被动齿轮的技术方案，对于本领域技术人员而言是显而易见的，因此，权利要求1相对于证据5所示的BQL-30/3型软冰淇淋机具有实质性特点和进步，符合专利法第22条第3款规定的创造性。

权利要求2和3是权利要求1的从属权利要求，在权利要求1具备新颖性和创造性的前提下，权利要求2和3也具备专利法第22条第2、3款规定的新颖性和创造性。

基于以上事实和理由，本案合议组作出如下审查决定。

三、决定

维持第200420050878.8号实用新型专利权有效。

当事人对本决定不服的，可以根据专利法第46条第2款的规定，自收到本决定之日起三个月内向北京市第一中级人民法院起诉。根据该款的规定，一方当事人起诉后，另一方当事人应当作为第三人参加诉讼。

028

一种利用两系法培育亚种间杂交稻组合的方法

无效宣告请求审查决定（第 12015 号）

决 定 号	第 12015 号
决 定 日	2008 年 7 月 28 日
发明创造名称	一种利用两系法培育亚种间杂交稻组合的方法
国 际 分 类 号	A01H 1/02
无效宣告请求人	江苏苏农种业科技有限公司
专 利 权 人	江苏省农业科学院
专 利 号	98111352.4
申 请 日	1998 年 6 月 10 日
授 权 公 告 日	2001 年 1 月 31 日
合议组组长	王晓云
主 审 员	李梦楠
参 审 员	郭 婷

法 律 依 据 专利法第 22 条第 4 款，专利法第 22 条第 3 款

决 定 要 点

对于一项权利要求所保护的技术方案而言，如果其本身符合自然规律、在产业上可以使用或实施且效果是积极、有益的，则该权利要求具备实用性。

对于一项权利要求所保护的技术方案而言，如果与最接近的现有技术相比该技术方案中存在区别技术特征，并且现有技术也未给出引入上述区别技术特征以解决该技术方案所要解决的技术问题的启示，那么，所属领域技术人员获得该技术方案是非显而易见的，该技术方案具有突出的实质性特点。

一、案由

本无效宣告请求案涉及国家知识产权局于 2001 年 1 月 31 日公告授予的、名称为"一种利用两系法培育亚种间杂交稻组合的方法"的 98111352.4 号发明专利权（下称本专利），其申请日为 1998 年 6 月 10 日，专利权人为江苏省农业科学院。该专利授权公告的权利要求如下：

"1. 一种杂交稻的培育方法，包括播种父母本，在母本植株抽穗期喷施赤霉素，其特征在于：利用籼粳中间型不育系培矮 64S 作母本，以籼稻 9311 作父本配制杂交种。

2. 根据权利要求 1 所述的方法，其特征在于安全隔离距离>500 米，或与所述父母本的抽穗扬花期相隔 15 天以上进行制种隔离。

3. 根据权利要求 1 所述的方法，其特征在于第一期父本比母本早插 25～30 天，或叶令差

6.5~7.0叶，或有效积温父母本差200℃，第二期、第三期分别与前一期相隔7天，或用两期父本相隔10天。

4. 根据权利要求1所述的方法，其特征在于株行距母本16.7×10厘米，父本株距为16.7厘米，双行栽插时走道33.3厘米，父母本行比为2∶20或1∶12。

5. 根据权利要求1所述的方法，其特征在于母本总穗数的10%抽穗时喷赤霉素10g，隔一日喷20g，第四日喷5g。

6. 根据权利要求1或2所述的方法，其特征在于在破口期、始穗期和齐穗期连续防治粒黑粉病2~3次。

7. 根据权利要求1所述的方法，其特征在于整个生育期拔除外部性状与母本培矮64S有差异的植株，盛花后25天收获杂种种子。"

针对上述专利权，江苏苏农种业科技有限公司（下称请求人）于2007年10月22日向专利复审委员会提出无效宣告请求。请求人认为：本专利权利要求1~7不符合专利法第22条第2款、第22条第3款的规定以及权利要求1不符合专利法第22条第4款的规定，同时请求人提交了以下证据。

证据1：专利申请号为94107289.4的中国发明专利申请的著录项目、专利摘要及专利主权项，复印件共1页；

证据2："两系组合"培矮64S/特青"简介"，罗孝和，杂交水稻1994（2），第33页，复印件共1页；

证据3："两系杂交水稻新组合培两优288的选育"，陈立云等，杂交水稻1996（2），第7~9页，复印件共3页；

证据4："我国两系法杂交水稻研究的形势、任务和发展前景"，袁隆平，农业现代化研究，第18卷第1期，第1~3页，1997年1月，复印件共3页；

证据5："培矮64S的育性特征及其安全使用技术"，邹江石等，作物学报，第29卷第1期，第87~92页，2003年1月，复印件共6页；

证据6："江苏解决超级稻制种技术难题"，陈凤贤等，农民日报（科技周刊）第58期第5版，2002年3月27日，复印件共1页；

证据7："我省产出抗低温超级稻种"，汤涧等，新华日报A版，2002年3月25日，复印件共1页；

证据8：盐城市专业气象台关于1997年5月1日至8月31日的天气证明，2007年9月28日出具，复印件共6页；

证据9：江苏省农林厅文件（苏农业［2003］8号），关于2002~2003年度杂交水稻"两优培九"种子南鉴结果的情况通报，2003年3月14日，复印件共7页；

证据10：江苏省农林厅文件（苏农业［2004］10号），关于2003~2004年度杂交水稻等作物种子南鉴结果的通报，2004年4月2日，复印件共12页；

证据11：中央电视台7套《聚焦三农》栏目中的"专利种子减产之谜"节目光盘，2007年3月，复制碟片共1张；

证据12：种农代表吉新耘出具的情况说明，题目为"专利技术藏缺陷种农掉入火坑中"，2007年10月8日，复印件共2页；

证据13：江苏省高级人民法院民事判决书（2007）苏民三终字第0010号，2007年8月22日，复印件共18页；

证据14："关于对你单位揭发制售假种子事件的答复"，按照证据清单记载为南京市种子站出具，

2006年12月4日，复印件共1页；

证据15：2001年全国农作物品种审定委员会审定通过的品种简介，2001年9月5日，复印件共1页；

证据16："两优培九（原名65002）"，网络打印件共1页；

证据17：按照证据清单记载为《光敏感核不育水稻育性转换机理与应用研究》，第533~565页，湖北科学技术出版社，1995年10月，复印件共11页；

证据18：安徽法院网，"省长王金山对审理涉农案件作重要批示"，网络打印件共1页；

证据19：江苏神农大丰种业科技有限公司出具的"关于我公司2003年度两优培九大面积制种失败的证明"，2007年10月8日，复印件共1页；

证据20：按照证据清单记载为"江苏法制报2006年12月25日"，"专利种子带来的风波"，复印件共1页；

证据21："N5088S×R187制种技术及5088S育性分析"，汪振中等，江西农业科技，1997年第2期，第13~14页，复印件共2页；

证据22："两系杂交粳稻高产制种技术研究"，卢开阳等，杂交水稻1995（6），第10~13页，复印件共4页；

证据23："杂交水稻超高产制种的技术关键"，黄培劲，杂交水稻1994（2），第8~9页，复印件共2页；

证据24："汕优桂99单产超300公斤技术措施"，何明仁，按照证据清单记载为"杂交水稻1992（4）"，第27~28页，复印件共2页；

证据25："杂交稻制种大面积平衡增产的技术问题"，陆作楣等，按照证据清单记载为"杂交水稻1990（3）"，第15~16页，复印件共2页；

证据26："培矮64S系列组合制种稻粒黑粉病防控技术研究"，唐建初等，杂交水稻1998，13（3），第14~16页，复印件共3页；

证据27："杂交水稻制种病虫害发生规律及防治技术体系的研究"，王际凤等，杂交水稻1996（4），第43~44页，复印件共2页；

证据28："稻粒黑粉病的发生规律与防治技术"，万崇翠，按照证据清单记载为"杂交水稻1990（1）"，第18~20页，复印件共3页；

证据29："温敏不育系制种几个技术问题浅析"，何楚南等，杂交水稻1997，12（3），第45页，复印件共1页；

证据30：江苏省南京市中级人民法院民事判决书（2006）宁民三初字第013号，2006年8月30日，复印件共5页；

请求人于2007年11月14日提交了以下证据（编号续前）：

证据31：吉新耘出具的情况说明，题目为"'两优培九'获殊荣 农民掉入火坑中"，2007年10月30日，复印件共5页；

证据32："培矮64S的育性特征及其安全使用技术"，邹江石等，作物学报，第29卷第1期，第87~92页，2003年1月，复印件共6页；

证据33：袁隆平出具的"关于两优培九制种关键技术的郑重说明"，2003年5月20日，复印件共1页；

证据34：吉新耘、徐忠等7人出具的一份报告，2006年4月13日，复印件共1页；

证据35：吉新耘、陆仕海出具的一份报告，2007年2月8日，复印件共1页；

证据36："两优培九制种生产受害农户名册"，复印件共6页；
证据37："种农睡公司过道讨说法"，金陵晚报第A11版，2006年12月28日，复印件共1页；
证据38："专利种子带来的风波"，江苏法制报第5版，2006年12月25日，复印件共1页；
请求人于2007年11月19日再次提交无效宣告请求书并补充了以下证据（编号续前）：
证据39：《中华人民共和国种子管理条例农作物种子实施细则》，发布日1991年6月24日，复印件共6页。

经形式审查合格后，专利复审委员会受理了上述请求，于2007年12月24日向双方当事人发出《无效宣告请求受理通知书》，并将《专利权无效宣告请求书》及其他有关文件的副本转送给专利权人，要求其在指定的期限内答复，同时成立合议组对本无效宣告请求案进行审理。

专利复审委员会于2008年2月19日收到了专利权人提交的意见陈述书及以下反证：

反证1：科技部农村与社会发展司、农业部科技教育司文件，国科农社字〔1998〕007号，"关于召开两系法杂交水稻现场考察研讨会的通知"，1998年9月5日，复印件共3页；
反证2：两系法杂交水稻现场考察研讨会代表名单，复印件共2页；
反证3：现场考察研讨会纪要，复印件共1页；
反证4：江苏省农作物品种证书，2005年2月4日，复印件共1页；
反证5："超级杂交稻的示范与推广"，《超级杂交稻研究》第9章，袁隆平主编，上海科技出版社，复印件共2页；
反证5-1：全国杂交稻主要品种面积表格，2000~2006，复印件共7页；
反证6：农业部植物新品种保护办公室颁发的"水稻授权品种2004年全国推广面积前五名"证书，两优培九，2005年8月，复印件共1页；
反证7：杜邦科技创新奖获奖证书，2001年10月11日，复印件共1页；
反证8：江苏省人民政府颁发的奖状，名称为"两系法超级杂交稻两优培九的育成与应用"，2003年，复印件共1页；
反证9：中华人民共和国国务院颁发的"国家技术发明奖证书"，项目名称为"两系法超级杂交稻两优培九的育成与应用"，2005年1月8日，复印件共1页；
反证10：江苏省科技厅和江苏省知识产权局颁发的"专利金奖证书"，2005年11月7日，复印件共1页；
反证11：中华人民共和国国家知识产权局颁发的"中国专利优秀奖"证书，2006年1月，复印件共1页；
反证12：《超级杂交稻研究》序，袁隆平主编，上海科技出版社，复印件共3页；
反证13：2002年重点示范推广新品种证明，复印件共1页；
反证14：国家级星火计划项目证书，国科发计字〔2003〕98号，科技部星火计划办公室，2003年4月10日，复印件共1页；
反证15：农业科技成果转化资金项目合同书，项目名称"两优培九在四个种植新区应用技术体系的试验示范"，中华人民共和国科技部2001年8月制，复印件共8页；
反证16：袁隆平出具的"关于两优培九制种关键技术的郑重说明"，2003年5月20日，复印件共1页；
反证17：江苏省南京市中级人民法院民事判决书（2006）宁民三初字第013号，2006年8月30日，复印件共20页；
反证18：江苏省高级人民法院民事判决书（2007）苏农三终字第0010号，2007年8月22日，复印件共 24 页。

专利权人认为：（1）请求人所提交的证据中没有覆盖权利要求 1~7 的全部技术特征，因此相对于请求人所提交的证据，权利要求 1~7 具备新颖性；（2）权利要求 1~7 的技术方案中"矮培 64S×9311"的组合是在不同生态条件进行试验，从数千份组合中筛选出来的优良组合，与现有技术存在实质性区别，具有创造性；（3）本申请的专利技术是一项先进、成熟的技术，能够产业化实施，在该专利技术应用以来，在江苏等地均已生产出了合格的种子，因此具备实用性。

2008 年 3 月 24 日，本案合议组向双方当事人发出《无效宣告请求口头审理通知书》，拟定于 2008 年 5 月 12 日对本专利权的无效宣告请求进行口头审理，并将专利权人的上述意见陈述书及所附反证转送给请求人，要求其在口审时一并陈述意见。

2008 年 5 月 12 日，口头审理如期进行，双方当事人均出席了口头审理。双方当事人对对方出庭人员身份无异议，对合议组无回避请求。口审过程中，证人吉新耘出庭作证，证明本专利的技术方案不具备实用性，双方当事人对证人进行了询问。请求人当庭播放了证据 11 的光碟。口头审理过程中认定的事实如下：

（1）请求人当庭表示证据 31~38 不作为证据使用，只作为参考资料；请求人当庭放弃了证据 16。

（2）请求人当庭出示了证据 8、11、12、17、18 的原件，专利权人对证据 11 和 18 的真实性有异议，对其他证据即证据 1~10、12~15、17、19~30、39 的真实性均无异议；对证据 1~30、39 的公开性无异议。

（3）专利权人当庭放弃了反证 4，并提交了反证 19，希望以反证 19 替换反证 4，反证 19 为江苏省农作物品种审定委员会颁发的"两优培九"推广证书（苏种审字第 313 号），合议组当庭将反证 19 转送给请求人。

（4）专利权人提交了反证 5、5-1、7~12 的原件，专利权人对反证 6、13 的真实性有异议，对其他证据即反证 1~3、5、5-1、7~12、14~18 的真实性均无异议；请求人对反证 3、5-1 的公开性有异议，对其他证据即反证 1~2、5、6~18 的公开性没有异议；请求人认为反证 19 超出了举证期限，对其不发表质证意见。

（5）请求人当庭增加了"权利要求 1 不符合专利法实施细则第 21 条第 2 款"的无效理由，并认为无效宣告请求书中所提出的专利法第 22 条第 4 款的理由针对的是权利要求 1~7。对此，专利权人不予接受。合议组经过合议当庭告知双方当事人，请求人提出的关于权利要求 1 不符合专利法实施细则第 21 条第 2 款的理由属于新增加的无效理由，超过了增加无效理由的一个月期限，不符合专利法实施细则第 66 条的规定，合议组不予接受；关于权利要求 1~7 不符合专利法第 22 条第 4 款的规定的无效理由，合议组将在本次口审过程中进行调查。

（6）请求人当庭放弃权利要求 1~7 不符合专利法第 22 条第 2 款的无效理由。

（7）请求人当庭确认权利要求 1~7 不具备专利法第 22 条第 3 款规定的创造性的证据组合方式为：证据 3 和证据 4 结合、证据 3 和证据 17 结合、证据 3 和证据 29 结合、证据 3 和证据 1 结合、证据 3 和证据 2 及证据 14 结合评价权利要求 1 的创造性，证据 3 是最接近对比文件，其中证据 3 与证据 17 结合评价权利要求 1 的理由经请求人确认为当庭增加的理由，在无效宣告请求书中并无记载；权利要求 2~3 是权利要求 1 的从属权利要求，其对比方式是在权利要求 1 所有证据结合方式的基础上分别再结合证据 17；权利要求 4 是权利要求 1 的从属权利要求，其对比方式与权利要求 1 相同或在权利要求 1 所有证据结合方式的基础上分别再结合证据 23、24 或 25；权利要求 5 是权利要求 1 的从属权利要求，其对比方式是在权利要求 1 所有证据结合方式的基础上分别再结合证据 21、22、26 或

27；权利要求6是权利要求1或2的从属权利要求，其对比方式与权利要求1、2相同或在权利要求1、2所有证据结合方式的基础上分别再结合证据2、28；权利要求7是权利要求1的从属权利要求，其对比方式与权利要求1相同或在权利要求1所有证据结合方式的基础上分别再结合证据22。

(8) 请求人依据证据5~13、15、17~20、29、30、39证明权利要求1~7不具备专利法第22条第4款规定的实用性。

庭审过程中，合议组对请求人提出的无效理由和事实进行了充分调查，并听取了各方当事人的陈述。

至此，合议组认为本案的事实清楚，可以作出审查决定。

二、决定的理由

1. 无效宣告请求的理由和范围

请求人当庭放弃了权利要求1~7不符合专利法第22条第2款的无效理由，故合议组对该无效理由不再评述；请求人当庭提出的权利要求1不符合专利法实施细则第21条第2款以及使用证据3和证据17结合评价权利要求1创造性的无效理由属于在提出无效宣告请求之日起一个月后增加的无效理由，不符合专利法实施细则第66条的规定，合议组不予考虑；尽管请求人在无效宣告请求书表格部分填写的专利法第22条第4款的无效理由针对的是权利要求1，但是在无效宣告请求书的具体意见陈述中涉及权利要求1~7的所有技术方案，因此合议组对于权利要求1~7不符合专利法第22条第4款的无效理由予以考虑。

合议组审理的关于本专利权的无效宣告请求的理由和范围为：权利要求1~7不符合专利法第22条第4款的规定，依据的证据为5~13、15、17~20、29、30、39；权利要求1~7不符合专利法第22条第3款的规定，具体证据结合方式为：证据3和证据4结合、证据3和证据29结合、证据3和证据1结合、证据3和证据2及证据14结合评价权利要求1的创造性；权利要求1所有证据结合方式的基础上分别再结合证据17评价权利要求2~3的创造性；以与权利要求1相同的证据结合方式或在权利要求1所有证据结合方式的基础上分别再结合证据23、24或25评价权利要求4的创造性；权利要求1所有证据结合方式的基础上分别再结合证据21、22、26或27评价权利要求5的创造性；以与权利要求1、2相同的证据结合方式或在权利要求1、2所有证据结合方式的基础上分别再结合证据2、28评价权利要求6的创造性；以与权利要求1相同的证据结合方式或在权利要求1所有证据结合方式的基础上分别再结合证据22评价权利要求7的创造性。上述各种证据结合方式中，证据3是最接近的对比文件。

2. 关于专利法第22条第4款

专利法第22条第4款规定的实用性，是指该发明或者实用新型能够制造或者使用，并且能够产生积极效果。

对于一项权利要求所保护的技术方案而言，如果其本身符合自然规律、在产业上可以使用或实施且效果是积极、有益的，则该权利要求具备实用性。

本案中，权利要求1~7请求保护一种杂交稻的培育方法，包括播种父母本，其中母本为培矮64S，父本为籼稻9311，确定安全隔离距离，确定父母本播种时间间隔或叶令差，确定父母本株行距，确定喷施赤霉素的时间等。

请求人提交了证据5~13、15、17~20、29、30、39以及用证人当庭的证言来证明权利要求1~7的技术方案没有实用性。请求人认为：权利要求1~7的技术方案不能产生积极效果而且再现性差。然而，合议组认为，专利法意义上因不能制造或使用而导致的不具备实用性是指技术方案本身固有的缺陷引起的，也就是说即使环境条件全部符合，也无法实现该技术方案；如果技术方案在实际生产过程中有可能存在不足或缺陷，但这些不足或缺陷不是由于该技术方案本身内在的、固有的缺陷造成的，则不能认为该技术方案缺乏实用性。请求人提交的证据5~10、13、15、17、29、30、39中只是说明了环境条件对于培矮64S的育性特征和杂交水稻的制种过程很重要，但是没有任何内容能够证明培矮64S和籼稻9311的杂交组合本身存在固有缺陷，即在环境条件全部符合的情况下，该组合依然无法在农业上种植推广；证据18~20的内容只是说明在杂交水稻培育过程中种子质量是否合格至关重要以及由于母本种子不合格而导致产量低、制种失败，该组证据与本专利技术方案是否能够在农业生产中应用没有必然联系；证据11、12以及证人当庭的证言也说明了本专利的技术方案在农业上是可以种植使用的，只是因为环境条件以及母本种子的质量问题导致产量低、制种失败，因此请求人提交的上述证据均也不足以证明本专利的技术方案不具备实用性。

此外，合议组认为，杂交技术是目前农业生产中常用的技术手段，专利权人选择了特定的母本和父本即培矮64S和籼稻9311进行杂交组合并采用现代杂交技术确定播种安全距离、父母本播种时间、父母本株行距等完全符合自然规律，在农业生产中可以实施推广，并且得到了新的产量高、抗性好的杂交组合品种，其经济和技术效果是积极和有益的。在没有证据证明的情况下，尚无法否定本专利技术方案的实用性，因此本专利的权利要求1~7符合专利法第22条第4款的规定，请求人的无效宣告理由不能成立。

3. 关于专利法第22条第3款

专利法第22条第3款规定的创造性，是指同申请日以前已有的技术相比，该发明有突出的实质性特点和显著的进步。

对于一项权利要求所保护的技术方案而言，如果与最接近的现有技术相比该技术方案中存在区别技术特征，并且现有技术也未给出引入上述区别技术特征以解决该技术方案所要解决的技术问题的启示，那么，所属领域技术人员获得该技术方案是非显而易见的，该技术方案具有突出的实质性特点。

本案中，请求人依据证据1~4、14、17、21~29评价权利要求1~7的创造性，专利权人对于证据1~4、14、17、21~29的真实性和公开性均无异议，因此合议组对上述证据的真实性和公开性予以认可。经核实，证据1~4、17、21~25、27~29的公开日均在本专利的申请日之前，可以作为现有技术评价本专利创造性；证据14是南京市种子站出具的关于对江苏苏农种业科技有限公司揭发制售假种子事件的答复，出具日为2006年12月4日，为本专利申请日之后公开的文件，不能作为现有技术评价本专利的创造性；证据26为1998年第3期《杂交水稻》所载文章，由于1998年的《杂交水稻》为双月刊，因此1998年第3期《杂交水稻》的公开日应推定为1998年6月30日，因此证据26是本专利申请日之后公开的文件，不能作为现有技术评价本专利的创造性。

权利要求1请求保护"一种杂交稻的培育方法，包括播种父母本，在母本植株抽穗期喷施赤霉素，其特征在于：利用籼粳中间型不育系培矮64S作母本，以籼稻9311作父本配制杂交种"。

请求人认为证据3和证据4结合可以破坏权利要求1的创造性。证据3为最接近的对比文件。证据3中公开了一种两系杂交稻新组合培两优288的选育方法，其中公开了使用培矮64S作母本，288作父本配制杂交种以及给母本喷洒赤霉素的技术特征。权利要求1与证据3公开的技术方案的区别在于所使用的父本不同，权利要求1使用的父本为籼稻9311，而证据3使用的是288，基于该区别特征，权利要求1实际解决的技术问题在于提供了一种新的两系杂交稻组合。而证据4是一篇综述类文献，只是概括性地阐述了我国两系法杂交水稻的研究形势及发展前景，没有公开籼稻9311，也没有给出可以使用籼稻9311替换288与培矮64S组合的任何技术启示。本领域均知杂交水稻的主要性状来源于父母本，父母本的组合选择是选育杂交水稻的重要因素，在证据3和证据4没有给出培矮64S作母本，籼稻9311作父本的组合，也没有给出任何将它们组合在一起的启示的情况下，获得权利要求 1 的技术方案对于本领域技术人员而言是非显而易见的，因此权利要求 1 相对于证据 3 和证据 4 具有突出的实质性特点。

请求人认为证据 3 和证据 29 结合可以破坏权利要求 1 的创造性。证据 29 公开了温敏不育系制种的一些技术问题，其中公开了培矮 64S 属于温敏不育系，但是并没有公开籼稻 9311，也没有给出可以使用籼稻 9311 替换 288 与培矮 64S 组合的任何技术启示，因此同理权利要求 1 相对于证据 3 和证据 29 是非显而易见的，具有突出的实质性特点。

请求人认为证据 3 和证据 1 结合可以破坏权利要求 1 的创造性。证据 1 公开了一种水稻低温敏核不育系及其繁种技术，但是其中没有公开籼稻 9311，也没有给出可以使用籼稻 9311 替换 288 与培矮 64S 组合的任何技术启示，因此同理权利要求 1 相对于证据 3 和证据 1 是非显而易见的，具有突出的实质性特点。

请求人认为证据 3、证据 2 和证据 14 结合可以破坏权利要求 1 的创造性。证据 2 公开了一种两系组合"培矮 64S/特青"，其中公开了培矮 64S 与特青的杂交组合，但是并没有公开籼稻 9311，也没有给出可以使用籼稻 9311 替换 288 或特青与培矮 64S 组合的任何技术启示，因此权利要求 1 相对于证据 3、证据 2 是非显而易见的，具有突出的实质性特点。此外，证据 14 是 2006 年 12 月 4 日南京市种子站出具的关于对江苏苏农种业科技有限公司揭发制售假种子事件的答复，首先该答复文件的出具日在本专利申请日之后，不能作为现有技术评价本专利的创造性，其次该文件中也没有给出任何将培矮 64S 与 9311 组合的技术启示，不足以佐证籼稻 9311 与培矮 64S 组合相对于证据 3 和证据 2 不具备突出的实质性特点。

综上所述，权利要求 1 相对于上述证据组合具备突出的实质性特点，且由该技术方案得到了产量高、抗性好的杂交组合品种，具有有益的技术效果，因此权利要求 1 的技术方案具有创造性，符合专利法第 22 条第 3 款的规定。

请求人主张在权利要求 1 所有证据结合方式的基础上，分别结合证据 17 评价权利要求 2~3 的创造性，结合证据 23、24、25 评价权利要求 4 的创造性，结合证据 21、22、26、27 评价权利要求 5 的创造性，结合证据 2、28 评价权利要求 6 的创造性，结合证据 22 评价权利要求 7 的创造性。合议组认为，在权利要求 1 具备创造性的基础上，其从属权利要求 2~7 相对于权利要求 1 的各种证据结合方式必然具备创造性；此外，在判断从属权利要求 2~7 是否具有创造性时，需要进一步考察作为现有技术的证据 2、17、21、22、23、24、25、27、28 是否公开了上述区别技术特征，即父本籼稻 9311，然而根据证据 2、17、21~25、27、28 的记载可知，在上述证据中均未公开籼稻 9311，也没有给出可以使用籼稻 9311 与矮培 64S 组合的任何技术启示，因此权利要求 2~7 相对于请求人所主张的各种证据结合方式具有突出的实质性特点和显著的进步，符合专利法第 22 条第 3 款的规定。

基于以上事实和理由，本案合议组作出如下审查决定。

三、决定

维持第 98111352.4 号发明专利权有效。

当事人对本决定不服的，可以根据专利法第 46 条第 2 款的规定，自收到本决定之日起三个月内向北京市第一中级人民法院起诉。根据该款的规定，一方当事人起诉后，另一方当事人应当作为第三人参加诉讼。

北京市第一中级人民法院
行政判决书

(2008) 一中行初字第 1417 号

原告江苏苏农种业科技有限公司，住所地江苏省宿迁市党校西路 10 号县农技推广中心院内。
法定代表人林长平，董事长。
委托代理人张苏沛，南京知识律师事务所律师。
被告国家知识产权局专利复审委员会，住所地北京市海淀区北四环西路 9 号银谷大厦。
法定代表人廖涛，副主任。
委托代理人李梦楠，女，国家知识产权局专利复审委员会审查员。
委托代理人刘妍，女，国家知识产权局专利复审委员会审查员。
第三人江苏省农业科学院，住所地江苏省南京市玄武区孝陵卫钟灵街 50 号。
法定代表人严少华，院长。
委托代理人吕川根，男，江苏省农业科学院研究员。
委托代理人徐大明，男，江苏省农业科学院副总经理。

原告江苏苏农种业科技有限公司不服被告国家知识产权局专利复审委员会于 2008 年 7 月 28 日作出的第 12015 号无效宣告请求审查决定（以下简称第 12015 号决定），向本院提起行政诉讼。本院受理后，依法组成合议庭，在法定期限内向被告送达了起诉书副本及应诉通知书。依照《中华人民共和国行政诉讼法》第二十七条的规定，本院通知江苏省农业科学院作为第三人参加诉讼，并于 2008 年 10 月 29 日公开开庭审理了本案。原告的法定代表人林长平、委托代理人张苏沛，被告的委托代理人李梦楠、刘妍，第三人的委托代理人吕川根、徐大明到庭参加了诉讼。本案现已审理终结。

2008 年 7 月 28 日，被告作出第 12015 号决定。该决定认为，名称为"一种利用两系法培育亚种间杂交稻组合的方法"的第 98111352.4 号发明专利（以下简称本专利）符合《中华人民共和国专利法》（以下简称《专利法》）第二十二条第三、四款的规定，故决定维持本专利有效。为证明第 12015 号决定的合法性，被告向本院提交了下列证据：1. 本专利授权公告文本；2. 原告提交的无效宣告请求书及第 12015 号决定中的证据 1~15、17~30；3. 原告再次提交的无效宣告请求书及证据 39；4. 口头审理记录表。

原告诉称：1. 关于无效宣告理由。在无效宣告请求时，原告向被告提交了 39 份证据用于支持其关于本专利权利要求 1~7 不符合新颖性、创造性以及实用性的依据，后在口头审理中，原告明确提出增加无效请求理由即用证据 5 和 15 结合评价本专利权利要求 1 不符合《中华人民共和国专利法实施细则》（以下简称《专利法实施细则》）第二十一条第二款的规定；用证据 3 和 17 结合评价本专利权利要求 1 不具有创造性。原告认为其在口头审理中明确提出增加无效请求理由，属于《审查指南》第四部分第三章 4.2 规定的应予接受的情形，被告未予接受缺乏法律依据。2. 关于实用性。在案证据可以证明本专利的实现完全依赖于特殊的自然条件，在产业上不具有再现性，且其没有关于两系法杂交水稻育种四项指标的说明，存在严重的技术缺陷，不具有实用性。3. 关于创造性。权利要求 1 不具有创造性，母本培矮 64S 和父本 9311 为申请日前的审定品种，其选择对本领域技术人员为常规性选择，而"播种父母本，在母本植株抽穗期喷施赤霉素"是公知常识，因此，本专利权利要求 1 不具有创造性。从事制种的工作人员利用现有技术通过对 1~2 个父母本生育期的观察以及根据父母本生育期长短和生育特性就能轻易掌握制种方法中的父母本播差期以及两期或三期父本间隔天数的确定方法，故权利要求2、3不具有新颖性和创造性。父本株行距以及父母本行比根据该父母本生育特性及高产制种技术来确定，是一种制种栽培通用技术；赤霉素"九二0"的用量和使用时期是根据母本对赤霉素的敏感程度来确定的；杂交稻制种方法中注意防治黑粉病和制种除杂都是公知常识，故本专利权利要求4~7不具有新颖性和创造性。4. 本案中的证人证言表明第三人借用一项缺乏实用性的专利给广大农民群众造成危害，存在严重缺陷。即使认定本专利可以取得部分成功，其实施也是成本昂贵，缺乏显著的进步。5. 证据26有明确的出版日期，早于本专利申请日，可以作为现有技术评价其创造性，被告对于证据的采信不当。综上，原告请求法院撤销第12015号决定。

原告为证明自己的主张向法院提交《杂交水稻》1998年第13卷第3期目录作为证据。

被告辩称：1. 原告在口头审理时当庭提出的权利要求1不符合《专利法实施细则》第二十一条第二款以及与证据3和17的结合，本专利不具备创造性的无效理由属于在提出无效宣告之日起一个月后增加的无效理由，被告不予接受，符合《专利法实施细则》第六十六条的规定，增加的两条理由均不属于原告所述的根据《审查指南》规定允许变更理由的情况。2. 关于实用性的问题，第12015号决定中已经作了详细说明，不再赘述。3. 原告在口头审理中已经明确表示放弃权利要求1~7不具备新颖性的无效理由。4. 关于创造性的问题，第12015号决定已经作了详细说明。原告在起诉书中提及的证据26在口头审理中已经明确表示放弃，对证据37也明确表示不作为证据。5. 原告在整个专利无效程序中始终未提交过证据26的出版信息页，被告根据该期刊为双月刊推定其公开日为1998年6月30日并无不当。综上，被告请求法院维持第12015号决定。

第三人同意被告的意见。其未向本院提交证据。

经庭审质证，原告对被告提交证据的关联性、合法性、真实性没有异议，但不同意被告证据的证明作用。第三人同意被告的举证。被告、第三人认为原告提交证据因在无效程序中未提交，故与本案没有关联性。

本院经审查认为，被告提交的证据真实、合法，能够证明本案的相关事实，本院予以确认；原告提交的证据系在诉讼中提交的证据，属于最高人民法院《关于行政诉讼证据若干问题的规定》第五十九条规定的情形，对上述证据本院不予接纳。

根据上述确认的有效证据以及当事人当庭无争议的陈述，本院认定事实如下：

1998年6月10日，第三人向国家知识产权局提出本专利申请。2001年1月31日，授予专利权。其授权公告的权利要求书如下：

"1. 一种杂交稻的培育方法，包括播种父母本，在母本植株抽穗期喷施赤霉素，其特征在于：利用籼粳中间型不育系培矮64S作母本，以籼稻9311作父本配制杂交种。

2. 根据权利要求1所述的方法，其特征在于安全隔离距离>500米，或与所述父母本的抽穗扬花期相隔15天以上进行制种隔离。

3. 根据权利要求1所述的方法，其特征在于第一期父本比母本早插25~30天，或叶令差6.5~7.0叶，或有效积温父母本差200℃，第二期、第三期分别与前一期相隔7天，或用两期父本相隔10天。

4. 根据权利要求1所述的方法，其特征在于株行距母本16.7×10厘米，父本株距为16.7厘米，双行栽插时走道33.3厘米，父母本行比为2：20或1：12。

5. 根据权利要求1所述的方法，其特征在于母本总穗数的10%抽穗时喷赤霉素10g，隔一日喷20g，第四日喷5g。

6. 根据权利要求1或2所述的方法，其特征在于在破口期、始穗期和齐穗期连续防治粒黑粉病

2~3次。

7. 根据权利要求1所述的方法，其特征在于整个生育期拔除外部性状与母本培矮64S有差异的植株，盛花后25天收获杂种种子。"

2007年10月22日，原告以本专利权利要求1~7不符合《专利法》第二十二条第二款、三款的规定以及权利要求1不符合《专利法》第二十二条第四款的规定向被告提出无效宣告请求，同时提交了证据1~39。被告受理后，依照法定程序进行转文。2008年5月12日，被告举行了口头审理，口头审理过程中认定的事实如下：1. 原告当庭表示证据31~38不作为证据使用，只作为参考资料；原告当庭放弃了证据16。2. 原告当庭出示了证据8、11、12、17、18的原件，第三人对证据11、18的真实性有异议，对其他证据即证据1~10、12~15、17、19~30、39的真实性均无异议；对证据1~30、39的公开性无异议。3. 第三人当庭放弃了反证4，并提交了反证19，用反证19替换反证4，反证19为江苏省农作物品种审定委员会颁发的"两优培九"推广证书（苏种审字第313号。被告当庭将反证19转送给原告。4. 第三人提交了反证5、5-1、7~12的原件，对反证6、13的真实性有异议，对其他证据即反证1~3、5、5-1、7~12、14~18的真买性均无异议；原告对反证3、5-1的公开性有异议，对其他证据即反证1~2、5、6~18的公开性没有异议；原告认为反证19超出了举证期限，对其不发表质证意见。5. 原告当庭增加了"权利要求1不符合《专利法实施细则》第二十一条第二款"的无效理由，并认为无效宣告请求书。中所提出的《专利法》第二十二条第四款的理由针对的是权利要求1~7。对此，第三人不予接受。被告经过合议当庭告知双方当事人，原告提出的关于权利要求1不符合《专利法实施细则》第二十一条第二款的理由属于新增加的无效理由，超过了增加无效理由的一个月期限，不符合《专利法实施细则》第六十六条的规定，被告不予接受；关于权利要求1~7不符合《专利法》第二十二条第四款的规定的无效理由，被告将在本次口审过程中进行调查。6. 原告当庭放弃权利要求1~7不符合《专利法》第二十二条第二款的无效理由。7. 原告当庭确认权利要求1~7不具备《专利法》第二十二条第三款规定的创造性的证据组合方式为：证据3和4结合、证据3和17结合、证据3和29结合、证据3和1结合、证据3和2及证据14结合评价权利要求1的创造性，证据3是最接近对比文件，其中证据3与17结合评价权利要求1的理由经原告确认为当庭增加的理由，在无效宣告请求书中并无记载；权利要求2~3是权利要求1的从属权利要求，其对比方式是在权利要求1所有证据结合方式的基础上分别再结合证据17；权利要求4是权利要求1的从属权利要求，其对比方式与权利要求1相同或在权利要求1所有证据结合方式的基础上分别再结合证据23、24或25；权利要求5是权利要求1的从属权利要求，其对比方式是在权利要求1所有证据结合方式的基础上分别再结合证据21、22、26或27；权利要求6是权利要求1或2的从属权利要求，其对比方式与权利要求1、2相同或在权利要求1、2所有证据结合方式的基础上分别再结合证据2、28；权利要求7是权利要求1的从属权利要求，其对比方式与权利要求1相同或在权利要求1所有证据结合方式的基础上分别再结合证据22。8. 原告依据证据5~13、15、17~20、29、30、39证明权利要求1~7不具备《专利法》第二十二条第四款规定的实用性。

关于无效宣告请求的理由和范围的问题，被告经审查认为，原告当庭放弃了权利要求1~7不符合《专利法》第二十二条第二款的无效理由，故对该无效理由不再评述；原告当庭提出的权利要求1不符合《专利法实施细则》第二十一条第二款以及使用证据3和17结合评价权利要求1创造性的无效理由属于在提出无效宣告请求之日起一个月后增加的无效理由，不符合《专利法实施细则》第六十六条的规定，故不予考虑。关于本专利权的无效宣告请求的理由和范围为：权利要求1~7不符合《专利法》第二十二条第四款的规定，依据的证据为5~13、15、17~20、29、30、39；权利要求1~7不符合《专利法》第二十二条第三款的规定，具体证据结合方式为：证据3和4结合、证据3和29

结合、证据3和1结合、证据3和2及14结合评价权利要求1的创造性；权利要求1所有证据结合方式的基础上分别再结合证据17评价权利要求2~3的创造性；以与权利要求1相同的证据结合方式或在权利要求1所有证据结合方式的基础上分别再结合证据23、24或25评价权利要求4的创造性；权利要求1所有证据结合方式的基础上分别再结合证据21、22、26或27评价权利要求5的创造性；以与权利要求1、2相同的证据结合方式或在权利要求1、2所有证据结合方式的基础上分别再结合证据2、28评价权利要求6的创造性；以与权利要求1相同的证据结合方式或在权利要求1所有证据结合方式的基础上分别再结合证据22评价权利要求7的创造性。上述各种证据结合方式中，证据3是最接近的对比文件。

关于本专利实用性的问题。被告认为，专利法意义上因不能制造或使用而导致的不具备实用性是指技术方案本身固有的缺陷引起的，也就是说即使环境条件全部符合，也无法实现该技术方案；如果技术方案在实际生产过程中有可能存在不足或缺陷，但这些不足或缺陷不是由于该技术方案本身内在的、固有的缺陷造成的，则不能认为该技术方案缺乏实用性。原告提交的证据5~10、13、15、17、29、30、39中只是说明了环境条件对于培矮64S的育性特征和杂交水稻的制种过程很重要，但是没有任何内容能够证明培矮64S和籼稻9311的杂交组合本身存在固有缺陷，即在环境条件全部符合的情况下，该组合依然无法在农业上种植推广；证据18~20的内容只是说明在杂交水稻培育过程中种子质量是否合格至关重要以及由于母本种子不合格而导致产量低、制种失败，该组证据与本专利技术方案是否能够在农业生产中应用没有必然联系；证据11、12以及证人当庭的证言也说明了本专利的技术方案在农业上是可以种植使用的，只是因为环境条件以及母本种子的质量问题导致产量低、制种失败，因此原告提交的上述证据均也不足以证明本专利的技术方案不具备实用性。此外，杂交技术是目前农业生产中常用的技术手段，第三人选择了特定的母本和父本即培矮64S和籼稻9311进行杂交组合并采用现代杂交技术确定播种安全距离、父母本播种时间、父母本株行距等完全符合自然规律，在农业生产中可以实施推广，并且得到了新的产量高、抗性好的杂交组合品种，其经济和技术效果是积极和有益的。在没有证据证明的情况下，尚无法否定本专利技术方案的实用性，因此本专利的权利要求1~7符合《专利法》第二十二条第四款的规定，原告的无效宣告理由不能成立。

关于本专利创造性的问题。原告依据证据1~4、14、17、21~29评价权利要求1~7的创造性，其中证据14是南京市种子站出具的关于对江苏苏农种业科技有限公司揭发制售假种子事件的答复，出具日为2006年12月4日，为本专利申请日之后公开的文件，不能作为现有技术评价本专利的创造性；证据26为1998年第3期《杂交水稻》所载文章，由于1998年的《杂交水稻》为双月刊，因此1998年第3期《杂交水稻》的公开日应推定为1998年6月30日，因此证据26是本专利申请日之后公开的文件，不能作为现有技术评价本专利的创造性。原告认为证据3和4结合可以破坏权利要求1的创造性，证据3为最接近的对比文件。证据3中公开了一种两系杂交稻新组合培两优288的选育方法，其中公开了使用培矮64S作母本，288作父本配制杂交种以及给母本喷洒赤霉素的技术特征。权利要求1与证据3公开的技术方案的区别在于所使用的父本不同，权利要求1使用的父本为籼稻9311，而证据3使用的是288，基于该区别特征，权利要求1实际解决的技术问题在于提供了一种新的两系杂交稻组合。证据4是一篇综述类文献，只是概括性地阐述了我国两系法杂交水稻的研究形势及发展前景，没有公开籼稻9311，也没有给出可以使用籼稻9311替换288与培矮64S组合的任何技术启示。本领域均知杂交水稻的主要性状来源于父母本，父母本的组合选择是选育杂交水稻的重要因素，在证据3和证据4没有给出培矮64S作母本，籼稻9311作父本的组合，也没有给出任何将它们组合在一起的启示的情况下，获得权利要求1的技术方案对于本领域技术人员而言是非显而易见的，因此权利要求1相对于证据3和4具有突出的实质性特点。原告认为证据3和29结合可以破坏权利要求1的创造性。证据29公开了温敏不育系制种的一些技术问题；其中公开了培矮64S属于温敏不育系，但是并没有公开籼稻9311，也没有给出可以使用籼稻9311替换288与培矮64S组合的任何技术启示，因此同理权利要求1相对于证据3和29是非显而易见的，具有突出的实质性特点。原告认为证据3和1结合可以破坏权利要求1的创造性。证据1公开了一种水稻低温敏核不育系及其繁种技术，但是其中没有公开籼稻9311，也没有给出可以使用籼稻9311替换288与培矮64S组合的任何技术启示，因此同理权利要求1相对于证据3和1是非显而易见的，具有突出的实质性特点。原告认为证据3、2和14结合可以破坏权利要求1的创造性。证据2公开了一种两系组合"培矮645/特青"，其中公开了培矮64S与特青的杂交组合，但是并没有公开籼稻9311，也没有给出可以使用籼稻9311替换288或特青与培矮64S组合的任何技术启示，因此权利要求1相对于证据3、证据2是非显而易见的，具有突出的实质性特点。因证据14的出具日在本专利申请日之后，不能作为现有技术评价本专利的创造性，其次该文件中也没有给出任何将培矮64S与9311组合的技术启示，不足以佐证籼稻9311与培矮64S组合相对于证据3和2不具备突出的实质性特点。综上，第12015号决定认定认定权利要求1相对于上述证据组合具备突出的实质性特点，且由该技术方案得到了产量高、抗性好的杂交组合品种，具有有益的技术效果，因此权利要求1的技术方案具有创造性正确，本院应予支持。在权利要求1具备创造性的基础上，其从属权利要求2~7相对于权利要求1的各种证据结合方式必然具备创造性；此外，在判断从属权利要求2~7是否具有创造性时，需要进一步考察作为现有技术的证据2、17、21、22、23、24、25、27、28是否公开了上述区别技术特征，即父本籼稻9311，然而根据证据2、17、21~25、27、28的记载可知，在上述证据中均未公开籼稻9311，也没有给出可以使用籼稻9311与矮培64S组合的任何技术启示，因此权利要求2~7相对于原告所主张的各种证据结合方式具有突出的实质性特点和显著的进步，符合《专利法》第二十二条第三款的规定。综上，被告于2008年7月28日作出第12015号决定。

本院认为：

1. 关于在口头审理中当庭增加的无效宣告请求理由是否接受的问题。

根据《专利法实施细则》第六十六条规定，在专利复审委员会受理无效宣告请求后，请求人可以在提出无效宣告请求之日起1个月内增加理由或者补充证据。逾期增加理由或者补充证据的，专利复审委员会可以不予考虑。参照《审查指南》第四部分第三章4.2（2）节规定，请求人在提出无效宣告请求之日起一个月后增加无效宣告理由的，专利复审委员会一般不予考虑。本案中，原告在提出无效宣告请求时，明确以证据5、15作为支持其关于本专利不具有实用性主张的证据；而在口头审理时，原告当庭提出用证据5和15结合评价本专利权利要求1不符合《专利法实施细则》第二十一条第二款以及使用证据3和17结合评价权利要求1创造性的无效理由属于在提出无效宣告请求之日起一个月后增加的无效理由。因此，第12015号决定认定上述理由不属于《专利法实施细则》第六十六条规定的应予接受的情形正确，本院应予支持。原告关于该两份证据属于明显与其无效理由不相对应，其口头审理时提出的证据组合评价方式属于《审查指南》规定可以接受情形的主张，因该两份证据内容均涉及有关气候条件，不存在与其实用性理由明显不相符的情形，故本院对原告的上述主张不予支持。

2. 关于本专利是否具有实用性的问题。

《专利法》第二十二条第四款规定，实用性，是指该发明或者实用新型能够制造或者使用，并且能够产生经济效果。对于一项权利要求所要求保护的技术方案而言，如果其本身符合自然规律、在生产上可以使用或实施且效果积极、有益的，则该权利要求具备实用性。本专利权利要求1~7请求保护一种杂交稻的培育方法，包括播种父母本，其中母本为培矮64S，父本为籼稻9311，确定安全隔离距离，确定父母本播种时间间隔或叶令差，确定父母本株行距，确定喷施赤霉素的时间等。原告提交的证据5~10、13、15、17、29、30、39中只说明了环境条件对于培矮64S的育性特征和杂交水稻的制种过程很重要，但没有任何内容能够证明培矮64S和籼稻9311的杂交组合本身存在固有缺陷，即在环境条件全部符合的情况下，该组合依然无法在农业上种植推广；证据18~20的内容只说明在杂交水稻培育过程中种子质量是否合格至关重要以及由于母本种子不合格而导致产量低、制种失败，该组证据与本专利技术方案是否能够在农业生产中应用没有必然联系；证据11、12以及证人当庭的证言也只说明了本专利的技术方案在农业上是可以种植使用的，只是因为环境条件以及母本种子的质量问题导致产量低、制种失败。因此，原告提交的上述证据均不足以证明本专利的技术方案不具备实用性。本专利选择了特定的母本和父本即培矮64S和籼稻9311进行杂交组合并采用现代杂交技术确定播种安全距离、父母本播种时间、父母本株行距等完全符合自然规律，在农业生产中可以实施推广，并且得到了新的产量高、抗性好的杂交组合品种，其经济和技术效果是积极和有益的。因此，第12015号决定认定本专利的权利要求1~7符合《专利法》第二十二条第四款实用性的规定正确，本院应予支持。

3. 关于本专利是否具有创造性的问题。

《专利法》第二十二条第三款规定，创造性，是指同申请日以前已有的技术相比，该发明有突出的实质性特点和显著的进步。

原告提交的证据26为1998年第3期《杂交水稻》所载文章，因原告在无效审查程序中提交该证据时，未提交该杂志的版权页，被告根据该杂志为双月刊，推定其公开日为1998年6月30日并无不当。原告关于被告对证据采信错误的诉讼理由，本院不予采纳。

本专利权利要求1请求保护的是一种以籼粳中间型不育系培矮64S为母本，以籼稻9311作父本配制杂交稻的培育方法。证据3中公开了一种两系杂交稻新组合培两优288的选育方法，其中公开了使用培矮64S作母本，288作父本配制杂交种以及给母本喷洒赤霉素的技术特征。权利要求1与证据3公开的技术方案的区别仅在于所使用的父本不同。证据2、4、9均未公开籼稻9311，以及培矮64S作母本、籼稻9311作父本的组合，亦未给出任何将它们组合在一起的技术启示；而杂交水稻技术的关键在于父本和母本的组合，本领域技术人员在证据3、2、4、29公开内容的基础上，得到权利要求1所保护的技术内容需要付出创造性劳动。因此，第12015号决定认定本专利的权利要求1相对于原告主张的证据组合评价方式具备突出的实质性特点正确，本院应予支持。基于在权利要求1具备创造性的基础上，第12015号决定认定从属权利要求2~7亦具备创造性正确，本院应予支持。

鉴于原告在无效请求审查程序口头审理中，已明确放弃本专利权利要求1~7不符合新颖性的无效理由，其在诉讼中提出本专利权利要求2~7不具有新颖性的主张，本院不予审查。

综上，被告作出的第12015号认定事实清楚，适用法律正确，本院应予维持。原告请求撤销第12015号决定的诉讼请求，因缺乏事实及法律依据，本院不予支持。据此，依照《中华人民共和国行政诉讼法》第五十四条第（一）项之规定，判决如下：

维持被告国家知识产权局专利复审委员会于二〇〇八年七月二十八日作出的第12015号无效宣告请求审查决定。

案件受理费100元，由原告江苏苏农种业科技有限公司负担（已交纳）。

如不服本判决，可在本判决书送达之日起15日内，向本院提交上诉状，并按对方当事人人数提出副本，上诉于北京市高级人民法院。上诉人在接到人民法院预交诉讼费用通知后7日内未预交又不提出缓交申请的，按自动撤回上诉处理。

审 判 长 张 杰
代理审判员 何君慧
代理审判员 司品华
二〇〇八年十二月二十九日
书 记 员 张 涵

北京市高级人民法院
行政判决书

(2009)高行终字第1100号

上诉人（一审原告）江苏苏农种业科技有限公司，住所地江苏省宿迁市党校西路10号县农技推广中心院内。

法定代表人林长平，董事长。

委托代理人张苏沛，南京知识律师事务所律师。

被上诉人（一审被告）国家知识产权局专利复审委员会，住所地北京市海淀区北四环西路9号银谷大厦。

法定代表人张茂于，副主任。

委托代理人郭婷，女，国家知识产权局专利复审委员会审查员。

委托代理人刘新蕾，女，国家知识产权局专利复审委员会审查员。

被上诉人（一审第三人）江苏省农业科学院，住所地江苏省南京市玄武区孝陵卫钟灵街50号。

法定代表人严少华，院长。

委托代理人吕川根，男，江苏省农业科学院研究员。

委托代理人徐大明，男，1970年11月29日出生，朝鲜族，南京两优培九种业有限公司副总经理。

上诉人江苏苏农种业科技有限公司（以下简称苏农种业公司）因专利无效宣告请求审查决定一案，不服北京市第一中级人民法院（2008）一中行初字第1417号行政判决，向本院提起上诉。本院依法组成合议庭公开开庭进行了审理。上诉人苏农种业公司的法定代表人林长平及其委托代理人张苏沛，被上诉人国家知识产权局专利复审委员会（以下简称专利复审委）的委托代理人郭婷、刘新蕾，被上诉人江苏省农业科学院（以下简称江苏农科院）的委托代理人吕川根、徐大明到庭参加了诉讼。本案现已审理终结。

2008年7月28日，专利复审委作出第12015号无效宣告请求审查决定（以下简称第12015号决定），依据《〈中华人民共和国专利法〉（以下简称《专利法》）第二十二条第三款、第四款的规定，维持第98111352.4号"一种利用两系法培育亚种间杂交稻组合的方法"的发明专利权（以下简称本专利）有效。苏农种业公司不服第12015号决定，向北京市第一中级人民法院（以下简称一审法院）提起行政诉讼。

一审法院判决认为：1.关于在口头审理中当庭增加的无效宣告请求理由是否接受的问题。根据《中华人民共和国专利法实施细则》（以下简称《专利法实施细则》）第六十六条规定，在专利复审委受理无效宣告请求后，请求人可以在提出无效宣告请求之日起1个月内增加理由或者补充证据。逾期增加理由或者补充证据的，专利复审委可以不予考虑。参照《审查指南》第四部分第三章4.2（2）

节规定,请求人在提出无效宣告请求之日起一个月后增加无效宣告理由的,专利复审委一般不予考虑。本案中,苏农种业公司在提出无效宣告请求时,明确以证据5、15作为支持其关于本专利不具有实用性主张的证据;而在口头审理时,苏农种业公司当庭提出用证据5和15结合评价本专利权利要求1不符合《专利法实施细则》第二十一条第二款以及使用证据3和17结合评价权利要求1创造性的无效理由属于在提出无效宣告请求之日起一个月后增加的无效理由。因此,第12015号决定认定上述理由不属于《专利法实施细则》第六十六条规定的应予接受的情形正确,应予支持。苏农种业公司关于该两份证据属于明显与其无效理由不相对应,其口头审理时提出的证据组合评价方式属于《审查指南》规定可以接受情形的主张,因该两份证据内容均涉及有关气候条件,不存在与其实用性理由明显不相符的情形,故对苏农种业公司的上述主张不予支持。2.关于本专利是否具有实用性的问题。《专利法》第二十二条第四款规定,实用性,是指该发明或者实用新型能够制造或者使用,并且能够产生经济效果。对于一项权利要求所要求保护的技术方案而言,如果其本身符合自然规律、在生产上可以使用或实施且效果积极、有益的,则该权利要求具备实用性。本专利权利要求1~7请求保护一种杂交稻的培育方法,包括播种父母本,其中母本为培矮64S,父本为籼稻9311,确定安全隔离距离,确定父母本播种时间间隔或叶令差,确定父母本株行距,确定喷施赤霉素的时间等。苏农种业公司提交的证据5~10、13、15、17、29、30、39中只说明了环境条件对于培矮64S的育性特征和杂交水稻的制种过程很重要,但没有任何内容能够证明培矮64S和籼稻9311的杂交组合本身存在固有缺陷,即在环境条件全部符合的情况下,该组合依然无法在农业上种植推广;证据18~20的内容只说明在杂交水稻培育过程中种子质量是否合格至关重要以及由于母本种子不合格而导致产量低、制种失败,该组证据与本专利技术方案是否能够在农业生产中应用没有必然联系;证据11、12以及证人当庭的证言也只说明了本专利的技术方案在农业上是可以种植使用的,只是因为环境条件以及母本种子的质量问题导致产量低、制种失败。因此,苏农种业公司提交的上述证据均不足以证明本专利的技术方案不具备实用性。本专利选择了特定的母本和父本即培矮64S和籼稻9311进行杂交组合并采用现代杂交技术确定播种安全距离、父母本播种时间、父母本株行距等完全符合自然规律,在农业生产中可以实施推广,并且得到了新的产量高、抗性好的杂交组合品种,其经济和技术效果是积极和有益的。因此,第12015号决定认定本专利的权利要求1~7符合《专利法》第二十二条第四款实用性的规定正确,应予支持。3.关于本专利是否具有创造性的问题。《专利法》第二十二条第三款规定,创造性,是指同申请日以前已有的技术相比,该发明有突出的实质性特点和显著的进步。苏农种业公司提交的证据26为1998年第3期《杂交水稻》所载文章,因苏农种业公司在无效审查程序中提交该证据时,未提交该杂志的版权页,专利复审委根据该杂志为双月刊,推定其公开日为1998年6月30日并无不当。苏农种业公司关于专利复审委对证据采信错误的诉讼理由,不予采纳。本专利权利要求1请求保护的是一种以籼粳中间型不育系培矮64S为母本,以籼稻9311作父本配制杂交稻的培育方法。证据3中公开了一种两系杂交稻新组合培两优288的选育方法,其中公开了使用培矮64S作母本,288作父本配制杂交种以及给母本喷洒赤霉素的技术特征。权利要求1与证据3公开的技术方案的区别仅在于所使用的父本不同。证据2、4、9均未公开籼稻9311,以及培矮64S作母本、籼稻9311作父本的组合,亦未给出任何将它们组合在一起的技术启示;而杂交水稻技术的关键在于父本和母本的组合,本领域技术人员在证据3、2、4、29公开内容的基础上,得到权利要求1所保护的技术内容需要付出创造性劳动。因此,第12015号决定认定本专利的权利要求1相对于苏农种业公司主张的证据组合评价方式具备突出的实质性特点正确,应予支持。基于在权利要求1具备创造性的基础上,第12015号决定认定从属权利要求2~7亦具备创造性正确,应予支持。鉴于苏农种业公司在无效请求审查程序口头审理中,已明确放弃本专利权利要求1~7不符合新颖性的无效理由,其在诉讼中提出本专利权利要求2~7不具有新颖性的主张，不予审查。综上，专利复审委作出的第12015号认定事实清楚，适用法律正确，应予维持。苏农种业公司请求撤销第12015号决定的诉讼请求，因缺乏事实及法律依据，不予支持。据此，依照《中华人民共和国行政诉讼法》第五十四条第（一）项之规定，判决维持第12015号决定。

苏农种业公司不服一审判决，向本院提起上诉。诉称，1．关于无效宣告理由。其对证据5和证据15的原始使用与原无效理由明显不符，口头审理时明确提出增加"独立权利要求缺乏必要技术特征"的无效理由，符合《审查指南》的相关规定，专利复审委应予接受。其对证据3和证据17的原始使用是以其结合评价本专利权利要求1~7的新颖性，与原无效理由明显不符，口头审理时明确提出以证据3和证据17结合评价本专利权利要求1的创造性，符合《审查指南》的相关规定，专利复审委应予接受。2．本专利不具有实用性。本专利是借助特殊的自然条件，在产业上不具有再现性，并且本专利存在严重的技术缺陷，不能够产生积极效果，无法实现发明目的。3．本专利权利要求1~7不具有创造性。（1）本专利权利要求1无创造性。苏农种业公司提交的证据表明两系法杂交水稻在技术上已经有充分的研究，基本配套成熟。母本培矮64S和父本9311为申请日前的审定品种，其选择对技术人员为常规性选择。播种父母本，在母本植株抽穗期喷施赤霉素是公知常识。（2）本专利从属权利要求2~7无新颖性、创造性。综上，请求二审法院判决撤销一审判决，依法予以改判。

专利复审委答辩认为，1．苏农种业公司在口头审理当庭提出的权利要求1不符合《专利法实施细则》第二十一条第二款以及与证据3和证据17的结合相比不具备创造性的无效理由属于在提出无效宣告之日起一个月后增加的无效理由，合议组不予接受，符合《专利法实施细则》第六十六条的规定。上述增加的两条理由均不属于根据《审查指南》的规定允许变更的理由的情况。2．对于实用性的问题坚持第12015号决定中的意见。3．苏农种业公司在口头审理中已经明确表示放弃权利要求1~7不具备新颖性的无效理由。4．对于创造性的问题坚持第12015号决定中的意见。综上，第12015号决定认定事实清楚、正确，符合相关法规，审查结论正确，请求二审法院判决驳回上诉，维持一审判决和第12015号决定。

江苏农科院在庭审中陈述意见称其同意一审判决，请求二审法院判决予以维持。

在本案一审审理期间，专利复审委在法定期限内向法院提交了以下证据：1．本专利授权公告文本；2．苏农种业公司提交的无效宣告请求书及第12015号决定中的证据1~15、17~30；3．苏农种业公司再次提交的无效宣告请求书及证据39；4．口头审理记录表。

在本案一审审理期间，苏农种业公司向法院提交了如下证据：《杂交水稻》1998年第13卷第3期目录作为证据。

江苏农科院未向一审法院提交证据。

一审法院经庭审质证审查认为，专利复审委提交的证据真实、合法，能够证明本案的相关事实，予以确认；苏农种业公司提交的证据系在诉讼中提交的证据，属于最高人民法院《关于行政诉讼证据若干问题的规定》第五十九条规定的情形，不予接纳。

上述证据均已随案移送本院，经审查核实，本院确认一审法院认证意见正确，并据此认定本案如下事实：

本专利是第98111352.4号"一种利用两系法培育亚种间杂交稻组合的方法"的发明专利权，其申请日为1998年6月10日，授权公告日为2001年1月31日，专利权人为江苏农科院。本专利授权公告的权利要求书如下：

"1．一种杂交稻的培育方法，包括播种父母本，在母本植株抽穗期喷施赤霉素，其特征在于：利用籼粳中间型不育系培矮64S作母本，以籼稻9311作父本配制杂交种。

2. 根据权利要求1所述的方法,其特征在于安全隔离距离>500米,或与所述父母本的抽穗扬花期相隔15天以上进行制种隔离。

3. 根据权利要求1所述的方法,其特征在于第一期父本比母本早插25~30天,或叶令差6.5-7.0叶,或有效积温父母本差200℃,第二期、第三期分别与前一期相隔7天,或用两期父本相隔10天。

4. 根据权利要求1所述的方法,其特征在于株行距母本16.7×10厘米,父本株距为16.7厘米,双行栽插时走道33.3厘米,父母本行比为2:20或1:12。

5. 根据权利要求1所述的方法,其特征在于母本总穗数的10%抽穗时喷赤霉素10g,隔一日喷20g,第四日喷5g。

6. 根据权利要求1或2所述的方法,其特征在于在破口期、始穗期和齐穗期连续防治粒黑粉病2~3次。

7. 根据权利要求1所述的方法,其特征在于整个生育期拔除外部性状与母本培矮64S有差异的植株,盛花后25天收获杂种种子。"

2007年10月22日,苏农种业公司以本专利权利要求1~7不符合《专利法》第二十二条第二款、第三款的规定以及权利要求1不符合《专利法》第二十二条第四款的规定向专利复审委提出无效宣告请求,同时提交了证据1~38。2007年11月19日,苏农种业公司再次提交了无效宣告请求书和证据39。专利复审委受理后,依照法定程序进行转文。2008年5月12日,专利复审委举行了口头审理。

专利复审委经审查认为:1. 关于无效宣告请求的理由和范围。苏农种业公司当庭放弃了权利要求1~7不符合《专利法》第二十二条第二款的无效理由,故对该无效理由不再评述;苏农种业公司当庭提出的权利要求1不符合《专利法实施细则》第二十一条第二款以及使用证据3和17结合评价权利要求1创造性的无效理由属于在提出无效宣告请求之日起一个月后增加的无效理由,不符合《专利法实施细则》第六十六条的规定,故不予考虑。关于本专利权的无效宣告请求的理由和范围为:权利要求1~7不符合《专利法》第二十二条第四款的规定,依据的证据为5~13、15、17~20、29、30、39;权利要求1~7不符合《专利法》第二十二条第三款的规定,具体证据结合方式为:证据3和4结合、证据3和29结合、证据3和1结合、证据3和2及14结合评价权利要求1的创造性;权利要求1所有证据结合方式的基础上分别再结合证据17评价权利要求2~3的创造性;以与权利要求1相同的证据结合方式或在权利要求1所有证据结合方式的基础上分别再结合证据23、24或25评价权利要求4的创造性;权利要求1所有证据结合方式的基础上分别再结合证据21、22、26或27评价权利要求5的创造性;以与权利要求1、2相同的证据结合方式或在权利要求1、2所有证据结合方式的基础上分别再结合证据2、28评价权利要求6的创造性;以与权利要求1相同的证据结合方式或在权利要求1所有证据结合方式的基础上分别再结合证据22评价权利要求7的创造性。上述各种证据结合方式中,证据3是最接近的对比文件。2. 关于本专利的实用性。专利法意义上因不能制造或使用而导致的不具备实用性是指技术方案本身固有的缺陷引起的,也就是说即使环境条件全部符合,也无法实现该技术方案;如果技术方案在实际生产过程中有可能存在不足或缺陷,但这些不足或缺陷不是由于该技术方案本身内在的、固有的缺陷造成的,则不能认为该技术方案缺乏实用性。苏农种业公司提交的证据5~10、13、15、17、29、30、39中只是说明了环境条件对于培矮64S的育性特征和杂交水稻的制种过程很重要,但是没有任何内容能够证明培矮64S和籼稻9311的杂交组合本身存在固有缺陷,即在环境条件全部符合的情况下,该组合依然无法在农业上种植推广;证据18~20的内容只是说明在杂交水稻培育过程中种子质量是否合格至关重要以及由于母本种子不合格而导致产量低、制种失败,该组证据与本专利技术方案是否能够在农业生产中应用没有必然联系;证据11、12以及证人当庭的证言也说明了本专利的技术方案在农业上是可以种植使用的,只是因为环境条件以及母本种子的质量问题导致产量低、制种失败,因此苏农种业公司提交的上述证据均也不足以证明本专利的技术方案不具备实用性。此外,杂交技术是目前农业生产中常用的技术手段,江苏农科院选择了特定的母本和父本即培矮64S和籼稻9311进行杂交组合并采用现代杂交技术确定播种安全距离、父母本播种时间、父母本株行距等完全符合自然规律,在农业生产中可以实施推广,并且得到了新的产量高、抗性好的杂交组合品种,其经济和技术效果是积极和有益的。在没有证据证明的情况下,尚无法否定本专利技术方案的实用性,因此本专利的权利要求1~7符合《专利法》第二十二条第四款的规定,苏农种业公司的无效宣告理由不能成立。3. 关于本专利的创造性。苏农种业公司依据证据1~4、14、17、21~29评价权利要求1~7的创造性,其中证据14是南京市种子站出具的关于对江苏苏农种业科技有限公司揭发制售假种子事件的答复,出具日为2006年12月4日,为本专利申请日之后公开的文件,不能作为现有技术评价本专利的创造性;证据26为1998年第3期《杂交水稻》所载文章,由于1998年的《杂交水稻》为双月刊,因此1998年第3期《杂交水稻》的公开日应推定为1998年6月30日,因此证据26是本专利申请日之后公开的文件,不能作为现有技术评价本专利的创造性。苏农种业公司认为证据3和4结合可以破坏权利要求1的创造性,证据3为最接近的对比文件。证据3中公开了一种两系杂交稻新组合培两优288的选育方法,其中公开了使用培矮64S作母本,288作父本配制杂交种以及给母本喷洒赤霉素的技术特征。权利要求1与证据3公开的技术方案的区别在于所使用的父本不同,权利要求1使用的父本为籼稻9311,而证据3使用的是288,基于该区别特征,权利要求1实际解决的技术问题在于提供了一种新的两系杂交稻组合。证据4是一篇综述类文献,只是概括性地阐述了我国两系法杂交水稻的研究形势及发展前景,没有公开籼稻9311,也没有给出可以使用籼稻9311替换288与培矮64S组合的任何技术启示。本领域均知杂交水稻的主要性状来源于父母本,父母本的组合选择是选育杂交水稻的重要因素,在证据3和证据4没有给出培矮64S作母本,籼稻9311作父本的组合,也没有给出任何将它们组合在一起的启示的情况下,获得权利要求1的技术方案对于本领域技术人员而言是非显而易见的,因此权利要求1相对于证据3和4具有突出的实质性特点。苏农种业公司认为证据3和29结合可以破坏权利要求1的创造性。证据29公开了温敏不育系制种的一些技术问题,其中公开了培矮64S属于温敏不育系,但是并没有公开籼稻9311,也没有给出可以使用籼稻9311替换288与培矮64S组合的任何技术启示,因此同理权利要求1相对于证据3和29是非显而易见的,具有突出的实质性特点。苏农种业公司认为证据3和1结合可以破坏权利要求1的创造性。证据1公开了一种水稻低温敏核不育系及其繁种技术,但是其中没有公开籼稻9311,也没有给出可以使用籼稻9311替换288与培矮64S组合的任何技术启示,因此同理权利要求1相对于证据3和1是非显而易见的,具有突出的实质性特点。苏农种业公司认为证据3、2和14结合可以破坏权利要求1的创造性。证据2公开了一种两系组合"培矮64S/特青",其中公开了培矮64S与特青的杂交组合,但是并没有公开籼稻9311,也没有给出可以使用籼稻9311替换288或特青与培矮64S组合的任何技术启示,因此权利要求1相对于证据3、证据2是非显而易见的,具有突出的实质性特点。因证据14的出具日在本专利申请日之后,不能作为现有技术评价本专利的创造性,其次该文件中也没有给出任何将培矮64S与9311组合的技术启示,不足以佐证籼稻9311与培矮64S组合相对于证据3和2不具备突出的实质性特点。综上,第12015号决定认定权利要求1相对于上述证据组合具备突出的实质性特点,且由该技术方案得到了产量高、抗性好的杂交组合品种,具有有益的技术效果,因此权利要求1的技术方案具有创造性正确,本院应予支持。在权利要求1具备创造性的基础上,其从属权利要求2~7相对于权利要求1的各种证据结合方式必然具备创造性;此外，在判断从属权利要求2~7是否具有创造性时，需要进一步考察作为现有技术的证据2、17、21、22、23、24、25、27、28是否公开了上述区别技术特征，即父本籼稻9311，然而根据证据2、17、21~25、27、28的记载可知，在上述证据中均未公开籼稻9311，也没有给出可以使用籼稻9311与矮培64S组合的任何技术启示，因此权利要求2~7相对于苏农种业公司所主张的各种证据结合方式具有突出的实质性特点和显著的进步，符合《专利法》第二十二条第三款的规定。据此，专利复审委于2008年7月28日作出第12015号决定。苏农种业公司不服，向一审法院提起行政诉讼。

  本院认为，根据《专利法实施细则》第六十六条规定，在专利复审委受理无效宣告请求后，请求人可以在提出无效宣告请求之日起1个月内增加理由或者补充证据。逾期增加理由或者补充证据的，专利复审委员会可以不予考虑。参照《审查指南》第四部分第三章4.2（2）节规定，请求人在提出无效宣告请求之日起一个月后增加无效宣告理由的，专利复审委员会一般不予考虑。苏农种业公司在口头审理时提出的本专利权利要求1不符合《专利法实施细则》第二十一条第二款的无效理由、以证据3和证据17的结合评价本专利权利要求1创造性的无效理由，属于在提出无效宣告请求之日起一个月后增加的无效理由。专利复审委对苏农种业公司逾期增加的无效理由不予考虑，符合上述规定。苏农种业公司在提出无效宣告请求时用证据5、证据15有关温度条件对本专利技术的影响的内容来证明本专利不具备实用性，用证据3、证据17分别评价本专利的创造性，因此，其提出的关于增加的无效理由属于对明显与提交的证据不相对应的无效理由进行变更的诉讼主张，缺乏事实根据，本院不予支持。

  根据《专利法》第二十二条第四款规定，实用性，是指该发明或者实用新型能够制造或者使用，并且能够产生经济效果。参照《审查指南》的相关规定，发明或者实用新型专利的产品的成品率低与不具有再现性有本质的区别，能够重复实施但由于实施过程中未能确保某些技术条件（例如温度）而导致成品率低，不属于不具有再现性。苏农种业公司提交的证据只说明环境条件对于培矮64S的育性特征和杂交水稻的制种过程很重要，但不能证明本专利中培矮64S和籼稻9311的杂交组合本身存在固有缺陷，即在环境条件全部符合的情况下，该组合依然无法在农业上种植推广；苏农种业公司提交的证据只说明在杂交水稻培育过程中种子质量是否合格至关重要以及由于母本种子不合格而导致产量低、制种失败，但与本专利技术方案是否能够在农业生产中应用没有必然联系；苏农种业公司提交的证据说明本专利的技术方案在农业上是可以种植使用的，只是因为环境条件以及母本种子的质量问题导致产量低、制种失败。因此，专利复审委认定苏农种业公司提交的证据均不足以证明本专利的技术方案不具备实用性，具有事实和法律根据。

  根据《专利法》第二十二条第三款规定，创造性，是指同申请日以前已有的技术相比，该发明有突出的实质性特点和显著的进步。本专利权利要求1请求保护的是一种以籼粳中间型不育系培矮64S为母本，以籼稻9311作父本配制杂交稻的培育方法。证据3中公开了一种两系杂交稻新组合培两优288的选育方法，其中公开了使用培矮64S作母本，288作父本配制杂交种的技术特征。本专利权利要求1与证据3公开的技术方案的区别在于所使用的父本不同。证据2、4、9均未公开籼稻9311，未公开培矮64S作母本、籼稻9311作父本的组合，亦未给出任何将它们组合在一起的技术启示。并且，培矮64S作母本、籼稻9311作父本的组合具有产量高、抗性好的有益的技术效果。因此，专利复审委认定苏农种业公司提出的本专利的权利要求1不具有创造性的无效理由不成立，具有事实根据。在权利要求1具备创造性的基础上，专利复审委认定苏农种业公司提交的其他证据亦未公开父本籼稻9311，因此其从属权利要求2~7亦具备创造性正确，本院应予支持。鉴于苏农种业公司在无效请求审查程序口头审理中，已明确放弃本专利权利要求1~7不符合新颖性的无效理由，其在诉讼中提出本专利权利要求2~7不具有新颖性的主张，本院不予支持。

综上，专利复审委作出的第 12015 号决定认定事实清楚、适用法律正确、符合法定程序，一审判决予以维持正确，本院应予维持。苏农种业公司的上诉请求缺乏事实及法律依据，本院不予支持。依据《中华人民共和国行政诉讼法》第六十一条第（一）项的规定，判决如下：

驳回上诉，维持一审判决。

二审案件受理费人民币 100 元，由上诉人江苏苏农种业科技有限公司负担（已交纳）。

本判决为终审判决。

审　判　长　朱世宽
审　判　员　赵宇晖
代理审判员　胡华峰
二○一○年七月二十三日
书　记　员　果　然

甘露聚糖肽组合物及其制备工艺和用途

无效宣告请求审查决定（第 12018 号）

决 定 号	第 12018 号
决 定 日	2008 年 7 月 31 日
发明创造名称	甘露聚糖肽组合物及其制备工艺和用途
国 际 分 类 号	C07K 14/315，C12P 21/00，A61K 38/16，A61P 37/04，A61P 7/00，A61P 11/00，A61P 35/00
无效宣告请求人	成都川抗万乐药业有限公司
专 利 权 人	成都利尔药业有限公司
专 利 号	03117579.1
申 请 日	2003 年 3 月 31 日
授 权 公 告 日	2004 年 10 月 27 日
合议组组长	李人久
主 审 员	何炜
参 审 员	许磊

法 律 依 据 专利法第 26 条第 3 款、第 4 款，专利法第 22 条第 2 款、第 3 款

决 定 要 点

说明书对发明所作说明的清楚、完整的程度，如果已经达到所属技术领域的技术人员能够实现的程度，即所属技术领域的技术人员按照说明书记载的内容，就能够实现该发明的技术方案，解决其技术问题，并且产生预期的技术效果，则说明书符合专利法第 26 条第 3 款的规定。

如果权利要求中的物理化学参数特征隐含了要求保护的产品具有区别于对比文件产品的结构和/或组成，或者说用物理化学参数表征的化学产品权利要求如果能够依据所记载的参数对由该参数表征的产品与对比文件公开的产品进行比较从而能够确定其区别时，该权利要求具有新颖性。

如果现有技术中没有给出将权利要求要求保护的技术方案与最接近的现有技术间存在的区别特征应用到该最接近的现有技术以解决其存在的技术问题的启示，则该技术方案具备突出的实质性特点；如果所要保护的该技术方案具有有益的技术效果，则其也具备显著的进步。

一、案由

本无效宣告请求案涉及国家知识产权局于 2004 年 10 月 27 日公告授予的、名称为"甘露聚糖肽组合物及其制备工艺和用途"的 03117579.1 号发明专利权（下称本专利），其申请日为 2003 年 3 月 31 日，专利权人为成都利尔药业有限公司。本专利授权公告的权利要求书如下：

"1. 一种甘露聚糖肽组合物，其特征是：它是来自于α-溶血性链球菌（Streptococcus hemolyticus-α-Hemolysis）的发酵产物，主要由甘露聚糖肽组成，重均分子量为1~20万。

2. 根据权利要求1所述的甘露聚糖肽组合物，其特征是：分子量分布系数在4.0以下，比旋光度为+60°至+90°。

3. 权利要求1或2所述的甘露聚糖肽组合物的制备方法，包含下列步骤：

a. 以α-溶血性链球菌（Streptococcus hemolyticus-α-hemolysis）为生产菌进行发酵；

b. 从发酵液提取甘露聚糖肽；

c. 进一步分离得到重均分子量为1万~20万，分子量分布系数在4.0以下的甘露聚糖肽。

4. 根据权利要求3所述的甘露聚糖肽组合物的制备方法，还包含：

d. 干燥。

5. 根据权利要求3所述的甘露聚糖肽组合物的制备方法，步骤b中，pH值保持为1.5至6.0。

6. 根据权利要求3所述的甘露聚糖肽组合物的制备方法，步骤b中，提取溶剂为60%~99.9%的乙醇。

7. 权利要求1或2所述的甘露聚糖肽组合物在制备免疫增强药物中的用途。

8. 根据权利要求7所述的甘露聚糖肽组合物的用途，其特征是：所述的免疫增强药物是肿瘤辅助治疗药物。

9. 根据权利要求7所述的甘露聚糖肽组合物的用途，其特征是：所述的免疫增强药物是治疗反复呼吸道感染的药物。

10. 根据权利要求7所述的甘露聚糖肽组合物的用途，其特征是：所述的免疫增强药物是治疗白细胞减少症的药物。

11. 根据权利要求7所述的甘露聚糖肽组合物的用途，其特征是：所述的免疫增强药物是治疗再生障碍性贫血的药物。

12. 一种药物组合物，其特征是：由有效量的权利要求1、2所述的甘露聚糖肽组合物与药学上可接受的辅助添加成分混合而成。"

针对上述专利权，成都川抗万乐药业有限公司（下称请求人）于2006年1月25日向专利复审委员会提出无效宣告请求，认为本专利不符合专利法第22条第2、3款，专利法第26条第3款，以及专利法实施细则第21条第2款的规定，请求宣告本专利全部无效。请求人提交了下述附件：

附件1：《国家临床新药集》，孙定人、张石革、梁之江主编，中国医药科技出版社，2001年9月第1版第1次印刷，第525~526页、版权页和封面页，复印件共4页；

附件2：申请号为03100883.6的中国发明专利申请公开说明书，申请人为海南豪迈医药有限公司，申请日为2003年1月24日，公开日为2003年7月16日，共5页；

附件3：《高分子化学》（第二版），余木火主编，中国纺织出版社，1999年7月第2版第5次印刷，第2~5页、版权页和封面页，复印件共6页；

附件4：《微生物工程概论》，刘如林编著，南开大学出版社，1995年10月第1版第1次印刷，第74~75页、版权页和封面页，复印件共4页；

附件5：《中华人民共和国药典》（二部），国家药典委员会编，化学工业出版社，2005年1月第1版第1次印刷，版权页、附录35、附录36，复印件共3页；

附件6：《医药及生物领域发明专利申请文件的撰写与审查》，张清奎主编，知识产权出版社，2002年11月第1版第1次印刷，第120~121、152~153页及版权页，复印件共3页；

附件7：甘露聚糖肽的"国家药品监督管理局国家药品标准WS1-XG-053-2000"，复印件共

2页；

附件8：《生物工程概论》，焦瑞身等编著，化学工业出版社，1991年4月第1版第1次印刷，第222~225页及版权页，复印件共3页；

附件9："多抗甲素（PolyactinA）中川链多糖的化学研究"，邹敬源等，《中国抗生素杂志》，第16卷第6期，1991年12月出版，第426页及版权页，复印件共2页；

附件10："多抗甲素的研究进展及其在养猪生产上的应用前景"，李雷斌等，《饲料工业》第25卷第6期，2004年，第33~35页，复印件共3页；

附件11：《化学领域发明专利申请的文件撰写与审查》，张清奎主编，知识产权出版社，1998年5月第1版第1次印刷，第138~139页及版权页，复印件共2页；

附件12：《医学统计学》，陆守曾主编，中国统计出版社，2002年1月第1版第1次印刷，第61、62、327页及版权页，复印件共4页；

附件13：本专利的授权公告文本，共23页。

请求人认为：

（1）根据附件6和11关于专利申请说明书的撰写要求以及附件12的t值计算公式和t界值表可以看出，本专利说明书未对产品的有益效果作出清楚、完整的说明，不符合专利法第26条第3款的规定，具体为：a. 说明书第11、14、16、18页描述小鼠分为7组，而实际组数为8组，说明书第20页描述小鼠随机分为5组，而实际组数为8组，因此无法知道小鼠如何分配；b. 说明书表1~6的数据组别均为7组，不知道实际应为8组的数据少了哪一组；c. 说明书表中多组均数和标准差一样，不可能得到t检验的p值小于0.01的结论；d. 根据附件12中t值计算公式和t界值表可推知，表1、表5、表6等多处p值计算有误，根据正确计算结果不能得出重均分子量为1万~20万的甘露聚糖肽的疗效更好的结论；e. 660只实验小鼠从始至终无一死亡是不可能的；f. 怀疑专利权人没有进行过说明书第20~21页的药效学的871例临床实验；g. 说明书提到该药品具有毒性小、安全性高的优点，但未公开相关实验数据。

（2）附件1已经公开了甘露聚糖肽的分子量为71700，药品国家标准附件7中对甘露聚糖肽的性状进行了说明，附件9、10说明了其为均一性物质，附件3和5中记载了分子量分布指数（系数）的定义，应能确认分子量为71700的甘露聚糖肽以重均分子量进行表征时，必然落入重均分子量1万~20万的范围内，因此本专利权利要求1相对于附件1不具备新颖性。即使假定其为选择发明，由于其没有取得预料不到的技术效果，权利要求1相对于附件1、7也不具备创造性。

（3）附件7中已经揭示甘露聚糖肽的比旋度为+70°至+80°，因此从属权利要求2相对于附件1、7不具备创造性。

（4）本专利权利要求3中的a、b步骤已被附件7公开，c步骤为本领域公知常识，因此权利要求3相对于附件7不具备新颖性。即使其有新颖性，由于附件4公开了一般发酵工艺的过程，因此相对于附件1、7、4，权利要求3也不具备创造性。由于c步骤并非绝对必要，因此权利要求3不符合专利法实施细则第21条第2款的规定。

（5）由于权利要求4引入的干燥为常规步骤，权利要求6引入的乙醇提取浓度也是本领域技术人员很容易确定的，附件1中也公开了采用乙醇从发酵液中提取甘露聚糖肽，因此权利要求4、6也不具备创造性。附件8公开了在pH低于6.0时，提取溶剂聚丙烯酸不会和多聚糖发生沉淀，但会和蛋白质形成络合物，因此本领域技术人员容易将该启示和蛋白质核酸在等电点时溶解度最小的公知常识结合起来，选择出权利要求5限定的pH范围，权利要求5也不具备创造性。

（6）权利要求7~11要求保护的用途已经被附件1公开，因此相对于附件1不具备新颖性，相对于附件 1、7 不具备创造性。

(7) 权利要求 12 中的特征"药学上可接受的辅助添加成分"为药剂学上的公知常识，在权利要求 1 不具备新颖性、创造性，权利要求 2 不具备创造性的情况下，权利要求 12 不具备新颖性、创造性。

经形式审查合格后，专利复审委员会受理了上述请求，于 2006 年 4 月 12 日向双方当事人发出《无效宣告请求受理通知书》，并将《专利权无效宣告请求书》及其附件清单所列文件的副本转送给专利权人，要求其在指定的期限内答复，同时成立合议组对本无效请求案进行审理。

专利权人于 2006 年 5 月 26 日作出答复，并提交如下反证 1~8：

反证 1："值得商榷的聚合物分子量分布宽度指数表达式"，朱平平等，《高分子通报》，2003 年 12 月，第 6 期，第 80~82 页，复印件共 3 页；

反证 2：《药用高分子材料学》，郑俊民主编，中国医药科技出版社，2003 年 6 月第 1 版第 3 次印刷，第 63~64 页、版权页和封面页，复印件共 4 页；

反证 3：甘露聚糖肽原料的 GPC 检测报告（20030117），共 10 页；

反证 4：《高分子化学》（第二版），余木火主著，中国纺织出版社，2001 年 8 月第 2 版第 6 次印刷，第 3~6 页、版权页和封面页，复印件共 6 页；

反证 5："枸杞多糖的提取及含量和分子量分布的测定"，袁振林，《广东化工》，2003 年第 3 期，第 43~45 页，复印件共 3 页；

反证 6："壳聚糖的降解及其结构表征"，覃彩芹等，《孝感学院学报》，第 22 卷第 6 期，2002 年 12 月，第 5~9 页，复印件共 5 页；

反证 7：2006 年 5 月 26 日从"新药之星网"（www.newdrugstar.com）网络打印的显示发表时间为 2006 年 5 月 13 日的资料"供应医用聚乳酸及其共聚物"，共 3 页；

反证 8：甘露聚糖肽的"国家食品药品监督管理局国家药品标准（试行）WS1-XG-053-2000-2005"，复印件共 2 页。

专利权人认为：(1) 根据反证 1~6 中有关聚合物分子的记载，甘露聚糖肽并非分子量为 71700 的均一性物质，而是不同链长的分子构成的分子量分布很广的混合物，请求人提交的所有附件中的平均分子量为 71700 的甘露聚糖肽与本专利要求保护的重均分子量 1 万~20 万之间的甘露聚糖肽不具备可比性，权利要求 1 具备专利法第 22 条第 2 款规定的新颖性；(2) 反证 7 表明，分子量及其分布系数不同，药品的产品质量也不同，甘露聚糖肽是一个不均一的混合物，其分子量从几千到上百万，本专利正是从中筛选出重均分子量 1 万~20 万的甘露聚糖肽作为药物使用，并且实验证明疗效更好（见本专利说明书表 1~6），这与 2005 年颁布的反证 8 相一致，因此，权利要求 1 的技术方案具备创造性；(3) 在权利要求 1 具备新颖性、创造性的前提下，其从属权利要求也具备新颖性和创造性；(4) 本专利说明书所反映的实验总体趋势明确，由于打印失误和疏忽造成的缺陷并不影响本领域技术人员对本发明的理解和实施，本专利符合专利法第 26 条第 3 款的规定。

专利权人于 2006 年 7 月 20 日再次提交了意见陈述书和如下反证 9——修改后的权利要求书：

"1. 一种甘露聚糖肽组合物，其特征是：它是来自于 α-溶血性链球菌（Streptococcus hemolyticus-α-Hemolysis）的发酵产物，主要由甘露聚糖肽组成，重均分子量为 1 万~20 万，分子量分布系数在 4.0 以下，比旋光度为+60°至+90°。

2. 权利要求 1 所述的甘露聚糖肽组合物的制备方法，包含下列步骤：

a. 以 α-溶血性链球菌（Streptococcus hemolyticus-α-hemolysis）为生产菌进行发酵；

b. 从发酵液提取甘露聚糖肽；

c. 进一步分离得到重均分子量为 1 万~20 万，分子量分布系数在 4.0 以下的甘露聚糖肽。

3. 根据权利要求3所述的甘露聚糖肽组合物的制备方法，还包含：

d. 干燥。

4. 根据权利要求3所述的甘露聚糖肽组合物的制备方法，步骤b中，pH值保持为1.5至6.0。

5. 根据权利要求3所述的甘露聚糖肽组合物的制备方法，步骤b中，提取溶剂为60%～99.9%的乙醇。

6. 权利要求1或2所述的甘露聚糖肽组合物在制备免疫增强药物中的用途。

7. 根据权利要求7所述的甘露聚糖肽组合物的用途，其特征是：所述的免疫增强药物是肿瘤辅助治疗药物。

8. 根据权利要求7所述的甘露聚糖肽组合物的用途，其特征是：所述的免疫增强药物是治疗反复呼吸道感染的药物。

9. 根据权利要求7所述的甘露聚糖肽组合物的用途，其特征是：所述的免疫增强药物是治疗白细胞减少症的药物。

10. 根据权利要求7所述的甘露聚糖肽组合物的用途，其特征是：所述的免疫增强药物是治疗再生障碍性贫血的药物。

11. 一种药物组合物，其特征是：由有效量的权利要求1、2或3所述的甘露聚糖肽组合物与药学上可接受的辅助添加成分混合而成。"

专利权人认为请求人提供的所有附件仅指出甘露聚糖肽的分子量数值为71700，并未指出是何种分子量，而通常平均分子量可以表示为数均分子量、重均分子量、粘均分子量、Z均分子量四种，它们的统计意义不同，数值相差大，而本专利的甘露聚糖肽肯定是混合物，不能推知请求人附件公开的"分子量71700"落入本专利权利要求1要求保护的重均分子量1万～20万的范围，现有技术也没有公开分子量分布系数在4.0以下这一特征。本专利修改后的权利要求所要求保护的技术方案与申请日前公开的甘露聚糖肽相比，组分更均一，性质更稳定，疗效更强，具备新颖性和创造性，说明书也已对本发明作出了清楚、完整的说明。

2006年7月27日，本案合议组将专利权人于2006年5月26日提交的意见陈述书和反证1～8的副本以及于2006年7月20日提交的意见陈述书以及反证9的副本转送交给请求人。

专利局于2006年12月12日收到中止程序请求人刘波对本专利权提交的中止程序请求书，经审查，专利局启动中止程序，中止期限自2006年12月12日起至2007年12月12日。

专利权人于2008年2月15日提交了意见陈述书和如下反证10～18：

反证10："一种新的生物反应修饰物多抗甲素"，胡其乐等，《中国抗生素杂志》，第16卷第2期，第151～156页，复印件共6页；

反证11："多抗甲素的研究"，多抗甲素研究协作组，1984年7月，封面和目录页、第65～67页，复印件共5页；

反证12：《四川省药品标准》，一九九二年版，四川省卫生厅，封面页、第120～121页，复印件共3页；

反证13："探讨不同碳源对虫草多糖液态发酵之影响"，吴国瞱等，《第七届生化工程研讨会论文集》，复印件共6页；

反证14："不同培养方式下兽疫链球菌发酵生产透明质酸的研究"，高海军等，《应用与环境生物学报》，1999年，第5卷第6期，复印件共3页；

反证15："甘露聚糖肽分子量及分子量分布检测试验"，长沙市博亚医药科技开发有限公司，2002年6月，复印件共4页；

反证16："甘露聚糖肽改进工艺前后产品比较试验"，长沙市博亚医药科技开发有限公司，2002年11月，复印件共7页；

反证17-a：《中华人民共和国药典》（二部），一九八五年版，中华人民共和国卫生部药典委员会编，化学工业出版社，人民卫生出版社，封面页及第64~65页，复印件共3页；

反证17-b：《中华人民共和国药典》（二部），一九九五年版，中华人民共和国卫生部药典委员会编，化学工业出版社，广东科技出版社，封面页及第106~107页，复印件共3页；

反证18：《新药（西药）临床前研究指导原则汇编》（药学 药理学 毒理学），成都中医学院科研处，1994年5月，封面页及第5~6页，复印件共3页。

专利权人认为：反证10为请求人提供的附件1和附件2所引用的原文，其记载甘露聚糖肽分子量为71700，并指出其内容出处为"1984年内部资料"，即反证11。也就是说，反证11实验报告中记载的粘均分子量71700即为请求人提供的证据中"甘露聚糖肽（多抗甲素）分子量为71700"这一表述的原始实验结果的最初记载，而反证11的实验存在多处缺陷：（1）绘制标准曲线的标准品只有3个，导致标准曲线的可信度大大降低；（2）实验标准样品信息严重不全，没有明确其是何种分子量（使用粘度计测量，要求标准品分子量也应为粘均分子量），也没有记载对照品的原料来源、精制方法、理化常数、照片或复印件以及参考文献等；（3）待测样品测得数值为71700或302000，而使用的三个标准样品的分子量最大为7万，即测出值已经远超出标准曲线的置信区间；（4）测试的样品溶液，经过了60℃的高温处理，并且还有明显混浊现象，影响了测试结果准确性。从上述因素可以得知此次实验存在重大缺陷，测得的K、（值不准确，结论不可信，检测人员在反证11的报告里面也承认这一点，因此该次测试没有真正测得甘露聚糖肽的粘均分子量。因此请求人提供的证据显示的分子量信息（都是辗转引用了反证11）由于来源出处的不准确不具有证明力。反证12和请求人提供的附件7均未对其分子量作记载即因为直到制订并公布该国家标准的时候（即2000年），甘露聚糖肽产品的平均分子量的分布范围太大并难以描述，不具备作为质量标准的条件而未列入标准，这进一步证实了专利权人的观点。反证15显示本专利申请日前生产的多批产品和市售产品的平均分子量在1万~100万之间，分布系数在4以上，发生过不良反应。本专利正是在此基础上，突破技术难题，得到比之前产品安全性更高、疗效更好的产品，而在本专利授权后，国家食品药品监督管理局于2005年7月11日所颁布的新国家药品标准［WSI-XG-053-2000-2005］中才对甘露聚糖肽作出了重均分子量40000到90000，分布系数小于3的规定（见反证8），充分证明了本专利作出的贡献。本发明专利正是在现有技术的基础上，突破了本领域存在近20年的技术难题，创造性地研制出重均分子量1万~20万，分子量分布系数在4.0以下，比旋光度为+60°至+90°的甘露聚糖肽，比现有技术的安全性显著提高，具有更好的疗效，本专利的技术方案具有新颖性和创造性。本专利说明书记载了所要保护的甘露聚糖肽的具体制备方法，并对其功效进行了实验，表1至表6的数据总体趋势明确表明本专利的方案具有免疫增强作用，因此说明书符合专利法第26条第3款的规定。

2008年2月27日，本案合议组向双方当事人发出口头审理通知书，定于2008年5月15日对本案进行口头审理。同时，本案合议组将专利权人于2008年2月15日提交的意见陈述书和反证10~18转交给请求人，要求其在一个月内进行答复。

请求人于2008年4月10日提交了意见陈述书，请求人认为专利权人有意夸大了反证11的实验偏差可能导致的结果，即使测得值71700有一定的误差，其真实值也应当落入1万~20万之间。请求人还重申了之前的书面陈述意见。

合议组于2008年4月28日将请求人于2008年4月10日提交的意见陈述书转交给专利权人，要求其在口头审理中对其进行答复。

2008年4月12日，请求人提交了意见陈述书和如下附件14~17：

附件14：《多抗甲素的研究参考文献资料集》，四川抗菌素工业研究所编，1989年4月，封面页、第25~31页，复印件共8页；

附件15："国家发明奖申报书"，封面页、第1、6、39~42页，复印件共7页；

附件16：新药（西药）申报资料，成都利华制药厂，1998年3月，复印件共2页；

附件17：成都利华制药厂甘露聚糖肽宣传资料，复印件共3页。

请求人认为：专利权人提供的有关甘露聚糖肽分子量及分子量分布测定的数据、安全性实验数据均属于申请日后补交的实验数据，不应考虑；附件14~17这一系列证据可以证明只要遵从该药发明之初的制备方法获得的α-甘露聚糖肽，其平均分子量就为7万左右，专利权人自己申报新药的资料使用的平均分子量也是7万左右。请求人重申了本专利不符合有关专利法第22条第2、3款，第26条第3款的规定的意见，并认为正因说明书在证明重均分子量1万~20万甘露聚糖肽在药效上优于重均分子量20万以上的甘露聚糖肽方面公开不充分，因此其权利要求书也得不到说明书支持，不符合专利法第26条第4款的规定。请求人还指出由于新修改的权利要求6将权利要求2所要求保护的制备方法也纳入其保护范围，修改超范围，不符合专利法第33条的规定。同理，新修改的权利要求7~11也不符合专利法第33条的规定。

2008年5月12日四川发生大地震，根据复审委员会的紧急通知，原定于2008年5月15日对本案进行的口头审理取消。

2008年5月19日，本案合议组向双方当事人发出口头审理通知书，定于2008年7月3日对本专利权的无效宣告请求进行口头审理，并将请求人于2008年4月12日提交的意见陈述书和附件14~17转交给专利权人。

2008年7月3日口头审理如期进行。双方当事人的代理人出席了口头审理，合议组逐一调查了无效宣告请求的理由和证据，双方当事人充分陈述了意见。庭审过程中，专利权人放弃反证9，当庭重新提交了如下的新修改的权利要求书：

"1. 一种甘露聚糖肽组合物，其特征是：它是来自于(-溶血性链球菌(Streptococcus hemolyticus-α-Hemolysis)的发酵产物，主要由甘露聚糖肽组成，重均分子量为1万~20万，分子量分布系数在4.0以下，比旋光度为+60°至+90°。

2. 权利要求1所述的甘露聚糖肽组合物的制备方法，包含下列步骤：

a. 以(-溶血性链球菌(Streptococcus hemolyticus-α-hemolysis)为生产菌进行发酵；

b. 从发酵液提取甘露聚糖肽；

c. 进一步分离得到重均分子量为1万~20万，分子量分布系数在4.0以下的甘露聚糖肽。

3. 根据权利要求2所述的甘露聚糖肽组合物的制备方法，还包含：

d. 干燥。

4. 根据权利要求2所述的甘露聚糖肽组合物的制备方法，步骤b中，pH值保持为1.5至6.0。

5. 根据权利要求2所述的甘露聚糖肽组合物的制备方法，步骤b中，提取溶剂为60%~99.9%的乙醇。

6. 权利要求1所述的甘露聚糖肽组合物在制备免疫增强药物中的用途。

7. 根据权利要求6所述的甘露聚糖肽组合物的用途，其特征是：所述的免疫增强药物是肿瘤辅助治疗药物。

8. 根据权利要求6所述的甘露聚糖肽组合物的用途，其特征是：所述的免疫增强药物是治疗反复呼吸道感染的药物。

9. 根据权利要求6所述的甘露聚糖肽组合物的用途，其特征是：所述的免疫增强药物是治疗白细胞减少症的药物。

10. 根据权利要求6所述的甘露聚糖肽组合物的用途，其特征是：所述的免疫增强药物是治疗再生障碍性贫血的药物。

11. 一种药物组合物，其特征是：由有效量的权利要求1所述的甘露聚糖肽组合物与药学上可接受的辅助添加成分混合而成。"

合议组将该权利要求书文本当庭转交给请求人。

请求人当庭新提交了下述附件：

附件18：中国医药集团总公司四川抗菌素工业研究所2008年4月3日出具的"证明"，复印件共1页；

附件19：企业信息登记表等，复印件共3页。

合议组当庭将附件18～19转交给专利权人。

口头审理中确认的事实如下：（1）请求人对专利权人当庭新提交的修改后的权利要求书的提交时机和修改方式没有异议。合议组当庭宣布，专利权人在口头审理当庭提交的经修改的权利要求书相对于授权公告的权利要求书而言属于权利要求和技术方案的删除，符合专利法实施细则第68条和审查指南第四部分第三章第4.6节的规定，本案的审查针对该修改的权利要求书进行。（2）请求人放弃本专利不符合专利法第33条和专利法实施细则第21条第2款的无效宣告理由，并放弃附件2。请求人对专利权人于2008年新提交的反证10～18的举证时机没有异议。（3）专利权人放弃反证7，并认为请求人提交的附件14～19超过了举证期限，不应接受。（4）请求人当庭出示了附件1、3～19的原件。专利权人认为附件1、4、5、7、8、9、10仅盖有"四川大学图书馆"红章，没有出证人证明，也没有经过公证手续，对这些证据的真实性有异议；附件14～17没有经过公证，对其真实性、公开性有异议；附件7没有复印出版信息，无法获知公开时间，对附件7是否在本专利申请日前公开有异议。（5）专利权人当庭出示了反证1～6、10～14、17、18的原件，反证15、16的公证书原件。请求人对专利权人提交的反证15、16的公证书的真实性以及所公证的资料的形式真实性无异议，但对反证3、15、16中实验数据的真实性有异议，对反证8的真实性和公开性有异议，对反证1、2、5、13的公开日期是否在本专利申请日之前有异议，对于其他证据的真实性、合法性、公开性、关联性无异议。（6）请求人确认其无效宣告的理由如下：本专利说明书不符合专利法第26条第3款的规定，涉及权利要求1～11，具体理由同其《无效宣告请求书》中所述；权利要求1不符合专利法第26条第4款的规定，具体理由同本专利不符合专利法第26条第3款的规定的理由；权利要求1相对于附件14不具备新颖性，相对于附件7和1的结合不具备创造性（附件7为最接近现有技术）；权利要求2相对于附件7不具备新颖性和创造性；权利要求3相对于附件7和附件4的结合不具备创造性（附件7为最接近现有技术）；权利要求4相对于附件7和附件8的结合不具备创造性（附件7为最接近现有技术）；权利要求5相对于附件1和附件7的结合不具备创造性（附件1为最接近现有技术）；权利要求6～10相对于附件1不具备新颖性、创造性；权利要求11相对于附件1不具备新颖性，相对于附件7和附件1的结合不具备创造性（附件1为最接近现有技术）；放弃除此之外的无效宣告理由和证据结合方式。（7）对请求人提出的权利要求1不符合专利法第26条第4款和权利要求1相对于附件14不具备新颖性的无效宣告理由，专利权人认为其超过了法定期限，不应接受。

经过上述审查程序，合议组认为本案事实已经清楚，可以依法作出审查决定。

二、决定的理由

1. 审查文本

专利权人在口头审理中声明放弃于2006年7月6日提交的权利要求书，当庭提交了新修改的权利要求书（共11项）。新修改的权利要求书删除了授权公告文本中的权利要求1及其后权利要求中引用该原权利要求1的技术方案，并对权利要求的序号作了适应性修改。该修改符合专利法实施细则第68条和审查指南第四部分第三章第4.6节关于无效宣告程序中专利文件修改的规定，请求人对此亦无异议，合议组对该权利要求书予以接受，作为本案的审查基础。

2. 关于证据

审查指南（2006版）第505页"过渡办法"中规定，对于在2006年7月1日之前提出的无效宣告请求，对其自无效宣告请求之日起一个月后提出的新理由、新证据的审查适用2001年10月18日公布的审查指南第四部分第三章第3.1节的规定。本案中请求人于2006年1月25日向专利复审委员会提出无效宣告请求，符合上述规定的适用条件。

2001年10月18日公布的审查指南（以下称2001版审查指南）第四部分第三章第3.1节规定：对请求人在提出无效宣告请求之日起一个月后提出的需要新的证据支持的新的无效宣告理由和提交的用于证明在提出无效宣告请求之日起一个月内未举证主张的具体事实的新证据，合议组不予考虑。本案中请求人提交的附件14用来证明四川抗菌素工业研究所1989年的研究报告即已载明多抗甲素的重均分子量分布在7万左右，以说明本专利权利要求1不具备新颖性，附件18用于证明附件14的来源；附件15是用来证明四川抗菌素工业研究所1990年的国家发明奖申报书中即已载明多抗甲素的平均分子量在7万左右；附件16用来证明成都利华制药厂1998年新药申报资料记载的甘露聚糖肽平均分子量为7万左右，附件17用来证明专利权人的产品宣传资料中记载的甘露聚糖肽分子量为71700，附件19用于证明附件16的成都利华制药厂就是专利权人。合议组经审查认定，附件14~19的提交日期超出了自无效宣告请求之日起一个月的举证期限，虽然这些证据的最终指向都与甘露聚糖肽的分子量相关，但这些证据本身所要证明的具体事实都未在自无效宣告请求之日起一个月内具体主张过，根据审查指南的规定，合议组对其不予考虑。

请求人在口头审理中放弃附件2，合议组对其不予考虑。

专利权人对于附件3、6、11、12的真实性没有异议，合议组对其真实性予以认可。专利权人认为附件1、4、5、7、8、9、10仅盖有"四川大学图书馆"红章，没有出证人证明，也没有经过公证手续，对这些证据的真实性有异议。合议组认为，图书馆对于馆藏出版物复印件的真实性进行证明通常情况下都仅盖有图书馆印章，这种作法为行业惯例，在请求人所交附件已盖有"四川大学图书馆"印章的情况下，专利权人如对其真实性有异议应负有举证责任，在专利权人没有提交相应反证证明附件1、4、5、7、8、9、10不真实的情况下，合议组对其真实性予以认可。

附件1、3、4、6、8、9、11、12的公开时间在本专利申请日前，对此专利权人没有异议。附件5、10的公开时间在本专利申请日之后，尽管请求人认为其仅用来证明现有技术的一些常识和概念，但是由于其公开日在后，不能证明请求人所述的现有技术常识和概念在本专利申请日前即已存在，因此合议组对附件5、10不予考虑。请求人提交的附件7是一份国家药品标准，药品标准通常以汇编发行的方式向公众公开，附件7既没有记载汇编发行日期，也无出版印刷日期，无法确定其公开时间，专利权人对其公开性亦有异议，因此附件7也不能作为支持请求人主张的现有技术证据使用。

综上所述，请求人提交的附件1、3、4、6、8、9、11、12可以作为支持请求人无效宣告理由的证据使用，合议组对附件2、5、7、10、14~19不予考虑。

3. 无效宣告请求的理由和范围

本无效宣告请求案中，请求人在口头审理中确认的无效宣告理由为：本专利说明书不符合专利法第26条第3款的规定，具体理由如案由部分所述，涉及权利要求1~11；权利要求1不符合专利法第26条第4款的规定，具体理由如案由部分所述；权利要求1相对于附件14不具备新颖性，相对于附件7和1的结合不具备创造性；权利要求2相对于附件7不具备新颖性，相对于附件7不具备创造性；权利要求3相对于附件7和附件4的结合不具备创造性；权利要求4相对于附件7和附件8的结合不具备创造性；权利要求5相对于附件1和附件7的结合不具备创造性；权利要求6~10相对于附件1不具备新颖性、创造性；权利要求11相对于附件1不具备新颖性，相对于附件7和附件1的结合不具备创造性。请求人放弃除此之外的其他无效宣告理由和证据结合方式。

虽然专利权人认为权利要求1不符合专利法第26条第4款规定的理由属于新增加的理由，不应接受，但是合议组认为该理由所依据的事实与请求人在无效宣告请求日时提出的说明书不符合专利法第26条第3款规定的理由所依据的事实相同，均为"说明书未证明重均分子量1万~20万甘露聚糖肽在药效上优于重均分子量20万以上的甘露聚糖肽"，根据2001版审查指南第四部分第三章第3.1节的规定，合议组对该理由予以考虑。

4. 关于专利法第26条第3、4款

专利法第26条第3款规定：说明书应当对发明或者实用新型作出清楚、完整的说明，以所属技术领域的技术人员能够实现为准。

专利法第26条第4款规定：权利要求书应当以说明书为依据，说明要求专利保护的范围。

说明书对发明所作说明的清楚、完整的程度，如果已经达到所属技术领域的技术人员能够实现的程度，即所属技术领域的技术人员按照说明书记载的内容，就能够实现该发明的技术方案，解决其技术问题，并且产生预期的技术效果，则说明书符合专利法第26条第3款的规定。

针对请求人提出的本专利说明书未对产品的有益效果作出清楚、完整的说明，从而不符合专利法第26条第3款的规定的无效宣告理由，合议组认为：

本专利涉及的技术方案是将α-溶血性链球菌发酵产物中提取的甘露聚糖肽半成品提纯得到的重均分子量为1万~20万的甘露聚糖肽组合物及其在制备免疫增强药物中的用途。本专利要达到的技术效果是所得重均分子量为1万~20万的甘露聚糖肽产品，相比原有的重均分子量为1万至100万的甘露聚糖肽产品，成分更加清楚，疗效更好，安全性更高，分子截留方法简单，成本低。

本专利说明书第2页记载了本专利甘露聚糖肽的制备方法，说明书第3~4页记载了本发明的具体实施方式，本专利说明书第8~21页记载了本发明产品的药效学实验，通过比较和空白实验，根据表1至表6的实验数据，本领域技术人员可以看出本专利产品能够抑制环磷酰胺引起的白细胞减少和降低谷丙转氨酶，使骨髓有核细胞增加，促进脾细胞中TH细胞分泌IL-2，具有促进淋巴细胞增殖、促进血清溶血素生成和增强巨噬细胞吞噬功能的作用，并且与空白对照组及原大重均分子量甘露聚糖肽（重均分子量20万以上）相比，药效活性要更高。

综上所述，对于本专利要求保护的甘露聚糖肽组合物而言，说明书记载了其制备方法，对其药学功效进行了实验，而且从实验数据来看其确具有免疫增强作用，且药效活性优于重均分子量20万以上的甘露聚糖肽，因此，说明书对发明的有益效果已经作了清楚和完整的说明，所以说明书记载的内容已经达到了本领域技术人员可以实施其技术方案，解决其技术问题，并且产生预期的技术效果的程度。

至于请求人主张本专利不符合专利法第26条第3款的具体理由，即：a. 说明书第11、14、16、18页描述小鼠分为7组，而实际组数为8组，说明书第20页描述小鼠随机分为5组，而实际组数为8组，因此无法知道小鼠如何分配；b. 说明书表1~6的数据组别均为7组，不知道实际应为8组的数据少了哪一组；c. 说明书表2中第五组和第七组的均数和标准差一样、表5第六组和第七组的均数和标准差一样，这种情况不可能出现，也不可能得到t检验的p值小于0.01的结论；d. 根据附件12中t值计算公式和t界值表可推知，表1、表5、表6等多处p值计算有误，根据正确计算结果不能得出重均分子量为1万~20万的甘露聚糖肽的疗效更好的结论；e. 660只实验小鼠从始至终无一死亡是不可能的；f. 怀疑专利权人没有进行过说明书第20~21页的药效学的871例临床实验；g. 说明书提到该药品具有毒性小、安全性高的优点，但未公开相关实验数据。因此本专利说明书未对产品的有益效果作出清楚、完整的说明，不符合专利法第26条第3款的规定。

（1）对于请求人的理由a、b，合议组认为，本专利说明书第9、12、14、16页描述小鼠分为7组，而实际组数为8组，说明书第18页描述小鼠随机分为5组，而实际组数为8组，说明书表1~6的数据组别均为7组，与实际8组的实验不能准确对应。但是，根据说明书"药效学试验"部分的实验方法和实验结果，应能认定每一部分的药效学实验的小鼠分组应为八组或七组，由于"实验方法"部分的分组描述将重均分子量11万~15万和16万~20万的甘露聚糖肽都定义为"第六组"，因此本领域技术人员对于实验结果部分表1~6中的第六组可产生两种理解方式：①第六组数据针对的产品为重均分子量11万~15万和16万~20万的甘露聚糖肽，②第六组数据针对的产品为重均分子量11万~15万和16万~20万的甘露聚糖肽中之一，而漏掉了另一组产品的数据。无论事实为以上哪种情况，均不会影响本领域技术人员根据说明书记载的内容对本专利产品和原大重均分子量产品的药效活性进行分析判断，因此，这些撰写上的瑕疵尚未达到影响本领域技术人员判断本专利产品能够达到预期效果的程度。

（2）对于请求人的理由c、d，虽然说明书中实验数据t检验的p值计算的确存在请求人所述的部分数据有误的问题，但是根据表1~6的活性数据结果，经第3~6组（本专利产品）的数据和第2组（空白对照组）数据的比较，能够认定本专利产品（1万~20万重均分子量）的药效活性，经第3~6组的数据和第7组（原大重均分子量产品）数据的比较，能够清楚地比较判断出本专利产品（1万~20万重均分子量）的药效活性优于原大重均分子量的甘露聚糖肽。t检验的p值体现的是差异的显著性，其部分数值的不准确，不足以从整体上否认两种产品的活性差异。因此，合议组认为两组样本的均数和标准差不可能完全一致的论断缺乏事实和理论依据

（3）对于请求人提到的e、f，由于其没有提供有说服力的证据支持其观点，合议组不予支持。并且，即使不考虑说明书第20~21页记载的临床实验，在前面所述的动物实验数据已经证明本专利产品的有益技术效果的情况下，也不能得出说明书不符合专利法第26条第3款的结论。

（4）对于请求人提出的理由g，合议组认为在本专利说明书已经证明了其产品的药效活性优于传统产品的情况下，即使说明书未能充分证明本专利产品的另一方面的性能（毒性）比传统产品更优，这也不能作为充分支持本专利说明书对于本专利产品及其制备方法和药物用途所作说明不符合专利法第26条第3款规定结论的理由。

请求人提供的附件1、3、4、6、8、9、11、12或者是介绍甘露聚糖肽的现有技术，或者是对于某些公知常识概念的说明，或者是有关专利审查的书籍，但均不能证明本专利产品的药效活性并不优于重均分子量20万以上的产品，也不能证明本专利说明书撰写上的瑕疵和某些数值的计算错误，能够实质影响本领域技术人员根据说明书记载的内容制备得到所述的甘露聚糖肽产品并预期其具有所述的作用。

综上所述，请求人主张本专利不符合专利法第26条第3款的理由不成立。

权利要求1要求保护一种重均分子量为1万~20万的甘露聚糖肽组合物，由于请求人认为本专利权利要求1不符合专利法第26条第4款的理由与其说明书不符合专利法第26条第3款的理由相同，因此基于同样的论述，请求人主张本专利不符合专利法第26条第4款的理由不成立。

5. 关于专利法第22条第2款

专利法第22条第2款规定：新颖性，是指在申请日以前没有同样的发明或者实用新型在国内外

出版物上公开发表过、在国内公开使用过或者以其他方式为公众所知，也没有同样的发明或者实用新型由他人向国务院专利行政部门提出过申请并且记载在申请日以后公布的专利申请文件中。

如果权利要求中的物理化学参数特征隐含了要求保护的产品具有区别于对比文件产品的结构和/或组成，或者说用物理化学参数表征的化学产品权利要求如果能够依据所记载的参数对由该参数表征的产品与对比文件公开的产品进行比较从而能够确定其区别时，该权利要求具有新颖性。

如前所述，合议组对附件14不予接受，附件7因不能确定公开时间从而不能作为现有技术用于评价本专利新颖性、创造性的证据，因此对于权利要求1相对于附件14不具备新颖性、权利要求2相对于附件7不具备新颖性的无效宣告理由，由于请求人主张权利要求1和2不具有新颖性所依据的附件7和附件14不能接受或不能用作现有技术证据，故合议组对其主张不予支持。

以下仅针对权利要求6~11相对于附件1不具备新颖性的无效宣告理由进行评述。

本专利权利要求6要求保护权利要求1所述的甘露聚糖肽组合物在制备免疫增强药物中的用途。其包含的技术特征为权利要求1所述的组合物的特征和其在制备免疫增强药物中的用途，其中权利要求1所述的组合物为一种甘露聚糖肽组合物，它是来自于（-溶血性链球菌（Streptococcus hemolyticus -α-Hemolysis）的发酵产物，主要由甘露聚糖肽组成，重均分子量为1万~20万，分子量分布系数在4.0以下，比旋光度为+60°至+90°。

附件1公开了一种多抗甲素（参见附件1第525~526页），并记载了多抗甲素是由正常人咽喉部分离的甲型溶血性链球菌33#株的深层培养液中经乙醇提取得到的一种α-甘露聚糖肽，分子量为71700，为白色晶状粉末，化学性质稳定，实验表明其对人和动物的淋巴细胞有直接激活效应，能促进胸腺淋巴细胞分化和增殖，促进机体的抗肿瘤免疫功能，能激活吞噬细胞，使白细胞生成增加，促进补体生成，促进白细胞介素-1的生成，能提高骨髓造血功能，毒理实验未发现其有明显毒性，多抗甲素可为免疫增强药，可用于免疫功能低下、反复呼吸道感染、白细胞减少症和再生障碍性贫血及肿瘤治疗的佐剂，也可用于宫颈糜烂、黏膜溃疡等病症。现已有其注射液、口服液和片剂上市。

权利要求6要求保护的技术方案和对比文件1公开的内容的区别在于，权利要求6明确限定了甘露聚糖肽组合物的重均分子量为1万~20万，分子量分布系数在4.0以下，比旋光度为+60°至+90°。

审查指南在第二部分第十章第3.1节关于"化学产品的确认"中规定，对于高分子化合物，除了应当对其重复单元的名称、结构式或者分子式按照对上述化合物的相同要求进行记载之外，还应当对其分子量及分子量分布、重复单元排列状态（如均聚、共聚、嵌段、接枝等）等要素作适当的说明；如果这些结构要素未能完全确认该高分子化合物，则还应当记载其结晶度、密度、二次转变点等性能参数。由该规定可知，分子量和分子量分布系数是高分子聚合物领域常用的、特征性的重要表征参数。

审查指南第二部分第三章第3.2.5节规定：对于包含性能、参数特征的产品权利要求，应当考虑权利要求中的性能、参数特征是否隐含了要求保护的产品具有某种特定结构和/或组成。如果该性能、参数隐含了要求保护的产品具有区别于对比文件产品的结构和/或组成，则该权利要求具备新颖性。如上所述，高分子聚合物的分子量和分子量分布系数是其产品的参数特征，该参数特征表征了高分组聚合物的分子结构和聚合物组成，即不同分子量大小的聚合物分子其重复单元的数目不同，为不同的分子结构；不同分子量分布系数的聚合物产品中各不同分子量大小的聚合物分子的组成比例不同。因此，分子量和分布系数隐含了产品具有某种特定结构和/或组成。

由于甘露聚糖肽是一类生物大分子聚合物，其具有分子大小不均一的特点，故生物大分子聚合物分子量及分子量分布系数是控制该类产品的关键指标。本领域技术人员知道，如果其分子量分布情况不同（例如分子量均一性很高的产品与分子量分布极为分散的产品之间），则其结构、组成以及物理、化学性能也会有差异和不同，应为不同的产品。由于分子量分布系数（分布指数）的概念为重均分子量与数均分子量的比值，且对于分子量不均一的聚合物来说数均分子量<粘均分子量<重均分子量（参见附件3第5页），因此如果分子量分布系数很大的产品，其粘均分子量、数均分子量和重均分子量很可能相差很大。虽然附件1公开了α-甘露聚糖肽产品的分子量为71700，但是没有明确其是何种分子量，也没有说明其分子量分布系数；没有证据证明该分子量为重均分子量，即使如请求人所述其为粘均分子量，也不能确定其重均分子量。因此，在权利要求6明确限定了甘露聚糖肽组合物的重均分子量为1万~20万，分子量分布系数在4.0以下而附件1没有公开上述特征的情况下，由于这两个参数特征表征了高分组聚合物的特定分子结构和聚合物组成，因此权利要求6相对于附件1具备新颖性。

请求人用附件6意图说明如用特征参数表征化合物，所用参数应该是本领域中常用的、特征性的。如前所述，分子量和分子量分布系数恰恰是高分子聚合物领域常用的、特征性的表征参数，审查指南第二部分第十章第3.1节对此的说明是明确的。

审查指南第二部分第十章第5.3节规定，对于用物理化学参数表征的化学产品权利要求，如果无法依据所记载的参数对由该参数表征的产品与对比文件公开的产品进行比较，从而不能确定采用该参数表征的产品与对比文件产品的区别，则推定用该参数表征的产品权利要求不具备专利法第22条第2款所述的新颖性。根据上述规定，如果权利要求中的性能、参数特征隐含了要求保护的产品具有区别于对比文件产品的结构和/或组成，或者说用物理化学参数表征的化学产品权利要求如果能够依据所记载的参数对由该参数表征的产品与对比文件公开的产品进行比较从而能够确定其区别时，该权利要求具有新颖性。本案中，由于分子量和分子量分布系数恰恰是高分子聚合物领域常用的、特征性的表征参数，本专利以重均分子量和分子量分布系数表征甘露聚糖肽组合物后，显然可以依据上述参数对由该参数表征的产品与对比文件公开的产品进行比较，从而能够确定采用上述参数表征的产品与附件1产品的区别，因此，并不能推定权利要求6所述的产品不具有新颖性。

由于权利要求6所述的产品相对于附件1具有新颖性，故要求保护所述产品的用途权利要求6相对于对比文件1必然具备新颖性，符合专利法第22条第2款的规定。

从属权利要求7~11均为权利要求6的从属权利要求，在其所引用的独立权利要求6相对于对比文件1具备新颖性的情况下，权利要求7~11相对于对比文件1也具备新颖性。

权利要求11要求保护含有权利要求1、2或3所述甘露聚糖肽的药物组合物，因此基于上述同样的理由，权利要求11要求保护的技术方案与附件1相比也至少存在重均分子量和分子量分布系数的区别，因此权利要求11相对于附件1也具备新颖性，符合专利法第22条第2款的规定。

6. 关于专利法第22条第3款

专利法第22条第3款规定的创造性，是指同申请日以前已有的技术相比，该发明有突出的实质性特点和显著的进步。

如果现有技术中没有给出将权利要求要求保护的技术方案与最接近的现有技术间的区别特征应用到该最接近的现有技术以解决其存在的技术问题的启示，则该技术方案具备突出的实质性特点；如果该所要保护的技术方案具有有益的技术效果，则其也具备显著的进步。

如前所述，附件7不能作为评价本专利新颖性、创造性的现有技术证据，因此对于权利要求1相对于附件7和1的结合不具备创造性、权利要求2相对于附件7不具备创造性、权利要求3相对于附件7和附件4的结合不具备创造性、权利要求4相对于附件7和附件8的结合不具备创造性、权利要求5相对于附件1和附件7的结合不具备创造性、权利要求11相对于附件7和附件1的结合不具备创造性的无效宣告理由,由于请求人主张权利要求 1~5、11 不具有创造性所依据的附件 7 和附件 14 不能接受或不能用作现有技术证据,故合议组对其主张不予支持。

以下仅对权利要求 6~10 相对于附件 1 不具备创造性的无效宣告理由进行评述。

如前所述,权利要求 6 相对于附件 1 公开的技术方案,至少存在下述区别技术特征:重均分子量为 1 万~20 万、分子量分布系数在 4.0 以下。本领域技术人员从附件 1 代表的现有技术中无法得到将上述区别技术特征引入附件 1 公开的技术方案从而获得权利要求 6 中所述产品的技术启示,故权利要求 6 中所述产品相对于附件 1 中公开的产品对于本领域技术人员而言并非显而易见,具备突出的实质性特点。如前文"关于专利法第 26 条第 3、4 款"一节所述,本专利说明书证明了权利要求 6 中所述产品具有免疫增强作用,因此权利要求 6 中所述产品具有有益的技术效果,具备显著的进步。故权利要求 6 所述产品相对于附件 1 具备创造性。在此基础上,权利要求 6 要求保护的该产品在制备免疫增强药物中的用途这一技术方案相对于附件 1 也具备突出的实质性特点和显著的进步,具备创造性。

从属权利要求 7~10 在权利要求 6 的基础上对所述免疫增强药物分别进行了限定,在独立权利要求 6 具备创造性的基础上,从属权利要求 7~10 相对于附件 1 也具备专利法第 22 条第 3 款规定的创造性。

基于以上事实和理由,本案合议组作出如下审查决定。

三、决定

在专利权人于 2008 年 7 月 3 日提交的修改后的权利要求 1~11 的基础上维持第 03117579.1 号发明专利权有效。

当事人对本决定不服的,可以根据专利法第 46 条第 2 款的规定,自收到本决定之日起三个月内向北京市第一中级人民法院起诉。根据该款规定,一方当事人起诉后,另一方当事人应当作为第三人参加诉讼。

香菇多糖冻干粉针剂及其制备方法

无效宣告请求审查决定（第12021号）

决 定 号	第12021号
决 定 日	2008年7月28日
发明创造名称	香菇多糖冻干粉针剂及其制备方法
国 际 分 类 号	A61K 31/715，A61K 9/19，A61P 35/00
无效宣告请求人	南京易亨制药有限公司
专 利 权 人	南京康海药业有限公司
专 利 号	00112407.2
申 请 日	2000年7月19日
授权公告日	2003年11月5日
合议组组长	李金光
主 审 员	吴通义
参 审 员	李瑛琦
法 律 依 据	专利法第22条第3款

决 定 要 点

当一项技术方案相对于最接近的现有技术存在区别技术特征时，应判断现有技术是否给出将上述区别技术特征应用到该最接近现有技术以解决其存在的技术问题的启示，如果存在这种技术启示，且所述技术方案没有产生意想不到的技术效果，则该技术方案不具备创造性。

一、案由

本无效宣告请求案涉及国家知识产权局于2003年11月5日授权公告的、名称为"香菇多糖冻干粉针剂及其制备方法"的第00112407.2号发明专利权（下称本专利），其申请日为2000年7月19日。2004年7月16日，专利权人由南京振中生物工程有限公司变更为南京康海药业有限公司。本专利授权公告的权利要求如下：

"1. 一种抗肿瘤的香菇多糖冻干粉针剂，其特征在于以下述重量配比药物为原料制备：香菇多糖0.50~1.40份，冻干赋形剂甘露醇、葡萄糖、蔗糖或乳糖50~140份。

2. 根据权利要求1所述抗肿瘤的香菇多糖冻干粉针剂，其特征在于以下述重量配比药物为原料：香菇多糖0.95~1.20份，冻干赋形剂甘露醇、葡萄糖、蔗糖或乳糖100份。

3. 根据权利要求1所述抗肿瘤的香菇多糖冻干粉针剂，其特征在于冻干赋形剂是甘露醇或乳糖。

4. 根据权利要求1所述抗肿瘤的香菇多糖冻干粉针剂，其特征在于冻干赋形剂是甘露醇。

5. 一种抗肿瘤的香菇多糖冻干粉针剂的制备方法，其特征在于：

取香菇多糖 0.50~1.40 份，用碱液溶解，加酸液中和，再与冻干赋形剂甘露醇、葡萄糖、蔗糖或乳糖 50~140 份混合，分装入瓶，冻干后，封口。

6. 根据权利要求 5 所述抗肿瘤的香菇多糖冻干粉针剂的制备方法，其特征在于取香菇多糖 0.95~1.20 份，用碱液溶解，加酸液中和，再与种冻干赋形剂甘露醇、葡萄糖、蔗糖或乳糖 100 份混合，分装入瓶，冻干后，封口。

7. 根据权利要求 5 所述抗肿瘤的香菇多糖冻干粉针剂的制备方法，其特征在于冻干赋形剂是甘露醇或乳糖。

8. 根据权利要求 5 所述抗肿瘤的香菇多糖冻干粉针剂的制备方法，其特征在于冻干赋形剂是甘露醇。

9. 根据权利要求 5 的要求所述香菇多糖冻干粉针剂的制备方法，其特征在于碱液为 0.5~1.0 摩尔浓度的氢氧化钠，酸液为 0.5~1.0 摩尔浓度的盐酸。

10. 根据权利要求 5 所述香菇多糖冻干粉针剂的制备方法，其特征在于用酸液中和至 pH 为 6.0~8.0。"

针对上述专利权，南京易亨制药有限公司（下称请求人）于 2007 年 11 月 16 日向专利复审委员会提出无效宣告请求，并提交了下述附件作为证据：

附件 1：第 96116294.5 号中国发明专利申请公开说明书，公开日为 1997 年 10 月 1 日，复印件共 5 页（下称证据 1）；

附件 2：第 99100213.X 号中国发明专利说明书，授权公告日为 2001 年 11 月 14 日，复印件共 7 页（下称证据 2）。

请求人认为本专利不符合专利法第 22 条第 3 款，第 26 条第 3 款和第 4 款，以及专利法实施细则第 20 条第 1 款和第 21 条第 2 款的规定。其中不符合专利法第 22 条第 3 款规定的具体理由为：（1）证据 1 公开了采用纯化的香菇多糖经合适的氢氧化钠浓度溶解，柠檬酸调节 pH 至 7.0~7.5，滤去不溶物，滤液分装，高温消毒得到香菇多糖注射液，权利要求 1 与证据 1 相比的区别技术特征在于证据 1 没有公开冻干赋形剂甘露醇、葡萄糖、蔗糖或乳糖 50~140 份。证据 2 公开了将葛根素用不同的药理条件下允许的碱性物质进行调配，制成澄清液，然后按照冻干工艺进行冷冻干燥，制备成葛根素冻干粉针剂，其中赋形剂为甘露醇或乳糖，而且采用权利要求 1 的赋形剂也是本领域的公知常识，与证据 1 和 2 的结合以及公知常识相比，权利要求 1 不具有创造性。（2）权利要求 2~4 的附加技术特征已经在证据 1 和/或 2 中公开，权利要求 2~4 不具有创造性。（3）权利要求 5~10 的制备方法已在证据 2 中公开，该方法也是公知常识，权利要求 5~10 不具有创造性。

经形式审查合格后，专利复审委员会受理了上述请求，案件编号为 W401977，于 2007 年 11 月 29 日向双方当事人发出《无效宣告请求受理通知书》，并将《专利权无效宣告请求书》及其附件清单中所列附件的副本转送给专利权人，要求其在指定的期限内答复，同时成立合议组对本无效请求案进行审理。

针对请求人于 2007 年 11 月 16 日提出的《专利权无效宣告请求书》及其附件，专利权人于 2008 年 1 月 14 日提交了意见陈述书。专利权人认为：（1）证据 1 公开的是香菇多糖注射液，是通过方法特征体现的，没有涉及本专利权利要求 1 中的组分及其含量；证据 2 没有公开权利要求 1~4 的组分及其含量，而且葛根素和香菇多糖是从结构到化学性质完全不同的两种物质；证据 1 和 2 分别单独使用或者结合使用都不能够破坏权利要求 1~4 的创造性。（2）请求人没有结合证据 2 说明证据 2 如何公开权利要求 5~10 的技术方案以及权利要求 5~10 的技术方案如何为公知常识，请求人主张权利要求5~10不具有创造性的观点缺乏事实依据。(3) 请求人主张本专利不符合专利法第26条第3款和第4款、专利法实施细则第20条第1款和第21条第2款的规定，但是没有结合具体事实予以说明，不能成立。

2007年12月17日，请求人补充提交了附件3：

附件3：第94113809.7号中国发明专利申请公开说明书，公开日为1996年5月22日，复印件共6页（下称证据3）。

请求人进一步主张：(1) 证据3公开了一种参麦注射冻干粉，其赋形剂为甘露醇或乳糖，权利要求1的"赋形剂甘露醇、葡萄糖、蔗糖或乳糖"也是本领域技术人员在制备冻干制剂时常用的属于公知常识的赋形剂，与证据1和2的结合以及公知常识相比，权利要求1不具有创造性。(2) 权利要求2~4的附加技术特征已经在证据1和/或证据2和/或证据3中公开，权利要求2~4不具有创造性。(3) 权利要求5~10的制备方法在证据2和/或证据3中公开，该方法也是公知常识，权利要求5~10不具有创造性。

2008年2月13日，本案合议组将请求人于2007年12月17日提交的补充意见陈述书和相关附件的副本转送给专利权人。

2008年3月24日，本案合议组将专利权人于2008年1月14日提交的意见陈述书副本转送给请求人。

针对请求人于2007年12月17日提交的补充意见陈述书和相关附件，专利权人于2008年3月28日提交了意见陈述书，专利权人认为：证据3公开的是一种参麦冻干粉，没有公开本专利权利要求2~4和5~10的技术方案，在权利要求1具备创造性的基础上，权利要求2~10具有创造性。

2008年5月7日，本案合议组将专利权人于2008年3月28日提交的意见陈述书转送给请求人。

针对上述专利权，南京易亨制药有限公司（下称请求人）再次于2007年12月28日向专利复审委员会提出无效宣告请求，并提交了下述附件作为证据：

附件1：第96116294.5号中国发明专利申请公开说明书，公开日为1997年10月1日，复印件共5页（同上述证据1，下称证据1）；

附件2：第99100213.X号中国发明专利说明书，授权公告日为2001年11月14日，复印件共7页（同上述证据2，下称证据2）；

附件3：特开平6-72896号日本发明专利申请公开说明书，公开日为1994年3月15日，复印件共5页（下称证据4）；

附件4：《新药品种资料汇编》（1995年册），中华人民共和国卫生部药政局，扉页，第318、319、417~419页，复印件共6页（下称证据5）；

附件5："香菇多糖对恶性肿瘤的治疗作用"，新药与临床，1996年1月，第15卷第1期，29~31页，复印件共3页（下称证据6）。

请求人认为：(1) 证据1公开了采用纯化的香菇多糖经合适的氢氧化钠浓度溶解，柠檬酸调节pH至7.0~7.5，滤去不溶物，滤液分装，高温消毒得到香菇多糖注射液，权利要求1与证据1相比的区别技术特征在于证据1没有公开冻干赋形剂甘露醇、葡萄糖、蔗糖或乳糖50~140份。证据2公开了将葛根素用不同的药理条件下允许的碱性物质进行调配，制成澄清液，然后按照冻干工艺进行冷冻干燥，制备成葛根素冻干粉针剂，其中赋形剂为甘露醇或乳糖，采用权利要求1的赋形剂也是本领域的公知常识，与证据1和2的结合以及公知常识相比，权利要求1不具有创造性。(2) 证据4公开一种香菇多糖冻干粉针，包括香菇多糖1mg、右旋糖酐-40 2mg、甘露醇100mg，还公开了甘露醇和右旋糖酐的量可以适量增减，与证据4相比，权利要求1~4的区别技术特征仅在于：本专利冻干粉针的赋形剂不包括证据4中的右旋糖酐，显然不具有创造性。（3）证据5和6都公开了南京振中生物制品有限公司的香菇多糖粉针剂，即在申请日前，香菇多糖粉针剂已经被公开并广泛采用，与证据5或6相比，权利要求1~4的区别技术特征仅在于：权利要求中公开了冻干粉针的赋形剂为甘露醇、葡萄糖、蔗糖或乳糖50~140份，而在冻干粉针中加入上述赋形剂是本领域的公知常识，或已经在证据2中公开，因此，权利要求1~4不具有创造性。（4）权利要求2~4的附加技术特征分别在证据1和/或证据2和/或证据4中公开，权利要求2~4不具有创造性。（5）权利要求5~10的制备方法在证据2中公开，该方法也是本领域的公知常识，权利要求5~10不具有创造性。（6）本专利权利要求不符合专利法实施细则第20条第1款和第21条第2款的规定。

经形式审查合格后，专利复审委员会受理了上述请求，案件编号为W402037，于2008年4月2日向双方当事人发出《无效宣告请求受理通知书》，并将《专利权无效宣告请求书》及其附件清单中所列附件的副本转送给专利权人，要求其在指定的期限内答复，同时成立合议组对本无效请求案进行审理。

请求人于2008年1月28日补充提交了附件6和附件7：

附件6："右旋糖酐40不良反应695例分析"，中国药房，1998年第9卷第3期，第128~129页，复印件共2页（下称证据7）；

附件7：证据4的中文译文，共4页。

请求人认为：权利要求6中的"再与种冻干赋形剂"多了"种"字导致不清楚；权利要求10中的"pH"不是本领域的通用术语，致使不清楚；权利要求6和10不符合专利法实施细则第20条第1款的规定。（2）权利要求1中仅描述"以下述重量配比药物为原料制备"，未提及具体制备过程，而对原料的处理和加工步骤是解决本专利技术问题所必不可少的技术特征，因此，权利要求1不符合专利法实施细则第21条第2款的规定。（3）权利要求1、2、5和6中的"香菇多糖0.50~1.40份，冻干赋形剂甘露醇、葡萄糖、蔗糖或乳糖50~140份"以及"香菇多糖0.95~1.20份"中的数值范围，以及权利要求9中的"碱液为0.5~1.0摩尔浓度的氢氧化钠，酸液为0.5~1.0摩尔浓度的盐酸"和权利要求10中的"pH为6.0~8.0"的数值范围得不到说明书的支持；实施例中的碱液为氢氧化钠，酸液为盐酸，权利要求5和6中的上位概念"碱液"和"酸液"得不到说明书的支持；实施例中的冻干赋形剂仅为甘露醇，权利要求1~3和5~7中的"冻干赋形剂甘露醇、葡萄糖、蔗糖或乳糖"得不到说明书的支持，因此，本专利不符合专利法第26条第4款的规定。（4）证据4公开一种香菇多糖冻干粉针，包括香菇多糖1mg、右旋糖酐-40 2mg、甘露醇100mg，还公开了甘露醇和右旋糖酐的量可以适量增减，破坏了权利要求1中冻干赋形剂为甘露醇的技术方案，同时用葡萄糖、蔗糖和乳糖替代甘露醇是惯用手段的直接置换，因此权利要求1中的其他技术方案以及权利要求2~4相对于证据4都不具有新颖性。（5）证据4公开一种香菇多糖冻干粉针剂，证据7表明右旋糖酐-40的不良反应中过敏性休克86例，死亡11例占12.79%，在证据4和7的启示下，本领域技术人员不需花费创造性劳动即可得到一种不含右旋糖酐-40的香菇多糖冻干制剂，且葡萄糖、蔗糖和乳糖是制备冻干粉针剂时常用的赋形剂，因此，权利要求1~4相对于证据4和7不具有创造性。（6）在证据4公开香菇多糖冻干粉针的基础上结合证据7的启示，再根据证据2将赋形剂进行直接置换，本领域技术人员不需花费创造性劳动即可得到权利要求1~4的技术方案；权利要求1~4相对于证据2、4和7不具有创造性。（7）证据5和6没有明确公开粉针剂的组分及其含量，但是本领域技术人员可以推知其必然含香菇多糖和必要的冻干赋形剂，而权利要求1~4中具体限定的组分含量也没有产生意想不到的技术效果，因此，权利要求1~4相对于证据5和6不具有创造性。（8）权利要求5与证据1的区别在于：权利要求5增加冻干赋形剂，并包括冻干封口的步骤，而证据4公开了冻干粉针剂和冻干赋形剂，本领域技术人员根据证据1和4，以及药物领域的基本常识，将冻干赋形剂直接置换并增加必要的冻干封口步骤，得到权利要求5~8是显而易见的，权利要求9和10的附加技术特征在证据1中公开，权利要求9和10也不具有创造性。（9）证据7中反映不良反应中过敏性休克死亡占12.79%，结合证据1、4和7，权利要求5~10不具有创造性。（10）在证据4的香菇多糖冻干粉针的技术启示下，结合证据2的冻干粉针的制备方法，将冻干赋形剂做等同置换，则不花费创造性劳动就能得到权利要求5~8的技术方案，因而，权利要求5~8不具有创造性，权利要求9和10的进一步限定碱液、酸液及其浓度，然而这种限定没有产生任何意想不到的技术效果，不具有创造性。（11）权利要求5~10相对于证据1和2不具有创造性。

针对请求人于2007年12月28日提出的《专利权无效宣告请求书》及其附件，专利权人于2008年5月19日提交了意见陈述书。专利权人认为：（1）证据1和2都没有涉及本专利权利要求1的主题、组分及其含量，权利要求1相对于证据1和2具备创造性。（2）请求人没有提交证据4的中文译文，证据5是一份内部资料，证据4和5应当不予考虑。（3）请求人没有具体分析证据6如何破坏本专利权利要求1~4的创造性，因此，请求人主张权利要求1~4相对于证据6不具有创造性的理由不成立。（4）证据2公开的是葛根素冻干粉针剂及其制备方法，葛根素与香菇多糖是从结构到化学性质完全不同的两种物质，请求人主张权利要求5~10相对于证据2不具备创造性的理由不成立。（5）请求人没有对其提出的本专利不符合专利法实施细则第20条第1款、第21条第2款规定的主张陈述理由和事实，该请求不能成立。

2008年5月20日，本案合议组将请求人于2008年1月28日提交的补充意见陈述书和相关附件转送给专利权人。

2008年4月14日，本案合议组向双方当事人发出口头审理通知书，拟定于2008年6月5日对本专利权的第W401977号和第W402037号无效宣告请求案进行合并口头审理。

2008年6月5日，口头审理如期进行。双方当事人均委托代理人参加了口头审理，双方当事人对对方出庭人员的身份和资格没有异议，对合议组没有回避请求。合议组逐一调查了无效宣告请求的理由和证据，双方当事人充分陈述了意见。在口头审理过程中，明确了如下事实：

针对第W401977号无效宣告请求案：

（1）请求人仅保留权利要求1~4相对应证据1、2和3不具有创造性的无效理由，并且证据组合方式仅为证据1和2结合公知常识、证据1和3结合公知常识、证据1、2和3结合公知常识。

（2）专利权人对证据1、2和3的真实性、公开性和关联性均没有异议。

（3）双方坚持所提交的书面意见，没有其他补充意见。

针对第W402037号无效宣告请求案：

（1）合议组将专利权人于2008年5月19日提交的意见陈述书当庭转交给请求人。

（2）请求人仅保留权利要求1~3、5~7、9、10不符合专利法第26条第4款规定，权利要求1~4相对于证据4不具有新颖性，以及权利要求1~10不具有创造性的无效理由，放弃其他其他无效理由以及证据2和5。其中请求人主张权利要求1~10不具有创造性的无效理由为：与证据4和公知常识的组合、证据6和公知常识的组合、证据4和证据7以及公知常识的组合相比，权利要求1~4无创造性；与证据1和证据4和公知常识的组合、证据1和证据4和证据7和公知常识的组合相比，权利要求5~10无创造性，证据4或证据6为最接近的对比文件。

（3）请求人当庭出示加盖有"国家图书馆"红章的证据6和7的复印件以及国家图书馆科技查询中心出具的文件复制证明，专利权人对证据1、4、6和7的真实性、公开性和关联性均没有异议，对证据4译文的准确性没有提出异议。

(4) 请求人当庭提供如下四份公知常识性证据，专利权人认可该四份证据为公知常识性证据：

①《工业药剂学》，张汝华、屠锡德主编，中国医药科技出版社，1993年3月第1版，封面，扉页，第1、12、13、271~274页，信息页和封底，共11页（下称证据8）；

②《中药药剂学》，范碧亭主编，上海科学技术出版社，1997年12月1版，封面、信息页、第7、8、239、282、283页，封底，共8页（下称证据9）；

③《新编简明药物手册》，焦万田主编，人民军医出版社，1997年3月第2版，封面，扉页，信息页，内容提要页，第1、20、21、478、479页，封底，共6页（下称证据10）；

④《中药药剂学》，曹春林主编，上海科学技术出版社，1986年11月第1版，封面、第5、440、441页，封底，共5页（下称证据11）。

(5) 专利权人当庭提交一份证据：《新编药物学》，陈新谦、金有豫、汤光主编，人民卫生出版社，2003年3月第15版第30次印刷，第532~533页，共2页（下称反证1）。请求人对反证1的真实性没有异议，但是认为反证1的出版日期在本专利的申请日之后。

2008年6月12日，请求人提交一份针对第W402037号无效宣告请求案的意见陈述书，坚持本专利不具有创造性的主张。

经过上述审查程序，合议组认为本案事实已经清楚，可以依法作出审查决定。

二、决定的理由

1. 本决定依据的审查文本

本无效宣告请求案的审理过程中专利权人未提交过修改的申请文件，因此本无效宣告请求审查决定所依据的审查文本是本专利的授权公告文本。

2. 关于无效宣告请求的理由

根据请求人在口头审理过程中的确认，本案审理的范围如下：(1) 权利要求1~3、5~7、9、10不符合专利法第26条第4款规定。(2) 权利要求1~4相对于证据4不具有新颖性。(3) 相对于证据1和2结合公知常识、证据1和3结合公知常识、证据1、2和3结合公知常识，权利要求1~4不具有创造性。(4) 与证据4和公知常识的组合、证据6和公知常识的组合、证据4和证据7以及公知常识的组合相比，权利要求1~4无创造性。(5) 与证据1和证据4和公知常识的组合、证据1和证据4和证据7和公知常识的组合相比，权利要求5~10无创造性。

3. 关于证据

专利权人对请求人提交的证据1~4、6和7的真实性、公开性和关联性没有异议，合议组对证据1~4、6和7的真实性、公开性和关联性也予以确认。

专利权人未对证据4的中文译文的准确性提出异议，合议组对证据4的中文译文的准确性予以确认。

专利权人认可请求人当庭提交证据8~11是本领域的公知常识性证据，合议组对此予以确认。

请求人对专利权人当庭提交的反证1的真实性没有异议，但是认为该证据是在申请日后公开。请求人认为该证据的初次出版日期早于本专利申请日。对此，合议组认为反证1的公开时间为2003年3月，尽管反证1的版权页显示《新编药物学》的首次出版时间在1951年6月，但是没有证据证明反证1中的内容已经在1951年6月第1版中或者在本专利申请日前出版的版次中记载。反证1公开在本专利申请日之后，不能作为本专利申请日前的公知常识。

请求人声明放弃证据5，所以合议组不再对其进行审查和评价。

综上所述，合议组审查第4W01977号无效宣告请求案所用的证据为证据1~3；审查第4W02037号无效宣告请求案所用的证据为证据1、4（及其中文译文）和6~11。

4. 关于专利法第 22 条第 3 款

专利法第 22 条第 3 款规定:"创造性是指同申请日以前已有的技术相比,该发明有突出的实质性特点和显著的进步,该实用新型有实质性特点和进步。"

根据该款规定,当一项技术方案相对于最接近的现有技术存在区别技术特征时,应判断现有技术是否给出将上述区别技术特征应用到该最接近现有技术以解决其存在的技术问题的启示,如果存在这种技术启示,且所述技术方案没有产生意想不到的技术效果,则该技术方案不具备创造性。

本专利权利要求 1 请求保护一种抗肿瘤的香菇多糖冻干粉针剂。证据 4 公开了一种含有香菇多糖 1 mg、右旋糖酐-40 2mg、甘露醇 100mg 的冻干粉针剂(参见证据 4 的中文译文第 2 页第 27 行)。

对于权利要求 1 中的赋形剂为甘露醇的技术方案而言,权利要求 1 的冻干粉针剂与证据 4 的冻干粉针剂的区别在于其不包括组分右旋糖酐-40,该技术方案相对于证据 4 所要解决的技术问题是使香菇多糖冻干粉针剂中不含会引起不良反应的成分。证据 7 表明右旋糖酐引起的不良反应 695 例,其中过敏性休克 86 例(包括死亡 11 例)占 12.79%,上述 86 例患者中大部分为首次用药即出现过敏性反应,发生时间为用药开始至 24 小时,绝大多数为 1~5 分钟(参见证据 7),该证据给出了在药物中尽量少用或不用右旋糖酐,以减少或排除右旋糖酐的潜在危害的启示。本领域技术人员为避免药物不良反应而改进证据 4 的冻干粉针剂时,显而易见会首选去除右旋糖酐,即在证据 4 公开内容的基础上结合证据 7 的教导,本领域技术人员得出权利要求 1 请求保护的冻干粉针剂中赋形剂为甘露醇而不含右旋糖酐-40 是显而易见的,而且权利要求 1 的技术方案没有带来意想不到的技术效果。因此,权利要求 1 中的赋形剂为甘露醇的冻干粉针剂的技术方案相对于证据 4 和 7 的结合不具备创造性,不符合专利法第 22 条第 3 款的规定。

对于权利要求 1 中的赋形剂为葡萄糖、蔗糖或乳糖的技术方案而言,权利要求 1 的冻干粉针剂与证据 4 公开的冻干粉针剂的区别在于其不包括组分右旋糖酐-40,且赋形剂为葡萄糖、蔗糖或乳糖替代了甘露醇。同理,在证据 4 公开内容的基础上结合证据 7 的教导,得到香菇多糖冻干粉针剂中赋形剂为甘露醇而去除会引起过敏性休克不良反应的右旋糖酐-40 的技术方案是显而易见的,而且没有任何意想不到的技术效果,因而上述技术方案不具有创造性。本领域技术人员公知甘露醇、葡萄糖、蔗糖和乳糖是常用的冻干赋形剂(参见证据 8 和 9),因此可以想到用葡萄糖、蔗糖和乳糖替换证据 4 的赋形剂甘露醇,即在证据 4 和 7 公开内容的基础上结合本领域的公知常识,得到权利要求 1 中的赋形剂为葡萄糖、蔗糖或乳糖的冻干粉针剂是显而易见的,而且无证据表明权利要求 1 中的该技术方案产生任何意想不到的技术效果。权利要求 1 中的冻干赋形剂为葡萄糖、蔗糖或乳糖的技术方案相对于证据 4 和 7 以及本领域公知常识不具备创造性,不符合专利法第 22 条第 3 款的规定。

权利要求 2 进一步限定权利要求 1 请求保护的冻干粉针剂中香菇多糖与冻干赋形剂之间的配比关系,而证据 4 中公开的香菇多糖与赋形剂的配比落入权利要求 2 限定的配比关系的范围内,基于与权利要求 1 不具有创造性的相同理由,相对于证据 4 和 7 的结合,或者相对于证据 4 和 7 以及公知常识的结合,权利要求 2 不具有创造性,不符合专利法第 22 条第 3 款的规定。

权利要求 3 进一步限定权利要求 1 中的赋形剂为甘露醇或乳糖,基于与权利要求 1 不具有创造性的相同理由,相对于证据 4 和 7 的结合,或者相对于证据 4 和 7 以及公知常识的结合,权利要求 3 不具有创造性,不符合专利法第 22 条第 3 款的规定。

权利要求 4 进一步限定权利要求 1 中的赋形剂为甘露醇,基于上述针对权利要求 1 的评述理由,相对于证据 4 和 7 的结合,权利要求 4 不具有创造性,不符合专利法第 22 条第 3 款的规定。

权利要求 5 请求保护一种香菇多糖冻干粉针剂的制备方法。证据 4 公开了一种含有香菇多糖 1

mg、右旋糖酐-40 2mg、甘露醇100mg的冻干粉针剂（参见证据4的中文译文第2页第27行），其中隐含公开了以香菇多糖1 mg、右旋糖酐-40 2mg、甘露醇100mg为原料来制备该冻干粉针剂的方法。权利要求5与证据4公开的内容的区别在于：（1）权利要求5中不包括原料右旋糖酐-40；（2）权利要求5中明确记载了配制香菇多糖溶液、添加赋形剂、分装、冻干和封口的操作步骤；（3）当权利要求5的赋形剂为葡萄糖、蔗糖或乳糖时，区别于证据4的原料甘露醇。权利要求5要解决的技术问题是制备不含会产生不良反应的成分的冻干制剂。

首先，证据7表明右旋糖酐会产生不良反应，给出了在药物中尽量少用或不用右旋糖酐技术启示，在证据4的基础上，本领域技术人员在制备不含会产生不良反应的成分的香菇多糖冻干制剂时，显然会首先排除右旋糖酐；其次，本领域技术人员公知冻干粉针剂的制备过程包括：药液配制、分装、冷冻干燥和封口等操作步骤（参见证据11），其中冻干制品在冷冻干燥之前的处理与制备水性注射剂的操作基本上相同，而且证据1中公开了香菇多糖注射液的制备方法，包括通过用氢氧化钠溶液溶解并用酸（柠檬酸）调节pH值以制备香菇多糖溶液；此外，本领域技术人员还公知甘露醇、葡萄糖、蔗糖和乳糖是常用的冻干赋形剂（参见证据8和9）。因此，在证据1、4和7以及公知常识的基础上，本领域技术人员得到权利要求5的技术方案是显而易见的，通过权利要求5的方法制备得到不含会产生不良反应的成分的冻干制剂的技术效果也是本领域技术人员可以预期的。故权利要求5相对于证据1、4和7以及公知常识的结合无创造性，不符合专利法第22条第3款的规定。

权利要求6进一步限定权利要求5的制备方法中香菇多糖与冻干赋形剂之间的配比关系，而证据4中公开的香菇多糖与赋形剂的配比落入权利要求6限定的配比关系的范围内，基于上述针对权利要求5的评述理由，相对于证据1、4和7以及公知常识的结合，权利要求6不具有创造性，不符合专利法第22条第3款的规定。

权利要求7进一步限定权利要求5中的赋形剂为甘露醇或乳糖，基于上述针对权利要求5的评述理由，相对于证据1、4和7以及公知常识的结合，权利要求7不具有创造性，不符合专利法第22条第3款的规定。

权利要求8进一步限定权利要求5中的赋形剂为甘露醇，基于上述针对权利要求5的评述理由，相对于证据1、4和7以及公知常识的结合，权利要求8不具有创造性，不符合专利法第22条第3款的规定。

权利要求9进一步限定权利要求5中的碱液为0.5~1.0摩尔浓度的氢氧化钠，酸液为0.5~1.0摩尔浓度的盐酸，而证据1中公开溶解香菇多糖的氢氧化钠浓度为0.1~0.6摩尔/升，其中的0.6摩尔/升落入权利要求9限定的氢氧化钠浓度范围内，而0.5~1.0摩尔浓度的盐酸也是本领域用于调节pH的常用酸液，并且选择上述氢氧化钠和盐酸没有给本发明带来任何意想不到的技术效果。因此，在所引用的权利要求5无创造性的基础上，相对于证据1、4和7以及公知常识的结合，权利要求9也不具有创造性，不符合专利法第22条第3款的规定。

权利要求10进一步限定权利要求5中用酸液中和至pH为6.0~8.0，本领域技术人员公知正常人血浆的pH约为7.4，用于注射的药液应接近中性，权利要求10中的pH范围的选择是显而易见的，并且没有给本发明带来任何意想不到的技术效果。因此，在所引用的权利要求5无创造性的基础上，相对于证据1、4和7以及公知常识的结合，权利要求10也不具有创造性，不符合专利法第22条第3款的规定。

专利权人认为：右旋糖酐在证据7中是作为药物使用，在证据4中是作为赋形剂的，所起的作用不同。现有技术中没有教导多大量的右旋糖酐会产生副作用，右旋糖酐作为赋形剂没有副作用，证据4本身说明在冻干粉针剂中使用右旋糖酐是安全可靠的。因此，本领域技术人员不会对证据4的冻干粉针剂进行改进。此外，在去除右旋糖酐后，本专利的冻干粉针剂的效果更好，并且为香菇多糖含量的测定提供极大方便。对此，合议组认为：尽管右旋糖酐作为血浆代用品与作为赋形剂在应用形式上存在差异，使用剂量也存在差别，但是其进入体内后与机体发生反应的机理是相同的。证据7明确教导了由于右旋糖酐本身是一种强有力的抗原，存在于食糖中，并且在人的胃肠道中发现了可产生右旋糖酐的微生物，因此小部分人虽未接受过右旋糖酐的治疗，但是循环系统中却存在多糖沉淀素，在首次用右旋糖酐时也出现变态反应，并且在以右旋糖酐作为血浆代用品滴注时，绝大多数人过敏反应发生时间为1~5分钟。可见并非使用大量的右旋糖酐才会出现过敏性休克反应，由于个体差异的存在，导致施用小剂量右旋糖酐也存在发生不良反应的可能性，为了消除这种潜在的危害，本领域技术人员可以想到在药物中尽量少用或不用右旋糖酐。证据4仅说明含有香菇多糖、右旋糖酐-40、甘露醇的冻干制剂作为免疫激活剂对于预防和减轻肾功能障碍的有效性，而没有证据证明该制剂是绝对安全可靠的。另外，一种药物被上市或被使用也没有排除技术人员对其作进一步改进的可能性。相反，在制药领域中，对于已知药物不良反应的监测往往引导技术人员在开发新药物时摒弃会导致该不良反应的药物成分。因此，在证据7的教导下，本领域技术人员有动机改进证据4的冻干粉针剂，去除其中可能产生严重不良反应的右旋糖酐-40，以使得该粉针剂更加符合药品安全性的标准。对于证据4的冻干粉针剂与本专利的冻干粉针剂之间的比较，合议组认为：本专利相对于证据4省去右旋糖酐-40后，由右旋糖酐所引起的不良反应以及在香菇多糖含量测定上的不便相应地不存在了，这是本领域技术人员可以预期的。本专利说明书中记载了本发明的冻干粉针剂与安慰剂对照组的临床实验数据，而没有其他证据证明省去右旋糖酐-40的冻干粉针剂仍然具有与包括右旋糖酐-40的香菇多糖冻干制剂完全相同的性能和疗效，故本专利不具有意想不到的技术效果。合议组对专利权人的上述主张不予支持。

综上所述，本专利权利要求1~10不符合专利法第22条第3款的规定。

鉴于以上评述已经得出权利要求1~10不符合专利法第22条第3款规定的结论，合议组对请求人主张的其他无效理由不再评述。

基于以上事实和理由，本案合议组作出如下审查决定。

三、决定

宣告第00112407.2号发明专利权全部无效。

当事人对本决定不服的，可以根据专利法第46条第2款的规定，自收到本决定之日起三个月内向北京市第一中级人民法院起诉。根据该款的规定，一方当事人起诉后，另一方当事人应当作为第三人参加诉讼。

北京市第一中级人民法院
行政判决书

(2008)一中行初字第1831号

原告南京康海药业有限公司，住所地江苏省南京市高新开发区MA009-1地块。

法定代表人杨荣兵，董事长。

委托代理人唐伟杰，中国国际贸易促进委员会专利商标事务所专利代理人。

委托代理人袁志明，中国国际贸易促进委员会专利商标事务所专利代理人。

被告国家知识产权局专利复审委员会，住所地北京市海淀区北四环西路9号银谷大厦10~12层。

法定代表人廖涛，副主任。

委托代理人吴通义，男，国家知识产权局专利复审委员会审查员。

委托代理人刘妍，女，国家知识产权局专利复审委员会审查员。

第三人南京易亨制药有限公司，住所地江苏省南京市浦口经济开发区天浦路22号。

法定代表人朱学东，董事长。

委托代理人王明霞，北京元中知识产权代理有限责任公司专利代理人。

原告南京康海药业有限公司因专利行政裁决一案，不服被告国家知识产权局专利复审委员会作出的无效宣告请求审查决定，向本院提起行政诉讼。本院受理后，依法组成合议庭，根据《中华人民共和国行政诉讼法》第二十七条、《中华人民共和国专利法》（以下简称《专利法》）第四十六条第二款的规定，通知南京易亨制药有限公司作为第三人参加诉讼。本院于2008年12月18日公开开庭审理了本案。原告的委托代理人唐伟杰和袁志明、被告的委托代理人吴通义和刘妍、第三人的委托代理人王明霞到庭参加了诉讼。本案现已审理终结。

第三人针对专利权人为原告的名称为"香菇多糖冻干粉针剂及其制备方法"的第00112407.2号发明专利（以下简称本专利）向被告提出无效宣告请求。被告经审查于2008年7月28日作出第12021号无效宣告请求审查决定（以下简称无效决定），被告认为：

1. 本决定依据的审查文本。

在本无效宣告请求案的审理过程中原告未提交过修改的申请文件，因此本无效宣告请求审查决定所依据的审查文本是本专利的授权公告文本。

2. 关于无效宣告请求的理由。

根据第三人在口头审理过程中的确认，本案审理的范围如下：（1）权利要求1~3、5~7、9、10不符合《专利法》第二十六条第四款规定；（2）权利要求1~4相对于证据4不具有新颖性；（3）相对于证据1和2结合公知常识、证据1和3结合公知常识、证据1、2和3结合公知常识，权利要求1~4不具有创造性；（4）与证据4和公知常识的组合、证据6和公知常识的组合、证据4和证据7以及公知常识的组合相比，权利要求1~4无创造性；（5）与证据1和证据4和公知常识的组合、证据1和证据4和证据7和公知常识的组合相比，权利要求5~10无创造性。

3. 关于证据。

原告对第三人提交的证据1~4、6和7的真实性、公开性和关联性没有异议，被告对证据1~4、6和7的真实性、公开性和关联性也予以确认。

原告未对证据4的中文译文的准确性提出异议，被告对证据4的中文译文的准确性予以确认。

原告认可第三人当庭提交证据8~11是本领域的公知常识性证据，被告对此予以确认。

第三人对原告当庭提交的反证1的真实性没有异议，但是认为该证据是在申请日后公开。第三人认为该证据的初次出版日期早于本专利申请日。对此，被告认为反证1的公开时间为2003年3月，尽管反证1的版权页显示《新编药物学》的首次出版时间在1951年6月，但是没有证据证明反证1中的内容已经在1951年6月第1版中或者在本专利申请日前出版的版次中记载。反证1公开在本专利申请日之后，不能作为本专利申请日前的公知常识。

第三人声明放弃证据5，所以被告不再对其进行审查和评价。

综上所述，被告审查第4W01977号无效宣告请求案所用的证据为证据1~3；审查第4W02037号无效宣告请求案所用的证据为证据1、4（及其中文译文）和6~11。

4. 关于《专利法》第二十二条第三款。

当一项技术方案相对于最接近的现有技术存在区别技术特征时，应判断现有技术是否给出将上述区别技术特征应用到该最接近现有技术以解决其存在技术问题的启示，如果存在这种技术启示，且所述技术方案没有产生意想不到的技术效果，则该技术方案不具备创造性。

本专利权利要求1请求保护一种抗肿瘤的香菇多糖冻干粉针剂。证据4（即特开平6-72896号日本发明专利申请公开说明书，公开日为1994年3月15日）公开了一种含有香菇多糖1mg、右旋糖酐-40 2mg、甘露醇100mg的冻干粉针剂（参见证据4的中文译文第2页第27行）。

对于权利要求1中的赋形剂为甘露醇的技术方案而言，权利要求1的冻干粉针剂与证据4的冻干粉针剂的区别在于其不包括组分右旋糖酐-40，该技术方案相对于证据4所要解决的技术问题是使香菇多糖冻干粉针剂中不含会引起不良反应的成份。证据7（即"右旋糖酐40不良反应695例分析"，中国药房，1998年第9卷第3期，第128~129页）表明右旋糖酐引起的不良反应695例，其中过敏性休克86例（包括死亡11例）占12.79%，上述86例患者中大部分为首次用药即出现过敏性反应，发生时间为用药开始至24小时，绝大多数为1~5分钟（参见证据7），该证据给出了在药物中尽量少用或不用右旋糖酐，以减少或排除右旋糖酐的潜在危害的启示。本领域技术人员为避免药物不良反应而改进证据4的冻干粉针剂时，显而易见会首选去除右旋糖酐，即在证据4公开内容的基础上结合证据7的教导，本领域技术人员得出权利要求1请求保护的冻干粉针剂中赋形剂为甘露醇而不含右旋糖酐-40是显而易见的，而且权利要求1的技术方案没有带来意想不到的技术效果。因此，权利要求1中的赋形剂为甘露醇的冻干粉针剂的技术方案相对于证据4和7的结合不具备创造性，不符合《专利法》第二十二条第三款的规定。

对于权利要求1中的赋形剂为葡萄糖、蔗糖或乳糖的技术方案而言，权利要求1的冻干粉针剂与证据4公开的冻干粉针剂的区别在于其不包括组分右旋糖酐-40，且赋形剂为葡萄糖、蔗糖或乳糖替代了甘露醇。同理，在证据4公开内容的基础上结合证据7的教导，得到香菇多糖冻干粉针剂中赋形剂为甘露醇而去除会引起过敏性休克不良反应的右旋糖酐-40的技术方案是显而易见的，而且没有任何意想不到的技术效果，因而上述技术方案不具有创造性。本领域技术人员公知甘露醇、葡萄糖、蔗糖和乳糖是常用的冻干赋形剂（参见证据8和9），因此可以想到用葡萄糖、蔗糖和乳糖替换证据4的赋形剂甘露醇，即在证据4和7公开内容的基础上结合本领域的公知常识，得到权利要求1中的赋形剂为葡萄糖、蔗糖或乳糖的冻干粉针剂是显而易见的，而且无证据表明权利要求1中的该技术方案产生任何意想不到的技术效果。权利要求1中的冻干赋形剂为葡萄糖、蔗糖或乳糖的技术方案相对于证据4和7以及本领域公知常识不具备创造性，不符合《专利法》第二十二条第三款的规定。

权利要求2进一步限定权利要求1请求保护的冻干粉针剂中香菇多糖与冻干赋形剂之间的配比关系，而证据4中公开的香菇多糖与赋形剂的配比落入权利要求2限定的配比关系的范围内，基于与权利要求 1 不具有创造性的相同理由，相对于证据 4 和 7 的结合，或者相对于证据 4 和 7 以及公知常识的结合，权利要求 2 不具有创造性，不符合《专利法》第二十二条第三款的规定。

权利要求 3 进一步限定权利要求 1 中的赋形剂为甘露醇或乳糖，基于与权利要求 1 不具有创造性的相同理由，相对于证据 4 和 7 的结合，或者相对于证据 4 和 7 以及公知常识的结合，权利要求 3 不具有创造性，不符合《专利法》第二十二条第三款的规定。

权利要求 4 进一步限定权利要求 1 中的赋形剂为甘露醇，基于上述针对权利要求 1 的评述理由，相对于证据 4 和 7 的结合，权利要求 4 不具有创造性，不符合《专利法》第二十二条第三款的规定。

权利要求 5 请求保护一种香菇多糖冻干粉针剂的制备方法。证据 4 公开了一种含有香菇多糖 1mg、右旋糖酐-40 2mg、甘露醇 100mg 的冻干粉针剂（参见证据 4 的中文译文第 2 页第 27 行），其中隐含公开了以香菇多糖 1mg、右旋糖酐-40 2mg、甘露醇 100mg 为原料来制备该冻干粉针剂的方法。权利要求 5 与证据 4 公开的内容的区别在于：(1) 权利要求 5 中不包括原料右旋糖酐-40；(2) 权利要求 5 中明确记载了配制香菇多糖溶液、添加赋形剂、分装、冻干和封口的操作步骤；(3) 当权利要求 5 的赋形剂为葡萄糖、蔗糖或乳糖时，区别于证据 4 的原料甘露醇。权利要求 5 要解决的技术问题是制备不含会产生不良反应的成份的冻干制剂。

首先，证据 7 表明右旋糖酐会产生不良反应，给出了在药物中尽量少用或不用右旋糖酐技术启示，在证据 4 的基础上，本领域技术人员在制备不含会产生不良反应的成份的香菇多糖冻干制剂时，显然会首先排除右旋糖酐；其次，本领域技术人员公知冻干粉针剂的制备过程包括：药液配制、分装、冷冻干燥和封口等操作步骤（参见证据 11），其中冻干制品在冷冻干燥之前的处理与制备水性注射剂的操作基本上相同，而且证据 1 中公开了香菇多糖注射液的制备方法，包括通过用氢氧化钠溶液溶解并用酸（柠檬酸）调节 pH 值以制备香菇多糖溶液；此外，本领域技术人员还公知甘露醇、葡萄糖、蔗糖和乳糖是常用的冻干赋形剂（参见证据 8 和 9）。因此，在证据 1、4 和 7 以及公知常识的基础上，本领域技术人员得到权利要求 5 的技术方案是显而易见的，通过权利要求 5 的方法制备得到不含会产生不良反应成份的冻干制剂的技术效果也是本领域技术人员可以预期的。故权利要求 5 相对于证据 1、4 和 7 以及公知常识的结合无创造性，不符合《专利法》第二十二条第三款的规定。

权利要求 6 进一步限定权利要求 5 的制备方法中香菇多糖与冻干赋形剂之间的配比关系，而证据 4 中公开的香菇多糖与赋形剂的配比落入权利要求 6 限定配比关系的范围内，基于上述针对权利要求 5 的评述理由，相对于证据 1、4 和 7 以及公知常识的结合，权利要求 6 不具有创造性，不符合《专利法》第二十二条第三款的规定。

权利要求 7 进一步限定权利要求 5 中的赋形剂为甘露醇或乳糖，基于上述针对权利要求 5 的评述理由，相对于证据 1、4 和 7 以及公知常识的结合，权利要求 7 不具有创造性，不符合《专利法》第二十二条第三款的规定。

权利要求 8 进一步限定权利要求 5 中的赋形剂为甘露醇，基于上述针对权利要求 5 的评述理由，相对于证据 1、4 和 7 以及公知常识的结合，权利要求 8 不具有创造性，不符合《专利法》第二十二条第三款的规定。

权利要求 9 进一步限定权利要求 5 中的碱液为 0.5~1.0 摩尔浓度的氢氧化钠，酸液为 0.5~1.0 摩尔浓度的盐酸，而证据 1 中公开溶解香菇多糖的氢氧化钠浓度为 0.1~0.6 摩尔/升，其中的 0.6 摩尔/升落入权利要求 9 限定的氢氧化钠浓度范围内，而 0.5~1.0 摩尔浓度的盐酸也是本领域用于调节 pH 的常用酸液，并且选择上述氢氧化钠和盐酸没有给本发明带来任何意想不到的技术效果。因此，在所引用的权利要求 5 无创造性的基础上，相对于证据 1、4 和 7 以及公知常识的结合，权利要求 9 也不具有创造性，不符合《专利法》第二十二条第三款的规定。

权利要求10进一步限定权利要求5中用酸液中和至pH为6.0~8.0，本领域技术人员公知正常人血浆的pH约为7.4，用于注射的药液应接近中性，权利要求10中的pH范围的选择是显而易见的，并且没有给本发明带来任何意想不到的技术效果。因此，在所引用的权利要求5无创造性的基础上，相对于证据1、4和7以及公知常识的结合，权利要求10也不具有创造性，不符合《专利法》第二十二条第三款的规定。

原告认为，右旋糖酐在证据7中是作为药物使用，在证据4中是作为赋形剂的，所起的作用不同。现有技术中没有教导多大量的右旋糖酐会产生副作用，右旋糖酐作为赋形剂没有副作用，证据4本身说明在冻干粉针剂中使用右旋糖酐是安全可靠的。因此，本领域技术人员不会对证据4的冻干粉针剂进行改进。此外，在去除右旋糖酐后，本专利的冻干粉针剂的效果更好，并且为香菇多糖含量的测定提供极大方便。对此，被告认为：尽管右旋糖酐作为血浆代用品与作为赋形剂在应用形式上存在差别，使用剂量也存在差别，但是其进入体内后与机体发生反应的机理是相同的。证据7明确教导了由于右旋糖酐本身是一种强有力的抗原，存在于食糖中，并且在人的胃肠道中发现了可产生右旋糖酐的微生物，因此小部分人虽未接受过右旋糖酐的治疗，但是循环系统中却存在多糖沉淀素，在首次用右旋糖酐时也出现变态反应，并且在以右旋糖酐作为血浆代用品滴注时，绝大多数人过敏反应发生时间为1~5分钟。可见并非使用大量的右旋糖酐才会出现过敏性休克反应，由于个体差异的存在，导致施用小剂量右旋糖酐也存在发生不良反应的可能性，为了消除这种潜在的危害，本领域技术人员可以想到在药物中尽量少用或不用右旋糖酐。证据4仅说明含有香菇多糖、右旋糖酐-40、甘露醇的冻干制剂作为免疫激活剂对于预防和减轻肾功能障碍的有效性，而没有证据证明该制剂是绝对安全可靠的。另外，一种药物被上市或被使用也没有排除技术人员对其作进一步改进的可能性。相反，在制药领域中，对于已知药物不良反应的监测往往引导技术人员在开发新药物时摒弃会导致该不良反应的药物成份。因此，在证据7的教导下，本领域技术人员有动机改进证据4的冻干粉针剂，去除其中可能产生严重不良反应的右旋糖酐-40，以使得该粉针剂更加符合药品安全性的标准。对于证据4的冻干粉针剂与本专利的冻干粉针剂之间的比较，被告认为：本专利相对于证据4省去右旋糖酐-40后，由右旋糖酐所引起的不良反应以及在香菇多糖含量测定上的不便相应地不存在了，这是本领域技术人员可以预期的。本专利说明书中记载了本发明的冻干粉针剂与安慰剂对照组的临床实验数据，而没有其他证据证明省去右旋糖酐-40的冻干粉针剂仍然具有与包括右旋糖酐-40的香菇多糖冻干制剂完全相同的性能和疗效，故本专利不具有意想不到的技术效果。被告对原告的上述主张不予支持。

综上所述，本专利权利要求1~10不待合《专利法》第二十二条第三款的规定。

鉴于以上评述已经得出权利要求1~10不符合《专利法》第二十二条第三款规定的结论，被告对第三人主张的其他无效理由不再评述。

被告依据《专利法》第二十三条第三款的规定，宣告本专利全部无效。

被告向本院提交了下列证据：1. 本专利授权公告文本；2. 无效决定中引用的证据1；3. 无效决定引用的证据4及其中文译文；4. 无效决定中引用的证据7；5. 无效决定中引用的证据8；6. 无效决定中引用的证据9；7. 无效决定中引用的证据11；8. 原告于2008年1月14日提交的意见陈述书；9. 原告于2008年3月28日提交的意见陈述书；10. 原告于2008年5月19日提交的意见陈述书；11. 口头审理记录表，证据1~11证明无效决定认定的事实清楚、适用法律正确，程序合法；12. 著录项变更材料，证明本专利权利人变更情况。

原告诉称：1. 原告于2008年5月23日收到被告邮寄送达的第三人提交的意见陈述书，同年6月5日被告就进行了口头审理，被告没有给予原告准备答辩的时间；2. 被告关于本专利权利要求1、4、5、8不具有创造性的认定错误。原告请求法院判决撤销无效决定。

原告向本院提交了下列证据：1. 文件交接单，证明原告收到无效决定书的时间；2. 本专利授权公告文本，证明本专利的有关情况；3. 日本特开平6-72896号日本发明专利申请公开说明书中文译文（即无效决定中的证据4），证明该证据没有披露本专利的技术方案，更没有披露本专利的技术效果，本专利相对证据4具有创造性；4. 药用辅料应用技术，证明作为冻干制剂的赋形剂，右旋糖酐是安全的；5. 滨州医学院学报第22卷第5期；6. 中国冶金工业医学杂志；7. 中国医院药学杂志；8. 药用辅料手册，证据5～8证明甘露糖醇过敏反应，说明本专利具有创造性；9. 新编药物学，证明无效决定中的证据7中右旋糖酐的性质和用量；10. 英（拉）汉药学词汇，证明甘露醇与甘露糖醇为同一化学物质；11. 发文交接单，证明被告没有给原告足够时间准备答辩意见；12. 注射用香菇多糖药品说明书，证明右旋糖酐的用量；13.《医学免疫学》摘录，证明免疫反映和过敏反应不同。原告在本院庭审中明确，其在行政程序中没有向被告提交过证据4-13。

被告辩称：1. 在行政程序的口头审理中，原告针对第三人于2008年1月28日提交的意见陈述书进行了答辩，且原告在口头审理结束至被告作出无效决定期间，亦未就该问题向被告提交意见陈述书，被告审查程序合法，原告关于被告没有给其准备答辩时间的诉讼主张不能成立；2. 被告对于本专利是否符合《专利法》第二十二条第三款的审查合法。被告请求法院判决维持无效决定。

第三人同意被告的意见，其请求法院判决维持无效决定。第三人向本院提交了无效决定中的证据1、3、6、8-11，证明现有技术的情况。

经庭审质证，对于被告提交的证据，原告对其关联性、合法性、真实性没有异议，对其证明作用持有异议，第三人没有异议；被告对于原告提交的证据1、2没有异议，对于证据3、11的证明作用持有异议，对于其他证据的关联性持有异议，第三人同意被告的质证意见；对于第三人提交的证据，原告和被告均无异议。本院根据最高人民法院《关于行政诉讼证据若干问题的规定》，对当事人提交的证据认证如下：被告提交的证据和原告提交的证据1～3、11以及第三人提交的证据均符合关联性、合法性、真实性的要求，可以证明本专利、第三人在行政程序中提交证据以及被告的审查情况，均可以作为本案认定事实的依据；因原告在行政程序中未向被告提交过证据4～10和12、13，该证据与本案无关联性。

依据上述有效证据以及均无异议的当事人陈述，本院认定事实如下：

南京振中生物工程有限公司于2000年7月19日向国家知识产权局申请名称为"香菇多糖冻干粉针剂及其制备方法"第00112407.2号发明专利（即本专利），国家知识产权局于2003年11月5日授权公告。2004年7月16日，专利权人由南京振中生物工程有限公司变更为原告，现专利权人是原告。本专利授权公告的权利要求如下：

1. 一种抗肿瘤的香菇多糖冻干粉针剂，其特征在于以下述重量配比药物为原料制备：香菇多糖0.50～1.40份，冻干赋形剂甘露醇、葡萄糖、蔗糖或乳糖50～140份。

2. 根据权利要求1所述抗肿瘤的香菇多糖冻干粉针剂，其特征在于以下述重量配比药物为原料：香菇多糖0.95～1.20份，冻干赋形剂甘露醇、葡萄糖、蔗糖或乳糖100份。

3. 根据权利要求1所述抗肿瘤的香菇多糖冻干粉针剂，其特征在于冻干赋形剂是甘露醇或乳糖。

4. 根据权利要求1所述抗肿瘤的香菇多糖冻干粉针剂，其特征在于冻干赋形剂是甘露醇。

5. 一种抗肿瘤的香菇多糖冻干粉针剂的制备方法，其特征在于：取香菇多糖0.50～1.40份，用碱液溶解，加酸液中和，再与冻干赋形剂甘露醇、葡萄糖、蔗糖或乳糖50～140份混合，分装入瓶，冻干后，封口。

6. 根据权利要求5所述抗肿瘤的香菇多糖冻干粉针剂的制备方法，其特征在于取香菇多糖0.95～1.20份，用碱液溶解，加酸液中和，再与种冻干赋形剂甘露醇、葡萄糖、蔗糖或乳糖100份混合，分装入瓶，冻干后，封口。

7. 根据权利要求5所述抗肿瘤的香菇多糖冻干粉针剂的制备方法，其特征在于冻干赋形剂是甘露醇或乳糖。

8. 根据权利要求5所述抗肿瘤的香菇多糖冻干粉针剂的制备方法，其特征在于冻干赋形剂是甘露醇。

9. 根据权利要求5的要求所述香菇多糖冻干粉针剂的制备方法，其特征在于碱液为0.5~1.0摩尔浓度的氢氧化钠，酸液为0.5~1.0摩尔浓度的盐酸。

10. 根据权利要求5所述香菇多糖冻干粉针剂的制备方法，其特征在于用酸液中和至PH为6.0~8.0。

针对本专利，第三人以不符合《专利法》第二十二条第三款规定等理由，于2007年11月16日向被告提出无效宣告请求，并提交了下述附件作为证据：

附件1：第96116294.5号中国发明专利申请公开说明书，公开日为1997年10月1日，复印件共5页（下称证据1）；

附件2：第99100213.X号中国发明专利说明书，授权公告日为2001年11月14日，复印件共7页（下称证据2）。

经形式审查合格后，被告受理了上述请求，案件编号为W401977，被告向原告和第三人发出无效宣告请求受理通知书，并将专利权无效宣告请求书及其附件清单中所列附件的副本转送给原告，要求其在指定的期限内答复，同时成立合议组对本无效请求案进行审理。

针对第三人于2007年11月16日提出的专利权无效宣告请求书及其附件，原告向被告提交了意见陈述书。后原告和第三人分别向被告寄交了意见陈述书，被告予以转文。第三人于2007年12月17日向被告提交了附件3即第94113809.7号中国发明专利申请公开说明书，公开日为1996年5月22日，复印件共6页（下称证据3）。

2007年12月28日，第三人以本专利不符合《专利法》第二十二条第三款规定的创造性等理由，针对本专利再次向被告提出无效宣告请求，并提交了下述附件作为证据：

附件1：第96116294.5号中国发明专利申请公开说明书，公开日为1997年10月1日，复印件共5页（同上述证据1，下称证据1）；

附件2：第99100213.X号中国发明专利说明书，授权公告日为2001年11月14日，复印件共7页（同上述证据2，下称证据2）；

附件3：特开平6-72896号日本发明专利申请公开说明书，公开日为1994年3月15日，复印件共5页（下称证据4）；

附件4：《新药品种资料汇编》（1995年册），中华人民共和国卫生部药政局，扉页，第318、319、417~419页，复印件共6页（下称证据5）；

附件5："香菇多糖对恶性肿瘤的治疗作用"，新药与临床，1996年1月，第15卷第1期，29~31页，复印件共3页（下称证据6）；

经形式审查合格后，被告受理了上述请求，案件编号为W402037，被告于2008年4月2日向原告和第三人发出无效宣告请求受理通知书，并将专利权无效宣告请求书及其附件清单中所列附件的副本转送给原告，同时成立合议组对本无效请求案进行审理。

第三人于2008年1月28日补充提交了意见陈述书和附件6、7：

附件6："右旋糖酐40不良反应695例分析"，中国药房，1998年第9卷第3期，第128~129页，复印件共2页（下称证据7）；

附件7：证据4的中文译文，共4页。

针对第三人于2007年12月28日提出的专利权无效宣告请求书及其附件，原告于2008年5月19日向被告提交了意见陈述书。2008年5月20日，被告将第三人于2008年1月28日提交的补充意见陈述书和相关附件转送给原告。

2008年4月14日，被告向原告和第三人发出口头审理通知书，拟定于2008年6月5日对本专利权的第W401977号和第W402037号无效宣告请求案进行合并口头审理。

2008年6月5日，口头审理如期进行。原告和第三人均委托代理人参加了口头审理，双方当事人对对方出庭人员的身份和资格没有异议，对被告合议组没有回避请求。被告逐一调查了无效宣告请求的理由和证据，双方当事人充分陈述了意见。在口头审理过程中，明确了如下事实：

针对第W401977号无效宣告请求案：

（1）第三人仅保留权利要求1~4相对应证据1、2和3不具有创造性的无效理由，并且证据组合方式仅为证据1和2结合公知常识、证据1和3结合公知常识、证据1、2和3结合公知常识。

（2）原告对证据1、2和3的真实性、公开性和关联性均没有异议。

（3）双方坚持所提交的书面意见，没有其他补充意见。

针对第W402037号无效宣告请求案：

（1）被告将原告于2008年5月19日提交的意见陈述书当庭转交给第三人。

（2）第三人仅保留权利要求1~3、5~7、9、10不符合专利法第26条第4款规定，权利要求1~4相对于证据4不具有新颖性，以及权利要求1~10不具有创造性的无效理由，放弃其他无效理由以及证据2和5。其中第三人主张权利要求1~10不具有创造性的无效理由为：与证据4和公知常识的组合、证据6和公知常识的组合、证据4和证据7以及公知常识的组合相比，权利要求1~4无创造性；与证据1和证据4和公知常识的组合、证据1和证据4和证据7和公知常识的组合相比，权利要求5~10无创造性，证据4或证据6为最接近的对比文件。

（3）第三人当庭出示加盖有"国家图书馆"红章的证据6和7的复印件以及国家图书馆科技查询中心出具的文件复制证明，原告对证据1、4、6和7的真实性、公开性和关联性均没有异议，对证据4译文的准确性没有提出异议。

（4）第三人当庭提供如下四份公知常识性证据，原告认可该四份证据为公知常识性证据：

①《工业药剂学》，张汝华、屠锡德主编，中国医药科技出版社，1993年3月第1版，封面，扉页，第1、12、13、271~274页，信息页和封底，共11页（下称证据8）；

②《中药药剂学》，范碧亭主编，上海科学技术出版社，1997年12月1版，封面，信息页，第7、8、239、282、283页，封底，共8页（下称证据9）；

③《新编简明药物手册》，焦万田主编，人民军医出版社，1997年3月第2版，封面，扉页，信息页，内容提要页，第1、20、21、478、479页，封底，共6页（下称证据10）；

④《中药药剂学》，曹春林主编，上海科学技术出版社，1986年11月第1版，封面，第5、440、441页，封底，共5页（下称证据11）。

（5）原告当庭提交一份证据：《新编药物学》，陈新谦、金有豫、汤光主编，人民卫生出版社，2003年3月第15版第30次印刷，第532~533页，共2页（下称反证1）。第三人对反证1的真实性没有异议，但是认为反证1的出版日期在本专利的申请日之后。

2008年6月12日，第三人提交一份针对第W402037号无效宣告请求案的意见陈述书，坚持本专利不具有创造性的主张。

被告经审查后作出无效决定，宣布本专利全部无效。原告不服无效决定，向本院提起行政诉讼。

另，在本院法庭审理中，原告明确，除被告于2008年5月23日向原告寄送第三人提交的意见陈述书没有给予原告准备答辩时间以外，对于无效决定案由部分载明的其他事实没有异议，原告对于被告的审查程序、法律依据以及决定理由部分中关于审查文本的确定、无效宣告请求理由的确定、证据的认定均没有异议。

本院认为：根据《专利法》第四十六条第一款的规定，被告具有受理无效请求和作出无效决定的法定职权。对于当事人均无争议的事实，经本院审查对其合法性予以确认。经各方当事人确认，本案的争议焦点是：1. 被告对于2008年5月23日向原告寄送的第三人的意见陈述书，是否剥夺了原告陈述意见的机会，是否构成程序违法；2. 被告对于本专利权利要求1、4、5、8不具有创造性的认定是否合法。

第一，关于被告的审查程序。

第三人于2008年1月28日向被告提交了意见陈述书，经被告转文，原告于同年5月23日收到该意见陈述书，在同年6月5日进行的口头审理过程中，原告针对该意见陈述书进行了答辩，且原告在口头审理结束至被告作出无效决定期间，亦未就该问题向被告提交意见陈述书，被告并未剥夺原告陈述意见的机会，被告的审查程序并无不当。原告关于被告审查程序违法的诉讼主张，本院不予支持。

第二，关于本专利权利要求1、4、5、8的创造性。

根据《专利法》第二十二条第三款的规定，创造性是指同申请日以前已有的技术相比，该发明有突出的实质性特点和显著的进步，该实用新型有实质性特点和进步。

本专利权利要求1请求保护一种抗肿瘤的香菇多糖冻干粉针剂。证据4公开了一种含有香菇多糖1mg、右旋糖酐-40 2mg、甘露醇100mg的冻干粉针剂。

对于权利要求1中的赋形剂为甘露醇的技术方案而言，权利要求1的冻干粉针剂与证据4的冻干粉针剂的区别在于其不包括组分右旋糖酐-40，该技术方案相对于证据4所要解决的技术问题是使香菇多糖冻干粉针剂中不含会引起不良反应的成份。证据7表明右旋糖酐引起的不良反应695例，其中过敏性休克86例（包括死亡11例）占12.79％，上述86例患者中大部分为首次用药即出现过敏性反应，发生时间为用药开始至24小时，绝大多数为1～5分钟，该证据给出了在药物中尽量少用或不用右旋糖酐，以减少或排除右旋糖酐的潜在危害的启示。本领域技术人员为避免药物不良反应而改进证据4的冻干粉针剂时，显而易见会首选去除右旋糖酐，即在证据4公开内容的基础上结合证据7的教导，本领域技术人员得出权利要求1请求保护的冻干粉针剂中赋形剂为甘露醇而不含右旋糖酐-40是显而易见的，而且权利要求1的技术方案没有带来意想不到的技术效果。因此，权利要求1中的赋形剂为甘露醇的冻干粉针剂的技术方案相对于证据4和7的结合不具备创造性，不符合《专利法》第二十二条第三款的规定。

对于权利要求1中的赋形剂为葡萄糖、蔗糖或乳糖的技术方案而言，权利要求1的冻干粉针剂与证据4公开的冻干粉针剂的区别在于其不包括组分右旋糖酐-40，且赋形剂为葡萄糖、蔗糖或乳糖替代了甘露醇。同理，在证据4公开内容的基础上结合证据7的教导，得到香菇多糖冻干粉针剂中赋形剂为甘露醇而去除会引起过敏性休克不良反应的右旋糖酐-40的技术方案是显而易见的，而且没有任何意想不到的技术效果，因而上述技术方案不具有创造性。本领域技术人员公知甘露醇、葡萄糖、蔗糖和乳糖是常用的冻干赋形剂，因此可以想到用葡萄糖、蔗糖和乳糖替换证据4的赋形剂甘露醇，即在证据4和7公开内容的基础上结合本领域的公知常识，得到权利要求1中的赋形剂为葡萄糖、蔗糖或乳糖的冻干粉针剂是显而易见的，而且无证据表明权利要求1中的该技术方案产生任何意想不到的技术效果。权利要求1中的冻干赋形剂为葡萄糖、蔗糖或乳糖的技术方案相对于证据4和7以及本领域公知常识不具备创造性，不符合《专利法》第二十二条第三款的规定。

权利要求4进一步限定权利要求1中的赋形剂为甘露醇，基于上述针对权利要求1的评述理由，相对于证据4和7的结合，权利要求4不具有创造性，不符合《专利法》第二十二条第三款的规定。

权利要求5请求保护一种香菇多糖冻干粉针剂的制备方法。证据4公开了一种含有香菇多糖1mg、右旋糖酐-40 2mg、甘露醇100mg的冻干粉针剂，其中隐含公开了以香菇多糖1mg、右旋糖酐-40 2mg、甘露醇100mg为原料来制备该冻干粉针剂的方法。权利要求5与证据4公开的内容的区别在于：（1）权利要求5中不包括原料右旋糖酐-40；（2）权利要求5中明确记载了配制香菇多糖溶液、添加赋形剂、分装、冻干和封口的操作步骤；（3）当权利要求5的赋形剂为葡萄糖、蔗糖或乳糖时，区别于证据4的原料甘露醇。权利要求5要解决的技术问题是制备不含会产生不良反应的成份的冻干制剂。

首先，证据7表明右旋糖酐会产生不良反应，给出了在药物中尽量少用或不用右旋糖酐技术启示，在证据4的基础上，本领域技术人员在制备不含会产生不良反应的成份的香菇多糖冻干制剂时，显然会首先排除右旋糖酐；其次，本领域技术人员公知冻干粉针剂的制备过程包括：药液配制、分装、冷冻干燥和封口等操作步骤，其中冻干制品在冷冻干燥之前的处理与制备水性注射剂的操作基本上相同，而且证据1中公开了香菇多糖注射液的制备方法，包括通过用氢氧化钠溶液溶解并用酸（柠檬酸）调节pH值以制备香菇多糖溶液；此外，本领域技术人员还公知甘露醇、葡萄糖、蔗糖和乳糖是常用的冻干赋形剂。因此，在证据1、4和7以及公知常识的基础上，本领域技术人员得到权利要求5的技术方案是显而易见的，通过权利要求5的方法制备得到不含会产生不良反应的成份的冻干制剂的技术效果也是本领域技术人员可以预期的。故权利要求5相对于证据1、4和7以及公知常识的结合无创造性，不符合《专利法》第二十二条第三款的规定。

权利要求8进一步限定权利要求5中的赋形剂为甘露醇，基于上述针对权利要求5的评述理由，相对于证据1、4和7以及公知常识的结合，权利要求8不具有创造性，不符合《专利法》第二十二条第三款的规定。

综上所述，被告作出的无效决定认定的事实清楚，适用法律正确，程序合法。原告的诉讼请求缺乏事实和法律依据，本院不予支持。据此，本院依照《中华人民共和国行政诉讼法》第五十四条第（一）项的规定，判决如下：

维持国家知识产权局专利复审委员会于二〇〇八年七月二十八日作出的第12021号无效宣告请求审查决定。

案件受理费100元，由原告南京康海药业有限公司负担（已交纳）。

如不服本判决，当事人可在本判决书送达之日起15日内向本院递交上诉状，并按对方当事人人数提交副本，预交上诉费100元，上诉于北京市高级人民法院。

审　判　长　齐　莹
代理审判员　乔　军
代理审判员　龙　非
二〇〇八年十二月十八日
书　记　员　曹　炜

北京市高级人民法院
行政判决书

(2009) 高行终字第 362 号

上诉人（一审原告）南京康海药业有限公司，住所地江苏省南京市高新开发区 MA009-1 地块。
法定代表人杨荣兵，董事长。
委托代理人唐伟杰，中国国际贸易促进委员会专利商标事务所专利代理人。
委托代理人袁志明，中国国际贸易促进委员会专利商标事务所专利代理人。
被上诉人（一审被告）国家知识产权局专利复审委员会，住所地北京市海淀区北四环西路 9 号银谷大厦。
法定代表人张茂于，副主任。
委托代理人吴通义，男，国家知识产权局专利复审委员会审查员。
委托代理人郭鹏鹏，男，国家知识产权局专利复审委员会审查员。
被上诉人（一审第三人）南京易亨制药有限公司，住所地江苏省南京市浦口经济开发区天浦路 22 号。
法定代表人朱学东，董事长。
委托代理人王明霞，北京元中知识产权代理有限责任公司专利代理人。

上诉人南京康海药业有限公司因专利无效宣告请求审查决定一案，不服北京市第一中级人民法院 (2008) 一中行初字第 1831 号行政判决，向本院提起上诉。本院受理后，依法组成合议庭审理了本案。本案现已审理终结。

2008 年 7 月 28 日，国家知识产权局专利复审委员会（以下简称专利复审委）对南京易亨制药有限公司（以下简称易亨公司）针对专利权人为南京康海药业有限公司（以下简称康海公司）的名称为"香菇多糖冻干粉针剂及其制备方法"的第 00112407.2 号发明专利（以下简称本专利）提出的无效宣告请求，作出第 12021 号无效宣告请求审查决定（以下简称被诉无效决定），认为：

1. 决定依据的审查文本

本无效宣告请求案的审理过程中康海公司未提交过修改的申请文件，因此本无效宣告请求审查决定所依据的审查文本是本专利的授权公告文本。

2. 关于无效宣告请求的理由

根据易亨公司在口头审理过程中的确认，本案审理的范围如下：（1）权利要求 1~3、5~7、9、10 不符合《专利法》第二十六条第四款规定；（2）权利要求 1~4 相对于证据 4 不具有新颖性；（3）相对于证据 1 和 2 结合公知常识、证据 1 和 3 结合公知常识、证据 1、2 和 3 结合公知常识，权利要求 1~4 不具有创造性；（4）与证据 4 和公知常识的组合、证据 6 和公知常识的组合、证据 4 和证据 7 以及公知常识的组合相比，权利要求 1~4 无创造性；（5）与证据 1 和证据 4 和公知常识的组合、证据 1 和证据 4 和证据 7 和公知常识的组合相比，权利要求 5~10 无创造性。

3. 关于证据

康海公司对易亨公司提交的证据 1~4、6 和 7 的真实性、公开性和关联性没有异议，专利复审委对证据 1~4、6 和 7 的真实性、公开性和关联性也予以确认。

康海公司未对证据 4 的中文译文的准确性提出异议，专利复审委对证据 4 的中文译文的准确性予以确认。

康海公司认可易亨公司当庭提交证据8~11是本领域的公知常识性证据，专利复审委对此予以确认。

易亨公司对康海公司当庭提交的反证1的真实性没有异议，但是认为该证据是在申请日后公开。易亨公司认为该证据的初次出版日期早于本专利申请日。对此，专利复审委认为反证1的公开时间为2003年3月，尽管反证1的版权页显示《新编药物学》的首次出版时间在1951年6月，但是没有证据证明反证1中的内容已经在1951年6月第1版中或者在本专利申请日前出版的版次中记载。反证1公开在本专利申请日之后，不能作为本专利申请日前的公知常识。

易亨公司声明放弃证据5，所以专利复审委不再对其进行审查和评价。

综上所述，专利复审委审查第4W01977号无效宣告请求案所用的证据为证据1~3；审查第4W02037号无效宣告请求案所用的证据为证据1、4（及其中文译文）和6~11。

4. 关于《专利法》第二十二条第三款

当一项技术方案相对于最接近的现有技术存在区别技术特征时，应判断现有技术是否给出将上述区别技术特征应用到该最接近现有技术以解决其存在的技术问题的启示，如果存在这种技术启示，且所述技术方案没有产生意想不到的技术效果，则该技术方案不具备创造性。

本专利权利要求1请求保护一种抗肿瘤的香菇多糖冻干粉针剂。证据4（即特开平6-72896号日本发明专利申请公开说明书，公开日为1994年3月15日）公开了一种含有香菇多糖1mg、右旋糖酐-402mg、甘露醇100mg的冻干粉针剂（参见证据4的中文译文第2页第27行）。

对于权利要求1中的赋形剂为甘露醇的技术方案而言，权利要求1的冻干粉针剂与证据4的冻干粉针剂的区别在于其不包括组分右旋糖酐-40，该技术方案相对于证据4所要解决的技术问题是使香菇多糖冻干粉针剂中不含会引起不良反应的成份。证据7（即"右旋糖酐40不良反应695例分析"，中国药房，1998年第9卷第3期，第128~129页）表明右旋糖酐引起的不良反应695例，其中过敏性休克86例（包括死亡11例）占12.79%，上述86例患者中大部分为首次用药即出现过敏性反应，发生时间为用药开始至24小时，绝大多数为1~5分钟（参见证据7），该证据给出了在药物中尽量少用或不用右旋糖酐，以减少或排除右旋糖酐的潜在危害的启示。本领域技术人员为避免药物不良反应而改进证据4的冻干粉针剂时，显而易见会首选去除右旋糖酐，即在证据4公开内容的基础上结合证据7的教导，本领域技术人员得出权利要求1请求保护的冻干粉针剂中赋形剂为甘露醇而不含右旋糖酐-40是显而易见的，而且权利要求1的技术方案没有带来意想不到的技术效果。因此，权利要求1中的赋形剂为甘露醇的冻干粉针剂的技术方案相对于证据4和7的结合不具备创造性，不符合《专利法》第二十二条第三款的规定。

对于权利要求1中的赋形剂为葡萄糖、蔗糖或乳糖的技术方案而言，权利要求1的冻干粉针剂与证据4公开的冻干粉针剂的区别在于其不包括组分右旋糖酐-40，且赋形剂为葡萄糖、蔗糖或乳糖替代了甘露醇。同理，在证据4公开内容的基础上结合证据7的教导，得到香菇多糖冻干粉针剂中赋形剂为甘露醇而去除会引起过敏性休克不良反应的右旋糖酐-40的技术方案是显而易见的，而且没有任何意想不到的技术效果，因而上述技术方案不具有创造性。本领域技术人员公知甘露醇、葡萄糖、蔗糖和乳糖是常用的冻干赋形剂（参见证据8和9），因此可以想到用葡萄糖、蔗糖和乳糖替换证据4的赋形剂甘露醇，即在证据4和7公开内容的基础上结合本领域的公知常识，得到权利要求1中的赋形剂为葡萄糖、蔗糖或乳糖的冻干粉针剂是显而易见的，而且无证据表明权利要求1中的该技术方案产生任何意想不到的技术效果。权利要求1中的冻干赋形剂为葡萄糖、蔗糖或乳糖的技术方案相对于证据4和7以及本领域公知常识不具备创造性，不符合《专利法》第二十二条第三款的规定。

权利要求2进一步限定权利要求1请求保护的冻干粉针剂中香菇多糖与冻干赋形剂之间的配比关

系,而证据4中公开的香菇多糖与赋形剂的配比落入权利要求2限定的配比关系的范围内,基于与权利要求1不具有创造性的相同理由,相对于证据4和7的结合,或者相对于证据4和7以及公知常识的结合,权利要求2不具有创造性,不符合《专利法》第二十二条第三款的规定。

权利要求3进一步限定权利要求1中的赋形剂为甘露醇或乳糖,基于与权利要求1不具有创造性的相同理由,相对于证据4和7的结合,或者相对于证据4和7以及公知常识的结合,权利要求3不具有创造性,不符合《专利法》第二十二条第三款的规定。

权利要求4进一步限定权利要求1中的赋形剂为甘露醇,基于上述针对权利要求1的评述理由,相对于证据4和7的结合,权利要求4不具有创造性,不符合《专利法》第二十二条第三款的规定。

权利要求5请求保护一种香菇多糖冻干粉针剂的制备方法。证据4公开了一种含有香菇多糖1mg、右旋糖酐-402mg、甘露醇100mg的冻干粉针剂(参见证据4的中文译文第2页第27行),其中隐含公开了以香菇多糖1mg、右旋糖酐-402mg、甘露醇100mg为原料来制备该冻干粉针剂的方法。权利要求5与证据4公开的内容的区别在于:(1)权利要求5中不包括原料右旋糖酐-40;(2)权利要求5中明确记载了配制香菇多糖溶液、添加赋形剂、分装、冻干和封口的操作步骤;(3)当权利要求5的赋形剂为葡萄糖、蔗糖或乳糖时,区别于证据4的原料甘露醇。权利要求5要解决的技术问题是制备不含会产生不良反应的成份的冻干制剂。

首先,证据7表明右旋糖酐会产生不良反应,给出了在药物中尽量少用或不用右旋糖酐技术启示,在证据4的基础上,本领域技术人员在制备不含会产生不良反应的成份的香菇多糖冻干制剂时,显然会首先排除右旋糖酐;其次,本领域技术人员公知冻干粉针剂的制备过程包括:药液配制、分装、冷冻干燥和封口等操作步骤(参见证据11),其中冻干制品在冷冻干燥之前的处理与制备水性注射剂的操作基本上相同,而且证据1中公开了香菇多糖注射液的制备方法,包括通过用氢氧化钠溶液溶解并用酸(柠檬酸)调节pH值以制备香菇多糖溶液;此外,本领域技术人员还公知甘露醇、葡萄糖、蔗糖和乳糖是常用的冻干赋形剂(参见证据8和9)。因此,在证据1、4和7以及公知常识的基础上,本领域技术人员得到权利要求5的技术方案是显而易见的,通过权利要求5的方法制备得到不含会产生不良反应的成份的冻干制剂的技术效果也是本领域技术人员可以预期的。故权利要求5相对于证据1、4和7以及公知常识的结合无创造性,不符合《专利法》第二十二条第三款的规定。

权利要求6进一步限定权利要求5的制备方法中香菇多糖与冻干赋形剂之间的配比关系,而证据4中公开的香菇多糖与赋形剂的配比落入权利要求6限定的配比关系的范围内,基于上述针对权利要求5的评述理由,相对于证据1、4和7以及公知常识的结合,权利要求6不具有创造性,不符合《专利法》第二十二条第三款的规定。

权利要求7进一步限定权利要求5中的赋形剂为甘露醇或乳糖,基于上述针对权利要求5的评述理由,相对于证据1、4和7以及公知常识的结合,权利要求7不具有创造性,不符合《专利法》第二十二条第三款的规定。

权利要求8进一步限定权利要求5中的赋形剂为甘露醇,基于上述针对权利要求5的评述理由,相对于证据1、4和7以及公知常识的结合,权利要求8不具有创造性,不符合《专利法》第二十二条第三款的规定。

权利要求9进一步限定权利要求5中的碱液为0.5~1.0摩尔浓度的氢氧化钠,酸液为0.5~1.0摩尔浓度的盐酸,而证据1中公开溶解香菇多糖的氢氧化钠浓度为0.1~0.6摩尔/升,其中的0.6摩尔/升落入权利要求9限定的氢氧化钠浓度范围内,而0.5~1.0摩尔浓度的盐酸也是本领域用于调节pH的常用酸液,并且选择上述氢氧化钠和盐酸没有给本发明带来任何意想不到的技术效果。因此,在所引用的权利要求5无创造性的基础上,相对于证据1、4和7以及公知常识的结合,权利要求9

也不具有创造性,不符合《专利法》第二十二条第三款的规定。

权利要求10进一步限定权利要求5中用酸液中和至pH为6.0~8.0,本领域技术人员公知正常人血浆的pH约为7.4,用于注射的药液应接近中性,权利要求10中的pH范围的选择是显而易见的,并且没有给本发明带来任何意想不到的技术效果。因此,在所引用的权利要求5无创造性的基础上,相对于证据1、4和7以及公知常识的结合,权利要求10也不具有创造性,不符合《专利法》第二十二条第三款的规定。

康海公司认为,右旋糖酐在证据7中是作为药物使用,在证据4中是作为赋形剂的,所起的作用不同。现有技术中没有教导多大量的右旋糖酐会产生副作用,右旋糖酐作为赋形剂没有副作用,证据4本身说明在冻干粉针剂中使用右旋糖酐是安全可靠的。因此,本领域技术人员不会对证据4的冻干粉针剂进行改进。此外,在去除右旋糖酐后,本专利的冻干粉针剂的效果更好,并且为香菇多糖含量的测定提供极大方便。对此,专利复审委认为:尽管右旋糖酐作为血浆代用品与作为赋形剂在应用形式上存在差别,使用剂量也存在差别,但是其进入体内后与机体发生反应的机理是相同的。证据7明确教导了由于右旋糖酐本身是一种强有力的抗原,存在于食糖中,并且在人的胃肠道中发现了可产生右旋糖酐的微生物,因此小部分人虽未接受过右旋糖酐的治疗,但是循环系统中却存在多糖沉淀素,在首次用右旋糖酐时也出现变态反应,并且在以右旋糖酐作为血浆代用品滴注时,绝大多数人过敏反应发生时间为1~5分钟。可见并非使用大量的右旋糖酐才会出现过敏性休克反应,由于个体差异的存在,导致施用小剂量右旋糖酐也存在发生不良反应的可能性,为了消除这种潜在的危害,本领域技术人员可以想到在药物中尽量少用或不用右旋糖酐。证据4仅说明含有香菇多糖、右旋糖酐-40、甘露醇的冻干制剂作为免疫激活剂对于预防和减轻肾功能障碍的有效性,而没有证据证明该制剂是绝对安全可靠的。另外,一种药物被上市或被使用也没有排除技术人员对其作进一步改进的可能性。相反,在制药领域中,对于已知药物不良反应的监测往往引导技术人员在开发新药物时摒弃会导致该不良反应的药物成份。因此,在证据7的教导下,本领域技术人员有动机改进证据4的冻干粉针剂,去除其中可能产生严重不良反应的右旋糖酐-40,以使得该粉针剂更加符合药品安全性的标准。对于证据4的冻干粉针剂与本专利的冻干粉针剂之间的比较,专利复审委认为:本专利相对于证据4省去右旋糖酐-40后,由右旋糖酐所引起的不良反应以及在香菇多糖含量测定上的不便相应地不存在了,这是本领域技术人员可以预期的。本专利说明书中记载了本发明的冻干粉针剂与安慰剂对照组的临床实验数据,而没有其他证据证明省去右旋糖酐-40的冻干粉针剂仍然具有与包括右旋糖酐-40的香菇多糖冻干制剂完全相同的性能和疗效,故本专利不具有意想不到的技术效果。专利复审委对康海公司的上述主张不予支持。

综上所述,本专利权利要求1~10不符合《专利法》第二十二条第三款的规定。

鉴于以上评述已经得出权利要求1~10不符合《专利法》第二十二条第三款规定的结论,专利复审委对易亨公司主张的其他无效理由不再评述。

专利复审委依据《专利法》第二十二条第三款的规定,决定宣告本专利权全部无效。康海公司不服该决定,向北京市第一中级人民法院(以下简称一审法院)提起行政诉讼。

一审法院经审理认为,根据《专利法》第四十六条第一款的规定,专利复审委具有受理无效请求和作出被诉无效决定的法定职权。经各方当事人确认,本案的争议焦点是:(1)专利复审委对于2008年5月23日向康海公司寄送的易亨公司的意见陈述书,是否剥夺了康海公司陈述意见的机会,是否构成程序违法;(2)专利复审委对于本专利权利要求1、4、5、8不具有创造性的认定是否合法。

1. 关于专利复审委的审查程序

易亨公司于2008年1月28日向专利复审委提交了意见陈述书,经专利复审委转文,康海公司于同年5月23日收到该意见陈述书,在同年6月5日进行的口头审理过程中,康海公司针对该意见陈述书进行了答辩,且康海公司在口头审理结束至专利复审委作出被诉无效决定期间,亦未就该问题向专利复审委提交意见陈述书,专利复审委并未剥夺康海公司陈述意见的机会,专利复审委的审查程序并无不当。康海公司关于专利复审委审查程序违法的诉讼主张,不予支持。

2. 关于本专利权利要求1、4、5、8的创造性

根据《专利法》第二十二条第三款的规定,创造性是指同申请日以前已有的技术相比,该发明有突出的实质性特点和显著的进步,该实用新型有实质性特点和进步。

本专利权利要求1请求保护一种抗肿瘤的香菇多糖冻干粉针剂。证据4公开了一种含有香菇多糖1mg、右旋糖酐-40 2mg、甘露醇100mg的冻干粉针剂。

对于权利要求1中的赋形剂为甘露醇的技术方案而言,权利要求1的冻干粉针剂与证据4的冻干粉针剂的区别在于其不包括组分右旋糖酐-40,该技术方案相对于证据4所要解决的技术问题是使香菇多糖冻干粉针剂中不含会引起不良反应的成份。证据7表明右旋糖酐引起的不良反应695例,其中过敏性休克86例(包括死亡11例)占12.79%,上述86例患者中大部分为首次用药即出现过敏性反应,发生时间为用药开始至24小时,绝大多数为1~5分钟,该证据给出了在药物中尽量少用或不用右旋糖酐,以减少或排除右旋糖酐的潜在危害的启示。本领域技术人员为避免药物不良反应而改进证据4的冻干粉针剂时,显而易见会首选去除右旋糖酐,即在证据4公开内容的基础上结合证据7的教导,本领域技术人员得出权利要求1请求保护的冻干粉针剂中赋形剂为甘露醇而不含右旋糖酐-40是显而易见的,而且权利要求1的技术方案没有带来意想不到的技术效果。因此,权利要求1中的赋形剂为甘露醇的冻干粉针剂的技术方案相对于证据4和7的结合不具备创造性,不符合《专利法》第二十二条第三款的规定。

对于权利要求1中的赋形剂为葡萄糖、蔗糖或乳糖的技术方案而言,权利要求1的冻干粉针剂与证据4公开的冻干粉针剂的区别在于其不包括组分右旋糖酐-40,且赋形剂为葡萄糖、蔗糖或乳糖替代了甘露醇。同理,在证据4公开内容的基础上结合证据7的教导,得到香菇多糖冻干粉针剂中赋形剂为甘露醇而去除会引起过敏性休克不良反应的右旋糖酐-40的技术方案是显而易见的,而且没有任何意想不到的技术效果,因而上述技术方案不具有创造性。本领域技术人员公知甘露醇、葡萄糖、蔗糖和乳糖是常用的冻干赋形剂,因此可以想到用葡萄糖、蔗糖和乳糖替换证据4的赋形剂甘露醇,即在证据4和7公开内容的基础上结合本领域的公知常识,得到权利要求1中的赋形剂为葡萄糖、蔗糖或乳糖的冻干粉针剂是显而易见的,而且无证据表明权利要求1中的该技术方案产生任何意想不到的技术效果。权利要求1中的冻干赋形剂为葡萄糖、蔗糖或乳糖的技术方案相对于证据4和7以及本领域公知常识不具备创造性,不符合《专利法》第二十二条第三款的规定。

权利要求4进一步限定权利要求1中的赋形剂为甘露醇,基于上述针对权利要求1的评述理由,相对于证据4和7的结合,权利要求4不具有创造性,不符合《专利法》第二十二条第三款的规定。

权利要求5请求保护一种香菇多糖冻干粉针剂的制备方法。证据4公开了一种含有香菇多糖1mg、右旋糖酐-40 2mg、甘露醇100mg的冻干粉针剂,其中隐含公开了以香菇多糖1mg、右旋糖酐-40 2mg、甘露醇100mg为原料来制备该冻干粉针剂的方法。权利要求5与证据4公开的内容的区别在于:(1)权利要求5中不包括原料右旋糖酐-40;(2)权利要求5中明确记载了配制香菇多糖溶液、添加赋形剂、分装、冻干和封口的操作步骤;(3)当权利要求5的赋形剂为葡萄糖、蔗糖或乳糖时,区别于证据4的原料甘露醇。权利要求5要解决的技术问题是制备不含会产生不良反应的成份的冻干制剂。

首先,证据7表明右旋糖酐会产生不良反应,给出了在药物中尽量少用或不用右旋糖酐技术启

示,在证据4的基础上,本领域技术人员在制备不含会产生不良反应的成份的香菇多糖冻干制剂时,显然会首先排除右旋糖酐;其次,本领域技术人员公知冻干粉针剂的制备过程包括:药液配制、分装、冷冻干燥和封口等操作步骤,其中冻干制品在冷冻干燥之前的处理与制备水性注射剂的操作基本上相同,而且证据1中公开了香菇多糖注射液的制备方法,包括通过用氢氧化钠溶液溶解并用酸(柠檬酸)调节pH值以制备香菇多糖溶液;此外,本领域技术人员还公知甘露醇、葡萄糖、蔗糖和乳糖是常用的冻干赋形剂。因此,在证据1、4和7以及公知常识的基础上,本领域技术人员得到权利要求5的技术方案是显而易见的,通过权利要求5的方法制备得到不含会产生不良反应的成份的冻干制剂的技术效果也是本领域技术人员可以预期的。故权利要求5相对于证据1、4和7以及公知常识的结合无创造性,不符合《专利法》第二十二条第三款的规定。

权利要求8进一步限定权利要求5中的赋形剂为甘露醇,基于上述针对权利要求5的评述理由,相对于证据1、4和7以及公知常识的结合,权利要求8不具有创造性,不符合《专利法》第二十二条第三款的规定。

综上所述,专利复审委作出的被诉无效决定认定的事实清楚,适用法律正确,程序合法。康海公司的诉讼请求缺乏事实和法律依据,不予支持。据此,依照《中华人民共和国行政诉讼法》第五十四条第(一)项的规定,判决维持被诉无效决定。

康海公司不服一审判决,向本院提起上诉。诉称:1. 对易亨公司2008年1月28日补充提交的意见陈述书及其附件,专利复审委直到2008年5月23日才邮寄给上诉人,而本案口头审理时间为2008年6月5日,严重影响了上诉人的答辩准备工作,造成上诉人实体权利遭受损失,被诉无效决定构成程序违法。2. 被诉无效决定认定本专利权利要求1~10均不具备创造性,属认定事实错误。3. 一审判决对上诉人在一审程序中补充提交的证据不予采纳,认证错误。4. 一审判决未对本案发明与同类产品相比没有相同的性能和疗效而缺乏创造性的观点进行评述,存在漏审的事实。综上,请求二审法院撤销一审判决和被诉无效决定。

专利复审委辩称,被诉无效决定作出程序合法,认定本专利权利要求1~10没有创造性合法有据。一审判决事实清楚,认证正确,不存在漏审的事实。请求二审法院驳回上诉,维持一审判决。

易亨公司陈述认为,被诉无效决定事实清楚,一审法院判决维持正确,请求二审法院驳回上诉,维持一审判决。

一审法院审理期间,专利复审委向一审法院提交了如下证据:1. 本专利授权公告文本;2. 被诉无效决定中引用的证据1;3. 被诉无效决定引用的证据4及其中文译文;4. 被诉无效决定中引用的证据7;5. 被诉无效决定中引用的证据8;6. 被诉无效决定中引用的证据9;7. 被诉无效决定中引用的证据11;8. 康海公司于2008年1月14日提交的意见陈述书;9. 康海公司于2008年3月28日提交的意见陈述书;10. 康海公司于2008年5月19日提交的意见陈述书;11. 口头审理记录表;12. 著录项变更材料。

康海公司向一审法院提交了下列证据:1. 文件交接单;2. 本专利授权公告文本;3. 日本特开平6-72896号日本发明专利申请公开说明书中文译文(即被诉无效决定中的证据4);4. 药用辅料应用技术;5. 滨州医学院学报第22卷第5期;6. 中国冶金工业医学杂志;7. 中国医院药学杂志;8. 药用辅料手册;9. 新编药物学;10. 英(拉)汉药学词汇;11. 发文交接单;12. 注射用香菇多糖药品说明书;13.《医学免疫学》摘录。在一审庭审时,康海公司明确上述证据4~13未在行政程序中向专利复审委提交过。

易亨公司向一审法院提交了被诉无效决定中的证据1、3、6、8~11。

一审法院经审查认为,专利复审委提交的证据和康海公司提交的证据1~3、11以及易亨公司提交的证据均符合关联性、合法性、真实性的要求，可以证明本专利、易亨公司在行政程序中提交证据以及专利复审委的审查情况，均可以作为本案认定事实的依据；因康海公司在行政程序中未向专利复审委提交过证据4~10和12、13，该证据与本案无关联性。

上述证据均已随案移送本院，本院经审查认为，一审法院认证意见正确，本院予以确认。

二审审理期间，康海公司向本院提交了"药典"中关于"注射用卡铂"的介绍、注射用香菇多糖制备工艺的研究资料及文献资料（6-8）复印件等证据材料。本院经审查认为，这些证据材料均为康海公司在行政程序中无正当理由未提供而在诉讼程序中提供的证据，按照最高人民法院《关于行政诉讼证据若干问题的规定》第五十九条的规定，本院不予采纳。

根据上述合法有效的证据，本院确认如下事实：南京振中生物工程有限公司于2000年7月19日向国家知识产权局申请名称为"香菇多糖冻干粉针剂及其制备方法"第00112407.2号发明专利（即本专利），国家知识产权局于2003年11月5日授权公告。2004年7月16日，专利权人由南京振中生物工程有限公司变更为康海公司。本专利授权公告的权利要求如下：

1. 一种抗肿瘤的香菇多糖冻干粉针剂，其特征在于以下述重量配比药物为原料制备：香菇多糖0.50~1.40份，冻干赋形剂甘露醇、葡萄糖、蔗糖或乳糖50~140份。

2. 根据权利要求1所述抗肿瘤的香菇多糖冻干粉针剂，其特征在于以下述重量配比药物为原料：香菇多糖0.95~1.20份，冻干赋形剂甘露醇、葡萄糖、蔗糖或乳糖100份。

3. 根据权利要求1所述抗肿瘤的香菇多糖冻干粉针剂，其特征在于冻干赋形剂是甘露醇或乳糖。

4. 根据权利要求1所述抗肿瘤的香菇多糖冻干粉针剂，其特征在于冻干赋形剂是甘露醇。

5. 一种抗肿瘤的香菇多糖冻干粉针剂的制备方法，其特征在于：取香菇多糖0.50~1.40份，用碱液溶解，加酸液中和，再与冻干赋形剂甘露醇、葡萄糖、蔗糖或乳糖50~140份混合，分装入瓶，冻干后，封口。

6. 根据权利要求5所述抗肿瘤的香菇多糖冻干粉针剂的制备方法，其特征在于取香菇多糖0.95~1.20份，用碱液溶解，加酸液中和，再与种冻干赋形剂甘露醇、葡萄糖、蔗糖或乳糖100份混合，分装入瓶，冻干后，封口。

7. 根据权利要求5所述抗肿瘤的香菇多糖冻干粉针剂的制备方法，其特征在于冻干赋形剂是甘露醇或乳糖。

8. 根据权利要求5所述抗肿瘤的香菇多糖冻干粉针剂的制备方法，其特征在于冻干赋形剂是甘露醇。

9. 根据权利要求5的要求所述香菇多糖冻干粉针剂的制备方法，其特征在于碱液为0.5~1.0摩尔浓度的氢氧化钠，酸液为0.5~1.0摩尔浓度的盐酸。

10. 根据权利要求5所述香菇多糖冻干粉针剂的制备方法，其特征在于用酸液中和PH为6.0~8.0。

针对本专利，易亨公司以不符合《专利法》第二十二条第三款规定等理由，于2007年11月16日向专利复审委提出无效宣告请求，并提交了下述附件作为证据：

附件1：第96116294.5号中国发明专利申请公开说明书，公开日为1997年10月1日，复印件共5页（下称证据1）；

附件2：第99100213.X号中国发明专利说明书，授权公告日为2001年11月14日，复印件共7页（下称证据2）；

经形式审查合格后，专利复审委受理了上述请求，案件编号为W401977，专利复审委向康海公司和易亨公司发出无效宣告请求受理通知书，并将专利权无效宣告请求书及其附件清单中所列附件的副本转送给康海公司,要求其在指定的期限内答复,同时成立合议组对本无效请求案进行审理。

针对易亨公司于2007年11月16日提出的专利权无效宣告请求书及其附件,康海公司向专利复审委提交了意见陈述书。后康海公司和易亨公司分别向专利复审委寄交了意见陈述书,专利复审委予以转文。易亨公司于2007年12月17日向专利复审委提交了附件3即第94113809.7号中国发明专利申请公开说明书,公开日为1996年5月22日,复印件共6页(下称证据3)。

2007年12月28日,易亨公司以本专利不符合《专利法》第二十二条第三款规定的创造性等理由,针对本专利再次向专利复审委提出无效宣告请求,并提交了下述附件作为证据:

附件1:第96116294.5号中国发明专利申请公开说明书,公开日为1997年10月1日,复印件共5页(同上述证据1,下称证据1);

附件2:第99100213.X号中国发明专利说明书,授权公告日为2001年11月14日,复印件共7页(同上述证据2,下称证据2);

附件3:特开平6-72896号日本发明专利申请公开说明书,公开日为1994年3月15日,复印件共5页(下称证据4);

附件4:《新药品种资料汇编》(1995年册),中华人民共和国卫生部药政局,扉页,第318、319、417~419页,复印件共6页(下称证据5);

附件5:"香菇多糖对恶性肿瘤的治疗作用",新药与临床,1996年1月,第15卷第1期,29~31页,复印件共3页(下称证据6);

经形式审查合格后,专利复审委受理了上述请求,案件编号为W402037,专利复审委于2008年4月2日向康海公司和易亨公司发出无效宣告请求受理通知书,并将专利权无效宣告请求书及其附件清单中所列附件的副本转送给康海公司,同时成立合议组对本无效请求案进行审理。

易亨公司于2008年1月28日补充提交了意见陈述书和附件6、7:

附件6:"右旋糖酐40不良反应695例分析",中国药房,1998年第9卷第3期,第128~129页,复印件共2页(下称证据7);

附件7:证据4的中文译文,共4页。

针对易亨公司于2007年12月28日提出的专利权无效宣告请求书及其附件,康海公司于2008年5月19日向专利复审委提交了意见陈述书。2008年5月20日,专利复审委将易亨公司于2008年1月28日提交的补充意见陈述书和相关附件转送给康海公司。

2008年4月14日,专利复审委向康海公司和易亨公司发出口头审理通知书,拟定于2008年6月5日对本专利权的第W401977号和第W402037号无效宣告请求案进行合并口头审理。

2008年6月5日,口头审理如期进行。康海公司和易亨公司均委托代理人参加了口头审理,双方当事人对对方出庭人员的身份和资格没有异议,对专利复审委合议组没有回避请求。专利复审委逐一调查了无效宣告请求的理由和证据,双方当事人充分陈述了意见。在口头审理过程中,明确了如下事实:

针对第W401977号无效宣告请求案:

(1)易亨公司仅保留权利要求1~4相对应证据1、2和3不具有创造性的无效理由,并且证据组合方式仅为证据1和2结合公知常识、证据1和3结合公知常识、证据1、2和3结合公知常识。

(2)康海公司对证据1、2和3的真实性、公开性和关联性均没有异议。

(3)双方坚持所提交的书面意见,没有其他补充意见。

针对第W402037号无效宣告请求案:

(1)专利复审委将康海公司于2008年5月19日提交的意见陈述书当庭转交给易亨公司。

（2）易亨公司仅保留权利要求1~3、5~7、9、10不符合《专利法》第二十六条第四款规定，权利要求1~4相对于证据4不具有新颖性，以及权利要求1~10不具有创造性的无效理由，放弃其他无效理由以及证据2和5。其中易亨公司主张权利要求1~10不具有创造性的无效理由为：与证据4和公知常识的组合、证据6和公知常识的组合、证据4和证据7以及公知常识的组合相比，权利要求1~4无创造性；与证据1和证据4和公知常识的组合、证据1和证据4和证据7和公知常识的组合相比，权利要求5~10无创造性，证据4或证据6为最接近的对比文件。

（3）易亨公司当庭出示加盖有"国家图书馆"红章的证据6和7的复印件以及国家图书馆科技查询中心出具的文件复制证明，康海公司对证据1、4、6和7的真实性、公开性和关联性均没有异议，对证据4译文的准确性没有提出异议。

（4）易亨公司当庭提供如下四份公知常识性证据，康海公司认可该四份证据为公知常识性证据：

①《工业药剂学》，张汝华、屠锡德主编，中国医药科技出版社，1993年3月第1版，封面，扉页，第1、12、13、271~274页，信息页和封底，共11页（下称证据8）；

②《中药药剂学》，范碧亭主编，上海科学技术出版社，1997年12月1版，封面、信息页、第7、8、239、282、283页，封底，共8页（下称证据9）；

③《新编简明药物手册》，焦万田主编，人民军医出版社，1997年3月第2版，封面，扉页，信息页，内容提要页，第1、20、21、478、479页，封底，共6页（下称证据10）；

④《中药药剂学》，曹春林主编，上海科学技术出版社，1986年11月第1版，封面、第5、440、441页，封底，共5页（下称证据11）。

（5）康海公司当庭提交一份证据：《新编药物学》，陈新谦、金有豫、汤光主编，人民卫生出版社，2003年3月第15版第30次印刷，第532~533页，共2页（下称反证1）。易亨公司对反证1的真实性没有异议，但是认为反证1的出版日期在本专利的申请日之后。

2008年6月12日，易亨公司提交一份针对第W402037号无效宣告请求案的意见陈述书，坚持本专利不具有创造性的主张。

2008年7月28日，专利复审委经审查作出被诉无效决定，宣布本专利全部无效。康海公司不服该决定，向一审法院提起行政诉讼。

本院认为，对于专利复审委的审查职责、被诉无效决定对审查文本的确定、无效宣告请求理由的确定以及证据的认定，本院经审查予以确认。本案争议焦点主要在于：1. 专利复审委于2008年5月20日向康海公司寄送易亨公司2008年1月28日补充提交的意见陈述书，是否剥夺了康海公司的陈述申辩权，是否构成程序违法；2. 被诉无效决定对本专利创造性的认定是否正确。

对于被诉无效决定是否构成程序违法的问题。本案中，对易亨公司2008年1月28日补充提交的意见陈述书及其附件，专利复审委2008年5月20日才邮寄给康海公司，康海公司于同年5月23日收到该意见陈述书，而本案专利复审委举行口头审理时间为同年6月5日，尽管客观上会对康海公司的答辩准备工作造成一定的影响，但在口头审理中，康海公司已对该意见陈述书和证据进行了答辩，并明确表示以当庭陈述为准，且专利复审委在口头审理中已明确告知当事人可在庭后7日内提交书面答辩意见。因此，专利复审委在行政程序中并未剥夺康海公司的意见陈述权，康海公司关于被诉无效决定构成程序违法的主张，缺乏事实依据，本院不予支持。

被诉无效决定对本专利创造性的认定是否正确问题。《专利法》第二十二条第三款规定，创造性是指同申请日以前已有的技术相比，该发明有突出的实质性特点和显著的进步，该实用新型有实质性特点和进步。本专利权利要求1请求保护一种抗肿瘤的香菇多糖冻干粉针剂。证据4公开了一种含有香菇多糖1mg、右旋糖酐-402mg、甘露醇100mg的冻干粉针剂（参见证据4的中文译文第2页第27

行)。

对于权利要求1中的赋形剂为甘露醇的技术方案而言,权利要求1的冻干粉针剂与证据4的冻干粉针剂的区别在于其不包括组分右旋糖酐-40,该技术方案相对于证据4所要解决的技术问题是使香菇多糖冻干粉针剂中不含会引起不良反应的成份。证据7给出了在药物中尽量少用或不用右旋糖酐,以减少或排除右旋糖酐的潜在危害的启示。本领域技术人员为避免药物不良反应而改进证据4的冻干粉针剂时,显而易见会首选去除右旋糖酐,而且权利要求1的技术方案没有带来意想不到的技术效果。因此,权利要求1中的赋形剂为甘露醇的冻干粉针剂的技术方案相对于证据4和7的结合不具备创造性。

对于权利要求1中的赋形剂为葡萄糖、蔗糖或乳糖的技术方案而言,权利要求1的冻干粉针剂与证据4公开的冻干粉针剂的区别在于其不包括组分右旋糖酐-40,且赋形剂为葡萄糖、蔗糖或乳糖替代了甘露醇。同理,在证据4公开内容的基础上结合证据7的教导,得到香菇多糖冻干粉针剂中赋形剂为甘露醇而去除会引起过敏性休克不良反应的右旋糖酐-40的技术方案是显而易见的,而且没有任何意想不到的技术效果,因而上述技术方案不具有创造性。本领域技术人员公知甘露醇、葡萄糖、蔗糖和乳糖为常用的冻干赋形剂,因此可以想到用葡萄糖、蔗糖和乳糖替换证据4的赋形剂甘露醇,而且无证据表明权利要求1中的该技术方案产生任何意想不到的技术效果。权利要求1中的冻干赋形剂为葡萄糖、蔗糖或乳糖的技术方案相对于证据4和7以及本领域公知常识不具备创造性。

权利要求2~4属于引用权利要求1的从属权利要求,在权利要求1不具备创造性的情况下,权利要求2~4相对于证据4和7以及本领域公知常识,也不具备《专利法》第二十二条第三款规定的创造性。

权利要求5请求保护一种香菇多糖冻干粉针剂的制备方法,其要解决的技术问题是制备不含会产生不良反应的成份的冻干制剂。证据4公开了一种含有香菇多糖1mg、右旋糖酐-40 2mg、甘露醇100mg的冻干粉针剂,其中隐含公开了以香菇多糖1mg、右旋糖酐-40 2mg、甘露醇100mg为原料来制备该冻干粉针剂的方法。权利要求5与证据4公开的内容的区别在于:(1)权利要求5中不包括原料右旋糖酐-40;(2)权利要求5中明确记载了配制香菇多糖溶液、添加赋形剂、分装、冻干和封口的操作步骤;(3)当权利要求5的赋形剂为葡萄糖、蔗糖或乳糖时,区别于证据4的原料甘露醇。对区别(1),证据7给出了在药物中尽量少用或不用右旋糖酐技术启示,在证据4的基础上,本领域技术人员为避免药物不良反应,显而易见会首选去除右旋糖酐;对区别(2),冻干粉针剂的制备过程包括药液配制、分装、冷冻干燥和封口等操作步骤,属本领域技术人员公知,而且证据1中公开了香菇多糖注射液的制备方法,包括通过用氢氧化钠溶液溶解并用酸(柠檬酸)调节pH值以制备香菇多糖溶液;对区别(3),甘露醇、葡萄糖、蔗糖和乳糖是常用的冻干赋形剂,也是本领域技术人员所公知。因此,在证据1、4和7以及公知常识的基础上,本领域技术人员得到权利要求5的技术方案是显而易见的,权利要求5不具备创造性。

权利要求6~10属于引用权利要求5的从属权利要求,在权利要求5不具备创造性的情况下,权利要求6~10相对于证据1、4和7以及公知常识的结合,也不具备《专利法》第二十二条第三款规定的创造性。

综上,被诉无效决定对于本专利创造性的认定正确,本院应予支持。康海公司关于本专利具备创造性以及一审判决对被诉无效决定认定事实存在漏审的主张,缺乏事实依据,本院不予支持。

综上,专利复审委作出的被诉无效决定合法有据,一审判决维持正确,本院应予维持。康海公司的上诉主张不能成立,本院不予支持。依据《中华人民共和国行政诉讼法》第六十一条第(一)项的规定,判决如下:

驳回上诉，维持一审判决。

二审案件受理费 100 元，由上诉人南京康海药业有限公司负担（已交纳）。

本判决为终审判决。

审　判　长　景　滔
代理审判员　马　军
代理审判员　刘　行
二〇〇九年十二月二十八日
书　记　员　王　芳

人工组合的抗菌工程多肽及其制备方法

无效宣告请求审查决定（第 12022 号）

决 定 号	第 12022 号
决 定 日	2008 年 7 月 31 日
发明创造名称	人工组合的抗菌工程多肽及其制备方法
国际分类号	C07K14/195，C12N15/00，A61P31/04
无效宣告请求人	姚 庆
专 利 权 人	四川新泰克控股有限责任公司
专 利 号	01128836.1
申 请 日	2001 年 9 月 11 日
授权公告日	2004 年 9 月 1 日
合议组组长	王晓云
主 审 员	吴通义
参 审 员	葛永奇
法 律 依 据	专利法第 26 条第 3 款、第 4 款，专利法第 22 条第 2 款、第 4 款
决 定 要 点	

如果本领域的技术人员根据说明书的记载能够实现发明的技术方案，解决其技术问题，并且产生预期的技术效果，则说明书符合充分公开的要求。在产业上能够被制造并产生积极效果的产品具备实用性。如果权利要求保护的技术方案能够从说明书充分公开的内容中概括得出并且未超出说明书公开的范围，则该权利要求得到说明书的支持。无效请求人在主张一项权利要求不具备新颖性时，若没有提交足以破坏该权利要求新颖性的证据，则应当承担对其不利的法律后果。

一、案由

本专利权无效宣告请求案涉及国家知识产权局于 2004 年 9 月 1 日公告授予的、名称为"人工组合的抗菌工程多肽及其制备方法"的第 01128836.1 号发明专利权（下称本专利），其申请日为 2001 年 9 月 11 日，专利权人为四川新泰克控股有限责任公司。本专利授权公告的权利要求书如下：

"1. 一种人工组合的抗菌工程多肽，其特征在于该多肽由致病菌信号传导多肽与可形成离子通道大肠菌素或其水性孔道结构域组成。

2. 根据权利要求 1 所述的人工组合的抗菌工程多肽，其特征在于其分子结构为信号传导多肽的氨基端与可形成离子通道大肠菌素或其水性孔道结构域的羧基端连接。

3. 根据权利要求 1 所述的人工组合的抗菌工程多肽，其特征在于其分子结构为信号传导多肽的羧基端与可形成离子通道大肠菌素或其水性孔道结构域的氨基端连接。

4. 根据权利要求 1 或 2 或 3 所述的人工组合的抗菌工程多肽，其特征在于其分子量为 10000～63000。

5. 根据权利要求 4 所述的人工组合的抗菌工程多肽，其特征在于可以连接不同的致病菌固有的信号传导多肽而组成可对抗不同的致病菌的工程多肽。

6. 一种人工组合的抗菌工程多肽的制备方法，其特征在于利用点突变技术将致病菌信号传导多肽基因插入到装载在工程质粒里的大肠菌素基因选定的位点上，该位点的选择，以人工组合抗菌工程多肽的分子结构为准，再将突变好的质粒转染到不含质粒的工程菌里，经大量繁殖菌，超声破碎，高速离心沉淀破碎菌体，沉淀 DNA，透析之后由离子交换柱收获制备的抗菌工程多肽。"

针对上述专利权，姚庆（下称请求人）于 2005 年 7 月 18 日向专利复审委员会提出专利无效宣告请求，认为本专利不符合专利法第 26 条第 3、4 款和专利法第 22 条第 2、4 款的规定。请求人同时提交了本专利授权公告文本（复印件共 7 页）和如下证据：

证据 1：西藏华西药业集团有限公司出具的 "PH-SA 药学研究"，复印件共 35 页；

证据 2：成都阳辉生物科技有限公司的申报材料，第三部分 药理毒理研究资料，药品名称为抗金黄色葡萄球菌工程多肽（Pheromonicin-SA，Ph-SA），原始资料保存地和研究机构为中国医药集团总公司四川抗菌素工业研究所，信息页、第 1～13 页，复印件共 14 页；

证据 3：涉及 "Abstract for Altered Sites® II in vitro Mutagenes" 的 Promega 网页打印件 1 页，以及 Promega 公司的 "Altered Sites® II in vitro Mutagenesis System" 技术手册，第 1 期，第 1～2 页，复印件 2 页。

依据上述证据，请求人认为：(1) 本专利要求保护一种人工合成的抗菌工程多肽及其制备方法，其制备步骤包括：a 制备质粒，b 将质粒转染到不含质粒的工程菌里……最后得到抗菌工程多肽。但是 "致病菌信号传导多肽" 是上位概念，种类很多，说明书发明内容部分均为推导说理性内容，没有公开具体可实施的技术方案，即使实施例给出金黄色葡萄球菌信号肽与大肠菌素融合的抗菌多肽，权利要求 1～5 也得不到说明书的支持，不符合专利法第 26 条第 4 款的规定。(2) 申请日前发现的金黄色葡萄球菌的 AgrD 信号肽有四种，而实施例没有给出具体是哪种信号肽与大肠菌素进行连接，不能合理推断金黄色葡萄球菌的所有信号传导多肽都可以与大肠菌素或其水性孔道结构域组成抗菌工程多肽，实施例公开的抗菌工程多肽是不确定的；另外，说明书和权利要求书没有给出致病菌信号传导多肽基因与大肠菌素基因的连接方法，没有公开插入位点如何选择，使用什么工具酶、反应参数，质粒如何突变，本领域技术人员根据说明书的内容不能够制备表达抗菌工程多肽所需的质粒，不能制备得到抗菌工程多肽，因此，说明书不符合专利法第 26 条第 3 款的规定。(3) 根据证据 1，用发明人提供的原始菌种按照说明书记载的方法没有得到权利要求 1 的抗菌工程多肽，而根据发明人在 NZTURE 杂志上发表的文章中所述，所使用的原始质粒为美国 promega 公司的 Pselect-1 质粒，现名 pALTER-1，证据 3 表明该质粒是用于基因克隆的质粒而非蛋白质表达的质粒，本领域技术人员按照说明书不能得到所述的抗菌工程多肽，不能重复再现本发明的技术方案；证据 1 证明虽然根据本领域公知常识，西藏药业使用蛋白质表达质粒转染工程菌（PH-SA 菌种）制备得到一种分子量为 65000Da 的蛋白质，但是该蛋白质并不具备权利要求 1 和说明书所述的抗菌作用，实验样品表现出的抗菌效果是其中残留的硫酸链霉素产生的，因此，权利要求 1 的抗菌工程多肽没有产生积极的效果。权利要求 2～5 是对权利要求 1 的抗菌工程多肽作进一步限定，因权利要求 1 不具有实用性，权利要求 2～5 也不具有实用性。而且证据 2 证明发明人提供的抗金黄色葡萄球菌多肽样品具有广谱抗菌作用，权利要求 5 中所述的靶向杀菌功能不成立。(4) 根据本专利说明书第 2～3 页的内容，权利要求 6 的方法是已经公开的成熟技术，不具有新颖性。

经形式审查合格后，专利复审委员会受理了上述请求，于2005年7月19日向双方当事人发出《无效宣告请求受理通知书》，并将《专利权无效宣告请求书》及其附件副本转送给专利权人，要求其在指定的期限内答复，同时成立合议组对本无效宣告请求案进行审理。

2008年5月14日，专利复审委员会本案合议组向双方当事人发出口头审理通知书，定于2008年6月24日对本案进行口头审理。

2008年6月24日口头审理如期进行。请求人一方委托代理人参加了口头审理，专利权人未参加口头审理。在口头审理过程中：（1）请求人放弃证据3及其相关主张。（2）请求人当庭提交证据1的打印件，在首页、第2页、最后一页以及骑缝上加盖有"西藏华西药业集团有限公司"的红章；同时提交证据2的打印件，首页盖有"中国医药集团总公司四川抗菌素工业研究所"红章。（3）请求人明确其无效宣告请求的理由和范围是：①说明书公开不充分，不符合专利法第26条第3款的规定；②权利要求1～5得不到说明书支持，不符合专利法第26条第4款的规定；③依据证据1和2，权利要求1～5不具备实用性，不符合专利法第22条第4款的规定；④相对于本专利说明书第2～3页，权利要求6不符合专利法第22条第2款的规定。

至此，合议组认为本案事实已经清楚，可以依法作出审查决定。

二、决定的理由

1. 关于审查文本

本无效宣告请求审查决定以本专利的授权公告文本为审查基础。

2. 无效宣告请求的理由和范围

请求人在口头审理中放弃证据3及其相关主张，合议组不再对证据3及其相关主张作评述。根据请求人提交的《专利权无效宣告请求书》及其在口头审理中的确认，合议组针对本无效宣告请求案的审理范围是：①说明书公开不充分，不符合专利法第26条第3款的规定；②权利要求1～5得不到说明书支持，不符合专利法第26条第4款的规定；③依据证据1和2，权利要求1～5不具备实用性，不符合专利法第22条第4款的规定；④相对于本专利说明书第2～3页，权利要求6不符合专利法第22条第2款的规定。

3. 关于专利法第26条第3款

专利法第26条第3款规定"说明书应当对发明或者实用新型作出清楚、完整的说明，以所属技术领域的技术人员能够实现为准"。

根据该款规定，如果本领域的技术人员根据说明书的记载能够实现发明的技术方案，解决其技术问题，并且产生预期的技术效果，则说明书符合充分公开的要求。

本专利涉及一种抗菌工程多肽以及制备抗菌工程多肽的方法。

请求人认为：实施例没有给出具体是哪种信号肽与大肠菌素进行连接，不能合理推断金黄色葡萄球菌的所有信号传导多肽都可以与大肠菌素或其水性孔道结构域组成抗菌工程多肽，实施例公开的抗菌工程多肽是不确定的；另外，说明书和权利要求书中没有给出致病信号传导多肽基因与大肠菌素基因的连接方法，没有公开插入位点如何选择，使用什么工具酶、反应参数，质粒如何突变，本领域技术人员根据说明书的记载不能够制备表达抗菌工程多肽所需的质粒，不能制备得到抗菌工程多肽，因此，说明书不符合专利法第26条第3款的规定。

对此，合议组认为：（1）由于本专利的抗菌工程多肽中包含的信号传导多肽和大肠杆菌素都是序列和结构已知的多肽，而本专利说明书第3页第2段描述了信号传导多肽和大肠杆菌素的连接方式，由此本发明的抗菌工程多肽的组成和结构是清楚、确定的，而且对于本领域技术人员来说，能够通过本领域熟知的DNA重组技术或者化学合成等常规方法，容易地制备氨基酸序列确定的多肽。即使说明书没有给出制备本专利抗菌工程多肽的具体工艺操作，本领域技术人员仍能够通过本领域熟知的常规技术制备得到本专利的抗菌工程多肽。另外，实施例没有具体描述是用何种金黄色葡萄球菌信号传导多肽与大肠菌素或其水性孔道结构域组成抗菌工程多肽，应当理解为包括使用本专利中及其申请日前公开的所有种类的金黄色葡萄球菌信号传导多肽与大肠菌素或其水性孔道结构域组成抗菌工程多肽，而本领域技术人员仍能够通过本领域熟知的常规技术制备得到实施例中所说的抗菌工程多肽。

（2）由于本专利的抗菌工程多肽是由信号传导多肽与大肠菌素或其水性孔道结构域组成，其中信号传导多肽的通常功能是引导靶向特定细菌的作用，而大肠菌素或其水性孔道结构域是通过在细胞膜上直接形成离子通道而致细菌死亡（参见本专利说明书第1页的背景技术）。因此，可以合理预期本专利的抗菌工程多肽能够通过其信号传导多肽部分而定向于特定细菌，在细胞膜上形成离子通道而杀死该细菌，解决本发明的技术问题，产生预期的技术效果。同时本专利说明书提供的实验结果也表明所述抗菌工程多肽具有大致相当于氨苄青霉素的抗金黄色葡萄球菌的能力（参见实施例一至实施例四）。因此，本专利说明书符合专利法第26条第3款的规定。

4. 关于专利法第22条第4款

专利法第22条第4款规定："实用性，是指发明或者实用新型能够在产业上制造或者使用，并且能够产生积极效果。"

根据该款规定，在产业上能够被制造并产生积极效果的产品具备实用性。

请求人依据证据1和2主张本专利权利要求1~5不具有实用性。

请求人当庭提交证据1的打印件，在首页、第2页、最后一页以及骑缝上加盖有"西藏华西药业集团有限公司"的红章，经核实，与请求人在提出专利无效宣告请求时提交的证据1的内容相符。请求人用证据1证明如下事实：①用本专利发明人丘小庆提供的原始菌种按照说明书记载的方法没有得到权利要求1的抗菌工程多肽，因此，本领域技术人员不能重复和再现本专利的技术方案；②本专利说明书中PH-SA的抗菌作用是其中残留的硫酸链霉素产生的，本专利的抗菌工程多肽没有产生积极的效果。对此，合议组认为：（1）证据1是由请求人单方面委托西藏华西药业集团有限公司实施的，作为证据1的出具人以及证据1中相关实验的操作者的西藏华西药业集团有限公司没有出席口头审理，未就证据1中的相关实验情况接受质询。（2）请求人未能证明是从发明人处获得了证据1中所述原始菌株，并且从证据1记载的内容也无法确认其中所述发明人提供的原始菌株就是表达本专利的抗菌工程多肽的菌株。（3）从证据1和本专利说明书可以看出西藏华西药业集团有限公司所制备的PH-SA与本专利的抗菌工程多肽在分子量上存在差别。由此，合议组不能确定证据1中所述的发明人提供的原始菌株及由其制备得到的多肽，以及由西藏华西药业集团有限公司制备的工程多肽与本专利的抗菌工程多肽有何关联。因此，合议组无法确认证据1内容的真实性，对请求人依据证据1所主张的上述事实不予支持。

请求人当庭提交了证据2的打印件，其仅在首页盖有"中国医药集团总公司四川抗菌素工业研究所"红章。请求人用证据2证明本专利的抗菌工程多肽不具有专一靶向作用。对此，合议组认为，证据2是打印后用平角钉装订而成，除了首页外的其他页都容易修改和制作，而作为证据2的研究机构和原始资料保存地的"中国医药集团总公司四川抗菌素工业研究所"未出席口头审理接受质询，且从证据2中无法看出其中所述的抗金黄色葡萄球菌工程多肽Ph-SA和本专利的抗菌工程多肽是相同的。因此，合议组无法确认证据2的真实性，对请求人用证据2所主张的事实不予支持。

此外，合议组认为，本领域技术人员通过阅读本专利说明书，进而理解权利要求1~5请求保护的技术方案，是能够制备得到本专利的抗菌工程多肽的，并且该抗菌工程多肽具备抗菌功能的积极效果。因此，鉴于请求人提交的证据不充分，合议组对请求人依据证据1和2主张权利要求1~5不符合专利法第22条第4款规定的无效宣告理由不予支持。

5. 关于专利法第26条第4款

专利法第26条第4款规定："权利要求书应当以说明书为依据，说明要求专利保护的范围。"

根据该款规定，如果权利要求保护的技术方案能够从说明书充分公开的内容中概括得出并且未超出说明书公开的范围，则该权利要求得到说明书的支持。

本专利权利要求1~5要求保护一种人工合成的抗菌工程多肽。请求人认为："致病菌信号传导多肽"是上位概念，种类很多，说明书中发明内容部分均为推导说理性内容，没有公开具体可实施的技术方案，即使实施例给出了金黄色葡萄球菌信号肽与大肠菌素融合的抗菌多肽，权利要求1~5也得不到说明书的支持，不符合专利法第26条第4款的规定。

对此，合议组认为：基于本专利说明书的记载可知，大肠菌素仅作用于大肠杆菌等革兰氏阴性杆菌（参见本专利说明书第1~2页的背景技术）。但是，本专利说明书的实施例制备得到了金黄色葡萄球菌信号传导多肽与大肠菌素或其水性孔道结构域融合而成的抗菌工程多肽，并证实了所制备的抗菌工程多肽具有抗金黄色葡萄球菌的功效（参见说明书实施例一到实施例四），而金黄色葡萄球菌属于革兰氏阳性菌。因此，本申请通过实例证明了大肠菌素或其水性孔道结构域与某致病菌的信号传导多肽融合后具有大肠菌素或其水性孔道结构域本身不能直接产生的抗该致病菌的作用。尽管致病菌信号传导多肽的种类多，但是致病菌信号传导多肽的通常功能都是引导靶向特定细菌的作用，而且它们都是小分子物质，在本专利的抗菌工程多肽中，其位于大肠菌素或其水性孔道结构域的一端，对与之融合的大肠菌素或其水性孔道结构域的结构的影响应当较小。在说明书已经公开上述内容的基础上，可以合理预期大肠菌素或其水性孔道结构域与某致病菌的信号传导多肽融合后具有抗该致病菌的作用。在请求人未能提供证据证明大肠菌素或其水性孔道结构域与致病菌信号传导多肽融合不能产生抗菌作用的情况下，应当认为权利要求1~5的技术方案能够得到说明书的支持，符合专利法第26条第4款的规定。

6. 关于专利法第22条第2款

专利法第22条第2款规定："新颖性，是指在申请日以前没有同样的发明或者实用新型在国内外出版物上公开发表过、在国内公开使用过或者以其他方式为公众所知，也没有同样的发明或者实用新型由他人向国务院专利行政部门提出过申请并且记载在申请日以后公布的专利申请文件中。"

根据该款规定，无效请求人在主张一项权利要求不具备新颖性时，若没有提交足以破坏该权利要求新颖性的证据，则应当承担对其不利的法律后果。

权利要求6请求保护一种人工组合的抗菌工程多肽的制备方法，其特征在于利用点突变技术将致病菌信号传导多肽基因插入到装载在工程质粒里的大肠菌素基因选定的位点上，该位点的选择，以人工组合抗菌工程多肽的分子结构为准，再将突变好的质粒转染到不含质粒的工程菌里，经大量繁殖菌，超声破碎，高速离心沉淀破碎菌体，沉淀DNA，透析之后由离子交换柱收获制备的抗菌工程多肽。请求人认为，根据本专利说明书第2~3页的记载，权利要求6的方法是已经公开的成熟技术，不具有新颖性。

对此，合议组认为：尽管本专利说明书第2页最后1段到第3页第1段中记载了"工程多肽的制备方法采用专利发明人已经发展成熟的技术路线"并引用了两篇外文文献，接着对该技术路线作简单描述，即"利用点突变技术（美国Strategene公司Quick-change药箱），将欲组合的细菌信号传导多肽基因插入到装载在工程质粒里的大肠菌素基因选定的位点上（插入位点的选择，以人工组合抗菌工程多肽的分子结构为准），制备成人工组合抗菌工程多肽的质粒，再对该突变质粒进行测序以便确认突变成功。最后将突变好的质粒转染到不含质粒的工程菌里制备多肽",但是在请求人没有提供任何证据进行佐证的情形下,确认所述的技术路线已经记载在现有技术(如所引用的两篇文献)中尚显依据不足。另外,将权利要求6的制备方法与本专利说明书第2页最后1行到第3页第1段中记载的技术路线相比,权利要求6中包括的"经大量繁殖菌,超声破碎,高速离心沉淀破碎菌体,沉淀DNA,透析之后由离子交换柱收获制备的抗菌工程多肽"等技术内容并未记载在上述技术路线中,由此更不能确认说明书中所述的"已经发展成熟的技术路线"与本专利权利要求6的制备方法完全相同。因此,鉴于请求人没有提交足以破坏权利要求6新颖性的证据,合议组对于请求人提出权利要求6不具有新颖性的主张不予支持。

基于以上事实和理由,本案合议组作出如下审查决定。

三、决定

维持第01128836.1号发明专利权有效。

当事人对本决定不服的,可以根据专利法第46条第2款的规定,自收到本决定之日起三个月内向北京市第一中级人民法院起诉。根据该款的规定,一方当事人起诉后,另一方当事人应当作为第三人参加诉讼。

冷冻干燥的稳定的单克隆或多克隆抗体药物制剂

无效宣告请求审查决定（第 12049 号）

决 定 号	第 12049 号
决 定 日	2008 年 8 月 6 日
发明创造名称	冷冻干燥的稳定的单克隆或多克隆抗体药物制剂
国 际 分 类 号	A61K 39/395，A61K 47/18，A61K 47/26，A61P43/00
无效宣告请求人	李彩辉
专 利 权 人	罗赫诊断器材股份有限公司
专 利 号	97181416.3
优 先 权 日	1996 年 11 月 19 日
申 请 日	1997 年 11 月 19 日
授权公告日	2004 年 6 月 30 日
合议组组长	叶 娟
主 审 员	祝海燕
参 审 员	魏春宝
法 律 依 据	专利法第 22 条第 3 款
决 定 要 点	

将一项发明专利权利要求所要求保护的技术方案与现有技术相对比，如果该技术方案相对于现有技术是显而易见的，且技术效果是可以预料的，则该权利要求不具有创造性。

一、案由

本专利权无效宣告请求案涉及国家知识产权局于 2004 年 6 月 30 日公告授予的、名称为"冷冻干燥的稳定的单克隆或多克隆抗体药物制剂"的 97181416.3 号发明专利权（下称本专利），其申请日为 1997 年 11 月 19 日，优先权日为 1996 年 11 月 19 日，专利权人为罗赫诊断器材股份有限公司。本专利授权公告的权利要求书如下：

"1. 稳定的冷冻干燥的单克隆抗体或多克隆抗体药物制剂，包括：糖或氨基糖，氨基酸和表面活性剂。

2. 权利要求 1 所述的单克隆抗体或多克隆抗体药物制剂，其特征在于，该单克隆抗体或多克隆抗体药物制剂不含聚乙二醇和/或蛋白性药物辅料物质。

3. 权利要求 1 或 2 所述的单克隆抗体或多克隆抗体药物制剂，其组成是：

a) 单克隆抗体或多克隆抗体，

b）糖或氨基糖，

c）氨基酸，

d）作为缓冲物质的无机酸，和

e）表面活性剂。

4. 权利要求 1 或 2 所述的单克隆抗体或多克隆抗体药物制剂，其特征在于，糖是单糖、双糖或三糖。

5. 权利要求 4 所述的单克隆抗体或多克隆抗体药物制剂，其特征在于，糖是蔗糖、麦芽糖、海藻糖或棉子糖。

6. 权利要求 1 或 2 所述的单克隆抗体或多克隆抗体药物制剂，其特征在于，氨基糖是葡萄糖胺、N-甲基葡萄糖胺、半乳糖胺或神经氨酸。

7. 权利要求 1 或 2 所述的单克隆抗体或多克隆抗体药物制剂，其特征在于，氨基酸是碱性、酸性或中性氨基酸。

8. 权利要求 7 所述的单克隆抗体或多克隆抗体药物制剂，其特征在于，氨基酸是精氨酸、赖氨酸、组氨酸、鸟氨酸、异亮氨酸、亮氨酸、丙氨酸、谷氨酸或天门冬氨酸。

9. 权利要求 1 或 2 所述的单克隆抗体或多克隆抗体药物制剂，其特征在于，表面活性剂是吐温或者聚氧乙烯-聚氧丙烯聚合物。

10. 权利要求 1 或 2 所述的单克隆抗体或多克隆抗体药物制剂，其特征在于，该单克隆抗体或多克隆抗体药物制剂含有生理上可耐受的辅料物质，选自：酸、碱、缓冲剂和/或等渗剂。

11. 单克隆抗体或多克隆抗体的水性药物制剂，可通过重新溶解权利要求 1～10 的任意一项所述的单克隆抗体或多克隆抗体药物制剂获得。

12. 权利要求 11 所述的水性药物制剂，其特征在于，溶液的 pH 值为 5～8。

13. 权利要求 12 所述的水性药物制剂，其特征在于，溶液的 pH 值为 6～7.4。

14. 制备如权利要求 1～10 的任意一项所述的单克隆抗体或多克隆抗体药物制剂的方法，其特征在于，制备含有单克隆抗体或多克隆抗体作为活性物质，含有糖或氨基糖、氨基酸和表面活性剂作为添加剂，以及含有任选的其他药物辅料物质的水制剂，然后冷冻干燥该溶液。

15. 由下列物质组成的辅料物质组合用于制备稳定的冷冻干燥的单克隆抗体或多克隆抗体药物制剂的应用：a）糖或氨基糖，b）氨基酸和 c）表面活性剂。"

针对上述专利权，李彩辉（下称请求人）于 2007 年 10 月 15 日向专利复审委员会提出专利权无效宣告请求，认为本专利不符合专利法第 33 条、第 26 条第 3、4 款、专利法第 22 条第 2、3 款以及专利法实施细则第 20 条第 1 款、第 21 条第 2 款的规定。请求人同时提交了本专利授权公告文本和本专利申请公开文本，及以下证据：

证据 1-1：申请号为 96195830.8 的中国发明专利申请公开文本（公开号为 CN1191490A），全文复印件，申请日为 1996 年 7 月 23 日，公开日为 1998 年 8 月 26 日；

证据 1-2：申请号为 96195830.8 的中国发明专利授权公告文本（授权公告号为 CN1151842C），全文复印件，申请日为 1996 年 7 月 23 日，授权公告日为 2004 年 6 月 2 日；

证据 2：申请号为 96195830.8 的中国发明专利申请的分案申请（申请号为 200410030256.3）的公开文本（公开号为 CN1539505A），全文复印件，申请日为 1996 年 7 月 23 日，公开日为 2004 年 10 月 27 日；

证据 3：公开号为 US5096885A 的美国专利说明书全文复印件，公开日为 1992 年 3 月 17 日；

证据 4："Development of a lyophilized formulation of interleukin-2", M.S. Hora 等人, Develop. Biol. Standard.,

第 74 卷，第 295~306 页复印件，1991 年；

证据 5：公开号为 EP 0597101A1 的欧洲专利申请公开说明书全文复印件，公开日为 1994 年 5 月 18 日；

证据 6：公开号为 CN86101708A 的中国发明专利申请公开说明书复印件共 14 页，公开日为 1986 年 9 月 17 日；

证据 7：针对本专利申请的《第一次审查意见通知书正文》，复印件共 4 页。

请求人还同时提交了证据 3、4 的中文译文。

依据上述证据，请求人认为：（1）依据证据 1-1 和证据 2，本专利权利要求 1~15 不具有新颖性；（2）证据 3、4、5、6 公开了本专利权利要求 1~5、8~14 的全部技术特征，权利要求 6、7、15 的技术方案对本领域技术人员来说是显而易见的，本领域技术人员根据现有技术完全能够得到权利要求 1~15 的技术方案，而且权利要求 1~15 与现有技术相比也没有意想不到的效果，因此权利要求 1~15 不具有专利法第 22 条第 3 款规定的创造性；依据证据 7，本专利权利要求 1~15 也不具有创造性；（3）本专利说明书没有对发明作出清楚、完整的说明，所表达的技术内容含糊不清或模棱两可，所属技术领域的技术人员按照说明书记载的内容，不能实现本发明的技术方案，解决本发明所要解决的技术问题并产生预期效果，因此本专利说明书不符合专利法第 26 条第 3 款的规定；（4）权利要求 1~15 没有对各成分的量进行限定，其过宽的保护范围得不到说明书的支持，因此不符合专利法第 26 条第 4 款的规定；（4）本专利权利要求 2 相对于公开文本删除了"其基本组成是"中的"基本"二字，扩大了保护范围，不符合专利法第 33 条的规定；（5）权利要求 2 中的"和/或"表述不清楚，导致该权利要求保护范围不清楚，不符合专利法实施细则第 20 条第 1 款的规定；（6）独立权利要求未限定各组分的量及相互间比例，权利要求 11 未写明如何重新溶解冷冻干燥制剂，权利要求 14 方案中的记载为"含有任选的其他药物辅料物质"，但实际上并非任意辅料都能实现本发明目的，因此本专利独立权利要求缺乏解决技术问题的必要技术特征，不符合专利法实施细则第 21 条第 2 款的规定。

经形式审查合格后，专利复审委员会受理了上述请求，于 2007 年 11 月 5 日向双方当事人发出《无效宣告请求受理通知书》，并将《专利权无效宣告请求书》及其附件副本转送给专利权人，要求其在指定的期限内答复，同时成立合议组对本无效宣告请求案进行审理。

2007 年 11 月 14 日请求人补充提交了意见陈述、证据 5 的中文译文和如下证据（编号续前）：

证据 8：公开号为 CN 85101017A 的中国发明专利申请公开说明书全文复印件，公开日为 1987 年 1 月 10 日；

证据 9：申请号为 90107989.8 的中国发明专利申请公开说明书全文复印件，公开号为 CN1050321A，公开日为 1991 年 4 月 3 日；

证据 10：申请号为 93104030.2 的中国发明专利申请公开说明书全文复印件，公开号为 CN1078910A，公开日为 1993 年 12 月 1 日；

证据 11：申请号为 93121067.4 的中国发明专利申请公开说明书全文复印件，公开号为 CN1096222A，公开日为 1994 年 12 月 14 日。

结合上述补充证据，请求人补充认为：（1）本专利的技术领域为单克隆或多克隆抗体药物制剂的冷冻干燥，所采用的技术方案为向单克隆或多克隆抗体加入蔗糖或氨基糖、氨基酸和表面活性剂、缓冲液及其他生理上可接受的辅料物质，所达到的技术效果是制备得到的冻干制剂具有稳定性。而本领域技术人员公知，由于冻干制剂能长时间稳定贮存、且易复水恢复活性，因此冻干技术广泛用于蛋白质药物制剂，为了保护药品的活性，通常加入糖类/多元醇（蔗糖等）、氨基酸、表面活性剂以及磷酸盐等。证据 3 公开了一种稳定的冷冻干燥的人生长激素药物制剂，其中含有甘露醇（可用蔗糖等糖类替代)、氨基酸（甘氨酸等）、表面活性剂（聚山梨醇酯80）及可选用的磷酸盐缓冲液，其中不含任何蛋白，还可包括医学上可接受的赋形剂，优选制剂的pH为4~8，更优选6~8。证据3~11公开了权利要求1、2、4~15的全部技术特征，权利要求3的附加技术特征（d）在证据3、5、9~11中公开，权利要求3的其他技术特征在证据3~11中公开，因此根据证据3~11公开的技术特征，本领域技术人员完全能够得到权利要求1~15的技术方案，而且权利要求1~15与现有技术相比也没有意想不到的效果。证据3~11无论单独使用，还是任意组合，权利要求1~15都不具备专利法第22条第3款的创造性。(2) 本专利权利要求2中的"蛋白性"在原始申请文本中为"蛋白样"，该修改不符合专利法第33条的规定。(3) 权利要求1中的"糖或氨基糖"含义不清楚、权利要求11、14、15未写明工艺过程、操作条件、步骤或流程等技术特征，这些缺陷使得权利要求1~15没有清楚、简要地表述请求保护的范围，不符合专利法实施细则第20条第1款的规定。(4) 权利要求1~15没有对各成分用量及彼此间用量比例进行限定，各成分用量及彼此间用量比例是本发明所必须的，权利要求1~11未记载制剂的pH值，从说明书可知并非任意pH值都能达到本发明的技术效果，因此权利要求1~15不符合专利法实施细则第21条第2款的规定。(5) 并非任意pH都能达到本发明的效果（参见本专利说明书第5~7页）；说明书中所有稳定性实验数据支持的制剂配方中都含有磷酸盐缓冲液和氯化钠，而权利要求1~15都不含这两种组分，从说明书公开内容中不能得出没有这两种组分的制剂也能达到预期技术效果；权利要求2中的"不含聚乙二醇和/或蛋白性药物辅料物质"得不到说明书支持，说明书中的相应记载是"基本不含"或"基本上不含"聚乙二醇和/或蛋白性药物辅料物质，因此，本专利权利要求1~15过宽的保护范围得不到说明书的支持，不符合专利法第26条第4款的规定。

专利权人于2007年12月20日提交了权利要求书全文替换页、意见陈述和以下反证：

反证1：《英汉辞海》，王同亿，1987年12月第1版第1次印刷，封面、出版信息页、第187页，复印件共3页。

修改后的权利要求书如下：

"1. 稳定的冷冻干燥的单克隆抗体或多克隆抗体药物制剂，包括：糖或氨基糖，氨基酸和表面活性剂，该单克隆抗体或多克隆抗体药物制剂不含聚乙二醇和/或蛋白性药物辅料物质。

2. 权利要求1所述的单克隆抗体或多克隆抗体药物制剂，其组成是：

a) 单克隆抗体或多克隆抗体，

b) 糖或氨基糖，

c) 氨基酸，

d) 作为缓冲物质的无机酸，和

e) 表面活性剂。

3. 权利要求1所述的单克隆抗体或多克隆抗体药物制剂，其特征在于，糖是单糖、双糖或三糖。

4. 权利要求3所述的单克隆抗体或多克隆抗体药物制剂，其特征在于，糖是蔗糖、麦芽糖、海藻糖或棉子糖。

5. 权利要求1所述的单克隆抗体或多克隆抗体药物制剂，其特征在于，氨基糖是葡萄糖胺、N-甲基葡萄糖胺、半乳糖胺或神经氨酸。

6. 权利要求1所述的单克隆抗体或多克隆抗体药物制剂，其特征在于，氨基酸是碱性、酸性或中性氨基酸。

7. 权利要求6所述的单克隆抗体或多克隆抗体药物制剂，其特征在于，氨基酸是精氨酸、赖氨酸、组氨酸、鸟氨酸、异亮氨酸、亮氨酸、丙氨酸、谷氨酸或天门冬氨酸。

8. 权利要求1所述的单克隆抗体或多克隆抗体药物制剂，其特征在于，表面活性剂是吐温或者聚氧乙烯-聚氧丙烯聚合物。

9. 权利要求1所述的单克隆抗体或多克隆抗体药物制剂，其特征在于，该单克隆抗体或多克隆抗体药物制剂含有生理上可耐受的辅料物质，选自：酸、碱、缓冲剂和/或等渗剂。

10. 单克隆抗体或多克隆抗体的水性药物制剂，可通过重新溶解权利要求1~9的任意一项所述的单克隆抗体或多克隆抗体药物制剂获得。

11. 权利要求10所述的水性药物制剂，其特征在于，溶液的pH值为5~8。

12. 权利要求11所述的水性药物制剂，其特征在于，溶液的pH值为6~7.4。

13. 制备如权利要求1~9的任意一项所述的单克隆抗体或多克隆抗体药物制剂的方法，其特征在于，制备含有单克隆抗体或多克隆抗体作为活性物质，含有糖或氨基糖、氨基酸和表面活性剂作为添加剂，以及含有任选的其他药物辅料物质的水制剂，然后冷冻干燥该溶液。

14. 由下列物质组成的辅料物质组合用于制备稳定的冷冻干燥的单克隆抗体或多克隆抗体药物制剂的应用：a) 糖或氨基糖，b) 氨基酸和c) 表面活性剂。"

专利权人认为：(1) 相对于证据1和证据2，本专利所有权利要求符合专利法第22条第2款的规定，具有新颖性。(2) 证据3没有记载所述制剂也可用于其他蛋白质的事实，甚至没有提到抗体，证据3无论单独还是与证据4~6结合均没有关于本发明主题的提示，本专利所有权利要求单独相对于证据3或者相对于证据3~6的组合具有创造性，本专利所有权利要求相对于证据7也具有创造性。(3) 本发明的主题得到了说明书的充分描述，实施例给出了根据本发明的示例性制剂，因此本专利说明书符合专利法第26条第3款的规定。(4) 本发明在于通过组分的组合实现提高冻干抗体制剂的稳定性，无需描述这些组分的精确量，本专利说明书中提供了请求保护组合物的组分的不同组合的许多实施例，因此本专利权利要求1~15符合专利法第26条第4款的规定。(5) 删除本专利权利要求2中"其基本组成是"中的"基本"，是缩小范围的修改，因而该修改符合专利法第33条的规定。(6) 依据反证1中的解释，权利要求2中"和/或"是具有清楚含义的表述，因此权利要求2符合专利法实施细则第20条第1款的规定。(7) 权利要求1提供的是与现有技术相比具有改进性质的组合物，无需描述组分的精确量，权利要求11中的"重新溶解"是现有技术中公知的，且在本专利说明书第8页第5~12行作了描述，权利要求14所述其他辅料物质是任选的，本领域技术人员根据本专利公开内容（第8页第5~12行）可以容易地确定所述物质，因此本专利权利要求符合专利法实施细则第21条第2款的规定。

2008年2月22日，本案合议组向双方当事人发出口头审理通知书，定于2008年4月2日对本案进行口头审理。同时，专利复审委员会本案合议组将专利权人于2007年12月20日提交的意见陈述书及其附件副本转送给请求人，并将请求人于2007年11月14日提交的补充意见陈述书及其附件副本转送给专利权人，并要求双方当事人在口头审理时就其内容一并答复。

2008年4月2日口头审理如期进行。双方当事人均委托代理人参加了口头审理。口头审理过程中确定的事实如下：(1) 双方当事人对于对方出庭人员资格均无异议，对合议组成员无回避请求。(2) 专利权人当庭以删除的方式对权利要求书进行修改：在2007年12月20日提交的权利要求书基础上，删除权利要求1、3、4、6、7、8、14，保留权利要求2、5、9、10、11、12、13，其中权利要求2、5、9无相互引用关系，保留的权利要求重新顺序编号。口头审理在所保留的7项权利要求基础上进行审理，专利权人表示将在口头审理后提交权利要求书替换页。(3) 请求人当庭提交证据12（编号续前，《表面活性剂在药学中的应用》，钟静芬主编，人民卫生出版社，封面页、封二页、第38~45、48~49页，复印件共12页；) 作为公知常识证据用于说明PEG，以及北京大学医学图书馆出具的证明（原件，共1页）用以证明证据12系该馆馆藏原件的复印件。（4）专利权人当庭提交如下反证2~3（编号续前）作为公知常识证据，用以证明抗体与一般蛋白差别很大。反证2：公开号为WO94/07510A1的PCT国际专利申请公开说明书，公开日为1994年4月14日，复印件共29页；及其说明书第4页第25~32行内容的中文译文（共1页）；反证3："Stability of protein pharmaceuticals"，Mark C Manning等人，Pharmaceutical Research，第6卷第11期，1989年11月，封面、目录页、第903~918页，复印件共19页；及其中第913页左栏最后一段第一句的中文译文（共1页）。（5）请求人当庭放弃了证据1-2、证据4及其译文、证据5及其译文和证据7。（6）请求人当庭明确其无效宣告请求的理由范围为：（a）相对于证据1-1或证据2，保留的权利要求全部不具有新颖性；（b）相对于证据3加公知常识组合，或者证据3分别与证据6、8、9、10或11加公知常识的组合，保留的权利要求全部不具有创造性，其中证据3为最接近现有技术；（c）放弃"蛋白样"改为"蛋白性"修改超范围的主张，仅依据删除"基本不含聚乙二醇和/或蛋白性药物辅料"中"基本"二字导致修改超范围的事实，主张权利要求2及引用其的权利要求不符合专利法第33条的规定；（d）本专利说明书不符合专利法第26条第3款的规定；（e）权利要求中未限定各组分用量和pH范围，权利要求中的"不含"与说明书中的"基本不含"不一致，权利要求中缺少"磷酸盐和氯化钠"，由说明书中的"磷酸盐"不能合理概括出权利要求中的"无机酸"，依据上述事实主张主张权利要求2及引用其的权利要求不符合专利法26条第4款的规定；（f）放弃"没有写明工艺过程、操作条件、步骤或流程等技术特征"以及"和/或"导致权利要求保护范围不清楚的主张，仅依据"糖或氨基糖"导致权利要求保护范围不清楚，主张权利要求2及引用其的权利要求不符合专利法实施细则第20条第1款的规定；（g）没有限定pH、糖及表面活性剂的量，因此权利要求2及引用其的权利要求不符合专利法实施细则第21条第2款的规定。（7）专利权人对请求人提交的证据1~11的关联性、合法性、真实性和公开性无异议；专利权人对请求人当庭提交的北京大学医学图书馆证明的真实性无异议，但是认为该证明不能证明证据12的真实性，因而对证据12的真实性和公开时间及其作为公知常识证据使用均有异议。（8）请求人对专利权人提交的反证1~3的关联性、合法性、真实性和公开性无异议。（9）双方当事人对对方提供的英文证据的中文译文均无异议。（10）专利权人当庭放弃反证1。（11）合议组当庭明示：由于请求人未具体说明本专利说明书不符合专利法第26条第3款的无效理由，依据专利法实施细则第64条第1款规定，该无效宣告理由不予审理。（12）合议组当庭给予请求人口头审理后一周内的期限，允许其针对反证2、3提交意见陈述。

口头审理后，专利权人于2008年4月8日提交了意见陈述及依照口头审理中所主张的修改方式修改的权利要求书全文替换页，修改后的权利要求书如下：

"1. 稳定的冷冻干燥的单克隆抗体或多克隆抗体药物制剂，包括：糖或氨基糖，氨基酸和表面活性剂，该单克隆抗体或多克隆抗体药物制剂不含聚乙二醇和/或蛋白性药物辅料物质，其组成是：

a) 单克隆抗体或多克隆抗体，

b) 糖或氨基糖，

c) 氨基酸，

d) 作为缓冲物质的无机酸，和

e) 表面活性剂。

2. 稳定的冷冻干燥的单克隆抗体或多克隆抗体药物制剂，包括：糖或氨基糖，氨基酸和表面活性剂，该单克隆抗体或多克隆抗体药物制剂不含聚乙二醇和/或蛋白性药物辅料物质，其特征在于，氨基糖是葡萄糖胺、N-甲基葡萄糖胺、半乳糖胺或神经氨酸。

3. 稳定的冷冻干燥的单克隆抗体或多克隆抗体药物制剂，包括：糖或氨基糖，氨基酸和表面活性剂,该单克隆抗体或多克隆抗体药物制剂不含聚乙二醇和/或蛋白性药物辅料物质,其特征在于,该单克隆抗体或多克隆抗体药物制剂含有生理上可耐受的辅料物质,选自:酸、碱、缓冲剂和/或等渗剂。

4. 单克隆抗体或多克隆抗体的水性药物制剂,可通过重新溶解权利要求1~3的任意一项所述的单克隆抗体或多克隆抗体药物制剂获得。

5. 权利要求4所述的水性药物制剂,其特征在于,溶液的pH值为5~8。

6. 权利要求5所述的水性药物制剂,其特征在于,溶液的pH值为6~7.4。

7. 制备如权利要求1~3的任意一项所述的单克隆抗体或多克隆抗体药物制剂的方法,其特征在于,制备含有单克隆抗体或多克隆抗体作为活性物质,含有糖或氨基糖、氨基酸和表面活性剂作为添加剂,以及含有任选的其他药物辅料物质的水制剂,然后冷冻干燥该溶液。"

专利权人在意见陈述书中对其在口头审理过程中所发表的意见进行了总结,针对请求人在口头审理中确认的各项无效宣告理由及创造性理由中的各种证据组合方式作了详细的意见陈述。

2008年4月14日,请求人提交了针对反证2~3的意见陈述,认为:反证2、3不能证明本专利是非显而易见的,也不能证明本专利相对于现有技术有明显的进步。单克隆或多克隆抗体与人生长激素同属蛋白质类,其冷冻干燥制剂在制药业属同类制剂(参见本专利说明书第2页第17行),本专利要解决的技术问题就是蛋白质因聚集而不稳定的问题,因此可选用相同的稳定剂解决相同的问题。

至此,合议组认为本案事实已经清楚,可以依法作出审查决定。

二、决定的理由

1. 关于审查文本

无效宣告程序中,专利权人可以通过权利要求的删除、合并和技术方案的删除这三种方式对发明或者实用新型专利文件进行修改。专利权人在口头审理前于2007年12月20日提交了修改后的权利要求书,并在口头审理时再次以删除的方式对专利权利要求书进行修改,请求人对该修改无异议。专利权人于2008年4月8日以权利要求全文替换页的方式提交了修改后的权利要求1~7,该修改删除了授权公告权利要求书中的权利要求1、2、4、5、7~9、15及删除了保留权利要求中直接或间接引用所删除权利要求的技术方案,并对修改后的权利要求编号及引用关系作了适应性修改,上述修改属于权利要求及技术方案的删除,符合审查指南第四部分第三章第4.6节的规定,合议组予以接受。鉴于此,合议组以专利权人于2008年4月8日提交的权利要求1~7作为审查基础。

2. 无效宣告请求的理由和范围

审查指南第四部分第三章规定,请求人在提出无效宣告请求时没有具体说明的无效宣告理由,以及没有用于具体说明相关无效宣告理由的证据,且在提出无效宣告请求之日起一个月内也未补充具体说明的,专利复审委员会不予考虑。请求人提出的本专利说明书不符合专利法第26条第3款这一无效理由在提出无效宣告请求时,以及提出无效宣告请求之日起一个月内均未具体说明,因此合议组对本专利说明书不符合专利法第26条第3款这一无效理由不予审理。

基于请求人在口头审理中的确认,且专利权人对这些无效理由和范围的提出并无异议并作了答复,合议组确定本案审理的无效理由和范围是:相对于证据1-1或证据2,权利要求1~7不具有新颖性;相对于证据3加公知常识组合、或者证据3分别与证据6、8、9、10或11加公知常识的组合(其中证据3为最接近对比文件),权利要求1~7不具有创造性;权利要求1及引用其的权利要求不符合专利法第33条、第26条第4款以及专利法实施细则第20条第1款、第21条第2款的规定。

3. 关于证据

鉴于请求人放弃了证据4、5及其各自译文和证据7,专利权人放弃了反证1,合议组对这四份证据不再考虑与评述。

专利权人对请求人提交的证据1-1、2、3、6、8~11的关联性、合法性、真实性和公开性及证据3译文的准确性无异议，因此合议组对证据1-1、2、3、6、8~11的关联性、合法性、真实性和公开性及证据3译文准确性予以确认。专利权人对请求人当庭提交的证据12的真实性和公开时间及将其作为公知常识证据使用有异议，对请求人提交的用于证明证据12真实性的"北京大学医学图书馆"出具的"证明"本身的真实性无异议，但认为其不能证明证据12的真实性。对此合议组认为：请求人未提供证据12的原件，因而从证据12本身不能确认其真实性，请求人欲以"北京大学医学图书馆"出具的"证明"来证明证据12的真实性，但是并没有足够的证据表明该"证明"能够与证据12相关联，不足以确信证据12就是证明中所称的馆藏原件复印件，因而请求人提交的"证明"不能证明证据12的真实性，此外，证据12上亦无出版或印刷日期，因此合议组对证据12的真实性和公开时间不予确认，证据12不能作为评价本专利新颖性和创造性的证据使用。

反证2、3是专利权人于口头审理时提交的用于反对证据3的两份证据。合议组认为：由于专利复审委员会将证据3转交给专利权人的时间为2007年11月5日，指定的答复期限为一个月，而口头审理的时间为2008年4月2日，超出了答复期限；且反证2是PCT专利申请公开文本，反证3为外文期刊，二者均不属于本领域中的公知常识性证据，亦非完善证据法定形式的证据，因而不属于审查指南第四部分第三章第4.3.2节规定的可在口头审理辩论终结前补充的证据，因此反证2、3的举证时间超出了审查指南第四部分第三章第4.3.2节规定的专利权人的举证期限。合议组对反证2、3不予考虑。

4. 关于专利法第22条第3款

专利法第22条第3款规定，创造性，是指同申请日以前已有的技术相比，该发明具有突出的实质性特点和显著的进步。

将一项发明专利权利要求所要求保护的技术方案与现有技术相对比，如果该技术方案相对于现有技术是显而易见的，且技术效果是可以预料的，则该权利要求不具有创造性。

本专利权利要求1保护一种稳定的冷冻干燥的单克隆抗体或多克隆抗体药物制剂，其中包括糖或氨基糖，氨基酸和表面活性剂，不含聚乙二醇和/或蛋白性药物辅料物质，该单克隆抗体或多克隆抗体药物制剂的组成是：a. 单克隆抗体或多克隆抗体，b. 糖或氨基糖，c. 氨基酸，d. 作为缓冲物质的无机酸，和e. 表面活性剂。

根据说明书的描述，本专利所实现的发明目的和技术效果是，用糖或氨基糖、氨基酸、缓冲液和表面活性剂作为添加剂组合，使得被保护对象单克隆或多克隆抗体在冷冻干燥（冻干）和解冻（溶液重建）过程中保持稳定，不发生降解或聚集（见本专利说明书第3~4页）。

证据3公开了一种能增加冻干及复溶时人生长激素（hGH）稳定性的药物制剂，其包括：（1）人生长激素，（2）氨基酸，（3）糖（蔗糖、麦芽糖、果糖、乳糖等）或糖醇（甘露醇），（4）磷酸盐缓冲液，（5）非离子型表面活性剂（见证据3第3栏第1段，第5栏第4、5段，权利要求13、14，证据3译文第3页第1段、第7页第3、4段，权利要求13、14）。

本专利权利要求1包括两个技术方案，即使用糖的技术方案和使用糖衍生物氨基糖的技术方案。

权利要求1中使用糖的技术方案与证据3公开的技术方案相比，添加剂组合相同（即均为糖、氨基酸、缓冲液和表面活性剂的组合），区别仅在于制剂所要稳定保护的对象不同，本专利权利要求1中为单克隆抗体或多克隆抗体，证据3中为hGH。根据证据3说明书可知，该现有技术是通过使用添加剂组合（即氨基酸、糖、磷酸盐缓冲液和非离子型表面活性剂的组合），使hGH在冻干和复溶（溶液重建）过程中保持稳定，减少聚集和变性。本领域技术人员都知道，单克隆或多克隆抗体与

hGH同为蛋白质，其在冻干过程中发生聚集和/或降解是蛋白聚集或蛋白变性，是同为蛋白质共性使然，而与各自特有的生物学功能无关。因此，本领域技术人员很容易想到将一种蛋白质的冻干保护剂用于另一种蛋白质，即为了使单克隆或多克隆抗体在冻干或溶液重建过程中保持稳定，很容易想到将证据3中公开的冻干保护添加剂组合用于保护单克隆或多克隆抗体，因此在证据3公开的技术方案基础上结合上述公知常识得到本专利权利要求1中的使用糖的技术方案，对于本领域技术人员来说是显而易见的，且其技术效果也是可以预见的。

此外，证据3中还公开了使用糖衍生物糖醇（甘露醇）的技术方案，并且教导糖和糖醇（甘露醇）可以相互替代，即糖衍生物糖醇与糖的保护效果相当。本领域技术人员都知晓：氨基糖（又名糖胺）和糖醇都是常见的糖衍生物。本领域技术人员在证据3公开内容基础上很容易想到用一种单糖衍生物（氨基糖）替代另一种单糖衍生物（糖醇）或糖，而且本专利说明书中的比较实验也表明，使用糖衍生物氨基糖的配方（配方3，具体为N-甲基葡萄糖胺）与使用糖的配方（配方1，具体为蔗糖）的保护效果（防聚集和再生溶液浊度）相当（见本专利说明书第12页），并不能产生预料不到的技术效果。因此，在证据3公开的技术方案基础上结合上述公知常识得到本专利权利要求1中使用氨基糖的技术方案，对于本领域技术人员来说是显而易见的，并且其技术效果是可以预料的。

综上所述，本专利权利要求1保护的技术方案相对于证据3和公知常识的组合都不具有突出的实质性特点和显著的进步，不具有专利法第22条第3款规定的创造性。

专利权人认为，除上述区别外，本专利的制剂与证据3中所公开制剂还有以下两处不同：（1）缓冲物质不同，本专利权利要求1中为无机酸，而证据3中为磷酸盐缓冲液；（2）本专利所述制剂不含聚乙二醇和/或蛋白性药物辅料物质。

对此合议组认为：本领域技术人员都知道，缓冲体系中发挥缓冲作用的是弱酸及其盐或弱碱及其盐，就磷酸盐缓冲液而言，它是指磷酸与磷酸盐构成的缓冲体系，也即其中必然包含磷酸这种无机酸，因此专利权人所主张的第（1）处不同不成立；证据3并未记载其中所述制剂中含聚乙二醇和/或蛋白性药物辅料，而且本领域技术人员从证据3所公开内容中也并不能得出所述制剂必然含聚乙二醇和/或蛋白性药物辅料的结论，因此专利权人主张的第（2）处不同亦不成立。

权利要求2保护稳定的冷冻干燥的单克隆抗体或多克隆抗体药物制剂，该制剂包括糖或氨基糖，氨基酸和表面活性剂，不含聚乙二醇和/或蛋白性药物辅料物质，其中氨基糖是葡萄糖胺、N-甲基葡萄糖胺、半乳糖胺或神经氨酸。权利要求2与证据3公开的技术方案相比，区别在于：稳定保护的对象不同，权利要求2的添加剂组合中可以不包括作为缓冲物质的无机酸，以及其中的氨基糖为葡萄糖胺、N-甲基葡萄糖胺、半乳糖胺或神经氨酸。由于稳定保护对象的替换是显而易见的（见前述）；葡萄糖胺、N-甲基葡萄糖胺、半乳糖胺和神经氨酸是常见糖类衍生物，本专利说明书中的实验表明使用N-甲基葡萄糖胺与使用糖类（蔗糖）的保护效果相当，并且也无实验证明使用葡萄糖胺、半乳糖胺或神经氨酸能够取得预料不到的技术效果；缓冲物质能防止溶液pH值剧烈改变，省略缓冲物质显然不会给溶液带来好的技术效果，因此，权利要求2保护的技术方案相对于证据3和公知常识的组合仍然不具有突出的实质性特点和显著的进步，不具有创造性。

权利要求3要求保护一种稳定的冷冻干燥的单克隆抗体或多克隆抗体药物制剂，包括：糖或氨基糖，氨基酸和表面活性剂，该单克隆抗体或多克隆抗体药物制剂不含聚乙二醇和/或蛋白性药物辅料物质，其特征在于，该单克隆抗体或多克隆抗体药物制剂含有生理上耐受的辅料物质，选自：酸、碱、缓冲剂和/或等渗剂。权利要求3与证据3公开的技术方案相比，区别在于：由于稳定保护的对象不同，以及在权利要求3的药物制剂中加入生理上可耐受的酸、碱、缓冲剂和/或等渗剂。由于稳定保护对象的替换是显而易见的（见前述），在药物制剂中加入生理上可耐受的酸、碱、缓冲剂、等渗剂是本领域的常规技术手段，证据3中公开的药物制剂中含有磷酸盐缓冲液，并且还教导"其他一些众所周知的、药学上可接受的赋形剂也可成为制剂的一部分，包括例如各种膨松剂、另加的缓冲剂、螯合剂、抗氧化剂、保护剂、助溶剂等"（参见证据3第6栏，证据3译文第8页第3段）。因此权利要求3相对于证据3和公知常识的组合不具有突出的实质性特点和显著的进步，不符合专利法第22条第3款规定。

权利要求4保护重新溶解权利要求1~3所述制剂得到的水性药物制剂。证据3中也公开了冻干制剂的复溶（即冻干制剂的重新溶解或溶液重建）（见证据3第1栏第1段、第2栏第7~11行、第4栏第25~26行，证据3译文第1页第1段、第2页第5~6行、第5页第2段），而且将冻干制剂重新溶解成水性制剂是本领域技术人员熟知的常规技术手段，因此将权利要求1~3所述制剂重新溶解成水性制剂对于本领域技术人员而言是显而易见的。

从属权利要求5~6对水溶液药物制剂的pH值进行了限定，分别为"5~8"、"6~7.4"。证据3公开了其中所述制剂的"pH合适范围4~8，优选6~8，最佳是7.4"（见证据3第5栏，证据3译文第6页最后一段），由此可见从属权利要求5~6中的附加技术特征已经在证据3中公开，因此在其所引用的权利要求4不具备创造性的情况下，从属权利要求5~6也不具备创造性。

权利要求7要求保护一种制备如权利要求1~3的任意一项所述单克隆抗体或多克隆抗体药物制剂的方法，其特征在于，制备含有单克隆抗体或多克隆抗体作为活性物质，含有糖或氨基糖、氨基酸和表面活性剂作为添加剂，以及含有任选的其他药物辅料物质的水制剂，然后冷冻干燥该溶液。证据3也教导了对其中所述制剂进行冻干（见证据3第7栏第2段，证据3译文第9页倒数第5行至倒数第4行）。权利要求7未记载冷冻干燥的具体步骤和工艺参数，而其使用的制剂配方相对于证据3和公知常识显而易见，且未取得预料不到的技术效果，因此，权利要求7相对于证据3和公知常识的组合也不具有突出的实质性特点和显著的进步，不符合专利法第22条第3款关于创造性的规定。

综上所述，依据证据3与公知常识组合可以得出本专利权利要求1~7不符合专利法第22条第3款的规定应予全部无效的结论，鉴于此合议组对请求人提出的其他理由和证据使用方式不再予以评述。

三、决定

宣告97181416.3号发明专利权全部无效。

当事人对本决定不服的，可以根据专利法第46条第2款的规定，自收到本决定之日起三个月内向北京市第一中级人民法院起诉。根据该款的规定，一方当事人起诉后，另一方当事人应当作为第三人参加诉讼。

北京市第一中级人民法院
行政判决书

(2009) 一中行初字第778号

原告罗赫诊断器材股份有限公司，住所地德意志联邦共和国曼海姆。

法定代表人米歇埃尔·容博士，专利副总裁。

法定代表人克劳斯·尤尔格·鲁茨博士，法律高级副总裁。

委托代理人程淼，中国专利代理（香港）有限公司专利代理人。

委托代理人权陆军，中国专利代理（香港）有限公司专利代理人。

被告中华人民共和国国家知识产权局专利复审委员会，住所地中华人民共和国北京市海淀区北四环西路9号银谷大厦。

法定代表人张茂于，副主任。

委托代理人叶娟，女，中华人民共和国国家知识产权局专利复审委员会审查员。

委托代理人程强，男，中华人民共和国国家知识产权局专利复审委员会审查员。

第三人李彩辉，女，1970年9月14日出生，汉族，无业，住中华人民共和国上海市黄浦区斜土东路338号201-202室。

委托代理人李红团，女，1966年9月19日出生，汉族，北京圣隆励翰知识产权咨询公司法律顾问，住北京市海淀区龙翔路2楼909号。

原告罗赫诊断器材股份有限公司不服被告中华人民共和国国家知识产权局专利复审委员会作出的专利行政决定，向本院提起行政诉讼。本院受理后，依法组成合议庭，并依据《中华人民共和国行政诉讼法》第二十七条的规定通知李彩辉作为本案第三人参加诉讼，于2009年12月3日公开开庭审理了本案。原告的委托代理人程淼、权陆军，被告的委托代理人程强，第三人李彩辉及其委托代理人李红团到庭参加了诉讼。本案现已审理终结。

2008年8月6日，被告作出第12049号无效宣告请求审查决定（以下简称被诉决定），宣告第97181416.3号发明专利权（以下简称本专利）全部无效。

被告在法定期限内向本院提交了以下证据的复印件：1. 本专利授权文本；2. 公开号为US5096885A的美国专利说明书全文，公开日为1992年3月17日（即被诉决定中的证据3），上述证据用以证明被诉决定认定事实清楚、适用法律正确、程序合法。

原告诉称：1. 被诉决定程序违法。被告在发出口头审理通知书时指定的答复期限不符合《审查指南》的相关规定。另，鉴于第三人提交的补充意见陈述是一份完整的无效请求书，原告按照被告的要求于口头审理期间针对所述补充意见陈述提交反证2和反证3符合举证时限的规定。同时，被告及第三人均未对反证2和反证3的提交提出异议，被告不接受上述反证于法无据。2. 被诉决定主要证据不足、认定事实不清，本专利具有创造性。抗体与hGH的性质和特征之间具有巨大差异，且两者在进行冷冻干燥期间要解决的问题也极其不同。同时，每一种蛋白质的不稳定性都各自包含许多复杂和相互关联的化学和物理过程。因而将hGH的冻干保护剂用于抗体对于本领域技术人员来说不是显而易见的。另，仅仅根据证据3并未记载PEG或蛋白性物质的使用，不能得出结论认为证据3主张不含聚乙二醇和/或蛋白性物质的制剂。相对于证据3，本专利具有创造性。综上，被诉决定程序违法、主要证据不足、认定事实不清、适用法律错误，请求法院依法予以撤销。

为证明其主张，原告在法定期限内向本院提交了以下证据的复印件：1. 被诉决定；2. 本专利授权文本；3. 无效宣告请求受理通知书；4. 原告于2007年12月20日提交的复审无效意见陈述书；5. 无效宣告请求口头审理通知书；6. 原告于2008年4月7日提交的复审无效意见陈述书，上述证据用以证明被诉决定认定事实错误，应当被撤销。

被告辩称，其坚持被诉决定的认定意见，被诉决定认定事实清楚、适用法律正确、审理程序合法，原告的诉讼请求没有事实和法律依据，请求人民法院依法驳回原告的诉讼请求、维持被诉决定。

第三人述称，其同意被诉决定的认定意见，原告的诉讼主张缺乏事实及法律依据，请求法院维持被诉决定，驳回原告的诉讼请求。

第三人在法定期限内未向本院提交证据。

经庭审质证，原告对被告证据的关联性、合法性、真实性均无异议，但不同意其证明作用。第三人对于被告证据的关联性、合法性、真实性及证明作用均无异议。被告和第三人对于原告证据的关联性、合法性、真实性均无异议，但不同意其证明作用。

本院经审查认为，被告和原告提交的所有证据均与本案被诉决定的合法性审查有关，且符合形式上的合法性、真实性要求，本院予以采纳。

根据上述有效证据及各方当事人无争议的陈述，本院认定事实如下：

本专利是一种名称为"冷冻干燥的稳定的单克隆或多克隆抗体药物制剂"、申请号为97181416.3的发明专利权，其申请日为1997年11月19日，优先权日为1996年11月19日，授权公告日为2004年6月30日，专利权人为原告。本专利授权公告的权利要求书如下：

"1. 稳定的冷冻干燥的单克隆抗体或多克隆抗体药物制剂，包括：糖或氨基糖，氨基酸和表面活性剂。

2. 权利要求1所述的单克隆抗体或多克隆抗体药物制剂，其特征在于，该单克隆抗体或多克隆抗体药物制剂不含聚乙二醇和/或蛋白性药物辅料物质。

3. 权利要求1或2所述的单克隆抗体或多克隆抗体药物制剂，其组成是：

a) 单克隆抗体或多克隆抗体，

b) 糖或氨基糖，

c) 氨基酸，

d) 作为缓冲物质的无机酸，和

e) 表面活性剂。

4. 权利要求1或2所述的单克隆抗体或多克隆抗体药物制剂，其特征在于，糖是单糖、双糖或三糖。

5. 权利要求4所述的单克隆抗体或多克隆抗体药物制剂，其特征在于，糖是蔗糖、麦芽糖、海藻糖或棉子糖。

6. 权利要求1或2所述的单克隆抗体或多克隆抗体药物制剂，其特征在于，氨基糖是葡萄糖胺、N-甲基葡萄糖胺、半乳糖胺或神经氨酸。

7. 权利要求1或2所述的单克隆抗体或多克隆抗体药物制剂，其特征在于，氨基酸是碱性、酸性或中性氨基酸。

8. 权利要求7所述的单克隆抗体或多克隆抗体药物制剂，其特征在于，氨基酸是精氨酸、赖氨酸、组氨酸、鸟氨酸、异亮氨酸、亮氨酸、丙氨酸、谷氨酸或天门冬氨酸。

9. 权利要求1或2所述的单克隆抗体或多克隆抗体药物制剂，其特征在于，表面活性剂是吐温或者聚氧乙烯-聚氧丙烯聚合物。

10. 权利要求1或2所述的单克隆抗体或多克隆抗体药物制剂,其特征在于,该单克隆抗体或多克隆抗体药物制剂含有生理上可耐受的辅料物质,选自:酸、碱、缓冲剂和/或等渗剂。

11. 单克隆抗体或多克隆抗体的水性药物制剂,可通过重新溶解权利要求1~10的任意一项所述的单克隆抗体或多克隆抗体药物制剂获得。

12. 权利要求11所述的水性药物制剂,其特征在于,溶液的pH值为5~8。

13. 权利要求12所述的水性药物制剂,其特征在于,溶液的pH值为6~7.4。

14. 制备如权利要求1~10的任意一项所述的单克隆抗体或多克隆抗体药物制剂的方法,其特征在于,制备含有单克隆抗体或多克隆抗体作为活性物质,含有糖或氨基糖、氨基酸和表面活性剂作为添加剂,以及含有任选的其他药物辅料物质的水制剂,然后冷冻干燥该溶液。

15. 由下列物质组成的辅料物质组合用于制备稳定的冷冻干燥的单克隆抗体或多克隆抗体药物制剂的应用:a)糖或氨基糖,b)氨基酸和c)表面活性剂。"

针对本专利,第三人于2007年10月15日向被告提出专利权无效宣告请求,认为本专利不符合2000年修正的《中华人民共和国专利法》(以下简称《专利法》)第三十三条,第二十六条第三、四款,《专利法》第二十二条第二、三款以及《中华人民共和国专利法实施细则》(以下简称《专利法实施细则》)第二十条第一款、第二十一条第二款的规定。第三人同时提交了本专利授权公告文本和本专利申请公开文本,及以下证据:

证据1-1:申请号为96195830.8的中国发明专利申请公开文本(公开号为CN1191490A),全文复印件,申请日为1996年7月23日,公开日为1998年8月26日;

证据1-2:申请号为96195830.8的中国发明专利授权公告文本(授权公告号为CN1151842C),全文复印件,申请日为1996年7月23日,授权公告日为2004年6月2日;

证据2:申请号为96195830.8的中国发明专利申请的分案申请(申请号为200410030256.3)的公开文本(公开号为CN1539505A),全文复印件,申请日为1996年7月23日,公开日为2004年10月27日;

证据3:公开号为US5096885A的美国专利说明书全文复印件,公开日为1992年3月17日;证据4:"Development of alyophilized fo rmulationof interleukin – 2",M.S.Hora等人,Develop. Biol. Standard.,第74卷,第295~306页复印件,1991年;

证据5:公开号为EP0597101A1的欧洲专利申请公开说明书全文复印件,公开日为1994年5月18日;

证据6:公开号为CN86101708A的中国发明专利申请公开说明书复印件共14页,公开日为1986年9月17日;

证据7:针对本专利申请的《第一次审查意见通知书正文》,复印件共4页。

第三人还同时提交了证据3、4的中文译文。

依据上述证据,第三人认为:(1)依据证据1-1和证据2,本专利权利要求1~15不具有新颖性;(2)证据3、4、5、6公开了本专利权利要求1~5、8~14的全部技术特征,权利要求6、7、15的技术方案对本领域技术人员来说是显而易见的,本领域技术人员根据现有技术完全能够得到权利要求1~15的技术方案,而且权利要求1~15与现有技术相比也没有意想不到的效果,因此权利要求1~15不具有《专利法》第二十二条第三款规定的创造性;依据证据7,本专利权利要求1~15也不具有创造性;(3)本专利说明书没有对发明作出清楚、完整的说明,所表达的技术内容含糊不清或模棱两可,所属技术领域的技术人员按照说明书记载的内容,不能实现本发明的技术方案,解决本发明所要解决的技术问题并产生预期效果,因此本专利说明书不符合《专利法》第二十六条第三款的规定；(4) 权利要求1~15没有对各成分的量进行限定，其过宽的保护范围得不到说明书的支持，因此不符合《专利法》第二十六条第四款的规定；(5) 本专利权利要求2相对于公开文本删除了"其基本组成是"中的"基本"二字，扩大了保护范围，不符合《专利法》第三十三条的规定；(6) 权利要求2中的"和/或"表述不清楚，导致该权利要求保护范围不清楚，不符合《专利法实施细则》第二十条第一款的规定；(7) 独立权利要求未限定各组分的量及相互间比例，权利要求11未写明如何重新溶解冷冻干燥制剂，权利要求14方案中的记载为"含有任选的其他药物辅料物质"，但实际上并非任意辅料都能实现本发明目的，因此本专利独立权利要求缺乏解决技术问题的必要技术特征，不符合《专利法实施细则》第二十一条第二款的规定。

经形式审查合格后，被告受理了上述请求，于2007年11月5日向原告和第三人发出《无效宣告请求受理通知书》，并将《专利权无效宣告请求书》及其附件副本转送给原告，要求其在指定的期限内答复，同时成立合议组进行审理。

2007年11月14日第三人补充提交了意见陈述、证据5的中文译文和如下证据（编号续前）：

证据8：公开号为CN85101017A的中国发明专利申请公开说明书全文复印件，公开日为1987年1月10日；

证据9：申请号为90107989.8的中国发明专利申请公开说明书全文复印件，公开号为CN1050321A，公开日为1991年4月3日；

证据10：申请号为93104030.2的中国发明专利申请公开说明书全文复印件，公开号为CN1078910A，公开日为1993年12月1日；

证据11：申请号为93121067.4的中国发明专利申请公开说明书全文复印件，公开号为CN1096222A，公开日为1994年12月14日。

结合上述补充证据，第三人补充认为：(1) 本专利的技术领域为单克隆或多克隆抗体药物制剂的冷冻干燥，所采用的技术方案为向单克隆或多克隆抗体加入蔗糖或氨基糖、氨基酸和表面活性剂、缓冲液及其他生理上可接受的辅料物质，所达到的技术效果是制备得到的冻干制剂具有稳定性。而本领域技术人员公知，由于冻干制剂能长时间稳定贮存、且易复水恢复活性，因此冻干技术广泛用于蛋白质药物制剂，为了保护药品的活性，通常加入糖类/多元醇（蔗糖等）、氨基酸、表面活性剂以及磷酸盐等。证据3公开了一种稳定的冷冻干燥的人生长激素药物制剂，其中含有甘露醇（可用蔗糖等糖类替代）、氨基酸（甘氨酸等）、表面活性剂（聚山梨醇酯80）及可选用的磷酸盐缓冲液，其中不含任何蛋白，还可包括医学上可接受的赋形剂，优选制剂的pH值为4~8，更优选6~8。证据3~11公开了权利要求1、2、4~15的全部技术特征，权利要求3的附加技术特征（d）在证据3、5、9-11中公开，权利要求3的其他技术特征在证据3~11中公开，因此根据证据3~11公开的技术特征，本领域技术人员完全能够得到权利要求1~15的技术方案，而且权利要求1~15与现有技术相比也没有意想不到的效果。证据3~11无论单独使用，还是任意组合，权利要求1~15都不具备《专利法》第二十二条第三款的创造性。(2) 本专利权利要求2中的"蛋白性"在原始申请文本中为"蛋白样"，该修改不符合《专利法》第三十三条的规定。(3) 权利要求1中的"糖或氨基糖"含义不清楚、权利要求11、14、15未写明工艺过程、操作条件、步骤或流程等技术特征，这些缺陷使得权利要求1~15没有清楚、简要地表述请求保护的范围，不符合《专利法实施细则》第二十条第一款的规定。(4) 权利要求1~15没有对各成分用量及彼此间用量比例进行限定，各成分用量及彼此间用量比例是本发明所必须的，权利要求1~11未记载制剂的pH值，从说明书可知并非任意pH值都能达到本发明的技术效果，因此权利要求1~15不符合《专利法实施细则》第二十一条第二款的规定。(5) 并非任意pH都能达到本发明的效果（参见本专利说明书第5~7页）；说明书中所有稳定性实验数据支持的制剂配方中都含有磷酸盐缓冲液和氯化钠，而权利要求1~15都不含这两种组分，从说明书公开内容中不能得出没有这两种组分的制剂也能达到预期技术效果；权利要求2中的"不含聚乙二醇和/或蛋白性药物辅料物质"得不到说明书支持，说明书中的相应记载是"基本不含"或"基本上不含"聚乙二醇和/或蛋白性药物辅料物质，因此，本专利权利要求1~15过宽的保护范围得不到说明书的支持，不符合《专利法》第二十六条第四款的规定。原告于2007年12月20日提交了权利要求书全文替换页、意见陈述和以下反证：

反证1：《英汉辞海》，王同亿，1987年12月第1版第1次印刷，封面、出版信息页、第187页，复印件共3页。

修改后的权利要求书如下：

"1. 稳定的冷冻干燥的单克隆抗体或多克隆抗体药物制剂，包括：糖或氨基糖，氨基酸和表面活性剂，该单克隆抗体或多克隆抗体药物制剂不含聚乙二醇和/或蛋白性药物辅料物质。

2. 权利要求1所述的单克隆抗体或多克隆抗体药物制剂，其组成是：

a）单克隆抗体或多克隆抗体，

b）糖或氨基糖，

c）氨基酸，

d）作为缓冲物质的无机酸，和

e）表面活性剂。

3. 权利要求1所述的单克隆抗体或多克隆抗体药物制剂，其特征在于，糖是单糖、双糖或三糖。

4. 权利要求3所述的单克隆抗体或多克隆抗体药物制剂，其特征在于，糖是蔗糖、麦芽糖、海藻糖或棉子糖。

5. 权利要求1所述的单克隆抗体或多克隆抗体药物制剂，其特征在于，氨基糖是葡萄糖胺、N-甲基葡萄糖胺、半乳糖胺或神经氨酸。

6. 权利要求1所述的单克隆抗体或多克隆抗体药物制剂，其特征在于，氨基酸是碱性、酸性或中性氨基酸。

7. 权利要求6所述的单克隆抗体或多克隆抗体药物制剂，其特征在于，氨基酸是精氨酸、赖氨酸、组氨酸、鸟氨酸、异亮氨酸、亮氨酸、丙氨酸、谷氨酸或天门冬氨酸。

8. 权利要求1所述的单克隆抗体或多克隆抗体药物制剂，其特征在于，表面活性剂是吐温或者聚氧乙烯-聚氧丙烯聚合物。

9. 权利要求1所述的单克隆抗体或多克隆抗体药物制剂，其特征在于，该单克隆抗体或多克隆抗体药物制剂含有生理上可耐受的辅料物质，选自：酸、碱、缓冲剂和/或等渗剂。

10. 单克隆抗体或多克隆抗体的水性药物制剂，可通过重新溶解权利要求1~9的任意一项所述的单克隆抗体或多克隆抗体药物制剂获得。

11. 权利要求10所述的水性药物制剂，其特征在于，溶液的pH值为5~8。

12. 权利要求11所述的水性药物制剂，其特征在于，溶液的pH值为6~7.4。

13. 制备如权利要求1~9的任意一项所述的单克隆抗体或多克隆抗体药物制剂的方法，其特征在于，制备含有单克隆抗体或多克隆抗体作为活性物质，含有糖或氨基糖、氨基酸和表面活性剂作为添加剂，以及含有任选的其他药物辅料物质的水制剂，然后冷冻干燥该溶液。

14. 由下列物质组成的辅料物质组合用于制备稳定的冷冻干燥的单克隆抗体或多克隆抗体药物制剂的应用：a）糖或氨基糖，b）氨基酸和c）表面活性剂。"

原告认为：（1）相对于证据1和证据2，本专利所有权利要求符合《专利法》第二十二条第二款的规定，具有新颖性。(2) 证据3没有记载所述制剂也可用于其他蛋白质的事实，甚至没有提到抗体，证据3无论单独还是与证据4~6结合均没有关于本发明主题的提示，本专利所有权利要求单独相对于证据3或者相对于证据3~6的组合具有创造性，本专利所有权利要求相对于证据7也具有创造性。(3) 本发明的主题得到了说明书的充分描述，实施例给出了根据本发明的示例性制剂，因此本专利说明书符合《专利法》第二十六条第三款的规定。(4) 本发明在于通过组分的组合实现提高冻干抗体制剂的稳定性，无需描述这些组分的精确量，本专利说明书中提供了请求保护组合物的组分的不同组合的许多实施例，因此本专利权利要求1~15符合《专利法》第二十六条第四款的规定；(5) 删除本专利权利要求2中"其基本组成是"中的"基本"，是缩小范围的修改，因而该修改符合《专利法》第三十三条的规定；(6) 依据反证1中的解释，权利要求2中"和/或"是具有清楚含义的表述，因此权利要求2符合《专利法实施细则》第二十条第一款的规定；(7) 权利要求1提供的是与现有技术相比具有改进性质的组合物，无需描述组分的精确量，权利要求11中的"重新溶解"是现有技术中公知的，且在本专利说明书第8页第5~12行做了描述，权利要求14所述其他辅料物质是任选的，本领域技术人员根据本专利公开内容（第8页第5~12行）可以容易地确定所述物质，因此本专利权利要求符合《专利法实施细则》第二十一条第二款的规定。

2008年2月22日，被告向原告和第三人发出口头审理通知书，定于2008年4月2日进行口头审理。同时，被告将原告于2007年12月20日提交的意见陈述书及其附件副本转送给第三人，并将第三人于2007年11月14日提交的补充意见陈述书及其附件副本转送给原告，并要求在口头审理时就其内容一并答复。

2008年4月2日口头审理如期进行，原告和第三人均委托代理人参加了口头审理。口头审理过程中确定的事实如下：(1) 原告和第三人对于对方出庭人员资格均无异议，对合议组成员无回避请求。(2) 原告当庭以删除的方式对权利要求书进行修改：在2007年12月20日提交的权利要求书基础上，删除权利要求1、3、4、6、7、8、14，保留权利要求2、5、9、10、11、12、13，其中权利要求2、5、9无相互引用关系，保留的权利要求重新顺序编号。口头审理在所保留的7项权利要求基础上进行审理，原告表示将在口头审理后提交权利要求书替换页。(3) 第三人当庭提交证据12（编号续前，《表面活性剂在药学中的应用》，钟静芬主编，人民卫生出版社，封面页，封二页，第38~45、48~49页，复印件共12页;）作为公知常识证据用于说明PEG，以及北京大学医学图书馆出具的证明（原件，共1页）用以证明证据12系该馆馆藏原件的复印件。(4) 原告当庭提交如下反证2~3（编号续前）作为公知常识证据，用以证明抗体与一般蛋白差别很大。反证2：公开号为WO94/07510A1的PCT国际专利申请公开说明书，公开日为1994年4月14日，复印件共29页；及其说明书第4页第25~32行内容的中文译文（共1页）；反证3："Stability of protein pharmaceuticals", Mark C Manning等人, PharmaceuticalResearch, 第6卷第11期, 1989年11月, 封面、目录页、第903~918页, 复印件共19页；及其中第913页左栏最后一段第一句的中文译文（共1页）。(5) 第三人当庭放弃了证据1-2、证据4及其译文、证据5及其译文和证据7。(6) 第三人当庭明确其无效宣告请求的理由范围为：(a) 相对于证据1-1或证据2，保留的权利要求全部不具有新颖性；(b) 相对于证据3加公知常识组合，或者证据3分别与证据6、8、9、10或11加公知常识的组合，保留的权利要求全部不具有创造性，其中证据3为最接近现有技术；(c) 放弃"蛋白样"改为"蛋白性"修改超范围的主张，仅依据删除"基本不含聚乙二醇和/或蛋白性药物辅料"中"基本"二字导致修改超范围的事实，主张权利要求2及引用其的权利要求不符合《专利法》第三十三条的规定；(d) 本专利说明书不符合《专利法》第二十六条第三款的规定；(e) 权利要求中未限定各组分用量和pH范围，权利要求中的"不含"与说明书中的"基本不含"不一致，权利要求中缺少"磷酸盐和氯化钠"，由说明书中的"磷酸盐"不能合理概括出权利要求中的"无机酸",依据上述事实主张主张权利要求2及引用其的权利要求不符合《专利法》二十六条第四款的规定;(f)放弃"没有写明工艺过程、操作条件、步骤或流程等技术特征"以及"和/或"导致权利要求保护范围不清楚的主张,仅依据"糖或氨基糖"导致权利要求保护范围不清楚,主张权利要求2及引用其的权利要求不符合《专利法实施细则》第二十条第一款的规定;(g)没有限定pH、糖及表面活性剂的量,因此权利要求2及引用其的权利要求不符合《专利法实施细则》第二十一条第二款的规定。(7)原告对第三人提交的证据1~11的关联性、合法性、真实性和公开性无异议;原告对第三人当庭提交的北京大学医学图书馆证明的真实性无异议,但是认为该证明不能证明证据12的真实性,因而对证据12的真实性和公开时间及其作为公知常识证据使用均有异议。(8)第三人对原告提交的反证1~3的关联性、合法性、真实性和公开性无异议。(9)双方当事人对对方提供的英文证据的中文译文均无异议。(10)原告当庭放弃反证1。(11)被告当庭明示:由于第三人未具体说明本专利说明书不符合《专利法》第二十六条第三款的无效理由,依据《专利法实施细则》第六十四条第一款规定,该无效宣告理由不予审理。(12)被告当庭给予第三人口头审理后一周内的期限,允许其针对反证2、3提交意见陈述。

口头审理后,原告于2008年4月8日提交了意见陈述及依照口头审理中所主张的修改方式修改的权利要求书全文替换页,修改后的权利要求书如下:

"1.稳定的冷冻干燥的单克隆抗体或多克隆抗体药物制剂,包括:糖或氨基糖,氨基酸和表面活性剂,该单克隆抗体或多克隆抗体药物制剂不含聚乙二醇和/或蛋白性药物辅料物质,其组成是:

a)单克隆抗体或多克隆抗体,

b)糖或氨基糖,

c)氨基酸,

d)作为缓冲物质的无机酸,和

e)表面活性剂。

2.稳定的冷冻干燥的单克隆抗体或多克隆抗体药物制剂,包括:糖或氨基糖,氨基酸和表面活性剂,该单克隆抗体或多克隆抗体药物制剂不含聚乙二醇和/或蛋白性药物辅料物质,其特征在于,氨基糖是葡萄糖胺、N-甲基葡萄糖胺、半乳糖胺或神经氨酸。

3.稳定的冷冻干燥的单克隆抗体或多克隆抗体药物制剂,包括:糖或氨基糖,氨基酸和表面活性剂,该单克隆抗体或多克隆抗体药物制剂不含聚乙二醇和/或蛋白性药物辅料物质,其特征在于,该单克隆抗体或多克隆抗体药物制剂含有生理上可耐受的辅料物质,选自:酸、碱、缓冲剂和/或等渗剂。

4.单克隆抗体或多克隆抗体的水性药物制剂,可通过重新溶解权利要求1~3的任意一项所述的单克隆抗体或多克隆抗体药物制剂获得。

5.权利要求4所述的水性药物制剂,其特征在于,溶液的pH值为5~8。

6.权利要求5所述的水性药物制剂,其特征在于,溶液的pH值为6~7.4。

7.制备如权利要求1~3的任意一项所述的单克隆抗体或多克隆抗体药物制剂的方法,其特征在于,制备含有单克隆抗体或多克隆抗体作为活性物质,含有糖或氨基糖、氨基酸和表面活性剂作为添加剂,以及含有任选的其他药物辅料物质的水制剂,然后冷冻干燥该溶液。"

原告在意见陈述书中对其在口头审理过程中所发表的意见进行了总结,针对第三人在口头审理中确认的各项无效宣告理由及创造性理由中的各种证据组合方式作了详细的意见陈述。

2008年4月14日,第三人提交了针对反证2~3的意见陈述,认为:反证2、3不能证明本专利是非显而易见的,也不能证明本专利相对于现有技术有明显的进步。单克隆或多克隆抗体与人生长激素同属蛋白质类,其冷冻干燥制剂在制药业属同类制剂(参见本专利说明书第2页第17行),本专利要解决的技术问题就是蛋白质因聚集而不稳定的问题,因此可选用相同的稳定剂解决相同的问题。

在上述程序的基础上,被告认为:

1. 关于审查文本

无效宣告程序中,原告可以通过权利要求的删除、合并和技术方案的删除这三种方式对发明或者实用新型专利文件进行修改。原告在口头审理前于2007年12月20日提交了修改后的权利要求书,并在口头审理时再次以删除的方式对专利权利要求书进行修改,第三人对该修改无异议。原告于2008年4月8日以权利要求全文替换页的方式提交了修改后的权利要求1~7,该修改删除了授权公告权利要求书中的权利要求1、2、4、5、7~9、15及删除了保留权利要求中直接或间接引用所删除权利要求的技术方案,并对修改后的权利要求编号及引用关系作了适应性修改,上述修改属于权利要求及技术方案的删除,符合《审查指南》第四部分第三章4.6节的规定,被告予以接受。鉴于此,被告以原告于2008年4月8日提交的权利要求1~7作为审查基础。

2. 无效宣告请求的理由和范围

《审查指南》第四部分第三章规定,第三人在提出无效宣告请求时没有具体说明的无效宣告理由,以及没有用于具体说明相关无效宣告理由的证据,且在提出无效宣告请求之日起一个月内也未补充具体说明的,被告不予考虑。第三人提出的本专利说明书不符合《专利法》第二十六条第三款这一无效理由在提出无效宣告请求时,以及提出无效宣告请求之日起一个月内均未具体说明,因此被告对本专利说明书不符合《专利法》第二十六条第三款这一无效理由不予审理。

基于第三人在口头审理中的确认,且原告对这些无效理由和范围的提出并无异议并作了答复,被告确定本案审理的无效理由和范围是:相对于证据1-1或证据2,权利要求17不具有新颖性;相对于证据3加公知常识组合、或者证据3分别与证据6、8、9、10或11加公知常识的组合(其中证据3为最接近对比文件),权利要求1~7不具有创造性;权利要求1及引用其的权利要求不符合《专利法》第三十三条、第二十六条第四款以及《专利法实施细则》第二十条第一款、第二十一条第二款的规定。

3. 关于证据

鉴于第三人放弃了证据4、5及其各自译文和证据7,原告放弃了反证1,被告对这四份证据不再考虑与评述。

原告对第三人提交的证据1~1、2、3、6、8~11的关联性、合法性、真实性和公开性及证据3译文的准确性无异议,因此被告对证据1~1、2、3、6、8~11的关联性、合法性、真实性和公开性及证据3译文准确性予以确认。原告对第三人当庭提交的证据12的真实性和公开时间及将其作为公知常识证据使用有异议,对第三人提交的用于证明证据12真实性的"北京大学医学图书馆"出具的"证明"本身的真实性无异议,但认为其不能证明证据12的真实性。对此被告认为:第三人未提供证据12的原件,因而从证据12本身不能确认其真实性,第三人欲以"北京大学医学图书馆"出具的"证明"来证明证据12的真实性,但是并没有足够的证据表明该"证明"能够与证据12相关联,不足以确信证据12就是证明中所称的馆藏原件复印件,因而第三人提交的"证明"不能证明证据12的真实性,此外,证据12上亦无出版或印刷日期,因此被告对证据12的真实性和公开时间不予确认,证据12不能作为评价本专利新颖性和创造性的证据使用。反证2、3是原告于口头审理时提交的用于反对证据3的两份证据。由于被告将证据3转交给原告的时间为2007年11月5日,指定的答复期限为一个月,而口头审理的时间为2008年4月2日,超出了答复期限;且反证2是PCT专利申请公开文本,反证3为外文期刊,二者均不属于本领域中的公知常识性证据,亦非完善证据法定形式的证据，因而不属于审查指南第四部分第三章第4.3.2节规定的可在口头审理辩论终结前补充的证据，因此反证2、3的举证时间超出了《审查指南》第四部分第三章第4.3.2节规定的原告的举证期限。被告对反证2、3不予考虑。

4. 关于《专利法》第二十二条第三款

《专利法》第二十二条第三款规定，创造性是指同申请日以前已有的技术相比，该发明具有突出的实质性特点和显著的进步。

将一项发明专利权利要求所要求保护的技术方案与现有技术相对比，如果该技术方案相对于现有技术是显而易见的，且技术效果是可以预料的，则该权利要求不具有创造性。

本专利权利要求1保护一种稳定的冷冻干燥的单克隆抗体或多克隆抗体药物制剂，其中包括糖或氨基糖，氨基酸和表面活性剂，不含聚乙二醇和/或蛋白性药物辅料物质，该单克隆抗体或多克隆抗体药物制剂的组成是：a）单克隆抗体或多克隆抗体，b）糖或氨基糖，c）氨基酸，d）作为缓冲物质的无机酸，和e）表面活性剂。

根据说明书的描述，本专利所实现的发明目的和技术效果是，用糖或氨基糖、氨基酸、缓冲液和表面活性剂作为添加剂组合，使得被保护对象单克隆或多克隆抗体在冷冻干燥（冻干）和解冻（溶液重建）过程中保持稳定，不发生降解或聚集（见本专利说明书第3～4页）。

证据3公开了一种能增加冻干及复溶时人生长激素（hGH）稳定性的药物制剂，其包括：（1）人生长激素，（2）氨基酸，（3）糖（蔗糖、麦芽糖、果糖、乳糖等）或糖醇（甘露醇），（4）磷酸盐缓冲液，（5）非离子型表面活性剂，（见证据3第3栏第1段，第5栏第4、5段，权利要求13、14，证据3译文第3页第1段、第7页第3、4段，权利要求13、14）。本专利权利要求1包括两个技术方案，即使用糖的技术方案和使用糖衍生物氨基糖的技术方案。

权利要求1中使用糖的技术方案与证据3公开的技术方案相比，添加剂组合相同（即均为糖、氨基酸、缓冲液和表面活性剂的组合），区别仅在于制剂所要稳定保护的对象不同，本专利权利要求1中为单克隆抗体或多克隆抗体，证据3中为hGH。根据证据3说明书可知，该现有技术是通过使用添加剂组合（即氨基酸、糖、磷酸盐缓冲液和非离子型表面活性剂的组合），使hGH在冻干和复溶（溶液重建）过程中保持稳定，减少聚集和变性。本领域技术人员都知道，单克隆或多克隆抗体与hGH同为蛋白质，其在冻干过程中发生聚集和/或降解是蛋白聚集或蛋白变性，是同为蛋白质共性使然，而与各自特有的生物学功能无关。因此，本领域技术人员很容易想到将一种蛋白质的冻干保护剂用于另一种蛋白质，即为了使单克隆或多克隆抗体在冻干或溶液重建过程中保持稳定，很容易想到将证据3中公开的冻干保护添加剂组合用于保护单克隆或多克隆抗体，因此在证据3公开的技术方案基础上结合上述公知常识得到本专利权利要求1中的使用糖的技术方案，对于本领域技术人员来说是显而易见的，且其技术效果也是可以预见的。

此外，证据3中还公开了使用糖衍生物糖醇（甘露醇）的技术方案，并且教导糖和糖醇（甘露醇）可以相互替代，即糖衍生物糖醇与糖的保护效果相当。本领域技术人员都知晓：氨基糖（又名糖胺）和糖醇都是常见的糖衍生物。本领域技术人员在证据3公开内容基础上很容易想到用一种单糖衍生物（氨基糖）替代另一种单糖衍生物（糖醇）或糖，而且本专利说明书中的比较实验也表明，使用糖衍生物氨基糖的配方（配方3，具体为N-甲基葡萄糖胺）与使用糖的配方（配方1，具体为蔗糖）的保护效果（防聚集和再生溶液浊度）相当（见本专利说明书第12页），并不能产生预料不到的技术效果。因此，在证据3公开的技术方案基础上结合上述公知常识得到本专利权利要求1中使用氨基糖的技术方案，对于本领域技术人员来说是显而易见的，并且其技术效果是可以预料的。

综上所述，本专利权利要求1保护的技术方案相对于证据3和公知常识的组合都不具有突出的实质性特点和显著的进步，不具有《专利法》第二十二条第三款规定的创造性。

原告认为，除上述区别外，本专利的制剂与证据3中所公开制剂还有以下两处不同：（1）缓冲物质不同，本专利权利要求1中为无机酸，而证据3中为磷酸盐缓冲液；（2）本专利所述制剂不含聚乙二醇和/或蛋白性药物辅料物质。

对此，被告认为：本领域技术人员都知道，缓冲体系中发挥缓冲作用的是弱酸及其盐或弱碱及其盐，就磷酸盐缓冲液而言，它是指磷酸与磷酸盐构成的缓冲体系，也即其中必然包含磷酸这种无机酸，因此原告所主张的第（1）处不同不成立；证据3并未记载其中所述制剂中含聚乙二醇和/或蛋白性药物辅料，而且本领域技术人员从证据3所公开内容中也并不能得出所述制剂必然含聚乙二醇和/或蛋白性药物辅料的结论，因此原告主张的第（2）处不同亦不成立。

权利要求2保护稳定的冷冻干燥的单克隆抗体或多克隆抗体药物制剂，该制剂包括糖或氨基糖，氨基酸和表面活性剂，不含聚乙二醇和/或蛋白性药物辅料物质，其中氨基糖是葡萄糖胺、N-甲基葡萄糖胺、半乳糖胺或神经氨酸。权利要求2与证据3公开的技术方案相比，区别在于：稳定保护的对象不同，权利要求2的添加剂组合中可以不包括作为缓冲物质的无机酸，以及其中的氨基糖为葡萄糖胺、N-甲基葡萄糖胺、半乳糖胺或神经氨酸。由于稳定保护对象的替换是显而易见的（见前述）；葡萄糖胺、N-甲基葡萄糖胺、半乳糖胺和神经氨酸是常见糖类衍生物，本专利说明书中的实验表明使用N-甲基葡萄糖胺与使用糖类（蔗糖）的保护效果相当，并且也无实验证明使用葡萄糖胺、半乳糖胺或神经氨酸能够取得预料不到的技术效果；缓冲物质能防止溶液pH值剧烈改变，省略缓冲物质显然不会给溶液带来好的技术效果，因此权利要求2保护的技术方案相对于证据3和公知常识的组合仍不具有突出的实质性特点和显著的进步，不具有创造性。

权利要求3要求保护一种稳定的冷冻干燥的单克隆抗体或多克隆抗体药物制剂，包括：糖或氨基糖，氨基酸和表面活性剂，该单克隆抗体或多克隆抗体药物制剂不含聚乙二醇和/或蛋白性药物辅料物质，其特征在于，该单克隆抗体或多克隆抗体药物制剂含有生理上可耐受的辅料物质，选自：酸、碱、缓冲剂和/或等渗剂。权利要求3与证据3公开的技术方案相比，区别在于：由于稳定保护的对象不同，以及在权利要求3的药物制剂中加入生理上可耐受的酸、碱、缓冲剂和/或等渗剂。由于稳定保护对象的替换是显而易见的（见前述），在药物制剂中加入生理上可耐受的酸、碱、缓冲剂、等渗剂是本领域的常规技术手段，证据3中公开的药物制剂中含有磷酸盐缓冲液，并且还教导"其他一些众所周知的、药学上可接受的赋形剂也可成为制剂的一部分，包括例如各种膨松剂、另加的缓冲剂、螯合剂、抗氧化剂、保护剂、助溶剂等"（参见证据3第6栏，证据3译文第8页第3段）。因此权利要求3相对于证据3和公知常识的组合不具有突出的实质性特点和显著的进步，不符合《专利法》第二十二条第三款之规定。

权利要求4保护重新溶解权利要求1~3所述制剂得到的水性药物制剂。证据3中也公开了冻干制剂的复溶（即冻干制剂的重新溶解或溶液重建）（见证据3第1栏第1段、第2栏第7~11行、第4栏第25~26行，证据3译文第1页第1段、第2页第5~6行、第5页第2段），而且将冻干制剂重新溶解成水性制剂是本领域技术人员熟知的常规技术手段，因此将权利要求1~3所述制剂重新溶解成水性制剂对于本领域技术人员而言是显而易见的。

从属权利要求5~6对水溶液药物制剂的pH值进行了限定，分别为"5~8"、"6~7.4"。证据3公开了其中所述制剂的"pH合适范围4~8，优选6~8，最佳是7.4"（见证据3第5栏，证据3译文第6页最后一段），由此可见从属权利要求5~6中的附加技术特征已经在证据3中公开，因此在其所引用的权利要求4不具备创造性的情况下，从属权利要求5~6也不具备创造性。

权利要求7要求保护一种制备如权利要求1~3的任意一项所述单克隆抗体或多克隆抗体药物制

剂的方法，其特征在于，制备含有单克隆抗体或多克隆抗体作为活性物质，含有糖或氨基糖、氨基酸和表面活性剂作为添加剂，以及含有任选的其他药物辅料物质的水制剂，然后冷冻干燥该溶液。证据3也教导了对其中所述制剂进行冻干（见证据3第7栏第2段，证据3译文第9页倒数第5行至倒数第4行）。权利要求7未记载冷冻干燥的具体步骤和工艺参数，而其使用的制剂配方相对于证据3和公知常识显而易见，且未取得预料不到的技术效果，因此，权利要求7相对于证据3和公知常识的组合也不具有突出的实质性特点和显著的进步，不符合《专利法》第二十二条第三款的规定。

综上所述，依据证据3与公知常识组合可以得出本专利权利要求1～7不符合《专利法》第二十二条第三款的规定，从而应予全部无效的结论。鉴于此，被告对第三人提出的其他理由和证据使用方式不再予以评述。

基于上述理由，被告作出被诉决定。原告不服该决定，在法定期限内向本院提起行政诉讼。

庭审中，原告和第三人明确表示对于被诉决定的下列内容不持异议：被诉决定"案由"部分记载的内容；被诉决定第二部分"1. 关于审查文本"的认定；被诉决定第二部分"2. 无效宣告请求的理由和范围"的认定；被诉决定第二部分"3. 关于证据"中除反证2和反证3之外部分的认定。

本院认为，对于被诉决定中原告与第三人明确表示不持异议的部分，本院经审查，对其合法性予以确认。在此基础上，本案的审查重点在于：1. 被诉决定的作出程序是否符合《审查指南》的相关规定；2. 权利要求1～7是否具有《专利法》第二十二条第三款规定的创造性。

1. 关于被诉决定的作出程序

被告在评价本专利创造性时仅使用证据3作为对比文件，因此，被诉决定的合法性审查主要是针对被告关于证据3与本专利区别技术特征的评述。证据3是第三人在提交无效宣告请求时一并提交的证据，被告于2007年11月5日即已转发给原告，原告针对上述证据充分发表了意见，被告亦充分听取了原告的陈述意见，在被诉决定中予以详尽的评述，因此原告主张的程序违法事宜并未对原告的陈述申辩权利造成实质性影响，不影响本案的实体审理，本院不予支持。

关于反证2和3，考虑到被告在评价本专利创造性时仅仅使用证据3作为对比文件，如果反证2和3不是用来反驳证据3，则其与本案的认定结论不具有关联性。如果上述反证是用来反驳证据3，而证据3是第三人在提出无效宣告请求时即已提交的证据，则原告提交反证2和3显然已超出举证期限。因此，被告不采纳反证2和3并无不当。

2. 关于本专利权利要求1～7的创造性

《专利法》第二十二条第三款规定，创造性是指同申请日以前已有的技术相比，该发明具有突出的实质性特点和显著的进步。

本专利权利要求1包括两个技术方案，即使用糖的技术方案和使用糖衍生物氨基糖的技术方案。权利要求1中使用糖的技术方案与证据3公开的技术方案相比，区别在于制剂所要稳定保护的对象不同，本专利权利要求1中为单克隆抗体或多克隆抗体，证据3中为hGH。根据证据3说明书可知，该现有技术是通过使用添加剂组合，使hGH在冻干和复溶过程中保持稳定，减少聚集和变性。本领域技术人员都知道，单克隆或多克隆抗体与hGH同为蛋白质，其在冻干过程中发生聚集和/或降解是蛋白聚集或蛋白变性，是同为蛋白质共性使然，而与各自特有的生物学功能无关。因此，本领域技术人员很容易想到将一种蛋白质的冻干保护剂用于另一种蛋白质，即为了使单克隆或多克隆抗体在冻干或溶液重建过程中保持稳定，很容易想到将证据3中公开的冻干保护添加剂组合用于保护单克隆或多克隆抗体，因此在证据3公开的技术方案基础上结合上述公知常识得到本专利权利要求1中的使用糖的技术方案，对于本领域技术人员来说是显而易见的，且其技术效果也可预见。

同时，证据3中还公开了使用糖衍生物糖醇（甘露醇）的技术方案，并且教导糖和糖醇（甘露醇）可以相互替代，即糖衍生物糖醇与糖的保护效果相当。本领域技术人员都知晓：氨基糖和糖醇都是常见的糖衍生物。本领域技术人员在证据3公开内容基础上很容易想到用一种单糖衍生物（氨基糖）替代另一种单糖衍生物（糖醇）或糖，而且本专利说明书中的比较实验也表明，使用糖衍生物氨基糖的配方与使用糖的配方的保护效果相当，并不能产生预料不到的技术效果。因此，在证据3公开的技术方案基础上结合上述公知常识可以得到本专利权利要求1中使用氨基糖的技术方案，并且其技术效果也是可以预料的。

另，原告主张本专利的制剂与证据3中所公开的制剂有两点区别：（1）缓冲物质不同，本专利权利要求1中为无机酸，而证据3中为磷酸盐缓冲液；（2）本专利所述制剂不含聚乙二醇和/或蛋白性药物辅料物质。对此，本院认为，缓冲体系中发挥缓冲作用的是弱酸及其盐或弱碱及其盐，就磷酸盐缓冲液而言，它是指磷酸与磷酸盐构成的缓冲体系，也即其中必然包含磷酸这种无机酸，因此原告所主张的第（1）处区别不成立；证据3并未记载其中所述制剂中含聚乙二醇和/或蛋白性药物辅料，而且本领域技术人员从证据3所公开内容中也并不能得出所述制剂必然含聚乙二醇和/或蛋白性药物辅料的结论，因此原告主张的第（2）处区别亦不成立。

综上，本专利权利要求1保护的技术方案相对于证据3和公知常识的组合都不具有创造性。

本专利权利要求2与证据3公开的技术方案相比，区别在于：稳定保护的对象不同，权利要求2的添加剂组合中可以不包括作为缓冲物质的无机酸，以及其中的氨基糖为葡萄糖胺、N-甲基葡萄糖胺、半乳糖胺或神经氨酸。由于稳定保护对象的替换是显而易见的；葡萄糖胺、N-甲基葡萄糖胺、半乳糖胺和神经氨酸是常见糖类衍生物，本专利说明书中的实验表明使用N-甲基葡萄糖胺与使用糖类（蔗糖）的保护效果相当，并且也无实验证明使用葡萄糖胺、半乳糖胺或神经氨酸能够取得预料不到的技术效果；缓冲物质能防止溶液pH值剧烈改变，省略缓冲物质显然不会给溶液带来好的技术效果，因此，权利要求2保护的技术方案相对于证据3和公知常识的组合不具有创造性。

本专利权利要求3与证据3公开的技术方案相比，区别在于：由于稳定保护的对象不同，以及在权利要求3的药物制剂中加入生理上可耐受的酸、碱、缓冲剂和/或等渗剂。由于稳定保护对象的替换是显而易见的，在药物制剂中加入生理上可耐受的酸、碱、缓冲剂、等渗剂是本领域的常规技术手段，证据3中公开的药物制剂中含有磷酸盐缓冲液，并且还教导"其他一些众所周知的、药学上可接受的赋形剂也可成为制剂的一部分，包括例如各种膨松剂、另加的缓冲剂、螯合剂、抗氧化剂、保护剂、助溶剂等"。因此，权利要求3相对于证据3和公知常识的组合不具有创造性。

权利要求4保护重新溶解权利要求1~3所述制剂得到的水性药物制剂。证据3中也公开了冻干制剂的复溶，而且将冻干制剂重新溶解成水性制剂是本领域技术人员熟知的常规技术手段，因此将权利要求1~3所述制剂重新溶解成水性制剂对于本领域技术人员而言是显而易见的。

从属权利要求5~6对水溶液药物制剂的pH值进行了限定，分别为"5~8"、"6~7.4"。证据3公开了其中所述制剂的"pH合适范围4~8，优选6~8，最佳是7.4"，因此从属权利要求5~6中的附加技术特征已经在证据3中公开，因此在其所引用的权利要求4不具备创造性的情况下，从属权利要求5~6也不具备创造性。

权利要求7要求保护一种制备如权利要求1~3的任意一项所述单克隆抗体或多克隆抗体药物制剂的方法，其特征在于，制备含有单克隆抗体或多克隆抗体作为活性物质，含有糖或氨基糖、氨基酸和表面活性剂作为添加剂，以及含有任选的其他药物辅料物质的水制剂，然后冷冻干燥该溶液。证据3也教导了对其中所述制剂进行冻干。权利要求7未记载冷冻干燥的具体步骤和工艺参数，而其使用的制剂配方相对于证据3和公知常识显而易见，且未取得预料不到的技术效果，因此，权利要求7相对于证据3和公知常识的组合也不具有创造性。

综上，被诉决定认定事实清楚、适用法律正确，本院应予维持。原告的诉讼请求缺乏事实和法律依据，本院不予支持。据此，依照《中华人民共和国行政诉讼法》第五十四条第（一）项之规定，判决如下：

维持被告中华人民共和国国家知识产权局专利复审委员会于二〇〇八年八月六日作出的第12049号无效宣告请求审查决定。

案件受理费人民币100元，由原告罗赫诊断器材股份有限公司负担（已交纳）。

如不服本判决，原告罗赫诊断器材股份有限公司可在本判决书送达之日起30日内，被告中华人民共和国国家知识产权局专利复审委员会、第三人李彩辉可在本判决书送达之日起15日内，向本院递交上诉状，并按对方当事人的人数提交副本，上诉于中华人民共和国北京市高级人民法院。上诉人在上诉期满后7日内未交纳又不提出缓交申请的，按自动撤回上诉处理。

审　判　长　吴　月
代理审判员　赵　锋
代理审判员　贾志刚
二〇一〇年一月八日
书　记　员　盛　阳

茶味南瓜子的加工方法

无效宣告请求审查决定（第 12103 号）

决 定 号	第 12103 号
决 定 日	2008 年 8 月 19 日
发明创造名称	茶味南瓜子的加工方法
国 际 分 类 号	A23L 1/36
无效宣告请求人	合肥国泰食品有限责任公司
专 利 权 人	安徽省徽派休闲食品研究所
专 利 号	02138610.2
申 请 日	2002 年 11 月 13 日
公 开 日	2003 年 6 月 11 日
授 权 公 告 日	2005 年 9 月 28 日
合 议 组 组 长	吴通义
主 审 员	孙俊荣
参 审 员	李金光
法 律 依 据	专利法第 26 条第 3 款，专利法实施细则第 20 条第 1 款、第 21 条第 2 款，专利法第 22 条第 3 款

决 定 要 点

如果本领域技术人员依据专利说明书记载的内容，可以实现该专利的技术方案，解决其技术问题，并达到预期效果，则说明书满足充分公开的要求。

如果权利要求记载的技术方案是所属领域技术人员能够理解且保护范围确定的技术方案，而且实施该方案可以解决发明所要解决的技术问题，则该权利要求符合专利法实施细则第 20 条第 1 款和第 21 条第 2 款的规定。

在权利要求与最接近的现有技术相比存在区别技术特征的情况下，如果现有技术中没有给出将上述区别特征应用到该最接近的现有技术以解决其存在的技术问题的启示，同时由于该区别技术特征的存在使得权利要求所要求保护的技术方案与现有技术相比具有有益的技术效果，则应当认为该权利要求相对于现有技术具备突出的实质性特点和显著的进步，符合专利法第 22 条第 3 款关于创造性的规定。

一、案由

本专利权无效宣告请求案涉及国家知识产权局于 2005 年 9 月 28 日公告授予的、名称为"茶味南瓜子的加工方法"的第02138610.2号发明专利权（下称本专利），其申请日为2002年11月13日，专利权人为安徽省徽派休闲食品研究所。该专利授权公告的权利要求书如下：

"1. 茶味南瓜子的加工方法，其特征是以南瓜子为原料，以茶叶为主配料，茶叶为瓜子原料重量的5%~10%，配料中的辅料为盐、甜味剂、味精；首先将南瓜子以沸水浸烫，洗去瓜子表面粘液、黏膜，沥去水分后与以茶叶为主的配料共同煮制，使茶汁味渗入到瓜子仁后，去除茶叶并沥去多余的水份，再经炒制而成。"

针对上述专利权，合肥国泰食品有限责任公司（下称请求人）于2008年1月18日向专利复审委员会提出专利权无效宣告请求，并提交了如下附件：

附件1：ZL 02138610.2号中国发明专利说明书（本专利），复印件共4页；

附件2：2002年1月出版的第一期《食品科技》，期刊首页、期刊目次页，以及"茶香瓜子的研制"（李家华、周红杰）正文，复印件共6页；

附件3：申请号98111469.5的中国发明专利申请公开说明书，公开号CN1245660A，申请日为1998年8月20日，公开日为2000年3月1日，复印件共5页；

附件4：申请号01120953.4的中国发明专利申请公开说明书，公开号CN1335105A，申请日为2001年6月20日，公开日为2002年2月13日，复印件共4页；

附件5：2002年1月第1版第1次印刷的《新版休闲食品配方》，封面页，出版信息页，部分正文，复印件共10页。

依据上述附件，请求人认为：（1）附件2公开了本专利的原料组分、茶叶与瓜子原料重量比例，附件3、4公开了与茶有关的食品，附件5记载了关于南瓜子的常识，另外，将瓜子进行原料处理、煮制、炒制是本领域的基本工艺常识，所以权利要求1相对于附件2~5中的一篇或多篇的结合，不具备专利法第22条第3款规定的创造性。（2）权利要求1中没有记载盐、甜味剂、味精等的含量，也没有记载辅料需要与多少量的水配合来对瓜子进行煮制，从而使得工艺条件不确定，导致权利要求1的保护范围不清楚，不符合专利法实施细则第20条第1款的规定。（3）权利要求1中没有记载盐、甜味剂、味精的含量，也没有记载辅料需要与多少量的水配合来对瓜子进行煮制，使得瓜子的味道不确定，无法实现其发明目的，因此权利要求1缺少必要技术特征，不符合专利法实施细则第21条第2款的规定。（4）本专利说明书没有记载瓜子原料与辅料的重量比，以及辅料中茶叶、盐、甜味剂、味精等含量的实例，没有记载煮制工艺中料汤的成分，导致本领域普通技术人员无法实现，因此说明书公开不充分，不符合专利法第26条第3款的规定。

经形式审查合格后，专利复审委员会受理了上述请求，于2008年1月18日向双方当事人发出《无效宣告请求受理通知书》，并同时将专利权无效宣告请求书及附件1~5的副本转送给专利权人，要求其在指定期限内答复。

请求人于2008年2月18日向专利复审委员会提交了《补充意见陈述书》，并同时提交了附件6~13，其中附件6~12加盖有"安徽省科学技术情报研究所文献馆"红印章。附件6~13如下：

附件6：文献"几种常用原料的脱壳去皮方法"（贺习耀，《烹调知识》，1996年第3期）在中国期刊全文数据库中的检索页，及"几种常用原料的脱壳去皮方法"正文，打印件共2页；

附件7：文献"核桃汁生产工艺"（吴坤等，《果树科学》，1996年第2期）在中国期刊全文数据库中的检索页，及"核桃汁生产工艺"正文，打印件共3页；

附件8：文献"风味黑瓜子的制作"（江伟强，《广州食品工业科技》，2002年第2期）在中国期刊全文数据库中的检索页，及"风味黑瓜子的制作"正文，打印件共4页；

附件9：文献"瓜子炒制方法"（邓华钦，《现代农业》1987年第10期）在中国期刊全文数据库中的检索页，及"瓜子炒制方法"正文，打印件共2页；

附件10：文献"核桃仁脱皮加工工艺技术的研究"（张文林、马英明，《中国机械工程学会包装与食品工程分会第五届学术年会论文集》，1998年）在中国期刊全文数据库中的检索页，及"核桃仁脱皮加工工艺技术的研究"正文，打印件共5页；

附件11：文献"五香花生米"（升，《新农业》，1984年第21期）在中国期刊全文数据库中的检索页，及"五香花生米"正文，打印件，共2页；

附件12：文献"风味瓜子的生产"（段建波、李红茹，《致富之友》，1997年第2期）在中国期刊全文数据库中的检索页，及"风味瓜子的生产"正文，打印件共2页；

附件13：本专利在实质审查过程中的第一次审查意见通知书及针对此通知书的意见陈述书，复印件共8页。

请求人认为：（1）附件13说明本专利权利要求不具备创造性。（2）对成分的选择以及适当的调整并没有带来任何新的意想不到的技术效果，在现有技术已经明确的给出了葵花子可以作为主原料的前提下炒制茶瓜子，选择南瓜子作为主原料炒制茶瓜子对本领域技术人员来讲没有任何困难。（3）附件6~12中公开了多种有关瓜子的炒制方法，其中可见采用开水浸烫瓜子是常规的处理方法，因此对瓜子的预处理既是本领域技术人员的常识，也是生活常识。

2008年4月2日，专利复审委员会向专利权人发出了《转送文件通知书》，并将请求人于2008年2月18日提交的意见陈述书及所附附件6~13的副本转送专利权人。

专利权人于2008年2月27日和2008年5月16日针对请求人的意见作出答复。专利权人认为：（1）附件2公开的原料及茶叶与原料的重量比与本专利不同；附件3、4公开的内容与本专利无关；本专利工艺不同于本领域的基本工艺；开水浸烫在去除瓜子表面黏膜、去除异味、使茶汁更易于渗入瓜子仁中，以及在缩短煮制时间降低能耗等方面存在显著的效果，所以本专利方法具备创造性。（2）盐、甜味剂和味精的用量，以及辅料需要与多少量的水配合，对于本领域技术人员来说是常识，无需赘述，权利要求1的保护范围是清楚的。（3）本发明目的是"提供一种具有浓郁茶香的茶味南瓜子的加工方法"，权利要求1所记载的技术方案完全能够实现该目的，因此是符合专利法实施细则第21条第2款规定的。（4）说明书中已经明确记载了原料、主料和配料，原料和主料的重量配比，清楚完整地说明了具体的加工过程，记载了必要的工艺条件，清楚完整，本领域内普通技术人员能够实现，因此说明书符合专利法第26条第3款的规定。

2008年5月28日，本案合议组分别向请求人和专利权人发出了口头审理通知书，拟定于2008年7月7日对本专利权无效宣告请求进行口头审理。同时向请求人转送了专利权人分别于2008年2月27日和2008年5月16日提交的意见陈述书。

2008年7月7日，口头审理如期进行，双方委托的代理人参加了口头审理。

在口头审理中，双方当事人确认的事实如下：（1）双方当事人对合议组成员未提出回避请求。（2）请求人明确附件13仅作为参考，不作为证据使用，放弃附件3和4。（3）请求人当庭出示了附件2和5的原件。专利权人认可附件2、5~12的真实性，但是认为附件6~12没有载明出版日期，不认可检索页所显示的日期表示相关附件的出版日期，并提出附件5与当庭提交的原件的出版印刷日不一致，需要庭后核实。（4）请求人主张的无效请求的理由和范围是本专利的说明书不符合专利法第26条第3款的规定，权利要求1不符合专利法第22条第3款、专利法实施细则第20条第1款、专利法实施细则第21条第2款的规定；不符合专利法第22条第3款规定所用证据的结合方式为：附件2、5和12结合公知常识，其中附件2为最接近的现有技术，附件5~12中记载了公知常识。（5）请求人在口审过程中提出授权公告的文本修改超范围，请求合议组依职权调查，专利权人认为该理由是新提出的，不应进行审查。

2008年7月15日，请求人提交了2002年1月第1版第一次印刷的《休闲食品配方》的原件，经核实，附件5与该原件中相应部分的内容相符。

2008年7月25日，专利权人提交了补充意见陈述书，重申其在口头审理中的意见。

在上述工作的基础上，合议组认为本案事实已经清楚，可依法作出审查决定。

二、决定的理由

1. 审查基础

本无效宣告请求审查决定以本专利授权公告的文本为审查基础。

2. 证据认定

附件2，标题为"茶香瓜子的的研制"，是刊登在2002年1月20日出版的第一期《食品科技》上的公开出版物；附件5，名为《休闲食品配方》，是中国轻工业出版社于2002年1月出版的公开出版物，请求人在口审时提交了2005年第1版第3次印刷的《休闲食品配方》，并于2008年7月15日提交了2002年1月第1版第一次印刷的《休闲食品配方》，经核实，附件5与2002年1月第1版第一次印刷的《休闲食品配方》中的相应部分的内容一致；附件6~12是由安徽省科学技术情报研究所通过检索中国期刊全文数据库获得，并加盖了"安徽省科学技术情报研究所文献馆"红印章。专利权人对附件2、5~12的真实性无异议，合议组对此予以确认。

专利权人认为附件6~12没有载明出版日期，不认可检索页所显示的日期表示相关附件的出版日期。对此，合议组认为，附件6~12是通过检索本领域公知的用于期刊文献收集和检索的中国期刊全文数据库获得的，并加盖了"安徽省科学技术情报研究所文献馆"红印章，其中检索页显示的文献名称、作者以及摘要内容等信息均与所附正文内容相符，在专利权人认可附件6~12的真实性并且无相反证据证明的情况下，应当认为检索页上文献出处部分所显示的日期表示了该附件的出版日期，即附件6为1996年，附件7为1996年，附件8推定为2002年6月（广州食品工业科技为季刊），附件9为1987年，附件10为1998年，附件11为1984年，附件12为1997年。因此上述附件2、5~12的出版日期均早于本专利的申请日。

附件2、5~12可以作为本专利的现有技术文件。

3. 无效请求的理由和范围

请求人在口审过程中增加了授权公告的文本修改超范围，不符合专利法第33条的规定的无效理由，专利权认为不应审理。对此，合议组认为，本案的无效宣告请求日为2008年1月18日，上述无效理由的提出日为口审日，即2008年7月7日，已经超出了允许增加无效宣告理由的壹个月的期限。根据专利法实施细则第66条的规定，本案合议组对请求人口审中增加的本专利不符合专利法第33条规定的无效理由不予考虑。

因此，合议组审理的关于本专利权的无效理由和范围为：本专利说明书不符合专利法第26条第3款的规定；权利要求1不符合专利法实施细则第20条第1款和第21条第2款的规定；权利要求1相对于附件2、5和12结合公知常识不具备创造性，不符合专利法第22条第3款的规定。

4. 关于专利法第26条第3款

专利法第26条第3款规定，说明书应当对发明或者实用新型作出清楚、完整的说明，以所属技术领域的技术人员能够实现为准。

如果本领域技术人员依据专利说明书记载的内容，可以实现该专利的技术方案，解决其技术问题，并达到预期效果，则说明书满足充分公开的要求。

请求人认为本申请说明书没有记载辅料中盐、甜味剂和味精相对于瓜子原料的重量比，也没有记载煮制时水的用量，本领域技术人员无法实施本发明的技术方案。对此，合议组认为，本专利的发明目的是提供一种带有茶香味道的南瓜子，说明书部分记载了用于制备该茶味南瓜子的主要原材料南瓜子和茶叶及其配比关系，茶叶的用量为瓜子重量的5%~10%；同时记载了制备该茶味南瓜子的具体工艺步骤，即包括沸水浸烫去除黏膜，沥去水分后与以茶叶为主，盐、甜味剂、味精为辅的配料共同煮制，以及沥去多余水分后进行炒制。对于盐、甜味剂和味精等常规辅料的用量而言，在满足普通消费者可接受口味和食品行业标准的前提下，本领域技术人员完全能够依据常识在合理的范围内进行选择。其次，对于煮制时的用水量亦是本领域技术人员能够根据原料和配料数量情况选择满足煮制条件的用水量。本领域技术人员能够根据说明书的记载实现本发明的技术方案，因此合议组对于请求人的上述主张不予支持。

5. 关于专利法实施细则第20条第1款和第21条第2款

专利法实施细则第20条第1款规定，权利要求应当说明发明或者实用新型的技术特征，清楚、简要地表述请求保护的范围。

专利法实施细则第21条第2款规定，独立权利要求应当从整体上反映发明或者实用新型的技术方案，记载解决技术问题的必要技术特征。

如果权利要求记载的技术方案是所属领域技术人员能够理解且保护范围确定的技术方案，且实施该方案可以解决发明所要解决的技术问题，则该权利要求符合专利法实施细则第20条第1款和第21条第2款的规定。

请求人主张权利要求1中没有记载辅料和水的用量，由此不能确定瓜子的口味，因此权利要求1缺少必要技术特征，同时其保护范围也不清楚。

对此，合议组认为，权利要求1要求保护茶味南瓜子的加工方法，其中明确地记载了加工所用的原料、配料的种类以及具体的工艺步骤，在此基础上，本领域技术人员完全能够根据常规知识，理解和确定权利要求1的保护范围，权利要求1的保护范围是清楚的。同时本发明目的在于提供一种具有浓郁茶香的南瓜子，在权利要求1的技术方案已经记载解决发明的技术问题的关键技术内容，如原料南瓜子与主配料茶叶及其配比关系，和具体工艺步骤，以及说明了其他配料种类的基础上，所属领域技术人员根据常识可以在合理的范围内选择合适的盐、甜味剂、味精以及水的用量，制备得到一种具有茶香味的南瓜子，权利要求1记载了解决技术问题的必要技术特征。因此，权利要求1符合专利法实施细则第20条第1款和第21条第2款的规定。

6. 关于专利法第22条第3款

专利法第22条第3款规定："创造性，是指同申请日以前已有的技术相比，该发明有突出的实质性特点和显著的进步"。

根据该款规定，在权利要求与最接近的现有技术相比存在区别技术特征的情况下，如果现有技术中没有给出将上述区别特征应用到该最接近的现有技术以解决其存在的技术问题的启示，同时由于该区别技术特征的存在使得权利要求所要求保护的技术方案与现有技术相比，具有有益的技术效果，则应当认为该权利要求相对于现有技术具备突出的实质性特点和显著的进步，符合专利法第22条第3款关于创造性的规定。

本案中，请求人主张权利要求1相对于附件2、5和12结合公知常识不具备创造性，其中附件2是最接近的现有技术，附件5~12是公知常识证据。具体如下：权利要求1所要求保护的技术方案与附件2相比，区别在于原料不同，权利要求1是南瓜子，附件2是葵花子；另外加工工艺不同，权利要求1是沸水浸烫、共同煮制和炒制。但是附件12中公开了以南瓜子为原料，同时公开了浸泡共同煮制和炒制的过程，虽然没有公开沸水浸烫，但从附件5~11中可以看出沸水浸烫是本领域公知常识。对此，合议组认为：

附件2公开了一种茶香向日葵瓜子及其制备方法，其配方中采用了原料重量8%、10%和12%的茶叶，以及甘草和食盐，同时还公开了包括煮沸浸泡、烘箱烘干的制备工艺（见附件2第33~34页实验方法部分）。其与权利要求1所要求保护的技术方案相比，区别在于：（1）所采用的原料不同，附件2是葵花子，权利要求1是南瓜子；（2）所采用的配料不同，权利要求1除了食盐外，还增加了甜味剂和味精；（3）加工工艺不同，权利要求1中采用了用沸水浸烫去除瓜子表面黏膜，然后沥去水分后与配料共同煮制，最后在去除茶叶和沥去多余水分后进行炒制的制备过程。

附件5涉及瓜子的基本加工方法及瓜子加工实例，具体公开了原料处理、煮制、炒制的瓜子加工工艺流程，其中加工各种风味瓜子所用的原料和配料的种类和配比区别于权利要求1中的原料和配料，且在去除西瓜子、黑瓜子表面的蜡质黏膜时采用的是石灰水或壳灰水（碱）浸泡（见附件5第68~69页工艺要点第1~3，第70~73页牛肉汁瓜子、奶油瓜子、甘草西瓜子、五香瓜子和十香瓜子的配方和操作要点部分）。另外附件5还涉及奶油花生米和椒盐花生米的制作，公开了沸水浸烫花生米的步骤（见附件5第103~104页奶油花生米和椒盐花生米的配方和操作要点部分）。

附件12涉及风味瓜子的生产，其中公开了以南瓜子为原料以包括茶叶、茴香、食盐等成分为辅料制备风味南瓜子的加工工程，包括用石灰水溶液去除瓜子表面的黏膜、冲洗去除瓜子表面的残留石灰和残存黏膜、与辅料一起共同在煮锅中蒸煮、经烘晒去除多余水分、最后进行炒制的过程（见附件12第15页风味瓜子的原辅材料，风味瓜子的配方，及操作说明中的第2~6页）。

权利要求1相对于附件2、5和12的结合来说，请求人和专利权人均认可仍然存在着沸水浸烫去除南瓜子表面黏膜的区别性技术特征。对此，请求人认为可以从附件5~11中看出沸水浸烫处理原料是本领域的公知常识。专利权人认为本专利所用的沸水浸烫与本领域所用的沸水浸烫的目的是不同的。

对此，合议组注意到：附件5在处理花生米时采用了沸水浸烫的方式，但其目的不是用于去除黏膜，而在去除西瓜子、黑瓜子表面的蜡质黏膜时采用的是石灰水或壳灰水（碱）浸泡；附件6涉及几种常用原料的脱壳去皮方法，其中对于花生米、芝麻、番茄、莲子和蚕豆虽然采用了沸水浸烫的方式，但其目的均是用于去除表皮，而不是用于去除黏膜（如南瓜子、黑瓜子等外壳上的黏膜）；附件7涉及核桃汁的生产工艺，其中脱衣过程采用的是90℃的NaOH水溶液；附件8涉及风味黑瓜子的制作，其中采用了石灰水去除瓜子表面黏膜的方式；附件9涉及瓜子炒制，其中在去除黑瓜子表面黏膜时采用了石灰水；附件10涉及核桃仁的脱皮，其中采用了脱皮液去除核桃表皮的方式；附件11涉及五香花生米的制作，采用了通过炒制去除花生米外皮的方式。由上述描述可知，附件5~11仅教导采用石灰水或碱去除瓜子壳上的蜡质黏膜，以及通过沸水浸烫脱皮去壳，没有给出用沸水浸烫的方式去除南瓜子表面黏膜的技术启示，同时也不能证明沸水浸烫去除黏膜的方式是本领域的公知常识，相反，在上述现有技术中，如附件5、8、9，在去除与南瓜子类似的黑瓜子表面的黏膜时，均是采用了石灰水溶液浸泡的方式，因此，合议组认为，请求人所提交的附件5~11，既不能证明沸水浸烫去除黏膜的方式是本领域技术人员的公知常识，同时也没有给出使用沸水浸烫去除南瓜子、黑瓜子等表面黏膜的技术启示。权利要求1相对于附件2、5、12及公知常识并非显而易见。此外，沸水浸烫相比于石灰水浸泡来说，给权利要求1的技术方案带来了简化工艺，避免碱液残留，以及由于碱液残留可能破坏后续程序中茶叶的有机成分影响口感的问题的有益技术效果。

综上所述，权利要求1相对于附件2、5和12与公知常识（见附件5~11）的结合，具备突出的实质性特点和显著的进步，符合专利法第22条第3款关于创造性的规定。合议组对请求人有关权利要求1不具备创造性的主张不予支持。

三、决定

维持第 02138610.2 号发明专利权有效。

当事人对本决定不服的,可以根据专利法第 46 条第 2 款的规定,自收到本决定之日起三个月内向北京市第一中级人民法院起诉。根据该款的规定,一方当事人起诉后,另一方当事人应当作为第三人参加诉讼。

多视面转动式波形折射变换图案箱

无效宣告请求审查决定（第 12116 号）

决 定 号	第 12116 号
决 定 日	2008 年 7 月 28 日
发明创造名称	多视面转动式波形折射变换图案箱
国 际 分 类 号	G09F19/12
无效宣告请求人	广州大势塑胶五金制品有限公司
专 利 权 人	王雄准
专 利 号	03247653.1
申 请 日	2003 年 6 月 24 日
授 权 公 告 日	2004 年 10 月 6 日
合 议 组 组 长	李金光
主 审 员	张秀丽
参 审 员	张晓飞

法 律 依 据　专利法第 22 条第 2 款

决 定 要 点

当请求保护的技术方案与现有技术实质上不相同时，该技术方案具备新颖性。

一、案由

本无效宣告请求案涉及国家知识产权局于 2004 年 10 月 6 日公告授予的、名称为"多视面转动式波形折射变换图案箱"的第 03247653.1 号实用新型专利权（下称本专利），其申请日为 2003 年 6 月 24 日，专利权人为王雄准。本专利授权公告的权利要求书如下：

"1. 多视面转动式波形折射变换图案箱，由波形折射板和透光图片组成，其特征在于：图案箱（4）有 2 至 9 个视面，每个视面的外侧有一片透明的波形折射板（1），波形折射板（1）的波形面可以向外侧或向内侧，在每一片波形折射板（1）的内侧，有一张用条格式绘制 2 至 9 幅不相同的图案的透光图片（2），在图案箱（4）的底座（5）的内部，安装一台电动减速器（6），把电动减速器（6）的主轴（7）插进图案箱（4）的中心。

2. 根据权利要求 1 所述的多视面转动式波形折射变换图案箱，其特征在于：也可以在图案箱（4）内部，安装一台电动减速器（6），把电动减速器（6）的主轴（7）插进图案箱（4）的底座（5）。

3. 根据权利要求 1 所述的多视面转动式波形折射变换图案箱，其特征在于：在图案箱（4）内部，安装光源（3）。"

针对上述专利权,广州大势塑胶五金制品有限公司(下称请求人)于2007年8月16日向专利复审委员会提出专利权无效宣告请求,认为本专利不符合专利法第22条第2款以及专利法实施细则第21条第3款的规定,并提交了本专利授权公告文本以及以下证据:

证据1:专利号为03224578.5的中国实用新型专利授权公告说明书,申请日为2003年3月28日,公告日为2004年2月18日,复印件共12页;

依据证据1,请求人认为:(1)证据1的申请日早于本专利的申请日,属于在本专利申请日之前申请、在本专利申请日之后公开的文献,可以用来评价本专利的新颖性。证据1公开了一种多功能视面动态变换立体图案箱,包括一箱框,该箱框具有2块或2块以上的透明板,每一透明板对应一个视面,每一透明板的内侧贴有抽样图,安装在机座内的电机轴与箱框的中心转动轴相联。由此可见,证据1公开了权利要求1、2的全部技术特征,权利要求1、2不具备新颖性。权利要求3的附加技术特征是"在图案箱(4)内部,安装光源(3)",该特征在证据1(证据1的说明书第2页)中已经被公开。因此,权利要求3也不具备新颖性。(2)权利要求2引用了权利要求1,但其附加技术特征没有在权利要求1的范围内作进一步限定,因此,权利要求2不符合专利法实施细则第21条第3款的规定。

经形式审查合格后,专利复审委员会受理了上述请求,于2007年8月17日向双方当事人发出《无效宣告请求受理通知书》,并将《专利权无效宣告请求书》及其附件清单中的附件副本转给专利权人。2007年11月21日专利复审委员会以公告方式再次向专利权人发出《无效宣告请求受理通知书》,同时成立合议组对本无效宣告请求案进行审理。

2008年2月14日,本案合议组向请求人发出《无效宣告请求口头审理通知书》,并于2008年3月26日将《无效宣告请求口头审理通知书》以公告的方式发给专利权人,定于2008年5月20日对该专利权的无效宣告请求举行口头审理。

2008年5月20日,口头审理如期进行。请求人委托代理人参加了口头审理,专利权人未参加口头审理。口头审理过程中请求人主张以下事实:

(1)对合议组成员无回避请求;(2)放弃关于权利要求2不符合专利法实施细则第21条第3款规定的无效宣告理由;(3)无效宣告请求的宣告理由和范围是权利要求1~3相对于证据1说明书第2页的方案三不具备新颖性,不符合专利法第22条第2款的规定。

二、决定的理由

1. 关于审查文本

在本专利权无效宣告请求案中,以本专利授权公告文本作为审查的基础。

2. 关于证据

证据1是由他人在本专利申请日前向中国专利局提出并在本专利申请日以后授权公告的实用新型专利文件,可以作为评价本专利是否具备新颖性的对比文件使用。

3. 关于专利权无效宣告请求的理由和范围

本案中,请求人确认本专利无效宣告请求的理由及范围是:权利要求1~3相对于证据1不符合专利法第22条第2款的规定。

4. 关于专利法第22条第2款

专利法第22条第2款规定:新颖性,是指在申请日以前没有同样的发明或者实用新型在国内外出版物上公开发表过、在国内公开使用过或者以其他方式为公众所知,也没有同样的发明或者实用新型由他人向国务院专利行政部门提出过申请并且记载在申请日以后公布的专利申请文件中。

根据该款规定,当请求保护的技术方案与现有技术实质上不相同时,该技术方案具备新颖性。

本案中,权利要求1请求保护多视面转动式波形折射变换图案箱,由波形折射板和透光图片组成，其特征在于：图案箱（4）有2至9个视面，每个视面的外侧有一片透明的波形折射板（1），波形折射板（1）的波形面可以向外侧或向内侧，在每一片波形折射板（1）的内侧，有一张用条格式绘制2至9幅不相同的图案的透光图片（2），在图案箱（4）的底座（5）的内部，安装一台电动减速器（6），把电动减速器（6）的主轴（7）插进图案箱（4）的中心。证据1说明书第2页方案三公开了一种多功能多视面动态变换立体图案箱，包括电机、基座和箱框，设在基座内的电机轴与箱框的中心转动轴相联，箱框上设有两块或两块以上的透明板，透明板内侧设有分光元件，分光元件内侧置有画面面向分光元件且与分光元件相匹配的抽样图，箱框内固定有光源，其中分光元件为柱镜光栅板、蝇眼透镜板、狭缝光栅挡板、薄膜光栅板或曲面反光镜。

权利要求1的技术方案与证据1公开的上述方案的区别在于：（1）权利要求1具体限定每一透明波形折射板内侧有2至9幅透光图片，证据1中则是在透明板内侧设有分光元件，分光元件内侧置抽样图。（2）权利要求1使用电动减速器带动图案箱转动，而证据1中采用电机带动图案箱转动。

对于本领域技术人员来说，上述结构不同并不是本领域惯用手段的直接置换。因此，权利要求1与证据1的技术方案实质上不相同，权利要求1相对于证据1具备新颖性，符合专利法第22条第2款的规定。

权利要求2在引用权利要求1的基础上限定"也可以在图案箱（4）内部，安装一台电动减速器，把电动减速器的主轴（7）插进图案箱（4）的底座（5）"。虽然权利要求2形式上是权利要求1的从属权利要求，但其实质上是用"也可以在图案箱（4）内部，安装一台电动减速器，把电动减速器的主轴（7）插进图案箱（4）的底座（5）"这一特征代替权利要求1中的"在图案箱（4）的底座（5）的内部，安装一台电动减速器（6），把电动减速器（6）的主轴（7）插进图案箱（4）的中心"这一特征，由于这两种方案为并列的技术方案，因此权利要求2实质上是独立权利要求。将权利要求2的技术方案与证据1相比，除了存在上述权利要求1与证据1之间的区别外，还包括权利要求2的电动减速器位于图案箱内而证据1的电机位于基座内。由于这些区别特征均不属于本领域惯用手段的直接置换，因此，权利要求2的技术方案与证据1的技术方案实质上不相同，权利要求2相对于证据1具备新颖性，符合专利法第22条第2款的规定。

权利要求3是权利要求1的从属权利要求，当权利要求1相对于证据1具备新颖性时，权利要求3的技术方案相对于证据3也具备新颖性。

请求人认为：（1）相对于证据1中的抽样图，本专利的2~9幅图片是很容易被想到的。（2）本专利中的电动减速器就是证据1的电机，对于本领域技术人员来说，这二者虽然结构不同，但功能、原理是等同的，二者可以替换。（3）权利要求2中电动减速器的位置和底座的位置进行简单的置换，但其功能是相同的，因此，权利要求2也没有新颖性。

对此，合议组认为：（1）证据1中的抽样图与本专利的2~9幅图片不同，并且用2~9幅透光图片替换抽样图也不属于本领域的惯用手段的直接置换。（2）权利要求1中的电动减速器是电机的一种，虽然电机与电动减速器的功能类似，但二者结构不相同，并且用电动减速器替换电机也不是本领域的惯用手段的直接替换。（3）证据1中电机的位置与权利要求2中电动减速器的位置不同，并且用电动减速器位于图案箱内部替换电机位于基座内也不是本领域的惯用手段的直接置换。综上，请求人关于证据1已经公开本专利权利要求1~3的技术方案的理由不能成立。

基于以上事实和理由，本案合议组作出如下审查决定。

三、决定

维持03247653.1号实用新型专利权全部有效。

当事人对本决定不服的，可以根据专利法第46条第2款的规定，自收到本决定之日起三个月内向北京市第一中级人民法院起诉。根据该款的规定，一方当事人起诉后，另一方当事人应当作为第三人参加诉讼。

减毒 HSV-1 基因治疗载体

无效宣告请求审查决定（第 12131 号）

决 定 号	第 12131 号
决 定 日	2008 年 8 月 11 日
发明创造名称	减毒 HSV-1 基因治疗载体
国际分类号	C12N 15/869，C12N 15/11，C12N 15/66，A61K 48/00
无效宣告请求人	北京海瑞祥天生物科技有限公司
专利权人	李小鹏
专 利 号	200410006492.1
优 先 权 日	2004 年 2 月 9 日
申 请 日	2004 年 3 月 10 日
授权公告日	2006 年 11 月 8 日
合议组组长	李金光
主 审 员	魏春宝
参 审 员	郭婷
法 律 依 据	专利法第 26 条第 3 款

决 定 要 点

如果专利涉及的完成发明必须使用的生物材料是公众不能得到的，而专利权人又没有按照专利法实施细则第 25 条的规定对该生物材料进行保藏，那么该专利说明书不符合专利法第 26 条第 3 款的规定。

一、案由

本专利权无效宣告请求案涉及国家知识产权局于 2006 年 11 月 8 日公告授予的、名称为"减毒 HSV-1 基因治疗载体"的第 200410006492.1 号发明专利权（下称本专利），其申请日为 2004 年 3 月 10 日，优先权日为 2004 年 2 月 9 日，专利权人为李小鹏（最初申请人为李晓鹏，2006 年 7 月 14 日变更为北京奥源和力生物技术有限公司，2008 年 7 月 18 日变更为李小鹏）。本专利授权公告的权利要求书如下：

"1. 一种减毒 HSV-1 基因治疗载体的制备方法，步骤如下：从野生型 HSV-1 病毒基因组中，先后删除 ICP34.5，ICP6 及 ICP47 基因，并在原 ICP34.5 的部位插入由 hCMV 的 IE 启动子引导的人类 GM-CSF 基因，并引入 WPRE 片段来增强 GM-CSF 在载体中的表达。

2. 如权利要求 1 所述的减毒 HSV-1 基因治疗载体的制备方法，具体步骤如下：

(1) 从野生型 HSV-1 中删除 ICP34.5 基因，构建 HSV-1ΔICP34.5：

a. 在 BHK 细胞中生长野生型 HSV-1 单纯疱疹病毒，用苯酚提取法提取全长 HSV-1 病毒 DNA；

b. 构建含有 ICP34.5FlankingRegion 的质粒：

将包含有 ICP34.5 基因的 HSV-1DNA 片段插入质粒 pSP72 的 BglII 位点；编码 ICP34.5 基因的 NotI 的片段经由 NotI 限制内切后删除后，得到 pSP72ΔICP34.5 质粒；表达绿色荧光蛋白的标记基因 EGFP 由人类 CMV 病毒的 IE 启动子所控制；共同克隆进 pSP72ΔICP34.5 的 NotI 位点，得到 pSP72ΔICP34.5CMVEGFP 质粒；

c. 构建删除 ICP34.5 基因的 HSV-1 病毒株：

将纯化提取的全长 HSV-1 病毒 DNA 与 pSP72ΔICP34.5hCMVEGFP 共同转染 BHK 细胞；

表达有绿色荧光 EGFP 的病毒斑，即为删除了 ICP34.5 基因的 HSV-1 病毒株；分次提取绿色荧光病毒斑，纯化 HSV-1ΔICP34.5hCMVEGFP 病毒株后，用苯酚提取法，提取该病毒的全长 DNA。

(2) 插入人类 GM-CSF 基因，构建 HSV-1ΔICP34.5/hGMCSFWPRE：

a. 首先设计引物，从人类肺 cDNA 库中 PCR 扩增 hGMCSF 基因：

正引物 CTGAAGCTTATGTGGCTGCAGAATTTA

反引物 TGGCTCGAGTCATTTTTGGACTGGTTT

将 PCR 产品克隆入 pGEM-T 克隆质粒中，得到质粒 pGEMT-hGMCSF；用两个限制性内切酶 HindIII 和 XhoI 一起，从 pGEMT-hGMCSF 中分解出 hGMCSF，将 hGMCSF 克隆入 pSP72ΔICP34.5CMVEGFP 的 HindIII/XhoI 位点中，以 hGMCSF 替换 EGFP 基因，得到新的质粒 pSP72ΔICP34.5CMhGMCSF；

b. 引入 WPRE 片段，WPRE 片段用 PCR 扩增后，插入 pSP72ΔICP34.5CMhGMCSF 的 XhoI 位点，得到质粒 pSP72ΔICP34.5CMhGMCSF/WPRE；

c. 将纯化提取的全长 HSV-1ΔICP34.5hCMVEGFP 病毒 DNA 与质粒 DNApSP72ΔICP34.5hCMhGMCSFWPRE 共同转染 BHK 细胞，不表达绿色荧光的病毒斑表示原病毒中的 EGFP 基因由 hGMSCF 基因经重组而替代，纯化及生长 HSV-1ΔICP34.5hCMhGMCSFWPRE 病毒载体，提取该载体全长 DNA 以备后用。

(3) 删除 ICP6 基因，构建 HSV-1ΔICP34.5GMCSFWPREΔICP6 病毒载体 a. 构建 pΔICP6 质粒：

a. 从 HSV-1 病毒载体中删除 ICP6 基因，ICP6 基因在 HSV-1 基因组中位于 nt86444-89857；

经 PCR 从 HSV-1DNA 中扩增得到上游及下游的 FlankingRegions：上游（U/S）84859-86119；下游（D/S）90960-92579；

将 PCR 扩增所得的上述两个 DNA 片段克隆入 pBlueScript 质粒中，得到 pBSΔICP6 质粒。

b. 在原来已构建的质粒 PGEMT-MMLVEGFP 中：

用两个限制性内切酶 SalI 和 XhoI 分解出 MMLV-EGFP-SPA 片段，插入 pBSΔICP6 的 PstI 位点，即得到 pBSΔICP6EGFP 质粒。

c. 将前面所纯化的 HSV-1ΔICP34.5hGMCSFWPRE 全长病毒的 DNA 与 pBSΔICP6EGFP 质粒 DNA 一起共同转染 BHK 细胞，挑选并纯化表达有绿色荧光的病毒斑，所得到的病毒载体即为 HSV-1ΔICP34.5hGMCSFWPREΔICP6EGFP；生长并提取该载体全长 DNA。

d. 将所纯化的 HSV-1ΔICP34.5hGMCSFWPREΔICP6EGFP 全长病毒 DNA 与 pBSΔICP6 质粒 DNA 一起共同转染 BHK 细胞，不表达绿色荧光的病毒斑即表示原病毒载体中的 EGFP 基因经重组后删除，从而得到病毒载体 HSV-1ΔICP34.5hGMCSFWPREΔICP6，生长并提取该载体全长 DNA。

(4) 删除 ICP47 基因，构建 HSV-1ΔICP34.5GMCSFWPREΔICP6ΔICP47 病毒载体：

a. 构建 ΔICP47 质粒：

经 PCR 从 HSV-1DNA 中扩增得到其上游及下游的 FlankingRegions，上游（U/S）nt145570-146980DNA 片段；

所用正引物为：GCATCGATCTTGTTCTCCGACGCCATC

所用反引物为：GCAAGCTTGCTCCCCCCGACGAGCAGGAAG

下游（D/S）nt143675-145290DNA 片段；

所用正引物为：TCTAGAGGGTTCGATTGGCAATGTTGTCTCCCG

所用反引物为：TTAACGATCGAGTCCCGGGTACGACCATCACCCG

将上述 PCR 所得 ICP47FlankingRegionDNA 片段克隆进 pBlueScript 质粒中：先将上游 DNA 片段，经 HindIII 和 Sal1 水解后，连接到 pBlueScript 质粒的 HindIII 和 Sal1 位点，得 pBS47US；

将下游 DNA 片段克隆进 pGEMT 质粒，用 EcoRI 从其中切下下游 DNA，将其插入 pBS47US 的 SpeI 位点，即得到 pBSΔICP47 质粒。

b. 从前述的 pGEMT-MMLVEGFP 质粒中，用 SalI/xhoI 分解出 MMLV-EGFP-SpaDNA 片段，将其插入 pBSΔICP47 的 BamHI 位点中，即得到 pBSΔICP47EGFP 质粒。

c. 将前面所纯化的 HSV-1ΔICP34.5hGMCSFWPREΔICP6 全长病毒 DNA 与 pBSΔICP47EGFP 质粒 DNA 一起共同转染 BHK 细胞，挑选并纯化表达有绿色荧光的病毒斑，所得到的病毒载体即为 HSV-1ΔICP34.5hGMCSFWPREΔICP6ΔICP47EGFP，生长并提取该载体全长 DNA。

d. 将所纯化提取的 HSV-1ΔICP34.5hGMCSFWPREΔICP6ΔICP47EGFP 全长病毒 DNA 与 pBSΔICP47 质粒 DNA 一起共同转染 BHK 细胞，不表达绿色荧光的病毒斑即表示原病毒载体中的 EGFP 基因经重组后删除，最后得到了最终的病毒载体 HSV-1ΔICP34.5hGMCSFWPREΔICP6ΔICP47，该载体即是减毒 HSV-I 基因治疗载体。

3. 如权利要求 2 所述的减毒 HSV-1 基因治疗载体的制备方法，其中野生型 HSV-1 与 NCBI 中的 ID：NC_001806 的 HSV-1 17+株具有相同的限制性内切酶分解模式。

4. 一种由权利要求 1、2 或 3 的制备方法制备的减毒 HSV-1 基因治疗载体。

5. 一种药物组合物，由权利要求 4 的减毒 HSV-1 基因治疗载体和药物可接受的载体或赋形剂组成。

6. 如权利要求 4 所述的减毒 HSV-1 基因治疗载体在制备基因治疗肿瘤的药物中的应用。"

针对上述专利权，北京海瑞祥天生物科技有限公司（下称请求人）于 2007 年 12 月 24 日向专利复审委员会提出专利无效宣告请求，认为本专利不符合专利法第 26 条第 3 款和专利法实施细则第 13 条第 1 款的规定。请求人同时提交了本专利的授权公告文本、发明专利证书复印件及以下证据：

证据 1：申请号为 01806743.3、公开号为 CN1418255A 的中国发明专利申请公开说明书，申请日为 2001 年 1 月 22 日，公开日为 2003 年 5 月 14 日，申请人为拜奥维克斯有限公司，全文共 18 页；

证据 2：申请号为 01806750.6、授权公告号为 CN1250732C 的中国发明专利说明书，申请日为 2001 年 1 月 22 日，公开日为 2006 年 4 月 12 日，申请人为拜奥维克斯有限公司，全文共 34 页。

请求人认为：(1)(a) 本专利涉及野生型单纯疱疹病毒 I 型（HSV-1），但是本专利说明书没有清楚描述 HSV-1 的制备方法，没有说明产生该病毒的组织、细胞来源，本领域技术人员不花费创造性劳动无法实现本专利请求保护的基于 HSV-1 的技术方案。(b) 本专利保护的减毒基因的肿瘤治疗功效仅通过动物实验方法得出，没有提供生物学试验加以证实；对于请求保护的减毒基因的制药用途及基因治疗用途，说明书没有公开具体的实施方式和效果证明试验；因此，本领域技术人员无法预见所述减毒基因能够产生预期的技术效果。(c) 肿瘤治疗功效试验中列出多种肿瘤细胞，但是没有明确具体使用哪种肿瘤细胞;没有提供细胞的检测分析结果,仅依据肿块的缩小和消失来证明减毒基因的肿瘤治疗功效;因此本专利说明书的实验方法公开不具体。(d)构建HSV-1ΔICP34.5/hGMCSFWPRE,首先需要选择合适来源的基因组DNA构建文库,本专利说明书中没有描述从何种人的何种细胞或组织构建文库,由于不同种、不同个体以及不同组织间存在基因表达差异,本领域技术人员不花费创造性劳动无法确定从何种人的何种组织或细胞中筛选出编码本申请所述的hGMCSF基因。说明书对于如何用HindIII和XhoI从pGEMT-hGMCSF中分解出hGMCSF,如何将hGMCSF克隆入pSP72ΔICP34.5CMVEGFP的HindIII/xhoI位点,没有给出具体的方法和方案,也没有具体描述如何用hGMCSF替换EGFP基因得到新的质粒pSP72ΔICP34.5CMhGMCSF,本专利说明书对于引入WPRE片段表达不充分。因此,本专利说明书没有充分公开权利要求2中的"插入人类GM-CSF基因,构建HSV-1ΔICP34.5/hGMCSFWPRE"步骤。(e)本专利的减毒的基因序列公开不充分,导致相关的制备方法及用途的权利要求在说明书中没有充分公开。综上所述,本专利说明书没有清楚、完整地说明请求保护的技术方案,因而不符合专利法第26条第3款的规定。(2)(a)本专利的核心权利要求是一种减毒HSV-1基因治疗载体,这与证据1的核心权利要求一种疱疹病毒及证据2的核心权利要求HSV-1毒株具有相同的特征,即缺乏功能性ICP34.5编码基因和功能性ICP47编码基因,这在本专利、证据1及证据2的权利要求1中都有相同的表述;(b)根据本专利说明书第3页、证据1说明书第2页及证据2说明书第8页附图简述中的图1、说明书第15页内容可知,本专利所述的基因治疗载体与证据1中的疱疹病毒及证据2中的HSV1毒株的特征完全一致,其核心特征是经过改进、修饰后缺少了ICP6、ICP47及ICP34.5基因;(c)本专利中病毒的另一主要特征是在基因组中插入人类GMCSF基因(见本专利说明书第3页),与证据1中毒株的特征完全一致(见证据1说明书第6页);(d)本专利所述的药物组合物(见本专利说明书第2页)与证据1的权利要求17所述的药物组合物为相同的药物组合物,本专利、证据1及证据2中都有药物组合物的权利要求,此权利要求使基因载体在功能表现形式上具有相同的特征;(e)根据本专利说明书第1页、证据1说明书第3页及证据2第6、7页所述内容,本专利与证据1及证据2的载体在肿瘤治疗中的功能和应用具有相同的特征。因此,本专利与证据1和证据2属于同样的发明创造,不符合专利法实施细则第13条第1款的规定。

经形式审查合格后,专利复审委员会受理了上述请求,于2008年1月28日向双方当事人发出《无效宣告请求受理通知书》,并将《专利权无效宣告请求书》及其附件副本转送给专利权人,要求其在指定的期限内答复,同时成立合议组对本无效宣告请求案进行审理。

专利权人在指定期限内没有针对上述转文进行答复。

2008年4月1日,本案合议组向双方当事人发出《无效宣告请求口头审理通知书》,定于2008年6月4日对本案进行口头审理。

2008年6月4日,口头审理如期进行。双方当事人代理人均参加了口头审理,口头审理过程中认定的事实如下:(1)双方对于对方出庭人员的身份、资格均无异议;对合议组成员无回避请求。(2)请求人明确放弃了证据1。(3)专利权人对证据2的关联性、真实性、合法性和公开性无异议。(4)请求人认为本专利不符合专利法实施细则第13条第1款的规定,因为以下权利要求构成了同样的发明创造:本专利的权利要求1、2分别与证据2的权利要求8;本专利权利要求1、2、3分别与证据2的权利要求11;本专利的权利要求4与证据2的权利要求8;本专利的权利要求5与证据2的权利要求9;本专利的权利要求6与证据2的权利要求10。(5)请求人强调:仅凭本专利说明书中对毒株来源的描述,本领域技术人员无法确定基因来源,无法获得本专利所述的野生型毒株。除了坚持无效宣告请求书中的意见外,还认为:本专利说明书中所主张的"WPRE的引入能使GMCSF表达量提高2~3倍"没有实验数据支持;本专利说明书附图4、6、12中两个插入原件的方向应该是相反的,因此其中一个的方向明显错误；因此本专利说明书没有对权利要求1~6请求保护的技术方案作出清楚完整的说明，不符合专利法第26条第3款的规定。对此，专利权人认为：本专利所述的野生型毒株与17+株具有相同的酶切模式，可以互换，但所制备的基因治疗载体的效果不同；本专利说明书中只记载了WPRE引入使GMCSF表达量提高的实验结果，没有记载具体实验数据；本专利说明书附图4、6和12中存在请求人所述的错误，但是本领域技术人员可以不依赖附图，按照说明书文字部分记载内容实现请求保护的发明。(6) 口头审理时本专利的专利权人变更请求正处于审查阶段，该变更请求为将专利权人由北京奥源和力生物技术有限公司变更为李小鹏，参加口头审理的专利权人北京奥源和力生物技术有限公司代理人李小鹏即为欲变更专利权人李小鹏，李小鹏明确表示其当庭陈述既是现专利权人的意见，也能代表欲变更专利权人的意见，并提交了现专利权人的委托书。

2008年7月18日，国家知识产权局发出《手续合格通知书》，本专利的专利权人被变更为李小鹏。

至此，合议组认为本案事实已经清楚，可以依法作出审查决定。

二、决定的理由

1. 无效宣告请求的理由和范围

根据请求人在口头审理中的确认，合议组确定本无效宣告请求案审理的理由和范围是：（1）本专利权利要求1~6相对于证据2不符合专利法实施细则第13条第1款的规定；（2）本专利说明书没有对权利要求1~6作出清楚完整的说明，不符合专利法第26条第3款的规定。

2. 关于专利法第26条第3款

专利法第26条第3款规定"说明书应当对发明或者实用新型作出清楚、完整的说明，以所属技术领域的技术人员能够实现为准"。

如果专利涉及的完成发明必须使用的生物材料是公众不能得到的，而专利权人又没有按照专利法实施细则第25条的规定对该生物材料进行保藏，那么本专利说明书不符合专利法第26条第3款的规定。

本专利权利要求1~3保护制备减毒HSV-1基因治疗载体的方法，权利要求4保护该方法制备的减毒HSV-1基因治疗载体，权利要求5保护由所述减毒HSV-1基因治疗载体和药物可接受的载体或赋形剂组成的药物组合物，权利要求6保护所述的减毒HSV-1基因治疗载体在制备基因治疗肿瘤的药物中的应用。由此可见，本专利所有权利要求的技术方案均以本专利所述HSV-1基因治疗载体能够制备得到为基础，所述载体是以野生型HSV-1病毒为起始生物材料，经基因重组技术构建而成的。

根据本专利说明书可知，本专利所解决的技术问题和达到的技术效果是：现有技术中的用感染欧美人群的HSV-1病毒株（17+株或F株）开发的HSV-1基因治疗载体对亚洲人群难以产生相同的功效，本专利用首次从中国人患者口腔中分离的HSV-1病毒株，构建了一种新的HSV-1基因治疗载体，该载体对中国（亚洲）人群能够达到最佳的基因治疗效果（参见本专利说明书第1页第1、2段，第5页）。由此可知，本专利首次从中国人患者口腔中所分离的野生型HSV-1病毒株是完成本专利保护发明所必须使用的生物材料。

但是，首先本专利所述的从中国人患者口腔中分离的野生型HSV-1病毒株是专利权人首次分离的，为专利权人所拥有；其次，本领域技术人员都知道，病毒毒株间的基因组普遍存在差异，本领域技术人员按照本专利说明书中分离所述野生型HSV-1病毒株的简单描述"从中国人患者口腔分离"（本专利说明书第1页第16行、第5页第6行），不清楚如何获得所述HSV-1毒株，更不能重复获得用于制备能实现本发明技术效果的基因治疗载体的所述HSV-1毒株。因此，本专利完成发明必须使用的生物材料（专利权人首次分离的野生型HSV-1毒株）是公众不能获得的。专利权人没有按照专利法实施细则第25条的规定进行保藏,在此情况下,本领域技术人员根据本专利说明书记载内容无法完成权利要求1~6的技术方案,无法实现预期的技术效果。因此,本专利说明书不符合专利法第26条第3款的规定,本专利权利要求1~6应予无效。

鉴于以上已经得出本专利全部权利要求1~6应予无效的结论,合议组对请求人提出的其他无效宣告请求理由和证据不再评述。

基于以上事实和理由,本案合议组作出如下审查决定。

三、决定

宣告第200410006492.1号发明专利权全部无效。

当事人对本决定不服的,可以根据专利法第46条第2款的规定,自收到本决定之日起三个月内向北京市第一中级人民法院起诉。根据该款的规定,一方当事人起诉后,另一方当事人应当作为第三人参加诉讼。

北京市第一中级人民法院
行政裁定书

(2009) 一中行初字第 397 号

原告拜奥维克斯有限公司，住所地大不列颠及北爱尔兰联合王国伦敦 EC2V 7QJ，Noble 街，Alder Castle 5 层。法定代表人 Robert COFFIN。委托代理人姜建成，北京北翔知识产权代理有限公司专利代理人。

委托代理人唐铁军，北京北翔知识产权代理有限公司专利代理人。

被告中华人民共和国国家知识产权局专利复审委员会，住所地中华人民共和国北京市海淀区北四环西路 9 号。

法定代表人廖涛，副主任。

委托代理人李金光，中华人民共和国国家知识产权局专利复审委员会审查员。

委托代理人程强，中华人民共和国国家知识产权局专利复审委员会审查员。

第三人李小鹏，男，汉族，1964 年 11 月 5 日出生，住中华人民共和国北京市丰台区大成路 11 号院 6 号楼 2 门 202 号。

委托代理人丁望岳，北京市中鹏律师事务所律师。

委托代理人邹振东，北京市中鹏律师事务所律师。

第三人北京海瑞祥天生物科技有限公司，住所地中华人民共和国北京市海淀区学清路 38 号（B 座）顶 1。

法定代表人王凯，总经理。

委托代理人胡欣荣。

原告拜奥维克斯有限公司诉被告中华人民共和国国家知识产权局专利复审委员会、第三人李小鹏、北京海瑞祥天生物科技有限公司专利无效行政纠纷一案，本院于 2009 年 1 月 12 日受理后，依法组成合议庭进行了审理。在审理过程中，原告拜奥维克斯有限公司于 2009 年 3 月 3 日向本院提出书面申请，请求撤回对被告中华人民共和国国家知识产权局专利复审委员会，第三人李小鹏、北京海瑞祥天生物科技有限公司的起诉。

本院认为，原告的撤诉申请是其真实意思表示，未违反有关法律规定，应予准许。本院依照《中华人民共和国行政诉讼法》第五十一条之规定，裁定如下：

准予拜奥维克斯有限公司撤回对被告中华人民共和国国家知识产权局专利复审委员会，第三人李小鹏、北京海瑞祥天生物科技有限公司的起诉。

案件受理费 100 元，减半收取 50 元，由原告拜奥维克斯有限公司负担（已交纳）。

审　判　长　任　进
代理审判员　邢　军
人民陪审员　牛艳玲
二〇〇九年三月五日
书　记　员　袁　伟

抗疟药新药复方双氢青蒿素

无效宣告请求审查决定（第 12148 号）

决 定 号	第 12148 号
决 定 日	2008 年 8 月 7 日
发明创造名称	抗疟药新药复方双氢青蒿素
国际分类号	A61K 31/335，A61P 33/06
无效宣告请求人	北京华立科泰医药有限责任公司
专利权人	重庆健桥医药开发有限公司
专 利 号	00113134.6
申 请 日	2000 年 8 月 23 日
授权公告日	2004 年 1 月 28 日
合议组组长	周英姿
主 审 员	张晓飞
参 审 员	叶 娟
法 律 依 据	专利法第 33 条、第 26 条第 3 款、第 22 条第 2 款和第 3 款，专利法实施细则第 20 条第 1 款

决 定 要 点

如果修改后的内容可以从原申请公开的信息中直接地、毫无疑义地确定，那么这种修改符合专利法第 33 条的规定。

说明书应当清楚、完整地记载所要解决的技术问题以及解决技术问题的技术方案，还应当写明该技术方案所能够获得的有益技术效果。

权利要求所用术语的含义如果是本领域普通技术人员结合说明书可以清楚理解的，则不应认为该术语的使用导致权利要求请求保护的范围不清楚。

如果与现有技术相比，权利要求要求保护的技术方案存在区别技术特征，使该技术方案与现有技术实质上不同，则该权利要求具备新颖性。

要素省略的发明，是指省去已知产品或者方法中的某一项或多项要素的发明。如果发明省去一项或多项要素后其功能也相应地消失，则该发明不具备创造性。

一、案由

本无效宣告请求案涉及国家知识产权局于 2004 年 1 月 28 日公告授予的、名称为"抗疟药新药复方双氢青蒿素"的第 00113134.6 号发明专利权（下称本专利），其申请日为 2000 年 8 月 23 日，专利权人为重庆健桥医药开发有限公司。本专利授权公告的权利要求书如下：

"1. 一种含双氢青蒿素的复方抗疟新药，其特征在于该药物的活性成分为：

双氢青蒿素　　　　　　　1 份

哌喹或其磷酸盐　　　　　3～7 份

甲氧苄啶　　　　　　　　0～5 份。

2. 如权利要求 1 所述的复方抗疟新药，其特征在于双氢青蒿素可以用青蒿素、青蒿琥酯、蒿甲醚、蒿乙醚替代。

3. 如权利要求 1 所述的复方抗疟新药，其特征在于药物剂型为片剂、胶囊剂、栓剂、颗粒剂及注射剂。"

针对上述专利权，北京华立科泰医药有限责任公司（下称请求人）于 2008 年 1 月 8 日向专利复审委员会提出专利权无效宣告请求，认为本专利说明书不符合专利法第 26 条第 3 款的规定、权利要求 1～3 不符合专利法第 26 条第 4 款、专利法第 33 条、专利法第 22 条第 2 款和第 3 款以及专利法实施细则第 20 条第 1 款的规定。请求人同时提交了本专利授权公告文本及以下证据：

证据 1：公开号为 CN1305810A 的发明专利申请公开说明书（本专利的公开文本），公开日为 2001 年 8 月 1 日，复印件共 5 页；

证据 2：公开号为 CN1237416A 的发明专利申请公开说明书，申请号为 98113233.2，公开日为 1999 年 12 月 8 日，复印件共 4 页。

请求人认为：（1）本专利权利要求 1～3 要求保护一种药物组合物，根据说明书的描述，该药物组合物中的双氢青蒿素能够有效地杀灭抗药性的抗性疟原虫，哌喹能够增效使得疗程缩短，甲氧苄啶能够提高治愈率并降低复燃率，双氢青蒿素还能够延缓另外两种组分的抗药性，其相比现有技术具有治愈率高、杀虫速度快、毒副反应低的特点，但说明书中仅仅记载了该药物组合物的两个具体的药物组合物和一个药物片剂的制备例，而没有记载任何关于该组合物整体的药理药效数据或动物试验、活体实验数据，本领域技术人员根据说明书记载的内容无法得知本专利的组合物是否具备所述技术效果，本专利的说明书公开不充分，不符合专利法第 26 条第 3 款的规定；（2）在本专利说明书公开不充分的前提下，本专利的权利要求 1～3 得不到说明书的支持，另外本专利说明书第 2 页第 17-18 行记载，"……其中主要成分之一哌喹不用其磷酸盐，减少用药量……"，本专利权利要求 1 要求保护的技术方案中其活性成分为"……哌喹或其磷酸盐……"，可见权利要求 1 的技术方案与说明书记载的技术方案相悖，所以权利要求 1 得不到说明书的支持，权利要求 2、3 引用权利要求 1，也得不到说明书的支持，不符合专利法第 26 条第 4 款的规定；（3）申请文本（证据 1）中，权利要求 1 及其从属权利要求是封闭式的组合物技术方案，而在本专利公告文本中，权利要求 1 的表述为"……其特征在于该药物的活性成分为……"，可见这是开放式的组合物限定方式，意味着除了这三种活性组分外，还包括任意其他非活性组分或辅料，该修改无法从原始申请文件中毫无疑义地唯一得出，本专利权利要求 1～3 的修改不符合专利法第 33 条的规定；（4）本专利权利要求 1 要求保护一种药物组合物，其对组合物的限定方式为开放式，实际涵盖了所有包含上述三种活性组分（当甲氧苄啶含量为 0 时为两种活性组分）的药物组合物，证据 2 公开了一种治疗抗药性恶性疟疾的药物组合物，包括四种组分，分别是磷酸哌喹、双氢青蒿素或其同类药、甲氧苄啶、磷酸伯氨喹，这四种组分的配比关系以重量计分别为 25～35 份、2～5 份、6～12 份、1 份，其中磷酸哌喹、双氢青蒿素或其同类药、甲氧苄啶分别取 25 份、5 份、12 份时，三种化合物的重量配比关系为 5：1：2.4，落入本专利权利要求 1 的范围内，因此本专利的权利要求 1 不符合专利法第 22 条第 2 款有关新颖性的规定，权利要求 2、3 也在证据 2 中公开了（参见证据 2 的权利要求 2 以及说明书部分），因此在权利要求 1 不具备新颖性的前提下，本专利的权利要求2、3也不具备新颖性，不符合专利法第22条第2款的规定；（5）本专利权利要求1要求保护一种药物组合物，该药物组合物的活性成分为双氢青蒿素、哌喹或其磷酸盐、甲氧苄啶，其配比关系为1份：3~7份：0~5份，该权利要求对组合物的限定方式为开放式，实际涵盖了所有包含上述三种活性组分（当甲氧苄啶含量为0时为两种活性组分）的药物组合物，证据2公开了一种治疗抗药性恶性疟疾的药物组合物（证据2的权利要求1~3及说明书第1~2页），包括四种组分，分别是磷酸哌喹、双氢青蒿素或其同类药、甲氧苄啶、磷酸伯氨喹，其中磷酸哌喹、双氢青蒿素或其同类药、甲氧苄啶的重量配比与本专利权利要求1的组合物中同样三种活性组分的存在交叉，这是本领域技术人员可以通过常规试验手段和有限次试验得到的，而根据证据2的记载，磷酸伯氨喹只是起到杀灭配子体的作用，本领域技术人员可以理解组合物中不含这一组分时只是丧失了该组分所具有的技术效果，并不对其他三种活性组分的效果有任何影响，本专利权利要求1采用开放式的限定方式，也并未排除该组合物中含有磷酸伯氨喹的技术方案，因此在证据2的基础上，本领域技术人员可以通过本领域的常规技术手段和有限次的试验，得到本专利权利要求1的技术方案并预期其技术效果，本专利权利要求1不符合专利法第22条第3款有关创造性的规定，权利要求2、3的附加技术特征也被证据2公开或者为本领域公知常识，因此在权利要求1不具备创造性的前提下，本专利的权利要求2、3也不具备创造性，不符合专利法第22条第3款的规定；（6）本专利权利要求1仅限定为"……1份……3~7份……0~5份"，但是该权利要求并未明确所述的配比关系的单位，即所述的"份"是重量配比还是摩尔配比等其他任意单位，本领域技术人员无法理解权利要求1要求保护的技术方案是何种配比关系的组合物，其保护范围不清楚，不符合专利法实施细则第20条第1款的规定，同理，引用其的权利要求2、3也不符合专利法实施细则第20条第1款的规定。

经形式审查合格后，专利复审委员会受理了上述请求，于2008年1月8日向双方当事人发出《无效宣告请求受理通知书》，并将《专利权无效宣告请求书》及其附件清单中所列的附件的副本转送给专利权人，要求其在指定的期限内答复，同时成立合议组对本无效宣告请求案进行审理。

专利权人于2008年2月22日提交了意见陈述书和以下反证：

反证1：标题为"关于Artecom、CV8在抗疟治疗中的疗效比较"的对比实验，2002年7月，复印件共2页；

反证2：（2001）渝证字第13470号公证书，2001年12月17日，复印件共3页，以及公证书中提及的标题为"ANTIMALARIAL DRUG COMBINATION THERAPY"的附件，2001年，英文复印件共2页；

反证3：（2001）渝证字第13466号公证书，2001年12月17日，复印件共5页。

依据上述反证，专利权人认为：（1）本发明提供一种多重抗药性恶性疟疾的复方双氢青蒿素的产品技术方案，说明书中记载了该药物组合物的两个具体的药物组合物和一个药物片剂的实施例，公开了产品技术方案的用法用量，也公开了其500多例临床试验结果，同时说明书中也记载了各个活性成分的抗疟组合机理，说明书清楚完整地记载了本专利的产品技术方案，由于三个活性成分的抗疟用途对于本领域技术人员来说是熟知的，至于没有公开具体药理试验证明本发明技术效果并不必然导致本发明技术方案不符合专利法第26条第3款的规定；（2）哌喹常用其磷酸盐用于抗疟是本领域的公知常识，权利要求书中概括为哌喹或其磷酸盐是符合专利法规定的，本专利说明书第2页第17~18行记载"其中主要成分之一哌喹不用其磷酸盐，减少用药量……"，其仅是局限于采用哌喹技术方案与采用磷酸哌喹的技术方案相比较，但这种比较是建立在两种技术方案都能克服现有技术不足的基础之上的，而上述部分的论述是更优选的技术方案，其显然也教导可以采用磷酸哌喹的技术方案，因此权利要求1~3得到说明书的支持，符合专利法第26条第4款的规定；（3）本专利权利要求1~3的限定方式为封闭式，请求人主张其为开放式没有任何依据，因此本专利的修改符合专利法第33条的规定；（4）本专利权利要求1~3为封闭式权利要求，权利要求1要求保护一种药物组合物，其中活性成分为双氢青蒿素、哌喹或其磷酸盐、甲氧苄啶三种，配比关系为1份：3~7份：0~5份，而证据2公开的技术方案为包括磷酸哌喹、双氢青蒿素或其同类药、甲氧苄啶、磷酸伯氨喹四种组分的药物组合物，因此本专利权利要求1~3与证据2公开的技术方案不同，权利要求1~3相对于证据1具备新颖性，符合专利法第22条第2款的规定；（5）本专利的权利要求1与证据2公开的技术方案相比，区别在于前者没有"伯氨喹"组分，本专利要求保护的药物在中国已上市，商品名为Artecom，证据2公开的药物已在越南上市，商品名为CV8，根据反证1~3，两者的对比实验结果证实本发明药物与证据2中的药物相比具有疗效好，疗程短，治疗疟疾复燃率低，毒副作用低的特点，这对本领域技术人员而言不是显而易见的，尤其是伯氨喹的减少使得本发明的复燃率明显低于对照组（证据2中的药物），更不是本领域技术人员不经过创造性劳动就能获知的，因此本专利权利要求1相对于证据2具备创造性，权利要求2、3同样具备创造性，符合专利法第22条第3款的规定；（6）说明书用于解释权利要求，本专利说明书实施例中明确记载了三种活性成分配比关系为重量比，本领域技术人员通过说明书能够理解权利要求1~3要求保护的技术方案是何种配比关系，权利要求1~3符合专利法实施细则第20条第1款的规定；（7）请求人认为本专利说明书记载的产品技术方案公开不充分，同时认为权利要求1~3不具备创造性，其主张在逻辑上自相矛盾。

2008年4月1日，本案合议组将专利权人于2008年2月22日针对本无效宣告请求提交的意见称述书及其附件的副本转给了请求人。2008年5月23日，本案合议组向双方当事人发出《无效宣告请求口头审理通知书》，定于2008年6月18日对本案进行口头审理。

2008年6月18日，双方当事人的均委托代理人参加了本案口头审理。请求人当庭提交了以下证据（编号续前）：

证据3：《药理学》第三版，人民卫生出版社，竺心影主编，1996年9月第3版第11次印刷，封面页、扉页、出版信息页、说明页、第367~374页，复印件共13页；

证据4："双氢青蒿素哌喹治疗无并发症恶性疟的临床随机对照试验"，中国新药与临床杂志，2004年11月，第23卷第11期，第783~785页，复印件共3页；

证据5：重庆市高级人民法院（2002）渝高法民终字第100号民事判决书，2003年3月25日，复印件共22页。

专利权人当庭提交了以下反证（编号续前）：

反证4：丰都制药厂检品名称为"复方双氢青蒿素片（CV8）"的检验记录（一），检验日期为1999年4月3日至2000年4月6日，复印件共81页；

反证5：丰都制药厂检品名称为"复方双氢青蒿素片（CV8）"的检验记录（二），检验日期为2000年4月7日至2000年7月13日，复印件共24页；

反证6：丰都制药厂检品名称为"复方双氢青蒿素片"的检验记录（一），检验日期为1999年4月3日至2000年4月5日，复印件共94页；

反证7：丰都制药厂检品名称为"复方双氢青蒿素片"的检验记录（二），检验日期为2000年4月6日至2000年7月13日，复印件共35页；

反证8：19990401-19990403留样观察数据（Artecom）：表6-1、6-2、6-3和19990401-19990403留样观察数据（CV8）：表6-4、6-5、6-6，复印件共6页；

反证9：重庆市第一中级人民法院（2008）渝一中法民初字第13号民事判决书，第1~22页，复印件共22页。

请求人还当庭提交了证据3的原件、加盖有"中国人民解放军医学图书馆期刊章"原章的证据4，出示了证据5的原件。专利权人当庭提交了反证1~9的原件。合议组当庭向双方当事人转交了对方当庭提交的上述文件的副本，并将双方所提交或出示的证据或反证的原件交给对方核实。

在口头审理过程中，本案合议组对请求人提出的专利权无效宣告请求理由和事实进行了调查，对双方当事人的证据材料进行了质证，并给予了双方当事人充分陈述意见的机会。口头审理中认定的事实如下：

（1）请求人确定的无效理由和范围为：本专利说明书不符合专利法第26条第3款的规定、权利要求1~3不符合专利法第26条第4款、专利法第33条、专利法第22条第2款和第3款以及专利法实施细则第20条第1款；证据使用方式为：专利法第33条使用证据1、专利法第22条第2款使用证据2、专利法第22条第3款使用证据2以及证据2与公知常识的结合；专利权人对请求人使用证据1作为评述权利要求1~3不符合专利法第33条的原始申请文件无异议；

（2）请求人明确其证据4、5是为反对反证1~3而提交的，专利权人主张反证4~7为Artecom和CV8的检验记录，用于佐证反证1中Artecom和CV8的稳定性比较结果，反证8是对反证4~7的内容的总结，反证9为用于证明哌喹常用磷酸盐为公知常识的证据。

（3）专利权人对证据1、2的真实性、合法性和关联性无异议，认为证据3~5超出了举证期限，对证据3~5的真实性、合法性、对证据3、5的公开日期无异议，认为证据4的公开日期在本专利申请日之后，而且其中记载的Artecom和本专利的药物不同，证据4与本专利无关联性。

（4）请求人认为：反证1~8的复印件与原件内容一致，对反证3的译文准确性无异议，但认为反证1的公开日期在本专利申请日之后，对其公开日期有异议，反证1~3的提供者即专利权人，与本案有利害关系，而且根据证据5，Artecom和CV8为同样的产品，因此对反证1~3中内容的真实性有异议，根据证据4，Artecom的组成和本专利权利要求1的药物组成不一致，因此反证1~3与本专利无关联性，反证4~8超出了举证期限，反证4~8的提供者即专利权人，与本案有利害关系，其中并未记载记录主体、检验条件，也未盖有任何公章，因此对反证4~8中内容的真实性有异议，反证4~8记载的药物与本专利的不同，因此反证4~8与本专利无关联性，反证9中的一方当事人即请求人，其并未收到该反证，因此认为反证9不是生效的判决。

合议组分别给予双方当事人7天的答复期限，就口头审理过程中双方当事人当庭提交的证据和意见可以补充书面意见，并告知双方当事人对口头审理后当事人提交的新的证据材料，合议组不予考虑。

2008年6月25日，请求人提交了意见称述书，请求人认为：（1）证据3为公知常识类证据，同时该证据是请求人在口头审理辩论终结前提交的，证据4和证据5均是请求人针对专利权人提交的反证的反证，因此证据3~5的提交并未超出举证期限。（2）专利权人当庭提交的反证4~9均不是公知常识性证据，也不是用于完善证据法定形式的公证书、原件等证据，反证4~8均为专利权人本单位内部的检验记录及其相应的说明性资料，没有任何证据表明也不应当存在无法克服的困难使得在审查指南所规定的期限内不能提交，同时专利权人也未在所述期限内书面请求延期提交反证4~9，因此反证4~9的提交超出了举证期限。（3）根据反证1的提供者及其相互矛盾的内容以及反证4~8的提供者、其形成原因和方式及其内容，请求人对反证1、4~8的真实性有异议。（4）反证9是一份尚未生效的一审判决，其所认定的事实并不能当然地被推定为真实，请求人对反证9的真实性有异议。（5）反证1中进行药效比较的商品名Artecom和CV8所指代的药物以及反证2~3中所提及的药物Artecom和CV8均不能直接对应于本专利权利要求1~3及证据2中的药物，与本专利无关联性。（6）反证4~8中记载的药物无法对应于本专利权利要求1~3及证据2中的药物，反证4~8与本专利无关联性。(7) 反证1、4~9均不属于对公众公开性质的文件，且其落款时间均在本专利的申请日之后，反证2~3所附的英文网页资料的公开日期在本专利的申请日之后。(8) 权利要求1的保护范围为双氢青蒿素、哌喹或其磷酸盐、甲氧苄啶三种活性组分（当甲氧苄啶的含量为0时为两种活性组分）与任意的非活性成分所组成的药物组合物，证据2公开的药物组合物包括如下四种组分：磷酸哌喹、双氢青蒿素或其同类药、甲氧苄啶和磷酸伯氨喹，其配比关系是：以重量计，分别为25~35份、2~5份、6~12份、1份（证据2的权利要求1及说明书第1页第12~21行）。其中磷酸伯氨喹的作用是"杀灭配子体，清除传染源和阻断传播"，其对于恶性疟原虫的红细胞内期完全无效，不能作为控制症状用药使用，这是所属技术领域内的公知常识（参见证据3第372页第1~3段），由此可见，磷酸伯氨喹这一成分并不是权利要求1抗疟药物组合物具有治疗作用的活性成分，因此当该证据2的磷酸哌喹、双氢青蒿素或其同类药、甲氧苄啶分别取25份、5份和12份时，这种组合物的组成和配比均完全落入了本专利权利要求1要求保护的范围之内，并且证据2与本专利所公开的组合物解决相同的技术问题，因此本专利权利要求1相对于证据2不具备新颖性。从属权利要求2和3的附加技术特征也均已被证据2公开（参见证据2的权利要求2以及说明书的相关部分），因此，当其引用的权利要求1不具备新颖性时，从属权利要求2和3相对于证据2也不具备新颖性。(9) 基于权利要求1~3相对于证据2不具备新颖性，因此，该权利要求1~3显然也不具备创造性，所属领域技术人员公知磷酸伯氨喹仅具有杀灭作为传播途径的配子体的作用，本领域技术人员为了避免伯氨喹的严重不良反应，又不影响其控制症状的基本药效，在证据2公开的技术方案的基础上，去除伯氨喹成分，从而得出本专利权利要求1保护的技术方案是显而易见的，本专利说明书没有记载任何数据表明去除该成分后其仍然还能保持证据2组合物原有的全部功能，或产生其他任何预料不到的技术效果，因此本专利权利要求1相对于证据2以及证据2和公知常识的结合不具备创造性；基于此，权利要求2和3相对于证据2或者证据2与公知常识的结合也不具备专利法第22条第3款规定的创造性。

专利权人于2008年6月25日提交了意见陈述书。除了与专利权人于2008年2月22日提交的意见陈述书及口头审理中一致的内容外，专利权人还认为：(1) 证据4的公开时间在本专利申请日之后，且不能证明其记载的Artecom与证据2的CV8等效，因此证据4与本专利无关联性，证据5的判决时间在本专利申请日之后，与本专利也无关联性。(2) 证据4的Artecom组成中双氢青蒿素与磷酸哌喹分别为40mg和320mg，而哌喹占磷酸哌喹的分子量为53.58%，因此双氢青蒿素和哌喹的配比为1:4.2864，落入本专利权利要求的范围内，证据4为广州健桥医药研究所提供，不能确定与本专利专利权人所用的Artecom为同一药品；证据5中认定的Artecom为专利申请号98113223.2所记载的技术，同越南商品"疟疾片CV8"为同一技术的事实仅反映了在技术开发阶段对技术的标号，以本专利记载的药品在中国上市后取名为Artecom，从而认定此Artecom即为CV8没有道理，证据4、5不能用于证明反证1~3与本专利无关联性；反证1为Artecom与CV8的疗效比较试验，其中记载了Artecom和CV8的有效成分组成，反证2、3证明了在中国上市的Artecom与CV8的有效成分组成，反证4~7为Artecom与CV8药物制剂稳定性的原始检测数据，该数据中记载有具体的时间及检测人员，真实可信，因此反证4~8形成完整的证据链，合法有效。(3) 本专利说明书中记载了该药物组合物的两个具体的药物组合物和一个药物片剂的实施例，公开了产品技术方案的用法用量，也公开了其500多例临床试验结果，同时也记载了各个活性成分的抗疟组合机理，由于三个活性成分的抗疟用途对于本领域技术人员来说是熟知的，因此本专利说明书符合专利法第26条第3款的规定。(4) 哌喹常用其磷酸盐用于抗疟是本领域的公知常识，本专利说明书第2页第17~18行记载"其中主要成分之一哌喹不用其磷酸盐，减少用药量……"的内容是更优选的技术方案，权利要求书和说明书应当作为一个整体理解，权利要求1说明说明书的上述内容应该理解为更优选的技术方案，因此权利要求1~3得到说明书的支持,符合专利法第26条第4款的规定。(5)"……活性成分为……"与"以……原料制成"为相同性质的限定方式,对于药物组合物来说,两者都还包括本领域普通技术人员实现制备药物须加入的常规药物辅料及常规制剂方法,两者的活性成分均为双氢青蒿素、哌喹或其磷酸盐、甲氧苄啶,将"以……原料制成"改成"……活性成分为……"未扩展权利要求的范围,原料和活性成分的表述均是相对于常规药物辅料而言的,因此权利要求1~3的修改符合专利法第33条的规定。(6)请求人认为的"磷酸伯氨喹用于杀灭疟疾配子体,并非抗疟疾的治疗活性成分,并不在本专利权利要求中限定的活性成分之内"、"疟疾复燃与配子体无关"无证据支持,也与事实不符,因此证据2中公开的为四种活性组分的药物组合物,本专利权利要求1~3要求保护的为三种活性组分的药物组合物,其相对于证据2具备专利法第22条第2款规定的新颖性。(7)本专利的权利要求1与证据2公开的技术方案相比,区别在于本专利没有"伯氨喹"组分,根据反证1~3,两者的对比实验结果证实本发明药物与证据2中的药物相比具有疗效好,疗程短,治疗疟疾复燃率低,毒副作用低的特点,双氢青蒿素、哌喹或其磷酸盐、甲氧苄啶以及伯氨喹都具有毒副作用,减少哪些组分对本领域技术人员而言不是显而易见的,尤其是伯氨喹的减少使得本发明的复燃率明显低于对照组(证据2中的药物),更不是本领域技术人员不经过创造性劳动就能获知的,另外,反证1、4~8证明本专利的药物组合物比证据2中的药物组合物稳定性好,因此本专利权利要求1相对于证据2具备创造性,权利要求2、3同样具备创造性,符合专利法第22条第3款的规定。

专利权人于2008年6月26日再次提交意见称述书和以下反证:

反证10:《现代实用临床药理学》,华夏出版社,1997年5月第1次印刷,封面页、出版信息页、第989、990、1036、1037页,复印件共6页;

反证11:《临床实用药物手册》,第二版,江苏科学技术出版社,封面页、前言页、第100页,复印件共3页。

专利权人认为:根据反证10、11,双氢青蒿素、哌喹或其磷酸盐、甲氧苄啶和伯氨喹与其他化学药一样都具有毒副作用为化学领域众所周知的事实。

至此,合议组认为本案事实已经清楚,可以依法作出审查决定。

二、决定的理由

1. 关于证据

(1)关于专利权人提交的证据。

①反证1是专利权人提供的标题为"关于Artecom、CV8在抗疟治疗中的疗效比较"的对比实验,反证2、3用于证实反证1中提及的Artecom和CV8的组分。专利权人认为反证1~3可证明Artecom和CV8分别与本专利和证据2的药物组合物相同,并证明本专利的药物组合物比证据2的效果更好。

合议组认为:本领域公知每一种药物活性成分的性质、功效和适应症有所不同,因此在药物组合物中包括多种活性成分时,各成分之间的配比不同会造成所得到的药物组合物在理化性质、功效和/或适应症上存在区别。虽然反证1~3中记载了Artecom和CV8的组成分别为双氢青蒿素、哌喹、甲氧苄啶和双氢青蒿素、哌喹、甲氧苄啶和磷酸伯氨喹,但未记载各组分之间的配比,而本专利要求保护的药物组合物以及证据2中公开的药物组合物均对各组分及其配比进行了限定,且本专利和证据2中均未记载所述抗疟药物是Artecom或CV8的信息,在没有其他佐证证明反证1~3中的Artecom和CV8其各组分配比分别与本专利和证据2的药物组合物中各组分的配比一致或落入其中时,反证1~3中的Artecom和CV8与本专利和证据2中的药物组合物无法直接对应,反证1中关于Artecom与CV8的疗效比较结果也就无法用于说明本专利与证据2中的药物组合物之间疗效的差别,因此反证

1~3与本专利和证据2均无关联性,合议组对其不予考虑。

②对于专利权人于2008年6月18日口头审理期间提交的反证4~9。首先,其均不属于公知常识性证据,也不属于用于完善证据法定形式的公证书、原件等证据,并且其提交时间在专利复审委员会于2008年1月8日发出的《无效宣告请求受理通知书》中规定的一个月答复期之后,超出了审查指南第四部分第三章第4.3.2节规定的举证期限;其次,反证4~8均用于佐证反证1中Artecom和CV8的稳定性比较结果,但反证4~8中提及的复方双氢青蒿素片、复方双氢青蒿素片(CV8)和Artecom与本专利和证据2中的药物组合物无法直接完全对应,反证4~8与本专利无关联性;根据专利权人的意见陈述,反证9为用于证明哌喹常用磷酸盐为公知常识的证据,但其公开日为2008年5月26日,在本申请申请日之后,且其为法院判决,并不属于记载公知常识的技术词典、技术手册和教科书等载体形式,因此反证9不属于公知常识性证据,综上,合议组对反证4~9不予考虑。

③对于反证10、11,由于在2008年6月18日口头审理结束时合议组已经告知双方当事人,对口头审理后双方当事人提交的新证据不予考虑,因此反证10、11不是在专利复审委员会指定的答复期限内提交的证据,超出了审查指南第四部分第三章第4.3.2节规定的举证期限,合议组对反证10、11不予考虑。

(2) 关于请求人提交的证据。

①对于请求人在提出无效宣告请求时提交的证据1、2,专利权人对其真实性、合法性和关联性无异议,合议组对证据1、2的真实性、合法性和关联性予以确认;

②证据3是教科书《药理学》,为公知常识性证据,且为在专利复审委员会指定的期限内针对反证1~3提交的,请求人在该期限内结合该证据3具体说明了相关无效宣告理由,因此其符合审查指南第四部分第三章第4.3节关于举证期限的规定,专利权人对证据3的真实性、合法性和公开日期无异议,合议组对证据3予以考虑;

③请求人主张用证据4、5用于反驳反证2、3,鉴于合议组对反证2、3不予考虑,合议组对证据4、5不再作出评述。

2. 无效宣告请求的理由和范围

本案中,请求人确认本专利无效宣告请求的理由及其范围是:本专利说明书不符合专利法第26条第3款的规定、权利要求1~3不符合专利法第26条第4款、专利法第33条、专利法第22条第2款和第3款以及专利法实施细则第20条第1款。证据使用方式为:专利法第33条使用证据1、专利法第22条第2款使用证据2、专利法第22条第3款使用证据2以及证据2与公知常识的结合。

3. 关于专利法第33条

专利法第33条规定,申请人可以对其专利申请文件进行修改,但是,对发明和实用新型专利申请文件的修改不得超出原说明书和权利要求书记载的范围。

如果修改后的内容可以从原申请公开的信息中直接地、毫无疑义地确定,那么这种修改符合专利法第33条的规定。

请求人认为:证据1中,权利要求1中的"……其特征是:它是以下述重量(份)配比的原料制成的药剂……"为封闭式的限定方式,而在本专利公告文本中,权利要求1的上述表述修改为"……其特征在于该药物的活性成分为……",这是开放式的限定方式,表明除了这三种活性组分外还包括任意其他非活性组分或辅料,该修改在本专利原说明书和权利要求书中并无记载,也无法根据原始说明书和权利要求书记载的内容直接地、毫无疑义地唯一得出,权利要求2、3存在同样的缺陷,本专利权利要求1~3的修改不符合专利法第33条的规定。

对此,合议组认为:证据1和本专利公告文本的说明书相同,在说明书第1页第5段记载了本发明药物"它是以下述重量（份）配比的原料制成的药剂：双氢青蒿素或其同类药物1份，哌喹3~7份，甲氧苄啶0~5份"，第2页倒数第2段至第3页的制备例中记载了"……然后按处方量准确称取原料及辅料"。可见，本发明药物既包括原料也包括辅料，结合证据1权利要求书记载的技术方案，所述原料指"双氢青蒿素或其同类药物、哌喹或其磷酸盐和甲氧苄啶"，根据说明书中对本发明配方原理的描述可知，其也即药物活性成分，因此，本专利公开文本和公告文本中的技术方案虽然表现形式不同，但其要求保护的药物组成上均包括药物活性成分和辅料，根据原说明书记载的内容能够直接地、毫无疑义地得到本专利权利要求1的技术方案，因此本专利权利要求1的修改符合专利法第33条的规定，从属权利要求2、3的修改也符合专利法第33条的规定。

4. 关于专利法实施细则第20条第1款

专利法实施细则第20条第1款规定，权利要求书应当说明发明或者实用新型的技术特征，清楚、简要地表述请求保护的范围。

根据该款规定，权利要求所用术语的含义如果是本领域普通技术人员结合说明书可以理解清楚的，则不应认为该术语的使用导致权利要求请求保护的范围不清楚。

请求人认为：本专利权利要求1中没有明确限定所用术语"份"的含义，即没有明确所述的"份"是重量配比还是摩尔配比等其他任意单位，本领域技术人员无法准确地理解权利要求1要求保护的技术方案是基于何种配比关系的组合物，权利要求1未清楚地表述保护的范围，不符合专利法实施细则第20条第1款的规定。同样，权利要求1的从属权利要求2~3也不符合专利法实施细则第20条第1款的规定。

对此，合议组认为：对于本专利的权利要求1，首先，其主题名称是含双氢青蒿素的复方抗疟新药，是产品权利要求，并采用产品的组成特征来限定，因此权利要求1的类型是清楚的；其次，说明书可以用来解释权利要求书，对于权利要求1中的术语"份"，根据说明书第1页第5段、第2页第2、3段以及第2页最后一行至第3页记载的内容，本领域普通技术人员结合上下文能够理解其含义为"重量份"，因此该术语的含义是清楚的，使用该术语的权利要求1限定的保护内容的范围清楚。综上所述，权利要求1的保护范围清楚，符合专利法实施细则第20条第1款的规定。同样，从属权利要求2、3的保护范围也清楚，符合专利法实施细则第20条第1款的规定。

5. 关于专利法第26条第3款

专利法第26条第3款规定，说明书应当对发明或者实用新型作出清楚、完整的说明，以所属技术领域的技术人员能够实现为准。

根据该款规定，说明书应当清楚、完整地记载所要解决的技术问题以及解决技术问题的技术方案，还应当写明该技术方案所能够获得的有益技术效果。

根据本专利说明书的描述，本发明的目的为提供一种速效、高效、低毒、疗程短的抗疟药物，其通过本专利权利要求1所要求保护的技术方案实现。说明书第1页第5段、第2页第2、3段、最后一段至第3页记载了所述药物的组成、各活性成分的配比以及片剂的制备方法，并在第2页第1段记载了各组分的药理学机理，即"双氢青蒿素具有速效、低毒，可迅速大量杀灭抗药性恶性疟原虫，但若不连续服药7天，则复发率高；哌喹具有长效特点，可使疗程缩短为2天；可补双氢青蒿素之不足；甲氧苄啶是一种增效剂，有助于提高治愈率降低复燃率。双氢青蒿素又可延缓哌喹和甲氧苄啶抗药性的出现"。本领域技术人员公知，青蒿素及其衍生物如蒿甲醚、青蒿琥酯、双氢青蒿素为高效、速效、低毒的抗疟药物，对疟原虫无性体有强的杀灭作用，能迅速控制症状和杀灭疟原虫，哌喹也可用于疟疾的治疗，甲氧苄啶为常用的增效剂，因此，根据本专利说明书以及现有技术的内容，本领域技术人员可以预见到双氢青蒿素、哌喹和甲氧苄啶组合后得到的药物组合物能够具有速效、高效、低毒、疗程短的抗疟有益效果，因此说明书已经对发明效果作出了清楚的说明，另外证据2中公开了一种由磷酸哌喹、双氢青蒿素或其同类物、甲氧苄啶和磷酸伯氨喹组成的抗疟药物（证据2的权利要求1），其说明书第1页最后一段至第2页第一段记载的内容佐证了双氢青蒿素、哌喹和甲氧苄啶组合成的药物组合物能够用于治疗疟疾。综上所述，本专利说明书已经对发明作出了清楚、完整的说明，所属技术领域的技术人员根据说明书记载的内容及现有技术能够实现本发明，因此请求人主张本专利不符合专利法第26条第3款的规定的无效理由不能成立。

6. 关于专利法第22条第2款

专利法第22条第2款规定：新颖性，是指在申请日以前没有同样的发明或者实用新型在国内外出版物上公开发表过、在国内公开使用过或者以其他方式为公众所知，也没有同样的发明或者实用新型由他人向专利局提出过申请并且记载在申请日以后（含申请日）公布的专利申请文件中。

根据该规定，如果与现有技术相比，权利要求要求保护的技术方案存在区别技术特征，使该技术方案与现有技术实质上不同，则该权利要求具备新颖性。

本专利权利要求1为"一种含双氢青蒿素的复方抗疟新药，其特征在于该药物的活性成分为：双氢青蒿素1份、哌喹或其磷酸盐3~7份、甲氧苄啶0~5份"。

证据2公开了一种治疗抗药性恶性疟疾的药物组合物，该组合物包括如下四种组分：磷酸哌喹、双氢青蒿素或其同类药、甲氧苄啶和磷酸伯氨喹，这四种组分的配比关系是：以重量计，分别为25~35份、2~5份、6~12份、1份（证据2的权利要求1及说明书第1页第12~21行）。权利要求1的配比与证据2的配比范围重叠，例如，当证据2的药物组合物中磷酸哌喹、双氢青蒿素或其同类药、甲氧苄啶分别取25份、5份和12份时，所述配比落入本专利权利要求1的配比范围之内，因此，本专利权利要求1的药物与证据2的药物组合物的区别在于前者不含有磷酸伯氨喹，根据本领域公知常识，磷酸伯氨喹可用于疟疾的防治，属于证据2公开的抗疟药物组合物中的药物活性成分，因此本专利权利要求1与证据2公开的药物组合物之间存在区别技术特征，权利要求1相对于证据2具有新颖性，符合专利法第22条第2款的规定。

7. 关于专利法第22条第3款

专利法第22条第3款规定，创造性，是指同申请日以前已有的技术相比，该发明有突出的实质性特点和显著的进步，该实用新型有实质性特点和进步。

要素省略的发明，是指省去已知产品或者方法中的某一项或多项要素的发明。如果发明省去一项或多项要素后其功能也相应地消失，则该发明不具备创造性。

如前述，权利要求1与证据2公开的药物组合物的区别技术特征在于前者不含有磷酸伯氨喹。

对于该区别技术特征，证据2说明书第2页第1段中记载了"磷酸伯氨喹主要用于杀灭配子体，清除传染源和阻断传播"。而根据本领域的公知常识，磷酸伯氨喹主要用于防止疟疾复发和传播，不能控制症状，并且具有较其他抗疟药物更为严重的不良反应（参见证据3第371~372页），而对于其他三种成分，哌喹和双氢青蒿素均可用于快速高效地控制恶性疟疾的症状，且哌喹不良反应较少，青蒿素毒性极小（参见证据3第369~370页），甲氧苄啶主要起着增效剂的作用，避免抗药性的产生，不良反应也较少，本领域技术人员根据证据2说明书的记载以及公知常识，为了避免伯氨喹的严重不良反应，在证据2公开的技术方案的基础上，去除伯氨喹成分，从而得出本专利权利要求1保护的技术方案是显而易见的。对于本专利权利要求1的技术方案的技术效果，首先，说明书中并无任何证据表明权利要求1的药物还具有伯氨喹的"杀灭配子体和阻断疟疾传播"的效果，即所述药物去除磷酸伯氨喹后其功能也相应地消失了；其次，对于本专利说明书第3页第5~6行"通过500多例临床实验证明本药具有速效、高效、低毒、疗程短的特点，其疗效明显优于目前国内外的同类药"的记载，其中就"速效、高效、低毒、疗程短的特点"而言，证据2的说明书第1页倒数第2行至第2页第2行记载了"磷酸哌喹具有长效特点，可使疗程缩短为2天；双氢青蒿素具有速效低毒，可使大量杀灭抗性恶性疟原虫以补哌喹之不足；甲氧苄啶是一种增效剂，有助于提高治愈率降低复燃率"，这同样也是本领域对这三种已知药物药效和特点的常规认识（参见上述（五）关于专利法第26条第3款中的评述），因此根据证据2公开的内容或本领域的公知常识，完全可以预测本专利权利要求1的药物具有上述特点，而对于"其疗效明显优于目前国内外的同类药"以及说明书第2页第15~16行记载的"研究结果证明其对恶性疟的疗效优于现有的任何抗疟药"，这些只是泛泛的描述，说明书中并没有给出比较用药前后具体的指标或者体症改变情况，也没有给出比较用药后具有统计学意义的实验室试验或者临床试验的病例治疗效果数据，因此其只是对本发明药物组合物疗效比较的的一种断言，基于说明书所公开的内容及申请日前的公知常识，本领域技术人员并不能认为本发明具有所述的有益效果。综上，本领域技术人员在证据2公开的内容基础上，结合公知常识得到本专利权利要求1保护的技术方案是显而易见的，本专利说明书中也没有记载任何数据表明去除磷酸伯氨喹后其仍然还具有原有功能或能产生其他任何预料不到的技术效果，因此本专利权利要求1相对于证据2和公知常识的结合不具备突出的实质性特点，不具备专利法第22条第3款规定的创造性。

权利要求2和权利要求3分别直接引用权利要求1，其附加技术特征分别为"其特征在于双氢青蒿素可以用青蒿素、青蒿琥酯、蒿甲醚、蒿乙醚替代"和"药物剂型为片剂、胶囊剂、栓剂、颗粒剂及注射剂"。而证据2中公开了"双氢青蒿素的同类药是指青蒿素、青蒿琥酯、蒿甲醚或青蒿素的其他衍生物"（证据2的权利要求2、说明书第1页第6段），并公开了复方哌喹片片剂的制备过程（证据2的说明书第2页第2段），而其他剂型也为制备抗疟药物时的常见剂型或是制药领域中的常规剂型，说明书中也没有证据表明采用上述剂型产生了预料不到的技术效果，因此，当其引用的权利要求1相对于证据2和公知常识的结合不具备创造性时，权利要求2和3相对于证据2与公知常识的结合也不具备专利法第22条第3款规定的创造性。

根据以上事实和理由，本专利权利要求1~3相对于证据2与公知常识的结合缺乏创造性而应予以无效，鉴于此，合议组对于请求人主张的本专利权利要求1~3不具备专利法第26条第4款的无效宣告理由以及单独使用证据2主张本专利权利要求1~3不具备创造性的无效宣告理由不再进行评述。

基于以上事实和理由，本案合议组作出如下审查决定。

三、决定

宣告第00113134.6号发明专利权全部无效。

当事人对本决定不服的，可以根据专利法第46条第2款的规定，自收到本决定之日起三个月内向北京市第一中级人民法院起诉。根据该款的规定，一方当事人起诉后，另一方当事人应当作为第三人参加诉讼。

北京市第一中级人民法院
行政判决书

(2008) 一中行初字第 1755 号

原告重庆健桥医药开发有限公司，住所地重庆市渝中区太坪正街 129 号 19 楼。

法定代表人胡晓，董事长。

委托代理人张韬，女，北京太兆天元知识产权代理有限责任公司专利代理人。

委托代理人刘伟，男，北京太兆天元知识产权代理有限责任公司专利代理人。

被告国家知识产权局专利复审委员会，住所地北京市海淀区北四环西路 9 号银谷大厦 10～12 层。

法定代表人廖涛，副主任。

委托代理人张晓飞，男，国家知识产权局专利复审委员审查员。

委托代理人郭鹏鹏，男，国家知识产权局专利复审委员审查员。

第三人北京华立科泰医药有限责任公司，住所地北京市海淀区闵庄路 3 号清华科技园玉泉慧谷 24 号楼 2 层。

法定代表人逯春明，董事长。

委托代理人曹津燕，女，北京泛华伟业知识产权代理有限公司专利代理人。

委托代理人刘丹妮，女，北京泛华伟业知识产权代理有限公司专利代理人。

原告重庆健桥医药开发有限公司不服被告国家知识产权局专利复审委员会作出的第 12148 号无效宣告请求审查决定（下称被诉决定），向本院提起行政诉讼。本院于 2008 年 11 月 11 日受理后，依法组成合议庭，依照《中华人民共和国《专利法》（下称《专利法》）第四十六条第二款、《中华人民共和国行政诉讼法》第二十七条的规定，通知利害关系人北京华立科泰医药有限责任公司作为本案第三人参加诉讼，并于同年 12 月 15 日公开开庭审理了本案。原告的委托代理人张韬、刘伟，被告的委托代理人张晓飞、郭鹏鹏，第三人的委托代理人曹津燕、刘丹妮到庭参加了诉讼。本案现已审理终结。

被告针对第三人提出的无效宣告请求，于 2008 年 8 月 7 日作出被诉决定，其宣告国家知识产权局于 2004 年 1 月 28 日公告授予的、名称为"抗疟药新药复方双氢青蒿素"的第 00113134.6 号发明专利权（下称本专利）全部无效。

为证明被诉决定审查程序合法、认定事实清楚、适用法律正确，被告在法定举证期限内向本院提交了以下证据：

1. 本专利申请公开说明书复印件；

2. 公开号为 CN1237416A、申请号为 98113233.2 的中国发明专利申请公开说明书复印件共 4 页（即被诉决定中的证据 2，下称证据 2）；

3. 《药理学》第三版，人民卫生出版社，竺心影主编，1996 年 9 月第 3 版第 11 次印刷，封面页、扉页、出版信息页、说明页、第 367～374 页，复印件共 13 页（即被诉决定中的证据 3，下称证据 3）；

4. 本专利授权公告文本；

5. 本专利无效宣告请求的口头审理记录表，复印件共 13 页；

6. 标题为"关于 Artecom、CV8 在抗疟治疗中的疗效比较"的对比实验，2002 年 7 月，复印件共 2 页（即被诉决定中的反证 1）；

7. (2001) 渝证字第 13470 号公证书，2001 年 12 月 17 日，复印件共 3 页，以及公证书中提及的标题为 "ANTIMALARIAL DRUG COMBINATION THERAPY" 的附件，2001 年，英文复印件共 2 页（即被诉决定中的反证 2）；

8. (2001) 渝证字第 13466 号公证书，2001 年 12 月 17 日，复印件共 5 页（即被诉决定中的反证 3）；

9. 丰都制药厂检品名称为"复方双氢青蒿素片（CV8）"的检验记录（一），检验日期为 1999 年 4 月 3 日至 2000 年 4 月 6 日，复印件共 81 页（即被诉决定中的反证 4）；

10. 丰都制药厂检品名称为"复方双氢青蒿素片（CV8）"的检验记录（二），检验日期为 2000 年 4 月 7 日至 2000 年 7 月 13 日，复印件共 24 页（即被诉决定中的反证 5）；

11. 丰都制药厂检品名称为"复方双氢青蒿素片"的检验记录（一），检验日期为 1999 年 4 月 3 日至 2000 年 4 月 5 日，复印件共 94 页（即被诉决定中的反证 6）；

12. 丰都制药厂检品名称为"复方双氢青蒿素片"的检验记录（二），检验日期为 2000 年 4 月 6 日至同年 7 月 13 日，复印件共 35 页（即被诉决定中的反证 7）；

13. 19990401-19990403 留样观察数据（Artecom）：表 6-1、6-2、6-3 和 19990401-19990403 留样观察数据（CV8）：表 6-4、6-5、6-6，复印件共 6 页（即被诉决定中的反证 8）。

原告诉称：1. 被诉决定宣告本专利权利要求 1 的两组分技术方案无效没有事实依据，本专利权利要求 1 为甲氧苄啶的比例取 0 值和不取 0 值两种情况的技术方案，其中甲氧苄啶为 0 时的方案在说明书中记载为最佳方案，但被诉决定并没有给出本专利权利要求 1 甲氧苄啶为 0 时的技术方案不具备创造性的事实依据。2. 被诉决定认定"权利要求 1 与证据 2 公开的药物组合物的区别技术特征在于前者不含有磷酸伯氯喹"的事实错误。当甲氧苄啶为 0 时，权利要求 1 与证据 2 的区别技术特征在于前者不含有磷酸伯氯喹也不含有甲氧苄啶。3. 被诉决定宣告权利要求 1 的三组分技术方案无效缺乏事实依据。首先，被诉决定认为该权利要求相比较证据 2 为要素省略的发明，缺乏事实依据。第二，被诉决定对于涉案权利要求 1 中三组份技术方案的技术效果事实视而不见。其一，本专利说明书记载了三组份方案的药理学机理"双氢青蒿素具有速效、低毒，可迅速大量杀灭抗药性恶性疟原虫，但若不连续服药 7 天，则复发率高；哌喹具有长效特点，可使疗程缩短 2 天；可补双氢青蒿素之不足，甲氧苄啶是一种增效剂，有助于提高治愈率降低复燃率。双氢青蒿素可延缓哌喹和甲氧苄啶抗药性的出现"。相比较证据 2 从一个方面阐释了权利要求 1 相比较现有技术取得实质性特点的机理。被诉决定在创造性中对此却视而不见。其二，本专利说明书记载了"本发明药物经过药效学、毒理学、一般药理试验和临床研究以及制备工艺、质量检测及稳定性考察等研究，并在我国海南省和越南、泰国、柬埔寨抗药性疟疾流行地区，对恶性疟的疗效进行试验。研究结果证明其对恶性疟的疗效优于现有的任何抗疟药，可用于治疗恶性疟，间日疟和其他类型疟疾，是迄今为此世界上对恶性疟具有治愈率高，杀虫速度快且；毒副反应低，安全性大，工艺简单，成熟，稳定性好的新药。"上述效果不仅包括药效方面，同时在药学上也取得了进步，具有"工艺简单，成熟，稳定性好"的药学特点，被诉决定忽视了该重要事实。其三，本专利药物的具体实施方式中记载了三组份服用剂量为成人用量为 2 天，疗程总量 4 片，即 0 小时，8 小时，24 小时和 32 小时，每次服 1 片。而被诉决定的证据 2 中具体实施部分公开的事实为："本专利的复方哌喹片成人用量为 2 天，疗程总量 8 片；即 0 小时，8 小时，24 小时和 32 小时，每次服 2 片。"从疗程来看，两者是等效的，被告忽视了该事实。第三，被诉决定对事实的认定采取双重标准，本专利说明书第 2 页第 1 段中记载的"哌喹具有长效特点，可使疗程缩短 2 天；双氢青蒿素具有速效低毒，甲氧苄啶是一种增效剂……"，虽然没有任何实验依据，却被采信。但是对于说明书中描述本专利"其疗效明显优于目前国内外的同类药"以及说明书第2页第15~16行记载的"研究结果证明其对恶性疟的疗效优于现有的任何抗疟药",被诉决定却依据说明书中并没有给出比较用药前后具体的指标或者体症改变情况,也没有给出比较用药后具有统计学意义的实验室试验或者临床试验的病例治疗效果数据,认为这些只是泛泛的描述。4. 被诉决定认为原告提交的反证1~3与本专利及证据2均无关联性错误。反证1~3是在实质审查程序中为证明本专利与证据2相比具备创造性提交给专利局,虽然没有给出具体的比例,但是对于本领域普通技术人员来讲,上述反证显然是就本专利技术方案的比例与证据2中相应的比例进行比较而得出的实验结论。并且,第三人亦无提供证据证明本专利保护的技术方案与证据2不具备关联性,故被告对反证1~3的认定结论是错误的。5. 被诉决定对原告反证4~8不予考虑没有法律根据。6. 本专利权利要求1~3相对于证据2具备创造性,符合《专利法》第二十二条第三款的规定。(1)本专利权利要求1-3中涉及三组份的技术方案具备创造性。权利要求1涉及三组份的技术方案与证据2记载的技术方案比较,其主要区别在于原料药中没有"伯氨喹"这一组分,正是这一组分的减少使得本发明与现有技术产生了实质性特点和显著性进步。证据2所公开的药物为四原料混合的制剂,此两种药物曾在越南进行对比实验(见原告反证1~3),实验结果证实了本发明药物与现有技术相比具有疗效好,疗程短,治疗疟疾复燃率低,毒副作用低的特点。这些特点对本领域普通技术人员而言并非是显而易见的,尤其是减少伯氨喹使得本发明的复燃率明显低于对照组更不是本领域普通技术人员不需创造性劳动就能获知的。与此同时,原料药中没有"伯氨喹"这一组分在制剂方面也取得了意想不到的效果。原告反证1、4-8证明了本专利三种活性成分制成的制剂在一年零三个月至两年的时间内质量很稳定,而证据2所公开的四原料混合的制剂在一年零三个月就发生了质量不合格的问题。因此,本专利权利要求1具备创造性,从属权利要求的权利2、3也同样具备创造性。(2)本专利权利要求1~3中涉及二组份的技术方案具备创造性。本专利权利要求1~3中涉及二组份的技术方案与原告证据10公开的药物组合物的不仅不含有磷酸伯氯喹同时也不含有甲氧苄啶。并且该技术方案被作为最佳的技术方案记载在说明书中,在没有对比文件的情况下,以及该专利技术方案被授权的前提下,应当认定该技术方案具备创造性。综上,原告请求法院判决撤销被诉决定。

原告在法定期限内向本院提交了与被告证据2、5~13相同的证据,用以证明被诉决定认定事实错误。

在本院庭审中,原告向本院提交(2008)渝一中法民初字第253号民事判决书,用以证明CV8的产品即为证据2中的产品。

被告辩称:1. 针对起诉理由一,权利要求1中甲氧苄啶的含量为一个范围,并不需要就其取端点的值时的技术方案另外进行创造性的评述。而且即使甲氧苄啶取其端点值0份时,权利要求1的技术方案相对于证据2和公知常识的结合也不具备创造性。2. 针对起诉理由二,基于上述1中的陈述,被诉决定中所认定的权利要求1与证据2公开的药物组合物的区别技术特征也是正确的。3. 对于起诉理由三中的第一和第二点,被诉决定的决定理由第(七)部分已对此作了详细的评述,在此不再赘述;对于第三点,权利要求1的药物组合物中各组分的特点和疗效在本专利以及证据2中进行了相似的描述,且这属于本领域的公知常识,而对于本专利说明书第2页第15~16记载的内容,这并不是本领域的公知常识,也无法根据现有技术推断得出,而其也不属于能够证明权利要求1药物组合物的用途或所要达到的技术效果的定性或定量实验数据,因此其属于一种断言;4. 针对起诉理由四和五,被告坚持被诉决定理由第(一)部分第1点中的评述。5. 针对起诉理由六,首先需要指出的是,原告提交的反证8的前两页并未在无效程序阶段提交,属于新证据。被告坚持被诉决定理由第(七)部分关于权利要求1~3不具备创造性的具体理由;其中针对起诉理由六的第(二)点,基于上述1的陈述，对涉及二组份的技术方案不需要作出另外的评述，且该技术方案相对于证据2和公知常识的结合也是不具备创造性的。综上所述，被诉决定认定事实清楚、适用法律正确、审理程序合法，请人民法院在查明事实的基础上，依法驳回原告的诉讼请求，维持被诉决定。第三人陈述意见如下：1. 关于证据：首先，原告在无效宣告请求口头审理中当庭提交的反证4～8均既不是公知常识性证据，也不是用于完善证据法定形式的公证书、原件等证据，其举证均超出了举证期限。其次，第三人对原告提交的反证1、4～8的真实性，无论从该书证的提供者还是从其内容考虑，均对其真实性表示怀疑。第三，原告提交的反证1～8与本案不具有关联性。"Artecom"和"CV8"为两个药物的商品名，无论是根据原告反证1本身的内容，还是反证2、3均不能证明"Artecom"和"CV8"分别是本专利权利要求1～3中的药物和证据2中的药物，因此，原告提交的上述反证与本案无关联性。最后，原告提交的反证1、4～8均不属于对公众公开性质的文件，且其落款时间均在本专利的申请日之后；其提交的反证2～3所附的英文网页资料的公开日期在本专利的优先权日之后。2. 关于权利要求1～3是否具备创造性。被诉决定的证据2公开了一种治疗抗药性恶性疟疾的药物组合物，并具体在该证据2的权利要求1及说明书第1页第12～21行中公开了片剂组合物，本专利权利要求1保护的技术方案与证据2的区别也仅在于，证据2公开的组合物中还包括磷酸伯氨喹。对于上述区别，根据证据1说明书第1页末段至第2页第1段中的记载可知，磷酸伯氨喹所起的作用是杀灭配子体，清除传染源和阻断传播的作用；而另外三种成分磷酸哌喹、双氢青蒿素、甲氧苄啶的作用则与在本专利说明书第1页末段至第2页第1段所记载的本发明组合物中三种成分磷酸哌喹、双氢青蒿素、甲氧苄啶的作用一一对应并且完全相同。所属领域技术人员可以理解，所述药物组合物中的各个组分各自起到其说明书中所记载的作用，即，在证据2中磷酸伯氨喹只是单独起到"杀灭配子体，清除传染源和阻断传播"的作用，当去除这一成分时，该成份相应的功能也消失，而三种活性组分磷酸哌喹、双氢青蒿素、甲氧苄啶的效果仍然保留。根据本专利说明书的记载，无任何信息表明去除该成份后其仍然还能保持证据1组合物原有的全部功能，或产生其他任何预料不到的技术效果。综上所述，作为一要素省略的发明，该权利要求1相对于证据2不具备突出的实质性特点和显著的进步，不具备创造性。另一方面，对于所述领域技术人员而言，为了避免伯氨喹的严重不良反应，又不影响其控制症状的基本药效，在证据2公开的技术方案的基础上去除伯氨喹成分，从而得出该权利要求1保护的技术方案是显而易见的。并且，根据本专利说明书的记载，当伯氨喹这一成分被省略时，看不出其仍能保持该成分"杀灭配子体，清除传染源和阻断传播"的相应功能或产生其他任何预料不到的技术效果。综上所述，该权利要求1相对于证据2和公知常识的结合也不具备突出的实质性特点和显著的进步，不具备创造性。从属权利要求2和权利要求3的附加技术特征均已被证据2公开，因此，当其引用的权利要求1不具备创造性的情况下，该从属权利要求2和3也不具备创造性。3. 关于原告在起诉状中述及的几个焦点问题：（1）关于本专利权利要求1的技术方案。在确定权利要求的保护范围时，整个"连续变化的数值范围"是作为一个单独的技术特征而存在的。而原告将原先表述为连续变化的数值范围技术特征中的某一具体数值单独拿出与其他技术特征再组方案（如：甲氧苄啶重量配比取0值），则是不同于原权利要求技术方案的新的技术方案。因此，本专利的权利要求1是仅有组方中甲氧苄啶重量份数为0～5份的一个技术方案。在说明书中并无任何记载能体现甲氧苄啶为0时的技术方案是其优选的技术方案，甚至在其说明书中根本就未出现甲氧苄啶为0的任何具体技术方案。如前所述，证据2中公开的甲氧苄啶的具体配比数值落在上述限定的甲氧苄啶重量份数为0～5份的数值范围内，证据2作为评价本专利新颖性和创造性的现有技术对比文件，已经公开该特征；（2）关于省略组份"磷酸伯氨喹"的作用。由证据2说明书第1页倒数第2行至第2页第2行的内容可知，作为组成成分之一的磷酸伯氨喹的作用是"杀灭配子体，清除传染源和阻断传播"，其实，磷酸伯氨喹仅具有杀灭作为传播途径的配子体的作用，而对于恶性疟原虫的红细胞内期完全无效，不能作为控制症状用药使用，这是所属技术领域内的公知常识。事实上，根据本专利说明书的记载，当伯氨喹这一成分被省略时，根本看不出其仍能保持该成分"杀灭配子体，清除传染源和阻断传播"的相应功能或产生其他任何预料不到的技术效果。综上所述，被诉决定认定事实清楚、适用法律正确、审理程序合法，原告的诉讼理由不能成立，请求法院驳回原告的诉讼请求，维持被诉决定。

第三人在法定期限内向本院提交了如下证据用以证明被诉决定正确：

1. 证据2；
2. 证据3；
3. "双氢青蒿素哌喹片治疗无并发症恶性疟的临床随机对照试验"，宋建平、李国桥等人，中国新药与临床杂志，2004年11月，第23卷，第11期，复印件共6页（即被诉决定中证据4）；
4. 重庆市高级人民法院（2002）渝高法民终字第100号民事判决书，复印件共22页（即被诉决定中证据5）；
5. 复方双氢蒿素片检验记录复印件共7页。

经庭审质证，各方当事人均发表了充分的质证意见。

本院经审查认为：被告提交的证据，原告提交的与被告相同的证据以及第三人提交的证据1～3与本案有关且符合证据合法性、真实性的要求，能够证明案件相关事实，本院予以采纳。原告在庭审中提交的证据及第三人提交的证据4和5系未在行政程序中提交的证据，且无正当理由，属于最高人民法院《关于行政诉讼证据若干问题的规定》第五十九条规定的情形，本院不予采纳。

根据本院认定的证据及各方当事人在庭审中无争议的陈述，本院对事实作出如下认定：

2004年1月28日，中华人民共和国国家知识产权局授权公告了本专利，其申请日为2000年8月23日，专利权人为本案原告。本专利授权公告的权利要求书如下：

"1. 一种含双氢青蒿素的复方抗疟新药，其特征在于该药物的活性成分为：

双氢青蒿素　1份

哌喹或其磷酸盐　3～7份

甲氧苄啶　0～5份。

2. 如权利要求1所述的复方抗疟新药，其特征在于双氢青蒿素可以用青蒿素、青蒿琥酯、蒿甲醚、蒿乙醚替代。

3. 如权利要求1所述的复方抗疟新药，其特征在于药物剂型为片剂、胶囊剂、栓剂、颗粒剂及注射剂。"

针对本专利，第三人于2008年1月8日向被告提出无效宣告请求，其认为本专利说明书不符合《专利法》第二十六条第三款的规定、权利要求1～3不符合《专利法》第二十六条第四款、《专利法》第三十三条、《专利法》第二十二条第二、三款以及《中华人民共和国专利法实施细则》（下称《专利法实施细则》）第二十条第一款的规定。同时提交了本专利的公开文本及证据2作为支持其无效主张的证据。

经形式审查合格后，被告受理了上述请求，于2008年1月8日向双方当事人发出《无效宣告请求受理通知书》，并将《专利权无效宣告请求书》及其附件清单中所列的附件的副本转送给原告，要求其在指定的期限内答复。

原告于2008年2月22日提交了意见陈述书和反证1～3。

2008年4月1日，被告将原告的意见陈述及其附件的副本转给了第三人。并于同年5月23日向双方当事人发出《无效宣告请求口头审理通知书》，定于同年6月18日对本案进行口头审理。

口头审理如期举行。第三人当庭提交了证据3~5，同时提交证据3、5原件，以及加盖有"中国人民解放军医学图书馆期刊章"原章的证据4。

原告当庭提交了反证4~8及重庆市第一中级人民法院（2008）渝一中法民初字第13号民事判决书，第1~22页，复印件共22页（即被诉决定中的反证9），并提交了反证1~9的原件。

被告当庭向双方当事人转交了对方当庭提交的上述文件的副本，并将双方所提交或出示的证据或反证的原件交给对方核实。

在口头审理过程中，被告对第三人提出的专利权无效宣告请求理由和事实进行了调查，对双方当事人的证据材料进行了质证，并给予了双方当事人充分陈述意见的机会。口头审理中认定的事实如下：

（1）第三人确定的无效理由和范围为：本专利说明书不符合《专利法》第二十六条第三款的规定、权利要求1~3不符合《专利法》第二十六条第四款、《专利法》第三十三条、《专利法》第二十二条第二、三款以及《专利法实施细则》第二十条第一款；证据使用方式为：《专利法》第三十三条使用证据1、《专利法》第二十二条第二款使用证据2、《专利法》第二十二条第三款使用证据2以及证据2与公知常识的结合；原告对第三人使用证据1作为评述权利要求1~3不符合《专利法》第三十三条的原始申请文件无异议；

（2）第三人明确其证据4、5是为反对反证1~3而提交的，原告主张反证4~7为Artecom和CV8的检验记录，用于佐证反证1中Artecom和CV8的稳定性比较结果，反证8是对反证4~7的内容的总结，反证9为用于证明哌喹常用磷酸盐为公知常识的证据；

（3）原告对证据1、2的真实性、合法性和关联性无异议，认为证据3~5超出了举证期限，对证据3~5的真实性、合法性、对证据3、5的公开日期无异议，认为证据4的公开日期在本专利申请日之后，而且其中记载的Artecom和本专利的药物不同，证据4与本专利无关联性；

（4）第三人认为：反证1~8的复印件与原件内容一致，对反证3的译文准确性无异议，但认为反证1的公开日期在本专利申请日之后，对其公开日期有异议，反证1~3的提供者即原告，与本案有利害关系，而且根据证据5，Artecom和CV8为同样的产品，因此对反证1~3中内容的真实性有异议，根据证据4，Artecom的组成和本专利权利要求1的药物组成不一致，因此反证1~3与本专利无关联性，反证4~8超出了举证期限，反证4~8的提供者即原告，与本案有利害关系，其中并未记载记录主体、检验条件，也未盖有任何公章，因此对反证4~8中内容的真实性有异议，反证4~8记载的药物与本专利的不同，因此反证4~8与本专利无关联性，反证9中的一方当事人即请求人，其并未收到该反证，因此认为反证9不是生效的判决。

被告分别给予双方当事人7天的答复期限，就口头审理过程中双方当事人当庭提交的证据和意见可以补充书面意见，并告知双方当事人对口头审理后当事人提交的新的证据材料不予考虑。

2008年6月25日，原告、第三人均提交了意见陈述书。

2008年6月26日原告再次提交意见称述书和以下反证：

反证10：《现代实用临床药理学》，华夏出版社，1997年5月第1次印刷，封面页、出版信息页、第989、990、1036、1037页，复印件共6页；

反证11：《临床实用药物手册》，第二版，江苏科学技术出版社，封面页、前言页、第100页，复印件共3页。

用以证明双氢青蒿素、哌喹或其磷酸盐、甲氧苄啶和伯氨喹与其他化学药一样都具有毒副作用是化学领域众所周知的事实。

2008年8月7日，被告作出被诉决定。

(一) 关于证据

1. 关于原告提交的证据

(1) 反证1是原告提供的标题为"关于Artecom、CV8在抗疟治疗中的疗效比较"的对比实验，反证2、3用于证实反证1中提及的Artecom和CV8的组分。

被告认为：本领域公知每一种药物活性成分的性质、功效和适应症有所不同，因此在药物组合物中包括多种活性成分时，各成分之间的配比不同会造成所得到的药物组合物在理化性质、功效和/或适应症上存在区别。虽然反证1~3中记载了Artecom和CV8的组成分别为双氢青蒿素、哌喹、甲氧苄啶和双氢青蒿素、哌喹、甲氧苄啶和磷酸伯氨喹，但未记载各组分之间的配比，而本专利要求保护的药物组合物以及证据2中公开的药物组合物均对各组分及其配比进行了限定，且本专利和证据2中均未记载所述抗疟药物是Artecom或CV8的信息，在没有其他佐证证明反证1~3中的Artecom和CV8其各组分配比分别与本专利和证据2的药物组合物中各组分的配比一致或落入其中时，反证1~3中的Artecom和CV8与本专利和证据2中的药物组合物无法直接对应，反证1中关于Artecom与CV8的疗效比较结果也就无法用于说明本专利与证据2中的药物组合物之间疗效的差别，因此反证1~3与本专利和证据2均无关联性，被告对其不予考虑；

(2) 对于原告口头审理期间提交的反证4~9，均不属于公知常识性证据，也不属于用于完善证据法定形式的公证书、原件等证据，并且其提交时间在被告于2008年1月8日发出的《无效宣告请求受理通知书》中规定的一个月答复期之后，超出了《审查指南》第四部分第三章第4.3.2节规定的举证期限；且反证4~8均用于佐证反证1中Artecom和CV8的稳定性比较结果，但反正4~8中提及的复方双氢青蒿素片、复方双氢青蒿素片（CV8）和Artecom与本专利和证据2中的药物组合物无法直接完全对应，反证4~8与本专利无关联性。反证9公开日为2008年5月26日，在本申请日之后，且其为法院判决，并不属于记载公知常识的技术词典、技术手册和教科书等载体形式，因此反证9不属于公知常识性证据，综上，被告对反证4-9不予考虑；

(3) 反证10、11不是在被告指定的答复期限内提交的证据，超出了《审查指南》第四部分第三章第4.3.2节规定的举证期限，被告对反证10、11亦不予考虑。

2. 关于第三人提交的证据

(1) 对于第三人在提出无效宣告请求时提交的证据1、2，原告对其真实性、合法性和关联性无异议，被告对证据1、2的真实性、合法性和关联性予以确认；

(2) 证据3是教科书《药理学》，为公知常识性证据，且为在被告指定的期限内针对反证1-3提交的，第三人在该期限内结合该证据3具体说明了相关无效宣告理由，因此其符合《审查指南》第四部分第三章第4.3节关于举证期限的规定，原告对证据3的真实性、合法性和公开日期无异议，被告对证据3予以考虑；

(3) 第三人主张用证据4、5用于反驳反证2、3，鉴于被告对反证2、3不予考虑，被告对证据4、5不再作出评述。

(二) 无效宣告请求的理由和范围

本案中，第三人确认本专利无效宣告请求的理由及其范围是：本专利说明书不符合《专利法》第二十六条第三款的规定、权利要求1~3不符合《专利法》第二十六条第四款、《专利法》第三十三条、《专利法》第二十二条第二、三款以及《专利法实施细则》第二十条第一款。证据使用方式为：《专利法》第三十三条使用证据1、《专利法》第二十二条第二款使用证据2、《专利法》第二十二条第三款使用证据2以及证据2与公知常识的结合。

(三) 关于《专利法》第三十三条

《专利法》第三十三条规定，申请人可以对其专利申请文件进行修改，但是，对发明和实用新型专利申请文件的修改不得超出原说明书和权利要求书记载的范围。如果修改后的内容可以从原申请公开的信息中直接地、毫无疑义地确定，那么这种修改符合《专利法》第三十三条的规定。

证据1和本专利公告文本的说明书相同，在说明书第1页第5段记载了本发明药物"它是以下述重量（份）配比的原料制成的药剂：双氢青蒿素或其同类药物1份，哌喹3~7份，甲氧苄啶0~5份"，第2页倒数第2段至第3页的制备例中记载了"…然后按处方量准确称取原料及辅料"。可见，本发明药物既包括原料也包括辅料，结合证据1权利要求书记载的技术方案，所述原料指"双氢青蒿素或其同类药物、哌喹或其磷酸盐和甲氧苄啶"，根据说明书中对本发明配方原理的描述可知，其也即药物活性成分，因此，本专利公开文本和公告文本中的技术方案虽然表现形式不同，但其要求保护的药物组成上均包括药物活性成分和辅料，根据原说明书记载的内容能够直接地、毫无疑义地得到本专利权利要求1的技术方案，因此本专利权利要求1的修改符合《专利法》第三十三条的规定，从属权利要求2、3的修改也符合《专利法》第三十三条的规定。

（四）关于《专利法实施细则》第二十条第一款

《专利法实施细则》第二十条第一款规定，权利要求书应当说明发明或者实用新型的技术特征，清楚、简要地表述请求保护的范围。根据该款规定，权利要求所用术语的含义如果是本领域普通技术人员结合说明书可以理解清楚的，则不应认为该术语的使用导致权利要求请求保护的范围不清楚。

对于本专利的权利要求1，首先，其主题名称是含双氢青蒿素的复方抗疟新药，是产品权利要求，并采用产品的组成特征来限定，因此权利要求1的类型是清楚的；其次，说明书可以用来解释权利要求书，对于权利要求1中的术语"份"，根据说明书第1页第5段、第2页第2、3段以及第2页最后一行至第3页记载的内容，本领域普通技术人员结合上下文能够理解其含义为"重量份"，因此该术语的含义是清楚的，使用该术语的权利要求1限定的保护内容的范围清楚。综上所述，权利要求1的保护范围清楚，符合《专利法实施细则》第二十条第一款的规定。同样，从属权利要求2、3的保护范围也清楚，符合《专利法实施细则》第二十条第一款的规定。

（五）关于《专利法》第二十六条第三款

《专利法》第二十六条第三款规定，说明书应当对发明或者实用新型作出清楚、完整的说明，以所属技术领域的技术人员能够实现为准。根据该款规定，说明书应当清楚、完整地记载所要解决的技术问题以及解决技术问题的技术方案，还应当写明该技术方案所能够获得的有益技术效果。

根据本专利说明书的描述，本发明的目的为提供一种速效、高效、低毒、疗程短的抗疟药物，其通过本专利权利要求1所要求保护的技术方案实现。说明书第1页第5段、第2页第2、3段、最后一段至第3页记载了所述药物的组成、各活性成分的配比以及片剂的制备方法，并在第2页第1段记载了各组分的药理学机理，即"双氢青蒿素具有速效、低毒，可迅速大量杀灭抗药性恶性疟原虫，但若不连续服药7天，则复发率高；哌喹具有长效特点，可使疗程缩短为2天；可补双氢青蒿素之不足；甲氧苄啶是一种增效剂，有助于提高治愈率降低复燃率。双氢青蒿素又可延缓哌喹和甲氧苄啶抗药性的出现"。本领域技术人员公知，青蒿素及其衍生物如蒿甲醚、青蒿琥酯、双氢青蒿素为高效、速效、低毒的抗疟药物，对疟原虫无性体有强的杀灭作用，能迅速控制症状和杀灭疟原虫，哌喹也可用于疟疾的治疗，甲氧苄啶为常用的增效剂，因此，根据本专利说明书以及现有技术的内容，本领域技术人员可以预见到双氢青蒿素、哌喹和甲氧苄啶组合后得到的药物组合物能够具有速效、高效、低毒、疗程短的抗疟有益效果，因此说明书已经对发明效果作出了清楚的说明，另外证据2中公开了一种由磷酸哌喹、双氢青蒿素或其同类物、甲氧苄啶和磷酸伯氨喹组成的抗疟药物（证据2的权利要求1），其说明书第1页最后一段至第2页第一段记载的内容佐证了双氢青蒿素、哌喹和甲氧苄啶组合成的药物组合物能够用于治疗疟疾。综上所述，本专利说明书已经对发明作出了清楚、完整的说明，所属技术领域的技术人员根据说明书记载的内容及现有技术能够实现本发明，因此第三人主张本专利不符合《专利法》第二十六条第三款的规定的无效理由不能成立。

（六）关于《专利法》第二十二条第二款

《专利法》第二十二条第二款规定：新颖性，是指在申请日以前没有同样的发明或者实用新型在国内外出版物上公开发表过、在国内公开使用过或者以其他方式为公众所知，也没有同样的发明或者实用新型由他人向专利局提出过申请并且记载在申请日以后（含申请日）公布的专利申请文件中。根据该规定，如果与现有技术相比，权利要求要求保护的技术方案存在区别技术特征，使该技术方案与现有技术实质上不同，则该权利要求具备新颖性。

本专利权利要求1为"一种含双氢青蒿素的复方抗疟新药，其特征在于该药物的活性成分为：双氢青蒿素1份、哌喹或其磷酸盐3~7份、甲氧苄啶0~5份"。

证据2公开了一种治疗抗药性恶性疟疾的药物组合物，该组合物包括如下四种组分：磷酸哌喹、双氢青蒿素或其同类药、甲氧苄啶和磷酸伯氨喹，这四种组分的配比关系是：以重量计，分别为25~35份、2~5份、6~12份、1份（证据2的权利要求1及说明书第1页第12~21行）。权利要求1的配比与证据2的配比范围重叠，例如，当证据2的药物组合物中磷酸哌喹、双氢青蒿素或其同类药、甲氧苄啶分别取25份、5份和12份时，所述配比落入本专利权利要求1的配比范围之内，因此，本专利权利要求1的药物与证据2的药物组合物的区别在于前者不含有磷酸伯氨喹，根据本领域公知常识，磷酸伯氨喹可用于疟疾的防治，属于证据2公开的抗疟药物组合物中的药物活性成分，因此本专利权利要求1与证据2公开的药物组合物之间存在区别技术特征，权利要求1相对于证据2具有新颖性，符合《专利法》第二十二条第二款的规定。

（七）关于《专利法》第二十二条第三款

《专利法》第二十二条第三款规定，创造性，是指同申请日以前已有的技术相比，该发明有突出的实质性特点和显著的进步，该实用新型有实质性特点和进步。要素省略的发明，是指省去已知产品或者方法中的某一项或多项要素的发明。如果发明省去一项或多项要素后其功能也相应地消失，则该发明不具备创造性。

如前述，权利要求1与证据2公开的药物组合物的区别技术特征在于前者不含有磷酸伯氨喹。

对于该区别技术特征，证据2说明书第2页第1段中记载了"磷酸伯氨喹主要用于杀灭配子体、清除传染源和阻断传播"。而根据本领域的公知常识，磷酸伯氨喹主要用于防止疟疾复发和传播，不能控制症状，并且具有较其他抗疟药物更为严重的不良反应（参见证据3第371~372页），而对于其他三种成分，哌喹和双氢青蒿素均可用于快速高效地控制恶性疟疾的症状，且哌喹不良反应较少，青蒿素毒性极小（参见证据3第369~370页），甲氧苄啶主要起着增效剂的作用，避免抗药性的产生，不良反应也较少，本领域技术人员根据证据2说明书的记载以及公知常识，为了避免伯氨喹的严重不良反应，在证据2公开的技术方案的基础上，去除伯氨喹成分，从而得出本专利权利要求1保护的技术方案是显而易见的。对于本专利权利要求1的技术方案的技术效果，首先，说明书中并无任何证据表明权利要求1的药物还具有伯氨喹的"杀灭配子体和阻断疟疾传播"的效果，即所述药物去除磷酸伯氨喹后其功能也相应地消失了；其次，对于本专利说明书第3页第5~6行"通过500多例临床实验证明本药具有速效、高效、低毒、疗程短的特点，其疗效明显优于目前国内外的同类药"的记载，其中就"速效、高效、低毒、疗程短的特点"而言，证据2的说明书第1页倒数第2行至第2页第2行记载了"磷酸哌喹具有长效特点，可使疗程缩短为2天；双氢青蒿素具有速效低毒，可使大量杀灭抗性恶性疟原虫以补哌喹之不足；甲氧苄啶是一种增效剂，有助于提高治愈率降低复燃率"，这同样也是本领域对这三种已知药物药效和特点的常规认识（参见上述（五）关于《专利法》第二十六条第三款中的评述），因此根据证据2公开的内容或本领域的公知常识，完全可以预测本专利权利要求1的药物具有上述特点，而对于"其疗效明显优于目前国内外的同类药"以及说明书第2页第15~16行记载的"研究结果证明其对恶性疟的疗效优于现有的任何抗疟药"，这些只是泛泛的描述，说明书中并没有给出比较用药前后具体的指标或者体症改变情况，也没有给出比较用药后具有统计学意义的实验室试验或者临床试验的病例治疗效果数据，因此其只是对本发明药物组合物疗效比较的的一种断言，基于说明书所公开的内容及申请日前的公知常识，本领域技术人员并不能认为本发明具有所述的有益效果。综上，本领域技术人员在证据2公开的内容基础上，结合公知常识得到本专利权利要求1保护的技术方案是显而易见的，本专利说明书中也没有记载任何数据表明去除磷酸伯氨喹后其仍然还具有原有功能或能产生其他任何预料不到的技术效果，因此本专利权利要求1相对于证据2和公知常识的结合不具备突出的实质性特点，不具备《专利法》第二十二条第三款规定的创造性。

权利要求2和权利要求3分别直接引用权利要求1，其附加技术特征分别为"其特征在于双氢青蒿素可以用青蒿素、青蒿琥酯、蒿甲醚、蒿乙醚替代"和"药物剂型为片剂、胶囊剂、栓剂、颗粒剂及注射剂"。而证据2中公开了"双氢青蒿素的同类药是指青蒿素、青蒿琥酯、蒿甲醚或青蒿素的其他衍生物"（证据2的权利要求2、说明书第1页第6段），并公开了复方哌喹片片剂的制备过程（证据2的说明书第2页第2段），而其他剂型也为制备抗疟药物时的常见剂型或是制药领域中的常规剂型，说明书中也没有证据表明采用上述剂型产生了预料不到的技术效果，因此，当其引用的权利要求1相对于证据2和公知常识的结合不具备创造性时，权利要求2和3相对于证据2与公知常识的结合也不具备《专利法》第二十二条第三款规定的创造性。

根据以上事实和理由，本专利权利要求1~3相对于证据2与公知常识的结合缺乏创造性而应予以无效，鉴于此，被告对于第三人主张的本专利权利要求1~3不具备《专利法》第二十六条第四款的无效宣告理由以及单独使用证据2主张本专利权利要求1~3不具备创造性的无效宣告理由未再进行评述。综上，被告宣告本专利全部无效。原告不服被诉决定诉至本院。

在开庭审理中，原告、第三人明确表示对被告的法定职权和审理程序无异议，原告、第三人对被诉决定中"案由"部分记载的内容以及有关《专利法》第三十三条、第二十六条第三款、第二十二条第二款和《专利法实施细则》第二十条第一款的认定均无争议。

本院认为：各方当事人针对被诉决定明确表示无争议的内容，经审查，本院对其合法性予以确认。根据各方当事人的诉讼意见能够确定本案的争议焦点为：1. 被告对原告提交的反证1~8的认定是否正确；2. 被告对权利要求1与证据2的区别技术特征的认定是否正确；3. 权利要求1~3是否具有创造性。

关于焦点问题1，本院认为，参照《审查指南》第四部分第三章第4.3.2节专利权人举证规定，专利权人应当在专利复审委员会指定的答复期限内提交证据，但对于技术词典、技术手册和教科书等所属技术领域中的公知常识性证据或者用于完善证据法定形式的公证书、原件等证据，可以在口头审理辩论终结前补充；专利权人提交或者补充证据的，应当在上述期限内对提交或者补充的证据具体说明；专利权人提交或者补充证据不符合上述期限规定或者未在上述期限内对所提交或者补充的证据具体说明的，专利复审委员会不予考虑。原告提交的反证4~8不属于公知常识性证据，亦不属于用于完善证据法定形式的公证书、原件等证据，其提交上述证据的时间亦超出了被告2008年1月8日发出的《无效宣告请求受理通知书》中指定的一个月答复期限，其举证超出了上述规定，被诉决定对上述反证不予考虑正确，本院应予支持。

本专利要求保护的药物组合物以及证据2公开的药物组合物均限定了具体的组分及组分配比，原告提交的反证 1~3 涉及的 Artecom 和 CV8、反证 4~8 中涉及的复方双氢青蒿素片、复方双氢青蒿素片（CV8）和 Artecom 均未反映组分的配比，亦无其他证据证明上述产品的组分配比与本专利或证据 2 的药物组合物相同，故被诉决定认定原告提交的反证 1~8 中的产品无法直接对应本专利和证据 2 中的药物组合物的技术方案，与本专利无关联性正确，本院应予支持。

关于焦点问题 2，本院认为，本专利权利要求 1 将甲氧苄啶的含量限定为一个连续数值范围，本专利并未明确记载有关这一连续数值范围所限定的本专利药物组合物在甲氧苄啶取 0 值和除 0 以外数值范围的技术方案在达到本发明的技术效果或解决所述技术问题上存在实质区别，因此被诉决定未就其取端点、取 0 值时的技术方案的创造性未单独进行评述并无不妥。被告将本专利权利要求 1 请求保护的技术方案与证据 2 公开的药物组合物相比，认定两者存在的区别技术特征准确。原告关于本专利与证据 2 相比，还存在本专利不含有甲氧苄啶的诉讼理由，依据不足，本院不予采信。

关于焦点问题 3，《专利法》第二十二条第三款规定，创造性，是指同申请日以前已有的技术相比，该发明有突出的实质性特点和显著的进步，该实用新型有实质性特点和进步。如果发明省去一项或多项要素后其功能也相应地消失，则该发明不具备创造性。证据 2 公开了一种治疗抗药性恶性疟疾的药物组合物，该组合物包括如下四种组分：磷酸哌喹、双氢青蒿素或其同类药、甲氧苄啶和磷酸伯氨喹，这四种组分的配比关系是：以重量计，分别为 25~35 份、2~5 份、6~12 份、1 份。权利要求 1 的组分配比与证据 2 的配比范围重叠，因此，本专利权利要求 1 的药物与证据 2 的药物组合物的区别在于前者不含有磷酸伯氨喹。参照证据 2 说明书第 2 页第 1 段中记载了"磷酸伯氨喹主要用于杀灭配子体，清除传染源和阻断传播"。根据本领域的公知常识（参见证据 3），本领域技术人员知晓磷酸伯氨喹主要用于防止疟疾复发和传播，不能控制症状，但它较其他抗疟药物更为严重的不良反应；哌喹和双氢青蒿素均可用于快速高效地控制恶性疟疾的症状，且哌喹不良反应较少，青蒿素毒性极小，甲氧苄啶主要起着增效剂的作用，避免抗药性的产生，不良反应也较少。因此，本领域技术人员为了避免伯氨喹的严重不良反应，在证据 2 公开的技术方案的基础上去除伯氨喹成分是显而易见的。

对于本专利权利要求 1 的技术方案的技术效果，首先，本专利并无任何证据表明权利要求 1 的药物还具有伯氨喹的"杀灭配子体和阻断疟疾传播"的效果；其次，本专利说明书第 3 页第 5~6 行记载了"速效、高效、低毒、疗程短的特点"，这是本领域对这三种已知药物药效和特点的常规认识，而且证据 2 说明书第 1 页倒数第 2 行至第 2 页第 2 行中亦有相关内容，因此根据证据 2 公开的内容或本领域的公知常识，本专利权利要求 1 的药物具有上述特点是可以预测的。第三，对于本专利的"其疗效明显优于目前国内外的同类药"以及说明书第 2 页第 15~16 行记载的"研究结果证明其对恶性疟的疗效优于现有的任何抗疟药"，本专利说明书中并没有给出比较用药前后的具体情况，也没有给出比较用药后具有统计学意义的实验室试验或者临床试验的病例治疗效果数据，因此，本专利说明书中没有记载任何数据表明去除磷酸伯氨喹后其仍然还具有原有功能或本发明能产生其他任何预料不到的技术效果。综上，本领域技术人员在证据 2 公开的内容基础上，结合公知常识得到本专利权利要求 1 保护的技术方案是显而易见的，因此本专利权利要求 1 相对于证据 2 和公知常识的结合不具备突出的实质性特点，不具备《专利法》第二十二条第三款规定的创造性。

权利要求 2 和权利要求 3 分别直接引用权利要求 1，其附加技术特征分别为"其特征在于双氢青蒿素可以用青蒿素、青蒿琥酯、蒿甲醚、蒿乙醚替代"和"药物剂型为片剂、胶囊剂、栓剂、颗粒剂及注射剂"。而证据 2 中公开了"双氢青蒿素的同类药是指青蒿素、青蒿琥酯、蒿甲醚或青蒿素的其他衍生物"（证据 2 的权利要求 2、说明书第 1 页第 6 段），并公开了复方哌喹片片剂的制备过程（证据 2 的说明书第 2 页第 2 段），而其他剂型也为制备抗疟药物时的常见剂型或是制药领域中的常规剂型，说明书中也没有证据表明采用上述剂型产生了预料不到的技术效果，因此，当其引用的权利要求1相对于证据2和公知常识的结合不具备创造性时，权利要求2和3相对于证据2与公知常识的结合也不具备《专利法》第二十二条第三款规定的创造性。

综上，被诉决定认定事实清楚，适用法律正确，审查程序合法，本院应予维持。原告的诉讼理由缺乏事实及法律依据，其诉讼请求本院不予支持。依照《中华人民共和国行政诉讼法》第五十四条第（一）项之规定，判决如下：

维持被告国家知识产权局专利复审委员会于二〇〇八年八月七日作出的第12148号无效宣告请求审查决定。

案件受理费100元，由原告重庆健桥医药开发有限公司负担（已交纳）。

如不服本判决，可在本判决书送达之日起15日内，向本院提交上诉状，并按对方当事人人数提出副本，上诉于北京市高级人民法院。上诉人在接到人民法院预交诉讼费用通知后7日内未预交又不提出缓交申请的，按自动撤回上诉处理。

审 判 长 张 杰
代理审判员 何君慧
人民陪审员 杨 旭
二〇〇九年十月二十三日
书 记 员 张 涵

一种新型熔蜡器

无效宣告请求审查决定（第 12200 号）

决 定 号	第 12200 号
决 定 日	2008 年 9 月 2 日
发明创造名称	一种新型熔蜡器
国 际 分 类 号	C11C5/02
无效宣告请求人	潮州市晟晖陶瓷有限公司
专 利 权 人	萧铭任
申 请 号	200420005840.9
申 请 日	2004 年 3 月 5 日
授 权 公 告 日	2005 年 4 月 20 日
合 议 组 组 长	李人久
主 审 员	吴文英
参 审 员	孙 俐

法 律 依 据 专利法第 22 条第 2 款，第 22 条第 3 款

决 定 要 点

如果一项实用新型权利要求所保护的技术方案与最接近的现有技术相比存在区别技术特征，而请求人提供的所有现有技术证据也均没有公开该区别技术特征或给出技术启示，且没有证据表明其是公知常识，而且该区别技术特征的引入使得该权利要求的技术方案产生了有益的技术效果，则该权利要求相对于请求人提供的现有技术具有实质性特点和进步，具备创造性。

一、案由

本无效宣告请求涉及国家知识产权局 2005 年 4 月 20 日授权公告的、名称为"一种新型熔蜡器"的第 200420005840.9 号实用新型专利，其申请日为 2004 年 3 月 5 日，专利权人为萧铭任，授权公告的权利要求书为：

"1. 一种新型熔蜡器，其特征在于包括有底座（1）、电阻（2）、外壳（3）、发热元件（4），其中外壳（3）固装在底座（1）上，发热元件（4）做成有中空腔体的容器状，其装设在外壳（3）的内壁上，电阻（2）固装在发热元件（4）的底部外侧，并通过电源线（6）与电源连接。

2. 根据权利要求 1 所述的新型熔蜡器，其特征在于上述发热元件（4）用金属材料做成。

3. 根据权利要求 1 所述的新型熔蜡器，其特征在于上述发热元件（4）用铁质材料做成。

4. 根据权利要求 1 或 2 或 3 所述的新型熔蜡器，其特征在于上述发热元件（4）的底部卡装在外

壳（2）内壁所设的卡缘上，且发热元件（4）的底部还固装有螺杆（4A），螺杆（4A）依次穿过电阻（2）所设的槽孔及底座（1）所设的槽孔，且电阻（2）通过旋紧在螺杆（4A）上的螺母（12）固装在发热元件（4）的底部，底座（1）通过垫片（10）及旋紧在螺杆（4A）端部的螺母（11）将底座（1）及发热元件（4）固定在一起。

5. 根据权利要求4所述的新型熔蜡器，其特征在于上述电阻（2）还并接有指示灯（9）。

6. 根据权利要求5所述的新型熔蜡器，其特征在于上述电阻（2）为水泥电阻。

7. 根据权利要求6所述的新型熔蜡器，其特征在于上述指示灯（9）与电阻（2）的连接线上套装有绝缘套管（8）。

8. 根据权利要求7所述的新型熔蜡器，其特征在于上述指示灯（9）的外侧还设有指示灯壳（5）。

9. 根据权利要求8所述的新型熔蜡器，其特征在于上述电源线（6）上还装设有开关（7）。

10. 根据权利要求9所述的新型熔蜡器，其特征在于上述外壳（3）为陶瓷外壳。"

2008年3月18日，潮州市晟晖陶瓷有限公司（下称请求人）针对该实用新型专利（下称本专利）提出无效宣告请求，理由是本专利不符合专利法第22条第2、3款。请求人同时提交了下列附件作为证据：

附件1：中国实用新型专利说明书，申请号02271654.8，授权公告日2003年7月23日，复印件共7页（对比文件1）；

附件2：中国实用新型专利说明书，申请号93241807.4，授权公告日1994年11月2日，复印件共6页（对比文件2）；

附件3：中国实用新型专利说明书，申请号95229352.8，授权公告日1997年2月12日，复印件共8页（对比文件3）；

附件4：中国实用新型专利说明书，申请号96212366.8，授权公告日1997年9月17日，复印件共10页（对比文件4）；

附件5：《礼品与饰品配件》（《Gifts & Decorative Accessories》）杂志，2004年1月，复印件共3页（对比文件5）；

附件6：附件5的译文，共3页；

附件7：用于证明附件5真实性的公证书及认证书各1页；

附件8：附件7的译文，共2页。

请求人认为：

（1）对比文件1至4都分别具有权利要求1的绝大部分技术特征，组合起来则具有权利要求1所记载的全部技术特征，因此该权利要求1不具备专利法第22条所规定的创造性。对比文件1至4组合起来，记载了权利要求2~10绝大多数技术特征，虽有部分未记载的，但所属技术领域的人员不用创造性劳动就可得知，故权利要求2~10也没有创造性。

（2）由对比文件5的图片可得知刊登的熔蜡器外壳为陶瓷，基本结构能得到完整的公开；从文字说明看，刊登的熔蜡器是用电元件加热，达到安全高效加热香蜡的技术效果，所以对比文件5公开了本专利的熔蜡器，所以本专利不具备专利法第22条规定的新颖性。

经形式审查合格后，2008年4月25日国家知识产权局专利复审委员会受理了该无效宣告请求，向双方当事人发出无效宣告请求受理通知书，并将上述宣告专利权无效请求书及所附证据副本转送给专利权人，要求专利权人在一个月内陈述意见。同时成立合议组进行审查。

专利权人于2008年6月4日向专利复审委员会提交了针对无效宣告请求的意见陈述书，认为：

（1）权利要求1的技术方案与对比文件1~4的区别在于：本专利采用了将发热元件3（4）做成

有中空腔体的容器状，其装设在外壳（3）的内壁上，如此发热元件3可起到导热均匀的效果，而对比文件1~4对此无任何提示内容，也不存在相关教导，因此权利要求1具有创造性；相应地，从属权利要求2~9也具有创造性。

（2）对比文件5仅仅是公开了一些相关熔蜡器的外部形状图片而已，并没有公开本专利中所要求保护的技术方案以及技术目的、效果等，因此仅从这些外观图片无法直接得出本专利的技术方案，故本专利具有新颖性。

2008年6月26日，专利复审委员会向双方当事人发出口头审理通知书，定于2008年7月23日举行口头审理，并将专利权人的上述意见陈述转送给请求人。

2008年7月23日，口头审理如期举行，请求人和专利权人的代理人均出席了口头审理。双方当事人对对方出庭人员身份无异议，对合议组成员无回避请求。（1）专利权人对附件1~4的真实性、合法性、关联性、公开性均无异议，对附件5~8的真实性有异议，认为没有原件，专利权利人认为其原件在案件编号W607718、专利号为200430003875.4的案卷中。（2）请求人明确其无效理由和范围为：（i）权利要求1~10相对于对比文件5不符合专利法第22条第2款规定的新颖性；（ii）权利要求1相对于对比文件1、权利要求1~3、5~6、10相对于对比文件2、权利要求1、4、8和9相对于对比文件3、权利要求1相对于对比文件4不符合专利法第22条第3款规定的创造性，对于权利要求7，不用证据，属于公知常识，故无创造性。放弃对比文件1、2、3和4的组合评价权利要求1~10的创造性。庭审中，合议组对请求人提出的无效理由和事实进行了充分调查，并听取了双方当事人的陈述。双方当事人可在口头审理结束后三个工作日内提交书面答辩意见。

请求人于2008年7月27日提交了书面答辩意见，指出本专利相对于对比文件5没有新颖性；对比文件2和3的结合破坏权利要求1~10的创造性。

在此基础上，合议组认为本案事实已经清楚，现依法作出本决定。

二、决定的理由

1. 关于审查文本

本决定以授权公告的文本为审查基础。

2. 审查范围确定

请求人于2008年7月27日提交了书面答辩意见，其中指出对比文件2和3的结合破坏权利要求1~10的创造性。对此，合议组认为其是在请求日一个月后新增加的无效宣告理由，根据专利法实施细则第66条以及审查指南第四部分第3章第4.2节的规定，不予考虑。

根据请求人的无效宣告请求书及口头审理时的意见陈述，本案的无效理由和范围为：（i）权利要求1~10相对于对比文件5不符合专利法第22条第2款规定的新颖性；（ii）权利要求1相对于对比文件1、权利要求1~3、5~6、10相对于对比文件2、权利要求1、4、8和9相对于对比文件3、权利要求1相对于对比文件4不符合专利法第22条第3款规定的创造性；（iii）对于权利要求7，不用证据，属于本领域人员的常规知识，故无创造性。放弃对比文件1~4的组合评价权利要求1~10的创造性。

3. 关于专利法第22条第2款

专利法第22条第2款规定，新颖性是指在申请日之前没有同样的发明或者实用新型在国内外出版物上公开发表过、在国内公开使用过或者以其他方式为公众所知。

请求人以附件5主张权利要求不具有新颖性，附件6为附件5的中文译文，附件7是用于证明附件5真实性的公证书及认证书，附件8为附件7的中文译文。专利权人对附件5~8的真实性、合法性、关联性有异议。对此，合议组认为，由于对比文件5（附件5）所示的一种熔蜡器，其仅公开了外壳、底座和使用电子元件加热，即对比文件5只公开了权利要求1要求保护的技术方案的部分技术特征，因此权利要求1相对于对比文件5有新颖性，符合专利法第22条第2款的规定。在权利要求1具有新颖性的前提下，从属权利要求2~10也符合专利法第22条第2款有关新颖性的规定。

鉴于对比文件5公开的内容并不能破坏权利要求1~10的新颖性，合议组对附件5~8的真实性不再进一步进行确认。

4. 关于专利法第22条第3款

专利法第22条第3款规定，创造性是指同申请日以前已有的技术相比，发明有突出的实质性特点和显著的进步，实用新型有实质性特点和进步。

如果一项实用新型权利要求所保护的技术方案与最接近的现有技术相比存在区别技术特征，而请求人提供的所有证据也均没有公开该区别技术特征或给出技术启示，且没有证据表明其是公知常识，而且该区别技术特征的引入使得该权利要求的技术方案产生了有益的技术效果，则该权利要求相对于请求人提供的现有技术具有实质性特点和进步，具备创造性。

(1) 请求人提交的对比文件1~4均为中国专利文献，专利权人对其真实性没有异议，合议组对其真实性予以确认，其公开日期均在本专利的申请日前，因此可以作为本专利的现有技术使用。

(2) 关于权利要求1相对于对比文件1的创造性。

对比文件1的说明书第2页第10~14行和图1记载到，"本实用新型的结构如图1所示，包括香蜡瓶 (1)、香蜡加热器 (2)，其中香蜡加热器 (2) 内设有加热装置及由加热装置使之发热的加热板，香蜡瓶 (1) 置于香蜡加热器 (2) 上。上述香蜡加热器 (2) 内设有加热装置可为发热管，也可为发热丝，还可为PTC发热陶瓷。"将其与权利要求1所述技术方案相比，其中香蜡加热器2相当于权利要求1中的底座 (1)，加热装置相当于权利要求1的电阻 (2)，香蜡瓶 (1) 相当于权利要求1的外壳 (3)，加热板相当于权利要求1的发热元件 (4)，电阻 (2) 固装在发热元件 (4) 的底部。由此可见，本专利权利要求1所要求保护的技术方案与对比文件1中所公开的技术方案存在如下区别：发热元件 (4) 做成有中空腔体的容器状，其装设在外壳 (3) 的内壁上。对比文件1并没有公开、暗示或教导上述区别技术特征，即本领域技术人员在对比文件1中所公开的技术方案的基础上不能显而易见的得到本专利权利要求1所限定的新型熔蜡器，并且权利要求1由于具有上述的区别特征，取得了蜡块直接放置在发热元件上，导热均匀、熔蜡效果好的有益效果。因此本专利权利要求1所限定的技术方案相对于对比文件1具有实质性特点和进步，符合专利法第22条第3款有关创造性的规定。

(3) 权利要求1~3、5、6、10相对于对比文件2的创造性。

对比文件2的说明书第1页第11~16行和附图1公开了一种电子空气芳香器，在壳体5的内部有一支座7，其上安装一块由金属制成的集热板6，由PTC元件13或电阻元件13构成的发热源固定在集热板的下面，PTC元件13或电阻元件13与集热板6之间，有一片起绝缘作用的云母片3，香液容器2直接放置在集热板6上面。将其公开的技术方案与权利要求1的技术方案相比，在对比文件2中的支座7相当于权利要求1中的底座 (1)、PTC元件或电阻元件13相当于权利要求1中的电阻 (2)、壳体5相当于权利要求1中的外壳 (3)、集热板6相当于权利要求1中的发热元件 (4)，其中外壳固装在底座上，电阻固装在发热元件的下面。由此可见，本专利权利要求1所要求保护的技术方案与对比文件2中所公开的技术方案存在如下区别：①本专利的发热元件 (4) 做成有中空腔体的容器状，其装设在外壳 (3) 的内壁上。对比文件2中集热板为平面状；②本专利发热元件是放置蜡块的容器，而对比文件2中集热板并不具有容器的功能，在该集热板上还放置有香液容器。对比文件2并没有公开、暗示或教导上述区别技术特征，即本领域技术人员在对比文件2中所公开的技术方案的基础上不能显而易见的得到本专利权利要求1所限定的新型熔蜡器，并且权利要求1由于具有上述的区别特征，取得了蜡块直接放置在发热元件上，导热均匀、熔蜡效果好的有益效果。因此本专利权利要求1所限定的技术方案相对于对比文件

2 具有实质性特点和进步，符合专利法第 22 条第 3 款有关创造性的规定。

在权利要求 1 相对于对比文件 2 有创造性的前提下，其从属权利要求 2、3、5~6、10 相对于对比文件 2 也符合专利法第 22 条第 3 款有关创造性的规定。

(4) 权利要求 1、4、8 和 9 相对于对比文件 3 的创造性。

对比文件 3（说明书第 2 页第 3~4 行、第 11~14 行、附图 1）公开了一种电香料炉，包括脚座 50、导热体 21、炉体 10 和置于陶瓷壳体 23 内的导热棒以及导热棒周围覆盖的氧化铝 24。将其公开的技术方案与权利要求 1 的技术方案相比，其中对比文件 3 的脚座 50 相当于权利要求 1 中的底座(1)、导热棒相当于权利要求 1 中的电阻(2)、炉体 10 相当于权利要求 1 中的外壳(3)、陶瓷壳体 23 顶部的氧化铝 24 导热面相当于权利要求 1 中的发热元件(4)，其中外壳固装在底座上。由此可见，本专利权利要求 1 所要求保护的技术方案与对比文件 3 中所公开的技术方案存在如下区别：本专利的发热元件(4)做成有中空腔体的容器状，其装设在外壳(3)的内壁上，对比文件 3 中陶瓷壳体 23 顶部的氧化铝导热面 24 贴合于炉体 10 外底部。对比文件 3 并没有公开、暗示或教导上述区别技术特征，即本领域技术人员在对比文件 3 中所公开的技术方案的基础上不能显而易见的得到本专利权利要求 1 所限定的新型熔蜡器，并且权利要求 1 由于具有上述的区别特征，取得了蜡块直接放置在发热元件上，导热均匀、熔蜡效果好的有益效果。因此本专利权利要求 1 所限定的技术方案相对于对比文件 3 具有实质性特点和进步，符合专利法第 22 条第 3 款有关创造性的规定。

在权利要求 1 相对于对比文件 3 有创造性的前提下，其从属权利要求 4、8、9 相对于对比文件 3 也符合专利法第 22 条第 3 款有关创造性的规定。

(5) 权利要求 1 相对于对比文件 4 的创造性。

对比文件 4（说明书第 3 页第 10~16 行、附图 3）公开了一种电香料炉，包括支承座 60、在陶瓷壳体 34 中放置的发热棒 33、带底容器 20、覆盖发热棒 33 的氧化铝导热层 32。将其公开的技术方案与权利要求 1 的技术方案相比，对比文件 4 中的支承座 60 相当于权利要求 1 中的底座(1)、发热棒 33 相当于权利要求 1 中的电阻(2)、带底容器 20 相当于权利要求 1 中的外壳(3)、覆盖发热棒 33 的氧化铝导热层 32 相当于权利要求 1 中的发热元件(4)，其中外壳固装在底座上。由此可见，本专利权利要求 1 所要求保护的技术方案与对比文件 4 中所公开的技术方案存在如下区别：本专利发热元件(4)做成有中空腔体的容器状，其装于外壳(3)的内壁上。对比文件 4 中导热层覆盖在发热棒周围，其接触于容器 20 外壳的底壁外表面。对比文件 4 并没有公开、暗示或教导上述区别技术特征，即本领域技术人员在对比文件 4 中所公开的技术方案的基础上不能显而易见的得到本专利权利要求 1 所限定的新型熔蜡器，并且权利要求 1 由于具有上述的区别特征，取得了蜡块直接放置在发热元件上，导热均匀、熔蜡效果好的有益效果。因此本专利权利要求 1 所限定的技术方案相对于对比文件 4 具有实质性特点和进步，符合专利法第 22 条第 3 款有关创造性的规定。

(6) 关于权利要求 7 的创造性

请求人主张权利要求 7 属于本领域的常规知识，因此没有创造性。对此，合议组认为请求人并没有提供足够的证据证明权利要求 7 的技术方案属于本领域的常规知识，因此请求人的主张不成立。

根据上述的事实和理由，本案合议组依法做出以下决定。

三、决定

维持 200420005840.9 号实用新型专利权有效。

一方当事人对本决定不服的，可以根据专利法第 46 条第 2 款的规定，在收到本决定之日起三个月内向北京市第一中级人民法院起诉。根据该款规定，一方当事人起诉后，另一方当事人应当作为第三人参加诉讼。

一种熔蜡器

无效宣告请求审查决定（第12201号）

决 定 号	第12201号
决 定 日	2008年9月1日
发明创造名称	一种熔蜡器
国 际 分 类 号	C11C5/02
无效宣告请求人	潮州市晟晖陶瓷有限公司
专 利 权 人	萧铭任
申 请 号	200420005841.3
申 请 日	2004年3月5日
授 权 公 告 日	2005年4月20日
合 议 组 组 长	李人久
主 审 员	吴文英
参 审 员	孙俐

法 律 依 据 专利法第22条第2款，第22条第3款

决 定 要 点

如果一项实用新型权利要求所保护的技术方案与最接近的现有技术相比存在区别技术特征，而请求人提供的证据也均没有公开该区别技术特征或给出技术启示，且没有证据表明其是公知常识，而且该区别技术特征的引入使得该权利要求的技术方案产生了有益的技术效果，则该权利要求相对于请求人提供的现有技术具有实质性特点和进步，具备创造性。

一、案由

本无效宣告请求涉及国家知识产权局2005年4月20日授权公告的、名称为"一种熔蜡器"的第200420005841.3号实用新型专利，其申请日为2004年3月5日，专利权人为萧铭任，授权公告的权利要求书为：

"1. 一种熔蜡器，其特征在于包括有底座（1）、外壳（2）、发热元件（4），电阻（5），其中外壳（2）固装在底座（1）上，发热元件（4）装在外壳（2）的中空腔体内，电阻（5）固装在发热元件（4）上，并通过电源线（9）与电源连接。

2. 根据权利要求1所述的熔蜡器，其特征在于上述发热元件（4）为金属片。

3. 根据权利要求2所述的熔蜡器，其特征在于上述发热元件（4）为铁片。

4. 根据权利要求1或2或3所述的熔蜡器，其特征在于上述电阻（5）固装在发热元件（4）底

部所设的支撑架（4A）上，发热元件（4）卡装在外壳（2）内壁所设的卡缘上，且通过上端固定在支撑架（4A）、下端穿过底座（1）的螺杆（3）和旋紧在螺杆（3）端部的螺母（11）将底座（1）及发热元件（4）固定在一起。

5. 根据权利要求4所述的熔蜡器，其特征在于上述电阻（5）还并接有指示灯（7）。
6. 根据权利要求5所述的熔蜡器，其特征在于上述电阻（5）为水泥电阻。
7. 根据权利要求6所述的熔蜡器，其特征在于上述指示灯（6）与电阻（5）的连接线上套装有绝缘套管（6）。
8. 根据权利要求7所述的熔蜡器，其特征在于上述指示灯（6）的外侧还设有指示灯壳（8）。
9. 根据权利要求8所述的熔蜡器，其特征在于上述电源线（9）上还装设有开关（10）。
10. 根据权利要求9所述的熔蜡器，其特征在于上述外壳（2）为陶瓷外壳。"

2008年3月18日，潮州市晟晖陶瓷有限公司（下称请求人）针对该实用新型专利（下称本专利）提出无效宣告请求，理由是本专利不符合专利法第22条第2、3款。请求人同时提交了下列附件作为证据：

附件1：中国实用新型专利说明书，申请号02271654.8，授权公告日2003年7月23日，复印件共7页（对比文件1）；

附件2：中国实用新型专利说明书，申请号93241807.4，授权公告日1994年11月2日，复印件共6页（对比文件2）；

附件3：中国实用新型专利说明书，申请号95229352.8，授权公告日1997年2月12日，复印件共8页（对比文件3）；

附件4：中国实用新型专利说明书，申请号96212366.8，授权公告日1997年9月17日，复印件共10页（对比文件4）；

附件5：《礼品与饰品配件》（《Gifts & Decorative Accessories》）杂志，2004年1月，复印件共3页（对比文件5）；

附件6：附件5的译文，共3页；

附件7：用于证明附件5真实性的公证书及认证书各1页；

附件8：附件7的译文，共2页。

请求人认为：

（1）对比文件1至4都分别具有权利要求1的绝大部分技术特征，组合起来则具有权利要求1所记载的全部技术特征，因此该权利要求1不具备专利法第22条所规定的创造性。对比文件1至4组合起来，记载了权利要求2~10绝大多数技术特征，虽有部分未记载的，但所属技术领域的人员不用创造性劳动就可得知，故权利要求2~10也没有创造性。

（2）由对比文件5的图片可得知刊登的熔蜡器外壳为陶瓷，基本结构能得到完整的公开；从文字说明看，刊登的熔蜡器是用电元件加热，达到安全高效加热香蜡的技术效果，所以对比文件5公开了本专利的熔蜡器，所以本专利不具备专利法第22条规定的新颖性。

经形式审查合格后，2008年4月25日国家知识产权局专利复审委员会受理了该无效宣告请求，向双方当事人发出无效宣告请求受理通知书，并将上述宣告专利权无效请求书及所附证据副本转送给专利权人，要求专利权人在一个月内陈述意见。同时成立合议组进行审查。

专利权人于2008年6月4日向专利复审委员会提交了针对无效宣告请求的意见陈述书，并提交了权利要求书的替换页。将原权利要求4的全部技术特征加入到原权利要求1中，成为新的独立权利要求1，新修改的权利要求如下：

"1. 一种熔蜡器，包括有底座（1）、外壳（2）、发热元件（4），电阻（5），其中外壳（2）固装在底座（1）上，发热元件（4）装在外壳（2）的中空腔体内，电阻（5）固装在发热元件（4）上，并通过电源线（9）与电源连接，其特征在于：上述电阻（5）固装在发热元件（4）底部所设的支撑架（4A）上，发热元件（4）卡装在外壳（2）内壁所设的卡缘上，且通过上端固定在支撑架（4A）、下端穿过底座（1）的螺杆（3）和旋紧在螺杆（3）端部的螺母（11）将底座（1）及发热元件（4）固定在一起。

2. 根据权利要求1所述的熔蜡器，其特征在于上述发热元件（4）为金属片。

3. 根据权利要求2所述的熔蜡器，其特征在于上述发热元件（4）为铁片。

4. 根据权利要求1或2或3所述的熔蜡器，其特征在于上述电阻（5）还并接有指示灯（7）。

5. 根据权利要求4所述的熔蜡器，其特征在于：上述电阻（5）为水泥电阻。

6. 根据权利要求5所述的熔蜡器，其特征在于：上述指示灯（6）与电阻（5）的连接线上套装有绝缘套管（6）。

7. 根据权利要求6所述的熔蜡器，其特征在于：上述指示灯（6）的外侧还设有指示灯壳（8）。

8. 根据权利要求7所述的新型熔蜡器，其特征在于：上述电源线（9）上还装设有开关（10）。

9. 根据权利要求8所述的新型熔蜡器，其特征在于：上述外壳（2）为陶瓷外壳。"

专利权人认为：

（1）修改后的权利要求1中对电阻（5）与发热元件（4）之间安装固定进行限定，其中通过电阻（5）固装在发热元件（4）底部的支撑架（4A）上，可限制电阻（5）相对转动及该电阻（5）与发热元件（4）能够更紧密，使电阻与发热元件安装方便，结构简单，且设计巧妙。而对比文件1~4对此无任何提示内容，也不存在相关教导，因此权利要求1具有创造性；相应地，从属权利要求2~9也具有创造性。

（2）对比文件5仅仅是公开了一些相关熔蜡器的外部形状图片而已，并没有公开本专利中所要求保护的技术方案以及技术目的、效果等，因此仅从这些外观图片无法直接得出本专利的技术方案，故本专利具有新颖性。

2008年6月26日，专利复审委员会向双方当事人发出口头审理通知书，定于2008年7月23日举行口头审理，并将专利权人的上述意见陈述转送给请求人。

2008年7月23日，口头审理如期举行，请求人和专利权人的代理人均出席了口头审理。双方当事人对对方出庭人员身份无异议，对合议组成员无回避请求。（1）针对专利权人于2008年6月4日提交的经修改的权利要求书，请求人认为把权利要求4的内容合并到权利要求1中扩大了权利要求1的保护范围。（2）专利权人对附件1~4的真实性、合法性、关联性、公开性均无异议，对附件5~8的真实性有异议，认为没有原件，专利权利人认为其原件在案件编号W607718、专利号为200430003875.4的案卷中。（3）请求人明确其无效理由和范围为：（i）权利要求1~9相对于对比文件5不符合专利法第22条第2款规定的新颖性；（ii）权利要求1、5、7、8相对于对比文件1、权利要求1~5、9相对于对比文件2、权利要求1相对于对比文件3、权利要求1相对于对比文件4不符合专利法第22条第3款规定的创造性，对于权利要求6，不用证据，属于公知常识，故无创造性。放弃对比文件1~4的组合评价权利要求1~9的创造性。庭审中，合议组对请求人提出的无效理由和事实进行了充分调查，并听取了双方当事人的陈述。双方当事人可在口头审理结束后三个工作日内提交书面答辩意见。

请求人于2008年7月27日提交了书面答辩意见，指出本专利相对于对比文件5没有新颖性；对比文件2和3的结合破坏权利要求1~9的创造性。

在此基础上，合议组认为本案事实已经清楚，现依法作出本决定。

二、决定的理由

1. 关于审查文本

专利权利人于2008年6月4日提交了修改的权利要求书，删除原权利要求1，并将原权利要求4的全部技术特征加入原权利要求1中，作为新的独立权利要求1。对于该修改的权利要求书，请求人认为把权利要求4的内容合并到权利要求1中扩大了权利要求1的保护范围。关于上述修改，合议组认为：所作的修改并未扩大权利要求1的保护范围，因为修改后的权利要求书中，专利权人删除了原权利要求1、将原权利要求4中引用原权利要求1的技术方案作为修改后的权利要求1，引用原权利要求2和3的原权利要求4作为修改后的权利要求2和权利要求3，权利要求4～9相当于原权利要求5～10，并删除了原权利要求1～3。其独立权利要求1保护范围实际上相当于原权利要求4引用原权利要求1时的保护范围，并且专利权人的上述修改符合专利法第33条及专利法实施细则第68条的规定，并符合审查指南第四部分第三章第4.6节有关无效宣告程序中对专利文件修改的规定，合议组以该修改后的权利要求书和授权文本的说明书、说明书附图、说明书摘要及摘要附图作为本案的审查基础。

2. 审查范围确定

请求人于2008年7月27日提交了书面答辩意见，其中指出对比文件2和3的结合破坏权利要求1～9的创造性。对此，合议组认为其是在请求日一个月之后新增加的无效宣告理由，根据专利法实施细则第66条以及审查指南第四部分第三章第4.2节的规定，不予考虑。

根据请求人的无效宣告请求书及口头审理时的意见陈述，本案的无效理由和范围为：（i）权利要求1～9相对于对比文件5不符合专利法第22条第2款规定的新颖性；（ii）权利要求1、5、7、8相对于对比文件1、权利要求1～5、9相对于对比文件2、权利要求1相对于对比文件3、权利要求1相对于对比文件4不符合专利法第22条第3款规定的创造性；（iii）对于权利要求6，不用证据，属于本领域人员的常规知识，故无创造性。

3. 关于专利法第22条第2款

专利法第22条第2款规定，新颖性是指在申请日之前没有同样的发明或者实用新型在国内外出版物上公开发表过、在国内公开使用过或者以其他方式为公众所知。

请求人以附件5主张权利要求不具有新颖性，附件6为附件5的中文译文，附件7是用于证明附件5真实性的公证书及认证书，附件8为附件7的中文译文。专利权人对附件5～8的真实性有异议，认为没有提供原件。对此，合议组认为，由于对比文件5（附件5）所示的一种熔蜡器，其仅公开了外壳、底座和使用电子元件加热，即对比文件5只公开了权利要求1要求保护的技术方案的部分技术特征，因此权利要求1相对于对比文件5有新颖性，符合专利法第22条第2款的规定。在权利要求1具有新颖性的前提下，从属权利要求2～9也符合专利法第22条第2款有关新颖性的规定。

鉴于对比文件5公开的内容并不能破坏权利要求1～9的新颖性，合议组对附件5～8的真实性不再进一步进行确认。

4. 关于专利法第22条第3款

专利法第22条第3款规定，创造性是指同申请日以前已有的技术相比，发明有突出的实质性特点和显著的进步，实用新型有实质性特点和进步。

如果一项实用新型权利要求所保护的技术方案与最接近的现有技术相比存在区别技术特征，而请求人提供的所有证据也均没有公开该区别技术特征或给出技术启示，且没有证据表明其是公知常识，而且该区别技术特征的引入使得该权利要求的技术方案产生了有益的技术效果，则该权利要求相对于请求人提供的现有技术具有实质性特点和进步，具备创造性。

(1) 请求人提交的对比文件1~4均为中国专利文献，专利权人对其真实性没有异议，合议组对其真实性予以确认，由于其公开日期均在本专利的申请日前，因此可以作为本专利的现有技术使用。

(2) 关于权利要求1、5、7、8相对于对比文件1的创造性。

对比文件1说明书的第2页第10~14行记载到，"本实用新型的结构示意图如图1所示，包括香蜡瓶（1）、香蜡加热器（2），其中香蜡加热器（2）内设有加热装置及由加热装置使之发热的加热板，香蜡瓶（1）置于香蜡加热器（2）上。上述香蜡加热器（2）内设有加热装置可为发热管，也可为发热丝，还可为PTC发热陶瓷。"根据上述内容及对比文件1的图1，其中香蜡加热器2相当于权利要求1中的底座（1），加热装置相当于权利要求1的电阻（5），香蜡瓶（1）相当于权利要求1的外壳（2），加热板相当于权利要求1的发热元件（4）。由此可见，对比文件1未公开加热装置与加热板之间的连接关系，即没有公开权利要求1的如下技术特征：电阻（5）固装在发热元件（4）上，并通过电源线（9）与电源连接，电阻（5）固装在发热元件（4）底部所设的支撑架（4A）上，发热元件（4）卡装在外壳（2）内壁所设的卡缘上，且通过上端固定在支撑架（4A）、下端穿过底座（1）的螺杆（3）和旋紧在螺杆（3）端部的螺母（11）将底座（1）及发热元件（4）固定在一起。对比文件1并没有公开、暗示或教导上述电阻（5）与发热元件（4）及底座（1）之间的连接方式，即本领域技术人员在对比文件1中所公开的技术方案的基础上不能显而易见的得到本专利权利要求1所限定的熔蜡器，并且权利要求1由于具有上述的连接方式，取得了有效防止电阻相对转动及该电阻能够更紧密配合，使电阻与发热元件安装方便，结构简单的有益效果。因此本专利权利要求1所限定的技术方案相对于对比文件1具有实质性特点和进步，符合专利法第22条第3款有关创造性的规定。

在权利要求1相对于对比文件1有创造性的前提下，其从属权利要求5、7、8相对于对比文件1也符合专利法第22条第3款有关创造性的规定。

(3) 权利要求1~5、9相对于对比文件2的创造性。

对比文件2的说明书第1页第11~16行和附图1公开了一种电子空气芳香器，包括底座（附图1的最下端梯形结构）、电阻（PTC元件或电阻元件13，即附图1的4）、外壳（壳体5）、发热元件（集热板6），其中外壳固装在底座上，发热元件装在外壳的中空腔体内。由此可见，对比文件2未具体公开集热板与电阻的连接方式，且电阻位于集热板的下面，二者之间有绝缘云母片，更没有公开本专利权利要求1的下列特征：电阻（5）固装在发热元件（4）底部所设的支撑架（4A）上，发热元件（4）卡装在外壳（2）内壁所设的卡缘上，且通过上端固定在支撑架（4A）、下端穿过底座（1）的螺杆（3）和旋紧在螺杆（3）端部的螺母（11）将底座（1）及发热元件（4）固定在一起。对比文件2并没有公开、暗示或教导上述电阻（5）与发热元件（4）之间的安装固定方式，即本领域技术人员在对比文件2中所公开的技术方案的基础上不能显而易见的得到本专利权利要求1所限定的熔蜡器，并且权利要求1由于具有上述的固定方式，取得了有效防止电阻相对转动及该电阻能够更紧密地与发热元件配合，使电阻与发热元件安装方便，结构简单的有益效果。因此本专利权利要求1所限定的技术方案相对于对比文件2具有实质性特点和进步，符合专利法第22条第3款有关创造性的规定。

在权利要求1相对于对比文件2有创造性的前提下，其从属权利要求2~5、9相对于对比文件2也符合专利法第22条第3款有关创造性的规定。

(4) 权利要求1相对于对比文件3的创造性。

对比文件3（说明书第2页第3~4行、第11~14行、附图1）公开了一种电香料炉，包括底座（脚座50）、电阻（导热棒）、外壳（附图1中的炉体10）、发热元件（氧化铝24导热面），发热元件接触于炉体10外壳的底壁外表面，其中外壳固装在底座上。由此可见，对比文件3未公开本专利权利要求1的如下特征：其没有公开装于外壳（2）中空腔体内可直接接触蜡块的发热元件，电阻（5）固装在发热元件（4）底部所设的支撑架（4A）上，发热元件（4）卡装在外壳（2）内壁所设的卡缘上，且通过上端固定在支撑架（4A）、下端穿过底座（1）的螺杆（3）和旋紧在螺杆（3）端部的螺母（11）将底座（1）及发热元件（4）固定在一起。对比文件3并没有公开、暗示或教导上述区别特征，即本领域技术人员在对比文件3中所公开的技术方案的基础上不能显而易见的得到本专利权利要求1所限定的熔蜡器，并且所述的区别特征取得了下列有益效果：使得蜡块可直接放置在发热元件上，可限制电阻（5）相对转动及该电阻（5）与发热元件（4）能够更紧密，使电阻与发热元件安装方便，结构简单，且设计巧妙。因此本专利权利要求1所限定的技术方案相对于对比文件3具有实质性特点和进步，符合专利法第22条第3款有关创造性的规定。

（5）权利要求1相对于对比文件4的创造性。

对比文件4（说明书第3页第10~16行、附图3）公开了一种电香料炉，包括底座（附图3中的支承座60）、电阻（杆状发热棒33）、外壳（附图3中的容器20）、发热元件（氧化铝导热层32），发热元件接触于容器20外壳的底壁外表面，其中外壳固装在底座上。由此可见，对比文件4未公开本专利权利要求1的如下特征：其没有公开装于外壳（2）中空腔体内可直接接触蜡块的发热元件，电阻（5）固装在发热元件（4）底部所设的支撑架（4A）上，发热元件（4）卡装在外壳（2）内壁所设的卡缘上，且通过上端固定在支撑架（4A）、下端穿过底座（1）的螺杆（3）和旋紧在螺杆（3）端部的螺母（11）将底座（1）及发热元件（4）固定在一起。对比文件4并没有公开、暗示或教导上述区别技术特征，即本领域技术人员在对比文件4中所公开的技术方案的基础上不能显而易见的得到本专利权利要求1所限定的熔蜡器，并且所述的区别特征取得了下列有益效果：使得蜡块可直接放置在发热元件上，并可限制电阻（5）相对转动及该电阻（5）与发热元件（4）能够更紧密，使电阻与发热元件安装方便，结构简单，且设计巧妙。因此本专利权利要求1所限定的技术方案相对于对比文件4具有实质性特点和进步，符合专利法第22条第3款有关创造性的规定。

（6）关于权利要求6的创造性。

请求人主张权利要求6属于本领域的常规知识，因此没有创造性。对此，合议组认为请求人并没有提供足够的证据证明权利要求6的技术方案属于本领域的常规知识，因此请求人的主张不成立。

根据上述的事实和理由，本案合议组依法做出以下决定。

三、决定

维持200420005841.3号实用新型专利权有效。

一方当事人对本决定不服的，可以根据专利法第46条第2款的规定，在收到本决定之日起三个月内向北京市第一中级人民法院起诉。根据该款规定，一方当事人起诉后，另一方当事人应当作为第三人参加诉讼。

灯箱的反光装置

无效宣告请求审查决定（第12336号）

决 定 号	第12336号
决 定 日	2008年9月16日
发明创造名称	灯箱的反光装置
国 际 分 类 号	G09F 13/00
无效宣告请求人	邓伟兰
专 利 权 人	王默文
专 利 号	200520113607.7
申 请 日	2005年7月12日
授权公告日	2006年9月13日
合议组组长	王晓云
主 审 员	李瑛琦
参 审 员	尹昕
法 律 依 据	专利法第22条第3款

决 定 要 点

在判断一项权利要求是否具备创造性时，如果该权利要求所述的技术方案与现有技术公开的最接近的技术方案之间存在区别特征，但该区别特征是本领域的公知常识，并且其在两技术方案中所起的作用相同，则应当认为现有技术给出了将上述区别特征应用到该最接近的现有技术以解决其存在的技术问题的启示，该权利要求的技术方案对本领域技术人员是显而易见的，不具有专利法第22条第3款规定的创造性；反之，如果现有技术中没有给出上述启示，则该权利要求是非显而易见的，具有专利法第22条第3款规定的创造性。

一、案由

本无效宣告请求案涉及国家知识产权局于2006年9月13日公告授予的、名称为"灯箱的反光装置"的200520113607.7号实用新型专利权（下称本专利），其申请日为2005年7月12日，专利权人为王默文。本专利授权公告的权利要求书如下：

"1. 一种灯箱的反光装置，上述灯箱包括：背面板，靠近背面板设置的灯管，设置于灯箱展示方向的画片支撑板；其特征在于：相邻灯管之间设置有反光板。

2. 根据权利要求1所述的灯箱的反光装置，其特征在于：在相邻的灯管之间设置有角形反光板，角形反光板由有两个直板构成，两个直板相连接的顶部为尖形，顶部朝向支撑板。

3. 根据权利要求 2 所述的灯箱的反光装置，其特征在于：灯管与灯箱背面板之间也设置有板状反光板，该反光板与背面板平行，与上述位于两相邻灯管之间的反光板连接成一体。

4. 根据权利要求 1 所述的灯箱的反光装置，其特征在于：在相邻的灯管之间设置凸弧形反光板，反光板向展示板方向凸起。

5. 根据权利要求 4 所述的灯箱的反光装置，其特征在于：上述凸弧形反光板靠近灯管的地方形成凹弧。

6. 根据权利要求 1 所述的灯箱的反光装置，其特征在于：相邻灯管之间设置有抛物线型反光板，抛物线顶点朝向画片支撑板。

7. 根据权利要求 1 所述的灯箱的反光装置，其特征在于：相邻灯管之间设置有下凹型反光板，下凹型反光板由两个下凹曲面板构成，其中，下凹曲面板的一端位于灯管的底部侧面，另外一端连接于两灯管之间靠近画片支撑板的位置，组成下凹型反光板。

8. 根据权利要求 7 所述的灯箱的反光装置，其特征在于：在灯管的前方设置向支撑板凸起的上反光板。

9. 根据权利要求 2 或 4～8 任意一项权利要求所述的灯箱的反光装置，其特征在于：在灯管的后方设置有反光板。

10. 根据权利要求 2 或 4～8 任意一项权利要求所述的灯箱的反光装置，其特征在于：在灯管后方设置有反光纸。"

针对上述专利权，邓伟兰（下称请求人）于 2008 年 6 月 4 日向专利复审委员会提出无效宣告请求，请求宣告本专利全部无效，并提交了本专利授权公告文本和下述证据：

证据 1：第 97220851.8 号实用新型专利说明书，授权公告日 1998 年 12 月 2 日，复印件共 4 页；

证据 2：第 95237269.X 号实用新型专利说明书，授权公告日 1996 年 11 月 6 日，复印件共 6 页；

证据 3：第 02248132.X 号实用新型专利说明书，授权公告日 2003 年 8 月 27 日，复印件共 7 页。

请求人认为，证据 1 中的箱体、灯管、透光板分别相当于本专利中的背面板、灯管和画片支撑板，并且证据 1 的梯形齿状反光板也清楚地反映了本专利灯箱中反光板的特征，因此，相对于证据 1 而言，权利要求 1、3～7 不具有新颖性、创造性，权利要求 2 不具有创造性；证据 2 中的背板、灯管、面板相当于本专利的背面板、灯管和画片支撑板，并且背板还具有反光板的功能，其反映了本专利灯箱中反光板的特征，因此，权利要求 1～7 相对于证据 2 不具有新颖性、创造性；证据 3 中的匀光膜上设有一组导光层，故匀光膜相当于本专利的反光板，本领域技术人员无需花费创造性劳动即可在"灯管下方或相邻之间设有反光板"的基础上设计上反光板，因此权利要求 7、8 不具有新颖性、创造性；权利要求 9 限定的特征在证据 1 或者证据 2 中均已经反映出来，权利要求 10 是权利要求 9 的材料替换，其效果也与权利要求 9 相同，因此权利要求 9 和 10 也不具有新颖性和创造性。

形式审查合格后，专利复审委员会受理了上述请求，于 2008 年 6 月 19 日向双方当事人发出《无效宣告请求受理通知书》，并将《专利权无效宣告请求书》及其清单中所列附件的副本转送给专利权人，要求其在指定的期限内答复，同时，成立合议组对本无效宣告请求案进行审理。

专利权人于 2008 年 7 月 29 日提交了答复意见以及经修改的权利要求书，修改后的权利要求书如下：

"1. 一种灯箱的反光装置，上述灯箱包括：背面板，靠近背面板设置的灯管，设置于灯箱展示方向的画片支撑板；相邻灯管之间设置有反光板，其特征在于：在相邻的灯管之间设置有角形反光板，角形反光板由有两个直板构成，两个直板相连接的顶部为尖形，顶部朝向支撑板。

2. 根据权利要求 1 所述的灯箱的反光装置，其特征在于：灯管与灯箱背面板之间也设置有板状反光板,该反光板与背面板平行,与上述位于两相邻灯管之间的反光板连接成一体。

3. 一种灯箱的反光装置,上述灯箱包括:背面板,靠近背面板设置的灯管,设置于灯箱展示方向的画片支撑板;相邻灯管之间设置有反光板,其特征在于:在相邻的灯管之间设置凸弧形反光板,反光板向展示板方向凸起。

4. 根据权利要求3所述的灯箱的反光装置,其特征在于:上述凸弧形反光板靠近灯管的地方形成凹弧。

5. 一种灯箱的反光装置,上述灯箱包括:背面板,靠近背面板设置的灯管,设置于灯箱展示方向的画片支撑板;相邻灯管之间设置有反光板,其特征在于:相邻灯管之间设置有抛物线型反光板,抛物线顶点朝向画片支撑板。

6. 一种灯箱的反光装置,上述灯箱包括:背面板,靠近背面板设置的灯管,设置于灯箱展示方向的画片支撑板;相邻灯管之间设置有反光板,其特征在于:相邻灯管之间设置有下凹型反光板,下凹型反光板由两个下凹曲面板构成,其中,下凹曲面板的一端位于灯管的底部侧面,另外一端连接于两灯管之间靠近画片支撑板的位置,组成下凹型反光板。

7. 根据权利要求6所述的灯箱的反光装置,其特征在于:在灯管的前方设置向支撑板凸起的上反光板。

8. 根据权利要求1或3~7任意一项权利要求所述的灯箱的反光装置,其特征在于:在灯管的后方设置有反光板。

9. 根据权利要求1或3~7任意一项权利要求所述的灯箱的反光装置,其特征在于:在灯管后方设置有反光纸。"

专利权人认为,基于修改后的权利要求书,本专利权利要求1~9符合专利法第22条第2款、第3款关于新颖性、创造性的规定。本专利与证据1中的反光板相比,形状不同,实际产生的效果也不同,而且该证据中未给出反光板形状改变的技术启示,因此本专利相对于证据1具有新颖性、创造性;证据2的背板内侧面大部分未设置反光装置,与本专利的反光板结构不同,所起的作用也不同,因此证据2不能用于破坏本专利的新颖性、创造性;为了使光照均匀,证据3采用的是匀光膜,而本专利采用的是反光板,二者技术手段不同,而且该证据中未给出技术启示,因此本专利相对于证据3也具有新颖性、创造性。

2008年8月1日,本案合议组向双方当事人发出《无效宣告请求口头审理通知书》,拟定于2008年8月28日对本专利的无效宣告请求进行口头审理。同时将专利权人于2008年7月29日提交的意见陈述书及其所附的修改后的权利要求书的副本转送给请求人。

2008年8月28日,口头审理如期进行,双方当事人均委托代理人出席了口头审理。双方对对方出庭人员的身份和资格无异议,对合议组成员无回避请求。在口头审理过程中,合议组对请求人提出的无效理由、事实和证据进行了充分调查,双方当事人充分陈述了意见。在口头审理过程中确认的事实如下:(1)请求人对本专利权利要求书的修改表示认可;(2)针对专利权人提交的修改后的权利要求书,请求人放弃权利要求7不具有新颖性的无效理由,并进一步明确其无效宣告理由为:权利要求1~6、8~9相对于证据1或者证据2不具有新颖性,相对于证据1、证据2或者证据1和证据2的结合不具有创造性,权利要求7相对于证据3和证据1的结合或者相对于证据3和证据2的结合不具有创造性,请求人承认其中权利要求1~6、8~9相对于证据1和证据2的结合不具有创造性的无效理由在《无效宣告请求书》中没有具体描述,专利权人对此未提出异议;(3)专利权人对于请求人提交的证据1~3的真实性、合法性、公开性和关联性均无异议。

合议组经过审查,认为本案的事实已清楚,可以作出审查决定。

二、决定的理由

1. 关于无效宣告请求审查的文本

专利权人针对无效宣告请求书提交了修改的权利要求书,删除了原独立权利要求1,其他权利要求作相应修改,经审查,该修改文本符合审查指南中对无效宣告程序中有关专利文件修改的规定,故本决定以专利权人于2008年7月29日提交的修改后的权利要求第1~9项作为审查文本。

2. 关于无效宣告请求的理由和范围

在口审过程中,由于请求人放弃权利要求7不具有新颖性的无效宣告理由,因此,合议组对该理由不再审查。请求人在提出无效宣告请求时并未提出权利要求1~6、8~9相对于证据1和证据2的结合不具有创造性的无效理由,请求人对这一事实也表示认同。合议组经审查后认为,请求人当庭增加的无效理由是在其提出无效宣告请求之日起一个月后提出的,而且所述理由既不是针对专利权人以合并方式修改的权利要求提出的,也不是对明显与提交的证据不相对应的无效宣告理由的变更,因此根据审查指南第四部分第三章第4.2节的规定,合议组对此新增加的理由不予考虑。

综上所述,合议组确定本案无效宣告请求的理由和范围是:权利要求1~6、8~9相对于证据1或2不具备新颖性和创造性,权利要求7相对于证据1和3的结合或者证据2和3的结合不具备创造性。

3. 关于证据

请求人提交的证据1~3均为公开日在本专利申请日之前的专利文献,专利权人对其合法性、真实性、关联性均表示认可,合议组也认可上述证据的真实性、合法性和关联性,因此证据1~3可作为本案的有效证据使用,其中公开的内容构成本专利的现有技术。

4. 关于专利法第22条第3款

专利法第22条第3款规定,创造性,是指同申请日以前已有的技术相比,该发明有突出的实质性特点和显著的进步,该实用新型有实质性特点和进步。

在判断一项权利要求是否具备创造性时,如果该权利要求所述的技术方案与现有技术公开的最接近的技术方案之间存在区别特征,但该区别特征是本领域的公知常识,并且其在两技术方案中所起的作用相同,则应当认为现有技术给出了将上述区别特征应用到该最接近的现有技术以解决其存在的技术问题的启示,该权利要求的技术方案对本领域技术人员是显而易见的,不具有专利法第22条第3款规定的创造性;反之,如果现有技术中没有给出上述启示,则该权利要求是非显而易见的,具有专利法第22条第3款规定的创造性。

(1) 关于本专利权利要求1的创造性。

本专利权利要求1请求保护一种灯箱反光装置,上述灯箱包括:背面板,靠近背面板设置的灯管,设置于灯箱展示方向的画片支撑板;相邻灯管之间设置有反光板,其特征在于:在相邻的灯管之间设置有角形反光板,角形反光板由有两个直板构成,两个直板相连接的顶部为尖形,顶部朝向支撑板。证据1公开了一种适用于宣传广告、图片展示等的高效薄型灯箱,包括灯管和具有部分透光板的箱体,在透光板相对的箱体内壁上设有由相平行且间隔的内平板、外平板,及其间连接的侧斜板组成的梯形齿状反光板,该梯形齿状反光板的内表面还设有反光层,而灯管处在该梯形齿状反光板的凹槽中,采用该技术方案可使照明光线均匀,箱体厚度减小(参见证据1摘要、权利要求1和说明书附图1)。

将本专利权利要求1与证据1公开的灯箱相比,证据1中的箱体、灯管、透光板分别相当于权利要求1中的背面板、灯管和画片支撑板,并且证据1中也包括设置于相邻灯管之间且顶部朝向透光板的反光板,二者的区别仅在于权利要求1的反光板为由两个直板构成,顶部为尖形,而证据1的反光板为梯形齿状反光板,其顶部为平板。权利要求1实际解决的技术问题在于调整反光板的角度以适应实际应用的需要,但是根据证据1的记载(参见证据1说明书第1页倒数第3~5行)以及本领域的公知常识可知，反光板的作用就是将来自于灯管的光线以一定角度反射到灯箱前方，以反射的光线消除灯管之间的黑带，使得光照均匀，无论是角形反光板还是梯形齿状反光板，其所起的作用是相同的，带来的技术效果也是可以预期的，故本领域技术人员在证据1公开的技术方案的基础上，容易想到根据灯管之间的距离、灯箱的厚度等实际应用的需要对证据1的反光板的顶角角度以及形状进行调整或者改变，以使由反光板反射到灯箱前方的光线能够消除灯箱表面的黑带，令灯箱表面光线均匀，也即本领域技术人员根据产品的实际需要对证据1灯箱的反光板的形状进行改造得到本专利权利要求1的技术方案是显而易见的，因此权利要求1相对于证据1不具有专利法第22条第3款规定的创造性。

证据2公开了一种商品展示用灯箱，主要包括面板、背板及灯管，背板所朝面板方向四周延伸有一边板，边板、面板与背板共围一夹层，背板曲折近似波浪状，有2个以上的波谷，灯管装于背板内侧的波谷内，面向灯管的波谷表面贴有反光纸。当灯管放射光线时，除部分光线直接透射外，大部分光线将由波谷两侧的曲折所形成的内侧壁折射，再透过面板，使光线经能量衰减而变得柔和（参见证据2权利要求1、说明书第1页第4段、第2页倒数第2～4行）。此外，证据2的附图1和2清楚显示其背板处于相邻灯管间的部分为角形。

将本专利权利要求1的技术方案与证据2进行比较可知，证据2中的面板相当于本专利的画片支撑板，证据2的背板能够将来自灯管的光线反射到面板，相当于本专利的反光板，并且其形状均为角形，证据2的灯箱与本专利权利要求1的不同之处在于，没有明确记载相当于本专利灯箱背面板的结构。权利要求1实际解决的技术问题在于设置背面板以有效保护灯箱内结构。然而本领域技术人员公知背面板的作用是将灯箱内部元件封闭在其中，并且支撑和保护整个灯箱的结构，因此当本领域技术人员面对上述技术问题时，根据其掌握的常规技能很容易想到这种结构上的改变，进而获得权利要求1的技术方案。综上所述，权利要求1相对于证据2及本领域技术人员的公知常识而言是显而易见的，不具有专利法第22条第3款规定的创造性。

（2）关于本专利权利要求2的创造性。

从属权利要求2引用权利要求1，进一步限定"灯管与背面板之间也设置反光板，该反光板与背面板平行，与相邻灯管间的反光板连接成一体"。证据1的附图1清晰地反映梯形齿状反光板就是由内平板、外平板、侧斜板连接而成的整体，灯管与背面板之间的部分是32外平板，外平板与背面板平行，可见，从属权利要求2的附加技术特征已经被证据1所公开，因此当其引用的权利要求1相对于证据1不具有创造性时，权利要求2相对于证据1也不具有创造性，不符合专利法第22条第3款的规定。

由证据2的附图2可见，若将靠近面板一侧视为灯管的前方，则灯管的后方也设置有板状反光板，该反光板与位于两相邻灯管之间的反光板连接成一体，因此从属权利要求2的附加技术特征已经被证据2公开，在其引用的权利要求1相对于证据2不具有创造性的基础上，权利要求2相对于证据2也不具有创造性，不符合专利法第22条第3款的规定。

（3）关于权利要求3、5、6的创造性。

权利要求3、5、6是与权利要求1并列的独立权利要求，上述四组技术方案之间的不同之处仅在于反光板的形状，具体而言，权利要求3中反光板是凸弧形，并向展示板方向凸起；权利要求5中反光板为抛物线型，抛物线顶点朝向画片支撑板；权利要求6中的反光板为下凹型。将权利要求3、5、6的技术方案分别与证据1公开的技术方案相比，其区别也在于反光板形状有所不同，如前所述，在证据1公开了梯形齿状反光板的基础上，本专利将其改变为凸弧形、抛物线型及凹弧型，改变后的反光板所起的作用和带来的技术效果是本领域技术人员完全可以预期的，因此在证据1中公开的技术方案的基础上，本领域技术人员根据产品的实际需要改变和调整反光板的形状、角度等得到权利要求3、5、6的技术方案也是显而易见的，上述权利要求相对于证据1不具有专利法第22条第3款规定的创造性。

本专利权利要求3、5、6请求保护的技术方案与证据2相比，其区别除在于缺少独立的背面板结构之外，还在于反光板的形状不同，具体而言，证据2公开的相邻灯管间的背板为角形，而本专利权利要求3、5、6中的反光板分别为凸弧形、抛物线型和下凹型。尽管存在上述结构的不同，然而证据2与本专利所要解决的技术问题都是克服灯管光线直线传播透过框面后光亮局部集中在光源所对位置而在相邻亮区之间存在黑带的现象，所采用的技术手段均为在灯管后方设置曲折的反光板，所达到的技术效果均是使灯箱前方的光线分布均匀，本领域技术人员在具体实施上述技术手段时，能够根据光线反射的原理，适当调整反光板的形状和位置等，保证灯管发出的光线经透射和反射后到达灯箱画片支撑板位置时变得均匀，并且如前所述，将证据2中具有双重功能的背板改造成结构独立的背面板和反光板对于本领域技术人员来说是显而易见的，因此本领域技术人员在证据2所公开内容的基础上获得权利要求3、5、6的技术方案是显而易见的，上述权利要求不符合专利法第22条第3款对创造性的规定。

（4）关于本专利权利要求4的创造性。

从属权利要求4引用权利要求3，其进一步限定"凸弧形反光板靠近灯管的地方形成凹弧"。证据1中记载"灯管处在该梯形齿状反光板的凹槽中"，虽然构成证据1的梯形齿状反光板的每一部分均为直板，而本专利权利要求4技术方案中反光板的每一个部分均为弧形，但是基于前面对独立权利要求的评述，反光板这种形状的改变是本领域技术人员容易想到的，其所起的作用和带来的技术效果也是可以预期的，因此在权利要求3相对于证据1不具有创造性的基础上，权利要求4相对于证据1也不具有专利法第22条第3款规定的创造性。

证据2中记载"背板的外侧与背板的内侧相对形成一曲折的形状，单个曲折似弓形"、"灯管装于背板内侧波谷内"（参见证据2说明书第2页第5~6行，权利要求1），由此可见，从属权利要求4进一步限定的"凸弧形反光板靠近灯管的地方形成凹弧"已经被证据2公开，在其引用的权利要求3相对于证据2不具有创造性的基础上，权利要求4相对于证据2也不具有创造性。

专利权人认为，为了解决相邻灯管之间存在暗区的问题，使用本专利特殊形状的反光板的效果优于证据1中梯形反光板。对此合议组认为，专利权人并没有举出证据证明使用角形、凸弧形、凹弧形、抛物线形反光板与梯形反光板的效果有何不同，而从本专利和证据1的说明书记载来看，不论角形、凹弧形、抛物线型、凸弧型反光板还是梯形反光板，均可实现使灯箱表面光线均匀的技术效果，从而解决本专利欲解决的技术问题，因此合议组不能支持专利权人的上述观点。

专利权人还认为，证据2说明书第2页第7~9行记载"大部分光线将由波谷两侧的曲折所形成的内侧壁折射，再透过面板，使光线经能量衰减而呈现柔和"，由于折射不同于反射，其作用是使光线柔和而不是均匀，故证据2中的背板不能相当于本专利中的反光板。合议组对此观点不能予以认同。根据本领域技术人员的公知常识，光的折射是指光从一种介质斜射入另一种介质时传播方向发生偏折的现象，入射光线与折射光线分处界面的两侧，根据上述定义以及证据2附图2所指示的光线的传播方向可知，证据2中背板是将入射光反射到界面的同侧，准确地说，发生在灯箱背板上的光学现象应当为反射而不是折射，背板的作用就是反射光线，这与本专利反光板的作用相同，此外，证据2所述"光线经能量衰减而呈现柔和"是由面板所产生，证据2的灯箱所具有的与背板的结构设计有关的优点是使光线均匀，因此证据2中的背板从结构到功能均相当于本专利中的角形反光板。

（5）关于本专利权利要求7的创造性。

从属权利要求7在独立权利要求6的基础上进一步限定"在灯管的前方设置向支撑板凸起的上反光板"。证据3公开了一种匀光灯箱，其中记载"光源上方或下方都分别设有一匀光膜"，"所述匀光膜包括一透明塑料薄膜，所述透明塑料薄膜上印有一导光网点，所述导光网点是由大小不同的点按照光学的折射原理和特定的排列方式来分布，然后印在透明塑料薄膜上"（参见证据3权利要求1和2）。请求人认为，证据3中光源发出的光照射到导光网点时将向灯管方向发生反射，因此证据3中的匀光膜4相当于置于灯管前方的一整块上反光板，与本专利权利要求7的区别仅在于本专利中的上反光板是各自独立的，然而这是本领域技术人员容易想到的，因此在权利要求6相对于证据1或证据2不具有创造性的基础上，权利要求7的技术方案相对于证据3与证据1的结合或者证据3与证据2的结合不具有创造性。

对此合议组认为，证据3中的匀光膜上确有能够反射光线的导光网点，然而其结构是点状分布，并且印有导光网点的匀光膜为一整体（参见证据3权利要求2、附图3），这与本专利权利要求7所述的位于每支灯管前方的独立上反光板结构是不同的，并且，证据3中的匀光膜（包括透明塑料薄膜及其上印有的导光网点）是透光的，经过匀光膜使光源发出的光线变得均匀，并传播到面板上（参见证据3说明书第5页第9～13行），其原理是通过调整导光网点的大小疏密来消除靠近灯管处局部过亮的现象，而本专利则是利用反光板所反射光线填补灯管之间的黑带以使光照均匀，二者的原理不同，所起的作用和实际产生的技术效果也不同，本领域技术人员从证据3中不能获得启示去采用一种完全不同的构思解决灯箱光线不均匀的现象，因此，无论相对于证据1、3的结合还是证据2、3的结合而言，本专利权利要求7的技术方案对于本领域技术人员来说都是非显而易见的，而且该技术方案产生了使光照均匀的技术效果，具有创造性。

(6) 关于本专利权利要求8的创造性。

从属权利要求8进一步限定权利要求1、3～7所述的灯箱中灯管后方设置有反光板，然而证据1公开的梯形齿状反光板为一个整体，其在灯管后方的位置也是连续的，同样证据2中的背板也是一个整体，灯管后方也存在起到反光作用的背板，由此可见，权利要求8的附加技术特征在证据1或证据2中均已公开，当从属权利要求8引用权利要求1、3～6时，在权利要求1、3～6相对于证据1或者证据2不具有创造性的基础上，从属权利要求8也不具有创造性。当权利要求8引用权利要求7时，由于权利要求7具备创造性，其也具备创造性。

(7) 关于本专利权利要求9的创造性。

从属权利要求9进一步限定权利要求1、3～7所述的灯箱中灯管后方设置有反光纸，证据2公开的背板位于灯管后方的表面也贴有反光纸（参见证据2的权利要求），该附加技术特征已被证据2公开，因此当权利要求9引用权利要求1、3～6时，在其引用的权利要求1、3～6相对于证据2不具有创造性的基础上，附加了已知技术特征的权利要求9也不具有创造性；虽然证据1未公开该附加技术特征，然而反光纸仅是反光板的材料替换，所起的作用均是反射光线，本领域技术人员容易想到这种材料的相互替换，因此当引用不具有创造性的权利要求1、3～6时，权利要求9的技术方案对于本领域技术人员而言也是显而易见的，其相对于证据1不具有创造性。当权利要求9引用权利要求7时，由于权利要求7具备创造性，其也具备创造性。

基于以上事实和理由，本案合议组作出如下审查决定。

三、决定

在专利权人于2008年7月29日提交的修改文本基础上，宣告200520113607.7号实用新型专利权利要求1～6无效，权利要求8和9中引用权利要求1、3～6的技术方案无效，在权利要求7以及引用权利要求7的权利要求8、9的技术方案的基础上维持专利权继续有效。

当事人对本决定不服的，可以根据专利法第46条第2款的规定，自收到本决定之日起三个月内向北京市第一中级人民法院起诉。根据该款规定，一方当事人起诉后，另一方当事人应当作为第三人参加诉讼。

灯箱的边缘补光装置

无效宣告请求审查决定（第 12337 号）

决 定 号	第 12337 号
决 定 日	2008 年 9 月 22 日
发明创造名称	灯箱的边缘补光装置
国 际 分 类 号	G09F 13/04；G09F 13/00
无效宣告请求人	邓伟兰
专 利 权 人	王默文
专 利 号	200520113608.1
申 请 日	2005 年 7 月 12 日
授 权 公 告 日	2006 年 9 月 13 日
合 议 组 组 长	王晓云
主 审 员	李瑛琦
参 审 员	尹昕
法 律 依 据	专利法第 22 条第 2 款、第 3 款

决 定 要 点

如果一项权利要求请求保护的技术方案与现有技术公开的技术方案相比，存在区别特征，导致两种技术方案所要解决的技术问题、预期效果均不同，则所述现有技术不能破坏该权利要求的新颖性。

在判断一项权利要求是否具备创造性时，一般先将该权利要求的技术方案与现有技术中最接近的技术方案进行对比，确定二者的区别特征，然后根据该区别特征所能达到的技术效果确定发明实际解决的技术问题，再判断将该区别特征应用到该最接近的现有技术以解决其存在的技术问题对于本领域技术人员而言是否显而易见。如果本领域技术人员根据现有技术的教导或启示能够容易引入上述区别特征，并获得请求保护的技术方案，而且没有产生预料不到的技术效果，则应当认为该权利要求的技术方案是显而易见的，不符合专利法第 22 条第 3 款关于创造性的规定。

一、案由

本无效宣告请求案涉及国家知识产权局于 2006 年 9 月 13 日公告授予的、名称为"灯箱的边缘补光装置"的 200520113608.1 号实用新型专利权（下称本专利），其申请日为 2005 年 7 月 12 日，专利权人为王默文。本专利授权公告的权利要求书如下：

"1. 一种灯箱的边缘补光装置，上述灯箱包括：并列设置在灯箱内部的多个灯管，以及设置在灯箱外侧的画片支撑板；其特征在于：在灯箱的边缘与靠近灯箱的灯管之间设置有反光板。

2. 根据权利要求1所述的灯箱的边缘补光装置，其特征在于：在灯箱的左、右侧边与靠近灯箱的灯管之间分别设置侧面曲面反光板。

3. 根据权利要求2所述的灯箱的边缘补光装置，其特征在于：侧面曲面反光板向灯箱内部凸起。

4. 根据权利要求3所述的灯箱的边缘补光装置，其特征在于：对于双面灯箱，侧面曲面反光板是两个向灯箱内部凸起的曲面，并设置在两个画片支撑板之间。

5. 根据权利要求3所述的灯箱的边缘补光装置，其特征在于：对于双面灯箱，侧面曲面反光板由一个向灯箱内部灯管方向凸起的反光板构成，并设置在两个画片支撑板之间。

6. 根据权利要求3所述的灯箱的边缘补光装置，其特征在于：对于双面灯箱，反光板在灯管与画片支撑板之间的部分为向灯箱内部凸起的形状，反光板在正对灯管的部分为向灯管凹进的形状。

7. 根据权利要求1所述的灯箱的边缘补光装置，其特征在于：在灯箱上、下侧边分别设置上下曲面反光板。

8. 根据权利要求7所述的灯箱的边缘补光装置，其特征在于：上下曲面反光板设置在靠近灯箱顶面的灯管的上边缘与灯箱顶面之间，以及靠近灯箱地面的灯管的下边缘与灯箱底面之间。

9. 根据权利要求8所述的灯箱的边缘补光装置，其特征在于：上述上下曲面反光板向灯箱内部凸起。

10. 根据权利要求7所述的灯箱的边缘补光装置，其特征在于：上下曲面反光板通过合页与灯箱连接，罩住电器元件。"

针对上述专利权，邓伟兰（下称请求人）于2008年6月4日向专利复审委员会提出无效宣告请求，请求宣告该专利权全部无效，并提交了本专利的授权公告文本复印件及下述证据：

证据1：第02291203.7号实用新型专利说明书，授权公告日2003年11月5日，复印件共7页；

证据2：第97220851.8号实用新型专利说明书，授权公告日1998年12月2日，复印件共4页；

证据3：第01256217.3号实用新型专利说明书，授权公告日2002年9月18日，复印件共8页。

请求人指出，证据1公开的灯箱中冷阴极灯（相当于灯管）与框架（其相当于灯箱架）之间设置有超薄反光物质（其相当于反光板），虽然与本专利权利要求1的表述不同，但意思一致，因此权利要求1不具有新颖性、创造性；结合证据1的附图1可见，冷阴灯与框架之间设有包裹冷阴灯的超薄反光物质的侧面是曲面的，因此从属权利要求2相对于证据1不具有新颖性、创造性；在此基础上，权利要求3、4、5只是产品应用的深化，一般技术人员根据产品的需要不用创造性劳动就能直接得出，因此权利要求3～5相对于证据1也不具有新颖性、创造性；权利要求1～6相对于证据2不具有新颖性、创造性；证据3的附图11和12清楚地反映出灯箱上、下侧边分别设置上下曲面反光板这一技术特征，因此权利要求7、8不具有新颖性和创造性；权利要求9保护的内容同上述权利要求3，只是左右曲面反光板与上下曲面反光板之差，不具有新颖性和创造性；虽然证据中没有直接描述反光板通过合页与灯箱连接，但这是一般技术人员不需要创造性劳动就能得出的，并且证据3的附图11、12反映出通过反光板与外框的结合收藏各个电子零件，因此权利要求10不具有新颖性、创造性。

形式审查合格后，专利复审委员会受理了上述请求，于2008年6月19日向双方当事人发出《无效宣告请求受理通知书》，并将《专利权无效宣告请求书》及其所附证据的副本转送给专利权人，要求其在指定的期限内答复，同时成立合议组对本无效宣告请求案进行审理。

专利权人于2008年7月29日提交了意见陈述书，专利权人认为，（1）证据1中的超薄反光物质与本专利的反光板的具体位置及所起的作用均不同，证据1没有公开在灯箱的边缘与靠近灯箱的灯管之间设置反光板以及在灯箱外侧设置画片支撑板，因此本专利权利要求1相对于证据1具有新颖性、创造性；（2）证据2中反光板的一侧斜板与本专利中的反光板实际作用以及达到的技术效果是不同的，也没有给出任何通过在灯箱边缘设置反光板以消除灯箱边缘暗区的技术启示，因此本专利权利要求1相对于证据2具有新颖性、创造性；(3) 证据3公开的是嵌设在天花板上或者墙壁上的照明装置，与本专利用于显示、广告用的灯箱属于不同的技术领域，在考查实用新型创造性时不应予以考虑；并且证据3的反光板与本专利的反光板所起的作用以及达到的效果都是不同的，也不存在对灯箱边缘暗区补光的技术启示，因此即使考虑证据3，本专利权利要求1也应具有新颖性和创造性；(4) 在引用的权利要求1具有新颖性和创造性的情况下，本专利从属权利要求2~10也具备新颖性、创造性。

2008年8月1日，合议组向双方当事人发出《无效宣告请求口头审理通知书》，拟定于2008年8月28日对本专利的无效宣告请求进行口头审理，同时将专利权人于2008年7月29日提交的意见陈述书转送给请求人。

2008年8月28日，口头审理如期进行，双方当事人均委托代理人出席了口头审理。双方当事人对对方出庭人员的身份和资格无异议，对合议组成员无回避请求。在口头审理过程中确认并记录了以下事项：(1) 请求人当庭放弃了证据2以及与证据2相关的无效宣告理由。(2) 请求人明确其无效宣告理由为权利要求1~2、7~8相对于证据1不具有新颖性，权利要求3~6、9~10相对于证据1不具有创造性，权利要求1~3、7~9相对于证据3不具有新颖性，权利要求4~6、10相对于证据3不具有创造性。(3) 请求人承认其提出无效宣告请求时并没有提出权利要求6~8、10相对于证据1不具有新颖性或创造性的理由和权利要求1~6相对于证据3不具有新颖性或创造性的理由，并当庭放弃了上述无效宣告理由。但是请求人坚持认为无效宣告请求书中第6页包含权利要求9相对于证据1不具有创造性和相对于证据3不具有新颖性的理由，专利权人对此不予认可。(4) 专利权人对请求人提交的证据1~3的真实性、合法性、公开性和关联性均无异议。

合议组经过审查，认为本案的事实已清楚，可以作出审查决定。

二、决定的理由

1. 关于审查的文本

本决定以本专利授权公告的文本作为审查基础。

2. 关于无效宣告请求的理由和范围

请求人放弃了证据2及其相关的无效理由，放弃了在无效宣告请求书中未提及的权利要求6~8、10相对于证据1不具有新颖性或创造性、权利要求1~6相对于证据3不具有新颖性或创造性的无效理由，故合议组对上述无效宣告理由不再评述。请求人认为，在无效宣告请求书中，已经记载权利要求9的无效理由与权利要求3相同（参见请求书第6页倒数第2段）。然而，合议组认为，请求人针对权利要求3仅提出了其相对于证据1、2不具有新颖性、创造性的理由，并未提及其相对于证据3不具备新颖性的理由（参见请求书第4页倒数第2段至第5页第1段）。因此，请求人提出无效宣告请求时实际上并未提出权利要求9相对于证据3不具备新颖性的理由，根据审查指南第四部分第三章第4.2节的规定，合议组对请求人当庭增加的权利要求9相对于证据3不具备新颖性的无效宣告理由不予考虑。

综上所述，本案无效宣告请求的理由和范围是：权利要求1、2相对于证据1不具有新颖性，权利要求3~5、9相对于证据1不具备创造性，权利要求7、8相对于证据3不具备新颖性，权利要求10相对于证据3不具备创造性。

3. 关于证据

证据1、3均为公开日在本专利的申请日之前的专利文献，专利权人对其合法性、真实性、关联性表示认可，合议组经核实也认可上述证据的合法性和真实性，因此证据1和3可作为本案的有效证据使用，其中公开的内容构成本专利的现有技术。对于请求人当庭放弃的证据2，在此不予评述。

4. 专利法第22条第2款

专利法第22条第2款规定，新颖性，是指在申请日以前没有同样的发明或者实用新型在国内外出版物上公开发表过、在国内公开使用过或者以其他方式为公众所知，也没有同样的发明或者实用新型由他人向国务院专利行政部门提出过申请并且记载在申请日以后公布的专利申请文件中。

如果一项权利要求请求保护的技术方案与现有技术公开的技术方案相比，存在区别特征，导致两种技术方案所要解决的技术问题、预期效果均不同，则所述现有技术不能破坏该权利要求的新颖性。

本专利权利要求1请求保护一种灯箱的边缘补光装置，上述灯箱包括：并列设置在灯箱内部的多个灯管，以及设置在灯箱外侧的画片支撑板；其特征在于：在灯箱的边缘与靠近灯箱的灯管之间设置有反光板。证据1公开了一种超薄节能型灯箱，包括框架和装在框架内的冷阴极灯、半透灯片，框架内还装有特殊导光板和超薄反光物质，冷阴极灯位于特殊导光板两侧边缘，超薄反光物质贴于特殊导光板的背面并将特殊导光板与冷阴极灯包裹为一体，半透灯片贴于特殊导光板的正面（参见证据1权利要求1）。请求人认为，证据1与本专利权利要求1相比，冷阴极灯相当于灯管，半透灯片相当于画片支撑板，而超薄反光物质相当于本专利中的反光板，因此权利要求1相对于证据1不具有新颖性。

合议组认为：证据1中的超薄反光物质在灯箱中的位置是贴于特殊导光板的背面并将特殊导光板与冷阴极灯包裹为一体，从证据1的附图1中清晰可见该超薄反光物质为一整体，从特殊导光板及冷阴极灯的后方（即靠近背板的一面）延伸到其前方（即靠近画框的一面），超薄反光物质所起的作用是将冷阴极灯发出的光线全部导入特殊导光板，以增加导光板的发光亮度从而提高发光性能并节能（参见证据1说明书第2页第1~4行），而本专利是通过在灯箱的边缘与靠近灯管之间设置反光板，将灯光反射到灯箱边缘从而补偿灯箱边缘存在的暗区（参见本专利说明书摘要，第3页第9~11行），由此可见，证据1中的超薄反光物质不论其结构还是作用均不同于本专利中的反光板，本专利权利要求1的技术方案与证据1相比，所要解决的技术问题、采用的技术方案以及达到的技术效果都是不同的，证据1不能破坏本专利权利要求1的新颖性。在权利要求1具有新颖性的基础上，引用权利要求1的从属权利要求2也具有新颖性。

证据3公开了一种嵌设在天花板或墙壁上的流线形反射灯盘，包括由外框和反光盒构成的外壳、若干块可置于灯管四周的反光板，外框的开口内装有内框，内框的形状与外框相应，所述的反光板都安装在内框上，并在内框嵌入外框时围绕在灯管四周（参见附件3权利要求1，附图1~14）。请求人认为，体现本专利发明实质的反光板已经被证据3公开，由证据3的附图2、4、10、12、14可见灯箱四周的边缘与靠近灯管处均设置侧面曲面的反光板，并且反光板的曲面是向灯箱内部凸起的，因此本专利权利要求7~8已经被证据3公开，不具有新颖性。

合议组认为，本专利从属权利要求7~8直接或间接地引用了独立权利要求1，因此应包含独立权利要求1的全部技术特征，具体而言，权利要求7~8除其附加技术特征外，还包括如下技术特征：并列灯管、画片支撑板以及设置于灯箱与靠近灯箱的灯管之间的反光板，然而证据3没有公开画片支撑板这一技术特征，因此本专利权利要求7~8的技术方案与证据3公开的技术方案存在区别技术特征，属于不同的技术方案，具有新颖性，合议组对请求人以证据3公开了权利要求7~8的附加技术特征为由否定上述权利要求新颖性的主张不予支持。

5. 专利法第22条第3款

专利法第22条第3款规定，创造性，是指同申请日以前已有的技术相比，该发明有突出的实质性特点和显著的进步，该实用新型有实质性特点和进步。

在判断一项权利要求是否具备创造性时，一般先将该权利要求的技术方案与现有技术中最接近的技术方案进行对比，确定二者的区别特征，然后根据该区别特征所能达到的技术效果确定发明实际解决的技术问题，再判断将该区别特征应用到该最接近的现有技术以解决其存在的技术问题对于本领域技术人员而言是否显而易见。如果本领域技术人员根据现有技术的教导或启示能够容易引入上述区别特征，并获得请求保护的技术方案，而且没有产生预料不到的技术效果，则应当认为该权利要求的技术方案是显而易见的，不符合专利法第22条第3款关于创造性的规定。

（1）从属权利要求3对其引用的权利要求2进一步限定"侧面曲面反光板向灯箱内部凸起"，从属权利要求4对权利要求3进一步限定"对于双面灯箱，侧面曲面反光板是两个向灯箱内部凸起的曲面，并设置在两个画片支撑板之间"，从属权利要求5对权利要求3进一步限定"对于双面灯箱，侧面曲面反光板由一个向灯箱内部灯管方向凸起的反光板构成，并设置在两个画片支撑板之间"。请求人认为，在权利要求1、2相对于证据1不具有新颖性的基础上，从属权利要求3～5仅仅是对反光板的凸起方向、数目的进一步限定，然而这些附加技术特征是本领域技术人员根据产品的实际需要不用花费创造性劳动即可获得的，不具有创造性。

对此合议组认为，将本专利权利要求3、4、5的技术方案与证据1公开的技术方案相比，其区别特征在于：本专利的灯箱边缘与靠近灯箱的灯管之间设置有反光板，并且反光板是向灯箱内部灯管方向凸起的曲面，而证据1的灯箱中起反光作用的超薄反光物质在灯箱中的位置是贴于特殊导光板的背面并将特殊导光板与冷阴极灯包裹为一体，其曲面方向与本专利恰好相反，是向灯管方向凹陷，所起的作用是将冷阴极灯发出的光线全部导入特殊导光板，以增加导光板的发光亮度从而提高发光性能并节能（参见证据1说明书第2页第1～4行）。本专利权利要求3、4、5实际解决的技术问题是通过在灯箱的边缘与靠近灯管之间设置反光板，将灯光反射到灯箱边缘从而补偿灯箱边缘存在的暗区（参见本专利说明书摘要，第3页第9～11行）。如前面所述，证据1中的超薄反光物质不论其结构还是作用均不同于本专利中的反光板，其只有设计成向灯箱内部以及灯管方向凹陷的形状才能将灯管包裹起来，并以此结构实现该发明的意图，显然，本领域技术人员完全没有动机背离证据1的教导而将超薄反光物质的弯曲方向改变成向灯管以及灯箱内部凸起的形状，更重要的是，产品结构的改变是与其功能相对应的，本领域技术人员由证据1的教导仅能获知超薄反光物质包裹灯管和特殊导光板的结构能够提高发光性能，而不能从该现有技术得到启示去对灯箱边缘的暗区进行补偿，更不能显而易见地得到本专利权利要求3～5所述的具体技术方案，因此，证据1不能破坏本专利权利要求3～5的创造性。

此外，请求人还认为，权利要求9所要求保护的内容同权利要求3一样，只是左右曲面反光板与上下曲面反光板之差，相对于证据1也不具有创造性。对此合议组认为，基于与权利要求3具有创造性相同的理由，证据1不能破坏本专利权利要求9的创造性。

（2）本专利权利要求10请求保护权利要求7所述的灯箱边缘补光装置，其特征在于：上下曲面反光板通过合页与灯箱连接，罩住电器元件。由于权利要求10引用权利要求7，权利要求7引用权利要求1，则权利要求10应包括权利要求1和7的所有技术特征，即权利要求10请求保护的技术方案应为所述灯箱包括并列设置在灯箱内部的多个灯管以及设置在灯箱外侧的画片支撑板；在灯箱的边缘与靠近灯箱的灯管之间设置有反光板，且在灯箱上、下侧边分别设置上下曲面反光板，上下曲面反光板通过合页与灯箱连接，且罩住电器元件。如前所述，证据3公开了一种嵌设在天花板或墙壁上的流线型反射灯盘，将证据3与本专利权利要求10的技术方案相比较，其区别在于：①证据3没有包括画片支撑板，②证据3中未明确记载上下曲面反光板通过合页与灯箱连接。根据上述区别特征所能达到的技术效果确定本专利权利要求10的技术方案实际解决的技术问题是：a. 将照明灯具用作广告展示灯箱，增加照明装置的应用范围，b. 为便于安装、维修在反光板下方的镇流器等电器元件而设计反光板与灯箱连接的方式。然而，将适宜的照明灯具通过简单的常规技术改造为广告展示灯箱，将上下曲面反光板通过常用的连接装置"合页"与灯箱连接都是本领域技术人员的公知常识。当本领域技术人员面对上述实际要解决的技术问题时，根据其掌握的常规技能和一般知识，在证据3的基础上可以很容易想到对该照明灯盘作简单的结构改造以期在原有照明功能的基础上增加更多应用，如用作镜子、用作装饰画等等，其中包括在灯盘内框上增加画片支撑板用于宣传展示；为了便于安装和维修被隐蔽的电器元件，本领域技术人员也容易想到将反光板与灯箱进行活动连接，而合页连接是本领域常用的连接方式。综上所述，现有技术已经给出将上述区别特征应用到证据3中从而得到权利要求10的技术方案的启示，故本专利权利要求10相对于证据3和本领域技术人员的公知常识而言是显而易见的，不具有专利法第22条第3款规定的创造性。

专利权人认为：证据3涉及嵌设在天花板上或墙壁上的照明装置，而本专利涉及用于显示、广告等作用的灯箱，二者属于不同的技术领域；证据3的反光板安装在内框上，其作用主要是将灯管发出的灯光进行反射，以起到加强照明的作用，而且其中也未给出任何关于在灯箱边缘与靠近灯箱的灯管之间设置反光板，以解决对灯箱边缘暗区进行补光的技术问题的启示，因此证据3无法破坏本专利权利要求的创造性。

对此，合议组认为：证据3公开的是一种嵌设在天花板或者墙壁上的反射灯盘，本专利涉及一种展示用灯箱，尤其是灯箱的边缘补光装置，二者均包含一般照明用的电器元件并具有照明的功能，用于显示、广告的灯箱仅是照明装置的一种特殊应用；尽管证据3中反光板是安装在内框上，但其位置和凸凹方向与本专利相同，均是位于灯箱边缘与靠近灯箱的灯管之间，且向灯箱内部凸起，其实际作用和预期的技术效果也是与本专利一致的，因此专利权人陈述的理由不成立。

（3）鉴于根据证据3已得出权利要求10不具备创造性的结论，由于权利要求10从属于权利要求7，权利要求7从属于权利要求1，即权利要求10同时包含了权利要求1和权利要求7的技术方案，因此权利要求1和7相对于证据3也不具备创造性，不符合专利法第22条第3款的规定。

基于以上事实和理由，本案合议组作出如下审查决定。

三、决定

宣告200520113608.1号实用新型专利权利要求1、7、10无效，在权利要求2~6、8~9的技术方案的基础上维持专利权继续有效。

当事人对本决定不服的，可以根据专利法第46条第2款的规定，自收到本决定之日起三个月内向北京市第一中级人民法院起诉。根据该款规定，一方当事人起诉后，另一方当事人应当作为第三人参加诉讼。

用离子交换层析纯化蛋白质

无效宣告请求审查决定（第 12385 号）

决 定 号	第 12385 号
决 定 日	2008 年 10 月 21 日
发明创造名称	用离子交换层析纯化蛋白质
国 际 分 类 号	C07K 1/18，C07K 16/32
无效宣告请求人	李彩辉
专 利 权 人	基因技术股份有限公司
专 利 号	99805836.X
优 先 权 日	1998 年 5 月 6 日
申 请 日	1999 年 5 月 3 日
授 权 公 告 日	2006 年 6 月 21 日
合 议 组 组 长	王晓云
主 审 员	冯怡
参 审 员	魏春宝
法 律 依 据	专利法第 22 条第 3 款

决 定 要 点

在进行发明专利创造性判断时，应当将权利要求所述技术方案与最接近的现有技术相比较，找出它们之间的区别特征，如果引入该区别特征的技术方案是所属技术领域的技术人员在最接近现有技术基础上仅仅通过逻辑分析或合理推理便能确定的，则该技术方案是显而易见的，不具有创造性。

一、案由

本无效宣告请求案涉及国家知识产权局于 2006 年 6 月 21 日公告授予的、名称为"用离子交换层析纯化蛋白质"的第 99805836.X 号发明专利（下称本专利），其申请日为 1999 年 5 月 3 日，优先权日为 1998 年 5 月 6 日，专利权人为基因技术股份有限公司。本专利授权公告的权利要求如下：

"1. 一种包含抗-HER2 抗体和一种或多种其酸性变体的组合物，其特征在于，该酸性变体的量少于 25％。

2. 权利要求 1 所述的组合物，其特征在于，该组合物还包含药物学上可接受的载体。

3. 权利要求 1 所述的组合物，其特征在于，该抗-HER2 抗体是 humMAb4D5-8。"

针对上述专利权，李彩辉（下称请求人）于 2008 年 3 月 25 日向专利复审委员会提出无效宣告请求，同时提交了下述证据：

证据1：公开号为WO9704801A1的PCT国际申请公开文本全文复印件共46页，公开日为1997年2月13日；

证据2：公开号为WO9633208A1的PCT国际申请公开文本全文复印件共39页，公开日为1996年10月24日；

证据3：韩复生，聚焦层析——一种分离蛋白质的新方法，《生理科学》，1982年第二卷第9期，第13~14页，复印件共2页；

证据4：郭尧君等，目前最高分辨率的电泳-固相pH梯度等电聚焦，《生物化学与生物物理进展》，1994年第21卷第2期，第143~146页，复印件共4页。

同时请求人还提交了证据1的中文译文共47页（即证据1的中国发明专利授权公告文本全文复印件，专利号为96195830.8，授权公告日为2004年6月2日）和证据2部分内容的中文译文共4页。

请求人在无效宣告请求书中认为：（1）证据1公开了权利要求1请求保护的抗-HER2抗体组合物制剂（参见证据1中文译文的说明书第19~28页，实施例1），所述制剂的蛋白是基本上纯净（即组分包含约90%、95%、99%重量计的蛋白质）和均相的（即没有杂蛋白等）（参见证据1中文译文说明书第7页第25~28行）；液态时，rhuMAB HER2抗体通过脱氨基（轻链30位天冬酰胺）而降解，和通过环状亚胺中间物琥珀酰亚胺形成异天冬氨酸（重链102位天冬氨酸），蛋白质制剂中有较高量的脱氨基反应（参见证据1中文译文说明书第20页第8~12行），因此证据1中公开了包含抗-HER2抗体和其一种或多种酸性变体的组合物。而且，证据1中测定rhuMAB HER2脱氨基和形成琥珀酰亚胺的阳离子交换色谱条件（参见证据1中文译文说明书第27~28页）与本专利中测定rhuMAB HER2的色谱条件相同，同时证据1说明书附图5-附图8描述了上述测定结果（参见证据1中文译文的说明书第4页第21行至第5页第7行），显示rhuMAB HER2制剂中随着贮存时间推移，非变性（未降解）蛋白质含量由82%逐渐变低，但仍保持非变性蛋白质含量不低于75%，即制剂中降解蛋白质含量小于25%，该内容说明证据1所公开组合物中酸性变体的量小于25%。因此权利要求1的全部技术特征已被证据1公开，不符合专利法第22条第2款关于新颖性的规定。从属权利要求2和3的附加技术特征也都在证据1中公开，因此权利要求2和3也不具备新颖性。（2）权利要求1~3相对于证据2以及3或4不具备创造性。证据2公开了抗-HER2抗体及其蛋白纯化方法，证据3和4分别公开了利用聚焦层析或等电聚焦电泳纯化蛋白的方法。证据2或证据3或证据4公开的方法可将存在于抗体中的酸性变体分离，来获得权利要求1所述的抗体组合物，因此权利要求1不符合专利法第22条第3款的规定。从属权利要求2和3的附加技术特征也都在证据2中公开，因此权利要求2和3也不具备创造性。

经形式审查合格后，专利复审委员会受理了上述请求，于2008年4月11日向双方当事人发出《无效宣告请求受理通知书》，并将《专利权无效宣告请求书》及其附件的副本转送给专利权人，要求其在指定的期限内答复。

2008年4月25日，请求人向专利复审委员会提交了补充意见陈述书，认为：（1）权利要求1~3相对于证据1不具备创造性。证据1公开了液态时，rhuMAB HER2抗体通过脱氨基（轻链30位天冬酰胺）而降解，和通过环状亚胺中间物琥珀酰亚胺形成异天冬氨酸（重链102位天冬氨酸），蛋白质制剂中有较高量的脱氨基反应。同时本领域技术人员可以理解，证据1所述的阳离子交换色谱条件已能将非变性蛋白与降解蛋白分离，如果收集阳离子交换色谱的单一洗脱峰，必然获得纯度高（大于25%）的非变性蛋白质。因此，在证据1的基础上，本领域的技术人员根据其通常知识，不需花费创造性的劳动就能获得本专利权利要求1的技术方案，权利要求1不具备创造性。从属权利要求2和3的附加技术特征也都在证据1中公开，因此权利要求2和3也不具备创造性。（2）权利要求1~3相对于证据1与证据2的结合不具备创造性。证据2公开了rhuMAB 4D5-8 HER2抗体的制备和纯化方法，在证据2的基础上结合证据1的内容获得本专利权利要求1~3的技术方案是显而易见的。(3) 权利要求1~3相对于证据1、证据2与证据3或4的结合不具备创造性。证据3和4分别公开了利用聚焦层析或等电聚焦电泳纯化蛋白的方法，在证据2的基础上结合证据1的内容，本领域技术人员利用证据3或4的技术手段可容易地获得本专利权利要求1~3的技术方案。

2008年5月26日，专利权人针对请求人于2008年3月25日提交的无效宣告请求书作出答复，认为：(1) 证据1中既没有描述本专利的组合物，没有公开"组合物中酸性变体的量小于25%"这一技术特征，也没有公开如何制备本专利的组合物，因此本专利权利要求1~3相对于证据1具备新颖性。(2) 证据2提供的方法只是为了清除没有通过二硫键正确连接的抗体片段，与本专利所要解决的降低组合物中酸性变体含量的技术问题不同，证据3和4也都没有公开所述方法可以降低抗体组合物中酸性变体含量，因此相对于证据2、或者证据2和3或4，本专利权利要求1所述的抗体组合物具备创造性。同时对证据3和4的真实性提出质疑。

2008年6月20日，本案合议组将请求人于2008年4月25日提交的意见陈述书及其所附文件副本转送给专利权人。2008年7月21日，合议组向双方当事人发出《无效宣告请求口头审理通知书》，定于2008年8月27日对本专利权的无效宣告请求进行口头审理，并向请求人转送了专利权人于2008年5月26日提交的意见陈述书的副本。

2008年8月5日，专利权人针对请求人于2008年4月25日提交的意见陈述书作出答复，认为(1) 证据1中公开的测定蛋白的阳离子交换色谱条件与本专利所使用的分离收集酸性变体含量降低至25%以下的组合物的阳离子交换色谱条件完全不同，使用证据1所述的阳离子交换色谱，简单的通过收集该色谱的单一洗脱峰，不可能得到本专利权利要求1所述的酸性变体少于25%的抗-HER2抗体组合物；(2) 证据1说明书第20页第18~20行解释了rhuMAB HER2蛋白质在冻干时的主要降解途径是凝聚，因此可用非变性大小排阻色谱测定完整非变性蛋白质的得率来测定蛋白质稳定性，证据1强调的是未凝聚的非降解蛋白而没有涉及不含酸性变体的组合物；(3) 证据1说明书附图5~8根本没有鉴别不同于天然蛋白的蛋白百分数是否是酸性变体，也没有教导使用特定条件的离子交换色谱来使酸性变体含量降至25%以下。因此，从证据1公开的内容，本领域技术人员不可能得到本专利组合物和如何制备本专利组合物的技术启示，相对于证据1，本专利权利要求1~3具备创造性。并且相对于证据1和2、证据1和2和3、证据1和2和4的组合，本专利权利要求1~3的技术方案也都具备创造性。

2008年8月19日，合议组将专利权人于2008年8月5日提交的答复意见副本转送给请求人。

2008年8月27日，口头审理如期举行，请求人及其委托代理人和专利权人的委托代理人出席了口头审理，合议组就本案的无效理由及事实逐一进行了调查，双方当事人充分陈述了各自的意见。口头审理过程中确定的事实如下：(1) 双方当事人对对方出席口头审理人员的资格及身份均无异议，对合议组成员无回避请求。(2) 请求人当庭放弃了证据2，以及使用证据2评价权利要求1~3创造性的无效理由。(3) 请求人当庭明确其无效宣告请求的理由和范围为：相对于证据1，本专利权利要求1~3不具有新颖性；相对于证据1、证据1与证据3，以及证据1与证据4的组合，本专利权利要求1~3不具有创造性。(4) 请求人出示了加盖上海图书馆上海科学技术情报研究所文献服务部红章的证据3和4的复印件，专利权人对证据3和4的真实性、合法性、关联性和公开性均无异议。(5) 专利权人对证据1的真实性、合法性、关联性和公开性及译文准确性均无异议。(6) 专利权人当庭提交了作为公知常识性证据的反证1和2的复印件及其原件，请求人对反证1和2的真实性、合法性、关联性和公开性没有异议。

专利权人当庭提交的反证如下：

反证1：《实用蛋白质化学技术》，华家栊等编译，上海科学技术出版社，封面页、第1～3、15和16页，复印件共6页。

反证2：《高效液相色谱法纯化蛋白质理论与技术》，郭立安编著，陕西科学技术出版社，封面页、第1、2、4、78、79和387～394页，复印件共12页。

口头审理结束之后，专利权人和请求人分别于2008年9月1日和9月3日以意见陈述书的形式提交了口审代理词。

经过上述审理程序，合议组认为本案事实已经清楚，可以作出审查决定。

二、决定的理由

1. 关于审查文本

本决定所依据的审查文本是本专利的授权公告文本。

2. 关于无效宣告请求的证据和理由

请求人当庭放弃了证据2及其相关的无效理由，故合议组对该证据及其相关无效理由不予考虑和评述。证据1是专利文献，证据3和4是期刊出版物，请求人当庭提交了加盖上海图书馆上海科学技术情报研究所文献服务部红章的证据3和4的复印件，专利权人对证据1、3和4的真实性、合法性、关联性和公开性及证据1译文的准确性没有异议，这三份证据的公开日均早于本专利的申请日，因此证据1、3和4可以作为评价本专利新颖性和创造性的现有技术证据使用。请求人对专利权人提交的作为公知常识性证据的反证1和2的真实性、合法性、关联性和公开性均没有异议，故合议组对反证1和2予以认可。

基于请求人在口头审理中的确认，针对本专利权的无效宣告理由和范围是：权利要求1～3相对于证据1不具备新颖性，不符合专利法第22条第2款的规定；权利要求1～3相对于证据1不具备创造性，相对于证据1与证据3或4的结合不具备创造性，不符合专利法第22条第3款的规定。

3. 关于专利法第22条第3款

专利法第22条第3款规定，创造性，是指同申请日以前已有的技术相比，该发明有突出的实质性特点和显著的进步，该实用新型有实质性特点和进步。

在进行发明专利创造性判断时，应当将权利要求所述技术方案与最接近的现有技术相比较，找出它们之间的区别特征，如果引入该区别特征的技术方案是所属技术领域的技术人员在最接近现有技术基础上仅仅通过逻辑分析或合理推理便能确定的，则该技术方案是显而易见的，不具有创造性。

本专利的权利要求1要求保护一种包含抗-HER2抗体和一种或多种其酸性变体的组合物，其特征在于，该酸性变体的量少于25％。证据1公开了一种HER2抗体组合物制剂，其中HER2抗体蛋白是基本上纯净（即组分包含约90％、95％、99％重量计的蛋白质）和均相的（即没有杂蛋白等）（参见证据1中文译文说明书第7页第25～28行）；该HER2抗体蛋白制剂中有较高量的脱氨基反应，rhuMAB HER2抗体在水性溶液中主要通过脱氨基（轻链30位天冬酰胺），或通过环状亚胺中间物琥珀酰亚胺形成异天冬氨酸（重链102位天冬氨酸）发生降解（参见证据1中文译文说明书第20页第8～12行，第27页第13～15行）；并且用阳离子交换色谱测定了rhuMAB HER2制剂中经过脱氨基或形成琥珀酰亚胺后的非变性蛋白质的含量（参见证据1中文译文说明书第27页第13～19行），证据1说明书附图5至附图8描述了上述测定结果（参见证据1中文译文说明书第4页第21行至第5页第7行），显示rhuMAB HER2制剂中随着贮存时间推移，非变性（未降解）蛋白质百分比（天然蛋白质百分比）由82％逐渐变低，但仍保持非变性蛋白质含量不低于75％，即降解蛋白质含量小于25％。

因此证据1公开了一种包含抗-HER2抗体及其降解变体含量小于25％的组合物，本专利权利要求1的技术方案与证据1公开的组合物的区别特征在于：证据1中没有具体记载组合物中"酸性变体的量少于25％"这一技术特征。然而所属技术领域的技术人员从证据1公开的上述内容可看出，证据1所述的阳离子交换色谱已测定出非变性蛋白与降解蛋白的百分比含量，降解蛋白的含量在18％~25％之间（对应的时间点在0~15天之间），由于HER2抗体主要的降解途径是脱氨基，本专利中解释抗-HER2抗体的酸性变体是指HER2抗体多肽通过脱氨基或脱酰胺基形成的比原始多肽更为酸性的变体（参见本专利说明书第6页第18~28行），因此酸性变体属于降解蛋白。由此就能推导出证据1中测定的HER2抗体蛋白组合物制剂中酸性变体的量必然低于降解蛋白总量，因而必然小于25％。也就是说，所属技术领域的技术人员在证据1公开的抗-HER2抗体组合物的基础上，通过逻辑分析和合理推理便能确定证据1公开的HER2抗体蛋白组合物制剂中酸性变体的含量小于25％，因此本专利权利要求1的技术方案对于所属技术领域的技术人员来说是显而易见的，其相对于证据1不具备创造性，不符合专利法第22条第3款的规定。

专利权人在口头审理过程中认可证据1公开了包含抗-HER2抗体和一种或多种其酸性变体的组合物。但是认为：（1）证据1说明书附图5~8描述的测定结果不能证明被测定的组合物中其余18％的成分是酸性变体，虽然显示天然蛋白百分比为82％，但该天然蛋白成分中含有没有纯化、没有分离的酸性变体，因此上述附图5~8根本没有鉴别不同于天然蛋白的蛋白百分数是否是酸性变体，也没有教导使用特定条件的离子交换色谱来使酸性变体含量达到25％以下。（2）证据1中公开的测定蛋白的阳离子交换色谱条件与本专利所使用的分离收集酸性变体含量降低至25％以下的组合物的阳离子交换色谱条件完全不同，使用证据1所述的阳离子交换色谱，简单的通过收集该色谱的单一洗脱峰，不可能得到本专利权利要求1所述的酸性变体少于25％的HER2抗体和其酸性变体的组合物。（3）证据1说明书第20页第18~20行解释了rhuMAB HER2蛋白质在冻干时的主要降解途径是凝聚，因此可用非变性大小排阻色谱测定完整非变性蛋白质的得率来测定蛋白质稳定性，证据1强调的是未凝聚的非降解蛋白而没有涉及不含酸性变体的组合物，因此证据1所测定的结果主要是为了显示制剂重建前后由凝聚导致的蛋白质变性，与酸性变体降解无关。综上，证据1既没有描述本专利的组合物，也没有描述如何制备该组合物。从证据1公开的内容，本领域技术人员不可能得到本专利组合物和如何制备本专利组合物的技术启示。同时，专利权人提供了反证1和2来证明现有技术中对于一般的普通蛋白广泛存在着纯化困难的问题，使用证据1所述的阳离子交换色谱，简单的通过收集该色谱的单一洗脱峰，不可能得到本专利权利要求1所述的酸性变体少于25％的HER2抗体和其酸性变体的组合物。因此，本专利权利要求1相对于证据1具备创造性。

对此合议组认为：（1）由本专利说明书第6页第18~28行对"酸性变体"的解释说明来看，抗-HER2抗体的酸性变体是指HER2抗体多肽通过脱氨基或脱酰胺基形成的比原始多肽更为酸性的变体。这种酸性变体的形成是完整多肽HER2抗体的一种降解变性，在证据1公开的HER2抗体制剂中存在着通过脱氨基等方式降解的酸性变体，因而证据1公开了包含抗-HER2抗体和其酸性变体的组合物。（2）从证据1说明书附图5至附图8的附图说明（参见证据1中文译文说明书第4页第21行至第5页第7行）和证据1中文译文实施例1中对rhuMAb HER2制剂测定步骤的描述（参见证据1中文译文说明书第27页第13~19行）可以看出，附图5-8中标识的天然蛋白质百分比％表示的是非降解蛋白质百分比，而不是如专利权人所述该天然蛋白百分比中含有降解蛋白、含有没有纯化分离的酸性变体。并且专利权人也没有提供证据证明所述酸性变体包含在该天然蛋白百分比中，而不是包含在被测定组合物中除天然蛋白百分比之外的其余18％的成分中。（3）所属技术领域的技术人员已知，对于HER2抗体组合物的测定和纯化所使用的离子交换色谱必然会分别涉及不同的条件，对于条件的选择是本领域的技术人员根据常规的技术手段可判断调整的，以离子交换色谱条件不同否认证据1附图5-附图8测定的组合物中酸性变体的含量小于25％的事实缺乏合理的依据。（4）反证1和2描述了现有技术中使用离子交换层析纯化获得普通蛋白质所可能遇到的问题，例如离子强度、缓冲液浓度、pH值条件等，但是这些笼统的实验条件论述没有说明纯化特定的HER2抗体存在哪些还未解决的特定技术问题，也不能直接或间接证明证据1中测定的HER2抗体组合物中酸性变体的含量不存在小于25％的可能。（5）权利要求1不是用方法限定的组合物，即权利要求1包括了可用任何方法制备得到的所述组合物，在专利权人在答复意见和口头审理过程中始终没有提供理由和证据能够证明使用证据1公开的色谱条件或对上述测定条件稍加改变肯定不能使得HER2抗体组合物中酸性变体含量小于25％的情况下，专利权人以普通蛋白纯化困难，除了本专利的方法，现有技术中的方法不能获得权利要求1的组合物作为本专利具备创造性的理由难以成立。

从属权利要求2和3分别进一步限定权利要求1的组合物还包含药物学上可接受的载体，以及所述抗-HER2抗体是humMAB4D5-8，上述附加技术特征在证据1中均已公开（参见证据1中文译文说明书第15～16页和第19页倒数第3行），因此在权利要求1不具备创造性的前提下，权利要求2和3相对于证据1也不具备专利法第22条第3款规定的创造性。

综上所述，由于依据证据1已经能够得出本专利权利要求1～3不符合专利法第22条第3款的规定的结论，因此合议组对请求人提出的其他无效理由和证据组合方式不再予以评述。

基于以上事实和理由，本案合议组作出如下审查决定。

三、决定

宣告第99805836.X号发明专利权全部无效。

当事人对本决定不服的，可以根据专利法第46条第2款的规定，自收到本决定之日起三个月内向北京市第一中级人民法院起诉。根据该款的规定，一方当事人起诉后，另一方当事人应当作为第三人参加诉讼。

北京市第一中级人民法院
行政判决书

(2009)一中行初字第661号

原告基因技术股份有限公司，住所地美利坚合众国加利福尼亚州旧金山市DNA大道1号。

法定代表人Atulya R. Agarwal，副首席律师、总监。

委托代理人封新琴，北京市柳沈律师事务所律师。

委托代理人闵丹，北京市柳沈律师事务所专利代理人。

被告中华人民共和国国家知识产权局专利复审委员会，住所地中华人民共和国北京市海淀区北四环西路9号银谷大厦。

法定代表人张茂于，副主任。

委托代理人冯怡，女，中华人民共和国国家知识产权局专利复审委员会审查员。

委托代理人余心蕾，女，中华人民共和国国家知识产权局专利复审委员会审查员。

第三人李彩辉，女，1970年9月14日出生，汉族，无业，住中华人民共和国上海市黄浦区斜土东路338号201-202室。

委托代理人黄韧敏，北京律诚同业知识产权代理有限公司专利代理人。

原告基因技术股份有限公司不服被告中华人民共和国国家知识产权局专利复审委员会作出的专利行政决定，向本院提起行政诉讼。本院受理后，依法组成合议庭，并依据《中华人民共和国行政诉讼法》第二十七条的规定通知李彩辉作为本案第三人参加诉讼，于2009年12月3日公开开庭审理了本案。原告的委托代理人封新琴、闵丹，被告的委托代理人冯怡、余心蕾，第三人李彩辉及其委托代理人黄韧敏到庭参加了诉讼。本案现已审理终结。

2008年10月21日，被告作出第12385号无效宣告请求审查决定（以下简称被诉决定），宣告第99805836.X号发明专利权（以下简称本专利）全部无效。

被告在法定期限内向本院提交了以下证据的复印件：1. 公开号为WO9704801A1的PCT国际申请公开文本全文复印件共46页（即被诉决定中的证据1）；2. 本专利说明书，上述证据用以证明被诉决定认定事实清楚、适用法律正确、程序合法。

原告诉称，被诉决定认定事实错误：1. 本专利与证据1解决的是不同的技术问题，证据1并不是与本专利相近似的现有技术，因此本领域技术人员不会想到从证据1中寻找获得本专利所述组合物的解决办法；2. 证据1未公开本专利权利要求1的组合物，更没有披露"酸性变体的量少于25%"这一技术特征。证据1在图5-8或者任何其他部分都未能表明，通过其阳离子交换层析获得的结果中是否存在抗-HER2的酸性变体，证据1未披露少于25%的酸性变体，甚至未披露关于酸性变体的任何具体的量；3. 即使本领域技术人员知晓证据1，不经过大量的实验，也不能基于证据1披露的信息研发出本专利的组合物。证据1并没有教导如何纯化抗HER2抗体或者如何鉴定或测量其酸性变体的存在。证据1甚至根本没有认识到用阳离子交换层析纯化抗HER2抗体时遇到的困难和问题，也没有认识到从包含抗HER2抗体和一或多种其酸性变体的组合物中除去酸性变体的需要。本领域技术人员无法依据证据1给出的情报而制得本专利的组合物。被告采用"事后诸葛亮"的分析对证据1进行了理解和解释。事实上，如何纯化抗HER2抗体组合物以得到本专利权利要求1所述的酸性变体含量少于25%的组合物，对于本领域技术人员而言并非显而易见。综上，被诉决定认定事实错误、主要证据不足，请求法院依法撤销被诉决定。

为证明其主张，原告在法定期限内向本院提交了以下证据的复印件：1. 被诉决定中的证据1；2. 本专利说明书；3.《实用蛋白质化学技术》，华家桎等编译，上海科学技术出版社，封面页、第1~3、15和16页，复印件共6页（即被诉决定中的反证1）；4.《高效液相色谱法纯化蛋白质理论与技术》，郭立安编著，陕西科学技术出版社，封面页、第1、2、4、78、79和387~394页，复印件共12页（即被诉决定中的反证2）。

被告辩称，其坚持被诉决定中关于本专利创造性的认定意见，被诉决定认定事实清楚、适用法律正确、审理程序合法，原告的诉讼请求没有事实和法律依据，请求人民法院依法驳回原告的诉讼请求、维持被诉决定。

第三人述称，其同意被告的意见，原告的诉讼主张缺乏事实及法律依据，请求法院维持被诉决定，驳回原告的诉讼请求。

第三人在法定期限内未向本院提交证据。

经庭审质证，原告对被告证据的关联性、合法性、真实性均无异议，但不同意其证明作用。第三人对于被告证据的关联性、合法性、真实性及证明作用均无异议。被告和第三人对于原告证据的关联性、合法性、真实性均无异议，但不同意其证明作用。

本院经审查认为，被告和原告提交的所有证据均与本案被诉决定的合法性审查有关，且符合形式上的合法性、真实性要求，本院予以采纳。

根据上述有效证据及各方当事人无争议的陈述，本院认定事实如下：

本专利是一种名称为"用离子交换层析纯化蛋白质"、申请号为99805836.X的发明专利权，其申请日为1999年5月3日，优先权日为1998年5月6日，授权公告日为2006年6月21日，专利权人为原告。本专利授权公告的权利要求书如下：

"1. 一种包含抗-HER2抗体和一种或多种其酸性变体的组合物，其特征在于，该酸性变体的量少于25%。

2. 权利要求1所述的组合物，其特征在于，该组合物还包含药物学上可接受的载体。

3. 权利要求1所述的组合物，其特征在于，该抗-HER2抗体是humMAb4D5-8。"

针对本专利，第三人于2008年3月25日向被告提出无效宣告请求，同时提交了下述证据：

证据1：公开号为WO9704801A1的PCT国际申请公开文本全文复印件共46页，公开日为1997年2月13日；

证据2：公开号为WO9633208A1的PCT国际申请公开文本全文复印件共39页，公开日为1996年10月24日；

证据3：韩复生，聚焦层析——一种分离蛋白质的新方法，《生理科学》，1982年第二卷第9期，第13~14页，复印件共2页；

证据4：郭尧君等，目前最高分辨率的电泳-固相pH梯度等电聚焦，《生物化学与生物物理进展》，1994年第21卷第2期，第143~146页，复印件共4页。

同时第三人还提交了证据1的中文译文共47页（即证据1的中国发明专利授权公告文本全文复印件，专利号为96195830.8，授权公告日为2004年6月2日）和证据2部分内容的中文译文共4页。

第三人在无效宣告请求书中认为：（1）证据1公开了权利要求1请求保护的抗-HER2抗体组合物制剂（参见证据1中文译文的说明书第19~28页，实施例1），所述制剂的蛋白是基本上纯净（即组分包含约90%、95%、99%重量计的蛋白质）和均相的（即没有杂蛋白等）（参见证据1中文译文说明书第7页第25~28行）；液态时，rhuMAB HER2抗体通过脱氨基（轻链30位天冬酰胺）而降解，和通过环状亚胺中间物琥珀酰亚胺形成异天冬氨酸（重链102位天冬氨酸），蛋白质制剂中有较高量的脱氨基反应（参见证据1中文译文说明书第20页第8～12行），因此证据1中公开了包含抗-HER2抗体和其一种或多种酸性变体的组合物。而且，证据1中测定rhuMAB HER2脱氨基和形成琥珀酰亚胺的阳离子交换色谱条件（参见证据1中文译文说明书第27-28页）与本专利中测定rhuMAB HER2的色谱条件相同，同时证据1说明书附图5-附图8描述了上述测定结果（参见证据1中文译文的说明书第4页第21行至第5页第7行），显示rhuMAB HER2制剂中随着贮存时间推移，非变性（未降解）蛋白质含量由82％逐渐变低，但仍保持非变性蛋白质含量不低于75％，即制剂中降解蛋白质含量小于25％，该内容说明证据1所公开组合物中酸性变体的量小于25％。因此权利要求1的全部技术特征已被证据1公开，不符合2000年修订的《中华人民共和国专利法》（以下简称《专利法》）第二十二条第二款关于新颖性的规定。从属权利要求2和3的附加技术特征也都在证据1中公开，因此权利要求2和3也不具备新颖性。（2）权利要求1-3相对于证据2以及3或4不具备创造性。证据2公开了抗-HER2抗体及其蛋白纯化方法，证据3和4分别公开了利用聚焦层析或等电聚焦电泳纯化蛋白的方法。证据2或证据3或证据4公开的方法可将存在于抗体中的酸性变体分离，来获得权利要求1所述的抗体组合物，因此权利要求1不符合《专利法》第二十二条第三款的规定。从属权利要求2和3的附加技术特征也都在证据2中公开，因此权利要求2和3也不具备创造性。

经形式审查合格后，被告受理了上述请求，于2008年4月11日向原告和第三人发出《无效宣告请求受理通知书》，并将《专利权无效宣告请求书》及其附件的副本转送给原告，要求其在指定的期限内答复。

2008年4月25日，第三人向被告提交了补充意见陈述书，认为：（1）权利要求1～3相对于证据1不具备创造性。证据1公开了液态时，rhuMAB HER2抗体通过脱氨基（轻链30位天冬酰胺）而降解，和通过环状亚胺中间物琥珀酰亚胺形成异天冬氨酸（重链102位天冬氨酸），蛋白质制剂中有较高量的脱氨基反应。同时本领域技术人员可以理解，证据1所述的阳离子交换色谱条件已能将非变性蛋白与降解蛋白分离，如果收集阳离子交换色谱的单一洗脱峰，必然获得纯度高（大于25％）的非变性蛋白质。因此，在证据1的基础上，本领域的技术人员根据其通常知识，不需花费创造性的劳动就能获得本专利权利要求1的技术方案，权利要求1不具备创造性。从属权利要求2和3的附加技术特征也都在证据1中公开，因此权利要求2和3也不具备创造性。（2）权利要求1～3相对于证据1与证据2的结合不具备创造性。证据2公开了rhuMAB 4D5-8 HER2抗体的制备和纯化方法，在证据2的基础上结合证据1的内容获得本专利权利要求1～3的技术方案是显而易见的。（3）权利要求1～3相对于证据1、证据2与证据3或4的结合不具备创造性。证据3和4分别公开了利用聚焦层析或等电聚焦电泳纯化蛋白的方法，在证据2的基础上结合证据1的内容，本领域技术人员利用证据3或4的技术手段可容易地获得本专利权利要求1～3的技术方案。

2008年5月26日，原告针对第三人于2008年3月25日提交的无效宣告请求书作出答复，认为：（1）证据1中既没有描述本专利的组合物，没有公开"组合物中酸性变体的量小于25％"这一技术特征，也没有公开如何制备本专利的组合物，因此本专利权利要求1～3相对于证据1具备新颖性。（2）证据2提供的方法只是为了清除没有通过二硫键正确连接的抗体片段，与本专利所要解决的降低组合物中酸性变体含量的技术问题不同，证据3和4也都没有公开所述方法可以降低抗体组合物中酸性变体含量，因此相对于证据2、或者证据2和3或4，本专利权利要求1所述的抗体组合物具备创造性。同时对证据3和4的真实性提出质疑。

2008年6月20日，被告将第三人于2008年4月25日提交的意见陈述书及其所附文件副本转送给原告。2008年7月21日，被告向双方当事人发出《无效宣告请求口头审理通知书》，定于2008年

8月27日对本专利权的无效宣告请求进行口头审理，并向第三人转送了原告于2008年5月26日提交的意见陈述书的副本。

2008年8月5日，原告针对第三人于2008年4月25日提交的意见陈述书作出答复，认为（1）证据1中公开的测定蛋白的阳离子交换色谱条件与本专利所使用的分离收集酸性变体含量降低至25％以下的组合物的阳离子交换色谱条件完全不同，使用证据1所述的阳离子交换色谱，简单的通过收集该色谱的单一洗脱峰，不可能得到本专利权利要求1所述的酸性变体少于25％的抗-HER2抗体组合物；（2）证据1说明书第20页第18～20行解释了rhuMAB HER2蛋白质在冻干时的主要降解途径是凝聚，因此可用非变性大小排阻色谱测定完整非变性蛋白质的得率来测定蛋白质稳定性，证据1强调的是未凝聚的非降解蛋白而没有涉及不含酸性变体的组合物；（3）证据1说明书附图5-8根本没有鉴别不同于天然蛋白的蛋白百分数是否是酸性变体，也没有教导使用特定条件的离子交换色谱来使酸性变体含量降至25％以下。因此，从证据1公开的内容，本领域技术人员不可能得到本专利组合物和如何制备本专利组合物的技术启示，相对于证据1，本专利权利要求1～3具备创造性。并且相对于证据1和2、证据1和3、证据1和2和4的组合，本专利权利要求1～3的技术方案也都具备创造性。

2008年8月19日，被告将原告于2008年8月5日提交的答复意见副本转送给第三人。

2008年8月27日，口头审理如期举行，第三人及其委托代理人和原告的委托代理人出席了口头审理，被告就本案的无效理由及事实逐一进行了调查，双方当事人充分陈述了各自的意见。口头审理过程中确定的事实如下：（1）双方当事人对对方出席口头审理人员的资格及身份均无异议，对合议组成员无回避请求。（2）第三人当庭放弃了证据2，以及使用证据2评价权利要求1～3创造性的无效理由。（3）第三人当庭明确其无效宣告请求的理由和范围为：相对于证据1，本专利权利要求1～3不具有新颖性；相对于证据1、证据1与证据3、以及证据1与证据4的组合，本专利权利要求1～3不具有创造性。（4）第三人出示了加盖上海图书馆上海科学技术情报研究所文献服务部红章的证据3和4的复印件，原告对证据3和4的真实性、合法性、关联性和公开性均无异议。（5）原告对证据1的真实性、合法性、关联性和公开性及译文准确性均无异议。（6）原告当庭提交了作为公知常识性证据的反证1和2的复印件及其原件，第三人对反证1和2的真实性、合法性、关联性和公开性没有异议。

原告当庭提交的反证如下：

反证1：《实用蛋白质化学技术》，华家桎等编译，上海科学技术出版社，封面页、第1～3、15和16页，复印件共6页。

反证2：《高效液相色谱法纯化蛋白质理论与技术》，郭立安编著，陕西科学技术出版社，封面页、第1、2、4、78、79和387～394页，复印件共12页。

口头审理结束之后，原告和第三人分别于2008年9月1日和9月3日以意见陈述书的形式提交了口审代理词。

在上述程序基础上，被告认为：

1. 关于审查文本

被诉决定所依据的审查文本是本专利的授权公告文本。

2. 关于无效宣告请求的证据和理由

第三人当庭放弃了证据2及其相关的无效理由，故对该证据及其相关无效理由不予考虑和评述。证据1是专利文献，证据3和4是期刊出版物，第三人当庭提交了加盖上海图书馆上海科学技术情报研究所文献服务部红章的证据3和4的复印件，原告对证据1、3和4的真实性、合法性、关联性和公开性及证据1译文的准确性没有异议,这三份证据的公开日均早于本专利的申请日,因此证据1、3和4可以作为评价本专利新颖性和创造性的现有技术证据使用。第三人对原告提交的作为公知常识性证据的反证1和2的真实性、合法性、关联性和公开性均无异议,故对反证1和2予以认可。

基于第三人在口头审理中的确认,针对本专利权的无效宣告理由和范围是:权利要求1~3相对于证据1不具备新颖性,不符合《专利法》第二十二条第二款的规定;权利要求1~3相对于证据1不具备创造性,相对于证据1与证据3或4的结合不具备创造性,不符合《专利法》第二十二条第三款的规定。

3. 关于《专利法》第二十二条第三款

《专利法》第二十二条第三款规定,创造性,是指同申请日以前已有的技术相比,该发明有突出的实质性特点和显著的进步,该实用新型有实质性特点和进步。

在进行发明专利创造性判断时,应当将权利要求所述技术方案与最接近的现有技术相比较,找出它们之间的区别特征,如果引入该区别特征的技术方案是所属技术领域的技术人员在最接近现有技术基础上仅仅通过逻辑分析或合理推理便能确定的,则该技术方案是显而易见的,不具有创造性。

本专利的权利要求1要求保护一种包含抗-HER2抗体和一种或多种其酸性变体的组合物,其特征在于,该酸性变体的量少于25%。证据1公开了一种HER2抗体组合物制剂,其中HER2抗体蛋白是基本上纯净(即组分包含约90%、95%、99%重量计的蛋白质)和均相的(即没有杂蛋白等)(参见证据1中文译文说明书第7页第25~28行);该HER2抗体蛋白制剂中有较高量的脱氨基反应,rhuMAB HER2抗体在水性溶液中主要通过脱氨基(轻链30位天冬酰胺),或通过环状亚胺中间物琥珀酰亚胺形成异天冬氨酸(重链102位天冬氨酸)发生降解(参见证据1中文译文说明书第20页第8~12行,第27页第13-15行);并且用阳离子交换色谱测定了rhuMAB HER2制剂中经过脱氨基或形成琥珀酰亚胺后的非变性蛋白质的含量(参见证据1中文译文说明书第27页第13~19行),证据1说明书附图5-附图8描述了上述测定结果(参见证据1中文译文说明书第4页第21行至第5页第7行),显示rhuMAB HER2制剂中随着贮存时间推移,非变性(未降解)蛋白质百分比(天然蛋白质百分比)由82%逐渐变低,但仍保持非变性蛋白质含量不低于75%,即降解蛋白质含量小于25%。

因此证据1公开了一种包含抗-HER2抗体及其降解变体含量小于25%的组合物,本专利权利要求1的技术方案与证据1公开的组合物的区别特征在于:证据1中没有具体记载组合物中"酸性变体的量少于25%"这一技术特征。然而所属技术领域的技术人员从证据1公开的上述内容可看出,证据1所述的阳离子交换色谱已测定出非变性蛋白与降解蛋白的百分比含量,降解蛋白的含量在18%~25%之间(对应的时间点在0~15天之间),由于HER2抗体主要的降解途径是脱氨基,本专利中解释抗-HER2抗体的酸性变体是指HER2抗体多肽通过脱氨基或脱酰胺基形成的比原始多肽更为酸性的变体(参见本专利说明书第6页第18~28行),因此酸性变体属于降解蛋白。由此就能推导出证据1中测定的HER2抗体蛋白组合物制剂中酸性变体的量必然低于降解蛋白总量,因而必然小于25%。也就是说,所属技术领域的技术人员在证据1公开的抗-HER2抗体组合物的基础上,通过逻辑分析和合理推理便能确定证据1公开的HER2抗体蛋白组合物制剂中酸性变体的含量小于25%,因此本专利权利要求1的技术方案对于所属技术领域的技术人员来说是显而易见的,其相对于证据1不具备创造性,不符合《专利法》第二十二条第三款的规定。

原告在口头审理过程中认可证据1公开了包含抗-HER2抗体和一种或多种其酸性变体的组合物。但是认为:(1)证据1说明书附图5-8描述的测定结果不能证明被测定的组合物中其余18%的成分是酸性变体,虽然显示天然蛋白百分比为82%,但该天然蛋白成分中含有没有纯化、没有分离的酸性变体,因此上述附图5-8根本没有鉴别不同于天然蛋白的蛋白百分数是否是酸性变体,也没有教导使用特定条件的离子交换色谱来使酸性变体含量达到25％以下。（2）证据1中公开的测定蛋白的阳离子交换色谱条件与本专利所使用的分离收集酸性变体含量降低至25％以下的组合物的阳离子交换色谱条件完全不同，使用证据1所述的阳离子交换色谱，简单的通过收集该色谱的单一洗脱峰，不可能得到本专利权利要求1所述的酸性变体少于25％的HER2抗体和其酸性变体的组合物。（3）证据1说明书第20页第18~20行解释了rhuMAB HER2蛋白质在冻干时的主要降解途径是凝聚，因此可用非变性大小排阻色谱测定完整非变性蛋白质的得率来测定蛋白质稳定性，证据1强调的是未凝聚的非降解蛋白而没有涉及不含酸性变体的组合物，因此证据1所测定的结果主要是为了显示制剂重建前后由凝聚导致的蛋白质变性，与酸性变体降解无关。综上，证据1既没有描述本专利的组合物，也没有描述如何制备该组合物。从证据1公开的内容，本领域技术人员不可能得到本专利组合物和如何制备本专利组合物的技术启示。同时，原告提供了反证1和2来证明现有技术中对于一般的普通蛋白广泛存在着纯化困难的问题，使用证据1所述的阳离子交换色谱，简单的通过收集该色谱的单一洗脱峰，不可能得到本专利权利要求1所述的酸性变体少于25％的HER2抗体和其酸性变体的组合物。因此，本专利权利要求1相对于证据1具备创造性。

对此，被告认为：（1）由本专利说明书第6页第18~28行对"酸性变体"的解释说明来看，抗-HER2抗体的酸性变体是指HER2抗体多肽通过脱氨基或脱酰胺基形成的比原始多肽更为酸性的变体。这种酸性变体的形成是完整多肽HER2抗体的一种降解变性，在证据1公开的HER2抗体制剂中存在着通过脱氨基等方式降解的酸性变体，因而证据1公开了包含抗-HER2抗体和其酸性变体的组合物。（2）从证据1说明书附图5-附图8的附图说明（参见证据1中文译文说明书第4页第21行至第5页第7行）和证据1中文译文实施例1中对rhuMAb HER2制剂测定步骤的描述（参见证据1中文译文说明书第27页第13~19行）可以看出，附图5-8中标识的天然蛋白质百分比％表示的是非降解蛋白质百分比，而不是如原告所述该天然蛋白百分比中含有降解蛋白、含有没有纯化分离的酸性变体。并且原告也没有提供证据证明所述酸性变体包含在该天然蛋白百分比中，而不是包含在被测定组合物中除天然蛋白百分比之外的其余18％的成分中。（3）所属技术领域的技术人员已知，对于HER2抗体组合物的测定和纯化所使用的离子交换色谱必然会分别涉及不同的条件，对于条件的选择是本领域的技术人员根据常规的技术手段可判断调整的，以离子交换色谱条件不同否认证据1附图5-附图8测定的组合物中酸性变体的含量小于25％的事实缺乏合理的依据。（4）反证1和2描述了现有技术中使用离子交换层析纯化获得普通蛋白质所可能遇到的问题，例如离子强度、缓冲液浓度、pH值条件等，但是这些笼统的实验条件论述没有说明纯化特定的HER2抗体存在哪些还未解决的特定技术问题，也不能直接或间接证明证据1中测定的HER2抗体组合物中酸性变体的含量不存在小于25％的可能。而且，（5）权利要求1不是用方法限定的组合物，即权利要求1包括了可用任何方法制备得到的所述组合物，在原告在答复意见和口头审理过程中始终没有提供理由和证据能够证明使用证据1公开的色谱条件或对上述测定条件稍加改变肯定不能使得HER2抗体组合物中酸性变体含量小于25％的情况下，原告以普通蛋白纯化困难，除了本专利的方法，现有技术中的方法不能获得权利要求1的组合物作为本专利具备创造性的理由难以成立。、

从属权利要求2和3分别进一步限定权利要求1的组合物还包含药物学上可接受的载体，以及所述抗-HER2抗体是humMAB4D5-8，上述附加技术特征在证据1中均已公开（参见证据1中文译文说明书第15~16页和第19页倒数第3行），因此在权利要求1不具备创造性的前提下，权利要求2和3相对于证据1也不具备《专利法》第二十二条第三款规定的创造性。

综上所述，由于依据证据1已经能够得出本专利权利要求1~3不符合《专利法》第二十二条第三款的规定的结论，因此对第三人提出的其他无效理由和证据组合方式不再予以评述。

基于上述理由，被告作出被诉决定。原告不服该决定，在法定期限内向本院提起行政诉讼。

庭审中，原告和第三人明确表示对于被诉决定的下列内容不持异议：被诉决定的作出程序；被诉决定"案由"部分记载的内容；被诉决定第二部分"1. 关于审查文本"的认定；被诉决定第二部分"2. 无效宣告请求的证据和理由"的认定。

本院认为，对于被诉决定中原告与第三人明确表示不持异议的部分，本院经审查，对其合法性予以确认。在此基础上，本案的争议焦点在于：本专利权利要求1~3是否具有《专利法》第二十二条第三款规定的创造性。

《专利法》第二十二条第三款规定，创造性，是指同申请日以前已有的技术相比，该发明有突出的实质性特点和显著的进步，该实用新型有实质性特点和进步。原告主张证据1强调的是未凝聚的非降解蛋白而没有涉及不含酸性变体的组合物，因此证据1所测定的结果主要是为了显示制剂重建前后由凝聚导致的蛋白质变性，与酸性变体降解无关。对此，本院认为，由本专利说明书对"酸性变体"的解释可知，抗-HER2抗体的酸性变体是指HER2抗体多肽通过脱氨基或脱酰胺基形成的比原始多肽更为酸性的变体。这种酸性变体的形成是完整多肽HER2抗体的一种降解变性，在证据1公开的HER2抗体制剂中存在着通过脱氨基等方式降解的酸性变体，因而证据1公开了包含抗-HER2抗体和其酸性变体的组合物。本专利权利要求1的技术方案与证据1公开的组合物的区别特征在于：证据1中没有具体记载组合物中"酸性变体的量少于25%"这一技术特征。然而本领域技术人员从证据1公开的内容可看出，证据1所述的阳离子交换色谱已测定出非变性蛋白与降解蛋白的百分比含量，降解蛋白的含量在18%~25%之间（对应的时间点在0~15天之间），由于HER2抗体主要的降解途径是脱氨基，本专利中解释抗-HER2抗体的酸性变体是指HER2抗体多肽通过脱氨基或脱酰胺基形成的比原始多肽更为酸性的变体，因此酸性变体属于降解蛋白。由此就能推导出证据1中测定的HER2抗体蛋白组合物制剂中酸性变体的量必然低于降解蛋白总量，因而必然小于25%。由此，本领域的技术人员在证据1公开的抗-HER2抗体组合物的基础上，通过逻辑分析和合理推理便能确定证据1公开的HER2抗体蛋白组合物制剂中酸性变体的含量小于25%，因此本专利权利要求1的技术方案对于所属技术领域的技术人员来说是显而易见的，其相对于证据1不具备创造性。

原告主张证据1说明书附图5-8描述的测定结果不能证明被测定的组合物中其余18%的成分是酸性变体，虽然显示天然蛋白百分比为82%，但该天然蛋白成分中含有没有纯化、没有分离的酸性变体，因此上述附图5-8根本没有鉴别不同于天然蛋白的蛋白百分数是否是酸性变体，也没有教导使用特定条件的离子交换色谱来使酸性变体含量达到25%以下。对此，本院认为，从证据1说明书附图5-附图8的附图说明和证据1中文译文实施例1中对rhuMAb HER2制剂测定步骤的描述可以看出，附图5-8中标识的天然蛋白质百分比%表示的是非降解蛋白质百分比，而不是如原告所述该天然蛋白百分比中含有降解蛋白、含有没有纯化分离的酸性变体。原告也未能举证证明所述酸性变体包含在该天然蛋白百分比中，而不是包含在被测定组合物中除天然蛋白百分比之外的其余18%的成分中。因此，对于原告的上述主张，本院不予支持。

同时，原告主张证据1中公开的测定蛋白的阳离子交换色谱条件与本专利所使用的分离收集酸性变体含量降低至25%以下的组合物的阳离子交换色谱条件完全不同，原告还提供了反证1和2来证明现有技术中对于一般的普通蛋白广泛存在着纯化困难的问题，使用证据1所述的阳离子交换色谱，简单的通过收集该色谱的单一洗脱峰，不可能得到本专利权利要求1所述的酸性变体少于25%的HER2抗体和其酸性变体的组合物。对此，本院认为，对于HER2抗体组合物的测定和纯化所使用的离子交换色谱必然会分别涉及不同的条件，对于条件的选择是本领域的技术人员根据常规的技术手段可判断调整的，以离子交换色谱条件不同否认证据1附图5-附图8测定的组合物中酸性变体的含量小于

25％的事实缺乏合理的依据。原告提交的反证1和2也不能直接或间接证明证据1中测定的HER2抗体组合物中酸性变体的含量不存在小于25％的可能。而且，权利要求1不是用方法限定的组合物，即权利要求1包括了可用任何方法制备得到的所述组合物，在原告在答复意见和口头审理过程中始终没有提供理由和证据能够证明使用证据1公开的色谱条件或对上述测定条件稍加改变肯定不能使得HER2抗体组合物中酸性变体含量小于25％的情况下，原告以普通蛋白纯化困难，除了本专利的方法，现有技术中的方法不能获得权利要求1的组合物作为本专利具备创造性的理由难以成立。

从属权利要求2和3分别进一步限定权利要求1的组合物还包含药物学上可接受的载体，以及所述抗-HER2抗体是humMAB4D5-8，上述附加技术特征在证据1中均已公开，因此在权利要求1不具备创造性的前提下，权利要求2和3相对于证据1也不具备创造性。

综上，被诉决定认定事实清楚、适用法律正确，本院应予维持。原告的诉讼请求缺乏事实和法律依据，本院不予支持。据此，依照《中华人民共和国行政诉讼法》第五十四条第（一）项之规定，判决如下：

维持被告中华人民共和国国家知识产权局专利复审委员会于二〇〇八年十月二十一日作出的第12385号无效宣告请求审查决定。

案件受理费人民币100元，由原告基因技术股份有限公司负担（已交纳）。

如不服本判决，原告基因技术股份有限公司可在本判决书送达之日起30日内，被告中华人民共和国国家知识产权局专利复审委员会、第三人李彩辉可在本判决书送达之日起15日内，向本院递交上诉状，并按对方当事人的人数提交副本，上诉于中华人民共和国北京市高级人民法院。上诉人在上诉期满后7日内未交纳又不提出缓交申请的，按自动撤回上诉处理。

审　判　长　吴　月
代理审判员　赵　锋
代理审判员　贾志刚
二〇一〇年三月二十三日
书　记　员　盛　阳

邮票镇纸

无效宣告请求审查决定（第 12392 号）

决 定 号	第 12392 号
决 定 日	2008 年 10 月 16 日
发明创造名称	邮票镇纸
国 际 分 类 号	B43M9/00
无效宣告请求人	冯后雷
专 利 权 人	杨伟建
专 利 号	200520097243.8
申 请 日	2005 年 7 月 20 日
授 权 公 告 日	2006 年 10 月 4 日
合 议 组 组 长	李金光
主 审 员	刘洪尊
参 审 员	曹克浩
法 律 依 据	专利法第 22 条第 2 款，第 26 条第 4 款
决 定 要 点	

如果权利要求所要求保护的技术方案与现有技术证据公开的技术内容因存在明显的区别技术特征而实质上不同，则权利要求所要求保护的技术方案相对于所述证据披露的内容具有新颖性。

权利要求书应当以说明书为依据，是指权利要求应当得到说明书的支持。权利要求书中的每一项权利要求所要求保护的技术方案应当是所属技术领域的技术人员能够从说明书中充分公开的内容中得到或概括得出的技术方案，并且不得超出说明书公开的范围。

一、案由

本专利权无效宣告请求案涉及国家知识产权局于 2006 年 10 月 4 日公告授予的、名称为"邮票镇纸"的第 200520097243.8 号实用新型专利权（下称本专利），其申请日为 2005 年 7 月 20 日，专利权人为杨伟建。本专利授权公告的权利要求书如下：

"1. 邮票镇纸，由镇体和邮票组成，其特征为在透明镇体上片（1）和透明镇体下片（2）之间，有密实的邮票夹层（3）。

2. 根据权利要求 1 的邮票镇纸，其特征在于所说的邮票夹层（3）为单层邮票（4），该邮票正面朝上。

3. 根据权利要求 1 的邮票镇纸，其特征在于所说的邮票夹层（3）为双层邮票，其上层邮票（5）

和下层邮票（6）之间有透明镇体中片（7），该上层邮票（5）正面朝上，该下层邮票（6）正面朝下。"

针对上述专利权，冯后雷（下称请求人）于2007年5月31日向专利复审委员会提出专利权无效宣告请求，认为本专利不符合专利法第22条第2款和专利法第26条第4款的规定。请求人同时提交了以下附件作为证据：

附件1：授权公告日为2005年6月15日、专利号为ZL200430084751.3、名称为"镇纸"的外观设计专利图形，网络打印件，共1页。

附件2：授权公告日为1996年2月14日、专利号为ZL95243440.7、名称为"一种纸质画片水晶封框"的实用新型专利说明书，复印件，共5页。

附件3：现代汉语词典，中国社会科学院语言研究所编，商务印书馆出版，1979年3月印刷，版权页和第1456页的复印件，共2页。

附件4：授权公告日为2000年8月23日、专利号为ZL99218936.5、名称为"双面全水晶像框"的实用新型专利说明书，复印件，共5页。

依据上述附件，请求人认为：(1) 附件1公开了权利要求1的内容，附件2公开了权利要求1、2的内容，附件4公开了权利要求3的内容，所以权利要求1相对于附件1不具备新颖性，不符合专利法第22条第2款的规定；权利要求1、2相对于附件2不具备新颖性，不符合专利法第22条第2款的规定；权利要求3相对于附件4不具备新颖性，不符合专利法第22条第2款的规定。(2) 权利要求1记载的透明镇体所涵盖的材料范围过大，不符合专利法第26条第4款的规定。

经形式审查合格后，专利复审委员会受理了上述请求，于2008年7月10日向双方当事人发出《无效宣告请求受理通知书》，并将《专利权无效宣告请求书》及其附件副本转送给专利权人，要求其在指定的期限内答复，同时成立合议组对本无效宣告请求案进行审理。

专利复审委员会于2008年8月14日收到专利权人提交的意见陈述书，专利权人没有对本专利的权利要求书进行修改。专利权人认为：附件1、2、4与本专利的权利要求1~3有明显区别，相对于请求人提交的附件，本专利具备新颖性且得到说明书的支持，符合专利法第22条第2款和第26条第4款的规定，请求人的无效理由不能成立。

2008年8月25日，本案合议组向双方当事人发出口头审理通知书，定于2008年9月22日对本案进行口头审理。同时，专利复审委员会本案合议组将专利权人于2008年8月14日提交的意见陈述书副本转送给请求人。

2008年9月22日，口头审理如期进行，请求人及其代理人、专利权人的代理人参加了口头审理。口头审理中明确的事实如下：(1) 双方对对方参加口头审理人员的身份和资格无异议，对合议组成员及书记员无回避请求。(2) 请求人明确其无效宣告理由为：权利要求1相对于附件1不符合专利法第22条第2款的规定；权利要求1、2相对于附件2不符合专利法第22条第2款的规定；权利要求3相对于附件4不符合专利法第22条第2款的规定；权利要求1不符合专利法第26条第4款的规定。(3) 专利权人对证据1~4的真实性、关联性、合法性和公开日期均无异议。在口头审理过程中，双方均重申了各自在意见陈述书中的意见，并针对本专利是否符合专利法第22条第2款和专利法第26条第4款的规定充分发表了意见。

至此，合议组认为本案事实已经清楚，可以依法作出审查决定。

二、决定的理由

1. 关于审查文本

本决定所依据的审查文本是本专利授权公告的文本。

2. 关于证据

请求人提交的附件1、2、4都是中国专利文献，附件3是一部词典，专利权人对上述附件的真实性和公开日期均没有异议，合议组经审查后对其真实性予以确认，其可作为本案的证据使用。由于上述附件的公开日都早于本专利的申请日，其上记载的内容均构成与本专利有关的现有技术，可以用来评价本专利的新颖性。

3. 关于专利法第22条第2款

专利法第22条第2款规定：新颖性，是指在申请日以前没有同样的发明或者实用新型在国内外出版物上公开发表过、在国内公开使用过或者以其他方式为公众所知，也没有同样的发明或者实用新型由他人向专利局提出过申请并且记载在申请日以后公布的专利申请文件中。

根据该款规定，如果权利要求所要求保护的技术方案与现有技术证据公开的技术内容因存在明显的区别技术特征而实质上不同，则权利要求所要求保护的技术方案相对于所述证据披露的内容具有新颖性。

（1）关于本专利权利要求1~3所限定的技术方案。

本实用新型专利涉及一种邮票镇纸，所属技术领域为办公用品，IPC分类的分类号为B43M 9/00，涉及办公用品纸的压纸器。

本专利权利要求1的技术方案为一种邮票镇纸，由镇体和邮票组成，其特征为在透明镇体上片和透明镇体下片之间，有密实的邮票夹层。权利要求2进一步将权利要求1的镇纸中的邮票夹层限定为单层邮票，该邮票正面朝上。权利要求3则将权利要求1的镇纸中的邮票夹层限定为双层邮票，其上层邮票和下层邮票之间有透明镇体中片，该上层邮票正面朝上，该下层邮票正面朝下。

根据说明书中的描述可知，本实用新型要解决的技术问题是克服现有镇纸的产品单一的不足，提供一种邮票与镇纸结合为一体的邮票镇纸；本实用新型所能达到的技术效果为邮票与镇纸结合为一体，使邮票的内涵与产品的外观相结合，达到艺术性与实用性的统一，同时还为邮票珍藏提供了一种新的形式。

（2）关于本专利权利要求1相对于附件1是否具备新颖性。

请求人认为：从附件1的图中可以明显地看出镇纸由上片、下片和夹层组成，其中，上片和下片均为透明的材料，夹层为字画。由于邮票也是一种字画，字画包括邮票。由此可见，附件1公开了本专利权利要求1全部的技术特征，致使权利要求1丧失了新颖性。

专利权人认为：从附件1只能看出一个外形，不能看出具体结构。附件1的外观设计形状、图案不能覆盖本专利的全部技术特征，因此，本专利权利要求1与附件1比较，具有新颖性。

合议组将本专利权利要求1所限定的镇纸与附件1进行了比较，可以看出：附件1公开的是一种名称为"镇纸"的外观设计专利产品的立体图以及主视图、俯视图、左视图和后视图，其中放置有字画。本专利权利要求1的镇纸在透明镇体上片和透明镇体下片之间，有密实的邮票夹层。二者的区别在于：a. 附件1的镇纸的具体结构不明确，本专利权利要求1的镇纸有明确结构，镇体上下片是透明的；b. 附件1的产品中间是字画，本专利权利要求1的夹层中放邮票。由于本专利的权利要求1与附件1存在上述区别技术特征，二者具有不同的使用效果，即本专利的邮票与镇纸结合一体，起到美化、珍藏邮票的作用，而附件1的作用是美化字画，没有珍藏邮票的作用，因此两者的技术方案实质上不同。所以本专利的权利要求1相对于附件1具备新颖性，符合专利法第22条第2款的规定。

（3）关于本专利的权利要求1、2相对于附件2是否具备新颖性。

请求人认为：附件3定义镇纸指写字画画时压纸的东西，用铜、铁或玉石等制成，附件2公开的技术方案适用于作镇纸。本专利的权利要求1、2与附件2公开的技术方案实质上相同，所属领域的技术人员根据二者的技术方案可以确定二者能够适用于相同的技术领域、解决相同的技术问题，并具有相同的预期效果，为同样的实用新型，不具备专利法所规定的新颖性。

专利权人认为：本专利与附件2属于完全不同的领域，并且它们具有不同的用途和效果。以不同领域、不同用途、不同产品的方案来否定本专利权利要求1、2的新颖性是没有依据的。因此本专利权利要求1、2相对于附件2具备新颖性。

合议组将本专利权利要求1所限定的镇纸与附件2所公开的纸质画片水晶封框进行比较发现：a. 附件2的实用新型专利涉及一种纸质画片水晶封框，IPC分类的分类号为B44C 5/04，属于产生装饰效果的工艺品技术领域，本专利产品属于办公用品，二者所属技术领域不同；b. 附件2解决的技术问题是提供一种既具有良好的密封性，又具有装饰美观效果的有机玻璃水晶封框，其能达到的技术效果为可永久保存画片同时具有很好的美观效果，而本专利解决的技术问题是提供邮票镇纸，达到美观、珍藏邮票的效果，二者解决的技术问题和效果不同。c. 权利要求1的镇纸与附件2的水晶封框的区别在于：本专利权利要求1的镇纸中放置的是邮票，而附件2的水晶封框中放置的是纸质画片。附件2的说明书并没有明确提及"纸质画片"可以是邮票（参见附件2说明书第1页第1、2段）。因此附件2并没有公开本专利的权利要求1的技术方案。此外，附件2公开的技术方案并不是附件3所述的镇纸。

综上所述，权利要求1所限定的镇纸与附件2所公开的纸质画片水晶封框技术方案不同，所属的技术领域、所要解决的技术问题、所能达到的技术效果也不相同，二者实质上不一样，因此本专利权利要求1相对于附件2具备新颖性，符合专利法第22条第2款的规定。

在权利要求1相对于附件2具备新颖性的情况下，其从属权利要求2相对于附件2也具备新颖性，符合专利法第22条第2款的规定。

（4）本专利权利要求3相对于附件4是否具备新颖性。

请求人认为：本专利权利要求3的技术方案与附件4所述方案完全相同，唯一不同的是二者的用途不同。但是根据常识可知，附件4所述方案具有镇纸的功能和用途是显而易见的。因此权利要求3所述技术方案不具备新颖性。

专利权人认为：本专利和附件4属于完全不同的领域，并且它们具有不同的用途和效果。用不同领域、不同用途、不同产品的方案来否定本专利权利要求3的新颖性是不能成立的。

合议组将本专利权利要求3所限定的镇纸与附件4所公开的水晶像框进行比较发现：a. 附件4的实用新型专利涉及一种装饰品，IPC分类的分类号为A47G 1/06，所属技术领域为画框，与本专利不同；b. 附件4的实用新型专利要解决的技术问题是提供一种用不饱和树脂作保护层的多层结构的双面全水晶像框、所能达到的技术效果为有利于永久保存画像；与本专利不同；c. 附件4公开了一种双面全水晶像框，面层和底层均为不饱和树脂，其特征在于，具有多层结构，在面层和底层中间还有一个中间层，中间层的两面均粘有像片，面层和底层浑然一体，凝固在相片表面上。权利要求3的镇纸与附件4的水晶像框的区别在于：本专利的权利要求3的镇纸中放置的是邮票，而附件4的水晶相框中放置的是相片，并且附件4的说明书中将"相片"解释为"画像或者照片"（参见附件4说明书第1页第2段），没有记载邮票。

综上所述，权利要求3所限定的镇纸与附件4所公开的技术方案不同，所属的技术领域、所要解决的技术问题、所能达到的技术效果也不相同，二者实质上不一样，本专利权利要求3相对于附件4具备新颖性，符合专利法第22条第2款的规定。

4. 关于专利法第26条第4款

专利法第26条第4款规定：权利要求书应当以说明书为依据，说明要求专利保护的范围。

权利要求书应当以说明书为依据，是指权利要求应当得到说明书的支持。权利要求书中的每一项权利要求所要求保护的技术方案应当是所属技术领域的技术人员能够从说明书中充分公开的内容中得到或概括得出的技术方案，并且不得超出说明书公开的范围。

请求人认为：本专利权利要求1所述的"透明镇体上片（1）"和"透明镇体下片（2）"是一个很大的上位概念，它包含了所有透明的具体材料，而说明书中只说明了所述的"镇体上片1和镇体下片2为比重大的硬质、透明材料"，本领域技术人员无法得知除比重大的硬质、透明材料以外的其他透明材料（如透明的塑料薄膜，透明的纸等）是否能够解决本实用新型所要解决的技术问题，并达到相同的技术效果，因此权利要求1请求保护的技术方案超出了说明书公开的范围。

专利权人认为：本专利的名称既然叫"邮票镇纸"，就说明它必须有较大比重才能把纸件镇住，这是透明塑料薄膜和透明纸无法实现的。因此权利要求1限定的技术方案未超出说明书公开的范围。

合议组认为，尽管本专利权利要求1没有对所述的"透明镇体上片（1）"和"透明镇体下片（2）"所使用的具体材料进行限定，但是，根据本专利说明书的内容和所属领域的公知常识，本领域技术人员知道由于除比重大的硬质、透明材料以外的其他透明材料（如透明的塑料薄膜，透明的纸等）无法有效形成对文件的镇压作用、甚至无法形成固定的形态，不能用作本发明的镇纸的镇体，镇纸的镇体应当只能是比重大的硬质、透明材料。因此本领域的技术人员能够从说明书中充分公开的内容和本领域的公知常识得到本专利权利要求1的技术方案，即权利要求1得到说明书的支持，符合专利法第26条第4款的规定。

基于以上事实和理由，本案合议组作出如下审查决定。

三、决定

维持第200520097243.8号实用新型专利权有效。

当事人对本决定不服的，可以根据专利法第46条第2款的规定，自收到本决定之日起三个月内向北京市第一中级人民法院起诉。根据该款的规定，一方当事人起诉后，另一方当事人应当作为第三人参加诉讼。

α-细辛脑原料生产工艺

无效宣告请求审查决定（第 12417 号）

决 定 号	第 12417 号
决 定 日	2008 年 10 月 14 日
发明创造名称	α-细辛脑原料生产工艺
国 际 分 类 号	C07C 43/215
无效宣告请求人	广西亿康药业股份有限公司
专 利 权 人	刘博纯
专 利 号	02158881.3
申 请 日	2002 年 12 月 30 日
授 权 公 告 日	2006 年 1 月 4 日
合 议 组 组 长	李金光
主 审 员	王 冬
参 审 员	孙 俐
法 律 依 据	专利法第 22 条第 3 款、第 4 款

决 定 要 点

若请求人在无效宣告请求中提供的证据的真实性无法确认，则请求人所主张的与该证据相关的无效宣告请求理由不能成立。

实用性是指该发明或者实用新型能够制造或者使用，并且能够产生积极效果。

一、案由

本专利权无效宣告请求案涉及国家知识产权局于 2006 年 1 月 4 日公告授予的、名称为"α-细辛脑原料生产工艺"的 02158881.3 号发明专利权（下称本专利），其申请日为 2002 年 12 月 30 日，专利权人为刘博纯。本专利授权公告的权利要求书如下：

"1. a-细辛脑原料生产工艺，它包括以下几个阶段：

第一阶段是乙酰化反应阶段，在乙酰化反应阶段中：

乙酰化反应的原料按重量份数配比如下：对苯醌：乙酐：硫酸：水 = 1：3：0.2：8；其中对苯醌的含量≥89%，乙酐的含量≥95%，硫酸的含量≥97%；

乙酰化反应的工艺过程如下：将搪瓷反应罐刷洗干净烘干，检查罐底阀门闭好，真空抽入符合乙酰化反应原料配比的乙酐，搅拌后加入符合乙酰化反应原料配比的硫酸，调整罐内物料温度为 37℃~44℃，然后加入符合乙酰化反应原料配比的对苯醌，控制温度在 38℃~50℃，加毕自然降温，加入冷冻水进行水解，物料温度为4℃~10℃，出料，甩干，水洗至pH中性，烘干，即得1.2.4-三乙酰氧基苯，待用；

第二阶段是甲基化反应阶段，在甲基化反应阶段中：

甲基化反应的原料配比如下：1.2.4-三乙酰氧基苯：硫酸二甲酯：氢氧化钠水溶液：甲醇=1：3.5：2.2：6；其中硫酸二甲酯含量≥90%，氢氧化钠水溶液含量34%~50%，甲醇为工业品；

甲基化反应的生产工艺如下：于搪瓷反应釜中加入符合甲基化反应原料配比的1.2.4.三乙酰氧基苯，称取符合甲基化反应原料配比的硫酸二甲酯在搅拌下缓慢加入符合甲基化反应原料配比的甲醇，在搅拌下慢慢加入，搅拌调整罐内温度35℃~45℃时，开始缓慢滴加符合甲基化反应原料配比的氢氧化钠水溶液，温度控制在45℃~50℃之间，加毕，保温成熟反应0.5~2小时，降温加水使其物料分层，分流弃去水层，用乙醚提取，水洗，干燥，减压蒸馏，收集110℃~170℃馏份，真空度为0.08~0.1MPa，即得浅棕色油状物为成品即1.2.4-三甲氧基苯，待用；

第三阶段是醛基化反应阶段，在醛基化反应阶段中：

醛基化反应的原料配比如下：1.2.4-三甲氧基苯：N.N.-二甲基甲酰胺：三氯氧磷：水=1：1.7：1.38：30；其中N.N.-二甲基甲酰胺为工业级95%，三氯氧磷为工业级95%；

醛基化反应的工艺过程如下：将搪瓷罐烘干，用真空将符合醛基化反应原料配比的N.N.-二甲基甲酰胺抽入罐中，开冷冻盐水降温至3℃~15℃之间，开始将符合醛基化反应原料配比的三氯氧磷缓慢滴加，加毕继续搅拌抽入待用的符合醛基化反应原料配比的1.2.4.-三甲氧基苯，于40℃~80℃保温5~9小时，进行水解，很快析出结晶，冰盐水冷冻下温度在12℃以下，水洗至中性，甩干，入烘即得成品2.4.5-三甲氧基苯甲醛，为浅黄色针状晶体，待用；

第四阶段是乙烯化反应阶段，在乙烯化反应阶段中：

乙烯化反应的原料配比如下：2.4.5-三甲氧基苯甲醛：丙酸酐：丙酸钠=1：1.75：0.5；其中丙酸酐为工业级95%以上，丙酸钠为工业级无水；

乙烯化反应的工艺过程如下：在不锈钢反应釜中，加入待用的符合乙烯化反应原料配比的2.4.5-三甲氧基苯甲醛，丙酸酐，丙酸钠，搅拌，升温至140℃~190℃回流反应5~9小时，降温，加水水解，搅拌加Na_2CO_3进行中和，用乙醚分别提取，水层再提取，合并醚层水洗搅拌，静止，分流，干燥，蒸馏，常压蒸去醚回收再利用，减压蒸馏140℃~180℃，真空度为0.08~0.1MPa，收集馏份，得粗α-细辛脑；

第五阶段是重结晶阶段，在重结晶阶段中：

重结晶阶段的原料配比如下：粗细辛脑：乙醇=1：1.5~1.6；其中乙醇为工业品配制60%~75%；

重结晶阶段工艺过程如下：将已配制好的60%~75%乙醇溶液，投入结晶罐中，将粗α-细辛脑投入结晶罐中，稍加搅拌于3℃~10℃以下，保持20~60分钟，出料，甩干，用乙醇洗一次，出料，烘干，母液回收，乙醇再利用，母液再结晶即得α-细辛脑。

2. 根据权利要求1所述的a-细辛脑原料生产工艺，其特征在于所述甲基化反应的工艺过程还可以采用如下方法：于搪瓷反应釜中抽入定量水，加入符合甲基化反应原料配比1.2.4.三乙酰氧基苯，搅拌，加入碱液，滴加硫酸二甲酯，滴完后调节pH值保持在碱性反应1~4小时，进行萃取，静置分层，分出油层，水层再提取，合并油层加提取层，水洗至中性，弃去水层，回收溶剂，继续蒸馏，收集馏份110℃~170℃，真空度为0.08~0.1MPa，得黄色或淡黄色透明液体，即1.2.4-三甲氧基苯。

3. 根据权利要求1所述的a-细辛脑原料生产工艺，其特征在于所述甲基化反应的工艺过程如下：于搪瓷反应釜中抽入定量的水，加入符合甲基化反应原料配比1.2.4-三乙酰氧基苯，搅拌，滴加符合甲基化反应原料配比的碱液，滴加符合甲基化反应原料配比的硫酸二甲酯，再滴加碱液，再滴加硫酸二甲酯，再滴加碱液，交替滴加直至反应完全，始终保持稳定的反应温度，稳定的pH值状态，成熟反应1~4小时，进行萃取，静置分层，分出油层，水层再提取，合并油层加提取层，水洗至中性，弃去水层，回收上述萃取溶剂，继续蒸馏收集馏份110℃~170℃，真空度为0.08~0.1MPa，得黄色或淡黄色透明液体，即1.2.4-三甲氧基苯。

4. 根据权利要求1所述的α-细辛脑原料生产工艺，其特征在于所述乙烯化反应的工艺过程如下：即格氏反应，在干燥、洁净的不锈钢反应釜中，真空抽入四氢呋喃，搅拌下投入干燥的镁粉或镁片，符合乙烯化反应原料配比的溴乙烷，视气温情况加热，然后调整温度平稳，自然升温直至40℃~65℃之间稳定不再继续升温，滴加溴乙烷在40℃~65℃保持1.5~3小时，待镁粉或镁片全部溶化，开始缓慢滴加四氢呋喃溶液，滴加完后，缓慢升温，出现回流现象计时，回流反应6~10小时，冷却，加稀醋酸进行中和至中性，蒸去四氢呋喃，罐内物质加水进行水解，分出油层、水层再提取合并，提取物和油层，水洗，碱洗，水洗至中性低温下回收甲苯，进行蒸馏，收集馏份白色或淡黄色物，即粗细辛脑2.4.5-三甲氧基-1-丙烯基苯。"

针对上述发明专利权（下称本专利），广西亿康药业股份有限公司（下称请求人）于2008年6月13日向专利复审委员会提出无效宣告请求，认为本专利权利要求1~4不符合专利法第22条第3款的规定，权利要求2~4不符合专利法第22条第4款的规定。请求人同时提交了以下证据：

证据1："α-细辛醚的化学合成"，程暄生，林树，《江苏化工．市场七日讯》，1983年第2期，摘要以及第39~43页（从中国知网CNKI打印获得），复印件共6页；

证据2："Synthesis and Some Pharmacological Actions of Asarone"，P. K Sharma 和 P. C. Dandiya，Indian J. Appl. Chem.，1969年第32卷第4期，第236~238页，英文复印件共3页，中文译文复印件共6页；

证据3："细辛脑的合成"，藤田治重，山下正太郎，《有机合成化学协会志》，1973年10月，第31卷第10号，封面页、目录页、第839~840页，日文复印件共4页，中文译文复印件共4页。

依据上述证据，请求人认为：

（1）在权利要求1公开的α-细辛脑原料的化学合成方法中，除第五阶段之外的其他部分已为证据1或证据3所公开，而第五阶段为化学合成精制领域常用的技术手段，而且该手段在证据2中也已经公开，权利要求1中公开的对反应过程中各反应物的添加量、添加方法、反应温度和反应速度的控制的主要部分同样被证据1和2所披露，其他部分对于所属领域的普通技术人员而言是显而易见的，因此，权利要求1不具备专利法第22条第3款规定的创造性。权利要求2~4附加技术特征与权利要求1的技术特征的结合的实质内容也同样被证据1和证据2所披露，其他部分对于所属领域的普通技术人员而言是显而易见的，因此权利要求2~4不具备专利法第22条第3款规定的创造性。

（2）权利要求2和3中附加技术特征与权利要求1中甲基化反应阶段中工艺操作和控制方法是不相容的，如权利要求1在该阶段得到的产物是浅棕色油状物的1.2.4-三甲基氧基苯，而权利要求2和3在该阶段得到的产物是黄色或淡黄色透明的1.2.4-三甲基氧基苯，因此权利要求2和3的技术方案是不可以实现的，不具有实用性。

（3）权利要求4附加技术特征表明的是一种在格氏化液中的加成反应，它采用的反应物和介质溶液与权利要求1的乙烯化反应阶段是不相容的，因此权利要求4中的技术方案是不可以实现的，不具有实用性。

经形式审查合格后，专利复审委员会受理了上述请求，于2008年6月13日向请求人以及专利权人发出《无效宣告请求受理通知书》，并将《专利权无效宣告请求书》及其附件的副本转送给专利权人，要求其在指定的期限内答复。

专利权人于2008年7月11日提交了意见陈述书，专利权人认为：

首先，证据1是网站的下载资料，此文件的对外公开日不能确定是在本专利申请日前就在网上公开了，《江苏化工．市场七日讯》可能是江苏化工的内部资料，其不能用作无效本专利的证据。

其次，即使证据1可以作为有效证据使用，也不能破坏本专利的创造性。由于证据1与本专利相比，公开的技术特征最多，暂以证据1作为本专利最接近的现有技术与本专利进行对比。①证据1与本专利权利要求1的技术方案在甲基化反应阶段的区别为：证据1在此步反应中用到了氮气保护，这增加了生产成本，操作繁杂，不适宜工业化生产；本专利权利要求1中不需使用惰性气体保护即可直接得到目标产物。证据1中英国化学会志的报道与权利要求1中甲基化反应工艺最接近，它们的区别在于反应温度不同，对于此步反应，必须控制加碱时整个反应器的温度，证据1中没有公开加碱时控制温度，只是说明加碱后冷却到25℃~30℃；本专利明确说明了加碱时控制温度在35℃~45℃，加碱后温度控制在45℃~50℃，这样的温度为该步反应的最佳条件。在处理过程中证据1采用常压蒸馏，而本专利采用减压蒸馏，采用常压蒸馏操作温度高，产品易破坏，同时不利于节约能源。因此，本专利与证据1的技术相比更适合工业化生产。②证据1与本专利权利要求1的技术方案在醛基化反应阶段的区别为：证据1是将三氯氧磷和N.N.-二甲基甲酰胺（DMF）加入到1,2,4-三甲氧基苯的DMF溶液中，本专利是将1,2,4-三甲氧基苯加入到三氯氧磷的DMF溶液中，加料顺序不同，影响该步反应的反应程度，本专利的顺序使反应更完全，收率更高。证据1的反应温度均为100℃，而本专利在55℃~60℃反应7h，使副产物更少，杂质较少，易后处理，降低了成本。证据1采用Na_2CO_3中和，乙醚萃取，乙醚为危险品，毒性大；本专利采用直接加水降温析晶的方法，简化了操作，降低了成本。③证据1与本专利权利要求1的技术方案在乙烯化反应阶段的区别为：证据1的方法与本专利完全不同，证据1使用熔化的丙酸钠，丙酸钠熔点在400℃以上，操作难度大，比较危险，本专利采用的丙酸酐为工业级95%以上，丙酸钠为工业级无水，丙酸钠溶于丙酸酐中可达到相同的技术效果，简化了操作，降低成本。证据1采用先生成羧酸，再脱羧以两步反应得到α-细辛脑粗品，本专利采用高温延长反应时间通过一步反应直接生成，再以减压蒸馏得到α-细辛脑粗品。本专利的比证据1生产方法简单，降低了生产成本。④本专利与证据1相比增加了重结晶步骤，虽然乙醇-水是重结晶的常用溶剂，但二者的配比直接影响成品的纯度，本专利公开了重结晶溶剂的最佳配比为工业品配制的60%~75%，终产品与重结晶溶剂按重量份数配比为粗细辛脑：乙醇=1：1.5~1.6，同时本专利公布的乙醇还可回收套用，降低了生产成本，提高了含量，生产得到的α-细辛脑纯度更好。上述区别特征在其他两篇证据中也未见公开。因此，本专利权利要求1具备创造性。基于相同的理由，权利要求2~4也具备创造性。

第三，关于本专利权利要求2~4的实用性，专利法所规定的实用性是指发明申请的主题必须能够在产业上制造或使用，并且能够产生积极的效果。①权利要求2和3的附加技术特征是不是对权利要求1中技术特征的进一步限定只是专利申请撰写方法的不同，权利要求2和3中的黄色或淡黄色透明液体1,2,4-三甲氧基苯与权利要求1中的浅棕色油状物1,2,4-三甲氧基苯之所以不同，是由于采用不同方法导致的，可能纯度不同，导致外观颜色描述不同，但是产物均为1,2,4-三甲氧基苯，权利要求2和3的产物的纯度更高，为优选的技术方案。用权利要求2和3制得的上述产物继续醛基化反应是完全可以的。因此，权利要求2和3的技术方案具有再现性，产生了积极效果，具备实用性。②权利要求4所引用的附加技术特征是不是对权利要求1技术特征的进一步限定只是专利申请撰写方法的不同，权利要求4的技术能够在产业上制造或使用，并且产生了积极效果，权利要求4具备实用性。

请求人于 2008 年 7 月 11 日向专利复审委员会补充提交了证据 4、5、6，并结合证据 1~5 陈述了认为本专利权利要求 1~4 不具备创造性和实用性的补充意见。证据 4、5 和 6 分别如下：

证据 4："顺 2，4，5-三甲氧基苯丙烯的合成"，王兴明等，《西南工学院学报》，1999 年 3 月，第 14 卷第 1 期，第 64~66 页，复印件共 3 页；

证据 5："1，2，4-三甲氧基的合成"，陈毅平等，《广西中医学院学报》，1999 年 5 月，第 16 卷第 2 期，扉页和第 73 页，复印件共 2 页；

证据 6：加盖有"复印件广西药检所档案室"章的广西壮族自治区卫生厅文件桂卫药批（85）89号，复印件共 6 页。

请求人认为：

（1）权利要求 1 的反应路线为①乙酰化反应、②甲基化反应、③醛基化反应、④乙烯化反应、⑤重结晶，证据 1 披露了上述①~④阶段的工艺路线，证据 2 披露了上述全部五个阶段的工艺路线，证据 3 披露了上述①~④阶段的工艺路线，证据 4 披露了上述①~③阶段的工艺路线，证据 5 披露了上述①~②阶段的工艺路线，权利要求 1 中重结晶为化学工业领域中对化合物精制所采用的已知常规手段，证据 2 公开了采用乙醇对粗细辛脑进行重结晶的方案，权利要求 1 的化学合成路线为公知技术。在反应过程的操作控制中，化学反应参加物的用量调整，是化工领域普通技术人员应知应会的技术知识；为了使反应物充分接触反应，在搅拌条件下添加反应物，对于敏感反应采用缓慢滴加加料、控温、降温加料，也是化工领域普通技术人员应知应会的技术知识。由各证据公开的方案可知本专利反应过程的操作控制的实质内容已经被各证据所披露。因此本专利权利要求 1 不具备专利法第 22 条第 3 款规定的创造性，即证据 1 结合证据 2、证据 1 结合证据 3、证据 1 结合证据 4、证据 1 结合证据 5、证据 1 本身、证据 1~4 结合、证据 1~3 与证据 5 结合均破坏本专利权利要求 1 的创造性。

（2）权利要求 2 的附加技术特征主要是控制反应后的 pH 值在碱性下反应，与权利要求 1 的其他技术特征结合的实质内容也被证据 1、4 和 5 所披露。权利要求 3 的附加技术特征的特点在于在加料过程中，硫酸二甲酯与碱液交替滴加以控制反应溶液的 pH 值，但本专利权利要求书和说明书并没有给出应该控制 pH 值在什么数值范围内，权利要求 3 附加技术特征与权利要求 1 其他技术特征的结合的实质内容同样被证据 1 和证据 2 披露，其他部分对于所属领域的普通技术人员而言是显而易见的。因此，权利要求 2~3 不具备专利法第 22 条第 3 款规定的创造性。

（3）权利要求 4 的附加技术特征是对权利要求 1 中乙烯化反应阶段中工艺操作和控制方法的进一步限定，但其实质内容已被证据 1~4 任一文献披露，与权利要求 1 其他技术特征的结合的实质内容也同样被证据 1、4 披露，其他部分对于所属领域的普通技术人员是显而易见的，权利要求 4 不具备专利法第 22 条第 3 款规定的创造性，即证据 1 本身、证据 1 与证据 2 结合、证据 1 与证据 3 结合、证据 1 与证据 4 结合能够破坏权利要求 4 的创造性。

（4）请求人在 1982 年就试制成功、生产出人工合成 α-细辛脑产品，是我国最早人工合成 α-细辛脑者，α-细辛脑相对于本专利为老产品，本专利申请日前，据统计人工合成 α-细辛脑的工艺方法有 32 项之多，本专利在答复审查意见通知书时以本专利技术方案在 1998~1999 年经北京药物研究所的初期研究，在 2000 年在沈阳医科大做小试后获得生产批文为由证据其具备创造性的意见不能成立。

（5）权利要求 2 和 3 中附加技术特征与权利要求 1 中甲基化反应阶段中工艺操作和控制方法是不相容的，如权利要求 1 在所述阶段得到的产物是浅棕色油状物的 1.2.4-三甲基氧基苯，而权利要求 2 和 3 在所述阶段得到的产物是黄色或淡黄色透明的 1.2.4-三甲基氧基苯。权利要求 3 的附加技术特征中硫酸二甲酯与碱液采用交替滴加无法实现，因为按权利要求 2 所述滴加符合甲基化反应原料配比的碱液和硫酸二甲酯后，就加完了硫酸二甲酯和碱液，无法再滴加硫酸二甲酯和碱液，也就无法进行硫酸二甲酯与碱液交替。权利要求4附加技术特征表明的是一种在格氏化液中的加成反应，它采用的反应物和介质溶液与权利要求1的乙烯化反应阶段是不相容的；权利要求4即使将其附加技术特征替换权利要求1中的乙烯化反应阶段，也是不可实现的，因为权利要求4所描述的附加技术特征中并没有生成α-细辛醚细辛脑必需的中间产物2.4.5-三甲氧基苯甲醛。综上，权利要求2~4的技术方案是不可以实现的，不具有实用性。

请求人于2008年7月13日向专利复审委员会提交了对2008年7月11日提交的意见陈述书的补正，对其中的一些书写错误进行了修改。

2008年8月1日，本案合议组向双方当事人发出《无效宣告请求口头审理通知书》，定于2008年9月16日对本案进行口头审理；同时，将请求人于2008年7月11日提交的意见陈述书及其附件副本、2008年7月13日提交的意见陈述书转送给专利权人，将专利权人于2008年7月11日提交的意见陈述书转送给请求人，并告知双方当事人在口头审理时一并答复。

2008年9月16日口头审理如期进行。双方当事人均委托代理人参加了口头审理。合议组对无效宣告请求理由、事实和证据进行了充分调查，给予了双方当事人充分陈述意见的机会，确认的事实如下：

（1）请求人明确其无效宣告请求的理由为：权利要求1~4不具有专利法第22条第3款规定的创造性；权利要求2~4不符合专利法第22条第4款的规定；权利要求2不符合专利法实施细则第21条第2款的规定，权利要求3不符合专利法第26条第4款的规定，权利要求4不符合专利法第26条第3、4款的规定。专利权人认为权利要求2不符合专利法实施细则第21条第2款的规定和权利要求3不符合专利法第26条第4款的规定以及权利要求4不符合专利法第26条第3、4款的规定的无效宣告请求的理由属于超期提出的理由，不能接受，本专利具有创造性和实用性，应该维持本专利合法有效。

（2）专利权人对证据1~6的真实性均有异议，对证据1、6的公开性有异议，对证据4~5的公开性无异议，对证据2~3的译文准确性无异议。

（3）请求人当庭提交了国家知识产权局检索中心出具的编号为G081018的检索报告的复印件以及三份旁证（以下称为三份旁证）：①盖有"广西化工研究院图书室"章的《中国化工文摘》（1983年第1卷第6期）的扉页、目录页及第65页的复印件共3页；②盖有"广西化工研究院图书室"章的《江苏化工》（1983年第2期）的扉页和目录页的复印件共2页；③广西壮族自治区图书馆报刊部出具的1983年第2期《江苏化工》的公开性证明1份，以此来证明证据1在本专利申请日之前已可以被公众查阅，该证明附盖有该报刊部章的《江苏化工》（1983年第2期）的扉页、目录页和第39页的复印件3页。请求人主张证据6证明本专利产品在申请日前已经被公开使用了。

（4）对于请求人当庭提交的三份旁证，专利权人认为三份旁证已经超过期限，不应该予以接受，所提交的旁证只能证明江苏化工上过架，但是不能证明具体是哪一期上架，也不能证明在本专利申请日之前该文献就可以被公众查阅，而且其印有内部资料的字样，从而看出不是随便可以被公众得到的。化工文摘和江苏化工没有关联性。检索报告没有原件，对其真实性无法进行核实。请求人认为证据1本身有年号，旁证的目录和扉页里都可以看出来。1983年以前许多期刊都是内部刊物，所谓内部刊物的意义就是不出售，这个杂志是化工协会主办的，对每个协会单位都是免费提供的，这是在计划经济时代背景下的情况，这些旁证已经证明在出版的当时，这些文件已经为公众所知。

（5）在主张本专利不具备创造性时，双方认可证据1中公开了"减压蒸馏"和"在碱性条件下"。对于权利要求1，请求人主张证据1是最接近的对比文件，将证据1与证据2结合、证据1与公知常识结合来评价权利要求1的创造性，证据3、4、5是对证据1的补充。证据1的第2到第5个部分相当于本专利权利要求1的四个阶段，它们之间的区别点不是实质区别，可以忽略不计，而且对于本专利的效果没有影响。证据1和本专利之间的区别技术特征就在于本专利有第5步重结晶，而证据1没有该步骤，但是在证据2的第237页最后一句和译文第5页第6~9行对重结晶有描述，而且重结晶是常识性的，不需要强调提出。权利要求2的附加技术特征是对工艺过程的调整，这些调整是可以预见的公知技术，权利要求2中pH值保持在碱性是什么范围根本没有提到，所以该技术特征没有意义，证据1也已经公开了权利要求2的附加技术特征，在权利要求1不具备创造性的前提下，权利要求2也不具备创造性。权利要求3中的交替加料的方式控制反应的pH值是惯用的手段。将证据1、2结合、证据1、3结合、证据1、2、3结合三种方式来评价权利要求4的创造性，其中最佳方式是证据1与3结合。格氏化反应被证据1和证据2公开了。专利权人主张本专利甲基化反应阶段和证据1有很多区别，本专利不需要惰性气体保护的，反应温度也不同，蒸馏压力也不同，反应温度是决定成败的步骤；醛基化反应阶段，加料顺序是不同的，反应温度不同，本专利的顺序更完全收益更高。乙烯化反应阶段，证据1和本专利完全不同，没有可比性。本专利和证据1相比增加了重结晶阶段，还公开了重结晶中使用的溶剂以及溶剂之间配比等，通过重结晶阶段使α-细辛脑的纯度更高了。证据2里虽然说了重结晶，但是没有公开具体参数，具体操作的不同会直接影响结果，所以证据1、2结合也不能推导出本专利。权利要求2的附加技术特征没有被证据所公开，在权利要求1具备创造性的前提下，从属权利要求也具备创造性。权利要求3中的交替加料是特殊的加工方法，任何人在本专利申请之前都没有公开使用过，不是常规方法，是具备创造性。权利要求4和证据1的区别是操作过程完全不一样，权利要求4的所有技术特征都没有被证据1公开，和证据1相比原料不一样，权利要求4具有创造性。

（6）在主张本专利不具备实用性时，请求人主张根据最初的公开文本可以看出权利要求2的附加技术特征并不是对权利要求1进行限定，权利要求2的附加技术特征和权利要求1是不能兼容的，不能制造和使用的，所以不具备实用性。权利要求3的技术特征和权利要求1的技术特征也不能重合在一起，所以是得不到说明书支持的，在工业化上也应用不了。权利要求4存在权利要求3同样的问题，权利要求4和权利要求1的特征相互矛盾。专利权人主张实用性和权利要求的撰写方法没有关系，权利要求2、3和权利要求1相比工艺方法不一样，但是得到的目标产物都是一样的，这是步骤的替换，也是完全可以实现的。

（7）合议组告知双方当事人，请求人当庭提出的新无效宣告请求理由不符合专利法实施细则第66条以及审查指南的规定，不予接受，本次口头审理只调查请求人在口头审理前提出无效理由期限内提出的无效理由。

至此，合议组认为本案事实已经清楚，可以依法作出审查决定。

二、决定的理由

1. 无效宣告请求的理由和范围

根据请求人在提出无效宣告请求理由期限内提出的无效宣告请求的理由和口头审理中的确认，本无效宣告请求案审理的理由和范围是：权利要求1~4不具有专利法第22条第3款规定的创造性；权利要求2~4不符合专利法第22条第4款的规定。

2. 关于证据

请求人没有提交证据1~6的原件，当庭提交了国家知识产权局检索中心出具的编号为G081018的检索报告的复印件以及三份旁证。

专利权人对证据1~6的真实性均有异议，对证据1、6的公开性有异议，对证据4~5的公开性无异议，对证据2~3的译文准确性无异议。对于请求人当庭提交的三份旁证，专利权人认为三份旁证已经超过了期限，不应该予以接受，而且所提交的旁证只能证明江苏化工上过架，但是不能证明具体是哪一期上架，也不能证明在本专利申请日之前该文献就可以被公众查阅，而且其印有内部资料的字样，从而看出不是随便可以被公众得到的。化工文摘和江苏化工没有关联性。检索报告没有原件，对其真实性也无法进行核实。

对于证据1~6，由于请求人没有提交证据1~6的原件，也没有提交能够证明证据1~6真实性的有效佐证，合议组无法对证据1~6的真实性进行核实，故合议组对证据1~6的真实性不予确认。

对于请求人当庭提交的检索报告以及三份旁证，合议组认为其提交时间已经超过了自无效宣告请求日之起一个月内补充证据的期限，而且不属于审查指南第四部分第三章第4.3.1节规定的能够被接受的公知常识性证据或者用于完善证据法定形式的公证书、原件等，因此合议组对请求人当庭提交的检索报告及三份旁证不予接受。

3. 关于专利法第22条第3款

专利法第22条第3款规定，创造性是指同申请日以前已有的技术相比，该发明有突出的实质性特点和显著的进步，该实用新型有实质性特点和进步。

若请求人在无效宣告请求中提供的证据的真实性无法确认，则请求人所主张的与该证据相关的无效宣告请求理由不能成立。

如上所述，由于无法确认请求人提交的证据1~6的真实性，请求人所提交的证据1~6不能支持其无效宣告请求的理由，因此，请求人以证据1~6为基础的关于本专利权利要求1~4不具有专利法第22条第3款规定的创造性的无效宣告请求理由不成立。

4. 关于专利法第22条第4款

专利法第22条第4款规定，实用性是指该发明或者实用新型能够制造或者使用，并且能够产生积极效果。

请求人主张权利要求1甲基化反应产物阶段的产物和权利要求2甲基化反应过程最终产物的颜色存在差异，因此导致权利要求2的附加技术特征和权利要求1不能兼容，权利要求2不具备专利法第22条第4款规定的实用性。对此，合议组认为，首先，根据本专利权利要求书和说明书（参见说明书第8页至说明书第10页）的记载以及本领域的技术常识可知，权利要求2所请求保护的技术方案的实质为在权利要求1中其他反应阶段不变的情况下，以权利要求2中记载的甲基化反应过程来替换权利要求1中的甲基化反应阶段，其中权利要求2的甲基化反应过程中所使用的反应物与权利要求1甲基化反应阶段的反应物相同，均为1.2.4-三乙酰氧基苯、硫酸二甲酯和碱NaOH，其比例均符合甲基化反应原料配比；权利要求2的甲基化反应过程中与权利要求1甲基化反应阶段均获得了相同的产物1.2.4-三甲氧基苯。其次，对权利要求1甲基化反应产物阶段的产物和权利要求2甲基化反应过程最终产物的颜色之间的差异，则仅是由于具体实验操作不同而造成的纯度等方面的差别，使最终产物的外观颜色不同，二者的最终产物相同。所以，本领域技术人员根据本专利说明书和权利要求书的记载以及本领域的常识，可获知权利要求2的甲基化反应过程是获得1.2.4-三甲氧基苯的另一方法，其能够替换权利要求1中的甲基化反应阶段来制备1.2.4-三甲氧基苯，前者与后者之间为并列选择的关系，二者之间并不存在矛盾。请求人仅是根据最终产物的颜色的差异而主张导致权利要求2的附加技术特征和权利要求1不能兼容而使权利要求2不具备实用性，而并没有提供证据来证明采用权利要求2记载的甲基化反应过程无法获得1.2.4-三甲氧基苯。因此，合议组对请求人的上述主张不予支持，权利要求2的技术方案能够在产业上应用，并能够解决所述的技术问题，符合专利法第22条第4款有关实用性的规定。

请求人主张权利要求1甲基化反应产物阶段的产物和权利要求3甲基化反应过程最终产物的颜色存在差异，权利要求3的附加技术特征和权利要求1不能相容，得不到说明书支持的，在工业化上也应用不了，而且由于按权利要求2加完所述滴加符合甲基化反应原料配比的碱液和硫酸二甲酯后，无法再滴加硫酸二甲酯和碱液，导致权利要求3中硫酸二甲酯与碱液采用交替滴加无法实现，因此权利要求3不具备专利法第22条第4款规定的实用性。对此，合议组认为，首先，对于产物的色泽差异，与评述权利要求2的道理相同。其次，权利要求3与权利要求2均引用了权利要求1，但权利要求3并没有引用权利要求2，因此，权利要求3和权利要求2所请求保护的技术方案为两个并列的技术方案，权利要求2中添加硫酸二甲酯和碱液的特征与权利要求3中交替添加硫酸二甲酯和碱液的特征之间没有任何关联。因此，本领域技术人员根据本专利说明书和权利要求书的记载以及本领域的常识，可获知权利要求3的甲基化反应过程是获得1,2,4-三甲氧基苯的另一方法，其能够替换权利要求1中的甲基化反应阶段来制备1,2,4-三甲氧基苯，前者与后者之间为并列选择的关系，二者之间并不存在矛盾。综上，合议组对请求人的上述主张不予支持，权利要求3的技术方案能够在产业上应用，并能够解决所述的技术问题，符合专利法第22条第4款有关实用性的规定。

针对请求人主张的权利要求4不具有实用性的理由，合议组认为，根据本专利权利要求书和说明书（参见说明书第8页至第10页）的记载以及本领域的技术常识可知，权利要求4所请求保护的技术方案的实质为在权利要求1中其他反应阶段不变的情况下，以权利要求4中记载的乙烯化反应过程来替换权利要求1中的乙烯化反应阶段，权利要求4的乙烯化反应过程与权利要求1乙烯化反应阶段的均获得相同的产物粗细辛脑2,4,5-三甲氧基-1-丙烯基苯。因此，本领域技术人员根据本专利说明书和权利要求书的记载以及本领域的常识，可获知权利要求4的乙烯化反应过程是获得粗细辛脑2,4,5-三甲氧基-1-丙烯基苯的另一方法，其能够替换权利要求1中的乙烯化反应阶段来制备粗细辛脑2,4,5-三甲氧基-1-丙烯基苯，前者与后者之间为并列选择的关系，二者之间并不存在矛盾。请求人仅是主张权利要求4的附加技术特征与权利要求1的特征相互矛盾导致权利要求4不具备实用性，但是并没有提供证据来证明采用权利要求4记载的乙烯化反应过程无法获得粗细辛脑2,4,5-三甲氧基-1-丙烯基苯。综上，合议组对请求人的上述主张不予支持，权利要求4的技术方案能够在产业上应用，并能够解决所述的技术问题，符合专利法第22条第4款有关实用性的规定。

综上所述，合议组对请求人提出的权利要求2～4不具备专利法第22条第4款规定的实用性的主张不予支持。

基于以上事实和理由，本案合议组作出如下审查决定。

三、决 定

维持第02158881.3号发明专利权有效。

当事人对本决定不服的，可以根据专利法第46条第2款的规定，自收到本决定之日起三个月内向北京市第一中级人民法院起诉。根据该款的规定，一方当事人起诉后，另一方当事人应当作为第三人参加诉讼。

能杀灭艾滋病和性病病毒、人体精子的杀菌膏及其制备方法

无效宣告请求审查决定（第12591号）

决　定　号	第12591号
决　定　日	2008年11月19日
发明创造名称	能杀灭艾滋病和性病病毒、人体精子的杀菌膏及其制备方法
国际分类号	A61K 35/78，A61K 31/045，A61K 31/13，A61K 9/06，A61P 31/12，A61P 15/18
无效宣告请求人	ECP（北京）国际商业连锁有限公司
专　利权　人	黄林记
专　利　号	02110989.3
申　请　日	2002年3月5日
授权公告日	2004年7月7日
合议组组长	郭　婷
主　审　员	张　雷
参　审　员	李梦楠
法　律依　据	专利法第22条第3款

决　定　要　点

当要求保护的技术方案相对于最接近的现有技术存在区别技术特征时，应判断现有技术是否给出将上述区别技术特征应用到该最接近现有技术以解决其存在的技术问题的启示，如果存在这种技术启示，则要求保护的技术方案不具有创造性，反之，则具备创造性。

如果无效宣告请求人认为某产品已在先公开销售，导致本专利不具备创造性时，必须同时满足下述两个条件：第一，必须提供证据证明一项在先公开销售行为的存在；第二，必须证明由该在先公开销售行为所公开的技术方案能够破坏本专利权利要求的创造性。如果上述条件中的任何一项不能得以满足，则请求人的上述主张不能被接受。

一、案由

本无效宣告请求案涉及国家知识产权局于2004年7月7日公告授予的、名称为"能杀灭艾滋病和性病病毒、人体精子的杀菌膏及其制备方法"的第02110989.3号发明专利权（下称本专利），其申请日为2002年3月5日，专利权人为黄林记。

本专利授权公告的权利要求书如下：

"1. 一种能杀灭艾滋病和性病病毒、人体精子的杀菌膏，其特征在于：所述杀菌膏包括如下以重

量百分比计的组分：

芦　　荟：20％~60％　　　　去离子水：30％~70％

辛苯聚醇：0.1％~5％　　　　苯扎氯胺：0.1％~5％。

2. 根据权利要求1所述的能杀灭艾滋病和性病病毒、人体精子的杀菌膏，其特征在于：所述杀菌膏中还可添加丙烯、羟苯酸甲酯和羟基丙酯甲基纤维素，各组分的重量百分比为：

芦　　荟：20％~60％　　　　去离子水：30％~70％

辛苯聚醇：0.1％~5％　　　　苯扎氯胺：0.1％~5％。

丙　　烯：0.1％~4％　　　　羟苯酸甲酯：0.1％~4％

羟基丙酯甲基纤维素：0.1％~2％。

3. 根据权利要求1所述的能杀灭艾滋病和性病病毒、人体精子的杀菌膏的制备方法，其特征在于：

a. 先将芦荟与去离子水混合在一起，调和搅拌均匀，得到混合物；

b. 再将辛苯聚醇、苯扎氯胺加入到混合物中，调和搅拌成透明膏体；

c. 将透明膏体灌注于经过消毒的塑料桶中，经灌注机分装后即得成品。

4. 根据权利要求2所述的能杀灭艾滋病和性病病毒、人体精子的杀菌膏的制备方法，其特征在于：

a. 先将芦荟与去离子水混合在一起，调和搅拌均匀，得到混合物；

b. 再将辛苯聚醇、苯扎氯胺、丙烯、羟基丙酯甲基纤维素、羟苯酸甲酯加入到混合物中，调和搅拌成透明膏体；

c. 将透明膏体灌注于经过消毒的塑料桶中，经灌注机分装后即得成品。"

针对上述专利权，ECP（北京）国际商业连锁有限公司（下称请求人）于2008年4月10日向专利复审委员会提出无效宣告请求，认为本专利权利要求1~4不具备专利法第22条第2款规定的新颖性和专利法第22条第3款规定的创造性。同时，请求人提交了如下证据：

证据1：专利申请号为CA2132688的加拿大发明专利公开文本，公开日为1996年3月23日，原文复印件共15页；

证据2：国际公开号为WO0072839 A1的发明专利公开文本，公开日为2000年12月7日，原文复印件共21页；

证据3：由四川省科技信息研究所文献馆出具的第200801001号检索证明，复印件共4页；

证据4：美国奥波提玛经销公司销售"施露蝶"杀菌胶的证据材料，复印件共10页，具体分为如下证据：

证据4-1：美国奥波提玛经销公司在北京设立代表处的编号为"部外新990095"的批准证书，复印件共1页；

证据4-2：美国奥波提玛经销公司北京代表处情况介绍，复印件共1页；

证据4-3：美国奥波提玛经销公司总裁和副总经理的情况表，复印件共1页；

证据4-4：北京市卫生防疫站对于美国奥波提玛销售公司生产的"施露蝶"产品进行检测后出具的"京卫防消字99020"产品卫生质量鉴定证书，复印件共1页；

证据4-5：美国施露蝶杀菌胶的宣传页正反面复印件，共2页；

证据4-6：施露蝶杀菌胶小包装盒及使用说明书复印件，共1页；

证据4-7：施露蝶杀菌胶大包装盒复印件，共1页；

证据4-8：芳心康乐宝杀菌膏包装盒和施露蝶杀菌胶小包装盒复印件，共1页；

证据4-9：郭秋菊身份证和作为"康乐宝杀菌膏营销（北京）有限公司总经理"的名片复印件，共1页；

证据5：中国国际经济贸易仲裁委员会［2001］深国仲结字第84号裁决书及有关证据，复印件共42页。

请求人认为：

（1）本专利权利要求1的产品和证据1的产品都包含苯扎氯胺、辛苯聚醇、去离子水和生物润肤剂，所不同的是本专利权利要求1中的生物润肤剂为芦荟，而证据1的生物润肤剂为甘油，但是证据1说明书部分已说明了生物润肤剂可以为芦荟；另外有所不同的只是上述成分的重量比，但是这些成分的重量比对于本领域普通技术人员来说是显而易见的，因此，权利要求1不具备创造性。权利要求2的杀菌膏在权利要求1的基础上添加了丙烯、羟苯酸甲酯和羟基丙酯甲基纤维素，除了证据1已经公开的羟基丙酯甲基纤维素外，本领域普通技术人员根据其掌握的常识通过简单试验就可得知还可添加丙烯和羟苯酸甲酯并确定重量比范围，因此，权利要求2也不具备创造性。权利要求3和4涉及的制备方法就是如证据1所述的化妆品或药物凝胶的常规制备方法，不具备新颖性和创造性。请求书表格中关于权利要求4不符合专利法第22条第3款的无效宣告请求所依据的证据一栏还标有附件3（即证据3），但是在请求书理由正文中未出现对于证据3评述权利要求4的描述。

（2）证据2也公开了以上内容，能够证明本专利不具有创造性。

（3）本专利早在其申请日前就已在中国地区使用公开，不具备新颖性和创造性，见证据4、5。

形式审查合格后，专利复审委员会受理了上述请求，并于2008年5月21日向双方当事人发出《无效宣告请求受理通知书》，并将《无效宣告请求书》及其所附证据的副本转送给专利权人，要求其在指定的期限内答复，同时成立合议组对本无效请求案进行审理。

专利权人针对请求人提出的无效请求于2008年7月3日提交了意见陈述书。专利权人认为：

（1）证据1和证据2是外文证据，由于没有提交中文译文，证据1和证据2应视为未提交。

（2）证据3不是公开出版物，签署日期在2008年2月29日，晚于本专利的申请日（2002年3月5日），不能作为评价创造性的证据。

（3）证据4由于不能证明其来源，其真实性不能确定，不能作为证据使用，证据4也没有公开的方式和时间，不能作为现有技术。另外，虽然证据4中对主要成分有文字记载，但由于没有具体的含量比例、主要成分之外的其他成分和制造方法，因此不能破坏本专利的创造性。

（4）证据5由于不能证明其来源，其真实性不能确定，另外，其中同样没有公开具体的含量比例、主要成分之外的其他成分和制造方法，因此不能破坏本专利的创造性。

专利复审委员会本案合议组于2008年7月15日向双方当事人发出了《无效宣告请求口头审理通知书》，拟定于2008年8月27日对本专利权的无效宣告请求进行口头审理。同时将专利权人于2008年7月3日提交的意见陈述书转送给请求人，并要求其在口头审理时一并答复。

口头审理于2008年8月27日如期举行。双方当事人参加了口头审理，双方当事人对对方出庭人员的身份和资格均无异议，对合议组无回避请求。口头审理过程中认定的事实如下。

1. 关于证据

（1）证据1：请求人当庭提交了原件，专利权人对其真实性无异议。对于证据1的译文专利权人提出异议，认为证据1没有提交中文译文；请求人主张证据1虽然没有提交单独的译文，但是意见陈述正文中存在部分段落的中文译文，证据1中存在译文的具体段落如下：权利要求1、2、3，说明书第6页第12~22行，说明书第4页第7~20行，说明书第5页第20~23、25~31、第35行起至第6页第10行，说明书第8页只译了涉及"水的重量比为使整个配方平衡至100%"，说明书第6页第36

行至第 7 页第 4 行；专利权人认为意见陈述正文中涉及证据 1 的内容只是请求人对证据 1 的理解，不能认为是译文。另外，双方一致同意对请求人声称的意见陈述书中的"中文译文"作如下修正：将权利要求 1 中的辛苯聚醇的含量由"12％"改为"4％"；删除权利要求 1 中生物润肤剂的含量"1％~5％"；将全部"润肤剂"更正为"润滑剂"；将全部"碳酸钠"更正为"卡波沫钠"；专利权人认为，除上述更正内容外，对请求人声称的"中文译文"其余部分的翻译准确性无异议。对于证据 1 的公开时间，专利权人认为由于没有中文译文，所以不能确认证据 1 的公开时间。

(2) 证据 2：请求人当庭放弃了证据 2。

(3) 证据 3：请求人当庭提交了原件，说明证据 3 仅用于证明证据 1 的来源和公开日，专利权人对于证据 3 的真实性无异议。专利权人认为，由于证据 3 的公开日期在本专利申请日之后，因此无法起到证明作用。

(4) 证据 4：请求人当庭提交了证据 4-1、4-3、4-4、4-5、4-7 的原件，放弃证据 4-6、4-8、4-9，专利权人认可证据 4-1、4-3、4-4、4-5、4-7 的真实性。由于请求人未提交证据 4-2 的原件，对于证据 4-2 的真实性专利权人不认可。

(5) 证据 5：请求人当庭提交了原件，专利权人对其真实性无异议。

2. 关于无效宣告请求的范围、理由和证据组合方式

(1) 请求人当庭放弃了本专利权利要求 1~4 不具备专利法第 22 条第 2 款规定的新颖性的无效理由。

(2) 请求人当庭确认其无效理由为：权利要求 1~4 不具备专利法第 22 条第 3 款规定的创造性，具体为：

①出版物公开：权利要求 1~4 相对于证据 1 不具备创造性。

②使用公开：证据 4 和证据 5 结合形成证据链，构成使用公开，证明本专利权利要求 1、2 不具备专利法第 22 条第 3 款规定的创造性。具体理由是：根据证据 4 的内容可以确定美国奥波提玛经销公司北京代表处于 1999 年成立，该公司生产销售的产品施露蝶杀菌胶批准文号为"京卫防消字 99020"说明施露蝶杀菌胶在 1999 年有销售，证据 4-7 包装盒上文字部分公开了辛苯聚醇、苯扎氯胺、芦荟，虽未公开含量但其含量是可以从市售产品中分析出来的；根据证据 5 的仲裁书能够确定早在 1999 年 4 月奥波提玛公司就委托四川泰华制药厂加工制作施露蝶杀菌胶的包装共 80 多万支，这些包装分别发往北京、辽宁、湖北、昆明、江西、四川等全国各地，并进行了广告宣传。消费者在申请日之前能从市场上买到施露蝶杀菌胶这一产品，通过本领域的普通技术人员的实验技术无需创造性劳动就可检验出杀菌胶的成分。

庭审中，合议组对请求人提出的无效理由和事实进行了充分调查，并听取了各方当事人的陈述。

至此，合议组认为本案事实已经清楚，可以作出审查决定。

二、决定的理由

1. 关于无效宣告请求的理由和范围

根据请求人在口头审理中的确认，其放弃本专利权利要求 1~4 不具备专利法第 22 条第 2 款规定的新颖性的无效理由，合议组对该无效理由不再审理。请求人进一步确认其无效宣告请求的理由和范围是：(1) 权利要求 1~4 相对于证据 1 不具备专利法第 22 条第 3 款规定的创造性；和 (2) 证据 4 和证据 5 形成证据链构成使用公开，证明权利要求 1、2 不具备专利法第 22 条第 3 款规定的创造性，合议组将按照此范围进行审理。

2. 关于证据

(1) 证据 1 为加拿大专利文献，请求人当庭提交了原件，专利权人对其真实性无异议，合议组

对其真实性也予以认可。专利权人认为请求人未提交证据1的单独中文译文，意见陈述中的内容不能作为其译文，并且不能确定其公开日期是否早于本专利的申请日。对于证据1的译文和公开日期问题，合议组认为：在无效宣告程序中，当事人虽未单独提交正式的译文，但是在请求书或意见陈述书明确提及或明确表明相关部分的译文的，应当视为当事人已提交该相关部分的译文。本案请求人在请求书的意见陈述正文部分以"某页某行公开了某内容"的方式已明确记载了证据1部分段落的译文，并非请求人的理解概括，所以应当视为请求人已提交了证据1的部分段落的译文；证据1中存在译文的具体段落如下：权利要求1、2、3，说明书第6页第12~22行，说明书第4页第7~20行，说明书第5页第20~23行、第25~31行、第35行起至第6页第10行，说明书第8页只译了涉及"水的重量比为使整个配方平衡至100%"，说明书第6页36行至第7页第4行；在口头审理中，双方一致同意对译文做出如下修正：将权利要求1中的辛苯聚醇的含量由"12%"改为"4%"，删除权利要求1中生物润肤剂的含量"1%~5%"，将全部"润肤剂"更正为"润滑剂"，将全部"碳酸钠"更正为"卡波沫钠"；除此以外，专利权人对译文的准确性无异议。另外，对于此篇加拿大专利文献，编号为"（43）"的专利申请著录项目就是指公开日，所以根据证据1扉页上的记载，证据1的公开日就是1996年3月23日，早于本专利的申请日。因此，经上述修订以后的请求书意见陈述正文部分中证据1的部分译文可以作为评述本专利创造性的现有技术。

（2）专利权人对于证据4-2的真实性不予认可。由于请求人未提交其原件，无法核实其真实性，因此合议组对于证据4-2的真实性也不予认可，在本案审理中不予考虑。请求人当庭提交了证据4-1、4-3、4-4、4-5、4-7及证据5的原件，专利权人对上述证据的真实性无异议，合议组对它们的真实性也予以认可。

（3）请求人在口头审理中明确声明放弃证据2和证据4-6、4-8、4-9，因此本决定中对证据2和证据4-6、4-8、4-9不再予以评述。由于请求人确认证据3仅用于证明证据1的来源和公开日期，不作为评价权利要求创造性的证据使用，而在上述第（1）点中合议组对证据1的真实性和公开日期已经予以认可，因此合议组对证据3也不再予以评述。

3. 关于专利法第22条第3款

专利法第22条第3款规定的创造性，是指同申请日以前已有的技术相比，该发明有突出的实质性特点和显著的进步。

（1）关于出版物公开。

当要求保护的技术方案相对于最接近的现有技术存在区别技术特征时，应判断现有技术是否给出将上述区别技术特征应用到该最接近现有技术以解决其存在的技术问题的启示，如果存在这种技术启示，则要求保护的技术方案不具有创造性，反之，则具备创造性。

本专利权利要求1要求保护一种能杀灭艾滋病和性病病毒、人体精子的杀菌膏，其特征在于：所述杀菌膏包括如下以重量百分比计的组分：

芦　　荟：20%~60%　　　　去离子水：30%~70%
辛苯聚醇：0.1%~5%　　　　苯扎氯胺：0.1%~5%。

证据1公开了一种能有效杀灭精子和病菌的阴道适用的配方，含有以下基本的成分：苯扎氯胺0.05%~0.2%，辛苯聚醇0.05%~4%，生物润滑剂，羟基丙酯甲基纤维素0.1%~3%，卡波沫钠0.1%~1%，去离子水至平衡，其中生物润滑剂为一种或多种，如甘油1%~10%、羊毛脂、芦荟、液态石蜡、复合PRG、甘油单硬脂酸酯、复合Myrj、吐温、十二烷基硫酸钠等，该配方为半固态、透明凝胶，具有粘性，使能杀灭病菌的一定量的凝胶能在人体阴道内保留至少数24小时（参见证据1权利要求1、说明书第6页第12~22行）。其中，生物润滑剂为芦荟的技术方案为与本专利最接近的技术方案。

本专利权利要求1要求保护的产品与证据1所公开的产品都是杀菌膏；其中对于成分的限定都属于开放式限定；本专利权利要求1中的四种成分均已被证据1公开，且本专利权利要求1与证据1中辛苯聚醇和苯扎氯胺的含量范围部分重叠。本专利权利要求1要求保护的技术方案与证据1所公开的技术方案相比，存在的区别技术特征仅为：本专利权利要求1中芦荟的含量为20%~60%，而证据1中未公开芦荟的含量；以及本专利权利要求1中去离子水的含量具体限定为30%~70%，而证据1中仅说明去离子水至平衡。

然而证据1中已经给出了选择芦荟含量的技术启示，即证据1公开了当选择甘油作为润滑剂时其含量为1%~10%，为了达到与采用甘油时相当的润滑效果，芦荟含量理应比甘油含量高很多，在此技术启示下，选择20%~60%的芦荟含量对于本领域技术人员来说是显而易见的；在苯扎氯胺和辛苯聚醇含量已被证据1公开，芦荟含量也可由本领域技术人员确定的情况下，根据证据1中公开的水的含量至平衡，进一步选择30%~70%的去离子水含量对于本领域技术人员而言也是显而易见的，芦荟及去离子水的含量选择均未产生任何意料不到的技术效果。因此，权利要求1相对于证据1不具备突出的实质性特点和显著的进步，不符合专利法第22条第3款关于创造性的规定。

专利权人认为，本专利权利要求1要求保护的技术方案相对于证据1提高了苯扎氯胺的含量可能会产生一些副作用如对阴道的刺激，解决的办法就是使用芦荟并提高其含量，证据1用甘油或芦荟作为润滑剂，不可能指导芦荟有抗刺激作用能消除苯扎氯胺的副作用，因此权利要求1具有创造性。对此，合议组认为：本专利权利要求1要求保护的技术方案中苯扎氯胺的含量为0.1%~5%，证据1中苯扎氯胺的含量为0.05%~0.2%，该含量范围存在交集，即0.1%~0.2%；也就是说，在本专利权利要求1请求保护的范围中虽然包含了苯扎氯胺含量较高的技术方案，但同时也包含了与证据1中苯扎氯胺含量相同的技术方案。因此，专利权人的上述意见并不具有说服力。

本专利权利要求2在权利要求1的基础上做了进一步地限定，限定该杀菌膏中还含有丙烯、羟苯酸甲酯和羟基丙酯甲基纤维素，上述成分的含量分别为：丙烯0.1%~4%、羟苯酸甲酯0.1%~4%、羟基丙酯甲基纤维素0.1%~2%。证据1已经公开了其配方中含有羟基丙酯甲基纤维素0.1%~3%，但未公开其配方中含有丙烯和羟苯酸甲酯。将本专利权利要求2要求保护的技术方案与证据1所公开的技术方案相比，除了存在前述权利要求1的区别技术特征即芦荟含量和去离子水含量以外，还存在如下区别特征：丙烯及其含量以及羟苯酸甲酯及其含量。虽然请求人认为丙烯和羟苯酸甲酯为化妆品和药品中常见的成分，并且本领域普通技术人员通过简单的实验就可以确定这两种成分的重量比范围，但是请求人没有提供任何证据对此予以证明，本领域技术人员根据证据1无法显而易见地得到权利要求2的技术方案。因此，合议组对于请求人提出的本专利权利要求2相对于证据1不具备突出的实质性特点和显著的进步，不符合专利法第22条第3款规定的创造性的主张不予支持。

权利要求3要求保护权利要求1所述杀菌膏的制备方法，所述方法仅是将配方中的各组分调和搅拌，然后灌注分装，该方法为本领域的常规方法。证据1中也已公开其配方能通过标准的化妆品或药物凝胶配制程序和设备进行制作（参见证据1第6页第36行至第7页第4行）。在所使用的原料组合相对于证据1不具备创造性的情况下，该常规方法也不能使权利要求3相对于现有技术具备突出的实质性特点和显著的进步。因此权利要求3相对于证据1也不具备专利法第22条第3款规定的创造性。

权利要求4要求保护权利要求2所述杀菌膏的制备方法，由于权利要求2的杀菌膏产品相对于证据1具备创造性（参见前述对于权利要求2的创造性评述），因此权利要求4的杀菌膏的制备方法相对于证据1也具备专利法第22条第3款规定的创造性。

(2) 关于使用公开。

鉴于上述分析已得出本专利权利要求1相对于证据1不具备创造性从而应予无效的结论，因此，对于请求人提出的关于证据4和证据5构成的使用公开破坏权利要求1的创造性的无效宣告理由，本决定不再予以评述。

如果无效宣告请求人认为某产品已在先公开销售，导致本专利不具备创造性时，必须同时满足下述两个条件：第一，必须提供证据证明一项在先公开销售行为的存在；第二，必须证明由该在先公开销售行为所公开的技术方案能够破坏本专利权利要求的创造性。如果上述条件中的任何一项不能得以满足，则请求人的上述主张不能被接受。

请求人认为在证据4、5结合证明公开销售的这一证据链中，该被公开销售的产品的组成是由证据4中的证据4-7公开的。证据4-7为产品包装盒，其上的说明中写明该产品的主要成分为辛苯聚醇、苯扎氯胺和芦荟。将本专利权利要求2与证据4-7公开的技术方案相比，区别技术特征之一在于证据4-7中没有公开组分丙烯和羟苯酸甲酯以及它们的含量。请求人虽然认为这两种物质是化妆品和药物中的常见成分或可经检测市售产品得知，但是并未提供证据予以证明，并且证据4、5中的其他证据也未提供关于该产品组成的更多信息。因此，根据证据4-7公开的技术方案，本领域技术人员不能显而易见地得出权利要求2的技术方案。在此条件不能得以满足的情况下，合议组对于请求人提出的证据4、5结合够成使用公开导致权利要求2不具备专利法第22条第3款规定的创造性的主张不予支持。

根据以上事实和理由，本案合议组作出如下审查决定。

三、决定

宣告第02110989.3号发明专利权中的权利要求1、3无效，在权利要求2、4的基础上维持本专利继续有效。

当事人对本决定不服的，可以根据专利法第46条第2款的规定，自收到本决定之日起三个月内向北京市第一中级人民法院起诉。根据该款的规定，一方当事人起诉后，另一方当事人应当作为第三人参加诉讼。

北京市第一中级人民法院
行政判决书

(2009) 一中行初字 1071 号

原告 ECP（北京）国际商业连锁有限公司，住所地北京市朝阳区建国路 88 号现代城 2 号楼 3103 室。

法定代表人斯蒂文·卓克。

委托代理人肖登国，四川鼎立律师事务所律师。

委托代理人肖悦，女，1988 年 1 月 29 日出生，汉族，住成都市成华区双建路 347 号。

被告国家知识产权局专利复审委员会，住所地北京市海淀区北四环西路 9 号银谷大厦 10～12 层。

法定代表人张茂于，副主任。

委托代理人张雷，男，国家知识产权局专利复审委员会审查员。

委托代理人郭鹏鹏，男，国家知识产权局专利复审委员会审查员。

第三人黄林记，男，1953 年 2 月 21 日出生，汉族，住江西省樟树市江东路 88 号。

委托代理人郑光，北京连和连知识产权代理有限公司专利代理人。

委托代理人贺小明，北京连和连知识产权代理有限公司专利代理人。

原告 ECP（北京）国际商业连锁有限公司不服被告国家知识产权局专利复审委员会作出的第 12591 号无效宣告请求审查决定（以下简称被诉决定），向本院提起行政诉讼。本院受理后，依法组成合议庭。依照《中华人民共和国行政诉讼法》第二十七条的规定，本院通知黄林记作为本案第三人参加诉讼。2009 年 9 月 23 日，本院公开开庭审理了本案。原告的委托代理人肖登国、肖悦，被告的委托代理人张雷、郭鹏鹏，第三人的委托代理人贺小明到庭参加了诉讼。本案现已审理终结。

2008 年 11 月 19 日，被告作出被诉决定，宣告第三人所有的第 02110989.3 号、名称为"能杀灭艾滋病和性病病毒、人体精子的杀菌膏及其制备方法"发明专利（以下简称本专利）中的权利要求 1、3 无效，在权利要求 2、4 的基础上维持本专利继续有效。

为证明被诉决定合法，被告在法定举证期限内向本院提交了以下证据：1. 口审记录；2. 被诉决定中的证据 4；3. 被诉决定中的证据 5；4. 被诉决定中的证据 1（即附件 1）；5. 本专利无效宣告请求书正文。

原告诉称：1. 本专利的产品已经在先前生产、使用和销售过，因此其不具有创造性。早在 1999 年 4 月，原告就委托四川泰华制药厂加工包装这种杀灭艾滋病和性病病毒、人体精子的杀菌膏（"施露蝶"杀菌胶），1999 年至 2000 年 2 月，四川泰华制药厂共加工"施露蝶"杀菌胶的包装一百多万支，这些包装分别发往北京、辽宁、湖北、昆明、四川等地各大医院、药店销售。这些制作精美的包装和说明书上印制了杀菌胶的主要成份包含辛苯聚醇、苯扎氯胺、芦荟，而且因该产品的面市，消费者也能从市场上买到此产品。因此，通过本领域的普通技术人员的实验，无需创造性的劳动就可检验出杀菌胶的成份。从这一意义上讲，被申请专利早在其申请日前就已在中国地区使用公开，其不具备新颖性和创造性。2. 本专利权利要求 2 不具有创造性，丙烯和羟苯酸甲酯并不是本专利的核心技术，不对本专利的实质起决定性作用。除辛苯聚醇和苯扎氯胺具有杀灭精子和病毒的功效外，其他成份的主要作用仅是润滑、使其成为半固态清晰的凝胶并延长在阴道壁的停留时间，而这样的功能在与化学有关的行业如化妆品、药品中是常见的。除附件 1 公开的生物润滑剂和羟丙基甲基纤维素外，本领域普通技术人员通过简单试验就可知还可添加丙烯和羟苯酸甲酯及其重量比，该技术方案不具有突出的实质性特点和显著的进步，因此，本专利的权利要求2不具备创造性。3. 本专利的权利要求4不具有创造性。附件1公开了该发明的制备方法并无特殊，本专利的权利要求3和权利要求4涉及的制备方法，无非也就是如附件1所述的化妆品或药物凝胶的常规制备方法，显然不具有新颖性和创造性。综上所述，被诉决定"宣告第02110989.3号发明专利权在权利要求2、4的基础上维持本专利继续有效"属于事实不清，适用法律错误，故请求法院判决撤销被诉决定中"宣告第02110989.3号发明专利权在权利要求2、4的基础上维持本专利继续有效"的内容，维持被诉决定中"宣告第02110989.3号发明专利权的权利要求1、3无效"的内容。

原告为支持其诉讼主张，在开庭审理前向本院提交了以下证据：1. 原告在加拿大、美国申请专利的材料；2.《检索报告》；3. 美国奥波提玛经销公司北京代表处登记成立资料和产品销售资料；4. 会计师事务所审计报告；5. 美国FDA认证书；6. 中国国际经济贸易仲裁委员会仲裁书；7. 美国专利译文。

被告辩称：1. 原告关于本专利权利要求1～4由于使用公开不具备新颖性以及本专利权利要求3～4由于使用公开不具备创造性的诉讼理由不属于被诉决定的审查范围。2. 鉴于被诉决定中已经宣告本专利权利要求1、3无效，因此，被告对原告提出的由于使用公开，本专利权利要求1、3不具备新颖性和创造性的诉讼理由不再予以评述。3. 原告在无效宣告请求阶段提交的证据无法证明本专利权利要求2由于使用公开不具备创造性，具体理由同被诉决定。4. 原告根据附件1中记载的内容即断言权利要求2中的丙烯和羟苯酸甲酯不对专利的实质起决定作用是毫无根据的。权利要求4不具备新颖性的请求不属于被诉决定的审查范围。权利要求4要求保护权利要求2所述杀菌膏的制备方法，由于权利要求2的杀菌膏产品相对于附件1具备创造性（参见前述对于权利要求2的创造性评述），因此权利要求4的杀菌膏的制备方法相对于附件1也具备《中华人民共和国专利法》（2000年修订版，以下简称《专利法》）第二十二条第三款规定的创造性。综上所述，被诉决定认定事实清楚、适用法律正确、审理程序合法，请求法院判决予以维持。

第三人陈述意见，请求维持被诉决定。

第三人未向本院提交证据。

庭审质证中，各方当事人针对在案证据均发表了充分的质证意见。本院经审查认为，被告证据1～5及原告证据1中的加拿大专利申请材料、证据2、证据6、证据3中第62、63、85、97页系被诉决定认定事实及履行行政程序的依据，与审查被诉行为的合法性具有关联，且符合合法性、真实性要求，本院予以确认。原告在行政程序中已经明确表示放弃其证据2，故原告证据2与审查被诉行为的合法性无关联；原告证据3中除第62、63、85、97页以外的内容，以及其证据4、5、7在行政程序中未提交，其在诉讼中提交无正当理由，与审查被诉行为的合法性无关联，本院不予采纳。

根据以上确认的有效证据及当事人无争议的事实陈述，本院认定事实如下：

2004年7月7日，国家知识产权局授权公告了本专利，其申请日为2002年3月5日。本专利授权公告的权利要求书如下：

1. 一种能杀灭艾滋病和性病病毒、人体精子的杀菌膏，其特征在于：所述杀菌膏包括如下以重量百分比计的组分：

芦　荟：20%～60%　　去离子水：30%～70%

辛苯聚醇：0.1%～5%　　苯扎氯胺：0.1%～5%。

2. 根据权利要求1所述的能杀灭艾滋病和性病病毒、人体精子的杀菌膏，其特征在于：所述杀菌膏中还可添加丙烯、羟苯酸甲酯和羟基丙酯甲基纤维素，各组分的重量百分比为：

芦　荟：20%～60%　　去离子水：30%～70%

辛苯聚醇：0.1%～5%　　苯扎氯胺：0.1%～5%。

丙　烯：0.1%～4%　　羟苯酸甲酯：0.1%～4%

羟基丙酯甲基纤维素：0.1%～2%。

3. 根据权利要求1所述的能杀灭艾滋病和性病病毒、人体精子的杀菌膏的制备方法，其特征在于：a. 先将芦荟与去离子水混合在一起，调和搅拌均匀，得到混合物；b. 再将辛苯聚醇、苯扎氯胺加入到混合物中，调和搅拌成透明膏体；c. 将透明膏体灌注于经过消毒的塑料桶中，经灌注机分装后即得成品。

4. 根据权利要求2所述的能杀灭艾滋病和性病病毒、人体精子的杀菌膏的制备方法，其特征在于：a. 先将芦荟与去离子水混合在一起，调和搅拌均匀，得到混合物；b. 再将辛苯聚醇、苯扎氯胺、丙烯、羟基丙酯甲基纤维素、羟苯酸甲酯加入到混合物中，调和搅拌成透明膏体；c. 将透明膏体灌注于经过消毒的塑料桶中，经灌注机分装后即得成品。

2008年4月10日，原告针对本专利，向被告提出无效宣告请求，认为本专利权利要求1～4不具备《专利法》第二十二条第二款规定的新颖性和《专利法》第二十二条第三款规定的创造性。同时，原告提交了如下证据：证据1：专利申请号为CA2132688的加拿大发明专利公开文本，公开日为1996年3月23日，原文复印件共15页；证据2：国际公开号为WO0072839 A1的发明专利公开文本，公开日为2000年12月7日，原文复印件共21页；证据3：由四川省科技信息研究所文献馆出具的第200801001号检索证明，复印件共4页；

证据4：美国奥波提玛经销公司销售"施露蝶"杀菌胶的证据材料，复印件共10页，具体分为如下证据：

证据4-1：美国奥波提玛经销公司在北京设立代表处的编号为"部外新990095"的批准证书，复印件共1页；

证据4-2：美国奥波提玛经销公司北京代表处情况介绍，复印件共1页；

证据4-3：美国奥波提玛经销公司总裁和副总经理的情况表，复印件共1页；

证据4-4：北京市卫生防疫站对于美国奥波提玛销售公司生产的"施露蝶"产品进行检测后出具的"京卫防消字99020"产品卫生质量鉴定证书，复印件共1页；

证据4-5：美国施露蝶杀菌胶的宣传页正反面复印件，共2页；

证据4-6：施露蝶杀菌胶小包装盒及使用说明书复印件，共1页；

证据4-7：施露蝶杀菌胶大包装盒复印件，共1页；

证据4-8：芳心康乐宝杀菌膏包装盒和施露蝶杀菌胶小包装盒复印件，共1页；

证据4-9：郭秋菊身份证和作为"康乐宝杀菌膏营销（北京）有限公司总经理"的名片复印件，共1页；

证据5：中国国际经济贸易仲裁委员会［2001］深国仲结字第84号裁决书及有关证据，复印件共42页。

原告认为：1. 本专利权利要求1的产品和行政程序中证据1的产品都包含苯扎氯胺、辛苯聚醇、去离子水和生物润肤剂，所不同的是本专利权利要求1中的生物润肤剂为芦荟，而证据1的生物润肤剂为甘油，但是行政程序中证据1说明书部分已说明了生物润肤剂可以为芦荟；另外有所不同的只是上述成分的重量比，但是这些成分的重量比对于本领域普通技术人员来说是显而易见的，因此，权利要求1不具备创造性。权利要求2的杀菌膏在权利要求1的基础上添加了丙烯、羟苯酸甲酯和羟基丙酯甲基纤维素，除了行政程序中证据1已经公开的羟基丙酯甲基纤维素外，本领域普通技术人员根据其掌握的常识通过简单试验就可得知还可添加丙烯和羟苯酸甲酯并确定重量比范围,因此,权利要求2也不具备创造性。权利要求3和4涉及的制备方法就是如行政程序中证据1所述的化妆品或药物凝胶的常规制备方法,不具备新颖性和创造性。请求书表格中关于权利要求4不符合《专利法》第二十二条第三款的无效宣告请求所依据的证据一栏还标有附件3(即行政程序中证据3),但是在请求书理由正文中未出现对于行政程序中证据3评述权利要求4的描述。2. 行政程序中证据2也公开了以上内容,能够证明本专利不具有创造性。3. 本专利早在其申请日前就已在中国地区使用公开,不具备新颖性和创造性。

形式审查合格后,被告受理了上述请求,于2008年5月21日向原告和第三人发出《无效宣告请求受理通知书》,并将《无效宣告请求书》及其所附证据的副本转送给第三人,要求其在指定的期限内答复,同时成立合议组对本无效请求案进行审理。

2008年7月3日,第三人针对原告提出的无效请求书提交了意见陈述书。第三人认为:1. 行政程序中证据1、2是外文证据,由于没有提交中文译文,故其应视为未提交。2. 行政程序中证据3不是公开出版物,签署日期在2008年2月29日,晚于本专利的申请日,不能作为评价创造性的证据。行政程序中证据4由于不能证明其来源,其真实性不能确定,不能作为证据使用,且其也没有公开的方式和时间,不能作为现有技术。另外,虽然行政程序中证据4中对主要成分有文字记载,但由于没有具体的含量比例、主要成分之外的其他成分和制造方法,因此不能破坏本专利的创造性。3. 行政程序中证据5由于不能证明其来源,其真实性不能确定,另外,其中同样没有公开具体的含量比例、主要成分之外的其他成分和制造方法,因此不能破坏本专利的创造性。

2008年7月15日,被告向原告和第三人发出了《无效宣告请求口头审理通知书》,同时将第三人于2008年7月3日提交的意见陈述书转送原告,并要求其在口头审理时一并答复。

口头审理于2008年8月27日如期举行。原告和第三人参加了口头审理,原告和第三人对对方出庭人员的身份和资格均无异议,对合议组无回避请求。口头审理过程中认定的事实如下:

1. 关于证据

(1)原告当庭提交了行政程序中证据1的原件,第三人对其真实性无异议。对于行政程序中证据1的译文第三人提出异议,认为行政程序中证据1没有提交中文译文;原告主张行政程序中证据1虽然没有提交单独的译文,但是意见陈述正文中存在部分段落的中文译文,行政程序中证据1中存在译文的具体段落如下:权利要求1、2、3,说明书第6页第12~22行,说明书第4页第7~20行,说明书第5页第20~23、25~31、第35行起至第6页第10行,说明书第8页只译了涉及"水的重量比为使整个配方平衡至100%",说明书第6页第36行至第7页第4行;第三人认为意见陈述正文中涉及行政程序中证据1的内容只是原告对行政程序中证据1的理解,不能认为是译文。另外,双方一致同意对原告声称的意见陈述书中的"中文译文"作如下修正:将权利要求1中的辛苯聚醇的含量由"12%"改为"4%";删除权利要求1中生物润肤剂的含量"1%~5%";将全部"润肤剂"更正为"润滑剂";将全部"碳酸钠"更正为"卡波沫钠";第三人认为,除上述更正内容外,对原告声称的"中文译文"其余部分的翻译准确性无异议。对于行政程序中证据1的公开时间,第三人认为由于没有中文译文,所以不能确认行政程序中证据1的公开时间。

(2)原告当庭放弃了行政程序中证据2。

(3)原告当庭提交了行政程序中证据3原件,说明行政程序中证据3仅用于证明行政程序中证据1的来源和公开日,第三人对于行政程序中证据3的真实性无异议,认为由于行政程序中证据3的公开日期在本专利申请日之后,因此无法起到证明作用。

(4)原告当庭提交了行政程序中证据4-1、4-3、4-4、4-5、4-7的原件,放弃行政程序中证据

4-6、4-8、4-9，第三人认可行政程序中证据4-1、4-3、4-4、4-5、4-7的真实性。由于原告未提交行政程序中证据4-2的原件，对于行政程序中证据4-2的真实性第三人不认可。

（5）原告当庭提交了行政程序中证据5原件，第三人对其真实性无异议。

2. 关于无效宣告请求的范围、理由和证据组合方式

（1）原告当庭放弃了本专利权利要求1~4不具备新颖性的无效理由。

（2）原告当庭确认其无效理由为：权利要求1~4不具备创造性，具体为：权利要求1~4相对于行政程序中证据1不具备创造性；行政程序中证据4、5结合形成证据链，构成使用公开，证明本专利权利要求1、2不具备创造性。具体理由是：根据行政程序中证据4的内容可以确定美国奥波提玛经销公司北京代表处于1999年成立，该公司生产销售的产品施露蝶杀菌胶批准文号为"京卫防消字99020"说明施露蝶杀菌胶在1999年有销售，行政程序中证据4-7包装盒上文字部分公开了辛苯聚醇、苯扎氯胺、芦荟，虽未公开含量但其含量是可以从市售产品中分析出来的；根据行政程序中证据5的仲裁书能够确定早在1999年4月奥波提玛公司就委托四川泰华制药厂加工制作施露蝶杀菌胶的包装共80多万支，这些包装分别发往北京、辽宁、湖北、昆明、江西、四川等全国各地，并进行了广告宣传。消费者在申请日之前能从市场上买到施露蝶杀菌胶这一产品，通过本领域的普通技术人员的实验技术无需创造性劳动就可检验出杀菌胶的成份。

被告经审查，确定本专利无效宣告请求的理由和范围是：1. 权利要求1~4相对于行政程序中证据1不具备创造性；2. 行政程序中证据4、5形成证据链构成使用公开，证明权利要求1、2不具备创造性。

针对证据的采纳问题，被告认为：1. 行政程序中证据1为加拿大专利文献，原告当庭提交了原件，第三人对其真实性无异议，故予以认可。原告虽未单独提交行政程序中证据1正式的译文，但是在请求书或意见陈述书明确提及或明确表明相关部分的译文的，应当视为当事人已提交该相关部分的译文。因原告在请求书的意见陈述正文部分以"某页某行公开了某内容"的方式已明确记载了行政程序中证据1部分段落的译文，并非原告的理解概括，所以应当视为原告已提交了行政程序中证据1的部分段落的译文，其中具体段落如下：权利要求1、2、3，说明书第6页第12~22行，说明书第4页第7~20行，说明书第5页第20~23、25~31、第35行起至第6页第10行，说明书第8页只译了涉及"水的重量比为使整个配方平衡至100%"，说明书第6页第36行至第7页第4行；在口头审理中，双方一致同意对译文做出如下修正：将权利要求1中的辛苯聚醇的含量由"12%"改为"4%"，删除权利要求1中生物润肤剂的含量"1%~5%"，将全部"润肤剂"更正为"润滑剂"，将全部"碳酸钠"更正为"卡波沫钠"；除此以外，第三人对译文的准确性无异议。另外，对于此篇加拿大专利文献，编号为"（43）"的专利申请著录项目就是指公开日，所以根据行政程序中证据1扉页上的记载，证据1的公开日就是1996年3月23日，早于本专利的申请日。因此，经上述修订以后的请求书意见陈述正文部分中行政程序中证据1的部分译文可以作为评述本专利创造性的现有技术。2. 第三人对于行政程序中证据4-2的真实性不予认可。由于原告未提交其原件，无法核实其真实性，因此对行政程序中证据4-2不予考虑。原告当庭提交了行政程序中证据4-1、4-3、4-4、4-5、4-7及行政程序中证据5的原件，第三人对上述证据的真实性无异议，故应予以认可。3. 原告在口头审理中明确声明放弃行政程序中证据2和行政程序中证据4-6、4-8、4-9，故不再予以评述。由于原告确认行政程序中证据3仅用于证明行政程序中证据1的来源和公开日期，不作为评价权利要求创造性的证据使用，且前述已对行政程序中证据1的真实性和公开日期予以认可，因此对行政程序中证据3也不再予以评述。

关于本专利是否符合《专利法》第二十二条第三款规定的创造性，被告审查后认为：

1. 关于出版物公开

本专利权利要求1要求保护一种能杀灭艾滋病和性病病毒、人体精子的杀菌膏,其特征在于:所述杀菌膏包括如下以重量百分比计的组分:

芦　荟:20%~60%　　去离子水:30%~70%

辛苯聚醇:0.1%~5%　　苯扎氯胺:0.1%~5%。

行政程序中证据1公开了一种能有效杀灭精子和病菌的阴道适用的配方,含有以下基本的成份:苯扎氯胺0.05%~0.2%,辛苯聚醇0.05%~4%,生物润滑剂,羟基丙酯甲基纤维素0.1%~3%,卡波沫钠0.1%~1%,去离子水至平衡,其中生物润滑剂为一种或多种,如甘油1%~10%、羊毛脂、芦荟、液态石蜡、复合PRG、甘油单硬脂酸酯、复合Myrj、吐温、十二烷基硫酸钠等,该配方为半固态、透明凝胶,具有粘性,使能杀灭病菌的一定量的凝胶能在人体阴道内保留至少数24小时。其中,生物润滑剂为芦荟的技术方案为与本专利最接近的技术方案。

本专利权利要求1要求保护的产品与行政程序中证据1所公开的产品都是杀菌膏;其中对于成份的限定都属于开放式限定;本专利权利要求1中的四种成份均已被行政程序中证据1公开,且本专利权利要求1与行政程序中证据1中辛苯聚醇和苯扎氯胺的含量范围部分重叠。本专利权利要求1要求保护的技术方案与行政程序中证据1所公开的技术方案相比,存在的区别技术特征仅为:本专利权利要求1中芦荟的含量为20%~60%,而行政程序中证据1中未公开芦荟的含量;以及本专利权利要求1中去离子水的含量具体限定为30%~70%,而行政程序中证据1中仅说明去离子水至平衡。然而行政程序中证据1中已经给出了选择芦荟含量的技术启示,即行政程序中证据1公开了当选择甘油作为润滑剂时其含量为1%~10%,为了达到与采用甘油时相当的润滑效果,芦荟含量理应比甘油含量高很多,在此技术启示下,选择20%~60%的芦荟含量对于本领域技术人员来说是显而易见的;在苯扎氯胺和辛苯聚醇含量已被行政程序中证据1公开,芦荟含量也可由本领域技术人员确定的情况下,根据行政程序中证据1中公开的水的含量至平衡,进一步选择30%~70%的去离子水含量对于本领域技术人员而言也是显而易见的,芦荟及去离子水的含量选择均未产生任何意料不到的技术效果。因此,权利要求1相对于行政程序中证据1不具备突出的实质性特点和显著的进步,不符合《专利法》第二十二条第三款关于创造性的规定。

第三人认为,本专利权利要求1要求保护的技术方案相对于行政程序中证据1提高了苯扎氯胺的含量可能会产生一些副作用如对阴道的刺激,解决的办法就是使用芦荟并提高其含量,行政程序中证据1用甘油或芦荟作为润滑剂,不可能指导芦荟有抗刺激作用能消除苯扎氯胺的副作用,因此权利要求1具有创造性。对此,被告认为,由于本专利权利要求1要求保护的技术方案中苯扎氯胺的含量为0.1%~5%,证据1中苯扎氯胺的含量为0.05%~0.2%,该含量范围存在交集,即0.1%~0.2%,也就是说,在本专利权利要求1请求保护的范围中虽然包含了苯扎氯胺含量较高的技术方案,但同时也包含了与行政程序中证据1中苯扎氯胺含量相同的技术方案。因此,第三人的意见不具有说服力,本专利权利要求1不具有创造性。

本专利权利要求2在权利要求1的基础上做了进一步地限定,限定该杀菌膏中还含有丙烯、羟苯酸甲酯和羟基丙酯甲基纤维素,上述成份的含量分别为:丙烯0.1%~4%、羟苯酸甲酯0.1%~4%、羟基丙酯甲基纤维素0.1%~2%。行政程序中证据1已经公开了其配方中含有羟基丙酯甲基纤维素0.1%~3%,但未公开其配方中含有丙烯和羟苯酸甲酯。将本专利权利要求2要求保护的技术方案与行政程序中证据1所公开的技术方案相比,除了存在前述权利要求1的区别技术特征即芦荟含量和去离子水含量以外,还存在如下区别特征:丙烯及其含量以及羟苯酸甲酯及其含量。虽然原告认为丙烯和羟苯酸甲酯为化妆品和药品中常见的成份,并且本领域普通技术人员通过简单的实验就可以确定这两种成份的重量比范围，但是原告没有提供任何证据对此予以证明，本领域技术人员根据行政程序中证据1无法显而易见地得到权利要求2的技术方案。因此，原告提出的本专利权利要求2相对于行政程序中证据1不具备突出的实质性特点和显著的进步，不符合《专利法》第二十二条第三款规定的创造性的主张不予支持。

权利要求3要求保护权利要求1所述杀菌膏的制备方法，所述方法仅是将配方中的各组分调和搅拌，然后灌注分装，该方法为本领域的常规方法。行政程序中证据1中也已公开其配方能通过标准的化妆品或药物凝胶配制程序和设备进行制作。在所使用的原料组合相对于行政程序中证据1不具备创造性的情况下，该常规方法也不能使权利要求3相对于现有技术具备突出的实质性特点和显著的进步。因此权利要求3相对于行政程序中证据1也不具备《专利法》第二十二条第三款规定的创造性。

权利要求4要求保护权利要求2所述杀菌膏的制备方法，由于权利要求2的杀菌膏产品相对于行政程序中证据1具备创造性，因此权利要求4的杀菌膏的制备方法相对于行政程序中证据1也具备《专利法》第二十二条第三款规定的创造性。

2. 关于使用公开

鉴于上述分析已得出本专利权利要求1相对于行政程序中证据1不具备创造性从而应予无效的结论，因此，对于原告提出的关于行政程序中证据4、5构成的使用公开破坏权利要求1的创造性的无效宣告理由，被告未再予以评述。

原告认为在行政程序中证据4、5结合证明公开销售的这一证据链中，该被公开销售的产品的组成是由行政程序中证据4中的证据4-7公开的。证据4-7为产品包装盒，其上的说明中写明该产品的主要成份为辛苯聚醇、苯扎氯胺和芦荟。将本专利权利要求2与证据4-7公开的技术方案相比，区别技术特征之一在于证据4-7中没有公开组分丙烯和羟苯酸甲酯以及它们的含量。原告虽然认为这两种物质是化妆品和药物中的常见成份或可经检测市售产品得知，但是并未提供证据予以证明，并且行政程序中证据4、5中的其他证据也未提供关于该产品组成的更多信息。因此，根据证据4-7公开的技术方案，本领域技术人员不能显而易见地得出权利要求2的技术方案。在此条件不能得以满足的情况下，被告对原告提出的行政程序中证据4、5结合够成使用公开导致权利要求2不具备《专利法》第二十二条第三款规定的创造性的主张不予支持。

综上，被告作出被诉决定，原告不服，诉至本院。

本案开庭审理中，原告、第三人明确表示对被诉决定作出的行政程序、案由部分记载的内容、证据的认定均无异议。第三人对被告宣告本专利权利要求1、3无效的结论表示无异议。

本院认为，针对被诉决定中当事人无争议的内容，本院经审查对其合法性予以确认。根据原告起诉意见及被告、第三人答辩意见，并经各方当事人确认，本案争议焦点在于本专利权利要求2、4是否符合《专利法》第二十二条第三款规定的创造性。

《专利法》第二十二条第三款规定：创造性，是指同申请日以前已有的技术相比，该发明具有突出的实质性特点和显著的进步，该实用新型有实质性特点和进步。

通过对本专利权利要求2的技术方案及在案有效证据的审查，原告在行政程序中提交的证据不能证明本专利权利要求2由于使用公开而不具备创造性。本专利权利要求2要求保护的技术方案与原告证据1所公开的技术方案相比，区别技术特征为：芦荟含量和去离子水含量；丙烯及其含量；羟苯酸甲酯及其含量。原告认为丙烯及羟苯酸甲酯并不是本专利的核心，本领域技术人员通过简单试验即可知添加丙烯、羟苯酸甲酯及其重量比。但经审查，无证据证明添加丙烯及羟苯酸甲酯属于本领域公知常识，也无证据证明本领域技术人员通过非创造性劳动能够获知丙烯及羟苯酸甲酯在本专利技术方案中的用途及其重量比，故原告的上述主张缺乏事实依据。在此基础上，被告关于本专利权利要求2具备创造性的论述理由充分，本院予以确认。本专利权利要求4要求保护权利要求2所述杀菌膏的制备方法，由于权利要求2的杀菌膏产品相对于附件1具备创造性，因此权利要求4的杀菌膏的制备方法相对于附件1也具备《专利法》第二十二条第三款规定的创造性。

综上，被诉决定认定事实清楚，适用法律正确，行政程序合法，本院应予维持。依照《中华人民共和国行政诉讼法》第五十四条第（一）项之规定，判决如下：

维持被告国家知识产权局专利复审委员会于二〇〇八年十一月十九日作出的第12591号无效宣告请求审查决定。

案件受理费100元，由原告ECP（北京）国际商业连锁有限公司负担（已交纳）。

如不服本判决，原告ECP（北京）国际商业连锁有限公司、被告国家知识产权局专利复审委员会、第三人黄林记可在判决书送达之日起15日内，向本院递交上诉状，并按对方当事人的人数提出副本，预交上诉案件受理费100元，上诉于北京市高级人民法院。上诉人在上诉期满后7日内未预交上诉费，又不提出缓交申请的，按自动撤回上诉处理。

审　判　长　梁　菲
代理审判员　乔　军
人民陪审员　何君慧
二〇〇九年十二月十七日
书　记　员　黄　薇

聚氨酯微孔弹性体生产方法

无效宣告请求审查决定（第12653号）

决 定 号	第12653号
决 定 日	2008年11月28日
发明创造名称	聚氨酯微孔弹性体生产方法
国际分类号	C08G 18/10，C08G 18/72，C08G 18/32，C08G 18/24
无效宣告请求人	重庆灵汇聚氨酯有限公司
专利权人	上海凯众聚氨酯有限公司
专 利 号	03116062.X
申 请 日	2003年3月28日
授权公告日	2007年5月9日
合议组组长	李人久
主 审 员	张 雷
参 审 员	吴文英
法 律 依 据	专利法第22条第3款

决定要点

当要求保护的技术方案相对于最接近的现有技术存在区别技术特征时，应判断现有技术是否给出将上述区别技术特征应用到该最接近现有技术以解决其存在的技术问题的启示，如果存在这种技术启示，则要求保护的技术方案不具有创造性。

一、案由

本无效宣告请求案涉及国家知识产权局于2007年5月9日授予公告的、名称为"聚氨酯微孔弹性体生产方法"的第03116062.X号发明专利权（下称本申请），其申请日为2003年3月28日，专利权人为上海凯众聚氨酯有限公司。

本专利授权公告的权利要求如下：

"1. 一种聚氨酯微孔弹性体的制备方法，其生产步骤依次如下：

（1）预聚体的制备：过量的多异氰酸酯与多元醇树脂反应形成端-NCO基的预聚物，预聚体的端-NCO基含量大于10wt%，并保持预聚体的温度为35℃~60℃；

（2）多元醇树脂混合物的制备：将（1）中的多元醇与二醇扩联剂、水发泡剂、表面活性剂和延迟性叔胺催化剂混合配制成多元醇树脂混合物，其中二醇扩联剂为多元醇的5wt%~30wt%；延迟性叔胺催化剂用量为多元醇树脂混合物的 0.1wt％～2wt％；所述的多元醇是分子量为 800～4000 的聚醚或聚酯二元醇，所述的二醇扩联剂为乙二醇或二乙二醇或丙三醇或 1,4-丁二醇或 1,6-己二醇；

（3）浇注：使用低压发泡机将温度为 35℃～60℃ 的预聚体与多元醇树脂混合物按比例混合反应后，注入温度为 40℃～80℃ 模具内，熟化后即制得聚氨酯微孔弹性体。

2. 根据权利要求 1 所述的聚氨酯微孔弹性体的制备方法，所述多异氰酸酯为二异氰酸酯。

3. 根据权利要求 1 所述的聚氨酯微孔弹性体的制备方法，所述的预聚体的 –NCO 基含量大于 15wt％。

4. 根据权利要求 2 所述的聚氨酯微孔弹性体的制备方法，所述的二异氰酸酯为二苯基甲烷二异氰酸酯（MDI），所述的分子量为 800～4000 的聚醚或聚酯二元醇为聚氧化丙烯二元醇、聚己二酸二乙二醇酯二元醇、聚四亚甲基聚醚二元醇、聚己内酯二元醇或聚醚酯混合二元醇。

5. 根据权利要求 1 所述的聚氨酯微孔弹性体的制备方法，所述的二醇扩联剂为多元醇的 10wt％～25wt％。

6. 根据权利要求 1～5 所述的聚氨酯微孔弹性体的制备方法，其中所述延迟性叔胺催化剂也可用延迟性叔胺催化剂和有机锡催化剂组成混合催化剂代替。"

针对上述专利权，重庆灵汇聚氨酯有限公司（下称请求人）于 2008 年 3 月 26 日向专利复审委员会提出无效宣告请求，认为本专利权利要求 1～6 不具备专利法第 22 条第 2 款规定的新颖性以及第 22 条第 3 款规定的创造性。同时，请求人提交了如下证据：

证据 1：《聚氨酯弹性体手册》，封面、版权页和第 589～590、610～622 页的复印件，共 17 页，山西省化工研究所编，化学工业出版社出版发行，公开日为 2001 年 1 月；

证据 2：《聚氨酯材料手册》，封面、版权页和第 284～299 页的复印件，共 18 页，徐培林、张淑琴编著，化学工业出版社出版发行，公开日为 2002 年 8 月；

证据 3：未提交；

证据 4：被请求无效专利 03116062.X 授权文本复印件，共 7 页。

请求人于 2008 年 4 月 25 日向专利复审委员会提出意见陈述书，指出其进一步完善了证据 1、2、3 的内容，同时将这些证据引用到无效请求的内容中，重新提交了证据和无效请求书的理由，请求人重新提交的证据如下：

证据 1：《聚氨酯弹性体手册》，封面、版权页、第 233～239 页、第 589～622 页的复印件，共 44 页，山西省化工研究所编，化学工业出版社出版发行，公开日为 2001 年 1 月；

证据 2：《聚氨酯材料手册》，封面、版权页、第 93～97、101～104、107～108、268～269、284～299 页的复印件，共 32 页，徐培林、张淑琴编著，化学工业出版社出版发行，公开日为 2002 年 8 月；

证据 3："聚氨酯的胺类延迟性催化剂"，宣美福，《黎明化工》，1989 年第二期，化工部黎明化工研究院出版，第 32～39 页和版权页复印件，共 9 页（内部发行全国）。

请求人无效宣告请求的具体理由如下：

（1）本专利的权利要求 1 不符合专利法第 22 条第 2、3 款规定的新颖性和创造性。

本专利权利要求 1 公开的是生产聚氨酯微孔弹性体材料的三个步骤：预聚体的制备——多元醇树脂混合物的制备——浇注；而证据 1 中已公开了相应的内容，证据 1 全书详细阐述了聚氨酯弹性体合成与加工方法、使用的原料和配合剂，并详细说明了各种聚氨酯弹性体的加工方法，特别在第 589～622 页中详细公开了制备微孔弹性体的原料、配合剂和制备方法。权利要求 1 公开的方法实质上就是证据 1 中所公开的制备聚氨酯微孔弹性体通用的方法，具体就是证据 1 中第 237～239 页公开的生产聚氨酯常用的半预聚体法。并且证据 1 在第 589～622 页中详细介绍了制备聚氨酯微孔弹性体的详细步骤以及采用的具体原料和各种工艺参数，权利要求1相对于证据1，其区别技术特征仅有：①催化剂采用的是延迟性叔胺催化剂；②二醇扩联剂的用量，还选用了丙三醇、1,6-己二醇；③浇注的入注温度为40℃~80℃。但是，上述区别特征①"催化剂采用的是延迟性叔胺催化剂"在证据2和3中均有公开。证据2在说明聚氨酯材料使用的催化剂一节中（第93页）明确公开了"对聚氨酯，尤其是聚氨酯泡沫体合成中的-NCO与水和-NCO与端羟基聚酯、聚醚多元醇的两个主反应，叔胺类催化剂都有很强的催化作用"，同时在第97页的第4段还公开了叔胺催化剂的延迟催化特性，倒数第1段公开了该延迟性叔胺催化剂"能显著改善泡沫在模腔中的流动性，并能缩短固化时间"。并且在第107~108针对RIM微孔弹性泡沫体制备，特别公开了"该工艺要求混合物料必须具备优良的流动性且以及快的速度固化，因此，正确选择催化剂的品种和用量将是顺利实施该种工艺的关键，欧洲普遍使用的是有机锡-叔胺复合催化体系。"证据3中更是详细公开了延迟性叔胺催化剂在聚氨酯弹性体制备中的各种应用情况。因此，证据2和证据3所公开的上述特征对所属领域技术人员都存在明显的技术启示，即将证据2或证据3中公开的上述特征应用于证据1中以解决"产品在模内时间较长、产品工艺及材料性能差"的技术问题是不需要创造性劳动的。本专利权利要求1具有的区别技术特征②也在证据2的第288页的第三段文字中被公开，其公开的二醇扩链剂的用量为"每100质量份聚酯多元醇用10~16质量份"，该用量即在被请求无效专利的权利要求1的步骤②中二醇链剂的用量范围"5wt%~30wt%"的范围之内。另外并公开了二醇扩联剂可选用了丙三醇、1,6-己二醇。本专利的权利要求1具有的区别技术特征③在证据2的第289页的倒数第二段文字中被公开，即"烘道温度大多控制在60℃~80℃"，由于该烘道是对浇注好物料的模具进行加热的，因此该温度即为模温。证据2也公开了用于制备减震缓冲部件的聚氨酯半硬质泡沫塑料的制备方法之一半预聚体法，见第268页最末一段，其明确公开了"半预聚体发泡工艺是将聚脂多元醇或聚醚多元醇的一部分，首先与过量的异氰酸酯进行反应，制备-NCO含量较高、粘度较低的预聚体，然后将它们再与剩余部分聚脂多元醇或聚醚多元醇、发泡剂、催化剂、表面活性剂等一起反应，制备半硬质泡沫塑料"。因此，本领域技术人员结合证据1和2或证据1和3公开的内容，即能得到该被申请无效专利权利要求1的全部技术方案，这种结合对于所属领域技术人员而言是显而易见的，不具有突出的实质性特点和显著的进步，因此不符合专利法第22条第2、3款规定的新颖性和创造性。

（2）本专利的权利要求2~5不符合专利法第22条第2、3款规定的新颖性和创造性。

本专利的权利要求2在权利要求1的基础上进一步将多异氰酸酯限定为二异氰酸酯，而这在证据1的第237页已经明确公开了；权利要求3在权利要求1的基础上对预聚体的-NCO基含量进一步限定，其含量大于15wt%，证据1在第613页第一段已公开了"游离异氰酸酯基的含量在18%~19%"，显然在大于15wt%的范围内；权利要求4在权利要求2的基础上对二异氰酸酯和聚醚或聚酯二元醇进行了进一步限定，二异氰酸酯为二苯基甲烷二异氰酸酯（MDI），聚醚或聚酯二元醇为聚氧化丙烯二元醇、聚己二酸二乙二醇酯二元醇、聚四亚甲基聚醚二元醇、聚己内酯二元醇或聚醚酯混合二元醇，而在证据1的第239页中已经公开了二异氰酸酯为二苯基甲烷二异氰酸酯（MDI），证据2的第286页公开了聚酯多元醇常用的有聚己二酸二乙二醇酯、聚氧化丙烯二元醇、聚四亚甲基聚醚二元醇、聚己内酯二元醇或聚醚酯混合二元醇；权利要求5在权利要求1的基础上进一步限定了二醇扩联剂为多元醇的10wt%~25wt%，而如前述在证据2的第288页已公开二醇扩链剂的用量，该用量也在权利要求5公开的范围之内；因此在上述权利要求引用的权利要求没有创造性的前提下，权利要求2~5也不具备突出的实质性特点和显著进步，因此不符合专利法第22条第2、3款规定的新颖性和创造性。

（3）本专利的权利要求6不符合专利法第22条第2、3款规定的新颖性和创造性。

本专利权利要求6在权利要求1~5所述制备方法的基础上进一步限定了延迟性叔胺催化剂采用延

迟性叔胺催化剂和有机锡催化剂组成混合催化剂替代，而这一特征已在证据2中明确显示，在其第107~108页中针对RIM微孔弹性泡沫体制备，特别公开了"该工艺要求混合物料必须具备优良的流动性且以及快的速度固化，因此，正确选择催化剂的品种和用量将是顺利实施该种工艺的关键，欧洲普遍使用的是有机锡—叔胺复合催化体系。"因此在其引用的权利要求没有创造性的前提下，权利要求6也不具备突出的实质性特点和显著进步，因此不符合专利法第22条第2、3款规定的新颖性和创造性。

形式审查合格后，专利复审委员会受理了上述请求，并于2008年6月5日向双方当事人发出《无效宣告请求受理通知书》，并将请求人提交的《无效宣告请求书》及其他有关文件的副本转送给专利权人，要求其在指定的期限内答复，同时成立合议组对本无效请求案进行审理。

专利权人针对请求人提出的无效请求于2008年7月17日提交了意见陈述书。专利权人指出：无效宣告请求人提交的对比文件及其结合方式不能否认被请求专利的新颖性和创造性，该无效宣告请求没有事实依据。专利权人要求同无效宣告请求人当面质证和辩论。

专利复审委员会本案合议组于2008年9月24日向双方当事人发出了《无效宣告请求口头审理通知书》，拟定于2008年10月20日对本专利权的无效宣告请求进行口头审理。同时将专利权人于2008年7月17日提交的意见陈述书转送给请求人，并要求其在口头审理时一并答复。

口头审理于2008年10月20日如期举行。双方当事人参加了口头审理，双方当事人对对方出庭人员的身份和资格均无异议，对合议组无回避请求。口头审理过程中认定的事实如下：

①请求人当庭提交了证据1~3的原件，经核实，专利权人对证据1~3真实性无异议，并认可证据1和2公开于本专利申请日之前，对于证据3，专利权人认可其于1989年出版，但认为证据3属于内部发行的刊物不属于公开出版物。在口头审理过程中，请求人补充提交了证据2第14~15页，合议组将其转送给专利权人。

②请求人当庭放弃了本专利权利要求1~6不具备专利法第22条第2款规定的新颖性的无效理由。

③请求人当庭确认其无效理由为：权利要求1~6不具备专利法第22条第3款规定的创造性，其证据结合方式为，证据1和证据2和证据3结合评价权利要求1~6的创造性。专利权人对上述无效宣告请求理由有异议，认为该无效宣告请求理由没有在请求书中及意见陈述中提出，该无效宣告请求理由是请求人当庭增加的新理由，不符合专利法实施细则第66条规定。

④合议组对请求人提出的无效理由和事实进行了充分调查，并听取了各方当事人的陈述。允许双方当事人在口头审理后10个工作日内提交书面意见陈述书。

请求人于2008年10月28日提交了书面意见陈述，认为：（1）证据1引用的第233~239页和第589~622页虽然是手册的不同部分但上述两部分表达的是同一技术方案；（2）证据1中的聚氨酯鞋底属于本专利所请求保护的制备方法的目的产物；（3）证据1中的"游离异氰酸酯"与本专利权利要求1中的"端-NCO基"是相同的概念；（4）证据3是公开出版物；（5）证据1和3结合，证据2作为技术手册引入，来否定权利要求1~6的创造性，符合专利法和审查指南的规定，不属于新理由；（6）权利要求4中的"聚氧化丙烯二元醇、聚己二酸二乙二醇酯二元醇、聚四亚甲基聚醚二元醇、聚己内酯二元醇或聚醚酯混合二元醇"在证据中的体现。

专利权人在答复期限内未提交书面意见陈述。

至此，合议组认为本案事实已经清楚，可以做出审查决定。

二、决定的理由

1. 关于审查文本

本无效宣告请求审查决定以本专利的授权公告文本为审查基础。

2. 关于无效宣告请求的理由和范围

根据请求人在口头审理中的确认，其放弃本专利权利要求1~6不具备专利法第22条第2款规定的新颖性的无效理由，合议组对该无效理由不再审理。请求人进一步确认其无效请求的理由和范围是：权利要求1~6相对于证据1、证据2和证据3的结合不具备专利法第22条第3款规定的创造性。

专利权人认为权利要求1~6相对于证据1、证据2和证据3的结合不具有创造性的无效宣告请求理由在提出无效宣告请求之日起1个月内未提出，该无效宣告请求理由是请求人当庭增加的新理由，不符合专利法实施细则第66条和审查指南的有关规定。对此，合议组认为：根据审查指南第四部分第三章第4.3.1节规定，请求人在口头审理辩论终结前提交技术词典、技术手册和教科书等所属技术领域中的公知常识性证据或者用于完善证据法定形式的公证书、原件等证据，并在该期限内结合该证据具体说明相关无效宣告理由的，应予以考虑。本案中，由于请求人在请求书及意见陈述中曾提出权利要求1~6相对于证据1和证据3的结合不具有创造性的无效宣告请求理由，并对该无效理由作出了具体说明，而证据2（《聚氨酯材料手册》）为技术手册，属于公知常识性证据。请求人在无效宣告请求时就已经提交了证据2，请求人在口头审理时仅仅结合无效宣告请求时提交的证据2具体说明了权利要求1~6相对于证据1、2和3的结合不具有创造性的无效宣告理由，其符合《审查指南》第四部分第三章第4.3.1节的规定。因此，合议组对权利要求1~6相对于证据1、证据2和证据3的结合不具有创造性的无效宣告请求理由予以考虑。

3. 关于证据

（1）证据1和证据2均为技术手册，请求人当庭提交了原件，专利权人对上述证据的真实性和公开日期均无异议，合议组对其真实性和公开日期也予以认可，可以作为本案的证据使用。

（2）专利权人认为证据3印有"内部发行全国"字样，属于内部资料，不属于公开出版物，不能作为出版物公开的证据。对此，合议组认为：出版物不受地理位置、语言或者获得方式的限制，也不受年代的限制。出版物的出版发行量多少、是否有人阅读过、申请人是否知道是无关紧要的。对于印有"内部资料"、"内部发行"等字样的出版物，确系在特定范围内发行并要求保密的，不属于公开出版物。证据3印有"化工部批准出版"和"内部发行全国"字样，同时还定有标价即"定价：1.25元"，虽然其印有"内部发行全国"字样，但是由于其发行全国并且其定价说明该出版物可以购买，并非特定范围内发行并要求保密的资料。因此，证据3应当视为公开出版物。由于专利权人当庭认可证据3的复印件与原件一致，并认可其公开时间为1989年，所以，在证据3属于公开出版物的情况下，合议组对其真实性和公开日期也予以认可，可以作为本案的证据使用。

4. 关于专利法第22条第3款

专利法第22条第3款规定的创造性，是指同申请日以前已有的技术相比，该发明有突出的实质性特点和显著的进步。

根据该款规定，当要求保护的技术方案相对于最接近的现有技术存在区别技术特征时，应判断现有技术是否给出将上述区别技术特征应用到该最接近现有技术以解决其存在的技术问题的启示，如果存在这种技术启示，则要求保护的技术方案不具有创造性。

本专利权利要求1要求保护一种聚氨酯微孔弹性体的制备方法，其生产步骤依次如下：（1）预聚体的制备：过量的多异氰酸酯与多元醇树脂反应形成端-NCO基的预聚物，预聚体的端-NCO基含量大于10wt%，并保持预聚体的温度为35℃~60℃；（2）多元醇树脂混合物的制备：将（1）中的多元醇与二醇扩联剂、水发泡剂、表面活性剂和延迟性叔胺催化剂混合配制成多元醇树脂混合物，其中二醇扩联剂为多元醇的5wt%~30wt%；延迟性叔胺催化剂用量为多元醇树脂混合物的0.1wt%~2wt%；所述的多元醇是分子量为800~4000的聚醚或聚酯二元醇，所述的二醇扩联剂为乙二醇或二乙二醇或丙三醇或1,4-丁二醇或1,6-己二醇;(3)浇注:使用低压发泡机将温度为35～60℃的预聚体与多元醇树脂混合物按比例混合反应后,注入温度为40℃～80℃模具内,熟化后即制得聚氨酯微孔弹性体。

证据1中也公开了一种微孔聚氨酯弹性体的加工方法,更具体的,其公开了一种聚氨酯鞋底的生产工艺,其生产步骤中也包括:(1)预聚体(B组分)的制备(参见证据1第613页第1段):部分聚酯多元醇与异氰酸酯反应制得端异氰酸酯低分子物,其中游离异氰酸酯基的含量在18%～19%,其温度为35～40℃(参见证据1第620页表12-34),由于证据1第237页半预聚法公开了"在制备预聚物时如果异氰酸酯指数(NCO/OH)大于2,就会有多余的异氰酸酯存在于预聚体中,如果(NCO/OH)>>2,得到的产物实际上是端异氰酸酯和异氰酸酯的混合物,这种混合物称之为半预聚物,半预聚体常用于MDI型CPU弹性体制品的生产。"因此,证据1中制备B组分时形成了端异氰酸酯低分子物说明异氰酸酯必然是过量的;(2)多元醇树脂混合物(A组分和C组分)的制备(参见证据1第613页第1段):将部分聚酯多元醇与扩链剂、匀泡剂、发泡剂等组分在40～70℃充分混合后静止脱气,在全水发泡聚酯体系中,发泡剂为水,C组分为催化剂组分,常用胺和有机金属催化剂或三亚乙基二胺Dabco-33LV催化剂(参见证据1第611页第12.3.2.4节),催化剂的用量为每18kg A组分加入C组分213、220、240或450g等(参见证据1第620页表12-34),合成预聚物的聚酯多元醇是相对分子量为2000左右的聚乙二酸乙二醇二乙二醇酯或聚乙二酸乙二醇丁二醇酯,扩链剂为二醇,如乙二醇、二乙二醇、1,4-丁二醇(参见证据1第612页第12.3.2.6节)、丙三醇、1,6-己二醇(参见证据1第595页第12.2.4.3节);(3)浇注:先将A组分与C组分混合均匀,再与B组分混合,反应温度在60℃～80℃,保温时间为2h,浇注设备主要由浇注机、环行或转台烘道等装置组成(参见证据1第613页第1段至第614页第1段)。

本专利权利要求1要求保护的技术方案与证据1所公开的方案都是一种微孔聚氨酯弹性体的制备方法,其中都包括了预聚体制备、多元醇树脂混合物制备和浇注步骤,权利要求1中的大部分技术特征已被证据1所公开。本专利权利要求1要求保护的技术方案与证据1所公开的技术方案相比,存在的区别技术特征仅为:本专利权利要求1具体指出了制备过程中的催化剂为延迟性叔胺催化剂,并限定了二醇扩联剂和延迟性叔胺催化剂的用量,即二醇扩联剂为多元醇的5wt%～30wt%,延迟性叔胺催化剂为多元醇树脂混合物的0.1wt%～2wt%;而证据1中的催化剂为胺和有机金属或三亚乙基二胺Dabco-33LV催化剂,用量为每18kg A组分加入C组分213、220、240或450g等,并且未限定二醇扩联剂的用量。

然而证据2中已经给出了聚氨酯材料制备中叔胺类催化剂的选择(参见证据2第93页最后一段),还公开了叔胺类催化剂三亚乙基二胺的"延迟现象"(参见证据2第97页第四段);并且还公开了聚氨酯材料制备中扩链剂的用量为多元醇的10wt%～16wt%(参见证据2第288页第3段)。根据证据2的记载,本领域技术人员容易从证据1中所使用的催化剂三亚乙基二胺Dabco-33LV想到应用延迟性叔胺催化剂,并将扩链剂的用量限定为为多元醇的10wt%～16wt%。虽然本申请权利要求1中叔胺催化剂的用量0.1wt%～2wt%以多元醇树脂混合物来计算,而证据1中记载的催化剂用量为每18kg A组分加入C组分213、220、240或450g等,但是将其换算为以多元醇树脂混合物计算的质量百分数,上述催化剂的用量为C组分/(A组分+C组分)×100%,即1.17%、1.21%、1.32%或2.44%等,也就是说,证据1中记载的叔胺催化剂的用量存在落入本申请权利要求1所限定的用量范围之内的点。另外,证据3也公开了多种延迟性叔胺催化剂,如Toyocat-TF、Toyocat-THN、Toyocat-ETF催化剂等(参见证据3第34～36页)。由此可见,本领域技术人员在证据1所公开的技术方案的基础上结合证据2和证据3公开的内容很容易获得本专利权利要求1所请求保护的技术方案。因此,本专利权利要求 1 所请求保护的技术方案对本领域技术人员来说是显而易见的，不具备突出的实质性特点和显著的进步，不符合专利法第 22 条第 3 款关于创造性的规定。

专利权人认为：（1）本专利要生产的是一种用作汽车、机械等领域的阻尼元件，主要注重材料的高频高强度动态的压缩变定性能，而证据 1 中生产的是鞋底，主要解决的是耐磨性的问题，所以本专利和证据 1 中的产物不同，技术方案也不相同。（2）本专利权利要求 1 中的"端-NCO 基"和证据 1 中的"游离异氰酸酯基"不同，"游离异氰酸酯基"指的是-NCO 基单体，是"端-NCO 基"的一部分，即"端-NCO 基"包括"游离异氰酸酯基"和其他异氰酸酯基。

对此，合议组认为：（1）关于产物是否相同：首先，本专利权利要求 1 所请求保护的技术主题是"一种聚氨酯微孔弹性体的制备方法"，权利要求 1 的产物"聚氨酯微孔弹性体"是专利权人声称的"阻尼元件"和证据 1 中生产的"聚氨酯鞋底"的上位概念，也就是说，权利要求 1 的保护范围包括了证据 1 中所公开的聚氨酯鞋底的制备方法，本专利权利要求 1 所请求保护的制备方法其产物"聚氨酯微孔弹性体"也包括证据 1 中的产物"聚氨酯鞋底"。其次，如前所述，本专利权利要求 1 所请求保护的制备方法其原料、工艺步骤和工艺条件大部分均已被证据 1 所公开，其区别技术特征仅在于：本专利权利要求 1 具体指出了制备过程中的催化剂为延迟性叔胺催化剂，并限定了二醇扩联剂和延迟性叔胺催化剂的用量，即二醇扩联剂为多元醇的 5wt％～30wt％，延迟性叔胺催化剂为多元醇树脂混合物的 0.1wt％～2wt％；而证据 1 中的催化剂为胺和有机金属或三亚乙基二胺 Dabco-33LV 催化剂，用量为每 18kg A 组分加入 C 组分 213g、220g、240g 或 450g 等，并且未限定二醇扩联剂的用量；而上述区别技术特征不足以证明通过本专利权利要求 1 所述技术方案制备出的聚氨酯微孔弹性体材料具有比证据 1 中所得产物更优的高频高强度动态压缩变定性能，况且，上述区别技术特征也已经在证据 2 和证据 3 中被公开，本领域技术人员为了解决其技术问题能够从证据 2 和证据 3 中获得启示将证据 1 和证据 2 以及证据 3 相结合从而得到本专利权利要求 1 的技术方案。因此，专利权人关于本专利和证据 1 产物不同技术方案也不相同的观点不能成立。（2）关于"端-NCO 基"和"游离异氰酸酯基"是否相同：专利权人在口审过程当中陈述的意见认为，"游离异氰酸酯基"指的是-NCO 基单体，是"端-NCO 基"的一部分，即"端-NCO 基"包括"游离异氰酸酯基"和其他异氰酸酯基。由于证据 1 中"游离异氰酸酯基"的含量 18％～19％已经大于 10％，所以即使专利权人的观点成立，两者指代意思不同，根据其意见陈述，证据 1 中的"端-NCO 基"含量也必然大于 10％，从而使本专利权利要求 1 中的"端-NCO 基"含量仍然被证据 1 所公开。因此，"端-NCO 基"和"游离异氰酸酯基"相同或者不同都不能证明本专利权利要求 1 具有创造性。

本专利权利要求 2 在权利要求 1 的基础上做了进一步地限定，将所述多异氰酸酯限定为二异氰酸酯。而证据 1 中已经公开了多异氰酸酯为 MDI 的技术方案（参见证据 1 第 613 页第 1 段），MDI 即为二苯基甲烷二异氰酸酯，其属于二异氰酸酯中的一种，所以权利要求 2 的上述限定特征也已经被证据 1 所公开。因此，在本专利权利要求 2 所引用的权利要求 1 不具备创造性的情况下，权利要求 2 也不具备突出的实质性特点和显著的进步，不符合专利法第 22 条第 3 款关于创造性的规定。

本专利权利要求 3 在权利要求 1 的基础上将预聚体的-NCO 基含量限定为大于 15wt％。而证据 1 中已经公开了"游离异氰酸酯基的含量在 18％～19％"的技术方案（参见证据 1 第 613 页第 1 段），所以，权利要求 3 的上述限定特征也已经被证据 1 所公开。因此，在本专利权利要求 3 所引用的权利要求 1 不具备创造性的情况下，权利要求 3 也不具备突出的实质性特点和显著的进步，不符合专利法第 22 条第 3 款关于创造性的规定。

本专利权利要求 4 在权利要求 2 的基础上做了进一步地限定，将所述二异氰酸酯限定为 MDI，所述聚醚或聚酯二元醇限定为聚氧化丙烯二元醇、聚己二酸二乙二醇酯二元醇、聚四亚甲基聚醚二元醇、聚己内酯二元醇或聚醚酯混合二元醇。而证据1中已经公开了多异氰酸酯为MDI，聚醚或聚酯多元醇为聚己二酸乙二醇二乙二醇酯（参见证据1第234~235页表8-1）、聚四亚甲基二醇（PTMG）和聚（酯-醚）（参见证据1第590页倒数第2行）的技术方案，而聚氧化丙烯二元醇或聚己内酯二元醇均属于本领域中常见的聚醚多元醇或聚酯多元醇。因此，在本专利权利要求4所引用的权利要求2不具备创造性的情况下，权利要求4也不具备突出的实质性特点和显著的进步，不符合专利法第22条第3款关于创造性的规定。

本专利权利要求5在权利要求1的基础上做了进一步地限定，将二醇扩联剂的含量限定为多元醇的10wt％~25wt％。而证据2中已经公开了"扩链剂用量为10wt％~16wt％"的技术方案（参见证据2第288页第3段），证据2所公开技术方案中"扩链剂用量为10wt％~16wt％"和本专利权利要求5中所述"二醇扩联剂为多元醇的10wt％-25wt％"其数值范围存在了部分重叠，所以，本专利权利要求5中的二醇扩联剂含量已经被证据2所公开。因此，在本专利权利要求5所引用的权利要求1不具备创造性的情况下，权利要求5也不具备突出的实质性特点和显著的进步，不符合专利法第22条第3款关于创造性的规定。

本专利权利要求6请求保护的技术方案是将权利要求1~5所述制备方法中的延迟性叔胺催化剂替代为延迟性叔胺催化剂和有机锡催化剂组成的混合催化剂。而证据2中已经公开了使用"有机锡-叔胺复合催化体系"的技术方案（参见证据2第108页第4~5行），虽然文字表述有所不同，但是证据2中使用的"有机锡-叔胺复合催化体系"就是本专利权利要求6中所述的"延迟性叔胺催化剂和有机锡催化剂组成的混合催化剂"。因此，在本专利权利要求1~5已经不具备创造性的情况下，权利要求6也不具备突出的实质性特点和显著的进步，不符合专利法第22条第3款关于创造性的规定。

根据以上事实和理由，本案合议组作出如下审查决定。

三、决定

宣告第03116062.X号发明专利全部无效。

当事人对本决定不服的，可以根据专利法第46条第2款的规定，自收到本决定之日起三个月内向北京市第一中级人民法院起诉。根据该款的规定，一方当事人起诉后，另一方当事人应当作为第三人参加诉讼。

北京市第一中级人民法院
行政判决书

(2009) 一中行初字第807号

原告上海凯众聚氨酯有限公司，住所地上海市浦东新区建业路813号。

法定代表人李志强，董事长。

委托代理人孙振铎，北京金言诚信知识产权代理有限公司专利代理人。

委托代理人杨颖韬，男，1964年1月26日出生，汉族，上海凯众聚氨酯有限公司总经理，住上海市浦东新区龙阳路1880弄。

被告国家知识产权局专利复审委员会，住所地北京市海淀区北四环西路9号银谷大厦10～12层。

法定代表人廖涛，副主任。

委托代理人张雷，国家知识产权局专利复审委员会干部。

委托代理人程强，国家知识产权局专利复审委员会干部。

第三人重庆灵汇聚氨酯有限公司，住所地重庆市九龙坡区九龙工业园区拓展B区。

法定代表人陈正红，董事长。

委托代理人康海燕，重庆华科专利事务所专利代理人。

原告上海凯众聚氨酯有限公司（简称凯众公司）不服被告国家知识产权局专利复审委员会（简称专利复审委员会）于2008年11月28日作出的第12653号无效宣告请求审查决定（简称第12653号决定），于法定期限内向本院提起诉讼。本院于2009年3月9日受理本案后，依法组成合议庭，并通知重庆灵汇聚氨酯有限公司（简称灵汇公司）作为第三人参加诉讼，于2009年5月22日公开开庭进行了审理。原告凯众公司的委托代理人孙振铎、杨颖韬，被告专利复审委员会的委托代理人张雷、程强，第三人灵汇公司的委托代理人康海燕到庭参加了诉讼。本案现已审理终结。

专利复审委员会针对灵汇公司就凯众公司享有的03116062.X号名称为"聚氨酯微孔弹性体生产方法"的发明专利（简称本专利）所提出的无效宣告请求作出第12653号决定，其中认定：

1. 关于权利要求1：证据1中公开了一种微孔聚氨酯弹性体的加工方法，更具体的，其公开了一种聚氨酯鞋底的生产工艺，其生产步骤中包括：(1) 预聚体（B组分）的制备（参见证据1第613页第1段）：部分聚酯多元醇与异氰酸酯反应制得端异氰酸酯低分子物，其中游离异氰酸酯基的含量在18%～19%，其温度为35～40℃（参见证据1第620页表12-34），由于证据1第237页半预聚法公开了"在制备预聚物时如果异氰酸酯指数（NCO/OH）大于2，就会有多余的异氰酸酯存在于预聚体中，如果（NCO/OH）>>2，得到的产物实际上是端异氰酸酯和异氰酸酯的混合物，这种混合物称之为半预聚物，半预聚体常用于MDI型CPU弹性体制品的生产。"因此，证据1中制备B组分时形成了端异氰酸酯低分子物说明异氰酸酯必然是过量的；(2) 多元醇树脂混合物（A组分和C组分）的制备（参见证据1第613页第1段）：将部分聚酯多元醇与扩链剂、匀泡剂、发泡剂等组分在40～70℃充分混合后静止脱气，在全水发泡聚脂体系中，发泡剂为水，C组分为催化剂组分，常用胺和有机金属催化剂或三亚乙基二胺Dabco-33LV催化剂（参见证据1第611页第12.3.2.4节），催化剂的用量为每18kg A组分加入C组分213、220、240或450g等（参见证据1第620页表12～34），合成预聚物的聚酯多元醇是相对分子量为2000左右的聚乙二酸乙二醇二乙二醇酯或聚乙二酸乙二醇丁二醇酯，扩链剂为二醇，如乙二醇、二乙二醇、1,4-丁二醇（参见证据1第612页第12.3.2.6节）、丙三醇、1,6-己二醇（参见证据1第595页第12.2.4.3节）；(3) 浇注：先将A组分与C组分混合均匀，再与B组分混合，反应温度在60～80℃，保温时间为2h，浇注设备主要由浇注机、环行或转台烘道等装置组成（参见证据1第613页第1段至第614页第1段）。本专利权利要求1要求保护的技术方案与证据1所公开的方案都是一种微孔聚氨酯弹性体的制备方法，其中都包括了预聚体制备、多元醇树脂混合物制备和浇注步骤，权利要求1中的大部分技术特征已被证据1所公开。本专利权利要求1要求保护的技术方案与证据1所公开的技术方案相比，存在的区别技术特征仅为：本专利权利要求1具体指出了制备过程中的催化剂为延迟性叔胺催化剂，并限定了二醇扩联剂和延迟性叔胺催化剂的用量，即二醇扩联剂为多元醇的5～30wt％，延迟性叔胺催化剂为多元醇树脂混合物的0.1～2wt％；而证据1中的催化剂为胺和有机金属或三亚乙基二胺Dabco-33LV催化剂，用量为每18kg A组分加入C组分213、220、240或450g等，并且未限定二醇扩联剂的用量。然而证据2中已经给出了聚氨酯材料制备中叔胺类催化剂的选择（参见证据2第93页最后1段），还公开了叔胺类催化剂三亚乙基二胺的"延迟现象"（参见证据2第97页第4段）；并且还公开了聚氨酯材料制备中扩链剂的用量为多元醇的10～16wt％（参见证据2第288页第3段）。根据证据2的记载，本领域技术人员容易从证据1中所使用的催化剂三亚乙基二胺Dabco-33LV想到应用延迟性叔胺催化剂，并将扩链剂的用量限定为多元醇的10～16wt％。虽然本专利权利要求1中叔胺催化剂的用量0.1～2wt％以多元醇树脂混合物来计算，而证据1中记载的催化剂用量为每18kg A组分加入C组分213、220、240或450g等，但是将其换算为以多元醇树脂混合物计算的质量百分数，上述催化剂的用量为C组分/（A组分+C组分）×100％，即：1.17％、1.21％、1.32％或2.44％等，也就是说，证据1中记载的叔胺催化剂的用量存在落入本申请权利要求1所限定的用量范围之内的点。另外，证据3也公开了多种延迟性叔胺催化剂，如Toyocat-TF、Toyocat-THN、Toyocat-ETF催化剂等（参见证据3第34～36页）。由此可见，本领域技术人员在证据1所公开的技术方案的基础上结合证据2和证据3公开的内容很容易获得本专利权利要求1所要求保护的技术方案。因此，本专利权利要求1所要求保护的技术方案对本领域技术人员来说是显而易见的，不具备突出的实质性特点和显著的进步，不符合《中华人民共和国专利法》（简称《专利法》）第二十二条第三款关于创造性的规定。

凯众公司认为：(1) 本专利要生产的是一种用作汽车、机械等领域的阻尼元件，主要注重材料的高频高强度动态的压缩变定性能，而证据1中生产的是鞋底，主要解决的是耐磨性的问题，所以本专利和证据1中的产物不同，技术方案也不相同。(2) 本专利权利要求1中的"端-NCO基"和证据1中的"游离异氰酸酯基"不同，"游离异氰酸酯基"指的是-NCO基单体，是"端-NCO基"的一部分，即"端-NCO基"包括"游离异氰酸酯基"和其他异氰酸酯基。对此，我委认为：(1) 关于产物是否相同：首先，本专利权利要求1所要求保护的技术主题是"一种聚氨酯微孔弹性体的制备方法"，权利要求1的产物"聚氨酯微孔弹性体"是凯众公司声称的"阻尼元件"和证据1中生产的"聚氨酯鞋底"的上位概念，也就是说，权利要求1的保护范围包括了证据1中所公开的聚氨酯鞋底的制备方法，本专利权利要求1所要求保护的制备方法其产物"聚氨酯微孔弹性体"也包括证据1中的产物"聚氨酯鞋底"。其次，如前所述，本专利权利要求1所要求保护的制备方法其原料、工艺步骤和工艺条件大部分均已被证据1所公开，其区别技术特征仅在于：本专利权利要求1具体指出了制备过程中的催化剂为延迟性叔胺催化剂，并限定了二醇扩联剂和延迟性叔胺催化剂的用量，即二醇扩联剂为多元醇的5～30wt％，延迟性叔胺催化剂为多元醇树脂混合物的0.1～2wt％；而证据1中的催化剂为胺和有机金属或三亚乙基二胺Dabco-33LV催化剂，用量为每18kg A组分加入C组分213、220、240或450g等，并且未限定二醇扩联剂的用量；而上述区别技术特征不足以证明通过本专利权利要求1所述技术方案制备出的聚氨酯微孔弹性体材料具有比证据1中所得产物更优的高频高强度动态压缩变定性能,况且,上述区别技术特征也已经在证据2和证据3中被公开,本领域技术人员为了解决其技术问题能够从证据2和证据3中获得启示将证据1和证据2以及证据3相结合从而得到本专利权利要求1的技术方案。因此,凯众公司关于本专利和证据1产物不同技术方案也不相同的观点不能成立。(2)关于"端-NCO基"和"游离异氰酸酯基"是否相同:凯众公司在口审过程当中陈述的意见认为,"游离异氰酸酯基"指的是-NCO基单体,是"端-NCO基"的一部分,即"端-NCO基"包括"游离异氰酸酯基"和其他异氰酸酯基。由于证据1中"游离异氰酸酯基"的含量18%~19%已经大于10%,所以即使凯众公司的观点成立,两者指代意思不同,根据其意见陈述,证据1中的"端-NCO基"含量也必然大于10%,从而使本专利权利要求1中的"端-NCO基"含量仍然被证据1所公开。因此,"端-NCO基"和"游离异氰酸酯基"相同或者不同都不能证明本专利权利要求1具有创造性。

2. 关于权利要求2:本专利权利要求2在权利要求1的基础上作了进一步的限定,将所述多异氰酸酯限定为二异氰酸酯。而证据1中已经公开了多异氰酸酯为MDI的技术方案(参见证据1第613页第1段),MDI即为二苯基甲烷二异氰酸酯,其属于二异氰酸酯中的一种,所以权利要求2的上述限定特征也已经被证据1所公开。因此,在本专利权利要求2所引用的权利要求1不具备创造性的情况下,权利要求2也不具备突出的实质性特点和显著的进步,不符合《专利法》第二十二条第三款关于创造性的规定。

3. 关于权利要求3:本专利权利要求3在权利要求1的基础上将预聚体的-NCO基含量限定为大于15wt%。而证据1中已经公开了"游离异氰酸酯基的含量在18%~19%"的技术方案(参见证据1第613页第1段),所以,权利要求3的上述限定特征也已经被证据1所公开。因此,在本专利权利要求3所引用的权利要求1不具备创造性的情况下,权利要求3也不具备突出的实质性特点和显著的进步,不符合《专利法》第二十二条第三款关于创造性的规定。

4. 关于权利要求4:本专利权利要求4在权利要求2的基础上作了进一步的限定,将所述二异氰酸酯限定为MDI,所述聚醚或聚酯二元醇限定为聚氧化丙烯二元醇、聚己二酸二乙二醇酯二元醇、聚四亚甲基聚醚二元醇、聚己内酯二元醇或聚醚酯混合二元醇。而证据1中已经公开了多异氰酸酯为MDI,聚醚或聚酯多元醇为聚己二酸乙二醇二乙二醇酯(参见证据1第234~235页表8-1)、聚四亚甲基二醇(PTMG)和聚(酯-醚)(参见证据1第590页倒数第2行)的技术方案,而聚氧化丙烯二元醇或聚己内酯二元醇均属于本领域中常见的聚醚多元醇或聚酯多元醇。因此,在本专利权利要求4所引用的权利要求2不具备创造性的情况下,权利要求4也不具备突出的实质性特点和显著的进步,不符合《专利法》第二十二条第三款关于创造性的规定。

5. 关于权利要求5:本专利权利要求5在权利要求1的基础上作了进一步的限定,将二醇扩联剂的含量限定为多元醇的10~25wt%。而证据2中已经公开了"扩链剂用量为10~16wt%"的技术方案(参见证据2第288页第3段),证据2所公开技术方案中"扩链剂用量为10~16wt%"和本专利权利要求5中所述"二醇扩联剂为多元醇的10~25wt%"其数值范围存在了部分重叠,所以,本专利权利要求5中的二醇扩联剂含量已经被证据2所公开。因此,在本专利权利要求5所引用的权利要求1不具备创造性的情况下,权利要求5也不具备突出的实质性特点和显著的进步,不符合《专利法》第二十二条第三款关于创造性的规定。

6. 关于权利要求6:本专利权利要求6要求保护的技术方案是将权利要求1~5所述制备方法中的延迟性叔胺催化剂替代为延迟性叔胺催化剂和有机锡催化剂组成的混合催化剂。而证据2中已经公开了使用"有机锡-叔胺复合催化体系"的技术方案(参见证据2第108页第4~5行),虽然文字表述有所不同,但是证据2中使用的"有机锡-叔胺复合催化体系"就是本专利权利要求6中所述的

"延迟性叔胺催化剂和有机锡催化剂组成的混合催化剂"。因此,在本专利权利要求1~5已经不具备创造性的情况下,权利要求6也不具备突出的实质性特点和显著的进步,不符合《专利法》第二十二条第三款关于创造性的规定。

综上,专利复审委作出第12653号决定:宣告03116062.X号发明专利权全部无效。

原告凯众公司不服该决定,于法定期限内向本院提起诉讼,诉称:第12653号决定存在事实认定错误、适用法律不当。1. 存在如下事实认定错误的问题:(1)将证据1第613页第1段针对聚酯型原液制备的两步法说明套用在证据1第613页第3段的聚醚型一步法原液制备上,因而遗漏了本专利权利要求1相对于该已知方案存在的区别技术特征"所述的多元醇是分子量为800~4000的聚醚或聚酯二元醇"。(2)忽视本专利权利要求1中多元醇树脂混合物无需脱气,而证据1第613页第1段中记载的该已知技术方案中A组分需要脱气的区别技术特征。(3)将证据1第613页第1段关于聚酯型PU鞋底原液制备中合成B组分预聚物的制备条件(反应温度在60~80℃,保温时间为2小时,浇注设备主要由浇注机、环形或转台烘道等装置组成),错误地视为本专利权利要求1中步骤(3)浇注的工艺条件。4. 将证据1第613页6~9行记载的"合成预聚物的聚酯是相对分子质量为2000左右的聚己二酸乙二醇二乙二醇酯,耐寒性鞋底和旅游鞋鞋底原液所用聚酯为相对分子质量2000左右的聚己二酸乙二醇丁二醇酯",分别审改成"聚乙二酸乙二醇二乙二醇酯"和"聚乙二酸乙二醇丁二醇酯"。2. 适用法律不当:(1)对专利法第五十六条适用不当,专利复审委员会在本案的审理上没有客观、正确地解释本专利的权利要求,例如没有对本专利发明主题和技术特征作出正确解释。本发明方法的发明主题是"一种聚氨酯微孔弹性体的生产方法",概括地说,是一种采用半预聚物法、同时适用于聚醚型和聚酯型多元醇的、低压发泡模塑成型的浇注型聚氨酯微孔弹性体生产工艺方法。而证据1记载的聚氨酯鞋底的生产方法,包括PU鞋底原液的生产和鞋底成型工艺两部分,PU鞋底原液可分为聚酯型和聚醚型两种,聚醚和聚酯因性能不同,所以制备方法也不同,其中,聚酯型鞋底原液多采用预聚物法或半预聚物法,聚醚型原液的制备多采用一步法。第12653号决定在对权利要求1的解释中,遗漏了非常重要的技术特征"所述的多元醇是分子量为800~4000的聚醚或聚酯二元醇",从而没有发现本专利的方法既适用于聚酯型又适用于聚醚型。由此可见,本专利方法所生产的产品与证据1记载方法生产的聚氨酯鞋底,因制造方法不同而不同,是完全不同的两种产品。此外,关于对本专利权利要求1中技术特征的解释,正如上面"一"中第1、3项说明的那样,也不符合本法条的规定。(2)对《专利法》第二十二条第三款适用不当。①本专利发明具有突出的实质性特点。本专利权利要求1与证据1相比,存在以下四个区别技术特征不能从证据1、2和/或3中导出。区别特征1:所述的多元醇是分子量为800~4000的聚醚或聚酯二元醇。即,本专利权利要求1的原液制备方法是既适合聚醚型又适合聚酯型原液的两步法。区别特征2:本专利权利要求1要求保护的技术中,多元醇树脂混合物不必要脱气;而证据1公布的技术中A组分需要脱气。区别特征3:权利要求1步骤(3):使用低压发泡机将温度为35~60℃的预聚体与多元醇树脂混合物按比例混合反应后,注入温度为40~80℃模具内,熟化后即得聚氨酯微孔弹性体。与其相比,证据1公布的成型工艺为:PU鞋底一般采用低压浇注成型或高压浇注成型……成型设备为鞋底浇注机。证据2虽然介绍了聚氨酯鞋底的成型工艺(证据2第289页倒数第2段),公开了料温和烘道温度。但是其中所用原液不同于本专利,例如所用的B组分是改性的液化MDI。基于证据2第40~44页对液化改性MDI有详细的描述,可以发现液化改性MDI不同于本专利权利要求1中的预聚体。区别特征4:本专利权利要求1步骤(2)指明本专利方法使用延迟性叔胺催化剂,其用量为多元醇树脂混合物的0.1~2wt%。证据1公开的聚氨酯鞋底生产方法中,虽然提到过"在PU鞋底料中,常用胺和有机锡催化剂"(第611页倒数第3行),和"在聚酯型鞋底生产中,常用三亚乙基二胺Dabco-33LV催化剂"(第611页倒数第1行),

但是却没有指出或暗示可以使用延迟性叔胺催化剂。证据2公开的聚氨酯鞋底生产技术中提到"催化剂普遍采用三亚乙基二胺等胺类催化剂和有机锡类催化剂"（第288页第5段）时，也没有指出可使用延迟性叔胺催化剂；证据2第97~101页和证据3虽然提到延迟性叔胺催化剂的延迟催化机理和延迟性叔胺催化剂的制备原理，并在第105~108页以"五、催化剂使用指南"为标题，介绍了在聚氨酯软质块状泡沫、高回弹模塑泡沫、聚氨酯硬质泡沫和RIM聚氨酯等生产技术领域中的催化剂选用方法和技巧，但没有公布延迟性叔胺催化剂的在预聚物法或半预聚物法聚氨酯微孔弹性体中的应用，当然更没有公开或暗示能够适用于本专利采用聚醚的两步法。因此，对于证据1第613页第1段提到的"C组分为催化剂"来说，即使考虑到证据2和/或证据3中的上述公开，依然不能必然而唯一地得出"证据1记载的叔胺催化剂的用量存在落入本申请权利要求1所限定的用量范围之内"的结论。因为"在聚酯型鞋底生产中，常用三亚乙基二胺Dabco-33LV催化剂"的描述仅限定为聚酯型；"C组分为催化剂"也仅指聚酯型；由此只可以得到"对聚酯型，C组分通常是指三三亚乙基二胺Dabco-33LV催化剂"的推论。而且第620页表12-34中所有物质都是一些原液供应厂商的原液牌号，无法推断是有何种物质何种比例配成，当然更无法定量地推断这些与本专利权利要求1指明催化剂类型和用量有何种关联。第12653号决定第9页第2段~第10页第1段，对证据2和3的内容进行了错误和主观的理解，在此基础上事后诸葛亮式地否定了本专利权利要求1中步骤（2）指明的区别特征4。事实上，证据2第97页第4段1~3行的本意是指三亚乙基二胺与某些有机酸反应生成的铵盐，而不是三亚乙基二胺本身具有延迟催化作用。证据1和证据2在有关聚氨酯鞋底生产技术中均没有公开或暗示可以使用延迟性叔胺催化剂。证据3公开了延迟催化剂的作用机理和制备原理，却没有关于延迟性叔胺催化剂在聚氨酯微孔弹性体的预聚物法或半预聚物法中应用的启示。这种情况下，第12653号决定却毫无根据和事后诸葛亮式地凭空得出所谓"根据证据2的记载，本领域技术人员容易从证据1所使用的催化剂三亚乙基二胺Dabco-33LV想到应用延迟性叔胺催化剂……"的结论。②本发明有益效果对创造性的贡献。本专利与以证据1~3为代表的已有技术相比，由于采用延迟性催化剂，并改进了工艺，所以不管以聚酯多元醇还是聚醚多元醇作原料，都可以采用预聚物法或半预聚物法，混合物流动性好，可制造形状复杂和重量范围宽的微孔聚氨酯弹性体制品。物料固化快，可保证极高的生产效率；模塑制品性能优越，材料强度高，永久变形小（3~5%）优化了制品的物理机械性能，尤其是对缓冲材料至关重要的压缩变定性能和动态疲劳性能有明显的提高，可用作承受动态疲劳的高强度阻尼元件。总之，本专利权利要求1相对于最接近的已知技术方案具有的上述四个区别特征，既不能被证据1~3中公开的信息覆盖，也不能从中导出，而且具有上述的那些优异有益效果。因而具有突出的实质性特点和显著进步，符合《专利法》第二十二条三款的规定，具有创造性。在本专利权利要求1具有创造性的前提下，从属于其的权利要求2~6也必然具有创造性。此外，第12653号决定第10页第14~15行所作的断言，即"本领域技术人员为了解决其技术问题能够从证据2和证据3中获得启示将证据1和证据2以及证据3相结合从而得到本专利权利要求1的技术方案"，基于上述的说明显然是错误的。因为几乎所有发明创造都建立在已有知识的基础上，即使发明采用了手册、教科书记载的某些基本的常识和方法，但是只要其中有某个或几个特点属于前人所没有的，而且也是不能从已有技术中导出的，就能构成具有创造性的发明。本专利权利要求的是一种既能生产聚酯型浇注聚氨酯微孔弹性体又能生产聚醚型浇注聚氨酯微孔弹性体的方法，采用的是既能改进压缩变定性能又能适合两类多元醇的延迟性叔胺催化剂。如果没有大量创造性工作仅靠证据1~3中的启发和拼凑根本不能得到本专利的生产方法，更不能使依靠此技术制得的产品在市场上拥有28%的市场份额、同时成为美国通用汽车的配套商。综上，专利复审委员会作出的第12653号决定事实认定有误、适用法律不当，请求人民法院依法撤销第12653号决定。

被告专利复审委员会辩称：1. 关于四处事实认定。(1) 第12653号决定中并未将聚酯型原液的制备与聚醚型原液的制备混淆：本专利权利要求1要求保护的方法中对于多元醇树脂混合物的制备并不存在如凯众公司所述的"既适合聚酯型原液又适合聚醚型原液"的技术特征，其特征"所述的多元醇是分子量为800~4000的聚醚或聚酯二元醇"中"或"的关系说明在多元醇树脂混合物的制备中无论使用聚醚型多元醇还是聚酯型多元醇都落入了本专利权利要求1要求保护的范围之内。并且第12653号决定中并未出现任何将聚酯型原液的制备套用在聚醚型原液制备上的意思表示。(2) 多元醇树脂混合物是否需要脱气是所属领域技术人员熟知的一般常识，证据1中的"静止后脱气"并非指在多元醇与异氰酸酯反应过程中进行脱气，而且脱气步骤在制备多元醇树脂混合物中也并不是必需的。(3) 权利要求1步骤(3)中的浇注工艺条件属于本领域的公知常识，证据1中的A组分温度为40~70℃，B组分温度为60~80℃，由于C组分为含量极少的催化剂组分，它的加入对于反应体系中的温度影响几乎可以忽略，所以当A、B、C三组分混合反应时，其反应温度必然落在40~80℃的范围之内。而本专利权利要求1步骤(3)中的浇注工艺将反应温度也限定在40~80℃的范围之内。因此凯众公司声称的第3个区别技术特征属于本领域的公知常识，而且通过证据1中相应部分的公开内容也可以确定出来。(4) 将"聚己二酸乙二醇二乙二醇酯"和"聚己二酸乙二醇丁二醇酯"写成"聚乙二酸乙二醇二乙二醇酯"和"聚乙二酸乙二醇丁二醇酯"属于笔误，但不影响决定的结论。2. 关于《专利法》第五十六条。(1) 从证据1的目录页就能够看出证据1中"12.3聚氨酯鞋底"一节属于"第十二章微孔聚氨酯弹性体"一章。本领域技术人员能够毫无疑义地确定证据1中相应部分记载的生产聚氨酯鞋底的方法就属于权利要求1所要求保护的主题，即"一种聚氨酯微孔弹性体的制备方法"。(2) 凯众公司声称的"本专利方法生产的产品因制造方法不同而不同"存在逻辑上的错误。首先，同一种产品可以有不同的生产方法，所以并非制造方法不同，生产出的产品就必然不同。其次，证据1"12.3聚氨酯鞋底"一节中记载的聚氨酯鞋底本身就是聚氨酯微孔弹性体的下位概念，其制造方法也属于一种聚氨酯微孔弹性体的制备方法，落入到权利要求1的保护范围之内，也就是说，权利要求1所要求保护的主题包括了证据1中所公开的聚氨酯鞋底的生产方法。再次，第12653号决定中并未遗漏权利要求1中的技术特征"所述的多元醇是分子量为800~4000的聚醚或聚酯二元醇"。3. 关于本专利的创造性。(1) 本专利是否具有突出的实质性特点：①凯众公司在关于本专利创造性无效程序的意见陈述和口头审理过程中均未曾提出过其声称的除"延迟性叔胺催化剂及其含量"以外的其他三个区别技术特征。②技术特征"所述的多元醇是分子量为800~4000的聚醚或聚酯二元醇"中"或"的关系导致上述技术特征根本无法构成本专利权利要求1与证据1所公开的技术方案之间的区别技术特征。另外，聚醚型多元醇或是聚酯型多元醇制备多元醇树脂混合物的技术方案在本领域的手册中均有较为详细的记载，对于本领域技术人员来说属于公知常识。③多元醇树脂混合物是否需要脱气也是所属领域技术人员熟知的一般常识，证据1第613页第1段所述的A组分制备中最后所述的"静止后脱气"是为了使A组分在制备后便于保藏并不是指在多元醇与异氰酸酯反应过程中进行脱气。④权利要求1中步骤(3)中的浇注工艺条件属于本领域的公知常识。另外，本专利实施例中制备预聚体所用的异氰酸酯就是MDI，而凯众公司提到的证据2中的B组分（改性的液化MDI）同样可以利用预聚物法或半预聚物法。⑤第12653号决定中已经就延迟性叔胺催化剂及其含量进行了论述，并通过计算得到了催化剂相对于多元醇树脂混合物的含量。需要强调的是，证据2第97页~101页及证据3已经公开了延迟性叔胺催化剂的制备，在证据3第37页右栏第10~11行已经指出"Polycat DBU系列催化剂还可用于聚氨酯微孔泡沫、注塑弹性体、涂料、RIM……"，而证据2第99页表格中即可查到Polycat DBU系列催化剂即属于具有延迟性的胺催化剂。(2) 本专利是否具有显著的进步。第12653号决定中已经就凯众公司声称的有益效果进行了论述。需要强调的是，根据本专利权利要求中的特征限定并不能看出所述特征为技术方案带来如凯众公司声称的有益效果，而且权利要求1中的生产方法所制备的产品也并非仅仅是凯众公司所述的汽车的配套零件。综上，我委在第12653号决定中认定事实清楚、适用法律正确、审理程序合法，请求人民法院依法维持第12653号决定。

第三人灵汇公司未提交书面答辩意见。庭审中表示同意专利复审委员会的意见，认为第12653号决定认定事实清楚，适用法律正确，请求人民法院依法维持第12653号决定。

经审理查明：

凯众公司于2003年3月28日向国家知识产权局申请了名称为"聚氨酯微孔弹性体生产方法"的发明专利（即本专利），2007年5月9日获得授权，专利号为03116062.X，本专利授权公告的权利要求书的内容为：

"1. 一种聚氨酯微孔弹性体的制备方法，其生产步骤依次如下：

（1）预聚体的制备：过量的多异氰酸酯与多元醇树脂反应形成端-NCO基的预聚物，预聚体的端-NCO基含量大于10wt％，并保持预聚体的温度为35～60℃；

（2）多元醇树脂混合物的制备：将（1）中的多元醇与二醇扩联剂、水发泡剂、表面活性剂和延迟性叔胺催化剂混合配制成多元醇树脂混合物，其中二醇扩联剂为多元醇的5～30wt％；延迟性叔胺催化剂用量为多元醇树脂混合物的0.1～2wt％；所述的多元醇是分子量为800～4000的聚醚或聚酯二元醇，所述的二醇扩联剂为乙二醇或二乙二醇或丙三醇或1，4-丁二醇或1，6-己二醇；

（3）浇注：使用低压发泡机将温度为35～60℃的预聚体与多元醇树脂混合物按比例混合反应后，注入温度为40～80℃模具内，熟化后即制得聚氨酯微孔弹性体。

2. 根据权利要求1所述的聚氨酯微孔弹性体的制备方法，所述多异氰酸酯为二异氰酸酯。

3. 根据权利要求1所述的聚氨酯微孔弹性体的制备方法，所述的预聚体的-NCO基含量大于15wt％。

4. 根据权利要求2所述的聚氨酯微孔弹性体的制备方法，所述的二异氰酸酯为二苯基甲烷二异氰酸酯（MDI），所述的分子量为800～4000的聚醚或聚酯二元醇为聚氧化丙烯二元醇、聚己二酸乙二醇酯二元醇、聚四亚甲基聚醚二元醇、聚己内酯二元醇或聚醚酯混合二元醇。

5. 根据权利要求1所述的聚氨酯微孔弹性体的制备方法，所述的二醇扩联剂为多元醇的10～25wt％。

6. 根据权利要求1～5所述的聚氨酯微孔弹性体的制备方法，其中所述延迟性叔胺催化剂也可用延迟性叔胺催化剂和有机锡催化剂组成混合催化剂代替。"

针对本专利权，灵汇公司于2008年3月26日向专利复审委员会提出了无效宣告请求，理由包括本专利权利要求1～6不具备《专利法》第二十二条第三款规定的创造性，并提交了如下证据：

证据1为《聚氨酯弹性体手册》，山西省化工研究所编，化学工业出版社材料科学与工程出版中心出版发行，公开日期为2001年1月，包括封面、版权页和第589～590、610～622页的复印件。

证据2：《聚氨酯材料手册》，徐培林，张淑琴编著，化学工业出版社材料科学与工程出版中心出版发行，公开日期为2002年8月，包括封面、版权页和第284～299页的复印件。

灵汇公司还于2008年4月25日向专利复审委员会提出意见陈述书，并重新提交了证据1、2的如下部分，以及补充提交了如下的证据3：

证据1：封面、版权页、第233～239页、第589～622页的复印件。第589～622页记载了"第十二章微孔聚氨酯弹性体"。其中第591～610页记载了"12.2 RIM聚氨酯"：在第593-598页"12.2.4 原材料及其影响"部分中，载明了"12.2.4.1 异氰酸酯"、"12.2.4.2 低聚物多元醇"、"12.2.4.3 扩链剂"和"12.2.4.4 其他PU-RIM所用助剂还有催化剂、发泡剂、匀泡剂、脱模剂、着色剂和增强材料等"；在第595页"12.2.4.3 扩链剂"中记载了"RIM常用的扩链剂是低分子量二醇如乙二醇、二乙二醇、丙三醇、1,4-丁二醇、1,6-己二醇"；在第597页"12.2.4.4 其他"中记载了"RIM中催化剂的用量比浇注弹性体的多一些，胺催化剂的用量为0.6%~1.0%，金属催化剂为0.01%~0.05%"。第610~622页记载了"12.3 聚氨酯鞋底"：在第610~612页"12.3.2 原材料"部分中，载明了"12.3.2.1 异氰酸酯"、"12.3.2.2 低聚物多元醇"、"12.3.2.3 发泡剂"、"12.3.2.4 催化剂"、"12.3.2.5 匀泡剂"和"12.3.2.6 扩链剂"；在第611页"12.3.2.4 催化剂"中记载了"在PU鞋底料中，常用胺和有机金属催化剂……在聚酯型鞋底生产中，常用三亚乙基二胺Dabco-33LV催化剂"；在第612页"12.3.2.6 扩链剂"中记载了"扩链剂多用二醇，如乙二醇、二乙二醇、1,4-丁二醇等"；在第612~614页"12.3.3 生产工艺"部分中，载明了"12.3.3.1 原液 PU鞋底原液的制备，PU鞋底原液可分为聚酯型和聚醚型两种，因聚酯和聚醚的性能不同，所以制备方法也不同（以上记载在第612页最后1段中）。聚酯型PU鞋底原液多采用预聚物法或半预聚物法。一般聚酯型原液制成A、B、C三个组分，A组分由部分聚酯、扩链剂、匀泡剂、发泡剂等组分组成，组分在40~70℃充分混合后，静止脱气而制得……B组分为预聚物组分，即部分聚酯多元醇与异氰酸酯反应制得的端异氰酸酯低分子物。合成预聚物的聚酯是相对分子质量为2000左右的聚己二酸乙二醇二乙二醇酯，耐寒性鞋底和旅游鞋鞋底原液所用聚酯为相对分子质量2000左右的聚己二酸乙二醇丁二醇酯……异氰酸酯中，纯MDI与液化MDI的比例为95%比5%……反应温度在60~80℃，保温时间为2h……C组分为催化剂组分（以上记载在第613页第1段中）。三液体系特别适宜于双色、低硬度的运动鞋和低密度的凉鞋。使用时，先将A组分与C组分混合均匀，再与B组分混合（以上记载在第613页第2段中）。聚醚型原液的制备多采用一步法（以上记载在第613页第3段中）。12.3.3.2 成型工艺……PU鞋底一般采用低压浇注成型或高压浇注成型，少数也用注射模压。成型工艺流程图如图12-3（以上记载在第613页最后1段中）。成型设备为鞋底浇注机。用于聚酯型PU成形的常压浇注设备主要由浇注机、环形或转台烘道等装置组成（以上记载在第614页第1段中）。"；在第614页"图12-3PU鞋底成型工艺示意图"中记载了"模具"和"鞋底后熟化"；在第614~622页"12.3.4 产品与性能"部分中，载明了"12.3.4.2 国内产品与性能……

表12-34 国内主要原液供应厂商各牌号的用途物性使用条件对照表

烟台华大公司牌号	A：9305+C B：2580	A：5600+C B：2180	A：5606+C B：2180	A：8801+C B：2580	A：8740+C B：2580	A：2033+C B：2563	A：2004+C B：2580
温州华峰公司牌号	P001+C 1003	P002+C 1001	P003+C 1001	P005+C 1003			
浙江金城聚氨酯有限公司牌号	P9605A+C 12810B	P6500A+C 12810B	P6506A+C 12810B	P8095A+C 12427B		P3320A+C 12653B	P3005A+C 12653B
天津鑫丰合成化工有限公司牌号	TXR904+C TXR601	TXR907+C TXR603	TXR908+C TXR603	TXR901+C TXR601	TXR902+C TXR601	TXR906+C TXR602	TXR903+C TXR601
主要用途	高、中硬度鞋工作鞋	中硬度鞋凉鞋	中、低硬皮鞋旅游鞋	旅游鞋外底	旅游鞋内底	耐黄变外底	中硬度耐寒底
使用条件 混合比（质量比）	100/125~121	100/120~101	100/99~126	100/86~87	100/92~93	100/73~74	100/94~95
C组分加入量（每18kgA）	240	213	243	305	310	450	220
A组温度/℃	35~40	35~40	45~50	45~50	45~50	45~50	45~50
B组温度/℃	35~40	35~40	35~40	35~40	35~40	35~40	35~40

……（以上记载在第620页中）"。

证据2：封面、版权页、第93~97、101~104、107~108、268~269、284~299页的复印件。其中，第93~97、101~104、107~108记载了"第五章主要配合剂第一节催化剂"：在"一、概述"部分于第93页载明了"根据聚氨酯制品生产和用途的差异，选择使用催化剂的三种功能……第三，在聚氨酯合成的诸多复杂反应中，通过使用不同类型的催化剂，调节诸多竞争反应间的反应历程和平衡，促进设计的主反应的反应速度，减缓或抑制副反应的发生和进行，借助催化剂的功能，获得最佳分子结构的设计目的。"；在"三、叔胺类催化剂"部分于第93页最后1段载明了"对聚氨酯……叔胺类催化剂都有很强的催化作用"；于第97页第4段载明了"在对众多的叔胺催化剂的研究过程中，人们发现：三亚乙基二胺与某些有机酸反应可生成铵盐，使用这些铵盐制备聚氨酯泡沫体时，出现了乳白时间明显延长，而对最终凝胶时间却无明显影响的'延迟现象'。在对这种现象进行深入研究的基础上，开发出新的'延迟性催化剂'。"；在"五催化剂使用指南"部分于第108页第4~5行载明了在"（六）RIM微孔弹性泡沫体"中"普遍使用的是有机锡-叔胺复合催化体系，如三亚乙基二胺和二丁基锡二月桂酸酯等"。第268~269、284~299页记载了"第八章聚氨酯半硬质泡沫塑料"，其中，第284~289页记载了"三、微孔弹性体-聚氨酯鞋底"：在"（二）聚氨酯鞋底原料"部分中于第288页第5段载明了"催化剂普遍使用三亚乙基二胺等胺类催化剂与有机锡类催化剂配合"；在"（三）聚氨酯鞋底的模制生产"部分于第288页最后1段至第289页倒数第2段载明了"在模塑生产工艺中，通常采用浇注法和注射成型法，前者多用于鞋品大底的生产，……单色大底的生产流程以……为例进行叙述。目前，制备聚氨酯鞋底的原料大部分由专业工厂配制，将各种多元醇聚合物、发泡剂、催化剂、泡沫稳定剂等配制成适应各种鞋品不同要求规格的A组分；以改性的液化MDI为B组分；有时，为了有利于组合原料的贮存稳定，可将催化剂单独作为第三组分，称为C组分，将各组分输至贮罐内调整至工作所需的温度，然后输入至发泡机的工作罐7中，原料温度分别控制在35~45℃之间。A组分（使用前应将C组分混入并均化）和B组分经发泡机精确计量、混合后在生产线的浇注工位1处浇注至已预热到40℃，并经喷涂脱模剂处理和嵌入某些鞋用木芯等嵌件的金属模具中……然后输送进入加热熟化烘道3……烘道温度大多控制在60~80℃之间。"

证据3："聚氨酯的胺类延迟性催化剂"，宣美福，《黎明化工》，1989年第二期，化工部黎明化工研究院出版，包括版权页和第32~39页复印件。在"三、胺类延迟性催化剂的应用"之"（一）封闭型胺类延迟性催化剂的应用"部分中于第34~35页介绍了"1. Toyocat-TF"、"2. Toyocat-THN"和"3. Toyocat-ETF"；在"（二）热敏性胺类延迟性催化剂的应用"部分之"2、DBU系列催化剂的应用"中于第37页右栏第10~11行载明了"Polycat DBU系列催化剂还可用于聚氨酯微孔泡沫、铸塑弹性体、涂料、RIM……"。

2008年10月20日专利复审委员会对本案进行了口头审理。

2008年11月28日专利复审委员会作出第12653号决定。

凯众公司向本院提交了如上证据1~3，其中证据2还包括第98~100、105~106页的复印件。其中，第99页表中载明Polycat DBU为具有延迟作用的胺催化剂；第105页载明"五、催化剂使用指南"。

凯众公司当庭表示放弃其在起诉状中主张的事实认定错误的第2点以及区别技术特征2。并认为"或"表示了并列的保护关系，并列之一没有创造性不能说明整个权利要求没有创造性，权利要求1保护的是两种技术方案，专利复审委员会只评定了一种技术方案，不能把两种方案都无效掉。对此，专利复审委员会表示"或"是择一的关系，并不是"和"，因此，无论是聚酯还是聚醚的公开都可以使权利要求1不具备创造性。

凯众公司还主张第12653号决定中还存在以下两点事实认定错误：1. 证据1第620页表12-34

没有说明其是聚酯型还是聚醚性PU鞋底、是预聚物法还是一步法，由于其中的A、B、C只是代号，因此不清楚其是否就是第613页第1段记载的聚酯型PU鞋底原液制备中的A、B、C，并且在表12-34中与第12653号决定中引用的C组分加入量为213、220、240、450相对应产品的主要用途与第613页第2段记载的"特别适宜于双色、低硬度的运动鞋和低密度的凉鞋"不同，这说明证据1表12-34与第613页第1段记载的聚酯型PU鞋底原液的制备是不同的方法，并非一个技术方案。而专利复审委员会在第12653号决定中主观和错误地将证据1表12-34中的使用条件之"C组分加入量"和"B组温度"与第613页第1段记载的聚酯型PU鞋底原液的制备这两个技术方案组合作为最接近的现有技术用于评价本专利的创造性，并且在证据1表12-34中未指明C组分加入量的单位的情况下，主观将其单位确定为"g"。在上述事实认定错误的基础上专利复审委员会在第12653号决定中遗漏了区别技术特征"保持预聚体的温度为35～60℃"，并且错误地通过换算认为证据1中记载的叔胺催化剂的用量存在落入本申请权利要求1所限定的用量范围之内的点。2．证据1第595页第12.2.4.3节中记载的扩链剂丙三醇、1,6-己二醇为RIM常用的扩链剂，专利复审委员会在第12653号决定中错误地将其用在本专利权利要求1中的"低压浇注"成型上，从而遗漏了区别技术特征"丙三醇"和"1,6-己二醇"。

针对凯众公司的上述主张，专利复审委员会答辩称：在证据1中表12-34与第613页第1段属于同一章，即微孔聚氨酯弹性体，表12-34中的A、B、C虽然未明确具体是什么组分，但其与第613页第1段聚酯型PU鞋底原液制备中的A、B、C是对应的，应当是其下位概念，尽管表12-34中的用途与第613页第2段记载的三液体系的用途不完全相同，但是二者有交叉，而且第613页第2段记载的是"特别适宜"，因此并不矛盾，第620页表12-34与第613页第1段记载的聚酯型PU鞋底原液制备就是一个技术方案，第12653号决定并不存在将两个技术方案组合作为最接近的对比文件的情况。对于二醇扩链剂的问题，专利复审委员会表示权利要求1中限定的二醇扩链剂之间是"或"的关系，只要证据1公开了其中的一个或多个就已经落入权利要求1要求保护的范围之内。至于将表12-34中C组分的单位确定为"g"的问题，专利复审委员会答辩称C组分作为催化剂，不会多于反应物，因此不可能是kg，而mg明显不能实现，本领域技术人员能够确定它的数量级只能是g。灵汇公司则表示证据1第597页公开了胺催化剂的用量为0.6%～1.0%，经过计算可知单位应当为g，凯众公司表示证据1第597页第12.2.4.4节公开的胺催化剂的用量是RIM聚氨酯的催化剂的用量，其不必然用于本专利的产品。

凯众公司还主张权利要求1步骤（1）中的技术特征"保持预聚体的温度为35～60℃"是预聚体的制备温度，而证据1表12-34中B组分温度"35～40℃"是B组分的使用温度，用以评价预聚体的制备温度也是错误的。对此，专利复审委员会表示同意凯众公司关于表12-34中B组分温度为使用温度的说法，但是认为权利要求1步骤（1）中的技术特征"保持预聚体的温度为35～60℃"并非预聚体的制备温度。

专利复审委员会当庭表示同意凯众公司关于证据1第613页第1段记载的"反应温度在60～80℃"为B组分的制备温度从而不能用于评价权利要求1步骤（3）中浇注之反应条件的说法，并表示放弃在答辩状中关于权利要求1步骤（3）中的模具温度被证据1公开的意见陈述，但认为证据1表12-34中的B组分温度35～40℃公开了权利要求1步骤（3）中的"温度为35～60℃的预聚体"，在证据2第289页倒数第2段记载的"烘道温度大多控制在60～80℃之间"公开了权利要求1步骤（3）中的"温度为40～80℃模具"。对此，凯众公司表示通道温度和模具温度不是一个温度，在不平衡的时候二者是不一样的。

针对使用延迟性叔胺催化剂在证据1～3中是否有启示的问题，专利复审委员会认为"延迟性叔胺催化剂"中的"延迟性"是功能性限定,是对某些催化剂是否具有延迟性的描述,证据2第97页第4段明确了使用三亚乙基二胺时出现了乳白时间明显延长的"延迟现象",因此三亚乙基二胺应当就是延迟性叔胺催化剂,尽管证据2中是在产生了铵盐后才产生延迟现象,但是用了三亚乙基二胺后就会产生延迟现象,因此不能说是由铵盐而不是叔胺产生延迟现象。此外,证据3第37页右栏第10~11行公开了延迟性叔胺催化剂PolycatDUB系列可用于RIM,由于RIM也是聚氨酯弹性体,虽然是注射的,但都是ABC反应,与催化剂的选择和制备方法没有关系,因此证据3也给出了使用延迟性叔胺催化剂的启示。凯众公司认为证据3第37页右栏第10~11行公开的RIM是与浇注并列的两种不同的工艺,由于制备方法不同,因此没有启示,并且由证据2第93页记载的"催化剂的三种功能"之"第三"说明聚氨酯生产的催化剂的选择很难通过启示来实现,催化剂的选择体现了本发明的创造性。

对于权利要求2~6的创造性问题,凯众公司主张基于权利要求1具有创造性,权利要求2~6也具有创造性。并且权利要求4中限定的具体的聚醚、权利要求6中限定的组合催化剂在现有技术中均没有启示。对此专利复审委员会答辩称权利要求4中限定的具体的聚醚二元醇或聚酯二元醇之间仍然是"或"的关系,因此只要公开了其中的一个或多个,整个权利要求就不具有创造性。至于权利要求6中的组合催化剂,在证据2第108页第4~5行已经公开。对此凯众公司表示证据2第108页第4~5行公开的是在RIM中使用组合催化剂,与低压浇注完全不同。

上述事实,有第12653号决定、本专利授权文本、灵汇公司在无效程序中提交的证据以及当事人陈述等证据在案佐证。

本院认为:

《专利法》第二十二条第三款规定:创造性,是指同申请日以前已有的技术相比,该发明有突出的实质性特点和显著的进步,该实用新型有实质性特点和进步。

《专利法》第五十六条第一款规定:发明或者实用新型专利权的保护范围以其权利要求的内容为准,说明书及附图可以用于解释权利要求。

一、权利要求1的创造性。

结合本案而言,就各方当事人的主张,权利要求1是否具备创造性的争议焦点集中在以下两个方面:

(一)关于事实的认定和区别技术特征的认定。

1. 凯众公司主张专利复审委员会在第12653号决定中错误地将证据1第613页第1段针对聚酯型原液的制备方法套用在聚醚型原液的制备上,从而遗漏了区别技术特征"所述的多元醇是分子量为800~4000的聚醚或聚酯二元醇"。本院认为,技术特征"所述的多元醇是分子量为800~4000的聚醚或聚酯二元醇"中使用"或"字并列了必择其一的"聚醚二元醇"和"聚酯二元醇",使得在多元醇树脂混合物的制备中无论使用聚醚二元醇还是聚酯二元醇均落入本专利权利要求1要求保护的范围之内,均可用于评价本专利权利要求1的创造性,该技术特征并非本专利权利要求1相对于证据1的区别技术特征。因此,凯众公司关于本专利权利要求1为"既适合聚醚型又适合聚酯型原液"的制备方法,以及专利复审委员会在第12653号决定中错误地将证据1中有关聚酯型原液的制备套用在聚醚型原液上从而遗漏了上述区别技术特征的主张与客观事实不符,系其对上述技术特征理解错误所致,故本院对其主张不予支持。

2. 凯众公司主张专利复审委员会在第12653号决定中错误地用证据1第595页第12.2.4.3节中记载的RIM常用的扩链剂丙三醇和1,6-己二醇评价本专利权利要求1的低压浇注制备方法中使用的扩链剂,从而遗漏了区别技术特征"丙三醇"和"1,6-己二醇"。本院认为,技术特征"所述的二醇扩链剂为乙二醇或二乙二醇或丙三醇或1,4-丁二醇或1,6-己二醇"中使用"或"并列了必择其一的"乙二醇"、"二乙二醇"、"丙三醇"、"1,4-丁二醇"和"1,6-己二醇",同上理,尽管证据1未公开在聚氨酯鞋底的制备中使用扩链剂"丙三醇"或"1,6-己二醇",但"丙三醇"和"1,6-己二醇"并非本专利权利要求1相对于证据1的区别技术特征。因此,凯众公司关于专利复审委员会在第12653号决定中遗漏了上述区别技术特征的主张与客观事实不符,系其对上述技术特征理解错误所致,故本院对其主张不予支持。

3. 凯众公司主张专利复审委员会在第12653号决定中错误地将证据1第620页表12-34中的使用条件之"C组分加入量"和"B组温度"同与之属于不同技术方案的第613页第1段组合作为最接近的现有技术;错误地使用证据1表12-34中为B组分使用温度的"B组温度35~40℃"评价本专利权利要求1步骤(1)中为描述预聚体制备温度的技术特征"保持预聚体的温度为35~60℃",从而遗漏了该区别技术特征;以及主观地将表12-34中C组分加入量的单位确定为"g"。本院认为,(1)证据1为介绍聚氨酯弹性体的手册,第12.3具体介绍聚氨酯鞋底,包括"12.3.2原材料"、"12.3.3生产工艺"和"12.3.4产品与性能",第613页第1段属于12.3.3,记载了聚酯型原液的制备方法,其涉及A、B和C三个组分,第620页表12-34属于12.3.4,记载了国内主要原液供应厂商名牌号的用途物性使用条件,其中也涉及A、B和C三个组分,由于在12.3.3中仅记载了聚酯型原液和聚醚型原液两种原液的制备方法,且聚醚型原液仅涉及A和B两个组分,并不涉及C组分,因此,从上下文来看,表12-34中记载的A、B和C组分只能分别对应于第613页第1段记载的用于制备聚酯型原液的A、B和C组分。尽管表12-34中记载的主要用途与第613页第2段记载的用途不尽相同,但由于第613页第2段记载的是"特别适宜于……",因此二者并不存在矛盾。可见,在证据1中第620页表12-34与第613页第1段的记载应属于同一个技术方案,第12653号决定中并不存在将两个技术方案结合作为最接近的现有技术的情况,故本院对凯众公司相应主张不予支持。(2)对于证据1表12-34中记载的"B组温度35~40℃"为B组分的使用温度各方当事人并无争议,本院予以确认。由于本专利权利要求1步骤(1)为"预聚体的制备",因此其中的技术特征"保持预聚体的温度为35~60℃"从撰写形式上看应当是预聚体的制备温度。第12653号决定中用证据1表12-34中B组分的使用温度来评价本专利权利要求1中预聚体的制备温度的确不当,本院予以纠正。但是,证据1第613页第1段公开了B组分的制备温度在"60~80℃",即公开了本专利权利要求1中的技术特征"保持预聚体的温度为35~60℃"。因此本院对凯众公司关于技术特征"保持预聚体的温度为35~60℃"为本专利权利要求1与证据1的区别技术特征的主张不予支持。(3)对于表12-34中C组分加入量的单位是否为"g"的争议,本院认为,对于本领域技术人员来说,C组分作为催化剂,其加入量不可能超过作为反应物的A组分,因此其单位不可能是"kg",同时,其加入量亦不可能太少,比如不可能每18此的A组分中加入不足1g的催化剂,因此其单位也不可能是"mg",因此专利复审委员会将C组分加入量的单位确定为"g"并无不当之处;而且,证据1第597页第12.2.4.4节还记载了"RIM中催化剂的用量比浇注弹性体的多一些,胺催化剂的用量为0.6%~1.0%",证据1表12-34中记载的技术方案即为浇注弹性体,"多一些"显然不可能为一个数量级的差别,据此本领域技术人员也可以通过简单的计算判断出表12-34中的C组分加入量的单位应为"g"。因此本院对凯众公司的相应主张不予支持。

4. 凯众公司主张专利复审委员会在第12653号决定中将证据1第613页第1段中在聚酯型原液制备中合成预聚物(B组分)的制备条件错误地视为本专利权利要求1中步骤(3)浇注的工艺条件从而遗漏了区别技术特征"使用低压发泡机将温度为35~60℃的预聚体与多元醇树脂混合物按比例混合反应后,注入温度为40~80℃模具内,熟化后即制得聚氨酯微孔弹性体"。由于证据1第613页第1段记载的"反应温度在60~80℃"为B组分的制备温度各方当事人并无争议，因此专利复审委员会用其评价本专利权利要求1步骤（3）浇注的工艺条件的确不当，本院予以纠正。但是，证据1第613页公开了采用低压浇注成型制备聚氨酯鞋底，表12-34中公开了B组分的使用温度为35~40℃，即公开了本专利权利要求1步骤（3）中的技术特征"温度为35~60℃"，第613页第2段还公开了"使用时先将A组分与C组分混合均匀，再与B组分混合"，第614页图12-3中公开了熟化步骤和使用模具，可见，本专利权利要求1步骤（3）中仅技术特征"低压发泡机"和模具的温度"40~80℃"未被证据1所公开，为本专利权利要求1与证据1的区别技术特征。故本院对凯众公司主张本专利权利要求1步骤（3）除上述两个技术特征之外的其他技术特征也是本专利权利要求1与证据1的区别技术特征不予支持。

5. 凯众公司主张专利复审委员会在第12653号决定中将证据1第613页第1段中记载的"聚己二酸乙二醇二乙二醇酯"和"聚己二酸乙二醇丁二醇酯"，分别窜改成"聚乙二酸乙二醇二乙二醇酯"和"聚乙二酸乙二醇丁二醇酯"。本院认为，专利复审委员会在第12653号决定中确实存在上述笔误，本院予以纠正，但该笔误并未导致区别技术特征认定有误进而导致第12653号决定结论错误，也未导致凯众公司的权利受到任何损害，因此凯众公司与此相关的诉讼理由本院不予支持。

（二）关于法律适用。

1. 《专利法》第五十六第一款

如前所述，本专利权利要求1中的技术特征"所述的多元醇是分子量为800~4000的聚醚或聚酯二元醇"和"所述的二醇扩链剂为乙二醇或二乙二醇或丙三醇或1,4-丁二醇或1,6-己二醇"并非本专利权利要求1与证据1的区别技术特征，专利复审委员会在对本专利权利要求1进行解释时并未遗漏上述技术特征。至于专利复审委员会在确定本专利权利要求1与证据1的区别技术特征时确实遗漏了技术特征"低压发泡机"和"温度为40~80℃"，但该遗漏是因为其对证据1公开的客观事实认定有误所致，并非因其对权利要求1的保护范围作了违反专利法第五十六条第一款的解释所致。此外，本专利权利要求1的主题名称为"一种聚氨酯微孔弹性体的制备方法"，证据1公开了聚氨酯鞋底的制备方法，聚氨酯鞋底属于聚氨酯微孔弹性体的下位概念，因此专利复审委员会对本专利权利要求1的主题并不存在错误的解释，本院对其关于第12653号决定中存在《专利法》第五十六条适用错误的主张不予支持。

2. 《专利法》第二十二条第三款

（1）关于区别技术特征"低压发泡机"是否有启示的问题，本院认为，在证据1第613页最后1段已经公开了使用低压浇注成型的情况下，选择使用低压发泡机是本领域技术人员的公知常识。此外，证据2第289页倒数第2段公开了使用发泡机制备聚氨酯鞋底，在证据1第613页最后1段已经公开了使用低压浇注成型的情况下，本领域技术人员选择使用低压发泡机也是显而易见的。（2）关于区别技术特征模具的温度"温度为40~80℃"是否有启示的问题，本院认为，模具的温度也是本领域技术人员的公知常识。此外，证据2第289页倒数第2段公开了在制备聚氨酯鞋底时，将各组分混合后浇注至预热到40℃的模具中，再将模具送入烘道，烘道的温度控制在60~80℃，显然模具的温度应高于其预热温度且低于或等于烘道的温度，即应为40~80℃，因此上述区别技术特征也已被证据2所公开，并且该区别技术特征在证据2中和在本专利中所起的作用相同，都是制备聚氨酯鞋底的模具的温度，因此证据2给出了将上述区别技术特征应用到证据1中以确定模具的温度的启示。至于凯众公司强调在证据2第289页倒数第2段公开的制备工艺中B组分为改性的液化MDI，与本专利权利要求1中使用的预聚体不同，本院认为，证据2作为介绍聚氨酯材料的手册，其旨在介绍作为微孔弹性体的聚氨酯鞋底的一般特点，包括以改性的液化MDI为例介绍浇注法的一般生产流程，因此对于本领域技术人员来说，其已经给出了在类似工艺中选择与其相同的模具温度的启示。（3）关于区别技术特征延迟性叔胺催化剂及其用量是否有启示的问题，本院认为，由证据2第97页第4段记载的"使用这些铵盐制备聚氨酯泡沫体时，出现了乳白时间明显延长"可知，该段记载的确实是三亚乙基二胺相应的铵盐而非三亚乙基二胺本身具有延迟现象。证据3第37页右栏第10～11行公开了延迟性叔胺催化剂Polycat DBU系列可用于RIM聚氨酯，对此各方当事人并无争议，本院予以确认。由证据1第593～598页第12.2.4节和第610～612页第12.3.2节记载的内容可知，RIM聚氨酯和聚氨酯鞋底的主要反应原料是相似的，都是异氰酸酯、低聚物多元醇、扩链剂、发泡剂和匀泡剂等，二者的产物也是相似的，都是聚氨酯弹性体，且结合证据1第614页最后1段和证据2第288页最后1段的记载，即聚氨酯鞋底既可以选择浇注法成型，也可以选择注射法成型（即RIM），本领域技术人员可以判断出RIM聚氨酯和浇注型聚氨酯鞋底二者的反应是相似的，只是成型工艺略有不同。由于对于本领域技术人员来说，在化学反应中催化剂的选择关键在于其是否能够催化该反应，即取决于该反应的原料、反应类型以及产物，而并不主要取决于成型工艺，因此，证据3中所公开的在RIM聚氨酯中可以使用延迟性叔胺催化剂给出了在与RIM相似的低压浇注法制备聚氨酯鞋底中也能够使用延迟性叔胺催化剂的启示。至于证据2第93页记载的"催化剂的三种功能"之"第三"记载的只是催化剂的功能，并不能说明催化剂的选择很难通过启示来实现，并且就创造性评述而言，现有技术只要存在启示，发明就应当是显而易见的。由于证据1第613页第1段和表12-34属于一个技术方案，且本领域技术人员可以确定表12-34中C组分的单位为g，凯众公司对第12653号决定中确定证据1中催化剂用量的计算方法本身也无异议，因此，专利复审委员会使用表12-34中公开的C组分加入量计算催化剂的用量并得出证据1中催化剂的用量存在落入本专利权利要求1所限定的用量范围之内的点的结论并无不当之处，本院予以支持。综上，尽管本专利权利要求1和证据1相比具有上述区别技术特征，但是这些区别技术特征均未给权利要求1要求保护的技术方案带来突出的实质性特点，同时本领域技术人员也看不出上述区别特征能够给权利要求1要求保护的技术方案带来如凯众公司所强调的有益效果，例如优化制品的物理机械性能、混合物流动性好、物料固化快、模塑制品的性能优越等。此外，鉴于"所述的多元醇是分子量为800～4000的聚醚或聚酯二元醇"并非本专利权利要求1与证据1的区别技术特征，因此凯众公司强调的与该技术特征有关的有益效果，即与既能制备聚酯型又能制备聚醚性微孔弹性体有关的有益效果本院不予支持。且其所强调的具有优良品质的阻尼元件只是权利要求1要求保护的一部分，该部分具有创造性并不必然导致整个权利要求要求保护的技术方案都具有创造性。至于凯众公司所强调的市场份额，由于没有证据表明其是由于本发明的技术特征所直接导致的，因此也不能说明本专利权利要求1具有创造性。综上，本院对凯众公司关于本专利权利要求1具备突出的实质性特点和显著的进步，因此具备创造性的主张不予支持。

二、权利要求2～6的创造性。

对于权利要求2～6的创造性，凯众公司仅争议权利要求4所进一步限定"分子量为800～4000的聚醚或聚酯二元醇"为具体的聚醚二元醇以及权利要求6中所限定的延迟性叔胺催化剂和有机锡催化剂组成的混合催化剂在现有技术中没有启示。本院认为，在权利要求4中进一步限定的具体的聚醚二元醇与具体的聚酯二元醇之间同样使用了"或"进行并列选择，因此同上理，即使现有技术没有给出使用权利要求4所进一步限定的具体的聚醚二元醇的技术启示，只要证据1第613页第1段公开了部分具体的聚酯二元醇或者部分具体的聚酯二元醇是所属技术领域的公知常识，权利要求4因其引用的权利要求不具备创造性也就不具备创造性。至于使用混合催化剂的问题，证据2第108页第4～5行公开了在RIM中使用叔胺催化剂和有机锡催化剂组成的混合催化剂，同上理，证据2给出了在与RIM相似的低压浇注法制备聚氨酯鞋底中也能够使用叔胺催化剂和有机锡催化剂组成的混合催化剂的启示；另外，实际上证据2第288页第5段也明确公开了在聚氨酯鞋底制备中使用三亚乙基二胺等胺类催化剂与有机锡类催化剂配合，因此进一步结合证据3所给出的使用延迟性叔胺催化剂的启示，本领域技术人员在制备聚氨酯鞋底时选择使用延迟性叔胺催化剂和有机锡催化剂组成的混合催化剂是显而易见的。因此本院对凯众公司的上述主张不予支持，在本专利权利要求1不具备创造性时，权利要求2~6亦不具备创造性。

综上，第12653号决定认定事实基本清楚，适用法律正确，程序合法，应予维持。依照《中华人民共和国行政诉讼法》第五十四条第（一）项之规定，本院判决如下：

维持被告国家知识产权局专利复审委员会作出的第12653号无效宣告请求审查决定。

案件受理费100元，由原告上海凯众聚氨酯有限公司负担（已交纳）。

如不服本判决，各方当事人可在本判决书送达之日起15日内，向本院递交上诉状，并按对方当事人人数提交副本，交纳上诉案件受理费100元，上诉于北京市高级人民法院。

审　判　长　任　进
代理审判员　邢　军
人民陪审员　牛艳玲
二〇〇九年九月四日
书　记　员　陈文煊